权威性 科学性 准确性 实用性

2015年 长三角年鉴

YEARBOOK OF CHANGJIANG DELTA DEVELOPMENT(2015)

长三角联合研究中心 / 主办

长三角城市经济协调会办公室 / 联办

孙克强 / 执行主编

河海大学出版社

Hohai University Press

《长三角年鉴》 编纂指导委员会

（排名不分先后）

长三角联合研究中心

长三角联合研究中心，是由上海社会科学院、江苏省社会科学院、浙江省社会科学院于2005年12月共同组建的紧密型合作平台。中心由三院院长担任主任，主管科研的副院长担任副主任，科研处处长担任秘书长。由秘书长全面负责中心的日常运行与管理工作。

长三角联合研究中心，通过具体的项目构建合作平台。具体项目包括：（1）每年设立9—12项关于长三角经济社会发展方面的合作研究课题；（2）编辑出版《长三角发展蓝皮书》、《长三角年鉴》；（3）建立《长江经济网》工作网站和大型数据库；（4）设立“中国长三角发展高层论坛”和“长江经济带论坛”。

长江经济网：www.yangtze.org.cn

长江经济网在原有长三角联合网的基础上升格而成，主要面向长江经济带地区的政府部门、高等院校、研究机构、金融机构、企业集团、产业园区以及海内外关心长江经济带发展的各类机构，为他们提供关于长江经济带地区专业的、一线的、动态的经济信息、形势分析、统计数据、文献资料等。

长江经济网，具有五大功能：（1）长江经济带地区最具权威的专业门户网站；（2）覆盖上海、江苏、浙江、安徽、江西、湖南、湖北、贵州、云南、四川、重庆沿江区域；（3）聚焦长江沿岸地区的经济发展与最新动向；（4）定期发布长三角地区和长江经济带的经济形势分析与预测报告；（5）建立大容量的长江文献统计数据库。

《长三角年鉴》编辑部

长江三角洲城市经济协调会第十五次市长联席会议

长江三角洲城市经济协调会（以下简称“长三角协调会”）第十五次市长联席会议于2015年3月26日至27日在安徽省马鞍山市召开。会议以“适应新常态、把握新机遇——共推长三角城市新型城镇化”为主题，上海、无锡、宁波、舟山、苏州、扬州、杭州、绍兴、南京、南通、泰州、常州、湖州、嘉兴、镇江、台州、合肥、盐城、马鞍山、金华、淮安、衢州、芜湖、连云港、徐州、滁州、淮南、丽水、宿迁、温州等30个成员城市市长出席了会议。

出席长江三角洲城市经济协调会第十五次市长联席会议领导合影

会议认为，一年来，长三角协调会各成员城市深入贯彻党的十八大、十八届三中、四中全会精神和习近平总书记关于长三角合作一系列重要指示，积极主动参与“一带一路”和长江经济带战略，按照长三角地区主要领导座谈会决策部署，主动策应中国（上海）自贸区建设、加强重点领域合作，不断推动长三角经济转型升级，城市合作得到了务实推进。

长江三角洲城市经济协调会第十五次市长联席会议内部会议

长江三角洲城市经济协调会第十五次市长联席会议签署长江三角洲城市合作（马鞍山）协议

会议指出，当前要积极适应我国经济发展新常态，坚持稳中求进、改革创新，不断加强在促改革、调结构、惠民生、防风险等方面的合作，促进区域合作水平进一步提升。

出席长江三角洲城市经济协调会第十五次市长联席会议市长高峰论坛

会议强调，面对当前错综复杂的国内外经济形势，长三角协调会要围绕“四个全面”的战略布局，以建设世界级城市群为目标，深化区域合作，强化创新驱动，积极参与“一带一路”和长江经济带建设，在制度创新、科技进步、产业升级、绿色发展、新型城镇化建设等方面走在全国前列，不断提升区域协同发展水平和核心竞争力。

会议决定，长江三角洲城市经济协调会第十六次市长联席会议将在浙江省金华市召开。

出席长江三角洲城市经济协调会第十五次市长联席会议市长高峰论坛

浙江省杭州市

2014 年，杭州市实现地区生产总值 9206.16 亿元，比上年（指 2013 年，下同）增长 8.2%；财政总收入 1920.11 亿元，增长 10.7%；城镇和农村居民年人均可支配收入分别达到 44632 元和 23555 元，分别增长 9.1% 和 11.1%；城镇登记失业率 1.84%，居民消费价格指数上升 2.0%。人口自然增长率 6.94‰。

经济平稳协调增长。全市固定资产投资 4952.70 亿元，增长 16.2%。社会消费品零售总额 4201.46 亿元，增长 8.7%；网络零售额 2088.45 亿元，增长 37.0%。优化外贸综合服务、落实出口新政，实际利用外资 63.35 亿美元，增长 20.1%；到位内资1054.07亿元，增长22.5%。经济结构继续优化，三次产业比重为 3.0∶41.8∶55.2。在推动"十大产业"加快发展的基础上，启动实施以发展信息经济、推进智慧应用为主要内容的"一号工程"。全市工业增加值 3414.90 亿元，增长 8.6%；规模以上工业实现利税 1538.07 亿元，增长 9.5%，其中利润 904.60 亿元，增长 10.5%。

城市建设管理扎实推进。市域重大交通项目规划建设加快，钱江通道、杭长高铁建成，杭黄高铁开工建设，协调推进都市高速（绕城西复线）、临金高速、千黄高速、运河二通道等项目。地铁建设力度加大，地铁 2 号线东南段开通运营，地铁 4 号线首通段建成。城市快速路初步成网，彩虹快速路滨江段、秋石三期高架主线、东湖路—德胜路立交建成通车；萧山机场高速公路改建、文一路地下通道、环城北路地下通道、紫之隧道等重大工程加快建设。平稳实施小客车总量调控和城区限行政策。新增停车泊位 53283 个。主城区新增、扩容公共自行车服务点 85 处、新增自行车 3100 辆，全市总量达到 8.11 万辆。

城乡统筹深入推进。实施区县（市）协作项目 114 个，总投资 14.61 亿元；城区向县（市）转移产业项目 294 个，总投资 879.61 亿元。实施联乡结村共建项目 1514 个，落实帮扶资金 1.62 亿元，推进经济薄弱村发展和困难农户持续增收，全市城乡居民可支配收入比由上年的 1.93∶1 缩小到 1.89∶1。完成农村住房改造 26635 户，实施农村困难家庭危房改造 1518 户。

9 月 19 日，阿里巴巴集团在美国纽约证券交易所上市。图为纽约时代广场播放"阿里巴巴，我们在这里等你，9 月 19 日"的画面

10 月 29-30 日，以"电商：经济转型新驱动"为主题的博鳌亚洲论坛——2014 中国（杭州）全球电商领袖峰会在杭州召开

中国大运河杭州拱宸桥段

第八届（2014）中国杭州文化创意产业博览会设计体验区

第十届中国国际动漫节金猴奖颁奖典礼

"美丽杭州"建设成效明显。杭州入选第1批国家生态文明先行示范区。城区新增绿地417万m^2。"三江两岸"生态景观保护与建设、淳安县"美丽杭州"实验区建设扎实推进，杭州成为首个通过省级生态市验收地区。"五水共治"攻坚成效显著。落实"河长制"，消灭垃圾河71条460km，整治黑臭河193条665km。推进小河流治理和农村污水治理，完成农村生活污水治理844个村，受益农户21.28万户。城西污水处理厂建成运营。城市防洪排涝等水利设施建设全面推进。市区空气质量有新改善，全年优良天数增加13天，PM2.5年均浓度下降7.7%。全市关停淘汰重污染高耗能企业298个、整治提升企业425个。

社会民生事业持续发展。全市一般公共财政预算民生支出712.58亿元，占一般公共预算总支出的74.1%。保障性安居工程项目开工36534套，竣工36756套。新增城镇就业24.82万人，城乡基本养老、医疗保险参保率分别为97.07%和98.94%。新增机构养老床位7487张，改扩建社区居家养老服务照料中心610个。提升改造150处社区便民服务点，主城区建成并投入运营889个便民"E邮站"。持社会保障卡人数达821万。杭州被列为全国首批养老服务综合改革试点城市。积极推进文化名城强市建设，中国动漫博物馆开工兴建，浙江音乐学院校区加快建设。6月22日，中国大运河列入《世界遗产名录》，杭州成为"双世遗"城市。

2014年，杭州成功创建中国（杭州）跨境电子商务综合试验区和国家自主创新示范区。富阳撤市设区、杭州都市经济圈转型升级综合改革试点、国家生态文明先行示范区创建、杭州航空口岸72小时过境免签政策、阿里巴巴集团在纽约证券交易所上市、大运河申请世界文化遗产等重大事项。推进实施"杭改十条"、"一号工程"、重大基础设施工程、大江东管理体制调整、市区一体化发展等一批重大举措，为杭州科学发展注入新活力、积蓄新动能。

2014年，杭州获《中国经济生活大调查（2013-2014）》"中国最幸福城市"称号。"2014城市发展质量论坛暨全国民生典范城市表彰发布会"授予杭州"全国首批民生改善典范市"称号。国务院公布第4批国家级非物质文化遗产代表性项目名录，杭州的方回春堂膏方制作技艺和木版水印制作技艺、桐庐剪纸和河上龙灯胜会、淳安竹马、富阳"孝子祭"6个项目入选。《2014中国旅游业发展报告》发布，在全国副省级城市中，杭州位列旅游综合竞争力第3位。获中国会议业金海鸥大奖——2014年度中国最佳会议目的地和中国会展业年度杰出城市管理奖。

"美丽乡村"桐庐县荻浦村

江苏省南京市

“一路一带”节点城市

“海上丝绸之路”是迄今所知最为古老的海上航线，也是郑和七下西洋的和平之途。

“海上丝绸之路”联合申遗

南京是“海上丝绸之路”重要城市。在明初和六朝两个时期，作为都城的南京，是国家组织、实施海上物质文化交流的核心地。南京已于2012年被列入《中国世界文化遗产预备名单》中，现有12处“海上丝绸之路”遗迹。

综合交通枢纽和物流节点

南京港是通江达海的江海转运枢纽港，随着长江-12.5m深水航道即将延伸至南京，5万吨级海轮可全天候直达南京，10万吨级海轮也可乘潮而来。南京禄口国际机场是国内大型干线机场，已开通直达美、欧、澳等洲际及国际（地区）航线30余条。南京铁路南站则是亚洲第一高铁站。

龙江宝船厂遗址公园

大报恩寺遗址公园

石头城

长江经济带门户城市

南京拥有长江岸线，处在沿海、长江“T”字发展轴的重要节点。

对外开放高地

南京利用外资结构不断优化，服务贸易进出口总额持续增长，占江苏省服务贸易进出口总额的1/4；大力推进优势产业“走出去”和资本国际化，2014年新增境外投资总额和对外承包工程新签合同额均列江苏省首位。第二届夏季青年奥林匹克运动会于2014年8月16日至28日在南京举行。

南京都市圈

南京都市圈地处长三角和皖江结合区域，以南京为中心，包括南京、镇江、扬州、淮安、芜湖、马鞍山、滁州、宣城8个城市，地跨江苏和安徽两省，综合实力在中国都市圈中位居前列。

长江南京段江面

南京禄口国际机场

南京青奥文化体育公园

南京长江大桥

长三角区域中心城市

随着沪宁、沪杭和宁杭甬高铁通车运营，上海、南京、杭州三个长三角中心城市已形成一小时都市圈。

现代服务业中心

南京金融机构数量和资产规模在全国同类城市中处于领先地位。在“世界2013城市会议产业发展排名”中，南京成为境内举办国际性会议最多的城市之一。南京还被评为“2014最美中国榜——旅游目的地城市”。

历史文化名城

南京是中国四大古都之一，现拥有1处世界文化遗产、国家重点文物保护单位49处、4项世界级非物质文化遗产。南京积极构建文化科技、文化金融融合产业体系，打造了中国移动游戏基地、中国（南京）数字文化产业公共技术服务平台、南京文化金融服务中心等平台。

最具幸福感城市

南京推动节能减排，打造国家生态城市，生态环境质量持续改善，2013年荣获“国家森林城市”称号。南京社区卫生服务城市人口覆盖率、城市社区“10分钟体育健身圈”建设覆盖率均达100%，城乡15分钟健康服务圈也已基本形成。

南京奥林匹克体育中心

南京火车南站

国家创新型城市

南京“两院”院士数量、研发投入占GDP比重、万人发明专利拥有量、国家“千人计划”人才数、国家级科技平台数、国家科技成果奖获奖数等6项指标，在中国省会城市中位居前列。

科教中心

南京科教与人才资源在中国城市中排名第三，在校大学生和研究生总数占南京常住人口比例接近10%。科技综合实力显著增强，南京2014年全社会研发投入占地区生产总值比重近3%，科技进步对经济增长贡献率达61%，达到发达国家水平。

软件与新兴产业

南京是首个被中国工业和信息化部授予“中国软件名城”称号的城市。2014年，南京实现软件和信息服务业收入位居中国城市第四。南京着力培育的6类11大战略性新兴产业中，新型显示产业规模位居中国城市第二，智能电网产业综合实力位居中国城市首位。

创业创新

以南京高新区、新港高新园、江宁高新园“一区两园”为核心，南京加快形成创新驱动发展引领区、深化科技体制改革实验区、区域创新一体化先行区和具有国际竞争力的创新型经济发展高地。

安徽省合肥市

大湖名城　创新高地

【地理位置】

合肥，安徽省省会，地处中国中部，长江、淮河之间，是全国唯一环抱五大淡水湖之一巢湖的省会城市。因东淝河、南淝河由此发源而得名，并因隋唐明清时为庐州路、郡、府治所在而别称庐州，1952年成为安徽省省会。合肥现辖肥东、肥西、长丰、庐江4个县，1个县级巢湖市，瑶海、庐阳、蜀山、包河4个区和合肥高新技术产业开发区、合肥经济技术开发区、合肥新站综合开发试验区3个国家级开发区以及合肥巢湖经济开发区等14个省级开发区，市域总面积1.14万平方公里，常住人口770万人。

合肥承东启西、连南接北，是长三角世界级城市群副中心，加盟“长江中游城市群”，衔接“中原经济区”，以其全国重要的综合交通枢纽之地位，辐射半径500km范围内7省1市、近102万km^2、5亿人口。这一区域是中国经济实力最强、消费能力最强、发展活力最大的经济区域。

天鹅湖全景

航拍合肥体育中心

【历史沿革】

合肥历史悠久。自秦置县，至今有2200多年历史，素有“江南唇齿，淮右襟喉”和“江淮首郡，吴楚要冲”之称。人文底蕴深厚，宋代名臣包拯、晚清重臣李鸿章、台湾首任巡抚刘铭传、诺贝尔物理学奖获得者杨振宁等都是合肥人。

【生态环境】

合肥生态环境宜人。具有“城中有园、园中有城”的鲜明特色，城市绿地率40.2%，建成区绿化覆盖率45.1%，人均公园绿地面积12.5m^2，全年空气质量良好率超过300天，是国家首批命名的3个全国园林城市之一，两次荣膺“中国人居环境范例奖”。

【区位优势】

合肥区位优越。承东启西、连南接北，正在成为全国重要的区域性综合交通枢纽。现有6条铁路、7条高速公路在此交汇；随着近年铁路建设步伐的迈进，已实现1小时到南京，2小时到上海、武汉、杭州，3个多小时到北京。未来合肥还将实现6条快速铁路通道、4条电气化铁路交汇，“米”字型高速铁路网络辐射全国；年吞吐能力1200万人次的4E级新桥国际机场，有直达香港、澳门、台湾，韩国、新加坡、日本、德国的航班，到北京、上海、广州、重庆等城市的航程均不超过1个半小时；合肥水运通过巢湖直通长江，合肥新港1500吨级货船可通江达海……合肥海关已与长江三角洲地区实行了区域一体化通关。

【科教资源】

合肥科教资源丰富。合肥诞生了世界上第一台DVD和仿生洗衣机、全球首个城域量子通信试验示范网、中国第一台空调、第一辆微型汽车、第一台微型计算机、第一条纯电动公交线路……合肥是世界科技城市联盟（WTA）会员城市，作为中国四大“科教基地”之一，合肥是全国首个科技创新型试点市。

合肥拥有中科院合肥物质科学研究院等各类研发机构820家。在肥工作的两院院士72人；拥有中国科学技术大学等各类高校60所，在校大学生50余万人，科技人才比例居全国同类城市前列；合肥拥有国家大科学工程5个，是国内除北京以外大科学工程最密集的地区。

2014年，合肥国家高新技术企业数达828家，位居全国省会城市第8位。合肥高校院所和企业主持或参与的项目获得2013年度国家奖12项，为历年最多，其中获国家自然科学奖一等奖1项，填补了连续三年一等奖无人获得的空缺。连续8次蝉联全国科技进步先进市。英国《自然》杂志发布，合肥基础科研实力位居全国第三，自主创新起到了重要的“支撑发展”和“引领未来”的作用。

滨湖鸟瞰

国际会展中心

合肥大剧院

美丽巢湖

【创新发展】

协同创新平台加快建设，中科大先进技术研究院共建研发中心33个、孵化创新企业74家，清华大学合肥公共安全研究院、合工大智能制造技术研究院、中科院合肥技术创新工程院、北大未名生物经济研究院全面开建，现代显示等十大战略性新兴产业研究院转化科技成果114项。HT-7U超导托卡马克、全超导托卡马克、国家同步辐射等大批实验室植根合肥，承接稳态强磁场实验装置、托卡马克核聚变实验装置辅助加热系统等一批重大项目；公共安全、新能源汽车等十大战略性新兴产业研究院将相继建成。2014年，合肥国际智能语音产业园一期、高档数控装备研发基地、南车基地等重大项目开工建设，欣奕华智能机器人、巨一自动化等建成投产。未来，合肥将布局研发未来网，建设量子保密通信京沪干线总控中心，在美国硅谷设立办事处直接转移国际技术。合肥，正致力于打造"江淮硅谷"，向着"中国硅谷"的奋斗目标迈进，同时依托国内首个科技创新型试点市，计划用5至10年时间基本建成国家创新型城市，打造"中科智城"，未来将成为中国新的创新中心。

【产业基础】

合肥产业基础雄厚。现有35个工业行业、200多个工业门类，拥有汽车、装备制造、家用电器、电子信息等八大重点产业。合肥是重要的装备制造城，是全国最大的挖掘机、叉车、轮胎生产基地之一，重装变压器、锻压装备生产位居全国前列。合肥是家电城，汇聚了格力、海尔、美的、华凌、美菱、荣事达、三洋等一大批知名家电生产企业。合肥是汽车城，是全国汽车及零部件出口基地，是我国为数不多的全系列汽车生产基地，有江淮、安凯、昌河等知名汽车品牌，汽车配套企业200多家。新型平板显示、太阳能光伏、新能源汽车、公共安全等战略性新兴产业在全国居领先位置。

2014 年 6 月 26 日合肥的新亚欧大陆国际货运直通班列开通

京东方厂区外景

江淮汽车

【经济社会发展】

2014年，全市完成生产总值5158亿元，增长10%；规模以上工业增加值2126.6亿元，增长12.3%；财政收入880.7亿元，增长14.6%，其中，地方财政收入500.3亿元，增长14.1%；财政支出698.8亿元，增长10.8%；固定资产投资5385.2亿元，增长18.1%；社会消费品零售总额1666.8亿元，增长12.9%；进出口总额200亿美元，增长35%；外商直接投资21.8亿美元，增长15 %。主要总量指标均位居全省第1。全年，城镇常住居民人均可支配收入29348元，居全省第2位，；农村常住居民人均可支配收入14407元，居全省第4位。在全国省会城市中，主要经济指已部分进入或接近"十强"，开始步入"第一方阵"。

【愿景展望】

当前，合肥市作为"一带一路"节点城市，被党中央、国务院赋予"长三角世界级城市群副中心"、"国际化都市区"、"全国性综合交通枢纽"、"内陆开放新高地"最新定位。未来，合肥市将继续深入贯彻落实科学发展观，在省委省政府的坚强领导下，团结带领全市人民，围绕全面转型、加速崛起、富民强市主线，朝着建设长三角世界级城市群副中心阔步迈进，奋力谱写"大湖名城、创新高地"建设的新篇章。

壮美天鹅湖

浙江省衢州市

2015年，衢州市围绕打造生态屏障、建设幸福衢州，全力干好“四件大事”，创新政府工作理念，改进运行方式，抓改革、促转型、治环境、惠民生，取得较好成效。

综合实力不断增强。2014年全市实现生产总值1121亿元，增长7.4%；完成一般公共预算收入80.3亿元，增长10.4%；完成固定资产投资782.1亿元、增长16.6%，重点项目投资增长29.5%。战略性新兴产业投资增长28.5%，生产性服务业投资增长31.2%，民间投资增长21.4%；实现社会消费品零售总额503.8亿元，增长13.6%。

国际特种纸产业展会

衢州国家高新技术产业开发区揭牌

项目建设发力提速。全市掀起“大干项目、干大项目”热潮，衢宁铁路开工建设，九景衢铁路、杭新景高速、衢江航运等重大项目有序推进，杭长高铁正式通车；企业招商和资本、科技、金融对接工作不断强化，招商引资到位资金增长 13.9%；浙江中关村科技产业园、衢州海创园和“千人计划”创业园等创新平台建设加快推进，建成 11 家省级重点企业研究院。淘宝衢州馆和各县（市、区）分馆全面开通，电子商务交易额增长 94%。

绿色产业集聚区

产业发展势头良好。以产业高端化发展为导向，重点发展新材料、新能源、先进装备制造、电子信息四大战略性新兴产业，提升金属制品、特种纸、新型建材、绿色食品四大传统优势产业。积极推动工业产业的集群化、高端化和绿色化发展。特种纸、氟硅、装备制造等产业集群打下良好基础，绿色食品产业 2014 年实现产值 101 亿元，新能源、电子新材料等产业雏形已经形成，生物医药与健康、功能性新材料等产业加紧谋划提升。

慧谷工业设计基地

生态环境持续优化。全市森林覆盖率达 71.5%，水资源总量近 100 亿 m^3，乌溪江库区治出华东最好的一级地表水，获全省“五水共治”优秀市大禹鼎。治气治堵效果显著，空气优良天数提高到 288 天。入选 2014 年中国十大特色休闲城市，4A 级景区实现县（市、区）全覆盖，开化获批开展国家公园试点，江郎山被评为“美丽中国”十佳景区，龙游红木文化小镇、开化根艺小镇入围全省首批重点培育的特色产业小镇。

信安湖畔

社会保持和谐稳定。新增城镇就业 3.6 万人，全市城镇居民人均可支配收入 30583 元、增长 9.3%，农村居民人均可支配收入 15354 元、增长 11.2%。实现市内就医“一卡通”，2.5 万被征地农民参加职工基本养老保险。加快文化强市建设，衢州流动文化加油站成为全国基层公共文化服务样本，儒学文化产业园成为全省首个国家级文化产业试验园区，“杨继洲针灸”、“常山喝彩歌谣”列入国家非物质文化遗产。

活力西区

行政效能不断提升。全力推进“四单一网”建设，公布政府权力清单、责任清单，制定企业投资项目负面清单，编制市级政府部门专项资金管理清单，推进“中介超市”和“便民方舟”建设。市级执行的行政许可事项从 372 项减少到 240 项，全面取消非行政许可审批事项，创新绿色产业集聚区运行机制，实行扁平化管理、公司化运作，构建“3+2”片区服务体系。推进涉企部门力量下沉。

江苏省淮安市

淮安地处长江三角洲北部，是一代伟人周恩来的故乡，总面积1.01万km²，户籍人口560.2万人，现辖四县四区以及淮安经济技术开发区、淮安工业园区、淮安生态新城、淮安盐化新材料产业园区，拥有国家历史文化名城、国家卫生城市、国家园林城市、国家环保模范城市、中国优秀旅游城市、中国淮扬菜之乡、中国运河之都等称号。

淮安这座城市集中体现了“南北兼容”的鲜明特征：一是处于中国南北地理的分割带。地处中国秦岭淮河一线，千里淮河穿境而过。淮安以南是地理中国的南方，以北则是地理中国的北方。独特的地理环境使淮安蕴藏着丰富的矿产资源，岩盐探明储量居世界前列，凹凸棒土储量占全球50%，芒硝储量为华东之最。二是处于中国南北气候的过渡带。淮安兼有南北气候特征，四季分明、风光旖旎，水系发达、生态优良，京杭大运河、古淮河、盐河、里运河等四河穿过主城区，洪泽湖、白马湖、高邮湖、宝应湖、里下河湖区等五湖镶嵌境内，湿地资源在全国名列前茅，空气环境质量年均优良天数占比保持在85%以上，在淮安可以“白天深呼吸、晚上数星星”。独特的气候条件使淮安物产丰饶、农作物种类多样，是全国著名的商品粮基地。三是处于中国南北文化的融合带。淮安因地处南北分界和大运河的关键节点，历史上曾是“南船北马”、“九省通衢”的“运河之都”。正因如此，淮安地方文化兼具南方细腻含蓄与北方粗犷豪放的特征，是典型的以兼容并蓄、开放包容为特质的运河文化。独特的文化使淮安这座城市人杰地灵，新中国开国总理周恩来、千古名将韩信、小说大家吴承恩等众多名人以及《西游记》、《老残游记》等历史巨著均诞生于此，这里还是中国四大传统菜系之一淮扬菜的主要发源地。

5 月 23 日，省长李学勇在市委书记姚晓东陪同下，视察淮安现代有轨电车项目

富士康淮安科技城

美丽清纯洪泽湖

现代化城市综合体万达广场

中国 · 盱眙国际龙虾节万人龙虾宴

近年来，淮安积极抢抓江苏省委、省政府支持加快苏北重要中心城市建设政策机遇，经济社会保持健康较快发展势头，主要经济指标增幅连续九年位居江苏省前列，省里正式发文认定淮安以市为单位总体达到省定 2003 年版全面建设小康社会标准，新打造了国家台资企业产业转移集聚服务示范区、大学科技园等平台，开放了一类航空口岸，开启了“高铁梦”，综合实力不断迈上新的台阶。目前全市拥有各类企业4万多家，盐化新材料、特钢、电子信息、食品四大主导产业和高端装备制造、新能源汽车及零部件两大战略性新兴产业加速形成，已逐步成为江苏新兴制造业基地。未来几年是淮安科学跨越发展的关键时期，全市上下正以贯彻习近平总书记视察江苏重要讲话精神和“把周总理的家乡建设好，很有象征意义”的嘱托要求为动力，以“四个全面”战略布局为统揽，积极认识适应引领新常态，咬定“两大目标”，聚焦“五大突破”，实施“十项重点工程”，统筹推进经济、政治、文化、社会、生态文明建设和党的建设各项工作，奋力谱写“迈上新台阶，建设新江苏”的淮安精彩篇章。

实联化工（江苏）有限公司（图中水上建筑为水上办公楼，阿尔瓦罗 · 西扎在中国的唯一作品，获获 2015 年全球办公建筑设计第一名）

美丽淮安——锦绣淮城

淮安涟水机场

宁淮现代服务业集聚区南北交流展示中心

浙江省宁波市

宁波简称“甬”，历史文化底蕴深厚，“书藏古今，港通天下”是城市形象主题口号。宁波是中国东南沿海重要的港口城市，长江三角洲南翼经济中心，国家历史文化名城，是国际贸易物流港、东北亚航运中心深水枢纽港、华东地区重要的先进制造业基地、长江三角洲南翼重要对外贸易口岸、浙江海洋经济发展示范区核心。

宁波市实施“双驱动四治理”决策部署和“经济社会转型发展三年行动计划”。全年全市实现地区生产总值7610.28亿元，增长7.6%；人均生产总值（按户籍人口）130769元、（按常住人口）98362元。三次产业之比为3.62：52.30：46.43。完成地方财政收入860.61亿元，增长8.6%。实现固定资产投资3989.46亿元，增长16.6%。城镇居民人均可支配收入44155元，农村居民人均可支配收入24283元，分别增长9.2%和11%。

第六届中国国际声乐比赛（宁波）开幕式

纪念邓小平同志发表“宁波帮”指示30周年座谈会

2014年亚太经合组织（APEC）第一次高官会代表合影

“最美宁波人”评选

轨道交通 1 号线一期工程通车试运营

城市现代化、国际化、品质化实现新提升。推进“两心一轴、三江六岸”核心景观带建设，“三江六岸”滨江休闲带建设加快推进，启动中山路综合整治工程。宁波步入立体交通新时代。轨道交通 1 号线一期建成运营，铁路货运北站建成投用，南北环快速路基本建成，2 号线一期、铁路宁波站综合交通枢纽等项目稳步推进，轨道交通 3 号线一期、东苑立交快速化改造、三门湾大桥及接线、机场三期综合交通枢纽等项目开工建设。

宁波杭州湾新区升格为国家级开发区。新材料科技城、高新区“一区多园”等平台加快建设。推进综合保税区申报和象保合作区建设，南部滨海新区挂牌成立。引进共建科研机构 56 家，新增市级以上企业工程（技术）中心和研究院 177 家。全社会研究与试验发展经费支出占地区生产总值比重 2.35%。培育现代产业，海越新材料、吉利春晓整车等项目建成投产，上海大众宁波基地扩建、吉利—沃尔沃中国设计及试验中心等项目开工建设。

公共财政民生支出比重 66.3%。教育、医疗卫生与计划生育、节能环保、城乡社区支出分别增长 7.5%、10.5%、28.8% 和 22.2%。

全球最大集装箱船“中海环球”轮首航宁波

上海大众宁波基地扩建项目开工仪式

首架整机进口公务机降落宁波栎社国际机场

东钱湖梦幻水上灯会

文化礼堂建设

甬剧《筑梦》获浙江省“五个一工程”奖

各项改革和政府自身建设有效推进。实施“四张清单一张网”改革，市级部门行政权力事项精简幅度 59%，基本建设项目联审联办机制实现常态化运作。加强城市精细化管理，获评“中国十佳户外广告管理示范城市”。

江苏省常州市

2014年，常州市紧紧围绕主题主线，全力做好稳增长、调结构、促改革、重生态、惠民生各项工作，经济社会保持了持续稳定发展的良好势头。

经济发展稳中有进。全市实现地区生产总值4901.87亿元，比上年增长10.1%。完成公共财政预算收入433.88亿元，增长6.1%。实现固定资产投资3310.05亿元，增长16.1%，其中工业投入1680亿元，增长11%；服务业投入1622亿元，增长22.2%。完成规模以上工业增加值2460.44亿元，增长11.4%；实现社会消费品零售总额1804.19亿元，增长13.1%。

重大项目实现突破。积极开展“重大项目突破年”活动，共引进100亿元或10亿美元项目2个，50亿元或5亿美元项目8个。成功引进了东风、北汽、众泰等3个汽车整车项目，圆了常州多年未实现的汽车整车梦；总投资超过70亿元的博盈斯太尔发动机项目成功落户并实现首台样机下线；新誉集团与庞巴迪合作的飞机改装项目进展顺利，威翔航空通用飞机制造项目落户我市。省、市重点项目累计完成投资707亿元。

转型创新取得实效。大力实施“三位一体”工业经济转型升级战略，十大产业链完成产值3500亿元，增长12%，占规模以上工业比重超过31%；130项“双百”重点项目完成投资210亿元，120家“双百”龙头骨干企业完成产值4700亿元，增长12%；构建了13家领军型创新企业、116家科技上市后备企业和986家高新技术企业组成的创新型企业集群。“龙城英才计划”签约引进领军型创新创业人才155人，连续14年荣获“全国科技进步先进市”称号，成为国家知识产权示范城市，常州科教城蝉联中国最佳创业园区第二名并成为国家级两化深度融合试验区。

城乡环境不断优化。城乡基础设施加快建设，常溧高速公路、122省道、238省道常州段、金武路、延政路西延等工程加快实施，地铁1号线开工建设，青洋路高架北延、沪蓉高速青龙互通建成通车，桃园路、新堂北路、河海东路等城市道路改造工程竣工投用。生态绿城建设和国家森林城市创建工作取得实效，实施“增核”9600亩、“扩绿”17000亩、“联网”400公里。国家级节水型城市创建顺利通过验收。信息基础设施日趋完善，无线综合覆盖率达98%，覆盖全市的4G通信网络已全面建成。全市所有乡镇建成电气化镇。生态文明建设扎实推进，2517个生态文明工程项目基本完成。

改革开放迈出新步。重点推进简政放权、健全完善现代市场体系、国企国资改革、金融改革创新、深化财税体制、开放型经济体制等方面的改革，不断激发市场主体的活力和动力。推进工商登记和组织机构代码等制度改革，实行“先照后证、证照联办”，新批私营企业和个体工商户分别增长35.5%和15.1%。

人民生活持续改善。城乡居民人均可支配收入分别增长8.8%和10.8%，城镇新增就业13.5万人，扶持创业6500人。连续第10年提高企业退休人员基本养老金。养老事业加快发展，新增养老床位1671张，总数达3万张。新开工建设各类保障房22447套(户)，发放住房公积金政策性低息贷款57亿元；完成“三改”户数3152户。教育质量稳步提升，中职学生对口单招本科达线率连续15年名列全省第一，高考本二以上录取率达70%，居全省前列。卫生事业加快发展，市一院综合病房大楼和市七院门急诊病房大楼投入试运行，市妇保院、市一院钟楼院区启动建设，各辖市区均创成省级慢性病综合防控示范区，城市居民在社区卫生服务机构门诊就诊比例达50%，农村居民县域内就诊率达85%。文化事业繁荣发展，中国大运河(常州段)成为世界文化遗产，“文化100”、“四个演”、“社区天天乐”等文化活动全年超7000场次，观众超300万人次。体育事业蓬勃开展，我市在第18届省运会中获得的金牌、奖牌和总分均位居全省前列。

南京市旅游委

南京市旅游委员会承担全市旅游发展战略的研究制定和组织实施，全市旅游资源的规划、开发、利用和保护，全市国内、入境和出境旅游市场开发战略的制定和组织实施，全市旅游行业的指导和管理，市属公园具体事务管理等主要职责。近年来，南京旅游产业转型升级发展，乡村旅游蓬勃发展，智慧旅游引领全国，旅游服务质量有效提升，旅游知名度不断提高。

都市圈城市旅游局（委）领导与兰州旅游局领导合影

兰州活动现场

2014 年，全市旅游工作紧抓“办好青奥会、建设新南京”战略机遇，围绕建设世界著名文化休闲旅游胜地的目标，在服务保障青奥大局中贯穿旅游产业转型升级、旅游服务品质提升两条主线，较好地完成了年初既定目标和工作任务。全市旅游总收入首次突破 1500 亿元（1520.8 亿元），同比增长 11.8% 接待境内外游客 9475.9 万人次，同比增长 8.6%。呈现出“国内游稳定增长，入境游逐步回升，出境游快速发展”的格局，国内旅游收入 1470.0 亿元，同比增长 11.6%，接待国内游客 9419.3 万人次，同比增长 8.6%；旅游外汇收入 5.5 亿美元，同比增长 19.7%；接待入境过夜旅游者 56.6 万人次，同比增长 9.2%；出境旅游者达 67.3 万人次，同比增长 24.0%。南京被新华网评为“2014 最美中国榜——10 大旅游目的地城市”，荣获中国旅游大会“年度智慧旅游城市”大奖。市旅游委被全国青年文明号活动组委会评为“突出贡献青年文明号活动组织单位”。

南京青奥村

银川活动现场

自牵头成立"南京都市圈旅游专业委员会"以来，围绕推广都市圈旅游品牌产品、提升都市圈旅游吸引力和影响力为目标，南京整合都市圈优秀旅游资源，依托各类合作平台，开展旅游联合促销，推广精品旅游线路，区域协作效应不断扩大，旅游合作水平不断提高。近年来，组织部分会员城市旅游局及景点景区、旅行社等旅游企业代表，组成联合促销团走进云贵地区、东三省、新疆、西北等地区，分别举办旅游产品说明会，活动引起了当地旅游界、新闻界的广泛关注，取得了显著成果。今后，将继续牵头组织区域城市联手推介旅游，不断充实传统区域观光类产品，开展区域城市间旅游互动，共同引导和推动客源流动。同时，积极利用新媒体营销推广都市圈旅游，不断提升南京都市圈旅游产品的市场竞争力，努力促进南京都市圈旅游一体化发展。

形象导游员推介

淮安市旅游局

矢志上水平，浓墨写新篇 2015全市旅游亮点工作回眸

春华秋实又一年，砥砺奋进写新篇。风光旖旎、日新月异的淮安大地，旅游，是扮靓城市的绚丽风景线。“把周总理的家乡建设好，具有象征意义。”习总书记的殷切嘱托犹记心间，淮安旅游人又奋力走过沉甸甸的2015年。新起点，新跨越，建好总理家乡，建成苏北重要中心城市，打造苏北文旅商贸中心，筑牢4+3现代服务业的旅游基础，旅游人的担当，义无反顾。

回眸2015，在市委市政府的坚强领导下，定位“打造重要支柱产业”，突出顶级品牌创建、龙头景区打造，突出亮点活动策划、群众满意提高，一年来，里运河文化旅游度假区、白马湖生态旅游度假区、西游记文化旅游区获评全国优选旅游项目，周恩来故里景区跻身全国最高等级5A级景区，“游在淮安”唱响海内外旅展，淮扬美食飘香台湾，古镇码头荣膺全国特色景观旅游名镇，多媒体综合营销推广获评全省“旅游+互联网”模式创新优秀项目，周恩来故里清风行入选省级廉政文化旅游专线……而回眸全年，百车万人春游淮安、金牌旅游小吃民间选拔大赛、清江浦开埠600周年纪念，里运河水上夜游线开通，国庆黄金周34项旅游节庆集锦，贯穿全年的特色旅游活动，见证着“游在淮安”吹响的铮铮号角，在推动新起点上新跨越的“上水平”之年，共同书写着浓墨重彩的旅游新篇。

省政府许津荣副省长首次旅游工作调研就选在了淮安，勉励淮安打造成为“江苏旅游永续生力军”

全省旅游工作交流会、苏北入境游工作座谈会、全省旅游统计座谈会先后在淮安召开，省旅游局秦景安局长3次来淮调研，带动帮扶淮安旅游发展

市委姚书记：打造淮安成为华东地区重要旅游目的地。在“上水平”之年，旅游书写浓墨重彩一笔

周恩来纪念馆

打造龙头景区，产业质态提升

全年续建、新建重点旅游项目43个，突出“一河一湖一园一线”（即加快里运河文化旅游度假区、白马湖生态旅游度假区、西游记文化旅游区建设，整合推出以乡村旅游为特色的自驾游线路），计划总投资122.52亿元，预计全年实际投资超140亿元。

全国优选旅游项目：里运河文化旅游度假区、白马湖生态旅游度假区入选全国优选旅游项目，西游记入选储备项目，享有国家旅游局和兴业等9大银行在贷款、贴息方面的优先支持。项目同时为“全市十大重点项目”和省重点项目。

金牌旅游小吃大赛

淮台美食

淮安金牌小吃选拔大赛颁奖仪式

创建重大品牌，对外影响扩大

国家5A级景区：周恩来故里旅游景区率先实现苏北5A“零”的突破，创成全国顶级旅游品牌，成为国内精品旅游景区的标杆，代表着全国旅游景区的最高等级荣誉，成为一张新的闪亮城市名片。

国家4A级景区：新四军刘老庄连纪念园、洪泽湖古堰景区通过4A级景区验收。金湖尧帝古城创成国家3A级旅游景区，南水北调洪泽水利枢纽景区成为2A级旅游景区。天泉湖、老子山争创国家级旅游度假区。

全国特色景观旅游名镇：淮阴区码头镇被住房和城乡建设部、国家旅游局评为第三批全国特色景观旅游名镇。

省级乡村旅游区：清浦古庄牛生态休闲庄园、洪泽中国传统村落龟山成为3星级乡村旅游区，盱眙三河农场获批2星级乡村旅游区。

省首批乡村旅游创新项目：盱眙中澳乐博园获评省首批乡村旅游创新项目。

策划特色活动，客源市场拓展

“大运河旅游推广月”带动运河旅游，举办清江浦开埠六百周年纪念暨里运河水上夜游线开通仪式、大运河美食推介展销会，反响强烈。

国庆黄金周34项特色旅游节庆，形式多样，内容丰富，吸引逾200万人次畅游淮安。

南京百车万人春游淮安，带动宁淮旅游市场火爆。

金牌旅游小吃（面条类）民间选拔大赛，炒热本地美食，带火本地游市场。

寻味江苏——台湾美食交流，淮扬美食叫响台湾，掀起美食风暴。

周恩来故里清风行入选省级廉政文化旅游专线，在全省7条专线中位列第一。

“美图美景大栏目、微博微信大友圈”，多媒体多平台联合发力，丰富传播形式，提升旅游知名度。

《大圣归来》由西游集团参与出品，成为国产动画电影票房冠军，获多项大奖，有力宣传淮安。

初步统计，2015年预计全市接待游客2320万人次，同比增幅11.2%，旅游总收入266亿元，增幅13.1%。

完善公共服务，旅游环境优化

旅游厕所工程：新改建旅游厕所67座，推动“厕所革命”

交通标志标牌工程：3A级以上景区在高速出入口、国省干道、城区重要道路、交通节点设置更换引导标牌。

景区通达工程：提升景区外部交通可进入性，策划里运河循环观光线路，设置旅游线路公交站点、更换老旧站牌。

游客满意度提升工程：结合“五城同创”，开展旅游景区及周边环境专项整治。

深化互联网+，创新驱动引领

淮安互联网+旅游行动计划出台，落实国家首届“旅游+互联网”大会精神，推动创新发展。

免费WiFi覆盖，在重点景区设置60多个免费WiFi点，旅游便民惠民。

推广官方微信，推出APP，图文并茂，获各界好评。

旅游电子触摸屏实现3A级以上景区及游客集中场所全覆盖，完善公共服务。

与同程旅游签署 “互联网+”战略合作框架协议，构建旅游“互联网+目的地”。

多媒体综合营销推广获评全省“旅游+互联网”模式创新优秀项目。

师苑国旅成为全省“旅游+互联网”示范单位。

里运河文化长廊拜月仪式

“我为淮安旅游”点赞标识牌

周恩来纪念馆

宣城市旅游发展委员会

"山水诗乡、多彩宣城"！

宣城是中国优秀旅游城市、中国文房四宝之城、中国扬子鳄之乡、皖南国际文化旅游示范区核心区、南京都市圈成员城市。2014年，宣城市以文化旅游发展提升年活动为抓手，锐意进取，不断创新，全市旅游业继续保持平稳、较快发展的良好态势。全年实现接待国内外游客1811.5万人次，同比增长14.1%，旅游总收入138.1亿元，同比增长15.24%。宣城市抢抓皖南国际旅游文化示范区建设的历史机遇，努力建设国际性旅游目的地城市。

一、发展信心进一步坚定

市委、市政府高度重视全市文化旅游产业发展，成立了高规格的文化旅游产业发展领导小组，设立了市文化旅游产业发展办公室，与市旅游发展委员会合署办公，负责全市文化旅游产业统筹协调推进。市委出台《关于加快文化旅游产业发展的决定》、《宣城市实施文化旅游产业八大工程三年行动计划》，共排出128个重点项目，总投资540亿元。

宣酒文化园

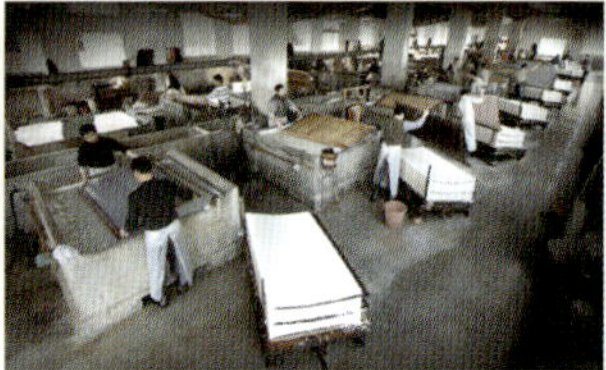

宣纸文化园

江村

龙川

二、旅游项目进一步推进

宣城市以《宣城市"文化旅游发展提升年"活动实施方案》为抓手，全力推进项目建设。市本级金梅岭、中国鳄鱼湖、新港生态湖、敬亭湖宾馆、宣州昆山湖旅游度假区、郎溪高塘梅园项目、宁国青龙湾原生态旅游示范工程、泾县桃花潭畔文化商业街、绩溪徽博园、旌德黄山东线生态旅游产业园区等项目，有序推进。2014年确定了30个市委市政府重点调度项目，计划总投资35.8亿元，已开工项目20个，正在进行前期准备的10个，已完成投资26.7亿元。

三、景区创建进一步加强

举办了全市旅游景区创建培训班，加强全市景区创建培训指导。中国鳄鱼湖、夏霖景区成功创建国家4A级景区；敬亭山文化旅游度假区、大桃花潭景区5A创建工作已全面启动。按照"三线四边"整治要求，建立全市景区周边环境治理工作台账，组织开展工作督查。

查济

敬亭山

桃花潭

太极洞

中国鳄鱼湖

四、宣传营销进一步提升

宣城市通过营销创新，整合宣传、旅游、文化、招商等部门资源，构建市县两级、全域一体的旅游营销网络。加强与皖南国际文化旅游示范区、长三角地区、南京都市圈内外部市场营销及区域合作，推动南京、上海、苏锡常开通宣城旅游“直通车”，形成旅游行政管理部门、行业协会、高端媒体和重点企业全面联动的营销机制。编制中英版《宣城旅游攻略》，开拓境外旅游市场。举办了“三月三”敬亭山民俗文化旅游月、“敬亭山诗会”等活动。成功举办安徽省自驾游大会，标志着宣城市自驾游发展已进入快车道。开通官方微信“宣城旅游”。全面修订完善企业宣传促销及地接奖励政策，切实发挥政策和资金的激励作用。

徽杭古道

五、基础配套进一步完善

通过政府与企业共同参与的方式，投资900余万元，完成宣梅路提升工程，打通金梅路景区快速通道。完成全市旅游交通标识系统更新。出台《宣城市智慧旅游建设实施意见》，完成集群升级宣城旅游网、无线景区试点示范，宣城手机APP应用、部分重点景区4G基站建设等工作。在宣城高速服务区出入口、车站码头、宾馆饭店等游客集中区域设置旅游信息服务台，为游客提供更加便捷高效的旅游信息咨询服务。

2014年，宣城市先后被评为“长三角自驾旅游优秀目的地”、“安徽十大自驾游目的地”、安徽省首届自驾游大会首推目的地。安徽“川藏线”被评为2014安徽自驾游大会特别推荐线路。获得2014中国优秀旅游目的地最佳营销创新奖，长三角休闲农业与乡村旅游博览会展台优秀设计奖、优秀组织奖。徽杭古道获得“2014中国体育旅游十佳精品线路”奖等。

徐州市旅游局

近年来，徐州市旅游局在市委、市政府的正确领导和有力指导下，紧紧围绕建设区域旅游中心城市、培育千亿元旅游产业的目标，以开展“十百千万游客看徐州”活动为抓手，政策保障力度加大，项目建设全面发展，品牌建设成效显著，客源市场进一步开拓，市场秩序监管有力，人才队伍更加健全，基础设施不断完善，我市旅游产业的发展呈现出全面快速增长的良好势态。目前，云龙湖景区创建国家5A级景区，已通过了全国旅游景区质量等级评定委员会的景观价值评审；全市A级景区数量76家，比2010年增加了50家；乡村旅游示范点105家，比2010年增加了103家；旅游星级饭店131家，比2010年增加了82家；旅行社196家，比2010年增加了43家。新增了工业旅游示范点4家，省级旅游度假区2家，省级生态旅游示范区6家；精心打造了楚汉文化游、山水休闲游、彭祖养生游、红色经典游和宗教祈福游等精品旅游线路。一体（汉文化）两翼（云龙湖集聚区、贾汪集聚区）的“蝶型”旅游发展格局基本形成，成为带动全市旅游发展的新引擎，为增强徐州旅游的吸引力和竞争力提供了有力的支撑。

大洞山茱萸寺

艾山景区

千岛湿地景区

云龙湖

汉文化景区

窑湾古镇

盛世下扬州

扬州市旅游局

长三角年鉴/旅游篇

滁州市交通运输局

近年来，经过全市交通系统共同努力，滁州交通事业发展迅速，现已基本形成铁路、公路、水运、航空（虚拟空港）等立体综合交通运输体系。

滁州市交通运输局作为市政府主管公路、水路运输的职能部门，下属市公路局、市农村公路局、市运管处、市交通工程质监局、市地方海事（港航管理）局5个副县级事业单位及市公交公司等交通运输企业，全市交通运输系统共有在职职工10491人。

张祥安市长、汪建中副市长调研 G104 滁汉路改建工程

李明书记陪同省交通厅领导视察调研交通建设

市公路局蒋新明局长走进交通运输部第十八期交通科技大讲堂

王义成局长参加市人大常委会履职点评动员会

来安长山段安保工程全景图

来安长山段安保工程

全市公路通车里程16588公里，其中：高速公路通车里程334公里、国道159公里、省道706公里、重要县道244公里、县道1731公里。滁宁快速通道、104国道、宁洛高速公路三条快速道路不仅实现了滁州与南京无缝对接，同时也加速了滁州全面融入长三角地区的步伐。

全市持证交通执法人员1257名，通过强化行政执法“四个统一”、“六个公开”，较好地实现了依法行政、文明执法，运输市场秩序进一步规范。全市客运企业27家，客运班线613条；全市公交企业8家，运营线路80条，车辆920辆；货运企业1674家，营运车辆48167台，其中危货企业30家，车辆1193台；全市机动车维修企业726家，汽车综合性能检测站7家；全市出租车企业26家，出租车3192台，其中市直6家，出租车1357台；全市道路运输从业人员（办理从业资格证）近15万人；全年完成客运量0.86亿人，同比增长7.17%；客运周转量37.74亿人公里，同比增长5.84%；货运量2.54亿吨，同比增长10.65%；货运周转量554.99亿吨公里，同比增长12.97%。水上交通安全连续27年无责任死亡事故。

截至今年，市交通运输局先后荣获全国交通战备工作先进单位、全国春运工作先进单位、全省交通依法行政评议考核优秀单位、全市依法行政示范单位等荣誉称号，连续六届保持安徽省文明单位称号，市直机关效能考核连续获评优秀单位。

开展三线三边整治 打造畅美舒安公路

滁梁路“三线三边“示范路

长江三角洲政区示意图

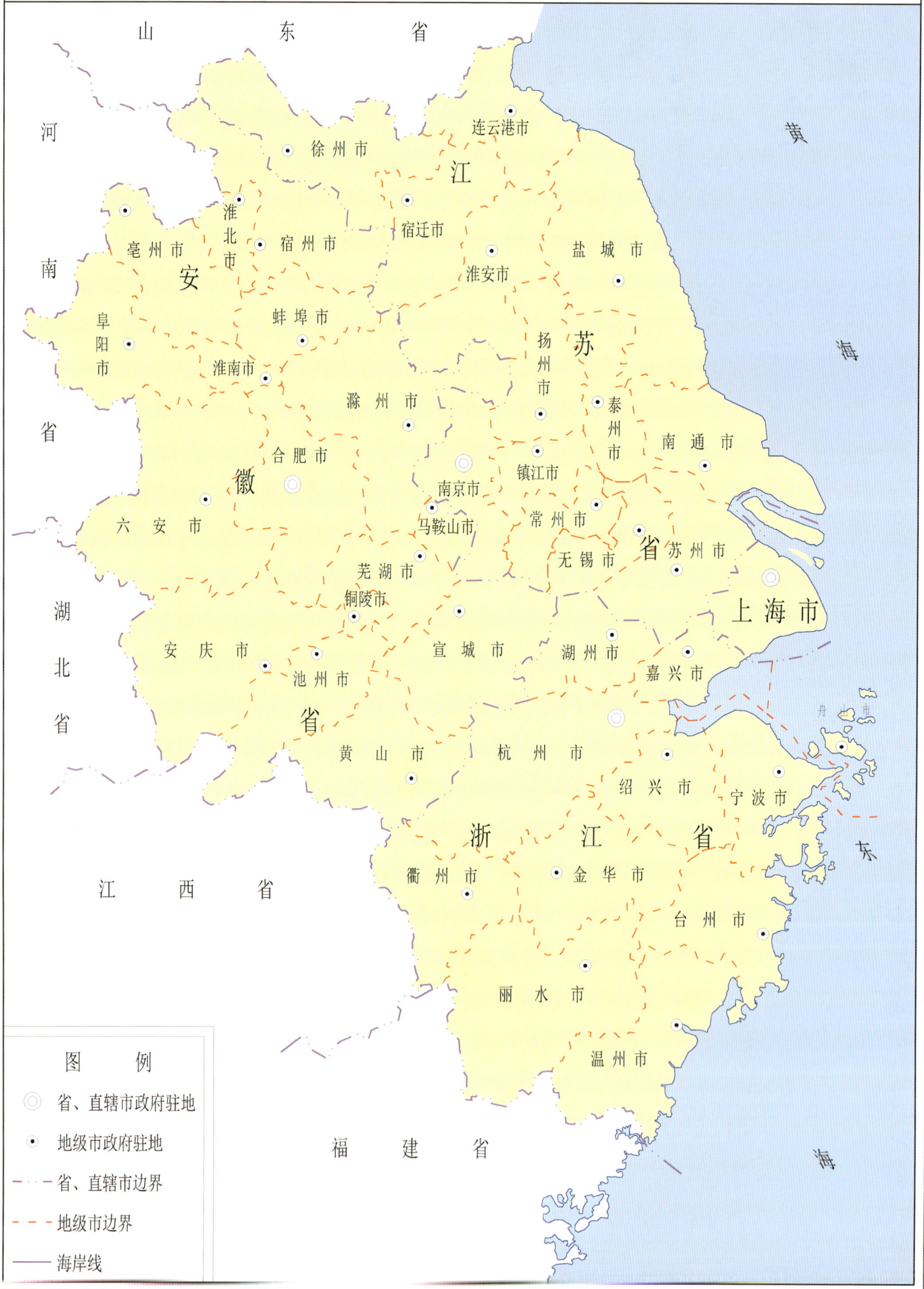

山东省
河南省
湖北省
江西省
福建省
黄海
东海

江苏省
连云港市
徐州市
宿迁市
盐城市
淮安市
扬州市
泰州市
南通市
南京市
镇江市
常州市
无锡市
苏州市

上海市

安徽省
淮北市
亳州市
宿州市
蚌埠市
阜阳市
淮南市
滁州市
合肥市
六安市
马鞍山市
芜湖市
铜陵市
宣城市
安庆市
池州市
黄山市

浙江省
湖州市
嘉兴市
舟山市
杭州市
绍兴市
宁波市
衢州市
金华市
台州市
丽水市
温州市

图例
省、直辖市政府驻地
地级市政府驻地
省、直辖市边界
地级市边界
海岸线

编 写 说 明

近年来，长江三角洲地区的发展引起了人们的广泛关注，以长江三角洲的发展为对象的研究活动正在迅速兴起。为组织和协调区域内的重要学术研究力量，进一步加强对长江三角洲地区的跟踪报道与深入研究，2005 年 12 月，由上海社会科学院、江苏省社会科学院、浙江省社会科学院共同发起和成立了“长三角联合研究中心”，以期发挥三院雄厚的专业研究力量，共同关注和研究长三角的发展问题。2014 年，根据长三角地区经济社会发展的实际，以及研究工作的需要，安徽省社会科学院也参加了中心的研究工作。《长三角年鉴》的编写和出版即为该中心的年度工作内容之一。

目前，对“长江三角洲地区”有多种不同的解释。本年鉴中使用的“长江三角洲地区”主要是指上海市、江苏省、浙江省和安徽省的全部行政区。以后随着发展的实际，参与的地区规模将有所改变。

《长三角年鉴》重点分析长三角地区年度经济社会发展的基本情况与基本成就。但在年鉴的部分内容中也使用了前几年的发展数据，主要用于说明事情发展变化的过程，便于使用者从历史变化的角度对长三角地区的发展有一个整体认识。部分数据使用了相关地区的政府工作报告和年度统计公报中的材料。

《长三角年鉴》主要开设以下栏目：长三角区域概况，重点介绍和分析本区域的自然条件与自然状况、气候与行政区划等方面的基本情况；长三角地区经济社会发展总报告，介绍和分析长三角地区总体发展情况，长三角地区三次产业结构和市县发展情况，同时对一年中上海市、江苏省、浙江省和安徽省及各省辖市经济社会发展的主要进展与主要成就进行分析和研究；长三角地区区域发展报告，重点分析和[研究一年来上海市、江苏省、浙江省和安徽省及各省轄市经济发展基本情况；长三角地区产业经济与社会发展报告，重点是从长三角整体的角度对区域内年度经济与社会发展的主要方面进行分析和总结；长三角地区经济社会发展重要指标，用经济发展数据和社会发展数据介绍、分析和研究长三角地区总体和各市县综合实力，居民收入，经济国际化水平，社会财富等；重要文献，主要介绍一年中上海市、江苏省、浙江省和安徽省政府制定和实施的重要文件；大事记。

《长三角年鉴》采用篇章编纂法编写，篇下设章，篇和章的标题分别使用不同字体和字号以示区别，篇目标明于页眉，以便于检索。

长三角联合研究中心

目 录
Content

长三角年鉴(2015)
Yangtze River Delta Yearbook 2015

第一篇

长三角区域概况

第一章　自然地理

一　上海市

上海，简称沪。位于北纬 31 度 14 分，东经 121 度 29 分。它北界长江，东濒东海，南临杭州湾，西接江苏、浙江两省。全市面积 6340.5 km^2，其中陆地面积 6218.65km^2，水面面积 121.85km^2，南北长约 120km，东西宽约 100km。上海地处长江三角洲东缘，位于我国南北海岸的中心，长江由此入海，交通便利，腹地广阔，地理位置优越，是一个良好的江海港口。

上海市全境除西南部有少数残丘外，全为坦荡低平的长江三角洲冲击平原的一部分，平均高度海拔 4m 左右。2004 年末，上海全市面积 6340.5km^2，占全国总面积的 0.06%，南北长约 120km，东西宽约 100km。其中区域面积 5299.29km^2，县域面积 1041.21km^2。上海的崇明岛是我国的第三大岛，由长江挟带下来的泥沙冲积而成。此外崇明岛面积为 1200.00km^2，长兴岛面积为 88.54km^2，横沙岛面积为 55.74km^2。

上海地区天然河港密布，多属太湖流域，主要河流有黄浦江及其支流吴淞江(苏州河)。黄浦江深约 7～9m，宽 400m 左右，全长 80.0km，苏州河宽 70—80m，全长 125.0km，其中在上海市境内的长度为 53.1km。

二　江苏省

江苏省位于我国大陆东部沿海中心、长江下游，东濒黄海，东南与浙江和上海毗邻，西接安徽，北接山东。省际陆地边界线 3383km，面积 10.72 万 km^2，占全国的 1.12%，人均国土面积在全国各省区中最少。

江苏省跨江滨海，平原辽阔，水网密布，湖泊众多。海岸线 954km，长江横穿东西 425km，京杭大运河纵贯南北 718km。乡级以上河道 2 万余条，其中列入省骨干河道名录的有 727 条。面积在 0.5km^2 以上、城市市区内湖泊、作为城市饮用水水源的湖泊(湖荡)有 137 个，湖泊面积达 6260km^2，湖泊率为 6%，居全国之首。全国五大淡水湖，江苏得其二，太湖 2338km^2，居第三，洪泽湖 1780km^2，居第四，此外还有高宝湖、高邮湖、邵伯湖、骆马湖、微山湖等大小湖泊 290 多个，其中 50km^2 以上的湖泊 12 个。平原、水域面积分别占 69%和 17%，比例之高居全国首位。低山丘陵面积占 14%，集中分布在西南和北部。连云港云台山玉女峰是全省最高峰，海拔 625m。

三　浙江省

浙江省地处中国东南沿海长江三角洲南翼，东临东海，南接福建，西与江西、安徽相连，北与上海、江苏接壤。境内最大的河流钱塘江，因江流曲折，称之江，又称浙江，省以江名，简称“浙”。省会杭州。

浙江省东西和南北的直线距离均为 450km 左右，陆域面积 10.18 万 km^2，为全国的 1.06%，是中国面积最小的省份之一。

浙江地形复杂，山地和丘陵占70.4%，平原和盆地占23.2%，河流和湖泊占6.4%，耕地面积仅208.17万公顷，故有“七山一水两分田”之说。地势由西南向东北倾斜，大致可分为浙北平原、浙西丘陵、浙东丘陵、中部金衢盆地、浙南山地、东南沿海平原及滨海岛屿等六个地形区。省内有钱塘江、瓯江、灵江、苕溪、甬江、飞云江、鳌江、京杭运河(浙江段)等八条水系；有杭州西湖、绍兴东湖、嘉兴南湖、宁波东钱湖四大名湖及人工湖泊千岛湖。

浙江位于我国东部沿海，处于欧亚大陆与西北太平洋的过渡地带，该地带属典型的亚热带季风气候区。浙江大陆总面积10.18万km^2，境内地形起伏较大，浙江西南、西北部地区群山峻岭，中部、东南地区以丘陵和盆地为主，东北地区地势较低，以平原为主；全省大陆面积中，山地丘陵占70.4%，平原占23.2%，河流湖泊占6.4%。浙江海岸线全长2253.7km，沿海共有2161个岛屿，浅海大陆架22.27万km^2。

四 安徽省

安徽大地，既兼跨中国大陆南北两大板块，又位近欧亚大陆板块与北太平洋板块的衔接之处，无论是地质发育历史、地层发育、岩浆活动、地壳变质，还是构造活动，构造体系，多处多有所别，尤其是南北差异明显，矿产种类较多。地貌类型比较齐全，既有山地、丘陵，又有台地、平原。各类型所占比例，对生产来说，比较适当。山地、丘陵、台地、平原面积分别占全省土地总面积的15.3%、14.0%、13.0%、49.6%(其余8.1%为大水面)，极有利于以农耕为主的农、林、牧、渔、副各业的全面发展。境内河流众多，河网密布。流域面积在100km^2以上的河流共300余条，总长度约1.5万km。自北向南依次属淮河、长江、钱塘江3大水系。淮河干流和长江干流自西向东横穿全省，钱塘江发源于安徽南部山区。在安徽省境内，淮河干流属中游河段，长江干流属下游河段，钱塘江属上游河段。大小湖泊有580多个，总面积35万公顷。其中，0.67万公顷(10万亩)以上的大型湖泊14个，666.7公顷(万亩)至0.67万公顷(10万亩)的中型湖泊37个。湖泊主要分布于长江、淮河沿岸，其中长江水系湖泊面积25.3万公顷，占安徽全省湖泊总面积的70%左右；淮河水系湖泊面积9.7万公顷，占安徽全省湖泊总面积的30%左右。安徽省地处暖温带和亚热带的过渡地区，具有地形复杂，成土母质多样，水热条件变化大的特点，加上农耕历史悠久，导致了土壤类型多种多样。根据1979年开始的第二次土壤普查资料，安徽省共有5个土纲，8个亚纲，13个土类，34个亚类，111个土属，218个土种。5个土纲分别是铁铝土纲、淋溶土纲、潴育土纲、半水成土纲和人为土纲。13个土类分别是红壤、黄壤、黄棕壤、黄褐土、棕壤、石灰(岩)土、紫色土、石质土、粗骨土、山地草甸土、砂姜(礓)黑土、潮土和水稻土。土地总面积约13.96万km^2，占中国土地总面积的1.45%，位居全国各省、市、自治区的第二十二位。安徽省地处于中国南北方的过渡之处，气候上的南北过渡特征十分明显，且地貌类型多样，山地、丘陵、平原岗地兼备，自然环境复杂多样，从而使植物和动物资源十分丰富而多样。

第二章　气　　候

一　上海市

上海属北亚热带季风性气候，四季分明，日照充分，雨量充沛。上海气候温和湿润，春秋较短，冬夏较长。2014 年，全年平均气温 18.1℃，极端最高气温 38.0℃，极端最低气温 －4.6℃，蒸发量 941.4mm，日照 1929.6 小时，降雨量 1158.1mm，蒸发量 941.4mm，降雨日 114.0 天，无霜期 296.0，晴天天数 104.0。全年 50%左右的雨量集中在 5 至 9 月的汛期，汛期有春雨、梅雨、秋雨三个雨期。

二　江苏省

江苏省位于亚洲大陆东岸中纬度地带，属东亚季风气候区，处在亚热带和暖温带的气候过渡地带。江苏省地势平坦，一般以淮河、苏北灌溉总渠一线为界，以北地区属暖温带湿润、半湿润季风气候；以南地区属亚热带湿润季风气候。江苏东临黄海，地处长江、淮河下游，海洋对江苏的气候有着显著的影响。在太阳辐射、大气环流以及江苏特定的地理位置、地貌特征的综合影响下，气候呈现四季分明、季风显著、冬冷夏热、春温多变、秋高气爽、雨热同季、雨量充沛、降水集中、梅雨显著、光热充沛、气象灾害多发等特点。

江苏省年降水量为 715～1280mm，江淮中部到洪泽湖以北地区降水量少于 1000mm，以南地区降水量在 1000mm 以上，降水分布是南部多于北部，沿海多于内陆。与同纬度地区相比，江苏省雨水充沛，年际变化小，年降水变率在 12%～24%之间。夏季 6 月和 7 月间，受东亚季风的影响，淮河以南地区进入梅雨期，梅雨期降水量常年平均值大部地区在 250mm 左右，一般在江淮梅雨开始之后的一周左右，江苏省淮北地区进入“淮北雨季”，此时往往是全省暴雨频发，强降水集中的时段。

三　浙江省

浙江省受东亚季风影响，冬夏盛行风向有显著变化，降水有明显的季节变化。由于浙江位于中、低纬度的沿海过渡地带，加之地形起伏较大，同时受西风带和东风带天气系统的双重影响，各种气象灾害频繁发生，是我国受台风、暴雨、干旱、寒潮、大风、冰雹、冻害、龙卷风等灾害影响最严重地区之一。

浙江气候总的特点是：季风显著，四季分明，年气温适中，光照较多，雨量丰沛，空气湿润，雨热季节变化同步，气候资源配制多样，气象灾害繁多。浙江年平均气温 15℃～18℃，极端最高气温 33℃～43℃，极端最低气温－2.2℃～－17.4℃；浙江省年平均雨量在 980～2000mm，年平均日照时数 1710～2100 小时。

四 安徽省

（一）季风明显，四季分明

安徽省各地四季分明，“春暖”，“夏炎”，“秋爽”，“冬寒”的气候明显。若按候平均气温划分四季，候平均气温<10℃为冬季、>22℃为夏季，10℃～22℃之间为春秋，全省各地四季分配大致是：春秋各2个月，夏冬各4个月，冬夏长，春秋短。因南北气候差异明显，淮北冬长于夏，江南则夏长于冬。季节的开始日期，春夏先南后北，秋冬先北后南，前后约差5—15天，春季差别最大，夏季差别最小。

（二）气候温和，雨量适中

安徽省年平均气温在14℃～17℃之间，属于温和气候型。冬季1月平均气温在－1℃～4℃之间，夏季7月平均气温为28℃～29℃左右，年较差各地小于30℃，所以大陆性气候不明显。除少数年份外，一般寒期和酷热期较短促。全省年降水量在750～1700mm之间，有南多北少，山区多、平原丘陵少等特点。淮北一般在900mm以下，江南、沿江西部和大别山区在1200mm以上，1000mm的等雨量线横贯江淮丘陵中部。山区降水一般随高度增加，黄山光明顶年平均雨量达2300mm。从全国降水量分布图上看，安徽省雨量比较适中，一般年份都能满足农作物生长发育的需要。

（三）春温多变，秋高气爽

4、5月是冬季风向夏季风转换的过渡时期，南北气流相互争雄，进退不定，锋面带南北移动，气旋活动频繁，天气气候变化无常，因此，时冷时暖、时雨时晴是全省春季气候的一大特色。春季气温上升不稳定，日际变化大，春温低于秋温，春雨多于秋雨。3、4、5三个月降水量约占全年降水量的20—38%，自北而南增大。江南雨季来得早，全年雨量集中期在4、5、6三个月，沿江西部、屯溪、祁门一带春雨甚至多于夏雨。春温低、春雨多，特别是长时间的低温连阴雨，对早稻及棉花等春播作物的苗期生长不利。秋季，除地面常有冷高压盘据外，高空仍有副热带暖高压维持，大气层结比较稳定，秋高气爽，晴好天气多。

秋季9—11月降水量只占全年降水量的15—20%左右，南北差异不大。因此，安徽省各地常出现夹秋旱和秋旱。少数年份，在夏季风撤退和冬季风加强过程中，气旋、锋面，带来的秋风秋雨，对秋收秋种不利。

（四）梅雨显著，夏雨集中

梅雨期最长为(1954年)达57天，梅雨量超过正常年份降水量的1～2倍，发生了百年不遇的洪涝灾害。1958、1959、1966、1967、1978和1994等年，由于梅雨期很短或者空梅，造成了严重干旱乃至百年未见的大旱。可见梅雨量的多寡与安徽省旱涝灾害及农业生产的关系极大。

第三章　自然资源

一　上海市

上海基本上无一次常规能源，煤、石油、水力的储藏和生产，所需的能源都要靠其他省市的支援。但是，上海具有一定数量和较高质量的“二次能源”生产，产品主要是电力、石油制品、焦煤和煤气（包括液化石油气）。其他可以利用开发的能源还有沼气、风能、潮汐及太阳能。

上海全市面积6340.5km^2，占全国总面积的0.06%，耕地面积24.57万公顷。南北长约120km，东西宽约100km。其中区域面积5299.29km^2，县域面积1041.21km^2。境内辖有崇明、长兴、横沙三个岛屿，其中崇明岛面积1041.21km^2，是我国的第三大岛。区域土地总面积根据上海市土地利用现状调查结果为7945.58km^2。其中，长江水面面积1106.98km^2，占13.93%。扣除沿海滩涂等未利用土地和长江水面面积的全市陆域土地总面积为6377.10km^2。

上海地区河湖众多，水网密布，水资源丰富，是著名的江南水乡，水面积占全市总面积的11%。上海河网大多属黄浦江水系，黄浦江源自太湖，全长113km，流经市区，江道宽度300—770m，平均360m。黄浦江江宽水深，终年不冻，是上海的水上要道。全市年水资源总量27亿m^3，人均占有量200m^3。

上海滨临东海，有丰富的水产资源，据统计，东海、黄海的水产资源有700多种。此外，上海地处长江口，这里江面宽阔，海淡水交汇，是鱼类索饵、繁殖、栖息的场所，有各种鱼类108种，其中经济鱼类有20多种。上海有众多的天然湖泊，螺蚬蚌等底栖生物资源比较丰富。稠密的水网，为淡水养殖提供了良好的条件。

二　江苏省

全省耕地面积6875万亩，人均占有耕地0.86亩。沿海未围滩涂面积5001.67km^2，约占全国滩涂总面积的1/4，居全国首位。江苏是著名的“鱼米之乡”。农业生产条件得天独厚，农作物、林木、畜禽种类繁多。粮食、棉花、油料等农作物几乎遍布全省。种植利用的林果、茶桑、花卉等品种260多个，蔬菜80多个种类、1000多个品种，江苏蚕桑闻名全国，名茶有“碧螺春”等。

水资源：江苏地处江、淮、沂沭泗流域下游和南北气候过渡带，河湖众多，水系复杂，特殊的地理位置和水系特点，给江苏带来丰富的水资源优势。江苏省本地水资源量321.6亿m^3；多年平均过境水量9492亿m^3，其中长江径流占95%以上。

矿产资源：本省地跨华北地台和扬子地台两大地质构造单元，有色金属类、建材类、膏盐类、特种非金属类矿产是江苏矿产资源的特色和优势。目前已发现的矿产品种有133种，探明资源储量的有68种，其中铌钽矿、含钾砂页岩、泥灰岩、凹凸棒石粘土、二氧化碳气等矿产查明资源储量居全国前列。

生物资源：本省野生动物资源为数较少，鸟类主要是野鸡、野鸭，沿海有丹顶鹤、白鹤、天鹅等珍稀飞禽，沿海地区还建有世界上第一个野生麋鹿保护区。植物资源非常丰富，约有850多种，尚有可利用和开发前途的野生植物资源600多种。全省渔业资源丰富。沿海有吕四、海州湾、长江口、大沙等四大渔场，盛产黄鱼、带鱼、鲳鱼、虾类、蟹类及贝藻类等水产品。内陆水面有4000多万亩，养殖面积1140万亩，河蟹、虾类、河豚等养殖闻名全国。被称为"长江三鲜"的鲥鱼、刀鱼、河豚和"太湖三白"的白鱼、银鱼、白虾，都是水中珍品。

森林资源：通过大力植树造林和森林资源保护管理，本省森林面积、蓄积和森林覆盖率持续快速增长，2014年林地面积达2915万亩，活立木总蓄积达8760万m^3，林木覆盖率提高到22.2%。

湿地资源：江苏湿地资源丰富。江苏省湿地总面积为4230万亩，其中自然湿地2917万亩，人工湿地1313万亩。湿地的分布，沿海以近海与海岸湿地为主，苏南以湖泊、河流、沼泽类型为主，里下河地区以河流湖泊为主，苏北以人工输水河与运河为主。

三　浙江省

（一）森林资源

最新完成的五年一次森林资源清查于2005年12月正式对外公布结果。清查显示，浙江省现有林地面积667.97万公顷，其中森林面积584.42万公顷。森林覆盖率为60.5%。活立木总蓄积1.94亿m^3，其中森林蓄积1.72亿m^3。森林面积中，乔木林面积420.18万公顷，竹林面积78.29万公顷，国家特别规定灌木林面积85.95万公顷。森林按起源分，天然林面积316.98万公顷，人工林面积267.44万公顷。毛竹总株数16.61亿株。经济林面积112.52万公顷。乔木林中，针叶林、阔叶林、针阔混交林的面积比为61∶29∶10，乔木林（不包括乔木经济林）单位面积蓄积量为43.76m^3/公顷，其中天然乔木林40.77m^3/公顷，人工乔木林50.69m^3/公顷。乔木林单位面积年均生长量为4.16m^3/公顷，平均郁闭度0.53，单位面积平均株数1266株/公顷，平均胸径10.4cm。

浙江省的森林覆盖率、毛竹面积和株数位于全国前茅。其中竹林面积占全国的1/7，竹业产值约占全国的1/3，竹产业对发展浙江省农村经济、增加农民收入发挥了重要的作用。

通过对有关森林生态因子的调查表明，浙江省的森林群落结构比较完整，具有乔木林、灌木林、草本三层完整结构的面积占了乔木林的54.2%，只有乔木层的简单结构的面积仅占乔木林的1.5%。森林的健康状况良好，健康等级达到健康、亚健康的森林面积比例分别为88.45%和8.23%；健康等级为中等和不健康的面积比例占3.07%和0.25%。森林受各种灾害的受灾程度以轻中度为主，没有受害的森林面积占97.54%。森林生态系统的多样性总体上属中等偏上水平，森林植被类型、森林类型、乔木林龄组类型较丰富。调查还显示，全省有林地面积中，森林生态功能好、中、差3个等级的比例分别为0.37%、78.04%和21.59%。全省森林的生态功能指数为0.4628，森林生态功能总体评价属中等偏下，说明浙江省创建"绿色浙江""生态浙江"尚任重道远。

（二）海洋资源

浙江省海洋资源十分丰富，拥有海域面积约26万km^2，相当于陆域面积的2.56倍；大陆海岸线和海岛岸线长达6500km，占全国海岸线总长的20.3%；大于500m^2的海岛有3061个，占全国岛屿总数的40%；港口、渔业、旅游、油气、滩涂五大主要资源得天独厚，组合优势显著，为加快海洋经济发展提供了优越的区位条件、丰富的资源保障和良好的产业基础。

（三）水资源

浙江地形自西南向东北呈阶梯状倾斜，西南以山地为主，中部以丘陵为主，东北部是低平的冲积

平原，“七山一水两分田”是浙江地形的概貌。境内有西湖、东钱湖等容积100万m^3以上湖泊30余个，海岸线(包括海岛)长6400余千米。自北向南有苕溪、京杭运河(浙江段)、钱塘江、甬江、椒江、瓯江、飞云江和鳌江等8条主要河流，钱塘江为第一大河，上述8条主要河流除苕溪、京杭运河外，其余均独流入海。

浙江地处亚热带季风气候区，降水充沛，年均降水量为1600mm左右，是我国降水较丰富的地区之一。全省多年平均水资源总量为937亿m^3，但由于人口密度高，人均水资源占有量只有2008m^3，最少的舟山等海岛人均水资源占有量仅为600m^3。

由于独特的地理位置和气候条件，浙江历来是洪涝台旱灾害的多发地区。一是洪涝台旱等灾害交替发生，每年5、6月份梅雨集中，易成洪涝，7、8月份受太平洋副热带高压控制，容易发生干旱，8—10月份沿海地区又常受台风袭击，建国以来有30次台风在浙江登陆，造成巨大损失；二是由于江河源短流急，洪水暴涨暴落，平原地区地势低洼，河口受潮水顶托，排水不畅，洪涝台灾害造成的损失巨大；三是由于人口密度高，水资源地区分布不均，加上随着经济社会的快速发展和水污染的加剧，水资源供需矛盾日益突出。

浙江人民有着悠久的治水历史，史传大禹治水“大会诸候于会稽”，丽水通济堰、鄞县它山堰、钱塘江明清古海塘等古代著名水利工程流传至今。

(四) 矿产资源

截至2014年底，已发现固体矿产113种，已探明储量的有67种(油气未列入)，矿产地4730处(其中普通建筑用石、砂、粘土矿产3510处)。叶蜡石、明矾石探明资源储量居全国之冠，分别占全国的53%、52%。萤石、伊利石居第二位，分别占20%、39%。硅藻土名列第三，占11%。沸石第四，占10%。排列第五到第十位的有硅灰石、高岭土、珍珠岩、大理石、花岗石、膨润土等。可以满足省内需求的矿产有叶蜡石、硅藻土、水泥灰岩、熔剂灰岩、萤石、硅灰石、膨润土、明矾石、沸石、电石灰岩和建筑石料等矿产；主要依托国内供应的有煤炭、天然气、磷、硫、铅、锌、稀土等矿产；主要依赖国外供应的有石油、铁、钾盐、铜、铝等矿产。

截止2014年底，全省共有各类矿山企业4606个，开发利用矿产共71种。全省各类矿山企业采掘矿石总量3.93亿吨，年产量列前五位的矿产分别为建筑用凝灰岩、水泥用灰岩、砖瓦用粘土、建筑用砂岩和建筑用安山岩。

(五) 土地资源

根据2014年度全省土地利用变更调查结果，全省土地利用构成中，农用地面积为12961.2万hm^2，占全省土地总面积的82.0%，建设用地面积为1360.2万km^2，占8.6%，未利用地面积为1488.2万km^2，占9.4%。

2004年全省耕地面积减少94.5万km^2、增加46.8万km^2，增减相抵净减少47.7万km^2。全省减少耕地面积中，农业结构调整减少耕地50.3万km^2，占53.2%；建设占用耕地36.7万km^2，占38.8%；生态退耕6.0万km^2，占6.4%；灾毁及其他减少耕地1.5万km^2，占1.6%。全省新增耕地面积中，通过土地开发、复垦、整理新增耕地37.2万km^2，占79.5%；农业结构调整及其他新增耕地9.6万km^2，占20.5%。

年末全省耕地面积2997.9万km^2，比上年度净减少47.7万km^2；可调整土地面积116.4万km^2，比上年度净增加41.3万km^2。二者合计3114.3万km^2。扣除2014年度生态退耕和灾毁耕地面积，表明浙江省2004年度继续实现了耕地总量动态平衡。

（六）资源特色

浙江属于亚热带季风气候，气温适中，四季分明，光照充足，雨量充沛。全省多年平均水资源总量为937亿 m^3，按单位面积计算居全国第4位，但人均水资源拥有量仅2004m^3，低于全国人均水平。

浙江是我国高产综合性农业区，茶叶、蚕丝、水产品、柑橘、竹制品等在全国占有重要地位。森林覆盖率达59.4%，居全国前列。树种资源丰富，素有“东南植物宝库”之称。野生动物种类繁多，有123种动物被列入国家重点保护野生动物名录。

浙江矿产资源以非金属矿产为主。石煤、明矾石、叶蜡石、水泥用凝灰岩、建筑用凝灰岩等储量居全国首位，萤石居全国第2位。

浙江海域面积26万 km^2。面积大于500m^2 的海岛有3061个，是全国岛屿最多的省份，其中面积495.4km^2 的舟山岛为我国第四大岛。海岸线总长6486.24km，居全国首位，其中大陆海岸线2200km，居全国第5位。岸长水深，可建万吨级以上泊位的深水岸线290.4km，占全国的1/3以上，10万吨级以上泊位的深水岸线105.8km。东海大陆架盆地有着良好的石油和天然气开发前景。

浙江旅游资源非常丰富，素有“鱼米之乡、丝茶之府、文物之邦、旅游胜地”之称。全省有重要地貌景观800多处、水域景观200多处、生物景观100多处。人文景观100多处，自然风光与人文景观交相辉映，特色明显，知名度高。

四　安徽省

（一）土地资源

全省耕地422万公顷，林地329万公顷，水面105万公顷。长江、淮河分别流经安徽416km和430km，平原、丘陵、山地各占三分之一。

（二）水资源

全省水资源总量约680亿 m^3。主要河流分属淮河、长江、钱塘江三大水系，其中淮河水系6.69万 km^2（包括废黄河470km^2、复兴河163km^2），长江水系6.6万 km^2，钱塘江水系6500km^2。

（三）动植物资源

全省森林植被具有明显的从北到南的过渡特征，淮河以北属于暖温带落叶阔叶林地带，多杨、槐、桐；淮河以南属北亚热带长绿、落叶阔叶混交林地带和中亚热带长绿阔叶林地带，多松、杉、竹。

全省林业用地440.35万公顷，约占国土总面积的31.7%，与耕地面积接近。湿地面积2.9万 km^2，约占国土总面积的20%。森林总面积360.07万公顷，森林覆盖率26.06%（林木绿化率30.3%），活立木总蓄积量1.626亿 m^3。

全省野生动植物资源丰富、种类繁多。有高等植物4245种，占全国种数的14.2%，其中国家一级保护植物6种，二级保护植物25种。脊椎动物44目121科742种，占全国种数的14.1%，其中国家一级保护野生动物21种、二级保护的70种，世界特有的野生动物扬子鳄和白鳍豚就产在安徽中部的长江流域。

全省林副产品丰富，盛产苹果、梨等水果，板栗、山核桃、银杏等干果，木瓜、杜仲等木本药材以及香菇、木耳等，其中：砀山酥梨、太和香椿、金寨板栗、宁国山核桃、宣州木瓜、水东蜜枣、泾县青檀等林

副产品闻名遐迩。

（四）矿产资源

安徽省矿产种类较全，储量丰富。截至2011年全省已发现的矿种为158种（含亚矿种）。查明资源储量的矿种126种（含普通建筑石料矿种），其中能源矿种6种，金属矿种22种，非金属矿种96种，水气矿产2种。

第四章　行政区划

一　上海市

2014 年末，上海市共有 16 个区 1 个县，109 个乡镇，4122 个居民委员会和 1605 个村民委员会。

单位：个

地　区	镇	乡	街道办事处	居民委员会	村民委员会
全　市	107	2	100	4 122	1 605
浦东新区	24		12	859	371
黄浦区		10	189		
徐汇区	1		12	308	
长宁区	1		9	185	
静安区		5	72		
普陀区	2		8	251	7
闸北区	1		8	212	1
虹口区		8	226		
杨浦区	1		11	305	
闵行区	9		3	421	134
宝山区	9		3	356	107
嘉定区	7		3	165	144
金山区	9		1	89	124
松江区	11		4	206	86
青浦区	8		3	101	184
奉贤区	8		110	177	
崇明县	16	2		67	270

注：本表数据由上海市民政局提供。

二　江苏省

2014 年末江苏共有 13 个设区市，下辖 98 个县(市、区)，其中 21 个县、21 个县级市、56 个市辖区；有 839 个乡镇(其中乡 74 个、镇 765 个)，441 个街道办事处。昆山市、泰兴市、沭阳县为省直管试点市(县)。

1996年以来，经国务院批准，全省对省辖市行政区划进行了较大规模调整。1996年，扬泰分设，撤县级泰州市，设地级泰州市；淮宿分设，撤县级宿迁市，设地级宿迁市。2000年以来，全省调整了13个省辖市市区行政区划，共涉及43个县(市、区)，新设立26个区，基本解决了市县同城问题。

江苏省县级以上行政区划一览表

设区市	县(市、区)
南京市 (11区)	玄武区、秦淮区、建邺区、鼓楼区、浦口区、栖霞区 雨花台区、江宁区、六合区、溧水区、高淳区
无锡市 (6区2市)	崇安区、南长区、北塘区、锡山区、惠山区、滨湖区 江阴市、宜兴市
徐州市 (5区3县2市)	云龙区、鼓楼区、贾汪区、泉山区、铜山区 丰县、沛县、睢宁县 新沂市、邳州市
常州市 (5区1市)	新北区、天宁区、钟楼区、武进区、金坛区 溧阳市
苏州市 (5区4市)	姑苏区、虎丘区、吴中区、相城区、吴江区 常熟市、张家港市、昆山市*、太仓市
南通市 (3区2县3市)	崇川区、港闸区、通州区 海安县、如东县 启东市、如皋市、海门市
连云港市 (3区3县)	海州区、连云区、赣榆区 东海县、灌云县、灌南县
淮安市 (4区4县)	清河区、淮安区、淮阴区、清浦区 涟水县、洪泽县、盱眙县、金湖县
盐城市 (3区5县1市)	亭湖区、盐都区、大丰区 响水县、滨海县、阜宁县、射阳县、建湖县 东台市
扬州市 (3区1县2市)	邗江区、广陵区、江都区 宝应县 仪征市、高邮市
镇江市 (3区3市)	润州区、京口区、丹徒区 丹阳市、扬中市、句容市
泰州市 (3区3市)	海陵区、高港区、姜堰区 兴化市、靖江市、泰兴市*
宿迁市 (2区3县)	宿城区、宿豫区 沭阳县*、泗阳县、泗洪县

注：带“*”号的为省直管试点县(市)。

三　浙江省

浙江省 2014 年末，全省常住人口 5508 万人。辖 11 个地级市，35 个市辖区、20 个县级市、34 个县、1 个自治县（合计 90 个县级行政区划单位），434 个街道、629 个镇、244 个乡、14 个民族乡（合计 1321 个乡级行政区划单位）。

县级以上行政区划及驻地一览

杭州市（拱墅区）　9 区 2 县 2 县级市

上城区（清波街道）	下城区（文晖街道）	江干区（采荷街道）	拱墅区（拱宸桥街道）
西湖区（灵隐街道）	滨江区（西兴街道）	萧山区（北干街道）	余杭区（临平街道）
富阳区（富春街道）			
建德市（新安江街道）	临安市（锦城街道）		
桐庐县（城南街道）	淳安县（千岛湖镇）		

宁波市（江东区）　6 区 2 县 3 县级市

海曙区（鼓楼街道）	江东区（百丈街道）	江北区（中马街道）	北仑区（新碶街道）
镇海区（招宝山街道）	鄞州区（首南街道）		
余姚市（兰江街道）	慈溪市（白沙路街道）	奉化市（锦屏街道）	
象山县（丹东街道）	宁海县（跃龙街道）		

温州市（鹿城区）　3 区 6 县 2 县级市

鹿城区（五马街道）	龙湾区（永中街道）	瓯海区（娄桥街道）	
瑞安市（安阳街道）	乐清市（城东街道）		
洞头县（北岙街道）	永嘉县（北城街道）	平阳县（昆阳镇）	苍南县（灵溪镇）
文成县（大峃镇）	泰顺县（罗阳镇）		

嘉兴市（南湖区）　2 区 2 县 3 县级市

南湖区（东栅街道）	秀洲区（新城街道）	
海宁市（海州街道）	平湖市（当湖街道）	桐乡市（梧桐街道）
嘉善县（罗星街道）	海盐县（武原街道）	

湖州市（吴兴区）　2 区 3 县

吴兴区（八里店镇）	南浔区（南浔镇）	
德清县（武康镇）	长兴县（雉城街道）	安吉县（昌硕街道）

绍兴市（越城区）　3 区 1 县 2 县级市

越城区（塔山街道）	柯桥区（柯桥街道）	上虞区（百官街道）
诸暨市（暨阳街道）	嵊州市（剡湖街道）	
新昌县（南明街道）		

金华市（婺城区）　2 区 3 县 4 县级市

婺城区（白龙桥镇）	金东区（多湖街道）		
兰溪市（兰江街道）	义乌市（稠城街道）	东阳市（江北街道）	永康市（东城街道）
武义县（壶山街道）	浦江县（浦阳街道）	磐安县（安文镇）	

续表

衢州市(柯城区)　2区3县1县级市 柯城区(信安街道)　衢江区(樟潭街道) 江山市(双塔街道) 常山县(天马街道)　开化县(华埠镇)　龙游县(龙洲街道)
舟山市(定海区)　2区2县 定海区(昌国街道)　普陀区(东港街道) 岱山县(高亭镇)　嵊泗县(菜园镇)
台州市(椒江区)　3区4县2县级市 椒江区(海门街道)　黄岩区(西城街道)　路桥区(路北街道) 温岭市(太平街道)　临海市(古城街道) 玉环县(玉城街道)　三门县(海游街道)　天台县(始丰街道)　仙居县(南峰街道)
丽水市(莲都区)　1区6县1自治县1县级市 莲都区(万象街道) 龙泉市(龙渊街道) 青田县(鹤城街道)　缙云县(五云街道)　遂昌县(妙高街道)　松阳县(西屏街道) 云和县(浮云街道)　庆元县(松源街道)　景宁畲族自治县(红星街道)

行政区划变更情况

★2014年12月13日,《国务院关于同意浙江省调整杭州市部分行政区划的批复》(国函〔2014〕157号):同意撤销县级富阳市,设立杭州市富阳区,以原富阳市的行政区域为富阳区的行政区域,富阳区人民政府驻富春街道桂花路25号。

★2014年1月20日,宁波市人民政府驻地由海曙区鼓楼街道县前街61号迁至江东区福明街道宁穿路2001号;10月28日,宁波市海曙区人民政府驻地由江厦街道灵桥路229号迁至鼓楼街道县前街61号。

四　安徽省

2014年末,安徽省常住人口6082.9万人,其中城镇人口2989.7万人。辖16个地级市,43个市辖区、6个县级市、56个县(合计105个县级行政区划单位),252个街道、938个镇、306个乡、9个民族乡(合计1505个乡级行政单位。

县级以上行政区划及驻地一览

合肥市(蜀山区)　辖4个市辖区、4个县,代管1个县级市 瑶海区(明光路街道)　庐阳区(亳州路街道)　蜀山区(三里庵街道)　包河区(骆岗街道) 长丰县(水湖镇)　肥东县(店埠镇)　肥西县(上派镇)　庐江县(庐城镇) 巢湖市(卧牛山街道)
芜湖市(鸠江区)　辖4个市辖区、4个县 镜湖区(邢家山社区)　弋江区(利民路街道)　鸠江区(官陡街道)　三山区(三山街道) 芜湖县(湾沚镇)　繁昌县(繁阳镇)　南陵县(籍山镇)　无为县(无城镇)

续表

蚌埠市（蚌山区）　辖 4 个市辖区、3 个县

龙子湖区（解放街道）	蚌山区（天桥街道）	禹会区（金城社区）	淮上区（小蚌埠镇）
怀远县（城关镇）	五河县（城关镇）	固镇县（城关镇）	

淮南市（田家庵区）　辖 5 个市辖区、1 个县

大通区（大通街道）	田家庵区（公园街道）	谢家集区（平山街道）	八公山区（新庄孜街道）
潘集区（田集街道）			
凤台县（城关镇）			

马鞍山市（雨山区）　辖 3 个市辖区、3 个县

花山区（霍里街道）	雨山区（雨山街道）	博望区（博望镇）
当涂县（姑孰镇）	含山县（环峰镇）	和县（历阳镇）

淮北市（相山区）　辖 3 个市辖区、1 个县

杜集区（高岳街道）	相山区（相南街道）	烈山区（杨庄街道）
濉溪县（濉溪镇）		

铜陵市（铜官山区）　辖 3 个市辖区、1 个县

铜官山区（五松社区）	狮子山区（立新社区）	郊区（桥南街道）
铜陵县（五松镇）		

安庆市（大观区）　辖 3 个市辖区、7 个县，代管 1 个县级市

迎江区（宜城路街道）	大观区（德宽路街道）	宜秀区（大龙山镇）	
桐城市（文昌街道）			
怀宁县（高河镇）	枞阳县（枞阳镇）	潜山县（梅城镇）	太湖县（晋熙镇）
宿松县（孚玉镇）	望江县（华阳镇）	岳西县（天堂镇）	

黄山市（屯溪区）　辖 3 个市辖区、4 个县

屯溪区（昱东街道）	黄山区（甘棠镇）	徽州区（岩寺镇）	
歙县（徽城镇）	休宁县（海阳镇）	黟县（碧阳镇）	祁门县（祁山镇）

滁州市（琅琊区）　辖 2 个市辖区、4 个县，代管 2 个县级市

琅琊区（凤凰社区）	南谯区（北门社区）		
天长市（天长街道）	明光市（明光街道）		
来安县（新安镇）	全椒县（襄河镇）	定远县（定城镇）	凤阳县（府城镇）

阜阳市（颍州区）　辖 3 个市辖区、4 个县，代管 1 个县级市

颍州区（清河街道）	颍东区（河东街道）	颍泉区（中市街道）	
界首市（东城街道）			
临泉县（城关镇）	太和县（城关镇）	阜南县（鹿城镇）	颍上县（慎城镇）

宿州市（埇桥区）　辖 1 个市辖区、4 个县

埇桥区（埇桥街道）			
砀山县（砀城镇）	萧县（龙城镇）	灵璧县（灵城镇）	泗县（泗城镇）

六安市（金安区）　辖 2 个市辖区、5 个县

金安区（中市街道）	裕安区（平桥乡）		
寿县（寿春镇）	霍邱县（城关镇）	舒城县（城关镇）	金寨县（梅山镇）
霍山县（衡山镇）			

续表

亳州市(谯城区)　辖1个市辖区、3个县 谯城区(花戏楼街道) 涡阳县(城关街道)　蒙城县(城关街道)　利辛县(城关镇)
池州市(贵池区)　辖1个市辖区、3个县 贵池区(池阳街道) 东至县(尧渡镇)　石台县(仁里镇)　青阳县(蓉城镇)
宣城市(宣州区)　辖1个市辖区、5个县,代管1个县级市 宣州区(西林街道) 宁国市(西津街道) 郎溪县(建平镇)　广德县(桃州镇)　泾县(泾川镇)　绩溪县(华阳镇) 旌德县(旌阳镇)

行政区划变更情况

★ 将无为县管辖的白茆镇整建制划归芜湖市鸠江区管辖(民地字〔2014〕42号)。

★ 将五河县管辖的沫河口镇整建制划归蚌埠市淮上区管辖(民地字〔2014〕61号)。

◎ 临泉县撤销杨小街乡,设立杨小街镇(民地字〔2014〕26号)。

◎ 祁门县撤销塔坊乡,设立塔坊镇(民地字〔2014〕27号)。

◎ 宿州市埇桥区西寺坡镇更名为大泽乡镇(民地字〔2014〕28号2月11日)。

◎ 怀远县撤销找郢乡,设立白莲坡镇(民地函〔2014〕152号)。

◎ 霍邱县撤销三元乡,设立三元镇(民地字〔2014〕153号)。

◎ 太和县撤销胡总乡,设立胡总镇(民地函〔2014〕154号)。

第二篇

长三角地区经济社会发展总报告

第一章　长三角地区生产总值

2014 年，长三角地区经济发展进入新常态，从高速增长逐步转向中高速增长，发展方式从规模速度型粗放增长逐步转向质量效率型集约增长，经济结构也从增量扩能为主转向调整存量、做优增量并存的深度调整，经济发展动力正在从传统增长点转向新的增长点的过渡过程中。

一　长三角地区生产总值总体情况

2014 年，长三角地区生产发展持续增长，地区生产总值达到了 149677.80 亿元，较上年增长 8.03%，生产总值较 2008 年翻了一番。

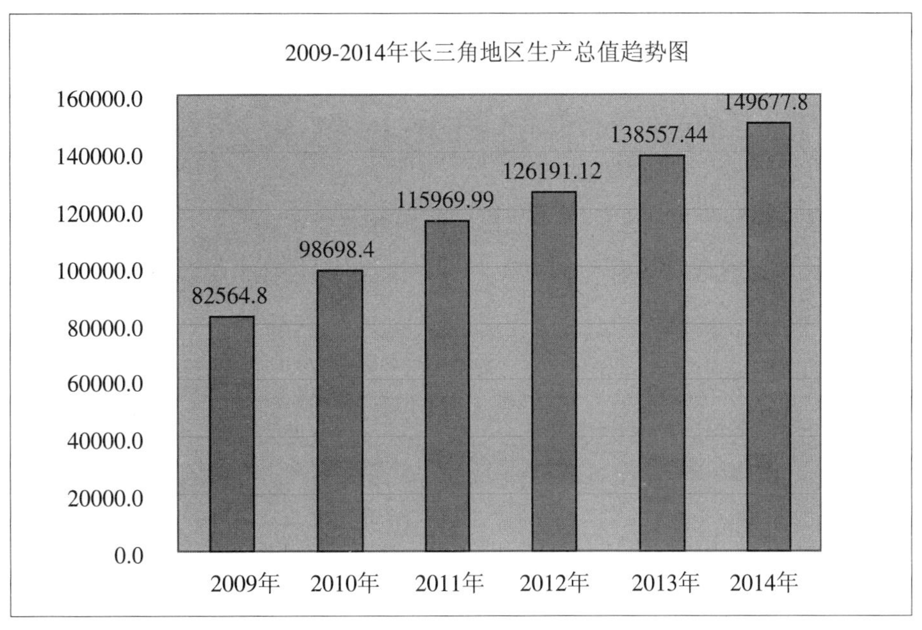

图 1　2009—2014 年长三角地区生产总值总体情况(单位:亿元)

二　上海市、江苏省、浙江省和安徽省地区生产总值情况

2014 年，长三角三省一市地区生产总值保持了中高速增长，其中江苏第一，为 65088.32 亿元，较上年增长 8.93%；浙江次之，达 40173.03 亿元，较上年增长 6.4%；上海第三，为 23567.7 亿元，较上年增长 8.01%；安徽第四，为 20848.75 亿元，较上年增长 8.42%。

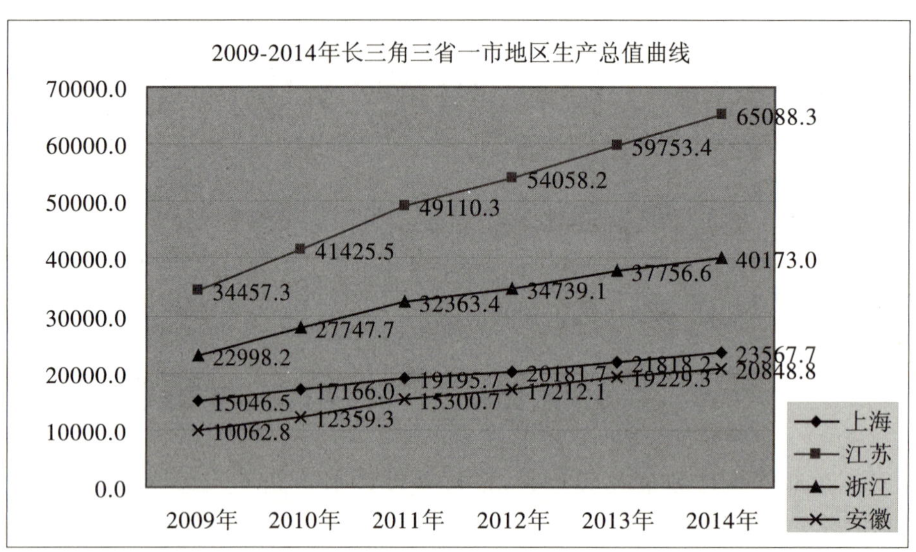

图 2　2009—2014 年上海、江苏、浙江和安徽地区生产总值情况（单位：亿元）

三　长三角地区各省辖市地区生产总值情况

2014 年，长三角 40 个地级市地区生产总值排名基本保持稳定，南京较上年上升一位。前五名依次是苏州市（13761 亿元）、杭州市（9206 亿元）、南京市（8821 亿元）、无锡市（8205 亿元）和宁波市（7610 亿元）。

表 1　2014 年长三角地区各省辖市地区生产总值情况（单位：亿元）

地区	总值	排名	地区	总值	排名
苏州市	13761	1	泰州市	3371	15
杭州市	9206	2	嘉兴市	3353	16
南京市	8821	3	镇江市	3252	17
无锡市	8205	4	金华市	3208	18
宁波市	7610	5	淮安市	2455	19
南通市	5653	6	芜湖市	2309	20
合肥市	5181	7	连云港市	1966	21
徐州市	4964	8	湖州市	1956	22
常州市	4902	9	宿迁市	1931	23
温州市	4303	10	安庆市	1544	24
绍兴市	4266	11	马鞍山市	1333	25
盐城市	3836	12	滁州市	1214	26
扬州市	3698	13	阜阳市	1189	27
台州市	3387	14	蚌埠市	1151	28

续表

地区	总值	排名	地区	总值	排名
宿州市	1141	29	亳州市	884	35
衢州市	1115	30	淮南市	789	36
六安市	1096	31	淮北市	760	37
丽水市	1052	32	铜陵市	716	38
舟山市	1015	33	池州市	517	39
宣城市	918	34	黄山市	507	40

四　长三角地区各县(市)地区生产总值情况

长三角地区包括了江苏 45 个县(市)、浙江 56 个县(市)、安徽 62 个县(市)、上海 1 个县(市)共 164 个县(市)。

各县市地区生产总值排序情况相较于 2013 年有明显变化,前十名基本排序未变,江苏有 7 个县市地区排名前十,浙江则占有 3 席。个别县市排名提前明显,其中海门市由 13 位提升至 11 位;如皋市由 17 位提前至 14 位;邳州市由 22 位提前至 18 位。

表 2　2014 年长三角地区各县(市)地区生产总值情况(单位:亿元)

地区	总值	排名	地区	总值	排名	地区	总值	排名
昆山市	3001.02	1	邳州市	684.48	18	金坛市	471.48	35
江阴市	2753.95	2	瑞安市	676.88	19	仪征市	465.06	36
张家港市	2180.25	3	泰兴市	675.84	20	永康市	459.51	37
常熟市	2009.36	4	海宁市	669.09	21	肥东县	448.51	38
宜兴市	1233.89	5	靖江市	666.19	22	扬中市	445.35	39
慈溪市	1109.41	6	兴化市	624.83	23	高邮市	445.20	40
太仓市	1065.33	7	海安县	624.14	24	句容市	440.96	41
丹阳市	1008.96	8	如东县	615.51	25	临海市	439.34	42
诸暨市	981.12	9	桐乡市	614.36	26	东阳市	439.25	43
义乌市	971.47	10	东台市	610.33	27	长兴县	438.10	44
海门市	836.50	11	富阳市	601.47	28	临安市	431.67	45
余姚市	804.36	12	沭阳县	579.96	29	玉环县	423.68	46
温岭市	797.21	13	沛　县	564.96	30	嵊州市	423.04	47
如皋市	743.64	14	肥西县	508.80	31	睢宁县	419.97	48
启东市	739.13	15	大丰市	486.70	32	宝应县	418.30	49
乐清市	724.69	16	平湖市	478.21	33	宁海县	410.14	50
溧阳市	716.29	17	新沂市	473.54	34	嘉善县	402.59	51

续表

地区	总值	排名	地区	总值	排名	地区	总值	排名
苍南县	393.60	52	凤台县	223.38	85	泗　县	145.75	118
建湖县	392.00	53	响水县	222.00	86	霍山县	145.14	119
象山县	388.08	54	宁国市	221.07	87	固镇县	144.80	120
赣榆县	376.41	55	桐城市	217.47	88	宿松县	143.35	121
射阳县	370.10	56	洪泽县	207.35	89	砀山县	142.65	122
德清县	367.50	57	怀远县	206.39	90	定远县	140.98	123
东海县	359.32	58	涡阳县	205.19	91	凤阳县	140.31	124
海盐县	350.70	59	繁昌县	204.18	92	五河县	138.13	125
丰　县	341.63	60	濉溪县	203.51	93	临泉县	134.95	126
无为县	337.10	61	萧　县	200.49	94	歙　县	130.60	127
新昌县	333.77	62	庐江县	200.23	95	和　县	129.16	128
长丰县	333.05	63	武义县	195.28	96	潜山县	125.31	129
泗阳县	332.24	64	蒙城县	193.73	97	阜南县	124.72	130
阜宁县	330.62	65	金湖县	193.61	98	寿　县	123.39	131
泗洪县	330.00	66	岱山县	192.33	99	铜陵县	123.23	132
滨海县	328.19	67	淳安县	192.06	100	界首市	121.94	133
平阳县	319.62	68	枞阳县	191.41	101	东至县	121.58	134
永嘉县	312.27	69	颍上县	190.50	102	来安县	119.12	135
奉化市	308.99	70	龙游县	189.72	103	含山县	116.10	136
桐庐县	306.13	71	浦江县	188.59	104	明光市	111.02	137
涟水县	302.35	72	缙云县	184.06	105	常山县	107.09	138
建德市	298.93	73	青田县	181.77	106	全椒县	106.78	139
盱眙县	290.04	74	芜湖县	180.32	107	郎溪县	103.54	140
安吉县	284.50	75	怀宁县	174.51	108	龙泉市	102.61	141
灌云县	274.98	76	天台县	173.79	109	开化县	98.39	142
兰溪市	273.56	77	广德县	173.07	110	望江县	93.90	143
崇明县	272.20	78	南陵县	172.47	111	太湖县	92.58	144
当涂县	264.51	79	太和县	165.72	112	遂昌县	87.37	145
天长市	262.36	80	灵璧县	156.49	113	金寨县	83.51	146
灌南县	259.25	81	三门县	156.43	114	松阳县	81.60	147
巢湖市	255.52	82	仙居县	155.83	115	嵊泗县	78.14	148
江山市	250.17	83	利辛县	155.01	116	泾　县	77.46	149
霍邱县	230.24	84	舒城县	149.53	117	青阳县	74.60	150

续表

地区	总值	排名	地区	总值	排名	地区	总值	排名
磐安县	74.55	151	洞头县	56.45	156	景宁自治县	42.00	161
岳西县	73.40	152	绩溪县	53.78	157	旌德县	31.82	162
泰顺县	67.95	153	庆元县	53.15	158	黟　县	24.78	163
休宁县	67.85	154	祁门县	52.32	159	石台县	20.39	164
文成县	66.38	155	云和县	50.78	160			

第二章　长三角地区第一产业发展情况

一　长三角地区第一产业发展总体情况

2014 年，长三角地区第一产业保持了增长态势，第一产业产值较 2013 年增长了 4.01%，达到 7928.16 亿元。

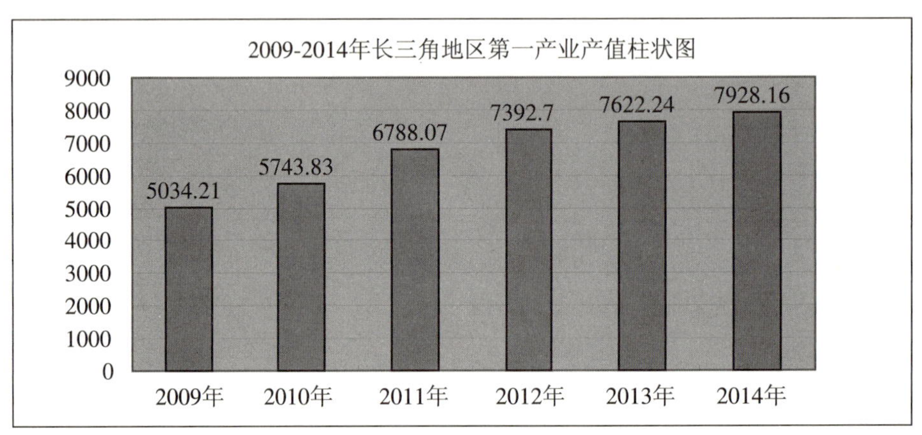

图 3　2009—2014 年长三角地区第一产业产值情况（单位：亿元）

二　上海市、江苏省、浙江省和安徽省第一产业发展情况

2014 年，长三角三省一市第一产业产值有增有减，其中江苏 3634.33 亿元，较上年增长 4.74%；安徽次之，为 2392.39 亿元，较上年增长 5.52%；浙江第三 1777.18 亿元，较上年增长 0.96%；上海 124.26 亿元，较上年略减，减幅 0.5%。

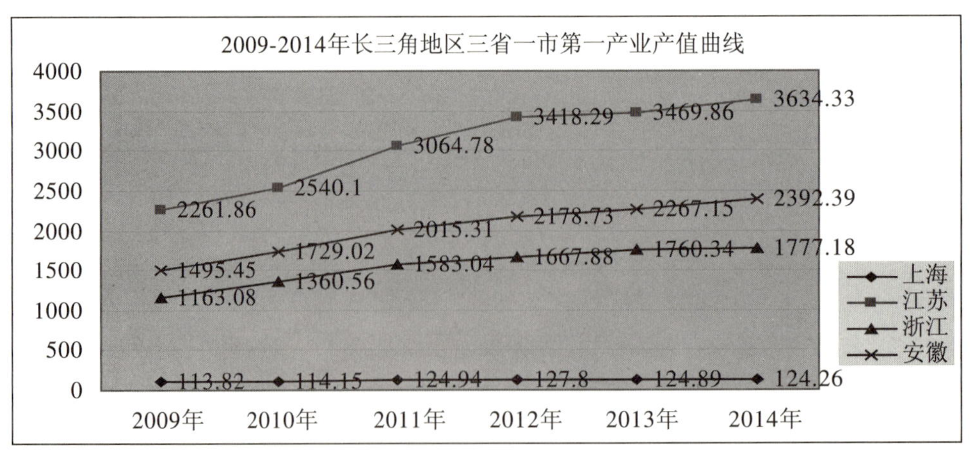

图 4　2009—2014 年上海市、江苏、浙江和安徽第一产业产值情况（单位：亿元）

三　长三角地区各省辖市第一产业发展情况

2014 年长三角 40 个地市的第一产业产值大都稳中有增。排在前五位的是:盐城市(489.50 亿元)、徐州市(473.54 亿元)、南通市(339.57 亿元)、淮安市(286.99 亿元)和阜阳市(277.05 亿元)。

表 3　2014 年长三角地区各省辖市第一产业产值情况(单位:亿元)

地区	总值	排名	地区	总值	排名
盐城市	489.50	1	绍兴市	194.28	21
徐州市	473.54	2	蚌埠市	178.35	22
南通市	339.57	3	嘉兴市	144.77	23
淮安市	286.99	4	金华市	138.56	24
阜阳市	277.05	5	常州市	138.46	25
宁波市	275.70	6	无锡市	138.13	26
杭州市	274.35	7	镇江市	121.45	27
连云港市	261.98	8	湖州市	120.34	28
宿州市	259.67	9	芜湖市	118.04	29
合肥市	252.35	10	温州市	117.94	30
宿迁市	246.37	11	宣城市	117.92	31
扬州市	227.36	12	舟山市	100.9	32
台州市	215.63	13	丽水市	88.56	33
六安市	215.21	14	衢州市	82.64	34
南京市	214.25	15	马鞍山市	77.04	35
滁州市	214.12	16	池州市	68.56	36
安庆市	212.39	17	淮南市	67.08	37
泰州市	209.25	18	淮北市	57.99	38
苏州市	203.98	19	黄山市	53.37	39
亳州市	194.52	20	铜陵市	12.58	40

四　长三角地区各县(市)第一产业发展情况

2014 年长三角地区各县(市)第一产业产值与上年比略有变化,前十位分别是邳州市、兴化市、东台市、沛县、沭阳县、射阳县、睢宁县、大丰市、临泉县和丰县,其中临泉县是安徽属县,其余皆为江苏属县。

表 4 2014 年长三角地区各县(市)第一产业产值情况(单位:亿元)

地区	总值	排名	地区	总值	排名	地区	总值	排名
邳州市	95.81	1	五河县	50.10	34	响水县	38.16	67
兴化市	89.08	2	涟水县	49.97	35	临安市	37.50	68
东台市	84.60	3	宜兴市	49.93	36	句容市	37.26	69
沛　县	80.46	4	泗阳县	49.89	37	嵊州市	37.01	70
沭阳县	78.83	5	泗　县	49.82	38	凤阳县	35.86	71
射阳县	72.14	6	诸暨市	49.09	39	太仓市	35.24	72
睢宁县	70.98	7	海门市	49.07	40	枞阳县	33.68	73
大丰市	68.68	8	肥西县	48.58	41	明光市	32.78	74
临泉县	66.23	9	慈溪市	48.48	42	长兴县	31.71	75
丰　县	62.97	10	盱眙县	48.42	43	天长市	31.21	76
启东市	62.93	11	涡阳县	48.12	44	舒城县	30.58	77
高邮市	62.72	12	利辛县	47.32	45	金坛市	30.43	78
如东县	62.17	13	固镇县	47.24	46	淳安县	30.11	79
肥东县	61.80	14	丹阳市	47.22	47	洪泽县	29.44	80
宝应县	61.60	15	霍邱县	47.18	48	凤台县	29.35	81
怀远县	61.59	16	太和县	47.05	49	南陵县	29.27	82
温岭市	58.29	17	泰兴市	46.93	50	桐乡市	29.19	83
象山县	57.95	18	颍上县	46.68	51	岱山县	29.13	84
长丰县	57.66	19	江阴市	46.14	52	建德市	28.65	85
如皋市	57.60	20	阜南县	45.30	53	张家港市	28.64	86
新沂市	57.35	21	建湖县	45.21	54	奉化市	28.50	87
东海县	56.95	22	灌南县	44.75	55	巢湖市	28.34	88
赣榆县	56.24	23	溧阳市	43.92	56	金湖县	28.30	89
灌云县	55.12	24	庐江县	42.94	57	当涂县	27.67	90
萧　县	54.71	25	砀山县	42.44	58	昆山市	27.46	91
灵璧县	53.83	26	宿松县	42.05	59	苍南县	27.21	92
定远县	53.17	27	寿　县	41.99	60	桐城市	26.93	93
滨海县	53.10	28	濉溪县	41.82	61	玉环县	26.91	94
泗洪县	51.87	29	余姚市	41.34	62	东至县	26.87	95
海安县	51.27	30	富阳市	39.93	63	望江县	26.70	96
蒙城县	50.95	31	宁海县	39.30	64	安吉县	25.69	97
阜宁县	50.84	32	临海市	38.57	65	全椒县	24.76	98
无为县	50.42	33	常熟市	38.40	66	界首市	23.82	99

续表

地区	总值	排名	地区	总值	排名	地区	总值	排名
嘉善县	23.65	100	瑞安市	18.96	122	绩溪县	10.54	144
兰溪市	23.62	101	芜湖县	18.71	123	遂昌县	10.37	145
潜山县	23.56	102	广德县	18.60	124	青阳县	10.26	146
崇明县	23.40	103	金寨县	18.11	125	铜陵县	10.19	147
和　县	23.34	104	歙　县	17.50	126	永嘉县	9.91	148
三门县	22.92	105	东阳市	17.38	127	缙云县	9.72	149
海宁市	22.75	106	泾　县	17.02	128	浦江县	9.44	150
太湖县	22.65	107	平湖市	16.48	129	繁昌县	8.82	151
桐庐县	21.78	108	岳西县	15.26	130	永康市	8.78	152
怀宁县	21.45	109	武义县	15.25	131	常山县	7.76	153
来安县	21.39	110	郎溪县	14.64	132	青田县	7.51	154
义乌市	21.19	111	仙居县	13.50	133	庆元县	7.46	155
仪征市	21.13	112	平阳县	13.45	134	文成县	6.98	156
宁国市	21.11	113	龙游县	13.34	135	旌德县	6.94	157
海盐县	21.06	114	龙泉市	12.94	136	景宁自治县	6.44	158
含山县	20.92	115	松阳县	12.85	137	泰顺县	6.21	159
江山市	20.79	116	霍山县	12.66	138	祁门县	6.01	160
新昌县	20.74	117	休宁县	12.23	139	云和县	4.30	161
德清县	20.33	118	开化县	12.13	140	洞头县	4.21	162
嵊泗县	20.05	119	天台县	12.10	141	石台县	3.89	163
乐清市	19.99	120	扬中市	10.86	142	黟　县	3.55	164
靖江市	19.84	121	磐安县	10.68	143			

第三章　长三角地区第二产业发展情况

一　长三角地区第二产业发展总体情况

2014年，长三角地区第二产业产值也实现了同步增长，第二产业产值达到了69274.94亿元，较上年增长5.55%，增速放缓。

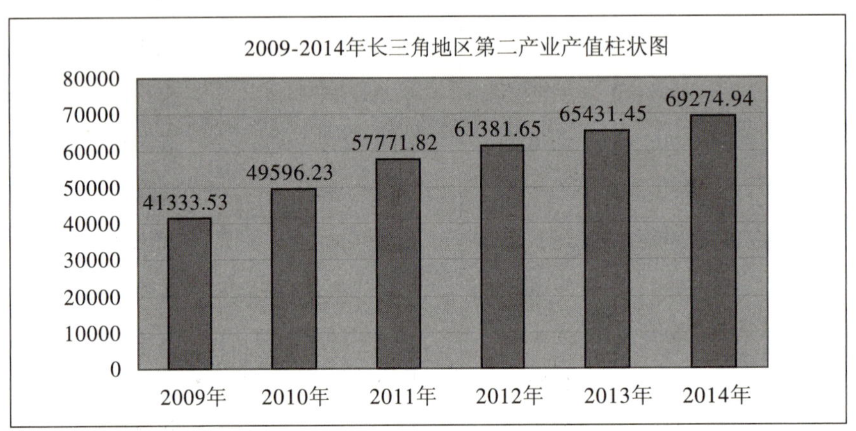

图5　2009—2014年长三角地区第二产业产值情况（单位：亿元）

二　上海市、江苏省、浙江省和安徽省第二产业发展情况

2014年，长三角地区三省一市第二产业产值实现了稳定增长，其中江苏较上年增长6.08%，达30854.5亿元；浙江较上年增长6.25%，达19175.06亿元；安徽较上年增长6.62%，达11077.67亿元；上海增长3.29%，达8167.71亿元。

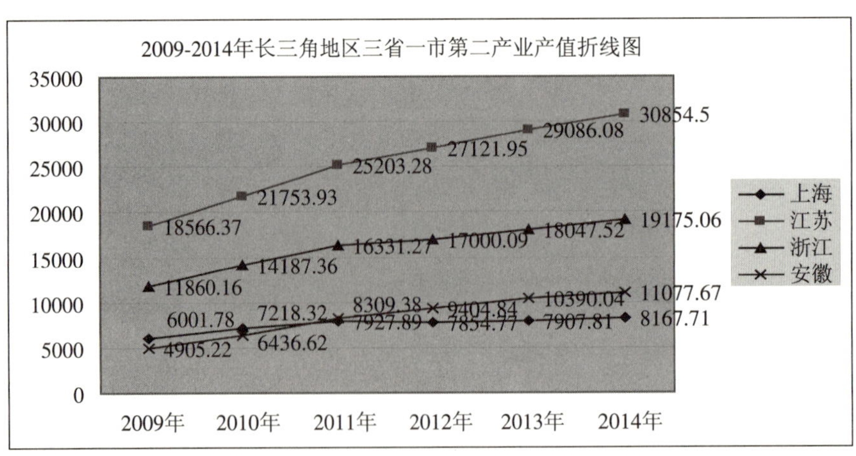

图6　2009—2014年上海、江苏、浙江和安徽第二产业产值情况（单位：亿元）

三　长三角地区各省辖市第二产业发展情况

2014 年长三角 40 个地市的第二产业产值仍保持增长，增幅较 2013 年略有下降。排在前五位的分别是：苏州市（6892.98 亿元）、无锡市（4095.89 亿元）、宁波市（3980.41 亿元）、杭州市（3845.58 亿元）和南京市（3623.48 亿元）。

表 5　2014 年长三角地区各省辖市第二产业产值情况（单位：亿元）

地区	总值	排名	地区	总值	排名
苏州市	6892.98	1	湖州市	999.10	21
无锡市	4095.89	2	宿迁市	933.24	22
宁波市	3980.41	3	连云港市	889.68	23
杭州市	3845.58	4	马鞍山市	831.12	24
南京市	3623.48	5	安庆市	814.73	25
合肥市	2862.03	6	滁州市	651.16	26
南通市	2812.34	7	蚌埠市	597.50	27
常州市	2408.11	8	衢州市	558.90	28
徐州市	2246.24	9	六安市	520.22	29
绍兴市	2213.48	10	铜陵市	510.46	30
温州市	2029.70	11	丽水市	505.57	31
扬州市	1885.75	12	阜阳市	504.54	32
嘉兴市	1813.67	13	淮北市	481.76	33
盐城市	1782.41	14	宿州市	478.39	34
泰州市	1697.45	15	宣城市	471.64	35
镇江市	1631.10	16	淮南市	440.71	36
台州市	1578.85	17	舟山市	425.27	37
金华市	1508.36	18	亳州市	348.66	38
芜湖市	1476.01	19	池州市	243.80	39
淮安市	1085.96	20	黄山市	217.11	40

四　长三角地区各县（市）第二产业发展情况

2014 年长三角各县（市）第二产业产值有升有降，前十位的排序与上年相同，分别是昆山市、江阴市、张家港市、常熟市、宜兴市、慈溪市、太仓市、诸暨市、丹阳市和余姚市。

表 6 2014 年长三角地区各县(市)第二产业产值情况(单位:亿元)

地区	总值	排名	地区	总值	排名	地区	总值	排名
昆山市	1687.10	1	沛 县	260.78	34	建德市	161.30	67
江阴市	1520.54	2	仪征市	255.76	35	繁昌县	155.26	68
张家港市	1186.39	3	玉环县	248.57	36	丰 县	153.97	69
常熟市	1061.55	4	金坛市	243.03	37	兰溪市	148.57	70
宜兴市	643.15	5	扬中市	237.90	38	阜宁县	148.14	71
慈溪市	637.93	6	临安市	233.88	39	巢湖市	147.62	72
太仓市	556.65	7	长兴县	229.99	40	凤台县	145.01	73
诸暨市	533.32	8	嘉善县	224.18	41	宁国市	144.50	74
丹阳市	518.58	9	句容市	215.42	42	桐城市	143.53	75
余姚市	467.73	10	东阳市	215.11	43	平阳县	143.28	76
海门市	443.16	11	宁海县	213.20	44	泗洪县	141.42	77
乐清市	388.45	12	嵊州市	212.84	45	奉化市	140.60	78
海宁市	379.81	13	德清县	206.24	46	射阳县	139.47	79
如皋市	377.24	14	长丰县	205.60	47	滨海县	138.63	80
溧阳市	375.11	15	海盐县	204.50	48	安吉县	137.28	81
义乌市	369.93	16	大丰市	204.42	49	江山市	135.68	82
温岭市	369.86	17	无为县	204.16	50	灌南县	128.76	83
启东市	369.03	18	高邮市	201.13	51	崇明县	128.40	84
靖江市	349.18	19	临海市	200.10	52	芜湖县	127.95	85
泰兴市	348.68	20	新沂市	200.05	53	灌云县	125.50	86
肥西县	344.41	21	宝应县	189.80	54	霍邱县	121.66	87
瑞安市	322.66	22	赣榆县	187.55	55	涟水县	120.82	88
桐乡市	320.35	23	当涂县	188.42	56	盱眙县	118.86	89
富阳市	316.59	24	睢宁县	182.44	57	濉溪县	113.74	90
海安县	304.13	25	象山县	180.65	58	怀宁县	111.70	91
如东县	297.11	26	天长市	177.68	59	枞阳县	110.36	92
肥东县	294.84	27	建湖县	175.34	60	浦江县	109.29	93
邳州市	294.59	28	泗阳县	173.74	61	南陵县	107.56	94
平湖市	289.69	29	桐庐县	172.13	62	缙云县	107.03	95
永康市	281.65	30	新昌县	171.73	63	武义县	106.87	96
沭阳县	268.55	31	苍南县	169.74	64	青田县	106.57	97
兴化市	264.28	32	永嘉县	167.55	65	响水县	105.11	98
东台市	261.81	33	东海县	163.13	66	龙游县	104.31	99

续表

地区	总值	排名	地区	总值	排名	地区	总值	排名
颍上县	102.28	100	来安县	65.84	122	青阳县	38.91	144
霍山县	101.92	101	砀山县	63.89	123	松阳县	38.76	145
岱山县	99.99	102	凤阳县	62.48	124	遂昌县	38.09	146
庐江县	94.74	103	宿松县	62.35	125	寿　县	36.62	147
广德县	92.94	104	三门县	60.99	126	磐安县	36.54	148
涡阳县	89.40	105	含山县	60.74	127	泾　县	34.40	149
铜陵县	89.33	106	固镇县	58.80	128	金寨县	33.36	150
洪泽县	88.32	107	泗　县	56.74	129	休宁县	29.45	151
怀远县	87.73	108	东至县	56.63	130	临泉县	28.24	152
萧　县	81.65	109	常山县	54.68	131	绩溪县	27.52	153
蒙城县	80.42	110	灵璧县	49.73	132	云和县	26.52	154
金湖县	76.39	111	全椒县	49.33	133	庆元县	23.30	155
淳安县	76.27	112	龙泉市	47.29	134	泰顺县	22.69	156
天台县	75.65	113	定远县	46.23	135	祁门县	22.42	157
舒城县	71.51	114	五河县	44.83	136	文成县	22.00	158
和　县	69.99	115	利辛县	43.97	137	洞头县	20.67	159
潜山县	69.12	116	太湖县	42.88	138	旌德县	14.98	160
太和县	68.63	117	开化县	41.99	139	景宁自治县	13.42	161
界首市	67.71	118	望江县	41.67	140	嵊泗县	12.24	162
歙　县	67.42	119	岳西县	41.02	141	黟　县	12.08	163
郎溪县	67.23	120	阜南县	40.91	142	石台县	8.37	164
仙居县	65.88	121	明光市	39.01	143			

第四章　长三角地区第三产业发展情况

一　长三角地区第三产业发展总体情况

2014 年，长三角地区第三产业产值仍保持了较高速的增长，第三产业产值达到了 72474.7 亿元，较上年增长了 10.64%，是三次产业中增幅最高的，保持第三次产业占主导地位的格局。

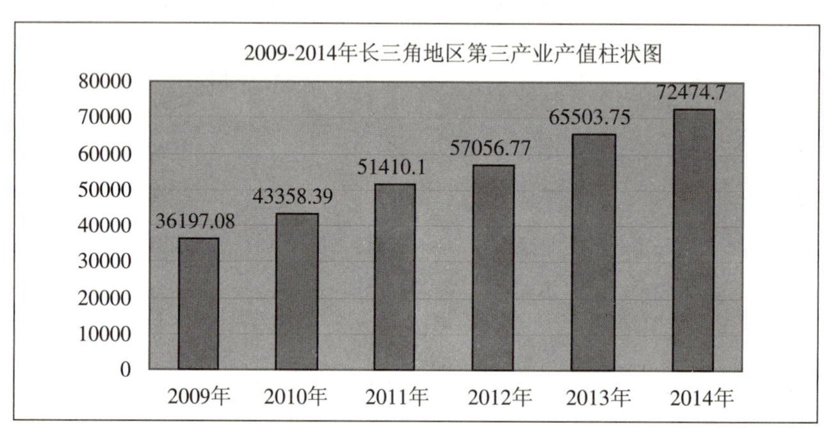

图 7　2009—2014 年长三角地区第三产业产值情况（单位：亿元）

二　上海市、江苏省、浙江省和安徽省第三产业发展情况

2014 年，长三角三省一市第三产业实现了快速增长，排序依次是江苏 30599.49 亿元，较上年增长 12.51%；浙江 19220.79 亿元，较上年增长 7.09%；上海 15275.73 亿元，较上年增长 10.81%；安徽 7378.69 亿元，较上年增长 12.27%。

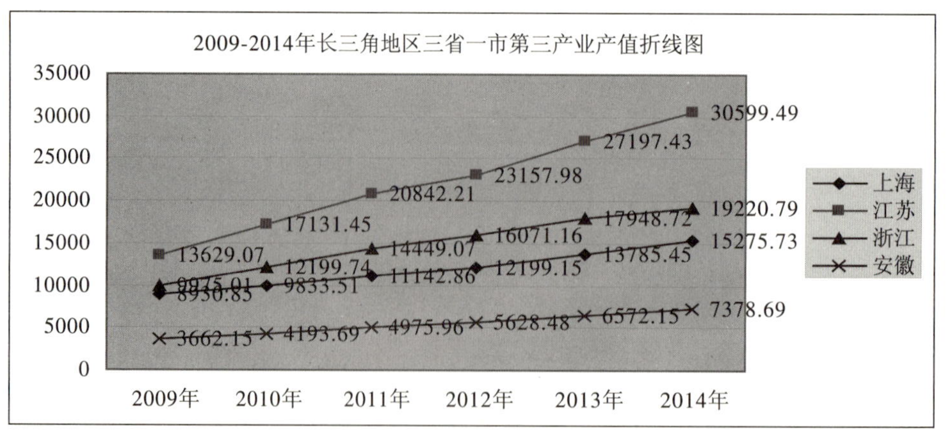

图 8　2009—2014 年上海、江苏、浙江和安徽第三产业产值情况（单位：亿元）

三　长三角地区各省辖市第三产业发展情况

2014年长三角地区40个地市的第三产业产值较上年均有增长，排在前五位的次序与上年相同，分别是：苏州市（6663.93亿元）、杭州市（5086.24亿元）、南京市（4983.02亿元）、无锡市（3971.29亿元）和宁波市（3354.17亿元）。

表7　2014年长三角地区各省辖市第三产业产值情况（单位：亿元）

地区	总值	排名	地区	总值	排名
苏州市	6663.93	1	连云港市	814.23	21
杭州市	5086.24	2	宿迁市	751.07	22
南京市	4983.02	3	芜湖市	715.50	23
无锡市	3971.29	4	安庆市	517.20	24
宁波市	3354.17	5	舟山市	489.09	25
南通市	2500.78	6	衢州市	473.56	26
常州市	2355.30	7	丽水市	457.63	27
徐州市	2244.13	8	马鞍山市	424.96	28
温州市	2155.41	9	阜阳市	407.37	29
合肥市	2066.18	10	宿州市	402.47	30
绍兴市	1858.12	11	蚌埠市	375.35	31
台州市	1592.89	12	六安市	360.38	32
扬州市	1584.80	13	滁州市	349.11	33
盐城市	1563.71	14	亳州市	340.45	34
金华市	1561.29	15	宣城市	328.07	35
镇江市	1499.89	16	淮南市	281.53	36
泰州市	1464.19	17	黄山市	236.69	37
嘉兴市	1394.17	18	淮北市	219.89	38
淮安市	1082.44	19	池州市	204.81	39
湖州市	836.56	20	铜陵市	193.27	40

四　长三角地区各县（市）第三产业发展情况

2014年长三角地区各县（市）第三产业产值较上年均有增长，义务市较上年上升一位，进入前五名，分别是昆山市、江阴市、张家港市、常熟市和义务市，六至十位分别是宜兴市、太仓市、丹阳市、慈溪市和诸暨市。

表 8　2014 年长三角地区各县(市)第三产业产值情况(单位:亿元)

地区	总值	排名	地区	总值	排名	地区	总值	排名
昆山市	1286.46	1	临海市	200.68	34	盱眙县	122.76	67
江阴市	1187.27	2	金坛市	198.02	35	安吉县	121.53	68
张家港市	965.26	3	苍南县	196.65	36	崇明县	120.40	69
常熟市	909.41	4	扬中市	196.59	37	肥西县	115.81	70
义乌市	580.34	5	句容市	188.28	38	桐庐县	112.22	71
宜兴市	540.81	6	仪征市	188.17	39	建德市	108.99	72
太仓市	473.44	7	高邮市	181.35	40	泗阳县	108.61	73
丹阳市	443.16	8	长兴县	176.40	41	兰溪市	101.38	74
慈溪市	423.00	9	嵊州市	173.19	42	灌云县	94.36	75
诸暨市	398.71	10	平湖市	172.03	43	江山市	93.70	76
温岭市	369.06	11	建湖县	171.45	44	肥东县	91.87	77
海门市	344.27	12	永康市	169.09	45	洪泽县	89.59	78
瑞安市	335.26	13	宝应县	166.90	46	金湖县	88.92	79
乐清市	316.25	14	睢宁县	166.55	47	天台县	86.04	80
如皋市	308.80	15	平阳县	162.89	48	灌南县	85.74	81
启东市	307.17	16	临安市	160.29	49	淳安县	85.69	82
溧阳市	297.26	17	射阳县	158.49	50	无为县	82.51	83
靖江市	297.17	18	宁海县	157.64	51	巢湖市	79.55	84
余姚市	295.29	19	嘉善县	154.76	52	响水县	78.73	85
邳州市	294.08	20	象山县	149.49	53	仙居县	76.45	86
泰兴市	280.23	21	玉环县	148.19	54	武义县	73.16	87
兴化市	271.47	22	新昌县	141.29	55	三门县	72.52	88
海安县	268.74	23	德清县	140.92	56	龙游县	72.06	89
海宁市	266.53	24	奉化市	139.89	57	浦江县	69.86	90
桐乡市	264.82	25	东海县	139.24	58	长丰县	69.78	91
东台市	263.92	26	泗洪县	136.71	59	青田县	67.69	92
如东县	256.23	27	滨海县	136.46	60	涡阳县	67.67	93
富阳市	244.95	28	永嘉县	134.82	61	缙云县	67.30	94
沭阳县	232.58	29	赣榆县	132.62	62	萧　县	64.13	95
沛　县	223.72	30	阜宁县	131.64	63	利辛县	63.71	96
新沂市	216.14	31	涟水县	131.56	64	岱山县	63.21	97
大丰市	213.60	32	海盐县	125.14	65	庐江县	62.55	98
东阳市	206.77	33	丰　县	124.69	66	蒙城县	62.36	99

续表

地区	总值	排名	地区	总值	排名	地区	总值	排名
广德县	61.52	100	颍上县	41.54	122	洞头县	31.57	144
霍邱县	61.41	101	怀宁县	41.36	123	霍山县	30.56	145
怀远县	57.07	102	临泉县	40.49	124	界首市	30.41	146
宁国市	55.46	103	繁昌县	40.10	125	松阳县	30.00	147
天长市	53.47	104	明光市	39.22	126	磐安县	27.33	148
灵璧县	52.93	105	泗　县	39.19	127	太湖县	27.04	149
太和县	50.03	106	泰顺县	39.05	128	休宁县	26.17	150
凤台县	49.02	107	宿松县	38.95	129	泾　县	26.04	151
当涂县	48.42	108	遂昌县	38.91	130	望江县	25.53	152
濉溪县	47.95	109	固镇县	38.77	131	青阳县	25.44	153
舒城县	47.43	110	阜南县	38.51	132	祁门县	23.89	154
枞阳县	47.37	111	东至县	38.07	133	铜陵县	23.72	155
桐城市	47.01	112	文成县	37.40	134	庆元县	22.38	156
嵊泗县	45.85	113	砀山县	36.33	135	景宁自治县	22.14	157
歙　县	45.68	114	和　县	35.84	136	郎溪县	21.67	158
寿　县	44.79	115	南陵县	35.64	137	云和县	19.97	159
常山县	44.65	116	含山县	34.44	138	岳西县	17.12	160
开化县	44.27	117	芜湖县	33.66	139	绩溪县	15.72	161
五河县	43.20	118	全椒县	32.68	140	旌德县	9.90	162
龙泉市	42.37	119	潜山县	32.64	141	黟　县	9.15	163
凤阳县	41.98	120	金寨县	32.04	142	石台县	8.14	164
定远县	41.58	121	来安县	31.89	143			

第五章　长三角地区财政收入情况

一　长三角地区财政预算收入情况

2014 年长三角地区财政预算收入持续增加，达到了 19603.71 亿元。

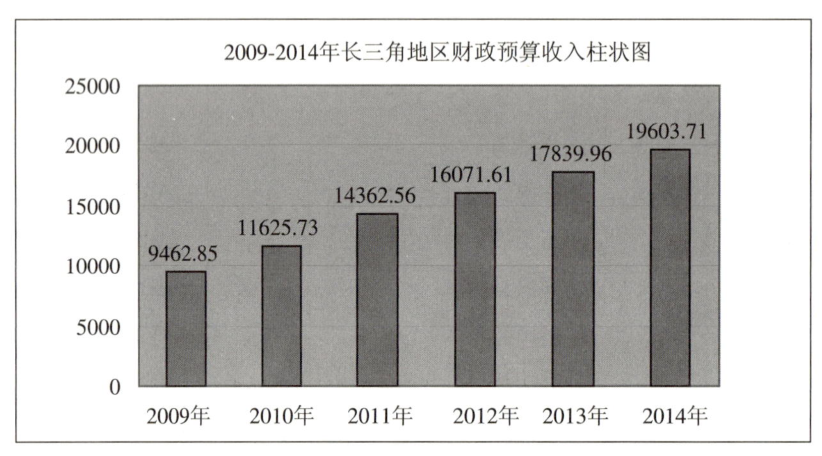

图 9　2009—2014 年长三角地区财政预算收入情况(单位:亿元)

二　上海市、江苏省、浙江省和安徽省财政收入情况

2014 年，江苏省地方财政收入依旧增长迅速，以 7233.14 亿元位居第一；其次是上海市，为 4585.55 亿元；第三是浙江省，为 4122.02 亿元；第四是安徽省，为 3663.0 亿元。

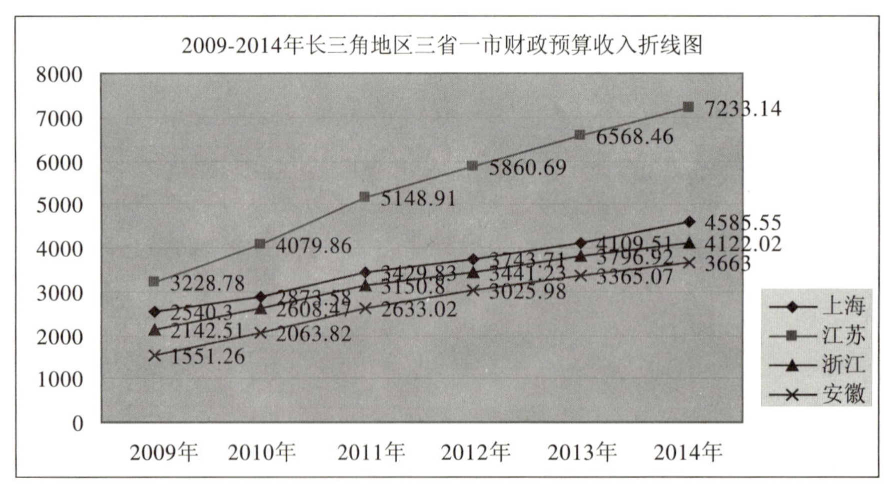

图 10　2009—2014 年上海、江苏、浙江和安徽财政收入情况(单位:亿元)

三　长三角地区各省辖市财政收入情况

2014 年长三角各地市财政收入较上年均有增长，前五名排次未变，仍然是苏州市(1443.82 亿元)、杭州市(1027.32 亿元)、南京市(903.49 亿元)、宁波市(860.61 亿元)和无锡市(768.01 亿元)。

表 9　2014 年长三角地区各省辖市财政收入情况(单位:亿元)

地区	总值	排名	地区	总值	排名
苏州市	1443.82	1	芜湖市	233.54	21
杭州市	1027.32	2	宿迁市	210.10	22
南京市	903.49	3	湖州市	167.84	23
宁波市	860.61	4	滁州市	123.63	24
无锡市	768.01	5	马鞍山市	121.05	25
南通市	550.00	6	宣城市	120.22	26
合肥市	500.34	7	安庆市	105.65	27
徐州市	472.33	8	蚌埠市	105.34	28
常州市	433.88	9	阜阳市	103.51	29
盐城市	418.02	10	舟山市	101.02	30
温州市	352.53	11	六安市	94.86	31
绍兴市	317.27	12	丽水市	80.96	32
淮安市	308.51	13	衢州市	80.32	33
嘉兴市	307.07	14	宿州市	76.94	34
扬州市	295.19	15	淮南市	75.36	35
泰州市	277.95	16	亳州市	72.70	36
镇江市	277.76	17	池州市	68.44	37
金华市	268.87	18	黄山市	67.99	38
台州市	265.21	19	铜陵市	66.27	39
连云港市	261.77	20	淮北市	52.81	40

四　长三角地区各县(市)财政收入情况

2014 年长三角地区 164 个县(市)，其中上海 1 个，江苏 45 个，浙江 56 个，安徽 62 个，大部分县(市)地方财政收入实现增长。前 5 名的次序未变，分别是昆山市、江阴市、张家港市、常熟市和太仓市，诸暨市和余姚市分别上升三位和两位进入前十名。

表 10　2014 年长三角地区各县(市)财政收入情况(单位:亿元)

地区	总值	排名	地区	总值	排名	地区	总值	排名
昆山市	243.52	1	新沂市	39.62	34	苍南县	25.64	67
江阴市	182.28	2	永康市	38.85	35	高邮市	25.44	68
张家港市	154.18	3	建湖县	38.42	36	嵊州市	25.05	69
常熟市	138.58	4	泰兴市	38.20	37	新昌县	24.75	70
太仓市	100.13	5	宁海县	36.06	38	长丰县	24.68	71
慈溪市	100.02	6	临海市	35.26	39	泗洪县	24.18	72
宜兴市	86.61	7	赣榆县	34.93	40	芜湖县	24.04	73
义乌市	69.68	8	德清县	33.71	41	响水县	23.98	74
诸暨市	66.34	9	兴化市	33.53	42	桐庐县	23.91	75
余姚市	64.81	10	象山县	33.17	43	宝应县	23.72	76
海门市	61.67	11	肥西县	33.15	44	肥东县	23.27	77
丹阳市	60.42	12	东海县	32.78	45	射阳县	22.50	78
如皋市	60.13	13	睢宁县	31.92	46	永嘉县	22.31	79
海宁市	60.03	14	嘉善县	31.33	47	平阳县	22.00	80
启东市	58.54	15	丰　县	31.22	48	宁国市	21.89	81
沭阳县	58.16	16	灌云县	30.88	49	天长市	20.48	82
靖江市	57.45	17	灌南县	30.53	50	洪泽县	20.14	83
乐清市	55.65	18	句容市	30.51	51	兰溪市	19.95	84
东台市	52.46	19	玉环县	29.84	52	广德县	18.76	85
大丰市	50.07	20	安吉县	29.48	53	建德市	18.70	86
富阳市	49.60	21	阜宁县	29.45	54	无为县	18.66	87
桐乡市	49.19	22	滨海县	29.07	55	金湖县	18.27	88
邳州市	48.88	23	奉化市	29.02	56	凤台县	17.80	89
瑞安市	48.44	24	仪征市	28.37	57	巢湖市	16.72	90
温岭市	47.84	25	临安市	28.19	58	庐江县	16.22	91
海安县	46.63	26	扬中市	27.15	59	南陵县	16.20	92
沛　县	46.01	27	盱眙县	27.13	60	武义县	15.80	93
崇明县	45.90	28	海盐县	27.03	61	郎溪县	15.58	94
平湖市	45.68	29	当涂县	26.75	62	桐城市	15.13	95
溧阳市	45.60	30	泗阳县	26.29	63	怀远县	15.12	96
东阳市	41.48	31	繁昌县	26.26	64	蒙城县	14.42	97
如东县	40.66	32	金坛市	25.89	65	霍邱县	14.34	98
长兴县	40.23	33	涟水县	25.74	66	濉溪县	14.22	99

续表

地区	总值	排名	地区	总值	排名	地区	总值	排名
颍上县	14.17	100	霍山县	10.17	122	砀山县	6.18	144
淳安县	13.86	101	歙　县	10.15	123	阜南县	6.14	145
江山市	13.66	102	界首市	10.02	124	龙泉市	6.14	146
凤阳县	13.65	103	含山县	9.62	125	灵璧县	6.06	147
浦江县	13.40	104	枞阳县	9.55	126	磐安县	6.01	148
铜陵县	13.37	105	萧　县	9.54	127	遂昌县	6.00	149
天台县	13.29	106	缙云县	9.49	128	嵊泗县	5.92	150
怀宁县	13.27	107	东至县	9.48	129	开化县	5.77	151
青田县	12.86	108	五河县	9.43	130	金寨县	5.46	152
三门县	12.77	109	舒城县	9.00	131	祁门县	4.90	153
和　县	12.64	110	固镇县	8.41	132	景宁自治县	4.80	154
全椒县	12.55	111	明光市	8.28	133	旌德县	4.64	155
太和县	11.76	112	休宁县	7.55	134	望江县	4.59	156
岱山县	11.44	113	常山县	7.19	135	洞头县	4.50	157
涡阳县	11.25	114	寿　县	6.83	136	松阳县	4.38	158
来安县	11.07	115	临泉县	6.68	137	太湖县	4.02	159
青阳县	11.06	116	宿松县	6.64	138	岳西县	3.95	160
利辛县	10.99	117	绩溪县	6.64	139	云和县	3.66	161
定远县	10.60	118	潜山县	6.63	140	庆元县	3.01	162
仙居县	10.56	119	文成县	6.48	141	黟　县	2.92	163
泾　县	10.31	120	泗　县	6.23	142	石台县	1.52	164
龙游县	10.21	121	泰顺县	6.19	143			

第六章　长三角地区城镇居民可支配收入情况

一　上海市、江苏省、浙江省和安徽省城镇居民可支配收入情况

随着国民经济的稳定发展，长三角地区三省一市城镇居民可支配收入逐年攀升，2014 年上海市城镇居民可支配收入达 47710 元，排名第一，较上年增长 8.8%；第二是浙江，达 40393 元，较上年增长 8.93%；江苏第三，为 34346 元，较上年增长 5.56%；安徽第四，为 24839 元，较上年增长 7.46%。

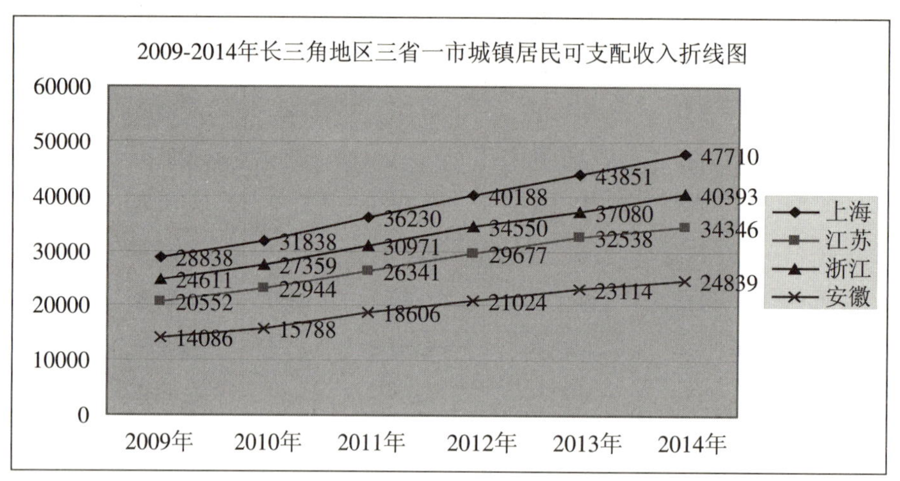

图 11　2009—2014 年上海市、江苏省、浙江省和安徽省城镇居民可支配收入情况(单位:元)

二　长三角地区各省辖市城镇居民可支配收入情况

2014 年长三角 40 个地级市城镇居民可支配收入保持升势，前十名与上年有所不同，南京市和金华市较上年上升一位。依然是江苏三个地级市、浙江七个地级市进入前十名。

表 11　2014 年长三角地区各省辖市城镇居民可支配收入情况(单位:元)

地区	总值	排名	地区	总值	排名
苏州市	46677	1	无锡市	41731	7
杭州市	44632	2	舟山市	41466	8
宁波市	44155	3	温州市	40510	9
绍兴市	43167	4	金华市	39807	10
南京市	42568	5	台州市	39763	11
嘉兴市	42143	6	常州市	39483	12

续表

地区	总值	排名	地区	总值	排名
湖州市	38955	13	淮安市	25798	27
镇江市	35752	14	黄山市	24194	28
南通市	33377	15	蚌埠市	24147	29
马鞍山市	32560	16	徐州市	24080	30
泰州市	31346	17	淮北市	23787	31
衢州市	30583	18	连云港市	23595	32
丽水市	30413	19	池州市	22295	33
扬州市	30322	20	安庆市	22109	34
合肥市	29348	21	滁州市	22091	35
铜陵市	29234	22	宿州市	21941	36
芜湖市	27384	23	阜阳市	21715	37
宣城市	26289	24	亳州市	21192	38
淮南市	26267	25	六安市	20610	39
盐城市	25854	26	宿迁市	20396	40

三　长三角地区各县(市)城镇居民可支配收入情况

2014 年长三角地区各县(市)城镇居民可支配收入较上年有所增长,其中浙江增长较快。排名前十的分别是:义乌市、玉环县、昆山市、江阴市、张家港市、常熟市、太仓市、诸暨市、海宁市和海盐县。

表 12　2014 年长三角地区各县(市)城镇居民可支配收入情况(单位:元)

地区	总值	排名	地区	总值	排名	地区	总值	排名
义乌市	51899	1	瑞安市	43208	12	富阳市	39954	23
玉环县	47761	2	平湖市	43192	13	德清县	39516	24
昆山市	46920	3	嘉善县	43126	14	宜兴市	39492	25
江阴市	46880	4	乐清市	42610	15	永康市	39342	26
张家港市	46852	5	余姚市	41921	16	扬中市	39237	27
常熟市	46571	6	桐乡市	41438	17	长兴县	39234	28
太仓市	46377	7	温岭市	41225	18	奉化市	38755	29
诸暨市	45790	8	嵊州市	41058	19	东阳市	38105	30
海宁市	44887	9	宁海县	40664	20	安吉县	37963	31
海盐县	43618	10	新昌县	40556	21	临安市	37860	32
慈溪市	43526	11	象山县	40189	22	嵊泗县	37103	33

续表

地区	总值	排名	地区	总值	排名	地区	总值	排名
金坛市	36902	34	云和县	28726	67	绩溪县	23369	100
岱山县	36723	35	兴化市	28691	68	东海县	23151	101
临海市	36488	36	仙居县	28526	69	沛　县	23078	102
桐庐县	36366	37	广德县	28432	70	砀山县	22967	103
丹阳市	35691	38	武义县	28126	71	青阳县	22829	104
溧阳市	35531	39	东台市	27800	72	宝应县	22739	105
建德市	35117	40	磐安县	27600	73	怀宁县	22643	106
崇明县	35058	41	文成县	27419	74	界首市	22563	107
句容市	34678	42	高邮市	26632	75	天长市	22502	108
海门市	34280	43	松阳县	26525	76	射阳县	22440	109
靖江市	33864	44	大丰市	26354	77	滨海县	22432	110
苍南县	33585	45	庆元县	26224	78	临泉县	22340	111
平阳县	33396	46	泰顺县	26166	79	休宁县	22257	112
浦江县	32719	47	景宁自治县	26152	80	庐江县	22206	113
永嘉县	32330	48	金湖县	26081	81	歙　县	22148	114
天台县	32257	49	肥西县	26061	82	来安县	22104	115
江山市	32022	50	郎溪县	26055	83	桐城市	21953	116
三门县	31805	51	盱眙县	26041	84	和　县	21928	117
洞头县	31730	52	常山县	25899	85	潜山县	21896	118
启东市	31708	53	当涂县	25840	86	响水县	21710	119
海安县	31597	54	洪泽县	25751	87	阜宁县	21546	120
如东县	31557	55	建湖县	25178	88	赣榆县	21506	121
龙泉市	31511	56	芜湖县	25168	89	祁门县	21500	122
遂昌县	31478	57	繁昌县	25112	90	黟　县	21443	123
龙游县	31424	58	无为县	24995	91	涟水县	21389	124
青田县	31256	59	南陵县	24859	92	太和县	21375	125
仪征市	31123	60	铜陵县	24651	93	东至县	21313	126
泰兴市	31038	61	肥东县	24615	94	濉溪县	21255	127
如皋市	31026	62	凤台县	24602	95	泾　县	21228	128
淳安县	30559	63	开化县	24532	96	颍上县	21196	129
兰溪市	29766	64	邳州市	24151	97	含山县	21163	130
缙云县	29766	65	巢湖市	23562	98	蒙城县	21106	131
宁国市	28933	66	长丰县	23541	99	固镇县	21050	132

续表

地区	总值	排名	地区	总值	排名	地区	总值	排名
利辛县	20997	133	石台县	19694	144	旌德县	18794	155
新沂市	20984	134	睢宁县	19687	145	枞阳县	18767	156
五河县	20950	135	定远县	19556	146	霍邱县	18682	157
灌南县	20805	136	明光市	19515	147	岳西县	18531	158
霍山县	20761	137	灌云县	19486	148	金寨县	18431	159
沭阳县	20310	138	怀远县	19404	149	宿松县	18215	160
阜南县	20070	139	泗洪县	19388	150	寿　县	17884	161
全椒县	19994	140	丰　县	19363	151	凤阳县	17719	162
望江县	19986	141	太湖县	19211	152	萧　县	16790	163
泗阳县	19909	142	灵璧县	19200	153	泗　县	16618	164
舒城县	19759	143	涡阳县	18801	154			

第七章 长三角地区农村居民收入情况

一 上海市、江苏省、浙江省和安徽省农村居民收入情况

2014年长三角地区农村居民收入保持增长态势，上海市农村居民收入达到21192元，较上年增长10.33%；浙江省19373元，较上年增长10.74%；江苏省14958元，较上年增长10.00%；安徽省9916.42元，较上年增长22.45%。

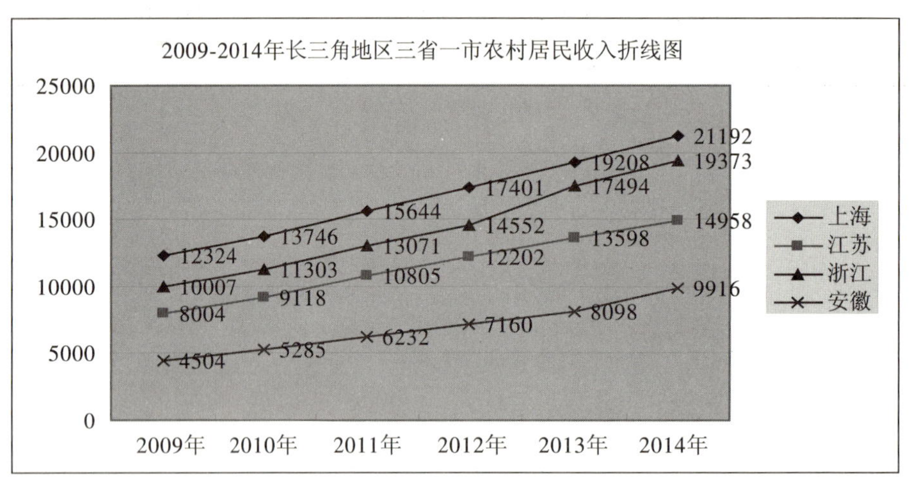

图12 2009—2014年上海、江苏、浙江和安徽农村居民收入情况（单位：元）

二 长三角地区各省辖市农村居民收入情况

2014年长三角40个地级市农村居民可支配收入稳定增长，尤以浙江省涨幅居前，排在前5位的分别是：嘉兴市（24676元）较上年增长10.18%，宁波市（24283亿元）较上年增长10.99%，舟山市（23783元）较上年增长11.13%，苏州市（23560元）较上年增长9.19%，杭州市（23555元）较上年增长11.07%。

表13 2014年长三角地区各省辖市农村居民收入情况（单位：元）

地区	总值	排名	地区	总值	排名
嘉兴市	24676	1	杭州市	23555	5
宁波市	24283	2	绍兴市	23539	6
舟山市	23783	3	湖州市	22404	7
苏州市	23560	4	无锡市	22266	8

续表

地区	总值	排名	地区	总值	排名
常州市	20133	9	徐州市	12811	25
温州市	19394	10	淮安市	12010	26
台州市	19362	11	连云港市	11698	27
金华市	18544	12	宿迁市	11677	28
南京市	17661	13	宣城市	11251	29
镇江市	17617	14	黄山市	10942	30
铜陵市	16405	15	池州市	10629	31
南通市	15821	16	淮南市	10547	32
衢州市	15354	17	蚌埠市	10511	33
扬州市	15284	18	滁州市	9171	34
泰州市	15076	19	淮北市	9116	35
马鞍山市	14969	20	安庆市	9024	36
芜湖市	14606	21	亳州市	8967	37
盐城市	14414	22	宿州市	8332	38
合肥市	14407	23	六安市	8287	39
丽水市	13635	24	阜阳市	8213	40

三　长三角地区各县(市)农村居民收入情况

2014 年,长三角地区 164 个县(市)农村居民纯收入排在前十位的几乎让浙江省县(市)囊括,2013 年江苏省 5 个县(市)前十名,2014 年退出了 4 个,仅有 1 个排在第十位。排前十位的分别是:义乌市、海宁市、诸暨市、桐乡市、海盐县、嘉善县、慈溪市、平湖市、余姚市、江阴市。

表 14　2014 年长三角地区各县(市)农村居民纯收入情况(单位:元)

地区	总值	排名	地区	总值	排名	地区	总值	排名
义乌市	25963	1	江阴市	23965	10	德清县	22820	19
海宁市	25786	2	昆山市	23921	11	长兴县	22685	20
诸暨市	25583	3	岱山县	23894	12	乐清市	22668	21
桐乡市	25195	4	常熟市	23767	13	宁海县	22209	22
海盐县	25101	5	张家港市	23722	14	象山县	22146	23
嘉善县	25048	6	太仓市	23590	15	奉化市	22033	24
慈溪市	25041	7	嵊泗县	23012	16	温岭市	21786	25
平湖市	24758	8	玉环县	22950	17	瑞安市	21682	26
余姚市	24312	9	富阳市	22840	18	临安市	21578	27

续表

地区	总值	排名	地区	总值	排名	地区	总值	排名
安吉县	21562	28	海安县	15155	61	天长市	12780	94
嵊州市	20749	29	浦江县	15141	62	广德县	12770	95
桐庐县	20627	30	肥西县	15070	63	宁国市	12567	96
东阳市	20466	31	泰兴市	15066	64	滨海县	12524	97
宜兴市	20178	32	崇明县	14911	65	景宁自治县	12432	98
扬中市	20078	33	仪征市	14860	66	武义县	12429	99
永康市	19849	34	肥东县	14807	67	盱眙县	12175	100
新昌县	19802	35	如东县	14494	68	东海县	12171	101
临海市	19180	36	龙泉市	14404	69	新沂市	12140	102
金坛市	18733	37	仙居县	14398	70	磐安县	12138	103
建德市	18295	38	建湖县	14345	71	松阳县	12039	104
丹阳市	18250	39	高邮市	14335	72	响水县	11964	105
溧阳市	18222	40	兴化市	14258	73	文成县	11943	106
海门市	17419	41	宝应县	14246	74	开化县	11920	107
三门县	17040	42	如皋市	14210	75	沭阳县	11828	108
启东市	16762	43	常山县	13939	76	庆元县	11762	109
江山市	16659	44	兰溪市	13890	77	丰　县	11757	110
洞头县	16617	45	巢湖市	13860	78	泰顺县	11739	111
当涂县	16585	46	射阳县	13848	79	泗阳县	11690	112
靖江市	16570	47	缙云县	13416	80	睢宁县	11600	113
东台市	16565	48	长丰县	13395	81	赣榆县	11564	114
大丰市	16414	49	淳安县	13278	82	泗洪县	11405	115
芜湖县	16269	50	沛　县	13249	83	涟水县	11206	116
繁昌县	16118	51	洪泽县	13161	84	青阳县	11158	117
铜陵县	15944	52	金湖县	13131	85	郎溪县	11020	118
句容市	15893	53	庐江县	13111	86	黟　县	10917	119
平阳县	15823	54	无为县	12989	87	歙　县	10883	120
南陵县	15786	55	和　县	12965	88	灌云县	10864	121
天台县	15765	56	阜宁县	12959	89	祁门县	10803	122
龙游县	15559	57	含山县	12954	90	休宁县	10772	123
青田县	15546	58	遂昌县	12908	91	桐城市	10713	124
苍南县	15471	59	邳州市	12846	92	固镇县	10670	125
永嘉县	15404	60	云和县	12789	93	东至县	10653	126

续表

地区	总值	排名	地区	总值	排名	地区	总值	排名
怀远县	10610	127	界首市	8983	140	望江县	8177	153
五河县	10569	128	定远县	8542	141	凤阳县	8080	154
凤台县	10462	129	明光市	8529	142	宿松县	8074	155
怀宁县	10457	130	砀山县	8494	143	太湖县	8010	156
灌南县	10442	131	枞阳县	8456	144	岳西县	8001	157
泾　县	10082	132	涡阳县	8415	145	泗　县	7949	158
霍山县	9449	133	太和县	8410	146	霍邱县	7902	159
全椒县	9394	134	舒城县	8410	147	阜南县	7843	160
绩溪县	9335	135	灵璧县	8399	148	临泉县	7826	161
蒙城县	9211	136	利辛县	8340	149	寿　县	7813	162
旌德县	9116	137	潜山县	8309	150	金寨县	7762	163
濉溪县	9056	138	萧　县	8290	151	石台县	7410	164
来安县	9015	139	颍上县	8241	152			

第三篇

长三角地区区域经济社会发展报告

第一章　上海市2014年经济社会发展报告

2014年，在党中央、国务院和中共上海市委、上海市人民政府的坚强领导下，全市全面贯彻党的十八大和十八届三中、四中全会及中央经济工作会议精神，坚持稳中求进、改革创新，积极应对外部环境严峻复杂和自身经济下行压力加大等挑战，全面落实国家稳增长、促改革、调结构、惠民生、防风险各项政策措施，全力推进创新驱动发展、经济转型升级各项重点工作，国民经济保持平稳增长，经济发展质量和效益进一步提高，各项社会事业全面发展，人民生活继续提高。

一　上海市2014年经济发展概况

（一）综合经济

1. 经济总量

全年实现地区生产总值(GDP)23567.7亿元，按可比价格计算，比上年增长7.0%。其中，第一产业增加值124.26亿元，增长0.1%；第二产业增加值8167.71亿元，增长4.3%；第三产业增加值15275.73亿元，增长8.8%。第三产业增加值占上海市生产总值的比重达到64.8%，比上年提高1.6个百分点。按常住人口计算的上海市人均生产总值为9.73万元。三次产业结构比重为0.5∶34.7∶64.8。

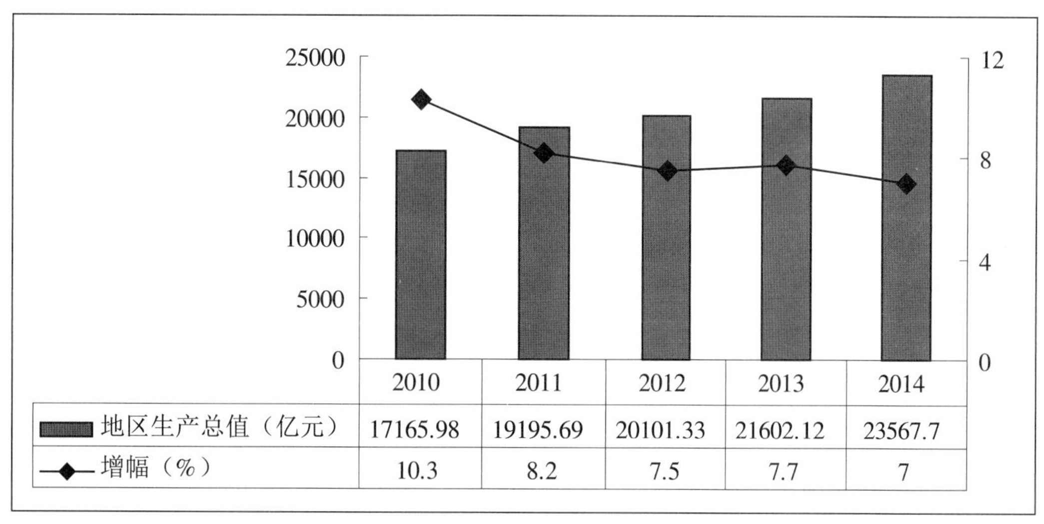

	2010	2011	2012	2013	2014
地区生产总值（亿元）	17165.98	19195.69	20101.33	21602.12	23567.7
增幅（%）	10.3	8.2	7.5	7.7	7

图1　2010—2014年上海市生产总值及增长速度

全年战略性新兴产业增加值3453.23亿元，比上年增长7.4%，占上海市生产总值的比重为14.7%。其中，制造业增加值1613.23亿元，增长6.3%；服务业增加值1840.00亿元，增长8.5%。

2. 财政收支

全年一般公共预算收入4585.55亿元，比上年增长11.6%。一般公共预算支出4923.44亿元，增

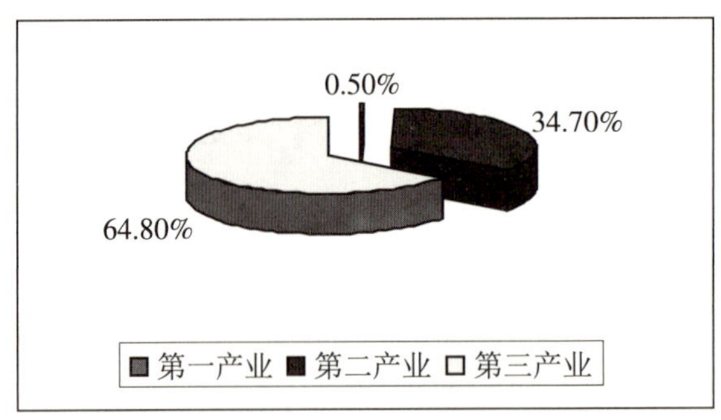

图 2　2014 年上海市三次产业结构图

长 8.7%。

3. 物价指数

以上年价格为 100，全年居民消费价格指数为 102.7，其中，食品类价格指数为 103.2；固定资产投资价格指数为 100.5；工业生产者出厂价格指数为 98.9，工业生产者购进价格指数为 95.9；新建住宅销售价格指数为 105.9，其中，商品住宅价格指数为 107.0。

4. 固定资产投资

全年完成全社会固定资产投资总额 6016.43 亿元，比上年增长 6.5%。其中，第三产业投资占全社会固定资产投资总额的比重为 80.6%；非国有经济投资占全社会固定资产投资总额的比重为 70.1%。

5. 自由贸易区建设

中国(上海)自由贸易试验区建设取得重要阶段性成果。以负面清单管理为核心的投资管理制度基本建立。修订出台 2014 版负面清单，将外商投资准入特别管理措施由 2013 版的 190 条减少到 139 条。深化商事登记制度改革。全年区内新增注册企业 11440 户。其中，内资企业 9383 户，注册资本 3329 亿元；外商投资企业 2057 户，合同外资 118 亿美元。集聚总部经济企业 258 家，其中亚太营运商 22 家。年内全面实施第一批服务业六大领域 23 项开放措施。

以贸易便利化为重点的贸易监管制度有效运行。创新"一线放开、二线安全高效管住"的监管制度，海关、检验检疫、海事等部门推出 60 多项创新举措，进口平均通关时间比区外减少 41.3%，出口平均通关时间比区外减少 36.8%。启动实施国际贸易"单一窗口"管理制度，新一轮对外开放措施全面落实。

以资本项目可兑换和金融服务业开放为目标的金融创新制度有序推进。自由贸易账户、扩大人民币跨境使用和深化外汇管理改革等试点稳步实施。已通过分账核算系统验收的 10 家银行共开立了 9741 个自由贸易账户；自贸试验区跨境人民币结算总额 3226 亿元，其中，跨境人民币境外借款业务累计金额 197.28 亿元，跨境双向人民币资金池业务收支总额 783 亿元。

以政府职能转变为核心的事中事后监管制度初步形成。区内 27 项制度创新成果已先后在全国或部分地区复制推广。

（二）农业经济

全年全市实现农业总产值 322.07 亿元，与上年持平。其中，种植业 171.04 亿元，增长 0.5%；林业 8.94 亿元，下降 15.1%；牧业 70.03 亿元，增长 0.3%；渔业 60.5 亿元，增长 1.3%；农林牧渔服务业 11.56 亿元，下降 3.7%。上海域外市属农场实现农业总产值 21.45 亿元，增长 17.4%。

全年全市粮食播种面积164.86千公顷，比上年下降2.1%；粮食产量112.89万吨，下降1.1%；牛奶产量27.05万吨，增长2.0%。

至年末，全市有1489家企业、7202个产品获得农产品质量认证。其中，绿色食品生产企业171家，绿色食品248个；无公害农产品生产企业1310家，无公害农产品6928个。

至年末，全市累计建成标准化畜禽养殖场300家，标准化水产养殖场247家；累计建成设施粮田面积86.53千公顷，市级蔬菜标准园128家，面积3.37千公顷。至年末，全市有农业产业化龙头企业386家，农民专业合作社3192家，经农业主管部门认定的粮食家庭农场2787个。

（三）工业和建筑业

全年实现工业增加值7362.84亿元，比上年增长4.3%。全年完成工业总产值34071.19亿元，增长1.6%，其中，规模以上工业总产值32237.19亿元，增长1.6%。在规模以上工业总产值中，国有控股企业12094.57亿元，增长2.3%。

全年节能环保、新一代信息技术、生物医药、高端装备、新能源、新材料和新能源汽车等战略性新兴产业制造业完成工业总产值8113.34亿元，比上年增长5.5%。

全年六个重点行业完成工业总产值21626.85亿元，比上年增长1.4%，占全市规模以上工业总产值的比重为67.1%。

全年规模以上工业产品销售率达到99.5%。全年乳制品产量53.72万吨，比上年增长9.8%；汽车产量247.45万辆，增长9.1%；集成电路产量223.33亿块，增长13.3%。

全年规模以上工业企业实现利润总额2661.13亿元，比上年增长10.4%；实现税金总额1857.89亿元，增长2.8%。规模以上工业企业亏损面为21.2%。

全年实现建筑业总产值5499.94亿元，比上年增长7.8%；房屋建筑施工面积34994.68万平方米，增长20.1%；竣工面积7580.77万平方米，增长20.8%。建筑企业按总产值计算的全员劳动生产率41.6万元/人，比上年下降0.3%。

（四）服务业

1. 国内贸易

全年实现批发和零售业增加值3809.31亿元，比上年增长6.9%。

全年实现商品销售总额7.41万亿元，比上年增长11.4%。其中，批发销售额6.62万亿元，增长11.7%。

全年实现社会消费品零售总额8718.65亿元，比上年增长8.7%，其中，无店铺零售额957.9亿元，增长21.7%。

至年末，全市购物中心数达150家，其中，建筑面积10万平方米以上的购物中心63家。全年购物中心实现营业收入1099.47亿元，比上年增长14%。

2. 交通运输和邮电

全年实现交通运输、仓储和邮政业增加值1044.46亿元，比上年增长9.4%。

全年各种运输方式完成货物运输量90340.88万吨，比上年下降1.3%。旅客发送量17560.06万人次，增长10.2%。

全年上海港口货物吞吐量达到75528.89万吨，比上年下降2.6%；集装箱吞吐量3528.53万国际标准箱，增长5%。集装箱水水中转比例为45.8%，比上年提高0.4个百分点；国际中转比例为7.1%，提高0.1个百分点。上海浦东、虹桥两大国际机场全年共起降航班65.54万架次，增长6.6%；

进出港旅客达到8965.9万人次，增长8.3%。其中，国内航线进出港旅客6073.57万人次，增长7%；国际及地区航线进出港旅客2892.33万人次，增长11%。

全年上海港接待邮轮靠泊269艘次，其中，以上海为母港的邮轮240艘次。邮轮旅客吞吐量121.52万人次，比上年增长60.6%。

轨道交通13号线和16号线部分区段建成通车。至年末，全市轨道交通运营线路达到14条，运营线路长度达到548.44公里(均不含磁浮线路)。全年优化调整公交线路290条，其中新辟73条。至年末，公交专用道路达到161.8公里。公交运营车辆1.62万辆，运营出租车5.07万辆。全年市内公共交通客运量65.85亿人次，比上年增长3.6%。其中，轨道交通客运量28.27亿人次，增长12.8%；公共汽电车客运量26.65亿人次，下降1.7%。日均公交优惠换乘和老年人免费乘车分别达到256.4万人次和73.4万人次。

至年末，全市拥有各类民用汽车255.19万辆，比上年增长8.5%。其中，私人汽车183.43万辆，增长12.3%。

全年完成邮政业务总量310.53亿元，比上年增长20%；电信业务总量597.75亿元，增长12%。邮政业全年完成邮政函件业务110282.49万件、包裹业务408.69万件、快递业务量128366.11万件；快递业务收入361.31亿元。年末固定电话用户840.18万户，其中，住宅电话484.17万户。移动电话用户3292.74万户，比上年末增加92.8万户。固定电话用户普及率34.79部/百人，移动电话用户普及率136.34部/百人。

3. 旅游业

全年实现旅游产业增加值1449.33亿元，比上年增长1.5%。

至年末，全市已有星级宾馆255家，旅行社1357家，A级旅游景区(点)89个，红色旅游基地34个。

全年接待国际旅游入境者791.3万人次，比上年增长4.5%。其中，入境外国人611.14万人次，增长2.3%；港、澳、台同胞180.16万人次，增长12.7%。在国际旅游入境者中，过夜旅游者639.62万人次，增长4.2%。全年接待国内旅游者26818.11万人次，增长3.2%，其中，外省市来沪旅游者13040.91万人次，增长14.7%。全年入境旅游外汇收入57.05亿美元，增长6.8%；国内旅游收入2950.13亿元，下降0.6%。

4. 金融、证券和保险

全年实现金融业增加值3268.43亿元，比上年增长14%。全年新增各类金融单位96家。其中，货币金融服务单位37家；资本市场服务单位40家。至年末，全市各类金融单位达到1336家。其中，货币金融服务单位601家；资本市场服务单位292家；保险业单位363家。至年末，在沪经营性外资金融单位达到216家，外资金融机构代表处190家。

至年末，全市中外资金融机构本外币各项存款余额73882.45亿元，比年初增加4612.96亿元；贷款余额47915.81亿元，比年初增加3424.23亿元。

全年通过上海证券市场股票筹资3962.59亿元，比上年增长57.5%；发行公司债2955.2亿元，比上年下降5.6%。至年末，上海证券市场上市证券3758只，比上年增加972只，其中股票1039只，增加42只。

全年金融市场(包括外汇市场)交易总额达到786.66万亿元，比上年增长23.2%。上海证券交易所各类有价证券总成交金额128.15万亿元，增长48.1%，其中，股票成交金额37.72万亿元，增长63.8%。上海期货交易所总成交金额126.47万亿元，增长4.7%。中国金融期货交易所总成交金额164.02万亿元，增长16.3%。银行间市场总成交金额361.51万亿元，增长27.0%。上海黄金交易所

总成交金额6.51万亿元，增长24.7%。

全年原保险保费收入986.75亿元，比上年增长20.1%。其中，财产险公司原保险保费收入320.36亿元，增长12.3%；人身险公司原保险保费收入666.39亿元，增长24.3%。全年保险赔付支出378.66亿元，增长25.4%。其中，财产险赔款支出177.24亿元，增长9.2%；寿险给付158.41亿元，增长53.6%；健康险赔款给付37.51亿元，增长17.9%；意外险赔款支出5.5亿元，增长18.8%。

5. 房地产业

全年完成房地产开发投资3206.48亿元，比上年增长13.7%。其中，住宅投资1724.65亿元，增长6.8%；办公楼投资534.77亿元，增长41.8%；商业营业用房投资457.92亿元，增长23.8%。商品房施工面积14690.18万平方米，增长8.7%。竣工面积2313.29万平方米，增长2.6%。商品房销售面积2084.66万平方米，下降12.5%，其中，商品住宅销售面积1780.91万平方米，下降11.7%。全年商品房销售额3499.53亿元，下降10.5%，其中，商品住宅销售额2923.44亿元，下降10.4%。全年存量房买卖登记面积1586.14万平方米，下降38.4%。

6. 城市信息化

全年实现信息产业增加值2460.11亿元，比上年增长9.6%。

至年末，全市光纤到户覆盖总量达840万户，比上年末增加40万户，实际使用用户达到425万户，新增65万户。下一代广播电视网（NGB）覆盖600万户家庭，比上年末增加100万户。第四代移动通信技术（4G）基本覆盖中心城区和郊区主要城镇中心区域。年末，第三代移动通信技术（3G）和4G用户总数达到1664.15万户，比上年增加560.88万户。互联网上网人数1716万人，互联网上网人数普及率为71.1%。城市公共区域WLAN接入热点累计达2.3万处。互联网宽带接入用户672.31万户，比上年末增加46.16万户。各类互联网数据中心（IDC）机架数总量达3.8万个，比上年末增加8000个。IPTV用户数达200万户，增加5万户。数字电视用户数达604万户，增加150万户。

全年完成电子商务交易额13549亿元，比上年增长28.3%。其中，B2B交易额10645亿元，增长23.3%，占电子商务交易额的78.6%；网络购物交易额2904亿元，增长50.6%，占21.4%。口岸税费电子支付系统入网企业累计55000家，全年电子单证传输量为22900万张，实现电子支付金额12830亿元，增长12%。全年推广电子账单44万份。发送法人数字证书“一证通”139.32万张；中国上海门户网站首页浏览量3242.4万次，总页面浏览量72429.7万次。社会公共服务领域信息化建设不断深化。

至年末，数字证书累计发放516.7万张，其中，年内发放证书116.5万张。年内市公共信用信息服务平台正式开通运行。至年末，市公共信用信息服务平台已有包含行政机关、司法机关、公用事业单位在内的97家信息源单位，归集信息事项3297个，可提供查询的数据约3亿条，基本覆盖全市常住人口及138万企业法人、事业法人和社会组织法人。

（五）开放型经济

1. 对外贸易

全年上海关区货物进出口总额8634.55亿美元，比上年增长6.3%。其中，进口3402.43亿美元，增长8.6%；出口5232.12亿美元，增长4.8%。

全年上海市货物进出口总额4666.22亿美元，比上年增长5.6%。其中，进口2563.45亿美元，增长7.9%；出口2102.77亿美元，增长3.0%。按市场分，对欧盟进口648.92亿美元，增长16.9%；出口388.80亿美元，增长7.2%；对美国进口265.53亿美元，增长16.0%；出口498.45亿美元，下降1.6%；对日本进口311.75亿美元，增长3.3%；出口233.13亿美元，下降6.4%。

全年上海市服务进出口总额(按国际收支统计口径，下同)1753.9亿美元，比上年增长9.7%。其中，出口494.3亿美元，增长5.7%；进口1259.6亿美元，增长11.3%。

2014年上海市进出口总额及其增长速度

指标	绝对值(亿美元)	比上年增长(%)
上海市货物进出口总额	4666.22	5.6
上海市货物进口总额	2563.45	7.9
#国有企业	382.27	−7.2
外商投资企业	1687.41	10.8
私营企业	380.11	8.3
#一般贸易	1321.48	10.2
加工贸易	370.19	6.3
#机电产品	1391.06	8.4
#高新技术产品	819.23	3.4
上海市货物出口总额	2102.77	3.0
#国有企业	279.17	−6.0
外商投资企业	1415.62	3.5
私营企业	389.63	7.8
#一般贸易	879.73	7.6
加工贸易	919.88	−2.5
#机电产品	1456.08	1.5
#高新技术产品	890.63	0.4

2. 对外合作

全年新设外商直接投资合同项目4697项，比上年增长25.6%；合同金额316.09亿美元，增长26.8%；实际到位金额181.66亿美元，增长8.3%。全年第三产业实际到位金额163.85亿美元，增长20.8%，占全市实际利用外资的比重达到90.2%。至年末，在上海投资的国家和地区达159个。年内新增跨国公司地区总部45家，其中亚太区总部15家；投资性公司14家；外资研发中心15家。至年末，在上海落户的跨国公司地区总部达到490家，投资性公司297家，外资研发中心381家。

全年新批对外投资项目594项，比上年增长71.2%；投资总额122.9亿美元，增长1.9倍。签订对外承包工程合同金额108.9亿美元，增长0.7%；实际完成营业额74亿美元，下降8.3%；派出人员8532人次，增长96.7%。对外劳务合作派出人员18163人次，增长32.6%。至年末，上海对外承包工程和劳务合作涉及的国家和地区达178个。

全年举办各类展览会项目769个，总展出面积1279.2万平方米。其中，国际展览会项目258个，展出面积930.2万平方米；国内展览会项目511个，展出面积349万平方米。

3. 民营经济

在上海市生产总值中，公有制经济增加值 11391.42 亿元，比上年增长 6%；非公有制经济增加值 12169.52 亿元，增长 7.9%，其中，私营及个体经济增加值 5796.06 亿元，增长 7.9%。非公有制经济增加值占上海市生产总值的比重由上年的 51.3%提高到 51.7%。

二　上海市 2014 年社会发展概况

（一）人口、人民生活

至年末，全市常住人口总数为 2425.68 万人。其中，户籍常住人口 1429.26 万人；外来常住人口 996.42 万人。全年常住人口出生 20.2 万人，出生率为 8.35‰；死亡 12.61 万人，死亡率为 5.21‰；常住人口自然增长率为 3.14‰。全年户籍常住人口出生 11.9 万人，出生率为 8.34‰；死亡 11.8 万人，死亡率为 8.27‰；户籍常住人口自然增长率为 0.07‰。

全市户籍人口平均期望寿命达到 82.29 岁。其中，男性 80.04 岁，女性 84.59 岁。

据抽样调查，全年城市居民家庭人均可支配收入 47710 元，比上年增长 8.8%，扣除价格因素，实际增长 5.9%；农村居民家庭人均可支配收入 21192 元，比上年增长 10.3%，扣除价格因素，实际增长 7.4%。城市居民家庭人均消费支出 30520 元，比上年增长 8.4%；农村居民家庭人均生活消费支出 15291 元，比上年增长 13.9%。

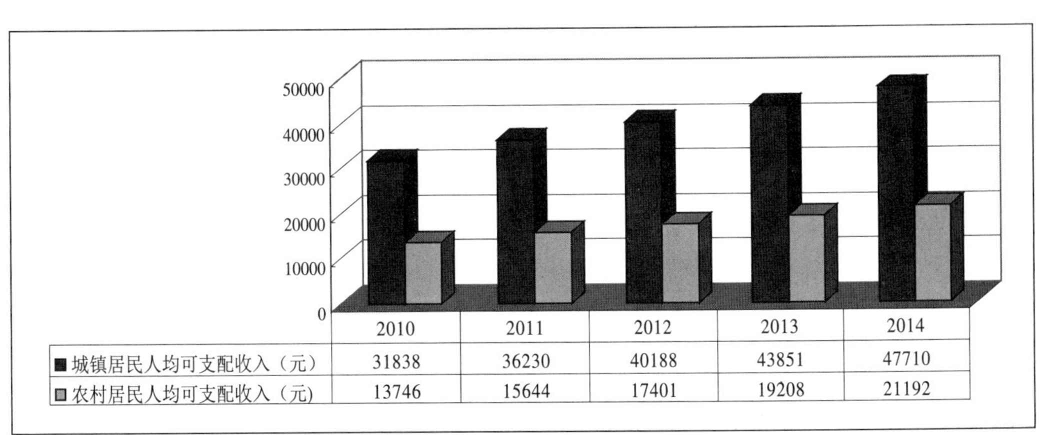

	2010	2011	2012	2013	2014
■城镇居民人均可支配收入（元）	31838	36230	40188	43851	47710
■农村居民人均可支配收入（元）	13746	15644	17401	19208	21192

图 3　2010—2014 年上海市城市和农村居民家庭人均可支配收入对比

全年新开工建设保障房和实施旧住房改造 13.9 万套，基本建成 11.3 万套。拆除中心城区成片二级旧里以下房屋 63.9 万平方米。至年末，城镇居民人均住房建筑面积 35.1 平方米，折合人均住房居住面积 17.8 平方米。居民住宅成套率达到 96.6%。

（二）就业、社会保障

全年新增就业岗位 59.96 万个，其中，农村富余劳动力实现非农就业 10.78 万个。全年新安置就业困难人员 16296 人，新消除零就业家庭 231 户。全年帮助成功创业人数 11014 人，帮助 6754 名长期失业青年实现就业。高技能人才占技能劳动者比例达到 29%。累计有 626 人和 442 人分别入选中央和上海“千人计划”。全年共完成职业培训 53.40 万人，其中，农民工 24.64 万人。至年末，全市城镇登记失业人员 25.63 万人，城镇登记失业率为 4.2%。

至年末，全市共有 1373.37 万人(包括离退休人员)参加城镇职工基本养老保险，有 78.3 万人参加城乡居民基本养老保险。城镇最低生活保障标准从上年的每人每月 640 元提高到 710 元，农村最低生活保障标准从每人每年 6000 元提高到 7440 元。月最低工资标准从 1620 元提高到 1820 元，小时最低工资标准从 14 元提高到 17 元。

至年末，全市共有 1353.57 万人(包括离退休人员)参加城镇职工基本医疗保险，城镇居民基本医疗保险参保人数(含普通高等院校学生)达 257.66 万人。

至年末，全市民政部门共有各类提供住宿的收养性社会服务机构 667 个，床位 11.87 万张，其中，养老机构 660 家，床位 11.49 万张。在全市养老机构中，由社会投资开办的有 334 家，床位 5.66 万张。至年末，全市有社区居家养老服务社 224 家，社区老年人日间服务中心 381 家，社区老年人助餐服务点 576 个，服务老年人 29.4 万人。

全年各级政府支出城镇居民最低生活保障金 13.56 亿元、农村居民最低生活保障金 1.49 亿元、农村五保供养资金 0.14 亿元、粮油帮困资金 0.56 亿元、医疗救助金 1.58 亿元。年内新办福利企业 14 家，新安置 322 名残疾人就业。

（三）教育与科技创新

1. 教育

2014 学年，全市共有普通高等学校(含独立学院)68 所，普通中等学校 857 所，普通小学 757 所，特殊教育学校 29 所。普通高等学校、普通小学毕业生数均有所下降，普通中等学校毕业生数有所增长。全市共有 48 家机构培养研究生，全年招收研究生 4.39 万人，在校研究生 13.36 万人，毕业研究生 3.66 万人。九年义务教育入学率保持在 99.9%以上，高中阶段新生入学率达 96.9%。

至年末，全市共有民办普通高校 20 所，在校学生 9.22 万人；民办普通中学 107 所，在校学生 7.44 万人；民办小学 174 所，在校学生 15.6 万人。全市共有成人中高等学历教育学校 35 所，成人职业技术培训机构 691 所，老年教育机构 291 所。全市共有校外教育机构 23 所。其中，少年宫(含青少年活动中心)17 所；少年科技站 5 所；少年之家 1 所。

全年用于研究与试验发展(R&D)经费支出 831 亿元，相当于上海市生产总值的比例为 3.60%。

2. 科技创新

全年受理专利申请 81664 件，比上年下降 5.5%，其中，受理发明专利申请 39133 件，下降 0.1%。全年专利授权量为 50488 件，增长 3.7%，其中，发明专利授权量为 11614 件，增长 9.1%。全市国家级创新型企业 15 家，国家级创新型试点企业 19 家，市级创新型企业 500 家。科技小巨人企业和小巨人培育企业共 1225 家，高新技术企业 5433 家，技术先进型服务企业 252 家。年内全市认定和复审高新技术企业 2552 家。年内认定高新技术成果转化项目 643 项，其中，电子信息、生物医药、新材料等重点领域项目占 86.5%。至年末，共认定高新技术成果转化项目 9897 项。全年经认定登记的各类技术交易合同 25238 件，比上年下降 4%；合同金额 667.99 亿元，增长 7.6%。

（四）文化和卫生

1. 文化事业

年内成功举办第三十一届“上海之春”国际音乐节、第十六届中国上海国际艺术节等重大文化活动。全年市民参与文化活动人数达到 3100 万人次。实施公共文化服务人员“三年万人培训计划”，年内培训 4050 人次。至年末，全市有市、区(县)级文化馆、群众艺术馆 26 个，艺术表演团体 180 个，市、

区(县)级公共图书馆 25 个,档案馆 44 个,博物馆 120 个。全市共有公共广播节目 21 套,公共电视节目 25 套。有线电视用户 687.48 万户,有线数字电视用户 564.73 万户。全年生产电视剧 49 部,共 1774 集;动画电视 4386 分钟。全年共出版报纸 12.01 亿份、各类期刊 1.45 亿册、图书 3.26 亿册。摄制完成 36 部故事片。

2. 卫生事业

至年末,全市共有医疗卫生机构 4987 所,专业卫生技术人员 16.40 万人。全年全市医疗机构共完成诊疗人数 2.51 亿人次。全市婴儿死亡率为 4.83‰,孕产妇死亡率为 6.74/10 万。

(五) 城市基础建设

全年完成城市基础设施建设投资 1057.25 亿元,比上年增长 1.3%。其中,交通运输邮电通信投资 510.42 亿元;市政建设投资 379.81 亿元;公用事业投资 32.80 亿元。东风西沙水源地、浦东国际机场第四跑道等顺利竣工。

全市自来水日供水能力 1137 万立方米,比上年增长 1.2%。全年全市用电量 1369.03 亿千瓦时,下降 3%。至年末,全市家庭人工煤气用户 13.8 万户,家庭液化气用户 330.6 万户,家庭天然气用户 614 万户。

(六) 环境保护和绿地建设

全年全社会用于环境保护的资金投入 699.89 亿元,相当于上海市生产总值的比例为 3.0%。

全年环境空气质量优良率(AQI)为 77%,比上年提高 11 个百分点。二氧化硫年日均值 18 微克/立方米,比上年下降 25%;二氧化氮年日均值 45 微克/立方米,下降 6.3%;可吸入颗粒物(PM10)年日均值 71 微克/立方米,下降 13.4%;一氧化碳年日均值 0.77 毫克/立方米,下降 9.4%;细颗粒物(PM2.5)年日均值 52 微克/立方米;臭氧日最大 8 小时滑动平均值达标率 92.9%。全市平均区域降尘量 5.4 吨/平方公里·月,比上年下降 6.9%。

年末,城市污水处理厂日处理能力达 786.55 万立方米,比上年末增长 0.2%;城市污水处理率达到 89%,比上年提高 1.3 个百分点。全年清运生活垃圾 742.6 万吨,生活垃圾无害化处理率达到 95%,比上年提高 1 个百分点;年内新增 636 个垃圾分类收集处置试点场所,实现生活垃圾分类居住区覆盖家庭 280 万户。

全年新建绿地 1105 公顷,其中,公共绿地 552 公顷。至年末,建成区绿化覆盖率达到 38.4%。全年新增造林面积 899 公顷,其中人工造林 899 公顷。至年末,自然保护区达到 4 个,其中国家级自然保护区 2 个。

(七) 安全生产

全年共发生道路交通、工矿商贸、火灾、铁路交通、农业机械生产安全事故 7364 起,造成死亡 1186 人,分别比上年下降 38%和 3.1%。其中,工矿商贸生产安全事故 283 起,造成死亡 225 人,分别比上年上升 7.2%和下降 4.7%;道路交通事故 1172 起,造成死亡 902 人,分别比上年下降 41.7%和 1.3%;火灾事故 5899 起,造成死亡 59 人;铁路交通事故 5 起,未发生人员死亡;农业机械事故 5 起,比上年下降 73.7%,未发生人员死亡。全年亿元生产总值生产安全事故死亡人数为 0.050 人。

三　上海市在泛长三角地区经济发展中的地位

上海市是中国最著名的工商业城市和国际都会，是全国最大的综合性工业城市，亦为中国的经济、交通、科技、工业、金融、贸易、会展和航运中心。上海港货物吞吐量和集装箱吞吐量均居世界第一，是一个良好的滨江滨海国际性港口。正在向现代化国际大都市目标迈进的上海，肩负着面向世界、服务全国、联动"长三角"的重任。31个省市"转型发展指数"整体呈"金字塔型"分布，上海处于塔顶位置。2014年上海经济在结构调整中加速转型升级；社会发展在改革创新中促进和谐稳定。面对经济转型的阵痛期，上海迎难而上，积极应对经济下行压力，努力推动旧增长点的有序退出和促进新增长点的平稳发力。

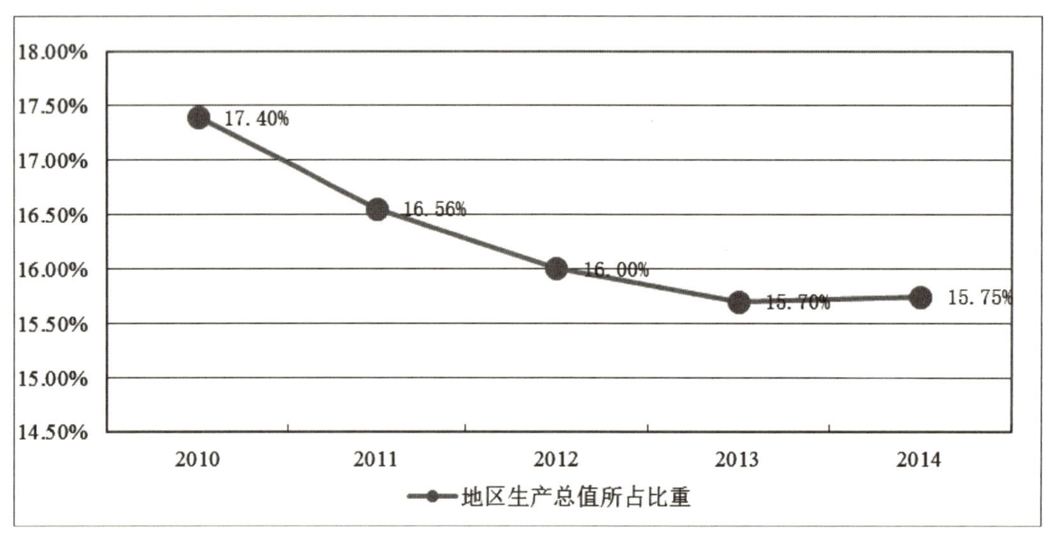

图4　2010—2014年上海市地区生产总值在泛长三角（江苏、浙江和安徽三省及上海市三省一市，下同）所占比重变化趋势

2010—2014年上海市地区生产总值在长三角所占比重分别为：17.40%、16.56%、16.00%、15.70%和15.75%，整体呈现下滑的态势，2014年逆势轻微上扬。5年间，占比累计减少了1.65个百分点，减少趋势明显，情势有待改善。在泛长三角中排名为第3位，在泛长三角41市（苏浙两省24个地级市、上海市和安徽省16市，下同）排名为第1位。

2014年，上海实现生产总值23560.94亿元，按可比价格计算，比上年增长7.0%，增速同比回落0.7个百分点。在国际、国内环境严峻复杂的背景下，全市经济增长从高速转向中高速，符合客观规律，经济增长的稳定性加强。2012年以来，季度GDP增速均维持在7%～8%。

2014年，三产增长快于二产，成为经济保稳的重心骨。全市第三产业实现增加值15271.89亿元，比上年增长8.8%，占全市生产总值的比重为64.8%，对全市经济增长的贡献率达到76.3%。消费成为需求的主要增长点，内外需趋于协调。全市商品销售总额增长11.4%，而固定资产投资总额增长6.5%，外贸出口增长3.0%。随着经济转型升级的深化，经济发展质量和效益不断提升。2014年，上海人均生产总值9.73万元，折合15847美元，在全国各省市中继续保持领先水平；一般公共预算收入4585.55亿元，增长11.6%。

2014年，城市居民家庭人均可支配收入47710元，比上年增长8.8%，扣除价格因素，实际增长5.9%；农村居民家庭人均可支配收入21192元，增长10.3%，扣除价格因素，实际增长7.4%。城乡

居民收入差距进一步缩小，城乡居民收入比（以农村居民可支配收入为 1）从 2013 年的 2.28 缩小至 2.25。

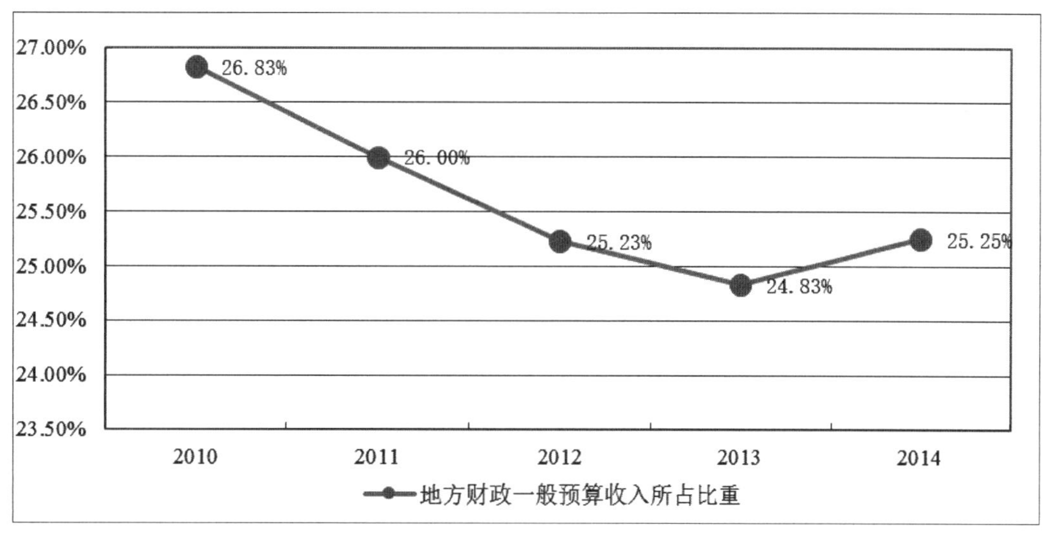

图 5　2010—2014 年上海市地方财政一般预算收入在泛长三角所占比重变化趋势

2010—2014 年上海市地方财政一般预算收入在泛长三角所占比重为：26.83%、26.00%、25.23%、24.83%和 25.25%，2014 年逆势上扬，但五年时间累计降幅达仍 1.58 个百分点，下降趋势有所改善。在泛长三角三省一市中排第 2 位，在泛长三角 41 市排名为第 1 位。

2014 年，上海市全年地方般预算收入达 4585.55 亿元，增长 11.6%。增速比上年提高 1.8 个百分点。其中，增值税 969.14 亿元，增长 14.2%；营业税 1001.92 亿元，增长 4.1%；企业所得税 942.46 亿元，增长 12.5%。全年地方财政支出 4923.44 亿元，增长 8.7%，增速提高 0.5 个百分点。其中，医疗卫生与计划生育支出 264.75 亿元，增长 15.9%；城乡社区支出 801.39 亿元，增长 12.4%。

科研投入稳步增长，为建设具有全球影响力的科技创新中心奠定坚实基础。2014 年，上海用于研究与试验发展（R&D）经费支出 831 亿元，相当于全市生产总值的比例为 3.60%。二是科创应用成果颇丰，有利于加强建设以企业为主体、以市场为导向的技术创新体系。

社会保障体系不断完善，住房保障受益面扩大。2014 年，城镇最低生活保障标准提高到每人每月 710 元，农村最低生活保障标准提高到每人每年 7440 元。全年新开工建设保障房和实施旧住房改造 13.9 万套，基本建成 11.3 万套。至年末，居民住宅成套率达到 96.6%。

2010—2014 年上海市规模以上工业总产值在泛长三角的占比分别为：15.66%、14.59%、13.27%、12.18%和 11.66%，五年时间持续下滑，已累计减少了 4.00 个百分点。在泛长三角三省一市中排名为第 4 位，在泛长三角 41 市排名为第 1 位。

2014 年，全市实现工业增加值 7362.84 亿元，比上年增长 4.3%，增速同比回落 2.0 个百分点。其中，战略性新兴产业制造业增加值 1613.23 亿元，增长 6.3%，增速高于工业 2.0 个百分点。工业企业的盈利模式渐趋多元化，在内生性利润增长空间有限的前提下，通过加大对外投资，实现规模以上工业企业利润总额增长 10.4%。

全年实现建筑业总产值 5102.84 亿元，比上年增长 11.8%；房屋建筑施工面积 29148.65 万平方米，增长 7.7%；竣工面积 6274.25 万平方米，增长 20.7%。建筑企业按总产值计算的全员劳动生产率达到 41.73 万元/人，比上年提高 4.4%。

2010—2014 年上海市进出口总额在泛长三角的占比分别为：33.16%、33.05%、32.68%、33.24%

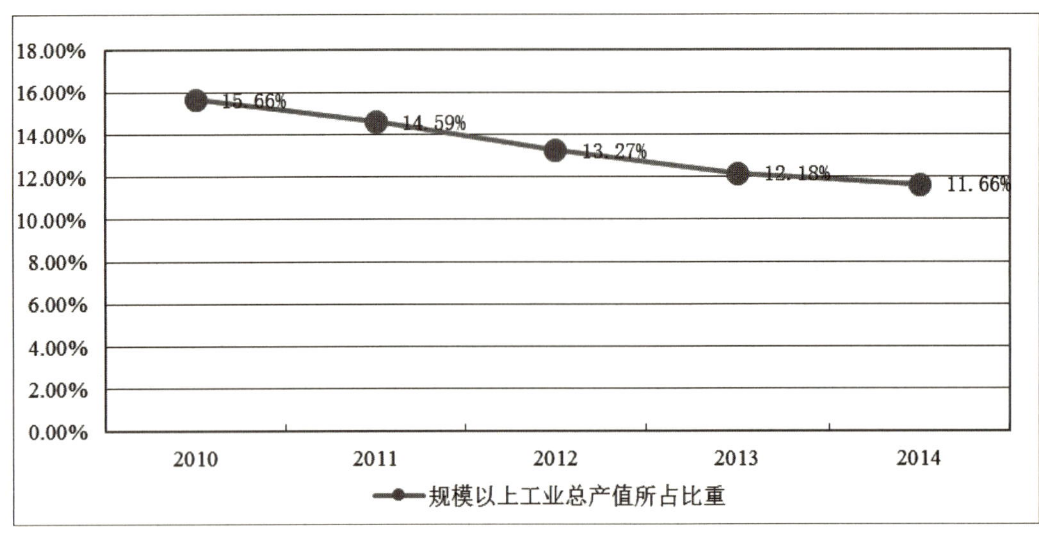

图6　2010—2014年上海市规模以上工业总产值在泛长三角所占比重变化趋势

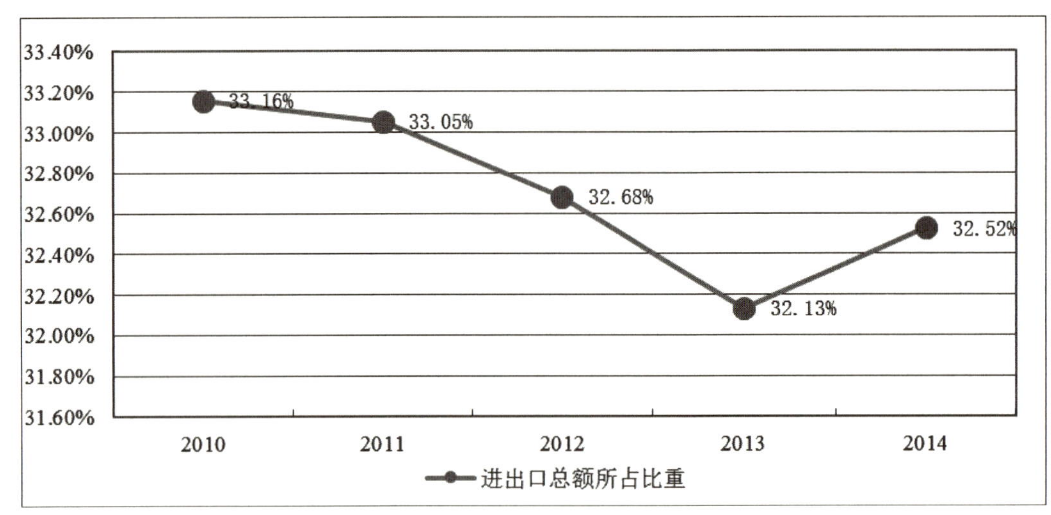

图7　2010—2014年上海市进出口总额在泛长三角所占比重变化趋势

和32.13%，2014年逆势大幅上扬，较2010年下降了1.03个百分点。在泛长三角三省一市中排第2位，在泛长三角41市排名为第1位。

2014年，全年上海市货物进出口总额4666.22亿美元，比上年增长5.6%。其中，进口2563.45亿美元，增长7.9%；出口2102.77亿美元，增长3.0%。上海关区货物进出口总额8634.55亿美元，比上年增长6.3%。其中，进口3402.43亿美元，增长8.6%；出口5232.12亿美元，增长4.8%。

国际金融中心方面，2014年，全市新增各类金融单位96家，金融市场(包括外汇市场)交易总额达786.66万亿元，比上年增长23.2%。国际贸易中心方面，上海关区货物进出口总额8634.55亿美元，增长6.3%；至年末，全市购物中心数达150家，实现营业收入1099.47亿元，增长14.0%。国际航运中心方面，全年上海港口货物吞吐量达75528.89万吨，集装箱吞吐量3528.53万国际标准箱，邮轮旅客吞吐量121.52万人次，增长60.6%。

2010—2014年上海市实际外商直接投资金额在泛长三角地区所占比重分别为19.99%、19.99%、20.90%、22.41%和24.39%，五年时间持续增长，累计增幅达4.40个百分点，上升态势强

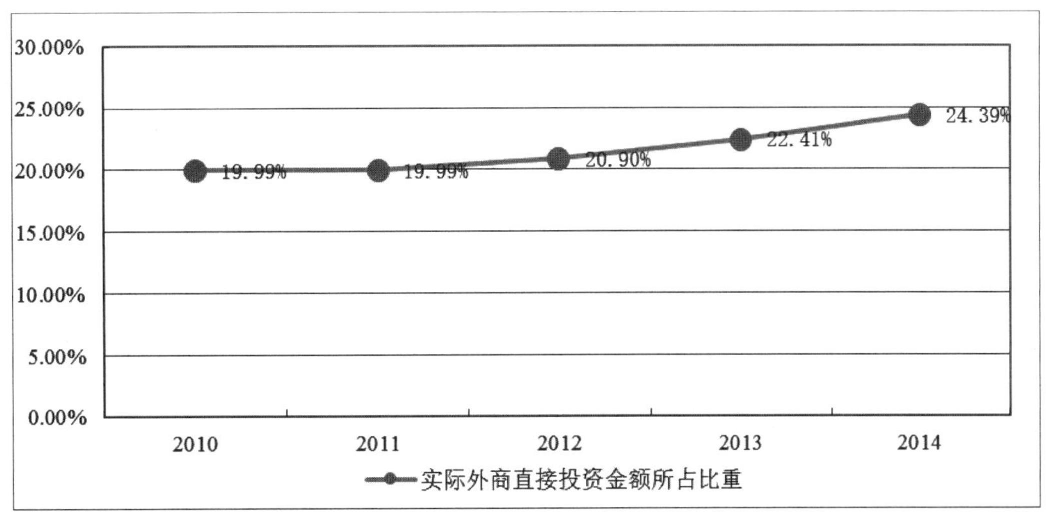

图 8　2010—2014 年上海市实际外商直接投资金额在泛长三角所占比重变化趋势

劲。在泛长三角三省一市中排第 2 位，在泛长三角 41 市排名为第 1 位。

全年新设外商直接投资合同项目 4697 项，比上年增长 25.6%；合同金额 316.09 亿美元，增长 26.8%；实际到位金额 181.66 亿美元，增长 8.3%。国际经济中心方面，至年末，在上海投资的国家和地区达 159 个。创新频出、综合实力提高。金砖国家开发银行总部落沪，面向国际的金融平台得以巩固。贸易监管制度先行先试，电子商务等新兴贸易模式快速发展，全年完成电子商务交易额 13549 亿元，增长 28.3%。对外开放格局层次不断提高，全年新增跨国公司地区总部 45 家，其中投资性公司 14 家，外资研发中心 15 家。

第二章　江苏省及各市 2014 年经济社会发展报告

一　江苏省 2014 年经济社会发展报告

2014 年，面对复杂多变的宏观经济环境和艰巨繁重的改革发展稳定任务，全省坚持稳中求进工作总基调，统筹做好稳增长、促改革、调结构、重生态、惠民生、防风险各项工作，新常态下经济社会发展总体稳定、稳中有进，主要经济指标增幅保持在合理区间，综合实力再上新水平，结构调整实现新进展，发展质量有了新提升，改善民生取得新成效。

一、江苏省 2014 年经济发展概况

（一）综合经济

1. 经济总量

2014 年江苏省经济运行稳中有进。全年实现地区生产总值 65088.32 亿元，比上年增长 8.7%。其中，第一产业增加值 3634.23 亿元，增长 2.9%；第二产业增加值 30854.5 亿元，增长 8.8%；第三产业增加值 30599.49 亿元，增长 9.3%。全省人均生产总值 81874 元，比上年增长 8.4%。全社会劳动生产率稳步提高，全年平均每位从业人员创造的增加值达 136730 元，比上年增加 12433 元。产业结构不断优化。三次产业增加值比例调整为 5.6∶47.7∶46.7。

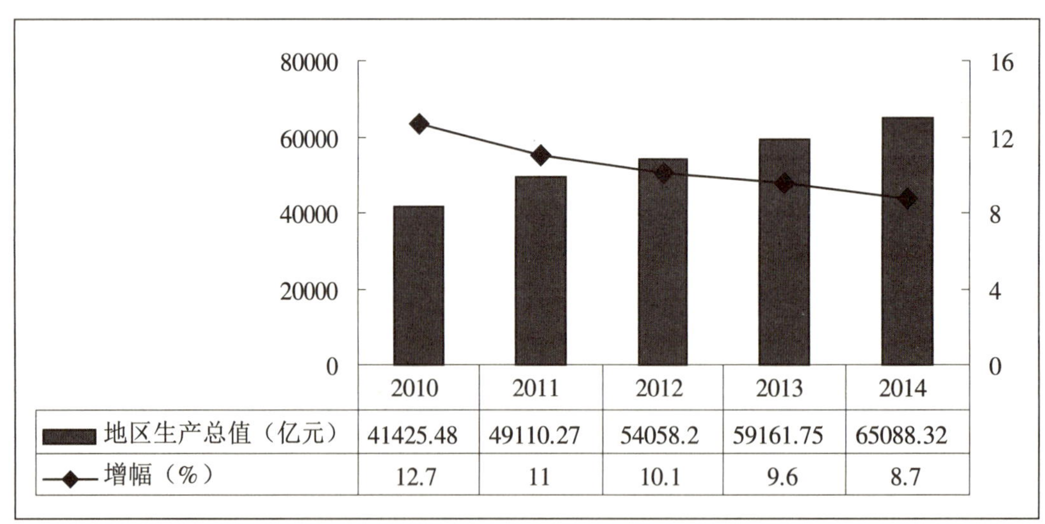

	2010	2011	2012	2013	2014
地区生产总值（亿元）	41425.48	49110.27	54058.2	59161.75	65088.32
增幅（%）	12.7	11	10.1	9.6	8.7

图 1　2010—2014 年江苏省地区生产总值及增长速度

全年实现高新技术产业产值 5.7 万亿元，比上年增长 10.4%；占规模以上工业总产值比重达 39.5%，比上年提高 1.0 个百分点。新兴产业销售收入比上年增长 13.2%。服务业发展加快。全年实现服务业增加值 30396.5 亿元，比上年增长 9.3%；占 GDP 比重达 46.7%，同比提高 1.2 个百分点。

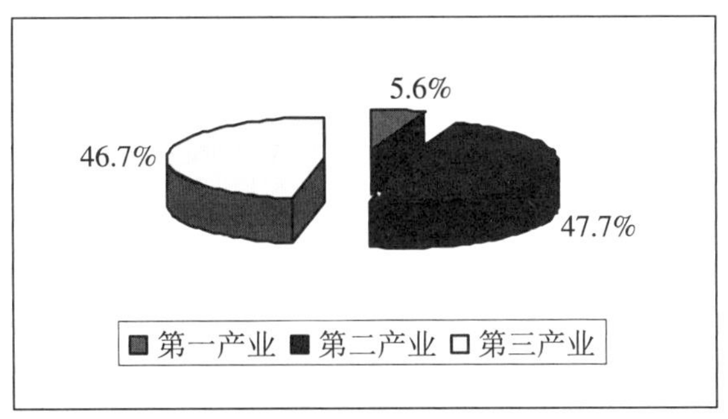

图 2　2014 年江苏省三次产业结构图

经济活力持续增强。全年非公有制经济实现增加值 43869.5 亿元，比上年增长 9.2%；占 GDP 比重达 67.4%，其中私营个体经济占 GDP 比重为 42.8%，分别比上年提高 0.3 个和 0.5 个百分点。年末全省工商部门登记的私营企业达 157.4 万户，当年新增 27.8 万户，注册资本 55825.1 亿元，比上年增长 17.4%；个体户 371.1 万户，当年新增 63.4 万户。新型城镇化扎实推进。年末城镇化率为 65.2%，比上年提高 1.1 个百分点。区域经济协调发展。苏南转型升级步伐加快，创新发展能力和国际竞争力进一步增强；苏中、苏北大部分指标增幅继续高于全省平均水平，经济总量对全省的贡献率达 44.6%，比上年提高 0.4 个百分点；沿海开发顺利推进，沿海地区实现生产总值 11454.2 亿元，比上年增长 10.6%，对全省经济增长贡献率达 18.5%。

2. 财政收支

财政收入稳定增长。全年完成公共财政预算收入 7233.1 亿元，比上年增长 10.1%；上划中央四税 4583.3 亿元，增长 10.0%；基金预算收入 5416.9 亿元，增长 7.9%。

财政支出结构不断优化。全年公共财政预算支出 8466.5 亿元，比上年增长 8.6%；基金预算支出 5294.2 亿元，增长 5.2%。公共财政预算支出中，教育支出 1507.2 亿元，比上年增长 5.0%；公共安全支出 468.6 亿元，增长 3.4%；社会保障和就业支出 719.7 亿元，增长 14.0%；城乡社区事务支出 1197.6 亿元，增长 18.9%；科学技术支出 318.1 亿元，增长 5.1%。

3. 物价指数

居民消费价格温和上涨。全年居民消费价格比上年上涨 2.2%，涨幅同比下降 0.1 个百分点。城市、农村均上涨 2.2%。分类别看，食品上涨 2.6%，烟酒下跌 1.4%，衣着上涨 3.9%，家庭设备用品及维修服务上涨 3.3%，医疗保健及个人用品上涨 1.8%，交通和通信下跌 0.2%，娱乐教育文化用品及服务上涨 2.6%，居住上涨 2.4%。在食品中，粮食上涨 3.6%，肉禽及其制品下跌 0.1%，水产品上涨 0.4%，菜下跌 0.7%，油脂下跌 7.7%，干鲜瓜果上涨 13.9%，蛋上涨 11.2%，液体乳及乳制品上涨 11.1%。工业生产者价格低位运行。全年工业生产者出厂价格比上年下跌 1.7%，其中纺织业下跌 1.0%，化学原料及化学制品业下跌 1.4%，医药制造业下跌 0.5%，化学纤维制造业下跌 6.9%，黑色金属冶炼及压延加工业下跌 7.5%，有色金属冶炼及压延加工业下跌 3.6%，电气机械及器材制造业下跌 1.3%；工业生产者购进价格下跌 3.0%；农业生产资料价格上涨 1.3%。

4. 固定资产投资

固定资产投资较快增长。全年完成固定资产投资(不含农户)41552.8 亿元，比上年增长 15.5%。其中，国有及国有经济控股投资 9319.1 亿元，增长 22.3%；外商港澳台投资 4155.9 亿元，增长 6.3%；民间投资 28077.7 亿元，增长 14.8%，占固定资产投资比重达 67.6%。分类型看，完成项目投资 33312.5 亿元，比上年增长 15.9%；房地产开发投资 8240.2 亿元，增长 13.8%。

投资结构优化改善。第一产业投资 207.0 亿元，比上年增长 29.8%；第二产业投资 20300.5 亿元，增长 10.3%；第三产业投资 21045.3 亿元，增长 20.8%。第二产业投资中，工业投资 20243.9 亿元，比上年增长 10.2%，其中制造业投资 19134.2 亿元，增长 10.4%；高新技术产业投资 7172.1 亿元，增长 11.6%，占工业投资比重达 35.4%。主要工业行业中，化学原料及化学制品制造业投资 1810.6 亿元、通用设备制造业投资 2074.0 亿元、电气机械及器材制造业投资 1787.5 亿元，分别增长 10.1%、10.0%、7.0%。第三产业中，水利、环境和公共设施管理业投资 3538.0 亿元，增长 37.5%；交通运输仓储和邮政业投资 2163.3 亿元，增长 29.1%。

重点项目加快推进。全年新开工项目 35794 个，比上年增长 10.8%；完成投资 22431.5 亿元，增长 20.9%。其中，亿元项目 4655 个，增长 0.4%；完成投资 10006.7 亿元，增长 15.8%。省级 200 个重大项目有序推进，长江－12.5 米深水航道一期完工，南京禄口机场二期工程、苏南硕放机场二期航站楼投入使用，沪通长江大桥、连淮扬镇铁路、宁启铁路二期开工建设，新一轮铁路建设项目里程达 1600 公里，其中高铁 1500 公里，新建成城市轨道交通 320 公里。信息基础设施建设投资五年目标四年完成。南京国家互联网骨干直联点建成开通。棚户区危旧房改造超过 70 万户，200 多万人居住条件得到改善。

5. 经济社会发展中存在的主要矛盾和问题

江苏省经济社会发展中还存在不少矛盾和问题。改革攻坚力度还需要加大，一些改革举措落地见效还不够快，市场主体活力有待进一步释放；经济结构性问题和一些深层次矛盾日益显现，增长动力机制还没有真正实现转换，部分行业产能过剩与市场需求不足矛盾并存，部分企业生产经营困难；资源环境约束加剧，生态建设和环境治理与人民群众期盼还有不小差距；民生保障还存在不少薄弱环节，教育、医疗、养老等公共服务资源配置仍不够均衡；安全生产措施需要进一步强化，社会治理面临许多新情况新问题；政府职能转变还不到位，依法行政意识和能力有待增强，转变作风长效机制还需进一步完善，反腐倡廉任务依然艰巨。

（二）农业建设

1. 农业生产

粮食连续 11 年增产，全年总产量达 3490.6 万吨，比上年增产 67.6 万吨，增长 2.0%；夏粮 1254.7 万吨，增长 4.9%；秋粮 2235.9 万吨，增长 0.4%。全年粮食播种面积 537.6 万公顷，比上年增加 1.5 万公顷；棉花面积 13.2 万公顷，减少 2.3 万公顷；油料面积 49.9 万公顷，减少 1.9 万公顷；蔬菜面积 137.2 万公顷，增加 1.7 万公顷。新增设施农业面积 5.8 万公顷。

2. 林牧渔业

全年成片造林面积 6.1 万公顷，比上年下降 6.1%。全年猪牛羊禽肉产量 369.0 万吨，比上年下降 1.0%；禽蛋总产量 194.6 万吨，下降 1.7%；牛奶总产量 60.7 万吨，增长 1.4%；水产品总产量 518.8 万吨，增长 1.9%，其中淡水产品 368.4 万吨，海水产品 150.4 万吨，分别增长 2.8% 和下降 0.5%。

3. 农村生活生产条件

新一轮农村实事工程顺利实施，解决了农村 310 万人口的饮水安全问题，累计完成 16.6 万个村庄的环境整治任务。全省有效灌溉面积达 399.2 万公顷，新增有效灌溉面积 3.7 万公顷，新增节水灌溉面积 20.0 万公顷；年末农业机械总动力 4650.0 万千瓦，比上年增长 5.5%。

（三）工业和建筑业

1. 工业生产

全年规模以上工业增加值比上年增长 9.9%，其中轻工业增长 9.8%、重工业增长 9.9%。分经济类型看，国有工业增长 3.2%，集体工业增长 4.3%，股份制工业增长 11.2%，外商港澳台投资工业增长 8.3%。在规模以上工业中，国有控股工业增长 5.0%，私营工业增长 11.7%。

2. 企业效益

全年规模以上工业企业实现主营业务收入 142387.9 亿元，比上年增长 7.5%；利税 14629.2 亿元，增长 13.1%；利润 8839.8 亿元，增长 12.8%。企业亏损面 12.9%，比上年末下降 0.1 个百分点。规模以上工业企业总资产贡献率、主营业务收入利润率和成本费用利润率分别为 16.5%、6.2% 和 6.7%。

3. 先进制造业

全年规模以上工业中，汽车制造业实现产值 6448.8 亿元，比上年增长 13.4%；医药制造业产值 3136.4 亿元，增长 13.7%；专用设备制造业产值 5622.2 亿元，增长 10.0%；电气机械及器材制造业产值 16003.3 亿元，增长 9.8%；通用设备制造业产值 8134.3 亿元，增长 10.5%；计算机、通信和其他电子设备制造业产值 18055.9 亿元，增长 4.1%。

4. 建筑业

全年实现建筑业总产值 24592.9 亿元，比上年增长 11.8%；竣工产值 18917.2 亿元，增长 13.7%；竣工率达 76.9%；全省建筑企业实现利税总额 1817.7 亿元，增长 15.9%；建筑业劳动生产率为 29.7 万元/人，增长 5.6%；建筑业企业房屋建筑施工面积 213038.8 万平方米，增长 8.3%；竣工面积 76795.0 万平方米，增长 11.3%，其中住宅竣工面积 55523.0 万平方米，增长 13.3%。

（四）服务业

1. 国内贸易

消费品市场总体平稳。全年实现社会消费品零售总额 23209.0 亿元，比上年增长 12.4%。按经营单位所在地分，城镇消费品零售额 20868.9 亿元，增长 12.4%；乡村消费品零售额 2340.1 亿元，增长 11.9%。按消费形态分，商品零售额 21088.7 亿元，增长 12.6%；餐饮收入额 2120.3 亿元，增长 9.8%。全年实现限额以上社会消费品零售总额 12421.4 亿元，比上年增长 9.7%。按行业分，批发零售业 11657.0 亿元，增长 10.0%；住宿餐饮业零售额 764.4 亿元，增长 4.5%。其中，粮油、食品、饮料、烟酒类零售额 1540.8 亿元，增长 8.5%；服装、鞋帽、针纺织品类零售额 1106.2 亿元，增长 9.3%；金银珠宝类零售额 320.1 亿元，下降 2.9%；日用品类零售额 419.0 亿元，增长 9.9%；家用电器和音像器材类零售额 717.1 亿元，增长 5.3%；中西药品类零售额 769.6 亿元，增长 16.2%；石油及制品类零售额 1411.2 亿元，增长 20.9%；建筑及装潢材料类零售额 570.2 亿元，增长 19.8%；汽车类零售额 3309.2 亿元，增长 6.6%。

2. 交通运输、邮电

交通运输业基本平稳。全年旅客运输量、货物运输量分别比上年增长 2.5%和 7.5%，旅客周转量、货物周转量分别增长 6.9%和 4.7%。完成港口货物吞吐量 22.6 亿吨，比上年增长 5.7%，其中外贸货物吞吐量 3.8 亿吨，增长 8.1%；集装箱吞吐量 1500.5 万标准集装箱，下降 9.7%。年末全省公路里程15.8万公里，比上年新增1427.3公里。其中，高速公路里程4488.3公里，新增45.3公里。铁路营业里程2632.4公里，铁路正线延展长度4200.3公里。年末民用汽车保有量1104.0万辆，净增149.6万辆，分别比上年末增长15.7%和5.9%。年末个人汽车保有量935.7万辆，净增145.6万辆，分别比上年末增长18.4%和9.6%。其中，个人轿车保有量665.6万辆，净增111.0万辆，分别增长20.0%和12.5%。

邮政电信业较快发展。全年邮政电信业务总量1680.8亿元，比上年增长20.0%。分业务类型看，邮政业务总量359.0亿元，增长33.2%；电信业务总量1321.8亿元，增长16.9%。邮政电信业务收入1153.4亿元，比上年增长4.1%。分类型看，邮政业务收入299.5亿元，增长28.5%；电信业务收入853.9亿元，下降2.4%。年末局用交换机总容量2767.5万门。年末固定电话用户2133.6万户，比上年末减少156.2万户。分城乡看，城市电话用户1222.9万户，乡村电话用户910.7万户。年末移动电话用户8070.4万户，比上年末增加128.4万户。年末电话普及率达128.8部/百人。长途光缆线路总长度3.6万公里，新增385公里。年末互联网宽带接入用户1523.4万户，新增92.1万户。

3. 旅游业

旅游业持续平稳增长。全年全省实现旅游收入8145.5亿元，比上年增长13.2%。全年接待国内旅游人数5.7亿人次，比上年增长10.8%；实现国内旅游收入7863.5亿元，增长13.3%。全年接待入境过夜游客297.1万人次，比上年增长3.1%。分类型看，外国人197.0万人次，增长1.9%；港澳台同胞100.1万人次，增长5.8%。全年旅游外汇收入30.3亿美元，比上年增长9.1%。

4. 金融、证券和保险业

金融信贷规模稳步扩大。年末全省金融机构人民币存款余额93735.6亿元，比年初增加8131.5亿元，比上年末增长9.5%。其中，储蓄存款比年初增加2756.7亿元，同比少增994.6亿元；单位存款比年初增加4835.6亿元，同比少增203.0亿元。年末金融机构人民币贷款余额69572.7亿元，比年初增加7546.6亿元，比上年末增长12.5%。其中，中长期贷款比年初增加5532.5亿元，同比多增1334.6亿元。

证券交易市场稳定发展。全年证券市场完成交易额29.5万亿元，比上年增长7.4%。分类型看，证券经营机构股票交易额9.9万亿元，增长58.0%；期货经营机构代理交易额19.6万亿元，下降7.5%。年末全省境内上市公司254家，在上海、深圳证券交易所筹集资金701.5亿元，比上年增加417.8亿元。江苏企业境内上市公司总股本1596.6亿股，比上年增长15.7%；市价总值19631.0亿元，增长53.5%。年末全省共有证券公司6家，证券营业部624家；期货公司10家，期货营业部125家；证券投资咨询机构3家。

保险业稳步发展。全年保费收入1683.8亿元，比上年增长16.4%。分类型看，财产险收入606.3亿元，增长16.9%；寿险收入916.7亿元，增长13.3%；健康险和意外伤害险收入160.8亿元，增长35.9%。全年赔付额616.8亿元，比上年增长17.0%。其中，财产险赔付336.3亿元，增长10.9%；寿险赔付231.9亿元，增长22.9%；健康险和意外伤害险赔付48.6亿元，增长38.2%。

（五）开放型经济

1. 对外贸易

外贸进出口低位增长。全年实现进出口总额5637.6亿美元，比上年增长2.3%。其中，出口总额3418.7亿美元，增长4.0%；进口总额2218.9亿美元，与上年持平。

2. 贸易转型

一般贸易出口额1583.4亿美元，比上年增长8.8%；加工贸易出口额1492.2亿美元，下降0.6%。

出口结构进一步优化。机电产品、高新技术产品出口额分别为2214.5亿美元、1293.6亿美元，占出口总额比重为64.8％、37.8％。其中，计算机与通信技术产品出口额707.1亿美元，占高新技术产品出口额比重为54.7％。

2014年江苏省进出口贸易主要分类情况

指标	绝对数(亿美元)	比上年增长(％)
出口总额	3418.7	4.0
＃一般贸易	1583.4	8.8
加工贸易	1492.2	－0.6
＃工业制成品	3321.4	4.0
初级产品	56.0	6.6
＃机电产品	2214.5	3.4
＃高新技术产品	1293.6	1.1
＃外商投资企业	1988.0	2.4
国有企业	306.2	6.5
进口总额	2218.9	0.0
＃一般贸易	901.9	2.9
加工贸易	864.8	3.5
＃工业制成品	1840.5	0.5
初级产品	330.4	－4.6
＃机电产品	1290.6	0.2
＃高新技术产品	904.4	－2.8
＃外商投资企业	1511.1	4.1

外贸出口平稳增长。外商投资企业出口额1988.0亿美元，比上年增长2.4％，占出口总额比重为58.2％；私营企业出口额1054.6亿美元，增长5.8％，占出口总额比重为30.8％，占比较上年提升0.5个百分点。对欧盟、美国、日本、香港特别行政区出口额分别为635.1亿美元、701.7亿美元、308.6亿美元和348.5亿美元，分别比上年增长11.2％、增长7.2％、下降1.2％和下降5.4％；对东盟、韩国、台湾省出口额分别为342.2亿美元、166.4亿美元和142.1亿美元，分别增长2.3％、下降0.7％和增长18.7％；对拉丁美洲、非洲、俄罗斯出口额分别为191.9亿美元、93.0亿美元和48.9亿美元，分别下降3.2％、零增长和下降0.8％。

3. 利用外资

利用外资规模全国领先。全年新批外商投资企业3031家，新批协议外资431.9亿美元；实际使用外资281.7亿美元，比上年下降14.2％。新批及净增资3000万美元以上项目701个。对外投资增势良好。全年新批境外投资项目736个，比上年增长21.7％；中方协议投资72.2亿美元，增长17.5％。全年新签对外承包工程合同额96.6亿美元，比上年增长13.0％；新签对外承包工程完成营业额79.5亿美元，增长9.5％。

4. 开发区建设

开发区经济发展稳定。全省开发区实现进出口总额4570.0亿美元，其中出口总额2729.0亿美元，分别比上年增长1.8%和3.3%，占全省总量的81.1%和79.8%。

二、江苏省2014年社会发展概况

（一）人口、人民生活

人口总量增长趋缓。年末全省常住人口7960.06万人，比上年末增加20.57万人，增长0.26%。在常住人口中，男性人口4007.09万人，女性人口3952.97万人；0～14岁人口1052.09万人，15～64岁人口5942.44万人，65岁及以上人口965.53万人。全年人口出生率9.45‰，比上年提高0.01个千分点；人口死亡率为7.02‰，提高0.01个千分点；人口自然增长率2.43‰，与上年持平。

居民生活水平持续改善。根据城乡一体化住户抽样调查，全年全省居民人均可支配收入27173元，比上年增长9.7%。按常住地分，城镇居民人均可支配收入34346元，增长8.7%；农村居民人均可支配收入14958元，增长10.6%。城镇居民人均可支配收入中位数31348元，比上年增长10.1%；农村居民人均可支配收入中位数13312元，增长11.8%。全省居民人均消费支出19164元，比上年增长6.9%。城乡居民居住条件有所改善，年末城镇居民人均居住房屋面积44.2平方米，农村居民人均居住房屋面积56.8平方米。

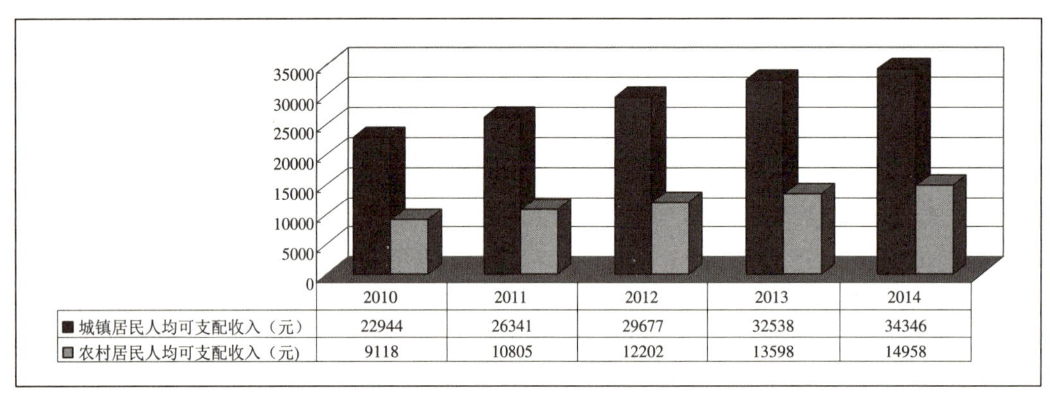

	2010	2011	2012	2013	2014
■城镇居民人均可支配收入（元）	22944	26341	29677	32538	34346
■农村居民人均可支配收入（元）	9118	10805	12202	13598	14958

图3 2010—2014年江苏省城乡居民收入对比一览

（二）就业和社会保障

就业形势总体稳定。年末全省就业人口4760.83万人，第一产业就业人口918.84万人，第二产业就业人口2047.16万人，第三产业就业人口1794.83万人。城镇地区就业人口3029.46万人，城镇登记失业率3.01%；促进失业人员再就业77.64万人，其中就业困难人员就业14.07万人；新增农村劳动力转移25.72万人。

社会保障体系继续完善。城乡居民医疗和养老保险基本实现全覆盖，社会保险主要险种覆盖率达95%以上。年末全省企业职工基本养老保险、城镇职工基本医疗保险、失业保险参保人数分别达2566.48万人(含参保离退休人员)、2361.81万人(含参保退休人员)和1442.67万人，分别比上年末增长4.4%、3.8%和3.8%。年末享受企业职工基本养老保险离退休人员598.11万人，享受城镇职工基本医疗保险退休人员576.95万人。年末城乡居民基本养老保险参保人数1359.91万人，领取基

础养老金人数 987.96 万人。年末城镇居民基本医疗保险参保人数为 1435.68 万人(含人社部门经办的新型农村合作医疗),比上年末增长 0.7%。保障性安居工程建设有序推进,全省新开工保障性住房 27.8 万套,基本建成 26.6 万套(户),分别完成年度目标的 106.7%和 115.4%。

(三)教育和科学技术

1. 教育事业

教育事业协调发展。全省共有普通高校 134 所。普通高等教育本专科招生 44.49 万人,在校生 169.86 万人,毕业生 47.87 万人;研究生教育招生 4.91 万人,在校生 15.07 万人,毕业生 4.17 万人。高等教育毛入学率达 51.0%,比上年提高 2.4 个百分点。全省中等职业教育在校生达 72.36 万人(不含技工学校)。九年义务教育巩固率 100%,高中阶段教育毛入学率 99%,基本普及高中阶段教育。特殊教育招生 0.34 万人,在校生 2.24 万人。全省共有幼儿园 5072 所,比上年增加 350 所;在园幼儿 234.13 万人,比上年增加 2.32 万人。

2. 科技与创新

科技创新能力持续增强。区域创新能力连续六年保持全国第一。全省科技进步贡献率达 59.0%,比上年提高 1.5 个百分点。全年授权专利 20 万件,其中发明专利 2.0 万件。全年共签订各类技术合同 2.5 万项,技术合同成交额达 655.3 亿元,比上年增长 11.9%。全省企业共申请专利 26.1 万件。

高新技术产业较快发展。组织实施省重大科技成果转化专项资金项目 151 项,省资助资金投入 11.8 亿元,新增总投入 105.0 亿元。全省按国家新标准认定高新技术企业累计达 7703 家。2014 年认定省级高新技术产品 10277 项,国家重点新产品 151 项。已建国家级高新技术特色产业基地 133 个。

科研投入比重提升。全社会研究与发展(R&D)活动经费 1630 亿元,占地区生产总值比重为 2.5%,比上年提高 0.05 个百分点。全省从事科技活动人员 118.89 万人,其中研究与发展(R&D)人员 68.96 万人。全省拥有中国科学院和中国工程院院士 90 人。全省各类科学研究与技术开发机构中,政府部门属独立研究与开发机构达 148 个。全省已建国家和省级重点实验室 97 个,科技服务平台 278 个,工程技术研究中心 2748 个,企业院士工作站 328 个,经国家认定的技术中心 75 家。

质量检验能力有所增强。全省共有产品质量检验机构 177 个,国家检测中心 40 个;监督抽查产品 375 种,比上年增长 2.7%。共有产品质量、体系认证机构 4 个,完成强制性产品认证的企业 10370 个;法定计量技术机构 156 个,强制检定计量器具 765.7 万台件;制定、修订地方标准 356 项,增长 16.7%。

(四)文化、卫生和体育

1. 文化事业

公共文化服务水平稳步提高。年末全省共有文化馆、群众艺术馆 116 个,公共图书馆 113 个,博物馆 292 个,美术馆 17 个,综合档案馆 169 个,向社会开放档案 328 万卷(件、册)。共有广播电台 14 座,中短波广播发射台和转播台 21 座,电视台 14 座,广播综合人口覆盖率和电视综合人口覆盖率分别达 99.99%和 99.88%。有线电视用户 2287.7 万户,比上年增长 1.9%。生产故事影剧片 14 部。全年出版报纸 28 亿份,出版杂志 1.2 亿册,出版图书 5.5 亿册。

2. 卫生事业

卫生事业加快发展。年末共有各类卫生机构 32000 个。其中,医院 1520 个,卫生院、社区服务中心1589个，疾病预防控制中心123个，妇幼卫生保健机构109个。各类卫生机构拥有病床38万张，医院拥有病床30.6万张，卫生院、社区服务中心拥有病床7.4万张。共有卫生技术人员45.6万人，其中执业医师、执业助理医师17.8万人，注册护士18.8万人，疾病预防控制中心卫生技术人员6312人，妇幼卫生保健机构卫生技术人员7500人。城乡基层卫生服务网络更加健全。村卫生室人员5.2万人，农村实现医疗点全覆盖。新型农村合作医疗人口覆盖率达98%以上。县级公立医院综合改革全面启动。

3. 体育事业

体育事业持续发展。江苏体育健儿在重大比赛中获世界冠军19项，获金牌150人次，获银牌86人次，获铜牌99人次。全民健身活动广泛开展，圆满举办第二届夏季青年奥林匹克运动会，成功举办第十八届省运会和第九届省残运会。

（五）城乡建设

完善城乡基本公共服务体系，城乡空间格局不断优化，城镇化率达到65.2%。积极推进苏南现代化示范区建设，苏南转型发展步伐加快、自主创新能力和国际竞争力进一步增强。认真落实促进苏中融合发展特色发展政策意见，加大对苏中苏北结合部经济相对薄弱地区支持力度，苏中整体发展水平有了新的提升。强化内生动力，主攻薄弱环节，苏北发展六项关键工程取得阶段性成效。坚持科学开发导向，沿海开发六大行动取得良好进展。认真做好新一轮对口支援新疆、西藏和青海等工作，年度援建项目全面完成。

（六）生态建设和节能减排

生态建设成效显著。制定生态文明建设规划，划定全省生态红线保护区域。年末全省设立自然保护区31个，其中国家级自然保护区3个，面积达56.6万公顷。深入开展工业废气、机动车尾气、城市扬尘等各类污染物综合治理，建立大气污染防治区域联防联控机制，全年完成3150万千瓦发电机组脱硫脱硝改造，PM2.5平均浓度同比下降9.6%。深入开展重点流域治理，太湖流域水质持续改善，南水北调江苏段水质达标。加强绿色江苏建设，林木覆盖率提高到22.2%，国家生态市（县、区）达到35个。

节能减排顺利推进。大力实施节能减排重点工程，鼓励发展循环经济，严格控制高耗能项目，加快淘汰落后产能，推动重点耗能企业能效提升。全省电力行业关停小火电机组69.6万千瓦。单位GDP能耗下降、化学需氧量、二氧化硫、氨氮、氮氧化物排放削减均完成年度目标任务。

（七）安全生产

安全生产形势较为平稳。事故起数和死亡人数实现“双下降”，全年发生各类事故13747起，死亡5222人，比上年分别下降1.50%和0.08%。其中，发生各类生产经营性事故3240起，死亡2213人，分别下降2.44%和上升7.74%。亿元GDP生产安全事故死亡人数为0.08人，比上年下降8.86%。

三、江苏省在泛长三角地区经济发展中的地位

江苏省在党中央、国务院和中共江苏省委的正确领导下，高举中国特色社会主义伟大旗帜，以邓小平理论、“三个代表”重要思想为指导，深入贯彻落实科学发展观，认真贯彻党的十七大、十八大精神，紧紧围绕“两个率先”目标，牢牢把握机遇，积极应对挑战，全力办好大事要事，稳妥处置难事急事，改革开放和现代化建设取得显著成绩。2014年，全省上下坚持稳中求进、改革创新，统筹做好改革发

展稳定各项工作，全省经济稳中有进，社会保持和谐稳定，各项工作都取得了新成绩。

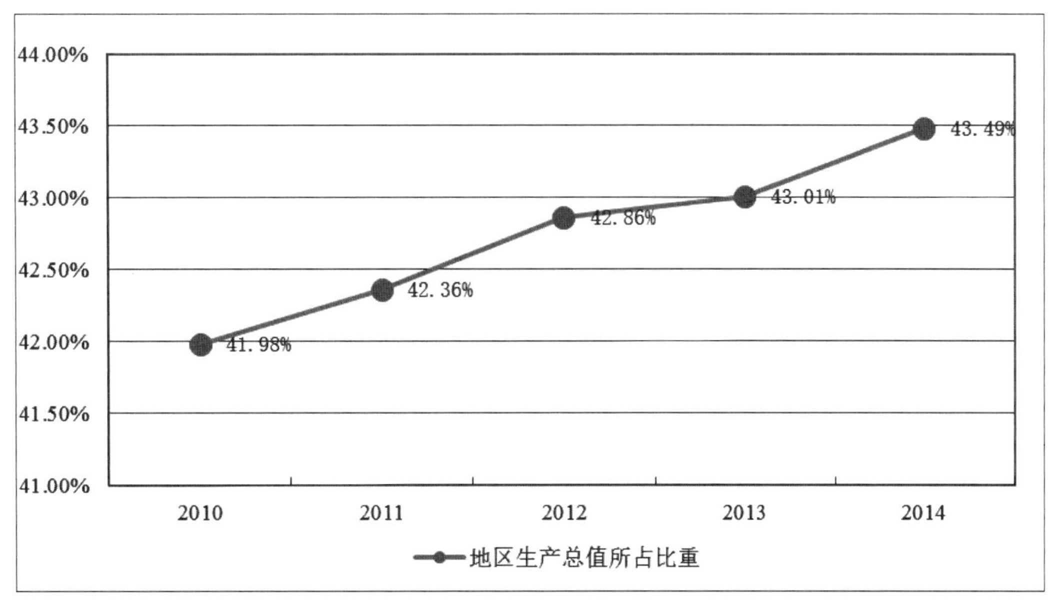

图 4　2010—2014 年江苏省地区生产总值在泛长三角所占比重变化趋势

近年来，江苏省地区生产总值在泛长三角地区稳居第一位，所占比重呈现明显的逐年增加趋势。2010—2014 年，江苏省地区生产总值在长三角所占比重分别为 41.98%、42.36%、42.86%、43.01% 和 43.49%，五年累计增幅高达 1.51 个百分点。增长态势强劲。

2014 年，在泛长三角地区 41 市(苏浙两省 24 个地级市、安徽省 16 个地级市和上海市，下同)地区生产总值所占比重排名的前十位中，江苏省 13 个地级市占据 6 席。

2014 年，江苏省经济运行稳中有进。全年实现地区生产总值 65088.3 亿元，比上年增长 8.7%。增速比较稳健，在经济下行压力加大的情况下，江苏经济保持了持续稳定、较快的发展。总量上了一个新的台阶，突破了六万亿元人民币，第四季度增速达到了 8.7%。仅比前三季度回落 0.1 个点，没有出现大起大落。工业企业盈利水平仍在提升。去年工业利润增长了 12.8%，主营业务收入利润率达到 6.2%。年初亏损面还在两成以上，到年底减至一成了。所以企业盈利能力也在增加。服务业企业盈利能力也在提高，全年规模以上服务业单位营业利润增长 8.4%。

三大需求结构进一步优化，处在均衡发展的阶段。消费贡献率达到 50.9%，实际上已成为拉动经济增长的第一推动力。产业结构有新突破，服务业占比在提升，服务业增加值占 GDP 比重达到了 46.7%，比上年提升 1.2 个百分点。高新技术产业增长较快，去年产值增长 10.4%，占规模以上工业比重达 39.5%。所有制结构也发生了积极变化，民营工业占比在提高，民营工业增加值增长了 11.8%，占规模以上工业比重达到 53.4%。从结构调整来看，消费成了第一拉动力，服务业成了第一推动力，民营工业成了主力军，结构调整步伐在加快。

2010—2014 年，江苏省地方财政一般预算收入在泛长三角地区的占比分别是 38.09%、39.03%、39.50%、39.69% 和 39.83%，五年累计增幅达 1.74 个百分点，呈持续增长的趋势，但增速放缓。地区生产总值在泛长三角地区稳居第一位。2014 年，在泛长三角地区 41 市地方财政一般预算收入所占比重排名的前十位中，江苏省 13 个地级市占据 6 席。

2014 年财政收入稳定增长。财政收入稳定增长。全年完成公共财政预算收入 7233.1 亿元，比上年增长 10.1%；上划中央四税 4583.3 亿元，增长 10.0%；基金预算收入 5416.9 亿元，增长 7.9%。同

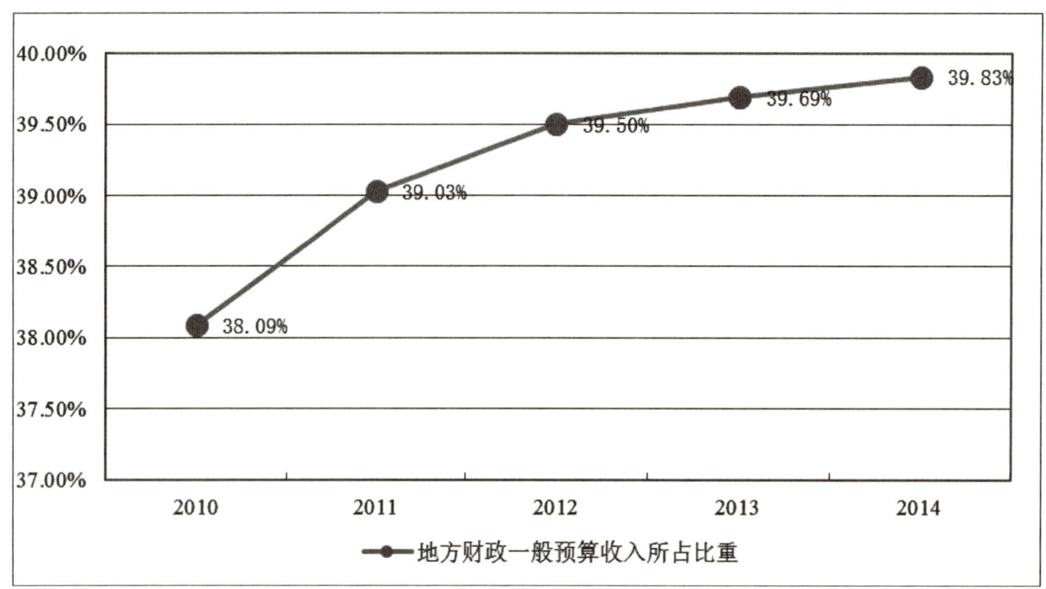

图 5　2010—2014 年江苏省地方财政一般预算收入在泛长三角所占比重变化趋势

时为深入推进改革开放，增强发展活力。制定出台 8 个专项改革意见，273 项重要领域和关键环节改革扎实推进。省级层面减少行政审批事项 506 项，建立“5 张清单、1 个平台、7 项相关改革”基本框架。营改增试点企业达 34 万户，累计减税 358.6 亿元。

社会保障主要险种参保率稳定在 95%以上，基本实现城乡居民大病保险全覆盖，46%的涉农县(市、区)实现城乡低保标准并轨。新开工保障性住房 27.75 万套，基本建成各类保障性住房 26.55 万套，发放廉租住房租赁补贴 4.2 万户。新增 100 万农村低收入人口脱贫。义务教育基本均衡县(市、区)达 89 个。免费向城乡居民提供基本公共卫生服务 11 类共 43 项。养老床位数达 50 万张，城市社区居家养老服务中心全覆盖。公共文化服务设施覆盖率 90%以上。成功举办南京青奥会、第十八届省运会和第九届省残运会。

2010—2014 年，江苏省规模以上工业总产值在泛长三角地区的占比分别是 47.87%、48.42%、49.97%、51.11%和 51.05%，整体呈增长的态势，累计增幅高达 3.18 个百分点。2014 年所占比重占据着第一的位置。

2014 年，在泛长三角地区 41 市规模以上工业总产值所占比重排名的前十位中，江苏省 13 个地级市占据 6 席，与去年持平。

2014 年，全省工业经济运行平稳，规模以上工业增加值同比增长 9.9%；实现主营业务收入 14.2 万亿元、利润 0.9 万亿元，同比分别增长 7.5%和 12.8%。工业经济立足提质增效，转型升级步伐加快迈进。小微企业状况良好，政策支持效应显现。2014 年，全省规模以上小微企业实现产值 5.5 万亿元，同比增长 11.7%，增幅高出规模以上工业 4 个百分点；对规模以上工业产值增长的贡献率达 55.8%，较 2013 年提升 3.7 个百分点。2014 年，小微企业实现利润总额 3330.5 亿元，同比增长 14.2%，增幅高出规模以上工业平均水平 1.4 个百分点；主营业务收入利润率由 1—3 月的 5.3%提高至 1—12 月的 6.2%。

全省规模以上轻、重工业增加值占全省规模以上工业比重分别为 27.8%、72.2%，轻工业占比较 2013 年上升 0.3 个百分点。全省工业技术改造投资同比增长 19.9%，比工业投资高出 9.7 个百分点；工业技改投资占工业投资比重为 48.6%，较上年同期提高 3.9 个百分点。

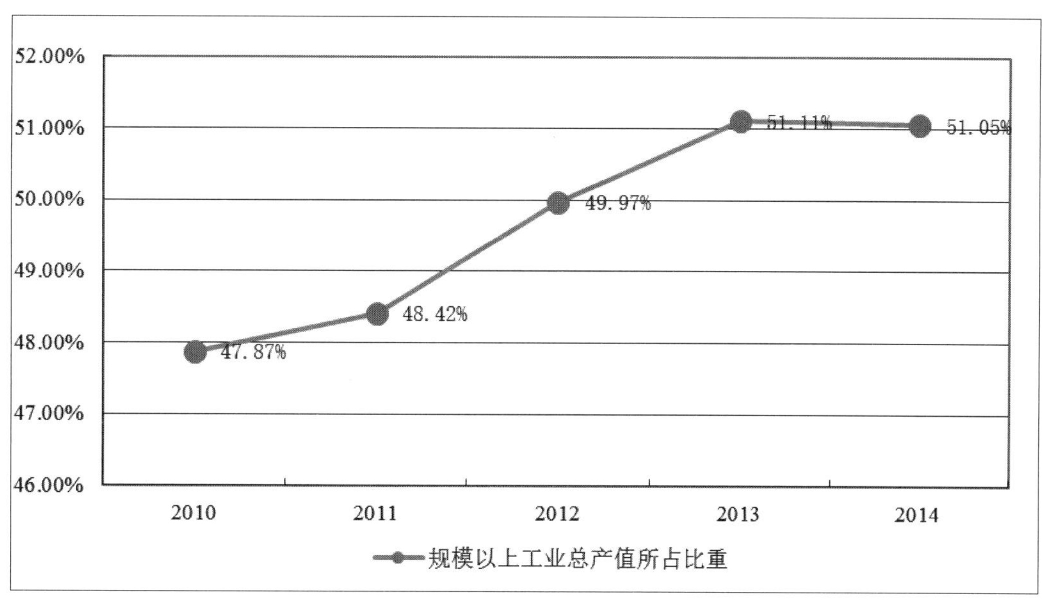

图 6 2010—2014 年江苏省规模以上工业总产值在泛长三角所占比重变化趋势

同时适应市场转型发展，产品结构调整明显。钢材产品中，附加值较高的特厚板、厚钢板、中板、冷轧薄宽钢带产量同比分别增长 72.1%、15.7%、13.4%、8.9%，占钢材的比重由 2013 年 11.4%提升至 12.9%。汽车产品中，全省汽车产量增长 10.2%，其中轿车增长 18%、运动型多用途乘用车(SUV)增长 18.2%、客车及载货汽车分别下降 6.3%、10.8%。船舶产品中，民用钢质船舶增长 7.8%，其中散货船下降 4.4%，钢质机动非货船增长 2.3 倍，钢质非机动船增长 37.3%。电子产品中，笔记本计算机下降 26%，集成电路、电子元件、光电子器件分别增长 11.3%、7.5%、3%。

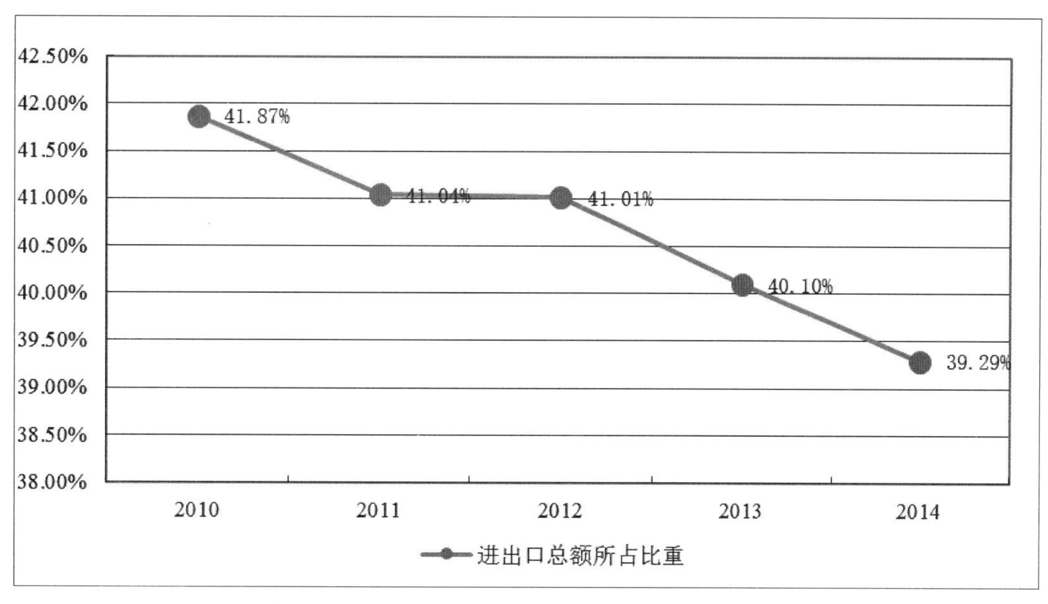

图 7 2010—2014 年江苏省进出口总额在泛长三角所占比重变化趋势

2010—2014 年，江苏省进出口总额在泛长三角地区的占比分别是 41.87%、41.04%、41.01%、40.10%和 39.29%，整体呈下跌趋势，累计降幅达 2.58 个百分点，但始终保持着泛长三角地区三省一市第一的位置。2014 年，在泛长三角地区 41 市进出口总额所占比重排名的前十位中，江苏省 13 个地级市占据 4 席。

2014 年，外贸进出口低位增长。全年实现进出口总额 5637.6 亿美元，比上年增长 2.3%。其中，出口 3418.7 亿美元，增长 4%；进口 2218.9 亿美元，与上年持平。进出口规模居全国第二位，占全国比重为 13.1%。主要特点：①进出口总体运行平稳，增幅逐季回落。一季度、二季度、三季度的累计进出口增幅分别为 6.3%、5.2%和 4.7%，四季度单月进出口均为负增长。全年进出口、出口、进口增幅分别低于全国平均水平 1 个、2.1 个和 0.4 个百分点。②机电产品、高新技术产品出口占比略降，大宗商品进口持续下跌。2014 年全年，机电产品、高新技术产品分别出口 2216.5 亿、1288.8 亿美元，同比增长 3.4%、1.1%，占比 64.8%、37.7%，低于上年同期 0.4 个、1.1 个百分点。七大行业出口保持增长：钢材出口持续高速增长，增幅为 24.7%；光伏产品出口恢复性增长，增幅为 13.8%；纺织服装、轻工、化学品、工具出口分别增长 5%、1.6%、6.3%和 9.7%；交通运输设备出口增长 1.7%，其中船舶出口下降 12.4%，累计出口连续 30 个月下降，跌幅不断收窄。IT 产品出口下降 0.9%，其中笔记本电脑出口下降 3.9%。高新技术产品进口下降 2.8%，其中自 6 月起连续 7 个月单月进口负增长。主要产品中，集成电路进口增长 0.5%；液晶显示板、计算机零件、手机零件进口分别下降 11.5%、2.2%和 10.3%。全省重点监测的 20 种大宗资源、原料性商品连续 8 个月单月进口负增长，累计进口下降 7.1%；其中，9 种进口数量下降，15 种进口价格下降。机械设备进口增长 7.4%。④传统市场涨跌分化，新兴市场有所好转。出口方面，美国、欧盟在江苏各出口市场中继续位居第一、第二位，分别实现出口 701.7 亿、635.1 亿美元，增长 7.3%、11.2%。对香港、日本出口不断下降，分别出口 348.5 亿、308.6 亿美元，下降 5.4%、1.2%。上述四大传统市场累计增长 4.6%，占全省出口的 58.3%。对新兴市场出口自下半年起止跌转增，累计增长 3.1%；其中，对东盟出口增长 2.3%，对非洲出口与上年持平，对拉美出口下降 3.2%。金砖国家中，对印度出口增长 7%，对俄罗斯、巴西、南非出口分别下降 0.8%、10.9%和 22.1%。进口方面，韩国、台湾地区在江苏进口来源地中继续位居前两位，分别实现进口 426.9 亿、320.4 亿美元，均增长 2.8%；自日本进口 285.3 亿美元，连续 10 个月下跌，累计进口下降 4.2%；自欧盟、东盟分别进口 258.6 亿、250.9 亿美元，增长 7.1%、9.1%。上述五大来源地占全省进口的比重为 69.5%。

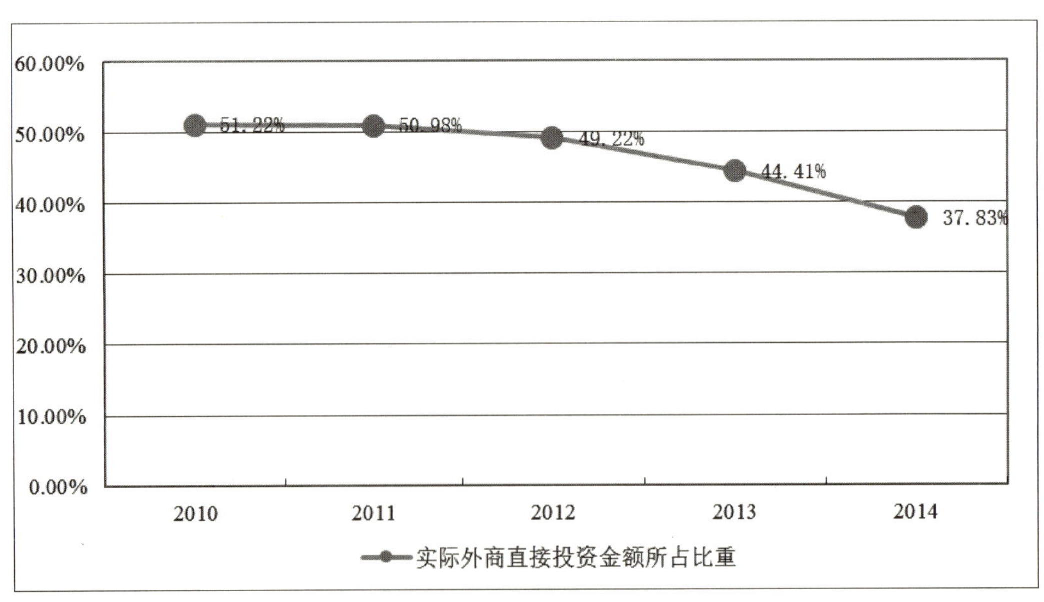

图 8　2010—2014 年江苏省实际外商直接投资金额在泛长三角所占比重变化趋势

2010—2014 年，江苏省实际外商直接投资金额在泛长三角地区的占比分别是 51.22%、50.98%、49.22%、44.41%和 37.83%，整体呈下降趋势，2014 年较上年减少了 6.58 个百分点，较 2010 年减少了 13.39 个百分比。

2014 年，在泛长三角地区 41 市实际外商直接投资金额所占比重排名的前十位中，江苏省 13 个地级市占据 5 席。

2014 年，江苏省外商投资企业进出口 3481.5 亿美元，增长 3.2%，占全省进出口比重为 61.8%；其中，出口 1975.6 美元，增长 2.3%，进口 1505.9 美元，增长 4.3%。民营企业进出口 1649.5 亿美元，占比 29.3%；下半年单月进出口连续下跌，累计进出口增长 1.8%；其中出口增长 5.7%，进口下降 5.7%。国有企业进出口 506.7 亿美元，下降 1.3%，占比 9%。

一般贸易进出口 2485.4 亿美元，增长 6.6%；占比 44.1%，比上年同期提高 1.8 个百分点，高于加工贸易 2.3 个百分点，为 1995 年以来首现。加工贸易进出口 2357 亿美元，占比 41.8%；在连续 21 个月下降后，11 月止跌转增，全年累计微增 0.9%。海关特殊监管区域物流货物进出口 557.1 亿美元，下降 10.8%；保税监管场所进出境货物进出口 174.5 亿美元，增长 16.1%。外商投资项下设备进口 25.6 亿美元，下降 16.6%。海关特殊监管区设备进口 19.6 亿美元，增长 7.2%。

二　南京市 2014 年经济社会发展报告

2014 年，全市上下在市委、市政府的正确领导下，坚持稳中求进工作总基调，奋力书写“经济发展稳中向好、改革创新实现突破、青奥盛会精彩圆满”的“三份答卷”，统筹推进稳增长、促改革、调结构、重生态、惠民生各项工作，经济社会发展在新常态下呈现“稳中向好、转中提质”的良好态势。

一、南京市 2014 年经济发展概况

（一）综合经济

1. 经济总量

2014 年南京市实现地区生产总值 8820.75 亿元，按可比价格计算，比上年增长 10.1%。其中，第一产业增加值 223.96 亿元，增长 3.5%；第二产业增加值 3671.45 亿元，增长 8.8%，其中全部工业增加值 3165.78 亿元，增长 9.3%；第三产业增加值 4925.34 亿元，增长 11.5%。按常住人口计算，全市人均地区生产总值达到 107545 元，按年平均汇率折合 17507 美元。

三次产业增加值比例调整为 2.5∶41.7∶55.8。工业结构调轻调优，全年完成高新技术产业产值 5740.94 亿元，占规模以上工业的比重为 43.4%。汽车、电子、医药、交通运输设备、电气机械和器材、仪器仪表等六大先进制造业产值占规模以上工业的比重为 44.5%，比上年提高 1.5 个百分点；石化、建材、冶金、电力等高耗能行业产值占规模以上工业的比重为 33.9%，比上年回落 1.7 个百分点。服务业发展水平提升，第三产业增速分别快于地区生产总值、第二产业增速 1.4 个、2.7 个百分点，第三产业比重较上年提高 1.2 个百分点。金融业增加值 958.81 亿元，占 GDP 的比重为 10.9%，比上年提高 0.3 个百分点；信息传输、计算机服务和软件业增加值 507.62 亿元，增长 23.5%，占 GDP 的比重为 5.8%，比上年提高 1.5 个百分点；文化产业增加值 515 亿元，占 GDP 的比重为 5.84%，比上年提高 0.23 个百分点。

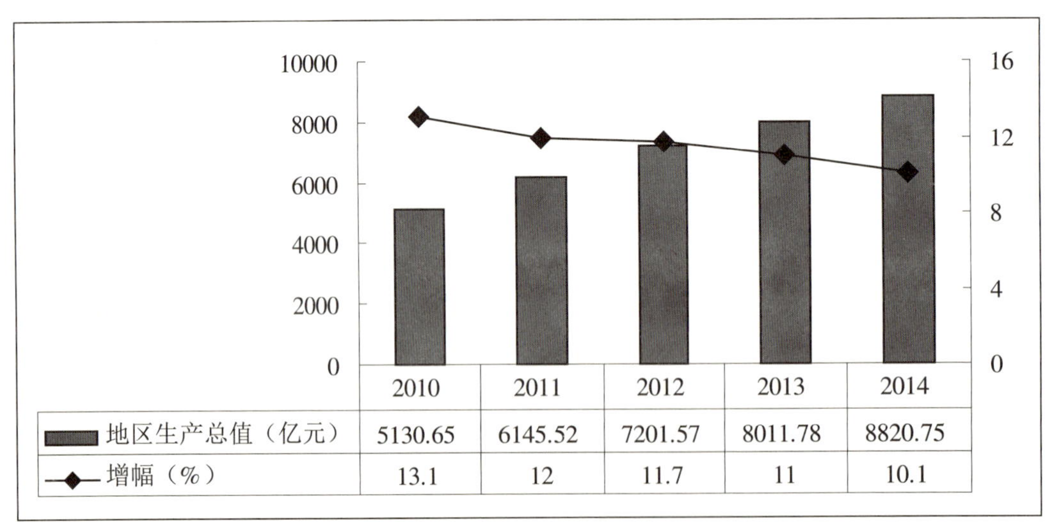

	2010	2011	2012	2013	2014
地区生产总值（亿元）	5130.65	6145.52	7201.57	8011.78	8820.75
增幅（%）	13.1	12	11.7	11	10.1

图 1　2010—2014 年南京市地区生产总值及增长速度

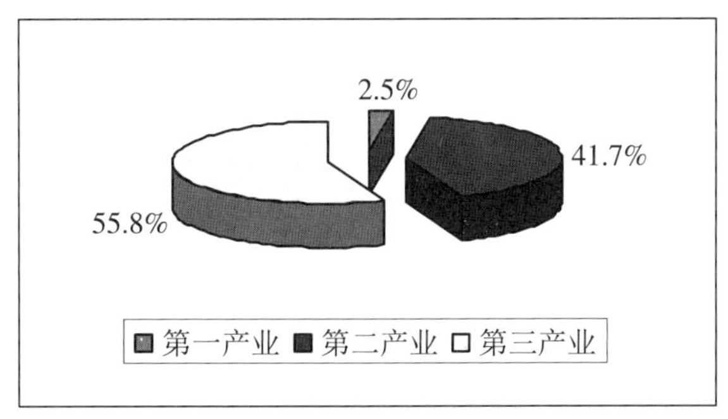

图 2　2014 年南京市三次产业结构图

2. 财政收支

财政收支结构不断优化。全年完成公共财政预算收入 903.49 亿元，比上年增长 8.7%。其中，税收收入 757.21 亿元，比上年增长 10.6%，占公共财政预算收入的比重为 83.8%。全年公共财政预算支出 920.90 亿元，比上年增长 8.2%。其中，文化体育与传媒、医疗卫生、社会保障方面的公共财政支出增幅分别达到 12.4%、24.6%和 14.7%。

3. 物价指数

价格水平涨幅较低。全年城市居民消费价格总水平比上年上涨 2.6%。其中，食品类上涨 2.8%，居住类上涨 2.9%，商品零售价格上涨 0.9%。

全年工业生产者出厂价格比上年下跌 2.7%。其中，生产资料价格下跌 3.0%，生活资料价格下跌 1.1%；轻工业类价格下跌 2.0%，重工业类价格下跌 2.8%。全年工业生产者购进价格下跌 2.4%。

4. 固定资产投资

固定资产投资稳中趋优。全年完成全社会固定资产投资 5460.03 亿元，比上年增长 3.7%。其中，国有及国有经济控股投资 2195.60 亿元，增长 6.0%；外商及港澳台投资 453.82 亿元，增长 10.1%。

分产业看，第一产业投资 34.87 亿元，比上年增长 48.1%；第二产业投资 2180.71 亿元，下降 12.5%，其中工业投资 2152.36 亿元，下降 14.2%；第三产业投资 3244.45 亿元，增长 17.6%。三次产业投资比例为 0.6∶39.9∶59.5。

分行业看，工业投资深度调整，全年完成工业技改投资 842.63 亿元，增长 18.3%；占工业投资的 39.2%，比上年提高 10.8 个百分点。火力发电、建材、冶金、石化等高耗能行业投资 399.07 亿元，下降 18.4%，占工业投资的 18.5%，比上年回落 1 个百分点。现代服务业投资增长较快，信息传输、软件和信息技术服务业投资增长 32.9%，科学研究和技术服务业投资增长 192.4%。民生领域投入加大，公共服务业投资增长 40.2%。

5. 民营经济

产业结构继续优化。民营经济稳步发展。全年民营经济实现增加值 3740.01 亿元，占 GDP 的比重达到 42.4%，比上年提高 1.1 个百分点。工商登记制度改革稳步推进，年末工商部门登记的私营企业 20.07 万户，其中当年新增 3.87 万户，分别比上年增长 16.3%、54.8%；私营企业注册资本 5642.80 亿元，其中当年新增 1118.45 亿元，分别比上年增长 39.6%、154.3%。年末个体工商户 34.42 万户，其中当年新增 6.10 万户，分别比上年增长 13.0%、27.6%。全年规模以上民营工业产值 3898.18 亿元，增长 8.8%，占规模以上工业的 29.4%，比上年提高 1.2 个百分点。全年个体、私营企业上缴税金

247.67 亿元，增长 11.5%，占全部税收的 12.9%。

（二）农业

农业生产基本平稳。全年完成农林牧渔及农林牧渔服务业总产值 384.62 亿元，比上年增长 9.2%。其中，农业产值 218.50 亿元，增长 11.8%；林业产值 19.84 亿元，增长 10.6%；牧业产值 48.23 亿元，下降 0.7%；渔业产值 79.86 亿元，增长 8.2%；农林牧渔服务业产值完成 18.19 亿元，增长 9.7%。

全年粮食种植面积 235.67 万亩，比上年减少 6.36 万亩；油料种植面积 69.57 万亩，比上年增加 2.60 万亩；蔬菜播种面积 130.28 万亩，比上年减少 1.20 万亩。

全年粮食总产量 114.72 万吨，比上年下降 1.9%；油料总产量 11.47 万吨，增长 6.3%；蔬菜总产量 308.65 万吨，增长 0.8%；全年肉类（猪、牛、羊、禽）总产量 12.00 万吨，下降 0.9%；禽蛋总产量 7.53 万吨，下降 0.5%；牛奶总产量 8.14 万吨，下降 5.5%；水产品总产量 22.88 万吨，增长 3.2%。

年末通过部级认证的无公害农产品 792 个，绿色食品标志产品 206 个，有机食品基地 119 个；通过省级认定的无公害农产品、绿色食品和有机农产品生产基地总面积达 21.7 万公顷。年末高标准农田面积达 13.89 万公顷。全年新增农民合作社 232 家，累计 2358 家；新增土地股份合作社 77 家，累计 839 家。

（三）工业和建筑业

1. 工业

工业生产稳定增长。全年规模以上工业企业实现工业总产值 13239.73 亿元，比上年增长 5.3%。在规模以上工业中，国有及国有控股企业增长 1.8%；股份制企业增长 4.6%，外商及港澳台投资企业增长 7.1%。

分行业看，全市 36 个工业大类行业中，工业产值超百亿的行业 21 个，实现产值 12682.90 亿元，占规模以上工业总产值的 95.8%。其中计算机、通信和其他电子设备制造业、化学原料及化学制品制造业和汽车制造业 3 个行业产值均超千亿元。全年高技术制造业增长 7.3%，占规模以上工业总产值的 22.2%。装备制造业增长 8.8%，占规模以上工业总产值的 51.1%。

分企业看，全市工业产值超十亿的企业 168 家，其中当年新增 12 家；实现产值 9291.44 亿元，比上年增长 4.9%；占规模以上工业总产值的比重为 70.2%。占全市规模以上工业企业总数 80.0%的小型企业全年实现工业总产值 4267.47 亿元，增长 8.2%，增幅高于全市规模以上工业平均水平 2.9 个百分点。

分产品看，在全市统计的 261 种主要工业产品中，有 132 种工业产品产量比上年增长。

全年规模以上工业企业实现产品销售产值 13017.56 亿元，比上年增长 5.0%；出口交货值 1831.36 亿元，增长 6.7%；工业新产品产值 1335.11 亿元，增长 15.2%，新产品产值率为 10.1%。

全年规模以上工业企业实现主营业务收入 12863.55 亿元，比上年增长 4.3%；工业利税 1580.74 亿元，增长 11.7%；盈亏相抵后利润总额 755.60 亿元，增长 0.9%。

2. 建筑业

建筑业稳步发展。全年实现建筑业增加值 505.67 亿元，按可比价计算，比上年增长 8.6%。全市具有资质等级的总承包和专业承包建筑业企业完成建筑业总产值 3217.80 亿元，比上年增长 3.4%，其中在外省完成建筑业总产值 1151.13 亿元，增长 7.4%。建筑业竣工产值 2342.35 亿元，增长 9.5%。

（四）服务业

1. 国内贸易

消费品市场发展稳定。全年实现社会消费品零售总额4167.20亿元，比上年增长12.9%。分行业看，批发和零售业实现零售额3703.69亿元，增长14.8%；住宿和餐饮业实现零售额463.51亿元，增长0.1%。从限额以上企业（单位）主要商品零售看，石油及制品类增长20.9%，中西药品类增长20.5%，服装、鞋帽、针纺织品类增长11.5%，粮油、食品、饮料、烟酒类增长11.2%，汽车类增长10.0%，家用电器和音像器材类增长8.5%。

2. 交通运输和邮电

交通运输业平稳发展。全年货物运输总量31879.93万吨，比上年增长2.1%。货物运输周转量5537.41亿吨公里，增长9.6%。全年港口货物吞吐量21001.00万吨，增长4.0%，其中，外贸货物吞吐量1974.00万吨，下降10.5%。港口货物吞吐量中，集装箱吞吐量276.50万标准箱，增长3.6%。

全年旅客运输总量15269.11万人次，比上年增长3.0%。旅客运输周转量377.36亿人公里，增长8.1%。

年末民用汽车拥有量达到172.19万辆，比上年增长22.6%，其中本年新注册34.89万辆。年末私人汽车拥有量148.56万辆，增长26.2%。年末私人轿车拥有量109.93万辆，增长26.9%，其中本年新注册24.12万辆。

邮政电信业较快发展。全年完成邮电业务总量211.17亿元，比上年增长15.8%。其中邮政业务总量64.96亿元，增长37.0%；电信业务总量146.21亿元，增长8.4%。全年完成邮电业务收入175.07亿元，比上年增长7.1%。其中邮政业务收入54.87亿元，增长38.0%；电信业务收入120.2亿元，下降2.9%。全年完成国际国内快递业务量28391.36万件，比上年增长43.9%。

年末拥有移动电话用户1097.00万户。其中，4G移动电话用户151.40万户，比上年末净增149.40万户；3G移动电话用户397.47万户。年末拥有固定电话用户261.13万户。年末国际互联网宽带用户数325.48万户，比上年增加2.30万户，增长0.7%。

3. 旅游业

旅游业发展势头较好。全年实现旅游总收入1520.83亿元，比上年增长11.8%。接待海内外旅游者9475.93万人次，增长8.6%。其中，接待国内旅游者9419.31万人次，增长8.6%；接待入境旅游者56.62万人次，增长9.2%。全年实现国际旅游创汇收入5.53亿美元，增长19.7%。经旅行社组织出境旅游人数67.26万人次，增长24.0%。年末共有A级景区53家，其中4A级以上高等级景区18家；省级旅游度假区4家。拥有星级宾馆饭店102家，其中五星级以上酒店20家。拥有各类旅行社541家，其中具有组织出境游资质的旅行社35家。

4. 金融和保险

金融信贷规模稳步扩大。年末金融机构本外币各项存款余额20733.39亿元，比年初增加2306.79亿元，比上年末增长12.6%。其中城乡居民储蓄5135.67亿元，比年初增加179.90亿元；单位存款13792.64亿元，比年初增加1703.06亿元。年末金融机构本外币各项贷款余额16448.55亿元，比年初增加1759.29亿元，比上年末增长13.1%。其中短期贷款5099.46亿元，比年初增加97.43亿元；中长期贷款10432.58亿元，比年初增加1506.21亿元。

金融创新取得进展。年末金融总资产达4.15万亿元，比上年增长22.1%。全年新增上市企业6家，募集资金31亿元，年末共有境内外上市企业71家。新增备案创投企业12家，累计备案创投企业

(含省级在宁企业)61 家。年末共有 30 家企业挂牌或者获准挂牌新“三板”,共有证券营业部 124 家。全年新增短融、中票、债券等各类直接融资工具 772.80 亿元,位居全省第一。江宁经济技术开发总公司等 4 家企业债券成功获批发行,累计融资 36 亿元。

保险业稳步发展。全年实现保费收入 311.53 亿元,比上年增长 17.1%。分类型看,财产险收入 110.72 亿元,增长 17.6%;寿险收入 170.88 亿元,增长 15.4%;健康险和意外伤害险收入 29.93 亿元,增长 32.9%。全年累计赔付额 105.65 亿元,比上年增长 25.1%。其中财产险赔付 62.08 亿元,增长 13.4%;寿险赔付 34.80 亿元,增长 57.8%;健康险和意外伤害险赔付 8.77 亿元,增长 15.0%。

5. 房地产业

全年完成房地产开发投资 1125.49 亿元,比上年增长 0.5%。其中,住宅投资 796.27 亿元,增长 2.9%。全年新开工保障性住房 347 万平方米,竣工 414 万平方米。

(五) 开放型经济

1. 对外贸易

外贸规模稳中有增。全年完成进出口总额 572.21 亿美元,比上年增长 2.6%。其中,出口总额 326.28 亿美元,增长 1.1%;进口 245.93 亿美元,增长 4.7%。

从出口商品市场看,对欧盟、美国、东盟三大经济体全年完成出口额 168.52 亿美元,比上年增长 8.2%,占全市出口总额的比重为 51.7%。

从出口商品构成看,全年高新技术产品出口 78.40 亿美元,比上年增长 25.0%,占全市出口总额的 24.0%。机电产品出口完成 162.83 亿美元,比上年增长 2.9%,占全市出口总额的 49.9%。

2. 利用外资

全年新增外商投资企业 314 个,比上年下降 6.5%。新批合同外资 49.20 亿美元,比上年下降 8.2%。全年实际使用外资 32.91 亿美元,下降 18.4%。分产业看,第一产业实际使用外资 0.06 亿美元,增长 118.8%;第二产业实际使用外资 9.21 亿美元,下降 35.8%;第三产业实际使用外资 23.64 亿美元,下降 8.9%。

3. 对外经济

全年对外承包工程新签合同额为 39.40 亿美元,比上年增长 21.1%;完成营业额 26.97 亿美元,增长 14.8%。全年对外承包工程新派劳务人员 9664 人,增长 31.2%,年末在外劳务人数达 14453 人,比上年末增长 21.8%。

二、南京市 2014 年社会发展概况

(一) 人口、人民生活

年末全市常住人口 821.61 万人,比上年末增加 2.83 万人。在常住人口中,0～14 岁人口为 82.02 万人,占比 9.98%;15～64 岁人口 655.03 万人,占比 79.73%;65 岁及以上人口 84.56 万人,占比 10.29%。年末全市户籍总人口为 648.72 万人,比上年末增加 5.63 万人。2014 年全市居民人均预期寿命为 82.17 岁,其中男性 80.19 岁,女性 84.28 岁。

全年城镇新增就业人数 22.57 万人,实现再就业人数 10.44 万人,援助困难人员就业 1.36 万人。全年培育自主创业者 1.51 万人,新增城镇就业中大学以上人员占比提高 4 个百分点。

根据城乡一体化住户抽样调查,全年全体居民人均可支配收入 37283 元,比上年增长 9.0%。其

中，城镇居民人均可支配收入 42568 元，增长 8.8%；农村居民人均可支配收入 17661 元，增长 10.3%。城镇居民人均可支配收入中位数为 39422 元，增长 8.9%；农村居民人均可支配收入中位数为 16315 元，增长 12.4%。全市全体居民人均生活消费支出 23089 元，比上年增长 7.6%。城镇居民人均生活消费支出 25855 元，增长 7.2%，其中食品支出占比为 26.0%；农村居民人均生活消费支出 12818 元，增长 11.4%，其中食品支出占比为 30.1%。

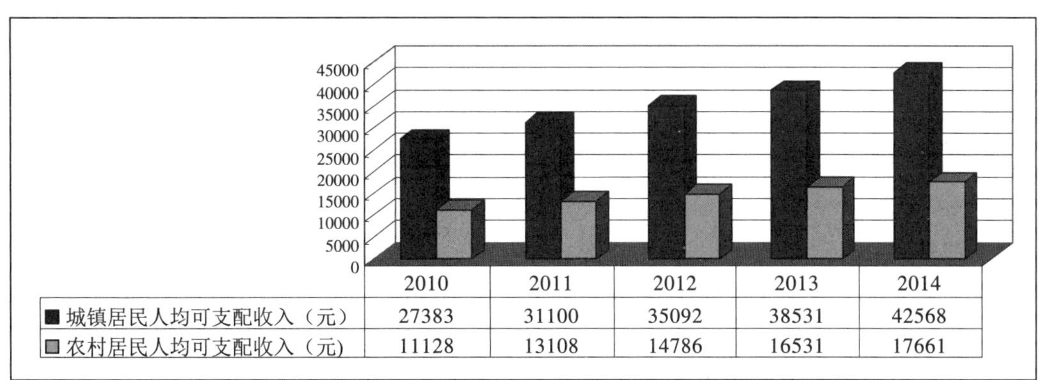

	2010	2011	2012	2013	2014
■ 城镇居民人均可支配收入（元）	27383	31100	35092	38531	42568
■ 农村居民人均可支配收入（元）	11128	13108	14786	16531	17661

图 3　2010—2014 年南京市城乡居民收入对比一览

（二）社会保障

年末全市城镇社会保险五大险种累计参保人数为 1426.30 万人次，比上年末新增 65.38 万人次。城乡基本社会保险覆盖率达 98%以上，被征地农民社会保障实现全覆盖，企业退休人员月人均基本养老金增长 11%以上。低保首次实现分区域城乡同标，城乡困难群体享受同等待遇。城镇职工、居民医保和新农合政策范围内住院报销比例，分别提高到 84%、74%和 75%。

全市提供住宿的社会服务机构（包括城市养老院、农村敬老院、中央门军人接待站、精神病院、儿童福利院、流浪未成年人救助保护中心等）拥有床位达到 6.42 万张，在院（站、中心）人天数达到 6882434 人天。全年建立区、街镇社区服务中心 111 个，城镇各类社区服务设施达到 4849 处。建成市级居家养老综合服务中心（居家养老服务综合性管理单位）1 家、3A 级社区居家养老中心 102 个，新增医护型居家养老服务中心 116 个，南京成为全国养老服务业综合改革试点城市。年末全市城乡居民享受最低生活保障 10.35 万人，享受国家抚恤、补助等各类优抚人员达到 2.12 万人。

（三）教育和科学技术

1. 教育事业

在宁普通高等学校 53 所（不含部队院校，含 9 所独立学院），在校学生（不含研究生）70.23 万人，比上年减少 0.56 万人。在宁高校及研究生培养机构在校研究生 10.30 万人，增加 0.35 万人。

全市共有普通中学 223 所，在校学生 22.28 万人，比上年减少 0.15 万人；中等职业学校（含成人中专）30 所，在校学生 7.33 万人，比上年减少 0.74 万人。普通小学 345 所，在校学生 33.93 万人，比上年增加 1.79 万人。小班化教育的中小学达到 185 所。幼儿园 774 所，在园幼儿 18.74 万人。省优质园比例达到 66%。

2. 人才、科学技术和创新

科技创新能力增强。年末拥有各类专业技术人员 117.68 万人，比上年增长 11.7%。新增高技能人才 3.53 万人，累计达 30.53 万人。新增国家“千人计划”人才 42 人，累计达 185 人，其中创业类人才

24人。新增省“双创计划”人才46人，累计达251人。

加快推进20个紫金科技人才创业特别社区建设，累计建成载体面积601万平方米，其中当年新增201万平方米。集聚“321计划”人才1381名，引进科技型企业2814家，搭建公共服务平台64个。

年末在宁中国科学院院士和中国工程院院士分别为44人和35人。共有省、市级企业院士工作站62家。全年共引进世界500强和中国500强企业研发机构22家，累计达到80家。共有各级工程技术研究中心600家，其中国家级17家、省级309家、市级274家；省级以上公共技术服务平台116家，其中国家级3家；省级以上重点实验室80个，其中国家25个。国家认定企业技术中心11家。

全年完成专利申请量56108件，其中发明专利申请28050件，分别比上年增长1.8%和24.8%；完成专利授权量22844件，其中发明专利授权量5265件，分别增长17.2%和11.3%。全年企业发明专利申请量9761件，企业发明专利授权量1757件，分别增长29.6%和24.0%。全年共签订各类技术合同16866项，技术合同成交总额180.14亿元，增长6.1%。

全年南京地区共有33项重大科技成果获得国家科学技术奖励，其中获得国家自然科学奖二等奖3项；获得国家技术发明奖二等奖7项；获得国家科技进步奖一等奖2项、二等奖21项。

（四）文化、卫生和体育

1. 文化事业

公共文化服务品质不断提升。年末全市共有文化馆14个，公共图书馆15个，文化站100个，博物馆54个，市级以上文物保护单位516处，其中全国重点文物保护单位49处、省级109处。共有有线电视用户248.53万户，广播电视数字化整体转换工作累计完成222.84万户。

年末拥有艺术表演团体13个。组织实施“送科技书籍、送戏、送电影”下乡工程，全年送图书9.81万册，送演出911场，送电影7660场。组织对外文化交流32批次，涉及38个国家和地区。开展广场文化活动2.2万场。

全年共创建星级示范农家书屋32家、数字农家书屋101家，为160家农家书屋更新了出版物；创建“示范文化站”13个、文化活动室标准化建设点99个。年末共有省级以上文化产业示范基地20个，规模以上文化企业929家。万人拥有公共文化设施面积1800平方米。

2. 卫生事业

年末共有各类卫生机构2383个，其中医院、卫生院207个，疾病预防控制中心17个，妇幼卫生保健机构14个。年末各类卫生机构共有病床4.36万张，其中医院、卫生院床位数3.91万张。各类卫生机构共有卫生技术人员6.20万人，其中执业(助理)医师2.16万人，注册护士2.73万人。

全市累计建成社区卫生服务中心(卫生院)、社区卫生服务站659个，村卫生室193个。社区卫生服务城市人口覆盖率达到100%。城乡15分钟健康服务圈基本形成。

3. 体育事业

成功举办青奥会。城市社区“10分钟体育健身圈”建设覆盖率达100%，年末人均拥有公共体育设施面积2.94平方米。南京运动员在国际性比赛中，新增3名世界冠军，累计培养世界冠军人数达到31位；洲际性比赛中，共获得亚洲冠军7项、亚军8项、季军6项；全国性比赛中，荣获人才输送奖、突出贡献奖、综合总分三个第1名，获得综合金牌、奖牌第3名。

（五）城乡建设

以筹办青奥会为契机，基础设施建设全面提速，城市面貌焕然一新。轨道交通10号线一期、机场线、宁天城际一期以及河西有轨电车陆续投入运营，轨道交通运营里程由 85 公里提高到 180 公里。禄口机场二期建成使用，机场高速扩建、江东路快速化改造、城西干道改隧、江北大道等工程全面建成。宁高新通道、纬三路过江隧道全力推进。青奥博物馆等青奥配套工程全面建成。全年完成基础设施投资 1181.32 亿元，比上年增长 14.3%，占固定资产投资的比重 21.6%，比上年提升 2.0 个百分点。

城市功能品质全方位提升，全年完成 22 条主次干道、48 条背街小巷环境综合整治，出新老旧小区 41 个；完成 30 条河道整治；完成动迁项目 110 个，拆违 1.38 万处。城中村、危旧房改造面积达 295.50 万平方米；25 公里明城墙本体修缮完毕，科举博物馆、六朝博物馆等一批文博场馆，相继建成并对百姓开放。青奥村、"南京眼"步行桥成为南京城市新地标；滨江风光带、金牛湖成为市民观光休闲新景观。

城市公共交通有效改善，全年共优化调整 95 条公交线路、新辟公交线路 54 条、新辟公交专用道 7 条 20 公里、67 条公交线路延长服务时间，城市公交运营线路网长度达 9149 公里，更新和新增公交车 2530 辆，新增更新出租车 2471 辆，年末公交汽车总数达 8345 辆 10455 标台，有轨交通运行车辆数 746 辆 1790 标台，出租车总数达 14628 辆。全年城市公共交通完成客运总量 18.79 亿人次，比上年增长 3.5%，其中乘坐有轨交通出行 5.03 亿人次，比上年增长 11.3%。全年新增公共自行车服务点 190 个、公共自行车 7400 辆。

新型城镇化扎实推进，江北新区建设取得新进展，空港新城、溧水新城、高淳新城和 10 个新市镇加快建设。建设美丽乡村示范区 475 平方公里。年末城镇化率为 80.92%，比上年提高 0.42 个百分点。七个郊区（江宁、雨花、栖霞、浦口、六合、高淳、溧水）全年实现地区生产总值 4880.64 亿元，增长 10.7%；占全市生产总值比重达 55.3%，比上年提高 3.9 个百分点。

（六）节能减排和生态环境

节能减排成效明显，实施四大片区工业布局调整，全年完成 20 家中小工业企业搬迁关停；完成 131 家"三高两低"企业整治。全年全社会用电量 470.50 亿千瓦时，比上年增长 1.7%。其中工业用电量 289.02 亿千瓦时，增长 0.8%。

全年规模以上工业综合能源消费量 3623.73 万吨标准煤，比上年增长 3.03%，低于工业增加值可比增速 6.47 个百分点。在国家统计的目录中，全市 32 种产品单耗（规模以上年耗能万吨以上工业企业主要产品单位产量能耗）项目中，有 21 种产品的单耗较上年下降，下降面超过六成。工业主要污染物中，全年二氧化硫（SO2）排放量比上年下降 2.82%，废水中化学需氧量（COD）排放量比上年下降 1.42%。

生态环境质量继续改善，生态市创建通过国家考核验收，大气环境得到有效治理，全面推行国Ⅴ汽柴油，淘汰黄标车 6.1 万辆；全方位治理在建工地扬尘，全市 PM2.5 年平均浓度下降 5.38%。水环境治理得到强化，完成玄武湖生态治理一期工程，铁北污水厂二期、城南污水厂二期等污水处理新扩建项目顺利推进。生态保护建设得到加强，推进明外郭—秦淮新河风光带等重点工程建设，52 公里滨江风光带一期工程、玄武湖东岸环境综合整治工程，青奥森林公园、鱼嘴湿地公园等一批生态工程全面建成。全市绿化造林 4133.33 公顷。

三、南京市在泛长三角地区经济发展中的地位

2014 年，世界经济复苏曲折、缓慢、复杂，国内三期叠加，经济下行压力很大，面对这样严峻的环境和极其复杂的改革发展的任务，坚持党中央、国务院稳中求进的工作总基调，坚持积极的财政政策和稳健的货币政策，着力推动改革创新，着力培养新的动力，紧紧围绕"经济发展稳中向好、改革创新实

质突破、青奥盛会精彩圆满”三大任务，统筹推进稳增长、促改革、调结构、惠民生各项工作，经济社会发展总体平稳、稳中有进，呈现出良好的发展态势。

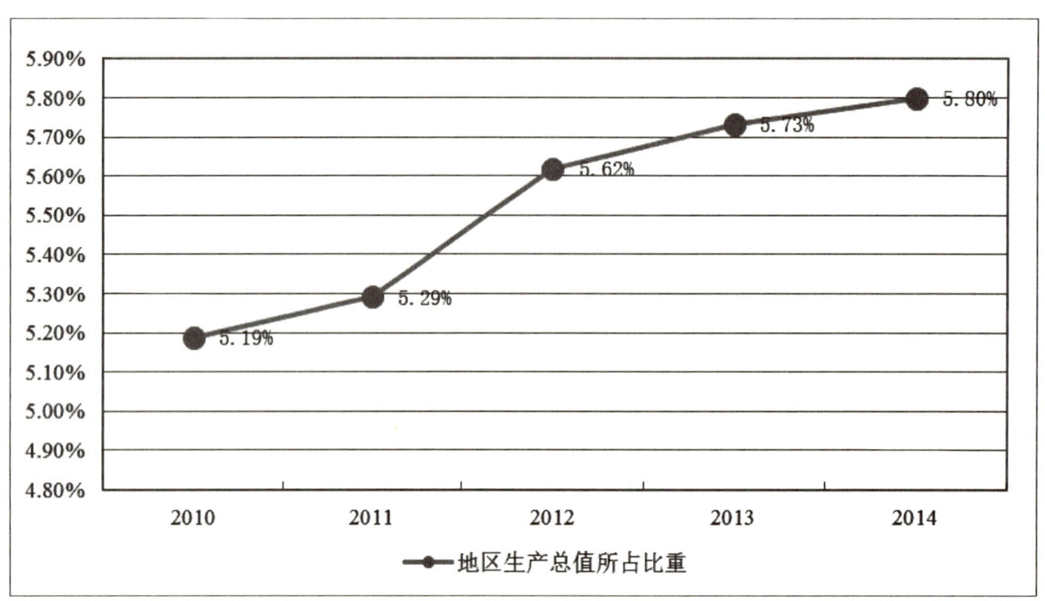

图 4　2010—2014 年南京市地区生产总值在泛长三角所占比重变化趋势

2010—2014 年南京市地区生产总值在泛长三角所占比重分别为 5.19%、5.29%、5.62%、5.73%和 5.80%，连续五年增加。2014 所占比重比 2010 年增加了 0.61 个百分点。2014 年南京市地区生产总值在泛长三角地区 41 个市排名第 4 位。

2014 年，南京实现地区生产总值 8820.75 亿元，同比增长 10.1%，在经济下行压力加大和结构调整任务十分艰巨的情况下，全市经济依然保持 10.1%的增速，高于全省和苏南地区平均水平；在居民收入方面，南京城镇居民人均可支配收入达到 42567.8 元，同比增长 8.8%。上半年全市实现地区生产总值 4107.60 亿元，按可比价格计算，同比增长 10.2%，增速比一季度提高 0.3 个百分点。分产业看，第一产业实现增加值 96.50 亿元，增长 3.2%；第二产业实现增加值 1741.95 亿元，增长 9.3%；第三产业增加值 2269.15 亿元，增长 11.2%。三次产业增幅分别比一季度提高 0.3 个、0.1 个和 0.5 个百分点。三次产业结构比为 2.4：42.4：55.2。年末，三次产业增加值比例调整为 2.5：41.7：55.8。

2010—2014 年南京市地方财政一般预算收入在泛长三角所占比重分别为 5.20%、5.13%、5.28%、5.12%和 5.31%，2014 年较上年增加了 0.19 个百分点。2014 年南京市地方财政一般预算收入在泛长三角地区 41 个市中排名第 4 位。

2014 年，全市一般公共预算收入完成 903.5 亿元，按年初人代会预算口径剔除国有资本经营收入后，同口径增长 11%，完成预算的 100.2%，税比 83.8%。财力 990 亿元，支出 920.9 亿元，增长 8.2%，其中：城乡公共服务支出占比 75%。

市本级一般公共预算收入完成 134.1 亿元，完成预算的 104.8%。财力 312 亿元，支出 273.9 亿元，增长 7.4%。

2014 年，全市政府性基金收入完成 956.6 亿元；支出 927.8 亿元。市本级收入 655.7 亿元，其中：国有土地使用权出让收入 583.2 亿元；市本级支出 493.4 亿元。

2014 年，市本级国有资本经营预算收入完成 9.6 亿元，支出 9.6 亿元。市本级社会保险基金预算

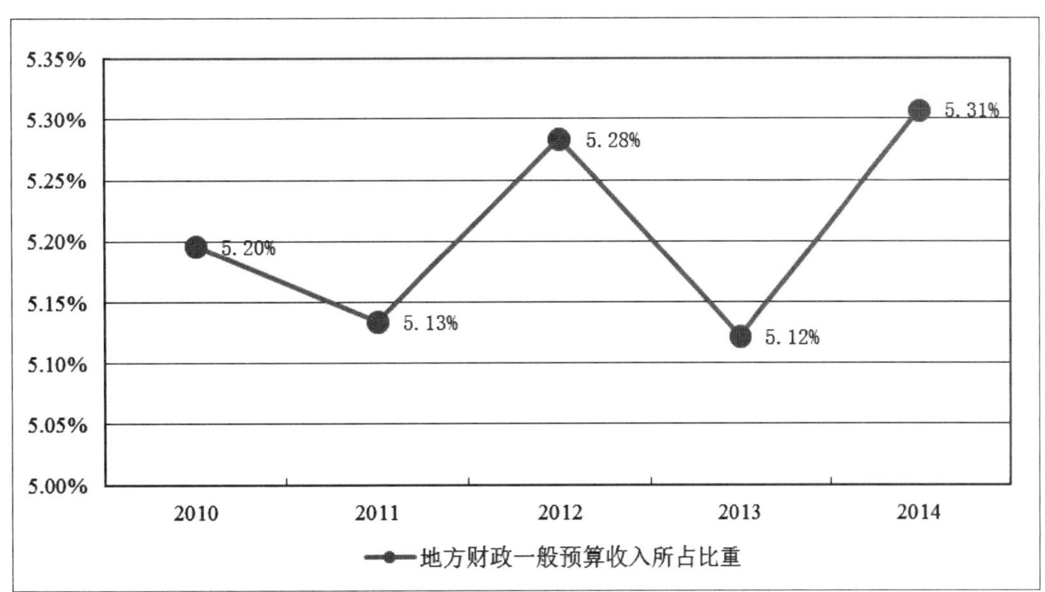

图 5　2010—2014 年南京市地方财政一般预算收入在泛长三角所占比重变化趋势

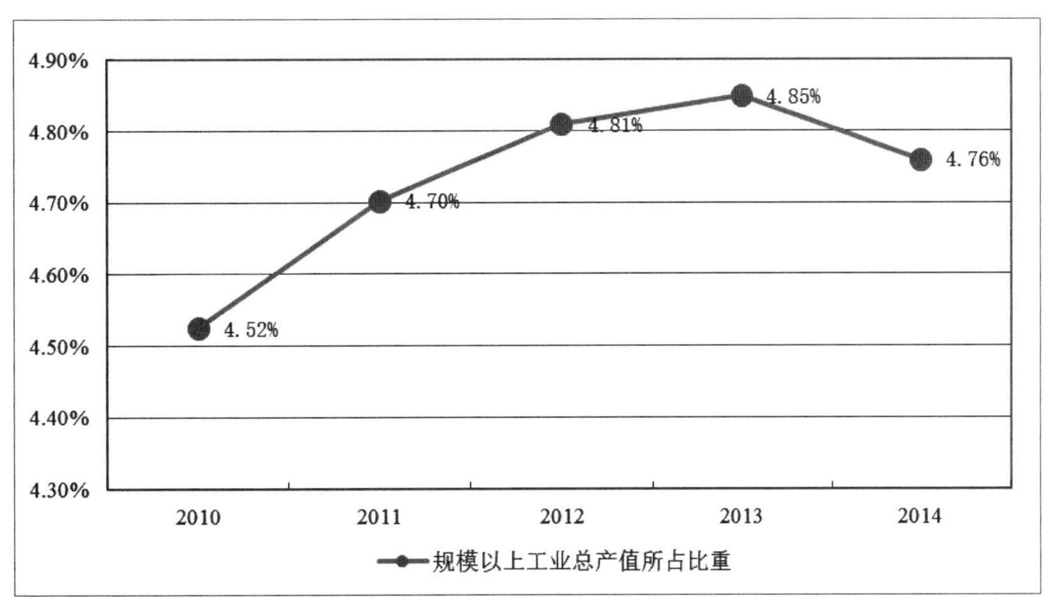

图 6　2010—2014 年南京市规模以上工业总产值在泛长三角所占比重变化趋势

收入 451.4 亿元，支出 367.2 亿元。

2010—2014 年南京市规模以上工业总产值在泛长三角所占比重分别为 4.52%、4.70%、4.81%、4.85%和 4.76%，其中 2014 年比上年下降了 0.09 个百分点。2014 年南京市规模以上工业总产值在泛长三角地区 41 个市中排名第 5 位。

工业生产稳定增长。上半年，全市完成规模以上工业总产值 6599.38 亿元，同比增长 5.9%，增幅比一季度提升 1.3 个百分点；实现销售产值 6449.87 亿元，增长 5.6%，产销率为 97.7%，比去年同期提高 0.3 个百分点。分行业看，36 个行业大类中有 29 个行业保持增长，行业增长面为 80.6%，比去年同期提高 5.6 个百分点。分产品看，在列入统计目录的 254 种工业产品中有 156 种产品产量保持增长，占统计品种的 61.4%。全年规模以上工业企业实现工业总产值 13239.73 亿元，比上年增长 5.3%。在规模以上工业中，国有及国有控股企业增长 1.8%；股份制企业增长 4.6%，外商及港澳台投资企业增长 7.1%。

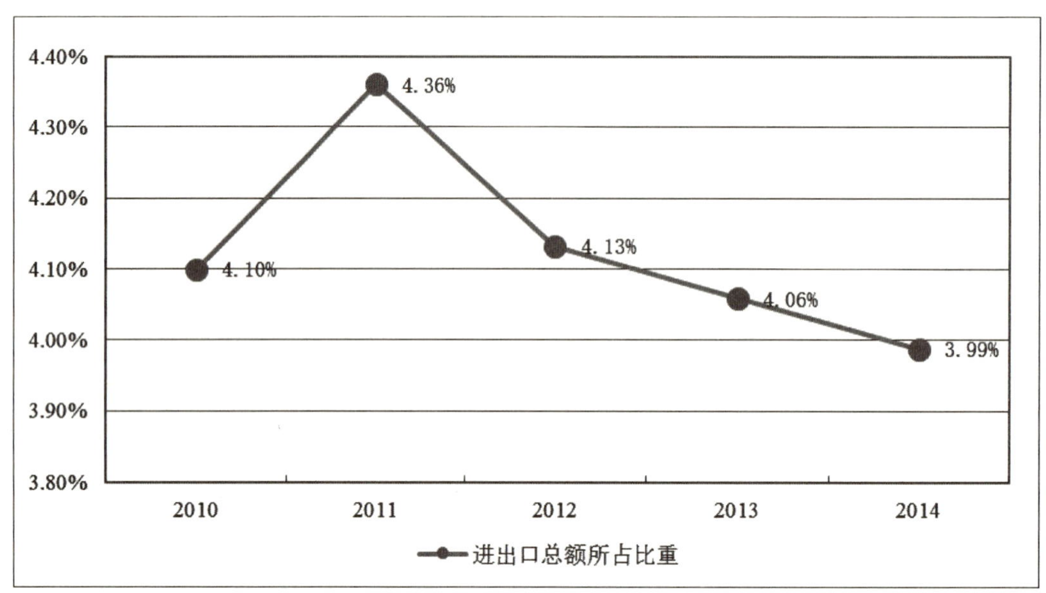

图 7　2010—2014 年南京市进出口总额在泛长三角所占比重变化趋势

2010—2014 年南京市进出口总额在泛长三角所占比重分别为 4.10%、4.36%、4.13%、4.06%和 3.99%，整体呈下降趋势。2014 年较 2010 年下降了 0.11 个百分点。2014 年南京市进出口总额在泛长三角地区 41 个市中排名第 6 位。

2014 年，南京市外贸进出口总额 3516 亿元，同比增长 1.6%，高于江苏省进出口增速 0.3 个百分点，累计实现贸易顺差 492 亿元。其中，出口 2004 亿元，增长 0.1%；进口 1512 亿元，增加 3.7%。

从全年看，南京市外贸运行波动幅度较大，整体呈现低位回升转平稳波动的态势。从贸易形式上看，一般贸易进出口稳定增长，占到了总值的六成多；而加工贸易却同比持平，占比不足三成。这也折射出我省贸易结构转型升级初显成效。

从贸易伙伴上看，欧盟是南京市第一大贸易伙伴。2014 年，南京市对欧盟、韩国、美国、日本和东盟五大贸易伙伴进出口值合计 2331 亿元，占全市进出口总值的 66.3%，其中仅对欧盟进出口总值就达到 704.3 亿元，同比增加 6%。

在出口的产品中，机电产品占据半壁江山。另外，还有不少是高新技术产品，以及服装、家具、鞋类等传统劳动密集型产品。

2010—2014 年南京市实际外商直接投资金额在泛长三角所占比重分别分 4.83%、5.65%、5.68%、5.38%和 4.40%，近两年出现下滑，2014 年较上年下降了 0.98 个百分点。2014 年南京市实际外商直接投资金额在泛长三角地区 41 个市中排名第 5 位。

全年新增外商投资企业 314 个，比上年下降 6.5%。新批合同外资 49.20 亿美元，比上年下降 8.2%。全年实际使用外资 32.91 亿美元，下降 18.4%。分产业看，第一产业实际使用外资 0.06 亿美元，增长 118.8%；第二产业实际使用外资 9.21 亿美元，下降 35.8%；第三产业实际使用外资 23.64 亿美元，下降 8.9%。

南京市外商投资企业积极应对复杂多变的国内外宏观环境和困难压力交织并存的特殊挑战，努

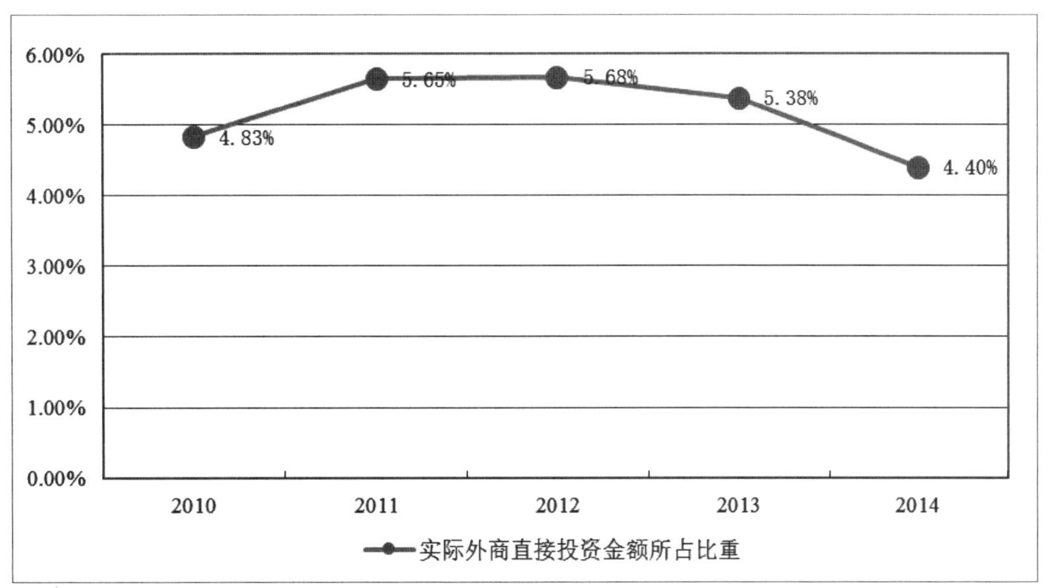

图 8　2010—2014 年南京市实际外商直接投资金额在泛长三角所占比重变化趋势

力调整经营思路，不断提升管理效率，各项主要经营指标实现了平稳增长，外商投资企业对全市经济社会发展贡献进一步提升。全市规模以上制造业外资企业工业总产值、工业销售产值、主营业务收入、利润总额分别增长 7.1％、7％、5.6％、9.5％；外商投资企业进出口额同比增长 11.3％；涉外税收同比增长 12.6％。长安马自达、博西家电、乐金显示、扬子石化巴斯夫、夏普电子等 24 家企业入选全市外商投资企业销售、纳税、出口前 10 强。

三　无锡市 2014 年经济社会发展报告

2014 年，面对严峻复杂的宏观形势和艰巨繁重的改革发展稳定任务，全市上下牢牢把握稳中求进、改革创新核心要求，积极抢抓苏南现代化建设示范区重大机遇，扎实推进“八项工程”，深入开展“项目建设深化年”、“基层组织建设深化年”、“作风建设深化年”活动，统筹做好改革发展稳定各项工作，全市经济社会呈现出持续健康发展良好态势。

一、无锡市 2014 年经济发展概况

（一）综合经济

国民经济总体平稳。全市实现地区生产总值 8205.31 亿元，按可比价格计算，比上年增长 8.2%。按常住人口计算人均生产总值达到 12.64 万元，按现行汇率折算达到 2.07 万美元。

产业结构升级加快。全市实现第一产业增加值 138.13 亿元，比上年增长 3.2%；第二产业增加值 4095.89 亿元，比上年增长 6.6%；第三产业增加值 3971.29 亿元，比上年增长 10.3%；三次产业比例调整为 1.7∶49.9∶48.4。

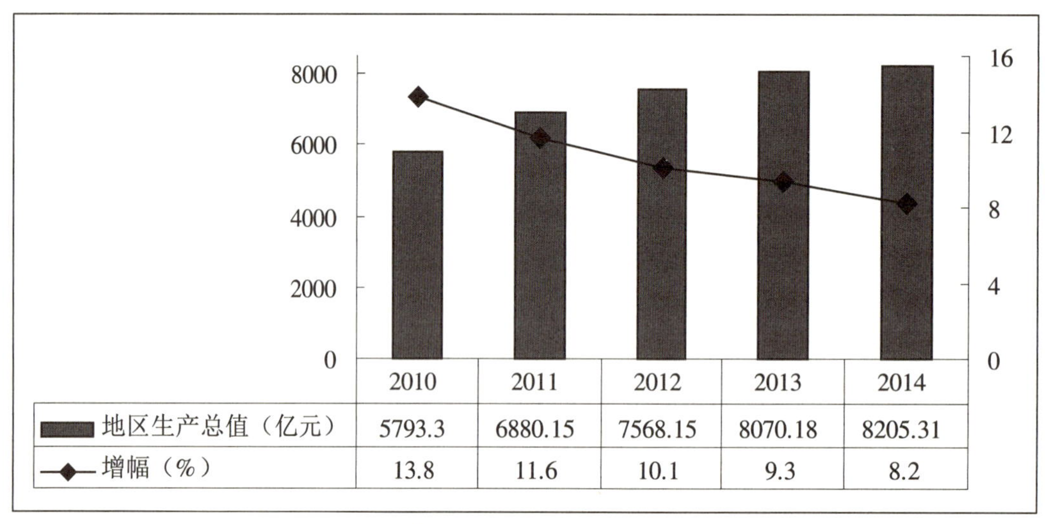

	2010	2011	2012	2013	2014
地区生产总值（亿元）	5793.3	6880.15	7568.15	8070.18	8205.31
增幅（%）	13.8	11.6	10.1	9.3	8.2

图 1　2010—2014 年无锡市地区生产总值及增长速度

2. 财政收支

财政收入稳步提高。全市一般公共预算收入 768.01 亿元，比上年增长 8.0%。财政支出结构继续调整。一般公共预算支出 748.06 亿元，比上年增长 5.1%。

3. 物价水平

市场物品及服务价格小幅上扬。全年市区居民消费价格指数为 102.2，比上年提高了 0.1 个百分点。其中服务项目价格指数为 102.5，消费品价格指数为 102.0，商品零售价格指数为 101.5。

4. 固定资产投资

固定资产投资增长较快。全年固定资产投资完成 4634.21 亿元，比上年增长 16.0%。分产业投

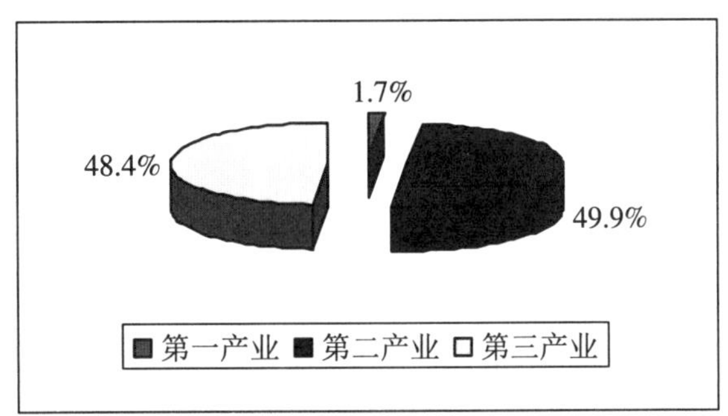

图 2　2014 年无锡市三次产业结构图

向:第一产业投资 13.21 亿元,比上年下降 17.7%,第二产业投资 1746.58 亿元,比上年增长 13.3%,第三产业投资 2874.42 亿元,比上年增长 18.2%。

(二) 农林牧渔业

农业生产基本稳定。优化农产品供应结构,有效保障市场需求。全年粮食总产量 77.20 万吨,比上年下降 3.1%;油料总产量 9395 吨,比上年增长 4.9%,其中油菜籽 7540 吨,比上年下降 2.8%;蚕茧总产量 73 吨,比上年增长 1.4%;茶叶总产量 6543 吨,比上年增长 8.2%;水果总产量 18.61 万吨,比上年增长 9.4%。

种植业结构继续调整。全年粮食种植面积为 108990 公顷,比上年减少 3010 公顷;油料种植面积为 4160 公顷,比上年减少 90 公顷;蔬菜种植面积 47400 公顷,比上年增加 460 公顷;水果种植面积 16180 公顷,比上年增加 370 公顷。

林牧渔业生产发展平稳。主要畜产品中,肉类总产量 8.91 万吨,比上年下降 13.7%,其中猪牛羊肉 6.32 万吨,比上年下降 13.8%;禽蛋总产量 2.68 万吨,比上年增长 6.0%;奶牛存栏 0.67 万头,与上年持平;全年水产品产量 13 万吨,比上年增长 2.6%。

(三) 工业和建筑业

工业生产小幅增长。全市规模以上工业企业实现增加值 3017.50 亿元,比上年增长 4.9%。分经济类型看,国有企业增加值下降 4.0%,集体企业增加值增长 1.0%,股份制企业增加值增长 4.0%,外商和港澳台投资企业增加值增长 6.7%。全市统计的 279 只主要工业产品中,产品产量比上年增长的有 121 只,占全市统计产品数的 43.4%。在全市跟踪统计的 22 种重点产品中,有 7 种产品的产量实现增长。

工业经济效益持续提高。全市规模以上工业实现主营业务收入 14429.56 亿元,比上年下降 1.0%;工业产销率 97.8%,与上年持平;工业企业实现利税 1247.94 亿元,比上年增长 10.2%;实现利润 866.67 亿元,比上年增长 15.7%。

建筑业稳步发展。全年全社会建筑业完成增加值 348.75 亿元,比上年增长 6.2%;实现建筑业总产值 650.48 亿元,比上年下降 1.8%。施工房屋建筑面积 4250.19 万平方米。3 个建设工程项目获国家优质工程银质奖,88 个建设工程项目获无锡市"太湖杯"优质工程奖。

(四) 服务业

1. 国内贸易

消费品市场发展良好。全年实现社会消费品零售总额 3054.75 亿元,比上年增长 11.5%。其中,批发和零售业零售额2830.42亿元，比上年增长11.6%，住宿和餐饮业零售额224.33亿元，比上年增长9.4%。在限额以上批发和零售业零售额中，建筑及装潢材料类增长33.7%，五金、电料类增长23.5%，中西药品类增长17.6%，家具类增长16.4%，书报杂志类增长12.3%。

2. 交通、邮电业

交通运输能力持续提升。年末全社会拥有车辆152.29万辆，比上年增长4.9%。其中汽车126.62万辆，比上年增长11.2%。私人汽车拥有量突破百万，年末达到102.46万辆，比上年增长16.0%。

客货运量小幅增加。全年完成客运量9712.25万人次，比上年增长3.7%；完成货运量14958.60万吨，比上年增长7.2%。全市港口吞吐量20914.52万吨，比上年增长0.2%。全年空港旅客吞吐量418万人次，比上年增长16.4%，其中出入境游客吞吐量45.17万人次，比上年增长23.5%。

邮电通信平稳发展。全年邮电业务总量124.79亿元，比上年下降2.7%。邮政服务门类增多，投递速度加快，全年发送函件9182万件，比上年增长14.5%。全年规模以上快递服务企业业务量完成18502.86万件，比上年增长63.7%。城乡固定电话用户187.19万户，移动电话用户941.40万户，比上年增加5.52万户。互联网宽带接入用户数达到211.36万户。

3. 旅游业

旅游业发展趋稳。全年共接待国内游客7573.72万人次，比上年增长8.3%；接待旅游、参观、访问及从事各项活动的入境过夜旅游者40.31万人次，比上年增长3.1%。旅游总收入达1263.56亿元，比上年增长11.6%。全市拥有年接待游客10万人以上的景区52个，国家5A级景区3家，国家4A级景区25家，3A级景区11家，2A级景区16家。省星级乡村旅游区(点)66个。年末全市星级宾馆已达55家，其中五星级宾馆14家，四星级宾馆16家。全市拥有旅行社165家，其中出境游组团社17家。

4. 金融、保险业和证券

金融存贷款持续增加。年末金融机构各项本外币存款余额达12315.01亿元，比上年增长5.8%；各项本外币贷款余额9029.65亿元，比上年增长5.4%。存款中，单位存款余额7397.25亿元，比上年增长5.7%；城乡居民储蓄存款余额4377.41亿元，比上年增长6.2%。贷款中，短期贷款4229.16亿元，比上年下降6.4%；中长期贷款4148.74亿元，比上年增长14.7%。全年现金净投放350.17亿元。

保险业发展稳步发展。全年实现保费收入191.36亿元，比上年增长9.4%。其中财产险收入76.39亿元，比上年增长14.0%；人寿险收入114.97亿元，比上年增长6.6%。保险赔款支出46.78亿元，比上年增长13.7%。保险给付支出18.82亿元，比上年增长26.8%。

证券交易市场规模扩大。年末全市共有证券营业部90家。全市证券交易开户总数114万户。证券机构托管市值总额1425.64亿元，比上年增长39.0%。全年股票、权证、基金成交金额21788.24亿元，比上年增长44.1%。新增上市企业数4家，募集资金7.55亿元。

5. 房地产业

房地产业平稳运行。全年房地产业实现增加值380.35亿元，比上年增长3.5%。完成房地产开发投资1269.48亿元，比上年增长12.5%，商品房施工面积为6827.82万平方米，比上年增长7.2%，竣工面积958.21万平方米，比上年下降16.7%。全年商品房销售面积862.50万平方米，比上年下降5.2%，商品房销售额651.20亿元，比上年下降9.0%。

（六）开放型经济

1. 对外贸易

对外贸易创历史新高。全年实现对外贸易进出口总额 741.70 亿美元，比上年增长 5.4%。其中，进口总额 299.39 亿美元，比上年增长 2.5%；出口总额 442.31 亿美元，比上年增长 7.5%。出口结构持续优化，一般贸易实现出口额 231.13 亿美元，总量占比达 52.3%。

2. 利用外资

利用外资结构优化。全年新批外资项目 407 个，协议注册外资 55.01 亿美元，到位注册外资 31.16 亿美元，下降 6.7%。制造业利用外资占到位注册外资比重达到 55%，全年完成协议注册外资超 3000 万美元的重大外资项目 65 个。至 2014 年底全球财富 500 强企业中有 95 家在无锡市投资兴办了 180 家外资企业。

3. 服务外包产业

服务外包产业快速增长。全市服务外包产业接包合同总额 116.5 亿美元，比上年增长 35.0%，执行金额 94.2 亿美元，比上年增长 35.6%；离岸合同总额 77.1 亿美元，比上年增长 35.2%，离岸执行金额 62.5 亿美元，比上年增长 36.5%。离岸外包业务全省第一。

4. 对外经济

对外经济合作势头良好。全年完成境外投资项目 110 个，中方投资额达到 14.5 亿美元，比上年增长 20.9%，其中 1000 万美元以上项目 30 个。

5. 民营经济

民营经济稳步发展。全市民营经济注册资金 7559.99 亿元，比上年增长 13.7%。民营经济实现增加值 5334.16 亿元，比上年增长 8.0%，占经济总量的比重为 65.0%，比上年提高 0.5 个百分点。上缴税金 614.01 亿元，比上年增长 6.6%。民营经济固定资产投入 2823.06 亿元，比上年增长 9.1%。

二、无锡市 2014 年社会发展概况

（一）人口、人民生活

人口规模逐步扩大。年末全市户籍人口 477.14 万人，比上年增长 1.0%。人口出生率 10.38‰，人口死亡率 6.90‰，人口自然增长率为 3.48‰。年末全市常住人口 650.01 万人，比上年增长 0.2%，城镇化率 74.47%。

居民收入稳步增加。全体居民人均可支配收入 36471 元，比上年增长 8.9%。城镇常住居民人均可支配收入 41731 元，比上年增长 8.6%。农村常住居民人均可支配收入 22266 元，比上年增长 10.1%。全体居民人均消费支出 24049 元，比上年增长 7.4%，城镇常住居民人均消费支出 27358 元，比上年增长 6.9%。农村常住居民人均生活消费支出 15114 元，比上年增长 9.7%。

（二）就业与社会保障、福利

1. 就业

就业和再就业有效推进。全年城镇新增就业 14.9 万人，各类城镇下岗失业人员实现就业再就业 9.21 万人，帮助就业困难人员再就业 2.19 万人。全市城镇登记失业率为 1.91%。

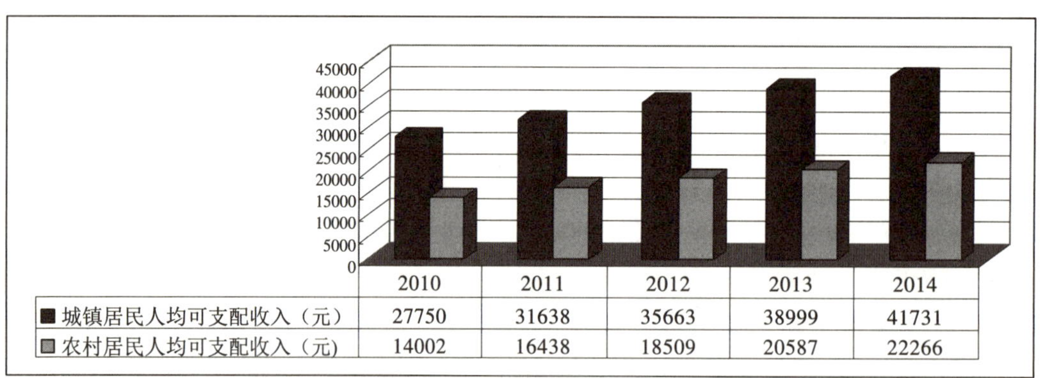

	2010	2011	2012	2013	2014
■城镇居民人均可支配收入（元）	27750	31638	35663	38999	41731
■农村居民人均可支配收入（元）	14002	16438	18509	20587	22266

图 3　2010—2014 年无锡市城乡居民收入对比一览

2. 社会保障

社会保障统筹实施。继续扩大社会保险覆盖面，五大保险参保人数均超过百万。其中全市参加养老保险人数达到 232.81 万人，扩面 6.61 万人。全市参加医疗保险人数达到 296.72 万人，扩面 8.11 万人。全市参加失业保险职工人数为 197.14 万人，扩面 4.47 万人。全市参加工伤保险人数 194.48 万人，扩面 4.42 万人。全市参加生育保险人数 186.39 万人，扩面 4.4 万人。市区月低保标准提高至 660 元。年末在领失业保险金人数为 3.79 万人。企业离退休人员养老金社会化发放率达 100%。

3. 社会福利

社会福利事业不断提升。全市各类福利机构拥有床位 3.82 万张，供养、代养 1.74 万人。城乡居民最低生活保障对象 43680 人；全年共发放低保金 1.86 亿元。实施城乡医疗救助 32.5 万人次，支付救助金 6080.5 万元；实施临时救助 37665 人次，发放救助金 3684.25 万元。全市重点优抚对象 7792 人。全年慈善组织募集善款(含冠名基金)2.48 亿元。

（三）教育和科学技术

1. 教育事业

教育事业协调发展。全市拥有各级各类学校 424 所，在校学生 73.13 万人，专任教师 51032 人。全市拥有幼儿园 304 所，在校幼儿 15.88 万人，专任教师 9860 人。在锡外国留学生超过 2700 人。新建和改扩建幼儿园 36 所。全市 3—6 岁幼儿入园率达到 99%。90%以上义务教育学校达到省定现代化办学标准，初中毕业生升学率达 99.9%，高中阶段毛入学率达 100%。江南大学无锡医学院首次招生。

2. 科学技术

科技人才不断加强。全市共有国家、省级工程技术研究中心 471 家，省级以上科技企业孵化器 45 家，省级公共技术服务平台 31 家，国家、省级高技术研究重点实验室 9 家，省级产业研究院 2 家，省级企业研究院 3 家，国家级国际合作基地 9 家，列全省第一，省级以上外资研发中心 41 家，省级以上国际技术转移中心 6 家。2014 年入选国家"千人计划"14 人，累计培育国家"千人计划"专家 71 人，目前全市共有"千人计划"人才 178 人。

科技产出水平提高。全市高新技术产业产值占规模以上工业总产值比重达到 41.5%，比上年提高 0.5 个百分点。全年按新标准认定高新技术企业 386 家。全年新增国家级重点新产品 20 个，省级

高新技术产品 1155 个，双双列全省第二。

科技创新成绩明显。全市发明专利申请量达 22788 件，比上年增长 8.7%；发明专利授权量达 2801 件，比上年增长 3.2%。全市获国家、省科技计划到位经费 8.4 亿元，比上年增长 52.6%，其中获国家科技经费 5.18 亿元，比上年增长 150.7%。

（四）文化、卫生和体育

1. 文化事业

文化事业和文化产业加快推进。“书香无锡”全民阅读活动全面开展。大运河无锡段参与申遗成功，惠山祠堂群列入省 2016 年推荐申遗项目，“泰伯庙会”、“宜兴均陶制作技艺”被评为第四批国家级非遗代表性项目，紫砂文化海峡两岸交流基地创建成功。年末共有艺术表演团体 51 个，文化馆 10 个，公共图书馆 10 个，文化站 80 个，博物（纪念）馆 64 个。全市人民广播电台节目 8 套，电视台节目 10 套，无锡有线电视总用户已达 170 万户。电视人口总覆盖率和广播人口覆盖率均达 100%。全年规模以上文化企业 575 家，动漫企业 174 家。

2. 卫生事业

卫生事业健康发展。全市拥有卫生医疗机构 2155 个，其中综合医院 85 家，社区卫生服务中心（卫生院）89 家，社区卫生服务站（村卫生室）709 家，护理院 9 家，疗养院 6 家。年末全市共有卫生技术人员 4.16 万人，其中执业（助理）医师 1.56 万人；拥有医疗床位 3.50 万张，其中医院、社区卫生服务中心（卫生院）3.35 万张。全市实际参合农民 102.3 万人，人口覆盖率 100%。医疗水平进一步提高，全市各级医疗机构全年完成诊疗 4707.38 万人次，比上年增长 10.7%。

3. 体育事业

体育事业蓬勃发展。建成西蠡湖慢游系统全民健身带，“10 分钟体育健身圈”基本建成。全市新增公共体育设施面积 8.98 万平方米，新增各级社会体育指导员 1670 人。国民体质总体达标率达 95.7%。成功参加第 18 届省运会，成功举办了国际马拉松赛、世界斯诺克无锡精英赛、环太湖国际公路自行车赛等全国性以上高水平比赛 16 项次。全年无锡籍运动员在全国以上各级各类比赛中共取得 32 个冠军，其中 2 人获 4 项世界冠军。全市体育彩票销售达到 25.25 亿元，增长 15.7%。

4. 民族宗教领域

民族团结进步事业深入推进，宗教团体和场所建设管理不断加强，年末有宗教活动场所 263 处，教职人员 744 名（不含散居道士）。

（五）城乡建设

制定实施城市现代化和城乡发展一体化规划，积极稳妥推进新型城镇化。推动城市重点功能板块建设，促进特色发展与产城融合。加快中心城区更新，增加旧住宅区改造实施计划，整治改造城中村、旧住宅区、危旧住房分别达 16.6 万、205 万和 10.3 万平方米。强化环境综合整治，市区拆除违法建筑 26.9 万平方米，完成 17 条主要道路包装出新和 56 个背街小巷综合治理，推进 147 个生活垃圾分类收集、分类处置试点。加大植树造林力度，完成造林绿化 2 万亩，林木覆盖率预计达 26.5%。新增 8 个城乡发展一体化先导示范镇，宜兴白塔村、惠山阳山村、滨湖古竹社区被评为江苏最具魅力休闲乡村。江阴新桥镇新型社区建设获国家人居环境范例奖，宜兴周铁镇成为中国历史文化名镇，荡口古镇获中国最美村镇人文环境奖。无锡获评全国首批创建生态文明典范城市、中国宜居城市。

（六）环境和绿化

环境保护力度加大。2014 年市区环境空气达标天数比例（AQI）为 57.7%，集中式饮用水源地水质达标率 100%，全市功能区昼间和夜间噪声达标率分别为 91%和 85%。

城市绿化不断扩大。年内新增建成区绿地面积 500 公顷，人均公园绿地面积 14.81 平方米，建成区绿化覆盖率达到 42.88%。

（七）生产安全

安全生产“双下降”。全年发生各类事故 1627 起，死亡 506 人，各类事故起数、死亡人数连续第 13 年实现“双下降”。亿元 GDP 生产安全事故死亡率 0.06 人。

三、无锡市在泛长三角地区经济发展中的地位

2014 年，无锡市坚决贯彻落实中央各项宏观调控政策，积极转变经济发展方式，转型升级步伐加快，民生改善力度加大，宏观经济运行朝着预期方向发展。

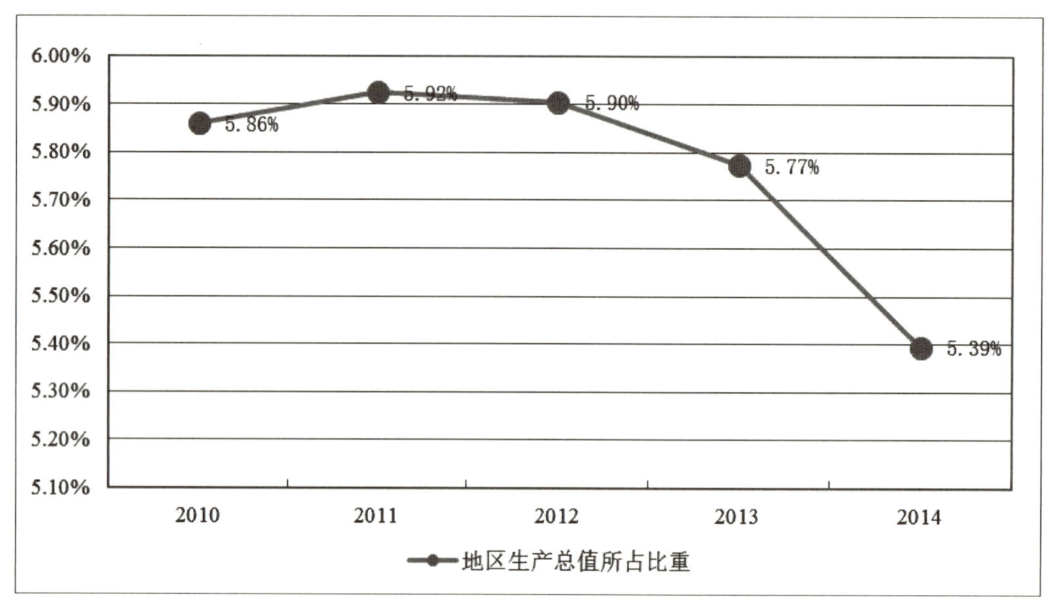

图 4　2010—2014 年无锡市地区生产总值在泛长三角所占比重变化趋势

2010—2014 年无锡市地区生产总值在泛长三角所占比重为 5.86%、5.92%、5.90%、5.77%和 5.39%，总体是下降态势。2014 年所占比重较 2013 年下降了 0.38 个百分点，较 2010 年下降了 0.47 个百分点。2014 年无锡市地区生产总值在泛长三角地区 41 个市中排名第 5 位。

2014 年，无锡市国民经济总体平稳。全市实现地区生产总值 8205.31 亿元，按可比价格计算，比上年增长 8.2%。按常住人口计算人均生产总值达到 12.64 万元，按现行汇率折算达到 2.07 万美元。

产业结构升级加快。全市实现第一产业增加值 156.96 亿元，比上年增长 3.2%；第二产业增加值 4186.34 亿元，比上年增长 6.6%；第三产业增加值 3862.01 亿元，比上年增长 10.3%；三次产业比例调整为 1.9∶51.0∶47.1。从轻重工业看，轻工业增长领先。2014 年全市重工业和轻工业企业分别实现增加值 2372.37 亿元和 645.13 亿元，分别增长 3.8%和 9.3%，轻工业增速比重工业快了 5.5 个百分点。

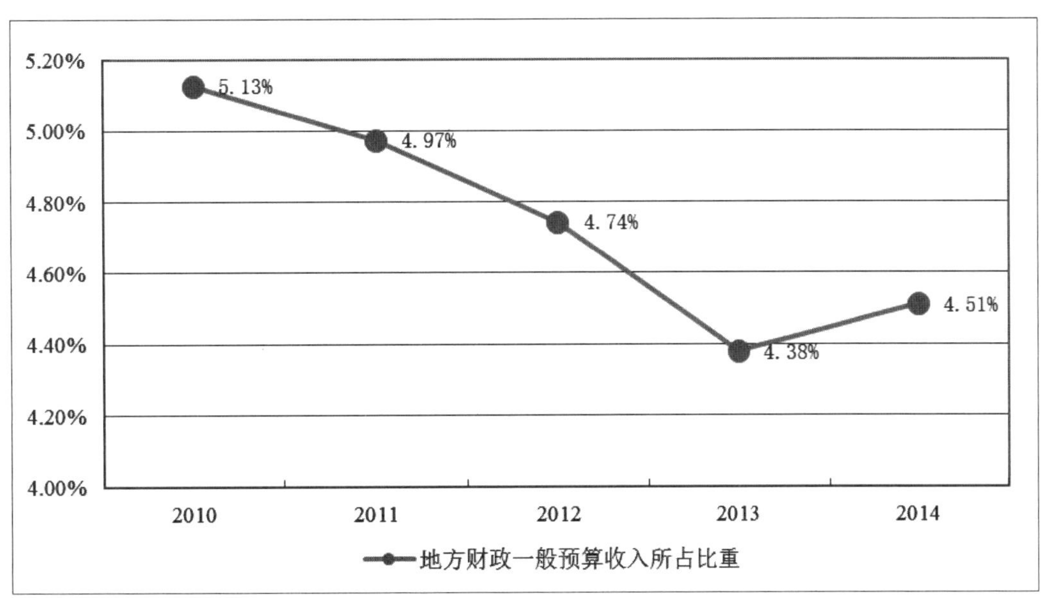

图5　2010—2014年无锡市地方财政一般预算收入在泛长三角所占比重变化趋势

2010—2014年无锡市地方财政一般预算收入在泛长三角所占比重为5.13%、4.97%、4.74%、4.38%和4.51%，2014年较2010年减少了0.62个百分点。2014年无锡市地方财政一般预算收入在泛长三角地区41个市中排名第6位。

2014年全市一般公共预算收入完成768亿元，增长8%；一般公共预算支出完成748.1亿元，增长5.1%。市本级一般公共预算财力为141.1亿元(扣除转移支付区级财力8.7亿元，同口径财力为132.4亿元)，其中：市本级一般公共预算收入64.2亿元，区级净上解收入72.1亿元，上级净补助收入4.8亿元。加上地方债转贷资金4.3亿元，上年结转13.9亿元，上级追加15.6亿元，上年净结余0.5亿元，调入资金1.1亿元，总来源为176.5亿元；市本级安排一般公共预算支出149.5亿元(其中：本级部门直接列支140.8亿元，比上年增长0.2%，下达区级指标8.7亿元)，增设预算稳定调节基金15亿元，结转下年支出11.3亿元(主要是上级下达的部分专项补助，要求按项目进度拨款，因项目未完成而需结转下年继续安排使用)，全年收支平衡，净结余0.7亿元。通过落实各项增收措施，全市完成"营改增"收入26.4亿元，同比增长58.5%；争取限售股减持税收15亿元，同比增长48.6%；加强财政存量资金现金流管理，提高资金使用效率与增值收益，2014年在2013年基础上实现增值收益5亿元以上；这些开源措施的落实见效为完成全年人代会确定的预期收入目标奠定了坚实的基础。在保持财政收入平稳增长的同时，进一步强化厉行节约，优化支出结构，根据有关规定出台无锡市党政机关因公临时出国经费、会议费、培训费、差旅费等一系列管理办法，2014年市本级部门"三公"经费支出1.1亿元，平均每个一级预算单位"三公"经费支出118万元，较上年下降30%以上。财力更多地用于保障民生事业发展，市本级教育文化、社会保障、就业医疗、交通运输、环保水利、住房保障、城乡社区事务等民生支出占一般公共预算支出的比重达74%以上。部门支出决算的重点更加突出，市本级96个一级预算单位中，有10个部门的支出总量达到2亿元以上，这10个部门的支出决算占所有部门支出总量的比重在80%以上。

2010—2014年无锡市规模以上工业总产值在泛长三角所占比重为6.82%、6.61%、6.07%、5.71%和5.20%，连续五年呈现下降的趋势，累计降幅为1.62个百分点，情况有待改善。2014年无锡市规模以上工业总产值在泛长三角地区41个市中排名第3位。

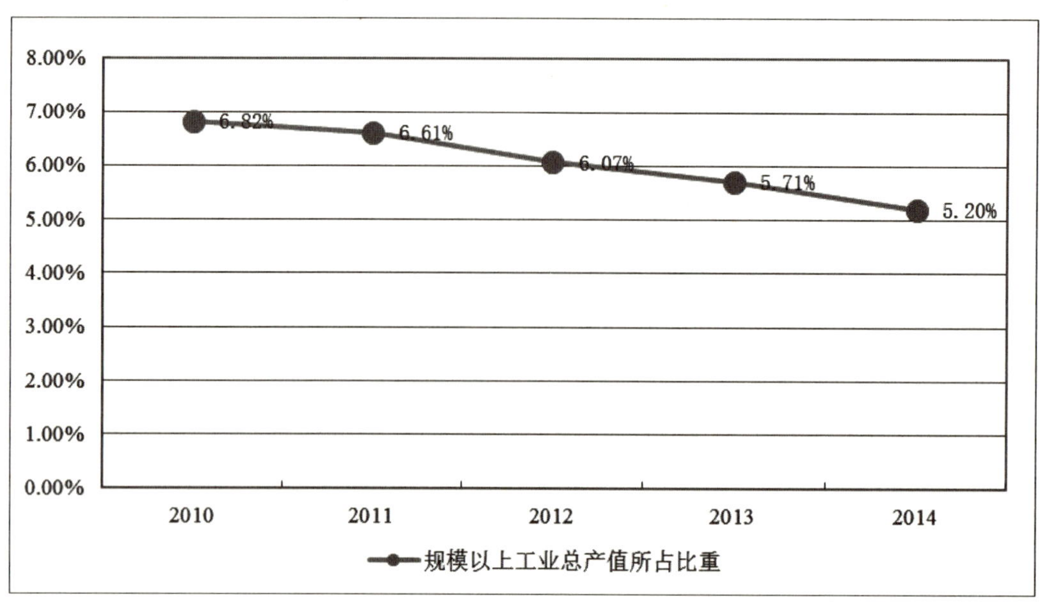

图 6　2010—2014 年无锡市规模以上工业总产值在泛长三角所占比重变化趋势

2014 年，无锡市工业生产小幅增长。全市规模以上工业企业实现增加值 3017.50 亿元，比上年增长 4.9%。从工业产销看，2014 年全市规模以上工业产销率为 97.8%。从 22 种重点产品产量来看：2014 年产品产量有 7 种实现增长，增速较快的有(>10%)：锂电子电池增长 17.3%；集成电路增长 15.4%；家用洗衣机增长 12.1%；半导体分立器件增长 9.0%。

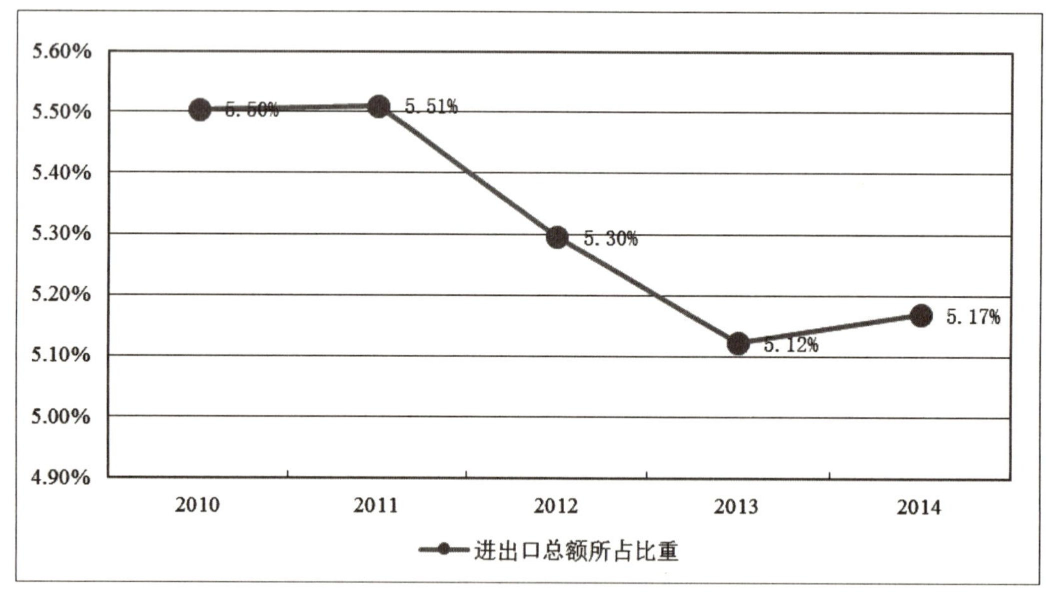

图 7　2010—2014 年无锡市进出口总额在泛长三角所占比重变化趋势

2010—2014 年无锡市进出口总额在泛长三角所占比重为 5.50%、5.51%、5.30%、5.12% 和 5.17%，2012、2013 年大幅下跌。2014 年小幅上扬，较 2010 年下跌了 0.33 个百分点。2014 年无锡市进出口总额在泛长三角地区 41 个市中排名第 4 位，排名仍较靠前。

2014 年，无锡市对外贸易创历史新高。全年实现对外贸易进出口总额 741.70 亿美元，比上年增

长5.4%。其中,进口总额299.39亿美元,比上年增长2.5%;出口总额442.31亿美元,比上年增长7.5%。出口结构持续优化,一般贸易实现出口额231.13亿美元,总量占比达52.3%。从出口主体看,生产企业增速最快,2014年生产企业实现出口总额157.10亿美元,同比增长24.6%,增速高于全市平均水平17.1个百分点;外资企业实现出口259.41亿美元,同比下降0.1%;外贸公司实现出口25.80亿美元,同比增长0.8%。

从贸易方式看,一般贸易快于加工贸易,2014年一般贸易实现出口额231.13亿美元,同比增长6.5%,增速低于全市平均水平1.0个百分点;加工贸易实现出口额190.72亿美元,同比增长3.9%,增速慢于一般贸易2.6个百分点。

2014年全市到位注册外资31.16亿美元,同比下降6.7%。

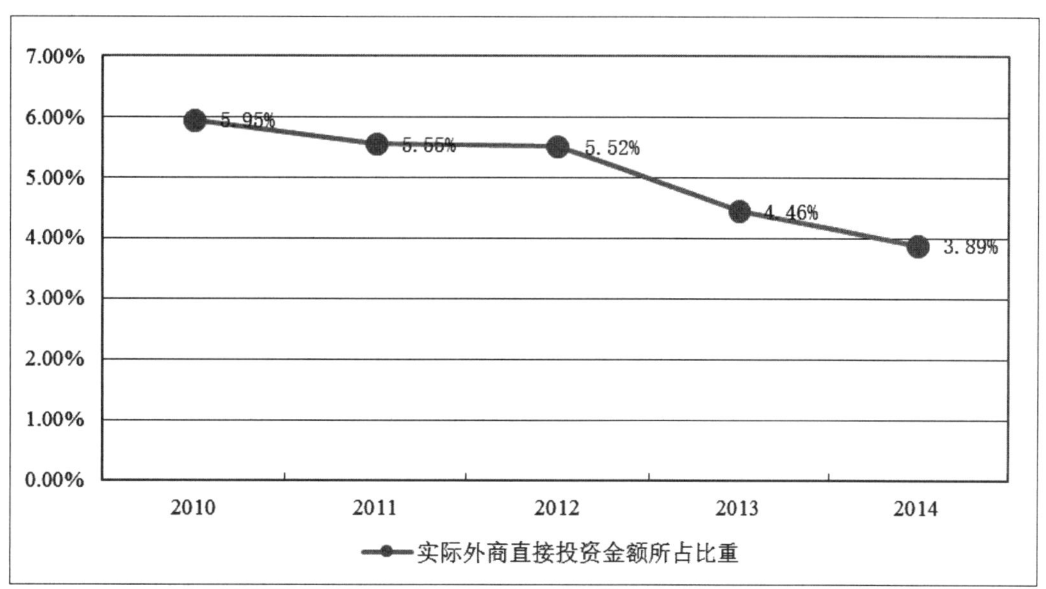

图8　2010—2014年无锡市实际外商直接投资金额在泛长三角所占比重变化趋势

2010—2014年无锡市实际外商直接投资金额在泛长三角所占比重为5.95%、5.55%、5.52%、4.46%和3.89%,2012年止跌上扬,但2014年仍保持下跌趋势,与上年比下降了0.57个百分点,较2010年下降了2.06个百分点。2014年无锡市实际外商直接投资金额在泛长三角地区41个市中排名第6位。

2014年,无锡市利用外资结构优化。全年新批外资项目407个,协议注册外资55.01亿美元,到位注册外资31.16亿美元,下降6.7%。制造业利用外资占到位注册外资比重达到55%,全年完成协议注册外资超3000万美元的重大外资项目65个。至2014年底全球财富500强企业中有95家在我市投资兴办了180家外资企业。外商及港澳台商投资企业增速超过全市平均水平,实现规模以上工业增加值增速为6.7%。外商投资国别涵盖全球30个国家和地区,外商投资企业数量和投资总额位居江苏省第二。

四 徐州市 2014 年经济社会发展报告

2014 年，面对复杂多变的宏观环境和诸多困难挑战，徐州市委、市政府深入贯彻落实党的十八大和十八届三中、四中全会精神，牢牢把握稳中求进工作总基调，积极应对经济下行压力，主动适应经济发展新常态，全力推动改革创新，全面加快转型升级，全心办好民生实事，全市经济运行总体平稳、稳中有进，社会事业协调发展，各项改革在攻坚克难中稳步前进。

一、徐州市 2014 年经济发展概况

（一）综合经济

1. 经济总量

经济保持稳定增长。2014 年全市完成地区生产总值 4963.91 亿元，按可比价计算，比上年增长 10.5%。其中，第一产业增加值 473.56 亿元，增长 3.4%；第二产业增加值 2290.26 亿元，增长 10.8%；第三产业增加值 2200.09 亿元，增长 11.3%。人均地区生产总值达到 57655 元，较上年增长 10.1%。

结构调整出现积极变化。三次产业结构调整为 9.5∶45.3∶45.2，第三产业占比比上年提高 1.3 个百分点。创新型经济发展较快，全年规模以上工业实现高新技术产业产值 4047.74 亿元，战略性新兴产业完成产值 4320.42 亿元，占规模以上工业产值比重分别达 34.9%和 37.2%。

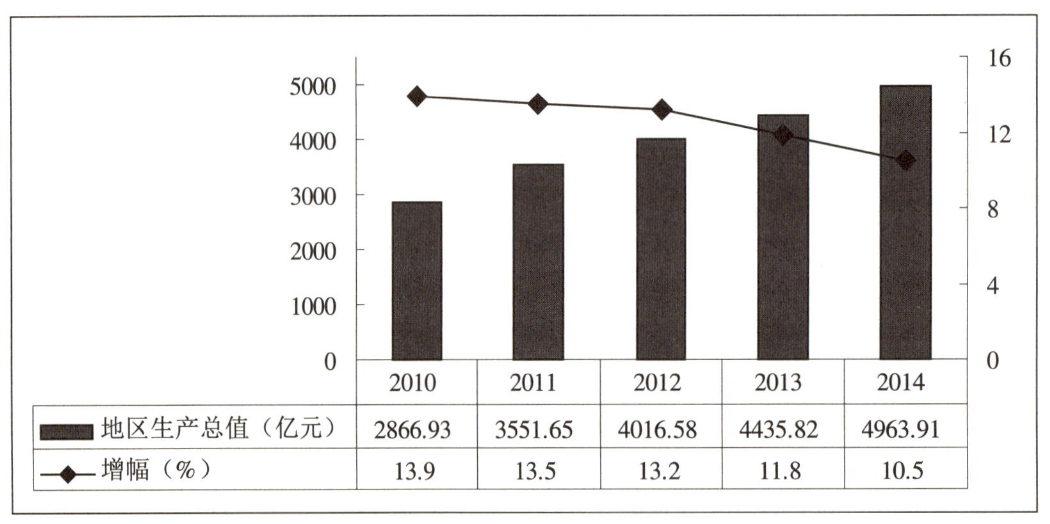

	2010	2011	2012	2013	2014
地区生产总值（亿元）	2866.93	3551.65	4016.58	4435.82	4963.91
增幅（%）	13.9	13.5	13.2	11.8	10.5

图 1 2010—2014 年徐州市地区生产总值及增长速度

2. 财政收支

财政收入平稳增长。全年实现公共财政预算收入 472.33 亿元，比上年增长 11.7%。主体税种普遍增收，其中增值税 46.06 亿元，增长 42.3%；营业税 155.16 亿元，增长 15.2%；企业所得税 21.99 亿元，增长 5.7%；个人所得税 9.38 亿元，增长 23.7%；城市维护建设税 27.38 亿元，增长 12.6%；房产税 11.33 亿元，增长 12.6%；城镇土地使用税 14.01 亿元，增长 10.9%；土地增值税 49.03 亿元，增长 23.2%。公共财政保障能力继续增强，财政支出结构进一步优化，全年公共财政预算支出 660.93 亿

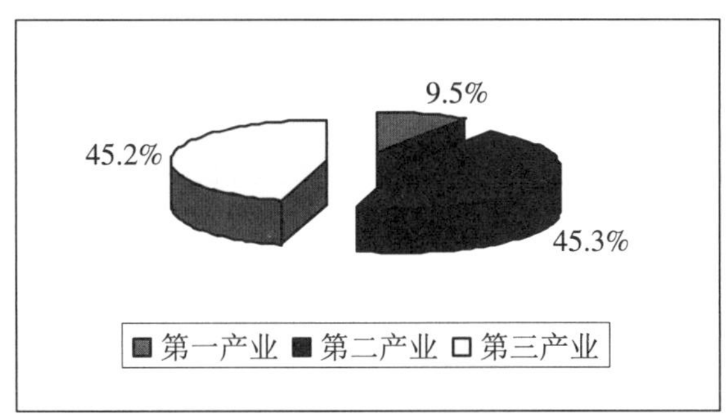

图 2　2014 年徐州市三次产业结构图

元，比上年增长 12.8%，其中，用于社会保障与就业、科技、教育、文化体育与传媒、医疗卫生和节能环保等方面的民生支出达 515.29 亿元，增长 13.0%。

3. 物价指数

物价水平基本稳定。城市居民消费价格总水平（CPI）比上年上涨 2.1%，八大类消费价格“五升三降”。

2014 年城市居民消费价格总水平涨跌情况（以上年同期为 100）

指　标	比上年增长（%）
居民消费价格总指数	102.1
其中：食品	104.1
其中：粮食	105.9
油脂	95.1
肉禽及其制品	102.1
蛋	101.7
水产品	104.8
菜	103.1
其中：鲜菜	103.0
干鲜瓜果	115.0
烟酒及用品	97.8
衣着	102.1
家庭设备用品及维修服务	102.7
医疗保健和个人用品	99.8
交通和通信	99.5
娱乐教育文化用品及服务	102.2
居住	101.6

4. 固定资产投资

固定资产投资较快增长。全市实现固定资产投资 3671.56 亿元，增长 18.8%。其中，工业投资

1976.93亿元，增长15.8%。分投资主体看，国有及国有经济控股企业投资529.99亿元，增长31.1%；外商投资85.70亿元，增长43.9%；民间投资2597.25亿元，增长15,.4%。全年新增固定资产2858.99亿元，增长29.9%。

投资结构持续改善。全市第一产业投资42.03亿元，增长56.8%；第二产业投资1976.93亿元，增长15.8%；第三产业投资1652.59亿元，增长21.9%；三次产业投资结构为1.2∶53.8∶45.0。工业投资中制造业投资1745.72亿元，增长11.9%；高新技术产业投资424.48亿元，增长13.0%。主要工业行业投资中，医药制造业、计算机通信和其他电子设备制造业、仪器仪表制造业、化学原料和化学制品制造业和汽车制造业分别增长93.5%、28.7%、77.5%、46.0%和34.8%。第三产业投资中，16个服务业行业中有9个保持增长，其中，现代服务业和生产性服务业增长较快，水利、环境和公共设施管理业增长55.8%；租赁和商务服务业增长34.9%；金融业增长224.9%；交通运输、仓储和邮政业增长59.7%；教育业增长105.0%。

重点项目建设稳步推进。全年在建项目达到2986个，比上年增加311个，完成投资3202.68亿元，增长18.2%，其中亿元以上项目602个，完成投资1657.98亿元。全年新开工项目2461个，比上年增加361个，完成投资2482.77亿元，增长21.6%；全年投产项目2596个，比上年增加484个。

（二）农业和农村建设

农业综合生产能力稳步提高。全年粮食播种面积1099.44万亩，粮食亩产426.74公斤，较上年增长3.5%，粮食总产469.18万吨，增长4.0%，其中夏粮产量204.65万吨，增长6.3%；秋粮产量264.53万吨，增长2.3%。全年棉花产量3.24万吨；油料产量10.62万吨。

现代农业加快发展。全年新增设施农业面积13.45万亩，总面积达194.46万亩，占耕地面积比重超过20%，总量、占比连续9年保持全省领先。新建高标准农田45.02万亩，累计建成411.36万亩。全市共有无公害农产品生产基地957.49万亩，比上年增长10.4%；无公害农产品3804个，增长9.0%；获得绿色标志的农产品286个，增长19.2%。

牧渔业生产稳步增长。全年肉类总产量101.45万吨，增长3.0%；禽蛋产量56.41万吨，下降2.6%。生猪存栏305.27万头，增长2.7%，出栏544.95万头，增长4.6%；家禽存栏9750.05万只，下降1.6%，出栏2.47亿只，下降1.7%；羊存栏232.90万只，增长2.4%，出栏419.06万只，增长3.7%。水产品总产量18.60万吨，增长1.3%。

农村生产生活条件明显改善。全年建成农村公路493公里、桥梁105座。实施农村饮水安全工程，新增受惠群众59.9万人。农村水利基础设施建设稳步推进，全年完成农田水利投资10.5亿元，疏浚县乡河道1176公里、土方2833万方。全市农田有效灌溉面积达525.82千公顷，当年新增87.69千公顷；节水灌溉面积279.63千公顷，当年新增8.19千公顷。年末全市农业机械总动力657.01万千瓦，增长4.5%。

（三）工业和建筑业

工业经济平稳增长。全市规模以上工业2822家，其中，产值超10亿元的企业66家，比上年增加2家。超50亿元的企业15家，超百亿元的企业6家，分别较上年增加1家。全市规模以上工业实现总产值11610.30亿元，增长12.1%。其中，轻、重工业分别增长15.6%和10.6%。分经济类型看，国有企业增长6.1%，集体企业增长1.0%，股份制企业增长11.8%，外商及港澳台投资企业增长18.3%。全年规模以上工业增加值增长11.2%。

优势主导产业增长态势良好。全市重点培育的装备制造业、能源产业、食品加工业、煤盐化工业、

冶金业和建材业等六大千亿元产业分别完成产值3157.12亿元、807.25亿元、2736.22亿元、2096.58亿元、978.92亿元和560.05亿元，分别增长13.8%、10.2%、14.9%、8.1%、9.5%和15.1%。占全市规模以上工业产值比重达89.0%，较上年提高0.2个百分点。

主要行业稳步增长。全市37个行业大类中有31个行业产值保持增长，增长面达83.8%。其中，比重较大的化学原料和化学制品制造业实现产值1738.50亿元，增长10.7%；木材加工业1046.99亿元，增长14.9%；电气机械和器材制造业802.24亿元，增长11.4%；黑色金属冶炼和压延加工业721.23亿元，增长5.6%；农副食品加工业713.65亿元，增长16.5%；通用设备制造业622.42亿元，增长1.2%；专用设备制造业389.67亿元，增长31.2%。产品结构继续优化，全市规模以上工业企业实现新产品产值3329.68亿元，增长2.3%。19种主要工业产品产量中10种保持增长。

工业运行效益总体良好。全市规模以上工业企业实现主营业务收入11479.95亿元，增长10.9%；实现利税总额1657.40亿元，增长9.9%；利润总额912.79亿元，增长8.6%。在37个行业大类中，有27个行业主营业务活动利润比上年增长。

建筑行业发展良好。年末全市资质以上建筑企业达到434家，年平均从业人员数达61.58万人，同比增长16.8%。全年实现建筑业增加值364.61亿元，按可比价计算增长7.3%；完成建筑业总产值1321.04亿元，增长19.1%；施工面积11599.20万平方米，增长14.3%；竣工面积5274.97万平方米，增长33.8%。完成省外建筑业总产值613.97亿元，增长14.4%。

（四）服务业

1. 国内贸易

消费品市场平稳增长。全市实现社会消费品零售总额1664.45亿元，增长13.0%。其中，限额以上企业实现消费品零售额1608.42亿元，增长12.3%。按经营单位所在地分，城镇市场零售额1329.81亿元，增长13.0%；乡村市场零售额334.63亿元，增长12.9%。按消费形态分，批发业零售额333.09亿元，增长13.3%；零售业零售额1152.12亿元，增长13.0%；住宿业零售额13.27亿元，增长12.2%；餐饮业零售额165.97亿元，增长12.0%。按商品类别分，食品类、服装鞋帽类、日用品类和中西药品类分别增长16.3%、11.2%、11.6%和11.1%；家用电器类、家具类、建筑装潢材料类分别增长20.7%、21.6%和19.9；汽车类消费增长5.4%。

2. 交通、邮电

交通运能持续扩张。全市高速公路交通网络全面建成，高速公路通车里程达458.57公里，所有县(市)均连通高速公路，各行政村均通达客运班车。全年完成公路货运量16967万吨，水路货运量5015万吨，分别增长9.8%和4.6%。分别完成公路、水路货物周转量405.75和169.59亿吨公里，分别增长10.1%和9.7%；完成公路旅客运输量15063万人次，公路旅客周转量80.96亿人公里，增长1.7%和0.5%。完成港口吞吐量9202.37万吨，增长11.9%，集装箱吞吐量达5468标箱。民航机场全年进出港旅客126.75万人次，航空运输货物0.64万吨，分别增长13.9%和1.6%。机动车拥有量保持较快增长，年末全市机动车总计达140.24万辆，其中，私人汽车66.46万辆，增长12.5%；本年新注册机动车13.61万辆。

邮政电信快速发展。完成邮政电信业务总量82.91亿元，比上年增长16.2%，其中，邮政业务量14.88亿元，增长26.2%，电信业务量68.03亿元，增长14.2%；邮政电信业务收入71.57亿元，增长1.6%，其中，邮政业务收入12.17亿元，增长16.0%，电信业务收入59.40亿元，下降0.9%。全年寄送函件2104.11万件，包裹19.36万件；快递业务实现收入4.61亿元，增长34.0%；订销报纸1.13亿份、杂志417.86万份。2014年末，固定电话用户达到135.32万户，比上年末减少20万户；移动电话用户 826.58 万户，比上年末净增 11.2 万户。

3. 旅游业

旅游产业蓬勃发展。全年全市实现旅游收入 430.48 亿元，比上年增长 15.5%，其中，国内旅游收入 423.46 亿元，增长 17.5%；旅游外汇收入 2974.84 万美元，增长 17.2%。接待国内外游客总人数 3569.56 万人次，增长 15.5%，其中国内旅游人数 3566.61 万人次，增长 15.5%；入境过夜旅游人数 2.95 万人次，增长 14.1%。全年新增省级生态旅游示范区 3 家，4A 级旅游景区达 18 家，比上年增加 8 家，云龙湖风景区通过国家 5A 级景区资源景观质量评审。

4. 金融和保险

金融市场运行稳健。年末全市金融机构人民比存款余额 4286.46 亿元，同比增长 10.3%。其中，储蓄存款余额 2377.44 亿元，增长 13.8%。金融机构人民币贷款余额 2724.79 亿元，当年新增贷款 363.99 亿元，增长 15.4%。其中，短期贷款余额 1397.90 亿元，中长期贷款余额 1162.27 亿元，较年初分别增加 94.08 亿元和 214.20 亿元；个人消费贷款 548.73 亿元，增加 97.68 亿元，其中个人短期消费贷款 23.15 亿元，个人中长期消费贷款 525.58 亿元。

保险事业有序发展。年末全市列统保险公司 55 家，全年实现保费收入 106.46 亿元，比上年增长 16.6%，其中产险保费收入 37.70 亿元，寿险保费收入 68.76 亿元，分别增长 16.2%和 16.8%。全年各类保险赔款给付支出 22.56 亿元，其中产险支出 19.99 亿元，寿险支出 2.57 亿元。

5. 房地产业

房地产市场回落调整。全年房地产开发投资完成 468.88 亿元，增长 23.2%。其中，住宅开发投资 316.95 亿元，增长 9.7%；商业营业用房投资 94.34 亿元，增长 74.7%。全年房屋施工面积 3370.18 万平方米，增长 11.0%；新开工面积 1074.16 万平方米，下降 13.4%；竣工面积 508.59 万平方米，同比下降 27.6%；商品房销售面积 738.03 万平方米，下降 13.9%，其中，住宅销售面积 650.39 万平方米，下降 15.1%；商业营业用房 34.98 万平方米，下降 28.0%。

（五）开放型经济

1. 对外贸易

全市完成进出口总额 59.88 亿美元，其中，出口 46.77 亿美元，进口 13.12 亿美元。出口总量继续保持苏北第一。分企业性质看，国有企业出口 5.97 亿美元，外商投资企业出口 14.30 亿美元，民营企业出口 11.40 亿美元；分贸易方式看，一般贸易出口 38.97 亿美元，下降 10.5%；加工贸易 7.68 亿美元，增长 41.8%；分出口市场情况看，向亚洲出口 22.28 亿美元，下降 6.5%；欧洲 7.58 亿美元，增长 7.0%；北美洲 6.53 亿美元，增长 4.5%；非洲 4.87 亿美元，增长 15.1%；拉丁美洲 3.41 亿美元，下降 38.8%。

2. 对外经济

全年新批外商直接投资企业 189 家，新批协议外资 30.21 亿美元，实际到账外资 16.58 亿美元，比上年增长 15.0%。新批及净增资 3000 万美元以上的大项目 24 个。对外投资增势良好。全年新批境外投资项目 22 个，中方协议投资 2.48 亿美元，增长 22.3%。其中，千万美元以上项目投资占 84.4%，民营企业投资占 98.7%，第三产业投资占 53.8%。新签对外承包工程合同额 2.72 亿美元，完成营业额 2.99 亿美元。

3. 民营经济

民营经济加快发展。2014 年末，全市拥有私营企业 11.30 万户，个体经营户 35.38 万户，分别增

长 12.6%和 8.9%。全市私营企业注册资本 2857.20 亿元，户均注册资本 252.86 万元，分别增长 20.6%和 7.0%；个体经营户注册资本 216.09 亿元，户均注册资本 6.11 万元，分别增长 23.9%和 13.8%。民营企业经营规模继续壮大，对地方财政的贡献作用日益提升，全年民营经济增加值总量达 3035.93 亿元，按可比价计算增长 11.7%，在全市经济总量中所占比重达 61.2%；上缴税收 285.83 亿元，在全市税收总收入中所占比重达 41.8%。

4. 开发区建设

开发区建设成效明显。全市开发区外向型经济平稳发展，省级以上开发区完成进出口总额 43.87 亿美元，其中出口总额 32.95 亿美元，分别占全市总量的 73.3%和 70.5%。实际到账外资 12.22 亿美元，占全市总量的 73.7%。

二、徐州市 2014 年社会发展概况

（一）人口、人民生活

人口总量基本稳定。2014 年末，全市户籍人口 1023.52 万人，比上年增加 16.67 万人，增长 1.7%。其中，男性 530.37 万人，女性 493.15 万人，男女性别比为 107.55：100。全年出生人口 9.15 万人，人口出生率 9.0‰；死亡人口 30120 人，人口死亡率 2.9‰；人口自然增长率 6.1‰。总人口中 60 岁以上人口为 173.53 万人，占总人口的 17.0%，比上年上升 0.7 个百分点。年末常住人口 862.83 万人，比上年增加 3.73 万人。2014 年城镇化率为 59.5%，比上年提高 1.4 个百分点。

居民收入持续增长。全市全体居民人均可支配收入 18744 元，同比增长 10.0%。其中，城镇居民人均可支配收入 24080 元，增长 9.4%；农村居民人均可支配收入 12811 元，增长 11.3%。农村居民收入增速快于城镇居民 1.9 个百分点，城乡收入比由上年的 1.91 缩小到 1.88。全体居民人均消费支出 12167 元，增长 8.9%，其中，城镇居民人均消费支出 15005 元，增长 7.5%；农村居民人均消费支出 9011 元，增长 11.5%。

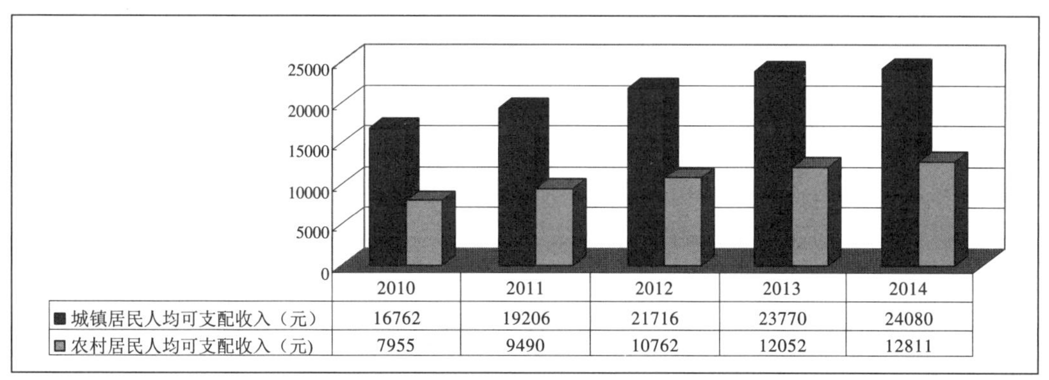

	2010	2011	2012	2013	2014
■城镇居民人均可支配收入（元）	16762	19206	21716	23770	24080
■农村居民人均可支配收入（元）	7955	9490	10762	12052	12811

图 3　2010—2014 年徐州城乡居民收入对比一览

（二）就业和社会保障

就业情况总体稳定。全市全年新增城镇就业 11.7 万人，失业人员再就业 7.8 万人，促进下岗失业人员再就业 8.0 万人，就业困难人员再就业 1.4 万人，农村劳动力转移 6.4 万人，城镇登记失业率 1.91%；完成城乡劳动者职业技能培训 7.8 万人，创业培训 3.5 万人，创业带动就业 4.3 万人；建成大学生创业园 19 个，培育创业企业 5100 余家。

社会保障水平稳步提高。年末全市企业职工基本养老保险、城镇职工基本医疗保险、失业保险参保人数分别达114.26万人(含参保离退休人员)、156.71万人(含参保退休人员)和85.72万人,分别比上年末增加6.06万人、3.76万人和2.57万人。社保卡持卡人数310万人,社保基金收支总额363亿元,主要险种参保覆盖率均超过95%,新农合参合率100%。大力推进保障性安居工程建设,全年开工建设保障性安居房6926套,建成7914套,超额完成省定任务。全年新增经济适用房面积22.09万平方米,公租房21.96万平方米。

社会救助体系日臻完善。年末拥有各类养老机构305个,社会福利收养性单位床位数达5.67万张,收养3.65万人。新建居家养老服务中心242个、城市小型托老所12个、农村老年关爱之家54个、妇女儿童之家100个。全年发行福利彩票7.47亿元,募集社会福利资金0.84亿元,接受社会各界捐赠0.60亿元。加大对困难群体的慈善救助,全市全社会救助总人数36.21万人次。全市有10.10万户、19.72万人纳入低保范围,其中城镇低保对象1.53万户、3.09万人;农村低保对象8.57万户、16.63万人。城乡低保标准分别提高到每人每月558元和320元,"三无"老人保障标准提高到每人每月1223元。市级大病保险制度和大重病患者长效补助机制基本建立。

(三)教育与科技创新

1. 教育事业

教育事业全面协调发展。全市共有各类全日制学校1855所,专任教师8.44万人,在校学生178.09万人,毕业生43.70万人。全市普通高校9所,普通高等教育招生5.52万人,在校生17.96万人,毕业生5.18万人,其中,研究生教育招生3713人,在校研究生11293人,毕业生3283人。普通高中招生4.35万人,在校生14.20万人,毕业生5.48万人。基础教育全面发展。全市共有幼儿园581所,在园幼儿39.22万人;小学906所,在校学生75.45万人;初中242所,在校学生21.73万人。小学在校生年巩固率、初中在校生年巩固率、小学学龄儿童入学率均达到100%。新建改建幼儿园102所、中小学40所,加固重建中小学校舍72万平方米。以市为单位在苏北率先全面通过"全国义务教育发展基本均衡县(市、区)"国家级验收。

2. 科学技术

科技研发投入比重稳步提高。全社会研究与发展(R&D)活动经费达95亿元,占地区生产总值的1.9%,比上年提高0.2个百分点。科技基础设施建设总数达202家,新增省级国家研发机构培育点1家、企业院士工作站1家和企业研究生工作站24家。4家企业获省重大科技成果转化专项资金3900万元,总投资达4.5亿元。全市争取973计划等国家级项目282项,各类省级科技计划项目256项,累计获批资金3.3亿元。

科技创新能力显著增强。全市科技进步贡献率达52%。全年授权专利8468件,其中发明专利授权676件。企业专利产出大幅提高,全市企业共申请专利8243件,授权专利5004件。创新平台建设步伐加快。全市新增省级高新技术企业67家,总数达231家,省高新技术产品总数达486项。全年新增省级以上研发机构31家,新建校企联盟180家。认定市级工程技术研究中心233家,市级企业研发机构总数超过4000家。全市省级以上科技孵化器24家,孵化面积达120万平方米。

(四)文化、卫生和体育

1. 文化事业

文化服务水平明显提高。2014年末,全市共有文化站158个、文化馆9个,公共图书馆8个,博物

馆 21 个，文物藏品总量 8.34 万件（套），其中一级藏品 194 件。全年报纸出版 1.01 亿份，期刊出版 25.18 万册，图书出版 6995.98 万册。全市共有国家级文化产业示范基地 1 家，省级文化产业示范基地 5 家，省级文化产业示范园区 1 家，成功举办首届徐州文化博览会，全年送戏下乡 493 场、电影 2.72 万场、图书 100 万元。广播电视户户通等文化惠民工程扎实开展，2014 年末，全市共有广播电台 8 座，中短波转播发射台 2 座和调频转播台 8 座，广播综合人口覆盖率和电视综合人口覆盖率均达 100%。有线电视用户 271.36 万户，比上年增长 0.6%，有线电视入户率 98.5%，其中数字电视用户数达 163.25 万户，增长 10.7%，有线电视数字化率 60.2%，比上年提高 15.9 个百分点。

2. 卫生事业

卫生事业较快发展。城乡基层卫生服务网络更加健全。年末共有各类卫生机构 4619 个，其中医院、卫生院共 282 个，卫生防疫和防治机构 14 个，妇幼卫生保健机构 12 个。各类卫生机构拥有病床 4.62 万张，其中医院、卫生院病床 4.32 万张。共有卫生技术人员 4.70 万人，其中执业医师、执业助理医师 1.76 万人，注册护士 1.97 万人，卫生防疫和防治机构卫生技术人员 457 人，妇幼卫生机构卫生技术人员 856 人。乡镇卫生院 159 个，床位 9643 张，卫生技术人员 9575 人。每千人拥有病床数 5.36 张，每千人拥有卫生技术人员数 5.45 人。医疗服务能力不断增强，全市三级医院数量增至 16 家；全年创建国家级示范社区卫生服务中心 3 个，新增省级示范社区卫生服务中心、乡镇卫生院和村卫生室分别为 25 个、10 个、和 38 个，完成 33 个社区卫生服务中心提档升级。新增省级临床重点专科或临床重点专科建设单位科室 7 个，全市省级临床重点专科数量达到 49 个。入选江苏省医学领军型人才 3 名，江苏省医学重点人才 5 名，省 333 培养对象 34 人。

3. 体育事业

体育事业蓬勃发展。成功举办第十八届省运会，夺得赛会金牌、奖牌、总分三项第一。全民健身活动广泛开展，晋身省体育强市和全国武术之乡。年末全市全民健身活动设施数 3480 个，拥有国民体质监测中心 121 个，体育场馆 56 所，比上年增加 21 所，体育运动学校和业余体校 5 所。全市运动健儿在省级以上比赛中获得金质奖章（牌）231 枚，其中国际比赛 3 枚；银质奖章 149 枚，其中亚洲比赛 1 枚；铜质奖章 137 枚，其中国际比赛 2 枚。全年体彩销售额 10.30 亿元。

（五）城乡建设

中心城市功能日益增强。八大类 258 项城建重点工程开工 232 项，竣工 116 项，开工率 90%。三环东路高架快速路建成通车，城市轨道交通 1 号线、三环西路和三环北路高架快速路、观音机场二期、徐明高速开工建设，郑徐客运专线建设、徐宿淮盐铁路前期工作进展顺利，徐州综合交通枢纽地位进一步凸显。中心商圈、高铁生态商务区二期、新城区“四轴一片”等重点片区开发，以及八里家具博览中心、淮海文博园二期、铜山万达广场、徐州保税物流中心等项目扎实推进。实施棚户区改造项目 52 个，总面积 1005 万平方米，是前三年改造总量的 1.5 倍。

新型城镇体系加快形成。5 县（市）老城改造和新城建设同步推进，累计完成征迁面积 900 万平方米，开工建设安置房 700 万平方米。30 个重点中心镇和特色小城镇规划全面完成。完成村庄环境综合整治 4103 个，创建三星级“康居乡村”59 个、新农村示范村 51 个。

（六）环境保护和节能减排

生态建设迈出坚实步伐。年末全市设立自然保护区 5 个，自然保护区面积 2.17 万公顷。深入实施“天更蓝”等五大行动计划，完成 77 项大气污染防治年度重点工程，淘汰 4.1 万辆老旧机动车，秸秆禁烧与综合利用取得明显成效，全市秸秆还田 424667 公顷，综合利用率达 89%。全市环境空气质量二级以上天数238天，比上年增加46天，PM2.5平均浓度下降12.6%。投资13.5亿元实施水环境治理，全市污水处理率89%，功能区三类以上水体占比76.6%，南水北调国控断面实现稳定达标。"二次进军荒山"计划全面完成，经省级部门认定全市新增造林9.4万亩，林木覆盖率达到32.2%；市区新增绿地110公顷，300亩以上大型开放式园林达到27个，人均公园绿地超过17平方米，建成区绿化覆盖率提高到43%。城区生活垃圾日产日清，无害化处理率达100%。

顺利完成节能减排年度目标。大力实施节能减排重点工程，严格控制高耗能高污染项目，按照国家过剩产能化解政策淘汰落后产能，推动重点耗能企业能效提升，依法关停小钢铁企业55家，整合替代城区热电企业3家。单位GDP能耗下降率完成年度目标任务。化学需氧量排放下降4.5%，二氧化硫排放下降16.9%，完成落后产能淘汰和主要污染物减排省定任务，入围国家节能减排财政政策综合示范城市。

（七）平安徐州

平安徐州建设扎实推进。全市共有律师事务所108家，专职律师1333人。各类案件诉讼代理4.81万件，其中民事案件2.99万件、刑事案件0.43万件、经济案件1.38万件、行政诉讼43件。全市共有人民调解委员会3268个，调解人员1.35万人，调解纠纷总量4.56万件，调处成功4.53万件，成功率99.4%。刑事案件发案数下降22.4%。全年发生各类事故946起，死亡382人，比上年分别下降1.1%和2.6%，其中交通事故913起，死亡348人。发生各类生产经营性事故273起，死亡181人。火灾2312起，死亡14人。亿元GDP生产安全事故死亡人数为0.08人，比上年下降10.2%。

三、徐州市在泛长三角地区经济发展中的地位

2014年，徐州市委、市政府深入贯彻落实中央、省一系列决策部署，牢牢把握稳中求进工作总基调，积极适应经济发展新常态，以改革创新激发增长动力、以转型升级提升发展质量，全市经济在宏观经济下行压力较大、各种困难挑战增多的形势下，与全国全省一样，进入中高速发展阶段，经济运行总体平稳、稳中有进，并呈现质效提高、结构优化、民生改善等特征。

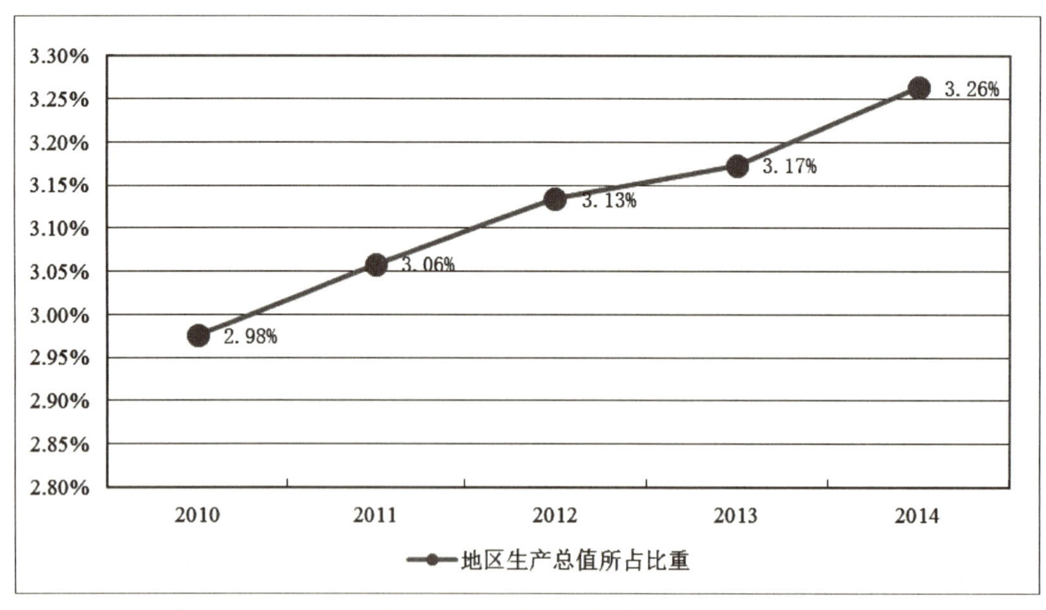

图4　2010—2014年徐州市地区生产总值在泛长三角所占比重变化趋势

2010—2014 年徐州市地区生产总值在泛长三角所占比重分别为 2.98%、3.06%、3.13%、3.17%和 3.26%，已连续五年出现增加，其中 2014 年比上年占比增加了 0.09 个百分点，五年累计增加了 0.28 个百分点。2014 年徐州市地区生产总值在泛长三角地区 41 个市所占比重中与上年比保持不变，排名第 9 位。

2014 年全市完成地区生产总值 4963.91 亿元，按可比价计算，比上年增长 10.5%，增速高于全省 1.8 个百分点。其中，第一产业增加值 473.56 亿元，增长 3.4%；第二产业增加值 2290.26 亿元，增长 10.8%；第三产业增加值 2200.09 亿元，增长 11.3%。人均地区生产总值达到 57655 元，较上年增长 10.1%。结构调整出现积极变化。三次产业结构调整为 9.5∶46.1∶44.3，第三产业占比比上年提高 1.3 个百分点。

2014 年，全市实现服务业增加值 2183.81 亿元，增长 11.3%，增速分别快于地区生产总值和第二产业 0.8 个和 0.5 个百分点，占 GDP 比重达 44%，较上年提高 1 个百分点。其中，金融业、营利性服务业增加值分别增长 15.1%和 17.3%。全年高新技术产业和战略性新兴产业产值分别达 4033 亿元和 4310 亿元，比上年分别增长 12.1%和 13.4%，占比分别提高 0.5 和 1 个百分点。

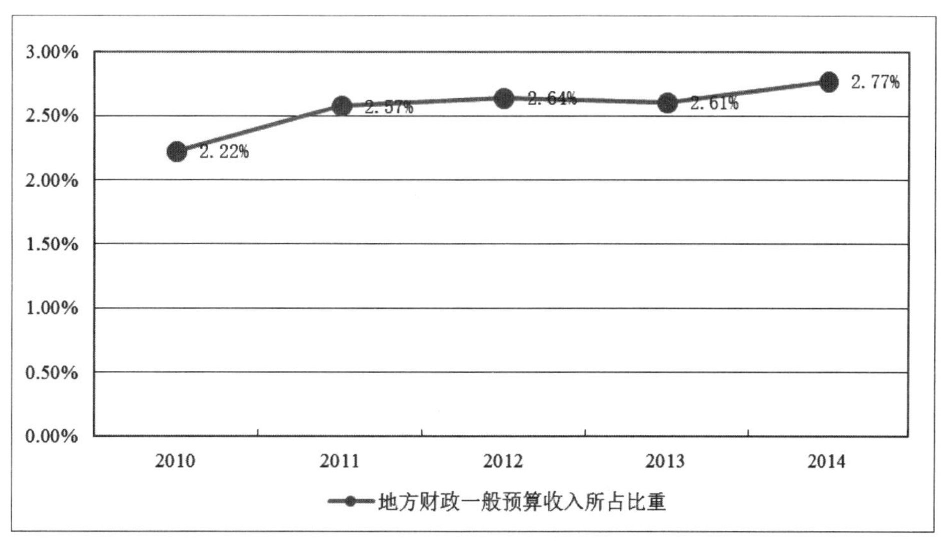

图 5　2010—2014 年徐州市地方财政一般预算收入在泛长三角所占比重变化趋势

2010—2014 年徐州市地方财政一般预算收入在泛长三角所占比重分别为 2.22%、2.57%、2.64%、2.61%和 2.77%，2014 年比上年增加 0.04 个百分点，五年累计增加了 0.55 个百分点。2014 年徐州市地方财政一般预算收入在泛长三角地区 41 个市中排第 9 位。

全市公共财政预算收入 472.33 亿元，增长 11.7%。其中税收收入 386.44 亿元，增长 13.3%；非税收入 85.89 亿元，增长 5.1%。公共财政预算收入加上划中央收入 260.26 亿元、政府性基金收入 491.94 亿元和社会保险基金收入 41.33 亿元，全市财政总收入 1,265.86 亿元，增长 14.1%。

全市公共财政预算支出 660.93 亿元，完成调整预算 96.2%，增长 11%。其中：教育支出 132.4 亿元，增长 8.8%；农林水支出 109.46 亿元，增长 8.1%；城乡社区支出 89.45 亿元，增长 11.7%；社会保障和就业支出 66.02 亿元，增长 14.5%；一般公共服务支出 58.81 亿元，增长 3.2%；医疗卫生支出 53 亿元，增长 17.4%；公共安全支出 33.5 亿元，增长 10.7%；科学技术支出 16.26 亿元，增长 12.2%。政府性基金支出 498.3 亿元，增长 29.8%。

全市税收收入占公共财政预算收入的比重达 81.8%，比上年提高 1.1 个百分点，创 2005 年以来新高。在全省排位大幅提升 5 个位次，居第 7 位。增值税、营业税、城建税等主体税种均保持增势；建筑、房地产行业税收对财政增收的支撑作用仍然较大；企业所得税增长5.7%，比上年提高1.7个百分点。

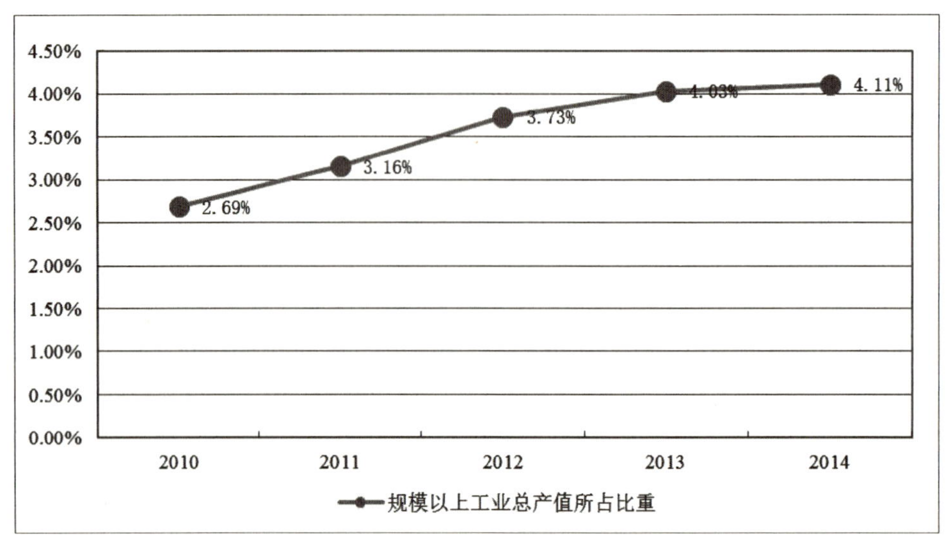

图6　2010—2014年徐州市规模以上工业总产值在泛长三角所占比重变化趋势

2010—2014年徐州市规模以上工业总产值在泛长三角所占比重分别为2.69%、3.16%、3.73%、4.03%和4.11%，继续保持稳定增长的态势，五年累计增幅达1.42个百分点，2014年所占比重比上年增加0.08个百分点。2014年徐州市规模以上工业总产值在泛长三角地区41个市中排第8位。

2014年，全市实现规模以上工业增加值增长11.2%，增速高于全省1.3个百分点。重点培育的六大千亿元产业产值突破万亿元大关，全年实现产值10336.13亿元，增长12.3%。新增超百亿元工业企业1家，总数达6家。主要行业增长态势良好，列统的37个工业行业大类产值中31个保持正增长，其中专用设备制造业、计算机通信和其他电子设备制造业、仪器仪表制造业等先进制造业分别增长31.2%、14.8%和20.9%，增速较上年分别提高12.5、3.9和11.6个百分点。

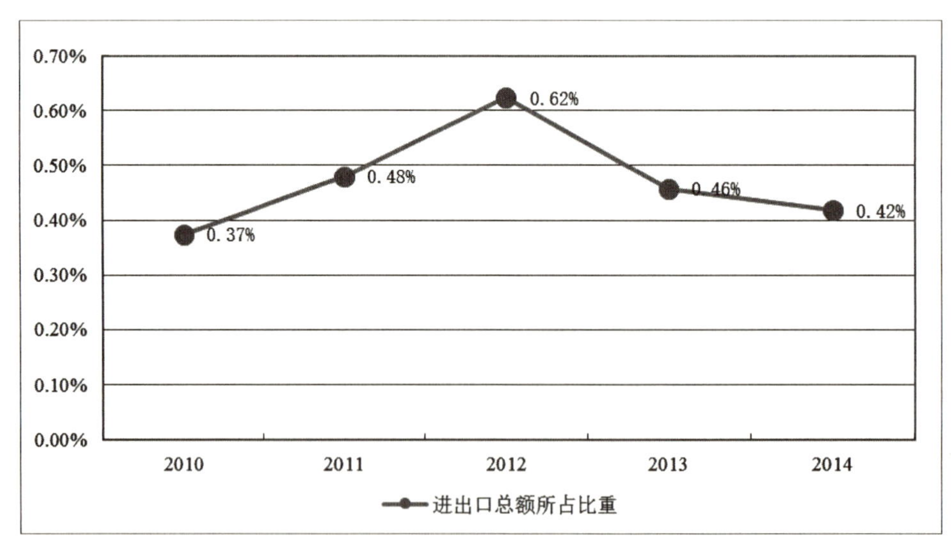

图7　2010—2014年徐州市进出口总额在泛长三角所占比重变化趋势

2010—2014年徐州市进出口总额在泛长三角所占比重分别为0.37%、0.48%、0.62%、0.46%和

0.42%,2014 年较去年跌幅为 0.04 个百分点;2014 年较 2010 年上升了 0.05 个百分点。2014 年徐州市进出口总额在泛长三角地区 41 个市排名第 213 位,亟需改善。

2014 年,徐州市全年完成进出口总额 59.88 亿美元,同比下降 4.8%,全年出口总额 46.77 亿美元,下降 4.5%,增速逐季回落。外贸出口的增长速度在全市经济指标中,乃至全省的经济指标中都处于较好位次。

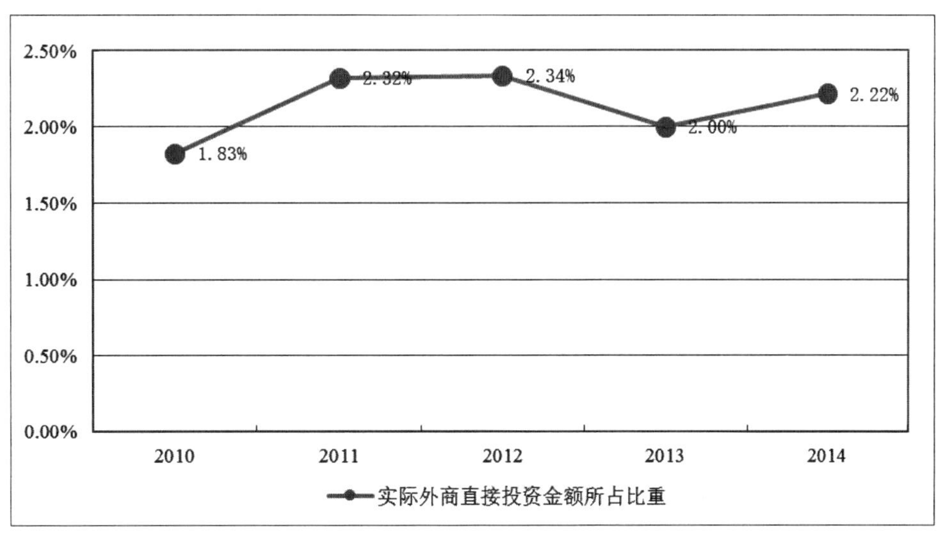

图 8　2010—2014 年徐州市实际外商直接投资金额在泛长三角所占比重变化趋势

2010—2014 年徐州市实际外商直接投资金额在泛长三角所占比重分别为 1.83%、2.32%、2.34%、2.00%和 2.22%,五年整体增加了 0.39 个百分点。2014 年徐州市实际外商直接投资金额在泛长三角地区 41 个市中排第 13 位。

2014 年,徐州市全市实际到账外资 16.58 亿美元,增长 15.0%,增速快于全省 29.2 个百分点,居全省第 3 位。

五　常州市 2014 年经济社会发展报告

2014 年，国际和国内经济发展的环境和条件都发生了深刻变化，经济运行面临较大的下行压力。面对复杂局面，常州市紧紧围绕苏南现代化示范区建设目标，坚持稳中求进的工作总基调，以“重大项目突破年”活动为抓手，全力做好稳增长、调结构、促改革、重生态、惠民生各项工作，全市经济社会保持平稳发展。

一、常州市 2014 年经济发展概况

（一）综合经济

1. 经济总量

经济运行总体平稳。全年实现地区生产总值（GDP）4901.87 亿元，按可比价计算增长 10.1%。其中，第一产业增加值 138.46 亿元，增长 3%；第二产业增加值 2408.11 亿元，增长 9.5%；第三产业增加值 2355.3 亿元，增长 11.4%。全年服务业增加值占 GDP 比重为 47%。全市一、二、三次产业比重调整为 2.8∶49.1∶48.1。全市按常住人口计算的人均生产总值达 104423 元，按平均汇率折算达 16999 美元。

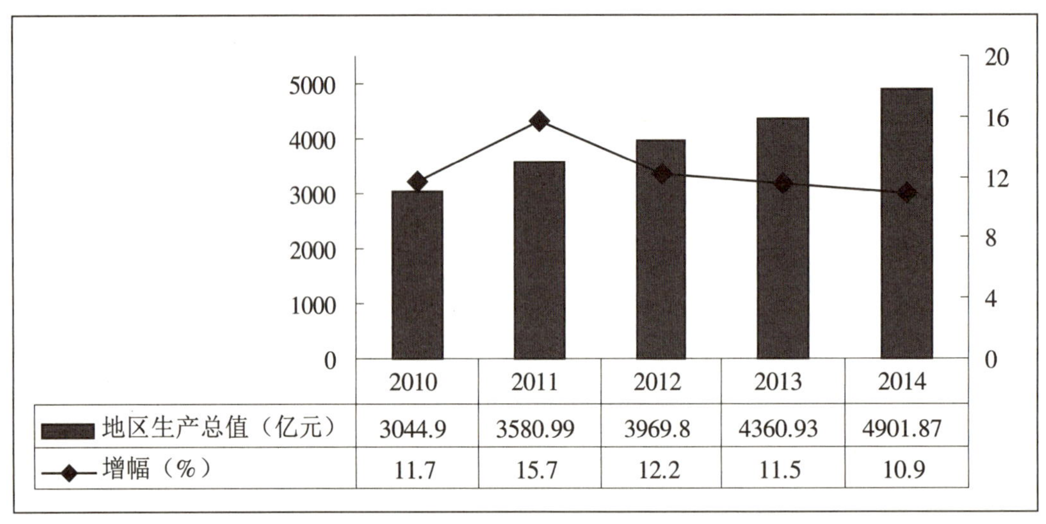

图 1　2010—2014 年常州市地区生产总值及增长速度

2. 财政收支

财政收入平稳增长。全年实现公共财政预算收入 433.9 亿元，比上年增长 6.1%，其中税收收入 348.4 亿元，增长 6.5%。全年公共财政预算支出 426.9 亿元，比上年增长 2.2%。公共财政预算支出中教育支出 68.6 亿元，增长 3.2%；文化体育与传媒支出 7.0 亿元，增长 4.0%；社会保障和就业支出 48.9 亿元，增长 7.3%；医疗卫生与计划生育支出 32.6 亿元，增长 24.1%；城乡社区事务支出 69.8 亿元，增长 15.7%。

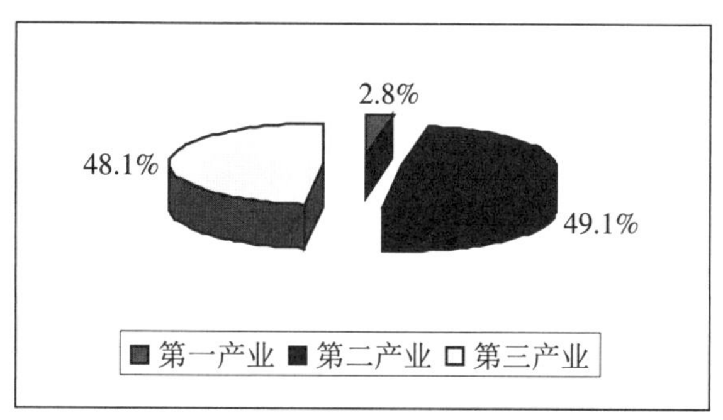

图 2　2014 年常州市三次产业结构图

3. 物价水平

物价水平保持平稳。全年居民消费价格累计总指数为 102.2，八大类消费品价格中仅烟酒用品类价格下降 2.1%，衣着、家庭设备用品及维修服务、居住、食品、医疗保健和个人用品、娱乐教育文化用品及服务、交通通讯七大类消费价格指数分别为 104.2、103.6、103.0、102.7、102.1、100.6、100.1。

4. 固定资产投资

固定资产投资保持平稳。全年完成固定资产投资 3310.1 亿元，比上年增长 16.1%。其中，工业投资 1680.2 亿元，增长 11.1%；服务业投资 1621.5 亿元，增长 22.1%。服务业投资中房地产开发投资完成 681.5 亿元，与上年持平。全年新开工项目（不含房地产）3579 个，比上年增加 442 个，其中亿元以上项目 274 个，比上年增加 43 个；新开工项目本年完成投资 1761.0 亿元，增长 18.6%，增幅高于全市投资 2.5 个百分点，对全市固定资产投资增长的贡献率达 59.9%。

（二）农业与农村经济

1. 农业生产

农业生产保持稳定。2014 年，全市农林牧渔业完成现价总产值 256.8 亿元，比上年增长 7%。其中，农业产值 138.7 亿元，增长 6.9%；林业产值 1.8 亿元，增长 4.3%；牧业产值 37.4 亿元，增长 0.5%；渔业产值 64.7 亿元，增长 9.4%；农林牧渔服务业产值 14.1 亿元，增长 15.1%。主要农产品生产保持稳定，小麦、油菜单产双超历史，水稻单产达 641 公斤，连续 12 年保持全省第一。

2. 现代农业

据全省农业基本现代化进程监测报告显示，2013 年全市农业现代化水平得分为 79.8 分，排名全省第 3 位，较上年提升 1 位。全市新建设高标准农田 8.8 万亩，新发展高效设施农业（渔业）面积 6.4 万亩。农业产业化水平稳步提升，新增国家级主食加工示范企业 1 家、国家级"一村一品"示范村镇 2 个、国家级农产品加工示范合作社 1 个，新认定市级农业产业化龙头企业 34 家，为历年最多。

（三）工业、建筑业

1. 工业生产

2014 年，全市规模以上列统工业企业 4046 家，全年完成工业总产值 11195.3 亿元，比上年增长 11.2%；实现主营业务收入 11276.9 亿元，同比增长 9.2%；实现利税 992.9 亿元、利润 607.4 亿元，同比分别增长 16.9%、17.9%。2014 年全市规模以上工业增加值增长 11.4%。规模以上工业七大行业中，化工、建材、电子、机械行业增长较快，全年分别完成产值 1696.9 亿元、375.9 亿元、627.1 亿元、

4544.3 亿元，分别增长 16.9%、16.2%、11.4%、10.7%；生物医药、冶金和纺织服装行业分别完成产值 259.7 亿元、2038.2 亿元、912.7 亿元，分别增长 9.2%、5.5%、5.4%。

十大产业链加快发展。十大产业链建设加快推进，生产效益均呈现快速发展态势。全年十大产业链规模以上工业企业共完成产值 3520.2 亿元，同比增长 13.3%；实现主营业务收入 3469.9 亿元，同比增长 12.9%，增幅分别高于全市规模以上工业 2.1 个和 3.7 个百分点；实现利税 348.4 亿元、利润 222.7 亿元，均增长 19.4%，增幅分别高于全市规模以上工业 2.8 个和 1.5 个百分点。

2. 建筑行业

建筑企业全年完成施工产值 1284.0 亿元，比上年增长 10.8%；施工面积 10747.9 万平方米，增长 6.1%；竣工面积 3811.3 万平方米，增长 8.1%。建筑业按施工产值计算的全员劳动生产率达 28.8 万元/人，比上年增长 1.1%。

（四）服务业

1. 国内贸易

消费市场保持平稳。2014 年全市实现社会消费品零售总额 1804.2 亿元，增长 13.1%。从行业看，批发和零售业是拉动消费品市场平稳增长的主要力量，全年实现零售额 1658.7 亿元，增长 13.7%，高于全社会消费品零售总额增幅 0.6 个百分点；住宿和餐饮业分别完成社会消费品零售总额 14.2 亿元和 131.3 亿元，增长 2.9%和 5.9%。2014 年全市限额以上批零住餐单位实现零售额 1046.0 亿元，增长 14.7%，从商品类别看，文化、体育和娱乐类消费快速增长，全年文化办公用品类实现零售额 37.1 亿元，体育及娱乐用品类实现零售额 4.0 亿元，分别增长 42.0%、38.8%。

2. 交通运输和邮电

交通运能稳步提高。年末全市公路总里程 8906 公里，其中高速公路 268 公里。全年营业性客运量 8477.8 万人，货运量 1.3 亿吨，分别比上年增长 0.9%、11.2%。公路客运量 6777 万人，比上年增长 1.8%，公路旅客周转量 42 亿人公里，增长 0.6%；公路货运量 1.1 亿吨，增长 12.3%，公路货物周转量 112.7 亿吨公里，增长 12.5%。全年铁路客运量（常州站、戚墅堰站、常州北站）1344.2 万人，增长 10.4%。常州机场实现一类口岸开放，全年旅客吞吐量 186.1 万人次，比上年增长 21.9%。常州港货物吞吐量 3314 万吨，增长 8.1%。全市汽车保有量继续增加，年末民用汽车拥有量 87.3 万辆，其中私人汽车拥有量 72.6 万辆，分别比上年增长 14.1%和 17.1%。

通信行业基本平稳。全年通信业务收入 53.9 亿元，比上年下降 3.2%。年末本地网电话用户 144.4 万户，移动电话用户 491.3 万户，其中 3G 用户达到 142.1 万户，4G 用户突破 60 万户；互联网用户数达 159.4 万户，增长 13.7%，其中宽带网用户 149.0 万户，增长 14.3%。全年邮政业务总收入 19.7 亿元，比上年增长 17.7%。

3. 金融、保险和证券

金融运行保持平稳。截至年末，全市金融机构人民币存款余额 6758.6 亿元，比年初新增 410.5 亿元，增长 6.5%；贷款余额 4789.7 亿元，比年初新增 471.4 亿元，增长 10.9%。全部新增贷款中，短期贷款新增 68.3 亿元，中长期贷款新增 275.7 亿元，与年初相比分别增长 2.9%、15.0%。年末全市融资性担保贷款总额 112.4 亿元，在保责任余额 114.6 亿元，小额贷款公司人民币贷款余额 114.2 亿元。

保险业务稳定增长。截至年末，全市共有保险公司 65 家，其中产险公司 28 家，寿险公司 37 家。全年实现保费总收入 135.4 亿元，同比增长 14.3%，其中寿险 89.7 亿元，增长 13.5%，财产险 45.7 亿

元，增长15.9%。全年保险赔款支出29.4亿元，比上年增长13.3%，其中寿险3.6亿元，增长39%，财产险25.8亿元，增长10.5%。

证券交易趋于活跃。全市证券营业部全年证券交易总额9780.2亿元，比上年增长89.1%。其中，A股交易额7701.4亿元，增长59.4%；B股交易额6.9亿元，下降37%；基金成交额323.1亿元，增长130.6%；债券成交额1748.9亿元，增长824.7%。截至年末，全市共有上市公司36家，其中境内22家、境外14家，累计募集资金340亿元。

4. 旅游业

旅游产业发展加快。2014年全市实现旅游总收入654.3亿元，比上年增长14.5%，其中国内旅游收入640亿元，旅游外汇收入1亿美元，分别增长14.8%和13.0%。全市旅游接待总人数5001.4万人次，增长12.7%，其中国内游客4989.3万人次，入境过夜旅游者12万人次，分别增长12.7%和9.5%。环球恐龙城迪诺水镇、儿童乐园、东大门冒险港，环球动漫嬉戏谷嬉戏海，天目湖水公园等一大批旅游新项目为旅游业发展注入新动力。旅游公共服务能力不断提升，天目湖旅游度假区集散中心、天目湖旅游度假区“智慧旅游”一站式旅游网、常州旅游集散中心和常州智慧旅游一期项目建成投运。截至年底，全市共有国家5A级旅游区2家，国家4A级旅游区10家，省级旅游度假区3家；全国工农业旅游示范点17家，江苏省四星级乡村旅游点22家，江苏省工业旅游点3家，江苏省自驾游基地6家；旅行社发展到129家，1家旅行社进入全国旅行社100强，2家旅行社进入全省旅行社20强；星级酒店发展到68家，其中五星级酒店9家，四星级酒店24家。

（五）开放型经济

1. 对外贸易

出口贸易小幅回升。2014年，全市完成外贸进出口总额288.1亿美元，比上年下降1.4%，其中出口213.8亿美元，增长5%，增幅较上年提高2.9个百分点。从出口国别看，对美国、欧盟出口呈现复苏态势，全年对美国出口46.0亿美元，增长14.9%，对欧盟出口36.2亿美元，增长5.6%，增幅分别较上年提高7.7个百分点和16.3个百分点。从出口产品结构看，高新技术产品出口增势强劲，全年完成出口31.9亿美元，增长26.4%。

2. 利用外资

利用外资质量不断提升。全年注册外资实际到账31.2亿美元，比上年增长0.3%。重大外资项目取得突破，全年新增总投资超3000万美元项目49个，其中超5亿美元项目4个。引进了常高新健亚胰岛素项目、博纳高性能材料项目、威翔航空科技项目、武进区龙王生物科技香精香料项目等一批高端制造业重大项目。重点企业增资势头强劲，新增总投资3000万美元以上增资项目18个，其中新增总投资超亿美元项目3个。全年新增1家世界500强投资项目，新增3家跨国公司地区总部和1家外资功能性机构。

3. 对外合作

对外合作不断加强。全年境外投资项目64个，中方协议投资额4.7亿美元，比上年增长9%。全年完成服务外包合同额3.2亿美元，其中离岸合同额1.5亿美元；服务外包执行额2.7亿美元，其中离岸执行额1.5亿美元。

4. 民营经济

民营经济平稳发展。全年民营经济完成增加值3308.9亿元，按可比价计算增长10.1%，占地区生产总值的比重达67.5%；民营经济实现税收总额458.0亿元，比上年增长10.3%，高于全部税收总额增速 1.9 个百分点。民营经济结构进一步优化，民营经济增加值中服务业比重由上年的 41.6%提升至 43.4%，提高 1.8 个百分点。

5. 开发区经济

开发区综合实力不断增强。2014 年全市开发区实现公共财政预算收入 282.3 亿元，完成工业投入 1176.0 亿元，基础设施建设投入 242.7 亿元。全年实际到账外资 26.3 亿美元，新批协议注册外资 25.6 亿美元，新增工商登记注册外资 3000 万美元以上外资项目 30 个，其中制造业项目 14 个。

6. 外事活动

对外交往更趋活跃。全年接待邀请外宾 177 批、1151 人次，其中省部级以上外宾 6 批、108 人次。接待外国驻华使领馆官员 32 批、202 人次，外国友好城市团组 35 批、205 人次，外国记者 1 批、1 人次。2014 年与德国埃森市、加拿大尼亚加拉瀑布市缔结友城获得全国友协批准，并与俄罗斯斯塔夫罗波尔市、丹麦兰讷斯市正式签署缔结友城协议书，获批友城累计达 23 个。辖市（区）友城总数累计达 15 个。

二、常州市 2014 年社会发展概况

（一）人口、人民生活

人口规模保持稳定。截至年末，全市常住人口 469.6 万人，比上年末增长 0.1%，其中城镇人口 322.6 万人，城镇化率达到 68.7%。全市户籍总人口 368.6 万人，比上年末增加 2.7 万人，增长 0.7%。其中，男性 182.9 万人，增长 0.6%；女性 185.7 万人，增长 0.9%；60 岁以上人口 78.0 万人，占户籍总人口的比重达 21.2%。户籍人口出生率 10.3‰，人口死亡率 6.8‰，人口自然增长率为 3.5‰。

居民收入稳步提高。2014 年全市居民人均可支配收入 32662 元，比上年增长 9.2%。按常住地分，城镇居民人均可支配收入 39483 元，增长 8.8%；农村居民人均可支配收入 20133 元，增长 10.8%。全市居民人均消费支出 20608 元，增长 7.4%，其中城镇居民人均消费支出 23590 元，增长 6.8%，农村居民人均消费支出 13529 元，增长 9.4%。年末城镇居民人均住房建筑面积 43.7 平方米，农村居民人均住房面积 59.7 平方米。

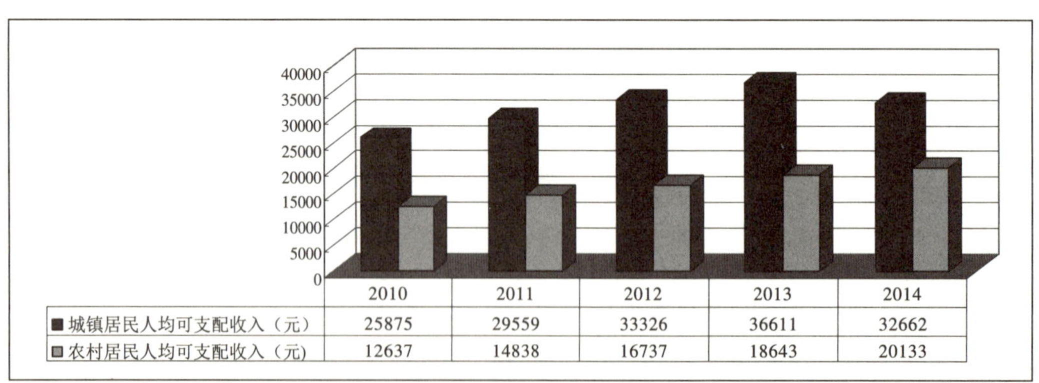

	2010	2011	2012	2013	2014
■城镇居民人均可支配收入（元）	25875	29559	33326	36611	32662
■农村居民人均可支配收入（元）	12637	14838	16737	18643	20133

图 3　2010—2014 年常州市城乡居民收入对比一览

（二）就业与社会保障

1. 就业创业

就业创业扎实推进。全年城镇新增就业13.5万人，扶持创业7289人，带动就业4.0万人，援助困难群体实现再就业1万余人。年末城镇登记失业率控制在1.9%。全年共组织提供各类高校毕业生就业岗位6.2万个，开展城乡劳动者就业技能培训6.1万人。新增高技能人才26262人，每万名劳动力中高技能人才数达689人。

2. 住房保障

全年新开工保障房22447套，基本建成24018套。自2012年常州市在全省率先实施保障房社会化收储工作以来，大大加快了房源筹集速度，在全省率先实现了中心城区中低收入住房困难家庭应保尽保。不断推进危旧房、城中村、低洼地改造工作，全年实施改造3152户，改造面积56.72万平方米，中心城区20个住宅小区低洼地改造工作全面完成。

3. 社会保障

积极推进社保扩面征缴，全市企业职工养老、城镇职工医疗、失业、工伤和生育保险参保人数分别达130.5万人、181.5万人、105.2万、110万人、96.9万人，养老、医疗、失业三大保险综合覆盖率达98%。连续第10年调整企业退休人员基本养老金，月人均养老金水平比上年增长12.4%，城乡居民基本养老保险基础养老金提高至每人每月170元。职工医保和城镇居民医保政策范围内住院医疗费用基金支付比例分别稳定在80%和70%以上。失业、工伤、生育保险待遇等稳步提高。出台常州市贯彻落实江苏省城乡养老保险制度衔接实施意见的补充意见，实现城乡养老保险制度无障碍衔接。

4. 社会救助

全市已建成居家养老、机构养老、社区养老、信息养老的养老体系，全年新增养老床位3447张，总数达到31980张，每千名老人拥有床位数达39.9张。新建或改建护理型床位1433张，市区护理型床位占养老总床位数的40%。已安装5万户老年人家庭呼叫设备。城乡低保工作扎实推进，市区城乡低保标准和市区低保边缘困难家庭补助标准分别提高到620元/月和1500元/年，全年发放保障金1.7亿元。全市各级各类人民调解组织和两级调处中心共调解纠纷15782件，调解成功15731件，社会矛盾纠纷调处成功率99.7%。全年发行福利彩票10.6亿元。

5. 慈善事业

全市各级慈善会募集到账资金1.28亿元，发放(支出)各类救助金8770万元，惠及困难对象7.29万人次。其中市慈善总会(含4分会)募集4046万元，发放1812万元，救助困难对象2.59万人次。在第三届中国慈善城市评比活动中，常州、金坛、溧阳全部入选中国慈善城市百强名单，其中常州市再次获七星级(最高)荣誉称号。

（三）教育和科学技术

1. 教育事业

教育现代化深入推进。截至年末，全市拥有各级各类学校644所，在校学生76万人，教职工5.5万人。2013年度全市教育现代化建设综合得分为80.33，名列全省第3位。扎实推进以布局调整和校安工程为主的重点工程建设，全年实施中小学建设项目44个，新建、改扩建幼儿园8所。学前教育有新发展，武进区、新北区、天宁区、钟楼区和戚墅堰区接受省学前教育改革发展示范区建设评估。义务教育更加优质均衡，武进区和戚墅堰区顺利通过省“义务教育优质均衡示范区”的评估验收，流动就业创业人员随迁子女公办学校吸纳比例超过90.22%。继续实施高中质量提升工程，2014年全市本二以上上线率达71.46%，比上年提高9个百分点。职业教育创新发展，3个第一批省级高水平示范性实训基地建设项目已完成，全市省品牌和特色专业增至37个。职业学校学生参加省普通高校对口单招本科达线率60.94%，连续15年名列全省第一。终身教育突出方便实用，全年创建市社区教育示范街镇5个、市标准化社区教育中心7家、省标准化社区教育中心7家、省高水平农科教结合富民基地1家，认定市标准化居民学校82家。教科研成绩突出，2014年国家级教学成果奖评比常州共获得一等奖3项、二等奖11项，位居各地级市前列。教育服务贴近民心，“常州公开课”现场直接受益人数2万多人次，“优秀教师免费导学”受益学生16000余人次，“心理健康服务”受众人数近6万人次。学生资助体系日益完善，全年落实政府助学资金2.27亿元，筹措社会爱心助学资金1255万元。

2. 科技创新

全年完成专利申请37833件，其中发明专利11668件；专利授权18152件，其中发明专利授权1696件；万人发明专利拥有量13.9件。全年新增高新技术企业126家，累计986家；新认定民营科技型企业1826家，累计8499家；完成规模以上高新技术产业产值4806亿元，占规模以上工业总产值的比重达到42.9%。全年争取省级以上科技项目529项，争取经费超过5.2亿元。全年新增产学研合作项目1053项。连续14年荣获“全国科技进步先进市”称号。2013年全社会研究与发展(R&D)活动经费占地区生产总值比重为2.57%。

创新平台加快建设。“中国以色列常州创新园”成为中以两国政府共建的首个国际科技合作园区。科技部人才中心、江苏省科技厅和常州市合作共建了“常州国家科技领军人才创新驱动中心”，新建科教城省科技服务示范区、江苏省智能装备产业技术创新中心，建成3家省产业研究院专业研究所，完善了20家市级重大公共研发机构的建设和提升。全年新增省级以上企业研发机构74家，累计建成“两站三中心”1051个。新增孵化器(加速器)国家级2家、省级2家、市级14家，新增孵化、加速面积超113.4万平方米，累计达700多万平方米，培育科技企业近5400多家。国家创新型科技园区企业营业总收入1529.6亿元，净利润94.6亿元，科技活动经费总投入61.7亿元。

(四) 文化、卫生和体育

1. 文化事业

文化事业繁荣发展。文化精品守正出新，电视剧《青果巷》获中宣部第十三届“五个一工程”奖、第27届中国电视剧“金鹰奖”、中美电影节电视剧“金天使”奖、第30届江苏省电视金凤凰奖“电视剧类最佳奖”。滑稽戏《全家福》等10部作品获江苏省第九届“五个一工程”奖。全市获得全国“五个一工程”奖总数达12部，位列全国地级市第一。文化惠民好戏连台，开展“文明社区天天乐”活动，全市文化团队送文化演出达4272场，广场演出6945场，129支文艺志愿者辅导队到46个社区对5000多名社区居民进行辅导，各辖市区共组建天天乐文艺团队48支。举办“精彩龙城·文化100”大型文化惠民行动，内容涵盖高雅艺术、传统戏曲、非遗展示等20多个门类111项惠民活动，受益群众100多万人次。图书馆、博物馆、文化馆、美术馆等公共文化场馆全年接待市民超500万人次，举办艺术展览和培训超过200期。文化保护取得突破，中国大运河(常州段)申遗成功，成为全市第一个世界文化遗产。2013年全市文化产业实现增加值231.02亿元，占GDP比重为5.3%。文化产业发展绩效考核位列全省第3位，被省文化改革发展领导小组评为文化发展水平先进地区。

2. 卫生事业

医疗卫生事业不断发展。年末全市共有各级各类医疗卫生机构1182个，拥有总床位23634张，卫生技术人员2.8万人，其中执业(助理)医师11382人、注册护士11706人，全市每千人拥有执业(助

理）医师2.4人。卫生惠民工作不断推进，市本级人均基本公共卫生服务经费达60元，比上年提高20%。全市新农合参合率100%，人均筹资标准达到515元；县乡两级政策范围内住院费用报销比例达81%，超出省定标准6个百分点。全市城市居民在社区卫生服务机构门诊就诊率达51.2%；农村居民在县域内社区卫生服务机构门诊就诊率达85.6%。重点人群家庭医生签约率达81%，居民签约率达28.6%，居民电子健康档案建档率达80%。居民健康档案和就诊信息在各大医院、社区卫生机构实现了调阅共享。“单独两孩”生育新政有序实施。

3. 体育事业

体育事业持续发展。全市拥有体育场地98个，其中体育场26个，体育馆26个，室内外游泳池46个。年内全市承办国际级比赛5项、国家级比赛17项、省级比赛3项。竞技体育蓬勃发展，常州体育代表团在十八届省运会中获得的金牌、奖牌和总分均位居全省前列，7名运动员参加青奥会，共获得7枚金牌。群众体育加快发展，“10分钟体育健身圈”建设高水平推进，戚墅堰区全民健身中心和新北区春江全民健身中心基本建成，新建和提升308个全民健身活动站点。提升公共体育服务内涵，在江苏省率先出台《购买公共体育服务实施办法》（暂行），探索实施政府购买公共体育服务。

（五）城乡建设

1. 基础设施

城市基础设施加快建设，常溧高速公路、122省道、238省道常州段、金武路、延政路西延等工程加快实施，地铁1号线开工建设，青洋路高架北延、沪蓉高速青龙互通建成通车，桃园路、新堂北路、河海东路等城市道路改造工程竣工投用。水利工程建设稳步实施，新沟河延伸拓浚工程超额完成年度目标任务，13条中小河流整治工程进展良好。中心城区和溧阳市溧城镇防洪大包围工程建成投运。圩堤达标等农村水利建设顺利推进。信息基础设施日趋完善，无线综合覆盖率达98%，覆盖全市的4G通信网络已全面建成。

2. 公交事业

截至年底，全市公交线路268条。开通“定制公交”线路，新能源公交线路正式投运。全市公交营运车辆2978辆，营运出租汽车3680辆。城市居民公共交通出行分担率28.7%，镇村公交开通率100%。

3. 公共服务

全年全社会用电量395.1亿千瓦时，比上年增长1.0%，其中城乡居民生活用电32.4亿千瓦时，增长13.3%。年底城区自来水普及率100%，供气气化率100%，年底城市路灯总数19.2万盏，比上年末增长5.3%。全市居民生活垃圾压缩收集站、综合处理站共63座，全年生活垃圾清运量105.5万吨，生活垃圾无害化处理率100%。全年城区生活污水处理率达97.5%。

（六）生态环境与城市绿化

绿化水平不断提升。年末建成区绿地面积达7957.1公顷，其中公园绿地面积2034.8公顷，分别比上年增长10.1%和8.7%；市区人均公园绿地13.2平方米；建成区绿化覆盖率达42.97%。生态绿城建设不断推进，完成176个生态保护项目，增绿1151.47公顷；常州高新技术产业园区、武进高新区和武进经发区通过国家生态工业示范园区验收，新增5个国家级生态镇，30个省级生态村。

治污减排扎实推进。大力推进污染减排和环境综合治理，完成52家火（热）电、水泥、钢铁、铁合金、轧钢企业提标改造，594台燃煤锅炉、窑炉清洁能源替代或淘汰，42家企业挥发性有机物整治工作。加快城镇污水处理厂及配套管网建设，全市新增污水管网 158 公里。完成 6 个小流域及 35 条小支浜综合整治，对 22 条河道实施清淤。全面完成污染物总量减排目标任务，全市化学需氧量、氨氮、二氧化硫、氮氧化物排放量分别比上年削减 3.45%、4.5%、4.7%、15.2%。空气质量达到二级以上标准天数 231 天，占全年总天数的 63.8%。

三、常州市在泛长三角地区经济发展中的地位

2014 年，国际和国内经济发展的环境和条件都发生了深刻变化，经济运行持续面临较大的下行压力。面对复杂局面，常州市紧紧围绕苏南现代化示范区建设目标，坚持稳中求进的工作总基调，以"重大项目突破年"活动为抓手，全力做好稳增长、调结构、促改革、重生态、惠民生各项工作，不断夯实经济发展基础，激发增长内生动力，提高经济发展质量效益，强化持续发展长效机制，全市经济社会发展总体平稳。

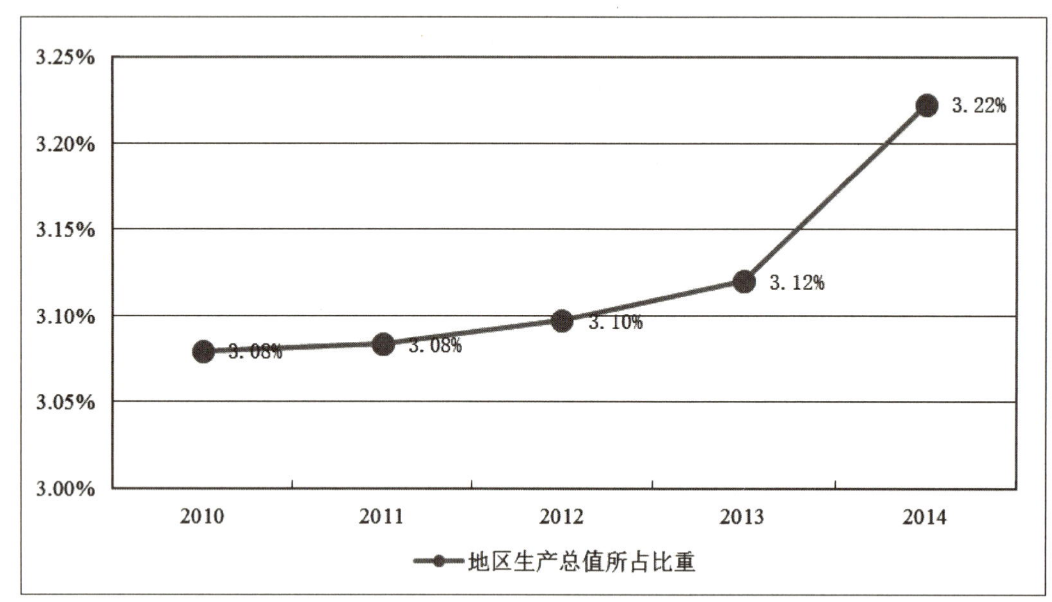

图 4　2010—2014 年常州市地区生产总值在泛长三角所占比重变化趋势

2010—2014 年，常州市地区生产总值在泛长三角所占比重分别为 3.08%、3.08%、3.10%、3.12%和 3.22%，呈现逐年增长的态势，累计增幅为 0.14 个百分点，其中，2014 年所占比重比上年增加了 0.10 个百分点。2014 年常州市地区生产总值在长三角地区 41 个市中排名第 10 位，保持比较靠前的位置。

2014 年，常州市经济运行总体平稳。全年实现地区生产总值(GDP)4901.9 亿元，按可比价计算增长 10.1%。农业生产保持稳定。2014 年，常州市加快推进农业现代化建设，加强农业基础建设，优化农业生产结构，大力发展设施农业、生态农业和休闲观光农业，粮食实现丰产丰收，农业效益不断提升。2014 年全市粮食播种面积共 221.3 万亩，粮食总产 112.2 万吨。粮食单产 506.7 公斤/亩，增长 0.5%。水稻、小麦单产分别达 641 公斤/亩、357.3 公斤/亩。全年完成农林牧渔业总产值 256.8 亿元，增长 7%(现价预计数)。服务经济态势良好。全年服务业实现税收 305.7 亿元，增长 6.5%。规模以上服务业企业运行良好，营业收入和营业利润均保持较快增速，对服务经济的发展提升起到了支撑作用。2014 年 1—11 月，全市规模以上服务业企业实现营业收入 601.4 亿元，增幅超过 15%。旅游经济发展势头良好，全年旅游接待总人数 5001.4 万人次，实现旅游总收入 654.3 亿元，分别增长

12.7%和14.5%。2014年完成营业性客运量8477.8万人次，货运量13027.2万吨，货物周转量增长12.3%；常州机场实现一类口岸开放，全年旅客吞吐量已突破180万人次，增长21.9%。

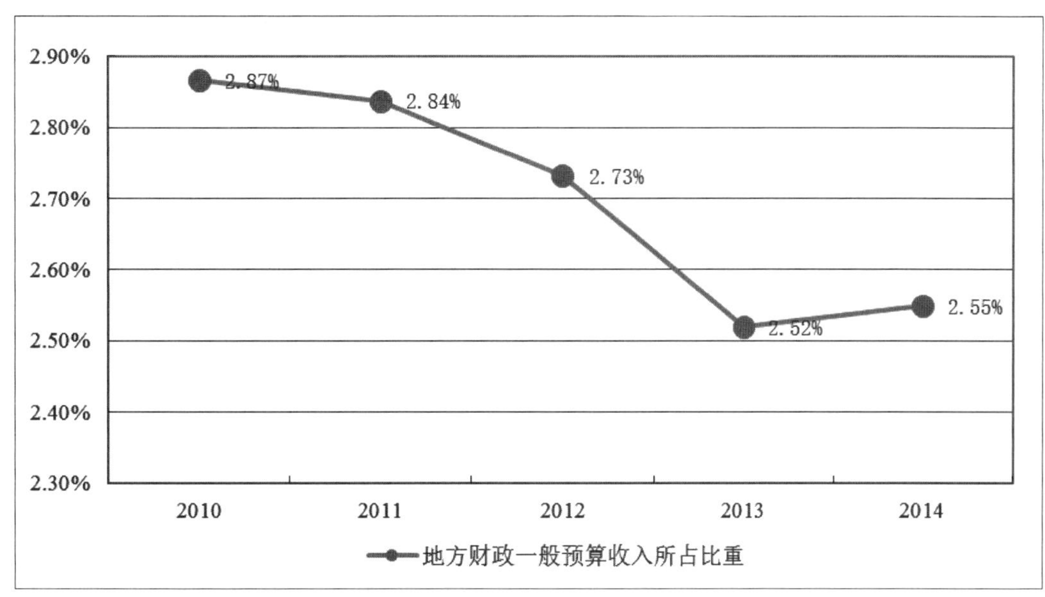

图5　2010—2014年常州市地方财政一般预算收入在泛长三角所占比重变化趋势

2010—2014年，常州市地方财政一般预算收入在泛长三角所占比重分别为2.87%、2.84%、2.73%、2.52%和2.55%，整体呈持续下滑态势，其中，2014年较上年下降了0.03个百分比，较2010年下降了0.32个百分点。2014年常州市地方财政一般预算收入在泛长三角地区41个市中排名第10位。

2014年，常州市全年实现公共财政预算收入433.9亿元，比上年增长6.1%，其中税收收入348.4亿元，增长6.5%。全年公共财政预算支出426.9亿元，比上年增长2.2%。全市社会保障体系不断完善，公共服务水平稳步提高，教育、养老、医疗卫生、住房保障等社会事业和建设生态绿城、实施交通便民等民生工程加快推进。基础教育优质均衡发展，流动就业创业人员随迁子女公办吸纳比例达90%，中职学生对口单招本科达线率连续15年名列全省第一，高考本二以上录取率达70%，居全省前列。养老服务水平不断提高，养老床位总数达3万张。城市居民在社区卫生服务机构门诊就诊比例达50%，农村居民县域内就诊率达85%。新开工建设各类保障房22447套(户)，发放住房公积金政策性低息贷款57亿元。城乡大病医疗保险全面实施，职工医保和城镇居民医保政策范围内住院医疗费用基金支付比例分别达80%和70%以上。城乡环境不断优化，基础设施加快建设，地铁1号线开工建设，青洋路高架北延、沪蓉高速青龙互通建成通车。社会和谐稳定，法治建设满意度位居全省第一。

2010—2014年，常州市规模以上工业总产值在泛长三角所占比重分别为3.89%、3.76%、3.77%、3.86%和3.98%，整体呈上扬态势，2014年所占比重较2010年上升了0.09个百分点。2014年常州市规模以上工业总产值在泛长三角地区41个市中排名第9位。

2014年，常州市全市规模以上工业企业实现主营业务收入11276.9亿元，同比增长9.2%，高于全省平均增幅1.7个百分点，居全省第10位，苏南五市第二位；实现利税992.9亿元，同比增长16.9%，高于全省平均增幅3.8个百分点，实现利润总额607.4亿元，同比增长17.9%，高于全省平均增幅5.1个百分点，两项指标增幅均居全省第五位，比上年提高一个位次。全市规模以上工业销售利

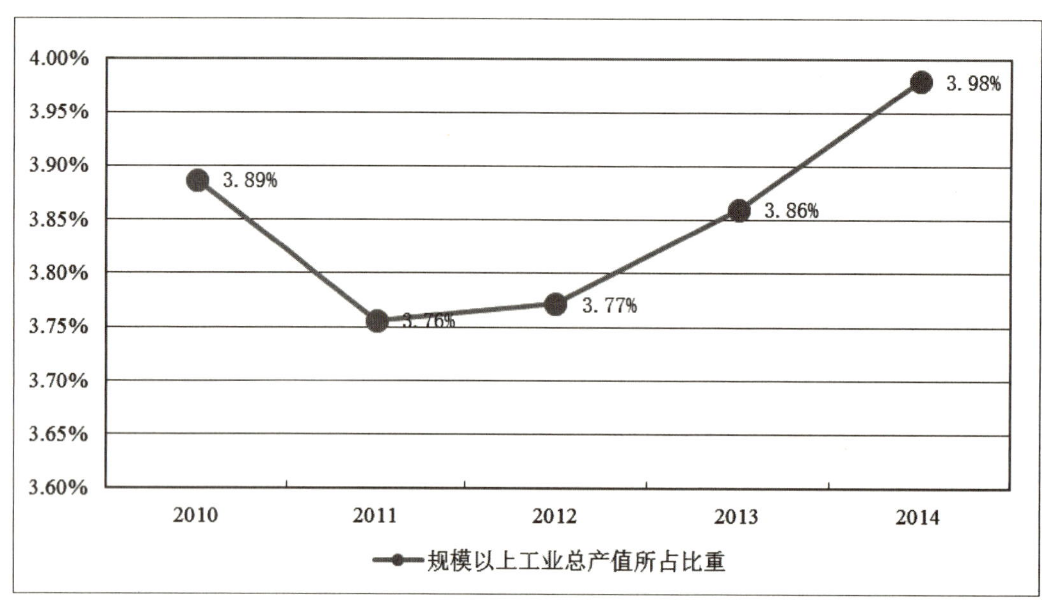

图 6　2010—2014 年常州市规模以上工业总产值在泛长三角所占比重变化趋势

润率由上年的 5.1%上升到 5.4%，资产负债率由上年的 60.4%下降至 59.1%，企业盈利、偿债能力均有所增强。为了应对市场需求持续低迷的影响，我市工业企业主动迎合市场需求，调整产品结构，有效地提高了生产销售的衔接度，2014 年，全市规模以上工业企业完成工业销售产值 10981.7 亿元，产销率达到了 98.1%，同比提高 0.03 个百分点。

产值超亿元的工业企业达 1424 家，比上年增加 66 家；产值超十亿的企业达 172 家，比上年增加 16 家；产值超百亿元的企业达 12 家，比上年增加 1 家。其中超亿元的 1424 家重点企业累计完成产值 10098.7 亿元，完成主营业务收入 10194.8 亿元，实现利税 932.0 亿元，实现利润 580.8 亿元，同比分别增长 15.4%、14.2%、22.1%、23.1%，增幅分别高于全市平均 4.2 个、5.0 个、5.2 个和 5.2 个百分点，产生的经济效益占全市规模以上企业的九成以上。亿元以上企业亏损面为 7.7%，低于全市平均 6.4 个百分点；从企业的资产周转率来看，重点企业的资产周转率为 1.6 次，高出全市规模以上工业平均水平 0.1 次，反映出当前重点企业的生产、管理、经营能力都高于一般企业。

2010—2014 年，常州市进出口总额在泛长三角所占比重分别为 2.00%、2.18%、2.17%、2.13%和 2.01%，在 2011～2012 年持续上扬，2013—2014 年大幅下跌，2014 年较上年下跌了 0.12 个百分点，较 2010 年上升了 0.01 个百分点。2014 年常州市进出口总额在泛长三角地区 41 个市中排名第 11 位。

2014 年，常州市全市完成外贸进出口总额 288.1 亿美元，比上年下降 1.4%，其中出口 213.8 亿美元，增长 5%，增幅较上年提高 2.9 个百分点。从出口增速看，对美国、欧盟两大出口国出口呈现复苏态势，全年对美国出口 46.0 亿美元，增长 14.9%，对欧盟出口 36.2 亿美元，增长 5.6%，增幅分别较上年底提高 7.7 个百分点和 16.3 个百分点。从出口产品结构看，高新技术产品出口增势强劲，全年完成出口 31.9 亿美元，增长 26.4%，增幅较上年提升 12.9 个百分点。

2010—2014 年，常州市实际外商直接投资金额在泛长三角所占比重分别为 4.41%、4.84%、4.62%、4.15%和 3.22%，呈现出倒 U 形态势，2012—2014 年持续下跌，2014 年较 2013 年下降了 0.93 个百分点，较 2010 年下跌了 1.19 个百分点。2014 年常州市实际外商直接投资金额在泛长三角地区 41 个市中排名第 8 位，继续保持着领先的位置。

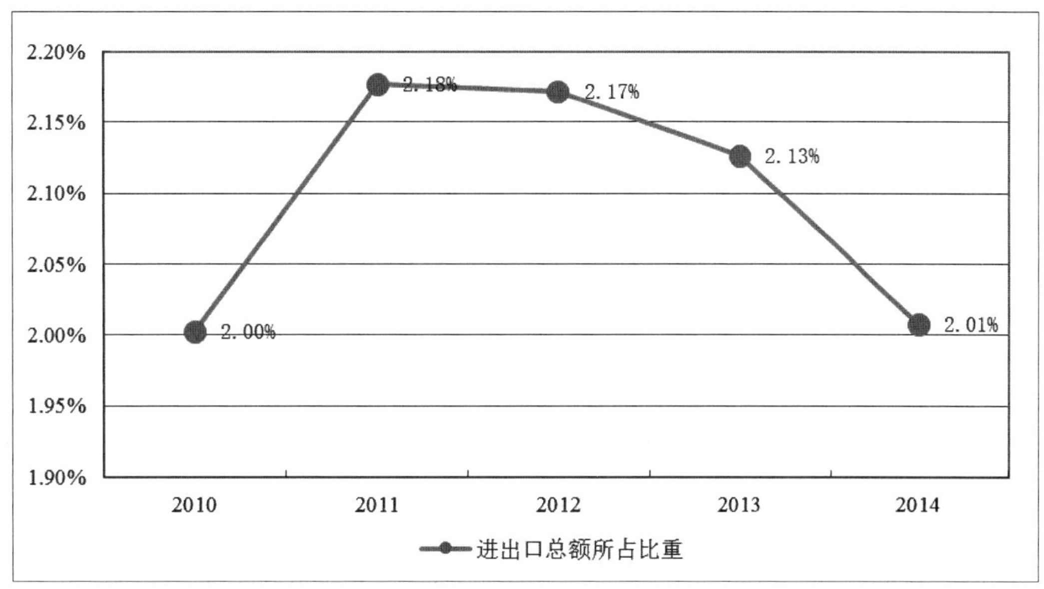

图7　2010—2014年常州市进出口总额在泛长三角所占比重变化趋势

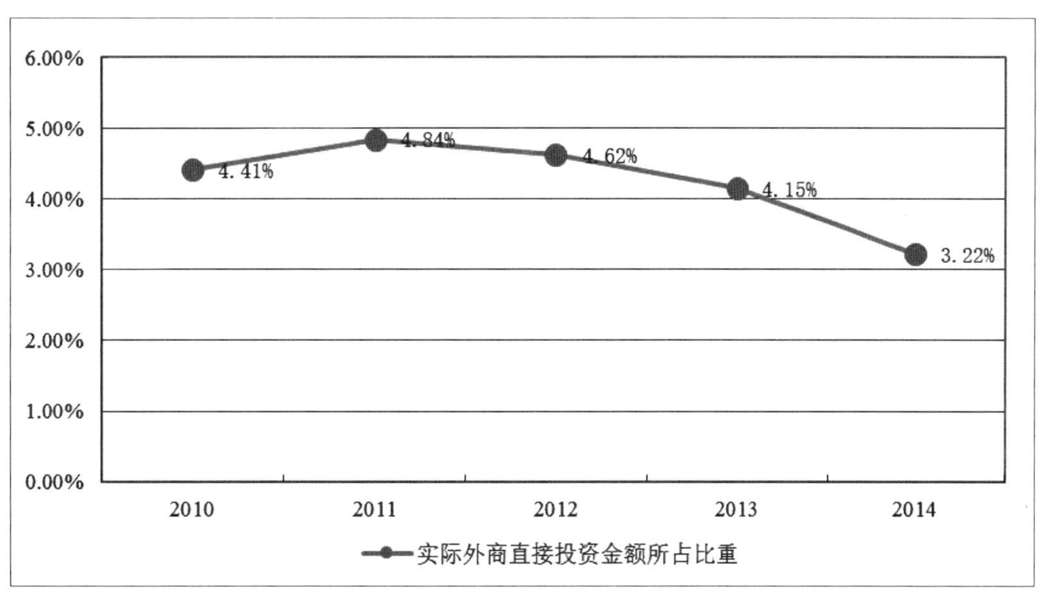

图8　2010—2014年常州市实际外商直接投资金额在泛长三角所占比重变化趋势

2014年常州市新设外资服务业法人企业128户、投资总额16.84亿美元、注册资本11.92亿美元，分别占全市新设外商投资企业总数的71.11%、63.22%、66.17%，同比分别增长了22.75%、6.7%、6.54%，外商投资服务业发展呈迅速上升的趋势。新设外商现代服务业企业以科学研究服务业、信息、商业服务业、现代物流为主。

六 苏州市2014年经济社会发展报告

2014年，面对错综复杂的国内外经济形势，全市上下在苏州市委、市政府的正确领导下，认真贯彻落实党的十八大和十八届三中、四中全会精神，坚持"稳中求进"发展总基调，主动适应经济发展新常态，把稳增长、促转型同全面深化改革结合起来；把调结构、惠民生同推进可持续发展结合起来。加快培育经济增长新动力、加快形成质量效益新优势、加快释放创新驱动新活力。全市经济运行总体保持平稳发展，经济结构呈现积极变化，质量效益实现稳步提升，社会建设和社会治理取得明显成效，体现了"稳中有进、稳中提质"的发展特点。

一、苏州市2014年经济发展概况

（一）综合经济

1. 经济总量

全市实现地区生产总值13760.89亿元，按可比价计算比上年增长8.3%，其中，第一产业增加值203.98亿元；第二产业增加值6892.98亿元；第三产业增加值6663.93亿元。人均地区生产总值（按常住人口计算）13万元，按年平均汇率折算超过2万美元。三次产业增加值比例调整为1.5∶50.1∶48.4。

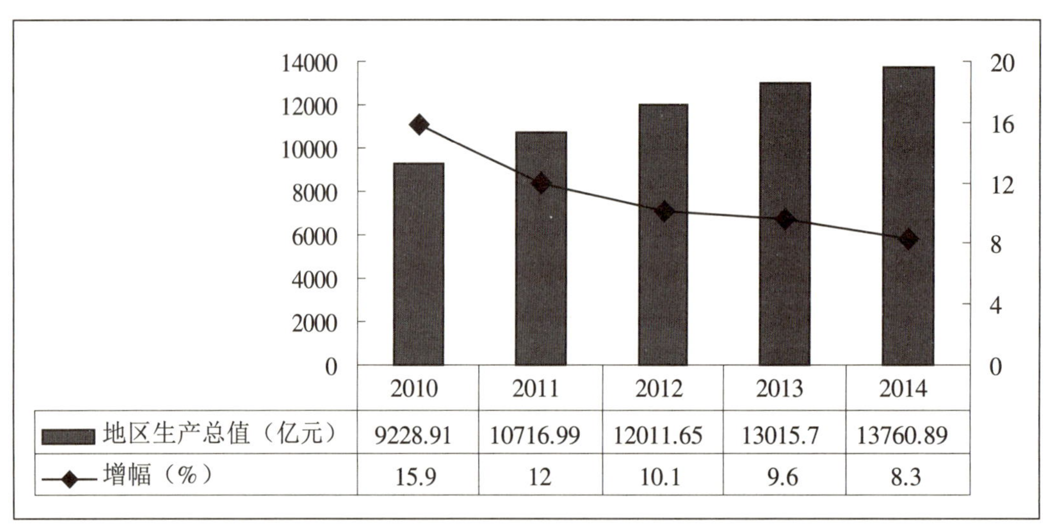

	2010	2011	2012	2013	2014
地区生产总值（亿元）	9228.91	10716.99	12011.65	13015.7	13760.89
增幅（%）	15.9	12	10.1	9.6	8.3

图1 2010—2014年苏州市地区生产总值及增长速度

2. 财政收支

全年实现地方公共财政预算收入1443.8亿元，比上年增长8.5%。其中各项税收收入1244.4亿元，比上年增长9.3%；税收收入占公共财政预算收入的比重达86.2%，比上年提高0.7个百分点。全年地方公共财政预算支出1304.8亿元，比上年增长7.6%。其中城乡公共服务支出1000.82亿元，比上年增长12.7%，占公共财政预算支出的76.7%。

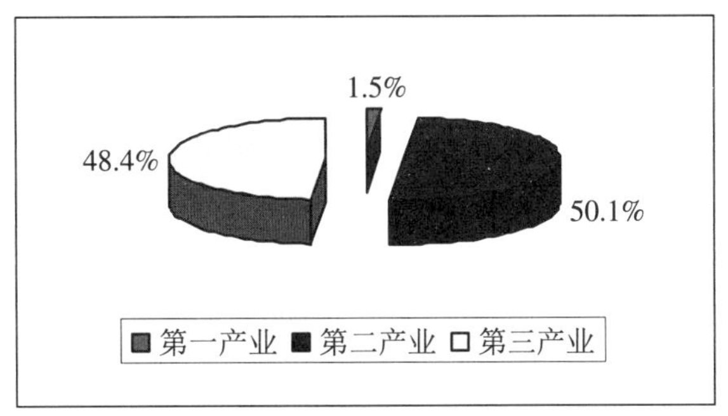

图 2　2014 年苏州市三次产业结构图

3. 固定资产投资

固定资产投资趋向平缓。全年完成全社会固定资产投资 6230.7 亿元，比上年增长 3.8%。其中国有经济投资 1734.3 亿元，增长 14.3%；私营个体投资 1910.9 亿元，增长 7.6%；外商投资 1174.6 亿元，下降 3.9%。分产业看，第一产业完成投资 4.4 亿元，比上年增长 30.7%；第二产业完成投资 2308.6 亿元，下降 4.9%，其中工业投资 2305.8 亿元，下降 4.9%；第三产业完成投资 3917.7 亿元，增长 9.7%，占全社会投资的比重达 62.9%，比上年提高 3.4 个百分点。全市新兴产业在建项目完成投资 1400 亿元，比上年增长 4.0%；工业技改投资 1520.7 亿元，比上年下降 3.5%，占工业投资的比重为 66.0%。重大项目顺利推进。全市 456 个重大投资项目(5 亿元以上内资和 1 亿美元以上外资项目)计划总投资 7576 亿元，当年完成投资 1727 亿元，分别比上年增长 2.5%、12.3%和 1.5%。

（二）农业和农村建设

加快现代农业发展，提升主导产业水平。全市实现农林牧渔业总产值 392.49 亿元，按可比价计算比上年增长 3.2%。全年粮食总产量 110.46 万吨，比上年下降 2.4%，其中夏粮总产量 37.15 万吨，比上年增长 1.8%；秋粮总产量 73.31 万吨，比上年下降 4.3%。年末高标准农田面积 108770 公顷，高标准农田比重达到 67%，设施农(渔)业面积 46490 公顷，现代农业园区总面积 63330 公顷。全年新增无公害农产品、绿色食品和有机食品 126 只。“三品”产量占食用农产品产量的 30%。农业综合机械化水平达 87.5%，农业现代化综合指数连续四年位居全省首位。

城乡一体化改革有序推进。苏州被国家列为城乡一体化综合改革试点。年末全市农村“三大合作”组织 4412 家，持股农户比例超过 96%。农村集体经济总资产 1490 亿元，村均集体经济收入 718 万元，分别比上年增长 10.4%和 10.5%。全市共有专业大户 15217 户，家庭农场 119 个，从事农业生产经营的专业合作社 1720 家，合作农场 117 家。全市 15 个镇 129 个村开展农村承包土地确权登记颁证试点工作。

（三）工业和建筑业

工业生产稳中略增。全市实现工业总产值 35773 亿元，比上年增长 0.2%。其中规模以上工业总产值 30586 亿元，比上年增长 0.3%。35 个工业大类行业中有 20 个行业的工业总产值比上年增长，列统的 214 种主要工业产品中，有 109 种产品产量比上年增长，占列统产品的 50.9%。规模以上工业中，国有工业产值 105 亿元，比上年下降 4.0%；外商及港澳台资工业产值 19584 亿元，比上年下降 0.4%；股份制工业产值 10605 亿元，比上年增长 1.8%；大型工业企业产值 16392 亿元，比上年下降 3%；中小微工业企业产值 14193 亿元，比上年增长 4.6%。百强工业企业完成产值 12335 亿元，比上年下降1.3%。

电子、钢铁、电气、化工、纺织、通用设备制造六大支柱行业实现产值20358亿元，比上年下降0.4%。其中汽车制造业、电气机械及器材制造业、化学原料及制品制造业产值分别比上年增长14.1%、7.1%和10.3%。电子、钢铁行业产值分别比上年下降4.4%和2.1%。战略性新兴产业稳定发展。制造业新兴产业涉及31个行业大类、292个行业小类，覆盖工业行业大类的88.6%。其中新材料、高端装备制造业、新型平板显示行业产值分别达4028亿元、3126亿元和2722亿元；生物技术和新医药、新能源、高端装备制造以及集成电路产业产值增长高于新兴产业产值平均增速，分别比上年增长16.7%、12.8%、7.9%和10.1%。

工业经济效益稳定改善。规模以上工业企业实现利税2026亿元，其中利润1425亿元，分别比上年增长6.7%和7.4%。规模以上工业企业亏损面23.7%，比上年收窄1.3个百分点。规模以上工业经济效益综合指数218%，比上年提高6.0个百分点。

建筑业平稳发展。全市完成建筑业总产值2117亿元，比上年增长5.7%，其中建筑、安装工程产值2099亿元，增长6.1%。竣工产值1563亿元，比上年增长1.0%，竣工率为73.8%。全市资质以上建筑业企业房屋施工面积11804万平方米，比上年下降1.6%，其中新开工面积3964万平方米，下降20.2%。年末拥有总承包和专业承包资质建筑企业1438家，实现利税175亿元，比上年增长6.0%。建筑业全员劳动生产率31.3万元/人，与上年持平。建筑业企业在外省完成建筑业产值399亿元，比上年增长12%。

（四）服务业

结构调整呈现“新型态”。全市实现服务业增加值6499亿元，按可比价计算比上年增长11.1%，占地区生产总值的比重达47.2%，比上年提高1.5个百分点。年末省、市服务业集聚区达到74家，实现营业收入和利税增幅分别为16.4%和18.3%。先进制造业生产体系和产业链逐步完善，新引进航空材料、轨道交通减震系统、汽车变速箱等一批高端制造业项目。全市制造业新兴产业实现产值14543亿元，比上年增长6.4%，占规模以上工业总产值的47.5%，比上年提高2.1个百分点。

1. 国内贸易

民生消费稳定增长，新型业态引领发展。全年实现社会消费品零售总额4061亿元，比上年增长12%。其中批发和零售业零售额3580亿元，增长12%；住宿和餐饮业零售额481亿元，增长11.7%。按经营单位所在地分，城镇消费品市场实现零售额3547亿元，比上年增长11.9%；农村消费品市场实现零售额515亿元，比上年增长12%。在限额以上批发零售贸易企业零售额中，服装、鞋帽、针纺织品零售额比上年增长16.5%；日用品零售额增长4.1%；汽车零售额增长3.0%；通讯器材零售额比上年下降1.1%；家用电器和音像器材零售额下降4.0%；金银珠宝零售额下降9.8%；建筑及装潢材料零售额下降2.1%。全市电子商务交易额突破5000亿元，比上年增长40%；限额以上批发和零售业实现互联网零售额比上年增长56.6%。年末全市拥有商品交易市场595个，其中亿元以上市场83个，实现成交额6055亿元，比上年增长10%。全市拥有国家级特色(著名)商业街16条。

2. 交通运输、邮电业

年末公路总里程13212公里，其中高速公路550公里。全市完成公路、水路客运量4.0亿人次，旅客周转量137.98亿人公里，分别比上年增长0.9%和0.5%。公路、水路完成货运量1.30亿吨，货物周转量200.5亿吨公里，分别比上年增长9.9%和10.0%。全年铁路旅客发送量3496.38万人次，比上年增长15.2%。铁路货物发送量67.17万吨，货物到达量154.67万吨。汽车保有量继续增加。年末拥有汽车240.37万辆，其中私家汽车201.53万辆，分别比上年增长14.8%和16.6%。

苏州港港口货物吞吐量4.8亿吨，比上年增长9.8%，其中外贸货物吞吐量1.2亿吨，比上年增长15.6%；集装箱运量445万标箱，比上年增长29.4%。全年邮政业务收入79.1亿元，比上年增长21%。电信业务收入196.1亿元，比上年下降1%。全年发送快递3.7亿件，增长30.4%，实现快递业务收入62.9亿元，增长25.6%。年末固定电话用户286.69万户；移动电话用户1661万户，其中4G用户180.46万户。年末互联网宽带用户数达357.28万户，比上年末净增28.09万户。

3. 金融、证券和保险

年末全市金融机构人民币存款余额21428.2亿元，比年初增加1390.6亿元，同比少增987.3亿元。年末金融机构人民币贷款余额17247.9亿元，比年初增加1713.4亿元，同比少增99.3亿元。短期贷款余额6504.3亿元，比年初增加39.7亿元；中长期贷款余额9999.2亿元，比年初增加1436.6亿元。全社会融资总量4100亿元。

年末全市证券交易开户总数145万户。证券机构托管市值总额3607亿元，比上年增长82.5%。全年各类证券交易额2.6万亿元，比上年增长60.8%。期货市场交易额3.53万亿元，比上年下降1.9%。

保险业健康平稳运行。新增保险机构2家，年末保险机构74家。全年保费收入311.8亿元，比上年增长15.6%，其中财产险收入143.1亿元，增长16.6%；人身险收入168.7亿元，增长14.7%。保险赔款和给付支出110.6亿元，比上年增长17.2%。保险深度、保险密度分别为2.3%和2944元/人。

金融创新取得进展。全年新增各类金融机构111家，总数达759家。金融总资产达3.4万亿元，比上年增长13.3%。金融业增加值1011.5亿元。新增上市企业8家，年末拥有境内外上市企业92家，新增首发融资和再融资共计210亿元，新增债券融资633亿元。年末新“三板”挂牌企业共71家；拥有备案创投企业121家，创投机构管理资金规模900亿元。苏州工业园区获批开展跨境人民币创新业务试点，昆山深化两岸产业合作试验区金融创新步伐加快，跨境人民币双向借款突破110亿元。苏州金融资产交易中心、农村产权交易中心获批筹建，苏州高新区全国股转系统首家委托服务机构揭牌运营。

4. 旅游业

积极发展智慧旅游、特色旅游，推动文旅融合，提升旅游品质。全市实现旅游总收入1697.78亿元，比上年增长11.5%。全年接待入境过夜游客145.33万人次，旅游外汇收入17.05亿美元。全年接待国内游客10028.84万人次，比上年增长6.5%。全市共有5A级景区6家(11个点)，4A级景区33家。姑苏区被授予“国家古城旅游示范区”称号，吴中区被授牌为江苏省乡村旅游综合发展实验区。

5. 房地产业

房地产市场在调整中平稳运行，供需结构进一步调整。全年完成房地产开发投资1764.4亿元，比上年增长19.6%。商品房新开工面积3139.6万平方米，比上年增长1.4%；商品房施工面积10909万平方米，比上年增长13.7%；竣工面积1527.2万平方米，比上年下降9.8%。商品房销售面积1599.2万平方米，比上年下降14.7%，其中住宅销售面积1446.1万平方米，比上年下降11.5%。

6. 民营经济

民营经济发展动力增强。工商登记制度改革稳步推进，全年新增私营企业5.47万户、注册资本1506亿元，分别比上年增长43.9%和52.7%。年末私营个体登记注册户数78.52万户，其中私营企业29.56万户、个体工商户48.96万户，分别比上年增长11.3%、15.6%和8.9%。年末私营个体注册资本11830.2亿元，比上年增长18.8%。民间投资完成投资额3321.8亿元，比上年增长1.8%，占全社会固定资产投资的比重为 53.3%。规模以上民营工业产值 10323 亿元，比上年增长 2.1%，占规模以上工业总产值的比重达 33.8%。民营经济增加值占地区生产总值的比重达 46.5%。“2014 中国民营企业 500 强”榜单中苏州共有 20 家企业入围，其中进入前 100 强的有 4 家。

（五）开放型经济

1. 对外贸易

贸易规模保持稳定。全市实现进出口总额 3113.1 亿美元，比上年增长 0.6%。其中出口 1811.8 亿美元，增长 3.1%；进口 1301.3 亿美元，下降 2.6%。从经营主体看，国有企业进出口 138.2 亿美元，比上年下降 9%；外资企业进出口 2187.4 亿美元，比上年增长 2.5%；私营企业进出口 699.3 亿美元，比上年下降 1.7%。主体市场中，对美国出口比上年增长 4.6%，对日本出口下降 2.3%，对欧盟市场出口增长 13.3%，三大主体市场出口额 939.4 亿美元，占全市出口总额的比重由上年的 50.2%提高至 51.8%。新兴市场出口稳定，对东盟、南美和非洲等地出口 258.1 亿美元，比上年增长 1.2%，占全市出口总额的 14.2%。

外贸结构不断优化，外贸方式积极转型。一般贸易出口 534.1 亿美元，比上年增长 13.4%，占全市出口总额的比重由上年的 26.8%提升至 29.5%；加工贸易出口 982.9 亿美元，比上年下降 0.7%。全年服务外包接包合同额 104 亿美元，比上年增长 20.3%；服务外包离岸执行额 54.86 亿美元，比上年增长 18.7%。国家跨境贸易电子商务服务试点稳步推进。

2. 利用引资

使用外资层次提升。全年实际使用外资 81.2 亿美元，比上年下降 6.6%，其中服务业实际使用外资 30.5 亿美元，占实际使用外资的 37.6%；战略性新兴产业和高技术项目实际使用外资 38.2 亿美元，占实际使用外资的 47%。新引进和培育各类具有地区总部特征或共享功能的外资企业 40 家，累计超过 200 家。147 家世界 500 强企业在苏州有投资项目(企业)。

3. 对外经济合作

“走出去”步伐加快。全年新批境外投资项目中方协议投资额 17 亿美元，比上年增长 5.1%。其中第三产业项目中方协议投资额 9.1 亿美元，占 53.5%；民营企业境外中方协议投资额 13.1 亿美元，占 77%。全年新签对外工程承包合同额 13.5 亿美元，完成营业额 9.5 亿美元，分别比上年增长 30.5%和 15.5%。

4. 开发区建设

开发区经济转型提速。相城经济开发区升格为国家级经济技术开发区，全市拥有国家级开发区 13 家、省级开发区 4 家。开发区实际使用外资 63.56 亿美元，实现进出口总额 2732.15 亿美元，公共财政预算收入 922.88 亿元，占全市的比重分别为 78.3%、87.8%和 63.9%。太仓港综合保税区通过国家验收并正式封关运作，全市综合保税区(保税港区)数量增至 5 家。“苏满欧”五定班列实现常态化运营，成为西向开放重要战略通道。

二、苏州市 2014 年社会发展概况

（一）人口、人民生活

年末全市常住人口 1060.4 万人，比上年增加 2.53 万人。其中户籍人口 661.08 万人，比上年增加 7.24 万人。户籍人口出生率为 11.69‰，比上年上升 1.33 个千分点；户籍人口自然增长率 4.97‰，

比上年上升 1.45 个千分点。全市人口基础信息库二期建设顺利推进。

城乡居民收入稳步提高。根据抽样调查，城乡居民人均可支配收入 39780 元，比上年增长 8.9%；城镇居民人均可支配收入 46677 元，比上年增长 8.6%；农村居民人均可支配收入 23560 元，比上年增长 10%。职工最低工资标准由每人每月 1530 元调整到 1680 元，城乡居民最低生活保障标准由每人每月 630 元调整到 700 元。

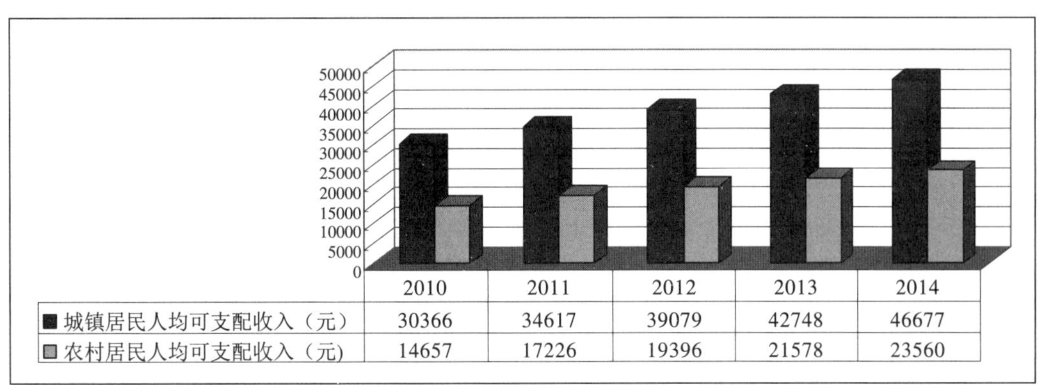

	2010	2011	2012	2013	2014
■ 城镇居民人均可支配收入（元）	30366	34617	39079	42748	46677
□ 农村居民人均可支配收入（元）	14657	17226	19396	21578	23560

图 3　2010—2014 年苏州市城乡居民收入对比一览

（二）就业与社会保障

完善就业创业体制机制，提升就业质量。全市新增就业 17.2 万人，开发公益性岗位 1.16 万个，城镇就业困难人员实现就业 2.05 万人。城镇登记失业率 1.92%。苏州籍高校毕业生就业率达到 98.41%。全年免费培训城乡劳动力 43.6 万人。

社会保障水平不断提升。年末全市企业职工养老保险缴费人数 462.96 万人，比上年增加 10.82 万人；参加城镇职工基本医疗保险人数 593.86 万人，比上年增加 23.38 万人；参加失业保险人数 400.93 万人，比上年增加 17.14 万人。年末企业养老保险享受人数 128.42 万人。年末城乡居民社会养老保险参保人数 47.07 万人，其中领取基础养老金人数 42.17 万人；参加居民医疗保险人数 282.07 万人。全市城镇职工社会保险覆盖率、城乡居民养老保险和医疗保险覆盖率均保持在 99%以上。企业退休人员月人均增加养老金 214 元。全市新增缴存公积金职工 65.77 万人，年末缴存住房公积金职工数达 238.62 万人，全年职工提取公积金 150.65 亿元。

年末全市拥有各类养老机构 221 个，养老机构床位总数 57915 张，日间照料中心 366 个，助餐点 623 个。年末全市 2.24 万户、共计 4.12 万人享受低保，全年发放低保金 2.35 亿元。全年社会救助支出 20.35 亿元。全市新开工建设保障性住房 46794 套，基本建成 32773 套，为 4344 户困难家庭发放住房租赁补贴。

（三）教育与科技创新

1. 教育事业

深入推进教育现代化，均衡教育、素质教育得到强化。年末全市拥有各级各类全日制学校（含外来工子弟学校）733 所，在校学生 117.98 万人，毕业生 22.97 万人，专任教师 7.63 万人。其中普通高等院校 21 所，独立学院 5 所，普通高等学校在校学生 20.95 万人，毕业生 5.32 万人。成人高等学校在校学生 3.32 万人，毕业生 1.39 万人。年末拥有幼儿园（含民办）555 所，在园幼儿 27.38 万人。高等教育毛入学率 66.87%。苏州市现代教育发展水平居全省首位。

2. 科技事业

科技创新加快推进。全市财政性科技投入 75.2 亿元，占公共财政预算支出的 5.8%。研究与试验发展经费支出占地区生产总值的比重达到 2.7%。全市新增省级以上工程技术研究中心 101 家，累计 524 家；新增省级以上企业技术中心 65 家，累计 285 家；新增省级以上工程中心（实验室）10 家，累计 47 家；年末省级以上公共技术服务平台 52 家，其中国家级公共技术服务平台 15 家。全市拥有各类科技孵化器 77 家，孵化面积超 450 万平方米，在孵企业超过 6000 家。新认定高新技术企业 910 家，年末高新技术企业 2950 家，全年实现高新技术产业产值 1.37 万亿元，比上年增长 4.4%，占规模以上工业总产值的比重为 44.8%。全年各类技术交易成交额 57.5 亿元，比上年增长 6.4%。

专利成果丰硕。全市专利申请量和授权量分别达 103249 件和 54709 件，其中发明专利申请量和授权量 40842 件和 5264 件，发明专利申请占比由上年的 31.5%提高至 39.6%。万人有效发明专利拥有量达到 18.56 件，比上年增长 30.4%。

集聚创新创业人才，强化产业智力支撑。年末全市各类人才总量 210 万人，其中高层次人才 15.5 万人，高技能人才 46.63 万人。年末拥有各类专业技术人员 137 万人，比上年增长 11%。新增国家“千人计划”人才 32 人，累计达 157 人，其中创业类人才 95 人。新增省“双创计划”人才 98 人，累计达 501 人。

（四）文化、卫生、体育

1. 文化事业

国家公共文化服务体系示范区创建成果进一步巩固。年末全市共有文化馆 11 个、文化站 98 个、公共图书馆 11 个、博物馆 40 个；综合档案馆 12 个，向社会开放档案 31.8 万卷。年末有线电视用户数 249 万户。镇（街道）、村（社区）公益性文化设施覆盖率达 100%。苏州图书馆全国首创“网上借阅、社区投递”服务，并建成开放全国首个轨道交通图书馆和市区首个 24 小时自助图书馆。文化产业发展势头良好。全年文化产业主营业务收入超过 3565 亿元，比上年增长 15%。年末省级以上文化产业示范基地达 20 个。文化保护和传承取得新突破。全市现有市级以上文物保护单位 816 处，其中全国重点文物保护单位 59 处、省级 112 处。大运河苏州段成功列入世界文化遗产。新增国家级历史文化名镇 3 个、名村 3 个。

2. 卫生事业

年末全市有各类卫生机构 3063 个，其中医院、卫生院 263 个，卫生防疫、防治机构 11 个，妇幼保健机构 7 个。年末卫生机构拥有床位 5.52 万张，其中医院病床 4.89 万张；拥有卫生技术人员 6.43 万人，其中执业医师和执业助理医师 2.54 万人、注册护士 2.54 万人，分别比上年增长 4.3%和 5.3%。全年医疗机构诊疗总量 8596.77 万人次，其中门诊量 7728.21 万人次，分别比上年增长 7.8%和 8.1%。城乡社区卫生服务普及率和人口覆盖率达 100%，医疗自助服务进家庭工程项目和婴幼儿健康促进工程取得成效。一方是独生子女的夫妇可生育两个孩子的政策顺利实施。

3. 体育事业

年末全市公共体育设施面积 2856.44 万平方米，人均公共体育设施面积 2.7 平方米。市民健身中心体育场、体育馆按期建成。在第 18 届省运会上，苏州市代表团获得的金牌总数、奖牌总数均首次位居全省第一。全年体育彩票销售 40.01 亿元。成功举办苏州世界跆拳道大奖赛、“环太湖”国际竞走赛、全国田径锦标赛等大型赛事。第 53 届世乒赛筹备工作有序推进。

（五）城市建设和公用事业

1. 城市建设

全年完成基础设施投资1021.53亿元，比上年下降0.9%。沪通铁路苏州段如期开工，常嘉高速公路昆山至吴江段、张家港疏港高速公路和312国道苏州西段改扩建等工程抓紧建设。新建、改建一批城市道路，市区中环快速路及内环快速路延伸线局部主线建成通车。轨道交通2号线延伸线、4号线及支线工程加快实施、轨道交通3号线开工建设。苏州高新区有轨电车1号线建成通车。24项"智慧苏州"重点项目加快推进。

2. 公用事业

全年全社会用电量1268.1亿千瓦时，比上年增长0.4%。其中工业用电量1044.1亿千瓦时，比上年增长1.3%；城乡居民生活用电87.3亿千瓦时，比上年下降11.9%。全市拥有区域供水厂22座，总供水能力697.5万立方米/日。全市新建、改建城镇生活污水处理厂22座，新增生活污水处理能力56.55万吨/日，年末生活污水处理能力达到324.2万吨/日。城镇生活污水处理率达到94.5%，农村生活污水处理率达到44%。

市区（不含吴江，下同）自来水日供水能力达到246万立方米。市区管道天然气供气总量8.82亿立方米，全面完成城区天然气置换工程。市区新辟公交线路17条，年末营运线路312条，线路总长达到6854公里，全年公交运客总量6.4亿人次，与上年基本持平。新购新能源和清洁能源公交车600辆。新增出租车500辆，年末市区营运出租汽车4803辆。年末城市轨道交通运营线路总长76.8公里，全年运营总里程598万列公里，线网客流总量11662.6万人次。全年新增农村客运（公交）班线10条，行政村农村客运班车通达率保持100%。

（六）环境保护与节能降耗

全市环保投入537亿元，比上年增长8.7%，占地区生产总值的3.9%。生态文明建设"十大工程"扎实推进，79个重点项目完成投资238亿元。全市新增林地、绿地3.6千公顷，陆地森林覆盖率为29.4%。市区新增绿地面积505万平方米，建成区绿化覆盖率42.6%，人均公园绿地面积14.98平方米。按AQI标准统计，全市空气质量达标天数比例为71.8%。集中式饮用水源地水质达标率保持100%。主要监测断面水质Ⅲ类以上比例67.1%。全市划定生态红线保护面积3205.52平方公里，占市域土地面积的37.8%。全市创建美丽村庄示范点10个、三星级康居乡村101个。

节能减排扎实推进。完成大气污染防治重点项目254项、淘汰燃煤锅炉438台、淘汰、关停落后企业1255家。开展万家企业节能低碳行动，新增三星级以上"能效之星"企业53家，累计达363家。单位地区生产总值能耗、主要污染物排放总量削减完成省下达的任务。

三、苏州市在泛长三角地区经济发展中的地位

2014年，面对复杂多变的国际环境和艰巨繁重的国内改革发展稳定任务，苏州市各地区各部门在党中央国务院的正确领导下，坚持稳中求进工作总基调，按照宏观政策要稳、微观政策要活、社会政策要托底的总体思路，统筹稳增长、促改革、调结构、惠民生、防风险，认真执行十二届全国人大二次会议审议批准的2014年国民经济和社会发展计划，扎实做好各方面工作，经济社会发展在新常态下保持总体平稳。

2010—2014年苏州市地区生产总值在长三角所占比重分别为9.33%、9.23%、9.37%、9.31%和

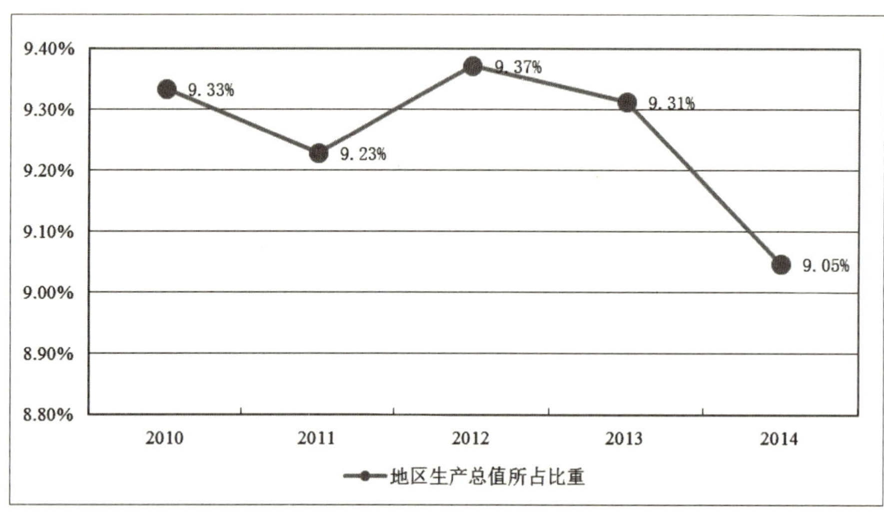

图 4　2010—2014 年苏州市地区生产总值在泛长三角所占比重变化趋势

9.05%，2014 年出现了大幅下跌，较上年下降了 0.26 个百分点，较 2010 年下降了 0.28 个百分点。2014 年苏州市地区生产总值在泛长三角地区 41 个市中排名第 2 位。

2014 年，苏州市全市实现地区生产总值 13761 亿元，按可比价计算比上年增长 8.3%，人均地区生产总值按现行汇率折算超过 2 万美元。实现服务业增加值 6305 亿元，按可比价计算比上年增长 9.0%，占地区生产总值的比重达 46.7%，比上年提高 1 个百分点。年末省、市服务业集聚区达到 74 家，实现营业收入和利税增幅均超过 30%。先进制造业生产体系和产业链逐步完善，新引进航空材料、轨道交通减震系统、汽车变速箱等一批高端制造业项目。全市制造业新兴产业实现产值 14543 亿元，比上年增长 6.4%，占规模以上工业总产值的 47.5%，比上年提高 2.1 个百分点

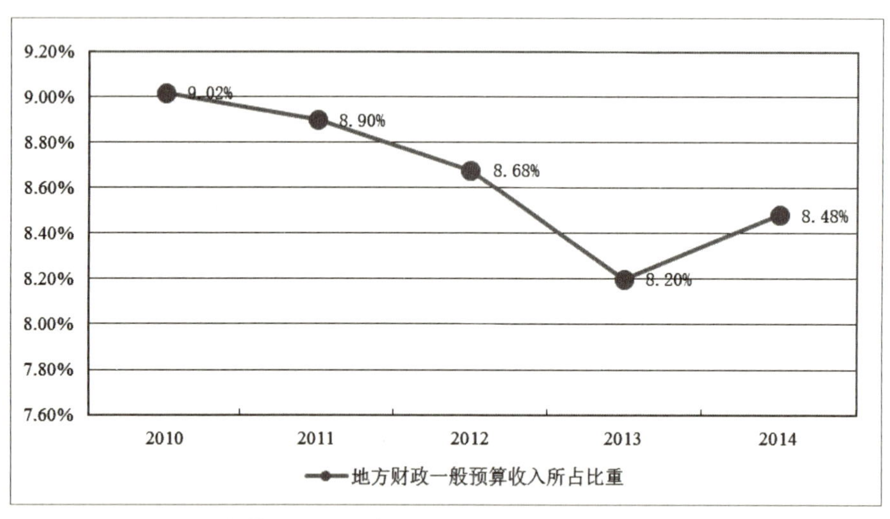

图 5　2010—2014 年苏州市地方财政一般预算收入在泛长三角所占比重变化趋势

2010—2014 年苏州市地方财政一般预算收入在泛长三角所占比重分别为 9.02%、8.90%、8.68%、8.20%和 8.48%，五年整体呈下跌，2014 年比上年增加了 0.28 个百分点，五年累计跌幅达 0.54 个百分点。2014 年苏州市地方财政一般预算收入在泛长三角地区 41 个市中排名第 2 位。

2014 年，苏州市全市完成地方公共财政预算收入（以下简称地方财政收入）1443.8 亿元，比上年实绩增长 8.5%，完成调整后的收入预算 100.9%，税收占比达到 86.2%。全市完成地方公共财政预

算支出(以下简称财政支出)1304.5亿元,比上年实绩增支91.8亿元,增长7.6%。其中用于民生改善的教育、社保、医疗卫生、公共交通等城乡公共服务支出1000亿元,增长12.6%,占全部支出的76.7%,比上年增加3个百分点。优化调整支出结构。加强教育经费保障,全年市级教育经费预算增长21%,义务教育学生公用经费定额提高10%。支持就业创业,提高创业贷款额度并全额贴息。推进城乡均等社保政策,提高城乡低保标准和居民医保财政补助额度,居民养老社会化管理率达到100%。支持科教兴卫,加大医疗重点人才引进和培育投入。加大公交惠民力度,实行政府向公交企业购买服务。筹集住房保障资金,支持保障房建设。深化城乡一体化改革,重点支持城乡发展一体化综合改革示范镇和美丽村庄示范村建设。加大污染治理和环保投资力度,贯彻《苏州市生态补偿条例》,完善生态补偿机制,落实生态补偿资金。加强债务管理,计提偿债准备金。落实厉行节约、"八项规定"精神,市级"三公"经费比上年下降20%。

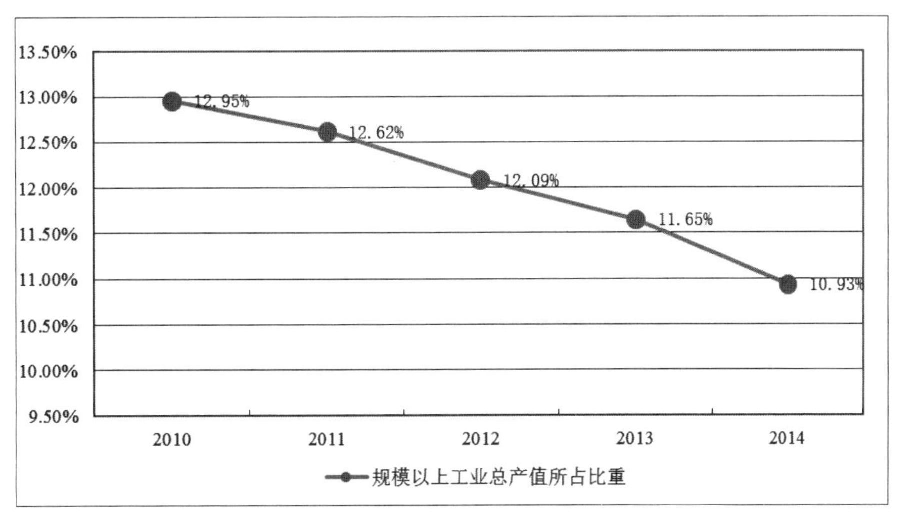

图6　2010—2014年苏州市规模以上工业总产值在泛长三角所占比重变化趋势

2010—2014年苏州市规模以上工业总产值在泛长三角所占比重分别为12.95%、12.62%、12.09%、11.65%和10.93%,五年时间持续下跌,2014年较上年下跌0.72个百分点,五年累计跌幅达2.02个百分点。2014年苏州市规模以上工业总产值在泛长三角地区41个市中排名第2位。

2014年,苏州市规模以上工业总产值30586亿元,比上年增长0.3%。规模以上工业实现利税和利润分别增长8.2%和8.7%,企业亏损面呈现逐月收窄态势。百强企业增势良好。销售收入百强工业企业销售收入、利税、利润三项主要指标分别比上年增长3.3%、6.8%和8.9%。重点行业发展平稳。六大主导行业实现利税和利润分别增长6.0%和5.9%。苏州市新兴产业涉及31个行业大类,294个行业小类,已覆盖制造业行业的65.8%。苏州市拥有国家高新技术企业2502家,占江苏省的三分之一。

2010—2014年苏州市进出口总额在泛长三角所占比重分别为24.64%、22.88%、22.87%、22.52%和21.70%,除2012年小幅上扬,整体呈持续下行态势,2014年较上年下降了0.82个百分点,五年累计下降了2.94个百分点。2014年苏州市进出口总额在泛长三角地区41个市中排名第2位。

2014年苏州对外贸易规模保持稳定。实现进出口总额3113.1亿美元,比上年增长0.6%。其中出口1811.8亿美元,增长3.1%;进口1301.3亿美元,下降2.6%。

从经营主体看,国有企业进出口138.2亿美元,比上年下降9%;外资企业进出口2187.4亿美元,

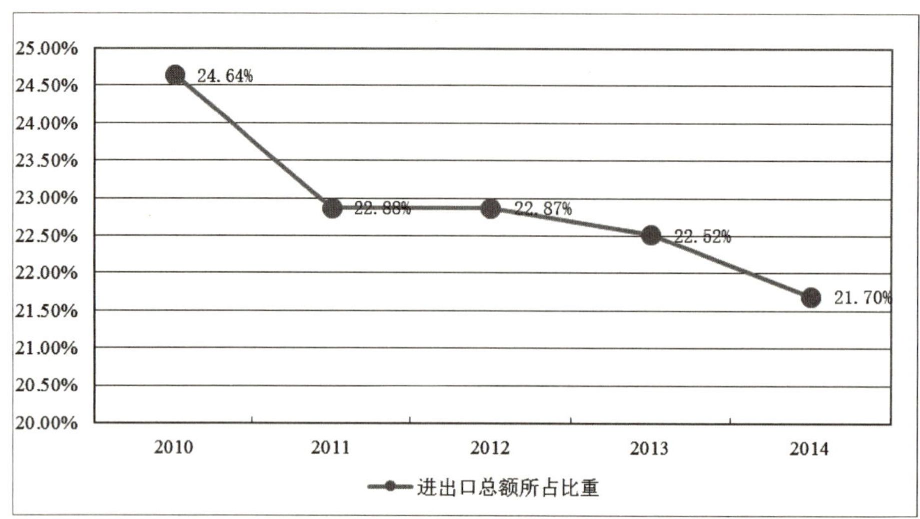

图 7　2010—2014 年苏州市进出口总额在泛长三角所占比重变化趋势

比上年增长 2.5％；私营企业进出口 699.3 亿美元，比上年下降 1.7％。

在主体市场中，对美国出口比上年增长 4.6％，对日本出口下降 2.3％，对欧盟市场出口增长 13.3％，三大主体市场出口额 939.4 亿美元，占全市出口总额的比重由上年的 50.2％提高至 51.9％。

新兴市场出口稳定，对东盟、南美和非洲等地出口 258.1 亿美元，比上年增长 1.2％，占全市出口总额的 14.3％。

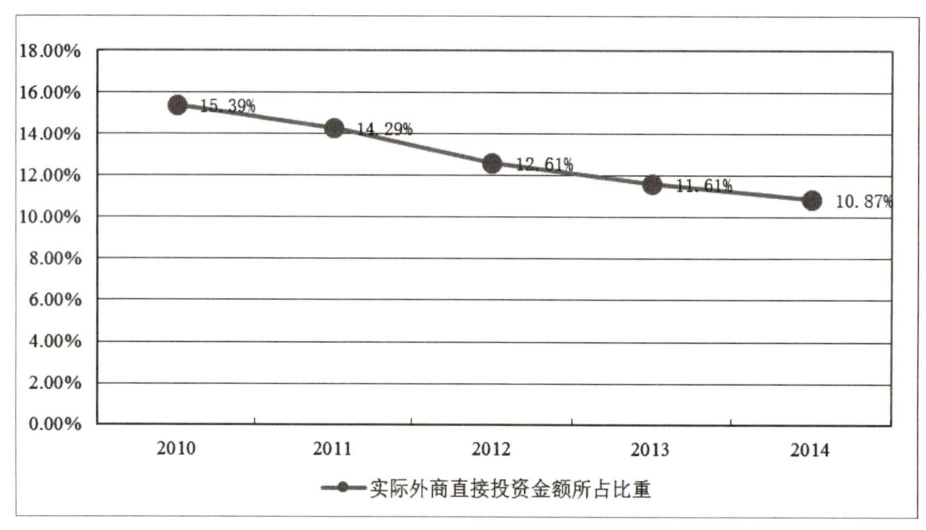

图 8　2010—2014 年苏州市实际外商直接投资金额在泛长三角所占比重变化趋势

2010—2014 年苏州市实际外商直接投资金额在泛长三角所占比重分别为 15.39％、14.29％、12.61％、11.61％和 10.87％，2010 至 2014 年连续五年出现下降，累计降幅达 4.52 个百分点。2014 年苏州市规模以上工业总产值在泛长三角地区 41 个市排名第 2 位。

截至到 2014 年末，苏州市外商投资企业累计登记 18669 户，注册资本 1188.73 亿美元，与去年相比分别增长 2.7％和 5.5％，均比去年增速加快 2 个百分点。年末注册资本增速排名前三位的行业分别为金融业、科学研究和技术服务业以及租赁和商务服务业，三个行业年末注册资本分别为 12.30 亿美元、33.08 亿美元和 52.86 亿美元，同比分别增长 39.6％、35.3％和 30.6％。

七　南通市 2014 年经济社会发展报告

2014 年，南通市全面贯彻中央和省委、省政府决策部署，认真落实习近平总书记系列重要讲话精神和对江苏工作的要求，坚持稳中求进、改革创新，深入实施"八项工程"，全面深化以陆海统筹发展综合配套改革为重点的各项改革，经济运行保持平稳发展态势，总体处于稳健运行的合理区间，转型升级取得新的突破，民生幸福水平取得新的提升，各项社会事业取得新的进展。

一、南通市 2014 年经济发展概况

（一）综合经济

1. 经济总量

国民经济平稳增长。全市实现生产总值 5652.69 亿元，按可比价格计算，比上年增长 10.5%。其中：第一产业增加值 367.1 亿元，增长 3.5%；第二产业增加值 2873.8 亿元，增长 10.3%；第三产业增加值 2411.8 亿元，增长 11.9%。人均 GDP 达到 77457 元。

产业结构继续优化。全市三次产业结构由上年的 6.8：52.1：41.1 调整为 6.0：49.8：44.2。全年实现服务业增加值 2093.1 亿元，增长 12.9%，占 GDP 比重为 41.5%，第三产业在国民经济中的比重首次超过工业。"两新"产业较快发展，完成高新技术产业产值 5501.2 亿元，增长 16.7%，占规模以上工业比重达到 43.6%，同比提高 1.2 个百分点。六大新兴产业完成产值 4179.5 亿元，增长 20.1%，占规模以上工业的比重达到 33.1%，同比提高 3.1 个百分点。区域经济协调发展，县域经济增速总体快于市区，实现生产总值 3558.9 亿元，增长 10.5%，快于市区增幅 0.3 个百分点。

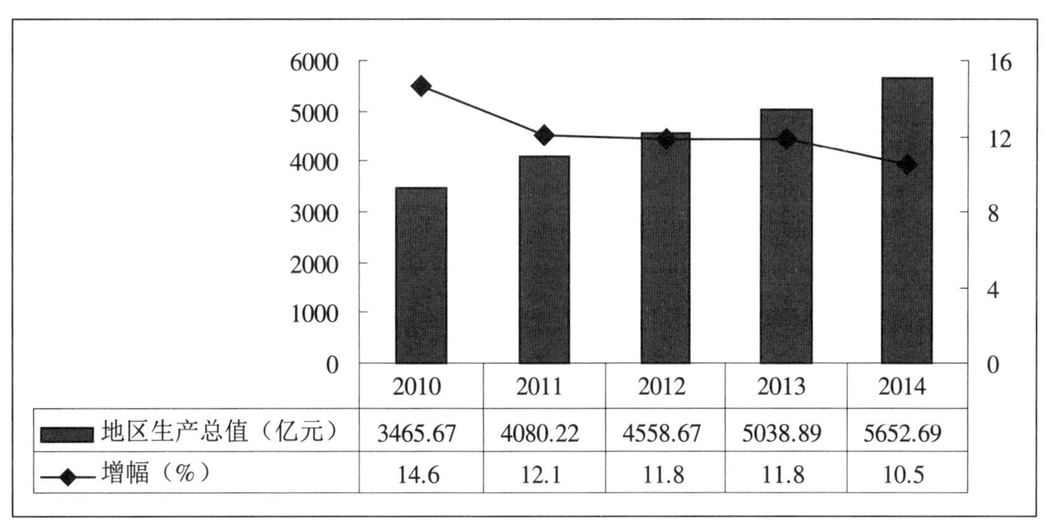

	2010	2011	2012	2013	2014
地区生产总值（亿元）	3465.67	4080.22	4558.67	5038.89	5652.69
增幅（%）	14.6	12.1	11.8	11.8	10.5

图 1　2010—2014 年南通市地区生产总值及增长速度

2. 财政收支

财政收入较快增长。全市实现一般公共预算收入 550.0 亿元，增长 13.2%，其中，税收收入 457.3 亿元，增长 14.4%，税收占比达到 83.2%，比上年同期提高 0.9 个百分点。地方公共财政预算收入占地区生产总值的比重达 9.8%，比上年提高 0.2 个百分点。

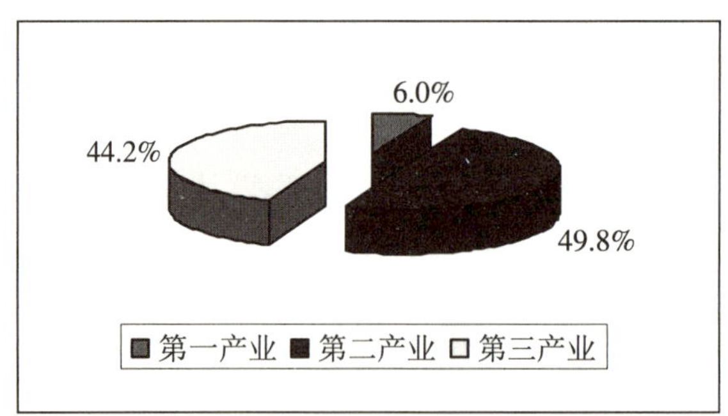

图 2　2014 年南通市三次产业结构图

全年一般公共预算收入 550 亿元，增长 13.2%，其中，增值税增长 9.7%，营业税增长 7.3%。全年一般公共预算支出 650 亿元，增长 12.8%。地方公共财政预算支出中，用于社会保障与就业、科学技术、教育、医疗卫生、环境保护等民生方面的财政投入达 371.8 亿元，增长 15.0%，占一般公共预算支出的比重达到 57.2%，比上年提高 1.1 个百分点。

3. 物价指数

市区居民消费价格总指数 102.1，物价总水平比上年增长 2.1%，其中，服务项目价格上涨 2.0%，消费品价格上涨 2.2%。八大类消费价格呈现"六涨二降"的态势。

4. 固定资产投资

全年固定资产投资 3896.4 亿元，比上年增长 18.1%，其中，民间投资 2895.1 亿元，增长 20.2%，占固定资产投资的比重达 74.3%，提高 1.3 个百分点；工业投资 2046.8 亿元，增长 10.3%，其中技改投资 1220.8 亿元，占工业投资的比重达到 59.6%，比上年提高 6.4 个百分点。固定资产投资中，第二产业投资 2046.8 亿元，增长 10.3%；第三产业投资 1839.7 亿元，增长 27.6%。全年基础设施投资 622.8 亿元，增长 44.0%。

（二）农林牧渔业

全市农林牧渔业总产值 631.9 亿元，按可比价计算，增长 3.6%。其中，农业产值 278.9 亿元，增长 2.5%；牧业产值 145.1 亿元，增长 3.6%；渔业产值 147.8 亿元，增长 2.4%。全年粮食亩产 432 公斤，增长 1.0%。粮食播种面积 773.3 万亩，下降 0.8%；棉花种植面积 37200 公顷，下降 7.3%；油料种植面积 126800 公顷，下降 3.6%；蔬菜种植面积 124133.33 公顷，增长 2.9%。

（三）工业和建筑业

全市规模以上工业增加值 2864.2 亿元，增长 11.4%，其中，轻重工业分别增长 7.5%和 13.5%。分经济类型看，集体工业增长 5.4%，股份制工业增长 12.1%，外商及港澳台投资工业增长 9.3%。规模以上工业中，六大主导产业产值全面增长，其中新能源、能源及其装备制造业、电子信息业和船舶海工业等三大产业分别增长 18.6%、16.6%和 14.6%。工业产值中，装备制造业产值 5992.3 亿元，增长 15.1%，占全市规模以上工业总产值的比重达 47.5%，比上年提高 1.5 个百分点。

全市规模以上工业主营业务收入 12308.3 亿元，增长 11.1%；利税总额 1471.8 亿元，增长 15.0%；利润总额 936.4 亿元，增长 13.9%。亏损企业亏损总额 28 亿元，下降 5.2%。

2014 年，全市建筑业增加值 507.4 亿元，增长 6.6%。建筑企业承建施工面积 6.8 亿平方米，增长 11.4%。全市建筑队伍人数 168.57 万人，建筑队伍遍及 38 个国家和地区，年末出国人数 0.76 万

人；年末全市拥有特级资质建筑企业15家，拥有一级建造师7428人。

（四）服务业

1. 国内贸易

全年社会消费品零售总额2153.5亿元，增长11.8%。其中，城市消费品零售额1567.4亿元，增长11.8%；农村消费品零售额586.1亿元，增长11.7%。分行业看，批发和零售业消费品零售额1980.0亿元，增长11.5%；住宿和餐饮业消费品零售额173.5亿元，增长14.3%。

限额以上贸易单位商品零售额中，汽车类零售额比上年增长8.1%，石油及制品类增长19.8%，食品饮料烟酒类下降1.5%，服装鞋帽针织品类增长2.5%，日用品类增长1.7%，化妆品类增长4.6%，金银珠宝类下降2.8%，家用电器和音像器材类增长5.6%。

2. 交通、邮政电信业

全年交通运输、仓储及邮政业增加值204.4亿元，比上年增长8.2%。年末南通机场民航航线14条，开通周航班量122班，增长25.8%；全年民航货邮吞吐量3.2万吨，增长29.8%；旅客运输量93.2万人次，增长38.0%。年末铁路南通站始发列车13对。全年铁路货运量91.1万吨，增长5.1%；客运量253.4万人次，增长8.0%。全年公路、水路货运量1.8亿吨，增长7.7%；公路客运量1亿人次，增长1.7%。

年末全市机动车保有量194.95万辆，比上年末减少7.52万辆。其中，载客汽车92.54万辆，增加16.27万辆；载货汽车7.02万辆，增加0.28万辆；摩托车94.8万辆，减少23.56万辆。年末全市个人汽车保有量达86.94万辆，比上年末增加15.34万辆。

南通港全年货物吞吐量2.2亿吨，增长7.4%。其中，进港1.3亿吨，增长7.7%；外贸吞吐量4814万吨，比上年增长6.1%。集装箱吞吐量71.1万标准箱，增长18.4%，其中，外贸航线31.6万标准箱，增长3.4%。

全年邮电业务收入93.5亿元，增长19.9%。其中，邮政业务收入28.2亿元，电信业务收入65.2亿元，分别增长27.3%和0.4%。年末固定电话用户232.1万户，比上年减少9.2万户，其中，城市电话用户111.6万户，增加2.2万户；住宅电话用户178.9万户，减少11.4万户。年末互联网用户789.2万户，新增64.7万户，其中固定宽带互联网用户190.9万户，新增29.7万户，无线宽带互联网用户598.3万户，增加5.0万户。

全年用电量333.23亿千瓦时，增长2.2%。其中，第一产业用电量6.0亿千瓦时，增长11.7%；第二产业用电量248.9亿千瓦时，增长3.7%；工业用电量242.9亿千瓦时，增长3.6%；第三产业用电量34.6亿千瓦时，增长4.2%。城乡居民生活用电量43.7亿千瓦时，下降7.9%。

3. 金融和保险业

全年金融系统新增存款966.2亿元，年末金融系统存款余额8508.3亿元，比上年末增长12.8%，其中，储蓄存款余额4623.9亿元，增长11.4%；单位存款余额3643.9亿元，增长14.7%。全年金融机构新增贷款586.1亿元，下降12.0%年末各项贷款余额5258.9亿元，比上年末增长12.5%。全年发放住房公积金贷款44亿元，比上年下降20.5%；本年提取公积金43.4亿元，增长8.0%。全年新增公积金开户人数10万人，至年末已开户职工人数84.6万人。

全年新增保险机构4家，年末保险机构总数达74家，保险行业从业人员1.6万人。全年保费收入154亿元，比上年增长10.1%，其中，财产险收入49.2亿元，增长24.6%；人寿险收入104.8亿元，增长17.1%。全年已决赔款及给付68.7亿元，增长22.2%。

4. 旅游业

年末全市拥有旅游星级饭店96家，旅行社140家，A级旅游景区(点)46处，全国农业旅游示范点2个，全国工农业旅游示范点6个。全年实现旅游总收入412.1亿元，增长14.3%，其中，外汇收入1.1亿美元，下降11.0%；国内旅游收入400.6亿元，增长15.0%。全年接待国内旅游者3066.3万人次，增长12.9%；其中旅游住宿设施和居民家中接待过夜海外旅游者18.7万人次，下降13.7%。

5. 房地产业

全年房地产开发投资678.9亿元，增长13.8%。商品房施工面积5272.2万平方米，增长16.3%，其中，住宅施工面积3951.0万平方米，增长12.2%。全市商品房竣工面积1031.2万平方米，增长11.4%，其中，住宅竣工面积857.6万平方米，增长11.0%。商品房销售面积919.2万平方米，下降11.2%，其中住宅843.4万平方米，下降10.1%。

（五）开放型经济

1. 对外贸易

全年进出口总值316.5亿美元，增长6.2%，其中，出口总值224.8亿美元，增长5.7%；进口总值91.7亿美元，增长7.4%。年末与南通市建立进出口贸易关系的国家和地区199个，比上年增加3个。全市有进出口业绩的企业5094家，增加9.8%。

2. 外经合作

全年新批外商投资项目305个，比上年下降13.3%，其中，千万以上项目140个，比上年下降4.8%；新批协议注册外资55.2亿美元，增长11.5%；实际到账注册外资23.0亿美元，增长0.9%。

全年新批设立境外企业78家，中方协议投资额9.2亿美元。新签对外承包劳务合同额18.6亿美元，增长0.1%；完成对外承包劳务营业额22.7亿美元，增长14.8%；新派劳务人员0.94万人次，下降22.0%；年末在外劳务人员2.3万人，增长3.4%。

3. 民营经济

全年新登记私营企业1.81万家，年末累计达22.7万家；新登记私营企业注册资本882.6亿元，年末累计注册资本7425.1亿元。全年新登记个体户5.25万户，年末累计达53.4万户；新登记个体工商户资金数额49.5亿元，年末累计资金数额274.0亿元。年末全市共有规模以上民营工业企业3705家，占全市规模以上工业企业总数的比重达74.0%；全年民营工业增加值1754.2亿元，增长12.4%，占全市规模以上工业的比重达61.2%。

二、南通市2014年社会发展概况

（一）人口、人民生活

年末全市常住人口729.8万人，其中，城镇人口达到446.3万人，增长2.1%，城镇化率61.1%，比上年提高1.2个百分点。年末户籍人口767.6万人，比上年增加1.1万人。全市人口出生率7.54‰，人口死亡率8.1‰，人口自然增长率－0.56‰。

全体居民人均消费支出17007元，比上年增长8.1%，按常住地分，城镇居民人均消费支出22035元，增长7.2%；农村居民人均消费支出11051元，增长10.3%。年末，城镇居民家庭每百户拥有电冰箱99.4台，空调181.8台，移动电话232.2部，家用电脑87.8台，家用汽车46辆。农村居民家庭每百

户拥有电冰箱 99.1 台，空调 111.8 台，移动电话 217 台，家用电脑 55.8 台。

年末全市城镇居民人均住房建筑面积 46.9 平方米，比上年增长 4.0%。农村居民人均住房面积 56.1 平方米，比上年增长 0.7%。

城乡居民收入继续增加。全体居民人均可支配收入 25340 元，比上年增长 9.5%，按常住地分，城镇居民人均可支配收入 33374 元，比上年增长 8.9%；农村居民人均可支配收入 15821 元，比上年增长 10.9%。

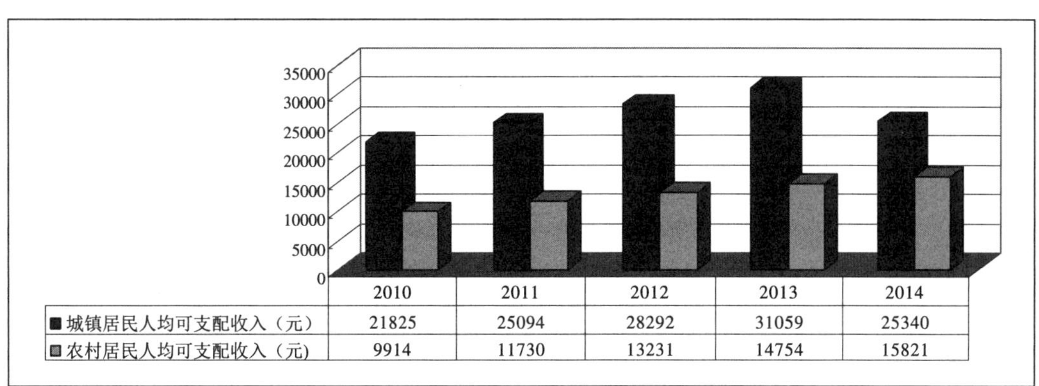

	2010	2011	2012	2013	2014
■城镇居民人均可支配收入（元）	21825	25094	28292	31059	25340
■农村居民人均可支配收入（元）	9914	11730	13231	14754	15821

图 3　2010—2014 年南通市城乡居民收入对比一览

（二）就业与社会保障

就业持续增加。全年新增城镇就业人数 9.1 万人，新增转移农村劳动力 2.78 万人。年末从业人员达 462.0 万人，其中，第一产业 101.7 万人，第二产业 216.0 万人，第三产业 144.3 万人。

劳动生产率稳步提高。全年全员劳动生产率为 115481 元/人，比上年提高 11.3%。

年末全市参加基本养老保险人数 314.68 万人，比上年末减少 5.14 万人；参加失业保险人数 98.7 万人，比上年末增加 1.27 万人；参加基本医疗保险人数（在职）达 128.23 万人，比上年末增加 4.99 万人；参加工伤保险人数为 122 万人，比上年末增加 3 万人。

年末全市拥有各类养老机构 230 家，总床位数 56515 张（其中养老机构床位数 38399 张），农村敬老院 96 家，床位 22760 张。年末农村五保对象 20924 名，集中供养 11769 人，农村五保集中供养能力达到 108.77%。全年结婚登记 67616 对。

（三）教育与科技

1. 教育

全市拥有普通高等学校 8 所，年末在校学生 8.74 万人；成人高校 2 所，在校学生 2.56 万人；中等职业教育学校 21 所，在校学生 6.41 万人；普通高中 52 所，在校学生 9.09 万人；普通初中 163 所，在校学生 15.65 万人；小学 321 所，在校学生 32.04 万人；特殊教育学校 9 所，在校学生 0.09 万人；各级各类幼儿园 396 所，在园儿童 15.35 万人。

2. 科技

年末全市拥有高新技术企业 663 家；新增省级高新技术产品 948 项；新建省级企业重点实验室 3 家，省级工程中心 30 家，省级企业院士工作站 1 家；新建市级公共技术服务平台 5 家，市级工程技术研究中心 98 家，企业院士工作站 3 家。全年有 18 项科技成果获国家及江苏省科技进步奖，其中，国家级二等奖2项;省级二等奖5项,三等奖11项。年末,全市共建成科技孵化器61家,其中国家级9家、省级22家。全年专利申请量27692件,比上年下降32.1%;专利授权量12391件,同比下降43.9%;其中,发明专利申请量8450件,增长5.2%,发明专利授权量932件,增长24.9%,万人发明专利拥有量11.53件,增长80%。全社会研发投入占GDP的比重达到2.42%,比上年提高0.07个百分点。

(四)文化、卫生与体育

1. 文化

年末全市拥有文化馆9个,文化站99个,公共图书馆11个,“农家书屋”1614个。全市拥有博物馆(纪念馆)21个,年末万人拥有公共文化设施面积1119.5平方米。各级文物保护单位205处,其中全国重点文物保护单位10处,省级文物保护单位22处。市级以上非物质文化遗产106项,其中国家级10项,省级40项。全市拥有广播电视台7座,全年新增有线电视用户9.4万户,年末有线电视用户274.5万户,有线电视入户率达96.9%。全市文化市场经营单位1204个,印刷发行单位2531个。全市拥有文化产业示范园区(基地)29个,其中国家级2个,省级5个。全年新增4个中国民间文化艺术之乡。

2. 卫生

年末全市拥有卫生机构1621个(不含农村社区卫生服务站、村卫生室)。其中,医院、卫生院304个,妇幼保健院(所、站)7个,专科疾病防治院(所、站)3个。全市卫生机构床位数3.51万张,卫生技术人员3.95万人。其中,执业医师和执业助理医师1.64万人,注册护士1.56万人。全市拥有疾病预防控制中心(站)9个,卫生技术人员463人;卫生监督所8个,卫生技术人员265人;乡镇卫生院103个,床位0.73万张,卫生技术人员0.72万人。

市区(不含通州区)共建成城市社区卫生服务中心21个,以街道(镇)为单位建成率100%。累计建成农村社区卫生服务站、村卫生室1641个,行政村覆盖率100%。全市新型农村合作医疗参合率99.98%。农村自来水普及率100%。

3. 体育

全年承办了9项次全国赛事、11项次省级赛事。全市新增晨晚练健身点197个,各级各类全民健身活动参与群众超过21.3万人次。体育彩票销售创历史新高,全年销售额13.4亿元。

(五)城乡建设

新型城镇化和城乡发展一体化取得积极进展。启动新型城镇化试点,积极构建城乡五级空间体系。中心城市竞争力增强。253个城建项目完成投资310亿元,“一环一轴”快速路网基本贯通。新城区20个项目竣工或主体封顶,市北新城一批功能性项目快速推进,南部新城产城融合度显著提升,通州区重点片区功能加快完善。星岛水岸区域形象初步展现,通吕运河绿廊启东段工程竣工。西寺保护修缮、南公园改造完成,唐闸等历史文化保护项目有序推进。国家棚户区改造专项贷款到位56亿元,获得补助4.52亿元。重点城镇建设升温。全市城镇化率达61%。5个县(市)城改造建设势头良好,新一轮城市总体规划修编全面完成。10个镇入选全国重点镇。19个市级中心镇新开工77个超亿元产业项目、319个基础设施和民生改善项目,基本公共服务资源配置得到加强,行政管理体制改革试点有序推进。农业现代化进程加快。粮食生产实现“十一连增”。“三资”农业项目投资250亿元。新增“全托管”经营主体367个、市级以上龙头企业50家、省级示范家庭农场10家,122家农民合作社

成为省级以上示范社。新(扩)建规模农(渔)业园区15个。完成水利建设投入25.8亿元。新建高标准农田16000公顷。农业机械化水平持续提高。

（六）环境保护

全年市区(含通州区)新增绿地770公顷，城市绿化覆盖率42.3%；日供水能力达到160万立方米，水质综合指标合格率100%；市区燃气普及率、用水普及率、生活垃圾无害化处理率均达到100%。全年市区新增路灯、景观灯55442盏，城市道路亮灯率达到99.7%。

2014年全市共新建(改造)燃煤火电、热电机组脱硫设备61套、脱硝设施64套、除尘改造64套，锅炉平均脱硫效率达90%以上、综合脱硝效率达70以上，烟尘排放基本达到重点区域特别排放限值。全市各地根据实际划定了禁燃区范围。

2014年全市环境质量保持稳定，环境空气主要污染物年平均值为：二氧化硫26微克/立方米，二氧化氮40微克/立方米，可吸入颗粒物96微克/立方米，PM2.5浓度为62微克/立方米，其中二氧化硫和二氧化氮年均值符合国家空气质量二级标准，可吸入颗粒物和PM2.5年均值超过国家空气质量二级标准；全年空气质量指数达到良好以上的天数达257天，占全年有效监测天数的70.8%。长江南通段主流水质符合国家地面水质环境质量Ⅲ类水质标准，饮用水源地水质达标率100%。区域环境噪声平均值为58.0分贝，交通干线噪声平均平均值为68.1分贝，均符合国家环境噪声质量标准。

（七）安全生产

全年共发生各类安全生产事故1207起，死亡164人，比上年分别下降4.82%和4.10%。其中，工矿商贸企业(含建筑业)发生生产安全亡人事故19起，死亡27人。全市共发生火灾5985起，死20人，伤20人，直接财产损失1832.2万元。全市共发生一般以上交通事故1285起，死亡437人，伤1172人。

三、南通市在泛长三角地区经济发展中的地位

2014年，南通市面对复杂多变的形势和艰巨繁重的任务，760万江海儿女在市委、市政府领导下，以习近平总书记系列重要讲话精神为根本遵循，坚持稳中求进工作总基调，与时俱进落实“八项工程”、“八个领先”各项举措，在创建陆海统筹发展综合配套改革试验区、争当苏中新一轮发展“领头雁”、加快建设长三角北翼经济中心、开创“两个率先”新局面的征程上迈出了坚实步伐。

2010—2014年南通市地区生产总值在泛长三角所占比重分别为3.51%、3.51%、3.56%、3.61%和3.72%，呈现持续增加的态势，累计增幅为0.21个百分点，2014年较上年增加了0.11个百分点。2014年南通市地区生产总值在泛长三角地区41个市中排名第7位，在长三角地区中继续保持靠前的位置。

2014年，南通全市实现国内生产总值5652.7亿元，增长10.5%，增幅分别高于全国、全省平均水平3.1和1.8个百分点。南通第一产业增加值367.1亿元，增长3.5%；第二产业增加值2873.8亿元，增长10.3%；第三产业增加值2411.8亿元，增长11.9%。居民消费价格微幅上扬。2014年，市区居民消费价格总水平比上年同期上涨2.1%。八大类商品及服务价格同比呈现“六涨两降”。衣着涨幅最快，同比上涨6.3%；家庭设备用品及维修服务、娱乐教育文化用品及服务分别上涨3.3%，2.8%；食品类价格同比上涨2.6%，其中干鲜瓜果上涨15.5%，蛋类上涨10.9%，水产品和粮食均上涨2.7%，肉禽及其制品价格同比上涨0.1%，油脂下跌1.9%；医疗保健及个人用品和居住价格同比分别上涨1.1%和1%；烟酒类、交通和通信类价格同比分别下降1.9%和0.4%。

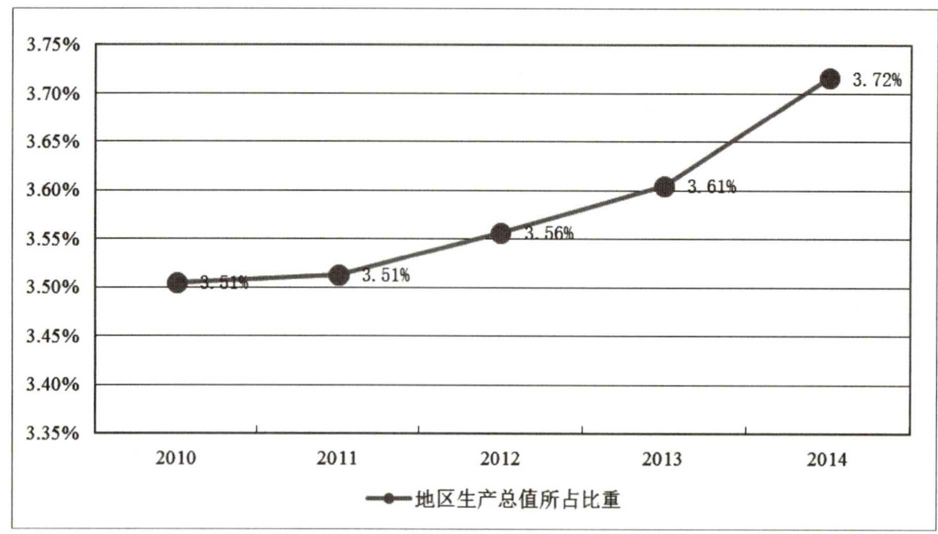

图 4　2010—2014 年南通市地区生产总值在泛长三角所占比重变化趋势

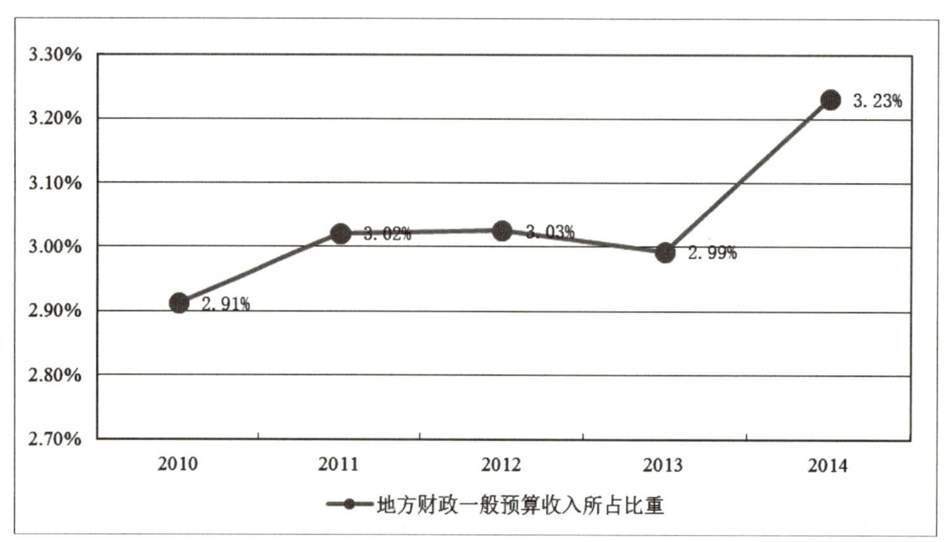

图 5　2010—2014 年南通市地方财政一般预算收入在泛长三角所占比重变化趋势

2010—2014 年南通市地方财政一般预算收入在泛长三角所占比重分别为 2.91%、3.02%、3.03%、2.99%和 3.23%，整体呈现增加的态势，累计增幅为 0.32 个百分点，2014 年较上年增加了 0.24 个百分点。2014 年南通市地方财政一般预算收入在泛长三角地区 41 个市中排名第 7 位。

2014 年，全市一般公共预算收入完成 550 亿元，占调整后预算(以下简称预算)的 100.9%，增长 13.2%，税收占比 83.2%；全市一般公共预算支出完成 650.2 亿元，占预算的 93.3%，增长 12.8%。各地财政决算草案编制正在进行，预计全市财政在上级转移支付补助后，能够实现收支平衡。

2014 年，市区完成一般公共预算收入 242.6 亿元，占预算的 100.8%，增长 10.9%，其中市级完成一般公共预算收入 69.1 亿元，占预算的 102.8%，增长 7.3%。

2010—2014 年南通市规模以上工业总产值在泛长三角所占比重分别为 3.88%、3.94%、4.16%、4.35%和 4.51%，总体呈增加的态势，达到历史新高，2014 年较上年增加了 0.16 个百分点，五年时间累积增加了 0.63 个百分点。2014 年南通市规模以上工业总产值在泛长三角地区 41 个市中排名第 7 位，排在比较靠前的位置。

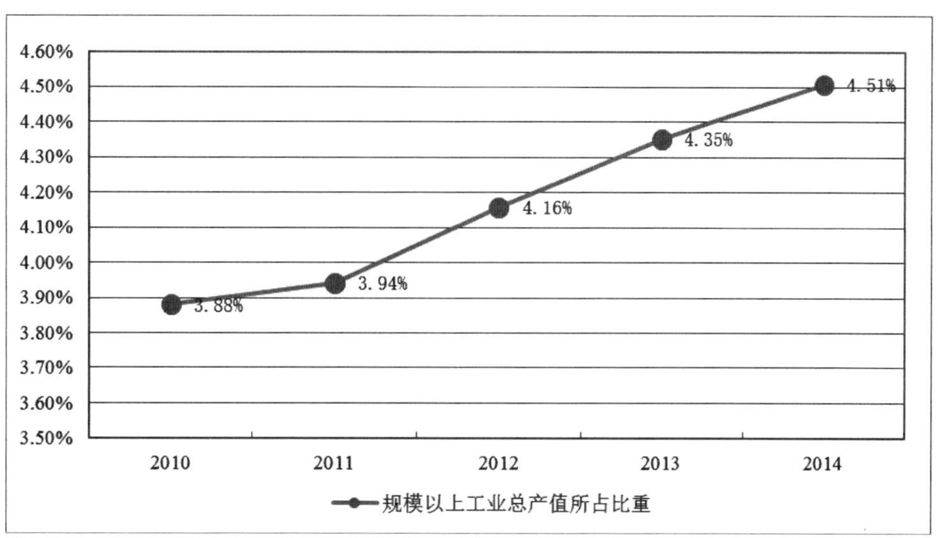

图6 2010—2014年南通市规模以上工业总产值在泛长三角所占比重变化趋势

2014年南通市全市规模以上工业增加值2864.2亿元，增长11.4%，其中，轻重工业分别增长7.5%和13.5%。分经济类型看，集体工业增长5.4%，股份制工业增长12.1%，外商及港澳台投资工业增长9.3%。全市规模以上工业完成现价工业总产值(未扣除价格因素，以下简称产值)12618.6亿元，同比增长11.2%；实现主营业务收入12308.3亿元，同比增长11.1%。工业生产和销售两大总量指标均已突破1.2万亿元，工业经济总量进一步扩张。从月度产值总量变化情况来看，除1—2月份有春节因素影响外，其余月份产值总量均在千亿元以上，其中3、6、12月当月总量超过1100亿元，分别为1169.5、1116.9和1105.2亿元。

2014年，全市规模以上工业实现主营业务收入12308.3亿元，同比增长11.1%，高于全省增幅3.6个百分点；创造利税1471.8亿元，同比增长15.0%，高于全省增幅1.9个百分点；其中，实现利润总额936.4亿元，同比增长13.9%，高于全省增幅1.1个百分点。企业亏损面不断收窄，亏损额同比下降。2014年，全市规模以上工业亏损企业数为288个，亏损面为5.7%，比前三季度、上半年、一季度分别下降1、1.5和2.2个百分点；亏损额为28.0亿元，同比下降5.1个百分点。盈利能力逐步提高，单位成本有所下降。2014年，全市规模以上工业主营业务收入利润率为7.6%，比前三季度、上半年、一季度分别提高1、1.2和1.3个百分点；2014年每百元主营业务收入中的成本为86.9元，比上年下降了0.3元。

2010—2014年南通市进出口总额在泛长三角所占比重分别为1.89%、1.96%、1.97%、2.17%和2.21%，2014年延续往年态势继续上升，2013年增幅最大，较上年上升0.20个百分点，五年时间累积增加了0.32个百分点。2014年南通市进出口总额在泛长三角地区41个市中排名第10位，仍保持着前十的位置。

2014年，南通市外需市场呈现高开低走态势，前10个月，我市进出口均保持两位数增速，且明显高于2013年同期增幅，后2个月，进出口增幅明显趋缓。全年完成进出口总值316.5亿美元，增长6.2%，比上年回落7.2个百分点，比前三季度回落7.9个百分点。其中出口总值224.8亿美元，增长5.7%，比上年回落7.6个百分点，比前三季度回落8.9个百分点。从产品来看，主要出口产品持续波动，全年船舶海工出口26.3亿美元，下降7.9%，降幅比上年扩大4.5个百分点；光伏产品出口7.4亿美元，下降0.2%，增幅比上年回落2.1个百分点；纺织品出口70.7亿美元，增长5.9%。从地区看，对欧盟出口快速回暖，全年对欧盟出口34.8亿美元，增长17.2%，增幅比上年回升19个百分点；对美出

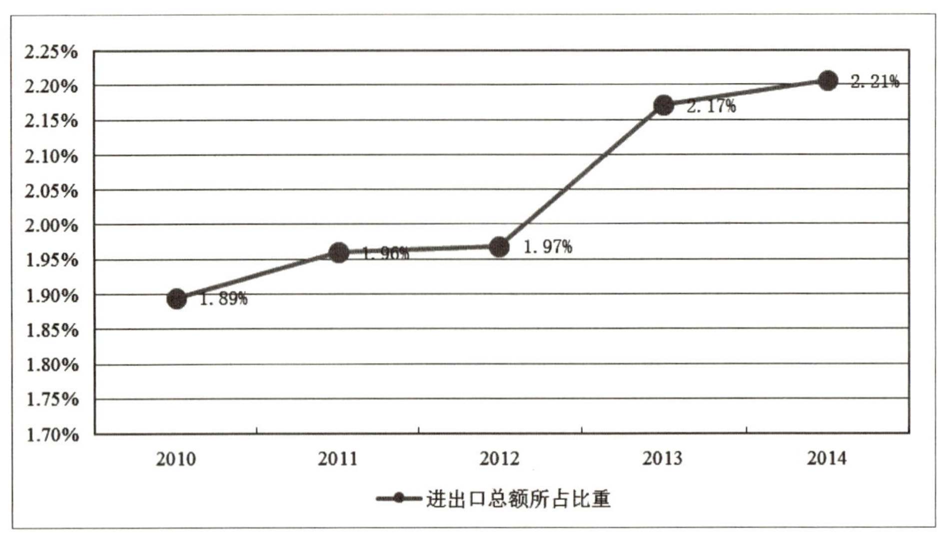

图 7　2010—2014 年南通市进出口总额在泛长三角所占比重变化趋势

口 31.1 亿美元，增长 11.4%，回落 3.2 个百分点；对东盟出口 32.8 亿美元，下降 3.6%，回落 33.7 个百分点；对日出口 37.6 亿美元，下降 2.6%，回落 11 个百分点。

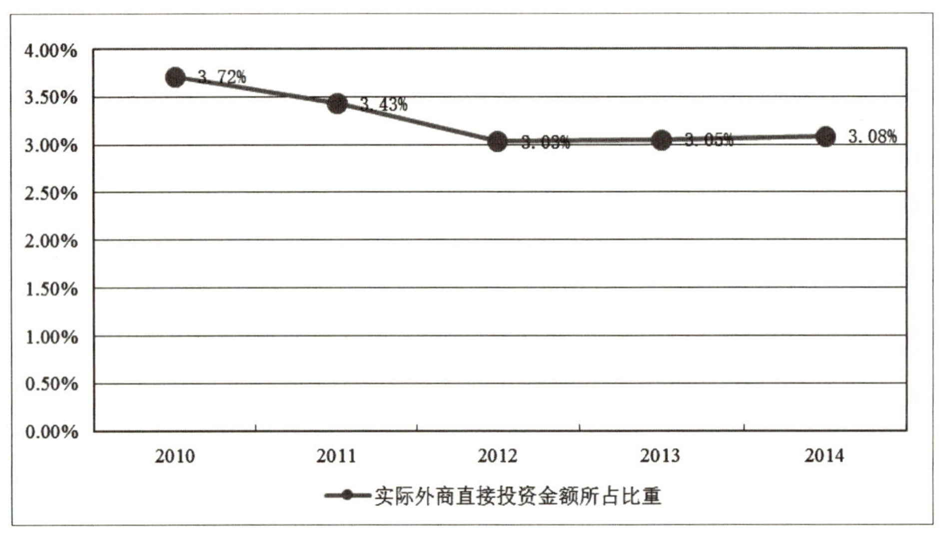

图 8　2010—2014 年南通市实际外商直接投资金额在泛长三角所占比重变化趋势

2010—2014 年南通市实际外商直接投资金额在泛长三角所占比重分别为 3.72%、3.43%、3.03%、3.05%和 3.08%，连续下跌后，2013—2014 年止跌上扬，2014 年较上年上涨了 0.03 个百分点，五年累计下降了 0.64 个百分点。2014 年南通市实际外商直接投资金额在泛长三角地区 41 个市排名第 9 位。

2015 年，南通市全年新批外商投资项目 305 个，比上年下降 13.3%，其中，千万以上项目 140 个，比上年下降 4.8%；新批协议注册外资 55.2 亿美元，增长 11.5%；实际到账注册外资 23.0 亿美元，增长 0.9%。其中一季度，新设外商投资企业 86 户，其中法人 71 户，分支机构 15 户，新设法人企业数比与去年同期增加 7.58%，投资总额 15.64 亿美元，比去年同期增加 25.12%；注册资本 9.7 亿美元，与去年同期相比增加 30.38%；其中外方认缴额为 9.36 亿美元，与去年同期相比上升 35.85%。

八　连云港市2014年经济社会发展报告

2014年面对复杂多变的宏观经济形势，全市上下全面深入贯彻落实党的十八届三中、四中全会精神，积极实施“十二五”规划和沿海开发战略，抢抓“一带一路”建设重大机遇，扎实做好“稳增长、调结构、促改革、重生态、惠民生、防风险”各项工作，改革发展取得了较好成绩，主要经济指标保持合理区间，城乡面貌发生了新变化，群众生活得到了新改善，和谐社会建设迈出了新步伐。

一、连云港市2014年经济发展概况

（一）综合经济

1. 经济总量

经济运行总体平稳。2014年在经济运行新常态下，全市经济运行总体平稳，GDP总量达到1965.89亿元，可比价同比增长10.2%，总量较上年增加180.47亿元。人均GDP突破44000元，达到44277元，较上年增加3861元，同比增长9.6%，其中市区人均GDP达到52238元。三次产业结构调整为13.3∶45.3∶41.4。

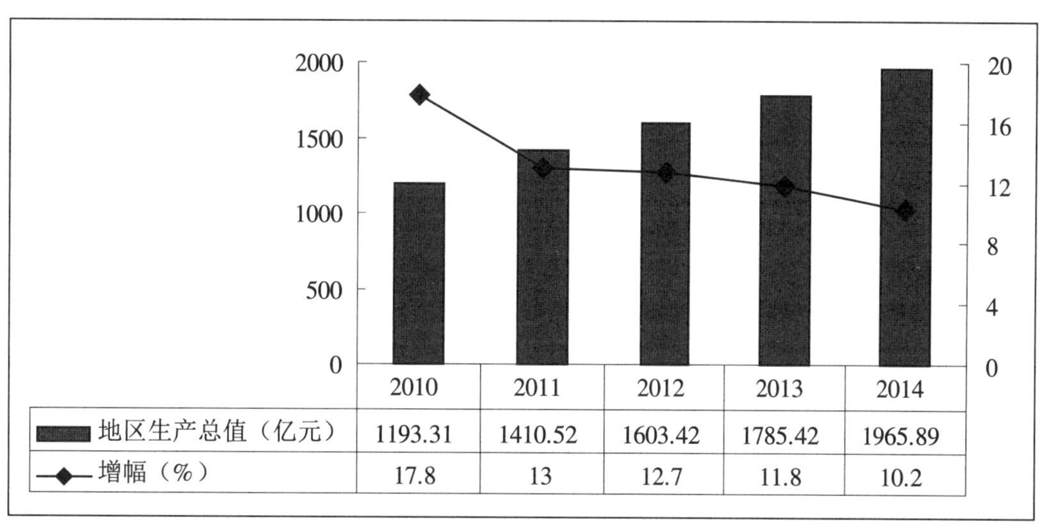

图1　2010—2014年连云港市地区生产总值及增长速度

2. 财政收支

财政税收稳步增长。2014年全市公共财政预算收入261.77亿元，同比增长12.2%，居全省第六位，税收占比81.5%。从收入结构看，税收收入213.42亿元，比上年增收24.62亿元，增长13.0%；非税收入48.35亿元，增长8.6%。从地区完成情况看，三县公共财政预算收入107.91亿元，比上年增收13.72亿元，增长14.6%，税收占比85.8%。市区公共预算收入153.86亿元，增长10.6%，税收占比78.5%。公共财政预算支出375.36亿元，增长2.9%，用于民生支出超过七成，其中教育支出67.36亿元，增长10.3%。公共财政预算收入占GDP比重为13.3%。

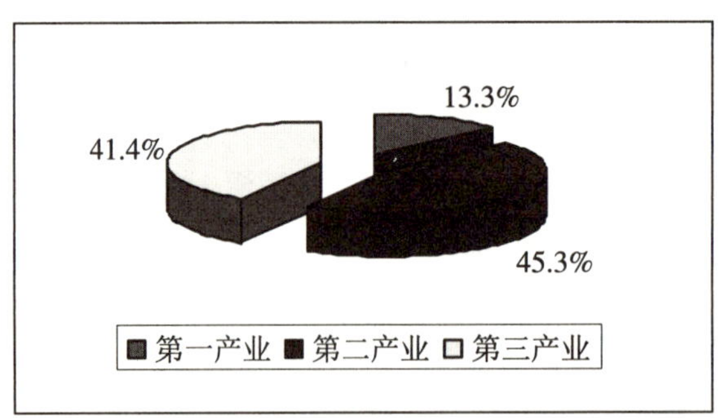

图2　2014年连云港市三次产业结构图

3. 物价水平

2014年各月城市居民消费价格总指数累计上涨率基本稳定在2.4%，全年城市居民消费价格总指数上涨2.4%。其中食品类、衣着类、家庭设备用品及维修服务类、医疗保健和个人用品类、娱乐教育文化用品及服务类、居住类分别上涨3.9、4.5、2.1、1.1、2.4、1.7个百分点。烟酒类、交通和通信类分别下降1.8和0.2个百分点。全市工业生产者出厂价格指数同比为99.8，较年初下降2.1个百分点，较1—11月份下降0.5个百分点；工业生产者购进价格指数同比为96.9，较年初提高3.9个百分点，和1—11月份持平。

4. 固定资产投资

投资总量实现突破。2014全市固定资产投资高位运行，投资总量突破2000亿元大关，达到2090亿元，同比增长23.6%，规模以上投资1716.60亿元，同比增长23.1%，增速快于全省平均水平7.6个百分点，居全省第二位。其中投资项目1527.30亿元，占固定资产投资额的88.9%；房地产开发投资189.30亿元，占固定资产投资额的11.1%。

工业重点项目推进顺利。全市工业投资1040.24亿元，同比增长22.5%。工业技改投资549.40亿元，同比增长26.7%，较上年提高3.2个百分点，高于规模以上工业投资4.2个百分点。全市在建亿元以上重点项目266个，计划总投资1699亿元，完成投资513.70亿元，占工业投资的56.3%，其中投资40亿元的虹港石化年产150万吨TPA、投资10亿元的太平洋石英、投资15亿元的镔鑫特钢余热余压利用等6个重大项目竣工试生产。

新兴产业投资不断加快。2014年全市战略性新兴产业投资352.4亿元，同比增长26.3%，占工业投资的38.6%，占比高于上年3.4个百分点。其中，新能源、新医药、新材料、高端装备制造业分别完成投资64.3亿元、55.2亿元、76.3亿元、93.4亿元，分别增长24.8%、26.5%、24.2%、25.6%。石化、冶金等"两基"行业分别完成投资140.8亿元、72.3亿元，分别增长23.0%、24.1%。高耗能行业投资405.2亿元，同比增长16.6%，增速较上年回落6.1个百分点。

（二）农林牧渔业

农业生产形势较好。2014年实现农林牧渔业增加值277.51亿元，同比增长3.6%。粮食生产丰产丰收。粮食面积稳中有增，播种面积为752.73万亩，比上年增加4.71万亩；粮食总产为359.33万吨，比上年增加4.6万吨。其中，夏粮面积363.48万亩，比上年增加2.99万亩；夏粮亩产393公斤，比上年增加11公斤；夏粮总产142.89万吨，比上年增加5.03万吨。秋粮面积为389.25万亩，比上年增加1.72万亩；秋粮亩产为556公斤，比上年减少4公斤；秋粮总产为216.44万吨，比上年减少0.43万吨。

农业产业化步伐加快。全市把发展壮大农业龙头企业作为加快农业产业化发展的关键举措，着力打造一批自主创新能力强、加工水平高、带动农民增收作用大的农业产业化龙头企业，着力培育一批产品竞争力强、市场占有率高的知名品牌，在优质粮油、特色养殖、蔬菜食用菌、林果花卉等领域形成一批科技水平高、上中下游相互承接的产业体系。2014 年新认定市级农业龙头企业 49 家，全市共拥有市级以上农业龙头企业 205 家，其中国家级 2 家，省级龙头企业 37 家，市级 166 家。

高效设施农业扩面增效。2014 年全市大力发展各类设施栽培，重点发展蔬菜园艺、规模畜禽、特色水产、优质粮油、花卉苗木等"五大特色农业"。全年新增设施农业面积 11 万亩，累计达到 104 万亩，占比达 17.7%。建成了海州、灌南、赣榆三个"菜篮子"工程永久性蔬菜基地。新增省级现代农业园区 2 家，总数达 10 家，居全省第二位。

（三）工业和建筑业

1. 工业经济

工业经济抢抓沿海开发战略机遇，充分利用创新优势、品牌优势、区位优势实现优先发展。2014 年全市规模以上工业增加值 989.77 亿元，同比增长 12.4%，增幅居全省第四位，高于全省平均水平 2.5 个百分点；工业用电 110.44 亿千瓦时，同比增长 24.5%，增幅位居全省首位，高于全省平均水平 22.4 个百分点。项目建设取得显著成效，宏创药业、亚邦产业园等 124 个亿元以上工业项目开工建设，珠江钢管、虹港石化、益海特种油等 108 个亿元以上工业项目建成投产，100 个市级新增长点项目拉动全市产值增长 10 个百分点，对工业增长贡献率达 65.0%。经济效益不断提高，工业应税销售收入 1845.70 亿元，同比增长 14.9%。收益性、流动性、安全性和成长性四类企业效益指标进位明显，全市工业企业平均资产报酬率 11.8%，全省第四位，平均资产周转率 166%，全省第六位，平均资产负债率 55.8%，全省第七位，平均利润增长率 16.8%，全省第五位。新增规模以上工业企业 245 家，全市销售收入过百亿企业达 5 家，其中新海石化、镔鑫特钢产值过 200 亿元。实施亿元以上技改项目 117 个，完成工业技改投资 605 亿元，工业设备投入增速全省第一。

重点企业运行良好。全市产值 20 强工业企业产值 1922.34 亿元，同比增长 19.5%，占规模以上工业总产值的 39.9%，对全市规模以上工业产值增速贡献率达到 49.1%，拉动规模以上工业产值增长 7.5 个百分点。其中亚新钢铁新增产值 90 亿元以上，新海石化新增 35 亿元以上，镔鑫特钢新增 25 亿元以上，分别同比增长 146.3%、18.5%、16.3%，有力支撑了全市工业经济的平稳运行。

2. 建筑业

建筑产业平稳增长。建筑业总产值 583.3 亿元，同比增长 5.0%。其中，建筑工程产值 573.3 亿元，同比增长 6.9%，比重为总产值的 98.3%；安装工程产值 8.2 亿元，同比下降 36.4%。在省外完成的建筑业总产值 237.8 亿元，同比增长 6.7%。

（四）服务业

1. 国内贸易

消费品市场保持良好的发展势头。2014 年全市社会消费品零售额 740.47 亿元，同比增长 13.0%，居全省第三位。其中批发业 57.56 亿元，同比增长 19.3%，零售业 619.78 亿元，同比增长 12.1%，住宿业 8.21 亿元，同比增长 4.7%，餐饮业 54.93 亿元，同比增长 17.3%。

出行类商品贡献率较高。石油及制品类、汽车类商品零售额同比分别增长 33.3%、6.6%，拉动限额以上批零业零售额增长 7.9 个、1.4 个百分点，贡献率达 46.8%和 8.3%。房地产相关商品保持较快增长。建筑及装潢材料类、家具类、五金电料类同比分别增长37.5%、36.2%和19.8%，三者合计拉动限额以上批零业零售额增长1.3个百分点。

2. 港口、交通运输与邮电

港口运输保持稳定。2014年连云港港克服货源紧张和港际竞争带来的巨大压力，同心协力，攻坚克难，不断加大市场开拓力度，港口货物吞吐量达到2.10亿吨，同比增长4.2%。外贸吞吐量达1.10亿吨，同比增长4.1%。内贸吞吐量9972万吨，同比增长4.2%。集装箱运量501万标箱，铁水联运量21.6万标箱，过境集装箱量9.55万标箱。

交通运输平稳运行。2014年全市地方交通客运量5497万人次，其中公路客运量5451万人次，同比增长1.3%；水运客运量46万人次，同比增长20.5%。地方公路全年旅客周转量35.50亿人公里，同比增长1.4%。地方公路货运量8045万吨，同比增长6.5%，地方公路货运周转量148亿吨公里，同比增长8.1%。全年地方水路货运量1648万吨，同比增长2.0%，地方水运货运周转量79.31亿吨公里，同比增长1.0%。民航机场旅客吞吐量达到57万人次，同比增长0.9%，民航机场货邮行吞吐量4007吨，同比增长1.8%。

邮政通讯业务总量继续扩大。2014年全市邮政通讯业务收入达到37.89亿元，同比增长2.9%。快递业务发展突飞猛进。全市邮政速递业务收入7.33亿元，同比增长31.6%，其中快递业务收入3.50亿元，同比增长48.8%，较全部邮政业务收入增速快17.2个百分点。移动产品更新加快，互联网业务发展加速。截至2014年末，全市电话用户数达到518.24万户，较年初增长为1.5%。其中移动电话用户数429.62万户，较年初增长4.0%。互联网用户年末达到318.54万户，较年初增加达到51.0万户，增长19.1%。其中固定宽带接入用户数为82.69万户，较年初增加14.97万户，增长22.1%。

3. 金融和保险业

金融信贷稳健运行。2014年末金融机构存款余额1887.31亿元，比年初增加177.37亿元，同比增长10.4%。其中，企事业单位存款874.43亿元，比年初增加61.34亿元；居民储蓄存款953.41亿元，比年初增加102.47亿元。金融机构贷款余额为1607.41亿元，比年初增加181.92亿元，同比增长12.8%。

保险市场稳定增长。2014年全市保险费总收入49.52亿元，同比增长12.4%，较全省平均水平低4.0个百分点，居全省第十位。其中人身保险保费总收入26.82亿元，占全部保险费总收入的比重达54.2%，同比增长7.1%；各类财产保险保费收入17.36亿元，占全部保险费收入的比重35.1%，同比增长10.8%；健康险收入4.05亿元，同比增长79.4%；意外险收入1.29亿元，同比增长18.7%。保险赔付支出比例稳定，财产保险支出占比过半。各类保险赔付支出17.17亿元，同比增长9.4%，其中财产险赔付支出9.36亿元，占全市保险赔付支出的比重达54.5%。全市保险赔付率34.7%。

（五）开放型经济

开放型经济增长较快。全年引进内联到位资金948.70亿元，同比增长23.6%；实际利用外资9.54亿美元，同比增长18.6%，增幅居全省第二位。外贸进出口总额80.30亿美元，增速由年初的5.7%持续增长到全年的20.9%，增幅全省第一，其中对俄罗斯、中亚五国出口分别增长26.8%和67.3%。新核准境外投资项目21个。全市开发园区完成业务总收入5900亿元，同比增长14%。获批全国首批进境粮食指定口岸。获准实施启运港退税政策。开展口岸查验"三互"、"三个一"改革。全面启动长三角通关一体化及苏北五市检验检疫一体化工作，徐圩港区实现口岸临时开放。

二、连云港市2014年社会发展概况

（一）人口、人民生活

人口规模有序扩大。2014年年末户籍总人口526.52万人，比上年增加6.34万人，其中市区219.07万人。常住总人口445.17万人，较上年增加2.34万人，其中市区206.64万人。常住人口出生率11.76‰，自然增长率4.83‰。城镇化水平有所提升。2014年末全市城市化率为57.13%，比上年提高1.41个百分点。

居民收入增长较快。2014年全市居民人均可支配收入17798元，增长10.5%，增速居全省第二位。城镇居民人均可支配收入23595元，增长9.9%，增幅居全省第二位。其中工资性收入12893元，增长10.3%；经营净收入4833元，增长8.3%；财产性收入1847元，增长12.8%；转移性收入4022元，增长9.4%。城镇居民人均消费16016元，增长7.6%。农村居民人均可支配收入11698元，增长11.8%，增幅居全省第二位，其中工资性收入5392元，增长11.2%；家庭经营收入4235元，增长11.9%；财产性收入146元，增长19.7%；转移性收入1925元，增长12.6%。农村居民人均消费支出8282元，增长11.1%。

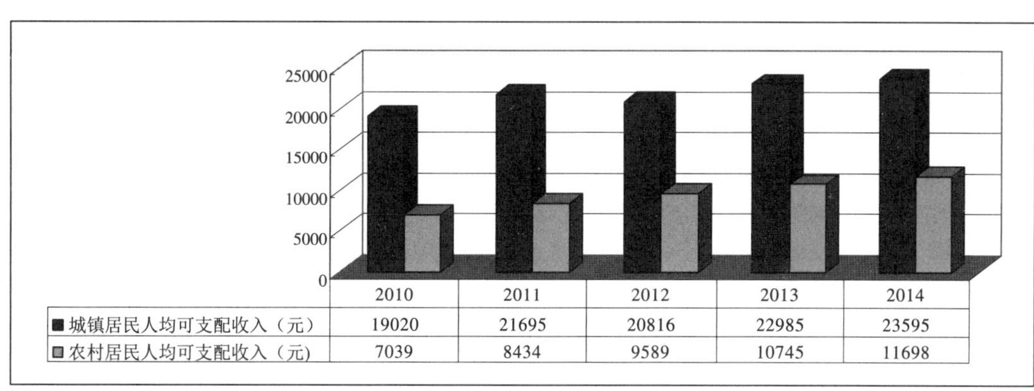

	2010	2011	2012	2013	2014
■城镇居民人均可支配收入（元）	19020	21695	20816	22985	23595
■农村居民人均可支配收入（元）	7039	8434	9589	10745	11698

图3　2010—2014年连云港市城乡居民收入对比一览

（二）就业、社会保障

加大就业创业扶持力度，2014年完成各类职业技能和创业培训29.3万人次，新增城镇就业7.6万人、农村劳动力转移就业3.6万人，下岗失业人员再就业1.9万人，城镇登记失业率2.4%。促进重点群体就业，高校毕业生总体就业率稳定在90%以上，零就业、零转移家庭保持动态为零。推进创业型城市建设，强化小微企业政策扶持，全市新设立企业数、注册资本金分别增长18.6%和128.2%。深入开展石梁河库区等片区集中扶贫开发，100个村、12万人实现脱贫。

2014年城镇职工五项保险参保率稳定在95%以上，城镇居民医保覆盖率达96%，城镇职工、城乡居民合规住院费用报销比例达80%和70%。实现企业退休人员养老金“十连调”和城乡居民保险基础养老金“三连调”，新增失地农民全部进保。新开工各类保障性住房5738套，首个公租房小区竣工。养老服务体系不断完善，建成区域性养老服务中心49个，城市社区居家养老服务中心实现全覆盖。全面落实城乡低保、困难居民医疗救助自然增长机制，近7万名残疾人得到相应保障。

（三）教育与科技创新

1. 教育事业

教育事业持续健康快速发展。教育现代化建设稳步推进。2014年全市新增交互式多媒体终端和普通多媒体2370套、学生用计算机2200台、e学习电子书包专用室32个，生机比达8.5∶1。高等教育发展层次不断提升。大学科技园通过省级认定，20个研究生校外实践基地挂牌成立。在连高校新增国家战略新兴产业相关专业5个、省高校优势学科二期建设项目1个、省重点实验室1个，3本教材获省重点立项建设。教师队伍综合素质继续提高。全市获得全国模范教师、优秀教师和优秀教育工作者10名、江苏省优秀教育工作者22名、江苏省最美乡村教师1名。教育保障力度进一步加大。2014年共争取省补各类专项资金4.07亿元。全市发放各级各类教育助学金7503万元，补助家庭经济困难学生7万名。

2. 科学技术

科技创新能力不断提升。2014年全市科技进步贡献率达51%，全社会研发支出占地区生产总值比重达1.7%，万人有效发明专利拥有量达2.76件，高新技术产业产值1904.3亿元，国家级高新技术企业总数达140家。市科创城被确定为国家级科技企业孵化器，中科院能动中心开始气化炉试验。医药产业创新能力全国领先，在全国新批的5个创新药中恒瑞、豪森各获1个，豪森荣获国家科技进步二等奖和中国专利金奖。创成国家级海外智力工作基地。全年引进高层次人才1020名，截至2014年底，全市人才总量64.9万人，其中高层次人才3.16万人。

（四）文化、卫生与体育

1. 文化事业

文化事业繁荣发展。抢抓“一带一路”建设机遇，2014年策划举办女子民族乐团“中国梦·丝路情”巡演，赴丝绸之路经济带7省12市演出16场。发起举办首届“丝绸之路”全国艺术摄影大展，展出17个城市300余件作品，59家国家级媒体对此活动进行了报道。公共文化服务体系建设取得新进展。新图书馆、音乐厅主体封顶，新发展有线电视用户33000户，入户率达93.9%。完成15个乡镇广播电视站达标建设。出台《重点群众文艺团队扶持办法》，登记发展文化志愿者2000余名。组织开展文化惠民活动2.26万场次。文化产业发展取得新成绩。首次尝试市场化运作，成功举办第六届文化产品博览会。制定文化产业发展三年行动计划，确定30多个重点实施项目。7个项目获省文化产业引导资金630万，3家企业获评省重点文化科技企业。

2. 卫生事业

卫生工作取得积极进展。公立医院改革进一步深化，推进非公立医疗机构发展，2014年全市非公立医疗卫生机构520所，占全市医疗卫生机构总数的20.1%。基本药物制度不断完善，全市109家政府办基层医疗卫生机构全部实施基本药物制度。新农合保障水平持续提升，全市共有337.07万人参合，参合率为99.87%，人均筹资标准400元。公共卫生工作水平进一步提升，市、县（区）疾控体系建设达标率为85%，新增无害化卫生厕所3.5万座。食品安全与卫生监督工作不断加强，食品安全风险监测各类食品2854份，对4项食品安全标准进行跟踪评价。

（五）城乡建设

国际性海滨城市建设全面加速。市区建成区面积扩大至150平方公里，全市城市化率提高到

57%。制定实施城市规划、建设、管理 3 个导则。新海新区科技创业城一期、新世界文化城等项目建设快速推进,城市副中心日益显现。连云新城 23 条主次干道和 27 座桥涵全面建成,一批功能性基础设施加快建设,新城框架初步呈现。南部新城开发建设快速启动,各项规划不断完善,重点工程推进有力。4 个区级城市组团建设有序推进。全市完成旧城改造 500 万平方米,一批背街小巷整治出新,东方花园等 10 个低洼片区完成改造。海滨大道市区段基本实现贯通。连云港老街、新浦民主路等历史文化特色街区重修开街。花果山大道、朝阳路等 13 条道路改造升级。沭新渠送清水工程实现通水,蔷薇湖生态湖区开工,第三水厂扩建工程建成投产。农村环境不断改善,浦南镇、新坝镇等第一批 30 个试点镇村建设加快,第二批 65 个试点镇村规划编制完成,建成农民新社区 23 个。

(六)生态建设

生态建设成效显著。2014 年水污染防治、大气污染治理等生态环境整治成效显著。市区空气质量优良率为 69.4%,PM2.5 浓度值为 61.2 微克/立方米,在全省排名第 2 位;88 个水质监测断面中,水质达到Ⅲ类及以上断面占 56.8%,劣Ⅴ类占 12.5%。地表水水质达标率为 83.9%,较上年提高 7.2 个百分点。强力推进化工园区专项整治,关闭化工企业 34 家、责令整治 187 家。整治燃煤小锅炉 103 台,淘汰老旧机动车 1.1 万辆。秸秆综禁工作扎实有效。积极开展海洋生态修复工程,秦山岛一期工程完工,港口航道生态修复全面实施。市级森林防火指挥中心建成投用。绿化造林 19200 公顷,林木覆盖率达 28.6%。

三、连云港市在泛长三角地区经济发展中的地位

2014 年,连云港市积极应对复杂多变的宏观经济形势,坚持以改革创新促发展,以扩大开放求突破,在困难和挑战较多的情况下,较好地完成了市十三届人大三次会议确定的目标任务。

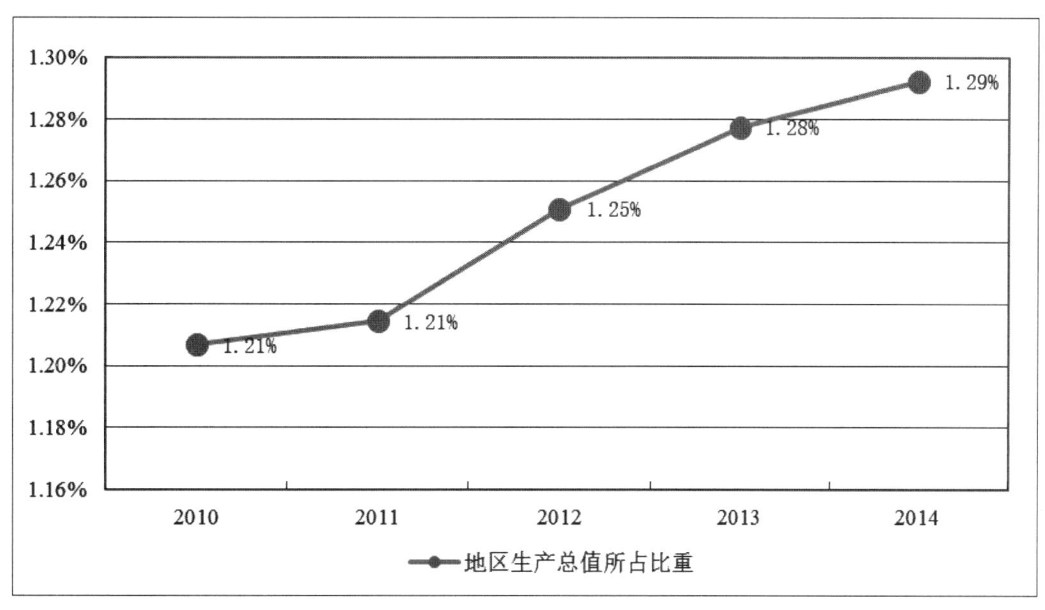

图 4 2010—2014 年连云港市地区生产总值在泛长三角所占比重变化趋势

2010—2014 年连云港市地区生产总值在长三角所占比重分别为 1.21%、1.21%、1.25%、1.28% 和 1.29%,累计增幅为 0.08 个百分点,2014 年较上年增幅为 0.01 个百分点。2014 年连云港市地区生产总值在泛长三角地区 41 个市排名第 22 位,比较靠后。

2014年苏北五市实现地区生产总值15151.49亿元，增长10.6%，高于全省和苏南1.9和1.5个百分点。连徐淮盐宿五市GDP分别达到1965.89、4963.91、2455.39、3835.62、1930.68亿元。苏北五市增速较上年均有所放缓，但仍处于合理增长区间，均高于全省8.7%的平均水平，分别增长10.2%、10.5%和10.9%、10.9%、10.8%，与上年相比，增速分别回落了1.6、1.3、1.1、1.4和1.7个百分点。连云港增速居苏北第5位。

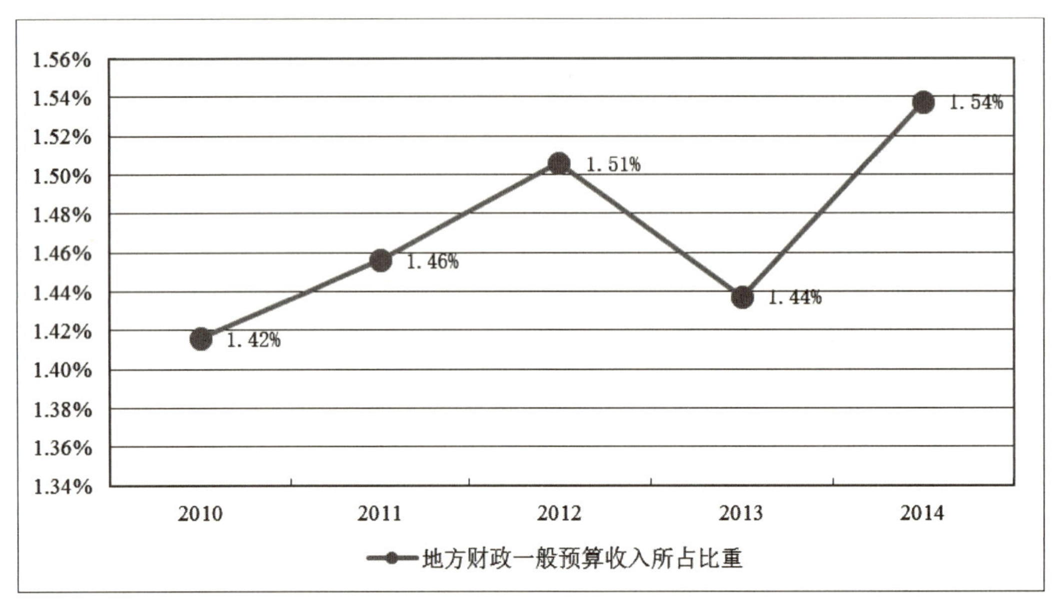

图5　2010—2014年连云港市地方财政一般预算收入在泛长三角所占比重变化趋势

2010—2014年连云港市地方财政一般预算收入在泛长三角所占比重分别为1.42%、1.46%、1.51%、1.44%和1.54%，2014年较上年增加了0.10个百分点。2014年连云港市地方财政一般预算收入在泛长三角地区41个市中的排名达到第21位，但仍比较靠后。

2014年全市公共财政预算收入261.77亿元，同比增长12.2%，居全省第六位，税收占比81.5%。市本级一般公共预算收入安排为23.1亿元。2014年，市本级完成一般公共预算收入26.1亿元，完成年度预算的112.8%。剔除2013年核电所得税政策性退税不可比因素，同口径增长12.8%。其中，一般公共预算收入26.1亿元、上级补助收入35.6亿元、地方政府债券收入4.6亿元、下级上解收入68.1亿元、上年结转收入9.3亿元。市本级一般公共预算总支出预计135.3亿元。其中，一般公共预算支出63.7亿元、上解上级支出15.5亿元、转贷各区地方政府债券支出1.1亿元、补助下级支出55亿元。收支相抵，预计年终结余结转8.4亿元。

2010—2014年连云港市规模以上工业总产值在泛长三角所占比重分别为1.02%、1.19%、1.44%、1.58%和1.75%，继续保持持续增长的态势，累计增幅为0.73个百分点，2014年较上年增加了0.17个百分点。2014年连云港市规模以上工业总产值在泛长三角地区41个市中排在第19位。

2014年全市规模以上工业增加值989.77亿元，同比增长12.4%，增幅居全省第四位。2014年苏北五市规模以上工业增加值7462.43亿元，增长12.4%，分别比全省、苏南、苏中高2.5、4.8和0.8个百分点。连云港规模以上工业增加值989.77亿元，占苏北的13.3%，比宿迁多97.39亿元，比淮安少276.64亿元。连云港规模以上工业增加值增长12.4%，增幅列苏北第4位，比宿迁低2.1个百分点，比淮安低0.5个百分点，比盐城低0.3个百分点，比徐州快1.2个百分点。

2010—2014年连云港市进出口总额在泛长三角所占比重分别为0.46%、0.52%、0.60%、0.48%

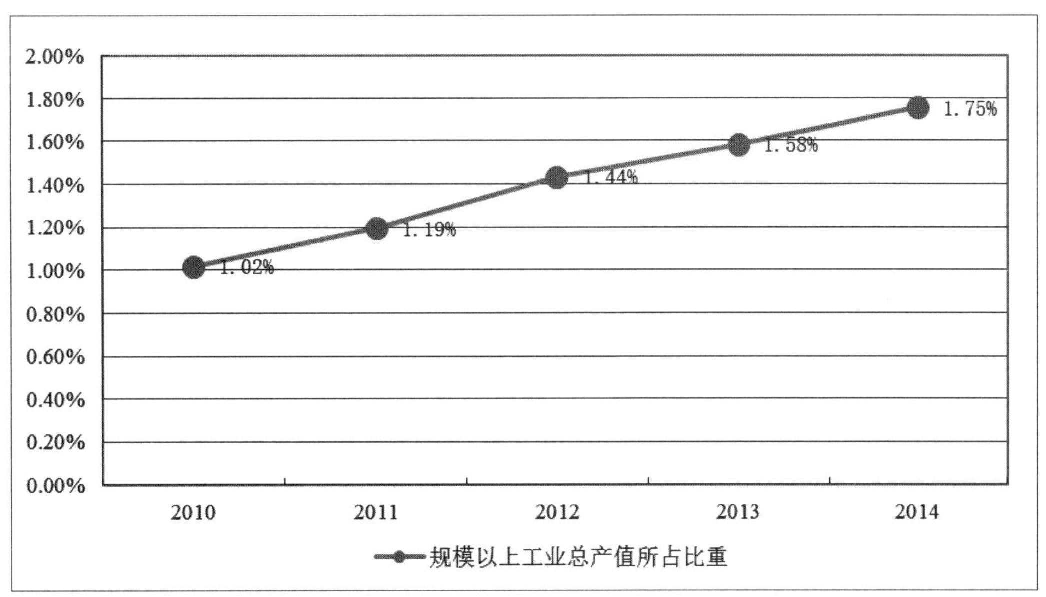

图6　2010—2014年连云港市规模以上工业总产值在泛长三角所占比重变化趋势

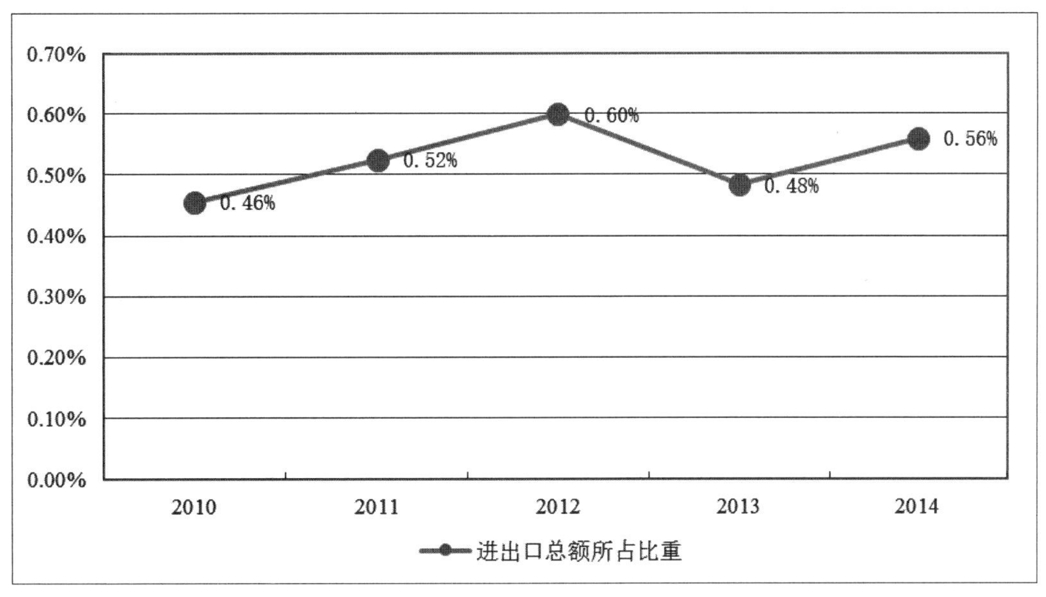

图7　2010—2014年连云港市进出口总额在泛长三角所占比重变化趋势

和0.56%，在2011年及2012年连续上扬后，2013年出现下跌，2014年继续上扬，比上年上升了0.08个百分点，五年时间累积上升了0.10个百分点。2014年连云港市进出口总额在泛长三角地区41个市中排在第20位。

2014年苏北进出口累计完成293.96亿美元，增长11.2%，高于全省8.9个百分点，比苏南、苏中地区分别高9.7和5.6个百分点。连徐淮盐宿五市进出口额分别实现80.30、59.88、41.06、75.17和37.55亿美元，分别增长20.9%、−4.8%、12.2%、15.1%和13.0%，与上年相比，除宿迁回落6.0个百分点，连徐淮盐分别上升37.9、19.7、25.8和1.6个百分点。连云港增速居全省第1位。

2010—2014年连云港市实际外商直接投资金额在泛长三角所占比重分别为1.99%、0.97%、

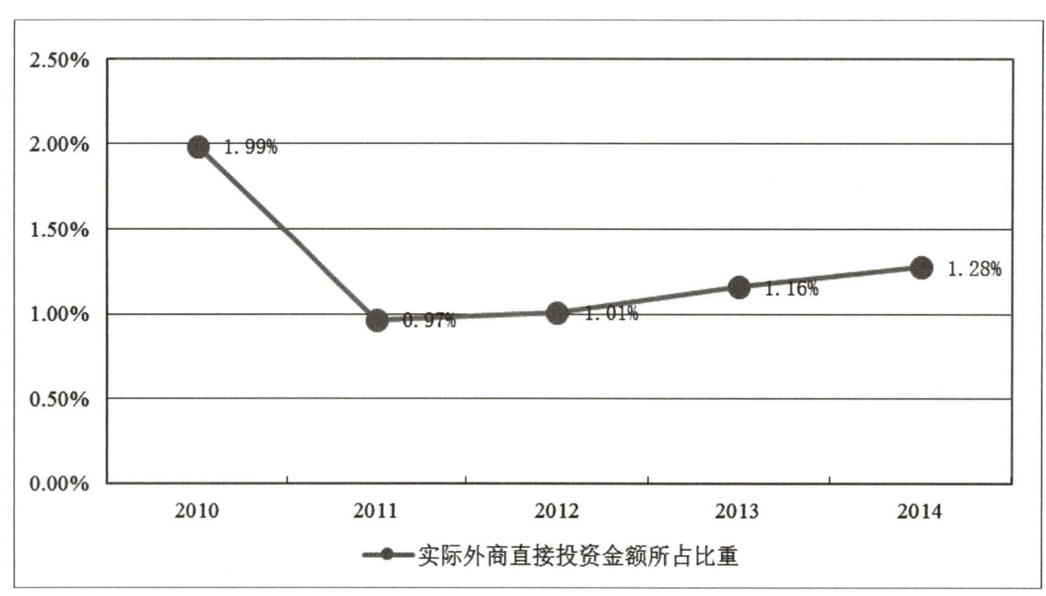

图 8　2010—2014 年连云港市实际外商直接投资金额在泛长三角所占比重变化趋势

1.01%、1.16%和 1.28%，2014 年保持了 2013 年的涨势，较上年上升 0.12 个百分点，较 2010 年下跌了 0.71 个百分点。2014 年连云港市实际外商直接投资金额在泛长三角地区 41 个市中排在第 20 位。

全年引进内联到位资金 948.70 亿元，同比增长 23.6%；实际利用外资 9.54 亿美元，同比增长 18.6%。苏北五市实际到账注册外资 55.23 亿美元，增长 3.5%，高于全省 17.7 个百分点。宿迁、连云港、徐州三市实际到账注册外资增势较快，2014 年分别利用外资 6.65、9.54 和 16.58 亿美元，增速分别达到 33.2%、18.6%和 15.0%，居全省前三位，连云港处于第二位。

九　淮安市2014年经济社会发展报告

2014年，面对严峻复杂的宏观经济环境，全市上下牢记习近平总书记把周总理家乡建设好的殷切嘱托，紧紧围绕跨越发展“突破年”总体要求，全力稳增长、调结构、促改革、惠民生、重生态，经济社会发展呈现出“稳中有进、质态向好、改革深化、民生改善”的良好态势，取得新常态下全面突破的新业绩。

一、淮安市2014年经济发展概况

（一）综合经济

1. 经济总量

综合经济平稳较快增长。全市实现地区生产总值2455.39亿元，按照可比价格计算，比上年增长10.9%。其中，第一产业增加值增长3.6%，第二产业增加值增长11.2%，第三产业增加值增长12.5%。经济结构进一步优化，三次产业比例由上年的12.6∶45.6∶41.8调整为11.7∶44.2∶44.1。人均GDP 50736元，按当年平均汇率折算为8259美元。

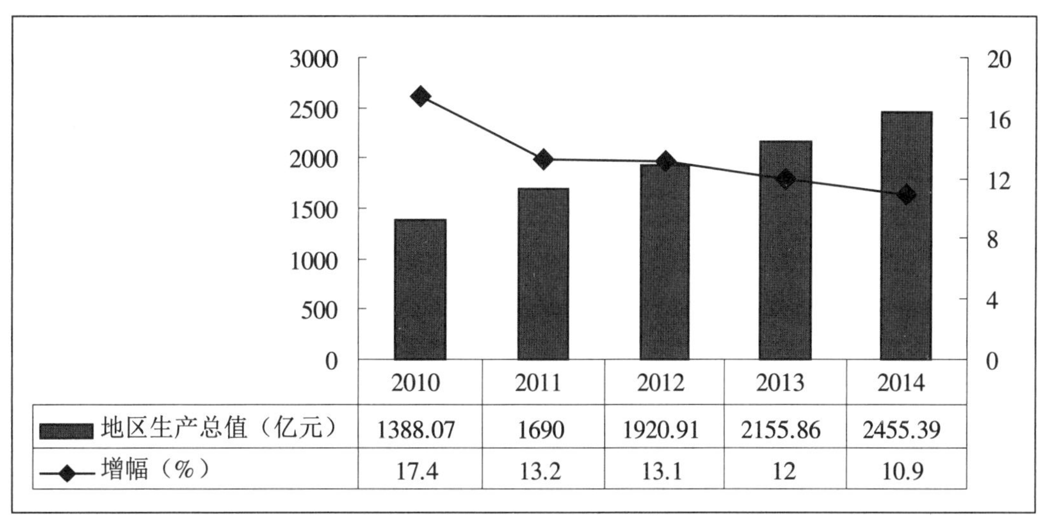

图1　2010—2014年淮安市地区生产总值及增长速度

2. 财政收入

财政收入稳步增长。全年财政总收入551.78亿元，比上年增长11.6%。其中上划中央四税收入154.99亿元，增长6.3%；公共财政预算收入308.51亿元，增长13.7%；社保基金收入72.24亿元，增长8.8%。

3. 物价指数

居民消费价格低位运行。全年居民消费价格比上年上涨2.1%，其中食品涨1.8%，衣着涨2.9%，家庭设备用品及维修服务涨1.9%，医疗保健和个人用品涨2.2%，娱乐教育文化用品及服务涨4.2%，居住涨2.5%，烟酒跌3.0%，交通和通信跌0.7%。

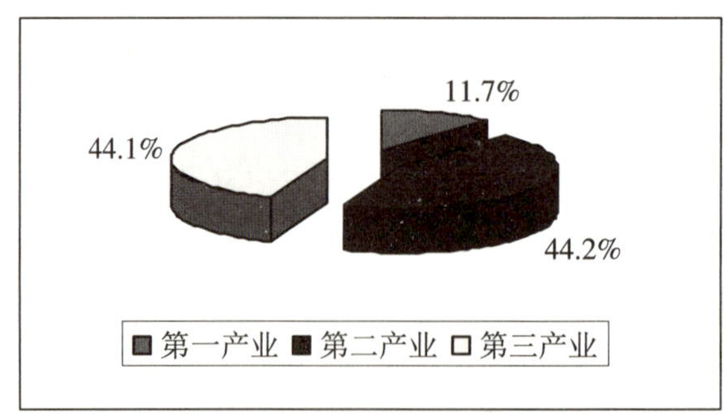

图 2　2014 年淮安市三次产业结构图

4. 固定资产投资

固定资产投资增长较快。全市完成规模以上固定资产投资 1795.73 亿元，比上年增长 23.0%。其中工业投资 1009.86 亿元，增长 25.6%；房地产开发投资 357.66 亿元，增长 14.6%。民间投资 1096.59 亿元，增长 22.7%，占全市规模以上投资 61.1%。全市在建亿元项目 606 个，计划总投资 1603.90 亿元，比上年增长 11.4%；完成投资 970.71 亿元，增长 18.1%。新招引亿元以上内资项目 216 个，其中 10 亿元以上项目 26 个，超 50 亿元重特大项目 5 个。总投资 200 亿元的金岭盐化新材料循环经济产业园、总投资 45 亿元的中兴 4G 智慧产业园、总投资 40 亿元的中兴能源光伏发电等一批重大项目相继落户。

（二）农林牧渔和水利业

农业生产稳定发展。粮食连续十一年丰收，全年粮食总产量 467.19 万吨，比上年增加 6.16 万吨，增长 1.3%。其中夏粮 179.43 万吨，增长 3.9%；秋粮 287.76 万吨，下降 0.2%。全年粮食种植面积 987.80 万亩，增加 1.31 万亩。油料面积 47.14 万亩，减少 4.19 万亩，蔬菜面积 141.90 万亩，增加 0.05 万亩。全年完成造林面积 4.03 万亩，其中成片林 3.2 万亩。全年肉类总产量 31.29 万吨，下降 2.8%，其中猪牛羊肉产量 20.33 万吨，下降 3.5%；禽肉产量 10.89 万吨，下降 1.4%。禽蛋总产量 13.01 万吨，增长 0.3%。牛奶总产量 3.6 万吨，增长 13.7%。全年水产品总产量 26 万吨，增长 0.2%。年末农业机械总动力 568.5 万千瓦，增长 9.7%。

水利建设取得新成效。全年完成水利建设投资 33.13 亿元，“十二五”以来累计完成投资达 130.63 亿元。全力推进淮河治理等国家重点工程，淮河入江水道整治主体工程全部完成，洪泽湖大堤加固、分淮入沂整治工程完成 80%以上。主城区水环境工程进展顺利，里运河堂子巷控制工程建成并发挥效益，先后 5 次向城区补水总量近 400 万方。民生水利加快实施，全面完成县乡河道疏浚、村庄河塘整治、灌区节水改造年度目标，新建改造泵站 244 座，新建防渗渠道 676 公里；疏浚县乡河道 326 条，整治村庄河塘 1150 个；实施淮涟、渠南等 7 个大中型灌区节水改造工程、7 个县(区)小型农田水利重点县工程，进一步增强农田灌排能力。完成 7 个县(区)农村饮水安全工程，解决 45.35 万人不安全饮水问题。

（三）工业和建筑业

工业经济较快增长。全年完成规模以上工业增加值 1266.41 亿元，比上年增长 12.9%。其中国有工业增加值 125.84 亿元，增长 3.0%；集体工业增加值 4.51 亿元，增长 12.5%；股份制工业增加值 663.05 亿元，增长 13.0%；外商港澳台投资工业增加值 341.14 亿元，增长 17.5%。大中型工业企业

增加值606.61亿元，增长9.8%。轻工业企业增加值555.23亿元，增长10.3%；重工业企业增加值711.18亿元，增长15.0%。

转型升级加速推进。全年“4+2”优势特色产业①实现产值3126.36亿元，同比增长20.6%，占全市规模以上工业比重55.2%，同比提高6.1个百分点。其中，盐化新材料、特钢、电子信息、食品四大主导产业实现产值2835.28亿元，增长20.1%，占规模以上工业产值比重50.02%；高端装备制造、新能源汽车及零部件等两大战略性新兴产业实现销售291.08亿元，增长26.1%。电子信息业实现销售993.76亿元，增长40.2%。节能降耗成效明显，单位GDP能耗下降率顺利完成省定目标。

骨干企业支撑有力。全市有规模以上工业企业2456户，其中销售50亿元以上企业8户，30亿元以上企业12户，10亿元以上企业43户。全市百户重点企业实现销售、利税、利润占全市比重分别为21.1%、26.6%和20.6%。全年规模以上工业企业实现主营业务收入5568.85亿元，比上年增长19.7%；利税529.45亿元，增长27.9%；利润295.9亿元，增长34.3%。

建筑业平稳发展。全市具有资质等级的总承包和专业承包建筑业企业612户。全年完成建筑业增加值183.08亿元，比上年增长8.9%。完成建筑业总产值1226.31亿元，增长19.4%，其中建筑工程产值1188.99亿元，增长21.0%。

（四）服务业

1. 国内贸易

消费市场运行平稳。全年实现社会消费品零售总额814.81亿元，比上年增长13.1%。按经营单位所在地分，城镇消费品零售额729.2亿元，增长13.8%；乡村消费品零售额85.6亿元，增长6.2%。按消费形态统计，批发零售业完成零售额736.5亿元，增长13.6%；住宿餐饮业实现零售额78.4亿元，增长7.5%。

消费热点保持活跃。限额以上单位实现社会消费品零售额442.4亿元，比上年增长19%。其中粮油、食品类增长8.6%，烟酒类增长26.5%，化妆品类增长17.9%，金银珠宝类增长16.7%，电子出版物及音像制品类增长58.2%，五金电料类增长17.5%，家具类增长31.2%，石油及制品类增长26.1%，建筑及装潢材料类增长34.2%，机电产品及设备类增长15.1%，汽车类增长26.7%。

2. 交通运输与邮电

交通运输业发展较快。全市完成交通基础设施建设投资43.1亿元，比上年增长18.3%。205国道淮安西绕城段、淮海路盐河大桥、承德路京杭运河大桥建成通车，高良涧船闸扩容等项目快速推进，连淮扬镇铁路、淮安新港二期等项目开工建设，现代有轨电车一期工程当年完成全线铺轨。全市年末公路总里程达13074.17公里，其中高速公路里程403.44公里，一级公路522.97公里。新改建农村公路588公里，桥梁83座。完成公路、水路客运量8437万人次、周转量46.32亿人公里，分别增长1.7%和0.7%；货运总量1.13亿吨、周转量336.64亿吨公里，分别增长10.2%和9.9%；港口集装箱年吞吐量突破10万标箱，达10.3万标箱，增长50.6%；港口货物吞吐量7100万吨，增长7.6%。航空旅客吞吐量51.6万人次、货邮吞吐量3421吨，分别增长27.5%和35.3%。全市A级以上物流企业增至10个。

邮电通讯业平稳发展。全年邮电业务收入28.25亿元，比上年增长5.8%。其中，电信业务收入23.84亿元，增长4.1%；邮政业务收入4.41亿元，增长15.4%。全市年末固定电话用户80.71万户，

① “4+2”优势特色产业：指盐化新材料、特钢、电子信息、食品四大主导产业和高端装备制造、新能源汽车及零部件两大战略性新兴产业

下降7.8%。全年移动电话用户303.05万户，增长2.8%；年末互联网注册用户57.64万户，增长9.5%。

3. 旅游业

旅游业快速发展。全年实现旅游总收入235.73亿元，比上年增长15.3%，其中国内旅游收入231.63亿元，增长15.7%；旅游外汇收入1312.93万美元，增长21.5%。接待国内外旅游者2090.96万人次，增长14%，其中国内接待2089.6万人次，增长14%；入境过夜游客1.36万人次，增长28.8%。入境过夜游客中，外国人7615人次，增长30.5%；香港、澳门、台湾同胞4731人次，增长26.7%。年末全市共有国家A级旅游景区42家，其中AAAA级旅游景区13家；省星级乡村旅游点36家；省级自驾游基地4家；省级旅游度假区2家；省级生态旅游示范区2家；星级旅游饭店48家，其中五星级旅游饭店1家；旅行社103家，其中四星级旅行社2家，出境社2家；持证导游3795人。

4. 金融和保险

金融市场运行平稳。年末金融机构本外币存款余额2036.86亿元，比年初增加299.79亿元、增长17.3%；本外币贷款余额1635.59亿元，比年初增加238.10亿元、增长17.0%。储蓄存款1047.22亿元，比年初增加112.91亿元、增长12.0%。保险公司保费收入57.33亿元，比上年增长34.1%，其中财产险保费收入16.61亿元，增长14.9%，人身险保费收入35.39亿元，增长42.9%，意外险保险收入1.56亿元，增长32.2%，健康险保险收入3.76亿元，增长60%。全年保险赔款和给付支出18.37亿元，其中财产险9.94亿元，寿险6.73亿元，意外险0.29亿元，健康险1.40亿元。

（五）开放型经济

1. 对外贸易

对外经贸稳中有进。全年累计完成进出口总额41.1亿美元，比上年增长12.2%。其中，出口31.6亿美元，增长13.7%；进口9.5亿美元，增长7.5%。贸易顺差22.1亿美元，比上年增加2.5亿美元。全市有进出口、出口实绩企业分别为718户、630户，较去年同期分别增加67户、57户，其中进出口超5000万美元、1000万美元、500万美元企业分别为20户、64户、117户；新增超亿美元企业2户、超千万美元企业13户。全年累计完成外经营业额1.05亿美元，同比增长12.4%；新签对外承包工程项目7个，新签合同额2676万美元，同比增长15.4%；新增境外投资项目5个，中方协议投资额3070万美元。

2. 利用外资

外资利用质态提升。全年新批外资项目179个，协议外资21亿美元，注册外资实际到账11.8亿美元。新批总投资超3000万美元项目38个，其中9000万美元以上项目13个，分别同比增加7个、8个。新批欧美日韩项目23个，同比增加9个。新引进金融、医疗、教育等27个新兴业态特色项目，服务业利用外资占比32%，同比提高15个百分点。全市开工项目到账外资10亿美元，占比达83.3%，同比提高18个百分点。总投资10亿美元的臻鼎科技、10亿美元的信诺医疗、3亿美元的纳沛斯半导体等一批重大项目成功落户。新开工、新竣工外资项目102个、81个，分别同比增加21个、16个。

3. 开发园区建设

开发园区加快发展。全市开发园区实现规模以上工业开票销售收入1290亿元，比上年增长14.5%；入库税收108.3亿元，增长15.3%；注册外资实际到账8.52亿美元，其中开工项目到账外资6.54亿美元，占注册外资实际到账的77%；进出口总额34.0亿美元，占全市比重82.9%。12家特色产业园累计实现规模以上工业开票销售收入317.8亿元，增长15.7%。

二、淮安市2014年社会发展概况

（一）人口、人民生活

人口规模小幅增长。年末户籍总人口560.25万人，比上年增加7.29万人，增长1.3%。年末常住总人口485.21万人，比上年增加2.52万人，增长0.5%。城镇常住人口273.95万人，农村常住人口211.26万人。常住人口出生率12.34‰，死亡率7.40‰，自然增长率4.94‰。

居民收入稳步提高。全体常住居民人均可支配收入19110元，比上年增长10.1%。城镇居民人均可支配收入25798元，增长9.4%；人均消费性支出14703元，增长7.1%。农村居民人均可支配收入12010元，比上年增长11.6%；人均生活消费支出7836元，增长12.1%。城镇常住居民人均住房面积43.6平方米，农村常住居民人均住房面积50.2平方米。

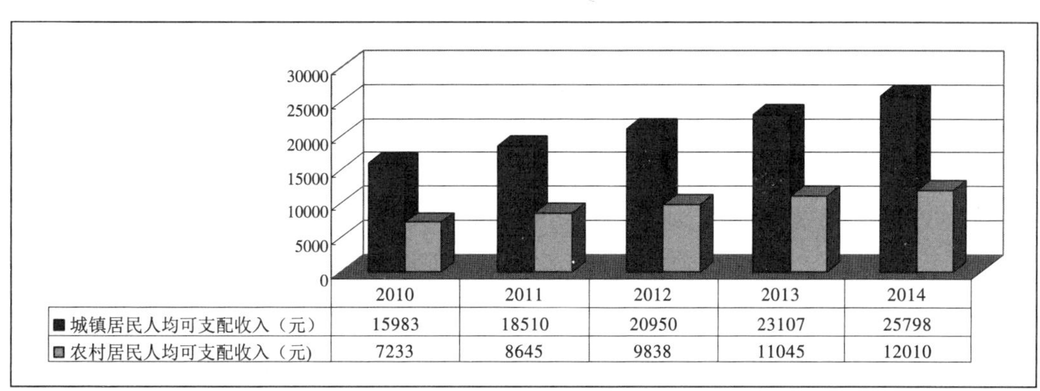

图3　2010—2014年淮安市城乡居民收入对比一览

（二）就业与社会保障

就业形势保持稳定。全年城镇新增就业7.2万人；下岗失业人员再就业4.03万人，其中困难群体再就业5791人。年末城镇登记失业率为2.22%，保持在较低水平。新增转移农村劳动力2.59万人，城乡劳动者职业技能培训4.43万人。

社会保障体系不断完善。年末全市参加企业养老保险职工人数86.27万人，比上年增加2.81万人。其中农民工参保6.69万人，个体灵活就业人员参保36.32万人。全市参加城镇职工基本医疗保险、工伤保险、生育保险、失业保险人数分别为82.93万人、46.26万人、42.06万人和62.3万人，比上年分别增加2.03万人、1万人、1.06万人和1.21万人。城镇居民基本医疗保险参保人数80.61万人。全市参加农村养老保险人数124.88万人，参保率99%。全市共支付22.72万名企业离退休人员养老金44.63亿元，企业离退休人员养老金按时足额100%社会化发放。共征缴当期养老保险费51.04亿元，清理企业往年欠缴养老保险费6599万元。全市22.63万名企业退休人员纳入社区管理服务，管理率100%。组织10.87万名企业退休人员第四轮免费体检。全市累计为1.8万人次特困人员办理贷款，发放贷款资金1.5亿元。

（三）教育与科技创新

1. 教育

教育事业协调发展。全市共有各级各类学校787所，在校生87.70万人，教职工6.37万人。其中：幼儿园296所，在园幼儿16.72万人；小学283所，在校生33.66万人；初中147所，在校生13.59万人；普通高中29所，在校生7.95万人；中等职业学校19所，在校生7.67万人；特殊教育学校7所，在校生0.15万人；普通高校6所，在校生7.96万人。全市学前教育毛入园率98.8%；小学巩固率100.0%；初中巩固率100.0%；初中毕业生升学率98.2%；高中阶段教育毛入学率98.1%。

2. 科技创新

科技创新能力增强。全年研究与试验发展(R&D)经费支出39.2亿元，比上年增长21.4%，占全市地区生产总值比重1.6%。全年专利申请15101件，比上年增长25.1%；专利授权6663件，比上年增长45.7%，发明专利申请3495件，增长49.6%。全年新开发市级以上新产品1050个，其中市级高新技术产品117个、省级79个。全年实现高新技术产业产值1473.86亿元，比上年增长25.0%。全市新增省级高新技术企业76家，新认定市级高新技术企业69家。

创新载体发展迅速。洪泽县新获批省级创新型试点县区，全市累计达3个；新获批省级创新型试点乡镇3个，累计达10个。新获批省级企业重点实验室1家、工程技术研究中心8家，累计建成市级以上"两站三中心"670家。全市省级以上孵化器孵化面积超过88万平方米。驻淮高校院所新建立校企联盟60家，累计达500家。

（四）文化、卫生和体育

1. 文化

文化事业繁荣发展。大运河入选世界文化遗产名录，实现淮安市世界文化遗产零的突破；金湖秧歌、洪泽湖渔鼓舞入选第四批国家级非遗名录。全市万人拥有公共文化设施面积1499平方米，公共文化服务设施覆盖率92.1%，人均公共图书馆总藏量0.803册。清河区和淮阴区码头镇、涟水县高沟镇等8个乡镇创成江苏省公共文化服务示范区。全市有线电视总户数146.78万户，比上年增长6.24%；新增农村有线电视用户7.4万户，有线电视入户率92.5%，有线电视村民小组接通率100%。

2. 卫生

卫生服务体系健全。全市共有各类卫生计生机构(不含村卫生室)822个，其中疾病预防控制机构9个，卫生监督机构10个，综合医院32个，专科医院12个，中医院6个，妇幼卫生保健机构9个，卫生院129个，社区卫生服务中心(站)80个，计划生育技术服务机构125个。各类卫生机构实有病床24642张，其中医院15330张、卫生院(社区卫生服务中心)8412张；卫生技术人员2.89万人，其中执业(助理)医师1.16万人，注册护士1.26万人；疾病预防控制机构卫生技术人员430人，卫生监督机构卫生技术人员206人，妇幼卫生保健机构卫生技术人员1298人，计划生育技术服务机构169人。英国信诺公司、美国摩根斯坦利公司投资1.3亿美元合作办医项目顺利落户淮安。

3. 体育

体育事业蓬勃发展。成功与徐州市联合承办第十八届省运会。全市1376名运动员参加省运会青少年部24个大项839个小项的比赛角逐，获赛会金牌149.35枚，奖牌375.9枚，赛会金牌榜、奖牌榜和团体总分三项均名列全省第五。全年向省体校输送优秀运动员147人，向省专业队和解放军队共输送优秀运动员61人。全市新建成健身步道33条，总长达60公里，配置健身器材342件，沿途健身场地面积26452平方米，建成全市城市社区"10分钟体育健身圈"。全年销售体育彩票8.13亿元。

（五）城乡建设

"十项重点工程"建设取得突破，"一县一策、一县一题"专项扶持扎实推进，有力支撑了中心城市

建设和县域经济发展。中心城市功能进一步完善。投资1007亿元，实施910个重点项目，“一廊四区多片”功能特色逐步显现。连淮扬镇铁路启动建设，徐宿淮盐铁路即将开工，淮安市在长三角乃至全国的综合交通枢纽地位得以确立，淮安人民正跑步进入高铁时代；里运河文化长廊建设全线推进，清江浦景区、状元府第等项目建成开放；古淮河·西游文化旅游区建设步伐加快，现代有轨电车1号线全线铺轨，白马湖森林公园和湿地公园建设初见成效，市体育中心建成运营，智慧产业谷一期工程主体竣工，金融中心开工建设，西南化工区居民搬迁基本完成。全面提升城市夜景亮化，基本建成数字城市地理空间框架，积极导入城市形象识别系统，加强城市长效管理，全国文明城市创建获得提名资格。县域经济发展后劲不断增强。涟水电子电气产业园升格为省级特色产业园区，洪泽获批建设国家现代农业示范区，盱眙旅游业成为县域经济重要增长点，金湖开发区位列全省开发区综合评价第一版块，清河现代服务业加速高端化发展，清浦生物医药产业优势凸显，淮安国信工业园特色产业加速集聚，淮阴规模以上工业产值率先突破千亿元。镇村建设水平不断提高。在加快四座县城建设的同时，着力推进10个重点中心镇建设。新改建农村公路588公里、桥梁82座，镇村公交开通率达35.6%。完成10773个村庄环境整治，施河镇创成苏北唯一的全国卫生镇，老子山镇龟山村入选中国传统村落名录。生态文明建设扎实推进。在苏北率先通过省级生态市考核验收，成为全国生态文明先行示范区和水生态文明城市建设试点市，获批国家新能源示范城市。铁腕整治大气污染，秸秆综合利用和企业减排工作全省领先，PM2.5浓度降幅全省第二，全年雾霾天数下降明显，既有效改善了全市空气质量，又为全省大气污染防治作出了积极贡献。

（六）环境保护

环境保护成效显著。全市设立自然保护区5个，其中省级自然保护区2个，自然保护区面积7.09万公顷。市区空气质量优良天数222天，优良率60.8%；城市水域功能区水质达标率94.7%，集中式饮用水源地水质达标率100%；市区环境噪声平均等效声级54.1分贝，声环境质量等级较好；市区交通噪声平均等效声级67.6分贝，声环境质量等级为好。化学需氧量和二氧化硫排放量分别比上年削减1595.02吨和638.77吨。

三、淮安市在泛长三角地区经济发展中的地位

2014年，淮安市经济在新常态下实现了稳中有进、质态向好，主要指标增长处于合理区间，成绩来之不易。列入江苏省统计的18项主要指标全面飘红，排位均居全省前四位。其中，三产增加值、工业总产值、工业投资、社会消费品零售总额、金融机构存款余额等五项指标增幅位列全省第一。GDP、一产、工业增加值、规模以上固定资产投资、全体居民、农村居民人均可支配收入、公共财政预算收入、金融机构贷款余额等八项指标增幅进入全省前三。

2010—2014年，淮安市地区生产总值在泛长三角所占比重分别为1.40%、1.46%、1.50%、1.54%和1.61%，连续多年出现持续的增长，累计增幅为0.21个百分点，2014年较2013年上升0.07个百分点。2014年淮安市地区生产总值在泛长三角地区41个市中排名第20位。

2014年，全市实现地区生产总值2455.39亿元，按照可比价格计算，比上年增长10.9%，增速分别比全国、全省平均水平高3.5和2.2个百分点，位居全省第2、苏北第1。其中，第一产业增加值292.20亿元，增长3.6%；第二产业增加值1101.15亿元，增长11.2%；第三产业增加值1062.04亿元，增长12.5%。服务业占GDP比重达43.3%，比上年提高1.5个百分点。根据第三次经济普查结果，对GDP、服务业等增加值进行了调整修订。全市三次产业中，二、三产业占GDP比重为88.1%，比上年提升了0.7个百分点，服务业占比达43.3%，提升了1.5个百分点。产业结构向“三、二、一”加速迈进。

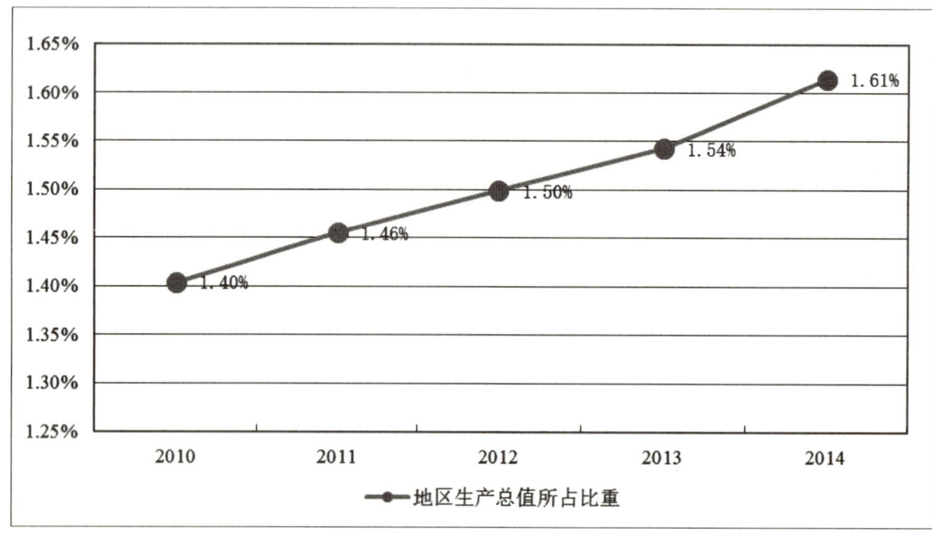

图 4　2010—2014 年淮安市地区生产总值在泛长三角所占比重变化趋势

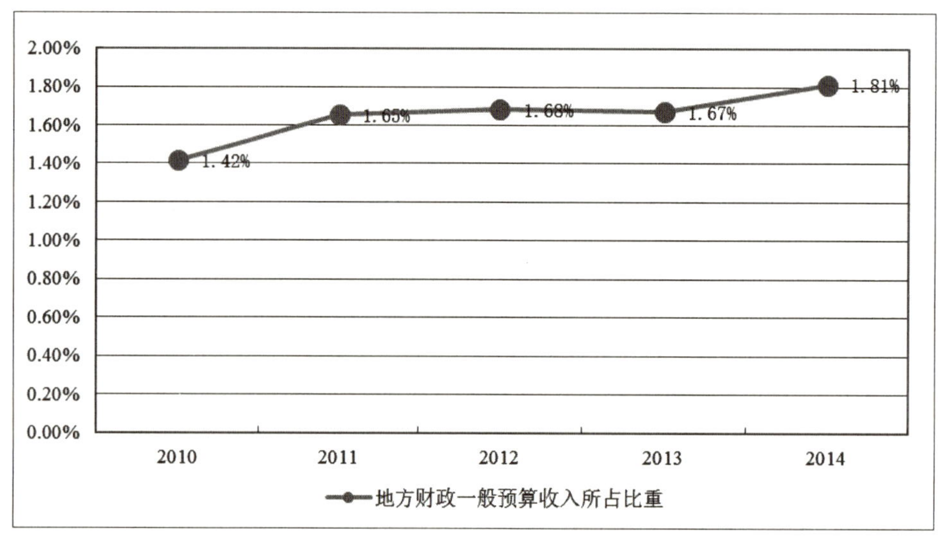

图 5　2010—2014 年淮安市地方财政一般预算收入在泛长三角所占比重变化趋势

2010—2014 年，淮安市地方财政一般预算收入在泛长三角所占比重分别为 1.42%、1.65%、1.68%、1.67%和 1.81%，整体呈现持续增长的态势，累计增幅达 0.39 个百分点，2014 年相对 2010 年已实现了较大幅度的跨越，2014 年较上年上升了 0.14 个百分比。2014 年淮安市地方财政一般预算收入在泛长三角地区 41 个市排名第 14 位。

2014 年，实现财政总收入 551.78 亿元，同比增长 11.6%；其中公共财政预算收入 308.51 亿元，增长 13.7%，居全省第 3 位。收入结构不断优化，实现地方税收收入 251.94 亿元，同比增长 13.8%，税收比重达 81.7%，较去年同期提高 0.1 个百分点。民生支出持续增加，财政民生类支出 317.85 亿元，占公共财政预算支出比重达 73.7%，较同期提升 0.8 个百分点。

2010—2014 年，淮安市规模以上工业总产值在泛长三角所占比重分别为 1.28%、1.34%、1.66%、1.84%和 2.04%，呈现逐年增加的趋势，累计增幅为 0.76 个百分点，2014 年较上年仅增长 0.20 个百分点。2014 年淮安市规模以上工业总产值在泛长三角地区 41 个市排名第 17 位。

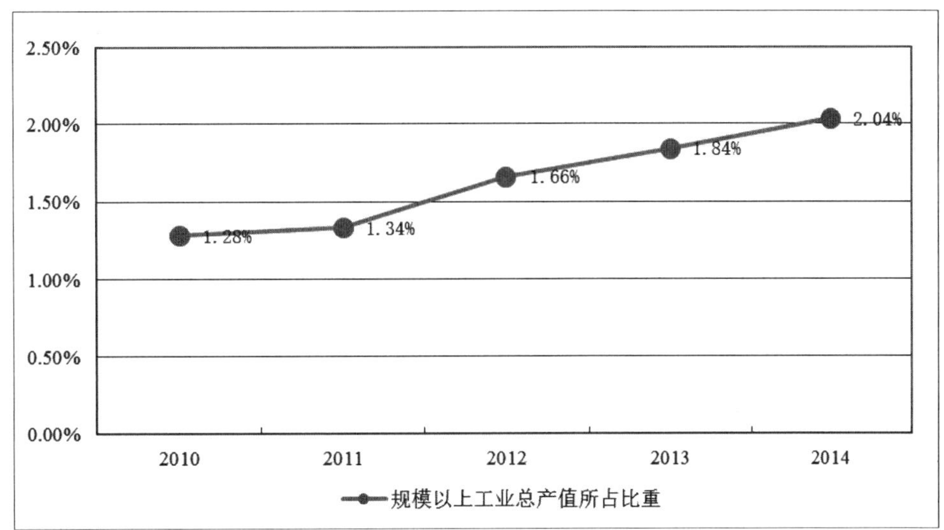

图6　2010—2014年淮安市规模以上工业总产值在泛长三角所占比重变化趋势

2014年，全市规模以上工业实现工业总产值5668.43亿元，比上年增长20.3%；实现工业增加值1266.41亿元，比上年增长12.9%，增速全省第二，比上年进了2位。1—11月份，全市规模以上工业实现主营业务收入、利税、利润增速分别为20.1%、22.6%、29.3%，三项指标增幅全部位居全省第一位，比上年分别进了2位、3位、2位。

全年"4+2"优势特色产业突破3000亿，实现产值3126.36亿元，比上年增长20.6%，占全市规模以上工业产值的比重首次过半，达到55.2%，比上年提升6.1个百分点。其中，电子信息产业实现产值993.76亿元，总量和增速居四大产业之首。食品业表现抢眼，实现产值740.64亿元，10户企业产值超10亿元。盐化工新材料及特钢分别实现产值581.59亿元、518.85亿元。两大新兴产业生产快于全市，呈高端集群式发展，成为竞争新优势。高端装备制造、新能源汽车及零部件制造两大产业共实现产值291.08亿元，增长26.1%，高于全市平均增速5.8个百分点。其中，高端装备制造业实现产值163.94亿元，增长26.7%；新能源汽车及零部件制造业实现产值127.14亿元，增长25.4%。优势特色产业加速集聚。"4+2"优势特色产业产值比上年增长20.6%，占全市规模以上工业产值的比重达到55.2%，比上年提升6.1个百分点。其中，四大主导产业产值占规模企业比重达50.02%，主导作用凸显。两大新兴产业产值增长26.1%，快于全市规模工业5.8个百分点，呈高端集群式发展。

2010—2014年，淮安市进出口总额在泛长三角所占比重分别为0.20%、0.22%、0.32%、0.27%和0.29%，2014年出较上年增加了0.102个百分点。2014年淮安市规模以上工业总产值在泛长三角地区41个市排名第26位。

2014年，淮安市对外经贸稳中有进。全年累计完成进出口总额41.1亿美元，比上年增长12.2%。高于江苏省外贸增速，其中出口194.2亿元人民币，增长12.2%；进口58亿元人民币，增长6.35%。

外贸进出口特点突出，一般贸易进出口值为156.5亿元，同比增长12.6%，增长较快；民营企业进出口117.8亿元，同比大幅增长23.4%。生产型企业进出口总值为178.6亿元，同比增长12.5%，贸易型企业进出口总值为73.6亿元，同比下降8.5%，但降幅有所收窄。传统优势出口商品较快增长，机电产品与服装及衣着附件产品出口分别为58亿元与32.5亿元，同比分别增长12.4%与41.3%，两者合计占全市出口总值的46.6%；进口农产品16.6亿元，同比增长19.1%。

2010—2014年，淮安市实际外商直接投资金额在泛长三角所占比重分别为1.90%、2.57%、

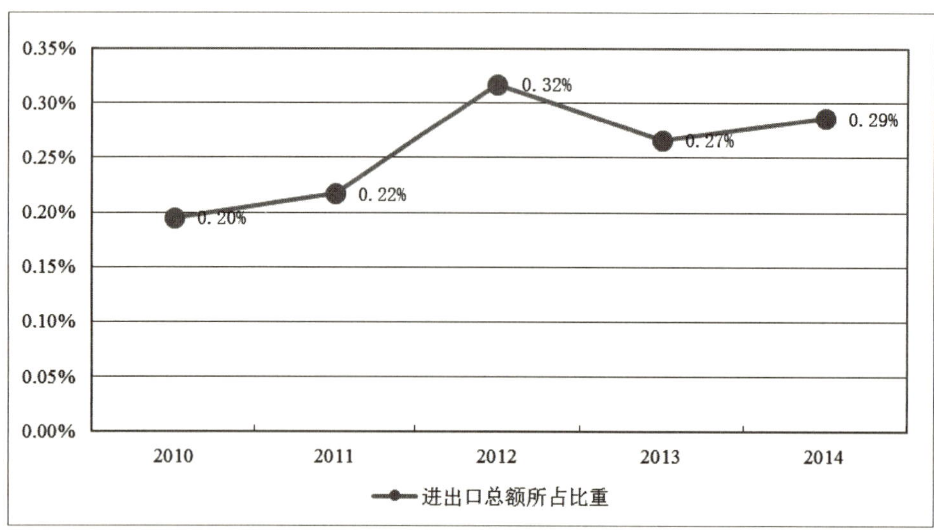

图7　2010—2014年淮安市进出口总额在泛长三角所占比重变化趋势

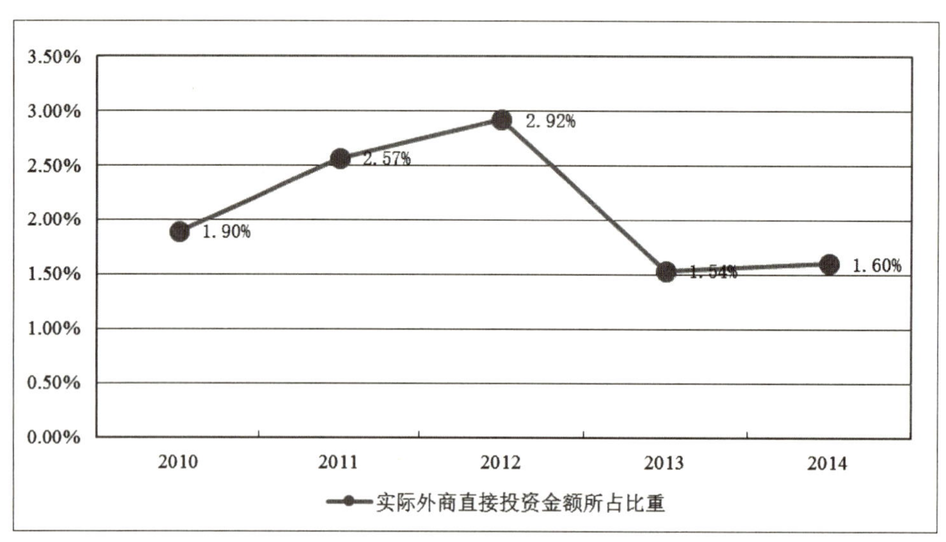

图8　2010—2014年淮安市实际外商直接投资金额在泛长三角所占比重变化趋势

2.92%、1.54%和1.60%，2013年呈现大幅下跌的态势，2014年小幅上扬，较上年上升了0.06个百分点，5年下降了0.30个百分点。2014年淮安市实际外商直接投资金额在泛长三角地区41个市排名第17位。

2014年淮安市外资利用质态提升。全年新批外资项目179个，协议外资21亿美元，注册外资实际到账11.8亿美元。总量苏北第二，排名上升一位；实现进出口41.1亿美元，增长12.2%，增幅全省第四；全市新批欧美日韩项目23个，同比增加9个。新批总投资3000万美元以上项目38个，其中9000万美元以上项目13个，总量均列苏北第一。新开工、新竣工外资项目102个、81个，同比分别增加21个、16个。开工项目到账外资达10亿美元，占比83.3%，提高18.3个百分点。淮安经济技术开发区总投资10亿美元的臻鼎科技、淮安工业园区总投资3亿美元的纳沛斯半导体、淮阴区总投资2.4亿美元的信诺医疗等一批重大项目落户。新引进金融、医疗、教育等27个新兴业态特色项目，服务业利用外资占比提高15个百分点，敏实和兴汽车技术服务中心获批全市首个省级功能性机构，以淮安经济技术开发区为主体创成省级利用外资转型发展示范区。

十　盐城市2014年经济社会发展报告

2014年是全面深化改革的开局之年，也是完成“十二五”规划的关键之年。面对经济发展新常态的新变化，在市委、市政府的正确领导下，全市上下坚持稳中求进的总基调，以改革统领全局，以“八项工程”为抓手，经济社会发展呈现出“稳中有进、质态提升、民生改善”的良好发展态势。

1. 盐城市2014年经济发展概况

（一）综合经济

1. 经济总量

经济保持稳定增长。初步核算，2014年，全市实现地区生产总值3835.62亿元，按可比价计算，比上年增长10.9%。其中第一产业实现增加值489.5亿元，比上年增长3.5%；第二产业实现增加值1782.41亿元，比上年增长11.8%；第三产业实现增加值1563.71亿元，比上年增长12.1%。

产业结构持续优化。三次产业增加值比例调整为12.7∶46.5∶40.8，二三产业比重提高了0.5个百分点，人均地区生产总值达53115元（按2014年年平均汇率折算约8692美元），比上年增长10.9%。

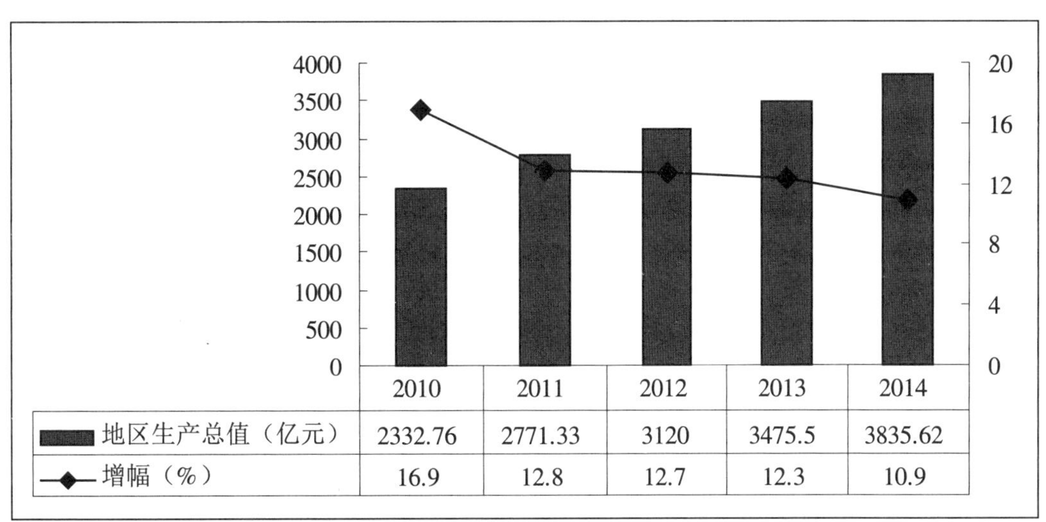

	2010	2011	2012	2013	2014
地区生产总值（亿元）	2332.76	2771.33	3120	3475.5	3835.62
增幅（%）	16.9	12.8	12.7	12.3	10.9

图1　2010—2014年盐城市地区生产总值及增长速度

2. 财政收支

财政收入稳步增加。2014年，全市实现财政总收入595.9亿元，比上年增长12.3%，公共财政预算收入418亿元，比上年增长14%，其中税收收入341.4亿元，比上年增长12.9%，税收占公共财政预算收入的比重达81.7%。公共财政预算支出602.2亿元，比上年增长8%。

3. 物价指数

物价水平温和上涨。2014年，市区居民消费价格总指数(CPI)同比上涨2.3%。八大类商品价格“六升两降”：食品类上涨2.8%，衣着类上涨3.4%，家庭设备及维修服务类上涨2.0%，医疗保健和个人用品类上涨1.3%，娱乐教育文化用品及服务类上涨3.7%，居住类上涨2.8%；烟酒类下降3.4%，

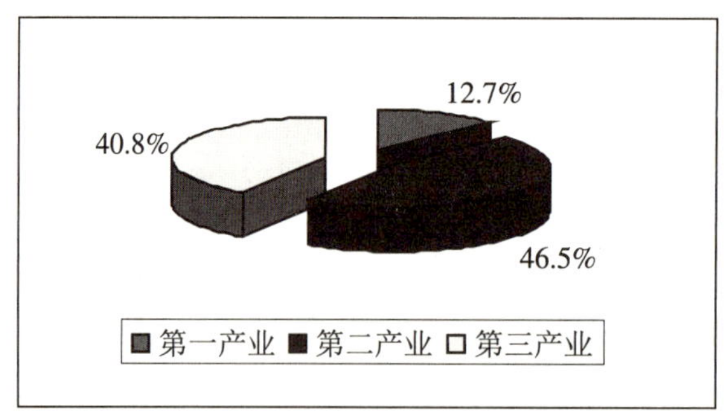

图2　2014年盐城市三次产业结构图

交通和通信类下降0.2%。全市工业生产者出厂价格(PPI)与上年同期持平,工业生产者购进价格(IPI)同比下降0.9%。

4. 固定资产投资

投资结构更加优化。2014年,全市完成固定资产投资2751.4亿元,比上年增长23.2%,其中工业投资1663.2亿元,比上年增长20.2%。投资结构进一步优化,全市第一产业完成投资37.1亿元,比上年增长24.1%;第二产业完成投资1663.2亿元,比上年增长20.2%;第三产业完成投资1051.1亿元,比上年增长28.2%。民间投资2161.9亿元,比上年增长24%,高于投资增速0.8个百分点,对全市投资增长的贡献率达80.6%。

重点领域投资较快。2014年,全市工业技改投资975亿元;高新技术产业投资443.2亿元,比上年增长26.8%;四大支柱产业投资1019.6亿元,比上年增长22.7%。基础设施投资403.2亿元,比上年增长26.5%。惠民投资增势稳健。全市完成教育投资24亿元,比上年增长26.5%;卫生和社会工作投资19亿元,比上年增长26.3%;文化、体育和娱乐业投资37.5亿,比上年增长65%;居民服务、修理和其他服务业投资15.6亿元,比上年增长68%。

项目投资进展顺利。2014年,全市在建亿元以上投资项目866个,比上年增加12个,其中10亿元以上52个,完成投资274.1亿元,比上年增长28.8%,其中战略性新兴产业项目121个,全年完成投资219.3亿元。东风悦达起亚第三工厂、博汇纸业、东祥麟等项目竣工,阿特斯光伏组件、海力化工等项目进展顺利。新能源汽车、移动互联网、环保装备、飞机整机等一批战略性新兴项目启动实施,不断提升项目的质量和层次。

(二)农林牧渔业

农业生产形势良好。2014年,全市实现农林牧渔业总产值1035.8亿元,可比价增长3.5%。粮食总产量连续十一年实现增收。2014年,全市粮食总产量达703.1万吨,比上年增长2.4%;粮食播种面积1468.2万亩,比上年增加9.7万亩。粮食亩产478.9公斤,比上年增加8.2公斤。棉花播种面积75.6万亩,比上年减少24.6万亩,总产6.4万吨。全市油料作物播种面积147.3万亩,比上年减少10万亩,油料总产量29.9万吨。

农业产业化进程加快。2014年,全市拥有农业产业化龙头企业1543个,比上年增加79个;农民专业合作组织9027个,比上年增加1005个。全市农机化总投入达11.3亿元,比上年增长10.3%。新增大中型拖拉机4372台、联合收割机2360台。农业机械总动力635.2万千瓦,比上年增长6.5%,排灌动力机械8.2万台、98.3万千瓦,分别比上年增长8.6%和9.1%。机耕作业面积1216.5千公顷,机械植保面积1223.4千公顷。推广联耕联种面积213万亩。

现代农业规模扩大。全市新增设施农业面积22.7万亩，增量、增幅均位居全省第一。全市拥有无公害农产品1775个，绿色食品244个，有机农产品63个，新增“三品”总数506个。新增市级示范家庭农场100家。农村劳动力转移199.1万人，其中劳务输出125万人。

（三）工业和建筑业

工业经济平稳运行。2014年，全市规模以上工业企业完成总产值7416.8亿元，比上年增长16.4％，实现增加值1799.9亿元，比上年增长12.7％。其中轻、重工业分别增长9.9％和14.1％。国有工业下降1.6％；集体工业增长2.4％；股份合作制工业增长7.1％；股份制工业增长12.4％；外商港澳台投资工业增长14.3％；其他经济工业增长9.2％。全市规模以上工业企业实现利税总额816.4亿元，比上年增长17.5％，其中利润469.7亿元，比上年增长17.3％。全年工业用电量209亿千瓦时，比上年增长2.4％。

传统产业发展良好。2014年，全市工业企业实现开票销售4010亿元，比上年增长17.2％，其中汽车、机械、纺织、化工四大传统支柱产业实现工业开票销售3012亿元，增长15.8％，对工业增长贡献率达70％，其中汽车产业实现开票1122亿元，增长16.8％。东风悦达起亚汽车公司销售汽车64.6万辆，销售收入680亿元，乘用车市场占有率达3.9％。

建筑业稳步增长。2014年，全市完成建筑业总产值1286.6亿元，比上年增长14.7％，实现增加值259.9亿元，比上年增长7.6％。建筑企业房屋施工总面积达10536万平方米，比上年增长0.8％；房屋建筑竣工面积4366.8万平方米，比上年增长5.4％，其中住宅竣工面积3041.4万平方米，比上年增长10％。建筑业从业人员51万人，比上年增长5.8％。

（四）服务业

1. 国内贸易

消费增长总体稳定。2014年全市社会消费品零售总额完成1314亿元，比上年增长13％。分地域看，乡村消费增速领先城镇，全年城乡分别实现社会消费品零售总额1256.8亿元、57.3亿元，比上年增长12.9％和14.1％。分行业看，住宿餐饮消费企稳回暖。批发和零售业实现零售额1185.6亿元，比上年增长13.1％；住宿和餐饮业实现零售额128.5亿元，比上年增长11.8％，比上年提高1个百分点。

生活消费增长缓慢。在限额以上批发和零售业主要经营类别中，居民生活消费增长乏力，食品类消费84.2亿元，比上年增长9.3％，穿着类消费43.8亿元，比上年增长0.9％，日用品类消费24.6亿元，比上年增长5.5％；健康类消费增长较快，中西药品消费31.8亿元，比上年增长17.6％；家电、娱乐类消费55.5亿元、1.2亿元，分别比上年增长9.2％和8.6％。

2. 交通运输和邮电业

运输能力逐步增强。截止2014年底，全市共有公路总里程19141公里，其中国道648公里、省道1203公里；拥有等级公路17122公里，其中高速公路322公里，一级公路1271公里，二级公路2598公里。全市基本形成以高速公路为主骨架，以国省干线为支撑，以农村公路为配套的通达城乡的公路网络。全社会客运量9430万人，比上年增长1.6％，客运周转量84.71亿人公里，比上年增长2.0％；全社会货运量14747万吨，比上年增长9.5％，货运周转量381.2亿吨公里，比上年增长12.2％。2014年全年保障航班5536架次，完成旅客运输量52.9万人次，分别比上年增长50.9％、49.3％，完成货邮吞吐量2162吨，比上年下降28.7％。全市沿海港口完成货物吞吐量6099万吨，比上年增长21.7％，其中外贸663.2万吨，比上年增长49.3％。

邮电业务平稳发展。2014 年,全市完成邮电业务总量 57.5 亿元,比上年增长 2.8%。其中邮政业务总量 9.9 亿元,比上年增长 20%;快递业务总量 3.7 亿元,比上年增长 29.8%。电信业务总量 47.6 亿元,与上年基本持平。

3. 旅游业

旅游业蓬勃发展。2014 年,全市共接待海内外游客 2018.9 万人次,比上年增长 14.9%;其中入境游客接待量 4.2 万人次,比上年增长 61.9%。全年实现旅游总收入 201.1 亿元,比上年增长 15.9%。新增 4A 景区 3 个,中华麋鹿园通过国家 5A 景区专家评审;先后荣获第 20 届"亚洲旅游业金旅奖·十佳绿色生态旅游目的地"和"最美中国·生态旅游、特色魅力旅游目的地"称号。

4. 金融和保险

信贷规模持续扩大。2014 年,全市共有银行业金融机构 39 家,年内净增 3 家。金融机构年末本外币存款余额 3721 亿元,比年初增加 501 亿元,其中居民储蓄存款 2067.7 亿元,比年初增加 274.5 亿元。金融机构年末本外币贷款余额 2603.8 亿元,比年初增加 389.2 亿元,其中中长期贷款 1135 亿元,比年初增加 183.5 亿元。外汇存款余额 4.6 亿美元,比年初增加 0.7 亿美元;外汇贷款余额为 5.9 亿美元,比年初增加 0.1 亿美元。

保险业健康发展。2014 年,全市拥有市级专业保险机构 53 家,其中产险机构 21 家,寿险机构 32 家,保险分支机构及营销网点 632 个,保险从业人员 24354 人。全市实现保费收入 94.4 亿元,比上年增长 30.9%,其中财产险 26.75 亿元,比上年增长 24.2%;人身险 67.7 亿元,比上年增长 33.8%。全市各项赔偿和给付 33.9 亿元,比上年增长 18.1%,其中财产险赔付 14.4 亿元,比上年增长 27%;人身险赔付 19.5 亿元,比上年增长 12.4%。

5. 房地产业

房地产业稳定增长。2014 年,全市房地产开发投资 379.6 亿元,比上年增长 16%。房地产开发规模持续扩张,销售量有所回落。全市房地产开发项目房屋施工面积 3090.3 万平方米,比上年增长 13.2%。全年实现商品房销售面积 624.5 万平方米,比上年下降 15.9%;商品房销售额 314 亿元,比上年下降 7.5%。

(五)开放型经济

对外贸易稳中有进。2014 年,全市实现进出口总额 75.2 亿美元,比上年增长 15.1%;其中出口 43.9 亿美元,比上年增长 16.3%,进口 31.2 亿美元,比上年增长 13.6%。新批利用外资项目 126 个、对外投资项目 25 个。注册外资实际到账 10.5 亿美元,比上年下降 29.9%。加快开发园区转型升级,2014 年,全市重点开发园区在建注册资本 2000 万元以上工业项目 489 个,总投资 2113.1 亿元,注册资本 385.2 亿元。坚持创新驱动。全市 13 个省级特色产业园区相继建成软件产业、环保装备、海上风电及装备、环保滤料、新医药、特种金属材料等 12 个国家火炬计划特色产业基地。

二、盐城市 2014 年社会发展概况

(一)人口、人民生活

人口总量保持稳定。2014 年末,全市户籍人口 828.5 万人,比上年末增加 4.7 万人,其中户籍城镇人口 374.3 万人,比上年增加 2.8 万人。全年人口出生率为 11.2‰,死亡率为 7.3‰,自然增长率为 3.9‰。

生活水平不断提高。2014年，全体居民人均可支配收入20543元，比上年增长10%。城镇常住居民人均可支配收入25854元，比上年增长9.2%；人均消费支出15372元，比上年增长7.8%。农村常住居民人均可支配收入14414元，比上年增长11.6%；人均生活消费支出10782元，比上年增长11.9%。城镇居民住房人均建筑面积40.7平方米，比上年增加3.5平方米；农村居民人均钢筋、砖木结构住房面积48.0平方米，比上年增加1.1平方米。

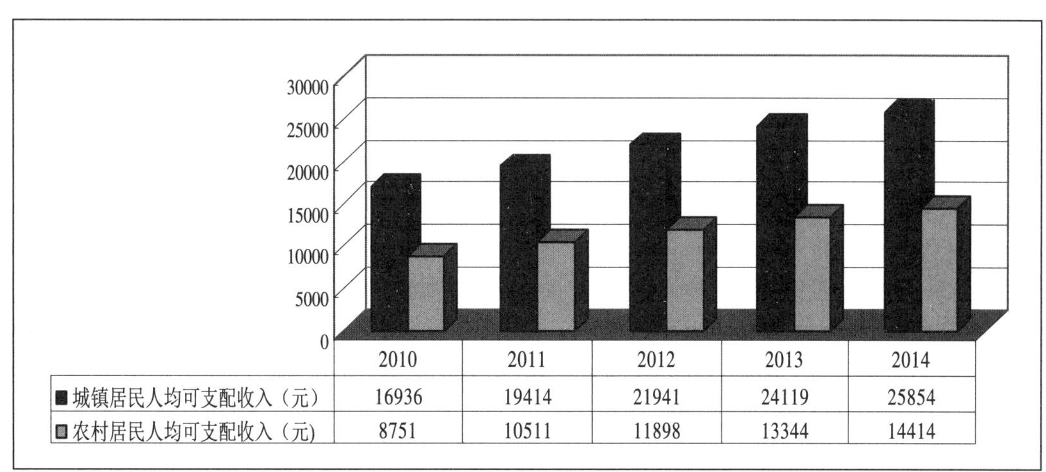

	2010	2011	2012	2013	2014
■城镇居民人均可支配收入（元）	16936	19414	21941	24119	25854
■农村居民人均可支配收入（元）	8751	10511	11898	13344	14414

图3　2010—2014年盐城市城乡居民收入对比一览

（二）就业、社会保障

城镇就业基本稳定。2014年，全市从业人员445.5万人，其中第一产业从业人员126万人，第二产业从业人员151.4万人，第三产业从业人员168.1万人。新增城镇就业人员11万人。城镇登记失业率保持较低水平，达1.91%，全年帮扶14.9万低收入人口脱贫。

社会保障日臻完善。2014年，盐城社会保障水平稳步提高，基层医疗卫生、大市区医疗急救体系建设成效明显，城乡居民大病保险实现全覆盖。建立困难群众保障援助和市区困难群众托底救助制度，20多万被征地农民享有基本生活保障。新建各类保障性住房2.5万套，启动实施总投资40亿元的饮用水安全保障十项工程。完成32个农村五保供养服务机构提档升级项目，大市区养老呼叫服务平台投入运营，城市社区居家养老服务中心（站）实现全覆盖。

（三）教育与科学技术

1. 教育

教育事业协调发展。2014年，全市共有普通高校5所，招生1.6万人，在校生5.6万人，毕业生1.4万人；普通中专在校生2.5万人，职业高中在校生2.7万人；普通中学273所，在校生27.2万人；小学318所，在校生42.6万人。全市初中毕业生升学率99.3%，在校生年巩固率99.6%；小学毕业生升学率98.6%，在校生年巩固率99.8%。学龄儿童入学率100%。幼儿园在园幼儿22.7万人，学前三年幼儿入园率为97.5%。全市共有教职工数8.3万人，其中专任教师6.9万人。

2. 科技

创新能力不断增强。2014年，全市规模以上工业企业实现高新技术产业产值2045亿元，比上年增长15.3%。科技研发投入占地区生产总值的比重为1.7%。全市有高新技术企业277家，全年新认定105家。524个项目获省级以上科技计划立项，争取科技经费超过8.2亿元。组织重大科技成果转化项目56项、省工业支撑项目38项。全市全年申请专利19944件，比上年增长19.5%，其中发明专利2943件，比上年下降3.7%；授权专利4549件，其中发明专利270件，比上年下降3.6%和4.6%；万人有效发明专利拥有量1.75件，比上年增长25%。

（四）文化、卫生与体育

1. 文化事业

文化建设成果丰硕。文化惠民工程扎实推进，改造提升公共文化场所和革命遗址15个。市文化馆完成改造提升工程，市美术馆完成主体建筑，市图书馆新购数字资源16GB，新建分馆3家。大丰市作为全省农家书屋纳入总分馆建设的试点。着力打造文艺精品。原创现代大型淮剧《小镇》荣获江苏省第二届文化艺术节优秀剧目奖。淮剧《祥林嫂》被评为江苏省舞台艺术精品工程资助剧目。开展“盐渎风”全民读书活动。结合创建国家级卫生城市、文明城市工作，加大文化市场整治力度，致力打造平安文化市场。

2. 卫生事业

卫生体系更加健全。2014年，全市拥有卫生机构3217个，其中医院、卫生院278个，卫生防疫监督机构20个，妇幼卫生机构11个。各类卫生机构拥有床位3.53万张，在职职工4.79万人，其中执业(助理)医师1.62万人，注册护士1.33万人。

3. 体育事业

体育事业健康发展。2014年，盐城市成功举办沿海湿地国际公路自行车赛，来自亚洲、欧洲、美洲、大洋洲、非洲的20支代表队近200名运动员“骑越湿地、逐梦盐城”。广泛开展全民健身活动，进一步完善城乡体育基础设施，积极开展群众体育活动，年内完成大市区33.3公里健身步道建设，开通“10分钟体育健身圈”网上服务平台。继续加大社会体育指导员培训力度，共培训二级社会体育指导员474人，一级94人，在线注册人数约2.2万人。盐城市运动员韦奕在第41届世界国际象棋奥林匹克团体锦标赛中夺得冠军；在第十八届省运动会上获得金牌31.13枚。校园足球定点校从48所扩容到136所，青少年校园足球活动的基础更加坚实。深入开展国民体质测试活动，广大人民群众健康指数不断提高。

（五）城乡建设

统筹城乡发展迈出新步伐，强化中心城市功能。大市区重点城建项目完成投资350亿元。范公路快速路先导段建成通车，新增公交车389辆、出租车300辆，开通市区至大丰城际公交，城市公交客运总量突破1亿人次。倡导低碳环保出行，推广应用新能源汽车1237辆，投放城市公共自行车6000辆。完善城市服务设施，金融城一期基本竣工，新建改造农贸市场49个。实施“美丽夜景靓丽街区”景观亮化工程。强化城市建设管理，创成国家园林城市，国家卫生城市创建工作顺利通过国家综合评审，城市形象和知名度不断提升。积极推进城乡建设。启动实施新型城镇化八大类220项重点工程项目，加快县(市)城、重点中心镇和新型农村社区建设，抓好36个市级城乡统筹试点镇村发展，城镇化率提高到58.2%。改造提升农村公路1127公里，电力、邮政、通信等设施建设取得新的进展。持续改善生态环境。实施十大类130项生态文明建设工程，成为首批国家生态文明先行示范区。推动绿色盐城建设，新增绿化造林14.1万亩，林木覆盖率达25.6%。整治城乡环境，开展城乡河道综合整治行动，强势推进通榆河沿线环境专项整治。实施大气污染防治行动计划，夏秋两季秸秆禁烧实现“零火点”，空气质量全省最好，良好生态成为盐城的环境品牌。

（六）生态环境建设

生态环境持续改善。2014 年，全市实施十大类 130 项生态文明建设工程，成为首批国家生态文明先行示范区。积极推动绿色盐城建设，新增绿化造林 14.1 万亩，林木覆盖率达 25.6%；整治城乡环境，开展城乡河道综合整治行动，实施通榆河沿线环境专项整治；实施大气污染防治行动计划，夏秋两季秸秆禁烧实现“零火点”，空气质量全省最好，良好生态成为盐城的环境品牌。

三、盐城市在泛长三角地区经济发展中的地位

2014 年，盐城市牢牢把握新常态下新机遇，奋力开创发展新境界，主要经济指标增速保持全省前列，区域占位跨越提升，城乡环境有了新的改善，保障改善民生工作切实加强，全面小康建设迈出新的坚实步伐。为深入贯彻落实市委六届六次全会精神，营造“建设新盐城、发展上台阶”浓厚舆论氛围。

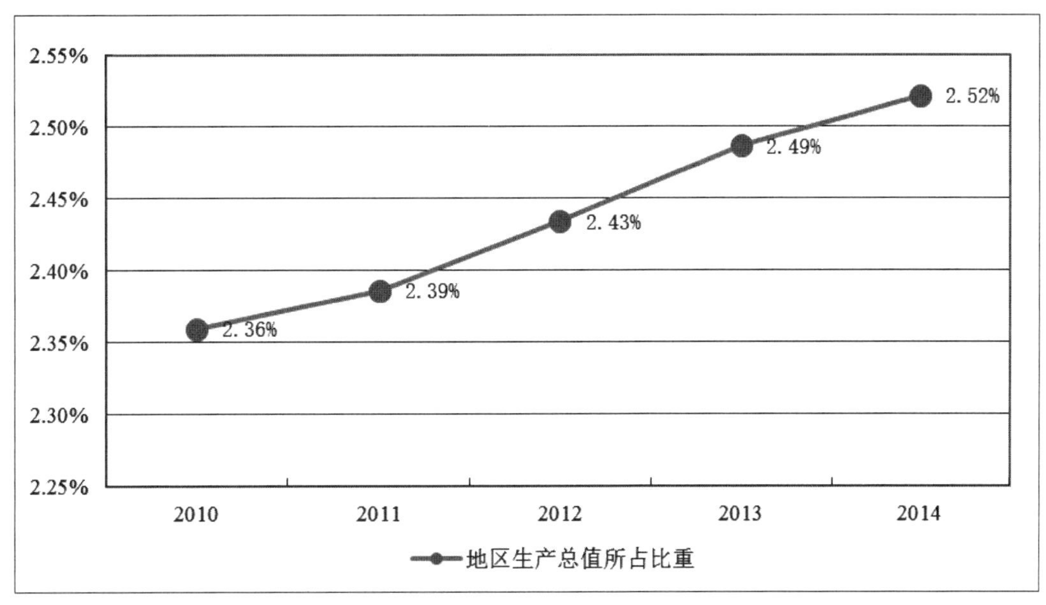

图 4　2010—2014 年盐城市地区生产总值在泛长三角所占比重变化趋势

2010—2014 年盐城市地区生产总值在泛长三角所占比重分别为 2.36%、2.39%、2.43%、2.49%和 2.52%，继续保持稳定的增长趋势，五年累计增加了 0.16 个百分点，2014 年比上年增加了 0.03 个百分点。2014 年盐城市地区生产总值在泛长三角地区 41 个市位居第 13 位。

2014 年，全市实现地区生产总值 3835.6 亿元，按可比价计算，比上年增长 10.9%；其中第一产业实现增加值 516.9 亿元，比上年增长 3.5%；第二产业实现增加值 1784.5 亿元，比上年增长 11.8%；第三产业实现增加值 1534.2 亿元，比上年增长 12.1%。

从三次产业看，农业生产态势良好、工业生产总体平稳、服务业发展贡献增强。产业结构持续优化。三次产业增加值比例调整为 13.5∶46.5∶40，二三产业比重提高了 0.5 个百分点，人均地区生产总值达 53115 元(按 2014 年年平均汇率折算约 8692 美元)，比上年增长 10.9%。

全市实现服务业增加值 1534.2 亿元，增长 12.1%。全市实现服务业投资 1058 亿元，增长 28.3%，占投资比重达 38.5%，比上年提高 2.2 个百分点。完成服务业税收 257.3 亿元，增长 6.8%。交通运输平稳增长，货物运输量 2.63 亿吨，增长 6%；旅客吞吐量达 52.9 万人次，增长 49.2%；全市完成货物吞吐量 6209 万吨，增长 19.3%。金融市场总体平稳，全市金融机构本外币存款余额 3721 亿

元，增长 15.6%，比年初增加 501 亿元。其中，储蓄存款 2068 亿元，增长 15.3%，比年初增加 274 亿元；贷款余额 2604 亿元，增长 17.6%，比年初增加 389 亿元。

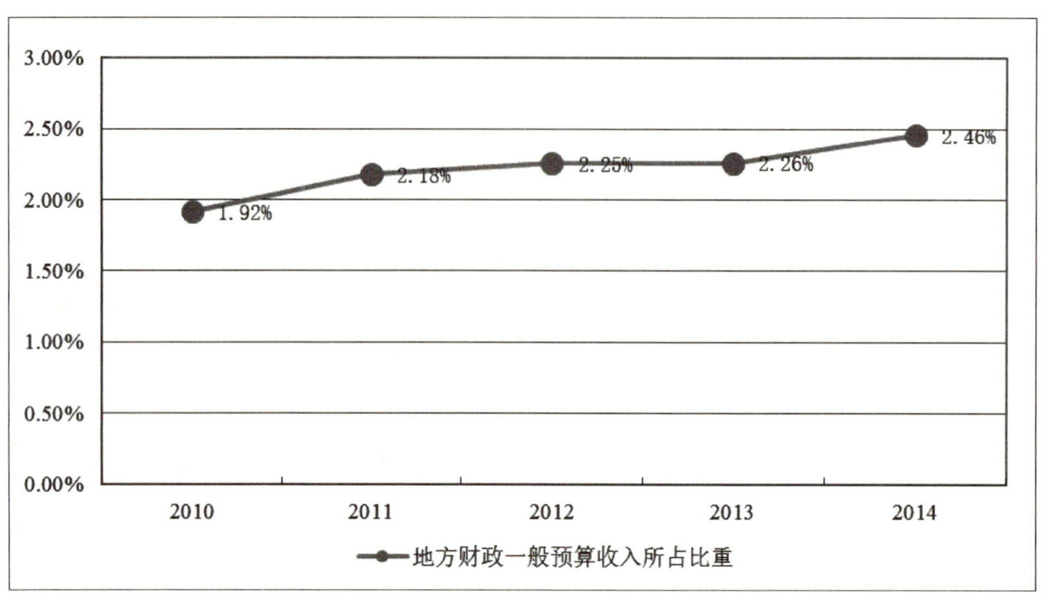

图 5　2010—2014 年盐城市地方财政一般预算收入在泛长三角所占比重变化趋势

2010—2014 年盐城市地方财政一般预算收入在泛长三角所占比重分别为 1.92%、2.18%、2.25%、2.26% 和 2.46%，保持稳定增长的态势，累计增幅为 0.54 个百分点，2014 年较上年增加了 0.20 个百分点。2014 年盐城市地方财政一般预算收入在泛长三角地区 41 个市中的排名达到第 11 位。

2014 年，全市实现一般公共收入 4180213 万元，完成预算(调整预算，下同)的 102.7%，比上年增收 512559 万元，增长 14%。一般公共支出 6022238 万元，完成预算的 92.7%，比上年增支 566064 万元，增长 10.4%。

2014 年，市本级实现一般公共收入 680054 万元，完成预算的 103.8%，比上年增收 94392 万元，增长 16.1%。一般公共支出 843633 万元，完成预算的 92.1%，比上年增支 111376 万元，增长 15.2%。

全市一般公共收入 4680000 万元，比上年增加 499769 万元，增长 12%。一般公共支出 5577926 万元，增加 920402 万元，增长 19.8%。按现行财政体制计算，当年预算财力 5114907 万元，加上调入资金 463019 万元，收支相抵后，当年财政收支平衡。

2010—2014 年盐城市规模以上工业总产值在泛长三角所占比重分别为 2.07%、1.98%、2.34%、2.47% 和 2.61%，整体呈增长的态势下，2011 年出现小幅下跌，2012—2014 年持续上涨，2014 年较上年增幅为 0.14 个百分点。2014 年盐城市规模以上工业总产值在泛长三角地区 41 个市中排在第 16 位。

2014 年，全市规模以上工业实现总产值 7417 亿元，增长 16.4%；完成规模以上工业增加值 1800 亿元，增长 12.7%。全市工业实现开票销售 4010 亿元，增长 17.2%，其中汽车、机械、纺织、化工四大传统产业实现工业开票销售 3012 亿元，增长 15.8%，对工业增长贡献率达 70%。其中汽车产业实现开票 1122 亿元，增长 16.8%，悦达起亚汽车公司销售汽车 64.6 万辆，销售收入 680 亿元，乘用车市场占有率达 3.9%，居全国第 8 位。规模以上工业主营业务收入、利税、利润三项指标稳步提升。2014

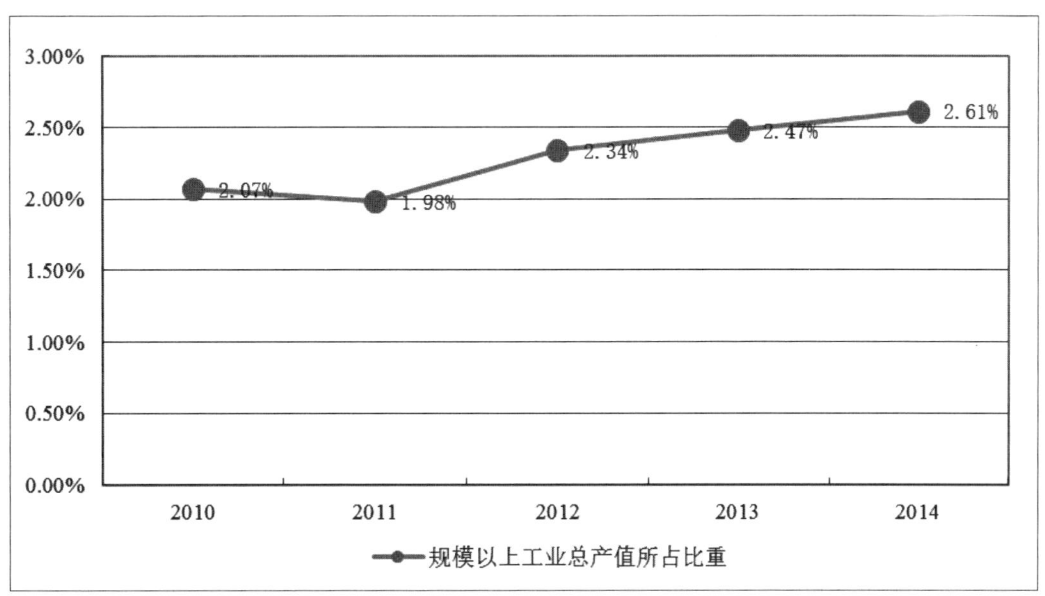

图 6　2010—2014 年盐城市规模以上工业总产值在泛长三角所占比重变化趋势

年，规模以上工业实现主营业务收入 7204.2 亿元，增长 15.3%，增速比去年同期提高 1.8 个百分点；利税 816.4 亿元，增长 17.5%，同比提高 4.5 个百分点；利润 469.7 亿元，增长 17.3%，同比提高 2.7 个百分点。

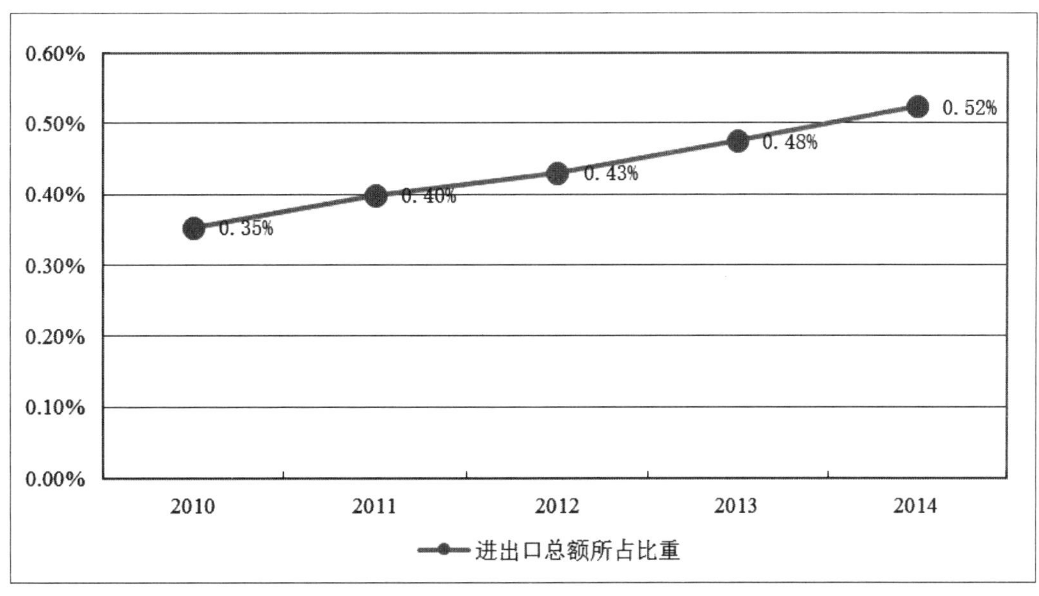

图 7　2010—2014 年盐城市进出口总额在泛长三角所占比重变化趋势

2010—2014 年盐城市进出口总额在长三角所占比重分别为 0.35%、0.40%、0.43%、0.48%和 0.52%，连续多年保持小幅增长的态势，累计增幅为 0.17 个百分点，其中，2014 年较上年增加了 0.04 个百分点，创历史最高水平。2014 年连云港市进出口总额在泛长三角地区 41 个市中排在第 21 位。

2014 年，全市实现进出口总值 75.17 亿美元，增长 15.1%，其中出口总值 43.94 亿美元，增长 16.3%，增幅比去年回升 7.2 个百分点。从贸易方式看，加工贸易出口好于一般贸易，加工贸易出口增长 20.4%，一般贸易出口增长 17.4%。从企业类型看，生产企业好于三资企业，生产企业出口增长 29.2%，高于三资企业 12.4 个百分点。从出口商品看，农产品出口 1.85 亿美元，增长 9.2%；机电产品出口 16.59 亿美元，增长 28.1%；高新技术产品出口 5.64 亿美元，增长 19.3%；化工产品出口 9.63 亿美元，增长 9.5%；纺织原料及制品出口 8.62 亿美元，增长 11.1%。

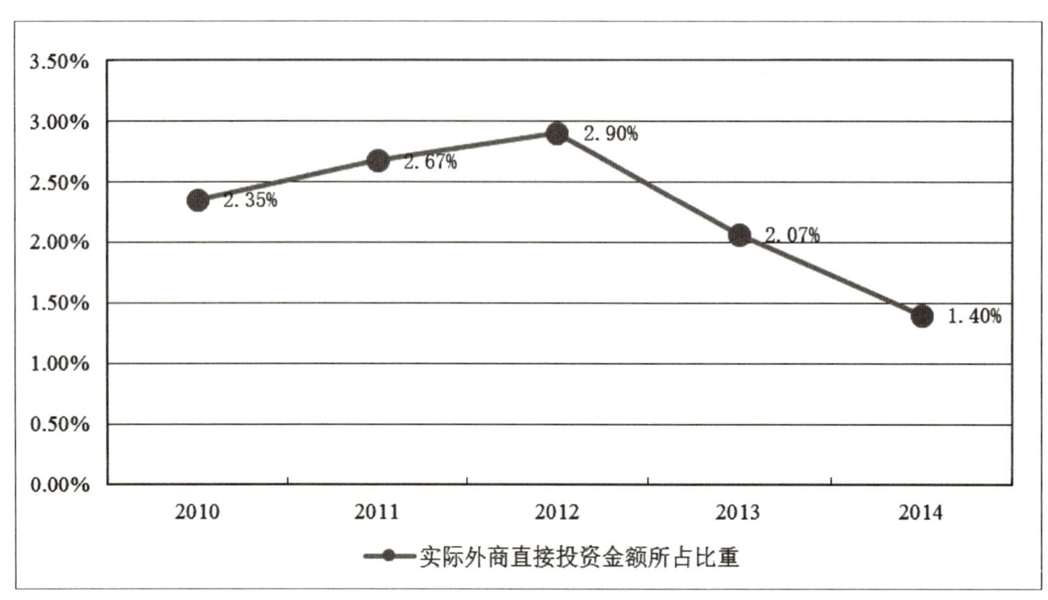

图 8　2010—2014 年盐城市实际外商直接投资金额在泛长三角所占比重变化趋势

2010—2014 年盐城市进出口总额在泛长三角所占比重分别为 2.35%、2.67%、2.90%、2.07%和 1.40%，2010～2012 年连续多年保持小幅增长的态势，2013—2014 年出现下跌，五年跌幅为 0.95 个百分点，2014 年较 2013 年下降了 0.67 个百分点。2014 年盐城市进出口总额在泛长三角地区 41 个市中排名在第 18 位。

2014 年新批利用外资项目 126 个、对外投资项目 25 个。注册外资实际到账 10.5 亿美元，比上年下降 29.9%。加快开发园区转型升级，2014 年，全市重点开发园区在建注册资本 2000 万元以上工业项目 489 个，总投资 2113.1 亿元，注册资本 385.2 亿元。坚持创新驱动。1 至 11 月份，全市外商投资企业经济效益持续向好，缴纳涉外税收同比增长 16.68%。实现进出口总额 32.9 亿美元，占苏北总量的三分之一强。进出口额、进口、出口额均为苏北五市首位。其中进口 19.57 亿美元，占全市进口总额的 68.58%；出口 13.33 亿美元，占全市总额 33.53%，同比增长 16.37%，增幅高于全省 14.56 个百分点，列全省第 2 位，为近年来最好水平。

十一　扬州市2014年经济社会发展报告

2014年，扬州市认真落实省委“八项工程”和省政府“十项举措”的部署，积极应对复杂的国内外宏观经济环境和下行压力，全力以赴稳增长、促改革、调结构、惠民生，全市经济呈现稳中有进的发展态势。

一、扬州市2014年经济发展概况

（一）综合经济

1. 经济总量

全市实现地区生产总值3697.91亿元，可比价增长11%。人均GDP 82654元，超省均780元。产业结构不断优化，其中，第一产业增加值227.36亿元，增长3.8%；第二产业增加值1885.75亿元，增长11%；第三产业增加值1584.8亿元，增长12.1%。三次产业结构由上年的6.9∶52.1∶41.0调整为6.5∶51.0∶42.5。

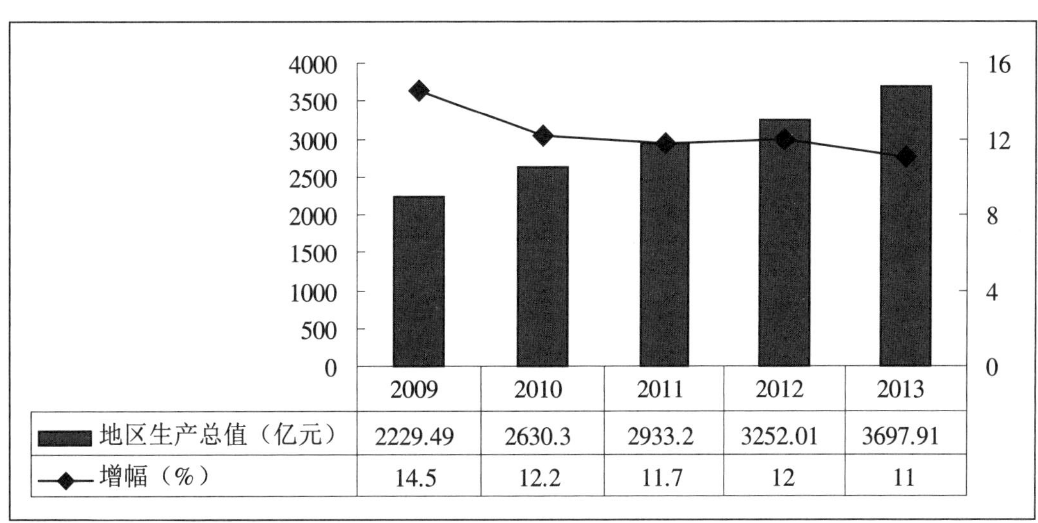

	2009	2010	2011	2012	2013
地区生产总值（亿元）	2229.49	2630.3	2933.2	3252.01	3697.91
增幅（%）	14.5	12.2	11.7	12	11

图1　2010—2014年扬州市地区生产总值及增长速度

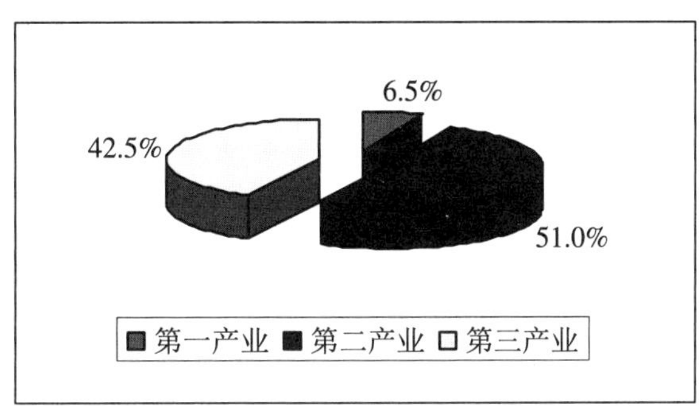

图2　2014年扬州市三次产业结构图

2. 财政收支

全市财政总收入726.27亿元，增长10%。公共财政预算收入295.19亿元，增长13.9%，其中，税收收入242.22亿元，增长13.9%。主体税种中，增值税、营业税、企业所得税、个人所得税合计完成160.06亿元，增长18%。其中，增值税39.82亿元，增长13%；营业税84.7亿元，增长20.5%；企业所得税25.3亿元，增长14.7%；个人所得税10.24亿元，下降16.7%。社保基金收入47.87亿元，下降37.1%。

全市公共财政预算支出374.67亿元，增长17.3%，其中一般公共服务支出50.96亿元，增长20%；教育支出67.63亿元，增长18.7%；科学技术支出9.81亿元，下降6.2%；社会保障和就业支出28.5亿元，增长15.4%；医疗卫生支出25.05亿元，增长6.6%；节能环保支出6.9亿元，下降5.5%。

3. 物价指数

市场物价基本稳定，市区居民消费品价格指数为102.1。其中，消费品价格上涨1.9%，服务项目价格上涨2.5%。构成CPI的八大类指数分别是：食品类102.0、居住类103.0、医疗保健和个人用品类102.9、烟酒及用品类98.7、衣着类103.3、家庭设备用品及维修服务类103.2、交通和通信类100.0、娱乐教育文化用品及服务类101.4。商品零售价格总指数为101.5。

4. 固定资产投资

全市完成固定资产投资2416.66亿元，增长19.3%，其中，建设项目投资2056.22亿元，增长20.3%；房地产开发投资360.44亿元，增长14.1%。从产业来看，第一产业投资15.15亿元，增长1.2%；第二产业投资1330.68亿元，增长15.0%；第三产业投资1070.83亿元，增长25.0%。一、二、三产业投资占投资的比重为0.63∶55.06∶44.31。

全市确定的重大项目424个，完成投资1365.9亿元，占全市投资比重56.5%。其中，工业项目153个，完成投资639.4亿元；服务业项目129个，完成投资495.3亿元。

连淮扬镇铁路扬州段率先开工，宁启铁路复线及电气化改造扬州段基本建成。宿扬高速公路、环邵伯湖大道开工建设，S203扬州段、S125仪征段建成通车，文昌路西延全线贯通。当年建成和在建干线公路总里程288公里、总投资23.6亿元，创历史新高。西部交通客运枢纽主体完工。高邮运东船闸、江都芒稻船闸扩建工程加快实施。淮河入江水道整治主体工程基本完成。完成古运河等中小河流整治。仪征套闸除险加固等工程完工。

（二）农业

粮食生产连续十一年实现丰收，全年粮食总产314.1万吨，比上年增产1.9万吨，增长0.6%。生猪出栏137.22万头，较上年增加1.22万头，增长0.9%。家禽出栏4334万只，较上年减少95万只，下降2.2%。年末生猪存栏73.87万头，较上年减少0.35万头，下降0.5%。家禽存栏1491.41万只，较上年减少63万只，下降4%。肉类总产量18.44万吨，与上年基本持平。全市实现农林牧渔业总产值432.3亿元，增长6.9%。

全市水产养殖面积117万亩，比上年扩大1万亩。特种水产养殖面积104万亩，扩大2万亩。实现水产品产量39.6万吨，同比增加0.2万吨。渔业专业合作组织发展到311家，增加33家。

全市种植面积在100亩以上的家庭农场1703个，其中列入市级名录的家庭农场有277个，经营面积6.5万亩，列入省名录合作社985个。全市各级农业龙头企业达361家，其中国家级4家，省级39家，市级142家，县级176家。全市超万亩农业产业园区（基地）17个，超千亩园区（基地）406个，市级以上农（渔）业园区39家，其中：省级8家、市级31家。全市农业园区总面积达152.8万亩，园区化

率达 35.8%。

（三）工业和建筑业

全市 2681 家规模以上工业完成总产值 9457.17 亿元，增长 11.5%，增加值增长 12%。产值过亿元的工业企业 1444 家，比上年增加 88 家，占全部规模以上企业的 53.9%。亿元企业完成产值 8839.7 亿元，占全市规模以上工业的 93.5%。其中完成产值 100 亿元以上的企业 6 家，50～100 亿元的 19 家，30～50 亿元的 17 家，10～30 亿元的 118 家，5～10 亿元的 204 家，1～5 亿元的 1080 家。

新兴产业完成产值 2808.5 亿元，增长 14.2%。"三新"产业完成产值 1145.1 亿元，占全市的 12.1%，增长 15.5%，其中，71 家新材料企业完成产值 449.6 亿元，增长 10.2%；76 家新光源企业完成产值 396.2 亿元，增长 11.7%；43 家新能源企业完成产值 299.2 亿元，增长 30.8%。

五大千亿级产业累计完成产值 6951.6 亿元，增长 11.2%，其中，汽车产业 1135.8 亿元，增长 19.4%；机械装备产业 3054.1 亿元，增长 12.1%；新能源和新光源产业 695.4 亿元，增长 19.2%；石化产业 1595.5 亿元，增长 7.3%；船舶产业 520.2 亿元，下降 5.4%。

规模以上工业企业实现主营业务收入 9083.47 亿元，增长 11.1%；实现利税 1066.57 亿元，增长 12.7%；利润 616.95 亿元，增长 14.7%。

全社会用电量 204.36 亿千瓦时，增长 3.5%。第一产业用电量 3.66 亿千瓦时，增长 38.4%；第二产业 150.41 亿千瓦时，增长 6.6%，其中，工业用电 147.88 亿千瓦时，增长 6.3%；第三产业 22.26 亿千瓦时，下降 4.2%；城乡居民生活用电 28.03 亿千瓦时，下降 7.6%。

全市实现建筑业总产值 2944.3 亿元，增长 12.1%；建筑业增加值 251.78 亿元，增长 7%。房屋建筑施工面积 24684.6 万平方米，增长 16.4%；竣工产值 2382.1 亿元，增长 12.2%；竣工面积 9332.7 万平方米，增长 7.6%。

（四）服务业

1. 国内贸易

全市社会消费品零售总额 1232 亿元，增长 12.1%，其中，批发业 173.61 亿元，增长 10.8%；零售业 939.42 亿元，增长 15.3%；住宿业 13.64 亿元，增长 15.9%；餐饮业 105.33 亿元，增长 18.8%。城镇消费品零售额 1148.1 亿元，增长 12.0%；乡村消费品零售额 83.9 亿元，增长 13.3%。

限额以上批发和零售企业中，粮油、食品、饮料、烟酒类零售额 38.59 亿元，下降 0.5%；服装、鞋帽、针纺织品类零售额 34.71 亿元，增长 6.1%；日用品类零售额 9.89 亿元，下降 1.1%；化妆品类零售额 5.82 亿元，增长 14.9%；金银珠宝类零售额 14.65 亿元，下降 3%；家用电器和音像器材类零售额 31.55 亿元，下降 3%；汽车类零售额 132.29 亿元，下降 8.2%。

2. 交通运输和邮电

全市货运总量和货运周转量分别完成 1.16 亿吨和 306.27 亿吨公里，分别增长 10.1%、9.8%。客运量和旅客周转量完成 4804 万人和 36.4 亿人公里，分别增长 1%、0.7%。全年港口货物吞吐量 12138 万吨，增长 21.3%；集装箱吞吐量 56.2 万标箱，增长 8.6%。

年末全市公路里程 10525.44 公里，新增 110.84 公里。年末高速公路里程 311.82 公里。

年末全市机动车拥有量 83.63 万辆，私人汽车拥有量 41.97 万辆，其中私人轿车 29.67 万辆。

全市邮政通讯业务收入 47.78 亿元，下降 1.3%。其中，通讯业务收入 42.23 亿元，下降 2%；邮政业务收入 5.55 亿元，增长 4.1%。年末电话用户 613.62 万户，下降 3.2%，其中移动电话用户 487.81 万户，下降 2.4%。互联网宽带接入用户 109.07 万户，增长 11.8%。

3. 金融、保险和证券

年末人民币存款余额4296.75亿元，增长11.3%，其中，储蓄存款余额2117.09亿元，比年初增加186.07亿元，增长9.6%。人民币贷款余额2732.42亿元，比年初增加390.57亿元，增长16.7%，其中，短期贷款余额1314.22亿元，比年初增加83.67亿元；中长期贷款余额1288.44亿元，比年初增加261.61亿元。个人消费贷款556.25亿元，比年初增加61.37亿元。

全市各类保险机构实现保费收入96.67亿元，增长10%。其中，财产险保费收入27.47亿元，增长14.9%；人身险保费收入69.2亿元，增长8.2%。保险赔款总支出17.11亿元，增长8.4%，其中财产险支出14.34亿元，增长8%；人身险支出2.76亿元，增长10.4%。

全市证券公司营业部累计开户35.18万户，增加0.59万户。证券交易额6167.05亿元，增加2385.44亿元，其中股票交易额4516.46亿元，增加1657.79亿元，占交易额的73.24%；基金交易完成额91.8亿元，增加2.93亿元，占交易额的1.49%。

4. 旅游业

全市旅游总收入560.3亿元，增长17.7%。全年接待入境过夜游客53539人次，增长12%。旅游外汇收入4919.06万美元，增长12.6%。主要封闭式景区接待游客811.82万人次，增长29.2%。全市拥有国家A级景区36家，其中5A级1家、4A级7家、3A级14家。省星级乡村旅游区(点)27家，其中四星级10家。共有星级饭店63家，其中五星级4家、四星级12家。星级饭店客房出租率67.48%，同比提高2.03个百分点。旅行社126家，其中出境游组团社4家。

5. 房地产业

全市房地产开发投资360.44亿元，增长14.1%，其中，住宅投资287亿元，增长17.7%；商业营业用房投资38.3亿元，下降4.3%；办公楼投资11亿元，增长10%。商品房施工面积2625.39万平方米，增长18%，其中，新开工面积804.71万平方米，下降13.9%；商品房竣工面积606.39万平方米，增长2.5%；商品房销售面积635.1万平方米，下降9.2%。

（五）开放型经济

1. 对外贸易

全市进出口总额100.12亿美元，增长5.3%，其中，出口76.82亿美元，增长1.7%；进口23.30亿美元，增长19.1%。从贸易结构看，一般贸易出口55.44亿美元，增长9.6%；加工贸易出口19.61亿美元，下降15.3%。主要出口贸易伙伴中，对欧盟出口16.95亿美元，增长6.9%；对美国出口16.07亿美元，增长8.1%；对香港出口5.76亿美元，增长4.1%；对拉丁美洲出口6.36亿美元，增长0.5%。

2. 利用外资

全市实际利用外资到账15.02亿美元，新批项目101个，协议外资19.85亿美元。全市完成外经营业额6.35亿美元，增长20%；新签合同额3.96亿美元，增长15%；期末在外人数7405人，下降14%；新批境外投资项目29个，中方协议投资额2.9亿美元，增长84%。

二、扬州市2014年社会发展概况

（一）人口、人民生活

年末全市户籍总人口461.34万人，比上年末增加14919人，增长0.32%。全市登记出生人口

4.10万人，出生率8.91‰；死亡人口3.06万人，死亡率6.65‰。人口自然增长率为2.26‰。市区户籍总人口为231.84万人，增长0.42%。年末全市常住人口447.79万人，常住人口城镇化率为61.2%，比上年提高1.22个百分点。

全体居民人均可支配收入24157元，增长9.8%，其中，城镇常住居民人均可支配收入30322元，增长9.5%；农村常住居民人均可支配收入15284元，增长11%。全体居民人均生活消费支出15485元，增长8.6%，其中，城镇常住居民人均生活消费支出18417元，增长7.6%；农村常住居民人均生活消费支出11266元，增长11.1%。

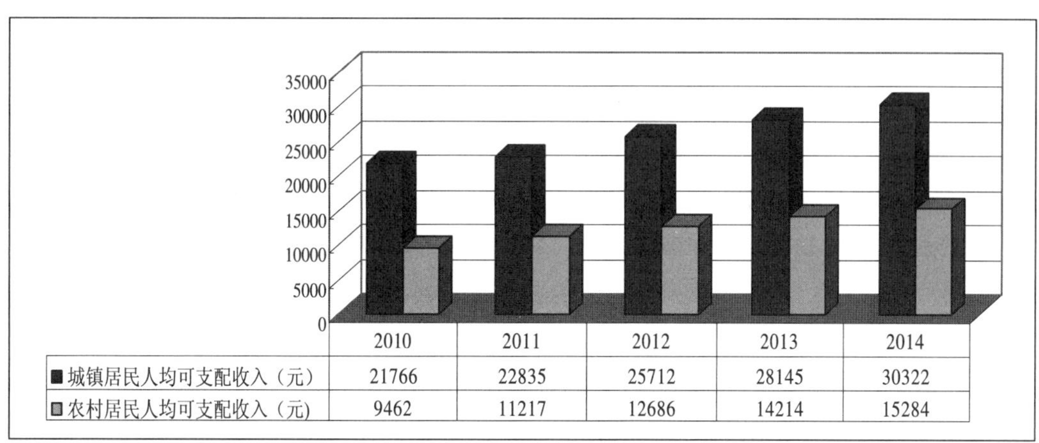

图3　2010—2014年扬州市城乡居民收入对比一览

（二）就业、社会保障与福利

1. 就业

全市新增城镇就业70756人，新增转移农村劳动力53126人，期末城镇登记失业率2.08%。城镇失业人员再就业49394人，就业困难人员再就业7384人。

2. 社会保障

城乡基本养老保险、基本医疗保险参保率均达98%，年末企业职工基本养老保险、城镇职工基本医疗保险、失业保险参保人数分别达103.64万人、116.2万人和62.81万人。年末城乡居民基本养老保险参保人数98.77万人，基础养老金发放率达100%。年末城镇基本医疗保险参保人数为197.11万人。全面实施城镇居民大病保险制度，推进全市社会保险“一卡通”。连续10年提高全市企业退休人员基本养老金水平，人均每月已达到1955元。

3. 社会福利

社会福利事业不断提升，城乡居民最低生活保障对象74424人，累计资金支出17288.54万元；临时救助16289户，支出864万元；城乡医疗救助346031人次，累计支出6078.24万元。市区城乡低保标准统一提高至每月535元。

市区新建和筹集公共租赁住房2036套(间)。发放经济适用房货币化补贴571户，租赁补贴417户。

（三）教育与科技创新

1. 教育

新（改扩）建公办幼儿园 6 所，创成省优质幼儿园 8 所，80 所学校创成省义务教育现代化学校。全市共有幼儿园 283 所，小学 208 所，普通中学 168 所，普通高校 7 所。在园幼儿 96092 人，小学在校生人数 218829 人，普通中学在校生人数 184175 人，普通高校在校生人数 75289 人。全市幼儿园毛入学率为 98.7%，义务教育入学率和高中阶段教育毛入学率达 100%，全市高考本二以上达线率为 58.4%。

2. 科技创新

“科教合作新长征”计划深入推进，签订校企产学研合作协议 496 项，新引进高校院所或知名企业研发中心、创新中心 54 家。全年新增国家级重点新产品 8 个，省级高新技术产品 954 个。全市共有国家、省级工程技术研究中心 181 家，省级公共技术服务平台 16 家，国家、省级高技术研究重点实验室 3 家，省级产业研究院 1 家。全年专利申请量 22709 件，其中发明专利 4907 件；专利授权量 11843 件，其中发明专利 467 件。全年获批高新技术企业 92 家，高新技术产业产值 4268 亿元，占规模以上工业总产值的比重 45.1%。引进高层次领军人才 160 名、专业技术人才 1435 名，引进培养企业高层次人才 1516 名。入选省创新团队 5 个和省“双创计划”“博士计划”人才 85 名。

（四）文化、卫生和体育

1. 文化

大运河申遗取得成功，扬州 10 个遗产点和 6 段河道列入《世界遗产名录》。新增 3 项国家级非物质文化遗产名录。扬剧《衣冠风流》获省“五个一工程”奖。组织文化惠民演出 241 场。年末全市共有文化馆、群众艺术馆 7 个，公共图书馆 7 个。共有广播电台 6 座，中短波广播发射台和转播台 13 座，广播综合人口覆盖率和电视综合人口覆盖率均达 100%，有线电视用户 124.24 万户。生产故事影剧片 1 部。

2. 卫生

新建省示范社区卫生服务中心（乡镇卫生院）7 个，全市社区卫生服务中心（乡镇卫生院）标准化率达到 100%。新农合保障水平持续提升，全市新农合人均筹资达 400 元，参保率达 99.8%。年末共有各类卫生机构 1782 个，其中医院、卫生院 136 个。各类卫生机构拥有病床 19765 张，其中医院、卫生院病床 17475 张。共有卫生技术人员 25559 人，其中执业（助理）医师 9491 人，注册护士 9382 人。

3. 体育

全面完成城市社区“10 分钟健身圈”建设。完成十八届省运会目标任务，金牌、总分均列全省第八名。扬州马拉松三度蝉联国际田联金标赛事。

（五）城乡建设

坚持交通先行，继续加大重大基础设施建设力度。连淮扬镇铁路扬州段率先开工，宁启铁路复线及电气化改造扬州段基本建成。宿扬高速公路、环邵伯湖大道开工建设，S203 扬州段、S125 仪征段建成通车，文昌路西延全线贯通。当年建成和在建干线公路总里程 288 公里、总投资 23.6 亿元，创历史新高。西部交通客运枢纽主体完工。高邮运东船闸、江都芒稻船闸扩建工程加快实施。淮河入江水道整治主体工程基本完成。完成古运河等中小河流整治。仪征套闸除险加固等工程完工。提升功能

品质，不断增强中心城市首位度。100个重大城庆项目已建成38项，其中政府主导的30个项目全部达序时。瘦西湖隧道建成通车，新万福路、邗江路南延、金湾路有序推进。“双峰云栈”、大明寺西花园、鉴真广场等建成开放。实施8条城市劣Ⅴ类河道整治，改造完成城市积水点18处。完成苏北医院、跃进桥、老北门桥等中环疏解节点道路改造工程。第一水厂提标扩建完工。建成清源污水处理厂二期。铺设污水管网30公里。赵庄垃圾填埋场增容和建筑垃圾综合利用处理场投入使用。推进“一流电网”建设，覆盖面积1491平方公里。推进“三拆三整治”，拆破拆烂拆违80万平方米。主城区数字化城管覆盖范围扩大到130平方公里。建设美好镇村，加快推进城乡一体化。9个乡镇入选全国重点镇，10个村创成新农村建设“优美乡村”。全市城镇化率61%。农村河道疏浚整治完成年度计划的116%，并全面实施河长制管护。更新改造区域供水支管网623.2公里。重点考核断面水质达到或优于Ⅲ类水质标准。新改建农村公路223公里、桥梁186座，镇村公交覆盖率65%。仪征、江都被评为省村级“四有一责”建设先进县(市、区)。76%的低收入农户实现脱贫。完成400个村土地承包经营权确权登记颁证工作。争取农业开发资金2.21亿元。粮食、农机、农业科研、供销、气象在“三农”工作中发挥重要作用。

（六）生态环境

创成国家生态文明建设示范区。入围全国首批新能源示范市。出台《大气污染防治行动计划实施细则》。政府投入3亿元，淘汰小型燃煤锅炉162台(套)、淘汰报废老旧汽车18880辆，购置新能源公交车355辆，全部完成省下达的年度任务。实施节能技术改造项目120项、循环经济项目20项，实现节能20万吨标煤。新增成片造林面积2.9万亩、城市绿地102.5万平方米，顺利完成“绿杨城郭新扬州”建设任务。邗江、广陵创成省年度“国土资源节约集约模范区”。单位GDP能耗下降、PM2.5平均浓度下降、主要污染物减排完成省定目标。

三、扬州市在泛长三角地区经济发展中的地位

2014年，扬州市认真贯彻落实党的十八大和十八届三中、四中全会、中央经济工作会议精神，按照省委、省政府的决策部署，坚持“稳中求进、进字当先，改革创新、融合发展”的总基调，积极应对宏观经济下行压力，经过不懈努力，全市经济社会发展呈现出稳中有进、进中向好的良好态势，多项经济核心指标增幅在全省进位前列，重大项目、重点基础设施工程建设取得突破，跨江融合发展综合改革稳步推进，发展环境有效改善，民生工作再上新台阶，“三创一申”目标提前实现。

2010—2014年扬州市地区生产总值在泛长三角所占比重分别为2.25%、2.26%、2.29%、2.33%和2.43%，保持持续增长的态势，累计增幅为0.18个百分点，其中2014年较上年增长了0.10个百分点。2014年扬州市地区生产总值在泛长三角地区41个市中排名第14位。

2014年，扬州市全市实现地区生产总值3697.89亿元，可比价增长11%。人均GDP 82654元，超省均780元。产业结构不断优化，其中，第一产业增加值240亿元，增长3.8%；第二产业增加值1886.26亿元，增长11%；第三产业增加值1571.63亿元，增长12.1%。三次产业结构由上年的6.9∶52.1∶41.0调整为6.5∶51.0∶42.5。

年末全市有各类法人单位62401家，产业活动单位7942家。全市新登记企业21222户，增长30.4%；新增注册资本767.96亿元，增长40.5%。新登记民营企业20313户，新增注册资本513.11亿元，分别增长31%、55.2%。新登记个体工商户44592户，增长45.1%。

2010—2014年扬州市地方财政一般预算收入在泛长三角所占比重分别为1.68%、1.76%、1.62%、1.60%和1.73%，2014年较上年增加了0.13个百分点，总体增幅为0.05个百分点。2014年

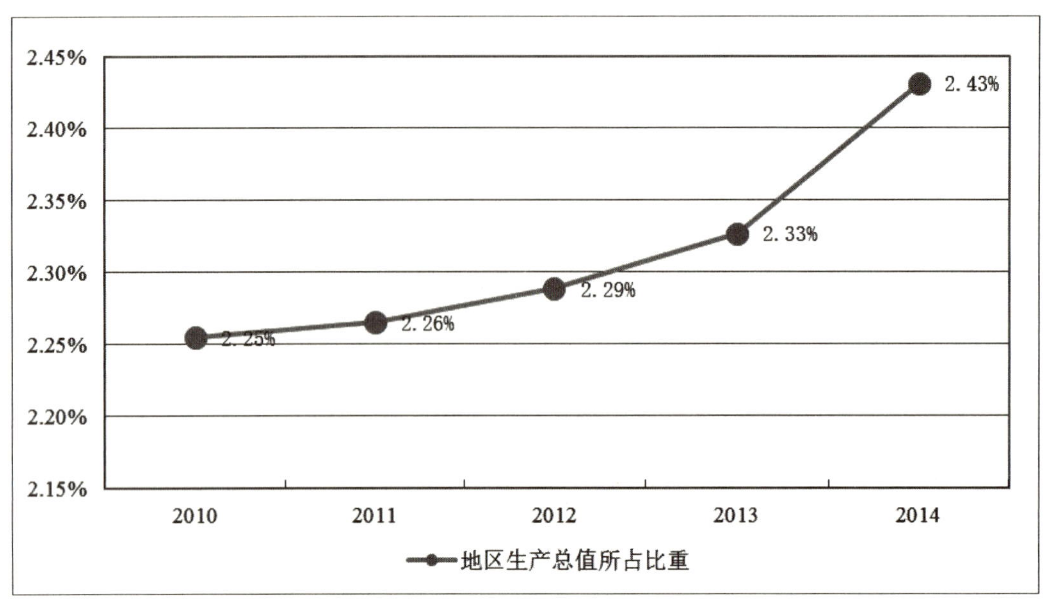

图4 2010—2014年扬州市地区生产总值在泛长三角所占比重变化趋势

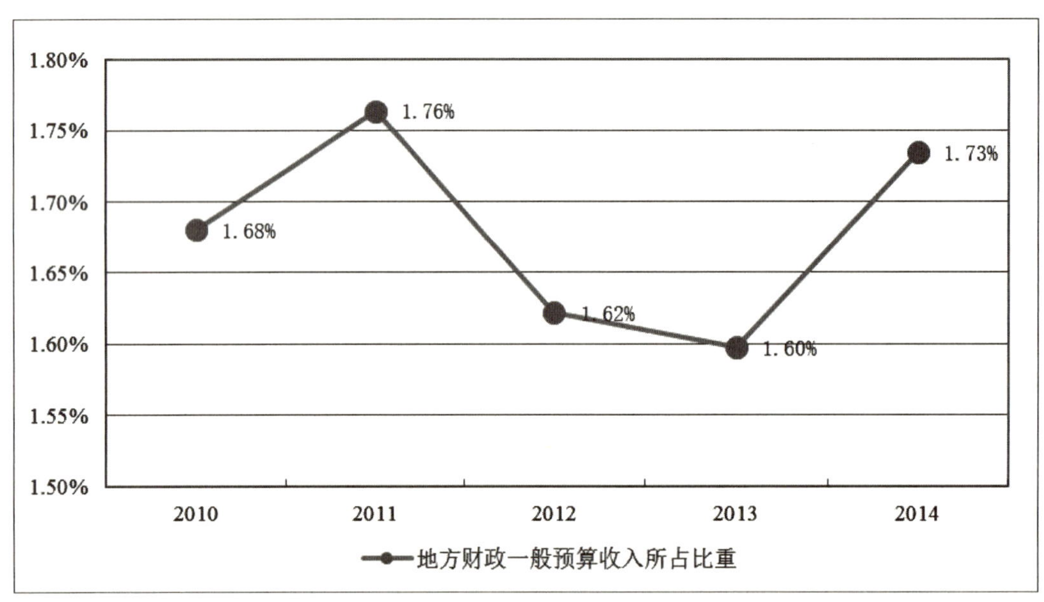

图5 2010—2014年扬州市地方财政一般预算收入在泛长三角所占比重变化趋势

扬州市地方财政一般预算收入在泛长三角地区41个市中的排名达到第16位。

2014年，全市财政总收入726.27亿元，增长10%。公共财政预算收入295.19亿元，增长13.9%，其中，税收收入242.22亿元，增长13.9%。主体税种中，增值税、营业税、企业所得税、个人所得税合计完成160.06亿元，增长18%。其中，增值税39.82亿元，增长13%；营业税84.7亿元，增长20.5%；企业所得税25.3亿元，增长14.7%；个人所得税10.24亿元，下降16.7%。社保基金收入47.87亿元，下降37.1%。

2010—2014年扬州市规模以上工业总产值在泛长三角所占比重分别为3.02%、3.08%、3.03%、3.26%和3.19%，总体呈上涨态势，2014年小幅下跌，较上年下降了0.07个百分点，五年时间累积增

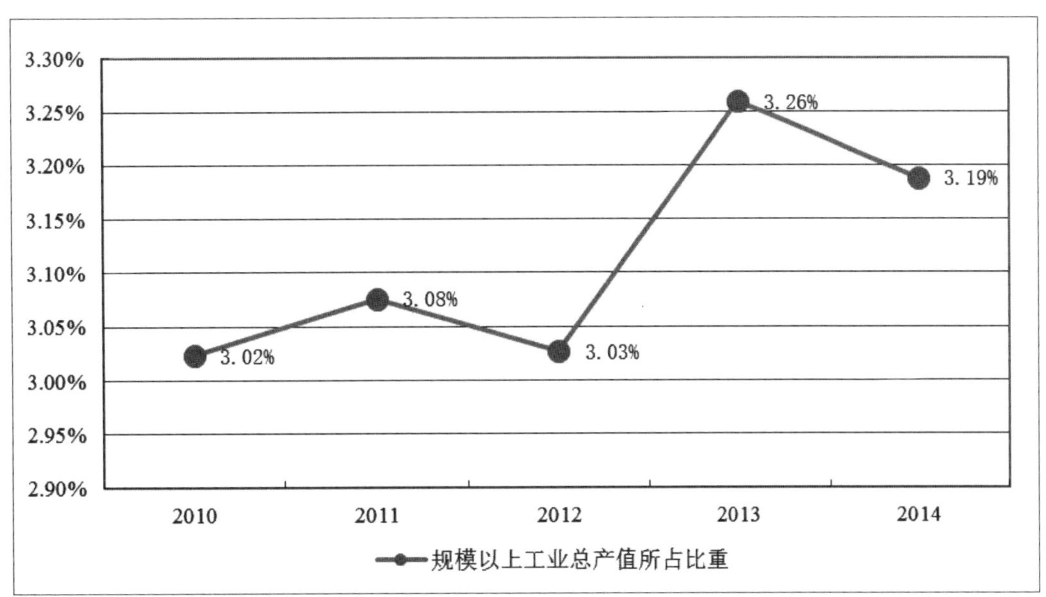

图6 2010—2014年扬州市规模以上工业总产值在泛长三角所占比重变化趋势

幅达0.17个百分点。2014年扬州市规模以上工业总产值在泛长三角地区41个市中排在第12位。

2014年,扬州市全市2681家规模以上工业完成总产值9457.17亿元,增长11.5%,增加值增长12%。产值过亿元的工业企业1444家,比上年增加88家,占全部规模以上企业的53.9%。亿元企业完成产值8839.7亿元,占全市规模以上工业的93.5%。其中完成产值100亿元以上的企业6家,50～100亿元的19家,30～50亿元的17家,10～30亿元的118家,5～10亿元的204家,1～5亿元的1080家。

新兴产业完成产值2808.5亿元,增长14.2%。"三新"产业完成产值1145.1亿元,占全市的12.1%,增长15.5%,其中,71家新材料企业完成产值449.6亿元,增长10.2%;76家新光源企业完成产值396.2亿元,增长11.7%;43家新能源企业完成产值299.2亿元,增长30.8%。

五大千亿级产业累计完成产值6951.6亿元,增长11.2%,其中,汽车产业1135.8亿元,增长19.4%;机械装备产业3054.1亿元,增长12.1%;新能源和新光源产业695.4亿元,增长19.2%;石化产业1595.5亿元,增长7.3%;船舶产业520.2亿元,下降5.4%。

规模以上工业企业实现主营业务收入9083.47亿元,增长11.1%;实现利税1066.57亿元,增长12.7%;利润616.95亿元,增长14.7%。

全社会用电量204.36亿千瓦时,增长3.5%。第一产业用电量3.66亿千瓦时,增长38.4%;第二产业150.41亿千瓦时,增长6.6%,其中,工业用电147.88亿千瓦时,增长6.3%;第三产业22.26亿千瓦时,下降4.2%;城乡居民生活用电28.03亿千瓦时,下降7.6%。

全市实现建筑业总产值2944.3亿元,增长12.1%;建筑业增加值251.78亿元,增长7%。房屋建筑施工面积24684.6万平方米,增长16.4%;竣工产值2382.1亿元,增长12.2%;竣工面积9332.7万平方米,增长7.6%。

十二　镇江市 2014 年经济社会发展报告

2014 年，在市委、市政府正确领导下，全市上下积极应对错综复杂的宏观经济形势，坚持“稳中奋进、改革创新”工作总基调，全力做好新常态下稳增长、促转型、调结构、惠民生各项工作，主要指标增幅保持在合理区间，经济社会发展取得了新成效。

1. 镇江市 2014 年经济发展概况

（一）综合经济

1. 经济总量

经济运行平稳。全年实现地区生产总值 3252.44 亿元，按可比价格计算，比上年增长 10.9%。其中，第一产业增加值 121.45 亿元，增长 3.6%；第二产业增加值 1631.1 亿元，增长 10.8%；第三产业增加值 1499.89 亿元，增长 11.5%。产业结构升级优化，三次产业比例由上年的 3.7∶52.3∶44.0 调整为 3.7∶50.2∶46.1，第三产业增加值占 GDP 比重比上年提高 1.1 个百分点。全市人均地区生产总值 102652 元，增长 11.0%，按年均汇率折算为 16718 美元。

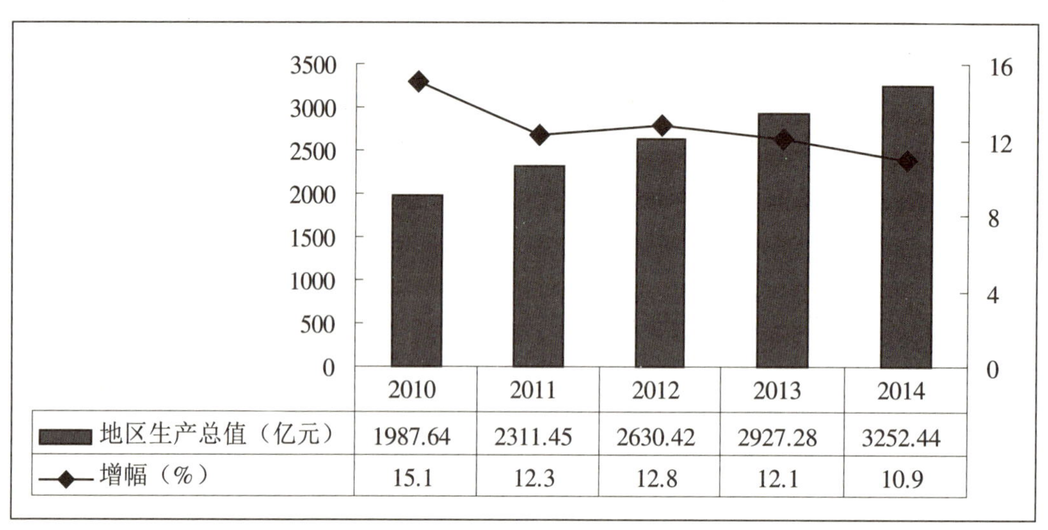

图 1　2010—2014 年镇江市地区生产总值及增长速度

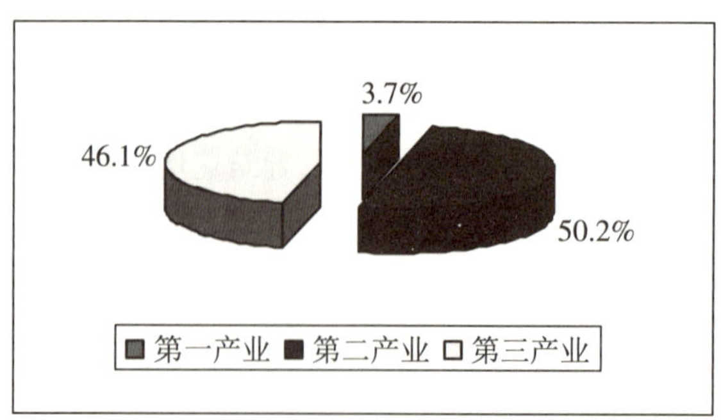

图 2　2014 年镇江市三次产业结构图

2. 财政收支

全年完成财政总收入656.1亿元，比上年增长3.9%，其中，公共财政预算收入277.8亿元，增长9.1%。公共财政预算收入中，税收收入完成228.8亿元，增长9.7%，税收收入占公共财政预算收入比重82.4%，比上年提高0.4个百分点，其中营业税、增值税、企业所得税和个人所得税完成97.2亿元、32.4亿元、21.3亿元、10.4亿元，比上年分别增长15.3%、8.8%、10.2%和44.6%。全年完成财政总支出567.5亿元，比上年增长4.5%，其中公共财政预算支出313.4亿元，增长9.5%，分支出科目看：教育、科学技术、文化体育传媒、社会保障就业、医疗卫生、农林水支出52.6亿元、13.2亿元、5.9亿元、22.6亿元、18.7亿元、27.8亿元，比上年分别增长5.8%、23.1%、5.3%、2.0%、4.8%、6.2%；民生类支出223.0亿元，比上年增长15.2%，占比重71.2%，比上年提高3.6个百分点。

3. 物价指数

居民消费价格温和上涨。全年居民消费价格总指数102.0，比上年上涨2.0%，涨幅比上年下降0.1个百分点。分类别看，八大类商品价格"六升二降"，其中食品类上涨2.4%，衣着类上涨2.3%，家庭设备用品及维修服务上涨1.3%，医疗保健和个人用品上涨4.0%，娱乐教育文化用品及服务上涨2.5%，居住类上涨1.7%，烟酒及用品类下降0.2%，交通和通信下降0.3%。在食品类中，粮食类价格上涨2.8%、鲜蛋价格上涨17.8%、液体乳及乳制品价格上涨13.9%、鲜菜价格下降4.2%，猪肉价格下降1.9%。

4. 固定资产投资

固定资产投资较快增长。全年完成固定资产投资2142.3亿元，比上年增长22.2%。分产业看，第一产业投资2.0亿元；第二产业投资1149.4亿元，增长16.5%，其中工业投资1148.7亿元，增长16.5%；第三产业投资991.0亿元，增长36.6%。工业投资中，制造业投资1104.12亿元，增长18.5%；电力、热力、燃气及水的生产和供应业投资44.6亿元，下降45.8%。分登记注册类型看，内资企业投资1644.0亿元，比上年增长26.0%，其中民间投资1243.9亿元，增长19.9%；港澳台商投资60.0亿元，增长78.2%；外商投资119.01亿元，增长2.8%。

重点项目加快推进。连淮扬镇铁路正式获批，北汽华东基地项目全面开工，惠龙e通上线运行，中陆航星、睿泰数字出版基地、中联网仓智能云仓储中心、正阳汽车零部件商贸物流一期等一批项目建成运营。全年在建亿元以上项目675个，比上年增加61个，其中：当年新开工453个，增加115个。

（二）农业和农村建设

农业生产形势较好。粮食生产实现"十一连增"，全年总产量126.0万吨，比上年增长0.2%，其中，夏粮38.5万吨，增长3.8%；秋粮87.6万吨，下降1.3%。油料总产量5.9万吨，比上年增长2.2%。全年粮食播种面积175.8千公顷，比上年减少0.9千公顷；油料面积25.2千公顷，比上年减少0.5千公顷；蔬菜面积26.49千公顷，比上年增加0.38千公顷。

林牧渔业发展总体平稳。全年成片造林面积3.2千公顷，比上年增长1.1%；茶叶产量1443.1吨，比上年增长5.1%。全年猪牛羊禽肉类总产量8.16万吨，比上年下降4.5%，其中：猪肉产量4.88万吨，下降3.2%；禽、蛋产量1761万只和2.51万吨，分别下降7.1%、5.1%。全年水产品产量9.5万吨，比上年增长3.3%。

高效现代农业发展加快。全年新增设施农业（渔业）面积5.9万亩，累计达到44.1万亩，占比重18.7%，比上年提高2.0个百分点。全年新增"三品"（绿色食品、有机食品、无公害农产品）123个，累计达到854个。全年新增农民合作社230个，总数达到3085个。年末拥有省级农业园区7家，当年新增1家。年末拥有省级以上龙头企业30家，其中国家级4家；年末拥有工商注册家庭农场533家，其中省级示范家庭农场7家。

（三）工业、建筑业

工业生产发展趋稳。年末拥有规模以上工业企业2936家，比上年净增155家。全年规模以上工业企业完成总产值8102.3亿元，比上年增长8.3%，其中大中型企业5326.5亿元，增长12.3%。分轻重工业看，轻工业1395.8亿元，增长9.0%；重工业6706.5亿元，增长11.4%。分行业门类看，采矿业63.5亿元，下降10.9%；制造业7866.3亿元，增长11.2%；电力、热力、燃气及水生产和供应业172.5亿元，增长9.5%。分经济类型看，国有及国有控股企业75.4亿元，下降15.2%；集体企业53.0亿元，增长10.2%；股份制企业5071.3亿元，增长13.1%；外商及港澳台商投资企业2680.4亿元，增长8.5%；民营企业4110.3亿元，增长11.9%，其中私营企业3329.5亿元，增长12.0%。

企业效益逐步改善。全年规模以上工业企业实现主营业务收入7842.5亿元，比上年增长10.2%；利税795.6亿元，比上年增长16.8%；利润509.7亿元，比上年增长18.0%。规模以上工业企业总资产贡献率、主营业务收入利润率和成本费用利润率分别为17.6%、6.5%和7.0%，产品销售率为98.4%。年末全市拥有销售超百亿企业(集团)9家、利税超10亿企业12家。

新兴产业较快增长。全年新材料、高端装备制造、新能源、航空航天、生物技术与新医药、新一代信息技术六大新兴产业实现销售收入3556.9亿元，比上年增长18.5%，占规模以上工业比重45.1%，比上年提高1.7个百分点。

建筑业发展态势良好。年末拥有资质以上建筑业企业424家，比上年净增13家。全年实现建筑业总产值555.4亿元，比上年增长12.2%，其中竣工产值380.8亿元，增长11.4%。全年建筑业企业实现利税16.6亿元，增长17.3%。建筑业全员劳动生产率为21.6万元/人，比上年增长10.7%。建筑业企业房屋建筑施工面积2412.2万平方米，比上年增长10.3%；竣工面积954.2万平方米，增长13.4%，其中住宅竣工面积542.9万平方米，增长16.2%。

（四）服务业

1. 国内贸易

消费市场稳定增长。全年实现社会消费品零售总额976.6亿元，比上年增长12.7%。其中：限额以上企业(单位)消费品零售额542.7亿元，增长9.3%；限额以下企业(单位)消费品零售额433.9亿元，增长17.2%。按经营单位所在地分，城镇消费品零售额927.8亿元，比上年增长12.8%；乡村消费品零售额48.8亿元，增长12.4%。按消费形态分，批发业零售额143.7亿元，增长7.8%；零售业零售额725.66亿元，增长13.4%；住宿业零售额7.9亿元，增长19.1%；餐饮业零售额99.34亿元，增长13.9%。

在限额以上批发和零售业中，汽车类零售额117.7亿元，增长5.5%；石油及制品类零售额81.3亿元，增长24.8%；通讯器材类零售额7.1亿元，下降0.4%；日用品类零售额16.2亿元，增长18.9%；家用电器和音像器材类零售额32.0亿元，下降2.2%；化妆品类零售额5.38亿元，增长45.6%；金银珠宝类零售额15.7亿元，增长6.7%；文化办公用品类零售额8.3亿元，增长1.7%；服装鞋帽、针纺织品类零售额58.1亿元，增长4.8%；粮油食品、饮料烟酒类零售额66.2亿元，增长4.5%，其中粮油类增长11.4%，肉禽蛋类增长3.9%。

2. 交通、邮电

客货运输量保持平稳。全年旅客运输量、货物运输量分别比上年增长3.7%和11.2%，旅客周转

量、货物周转量分别增长 3.3%和 12.3%。全年完成港口货物吞吐量 1.6 亿吨，比上年下降 0.2%。其中，长江港口吞吐量 1.4 亿吨，下降 0.3%；集装箱吞吐量达 37.55 万标准集装箱，下降 1.3%。

交通基础设施稳步改善。苏南运河镇江段“四改三”工程 42.6 公里全面建成；五凤口高架快速推进，扬中三桥及接线工程、镇澄路等竣工通车。年末全市公路里程 7264 公里，比上年新增 63 公里；其中高速公路里程 182 公里。全年新改造升级农村公路 300 公里，改造危桥 36 座。全面推广智能公交，实现客运“WiFi 全覆盖”“宁镇扬一卡通”。全年新增新能源空调公交车 150 辆，新辟、优化公交线路 13 条，扩容出租车 150 辆；全年城市居民公共交通出行分担率 23.1%，比上年提高 0.7 个百分点。年末民用汽车保有量 38.5 万辆，净增 5.9 万辆，增长 14.0%。年末私人汽车保有量 32.9 万辆，净增 5.4 万辆，增长 17.4%，其中私人轿车保有量 30.6 万辆，净增 5.1 万辆，增长 18.5%。

邮政电信业较快发展。全年邮政电信业务总量 46.7 亿元，比上年增长 11.1%，其中：邮政业务总量 10.0 亿元，电信业务总量 36.7 亿元，分别增长 20.8%和 8.7%。邮政电信业务收入 38.6 亿元，增长 0.5%，其中：邮政业务收入 8.2 亿元，电信业务收入 30.4 亿元，分别增长 15.0%和 0.5%。年末固定电话用户 98.7 万户，比上年末减少 7.3 万户。移动电话用户 340.2 万户，比上年末净增 22.6 万户。年末互联网用户 77.6 万户，比上年新增 17.6 万户。

3. 旅游业

旅游业平稳增长。全年实现旅游总收入 554.5 亿元，比上年增长 14.5%。接待入境旅游者 4.5 万人次，比上年增长 22.7%，旅游外汇收入 0.43 亿美元，比上年增长 20.8%。接待国内旅游者 4389.9 万人次，比上年增长 12.6%，国内旅游收入 543.9 亿元，比上年增长 14.6%。年末全市共有星级以上宾馆 38 家，其中五星级宾馆 3 家。句容茅山创成国家 5A 级旅游景区，丹徒米芾书法公园创成国家 4A 级旅游景区，年末全市拥有 4A 级旅游景区 6 家，5A 级旅游景区 2 家。

4. 金融、保险

金融存贷规模不断扩大。年末全市金融机构人民币存款余额 3536.3 亿元，比年初新增 246.8 亿元，其中：单位存款 1885.4 亿元，比年初增加 159.8 亿元；储蓄存款 1569.4 亿元，比年初增加 93.9 亿元。年末金融机构人民币贷款余额 2679.8 亿元，比年初增加 315.5 亿元，其中：短期贷款 1443.8 亿元，比年初增加 48.6 亿元；中长期贷款 1148.5 亿元，比年初新增 219.7 亿元。

企业上市步伐加快。全年新增 1 家在纳斯达克上市企业，2 家“新三板”挂牌企业，8 家“四板”市场挂牌企业，年末全市累计 31 家挂牌上市企业，其中境外上市企业 16 家。

保险业发展平稳。全年保费收入 69.7 亿元，比上年增长 12.8%。其中，财产险收入 19.4 亿元，增长 14.0%；寿险收入 46.3 亿元，增长 11.1%；健康险和意外伤害险收入 4.0 亿元，增长 30.5%。全年赔付额 23.7 亿元，比上年增长 21.4%。其中，财产险赔付 10.7 亿元，增长 26.1%；寿险赔付 11.2 亿元，增长 19.8%；健康险和意外伤害险赔付 1.87 亿元，增长 7.4%。

5. 房地产业

房地产市场运行趋稳。全年完成房地产开发投资 319.1 亿元，比上年增长 7.7%，其中，住宅投资 243.0 亿元，增长 9.8%。房地产开发企业房屋施工面积 2979.5 万平方米，比上年增长 23.3%，其中，住宅施工面积 2213.2 万平方米，增长 20.8%。房屋竣工面积 599.7 万平方米，增长 65.3%，其中，住宅竣工面积 492.4 万平方米，增长 64.7%。商品房销售面积 520.2 万平方米，比上年下降 12.2%，其中，住宅销售面积 437.9 万平方米，下降 14.0%。商品房销售额 316.7 亿元，下降 10.9%，其中，住宅销售额 269.2 亿元，下降 16.0%。

（五）开放型经济

1. 对外贸易

对外贸易恢复性增长。全年实现进出口总额103.1亿美元,比上年增长3.6%,其中,出口66.02亿美元,增长6.1%;进口37.1亿美元,下降0.6%。从贸易方式看,全市一般贸易出口47.2亿美元,增长4.5%,占出口总额比重71.7%;加工贸易出口17.6亿美元,增长5.3%,占出口总额比重26.7%。从出口国别看,对亚洲出口额30.7亿美元,增长6.1%,其中对日本出口额4.8亿美元,下降12.5%;对欧洲出口额11.2亿美元,下降0.3%,其中对欧盟出口额8.8亿美元,增长4.8%;对美国出口额13.3亿美元,比上年增长15.2%。从企业类型看,国有企业出口1.6亿美元,比上年下降9.1%;外商投资企业出口33.2亿美元,比上年增长7.9%;民营企业出口29.4亿美元,比上年增长2.1%。从主要贸易产品看,高新技术产品出口增长122.0%,机电产品出口增长16.1%,纸及纸制品出口增长3.8%,光伏产品出口增长118.6%。

2. 利用外资

利用外资较大幅度下滑。全年新批外商投资企业117家,新批协议外资23.8亿美元,比上年下降26.5%;实际利用外资12.9亿美元,比上年下降57.9%。新批及净增资1000万美元以上项目75个,其中3000万美元以上项目41个。对外投资较快增长。当年新批境外投资项目数35个,其中境外投资中方协议投资额1.9亿美元,比上年增长65.8%。

二、镇江市2014年社会发展概况

(一)人口、人民生活

人口规模基本稳定。年末全市常住人口317.14万人,比上年末增加0.6万人,增长0.2%;年末户籍人口272.07万人,比上年末增加0.32万人,增长0.1%。在户籍人口中,男性134.81万人,减少0.04万人;女性137.26万人,增加0.36万人。全年人口出生率为8.93‰,比上年下降0.05个千分点;人口死亡率为7.15‰,比上年下降0.61个千分点;人口自然增长率为1.78‰,提高0.56个千分点。

居民收支稳步增加。全体居民人均可支配收入28850元,比上年增加2523元,增长9.6%。全体居民人均消费支出18178元,比上年增加1367元,增长8.1%。分城乡看,城镇常住居民人均可支配收入为35752元,增加3004元,增长9.2%,其中工资性收入、经营净收入、财产净收入、转移净收入23732元、4574元、3021元、4425元,分别增长10.1%、7.0%、9.2%和6.7%。城镇常住居民人均生活消费支出21310元,比上年增加1376元,增长6.9%。农村常住居民人均可支配收入为17617元,增加1741元,增长11.0%,其中工资性收入、经营净收入、财产净收入、转移净收入11579元、3602元、649元、1787元,分别增长12.3%、8.4%、11.3%和7.9%。农村常住居民人均生活消费支出13081元,比上年增加1360元,增长11.6%。居民生活条件持续改善,年末城镇、农村居民人均住房面积43.8和55.5平方米。年末城镇百户家庭拥有汽车41辆、电脑111台、手机253部;农村百户家庭拥有汽车26辆、电脑66台、手机249部。

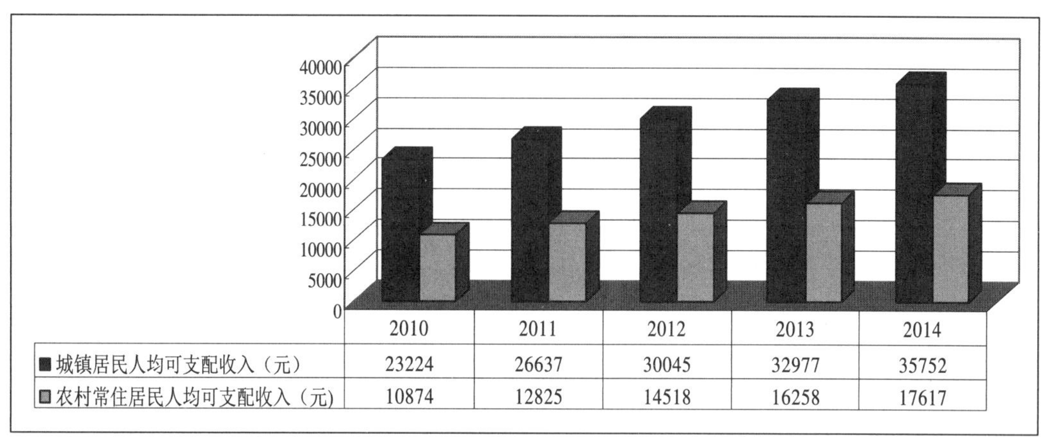

	2010	2011	2012	2013	2014
■城镇居民人均可支配收入（元）	23224	26637	30045	32977	35752
■农村常住居民人均可支配收入（元）	10874	12825	14518	16258	17617

图 32010—2014 年镇江市城乡居民收入对比一览

（二）就业与社会保障

1. 就业

就业形势较好。全年新增城镇就业 7.98 万人、转移农村劳动力 2.33 万人，城镇登记失业率 1.91%。年末全市从业人员 192.5 万人，其中第一产业 23.8 万人、第二产业 91.1 万人、第三产业 77.6 万人。

2. 社会保障

社会保障水平稳步提高。全市参加城乡基本养老、医疗保险和城镇职工失业保险人数 87.8 万人、89.1 万人和 49.3 万人，比上年分别增加 3.3 万人、1.5 万人和 1.5 万人，覆盖率分别为 97.4%、97.6%和 97.8%。各类保障标准提高，企业退休人员养老金提高至 1996 元，月增加 244 元；企业职工最低工资标准提高到 1630 元，月增加 150 元；市区月低保标准提高至 580 元，月增加 40 元。年末全市养老床位数 24286 张，当年新增 4130 张，每千名老人拥有养老床位数 38.6 张，比上年增加 4.5 张。全年福利彩票销售 3.9 亿元，比上年增长 5.0%。

（三）教育与科技创新

1. 教育

教育事业协调发展。全市共有各类学校 248 所，在校学生 36.7 万人，毕业生 9.8 万人，其中：普通高校 5 所，本专科在校学生（含研究生）8.4 万人，毕业生 2.2 万人；小学 113 所，在校学生 13.8 万人，毕业生 2.1 万人；中学 112 所，在校学生 9.6 万人，毕业生 3.3 万人。九年义务教育巩固率 100%，高中阶段教育毛入学率 100%。全市共有幼儿园 207 所，比上年增加 13 所，在园幼儿 6.7 万人，比上年增加 0.3 万人。全年完成校安工程 85.9 万平方米，全面实施幼儿园非事业编制教师人事代理制度。

2. 科技

科技创新能力增强。镇江高新区成功升级国家级。全年新增省级以上研发机构 69 家，累计 276 家。大中型工业企业和规模高新技术企业省级以上研发机构占比达 42.5%，比上年提高 1.7 个百分点。全市科技进步贡献率达 59.5%，比上年提高 1 个百分点。全年专利授权总量 12707 件，其中发明专利 1274 件，比上年分别增加 2898 件、400 件。全年研发经费（R&D）支出占 GDP 比重 2.55%，比上年提高 0.12 个百分点。每万劳动力中研发人员数 118.5 人年，比上年提高 7.4 人年。万人发明专利拥有量 12.5 件，比上年增加 2.8 件。

高新技术产业持续较快发展。全年完成高新技术产业产值 3897.2 亿元，比上年增长 15.8%，占规模以上工业产值比重 48.1%，比上年提高 2.1 个百分点，保持全省第一。年末拥有省级以上高新技术企业数 454 家，当年新认定 89 家；拥有省级以上高新技术产品 2397 项，当年认定 317 项，其中国家重点新产品 6 项。大力实施"人才兴市"战略，全年新引进国家"千人计划"28 人，省"双创人才"44 人，市"331"计划领军人才(团队)160 个。

质量检验能力稳步提升。全市共有产品质量检验机构 4 个，国家检测中心 2 个；监督抽查产品 481 种，完成强制性产品认证的企业 845 家，比上年增加 52 家；法定计量技术机构 5 个，强制检定计量器具 16.4 万台件，比上年增加 3.3 万件。

（四）文化、卫生与体育

1. 文化

公共文化服务水平稳步提升。镇江成为省级公共文化服务体系示范区、基层综合性文化服务中心国家试点城市和全省全民阅读试点城市。年末拥有文化馆 8 个、公共图书馆 8 个、博物馆 14 个、美术馆 1 个，镇(街道)、村(社区)公益性文化设施覆盖率达 100%。全市有线电视用户数 100.1 万户，比上年增加 2.1 万户；有线电视入户率 99%，比上年提高 6 个百分点。成功举办 2014 长江国际音乐节、"一起周末"2014 镇江文化演出季、"2014HiFi 西津渡国际音乐汇""2014 中国・镇江国际纪录片盛典"等活动。文献纪录片《天下文宗》在央视播出，扬剧《小花旦当官》获得省舞台艺术精品工程优秀剧目和"五个一"工程奖。年末全市拥有市级以上文物保护单位 241 处，其中全国重点文物保护单位 13 处、省级 42 处。

2. 卫生

卫生事业加快发展。年末共有各类卫生机构 920 个，其中医院、卫生院 88 个，卫生防疫、防治机构 7 个，妇幼保健机构 6 个。年末卫生机构拥有床位 1.44 万张，其中医院病床 1.27 万张；拥有卫生技术人员 1.85 万人，其中执业医师和执业助理医师 0.75 万人，注册护士 0.78 万人，分别比上年增长 4.5%和 5.7%。全市每千人拥有医生数 2.29 人、每千人拥有床位数 4.55 张，分别比上年增加 0.01 人、0.03 张。新农合保障水平不断提高，全市参加新农合人口 161.49 万人，参合率 100%。

3. 体育

体育事业健康发展。全年新增公共体育设施面积 28.5 万平方米，人均公共体育设施面积 2.8 平方米，居民体质合格率达 93.0%。镇江籍运动员在第 18 届省运会上夺得 68 枚奖牌，其中金牌 11 枚。成功举办镇江金山湖国际铁人三项赛、中澳男篮对抗赛、直通东京中国乒乓球队选拔赛、中超联赛江苏舜天主场比赛、全国青少年曲棍球锦标赛等国际、国内重要赛事。全年体育彩票销售 7.1 亿元，比上年增长 6.7%。

（五）城乡建设

城乡建设稳步推进。南山北入口景区等 30 项重点竣工项目全面完成；太平路、大西路、金家湾辅道、云台山周边路网等 9 条道路竣工通车。市区建成区面积 134 平方公里，比上年增加 6 平方公里。城镇化水平 66.6%，比上年提高 1.2 个百分点。"7+1"旧城改造项目扎实推进，改造市区棚户区面积 110 万平方米，完成 17 万平方米老小区整治，改造街巷道路 1.4 万平方米。圆满完成市区人力客运三

轮车退市工作，新投入公共自行车3000辆。全市65个三星级康居乡村通过省级验收，建成1个“美丽宜居镇”、10个“美丽宜居村庄”，康居乡村建设达标率达91.4%。

（六）生态建设

生态建设取得重大进展。成为国家生态文明建设先行示范区和全省唯一的生态文明建设综合改革试点市，创成国家生态市、国家森林城市。丹阳、扬中、句容、丹徒通过环保部生态市审批，国家级生态镇实现全覆盖，新增27个省级生态村、2个省级生态工业园区。“一湖九河”水环境综合整治基本消除黑臭现象。主要污染物排放强度超额完成省控目标，单位GDP能耗0.57千克/万元，比上年下降6%，为“十二五”新高。全年单位GDP化学需氧量、二氧化硫、氨氮、氮氧化物排放强度分别比上年下降9.9%、14.1%、12.5%、20.8%。全年关闭化工、电镀、印染、建材等落后产能企业300家。全年空气质量达到二级标准的天数比例达65.9%，比上年提高6.6个百分点，地表水好于Ⅲ类水质的比例85.0%，比上年提高21.4个百分点。全年PM2.5平均浓度下降6.3%。

三、镇江市在泛长三角地区经济发展中的地位

国务院正式批准《长江三角洲地区区域规划》，将把长三角建成“亚太地区重要的国际门户、全球重要的现代服务业和先进制造业中心、具有较强竞争力的世界城市群”作为发展定位。由于长三角区域城市发展基础不同，16城市之间经济发展水平还存有较大差异，镇江作为长三角的一员，近年来加快长三角一体化进程，经济和社会发展稳中奋进，但对比长江三角洲城市仍有较大差距。2014年，镇江市在省委、省政府和市委的正确领导下，全面贯彻党的十八大、十八届一中、二中、三中全会和习近平总书记系列重要讲话精神，扎实推进“八项工程”(1)，全力实施“四大行动”(2)，取得了经济社会发展的新成就，较好完成了市七届人大二次会议确定的各项任务。

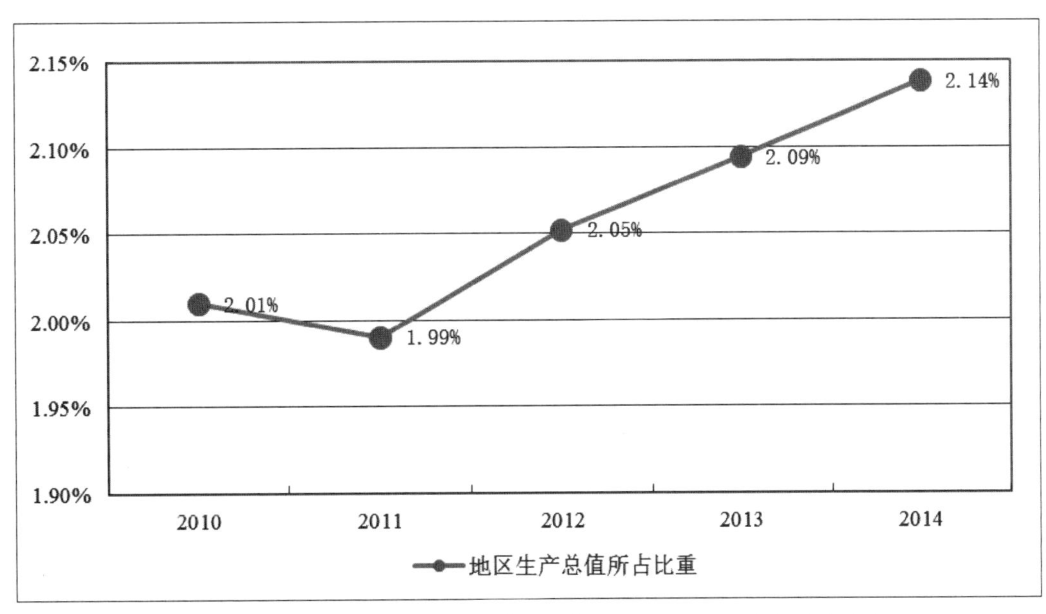

图4　2010—2014年镇江市地区生产总值在泛长三角所占比重变化趋势

2010—2014年镇江市地区生产总值在泛长三角所占比重分别为2.01%、1.99%、2.05%、2.09%和2.14%，在2011年出现小幅下跌后，2012—2014年持续增加，2014年较上年增幅达0.05个百分点，较2010年增加了0.13个百分点。2014年镇江市地区生产总值在泛长三角地区41个市排名第

18 位。

2014 年，镇江市全年实现地区生产总值超 3000 亿元，为 3252.38 亿元，比上年增长 10.9%，其中：第一产业增加值 122.15 亿元，增长 3.6%；第二产业增加值 1662.55 亿元，增长 10.8%；第三产业增加值 1467.68 亿元，增长 11.5%。分季度看，一季度、上半年、前三季度分别增长 10.9%、10.8%和 10.9%，逐季增幅基本稳定。

三次产业占 GDP 比重由上年的 3.7∶52.3∶44.0 调整为 3.8∶51.1∶45.1，第三产业增加值占 GDP 比重提高 1.1 个百分点。全年实现新兴产业销售收入占比 45.1%，比上年提高 1.7 个百分点；高新技术产业产值占比 48.2%，比上年提高 2.2 个百分点。产业“三集”成效显现，20 个先进制造业特色园区销售收入占比比上年提高 4.8 个百分点、30 个现代服务产业集聚区营业收入占比比上年提高 2.8 个百分点、30 个现代农业产业园区产值占比比上年提高 2.1 个百分点。先进装备制造业（“海陆空”）销售收入占比重 36.6%，比上年提高 1.3 个百分点。

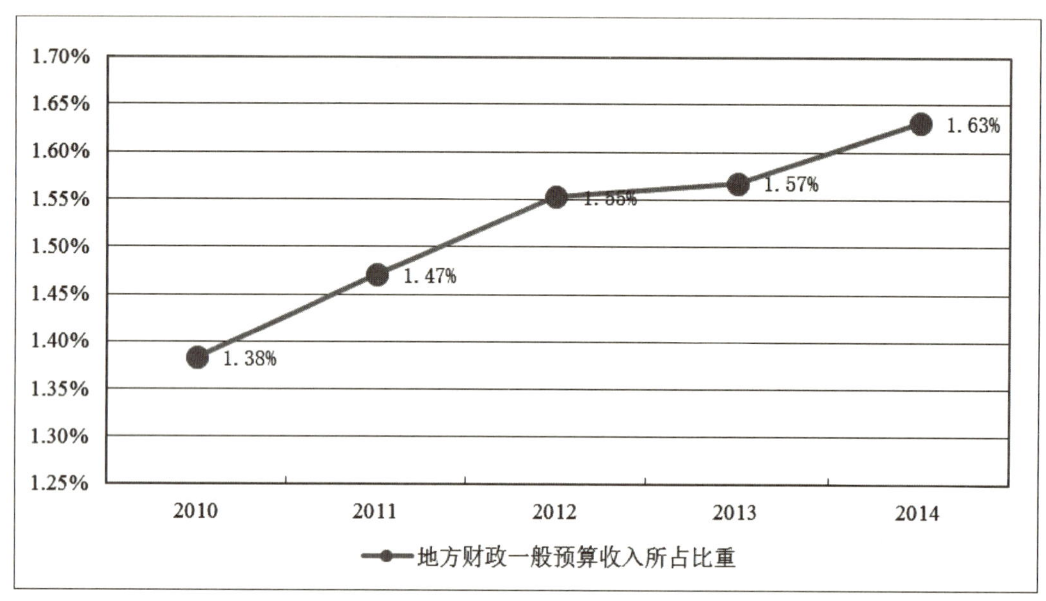

图 5　2010—2014 年镇江市地方财政一般预算收入在泛长三角所占比重变化趋势

2010—2014 年镇江市地方财政一般预算收入在长三角所占比重分别为 1.38%、1.47%、1.55%、1.57%和 1.63%，整体呈增长态势，五年累计增幅达 0.25 个百分点，其中 2014 年较上年增加了 0.06 个百分点。2014 年镇江市地方财政一般预算收入在泛长三角地区 41 个市排名第 18 位。

2014 年，镇江市完成公共财政预算收入 277.8 亿元，增幅达 9.1%，税占比达 82.4%。2014 年完成全口径财政总收入 652.63 亿元。所辖市区公共财政预算收入完成情况：京口区完成 19.04 亿元，润州区完成 22.68 亿元，丹徒区完成 24.95 亿元，丹阳市完成 64.17 亿元，扬中市完成 30.72 亿元，句容市完成 35.91 亿元。

财政收支状况总体良好。积极应对经济下行压力，加大税源分析、综合治税以及零散税收征管力度，稳定财税增收。2014 年全市一般公共预算收入 277.8 亿元，总量列全省第 11 位；增幅 9.1%，列全省第 9 位；“税占比”82.4%，较 2013 年提升 0.4 个百分点，列全省第 5 位。同时，优化调整支出结构，民生导向更加鲜明，2014 年全市民生类支出超过支出总量的 70%；生态投入力度加大，市级安排环保类专项资金 1.1 亿元，同比增长 79%，新设“淘汰落后产能专项资金”支持关停高耗能、高污染企业，推动西南、谏壁片区和“一湖九河”等专项整治工程；助推“创新驱动”战略实施，通过信用保险、风

险补偿、股权投资等市场化手段，撬动近8亿元信贷资金投向科技创新、产学研一体化以及研发中心等载体建设。

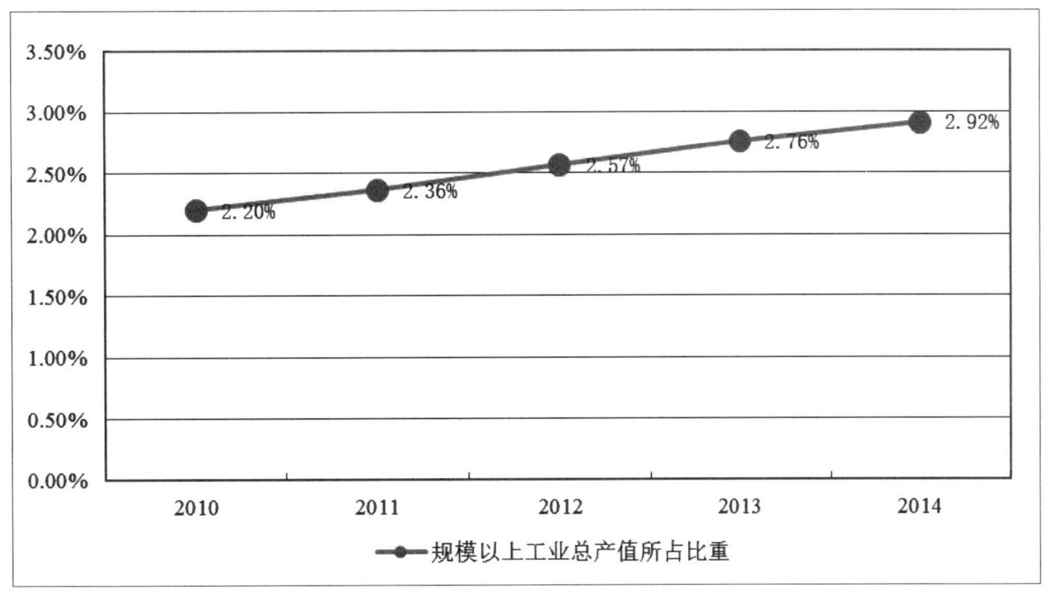

图6　2010—2014年镇江市规模以上工业总产值在泛长三角所占比重变化趋势

2010—2014年镇江市规模以上工业总产值在泛长三角所占比重分别为2.20%、2.36%、2.57%、2.76%和2.92%，连续多年实现增长，累计增幅为0.72个百分点，其中2014年较上年增长0.16个百分点。2014年镇江市规模以上工业总产值在泛长三角地区41个市排名较上年保持不变，排名第14位。

2014年，镇江市全年规模以上工业增加值比上年增长11.5%，较一季度、上半年和前三季度分别回落0.8、0.6和0.3个百分点，回落幅度总体收窄。重点骨干企业发展势头良好，大中型企业增加值增长13.4%，快于全市1.9个百分点，占比重68.4%，比上年提高8.4个百分点。非公有制企业发展势头良好，增加值增长13.8%，快于全市2.3个百分点，占比重61.3%，比上年提高13个百分点。

2014年，全市规模以上工业综合能源消费量为1360.28万吨标准煤，比上年增长6.8%，分别比一季度、上半年、三季度、回落5.6、6.4和0.1个百分点。受新上项目投产，产能释放的原因，规模以上工业综合能耗增速以7.8%开局，3月累计增速攀升至12.4%，逐月上升，5月累计增速达到峰值13.4%，高位运行持续至7月，8月后受重点耗能企业限产和句容华电同期数影响，累计增速呈现逐月放缓的趋势，保持在7%左右，12月累计增速下降至6.8%，工业综合能耗增速呈"前高后低"走势，逐步放缓趋稳。

2010—2014年镇江市进出口总额在泛长三角所占比重分别为0.73%、0.77%、0.85%、0.72%和0.72%，呈倒"V"形态势，2012年到达顶峰，2013—2014年下跌，2014年较2010年下跌了0.01个百分点。2014年镇江市进出口总额在泛长三角地区41个市排名第17位。

2014年，镇江市全年完成出口总额66.02亿美元，比上年增长6.1%，自11月份起增幅首超全省平均水平。贸易方式积极调整，一般贸易出口比上年增长4.5%，增幅与加工贸易落差由上年的22个百分点缩小到0.8个百分点。民营企业出口增幅转正，出口前30强企业24家正增长。完成机电产品出口额27.72亿美元，比上年增长16.1%，提高37个百分点，占比重42.0%，比上年提高3.6个百分点。高新技术产业产品比上年增长122.0%，提高164.8个百分点，占比重9.6%，提高5个百分点。

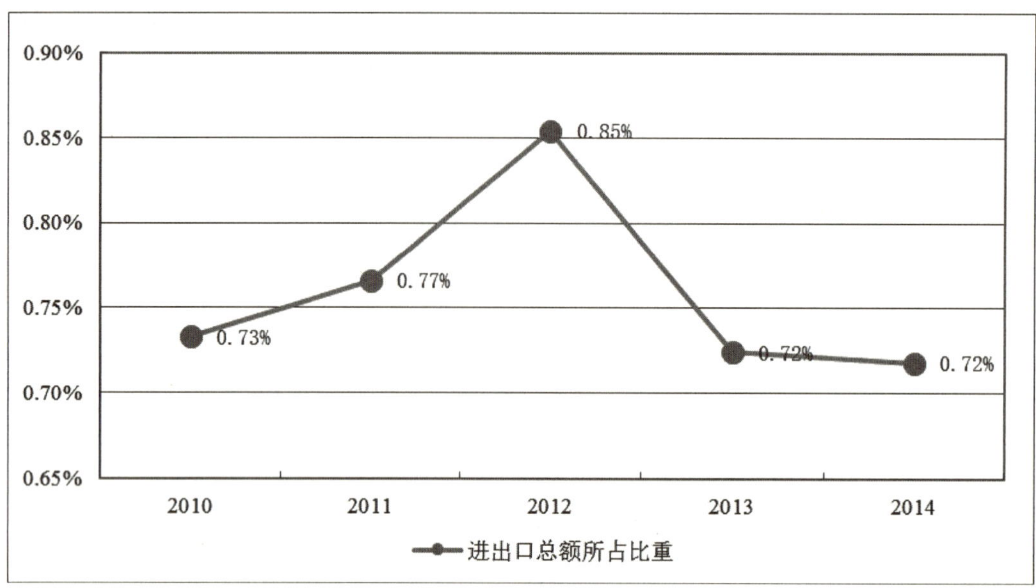

图7　2010—2014年镇江市进出口总额在泛长三角所占比重变化趋势

从外贸市场看，对美欧主体市场出口增长15.2%和4.8%，对新兴市场印度出口增长10.8%、对韩国出口增长33.7%。

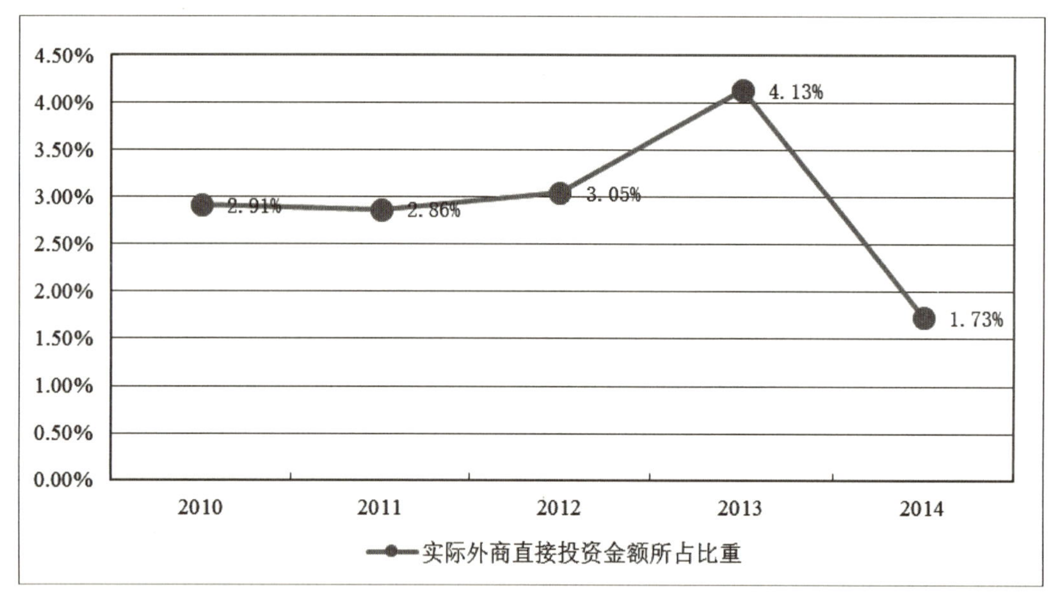

图8　2010—2014年镇江市实际外商直接投资金额在泛长三角所占比重变化趋势

2010—2014年镇江市实际外商直接投资金额在泛长三角所占比重2.91%、2.86%、3.05%、4.13%和1.73%，较去年大幅下跌，累积下跌了1.18个百分点，其中2014年较上年减少了2.40个百分点。2014年镇江市进出口总额在泛长三角地区41个市排名第15位。

2014年利用外资较大幅度下滑。全年新批外商投资企业117家，新批协议外资23.8亿美元，比上年下降26.5%；实际利用外资12.9亿美元，比上年下降57.9%。新批及净增资1000万美元以上项目75个，其中3000万美元以上项目41个。对外投资较快增长。当年新批境外投资项目数35个，其中境外投资中方协议投资额1.9亿美元，比上年增长65.8%。

十三　泰州市2014年经济社会发展报告

2014年，面对错综复杂的国内外经济环境和经济发展的新常态，全市上下在市委、市政府的正确领导下，认真贯彻落实中央和省委、省政府决策部署，坚持"稳中求进"总基调，主动适应经济发展新常态，统筹推进稳增长、促改革、调结构、惠民生等重点工作，狠抓"思想再解放、项目大突破、城建新提升"三大主题工作的落实，全市经济运行总体平稳，呈现"稳中有进、动力增强、结构优化、质效提升、民生改善"的良好态势。

一、泰州市2014年经济发展概况

（一）综合经济

1. 经济总量

经济发展稳中有进。全市完成地区生产总值3370.89亿元，增长10.8%。其中，第一产业增加值217.08亿元，增长3.3%；第二产业增加值1728.64亿元，增长10.5%；第三产业增加值1425.17亿元，增长12.3%。三次产业结构调整为6.4∶51.3∶42.3。按常住人口计算，全年人均地区生产总值72706元，增长10.7%，人均地区生产总值按当年汇率折算达11836美元。

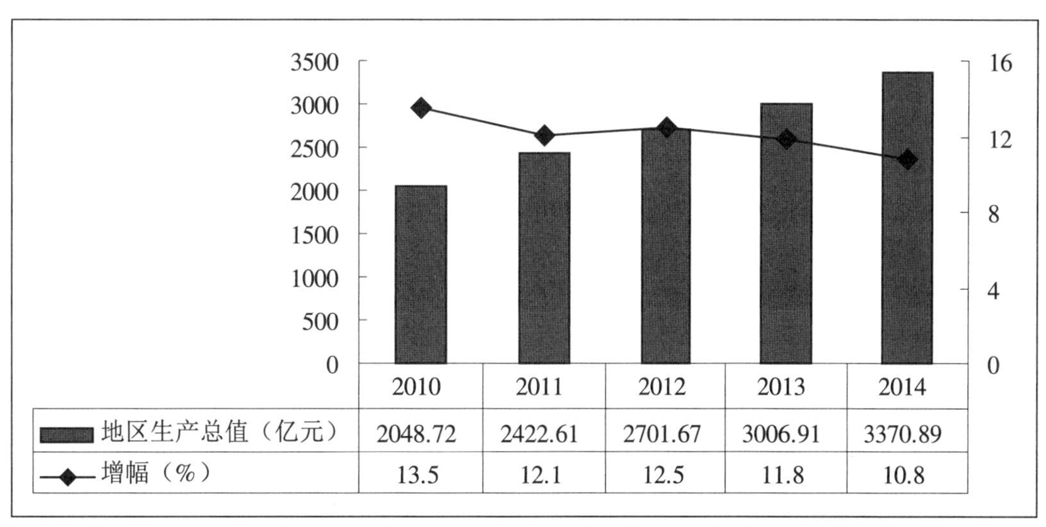

	2010	2011	2012	2013	2014
地区生产总值（亿元）	2048.72	2422.61	2701.67	3006.91	3370.89
增幅（%）	13.5	12.1	12.5	11.8	10.8

图1　2010—2014年泰州市地区生产总值及增长速度

2. 财政收支

财政收支平稳增长。全年财政总收入805.94亿元，增长15.6%；公共财政预算收入283.00亿元，增长9.2%，其中税收收入230.61亿元，增长7.7%，税收收入占公共财政预算收入的比重为81.5%，比上年下降1.1个百分点。全年公共财政预算支出367.55亿元，增长6.9%。公共财政预算支出中，十三类民生支出共计270.46亿元，增长5.1%，十三类民生支出占公共财政预算支出的比重达73.5%。

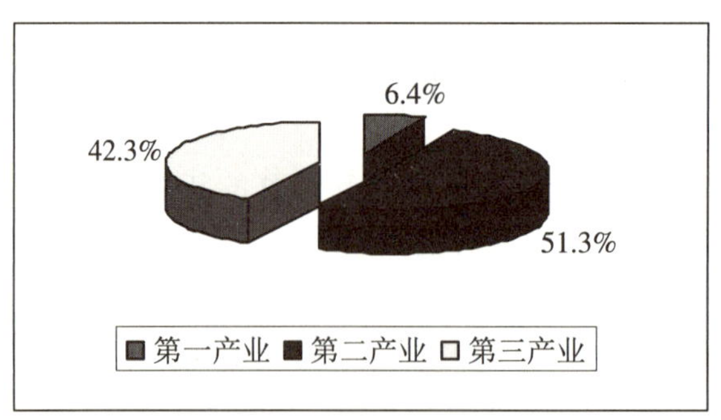

图 2　2014 年泰州市三次产业结构图

3. 物价水平

物价水平窄幅波动。全年市区居民消费价格总水平累计同比上涨 2.1%，涨幅较上年略升 0.2 个百分点。分类别看，构成总指数的八大类商品和服务价格六涨二跌，其中食品类、衣着、家庭设备用品及维修服务、医疗保健和个人用品、娱乐教育文化用品及服务和居住分别上涨 1.9%、3.9%、3.5%、1.0%、3.1%和 2.7%，烟酒及用品、交通和通讯分别下降 2.4%和 0.2%。全年工业生产者出厂价格指数为 98.9，跌幅较上年缩小 0.6 个百分点；工业生产者购进价格指数为 97.7，跌幅较上年扩大 0.8 个百分点；工业生产者出厂价格指数高于购进价格指数 1.2 个百分点。

4. 固定资产投资

固定资产投资增长较快。全年固定资产投资 2200.19 亿元，增长 21.3%。从行业看，一产投资 10.39 亿元、二产投资 1206.41 亿元、三产投资 983.39 亿元，分别增长－15.7%、20.6%和 22.6%；在二产投资中，工业投资 1196.96 亿元，增长 20.9%。从新开工项目看，全年新开工项目 2870 个，比上年增加 396 个，完成投资 1615.68 亿元，增长 27.1%。其中，亿元以上新开工项目 157 个，比上年增加 6 个，完成投资 432.65 亿元，增长 17.9%；5 亿元以上项目 38 个，同比增加 14 个，完成投资 220.25 亿元，增长 78.4%；10 亿元以上项目 22 个，同比增加 9 个，完成投资 154.45 亿元，增长 74.9%。

（二）农林牧渔业和新农村建设

农业生产形势较好。粮食生产十一连增，2014 年全年总产量达 328.53 万吨，比上年增产 1.85 万吨，增长 0.6%。其中小麦增产 3.39 万吨，水稻减产 0.89 万吨，玉米减产 0.17 万吨。全年粮食播种面积为 657.99 万亩，同比增加 0.21 万亩，增长 0.03%。粮食单产 499.3 公斤/亩，同比增加 2.7 公斤/亩，增长 0.5%。

林牧渔业发展稳定。肉类产量 26.94 万吨，增长 1.2%；禽蛋产量 11.98 万吨，下降 1.4%；牛奶产量 4.85 万吨，增长 5.8%；水产品产量 38.38 万吨，增长 2.9%。畜禽养殖转型升级步伐加快。全市生猪大中型规模养殖比重达 62.0%，家禽、奶牛规模养殖比重分别达 98.0%和 100.0%，生态健康养殖示范创建工作稳步推进，畜禽养殖场基础设施建设和管理水平逐步提升。

农业现代化建设成效明显。姜堰农业改革与建设试点绩效考评居全国首位，高港获批国家农业综合开发县，兴化建成国家级出口食品农产品质量安全示范区，海陵现代农业园区建成省级园区。全年新增高效设施农业 13.65 万亩、高效设施渔业 1.5 万亩、高标准农田 17.3 万亩。全年工商登记合作社（包含专业合作、土地合作、社区合作、村经济合作社）7670 家，其中专业合作社 5702 家，1058 家合作社列入政府优先扶持名录，3 家合作社被认定为 2014 年度全国农民合作社加工示范单位；家庭农场 1964 家，100 家家庭农场创成市级示范性家庭农场。

新农村建设深入推进。区域供水通水乡镇、污水处理设施实现建制镇全覆盖，农村饮水安全工程新增受益人口83万人，新改建农村道路295公里、桥梁167座，疏浚县乡村河道995条。深入实施全面小康村建设"十百千"提升工程。建成全面小康达标村、示范村各100个、十强村10个。深入实施脱贫奔小康工程。继续实施市领导和机关部门、单位对高港、姜堰8个镇40个经济薄弱村的挂钩帮扶工作，挂钩帮扶资金达3400多万元。

（三）工业和建筑业

工业增长稳中趋缓。全年规模以上工业增加值2169.70亿元，增长11.5%，比上年回落1.3个百分点；规模以上工业总产值9709.60亿元，增长14.7%。分轻重工业看，轻工业产值2637.79亿元，增长15.8%；重工业产值7071.82亿元，增长14.3%。分经济类型看，国有、集体、股份制、外商和港澳台投资企业分别完成产值139.67亿元、120.35亿元、6528.28亿元、2401.47亿元，分别增长－15.0%、18.9%、17.3%、9.8%。分企业规模看，大型、中型、小型企业分别完成产值2795.44亿元、1792.69亿元、5101.15亿元，分别增长7.1%、12.3%、20.8%。分重点行业看，计算机通信设备、化工、金属制品行业分别实现产值389.15、1125.50、947.36亿元，分别增长28.2%、26.0%、20.1%；专用设备、机械、医药行业分别实现产值526.38、599.05、668.60亿元，分别增长15.9%、15.7%、15.6%；农副食品、船舶、电气行业分别实现产值643.24、940.54、1268.25亿元，分别增长12.6%、10.7%、9.5%；钢铁行业实现产值495.43亿元，下降1.1%。

工业运行质态提升。全市规模以上工业企业累计实现主营业务收入9331.76亿元，同比增长15.1%；实现利润716.79亿元，同比增长21.4%；实现利税1210.97亿元，同比增长20.9%。新兴产业效益显著改善，分别实现利税487.62亿元、利润291.89亿元，分别增长27.2%、26.6%。

中小企业发展势头良好。规模以上工业中小企业工业总产值6914.16亿元，增长18.1%；主营业务收入6679.89亿元，增长18.6%；利税总额830.72亿元，增长24.2%；利润总额486.80亿元，增长24.8%。产值、利税、利润增幅分别高于规模以上工业3.4个、3.3个、3.4个百分点。民营企业发展步伐加快。年末私营企业达到6.84万户，增长18.1%；个体工商户21.33万户，增长7.8%；民营经济税收收入达到292.41亿元，增长8.1%。规模以上民营工业企业实现产值6833.73亿元，增长17.7%；其中私营企业实现产值3785.08亿元，增长17.3%。

建筑业稳定发展。年末具有资质的建筑业企业690家；建筑业总产值2385.82亿元，增长18.0%；建筑业增加值236.61亿元，增长6.8%。

（四）服务业

服务业发展加快。全年实现服务业增加值1433亿元，增长12.3%，占GDP比重为42.5%，比上年提高1.5个百分点。新兴产业增量不断做大。全年实现新兴产业（包括高端装备、生物医药、电子信息、新能源、智能电网、新材料、节能环保）产值3901.79亿元，增长16.8%，占规模以上工业的比重达40.2%，比上年提高0.7个百分点。

1. 国内贸易

消费品市场运行平稳。全年社会消费品零售总额937.17亿元，增长12.0%。从城乡市场看，城镇消费品零售额853.65亿元，增长13.0%；乡村消费品零售额83.51亿元，增长2.5%。从行业看，批发和零售业零售额807.91亿元，增长11.9%；住宿和餐饮业零售额129.26亿元，增长12.2%。从限额以上单位看，全年限额以上社会消费品零售总额313.87亿元，占全社会比重为33.5%，比上年提高2.5个百分点，零售额比上年增长7.7%；其中，限额以上批发零售业零售额295.71亿元，增长8.3%；

限额以上住宿餐饮业零售额18.17亿元,下降0.7%。

基本生活类商品稳中有降。全年限额以上粮油、食品、饮料、烟酒类商品零售额42.16亿元,增长1.3%;服装、鞋帽、针纺织类商品零售额22.09亿元,下降0.2%;日用品类商品零售额7.26亿元,下降12.6%。时尚享受类商品增长趋缓。全年限额以上金银珠宝类商品零售额9.26亿元,下降6.0%,化妆品商品零售额3.24亿元,与上年基本持平。文化类商品增长缓慢。全年限额以上书报杂志类商品零售额4.47亿元,增长10.5%;文化办公用品商品零售额2.30亿元,下降28.7%。汽车类、石油及制品类商品消费升温。全年限额以上汽车类商品零售额78.58亿元,增长5.7%;石油及制品类商品零售额52.09亿元,增长24.4%。

市场规模平稳发展。年末亿元以上商品交易市场23个,市场摊位总量和营业面积分别为16391个和173万平方米;实现商品交易总额和业主交纳税金总额分别293.11亿元和2.52亿元。新型消费业态增势强劲。全市518家限额以上批发零售企业中,7家企业实现网络商品零售额1.69亿元,增长96.5%,占全市消费品零售总额的0.18%。

2. 交通运输和邮电

交通运输增长平稳。全年公路客运量9987万人,增长1.6%;公路客运周转量817990万人公里,增长4.7%;公路货运量4773万吨,增长3.1%;公路货运周转量615396万吨公里,增长13.3%;水路货运量13366万吨,增长3.8%;水路货运周转量3471309万吨公里,增长16.4%。港口吞吐量18354万吨,增长2.3%;其中泰州港区吞吐量15621万吨,增长2.9%,外贸吞吐量1632万吨,增长24.6%。年末民用汽车拥有量47.03万辆,增长14.6%;其中私人汽车拥有量40.43万辆,增长18.9%。城市居民公共交通出行分担率23.0%,比上年提高2.6个百分点;镇村公共交通开通率59.0%,比上年提高14.9个百分点。

邮政电信稳中有降。全年邮电业务收入40.85亿元,下降3.2%,其中邮政业务收入4.98亿元,增长2.0%;电信业务收入13.37亿元,下降5.6%;移动业务收入19.07亿元,下降3.9%;联通业务收入3.43亿元,增长3.4%。年末移动电话用户405.18万户,增长0.5%;电信互联网宽带接入用户65.28万户,增长26.6%。

3. 旅游业

旅游业发展较快。全年接待国内旅游者1848.68万人次,增长12.7%;实现国内旅游收入213.63亿元,增长14.7%。全年入境过夜旅游人数3万人次,增长12.5%;创汇0.28亿美元,增长20.0%。年末国家A级以上景点27个,其中,AAAA级景点6个,AAAAA级景点1个;全国工农业旅游示范点6个,国家红色旅游经典景区2个,江苏省星级乡村旅游点45个。全市旅行社个数111个,持有导游员资格证书的人员1666人,旅游星级饭店数29个,其中三星级19个、四星级6个、五星级1个。凤城河5A级风景区创建进入国家评估阶段,天德湖公园创成国家4A级景区,李中水上森林公园创成国家4A级景区和省级生态旅游示范区。

4. 金融、保险和证券

金融市场规模不断扩大。年末全市金融机构人民币各项存款余额3955.84亿元,比年初增加411.41亿元,其中居民人民币储蓄余额1984.80亿元,比年初增加198.79亿元。金融机构人民币各项贷款余额2751.51亿元,比年初增加407.23亿元;人民币贷款中,短期贷款1470.98亿元,中长期贷款1141.42亿元,分别比年初增加136.83亿元、217.53亿元。

保险事业快速发展。全年保险业务收入86.35亿元,增长17.9%;其中,财产险收入24.92亿元,增长16.1%;人寿险收入61.43亿元,增长18.7%。全年赔款和给付31.04亿元,增长16.0%;其中,

财产性赔付14.12亿元，增长27.3%；人寿险赔付16.92亿元，增长8.1%。

证券市场发展稳中有降。全年证券交易额3109.81亿元，增长33.9%；其中，股票交易额2390.20亿元，增长37.7%；基金交易额128.02亿元，下降17.4%；债券交易额7.61亿元，增长29.0%。全年期货交易额487.20亿元，下降32.7%。

5. 房地产业

房地产开发稳步发展。全年房地产开发投资288.39亿元，增长6.4%；其中住宅投资222.95亿元，增长3.1%。商品房施工面积2423.70万平方米，增长7.5%，其中住宅1898.41万平方米，增长9.1%；商品房新开工面积564.05万平方米，下降33.1%，其中住宅460.43万平方米，下降30.6%；商品房竣工面积552.61万平方米，增长32.8%，其中住宅405.92万平方米，增长22.1%；商品房销售面积442.29万平方米，下降10.0%，其中住宅406.94万平方米，下降10.7%；商品房销售额254.42亿元，下降15.2%，其中住宅227.32亿元，下降13.9%。

（五）开放型经济

1. 对外贸易

出口降幅得到收窄。全年进出口总额108.90亿美元，增长4.3%；出口61.82亿美元，下降1.8%；进口47.08亿美元，增长13.5%。按贸易方式分，出口额中，一般贸易出口40.67亿美元，增长13.8%；加工贸易出口19.81亿美元，下降24.5%。进口额中，一般贸易进口29.31亿美元，增长3.7%；加工贸易进口9.45亿美元，下降7.1%。按企业性质分，出口额中，外商投资企业出口35.89亿美元，下降10.6%；民营企业出口24.22亿美元，增长14.4%。进口额中，外商投资企业进口29.20亿美元，增长13.8%；民营企业进口17.48亿美元，增长12.9%。按商品类别分，出口额中，机电产品出口26.56亿美元，下降16.3%，农产品出口2.36亿美元，增长3.4%。进口额中，机电产品进口10.22亿美元，增长19.5%，农产品进口9.18亿美元，增长13.7%。按产销国别分，对亚洲出口26.54亿美元，下降1.3%；对非洲出口1.59亿美元，下降64.0%；对欧洲出口13.52亿美元，增长8.9%；对拉丁美洲出口3.81亿美元，下降9.5%；对北美洲出口14.17亿美元，增长15.2%；对大洋洲出口2.18亿美元，下降19.8%。

2. 开放型经济

全年新批协议注册外资24.79亿美元，下降26.8%；实际到账注册外资9.39亿美元，下降29.0%。全年新批3000万美元以上项目24个。企业“走出去”增中有进，全年新签对外承包劳务合同额9.81亿美元，增长9.2%。

二、泰州市2014年社会发展概况

（一）人口、人民生活

人口平稳增长。年末全市家庭总户数168.91万户，户籍总人口508.51万人，其中市区（含姜堰区）163.82万人，其中女性248.95万人，性别比104.26。当年出生人口4.86万人，人口出生率9.57‰；死亡人口4.31万人，人口死亡率8.47‰；人口自然增长率1.10‰。年末全市常住人口463.86万人，其中市区（含姜堰区）162.06万人。城镇化水平进一步提高。年末常住人口城镇化率为60.2%，比上年提高1.2个百分点。

居民生活持续改善。全年城镇常住居民人均可支配收入31346元，农村常住居民人均可支配收入 15076 元，分别增长 9.2%和 10.8%，剔除价格因素，实际分别增长 7.0%和 8.5%。城镇常住居民、农村常住居民人均生活消费支出分别为 19517 元和 10849 元，分别增长 7.1%和 10.0%。城乡常住居民恩格尔系数分别为 29.1%、30.5%。

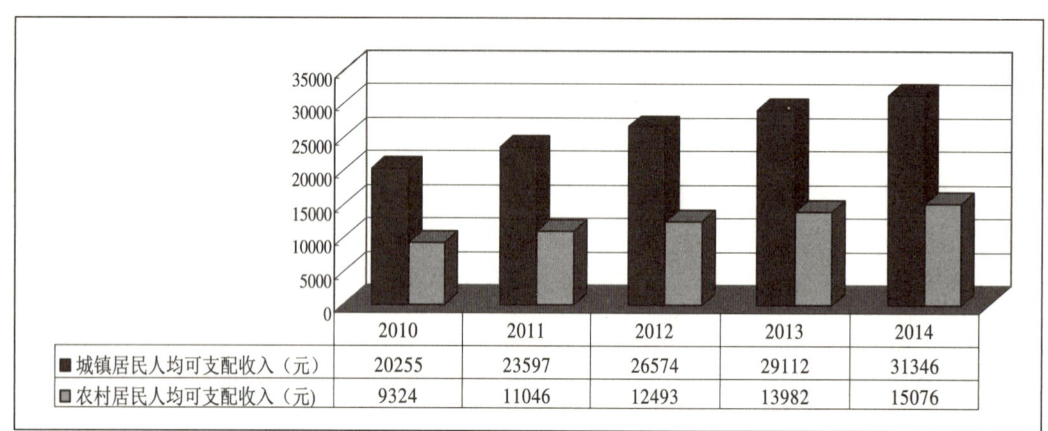

	2010	2011	2012	2013	2014
■城镇居民人均可支配收入（元）	20255	23597	26574	29112	31346
■农村居民人均可支配收入（元）	9324	11046	12493	13982	15076

图 3　2010—2014 年泰州市城乡居民收入对比一览

（二）就业与社会保障

就业形势整体良好。积极推进城乡统筹就业，着力解决困难群众就业问题。全年新增城镇就业 9.89 万人，农村劳动力转移 1.53 万人，城镇失业人员再就业 5.36 万人，就业困难人员就业 6254 人，城镇登记失业率 1.95%。

保障水平不断提高。社会保险主要险种覆盖率稳定在 97%以上，城镇居民大病医疗保险实现全覆盖，城乡居民和企业离退休人员养老金、新农合和城镇居民医保统筹、城乡低保标准进一步提高。年末全市城镇职工基本养老保险参保人数达 82.02 万人，城乡居民社会养老保险参保人数达 124.04 万人，基本医疗保险参保人数达 338.32 万人，失业保险参保人数达 62.24 万人，工伤保险参保人数达 81.31 万人。城乡低保户数分别为 8990 户、50677 户，低保人数分别为 14664、77164 人。城市居民最低生活保障标准统一提高到月人均 530 元；靖江市、海陵区、高港区、医药高新区、农业开发区农村居民最低生活保障标准统一提高到月人均 530 元；兴化市、姜堰区农村居民最低生活保障标准统一提高到月人均不低于 370 元。

（三）教育和科学技术

1. 教育事业

教育现代化建设开局良好。学前教育优质资源不断扩大。新增 29 所省优质幼儿园，全市省优质幼儿园达 191 所，占幼儿园总数的 61.0%，比上年同期提高 10 个百分点。义务教育全面迈向高位优质均衡。全市近 65.0%的学校建成义务教育现代化学校。泰兴、海陵、高港、姜堰高分通过国家义务教育发展基本均衡县(市、区)督导评估，靖江、姜堰通过省义务教育优质均衡发展示范区评估验收。教育部确定泰州市为全国“义务教育学校管理标准”首批七个实验区之一。年末全市拥有小学 158 所，在校学生 21.94 万人；初中 151 所，在校学生 11.05 万人。普通高中教育实现优质特色发展。全市年末拥有普通高中 37 所，在校学生 6.7 万人。2014 年高考再创佳绩，本二以上达线 12067 人，连续 7 年超万人，本二以上达线率 41.0%，首次突破 40%大关。职业教育扩容强质取得新进展。举办中高职衔接直通班，试点中职与应用型本科学校“3+4”分段培养项目。对口单招达线比例达 98.1%，创历

史新高。建成1个国家示范性中等职业学校、4个省级品牌专业、2个省级特色专业、5个省级实训基地。高等教育建设不断增强。泰州学院新增2个本科专业，新校区正式启用。常州大学怀德学院迁址靖江办学。

2. 科技创新

科技创新能力不断提升。全年新增高新技术企业数(新标准)50家，新增省级以上工程技术研究中心14家、企业技术中心17家、工程中心5家。加强知识产权保护，新获专利授权9118件，其中发明专利345件。积极打造人才高地，全年引进高层次人才2125人，新引进长期外国专家61人，新增高技能人才21830人，新增省"双创计划"团队1个、人才15名，新增省"双创博士"25名。持续推进品牌战略，全年新创中国驰名商标7件、省著名商标30件。

高新技术产业化步伐加快。全年实现高新技术产业产值4001.35亿元，增长17.8%，快于规模以上工业3.1个百分点，高新技术产业产值占规模以上工业的比重为41.2%，同比提高1.1个百分点；高新技术产业完成投资391.64亿元，增长47.4%，快于产业投资增幅26.4个百分点，高新技术产业投资占产业投资的比重为24.6%，同比提高4.4个百分点。

（四）文化、卫生和体育

1. 文化事业

文化事业蓬勃发展。市级公共文化设施全部免费开放，靖江创成省公共文化服务体系建设示范区；泰州文化创意产业园、黄桥乐器文化产业园获批省级文化产业示范园区，新增3家省重点文化科技企业。培育"康泰之州、富泰之州、祥泰之州"城市形象品牌，成功举办水城水乡国际旅游节和梅兰芳艺术节。年末全市拥有各类图书4511千册，有线电视综合入户率96.2%，拥有公共文化设施面积75.19万平方米。

2. 卫生事业

卫生事业加快发展。年末拥有各类卫生机构1978家，其中医院52家、卫生院125家；各类卫生机构拥有病床20926张，其中医院13801张、卫生院5738张；拥有卫生技术人员22965人，其中执业(助理)医师9708人、注册护士8573人。强化医疗卫生服务，基本公共卫生服务范围扩大到11大类43项。全市5岁以下儿童死亡率3.87‰，婴儿死亡率2.41‰，产妇住院分娩比例100.0%，新型农村合作医疗人口覆盖率100.0%。

3. 体育事业

体育事业持续发展。启动实施城区体育场馆设施专项规划编制工作，积极推进市体育公园建设及市体校迁址重建工作。成功举办2014"舞动中国·全国排舞联赛"、"中国梦·泰州风"广场舞大赛、全国少年男女柔道锦标赛、"中国·泰州凤城河公开水域邀请赛"、"环天德湖国际自行车邀请赛"等赛事。第18届省运动会泰州市取得赛会奖牌榜第八名的成绩；创成省高水平体育后备人才基地1个，国家级、省级俱乐部31个，省级传统项目学校11所；全市命名了43所阳光体育后备人才基地、38所市级校园足球布局学校。城市社区"10分钟体育健身圈"率先在全省建成并通过验收；在全省率先实施农村"20分钟体育健身圈"建设；建有各类体育俱乐部429个，其中国家级1个，省级16个，市级47个。体育产业快速发展，上争省产业引导资金310万元，发放市级产业引导资金200万元；全市共有体育场地8208个，场地面积583.15万平方米，人均体育场地面积1.15平方米；体彩销售总额达7.96亿元。

（五）城乡建设

提高组织程度，加快城乡建设，功能形象明显提升。中心城市建设取得新进展。坚持规划引领，组织开展第四轮城市总体规划修编，着力维护规划权威性和稳定性。调整优化市区城建体制，启动实施城建新提升两年行动计划。制定出台推进老城改造加快新城建设的意见，周山河新城开发建设全面提速，西客站片区、钟楼巷文化街区改造等项目加快实施。完善拆迁政策，盘活财政资金、国有资产、土地资源，积极化解拆迁和融资难题。加强城市管理标准化建设，加大违法建设防控力度，市容市貌持续改善。城乡基础设施建设取得新突破。泰镇高速泰州段、阜兴泰高速兴化至泰州段、京沪高速江广段扩容开工建设，宁启铁路复线电气化改造泰州段主体工程基本完工，国电泰州电厂二期、连淮扬镇与宁启铁路东北联络线获批，泰州常州、江阴靖江过江通道列入国家规划。市区东风路南段、永定路东段快速化改造和环城东路东环高架建设有力推进，梅兰路、育才路等断头路相继接通。泰东河整治、引江河二期、中小河流治理等工程进展有序。办好新一轮农村实事，区域供水通水乡镇、污水处理设施实现建制镇全覆盖，农村饮水安全工程新增受益人口83万人，新改建农村道路295公里、桥梁167座，疏浚县乡村河道995条。生态文明建设取得新成效。市本级通过省级生态市考核验收，姜堰、海陵分别通过国家级生态区考核验收和技术评估，新增33个国家级生态乡镇。落实生态红线保护规划，加强生态环境保护修复。城市环境综合整治扎实推进，村庄环境整治通过省级全域考核验收，并获省人居环境范例奖。加强绿化建设，实施“空转绿”工程，全市新增造林面积7万亩，市区新增绿地面积100万平方米。

（六）生态环境与节能减排

生态文明建设取得新成效。市本级通过省级生态市考核验收，姜堰、海陵分别通过国家级生态区考核验收和技术评估，新增33个国家级生态镇。落实生态红线保护规划，加强生态环境保护修复。城市环境综合整治扎实推进，村庄环境整治通过省级全域考核验收，并获省人居环境范例奖。加强绿化建设，实施“空转绿”工程，全市新增造林面积7万亩，市区新增绿地面积100万平方米。实施大气环境监测和重污染天气预警，狠抓重点流域水污染防治和饮用水源地专项整治；市区年平均气温15.7℃，平均降水量970.0毫米，日照时数1797.2小时；城市空气质量达到及好于二级标准天数比例达到65.8%；地表水好于Ⅲ类水质比例达到77.6%。

节能降耗成效显著。全市规模以上工业企业综合能源消费量为683.17万吨标准煤，下降2.7%，其中高耗能行业综合能源消费量为507.90万吨标准煤，下降3.2%；规模以上工业万元产值能耗为0.072吨标准煤/万元，下降16.2%，其中高耗能行业万元产值能耗为0.178吨标准煤/万元，下降17.1%。高耗能行业投资增速下降，全年完成投资241.77亿元，增长9.9%，同比下降22.6个百分点。

（七）安全生产

安全生产形势保持稳定。深入开展安全生产检查整改专项行动和“六打六治”专项行动，全年工矿商贸(含建筑)安全事故29件、死亡29人，死亡人数与上年同期持平；生产经营性道路交通事故197起、死亡108人，同比分别下降14.4%、17.6%；农业机械事故2起、死亡2人，均下降33.3%。全市亿元GDP生产安全事故死亡0.101人，下降11.4%。

三、泰州市在泛长三角地区经济发展中的地位

2014年，泰州市面对错综复杂的国内外经济环境和经济发展新常态，全市上下加快转变经济发展方式，大力推进转型升级，经济运行总体平稳，主要经济指标增速在沿江八市中名列前茅。

2010—2014年泰州市地区生产总值在长三角所占比重为2.07%、2.09%、2.11%、2.15%和2.22%，继续保持增长态势，其中，2014年比上年增加0.07个百分点，五年时间累积增加了0.15个百

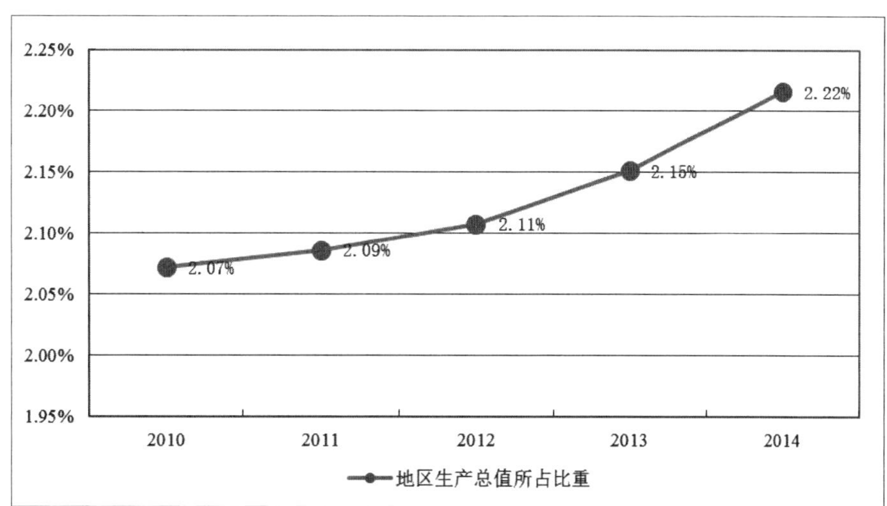

图 4　2010—2014 年泰州市地区生产总值在泛长三角所占比重变化趋势

分点。2014 年泰州市地区生产总值在泛长三角地区 41 个市排名第 16 位。

2014 年，泰州市全市完成地区生产总值 3370.89 亿元，增长 10.8%，增速与前三季度持平，分别高于全国、全省 3.4 个、2.1 个百分点，在沿江八市中居第三位。在三次产业中，第三产业增加值异军突起，增速领跑三次产业。

第三产业增加值增速呈逐季度回升的走势，一季度、上半年和前三季度增幅分别为 11.0%、11.9%和 12.1%，缓慢爬升的走势已比较明显。横向比较看，去年上半年我市第三产业增加值增幅飙升至全省第三，成为近 10 年来破天荒的第一次，预示着第三产业已开启提速发展模式。这是我市多年来坚持不懈调整产业结构，加快转变经济增长方式的重要成果。全市新兴产业完成产值 3901.79 亿元，增长 16.8%，快于规模以上工业 2.1 个百分点；新兴产业产值占规模以上工业的比重为 40.2%，同比提高 0.7 个百分点。高新技术产业完成产值 4001.35 亿元，增长 17.8%，快于规模以上工业 3.1 个百分点；高新技术产业产值占规模以上工业的比重为 41.2%，同比提高 1.1 个百分点。

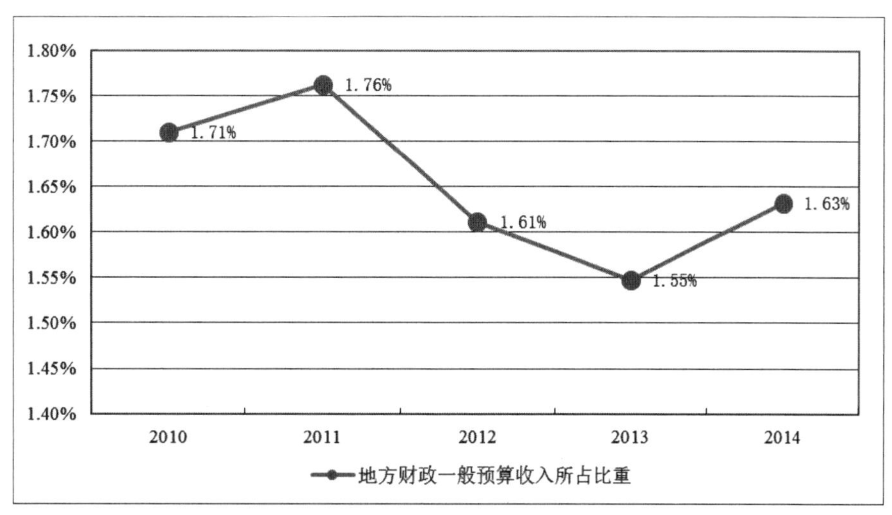

图 5　2010—2014 年泰州市地方财政一般预算收入在泛长三角所占比重变化趋势

2010—2014 年泰州市地方财政一般预算收入在泛长三角所占比重为 1.71%、1.76%、1.61%、

1.55%和1.63%，2014年较去年增加了0.08个百分点，五年下降了0.08个百分点。泰州市地方财政一般预算收入在泛长三角地区41个市排名第17位。

2014年，泰州市全市财政运行总体平稳。市区预计完成公共财政收入141.88亿元，占预算数的100.1%，比2013年实绩增长9.1%。市级公共财政支出预计完成79.49亿元，占预算合计数的96.1%，比2013年实绩下降5.5%。

加大对传统产业技术改造支持市财政安排工业经济发展专项资金2.3亿元，促进医药、装备制造产业健康发展，支持船舶、石化产业走出困境。

支持产业结构调整安排“双轮驱动”战略及重大项目专项资金1.6亿元、服务业及外向型经济发展专项资金5000万元、科技专项资金4240万元，努力提升新兴产业比重。

努力推进区域同步发展安排区域经济发展专项资金1.8亿元，加大对新能源产业园、核心港区等功能区投入。

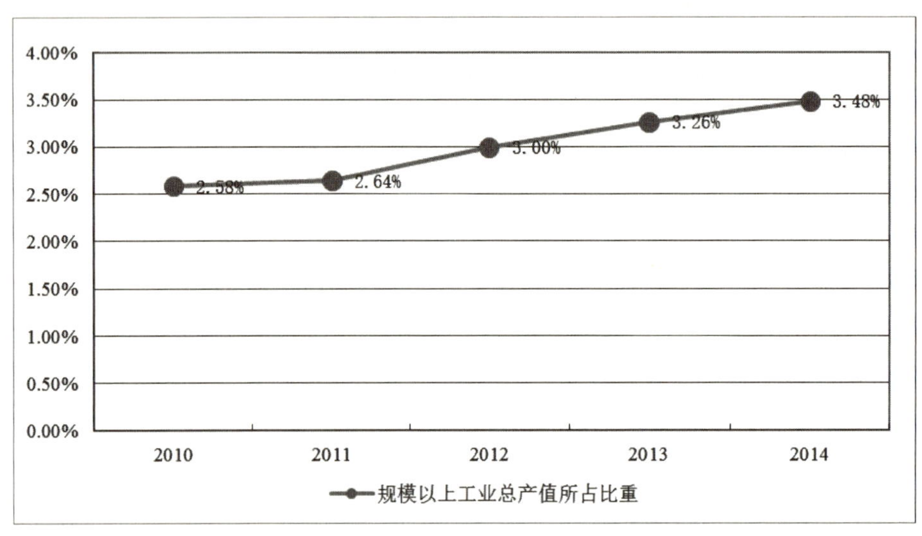

图6　2010—2014年泰州市规模以上工业总产值在泛长三角所占比重变化趋势

2010—2014年泰州市规模以上工业总产值在泛长三角所占比重为2.58%、2.64%、3.00%、3.26%和3.48%，保持明显增长的态势，累计增幅为0.90个百分点，2014年与上年比增加了0.22个百分点。2014年泰州市规模以上工业总产值在泛长三角地区41个市排名第11位。

2014年，全市实现规模以上工业增加值2169.70亿元，增长11.5%，增速居沿江八市第二位，分别比2012年、2013年回落4.2个、1.3个百分点；规模以上工业总产值9709.60亿元，增长14.7%，分别比2012年、2013年回落5.1个、3.7个百分点；工业用电量、国税开票销售分别增长6.9%、12.8%，增速均居沿江八市首位。轻、重工业齐头并进，分别实现产值2637.79亿元、7071.82亿元，分别增长15.8%、14.3%。民营工业增长较快，实现产值6833.73亿元，增长17.7%，增速快于规模以上工业3个百分点。小型企业支撑作用明显，实现产值5101.15亿元，增长20.8%，分别快于大型、中型企业13.7、8.5个百分点，小型企业对工业增长的贡献率达到70.6%。规模以上工业企业主营业务收入、利税、利润分别增长15.1%、20.9%、21.4%，呈现出利润增幅高于利税增幅、利税增幅高于主营业务收入增幅，主营业务收入增幅高于生产增幅的良好运行质态。

2010—2014年泰州市进出口总额在泛长三角所占比重为0.77%、0.84%、0.78%、0.76%和0.76%，2012～2013年持续下滑，2014年与去年持平，五年时间占比减少了0.01个百分点。2014年泰州市进出口总额在泛长三角地区41个市排名第16位。

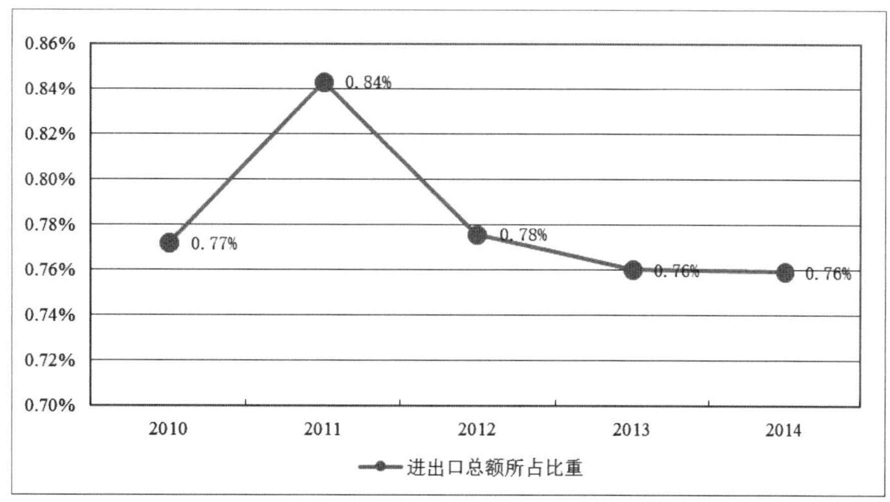

图 7　2010—2014 年泰州市进出口总额在泛长三角所占比重变化趋势

2014 年，全市完成进出口总额 108.90 亿美元，增长 4.3%；其中出口 61.82 亿美元，下降 1.8%，降幅同比收窄 7.6 个百分点。民营企业出口好于外商投资企业，一般贸易好于加工贸易。民营企业出口增长 14.4%，外商投资企业出口下降 10.6%；一般贸易出口增长 13.8%，加工贸易出口下降 24.5%。亚洲、欧洲、北美洲一直是我市主要的出口地区，全年向亚洲地区出口 26.54 亿美元，下降 1.3%，占比为 42.9%，同比下降 0.2 个百分点；分别向欧洲、北美洲出口 13.52、14.17 亿美元，分别增长 8.9%、15.2%，占比分别为 21.9%、22.9%，同比分别提高 2.2 个、3.4 个百分点。

图 8　2010—2014 年泰州市实际外商直接投资金额在泛长三角所占比重变化趋势

2010—2014 年泰州市实际外商直接投资金额在泛长三角所占比重为 2.46%、2.25%、1.99%、1.77%和 1.26%，呈继续下跌趋势，2014 年比上年占比下跌了 0.51 个百分点，五年时间下跌了 1.20 个百分点。2014 年泰州市实际外商直接投资金额在泛长三角地区 41 个市排名第 21 位。

2014 年利用外资形势严峻。全市实际到账注册外资 9.39 亿美元，下降 28.7%，除 9 月份累计降幅为 11.7%之外，其他月份累计降幅一直保持在 20%以上。实际到账注册外资自 2013 年下半年以来形成的颓势仍没有得到扭转。

十四　宿迁市 2014 年经济社会发展报告

2014 年，全市上下紧紧围绕经济社会发展“新常态”的新要求，着力加大稳增长、促改革、调结构、惠民生工作力度，全市经济仍然保持持续稳定增长，经济总量再上新台阶，新型工业化、新型城镇化、农业现代化步入新阶段，经济结构进一步优化，发展质量稳步提升。

一、宿迁市 2014 年经济发展概况

（一）综合经济

1. 经济总量

经济总量再上新台阶。2014 年全市实现地区生产总值 1930.68 亿元，比上年增长 10.8%，比全省增速快 2.1 个百分点。其中一产实现 251.65 亿元，增长 3.5%；二产实现 933.56 亿元，增长 12.6%；三产实现 745.48 亿元，增长 11.0%。三次产业结构调整为 12.8 ∶ 48.3 ∶ 38.9，其中一产比重较上年下降 0.4 个百分点，二产和三产比重较上年分别提高 0.3 个和 0.1 个百分点。人均 GDP 达 4 万元，按平均汇率算，达 6506 美元。主要指标增速领先全省。全市 16 项经济指标中，有 9 项指标增速位居全省前三，其中 5 项指标增速位居全省第一，即规模以上工业增加值，实际利用外资，全体居民、城镇居民、农村居民人均可支配收入。3 项指标增速居全省第二，即工业投资、房地产开发投资、工业用电量。1 项指标增速居全省第三，即进出口总额。

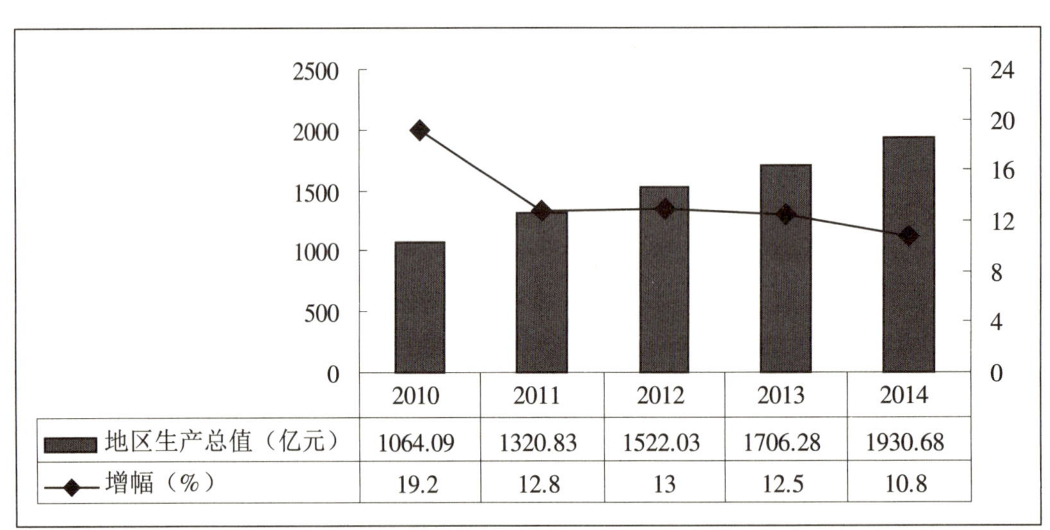

	2010	2011	2012	2013	2014
地区生产总值（亿元）	1064.09	1320.83	1522.03	1706.28	1930.68
增幅（%）	19.2	12.8	13	12.5	10.8

图 1　2010—2014 年宿迁市地区生产总值及增长速度

经济结构进一步优化。一是工业主导地位进一步强化。全部工业增加值增长 13.7%，比 GDP 增速快 2.9 个百分点，对 GDP 增长的贡献率达 51.9%，拉动 GDP 增速 5.6 个百分点。全部工业占 GDP 的比重达 40.4%，较上年提高 0.3 个百分点。二是服务业贡献逐步提升。全市服务业增速比 GDP 增速快 0.2 个百分点，服务业对全市 GDP 增长的贡献率为 38.0%，拉动全市增速 4.1 个百分点。其中金融业增加值增长 19.8%。三是新兴产业发展较快。全年新兴产业实现销售收入 801.2 亿元，比上年增长 31.3%。其中新材料、节能环保、高端装备制造产业逐步发展成为新兴产业的三大重点领域，

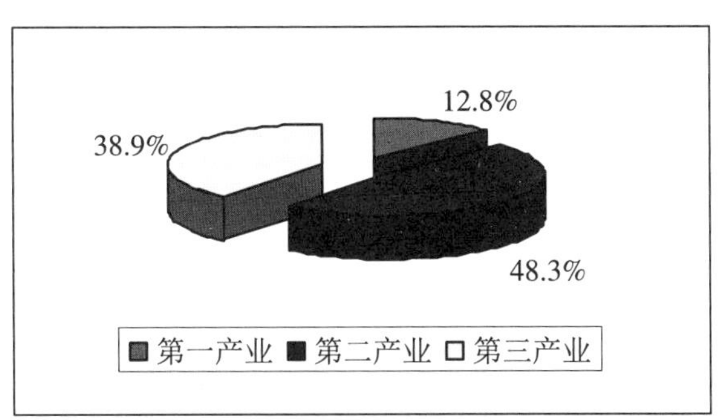

图 2　2014 年宿迁市三次产业结构图

分别实现销售收入 323.6 亿元、137.4 亿元和 104.0 亿元，占新兴产业总销售的 40.4%、17.1% 和 13.0%。

2. 财政收支

财政收支平稳增长。2014 年，全市实现财政总收入 438.5 亿元，比上年增长 14.8%。其中公共财政预算收入完成 210.1 亿元，增长 13.5%。公共财政预算收入中税收占比 86%，比上年提高 0.7 个百分点。工业税收增长较快。全市工业企业地方级税收完成 25.3 亿元，比上年增长 34.8%，高于全市公共财政预算收入增幅 21.3 个百分点。公共财政预算收入中工业税收占比 12.1%，比上年提高 1.9 个百分点。全市完成财政总支出 489.5 亿元，比上年增长 14.5%。其中公共财政支出 345.6 亿元，增长 11.1%。一般公共服务支出下降 14.2%，占公共财政支出的比重为 7.1%，比上年下降 2.1 个百分点。民生支出水平提高。全市教育、社会保障和就业、医疗卫生、农林水、住房保障等五类民生支出完成 234.3 亿元，占公共财政预算支出比重达 67.8%，比上年增长 19.3%，高于公共财政预算支出增幅 8.2 个百分点。

3. 物价水平

居民消费价格涨幅持平。全年居民消费价格总水平上涨 2.4%，和 2013 年持平，比 2012 年回落 0.4 个百分点。八大类商品和服务项目价格“七升一降”。“七升”即为：食品上涨 3.1%，衣着上涨 3.4%，家庭设备用品及维修服务上涨 4.0%，医疗保健和个人用品上涨 1.6%，交通和通信上涨 0.3%，娱乐教育文化用品及服务上涨 2.2%，居住上涨 2.5%。“一降”即为：烟酒及用品下降 2.2%。

4. 固定资产投资

投资总量突破 1500 亿元。全年全市在建施工项目共 1620 个，比上年增加 2 个。其中新开工项目 1259 个，比上年增加 16 个。全市完成固定资产投资 1559.22 亿元，比上年增长 20.8%。一、二、三产业投资分别完成 8.12 亿元、1024.12 亿元和 526.98 亿元，比上年分别增长 52.3%、23.2% 和 16.1%。三次产业投资分别占投资总量的 0.5%、65.7% 和 33.8%。民间投资比较活跃。全市民间投资完成 1363.21 亿元，比上年增长 24.9%，比全市投资增速高 4.1 个百分点；占投资总量的 87.4%，拉动全市投资增长 21.0 个百分点。

工业投资主体地位突出。大力实施“工业兴市、产业强市”战略，推进工业项目建设力度，工业投资仍为全市投资增长的主动力。全市工业投资完成 1023.12 亿元，比上年增长 23.1%；工业投资占全部投资的 65.6%，占比居全省第一，比全省平均水平高 16.9 个百分点。

（二）农业

农业经济稳步推进。2014 年，全市实现农林牧渔业增加值 251.65 亿元，可比价增长 3.5%。其中农业161.02亿元，林业11.17亿元，牧业34.56亿元，渔业39.73亿元，农林牧渔服务业5.16亿元，占比分别为64.0%、4.4%、13.7%、15.8%和2.1%。

粮食生产稳步增长。全年粮食作物播种面积865.19万亩，比上年增加6.13万亩，增长0.7%；全年粮食总产389.15万吨，比上年增产13.16万吨，增长3.5%。其中夏粮161.19万吨，比上年增产8.6万吨；秋粮227.96万吨，比上年增产4.56万吨。粮食单产450公斤/亩，比上年增长2.8%。

畜牧业、渔业稳步发展。全市生猪出栏269.86万头，家禽出栏9210万只，分别比上年增长3.5%和0.3%。肉类总产量36.11万吨，禽蛋产量14.6万吨，分别比上年增长1.1%和0.8%。年末拥有部级畜禽养殖标准化示范场10家，省级规模养殖场655家，生猪大中型规模养殖比重居全省首位。全市水产品产量26.5万吨，比上年增长3.5%。

高效农业稳步发展。全市新增设施农业面积8.5万亩，设施农业面积累计达到100.33万亩，占耕地总面积的15.6%。8个永久性蔬菜基地新建面积1.1万亩，累计达到5.49万亩。新增省级现代农业产业园区2个，累计达8个。新增"三品"120个，累计达815个，其中无公害农产品614个，绿色食品196个，有机农产品5个。"三品"产地面积达590万亩，占耕地总面积的91.5%。全市设施渔业累计达22.55万亩，新建标准化鱼池1.01万亩，改造标准化鱼池2.78万亩。

（三）工业和建筑业

工业生产逐步趋稳。2014年，工业经济运行由高速增长转为中高速增长。全市工业增加值比上年增长13.7%，其中规模以上工业增加值增长14.5%，高出全省水平4.6个百分点，连续10年位居全省首位。按企业类型分，股份制企业增长13.1%，外商及港澳台企业增长39.2%；按企业规模分，大中型企业增长12.9%，小微型企业增长16.0%；按轻重工业分，轻工业增长10.4%，重工业增长20.1%。全年工业用电量103.90亿千瓦时，比上年增长9.5%。全市规模以上工业企业实现主营业务收入3330.55亿元，比上年增长13.2%；实现利税总额469.95亿元，比上年增长3.7%。其中利润总额328.93亿元，增长4.6%。

装备制造业量增质优。全市规模以上装备制造业实现产值633.74亿元，比上年增长27.1%，高于全市增速11.2个百分点，对全市工业产值的贡献率达28.8%，拉动全市工业产值增长4.6个百分点。以"可成科技""可功科技"为代表的通信设备计算机及其他电子设备制造业全年实现产值211.45亿元，占装备制造业的33.3%，居装备制造业八大行业产值占比之首。

高新技术产业增长较快。全市高新技术企业实现产值683.72亿元，比上年增长20.1%；高新技术企业产值占规模以上工业总量的19.9%，比上年提高0.7个百分点。

工业产品产量增降不一。列入全市统计的工业产品共143个，其中66.4%的产品产量增长，增幅在30%以上的有37个，占25.9%。

建筑业稳步发展。2014年末，全市列统总承包和专业承包的建筑业企业有357家，全年完成建筑业总产值739.53亿元，比上年增长12.9%；完成竣工产值572.94亿元，比上年增长22.7%；房屋建筑施工面积7067.96万平方米，比上年增长18.0%；房屋建筑竣工面积2901.19万平方米，比上年增长7.5%。

（四）服务业

1. 国内贸易

国内消费稳步增长。2014年，全市实现社会消费品零售总额497.96亿元，比上年增长12.6%。按消费形态分，批发和零售业实现436.76亿元，增长13.3%；住宿和餐饮业实现61.23亿元，增长

7.4%。按城乡市场分，城镇实现 391.12 亿元，增长 13.3%；乡村实现 106.84 亿元，增长 9.8%。

限额以上批发和零售企业实现社会消费品零售额 199.26 亿元，比上年增长 8.9%。其中，食品饮料烟酒、服装鞋帽针纺织品、日用品分别实现 23.07 亿元、9.48 亿元和 4.99 亿元，分别增长 2.4%、10.8%和 4.4%；汽车类和石油类分别实现 58.38 亿元和 36.56 亿元，分别增长 2.1%和 27.2%；报刊杂志类实现 17.62 亿元，增长 15.2%；家用电器类实现 19.44 亿元，增长 4.2%。限额以上住宿和餐饮业实现零售额 9.94 亿元，比上年下降 0.2%。

2. 交通运输和邮电

交通运输能力稳步提升。2014 年，全市完成客运量 10356 万人，比上年增长 4.7%；实现旅客运输周转量 94.73 亿人公里，比上年增长 5.9%。完成货运量 8379 万吨，比上年增长 6.3%。其中，公路货运 6572 万吨，增长 6.3%；水路货运 1807 万吨，增长 6.2%。实现货物运输周转量 208.04 亿吨公里，比上年增长 6.8%。其中，公路货物周转 152.78 亿吨公里，增长 6.6%；水路货物周转 55.26 亿吨公里，增长 7.1%。完成港口货物运输吞吐量 2309 万吨，比上年增长 9.1%。2014 年 12 月，贯穿市区的宿淮铁路正式开行客运列车，全面构建起铁路、公路、水运综合交通运输体系。

邮政通信业快速发展。2014 年，全市邮政通信业实现邮电业务总收入 55.50 亿元，比上年增长 38.8%。其中，邮政快递业务收入 25.26 亿元，增长 141.5%；电信业务收入 30.24 亿元，增长 2.4%。在 4G 投资带动下，电信业年末局用交换机总容量 754 万门，比上年增长 17.8%。年末全市有各类电话用户 496.57 万户，电话普及率达 103 部/百人。年末有国际互联网用户 331.71 万户，比上年末净增 14.77 万户。快递业全年收寄各类快件 1.81 亿件，比上年增长 99.7%；实现快递业务收入 21.65 亿元，比上年增长 202.8%。

3. 旅游业

旅游业迅速发展。全年实现旅游总收入 145.70 亿元，增长 44.7%。其中旅游外汇收入 542.29 万美元，增长 26.6%。全年接待国内游客 1348.6 万人次，增长 34.5%；接待入境过夜游客 0.41 万人次，增长 10.8%。项王故里景区、乾隆行宫获批国家 4A 级景区；克拉嗨谷、中国粮食博物馆、中国棉花博物馆获批国家 3A 级景区；洪泽湖湿地公园、三台山森林公园获批省级生态旅游示范区。

4. 金融和保险业

金融业发展较快。全年金融业实现增加值 81.01 亿元，比上年增长 19.8%，快于服务业增速 8.8 个百分点。截止 2014 年末，全市有银行业金融机构 24 家，保险机构 32 家，小贷公司 39 家。全市金融机构人民币各项存款余额 1599.0 亿元，比年初增加 123.4 亿元，增长 8.4%。其中，单位存款余额 738.5 亿元，比年初增加 38.4 亿元；个人存款余额 836.7 亿元，比年初增加 84 亿元。全市金融机构人民币各项贷款余额 1483.1 亿元，比年初增加 201 亿元，增长 15.7%。保险体系逐步健全。2014 年，全市市级专业保险机构已达 32 家。其中人寿保险 14 家，财产保险 18 家。全市保险从业人员达到 1.6 万人。全市保险业实现保费收入 45.78 亿元，比上年净增 11.94 亿元，增长 35.3%。其中财产险保费收入 17.86 亿元(含农业险 1.87 亿元)，比上年净增 3.47 亿元，增长 24.1%；人身险保费收入 27.92 亿元，比上年净增 8.47 亿元，增长 43.5%。

5. 房地产业

房地产开发投资较快增长。全年房地产开发投资完成 377.14 亿元，比上年增长 23.5%，比全部投资增速高 2.7 个百分点，拉动全部投资增长 5.6 个百分点。全市房地产施工面积 3965.80 万平方米，比上年增长 3.4%。其中住宅施工面积 2942.77 万平方米，下降 2.2%。全年销售商品房面积 584.12 万平方米，比上年下降 29.0%。其中商品住宅销售 524.29 万平方米，下降 29.6%。

（五）开放型经济

1. 对外贸易

对外经济稳步发展。2014年，全市实现进出口总额37.55亿美元，比上年增长13.0%。其中出口29.40亿美元，增长5.7%；进口8.15亿美元，增长50.4%。全年出入境检验检疫18809批次，比上年增长8.7%；出入境检验检疫金额达11.85亿美元，比上年增长33.4%。全年新批外商投资企业71家，新批及净增资3000万美元以上企业25个，新批协议外资14.16亿美元。全市实际到账外资6.65亿美元，比上年增长33.2%。

2. 开发区建设

至2014年末，全市开发区共有规模以上工业企业933家，比上年增长14.1%；全年实现工业总产值1854.44亿元，比上年增长21.5%；实现工业增加值455.90亿元，比上年增长22.3%；实现主营业务收入1810.81亿元，比上年增长20.1%；实现高新技术产值592.09亿元，比上年增长19.9%。

固定资产投资再上新台阶。2014年，全市开发区完成固定资产投资761.93亿元，比上年增长19.4%。其中工业固定资产投资636.29亿元，增长15.5%。全市开发区新开工项目370个，比上年增长11.8%，其中工业项目284个。全市竣工项目307个，比上年增长31.8%，其中工业项目238个。

财政实力进一步增强。2014年，全市开发区实现公共财政预算收入118.31亿元，占全市公共财政预算收入的56.3%，比上年增长25.1%，比全市公共财政预算收入增速高11.6个百分点。全市开发区共实现税收收入162.03亿元，比上年增长22.1%，占全市税收总收入的55.4%。

外资外贸增长较快。2014年，全市开发区实际到账外资6.30亿美元，占全市总量的91.0%；比上年增长29.7%，比上年增速提高25.7个百分点。全市开发区实现进出口总额33.76亿美元，比上年增长10.4%。

二、宿迁市2014年社会发展概况

（一）人口、人民生活

2014年末，全市户籍总户数149.47万户，比上年增加0.92万户。户籍总人口580.74万人，比上年增加8.63万人。常住人口484.32万人，比上年增加2.42万人。常住人口出生率13.78‰，死亡率7.53‰，人口自然增长率6.25‰。全市城镇常住人口260.27万人，城镇常住人口占53.74%，比上年提高1.4个百分点。

全体居民收入稳步增长。2014年，全体居民人均可支配收入15888元，比上年增长11.0%；人均消费支出10450元，比上年增长9.2%。恩格尔系数为36.3%。

城镇居民收入突破2万元。全市城镇居民人均可支配收入20396元，比上年增长10.4%，扣除价格因素，实际增长7.8%。工资性收入是拉动居民收入增长的主要动力，人均11421元，增长10.1%，对可支配收入增长的贡献率为54.4%。经营净收入、财产净收入和转移净收入人均分别为4910元、1031元和3033元，分别增长10.4%、10.7%和11.4%。城镇居民消费支出平稳增长。人均生活消费支出13463元，比上年增长7.6%。恩格尔系数为36.1%，比上年下降0.2个百分点。

农村居民收入稳步提高。全市农村居民人均可支配收入11677元，比上年增长12.1%，连续11年保持两位数增长，扣除价格因素，实际增长9.5%。四大类收入全面增长，工资性收入5974元，增长11.3%，对可支配收入增长的贡献率为48.2%。经营净收入、财产净收入和转移净收入分别为3737

元、259 元和 1708 元，分别增长 13.1%、13.7%和 12.3%。农民生活水平进一步提升。农村居民人均消费支出 7702 元，比上年增长 11.6%。恩格尔系数为 36.6%，比上年降低 0.3 个百分点。

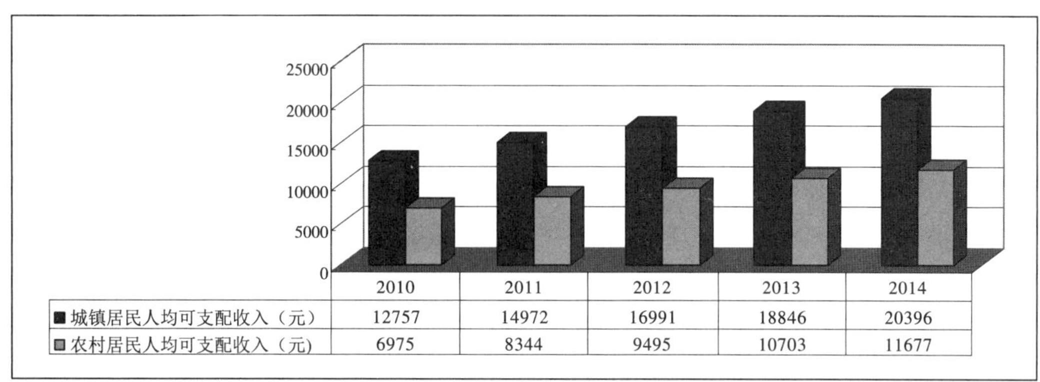

	2010	2011	2012	2013	2014
■城镇居民人均可支配收入（元）	12757	14972	16991	18846	20396
■农村居民人均可支配收入（元）	6975	8344	9495	10703	11677

图 3　2010—2014 年宿迁市城乡居民收入对比一览

（二）就业、社会保障

创业就业工作成效明显。开展创业培训 1.51 万人次，实现创业带动就业 4 万余人。新转移农村劳动力 5.3 万人，城镇新增就业 4.98 万人、再就业 2.68 万人，城镇登记失业率 2.38%。

社会保障体系更加完善。统筹推行“幸福行动”“五险”扩面 31.4 万人次，城乡低保标准提高到每人每月 370 元和 305 元，农村五保集中、分散供养标准分别提高到每人每年 5800 元和 4600 元，城市“三无”老人供养标准提高到每人每年 9000 元。全市拥有养老机构 178 个，其中公办公营养老机构（乡镇敬老院）111 个，公建民营和民办养老机构 67 个。市区和各县区均建立了公办老年公寓，居家养老服务中心（站）1160 个，社会养老床位总数达到 3.4 万张，每千名老人拥有养老床位数超过 45 张。企业职工基本养老保险覆盖率达 95.4%，城镇基本医疗保险覆盖率达 98%以上，城乡居民社会养老保险覆盖率达 98%以上。新农合制度进一步完善，参合人数达 387.26 万人，参合率 99.85%。新农合基金实际到位 15.73 亿元，全年累计补偿 14.76 亿元。率先发放省统一社保卡 300 万张，实现了医保待遇结算和养老金待遇领取功能。首次参与国家社会保险服务标准制定，被国家人社部确定为全国社保基金社会监督试点城市。

（三）教育和科学技术

1. 教育事业

教育发展实现新突破。加快推进城乡幼儿园规划与建设，全市新建、改扩建幼儿园 120 所，新增省优质园 36 所、市优质园 36 所。全市共有省优质园 225 所，占比达 61.6%。大力开展全国义务教育发展基本均衡县（区）创建工作，宿城区通过国家督导认定，其他县区均通过省级督导认定。全市高考本科达线人数连续 5 年突破万人大关，高考本科达线 15720 人，达线率 39.7%，分别比上年增加 1787 人、提高 5.3 个百分点。其中被“清华”“北大”录取 26 人，位居全省第四。创建省高水平现代化中等职业教育改革发展示范校 3 所、省品牌特色专业 6 个、省高水平示范实训基地 6 个。

2. 科学技术

科技创新取得显著成绩。2014 年，全市获省级以上科技项目 173 项，获批资金近 1.1 亿元，比上年翻一番。其中争取省重大科技成果转化项目 5 个，为历史之最。加大科技政策落实力度，共落实科技政策减免税 8405.36 万元。深入实施“创新券”制度，全市共向 980 家企业发放 8571 万元科技创新券，为 170 家单位兑现 2144.4 万元，带动科技投入 2.74 亿元。全市新增国家高新技术企业 49 家，总数达 130 家。新认定省级科技型中小企业 137 家。新增市级高新技术企业 48 家，总数达 131 家。新增省级企业研发机构 35 个，总数达 163 家。全市专利申请量达到 8785 件，比上年增长 16.3%。其中企业专利申请量 6571 件。全市授权专利 4306 件，PCT 国际专利申请实现了零的突破。

（四）文化和卫生

1. 文化事业

文化事业亮点纷呈。市博物新馆、图书新馆、档案馆建成使用，文化共享工程服务点实现村级全覆盖。全市新增有线电视用户 15.14 万户，送戏下乡 560 场，送电影下乡 2.08 万场，送图书下乡 10 万余册。全市举办大(中)型文化活动、艺术展览 45 次。其中各类书画、摄影专业艺术展览 31 次，各类大型文化活动 14 次。成功举办首届宿迁市书画家省展，承办省美协新人美术作品展。建成 24 个非遗传习所和传承保护基地，培育省级代表性传承人 8 人。新增中国书协会员 10 人、中国美协会员 4 人。入展兰亭奖、获得全国美展提名奖等国内书画重要奖项人次创历史新高。6 部作品获省第九届精神文明建设“五个一工程”奖，长篇琴书《白绫记》荣获中国曲艺界最高奖——牡丹奖，大型现代淮海戏《乡村好人》列为省级舞台精品工程。“速新闻”正式上线。龙王庙行宫和中运河段入选大运河世界文化遗产，成功举办项王故里新年祈福开门迎宾大典。

2. 卫生事业

医疗卫生事业稳步发展。社区卫生服务站启动实施基本药物制度，村卫生室实施基本药物制度进一步规范，全市已建成标准化村卫生室 990 个，其中 236 个达到示范化标准。65 岁以上老人实行免费体检，市残疾人康复、托养中心建成并试运行。市公共卫生服务中心启动建设，市第一人民医院完成外装，市人民医院外科大楼投入使用，市妇产医院、洋河新区人民医院实现整体搬迁，荣获“健康中国梦一全国民营医院发展示范城市”称号。乡、村两级定点医疗机构门诊分别按 45%和 50%比例补偿药费。全年门诊及住院补偿受益 1504.83 万人次，较上年增长 21.7%。制订《宿迁市大病保险暂行办法》，在全市范围内开展大病保险工作。

（五）城乡建设

围绕“最美的生态、永远的时尚”建设定位，完善功能配套，塑造城市个性，增强了市民的归属感、幸福感和自豪感。重大项目取得突破性进展。通用机场项目完成初步选址，宿豫陆运河项目正式获批，中心城市迎来首条宿淮铁路客货专线；徐宿淮盐高铁项目通过工可审查，将于上半年破土动工，宿迁人民期盼已久的“高铁梦”将要成为现实。城市功能不断完善。以运河宿迁港为代表的中心城市 180 项重点工程顺利推进，项王故里景区二期建成运营，运河南路、八一西路改造等工程全面完成，325 省道淮安至宿迁段、344 省道沭阳段建成通车，新(改)建“两场一街一中心”项目 30 个，城市服务功能进一步提升。城市个性日益凸显。全面完成 151 项园林绿化项目，新植各类乔灌木 17.3 万株，新增绿地 810 万平方米，建成一批彩色林荫大道、花海花廊和落叶景观道，运河桥头公园、环城西路景观绿化等公园游园建成开放，古黄河雄壮河湾南岸景观工程荣获国内风景园林领域最高奖，城市环境更加清新怡人；三台山扩面提质工程全面启动，致力打造“最美”系列，赋予城市新的特色和亮点。城市文明加快培育。丰富“宿迁规矩”内涵，扎实推进交通秩序整治，礼让斑马线行为全省最好，交通文明指数全省第一；全面清除各类非法小广告，楼道内、墙壁上的“牛皮癣”明显减少；首批 54 个小区物业整治顺利推进，市区 2500 多家小餐饮整治全面完成，成功做法在全省推广；常态开展志愿服务、文明宣导等活动，涌现出一批先进集体和模范人物，文明有礼成为宿迁人的新特质。“五城同创”实现整体突

破。国家卫生城市已正式公示，节水型城市通过国家现场考核，环保模范城市通过省级评估、即将迎来国家评估，人居环境奖城市通过省级考核验收，文明城市通过省级暗访测评、直接晋升全国提名城市，持续不断的创建活动既完善了城市功能、优化了环境，也改善了民生、凝聚了民心。县城特色不断彰显。沭阳县国际图书城、泗阳县妈祖文化园、泗洪县世纪公园改造等一批标志性项目建成启用，沭阳县、泗洪县创成省卫生县城，泗阳县通过国家园林县城省级评审，获评“中国最美丽县城”称号。

（六）节能环保

2014 年，全市单位工业增加值能耗为 0.34 吨标准煤/万元，比上年下降 12.8%。其中轻工业能耗下降 9.5%，重工业能耗下降 19.6%。深入实施大气质量提升专项整治行动，全市 PM2.5、PM10 浓度分别下降 8.8%和 8.1%，空气质量优良率进一步提升。集中式饮用水源地水质达标率均为 100%，境内国控、淮河流域和南水北调东线水质目标控制断面水质达标率为 100%，32 个全面建成小康社会和基本实现现代化地表水水质监测评价断面中，有 31 个达标，达标率为 96.8%。

三、宿迁市在泛长三角地区经济发展中的地位

2014 年，面对复杂多变的宏观经济形势，宿迁市上下深入贯彻落实党的十八大、十八届三中、四中全会和习近平总书记系列重要讲话精神，围绕建设高质量全面小康社会的奋斗目标，更大力度推进改革创新、更大力度推进结构优化、更大力度改善民计民生，努力促进经济社会各领域协调发展。2014 年，全市经济稳步发展，尽管增速有所减缓，但仍快于全国、全省，继续保持两位数增长，规模以上工业增速连续十年保持全省第一，固定资产投资仍保持 20%以上的高增长，城乡居民收入连续 11 年保持两位数增长，经济结构进一步优化，发展质量稳步提升。

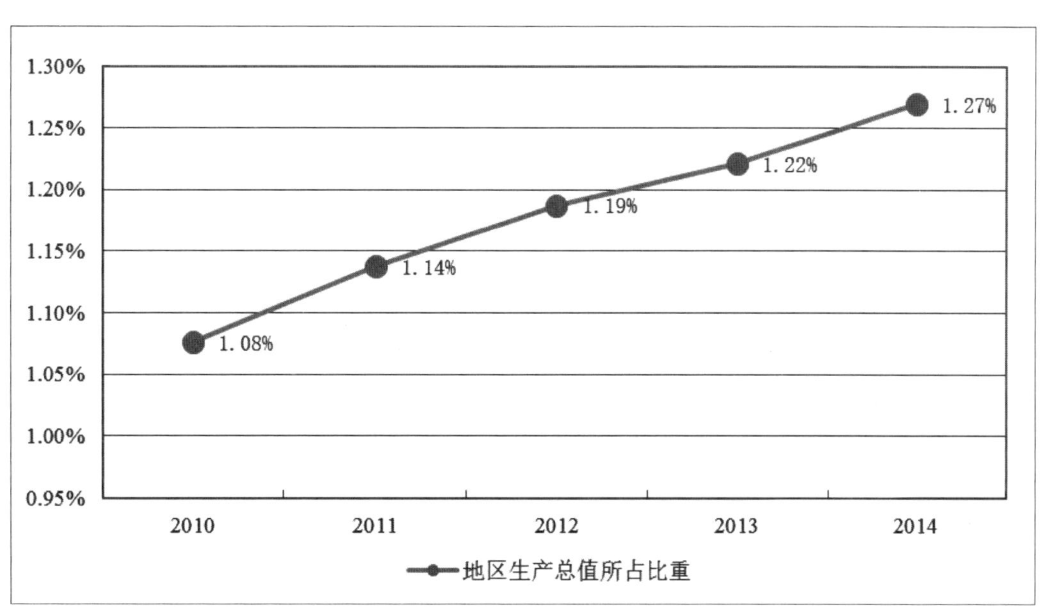

图 4 2010—2014 年宿迁市地区生产总值在泛长三角所占比重变化趋势

2010—2014 年宿迁市地区生产总值在长三角所占比重为 1.08%、1.14%、1.19%、1.22%和 1.27%，连续多年比重明显增加，累计增幅为 0.19 个百分点，其中 2014 年较上年增长 0.05 个百分点。2014 年宿迁市地区生产总值在泛长三角地区 41 个市排名第 24 位。

2014 年，宿迁市经济增速换档降速态势明显，逐步由高速增长向中高速增长转变，经济增速创近

年来最低水平。全年实现地区生产总值突破1900亿元，达1930.68亿元，比上年增长10.8%。其中一产实现251.65亿元，增长3.5%；二产实现933.56亿元，增长12.6%；三产实现745.48亿元，增长11.0%。三次产业结构调整为13.0：48.4：38.6，其中一产比重较上年下降0.4个百分点，二产和三产比重较上年分别提高0.3个和0.1个百分点。人均GDP突破4万元，达40014元，按平均汇率算，达6514美元。

GDP增速小幅波动，上半年增速快于下半年。一季度，全市经济稳步开局，地区生产总值增速为10.9%。进入二季度，在国家各项稳增长政策的拉动下，经济增速有所加快，上半年全市地区生产总值增速上升到11.2%，增速较一季度提升0.3个百分点。进入下半年后，工业、投资、消费等各项经济指标增速明显减缓，经济下行压力明显加大，1—3季度经济增速较上半年回落0.4个百分点，回落到10.8%。四季度，工业经济增速继续回落，但在部分营利性服务业增速上升的拉动下，四季度GDP增速保持平稳运行，全年GDP增速为10.8%。

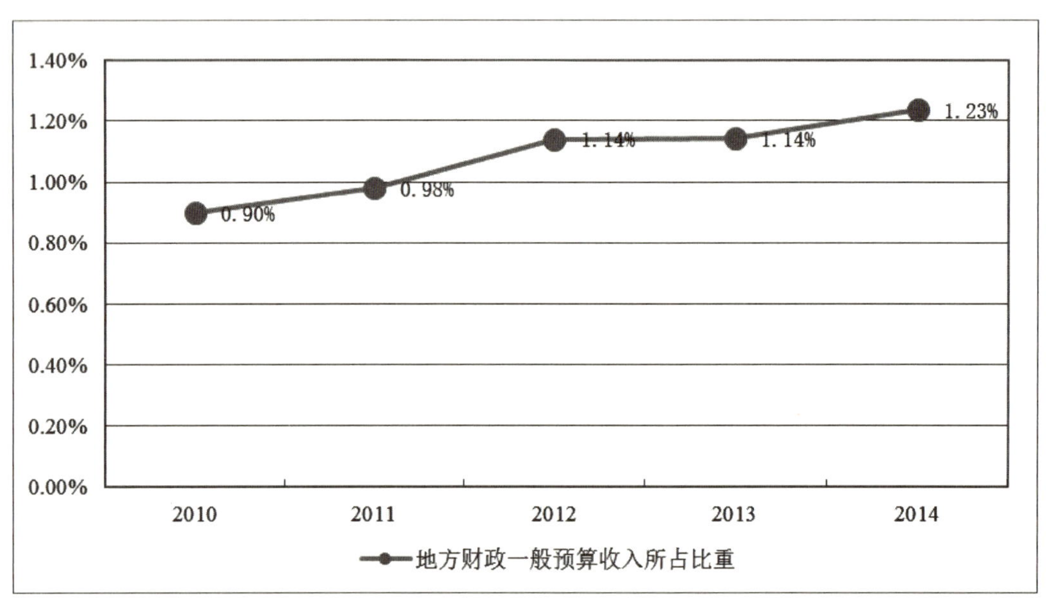

图5 2010—2014年宿迁市地方财政一般预算收入在泛长三角所占比重变化趋势

2010—2014年宿迁市地方财政一般预算收入在泛长三角所占比重为0.90%、0.98%、1.14%、1.14%和1.23%，继续保持稳定增长的态势，累计增幅为0.33个百分点，其中2014年较上年增加了0.09个百分点。2014年宿迁市地方财政一般预算收入在泛长三角地区41个市排名第23位。

2014年，宿迁市全市公共财政预算收入预算为212亿元，增长15%左右。2014年全市公共财政预算收入210.1亿元，完成预算的99.1%，增长13.5%，其中税收收入180.69亿元，增长14.4%，税收占比86.0%；非税收入29.41亿元，增长8.4%。

全市公共财政预算支出345.58亿元，占调整预算(以下简称占预算)的97.7%，增长11.1%。公共财政预算收入增幅位居全省第四，分别比全省和苏北平均水平高3.4个和0.6个百分点；税收占比位居全省第二，分别比全省和苏北平均水平高3个和3.8个百分点，其中市区税收占比达88.3%，居全省第一位。

2010—2014年宿迁市规模以上工业总产值在泛长三角所占比重为0.60%、0.69%、0.95%、1.09%和1.21%，继续保持增长的态势，累计增幅为0.61个百分点，其中2014年较上年增加0.12个百分点。2014年宿迁规模以上工业总产值在泛长三角地区41个市排名保持不变，排名第24位。

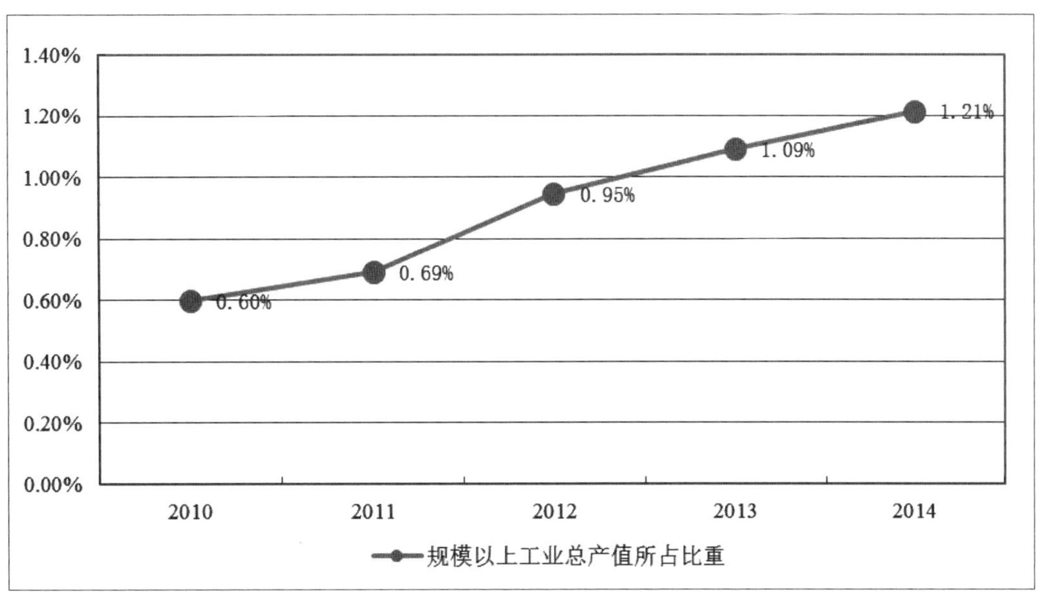

图6　2010—2014年宿迁市规模以上工业总产值在泛长三角所占比重变化趋势

2014年，宿迁市工业经济保持平稳较快增长。全部工业增加值比上年增长15.5%，其中规模以上工业增加值增长18.1%，高出全省平均增速6.6个百分点。按企业类型分，股份制企业增长16.4%，外商及港澳台企业增长48.1%；按企业规模分，大中型企业增长12.1%，小型企业增长23.3%；按轻重工业分，轻工业增长11.0%，重工业增长29.5%。全年工业用电量94.86亿千瓦时，增长18.7%。全市工业经济由高速增长进入中高速增长阶段。2014年，全市新增规模以上企业174户，总数达2482户。全年规模以上工业实现增加值892.38亿元，增长14.5%，增速较上年回落3.6个百分点。工业用电量达103.90亿千瓦时，增长9.5%，增速较上年回落9.2个百分点。全市大中型企业209户，比上年增加40户；实现增加值409.08亿元，比上年增长12.9%，占全市总量的45.8%，对全市工业经济的支撑作用明显。

产业结构不断优化。一是机械电子行业快速发展。2014年，机械电子行业超越木材加工行业，上升到四大支柱产业的第二位。实现主营业务收入、利税分别增长27.8%和20.3%，呈快速发展态势。二是高新技术产业发展较快。全市高新技术产业规模以上工业企业达344家，全年实现工业总产值683.72亿元，比上年增长20.1%，高于全市工业增速4.2个百分点；占全市工业总量的19.9%，高于上年0.7个百分点。企业效益状况不容乐观。全市规模以上工业企业中亏损企业98个，比上年增加12个；亏损额6.30亿元，比上年增亏2.26亿元。企业利润增幅减缓，全市规模以上工业企业利润总额仅增长4.6%，较上年降低23.5个百分点。

2010—2014年宿迁市进出口总额在泛长三角所占比重为0.11%、0.16%、0.21%、0.24%和0.26%，所占比重虽然不大但保持增长的态势，2014年占比是2010年的2倍多。2014年宿迁进出口总额在泛长三角地区41个市排名第27位。

2014年，宿迁市外向型经济发展较快。在国际贸易形势趋紧的情况下，进出口贸易仍保持较快发展速度。全市实现进出口总额37.55亿美元，比上年增长13.0%。其中出口29.40亿美元，增长5.7%。其中1—8月份，全市进出口累计金额279319万美元，同比增长23.0%，增幅居全省首位。进口累计金额49489万美元，同比增长36.7%；出口累计金额229830万美元，同比增长20.4%。

2010—2014年宿迁市实际外商直接投资金额在泛长三角所占比重为0.33%、0.30%、0.62%、

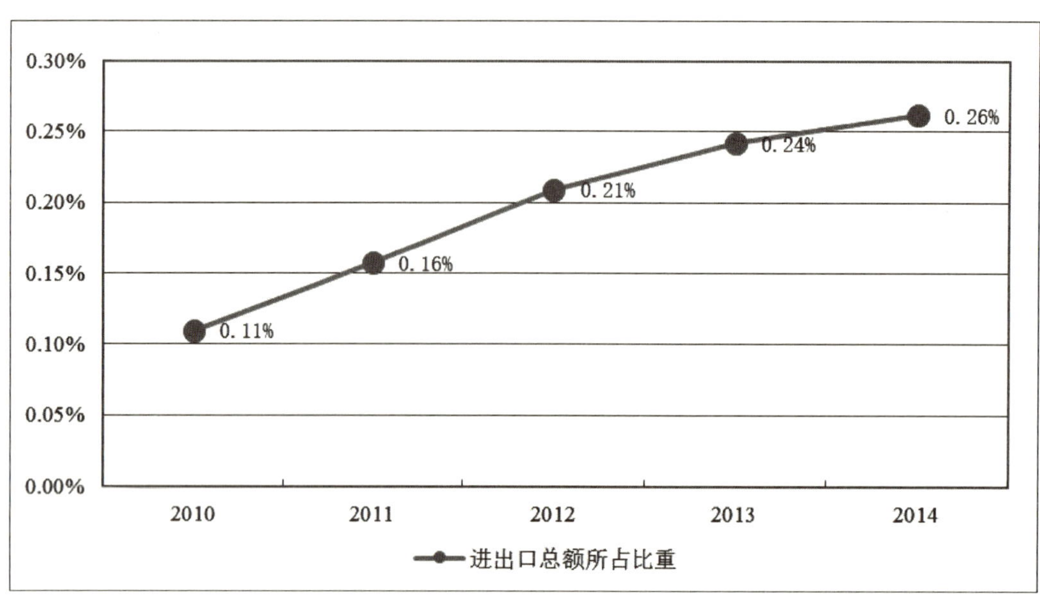

图 7　2010—2014 年宿迁市进出口总额在泛长三角所占比重变化趋势

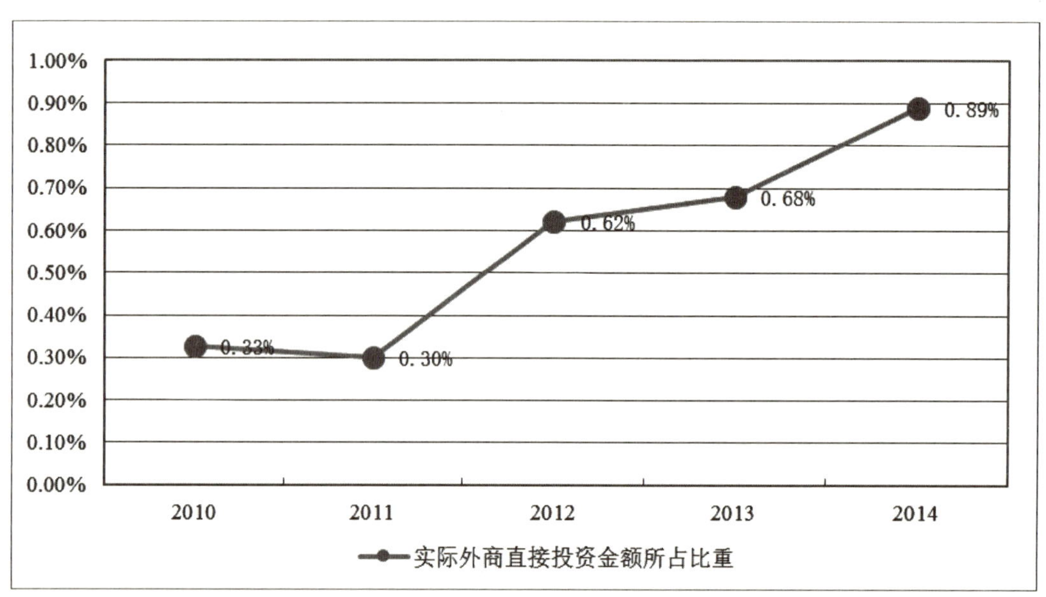

图 8　2010—2014 年宿迁市实际外商直接投资金额在泛长三角所占比重变化趋势

0.68％和 0.89％，所占比重虽然不大，除 2011 年稍微下跌外，总体呈相对增长的态势，2014 年较上年增幅为 0.21 个百分点，五年累计增幅达 0.56 个百分点。2014 年宿迁实际外商直接投资金额在泛长三角地区 41 个市排名第 25 位。

2014 年在“精耕港台、拓展欧美、突破德资、兼顾日韩”的外资招商思路指导下，利用外资呈快速增长态势，全市实际利用外资 6.65 亿美元，比上年增长 33.2％，增速居全省首位。

第三章　浙江省及各市2014年经济社会发展报告

一　浙江省2014年经济社会发展报告

2014年，面对严峻复杂的外部环境和经济下行压力，全省上下认真贯彻中央和省委、省政府决策部署，突出转型升级主线，着力抓改革、促转型、治环境、惠民生，大力推进“五水共治”、“三改一拆”、“四换三名”、浙商回归等重点工作，取得积极成效，全年经济运行平稳健康，主要经济指标处于中高速增长合理区间，结构、效益持续向好，民生不断改善。

一、浙江省2014年经济发展概况

（一）综合经济

1. 经济总量

全年生产总值(GDP)40173.03亿元，比上年增长7.6%。其中，第一产业增加值1777.18亿元，第二产业增加值19175.06亿元，第三产业增加值19220.79亿元，分别增长1.4%、7.2%和8.6%。人均GDP为72967元(按年平均汇率折算为11878美元)，增长7.3%。三次产业增加值结构由上年的4.7∶47.8∶47.5调整为4.4∶47.7∶47.9。第三产业比重首次超过第二产业。

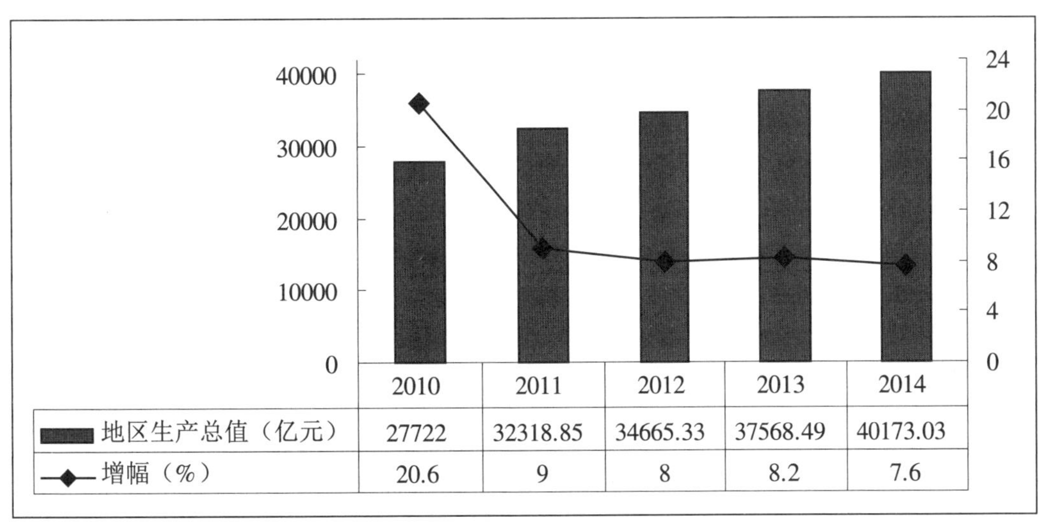

	2010	2011	2012	2013	2014
地区生产总值（亿元）	27722	32318.85	34665.33	37568.49	40173.03
增幅（%）	20.6	9	8	8.2	7.6

图1　2010—2014年浙江省地区生产总值及增长速度

2. 财政收入

全年财政总收入7522亿元，比上年增长8.9%，增速比上年提高1.1个百分点；地方公共财政预算收入4121亿元，增长8.5%，增速比上年回落1.8个百分点。

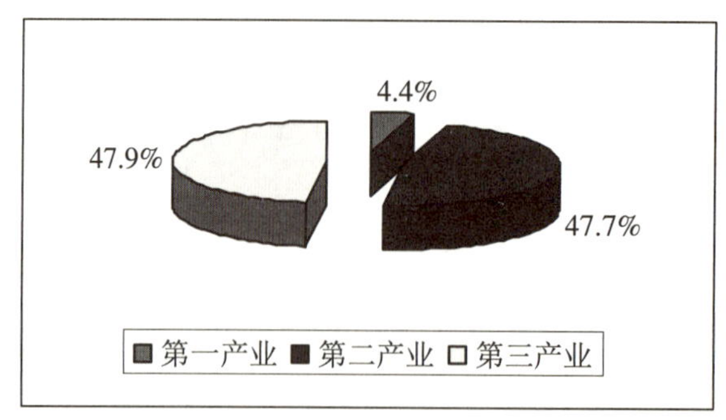

图2　2014年浙江省三次产业结构图

3. 物价水平

全年居民消费价格比上年上涨2.1%，其中，食品类价格上涨3.1%；商品零售价格上涨0.9%；农业生产资料价格下降0.2%；工业生产者出厂价格下降1.2%，工业生产者购进价格下降1.8%；固定资产投资价格上涨0.6%。

4. 固定资产投资

全年固定资产投资23555亿元，比上年增长16.6%。非国有投资16343亿元，增长18.2%，占固定资产投资的69.4%，其中民间投资14782亿元，增长20.1%，占固定资产投资的62.8%。

在固定资产投资中，第一产业投资264亿元，比上年增长31.1%。第二产业投资7929亿元，增长12.3%，其中工业投资7879亿元，增长12.2%。在工业投资中，战略性新兴产业投资2197亿元，占工业投资的27.9%，增长16.4%。第三产业投资15363亿元，增长18.8%。全年投资项目46988个，比上年增长7.9%，其中新开工项目27675个，增长9.6%。

（二）农业和农村建设

全省粮食播种面积为1267千公顷，比上年增长1.0%；粮食单产和总产量分别为5979公斤/公顷和757万吨，分别比上年增长2.1%和3.2%。油菜籽播种面积155千公顷，比上年减少2.9%；蔬菜620千公顷，增长0.2%；花卉苗木138千公顷，增长5.1%；药材33千公顷，增长3.0%；果用瓜101千公顷，增长0.2%。

生猪年末存栏965万头，年内出栏1725万头，分别比上年减少25.1%和9.0%。肉类总产量156万吨，比上年减少9.9%。水产品总产量为575万吨，比上年增长3.5%，其中，海水产品产量468万吨，增长4.6%，淡水产品产量107万吨，减少0.7%。

全省新建成粮食生产功能区1457个，面积107万亩，累计建成6441个、面积572万亩；新建30个省级现代农业综合区，40个省级主导产业示范区和126个省级特色农业精品园，累计建成现代农业园区642个，总面积360多万亩。农民信箱系统完成升级改版，现用户保有量达到272万人，2014年共发送信件6亿封，短信9亿条，日点击量超过200万次。全省已有农业龙头企业7621家；全省土地流转率达48%。新登记家庭农场5000多家，14326人获得职业资格证书。

全年各级投入美丽乡村建设资金达到208亿元。到年末，全省共开展6120个村的农村生活污水治理，受益农户（已接入和正在接入）150万户；开展农村垃圾减量化资源化处理村1901个。全省97%的村实现生活垃圾集中收集处理，37%的村实现生活污水有效治理，农村生活污水治理农户受益率达到42%，已有46个县（市、区）成为美丽乡村创建先进县。全省在建历史文化村落保护利用重点村87个，保护利用一般村434个；农家乐休闲旅游村856个、旅游点2336个。“千万农民素质提升工程”培训总人数69万人。

（三）工业和建筑业

1. 工业增加值

全年规模以上工业增加值12543亿元，比上年增长6.9%，轻、重工业增加值分别为5407和7137亿元，分别增长6.1%和7.4%。其中国有及国有控股工业企业增加值2211亿元，增长5.9%。规模以上工业销售产值64392亿元，增长5.9%。规模以上工业企业完成出口交货值12085亿元，增长5.2%；出口交货值占销售产值的比重为18.8%，比上年下降0.1个百分点。

规模以上工业新产品产值19415亿元，比上年增长21.6%，高于工业总产值增幅15.2个百分点；新产品产值率29.2%，比上年提高3.6个百分点。制造业中，高新技术产业增加值4283亿元，增长8.5%，占规模以上工业的比重为34.1%，比上年提高0.5个百分点。

全年规模以上工业企业实现利润3544亿元，比上年增长5.1%。其中，国有及国有控股企业536亿元，下降5.5%；股份制企业428亿元，下降5.3%；外商及港澳台投资企业1034亿元，增长6.3%；私营企业1221亿元，增长5.5%。工业企业产品销售率96.8%，比上年下降0.5个百分点。

2. 建筑业

全年建筑业增加值2445亿元，比上年增长9.0%。资质以上建筑企业利润总额590亿元，增长11.2%；税金总额660亿元，增长16.1%。

（四）服务业

1. 国内贸易

全年社会消费品零售总额16905亿元，比上年增长11.7%，扣除价格因素增长10.7%。其中，城镇消费品零售额14177.7亿元，增长11.4%；乡村消费品零售额2727.6亿元，增长13.1%。分行业看，批发零售贸易业零售额15179.5亿元，增长11.9%；住宿餐饮业零售额1725.8亿元，增长10.1%。

在限额以上批发零售贸易业零售额中，汽车类零售额比上年增长6.7%，石油及制品类增长8.8%，食品饮料烟酒类增长13.8%，服装、鞋帽、针纺织品类增长18.9%，中西药品类增长16.5%，日用品类增长14.1%，金银珠宝类增长5.1%，通讯器材类增长10.2%，家具类增长36.9%，五金、电料类增长47.5%，建筑及装潢材料类增长58.2%。

年末全省已登记的商品交易实体市场4321家，交易额为1.95万亿元，增长9.2%。

2. 交通运输、邮电

全年交通运输、仓储和邮政业增加值为1517亿元，比上年增长8.0%。

全年铁路、公路和水运完成货物周转量9548亿吨公里，比上年增长6.7%；旅客周转量1077亿人公里，增长5%。港口完成货物吞吐量13.9亿吨，比上年增长0.7%，其中，沿海港口完成10.8亿吨，增长7.5%；内河港口完成3.1亿吨，下降17.5%。

全年邮电业务总量1684.5亿元，比上年增长31%。其中，邮政业务总量538.8亿元，增长64.3%；电信业务总量1145.7亿元，增长19.6%。年末本地电话交换机容量1769万门，比上年减少844万门；移动电话交换机容量11141万户，增加334万户。移动电话用户7371万户，比上年增加299万户，普及率134.6部/百人；本地电话用户1642万户，减少139万户，普及率30线/百人。年末互联网用户数6371万户，比上年增加373万户；其中固定互联网宽带接入用户1276万户，增加33万户。

3. 旅游业

全年实现旅游总收入6301亿元，比上年增长13.8%。其中，接待国内旅游者4.79亿人次，增长10.2%，实现国内旅游收入5947亿元，增长14.3%；接待入境旅游者931万人次，增长7.5%，实现旅游外汇收入57.5亿美元，增长6.7%。

4. 金融、证券和保险

年末全部金融机构本外币各项存款余额79242亿元，比上年末增长7.5%，其中人民币存款余额增长7.2%。全部金融机构本外币各项贷款余额71361亿元，比上年末增长9.2%，其中人民币贷款余额增长9.5%。年末个人本外币储蓄存款余额31167亿元，比上年末增长6.2%。

年末共有境内上市公司266家，累计融资3706亿元；其中，中小板上市公司123家，占全国中小板上市公司总数的16.8%；创业板上市公司41家，占全国创业板上市公司总数的10.1%。

全年保险业实现保费收入1258亿元，比上年增长13.4%。其中，财产险保费收入584亿元，增长14.2%；人身险保费收入674亿元，增长12.7%。支付各类赔款及给付475亿元，比上年增长5.2%。其中，财产险赔付支出350亿元，人身险赔付支出125亿元。

5. 房地产业

全年房地产开发投资7262亿元，比上年增长16.8%。商品房销售面积4677万平方米，下降4.3%；商品房销售额4923亿元，下降8.8%。

（五）对外经济

1. 对外贸易

全年进出口总额3551.5亿美元，比上年增长5.8%。其中，进口817.9亿美元，下降6.0%；出口2733.5亿美元，增长9.9%。月均出口228亿美元，其中7月份出口266亿美元，创历史新高。民营企业出口1911亿美元，增长14.3%，高于全省出口平均增速4.4个百分点，占全省出口总值的69.9%，比上年提高2.9个百分点；对全省出口增长的贡献率为97.1%。

2014年进出口主要分类情况

	绝对数(亿美元)	比上年增长(%)
进出口总额	3551.5	5.8
出口额	2733.5	9.9
一般贸易	2167.9	10.4
加工贸易	326.5	1.3
机电产品	1125.1	10.8
高新技术产品	155.0	8.6
进口额	817.9	−6.0
一般贸易	582.5	−7.8
加工贸易	141.4	−2.2
机电产品	145.1	−3.0

对欧洲和北美市场出口增长较快，对新兴市场出口增长放缓。

2. 外资状况

新批外商直接投资项目1550个，比上年减少22个；合同外资244亿美元，实际利用外资158亿美元，分别比上年增长0.1%和11.6%。第三产业利用外资继续保持良好势头，合同外资145亿美元，实际利用外资98亿美元，分别比上年下降3.7%、增长24.3%，分别占外资总额的59.5%和62.0%，比上年分别回落2.4个和提高6.4个百分点。

3. 对外承包

对外承包工程完成营业额51.8亿美元，比上年增长17.6%；全省劳务人员实际收入1.6亿美元，增长46.9%。经审批和核准的境外投资企业和机构共计577家，比上年增加9家；其中中方投资58.2亿美元，增长5.4%。全年实际对外直接投资34.8亿美元，增长45.2%。

二、浙江省2014年社会发展概况

（一）人口、人民生活

据2014年人口变动抽样调查，全省年末常住人口5508万人，比上年增长0.18%。其中，男性人口2827.6万人，女性人口2680.4万人，分别占总人口的51.3%和48.7%。全年出生人口57.8万人，出生率为10.51‰；死亡人口30.3万人，死亡率为5.51‰；全年自然增长人口27.5万人，自然增长率为5.00‰。城镇化率为64.87%，比上年提高0.87个百分点。

根据城乡一体化住户调查，全年全体居民人均可支配收入32658元，比上年增长9.7%，扣除价格因素增长7.4%。其中，城镇常住居民和农村常住居民人均可支配收入分别为40393元和19373元，增长8.9%和10.7%，扣除价格因素分别增长6.8%和8.3%。全年全体居民人均可支配收入中位数28580元，比上年增加3370元，增长13.4%。其中，城镇常住居民人均可支配收入中位数36404元，比上年增加3656元，增长11.2%；农村常住居民人均可支配收入中位数18460元，比上年增加2581元，增长16.3%。

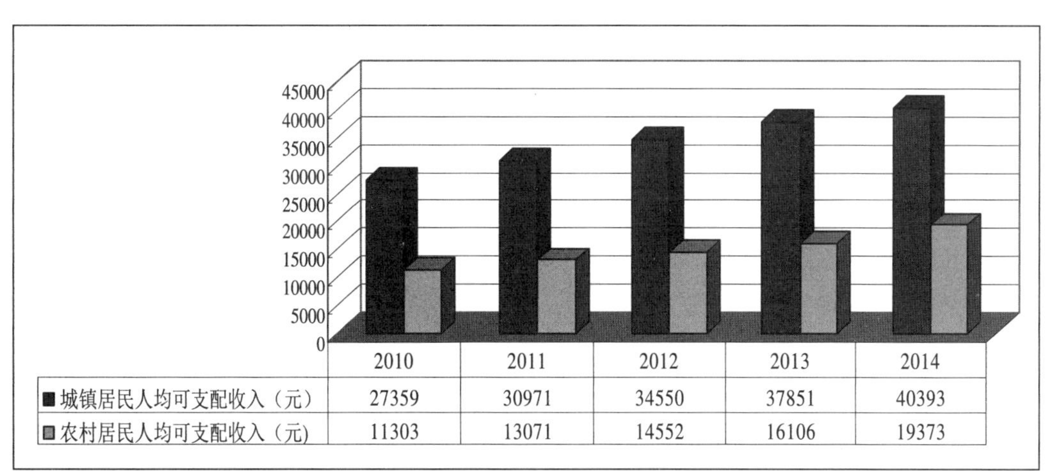

	2010	2011	2012	2013	2014
■城镇居民人均可支配收入（元）	27359	30971	34550	37851	40393
■农村居民人均可支配收入（元）	11303	13071	14552	16106	19373

图3　2010—2014年浙江省城乡居民收入对比一览

全年全体居民人均消费支出22552元，比上年增长9.4%，扣除价格因素增长7.1%。其中，城镇常住居民和农村常住居民人均生活消费支出分别为27242元和14498元，增长7.9%和13.2%，扣除价格因素分别增长5.8%和10.8%。

年末城镇居民人均住房建筑面积40.9平方米，农村居民人均住房建筑面积61.5平方米。

（二）就业与社会保障

1. 就业

全年新增城镇就业人数107.4万人，其中41.8万名城镇失业人员实现再就业。年末城镇登记失业率为2.96%，比上年下降0.05个百分点。

2. 社会保障

全年参加企业基本养老保险人数2442.6万人，参加城镇职工基本医疗保险人数1900万人，参加失业保险人数1210.4万人，参加工伤保险人数1899.4万人，参加生育保险人数1248.9万人，分别比上年增加170万人、109万人、65.8万人、73.4万人和75.8万人。企业正常缴费退休人员基本养老金月均水平超过2500元；城乡居保基础养老金最低标准提高到100元；全省失业保险金月均标准达到1097元；因工死亡职工供养亲属抚恤金月人均提高110元。

2014年，全省新农合参合2527.5万人，参合率巩固在97.7%。人均筹资标准649元，比上年增长16.5%，其中财政补助453元，占70%。所有统筹地区各级政府人均补助均高于省政府要求的330元，部分地区人均筹资标准超过700元。统筹基金最高支付限额达到全国农村居民人均纯收入的8倍以上且不低于8万元。

年末在册低保对象60.5万人，其中，城镇6.4万人，农村54.1万人（含五保对象2.9万人）。低保资金（含各类补贴）支出21.9亿元；城乡低保平均标准分别为每人每月587元和487元，分别比上年增长11.6%和20%。获得生活补助的城乡低收入家庭持证重度残疾人9.6万名，发放补助金额4.8亿元，分别增长7.8%和20%。

全年共支出医疗救助资金9.8亿元，比上年增加1.1亿元。投入资金4.57亿元，新增各类养老机构床位数3.7万张，新建成社区居家养老服务照料中心8147个。

年内共发行各类福利彩票137.8亿元，比上年增加13.3亿，共筹集公益金38.2亿元。

（三）教育和科学技术

1. 教育事业

全省共有小学3344所，招生59.8万人；在校生354.5万人，比上年增加4.9万人，增长1.4%，小学学龄儿童入学率为99.99%。小学生均校舍建筑面积7.8平方米；生均图书25.9册；每百名学生拥有计算机16.4台；小学体育运动场（馆）面积达标的学校比例为95.4%，比上年提高1.6个百分点；建立校园网校数比例为98.8%，提高0.9个百分点。共有初中1719所，招生50.4万人，比上年减少0.8万人，减少1.6%；在校生149.9万人，初中入学率为99.95%。初中生均校舍建筑面积16.9平方米；生均图书42.2册；每百名学生拥有计算机26台；初中体育运动场（馆）面积达标的学校比例为96.3%，比上年提高1.2个百分点；建立校园网校数比例为98.3%，减少0.7个百分点。

义务教育中小学进城务工人员随迁子女在校生143.9万人，比上年增长2.9%，其中在公办学校就读人数为103万人，占71.6%。随迁子女在校生中，在小学就读的有114.5万人，比上年增加2.6万人，增长2.3%；在初中就读的有29.4万人，比上年增加1.5万人，增长5.4%。

全省各类中等职业教育学校375所，招生24.6万人，在校生74.8万人；普通高中561所，招生25.2万人，在校生79.1万人，毕业生29.7万人。

全省共有普通高校107所（含独立学院及筹建院校）。研究生、本科、专科招生比例为1∶7.6∶6.5；

普通高考录取率为85.8%，与上年基本持平；高等教育毛入学率为54%，比上年提高2.3个百分点。全年研究生招生20164人，其中，博士生2343人，硕士生17821人，招生总数比上年增加629人，增长3.2%；在校研究生60511人，其中，博士、硕士在校生分别为10634人、49877人，在校研究生总数比上年增加2710人，增长4.7%。普通本专科招生28.4万人，比上年增长0.4%，本专科招生比为53.7∶46.3；在校生97.8万人，增长1.9%，毕业生25.4万人，增长3.7%。

义务教育中小学专任教师31万人，比上年增长3%。中等职业教育专任教师3.3万人，生师比16.1∶1；专任教师学历合格率为95.8%，比上年提高1个百分点。双师型教师占专任教师和专业课教师的比例分别为39.3%、75.8%，比上年分别提高1.1和1.6个百分点。普通高等学校专任教师中副高职称以上教师所占比例为44.4%，比上年提高0.1个百分点；具有硕士以上学位教师比例为76.3%，比上年提高1.9个百分点。

全省共有幼儿园8871所，在园幼儿185.8万人。幼儿园专任教师11.2万人，比上年增加0.2万人；幼儿教师学历合格率为99.6%，比上年提高0.3个百分点。

2. 科学技术

全年全社会科技活动经费支出1470亿元，比上年增长13.7%，相当于地区生产总值的3.66%；研究和发展(R&D)经费支出相当于地区生产总值的比例为2.34%左右，比上年提高0.16个百分点。财政科技投入208亿元，比上年增长8.4%；财政科技拨款占财政支出的比重为4.03%。

全省有国家认定的企业技术中心77家。新认定高新技术企业1101家，累计6232家。新培育省级创新型试点企业78家，示范企业50家，累计分别为492家和296家。全年专利申请量、授权量分别为26.1万件和18.9万件，分别比上年下降11.1%和6.8%。

（四）文化、卫生和体育

1. 文化事业

年末全省共有公共图书馆98个，文化馆102个，博物馆148个，隶属文化部门艺术表演团体57个。省市级广播电台、电视台各78座，县级广播电视台66家。有线电视用户1495万户，比上年增长3.0%；广播、电视综合覆盖率分别为99.6%和99.65%。全年共审查电影38部，制作电视剧62部2717集；制作动画片41部1750集，19020分钟。全年广播影视经营收入340亿元，比上年增长10.2%，其中电影票房收入23.61亿元，增长30.9%。全年观影6426万人次，共完成28.7万场农村电影放映任务。全省14家图书出版社，共出版图书12963种，总印数3.68亿册，比上年下降3.9%；公开发行报纸69种；出版期刊223种。

2. 卫生事业

年末共有卫生机构3万个(包括村卫生室)。各类医院床位数21.3万张，比上年增长8.1%；卫生技术人员显著增加，全省卫生技术人员37.5万人，比上年增长6.5%，其中，执业(助理)医师14.58万人，注册护士14.51万人，分别增长5.4%和9.4%。医院年诊疗23932万人次，比上年增长8.0%。孕产妇死亡率5.52/10万，5岁以下儿童死亡率5.29‰。省级预约平台全年累计新增注册用户125.4万人、预约总量544.2万次、预约成功399万次，预约成功率73.3%；平台历史累计注册用户339万人，预约总量1373万次、预约成功量960万次，预约成功率70%。共计接入194家医院。

3. 体育事业

浙江运动员在各类国际性、洲际性、全国性比赛中共获得世界冠军9个、亚洲冠军21个、全国冠军148个。共创建省级青少年体育俱乐部24个，青少年户外体育活动营地12个。年末全省共有省级青少年体育俱乐部 384 所，国家级青少年体育俱乐部 142 所；省级青少年户外活动营地 49 个，国家级营地 5 所。全年共销售体育彩票 107.2 亿元，比上年增加 20.9 亿元，增长 24.2%。

（五）资源、环境保护和生态建设

全年全省平均降水量为 1767.2 毫米（折合降水总量 1830.86 亿立方米），全省总水资源量为 1133.85 亿立方米，比多年平均 955 亿立方米多 18.7%；人均水资源量为 2059 立方米。

全省完成造林更新面积 59.05 千公顷，比上年减少 4.8%，其中，人工造林 27.06 千公顷，无林地和疏林地封育 12.23 千公顷，迹地更新 19.76 千公顷。全省森林抚育面积 241.5 千公顷，比上年增加 7.28%。完成义务植树 6800.5 万株，与上年基本持平。根据 2013 年浙江省森林资源年度监测结果显示，全省森林覆盖率为 60.89%（含灌木林）。全省新增水土流失治理面积 688 平方公里。

全省有气象雷达观测站点 9 个，卫星云图接收站点 25 个，区域自动气象观测站 1883 个。全省霾平均日数 69.7 天，比上年减少 14.3 天。全省 11 个设区城市环境空气 PM2.5 年均浓度平均为 53 微克/立方米，比上年下降 13.1%；11 个设区城市日空气质量达标天数（AQI）比例范围为 60.8%－94.0%，平均为 75.5%；69 个县级以上城市日空气质量达标天数（AQI）比例范围为 56.0%－97.8%，平均为 81.1%。

全省 221 个省控断面中，Ⅰ～Ⅲ类水质断面占 63.8%，与上年持平；满足水环境功能区目标水质要求断面占 67.4%。县级以上集中式饮用水水源地水质达标率为 85.0%，其中设区城市主要集中式饮用水水源地水质达标率为 87.8%。全省 145 个跨行政区域河流交接断面中，满足水环境功能区目标水质要求断面占 67.5%。全面推进禁燃区建设，全省县级以上城市基本完成禁燃区划定。全省近岸海域共发生赤潮 18 次，累计面积约 1720 平方千米，其中有害赤潮 5 次，有害面积 242 平方千米，与上年同期相比，赤潮发生次数有所增加。

全省城市污水排放量 28.28 亿立方米，比上年增长 2.8%；城市污水处理量为 25.39 亿立方米，比上年增长 4.3%；城市污水处理率 89.8%，比上年提高 1.21 个百分点；城市生活垃圾无害化处理率为 99.8%，比上年提高 0.51 个百分点；城市用水普及率为 99.9%；城市燃气普及率 99.6%；人均公园绿地面积 12.77 平方米，比上年增长 3.4%。

全年累计建成国家级生态县 16 个，国家环境保护模范城市 8 个，国家级生态乡镇 581 个，省级生态县 57 个，省级环保模范城市 10 个，省级生态乡镇 1038 个。

全年规模以上工业企业能源消费比上年下降 0.2%，单位工业增加值能耗下降 6.7%。其中，千吨以上和重点监测用能企业能源消费均比上年下降 1.9%，单位工业增加值能耗分别下降 6.9%和 6.7%。

（六）社会安全

全年共发生各类事故 17752 起、死亡 5023 人、受伤 17283 人，分别比上年下降 6.2%、9.0%和 7.2%。其中，发生较大事故 40 起、死亡 146 人，比上年减少 6 起、40 人；发生重大事故 1 起、死亡 16 人，同比增加 1 起、16 人。道路交通共发生事故 17163 起、死亡 4419 人、受伤 17256 人，分别比上年下降 6.2%、9.2%和 7.2%。

三、浙江省在泛长三角地区经济发展中的地位

2014 年，面对世界经济艰难复苏、国内经济运行下行压力加大的复杂环境，浙江省委、省政府带领全省人民深入贯彻落实科学发展观，牢牢把握“稳中求进、改中求活、转中求好”的工作总基调，突出抓

好“五水共治”“四换三名”、科技创新和浙商回归，推进经济转型升级，经济运行总体比较平稳，经济增速仍在合理区间。

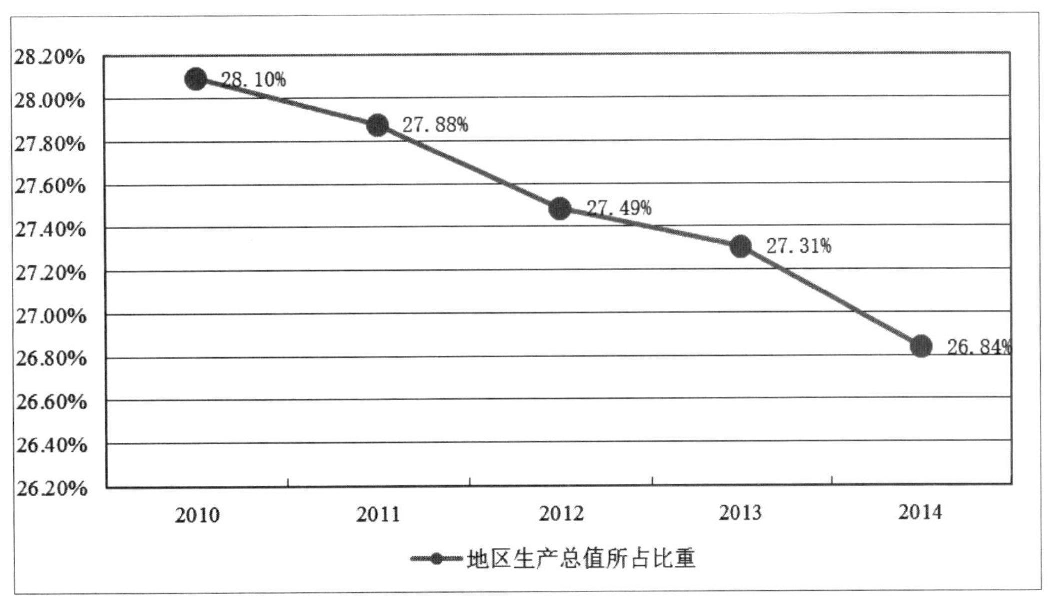

图 4　2010—2014 年浙江省地区生产总值在泛长三角所占比重变化趋势

按总量来讲，多年来浙江省地区生产总值在泛长三角地区位居第二位。2010—2014 年浙江省地区生产总值在泛长三角所占比重分别为 28.10%、27.88%、27.49%、27.31%和 26.84%。浙江省地区生产总值在泛长三角占比呈现持续下降，2014 年与 2010 年比下降了 0.47 个百分点。

2014 年，在泛长三角地区 41 市地区生产总值所占比重排名的前十位中，浙江省 11 个地级市仅占据 2 席。

2014 年，全年生产总值 40153.5 亿元，按可比价格计算，比上年增长 7.6%，增幅与一季度的 7%、上半年的 7.2%和前三季度的 7.4%相比，呈逐季上行态势，从一季度低于全国的 0.4 个百分点转为全年高于全国 0.2 个百分点。第一产业增加值 1779.3 亿元，增长 1.4%；第二产业增加值 19152.7 亿元，增长 7.1%；第三产业增加值 19221.5 亿元，增长 8.7%。从主要经济指标看，与全国和部分东部省市下半年增速明显回落的趋势不同，我省增速平稳，稳中有升，波幅较小。

自二季度起，浙江省经济增速止住了 2013 年以来连续下滑的趋势，开始步入缓慢回升的轨道。地区生产总值、规模以上工业增加值、出口等主要经济指标增速基本呈“稳中有升”的特征。前三季度地区生产总值 27822 亿元，增长 7.4%，增速比上半年回升 0.2 个百分点。出口交货值 8841.9 亿元，增长 5.1%，增速比上半年提高 1.4 个百分点；固定资产投资增速平稳，基本保持在 16%左右，与江苏、山东持平。

结构调整有新进展。服务业增长较快。前三季度，第三产业增加值增速为 8.4%，对 GDP 增长贡献率达 51.2%。其中，批发和零售、交通运输仓储和邮政、住宿和餐饮业、金融、其他服务业增加值分别比上年同期增长 9.3%、8%、7.7%、7.1%和 11.5%。国内旅游收入 4140 亿元，增长 14%；国际旅游收入 42.8 亿美元，增长 5.6%。装备制造、高新技术和战略性新兴产业比重提高。前三季度，规模以上工业电子信息制造业增加值增长 8.9%；软件和信息服务业营业收入增长 17.5%；实现网络零售 3796 亿元，增长 53.9%，相当于社会消费品零售总额的 31.2%。高耗能、高污染行业比重降低。

2010—2014 年浙江省地方财政一般预算收入在泛长三角所占比重分别为 24.35%、23.88%、

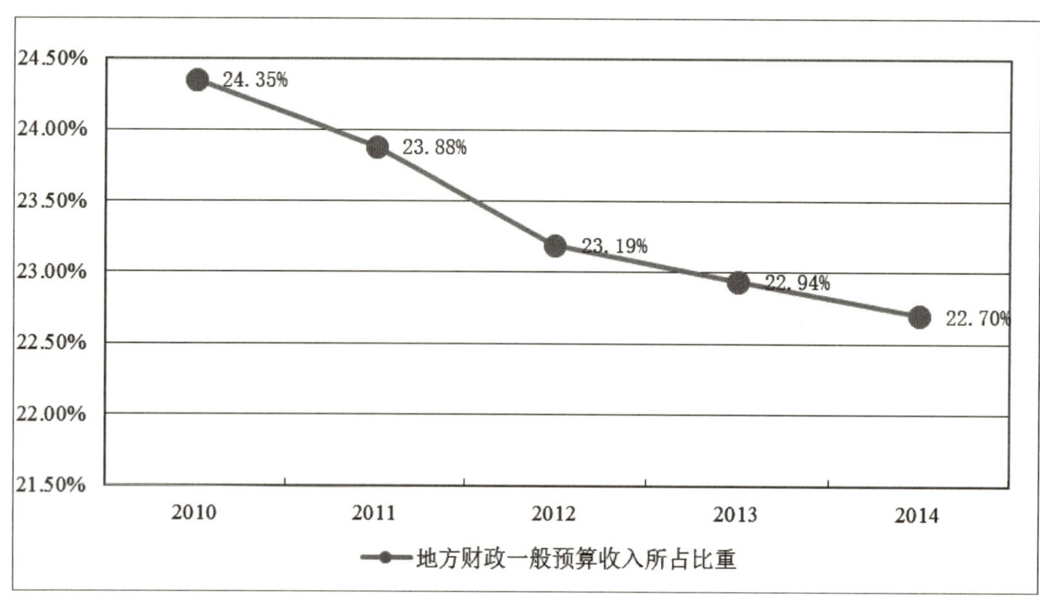

图 5　2010—2014 年浙江省地方财政一般预算收入在泛长三角所占比重变化趋势

23.19%、22.94%和 22.70%，整体处于下行态势，2014 年较 2010 年下跌了 1.65 个百分点。

2014 年，浙江省地方财政一般预算收入在泛长三角地区三省一市的排名第 3 位，未能有所改善；在泛长三角地区 41 市地方财政一般预算收入所占比重排名的前十位中，浙江省 11 个地级市仅占据 2 席，期待有所突破。

全年财政总收入 7522 亿元，比上年增长 8.9%，增速比上年提高 1.1 个百分点；地方公共财政预算收入 4121 亿元，增长 8.5%，增速比上年回落 1.8 个百分点。

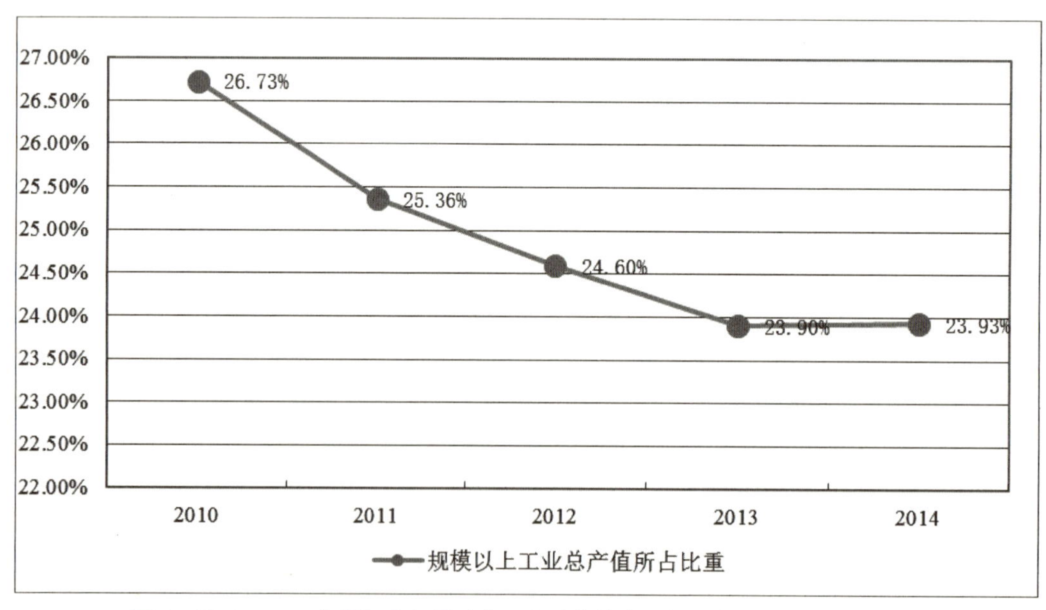

图 6　2010—2014 年浙江省规模以上工业总产值在泛长三角所占比重变化趋势

2010—2014 年浙江省规模以上工业总产值在泛长三角所占比重分别为 26.73%、25.36%、24.60%、23.90%和 23.93%，总体上呈现下降趋势，只有 2014 年有小幅度回升，累计降幅达 2.80 个

百分点。

2014 年，浙江省规模以上工业总产值在泛长三角地区三省一市的排名中，为第 2 位；在泛长三角地区 41 市地方财政一般预算收入所占比重排名的前十位中，浙江省 11 个地级市占据 3 席。

2014 年，全年生产总值 40153.5 亿元，按可比价格计算，比上年增长 7.6%，增幅与一季度的 7%、上半年的 7.2%和前三季度的 7.4%相比，呈逐季上行态势，从一季度低于全国的 0.4 个百分点转为全年高于全国 0.2 个百分点。第一产业增加值 1779.3 亿元，增长 1.4%。第二产业增加值 19152.7 亿元，增长 7.1%。第三产业增加值 19221.5 亿元，增长 8.7%。从主要经济指标看，与全国和部分东部省市下半年增速明显回落的趋势不同，我省增速平稳，稳中有升，波幅较小。

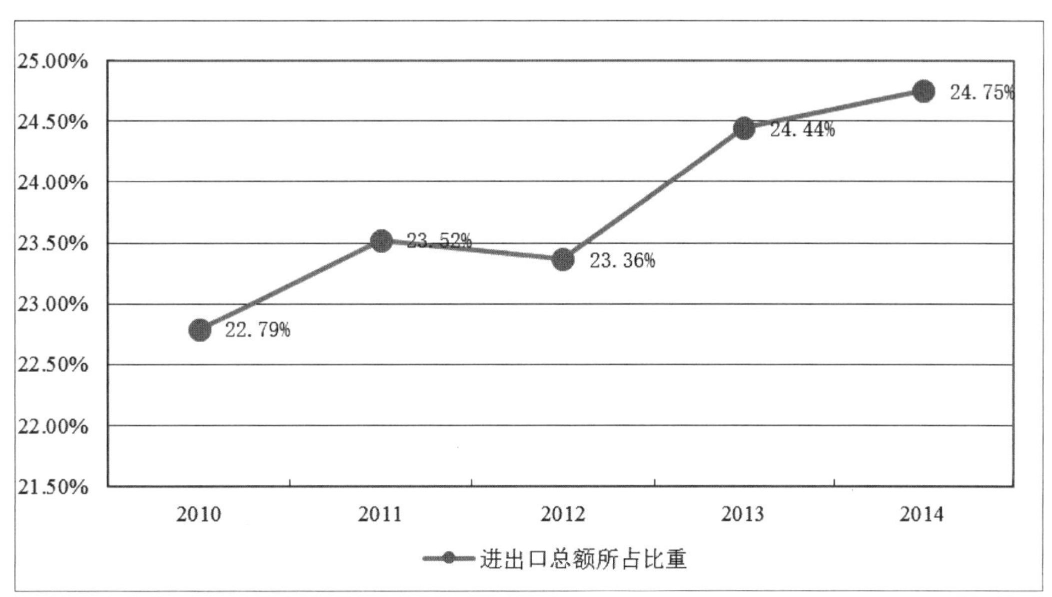

图 7　2010—2014 年浙江省进出口总额在泛长三角所占比重变化趋势

2010—2014 年浙江省进出口总额在泛长三角所占比重分别为 22.79%、23.52%、23.36%、24.44%和 24.75%，总体呈现增长态势，五年间增加了 1.96 个百分点，其中 2014 年较上年上升了了 0.31 个百分点。

2014 年，浙江省进出口总额在泛长三角地区三省一市的排名为第 3 位；在泛长三角地区 41 市地方财政一般预算收入所占比重排名的前十位中，浙江省 11 个地级市占据 5 席。

2014 年，全省进出口总值为 3551 亿美元，比上年增长 5.8%，其中，出口 2734 亿美元，增幅从一季度的 2.3%回升到 9.9%，高于全国(6.1%)3.8 个百分点，也高于广东(1.5%)、上海(2.9%)、江苏(4%)、福建(6.6%)、山东(7.9%)。进口 818 亿美元，下降 6%。12 月份，进出口 326 亿美元，同比增长 1.5%，其中，出口 255 亿美元，增长 5.6%；进口 71 亿美元，下降 11.1%。按人民币计价，2014 年，进出口总额 21817 亿元，比上年增长 4.7%，其中，出口 16792 亿元，增长 8.8%，进口 5024 亿元，下降 7%。规模以上工业出口交货值 12085 亿元，增长 5.2%，增幅比一季度回升 3 个百分点。

2010—2014 年浙江省实际外商直接投资金额在泛长三角所占比重分别为 19.77%、18.51%、17.99%、18.91%和 21.21%，2011～2012 年连续两年呈现下跌姿态，2013—2014 年止跌上扬，大幅上涨，2014 年较 2010 年增加了 1.44 个百分点。

2014 年，浙江省实际外商直接投资金额在泛长三角地区三省一市的排名为第 3 位；在泛长三角地区 41 市地方财政一般预算收入所占比重排名的前十位中，浙江省 11 个地级市占据 3 席。

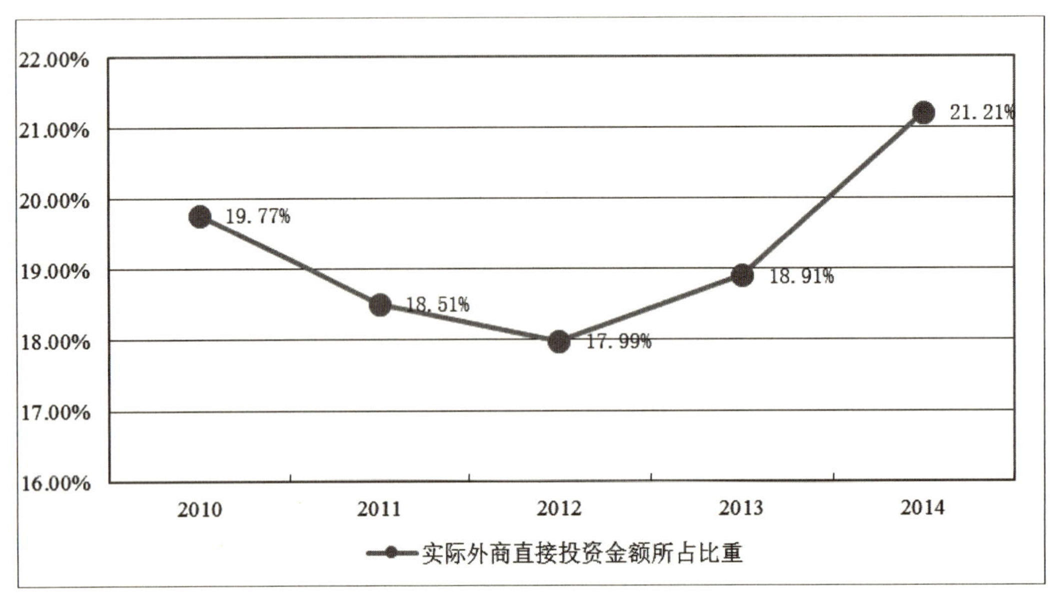

图 8　2010—2014 年浙江省实际外商直接投资金额在泛长三角所占比重变化趋势

2014 年，新批外商投资企业 1550 家，投资总额 439.8 亿美元，合同外资 244.1 亿美元，实际外资 158.0 亿美元，合同和实际外资分别增长 0.1%和 11.6%。其中，新批投资总额 5000 万美元以上企业 131 家，投资总额 197.5 亿美元，合同外资 85.5 亿美元，分别占总数的 44.9%和 35.0%。全省外商投资企业实际投资(含中方投资)961 亿元人民币。截至 2014 年底，全省累计共批外商投资企业 54127 家，投资总额 4736.1 亿美元，合同外资 2628.4 亿美元，实际外资 1416.9 亿美元。境外投资和国际经济合作增势较好。全省经审批和核准的境外企业和机构共计 577 家，中方投资额 58.2 亿美元(折合 356.7 亿元人民币)，增长 5.4%，实际投资 34.8 亿美元，增长 45.2%。国外经济合作营业额 53.4 亿美元(折合 327.5 亿元人民币)，增长 18.3%。

二　杭州市2014年度经济社会发展报告

2014年，面对错综复杂的国内外环境和转型时期经济社会发展的新特点，杭州主动适应经济发展新常态，落实发展定位新要求，深入实施"杭改十条"，全力稳增长、调结构、抓改革、强统筹、治环境、惠民生、促和谐，实现了经济社会平稳健康发展。

一、杭州市2014年经济发展概况

（一）综合经济

1. 经济总量

2014年，全市实现地区生产总值9206.16亿元，比上年增长8.2%。其中第一产业增加值274.35亿元，第二产业增加值3845.58亿元，第三产业增加值5086.24亿元，分别增长1.8%、8.1%和8.5%。人均生产总值129448元，增长7.7%。按国家公布的2014年平均汇率折算，为16891美元。三次产业结构由上年的3.1∶42.6∶54.3调整为2014年的3.0∶41.9∶55.1。

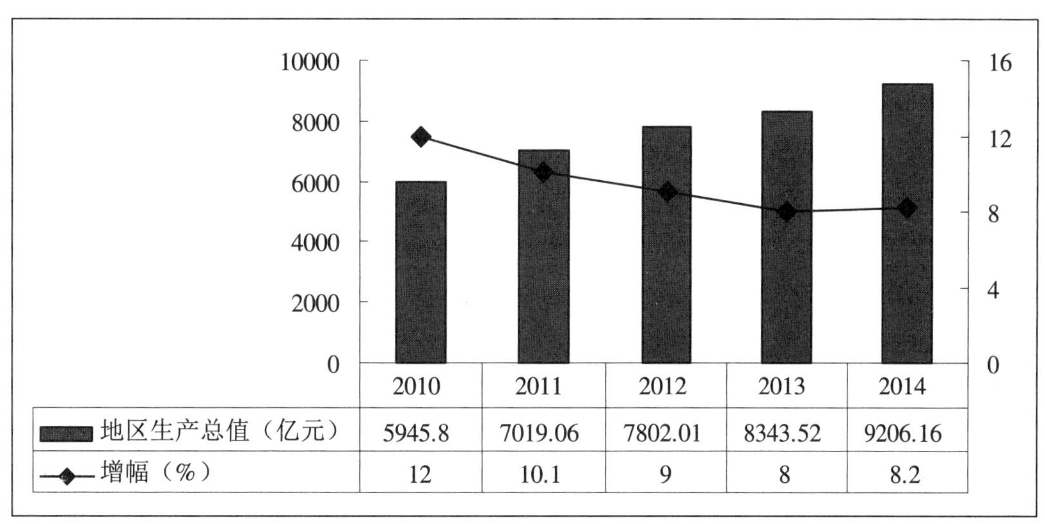

	2010	2011	2012	2013	2014
地区生产总值（亿元）	5945.8	7019.06	7802.01	8343.52	9206.16
增幅（%）	12	10.1	9	8	8.2

图1　2010—2014年杭州市地区生产总值及增长速度

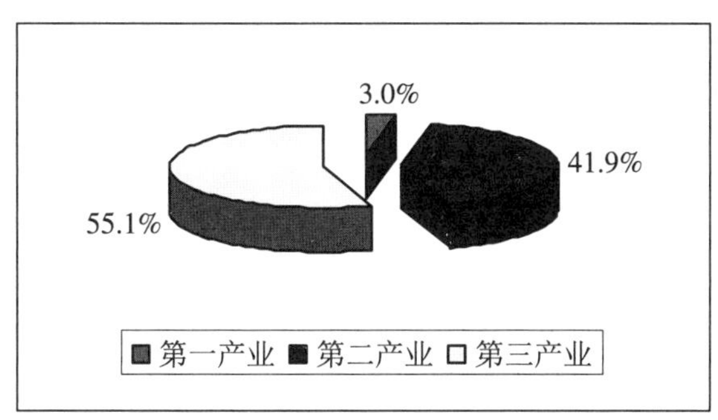

图2　2014年杭州市三次产业结构图

2. 非公经济

全市民营经济实现增加值5503.05亿元，占全市的59.8%。民营商贸企业实现商品销售总额13228.62亿元，占全市的74.0%；规模以上民营工业实现销售产值5983.54亿元，占全市的46.9%；民营经济实现财政收入788.68亿元，占全市财政总收入的41.1%。年末，全市共有私营企业27.60万户，比上年末增长21.9%，个体工商户34.53万户，增长5.3%，私营企业和个体工商户从业人员分别为222.96万人和72.01万人，增长19.4%和8.9%。

3. 财政收支

全年完成财政总收入1920.11亿元，比上年增长10.7%，其中地方一般公共预算收入1027.32亿元，增长8.7%。全市一般公共预算支出961.18亿元，增长12.3%，其中用于民生支出712.58亿元，增长13.3%，占财政总支出的74.1%，同比提高0.7个百分点，住房保障、医疗卫生与计划生育、科学技术等民生项目支出分别增长21.0%、15.3%和13.3%。行政经费有效控制。全市各类会议、活动分别减少16.0%和35.5%，"三公"经费下降37.1%。

4. 市场价格

市区居民消费价格总水平比上年上涨2.0%，涨幅同比回落0.5个百分点。八大类商品和服务项目价格呈"六升二降"格局。

全市工业生产者出厂价格下降1.4%，工业生产者购进价格下降2.7%。

5. 固定资产投资

全市完成固定资产投资4952.70亿元，比上年增长16.2%。从产业投向看，第一产业投资19.07亿元，增长127.0%；第二产业投资915.25亿元，增长0.3%，其中工业投资913.4亿元，增长0.3%；第三产业投资4018.38亿元，增长20.2%。

（二）农业

全市实现农林牧渔业增加值278.58亿元，增长1.8%。其中农业增加值171.01亿元、林业增加值34.49亿元、渔业增加值28.24亿元，分别增长4.7%、1.1%和2.6%。牧业增加值40.62亿元，下降8.4%。新建省级现代农业园区19个，市级"菜篮子"基地49个，各级粮食生产功能区276个。全年粮食总产量62.54万吨，增长3.3%；水果产量87.65万吨，增长7.7%；水产品产量20.98万吨，下降5.9%；肉类产量29.85万吨，下降11.4%。

（三）工业和建筑业

1. 工业生产

全市实现工业增加值3426.42亿元，增长8.6%，其中规模以上工业增加值2805.25亿元，增长8.9%。战略性新兴产业实现增加值813.12亿元，装备制造业实现增加值921.40亿元，高新技术产业实现增加值1096.63亿元，分别增长13.0%、9.3%和10.5%。新产品产值率由上年的27.9%提高到31.2%。

2. 工业效益

全市规模以上工业企业实现主营业务收入12462.36亿元，比上年增长5.4%；实现利税1490.68亿元，增长9.5%，其中利润876.28亿元，增长10.5%。工业产品产销率为98.61%。

3. 建筑业

全年实现建筑业增加值433.81亿元，比上年增长3.4%。全市有总承包和专业承包资格的建筑

企业1476家，完成施工产值3971.39亿元，增长5.7%；房屋建筑施工面积29580.71万平方米，增长0.1%；房屋建筑竣工面积9514.18万平方米，下降1.0%。

（四）服务业

1. 国内贸易

全市实现社会消费品零售总额3838.73亿元，比上年增长8.7%，扣除价格因素，实际增长7.8%。其中商品零售额3451.15亿元，增长9.1%，餐饮收入387.58亿元，增长5.5%；城镇消费品零售额3637.21亿元，增长8.4%；乡村消费品零售额201.52亿元，增长14.2%。全市实现网络零售额2088.45亿元，增长37.0%，全市居民网络消费额899.55亿元，增长38.5%。成功争取国务院同意创建中国（杭州）跨境电子商务综合试验区。

在限额以上批发零售贸易业零售额中，五金、电科类增长41.7%，建筑及装潢材料类增长39.4%，家具类增长34.8%，中西药品类增长16.5%，粮油、食品、饮料、烟酒类增长14.6%，日用品类增长11.7%，服装、鞋帽、针纺织品类增长10.8%，石油及制品类增长4.0%，金银珠宝类增长1.4%，通讯器材类增长1.0%，汽车类下降5.6%。

2. 交通运输与邮电

全社会货物运输总量2.93亿吨，比上年增长4.9%，其中铁路货运311.78万吨，下降15.0%，公路货运23202万吨，增长10.3%，航空货运23.85万吨，增长10.9%；旅客运输量2.41亿人次，增长8.8%，其中铁路客运4689万人次，增长26.1%，公路客运17431万人次，增长4.3%，民航客运1334万人次，增长16.0%。至年末，萧山国际机场已开通航线222条，其中国际航线28条，港澳台航线8条。境内公路总里程达到16024.48千米，其中高速公路581.68千米。全市民用机动车拥有量达269.63万辆，其中私人汽车179.94万辆，比上年末分别增长6.0%和7.2%。

全市邮政企业和规模以上快递服务企业实现业务收入117.67亿元，比上年增长67.5%。其中，快递服务企业业务量累计完成8.46亿件，增长80.5%。主城区建成并投入运营889个便民“E邮站”。实现电信业务收入170.08亿元，增长0.7%。市区85%家庭宽带用户升级为光宽带。全年共建成4G宏站3949个，基本实现市区、景区、高速、高铁、县市城区、发达乡镇全覆盖。年末固定电话用户为311.14万户，下降7.5%，移动电话用户为1561.71万户，增长7.0%；宽带用户为278.78万户，下降2.6%。

3. 旅游业

杭州航空口岸正式获批实施72小时过境免签政策。全年旅游总收入达到1886.33亿元，比上年增长17.6%，其　　中旅游外汇收入23.18亿美元，增长7.3%。接待入境旅游者326.13万人次，增长3.2%；接待国内游客10606.43万人次，增长12.7%。至年末，全市各类旅行社达658家，增长4.1%；星级宾馆达到199家，其中五星级酒店22家，四星级酒店46家；A级景区50个，其中5A级景点3个，4A级景点32个。

4. 金融、证券和保险

年末全市金融机构达到374家，其中外资金融机构49家，分别比上年末增长9.4%和63.3%，全市金融机构本外币存款余额24450.51亿元，增长10.3%；贷款余额21316.83亿元，增长10.2%，其中个人消费贷款余额3428.86亿元，增长14.9%。

全年新增上市公司7家，募集资金1684.69亿元。其中阿里巴巴在美国纽交所上市，募集资金217.6亿美元。至年末，全市上市公司累计109家，实现上市融资2752.59亿元。

全市保费收入320.41亿元，比上年增长14.8%，其中，财产险保费收入141.09亿元，增长11.2%，人身险保费收入179.32亿元，增长17.7%。支付各类保险赔款119.03亿元，增长16.3%，其中财产险83.23亿元，增长6.9%，人身险35.80亿元，增长46.0%。

5. 房地产业

全市完成房地产开发投资2301.08亿元，比上年增长24.2%。房屋施工面积10504.80万平方米，增长12.6%；竣工面积1501.64万平方米，增长28.1%。全年商品房销售面积1121.13万平方米，下降1.6%，其中住宅销售950.73万平方米，下降1.9%。

（五）对外经济

1. 对外贸易

全市完成外贸进出口总额679.98亿美元，比上年增长4.5%。其中进口总额188.32亿美元，下降7.2%；出口总额491.66亿美元，增长9.8%（不含省属出口427.68亿美元，增长11.3%）。出口总额中，机电产品出口193.52亿美元，高新技术产品出口59.87亿美元，分别增长13.6%和19.2%。按贸易方式分，一般贸易出口412.93亿美元，增长13.5%；加工贸易出口71.71亿美元，增长0.2%。出口市场中，对美国、欧盟市场分别增长11.1%和12.7%，对日本出口下降2.6%；新兴及周边市场中，东盟、印度和韩国分别增长24.0%、18.7%和10.3%。

2. 对外合作

至2014年末，全市累计设立各类境外投资企业（机构）1095个，其中非贸易企业362个。全年境外合同投资10.86亿美元，其中非贸易性投资8.92亿美元。完成对外承包工程和劳务合作营业额10.42亿美元，增长30.3%。离岸服务外包合同执行额41.00亿美元，增长15.0%。

3. 利用外资

全年批准外商直接投资408项，实到外资63.35亿美元，增长20.1%。新批总投资3000万美元以上项目108个，总投资109.39亿美元，占新批外商项目总投资的82.3%。引进世界500强投资项目12个，至2014年末，共有107家世界500强企业来杭投资179个项目。

4. 浙商回归

全年共引进内资项目2187个，到位资金1054.07亿元，比上年增长22.5%。其中浙商回归项目到位资金520.06亿元。

5. 开发区建设

杭州经济技术开发区、杭州高新技术产业开发区、萧山经济技术开发区、杭州之江国家旅游度假区、余杭经济技术开发区和富阳经济技术开发区等6个国家级开发区全年实际到资28.64亿美元，占全市的45.2%，同比提高2.9个百分点。实现技工贸总收入10317.18亿元，增长8.3%；实现利税1092.05亿元，增长11.7%。

二、杭州市2014年社会发展概况

（一）人口、人民生活

据人口变动抽样调查，2014年末，全市常住人口889.2万人，比上年末增加4.8万人，其中城镇人口667.79万人，占比由上年末的74.9%提高至75.1%；人口出生率为10.1‰，人口自然增长率为

5.1‰。公安部门户籍登记人口715.76万人，其中非农业人口404.27万人，占比由上年末的55.7%提高为56.5%；人口出生率为12.62‰，人口自然增长率为6.94‰。

全市居民人均可支配收入39237元，增长9.7%，扣除价格因素，实际增长7.5%，其中城镇常住居民人均可支配收入44632元，增长9.1%，农村常住居民人均可支配收入23555元，增长11.1%，扣除价格因素，实际分别增长7%和8.9%。全体居民人均生活消费支出28492元，增长6.2%，其中城镇常住居民人均生活消费支出32165元，农村常住居民人均消费支出17816元，分别增长4.9%和11.2%。年末，城镇居民人均现住房建筑面积35.1平方米，每百户居民家庭拥有家用汽车45.4辆、空调201.5台、家用电脑110.6台、淋浴热水器93.7台；农村居民人均现住房建筑面积67.9平方米，每百户农村居民家庭拥有家用汽车34.3辆、空调135.9台、家用电脑67.3台、洗衣机82.7台、电冰箱99.5台。

年末城乡居民本外币储蓄存款余额达6767.2亿元，比上年末增长5.6%。

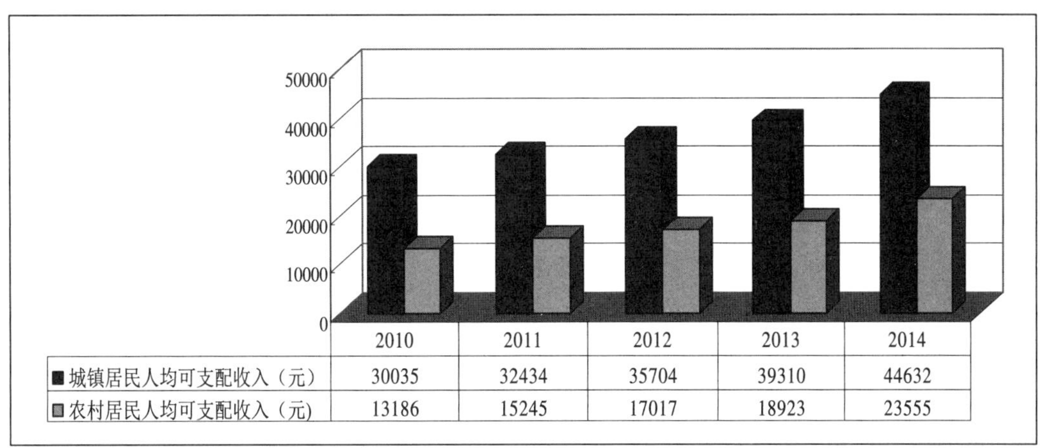

图3　2010—2014年杭州市城乡居民收入对比一览

（二）就业、社会保障与社会福利

全年新增城镇就业人员24.82万人，安置失业人员再就业13.5万人。年末城镇登记失业率1.84%。

年末全市参加基本养老保险人数达663.45万人，比上年末增加26.35万人；参加基本医疗保险840.21万人，增加17.93万人；参加职工失业、工伤、生育保险人数分别达331.83万、406万.65、309.23万人，分别比上年末净增15.47万、11.83万、17.22万人。城乡基本养老、基本医疗保险参保率分别达97.07%和98.94%。保障性安居工程项目开工36534套，竣工36756套，全面完成省下达目标任务。主城区推出经济适用住房20万平方米，公共租赁住房2865套，全市新增廉租房货币补贴家庭569户。市区城乡居民最低生活保障标准由每人每月588元调整为660元，各县(市)最低生活保障标准同步提高。

建成居家养老服务站2570家、老年食堂1092家，建设农村公益金居家养老服务照料中心1140家。年末全市拥有各类福利院、敬老院308所，比上年增加27所，床位56131张、收养人员24061人，分别增长15.4%和0.1%。被列为全国首批养老服务综合改革试点城市。全市城镇享受最低生活保障人数9938人，农村享受最低生活保障52512人。开展第十四次“春风行动”，共募集社会帮扶资金4880万元。

（三）教育和科学技术

1. 教育事业

全市共有小学 421 所，在校学生 50.27 万人；初中 241 所，在校学生 21.39 万人；普通高中 72 所，在校学生 11.05 万人。学前三年幼儿入园率为 98.7%，初中毕业生升入各类高中比例为 99.7%。优质学前教育覆盖面由上年的 74.5%提升到 76.7%；优质高中教育覆盖面为 85.6%，提高 1.2 个百分点。普通高等院校 38 所，在校学生 47.47 万人，其中在校研究生 4.80 万人，比上年分别增长 0.6%和 4.6%。高等教育毛入学率由上年的 59.1%提高到 59.8%。全市义务教育阶段接纳在读进城务工人员子女 25.23 万人。

2. 科技

全市发明专利申请量 14800 件，发明专利授权量 5559 件，分别比上年增长 5.3%和 13.1%。新认定国家重点扶持高新技术企业 251 家，累计达 2209 家。年内新增 11 个中国驰名商标，累计 132 个。年末已有省级企业研究院 38 家，省级高新技术企业研发中心 363 家。技术市场共吸纳科技成果 5412 项，实现交易额 75.43 亿元。科技企业孵化器 69 家、其中国家级 21 家，孵化总面积 226.78 万平方米，累计孵化企业 8133 家。国家级孵化器数量居全国省会城市第一。全市研究和试验发展（R&D）经费支出相当于地区生产总值的 3%。

（四）文化、卫生和体育

1. 文化事业

全市有各类专业艺术表演团体 21 个、文化馆 15 个、公共图书馆 15 个，图书馆藏书 1700 万册，800 余万市民卡用户免费开通图书借阅功能。街道（乡镇）文化站、社区（村）文化活动室实现全覆盖。建成街道（乡镇）、社区（村）基层公共电子阅览室 427 个，图书流通点 2166 个，全市公共文化设施总面积达到 237 万平方米。实施农村数字电影“2131”工程，共放映 2.75 万场，观影人数为 520 万人。京杭大运河成功入选世界文化遗产名录，杭州成为“双世遗”城市。新入选国家级非物质文化遗产代表性项目名录 6 项，累计有国家级非遗项目 44 项，入选数量和总量居全国同类城市第一。

2. 卫生事业

年末，全市拥有各类医疗卫生机构 4198 个，其中医院 218 个，比上年末分别增加 59 个和 10 个。拥有床位 5.58 万张，其中医院床位 5.08 万张，分别增长 7.2%和 8.9%。有各类专业卫生技术人员 8.56 万人，其中执业（助理）医师 3.2 万人，注册护士 3.47 万人，分别增长 9.3%、7.7%和 12.0%。农村卫生服务继续改善。全市婴儿死亡率及 5 岁以下儿童死亡率分别由上年的 2.49‰、3.47‰下降为 2.01‰、2.76‰，每 10 万孕产妇死亡率为 4.18 人，下降 0.37 人。

3. 体育事业

杭州运动员在亚运会、青奥会等重大体育比赛中取得优异成绩。全民健身运动蓬勃开展，新建并启用体育健身中心 2 个、体育健身广场 8 个、体育健身公园 15 个。学校体育场地设施向社会全面开放。举办全民健身走、横渡钱塘江活动、健康进社区等活动。扎实推进体育强市创建。创建省级强乡（镇）1 个、中心村体育休闲公园 14 个、特色乡镇 4 个、先进街道 2 个。成功取得 2018 年世界短池游泳锦标赛的承办权。

（五）城市与城乡建设

基础设施加快建设。铁路东站枢纽投入使用，杭宁、杭甬客专开通运行。地铁 2 号线东南段全线

贯通，1号线下沙延伸段和4号线首通段5个车站主体工程完工。地铁二期建设规划获批。整治和建设延安路、同协路、沿江大道等城市主次干道130条，打通断头路13条。建成德胜高架、彩虹大道（滨江段）等快速路和钱江通道，之江大桥投入使用。建成110千伏及以上变电容量316.6万千伏安。开发利用地下空间775万平方米。城西污水处理厂（一期）建成，闲林水库大坝主体工程完工。杭甬运河（杭州段）全线贯通。城市管理水平不断提高。开展“贴心城管”行动，推进智慧城管建设，城市“洁化、绿化、亮化、序化”水平继续提升。荣获“最佳中国形象城市”称号。强势推进城乡“三改一拆”，超额完成省下达任务。地铁1号线日均运送乘客达32万人次。新增优化公交线路49条，建成公交专用道50公里，新增公交车512辆，主城区公交分担率提高3.2个百分点。新增停车泊位59852个，开工建设公共停车泊位15253个。完善智能交通控制系统，实行路口300米机动车严管等措施，治理交通拥堵点28个。镇村建设加快推进。深入推进扩权强镇，实施中心镇“双千工程”。实施大企业大集团与中心镇合作项目19个，总投资110.3亿元。建成农村文化礼堂148个。创建中心村193个、美丽乡村精品村62个、风情小镇8个、精品线路14条、精品区块7个。全国改善农村人居环境现场会在桐庐召开。新增中心镇小贷公司6家、村镇银行2家。改造农村住房3.08万户，下山移民4692人。余杭区塘栖镇获省级小城镇试点考核第一。城乡统筹成效明显。“全面西进”步伐加快，县（市）经济实力得到提升。五县（市）GDP、固定资产投资、社会消费品零售总额、外贸出口增幅分别高于全市平均水平0.8个、7.3个、2.7个、2.9个百分点，成为杭州市经济发展的新增长极。实施区县（市）协作项目126个，到位协作资金3.6亿元，落实“联乡结村”帮扶资金1.42亿元。改造提升农家小型标准超市693家，“万村千乡”工程实现全覆盖。市属医院托管县（市）级医院9家。新组建中心乡镇学校（幼儿园）互助共同体112个，覆盖率达98.6%。

2. 公用事业

全年杭州电网建设投入40.13亿元。新开工110千伏及以上输电工程24项，容量315万千伏安，线路361.52公里。全市用电量640.19亿千瓦时，比上年增长0.3%，其中城乡居民生活用电83.86亿千瓦时，下降6.3%。市区自来水日供水能力达到350万立方米。新辟公交线路13条，优化公交线路32条。新增公交专用道40.3公里、公交车400辆。新建停车泊位53283个，累计建成运行公共自行车租赁点3538个，投入公共自行车8.11万辆。全年地铁客运量达到1.45亿人次，增长57.1%。公交分担率有新提高。

（六）环境保护

通过省级生态市验收，累计建成118个国家级、131个省级生态乡镇（街道）。顺利推进之江船工业遗址公园和“三江两岸”工程馆建设。市区完成截污纳管项目172个，新增截污量3.02万吨/日。消灭垃圾河71条，整治黑臭河193条。推进重点污染行业整治，关停淘汰重污染高耗能企业298家，整治提升企业425家。淘汰黄标车和老旧车9.5万辆。城市污水集中处理率93.96%，比上年提高0.06个百分点；主要水系监测断面水质三类以上比例为80.9%，下降2.1个百分点。市区空气质量优良天数为228天，优良率62.5%，PM2.5年平均浓度为64.6微克/立方米，下降7.7%。至年末，市区人均公园绿地面积达15.16平方米，建成区绿化覆盖率为40.4%。垃圾分类小区占比由上年94.3%提高为97.2%。全年单位GDP综合能耗下降6.4%以上，规模以上工业单位增加值能耗下降7.9%。节能减排财政政策综合示范工作提前一年完成“十二五”目标。

（七）安全生产

全年共发生各类事故2656起、死亡692人、受伤2678人，分别比上年下降4.3%、11.3%、4.8%。

亿元GDP安全生产事故死亡率由上年的0.094人降至0.077人。

三、杭州市在泛长三角地区经济发展中的地位

2014年,杭州市经济在新常态下实现了稳中有进。2014年,以互联网为核心的新产业、新技术、新业态、新模式、新产品不断涌现,杭州经济向中高端迈进的势头明显。

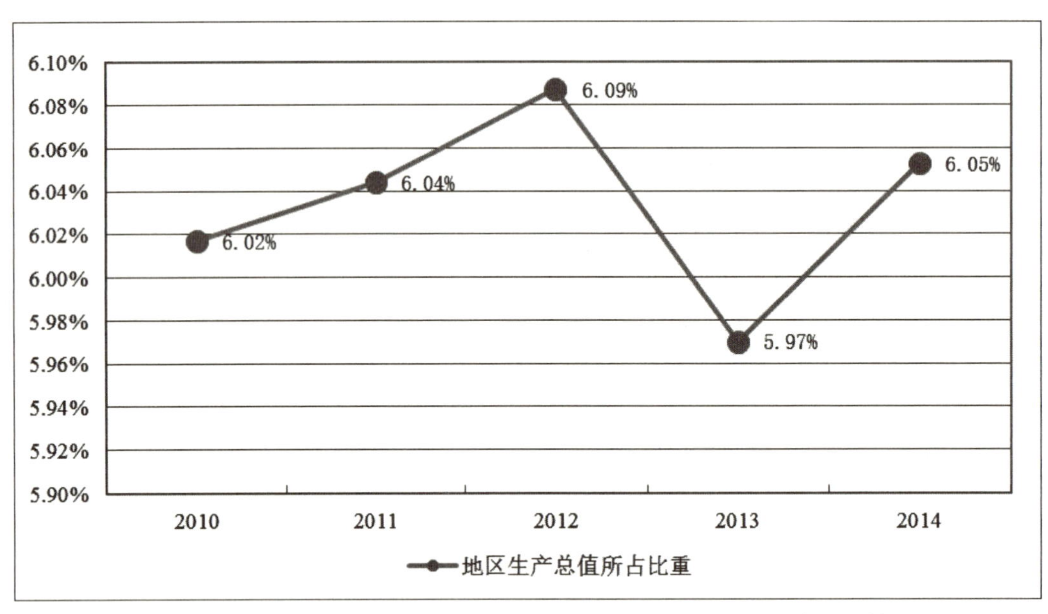

图4 2010—2014年杭州市地区生产总值在泛长三角所占比重变化趋势

2010—2014年杭州市地区生产总值在长三角所占比重分别为6.02%、6.04%、6.09%、5.97%和6.05%,2014年较2013年增加了0.08个百分点,较2010年增加了0.03个百分点。2014年杭州市地区生产总值在泛长三角地区41个市排名第3位,继上海、苏州之后。

2014年,全市经济在新常态下实现了稳中有进。2014年生产总值突破9000亿元,达到9201.16亿元,增长8.2%,增速高于全国、全省0.8个和0.6个百分点,高于上年0.2个百分点,这是我市自2010年连续四年增速回落后的首次回升。

全年走势呈现逐季上行态势,一季度以7.5%开局,上半年、前三季度分别提高到7.7%和8.0%,四季度升至最高增长点,顺利迈向了新常态下换挡而不失速的新阶段。

与生产总值增长8.2%相配套的,是物价水平上涨2.0%,物价涨幅比较低,老百姓得到了低物价上涨的实惠。就业总体平稳,城镇新增就业24.82万人,超额完成全年18.67万人的目标。

以互联网为核心的新产业、新技术、新业态、新模式、新产品不断涌现,杭州经济向中高端迈进的势头明显。产业演进呈现由传统经济转向新兴产业为主导的趋势,信息(智慧)经济成为推动经济升级的有力支点,城镇化率稳步提升。全市信息(智慧)经济实现增加值1660亿元,增长20%左右,占全市GDP的18%以上。其中电子商务产业增加值560.25亿元,增长30.1%,增速居各产业之首。

电子商务产业快速发展有效推动了我市物流业、制造业、宽带和金融支付等产业的良性发展。全市实现网上零售额2088.45亿元,增长37%,占全省近四成,继续保持全省第一的位次;快递业务量增长80.5%;互联网金融较快增长;电信消费增长54.5%。信息软件、物联网等信息(智慧)经济的重点领域增速加快,增加值分别达912.05亿元、242.22亿元,增长18.2%和15.9%。

2010—2014年杭州市地方财政一般预算收入在泛长三角所占比重分别为6.72%、6.35%、

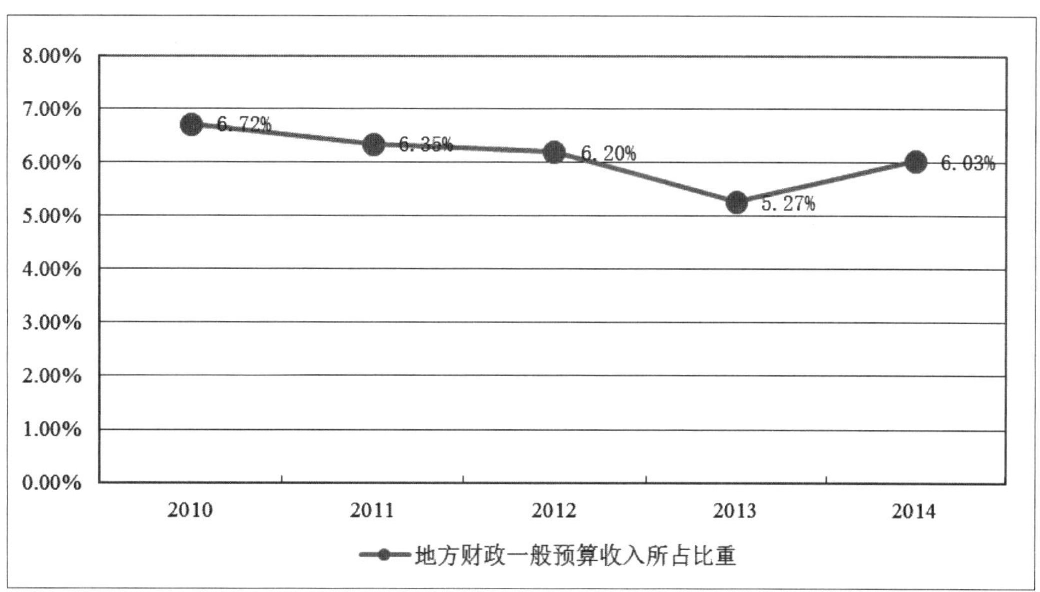

图 5　2010—2014 年杭州市地方财政一般预算收入在泛长三角所占比重变化趋势

6.20%、5.27%和 6.03%，2010～2013 年连续下跌，2014 年止跌上扬，五年累积跌幅达 0.69 个百分点。2014 年杭州市地方财政一般预算收入在泛长三角地区 41 个市排名第 3 位，位居上海和苏州之后。

2014 年，杭州市全市地方一般公共预算收入 1027.32 亿元，增长 8.7%，占财政总收入比重为 53.5%。全市一般公共预算支出 961.18 亿元，增长 12.3%。预计全市各区、县(市)均能达到收支平衡，略有结余。

市区地方一般公共预算收入 893.05 亿元，增长 8.8%。市本级一般公共预算支出 199.44 亿元，为预算的 102.9%，增长 8%；另市本级地方政府债券支出 12.3 亿元。预计市本级一般公共预算收支平衡。

各项重点支出得到有效保障，其中教育支出 28.8 亿元、科学技术支出 14.99 亿元、文化体育与传媒支出 8.94 亿元、社会保障和就业支出 33.26 亿元、医疗卫生支出 18.82 亿元、农林水事务支出 7.24 亿元、浙江省转贷的地方政府债券支出 12.3 亿元。

2010—2014 年杭州市规模以上工业总产值在泛长三角所占比重分别为 5.82%、5.61%、5.45%、4.76%和 4.63%，已连续多年出现下降，五年累计降幅为 1.19 个百分点，2014 年较上年减少了 0.13 个百分点。2014 年杭州市规模以上工业总产值在泛长三角地区 41 个市排名第 6 位。

2014 年，杭州市全市实现工业增加值 3426.42 亿元，增长 8.6%，其中规模以上工业增加值 2805.25 亿元，增长 8.9%。战略性新兴产业实现增加值 813.12 亿元，装备制造业实现增加值 921.40 亿元，高新技术产业实现增加值 1096.63 亿元，分别增长 13.0%、9.3%和 10.5%。新产品产值率由上年的 27.9%提高到 31.2%。

分区、县(市)看，滨江区(24.9%)、建德市(7.5%)、西湖区(7.4%)、桐庐县(7.3%)增速高于全市平均水平，对全市规模以上工业保持平稳增长发挥了重要作用。分行业看，在全市 37 个工业行业大类中，有 26 个行业实现不同程度增长，占 70.3%，其中 12 个行业增幅超过全市平均水平，22 个行业增幅比上半年有不同程度提高。汽车制造业、化学纤维制造业、金属制品业和烟草制品业分别比上半年提高 9.4 个、5.7 个、4.6 个和 2.7 个百分点，回升较为明显。

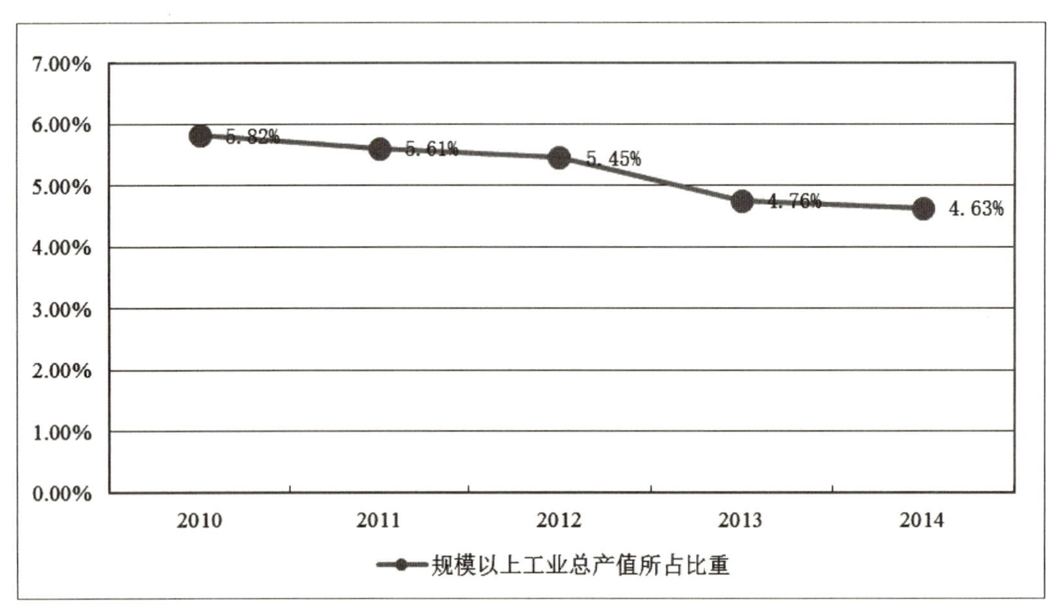

图6　2010—2014年杭州市规模以上工业总产值在泛长三角所占比重变化趋势

创新驱动成效明显。全市实现新产品产值4038.00亿元，增长18.6%，增幅高于全市规模以上工业产值增速12.4个百分点；新产品产值率达到31.2%，高于三季度1.3个百分点，高于上年3.0个百分点。在14个区、县(市)中，有11个区、县(市)的新产品产值率高于30%，对规模以上工业驱动明显。高新技术产业完成销售产值4639.24亿元，增长5.9%，占规模以上工业的36.2%，同比提高7.1个百分点。

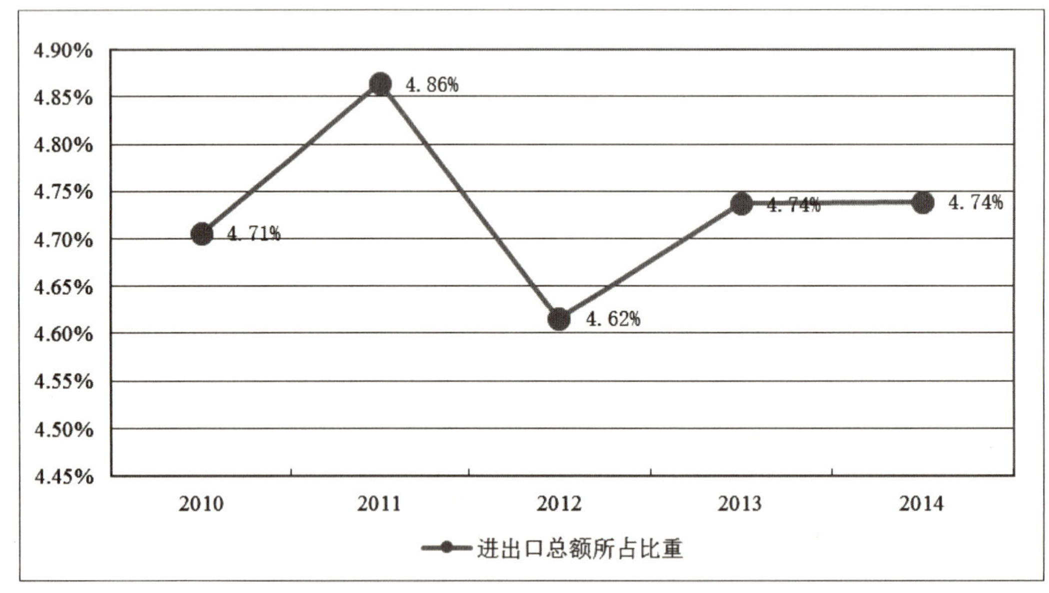

图7　2010—2014年杭州市进出口总额在泛长三角所占比重变化趋势

2010—2014年杭州市进出口总额在泛长三角所占比重分别为4.71%、4.86%、4.62%、4.74%和4.74%，呈现波浪式发展，2010—2014年累计增加量为0.03个百分点，2014年较上年基本持平。2014年杭州市进出口总额在泛长三角地区41个市排名第5位，位居上海、苏州、宁波、无锡之后。

2014年，杭州市进出口总值达2.2万亿元，同比增长4.7%。其中，出口1.7万亿元，同比增长8.8%，出口对全省增长的贡献率达到18.3%；进口0.5万亿元，同比下降7%。欧盟、美国和东盟是排名前三的贸易伙伴(欧盟是最大出口市场，东盟是最大进口来源地)。

从月度走势看，2014年浙江省外贸前半程循序渐进，后半程高位震荡。1月创当时月度外贸历史新高，2月迅速回落，此后震荡上行，7月再创历史新高后，逐月下滑，年末进出口大幅反弹，但受2013年翘尾因素影响，增幅并不明显。

民营企业依旧是浙江外贸主力军，占全省进出口总值的64.5%，进出口总值达14069.9亿元，同比增长9.6%，高于全省进出口增速4.9个百分点。

出口产品，依旧以传统劳动密集型产品和机电产品为主流，出口总值分别为6454.9亿元、6911.8亿元，同比增长7.2%和9.6%。进口产品，以铁矿砂、初级形状的塑料等原材料资源性商品为主，2014年进口数量、进口价格均有所下跌，同比降了14.5%，唯有高新技术产品的进口量逆势增长了6%。

浙江省出口“义乌小商品”1238亿元，同比增长30.3%，占全省出口总值的7.4%，比重较2013年提高1.3个百分点，对2014年全省出口增长的贡献率为19.7%。

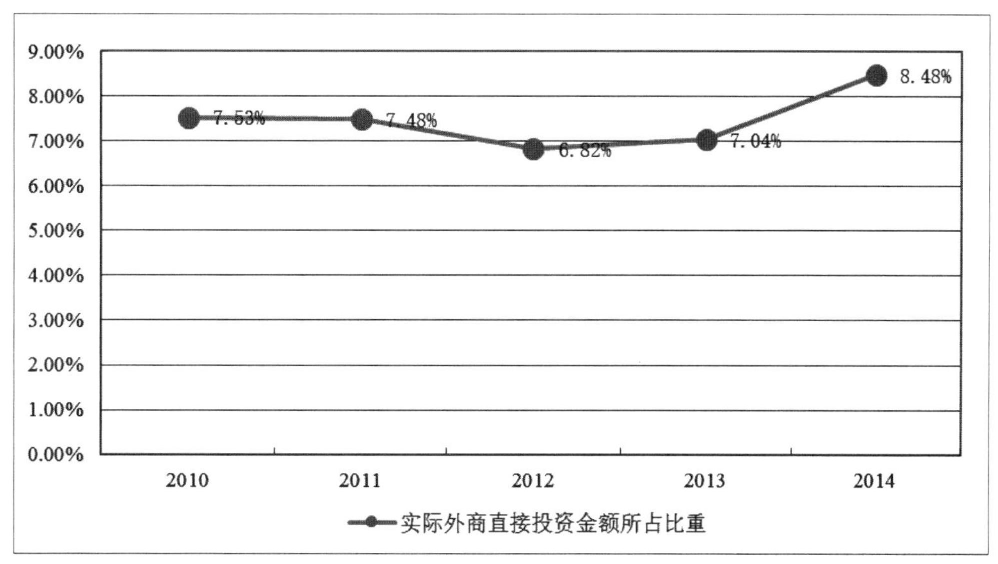

图8　2010—2014年杭州市实际外商直接投资金额在泛长三角所占比重变化趋势

2010—2014年杭州市实际外商直接投资金额在泛长三角所占比重分别为7.53%、7.48%、6.82%、7.04%和8.48%，总体呈上升态势，2014年较上年增加了1.44个百分点，五年增加了0.95个百分点。2014年杭州市实际外商直接投资金额在泛长三角地区41个市排名第3位，位居上海、苏州之后。

2014年杭州市全年批准外商直接投资408项，实到外资63.35亿美元，增长20.1%。新批总投资3000万美元以上项目108个，总投资109.39亿美元，占新批外商项目总投资的82.3%。引进世界500强投资项目12个，至2014年末，共有107家世界500强企业来杭投资179个项目。

连续多年被福布斯评为“大陆最佳商业城市”的杭州，对外商的吸引力不断增强。1—9月，全市新批外商投资企业266家，实际利用外资48.44亿美元，同比增长8.46%，完成年计划的76.51%。而单体项目，1—9月杭州市新引进总投资3000万美元以上大项目69个，占比达86%，引资质量进一步提升。

三　宁波市2014年度经济社会发展报告

2014年，面对复杂多变的外部环境和艰巨繁重的改革发展任务，全市上下紧紧围绕市委"双驱动四治理"决策部署，全面实施经济社会转型发展三年行动计划，着力稳增长、促改革、调结构、防风险、惠民生，经济运行呈现"低开、稳走、缓升"的发展态势，产业发展稳中趋好，创新转型取得进展，质量效益逐步提升，民生福祉持续改善，为实现"两个基本"、建设"四好示范区"奠定了坚实基础。

一、宁波市2014年经济发展概况

（一）综合经济

1. 经济总量

2014年全市实现地区生产总值7610.28亿元，按可比价格计算，比上年增长7.6%。其中，第一产业实现增加值275.7亿元，增长1.9%；第二产业实现增加值3980.41亿元，增长7.9%；第三产业实现增加值3354.17亿元，增长7.6%。三次产业之比为3.6∶51.8∶44.6。按常住人口计算，全市人均地区生产总值为98972元（按年平均汇率折合16112美元）。

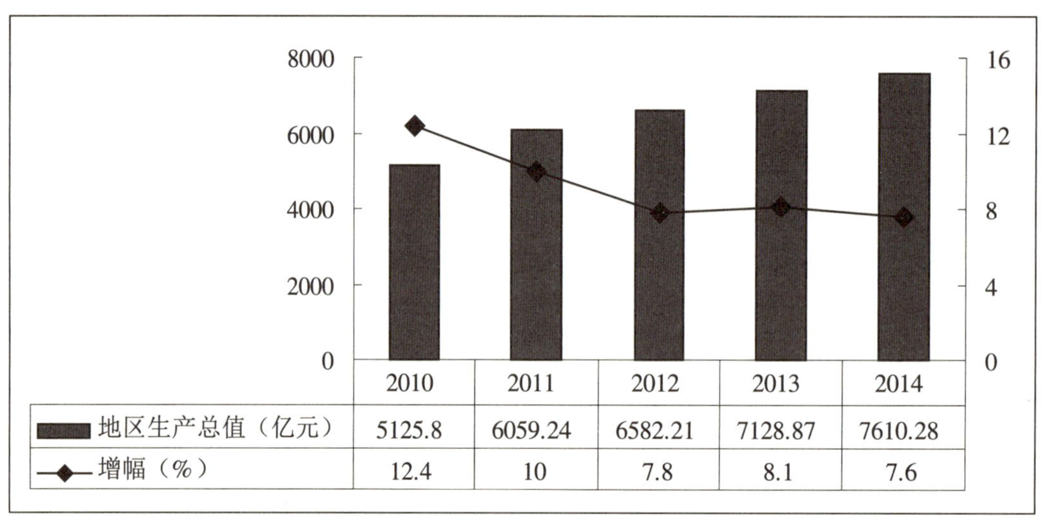

	2010	2011	2012	2013	2014
地区生产总值（亿元）	5125.8	6059.24	6582.21	7128.87	7610.28
增幅（%）	12.4	10	7.8	8.1	7.6

图1　2010—2014年宁波市地区生产总值及增长速度

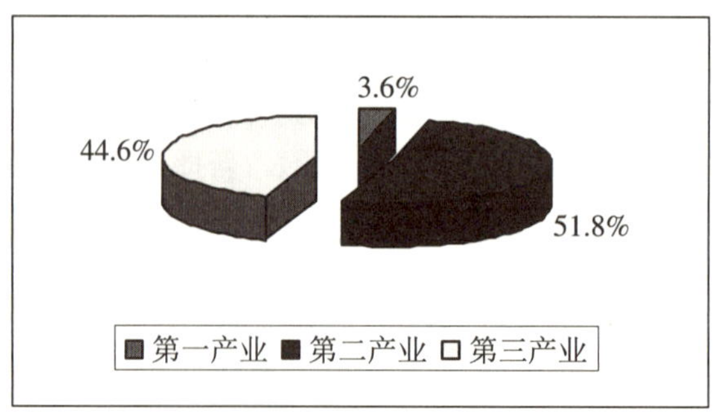

图2　2014年宁波市三次产业结构图

2. 财政收支

2014年全市一般公共预算收入860.6亿元，比上年增长8.6%。一般公共预算支出1000.9亿元，增长6.5%，其中教育、医疗卫生与计划生育、节能环保、城乡社区支出分别增长7.5%、10.5%、28.8%和22.2%。

3. 物价水平

2014年宁波市区居民消费价格上涨1.9%，涨幅比全国、全省城市平均水平分别低0.2个和0.1个百分点。在全国36个大中城市中列第27位；在全省11个城市中列第9位。八大类商品和服务项目价格同比涨跌呈"五升三降"格局：食品类上涨2.7%，衣着类上涨2.7%，医疗保健和个人用品类上涨2.3%，娱乐教育文化用品及服务类上涨2.0%，居住类上涨2.4%；烟酒类下降0.2%，家庭设备用品及维修服务类下降0.1%，交通和通信类下降0.5%。全年工业生产者出厂价格下降2.19%，工业生产者购进价格下降2.49%。12月宁波新建住宅销售价格环比下降0.4%，同比下降5.3%，同比涨幅在全国70个大中城市中排第54位。

4. 固定资产投资

2014年全市完成固定资产投资3989.5亿元，比上年增长16.6%，其中民间投资1955.0亿元，增长12.6%，占固定资产投资的比重为49.0%。分产业看，第一产业完成投资45.2亿元，增长113.3%；第二产业完成投资1264.7亿元，增长18.6%；第三产业完成投资2679.6亿元，增长14.7%。三次产业投资额之比为1.1∶31.7∶67.2。全年完成工业投资1263.2亿元，增长19.0%，其中工业技改投资940.7亿元，增长23.9%，工业设备购置542亿元，增长35.3%。全年完成房地产开发投资1328.1亿元，增长18.3%，商品房销售面积726.4万平方米，下降0.5%，其中住宅销售面积595.2万平方米，增长2.3%。

（二）农业和农村建设

1. 农业生产

2014年全市实现农林牧渔业总产值为431.6亿元，按可比价格计算，比上年增长1.6%。其中，完成农业产值209.1亿元，增长4.1%；林业产值12.6亿元，增长3.8%；牧业产值53.2亿元，减少8.4%；渔业产值150.2亿元，增长1.7%；农林牧渔服务业产值6.5亿元，增长6.3%。据粮食生产统计监测数据显示，全年粮食作物播种面积191.8万亩，增长2.0%，粮食总产量76.0万吨，增长7.1%。生猪和家禽生产形势依然严峻，生猪存栏、出栏同比分别减少13.6%和7.1%；家禽存栏、出栏同比分别减少20.4%和26.3%。全年新增市级农业龙头企业17家，累计286家，其中产值(销售额)上亿元的达95家。

2. 新农村建设

2014年创建全面小康村43个、中心村24个、特色村31个、精品线8条，累计创建小康村568个、中心村101个、特色村79个、精品线23条。加快推进农村生活垃圾和生活污水集中处理，全市污水治理行政村覆盖率提高到55%以上，农村垃圾集中处理率达到100%。农房"两改"稳步推进，全年共投入148.5亿元，开工建设农村住房11.5万户，完成4.66万户，完成改建面积664万平方米，四年来累计完成农房建设投资533.4亿元，完成农房改建面积3092万平方米。村庄整治建设实现全覆盖，年内新确定50个村实施村庄整治建设提升行动，投入资金1.7亿元。农家乐休闲旅游业快速发展，全年农家乐休闲旅游业接待游客2596万人次，直接营业收入27.94亿元，比上年分别增长19.3%和28.0%。

（三）工业和建筑业

1. 工业经济

2014年全市实现工业增加值3490.1亿元，按可比价计算，比上年增长7.6%。其中规模以上工业企业实现增加值2540.2亿元，增长7.4%。分行业看，在规模以上工业35个行业大类中，26个行业增加值同比增长；有9个行业增加值超过100亿元，其中汽车制造业实现增加值232.9亿元，总量跃升至第三，增加值增长31.9%，增速居九大行业之首，对全市规模以上工业增加值增长的贡献率达30.8%。分企业类型看，规模以上工业大、中、小型企业工业增加值分别增长6.2%、6.1%和10.9%。分经济类型看，有限责任公司、国有企业增长较快，增加值分别增长17.6%和12.1%；港澳台投资企业、外商投资企业分别增长4.3%和3.5%。全年规模以上工业企业实现销售产值13387.4亿元，增长6.6%。其中，内销为10366.3亿元，增长8.5%；出口交货值为3021.1亿元，增长5.5%。全年规模以上工业企业实现利润648.1亿元，下降2.9%，实现利税总额1280.6亿元，增长1.2%。

2. 工业创新转型

装备制造业增速加快，2014年全市规模以上装备制造业实现增加值1054.7亿元，比上年增长11.1%，增速比全部规模以上工业高出3.7个百分点。高能耗行业占比降低，八大高耗能行业实现增加值852.4亿元，增长2.7%，占整个规模以上工业的33.6%，比重比上年下降1.8个百分点。全年规模以上工业单位增加值能耗同比下降8.1%。创新驱动成效显现，全年规模以上工业新产品产值为3606.6亿元，增长25.0%，新产品产值率由上年的22.2%提高到26.2%，再创历史新高。全年规模以上工业企业劳动生产率为17.8万元/人，增长9.9%。

3. 建筑业

2014年全市完成建筑业产值3714.1亿元，比上年增长18.5%。房屋建筑施工面积27367.2万平方米，增长9.3%。全年建筑业从业人员平均人数115.2万人，比上年增加14.3万人。

（四）服务业

1. 国内贸易

2014年全市商品销售总额1.44万亿元，比上年增长18.1%。全年完成社会消费品零售总额2992.0亿元，增长13.5%。分城乡看，城镇消费品市场实现零售额2469.0亿元，增长13.1%，农村消费品市场实现零售额523.0亿元，增长15.7%。在限额以上企业销售的商品类值中，汽车类增长7.6%，石油及制品类增长14.9%，食品、饮料、烟酒类增长8.1%，服装、鞋帽、针纺织品类增长22.5%。年末全市限额以上贸易企业达2884家，全年实现营业收入9530.7亿元，实现利润总额108.5亿元。

2. 港口、交通运输

港口生产。2014年宁波港口货物吞吐量5.26亿吨，比上年增长6.2%。完成外贸货物吞吐量2.97亿吨，增长7.6%。大宗散货三大主要货种呈现“两增一减”的态势，其中完成铁矿石吞吐量1.02亿吨，增长15.2%，完成原油吞吐量6152.7万吨，增长0.5%，完成煤炭吞吐量7412.8万吨，减少6.5%。全年宁波港集装箱吞吐量1870.0万标箱，增长11.5%，吞吐量超过釜山港，排名跃至世界第5位，全国第3位。调整优化航线数量和航班密度，积极开发东盟、南亚、西亚等经济板块的“21世纪海上丝绸之路”新航线，全年新开航线11条，现共拥有航线228条，其中远洋干线113条，近洋支线62条，内支线21条，内贸线32条。海铁联运业务进展快速，全年共完成海铁联运13.5万标箱，增长

28.4%，增幅列全国6个示范通道首位。

交通基础设施。2014年全市完成交通基础设施投资183亿元。年末全市公路总里程11045.4公里，公路网密度112.5公里/百平方公里，达到中等发达国家水平。年末等级公路10506.9公里，其中高速公路495.8公里，一级公路1125.9公里，二级公路777.2公里，三级公路1575.8公里，四级公路6532.2公里。年内建成3个万吨级码头，万吨级码头总数达102个。铁路宁波北站搬迁及其配套工程完工，12月洪塘至宝幢段货运铁路正式开通运营，宁波铁路“南客北货、客货分流”的环形枢纽最终形成。机场三期工程加快推进，完成投资21.4亿元。

综合运输。2014年完成全社会货运量4.04亿吨，比上年增长7.7%，货物周转量2061.5亿吨公里，增长3.4%。其中，水路货运量1.61亿吨，货物周转量1726亿吨公里，分别增长3.7%和2.3%；公路货运量2.19亿吨，货物周转量335.6亿吨公里，分别增长15%和10%；铁路货物运输量2364.1万吨，减少18.6%；机场货邮吞吐量8.2万吨，增长23.4%。全社会客运量1.65亿人次，下降2.6%。其中，公路客运量1.21亿人次，下降10%；水路客运量171.2万人次，下降24.2%；铁路客运量3556.4万人次，增长32.2%；民航客运量635.9万人次，增长16.5%。

公共交通体系。公交运能稳步增长，年内新辟公交线路20条，优化调整48条；年末公交标准运营车辆数7445.8标台，运营线路698条，新增公交专用道40公里以上，全年共完成公交客运总量6.9亿人次，比上年增长7.5%。5月30日轨道交通1号线一期工程开通试运营，日均开行243列次，电客车累计运营里程112.04万列公里，全线总计进站客流为1387.51万人次，平均64237人次/天，单日客流量最大为15.14万人次，列车兑现率100%、正点率99.94%；2号线一期工程全线基本实现“轨通”，1号线二期工程年底车站主体结构全部完成，3号线一期工程开工建设。年末全市共有出租车6370辆，完成客运量2.08亿人次。年内新增公共自行车网点200个，新投放公共自行车6000辆，至年末，全市共建成公共自行车网点992个，投放公共自行车21035辆，办理租赁IC卡32万余张，累计租车量达2899.7万辆次。

3. 旅游业与会展

旅游业。2014年全市实现旅游总收入1068.1亿元，比上年增长12.0%。接待国内游客6874.6万人次，增长10.4%；实现国内旅游收入1020.3亿元，增长12.8%。接待入境游客139.7万人次，增长9.7%。年末全市共有星级酒店148家，其中五星级22家；4A以上风景区30处，其中5A级1处。

会展业。2014年全市举办各类会展活动295个，比上年增长6%。其中，举办展会175个，增长9%，展览总面积达196万平方米，增长5%；展览面积2万平方米以上的大型展会达29个。县级以上举办商务会议（论坛）79个，增长16%；特色节庆活动41个，减少20%。年度荣获“中国十佳品牌会展城市”“2014中国十大影响力会展城市”等奖项。

4. 银行、证券和保险业

银行业。2014年末全市金融机构本外币存款余额13890.1亿元，比上年增长5.5%；年末金融机构本外币贷款余额14569.8亿元，增长9.4%。全年银行业金融机构实现税后利润148.5亿元，下降39.2%。年末全市银行业金融机构达63家，其中政策性银行3家，大型银行5家，股份制商业银行11家，城市商业银行12家，邮储银行1家，外资银行5家，农村合作金融机构9家，新型农村金融机构14家，非银行金融机构3家。

证券业。2014年全市证券成交总额3.17万亿元，比上年增长46.6%。其中股票和基金成交2.07万亿元，增长50.7%，证券客户交易结算资金余额144亿元，增长117.6%。期货代理交易量5535.7万手，增长4.5%，代理交易额5.31万亿元，下降0.7%。年末证券投资者开户104.5万户，增长6.2%。年内新增证券公司分支机构24家，期货营业部3家，年末全市共有98家证券公司分支机构，1 家证券投资咨询公司，1 家期货公司和 38 家期货营业部。年内新增境内上市公司 3 家，累计实现首发和再融资额 73.9 亿元；境内上市公司总数达 45 家。

保险业。2014 年全市实现保费收入 207.0 亿元，比上年增长 11.6%。其中，财产险保费收入 111.6 亿元，增长 15.7%；人身险保费收入 95.4 亿元，增长 7.6%。赔款和给付 94.7 亿元，下降 8.9%。其中，财产险赔付支出 74 亿元，下降 17.4%；人身险赔付支出 20.7 亿元，增长 44%。

（五）对外经济

1. 对外贸易

2014 年全市口岸进出口总额 2186.1 亿美元，比上年增长 3.1%。外贸自营进出口总额 1047.0 亿美元，增长 4.4%，其中出口 731.1 亿美元，增长 11.3%；进口 315.9 亿美元，下降 8.7%。全年新增对外贸易经营备案登记企业 3757 家，累计达 26147 家。有进出口实绩企业 14810 家，比上年增加 922 家。其中，民营企业（包括私营企业和集体企业）出口额占全市出口总额的 63.1%，拉动全市出口增长 11 个百分点。全年机电产品出口 391.5 亿美元，增长 9.4%，占全市出口总额的 53.6%。出口额上亿美元的产品 157 个，比上年增加 22 个；进口额上亿美元的产品 47 个。2014 年直接与宁波市开展贸易往来的国家和地区 218 个，其中欧盟、美国、东盟、拉丁美洲、日本、大洋洲、非洲贸易额占比分别为 21.4%、16.3%、8.3%、7.5%、6.3%、5.1%和 4.5%。

2. 利用外资

2014 年全市合同利用外资 70.2 亿美元，比上年增长 20.6%，实际利用外资首次突破 40 亿美元，达 40.3 亿美元，增长 22.9%。第三产业新批项目 321 个，增长 17.2%，合同利用外资 33.3 亿美元，增长 3.1%，其中批发和零售业合同利用外资 13.7 亿美元，增长 47.7%；金融业合同利用外资 5.1 亿美元，增长 321.7%。第三产业实际利用外资 21.4 亿美元，增长 16.6%，其中房地产业实际利用外资 11.1 亿美元，增长 18.1%；批发和零售业实际利用外资 7.1 亿美元，增长 122.3%。

3. 对外合作

2014 年全市新批境外投资企业和机构 208 家；核准中方投资额 18.4 亿美元，比上年增长 16.9%，实际中方投资额 8.4 亿美元，增长 24.3%。完成境外承包工程劳务合作营业额 16.9 亿美元，增长 12.4%。

4. 服务外包

2014 年全市承接服务外包执行额 140.6 亿元，比上年增长 30.1%；承接国际服务外包执行额 9.1 亿美元，增长 50.8%。年末服务外包企业达 1065 家，从业人员 4.14 万人。

5. 国内合作

积极开展“宁波周”“宁波行”“出宁波”活动，努力推进招商转型，2014 年全市国内招商引资实到资金 745.4 亿元，比上年增长 13.2%，其中深圳“宁波周”达成的 31 个合作项目均为引进项目，协议总金额 265.8 亿元，创历届“宁波周”活动引进资金之最。全年达成浙商回归项目 889 个，实到资金 657.9 亿元，增长 30%。加大援助力度，帮扶黔西南州项目 69 个，资金 6149 万元；支援万州三峡库区 800 万元。推进山海协作工程，全年实施山海协作产业合作项目 78 个，实际到位资金 30.7 亿元。

二、宁波市2014年社会发展概况

（一）人口、人民生活

2014年全市出生56398人，在出生人口中，男性29411人，女性26987人，男女性别比为109∶100。人口出生率、死亡率分别为9.69‰和6.10‰，自然增长率为3.59‰，比上年上升1.2个千分点，连续17年低于5‰。年末全市拥有户籍人口583.8万人，其中市区229.6万人。

2014年宁波市全体居民人均可支配收入38074元，比上年增长9.9%。其中，城镇居民人均可支配收入44155元，增长9.2%；农村居民人均可支配收入24283元，增长11.0%。从收入构成看，城镇居民人均工资性收入27023元，增长9.9%；农村居民人均工资性收入15777元，增长8.7%。按一体化城乡住户调查新口径统计，城乡居民收入差距由2013年的1.85∶1缩小为2014年的1.82∶1。2014年宁波市全体居民人均生活消费支出24324元，增长11.9%。其中，城镇居民人均生活消费支出27893元，增长11.5%，增幅较快的三类支出是医疗保健、食品烟酒和居住，人均分别支出1217元、8396元和7022元，分别增长15.9%、12.6%和10.9%；农村居民人均生活消费支出16228元，增长12.4%，增幅较快的三类支出是医疗保健、居住和交通通信，人均分别支出1105元、3230元和2592元，分别增长25.4%、18.8%和15.6%。

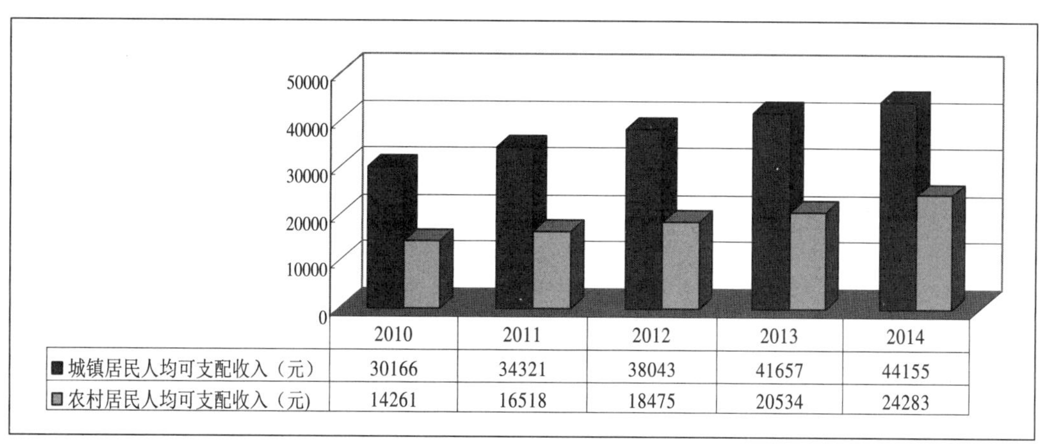

	2010	2011	2012	2013	2014
■城镇居民人均可支配收入（元）	30166	34321	38043	41657	44155
■农村居民人均可支配收入（元）	14261	16518	18475	20534	24283

图3　2010—2014年宁波市城乡居民收入对比一览

（二）就业与社会保障

1. 就业

2014年全市城镇新增就业岗位17.46万个，7.25万名失业人员实现再就业，其中困难人员1.84万人。年末城镇登记失业率为1.95%，为历年最低。创业带动就业工作成效显着，镇海大学生创业园被评为国家级创业孵化示范基地，新增市级大学生创业园3家，全年共发放小额担保贷款5.34亿元，新增创业实体11.01万家，创业带动就业53.54万人，高校毕业生就业率保持在95%以上。为全市703家“小升规”企业减征社保费1510.08万元；为4.6万家中小微工业企业临时性下浮社保缴费比例，共减负15.72亿元。全市各级人力资源市场服务企业10.7万家次，提供岗位176.43万个。

2. 社会保障

社会保险。社保覆盖面不断扩大，年末企业基本养老保险、职工基本医疗保险、失业保险、工伤保险、生育保险参保人数分别达542.23万人、368.54万人、243.39万人、291.09万人和252.25万人，比上年末分别净增33.29万人、22.26万人、11.65万人、7.71万人和6.71万人。全市城乡居民社会养老保险、被征地人员养老保障参保人数分别为124.76万和44.83万，16周岁以上应参保户籍人口养老保险参保率达91.5%。社保待遇持续提高，全市59.03万企业退休人员人均增发养老金243元/月，市区被征地人员养老保障按每人每月50元标准调整，城乡居民保险基础养老金按每人每月20元调整，惠及群体135万人。同时全市工伤保险、生育保险享受人数分别为3.95万人和3.68万人，待遇支出分别为6.94亿元和3.99亿元。政策范围内，职工医保和居民医保住院大病基金支付比例分别为86.8%和72.3%，新农合统筹地区住院医疗基金支付比例在75%以上。

民生保障。2014年市区居民最低生活保障标准从月人均588元提高到660元，年末全市共有最低生活保障对象5.13万人，低保资金实际支出2.4亿元。年末全市农村五保对象集中供养4245人，集中供养率为98.3%，城镇“三无”对象集中供养1220人，集中供养率为99.6%。各类收养性单位239个，床位数41996张，收养人员22701人。加大重度残疾人托(安)养工程的投入力度，一级残疾人集中托养补助从每人每年13200元调整到16200元，较省定标准高出1200元，年末全市累计托(安)养重度残疾人13003名。

保障性安居工程。2014年全市新开工各类保障性安居工程456万平方米、39960套，竣工213万平方米、24757套，解决9515户中低收入家庭住房困难问题。棚改项目融资进展顺利，宁波市已累计有3批、44个、总投资约966亿元的棚改项目向国开行申请棚改专项贷款，获批729亿元，放款总额64亿元。年末11个县(市)区已确定13个试点项目，计划改造住宅8491户、面积64万平方米，非住宅面积11万平方米。

慈善事业。2014年市县两级慈善机构募集善款6.13亿元，比上年增长11.1%。全年救助支出5.05亿元，受助的困难群众达43.2万人次。年末全市慈善机构累计募集已达46.03亿元，累计救助支出32.68亿元，受助257.4万人次。全年共开展各种志愿服务活动1800余次，参加服务的义工2万余人次，服务时间近4万小时。

（三）教育和科学技术

1. 教育事业

2014年末全市共有各级各类学校2082所，在校学生总数132.07万人。其中，普通高校14所，在校学生15.09万人；普通高中83所，在校学生9.03万人；中职学校52所，在校学生7.28万人；初中209所，在校学生18.98万人；小学457所，在校学生48.26万人；幼儿园1254所，在园幼儿27.84万人。年内全市投入建成学校共106所，投资50.13亿元。完善普惠性幼儿园扶持和规范政策，认定普惠性民办幼儿园300所，普惠性幼儿园招生覆盖率达63%。年末全市共有全日制民办中小学(幼儿园)1089所，在校(园)生102.47万人，占全市全日制中小学(幼儿园)在校(园)生数的29.2%。27.58万名随迁子女就学问题得到妥善解决。

2. 人才与科技创新

2014年全市新增各类人才19.5万人，年末全市人才总量达167.8万人，比上年增长13.1%。其中，新增博士、博士后442人，总量达4069人；新增省“千人计划”专家23人；新评审出市“3315计划”人才23人、高端创业创新团队27个。引进海外人才1404人，总量达5804人。新建院士工作站10家，累计77家；新建技能大师工作室16家，累计38家；新建高技能人才公共实训基地3个，新增高技能人才2.9万人，总量达26.3万人。新引进人力资源服务机构25家，累计407家。4个团队入选首批“浙江省领军型创新创业团队”。

（四）文化、卫生和体育

1. 文化事业

文化精品创作取得丰硕成果，歌剧《红帮裁缝》等 3 个作品获得全国“五个一工程”奖。文化惠民工程成效明显，全年实施“天然舞台”等文化惠民演出活动 6000 余场。深化农村电影放映工程改革，推进“电影惠农 331 工程”，创建室内固定放映点 204 个，公益电影放映基地 58 家，乡镇多厅数字影院 54 个厅。全年为农家书屋补充、更新、流转图书 36.7 万册。完成 1401 个行政村农村应急广播体系终端安装任务。申遗工作取得实效，6 月 22 日中国大运河成功列入世界文化遗产。文物保护工作稳步推进，新公布宁波市第二批历史文化名村 17 座，县(市)区级文物保护单位(点)80 余处。“前童元宵行会”“董氏儿科”两个项目列入第四批国家级非物质文化遗产名录，非遗国宝数达 23 个，居计划单列市首位。文化走出去广受欢迎，市演艺集团舞剧《十里红妆・女儿梦》登上美国纽约林肯艺术中心舞台。宁波博物馆与香港历史博物馆签署五年合作意向书。文化产业和文化市场实现新发展，2 家企业、1 个园区被授予省文化产业示范基地、示范园区；9 家企业、2 个项目被授予 2013—2014 年国家文化出口重点企业、重点项目；11 个项目入围国家文化产业重点项目库。

2. 卫生事业

2014 年末全市实有病床 3.0 万张，拥有专业卫生人员 6.4 万人，卫生技术人员 5.4 万人，其中执业医师(含助理)2.1 万人，注册护士 2.1 万人。按户籍人口统计，每千人床位数、卫技人员数、执业医师(含助理)数和注册护士数分别达到 5.2 张、9.2 人、3.5 人和 3.5 人。全市适龄儿童免疫规划疫苗接种率 95.3%，免疫预防服务质量保持全省先进水平。加强妇幼保健服务与管理，全年常住人口孕产妇死亡率为 7.2/10 万，婴儿死亡率 3.26‰，5 岁以下儿童死亡率 2.42‰，均稳定在较低水平。

3. 体育事业

2014 年全市共举办 48 项全国性以上赛事和活动，组队参加省第十五届运动会，共获得 782.75 枚奖牌，其中金牌数为 414.25 枚，总分 7181.6 分，均居全省第二。体育公共服务体系日趋完善，开通全民健身路径报修、维修平台，将海曙、江东、江北三区的健身路径管理纳入 81890 妇女儿童服务专线，自开通以来，实现零投诉，更好更便捷地服务了社会。建成各类球场 173 个，行政村体育健身路径拥有率达 99%。积极推进大型体育场馆免费低收费向社会开放工作，有效提升体育系统直属体育场馆开放服务能力，年内新增 5 家大型场馆向社会开放，90%的城区公办中小学校体育设施向市民开放。全年体育彩票销售额达 15.2 亿元。

（五）城乡建设

加强城乡规划、建设和管理，深入实施城市国际化行动纲要。完善城乡功能。扎实推进城市总规修改、土地利用规划调整和宁波都市区规划编制工作，开展“多规融合”试点。加快重大功能区块建设，宁波杭州湾新区、梅山产业集聚区开发建设势头强劲，东部新城、南部新城、镇海新城、东钱湖旅游度假区等区域形象进一步提升，都市副中心、卫星城、中心镇、特色镇等规划建设取得新进展。深化农村产权制度改革、农村股份合作社改革和土地经营权流转机制改革，幸福美丽新家园建设和相对欠发达地区发展步伐加快。

优化城乡环境。加强环境专项治理和执法监管，淘汰落后产能企业 505 家、黄标车 6.5 万辆，“禁燃区”面积达到 1053 平方公里，“三改”和拆违分别完成年度任务的 324%和 164%。

推进“两心一轴、三江六岸”核心景观带建设，启动中山路综合整治工程，加强城市精细化管理，获评“中国十佳户外广告管理示范城市”，中心城区新增公共绿地 170 公顷。

深化对外开放。加强重点开发区域整合提升，推进综合保税区申报和象保合作区建设，南部滨海新区挂牌成立，新加坡宁波丰树现代创新基地签约落户。深化跨境贸易电子商务和进口贸易便利化试点，启动关检协作“三个一”通关模式，推动上海自贸区政策在宁波市复制实施，加快“世贸通”等外贸综合服务平台建设。梅山、穿山港区创建成为国际卫生港，梅山口岸扩大开放通过国家验收。实现外贸自营进出口总额 1047 亿美元，其中出口 731.1 亿美元、增长 11.3%；国际服务外包执行额增长 50.8%。实际利用外资 40.3 亿美元，浙商甬商回归项目实际到位资金增长 30%，实际引进内资 745.4 亿元。对口支援帮扶和“山海协作”取得新成效。

（六）生态建设

加强环境专项治理，组织清理垃圾河 174 条，治理黑臭河 613 公里，实现全市 1929 条河道“河长制”的全覆盖；累计淘汰改造高污染燃料使用设备 1398 台，“禁燃区”面积扩大到 1053 平方公里；扩大黄标车限行区域，淘汰黄标车 6.5 万辆，发放补贴资金 3.5 亿元。实现新建项目排污权交易机制全覆盖，累计征收排污权有偿使用费 1.94 亿元。继续加强环境执法监管，累计出动执法人员 63872 人次，检查企业 35622 家次，立案查处 1549 件，处罚金额达 7706.7 万元。推进现代化环境监测监控体系建设，累计建成污染源自动监控设施 438 台套，基本实现重点污染源全天候实时监控。继续开展生态县（市）区创建工作，镇海区获国家级生态区命名，宁海、象山通过国家级生态县现场验收，北仑通过国家级生态区技术评估，全市累计 9 个县（市）区创建成省级生态县（市）区。

（七）平安宁波

2014 年全市共发生各类生产安全事故 2599 起、死亡 690 人、受伤 2480 人，分别比上年下降 9.3%、7.4%和 12.5%，连续第十年实现同比下降。发生较大事故 4 起，死亡 14 人，减少 20 人。全年共立案查处食品安全各类违法案件 6794 件，其中大要案 1443 件，罚没款 6162.1 万元，移送公安机关涉嫌犯罪案件 37 件。协助公安机关查获“3·13 制售假药案”，涉案金额达上亿元，刑事拘留 27 人，为宁波食品药品监管史上最大案件。全年人民调解组织共调处各类民事纠纷 11.59 万件，调解成功 11.45 万件，成功率达 98.7%，防止民间纠纷引起的自杀 37 件、37 人次；防止民间纠纷转化为刑事案件 188 件、592 人次。全年共受理群众信访 7265 件（人）次，下降 31.3%，接待群众集体上访 231 批 2877 人次，分别下降 18.4%和 31.2%。

三、宁波市在泛长三角地区经济发展中的地位

2014 年，宁波市全市上下积极落实市委“双驱动四治理”决策部署，全面实施经济社会转型发展三年行动计划，经济运行总体平稳，结构调整取得进展，质量效益稳步提高。

2010—2014 年宁波市地区生产总值在长三角所占比重分别 5.22%、5.22%、5.14%、5.10%和 5.00%，所占比重减少，2014 年，较上年减少了 0.10 个百分点，较 2010 年减少了 0.22 个百分点。2014 年宁波市地区生产总值在泛长三角地区 41 个市排名第 6 位。

2014 年，全市实现地区生产总值 7602.51 亿元，同比增长 7.6%。其中，第一产业实现增加值 275.18 亿元，同比增长 1.9%；第二产业实现增加值 3935.57 亿元，同比增长 7.9%；第三产业实现增加值 3391.76 亿元，同比增长 7.6%。三次产业之比为 3.6∶51.8∶44.6。其中上半年全市实现地区生产总值 3485.1 亿元，按可比价计算，同比增长 6.7%，增速比一季度提高 0.7 个百分点。其中，第一产业实现增加值 114.5 亿元，增长 0.7%；第二产业实现增加值 1838.5 亿元，增长 7.1%，其中工业实

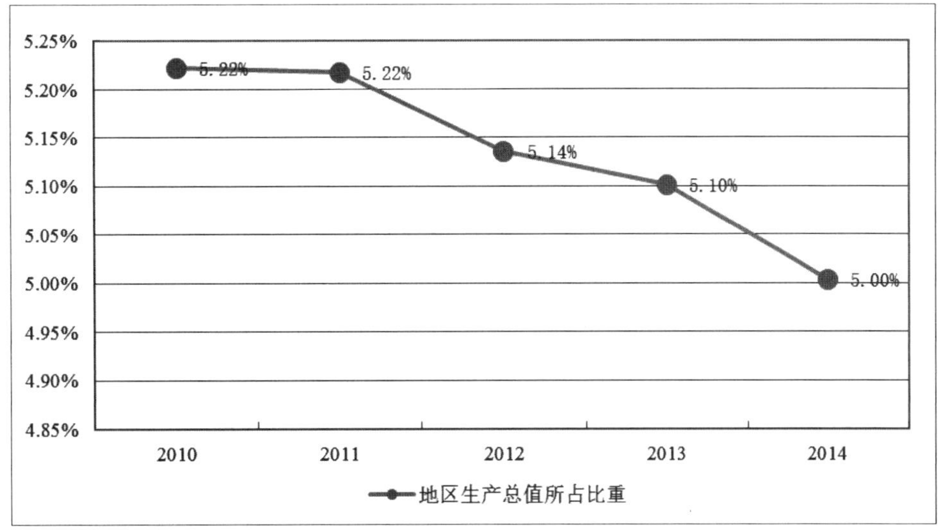

图 4　2010—2014 年宁波市地区生产总值在泛长三角所占比重变化趋势

现增加值 1627.4 亿元，增长 6.2%，增速比一季度提高 2.2 个百分点；第三产业实现增加值 1532.1 亿元，增长 6.5%。三次产业之比为 3.3∶52.7∶44.0。

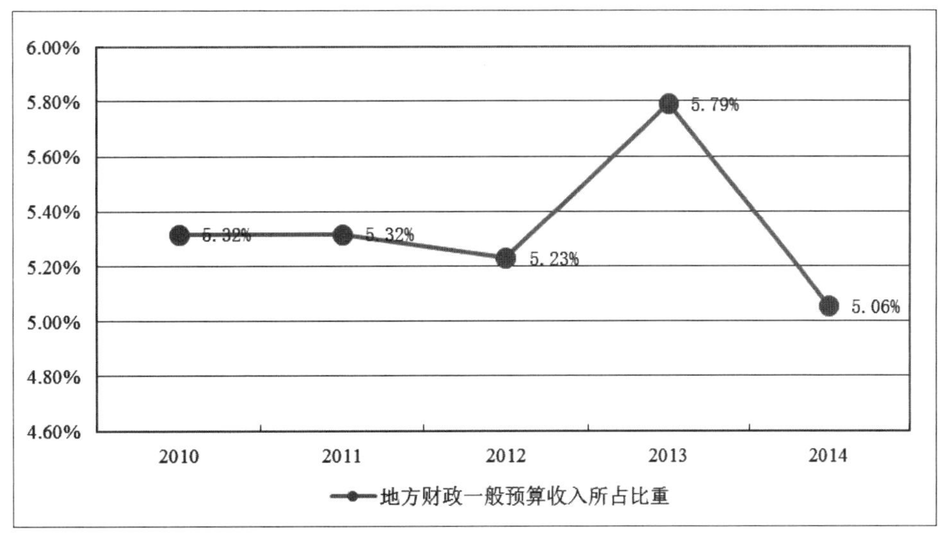

图 5　2010—2014 年宁波市地方财政一般预算收入在泛长三角所占比重变化趋势

2010—2014 年宁波市地方财政一般预算收入在泛长三角所占比重分别为 5.32%、5.32%、5.23%、5.79%和 5.06%，2014 年较上年减少了 0.71 个百分比，五年时间累积减少了 0.26 个百分点。2014 年宁波市地方财政一般预算收入在泛长三角地区 41 个市排名第 5 位。

2014 年，全市一般公共预算收入 860.61 亿元，完成调整预算（以下简称“完成预算”）的 101.2%，比上年增长（以下简称“增长”）8.6%。其中：税收收入 795.73 亿元，完成预算的 100.9%，增长 8.5%；非税收入 64.88 亿元，完成预算的 104.6%，增长 9.8%。

全市一般公共预算收入加上地方政府债券收入 28 亿元、转移性收入 169.62 亿元（其中：中央税收返还等返还性收入 75.43 亿元，上级补助收入 76.74 亿元，调入资金 8 亿元，上年财政净结余 9.45 亿元），2014 年全市一般公共预算可用资金为 1058.23 亿元。

全市一般公共预算部分重点支出项目安排情况为：教育支出190.26亿元，增长5%，同口径增长8%；科学技术支出46.08亿元，增长9.3%；农林水支出84.06亿元，负增长1.9%，同口径增长8%；文化体育与传媒支出18.65亿元，增长8.4%，同口径增长8.6%；社会保障和就业支出107.82亿元，增长12.8%，同口径增长11%；医疗卫生与计划生育支出76.48亿元，增长8.5%；节能环保支出16.27亿元，增长12.2%。

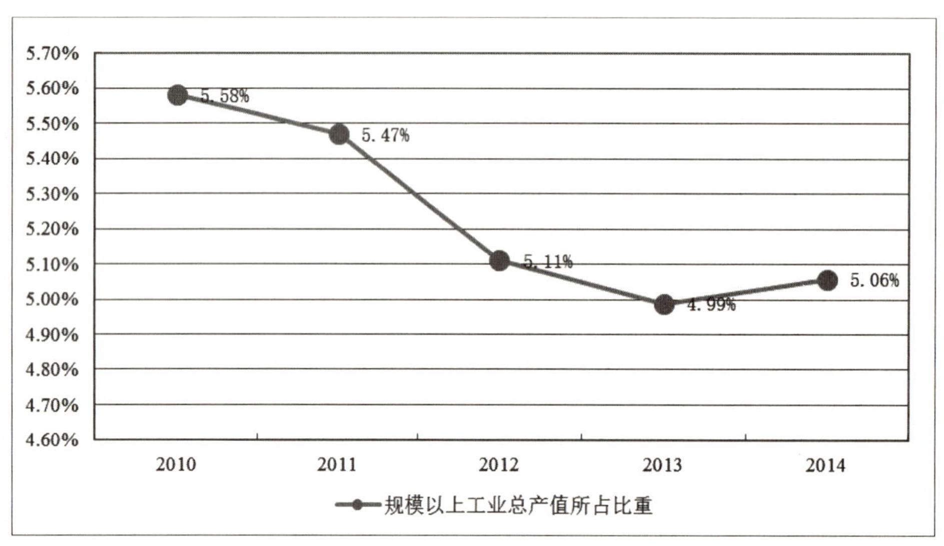

图6　2010—2014年宁波市规模以上工业总产值在泛长三角所占比重变化趋势

2010—2014年宁波市规模以上工业总产值在泛长三角所占比重分别为5.58%、5.47%、5.11%、4.99%和5.06%，整体呈下跌趋势，五年跌幅达0.52个百分点，2014年较上年增加了0.07个百分点。2014年宁波市规模以上工业总产值在泛长三角地区41个市排名第4位，位居上海、苏州、无锡、苏州之后，保持着领先优势。

2014年，宁波市工业经济稳中有升。全市规模以上工业实现增加值2540.2亿元，同比增长7.4%，增速比上半年、前三季度分别提高1.7和0.8个百分点，比全省平均水平高0.5个百分点。分行业看，工业35个行业大类中有26个实现增加值同比增长；汽车制造业在上海大众带动下，实现增加值232.9亿元，同比增长31.9%。分企业类型看，大、中、小型企业工业增加值同比分别增长6.2%、6.1%和10.9%。企业效益总体有所好转，1—11月规模以上工业实现利润总额587.4亿元，同比下降0.9%，纺织服装服饰、汽车制造、电气机械和器材、计算机通信等行业增长较快。

2010—2014年宁波市进出口总额在泛长三角所占比重分别为7.45%、7.47%、7.23%、7.30%和7.30%。宁波市进出口总额占比在2012年出现大幅下跌后，2013—2014年止跌上扬。2014年较上年基本持平。2014年宁波市进出口总额在泛长三角地区41个市排名第3位，位居上海、苏州之后，始终保持着领先优势。

2014年，宁波市全年完成外贸进出口总额1047亿美元，同比增长4.4%，其中出口731.1亿美元，同比增长11.3%，出口分别高于全省、全国1.4和5.2个百分点。主要市场中，对欧盟、美国、中东出口增长较快。塑料制品、鞋类、箱包等7类日用消费品增幅在15%以上，机电产品出口增速较快。2014年“中国外贸百强城市”名单，宁波市综合得分73.1分，位列中国外贸100强城市的第10名，居浙江之首。

2010—2014年宁波市实际外商直接投资金额在泛长三角所占比重分别为4.01%、4.45%、3.92%、4.37%和5.39%，整体呈上升态势，累计增幅达1.38个百分点。2014年较上年增加了1.02

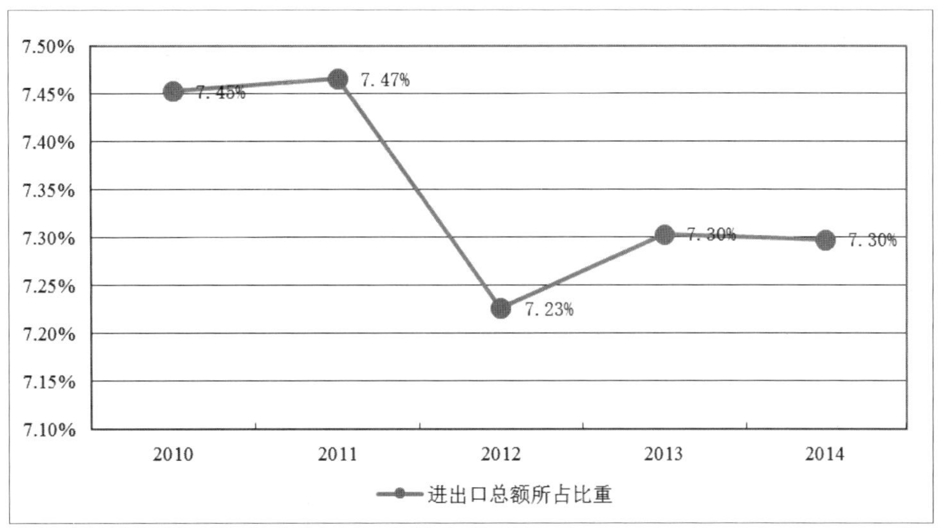

图 7　2010—2014 年宁波市进出口总额在泛长三角所占比重变化趋势

图 8　2010—2014 年宁波市实际外商直接投资金额在泛长三角所占比重变化趋势

个百分点。2014 年宁波市实际外商直接投资金额在泛长三角地区 41 个市排名第 4 位。

2014 年宁波市全年新批外商投资项目 468 个，合同利用外资 70.2 亿美元，实际利用外资达到 40.3 亿美元，同比增长 22.9%。累计新批境外企业和机构 208 家，核准中方投资 18.4 亿美元，同比增长 16.9%，以贸易、服务、研发为主的第三产业境外投资额快速增长，占到全年对外投资总额的一半。2014 年全市新批境外投资企业和机构 208 家；核准中方投资额 18.4 亿美元，比上年增长 16.9%，实际中方投资额 8.4 亿美元，增长 24.3%。完成境外承包工程劳务合作营业额 16.9 亿美元，增长 12.4%。

2014 年全市承接服务外包执行额 140.6 亿元，比上年增长 30.1%；承接国际服务外包执行额 9.1 亿美元，增长 50.8%。年末服务外包企业达 1065 家，从业人员 4.14 万人。

四　温州市 2014 年度经济社会发展报告

2014 年，全市上下认真贯彻市委、市政府的决策部署，面对严峻复杂的经济金融局面，负重前行、奋力赶超，深入实施“十大举措”[①]，着力抓改革、稳增长、促转型、强统筹、治环境、惠民生，经济运行逐步走出“低谷”，总体发展企稳向好，结构调整出现积极变化，发展质量不断提高，民生投入力度加大，社会事业稳定发展。

一、温州市 2014 年经济发展概况

（一）综合经济

1. 经济总量

2014 年全市生产总值 4303.05 亿元，按可比价计算，比上年增长 7.2%。其中，第一产业增加值 117.94 亿元，增长 2.1%；第二产业增加值 2029.7 亿元，增长 8.4%；第三产业增加值 2155.41 亿元，增长 6.2%。按户籍人口计算，人均地区生产总值 53094 元（按年平均汇率折算 8643 美元），增长 6.3%。国民经济三次产业结构为 2.7∶47.6∶49.7，第三产业比重比上年提升 0.1 个百分点。

2. 财政收支

全年财政总收入 612.44 亿元，比上年增长 8.3%；其中公共财政预算收入 352.53 亿元，增长 8.8%。全年公共财政预算支出 488.58 亿元，增长 11.6%。其中，教育支出 124.59 亿元，增长 7.1%；科学技术支出 11.30 亿元，增长 13.1%；医疗卫生支出 46.29 亿元，增长 32.5%；社会保障和就业支出 38.62 亿元，增长 32.1%；环境保护支出 7.75 亿元，增长 12.4%；交通运输支出 32.22 亿元，增长 39.4%。

3. 物价水平

全年居民消费价格指数（CPI）比上年上涨 1.8%，涨幅较上年回落 0.1 个百分点。八大类商品和服务价格呈现“七涨一跌”态势。其中食品类涨幅较大，累计上涨 3.8%，娱乐教育文化用品及服务类次之，上涨 2.5%，衣着、医疗保健和个人用品、交通与通信、家庭设备用品及维修服务、居住类，比上年分别上涨 2.2%、1.5%、0.5%、0.2%、0.1%；下降的为烟酒类，下降 0.8%。全年工业生产者出厂价

---

① 十大举措：1.“两大回归”夯实经济基础“两大回归”即推动实体经济回归和温商回归，夯实经济基础，打造民营经济“升级版”。2.“两大平台”加快转型升级“两大平台”即打造省级产业集聚区和小微企业园，加快产业转型升级，努力构建现代产业体系。3.“两大空间”破解用地制约“两大空间”即开辟海涂围垦和低效用地再开发的空间，破解发展用地制约，创造新一轮发展空间新优势。4.“两大突破口”打造美丽水乡“两大突破口”即治水和“三改一拆”，尽快改善发展硬环境，打造“美丽浙南水乡”。5.“两大统筹”建设大都市区“两大统筹”即统筹城与乡、发达地区与欠发达地区，加快城乡一体化发展，努力建设生态型、组团型、智慧型大都市区。6.“两大机遇”深化改革开放“两大机遇”即抓住改革试点和对台合作的机遇，深化体制改革和实施对台开放战略，为赶超发展提供强大动力。7.“两大载体”实施创新驱动“两大载体”即依托创新平台和招才引智载体，实施创新驱动发展战略，努力开启赶超发展的强大引擎。8.“两大抓手”不断改善民生“两大抓手”即重视民生工程建设和社会管理创新，不断改善民生，促进社会和谐稳定。9.“两大舆论场”凝聚正能量“两大舆论场”即网络舆论和对外宣传，管好这两个舆论场，提升城市文明水平，凝聚赶超发展正能量。10.“两大机制”改善发展软环境“两大机制”即建立完善目标责任考核和群众评议，强化制度建设，着力改善发展软环境。

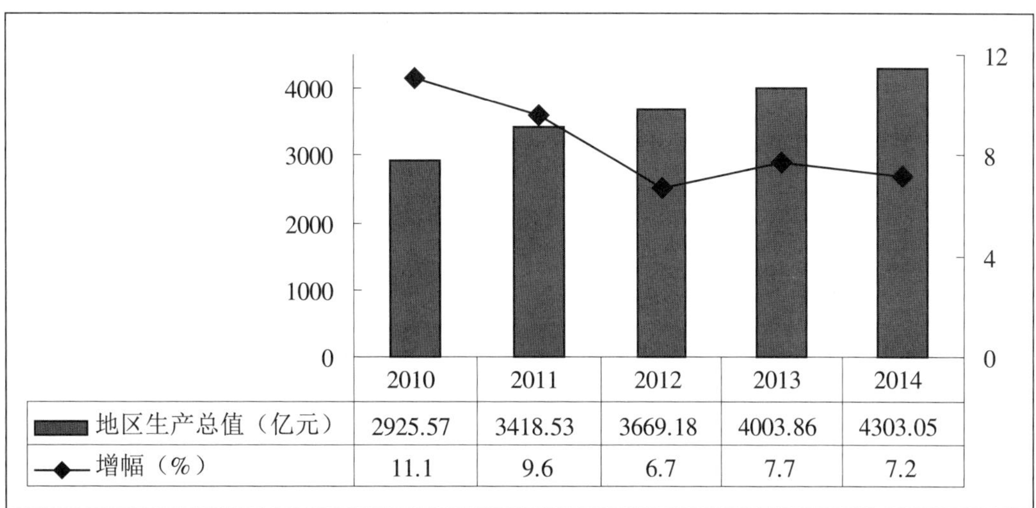

	2010	2011	2012	2013	2014
地区生产总值（亿元）	2925.57	3418.53	3669.18	4003.86	4303.05
增幅（%）	11.1	9.6	6.7	7.7	7.2

图 1　2010—2014 年温州市地区生产总值及增长速度

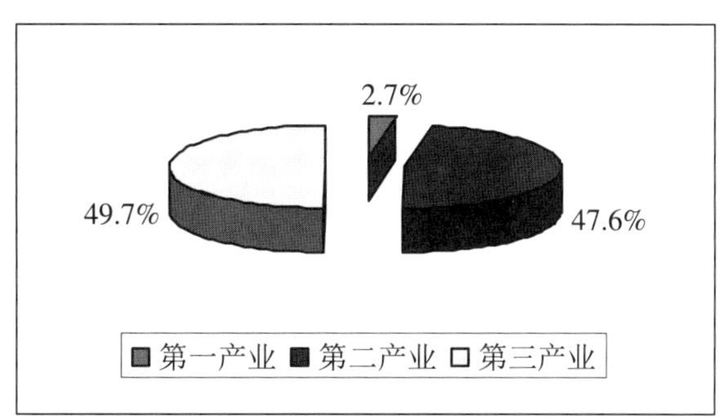

图 2　2014 年温州市三次产业结构图

格和购进价格同比均下降 1.0%。

4. 固定资产投资

全年固定资产投资 3052.81 亿元，增长 16.6%。其中民间投资 1911.86 亿元，增长 25.4%，占全部投资比重为 62.6%。

全年完成工业投资 750.88 亿元，比上年增长 24.0%。其中工业技改投资完成 541.84 亿元，增长 56.1%，战略性新兴产业投资完成 210.87 亿元，增长 45.2%，装备制造业投资 366.93 亿元，增长 36.6%。电气、仪器仪表、通用设备、专用设备、汽车制造业投资增速分别为 70.3%、57.2%、50.5%、51.9%和 49.1%。

（二）农业和农村建设

全年农林牧渔业总产值 192.25 亿元，按可比价格计算，比上年增长 2.3%，其中：农业产值 86.64 亿元，增长 6.0%；林业产值 4.38 亿元，下降 1.3%；牧业产值 34.50 亿元，下降 5.6%；渔业产值 63.12 亿元，增长 2.4%；农林牧渔服务业产值 3.62 亿元，增长 2.2%。

全年全市粮食播种面积、亩产和总产量为 185.96 万亩、409 公斤和 75.98 万吨，分别比上年增长 1.0%、10.5%和 11.5%，实现三增长。在经济作物中，除糖料减产外，水果、蔬菜、茶叶等作物增产。

全年肉类总产量 12.22 万吨，比上年下降 5.2%，除牛肉增长外，猪肉、羊肉、禽肉和兔肉产量比上年有所下降。全年水产品总产量58.65万吨，比上年增长2.2%。其中海洋捕捞46.13万吨，增长1.7%；淡水捕捞0.43万吨，增长17.2%；海水养殖10.02万吨，增长3.7%；淡水养殖2.07万吨，增长3.9%。

全年水利建设完成投资127.93亿元，年末拥有大型水库1座，中型水库19座，小型水库310座。全市旱涝保收水田面积56.89千公顷，有效灌溉面积113.81千公顷。全市农(渔)业机械总动力219.17万千瓦，下降1.6%；农村用电量84.98亿千瓦时，增长1.4%。

（三）工业和建筑业

1. 工业增加值

2014年，全市实现工业总产值7671.65亿元，比上年增长6.2%。全市规模以上工业企业4266家，实现工业总产值4740.11亿元，比上年增长5.9%。其中，轻工业产值1658.77亿元，增长5.5%；重工业产值3081.34亿元，增长6.1%。规模以上工业销售产值4509.10亿元，增长4.6%，其中完成出口交货值753.52亿元，增长6.9%，占销售产值比重为16.7%。新产品产值991.42亿元，增长39.9%；新产品产值率为20.9%，比上年提高4.6个百分点。

全市实现工业增加值1748.81亿元，按可比价计算，增长8.0%，其中规模以上工业增加值976.60亿元，增长6.2%。战略性新兴产业实现增加值208.56亿元，高新技术产业实现增加值331.71亿元，装备制造业实现增加值416.15亿元，分别增长8.3%、8.2%和8.0%。

规模以上工业中，有14个大类行业产值超百亿元，实现工业总产值4064.52亿元，占规模以上工业总产值比重85.7%，其中电气机械及器材制造业、皮革毛皮羽毛(绒)及其制品业、电力热力的生产和供应业、通用设备制造业、纺织服装服饰业、橡胶塑料制品业、化学原料和化学制品制造业等7个大类行业年产值超过200亿元。

2. 建筑业

全年规模以上工业企业实现主营业务收入4238.15亿元，增长3.7%；利税总额405.09亿元，增长9.6%，其中利润总额248.36亿元，增长13.2%。年末企业应收账款969.67亿元，上升5.7%；产成品存货233.54亿元，上升10.6%。

全年建筑业实现增加值298.13亿元，比上年增长10.7%。全市拥有总承包和专业承包资质的建筑企业652家，实现建筑业总产值1255.21亿元，增长9.2%；实现利润总额24.59亿元，同比增长1.1%。年末拥有资产711.19亿元，其中固定资产原价108.55亿元。

（四）服务业

1. 国内贸易

全年社会消费品零售总额2410.36亿元，比上年增长12.8%。其中，城镇消费品零售额2182.76亿元，增长13.1%；乡村消费品零售额227.61亿元，增长10.3%。按行业分，批发零售贸易业零售额2121.85亿元，增长12.9%；住宿餐饮业零售额288.51亿元，增长12.5%。

在限额以上批发零售业零售额中，汽车类零售额382.57亿元，比上年增长11.1%；石油及制品类零售额168.73亿元，增长6.8%；食品饮料烟酒类增长11.9%，日用品类增长4.5%，金银珠宝类增长80.5%，鞋服、针纺织品类增长12.3%，化妆品类增长10.8%，中西药品类增长20.6%，家具类增长57.3%。

年末全市有各类市场489个，其中消费品市场366个，生产资料市场87个，生产要素市场7个，网

上市场27个，服务市场2个。全年各类市场成交额1209.53亿元，其中超亿元市场78个，年成交额846.91亿元；超十亿元市场21个，年成交额647.26亿元。

2. 交通运输、邮电

年末公路总里程14466公里，其中高速公路297公里，一级公路385公里，二、三级公路1847公里。公路绿化率71.6%。客运班车通村率90.7%。市区公共交通营运线路148条，年载客量3.31亿人次。

年末机动车保有量188.23万辆，比上年末增加15.52万辆，其中载客汽车125.62万辆，载货汽车14.95万辆，摩托车47.15万辆。私人汽车126.98万辆，增加15.05万辆。全年货物运输量12782万吨，比上年增长8.9%，旅客运输量22339万人次，下降11.0%。

全年邮电业务收入151.26亿元，比上年增长1.9%，其中通信行业业务收入121.68亿元，下降2.5%。年末固定电话用户数210.06万户，移动电话用户数1113.34万户。年末互联网用户数997.16万户，其中宽带用户数261.48万户，增长10.4%。

全市邮政业务总收入(含快递)32.62亿元，比上年增长21.7%。全年函件5826.1万件，包裹57.9万件，汇兑110.2万笔，快递21682.8万件。全年订销报纸19008万份，订销杂志622万份。

全市电力系统最高负荷674.39万千瓦，增长2.6%。全年用电量349.27亿千瓦时，增长1.7%。其中工业用电量217.29亿千瓦时，增长0.6%；建筑业用电量8.57亿千瓦时，增长18.9%；商业用电量13.97亿千瓦时，增长4.8%；居民生活用电量78.74亿千瓦时，增长1.2%。

3. 旅游业

全年接待海内外游客6578.48万人次，实现旅游总收入681亿元，分别比上年增长14.4%和16.9%。其中接待国内旅游人数6487.4万人次，增长14.3%，国内旅游收入651.43亿元，增长17.1%；接待入境游客91.08万人次，增长19.1%，国际旅游外汇收入4.81亿美元，增长15.6%。

4. 金融、证券和保险

年末金融机构本外币存款余额8309.34亿元，比上年末增长2.6%，其中人民币存款余额7937.16亿元，增长2.1%。年末城乡居民人民币储蓄存款余额3883.11亿元，增长1.6%。年末金融机构本外币贷款余额7346.76亿元，增长1.1%，其中人民币贷款余额7223.63亿元，增长1.9%。

全年通过债权、股权等直接融资形式获得资金219.7亿元。年末，全市拥有村镇银行7家，境内外上市企业14家，已开业民间借贷服务中心7家，民间资本管理公司12家；小额贷款公司45家，注册资本金109.4亿元。

全年全市证券成交总额14660.43亿元，比上年增长72.5%。其中股票交易额11579.80亿元，增长38.3%；基金交易额226.98亿元，增长94.3%。年末证券投资者开户数74.71万户，增长10.2%。

全年保险业保费收入144.77亿元，比上年增长10.4%。其中人身险保费收入82.01亿元，增长6.6%；财产险保费收入62.75亿元，增长15.7%。支付各类赔款及给付46.07亿元，比上年增长2.0%，其中人身险赔款11.44亿元，增长6.8%；财产险赔款34.63亿元，增长0.5%。

（五）对外经济

1. 对外贸易

全年实现进出口总额207.82亿美元，比上年增长0.9%，增速比上年提高0.1个百分点。其中进口22.31亿美元，下降9.3%；出口185.51亿美元，增长2.2%。外贸依存度为29.7%，其中出口依存度为26.5%，分别比上年降低2个和1.4个百分点。至年末，与温州市建立出口和进口贸易关系的国家和地区共计 213 个，有进出口业务的企业 6127 家。

2. 外资状况

全年新签外资项目 43 项，实际利用外资 5.33 亿美元，增长 6.2%。全年新批设立境外机构 26 家，中方境外投资额 1.7 亿美元，比上年增长 91.7%。国际经济合作营业额 6283 万美元。

二、温州市 2014 年社会发展概况

（一）人口、人民生活

年末全市户籍总人口 813.69 万人，其中市区人口 152.45 万人。从性别看，男性人口 422.26 万人，女性人口 391.43 万人，分别占总人口的 51.9%和 48.1%。年末全市常住人口为 906.8 万人，比上年减少 12.9 万人。全市当年计划生育率为 85.1%，已婚育龄妇女综合节育率为 83.8%，按卫生计生委统计，出生人口性别比为 114.96。

全年城镇常住居民人均可支配收入 40510 元，增长 8.7%；城镇居民人均消费性支出 27186 元，增长 7.2%，其中食品烟酒类支出 8432 元，占 31.0%。全年农村常住居民人均可支配收入 19394 元，增长 10.5%；农村居民人均生活费支出 14218 元，增长 12.7%，其中食品烟酒类支出 5358 元，占 37.7%。城镇居民人均住房建筑面积 42.10 平方米；农村居民人均居住面积 42.14 平方米。年末每百户城镇居民家用汽车拥有量 45.2 辆；每百户农村居民家用汽车拥有量 22.4 辆。

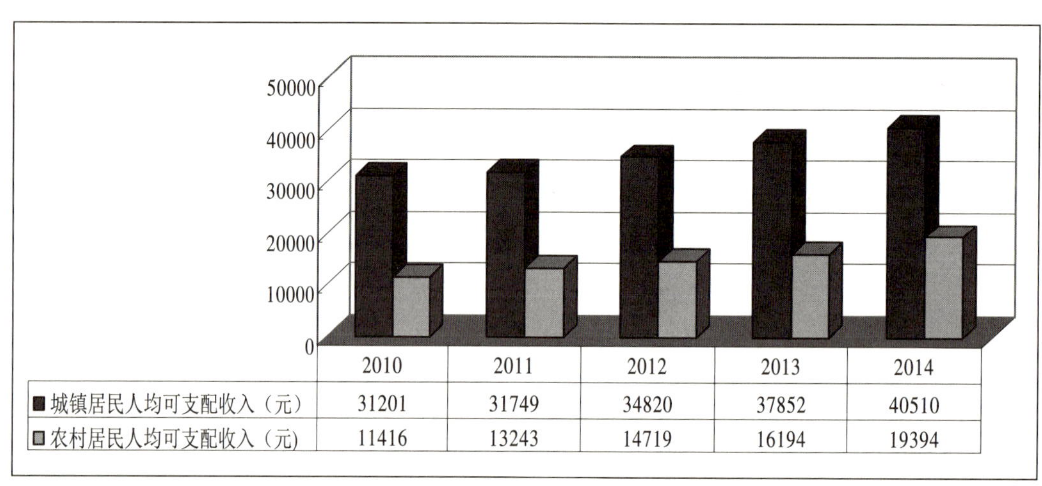

	2010	2011	2012	2013	2014
城镇居民人均可支配收入（元）	31201	31749	34820	37852	40510
农村居民人均可支配收入（元）	11416	13243	14719	16194	19394

图 3　2010—2014 年温州市城乡居民收入对比一览

（二）就业与社会保障

1. 就业

全年新增城镇就业人数 12.18 万人，城镇失业人员再就业人数 1.93 万人；年末城镇登记失业人数 2.62 万人，城镇登记失业率为 1.91%，比上年末下降 0.03 个百分点。全年培训农村劳动力 3.93 万人，实现转移就业 2.14 万人。

全年全市缴存住房公积金 75.18 亿元，自房改以来累计缴存 452.64 亿元，年末余额 252.60 亿元。全年发放住房公积金贷款 59.08 亿元，累计发放贷款 359.37 亿元，年末贷款余额 218.44 亿元。全年保障性安居工程新开工面积 331.95 万平方米，其中公共租赁住房 12.52 万平方米，在建保障性

安居工程面积2591.58万平方米。

全市设镇64个，街道办事处60个，乡6个。城市社区210个，居委会170个，建制村5405个。年末实有社会团体2940个。

2. 社会保障

年末全市基本养老保险参保职工239.03万人，比上年增加17.15万人，当期征缴基本养老保险费118.43亿元。全市基本养老保险离退休人数46.94万人，当期发放养老金131.20亿元。全市城镇职工基本医疗保险参保人数158.27万人，当期征缴基本医疗保险费44.85亿元。全市失业保险参保人数108.09万人，当期征缴失业保险费8.32亿元。全市工伤保险参保人数237.05万人，当期征缴工伤保险费4.65亿元。全市生育保险参保人数97.48万人，当期征缴生育保险费2.22亿元。

城乡居民享受最低生活保障人数12.45万人，发放保障资金4.46亿元。民政部门接受社会各界捐赠款3.44亿元。全市慈善系统共募款4.27亿元，支出救助2.66亿元；资助贫困学生17188人，资助金额3172万元。全年办理结婚登记76187对。

（三）教育和科学技术

1. 教育事业

年末各类全日制学校在校学生143.99万人，占户籍总人口17.7%。全市拥有普通高等学校8所，全年招生24252人，全国普通高校在温录取新生37553人。初中毕业生升入高中阶段比例97.60%，其中初中毕业生升入普通高中比例58.95%。

全市教学仪器设备达标学校比例97.0%，生均图书增加2.71册；中小学校园网建有率达99.2%，学校网站建设率达95.1%，多媒体教室配备率100%。全年新建中小学校舍42.87万平方米。年末各类学校校舍总面积1649万平方米，其中普通高校267.12万平方米。

2. 科技与创新

年末全市拥有国家级科技创业服务中心2个、省级科技创业服务中心5个；国家级大学科技园1家，国家级火炬计划特色产业基地3个、省级高新技术特色产业基地9个；国家级企业技术中心5家，省级企业重点研究院4家、省级企业研究院21家，省级高新技术企业研发中心202家、市级企业研发中心398家；省级创新型试点城市（县、区）4个、科技强县6个。全年新增高新技术企业113家，累计637家，新增省级科技型中小企业630家，累计1832家；市级以上科技企业孵化器14家。全年专利授权24371项，其中发明专利授权954件，同比增长39.7%；年末国家知识产权示范和优势企业5家、省级专利示范企业98家。年末全市有国家级企业博士后科研工作站12家，省级15家，市级试点站14家。

（四）文化、卫生和体育

1. 文化事业

年末全市共有文化站130个，文化馆12个，公共图书馆13个，博物馆（包括民营）38个，艺术表演团体8个，电影放映单位39个。全年艺术团体演出965场次；院线电影放映36.90万场次，观众601.19万人次；农村数字电影放映5.14万场次，观众743.55万人次。年末拥有国家级非物质文化遗产数量35个，省级非物质文化遗产数量136个，市级非物质文化遗产数量770个。公共图书馆藏书1644万册（件），年总流通量733.55万人次。全市广播综合人口覆盖率98.6%，电视综合人口覆盖率98.9%，有线电视用户227.94万户。

2. 卫生事业

全市有医疗卫生机构5384家，其中医院129家，卫生院（社区服务中心）262家，村卫生室2556家，各类诊所（卫生所、医务室）1652家。年末有各类卫生技术人员51448人，其中医生21855人，平均每万户籍人口有医生26.88人。全市医疗机构病床31464张，平均每万人有病床38.67张。全年医疗机构诊疗病人6490万人次。全市城乡居民基本医疗保障全年门急诊（含门诊大病）就诊人次2137.34万人次，统筹基金支付7.03亿元；住院人次56.13万人次，统筹基金支付36.74亿元。

3. 体育事业

全市有公共体育场馆36个，独立设置的业余体校9所，各类公共体育设施和健身苑点14052个。全年温州市运动员在全国以上比赛获得奖牌107枚，其中世界冠军6枚，亚洲冠军5枚，全国冠军45枚。全年全市共有9个乡镇通过省级体育强镇的检查验收，累计119个；累计省级体育强县11个，比上年增加1个。全年发行体育彩票15.93亿元，比上年增长3.4%。

（五）城乡建设

城乡建设有力推进。都市基础设施网络加快构建。甬台温高速复线、绕城高速西南线和北线二期加快推进，龙丽温（泰）高速瑞安至文成段动工建设，诸永高速延伸线（瓯越大桥）建成通车；市域铁路S1线建设全线铺开，金温铁路扩能改造工程基本具备铺轨条件；乐清湾港区一期建成开港；龙湾国际机场新飞行区投用，T2航站楼加快实施。乐清湾港区铁路支线、状元岙港区二期、东部综合交通枢纽、鳌江四桥等项目开工建设。瓯飞一期、瓯江口二期等项目加快推进，瓯飞起步区堵口提前合龙。平阳顺溪水利枢纽下闸蓄水，永嘉县城排涝应急工程投用。获批信息惠民国家试点城市，4G网络实现乡镇全覆盖，市区主要公共场所开通免费WiFi。深化电网建设攻坚，500千伏市域环网基本形成；东海丽水36－1气田建成投产。争取重大基础设施用地指标2.6万亩；争取建设用海指标1.3万亩，占全省近一半。都市核心城区加快提升建设。“3＋1”亮点区块建设扎实推进，滨江商务区18幢大楼主体结顶或投用，中央绿轴公园启动建设，三垟湿地公园加快实施，鹿城双屿综合整治全面推开；龙湾中心区、瓯海中心区、瓯江口新区、经开区滨海新城、永嘉三江口片区等功能区块提速推进；鹿城“黎明·92”等旧厂区时尚化改造项目初展形象，市区六大主入城口环境综合整治和道路彩化提升初见成效。

深入推进城市治堵，打通市区惠民南路等卡口11个、断头路10条，开工首条BRT专线，新增公交专用道30公里、自行车专用道74公里、停车泊位1.8万个，公交分担率提高3个百分点。城乡协调发展得到加强。完成温州都市区规划纲要编制，城市总体规划修编上报国务院审批。组团城市建设整体推进，各县（市）新城区靓丽形象逐步呈现，瑞安入选全省首批美丽县城试点县。推出文成、泰顺“工业飞地”机制，两县列入国家主体功能区建设试点。龙港镇列入国家新型城镇化综合试点，大峃镇、罗阳镇列入省级小城市培育试点。建成美丽乡村示范村133个、精品线15条。创成新农村电气化市。城乡统筹发展水平提升幅度居全省第一。

（六）水资源、生态建设和环境保护

全市水资源总量为159.01亿立方米，比上年增长15.2%。市区自来水年供水量25218万吨。全年荒山荒（沙）地造林面积9.99万亩，建设沿海重点防护林1.32万亩；年末实有封山（沙）育林面积119.04万亩；全市森林覆盖率60.03%。

生态建设成效显著。全市已建成国家级生态示范区3个，省级生态县4个，国家级生态乡镇（街道）35个，省级生态乡镇（街道）88个；自然保护区4个，其中国家级2个，省级1个，县级1个；国家级

风景名胜区3个5处，国家级森林公园5个，省级生态旅游(示范)区8个；已建成合格(规范)饮用水源保护区85个。全市建成国家级绿色学校1所，省级绿色学校169所；建成国家级绿色社区3个，省级绿色社区109个，省级生态环境示范教育基地14个。

据市环境监测中心站监测，市区环境空气质量(AQI)达到Ⅰ级标准的有53天，达到Ⅱ级标准的有247天，环境空气质量优良率为82.2%，同比提高13.4个百分点，PM2.5浓度下降20.7%。全市地表水市控及市控以上站位75个，水质在Ⅰ至Ⅲ类的站位34个。市区有取水的两个饮用水源地按《地表水环境质量标准》Ⅲ类水评价，年度达标率为100%。市区区域环境噪声昼间等效声级平均值54.5分贝，比上年下降0.3分贝；交通噪声等效声级平均值67.5分贝，比上年下降0.6分贝。

节能减排取得积极成效。全市单位GDP能耗比上年下降5.0%，"十二五"前四年单位GDP能耗累计下降17.6%，超"十二五"目标2.6个百分点。其中规模以上工业单位增加值能耗同比下降7.3%。全市化学需氧量(COD)排放量比上年下降3.75%，氨氮排放量下降5.28%，二氧化硫(SO2)排放量比上年下降1.01%，氮氧化物排放量下降5.73%。全市已建成投运城镇生活污水处理厂18座，设计处理能力为96.25万吨/日，实际处理能力约82.5万吨/日，市区污水处理率达91.9%，县(市)城市平均污水处理率达89.8%。全市城市生活垃圾无害化处理率和农村生活垃圾集中收集行政村覆盖率达100%。

（七）其他社会事业

全市共发生各类事故(不含火灾)2171起，死亡552人，直接经济损失2286万元，分别比上年下降7.0%、5.3%和19.9%。

全市有律师机构112个，律师1572人，全年办理国内各类诉讼辩护案件36145件。各级人民调解机构调解案件总数61382件。全年办理国内公证99040件，办理涉外公证40782件。

三、温州市在泛长三角地区经济发展中的地位

2014年，温州经济社会发展步入新常态的增长周期，市政府积极适应新的发展环境，全力落实"十大举措"，推进"五大攻坚"，努力克服和消除困扰经济社会发展的各种不利因素，经济社会发展总体平稳向好。但是，我市经济下行压力仍然存在，全年经济和社会发展计划的执行存在许多困难和问题。

2010—2014年温州市地区生产总值在泛长三角所占比重分别为2.96%、2.94%、2.86%、2.86%和2.83%，整体呈下滑态势，2014年较上年减少了0.03个百分点，五年累计减少了0.13个百分点。2014年温州市地区生产总值在泛长三角地区41个市排名第11位。

2014年温州市实现GDP 4302.81亿元，比上年增长7.2%，总量仅次于杭州和宁波，继续位居全省第3。GDP增速排位上升1位，居全省第10位。与全省GDP的增长差距分别比2012年和2013年缩小了0.6个和0.1个百分点。从经济发展趋势来看，去年一季度和上半年GDP均增长6.8%，前三季度的增速上升至6.9%，截至去年底增速达到7.2%，全年经济增速呈现"低开、稳走、向好"的趋势。

2010—2014年温州市地方财政一般预算收入在泛长三角所占比重分别为2.29%、2.19%、2.09%、2.70%和2.07%，总体呈现下滑趋势，仅2013年逆势上扬，近5年减少了0.22个百分点，其中2014年较上年减少了0.63个百分点。2014年温州市地方财政一般预算收入在泛长三角地区41个市排名第12位。

2014年全市一般公共预算收入352.5亿元，同比增长8.8%，完成预算100.7%。全市地税部门共组织各项收入550.6亿元，同比增长16.8%。其中：税收收入291.5亿元，同比增长9.2%；非税收入259.0亿元，同比增长26.8%(其中社保基金收入230.6亿元，同比增长29.2%)。

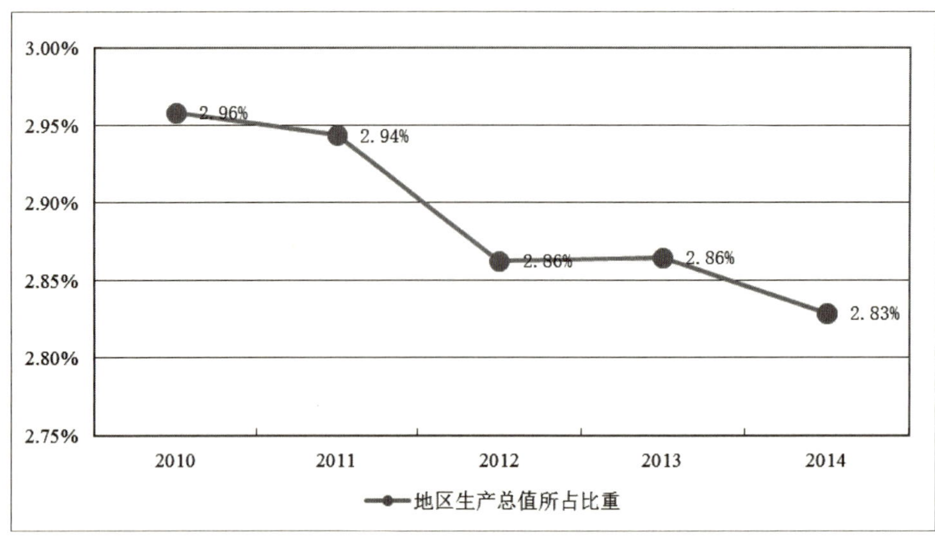

图 4　2010—2014 年温州市地区生产总值在泛长三角所占比重变化趋势

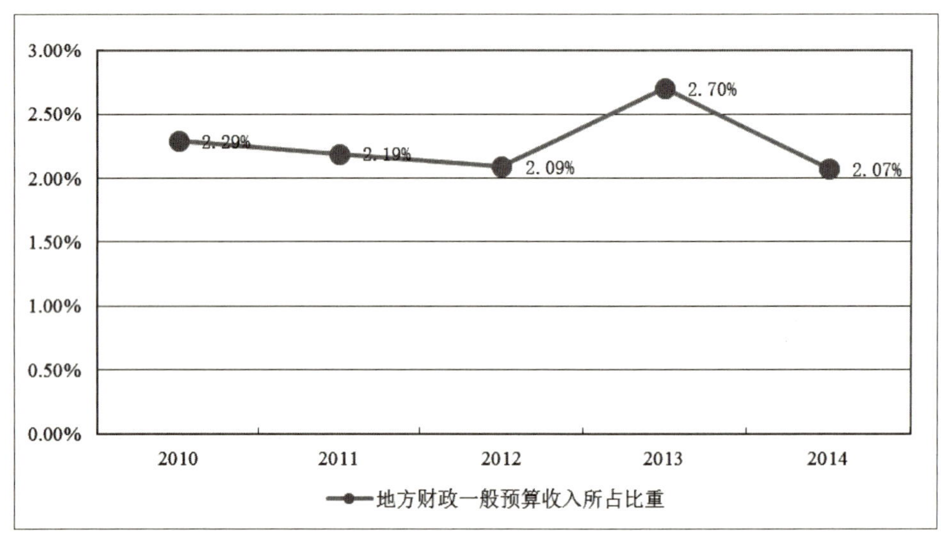

图 5　2010—2014 年温州市地方财政一般预算收入在泛长三角所占比重变化趋势

重点支出保障有力。市级安排资金 4.9 亿元，支持实施“十大民生工程”。支持创建国家质量强市示范城、国家信息惠民试点城市及金融、民政、民办教育、社会办医和公立医院等“五大改革”，拨付“黄标车”淘汰补助资金 6264 万元，成立市区道路交通事故社会救助基金，完善教师绩效工资制度，文化事业费占财政支出的比例连续两年全省最高。会同有关部门制订出台市区公共租赁住房、城市公园、公共厕所、公交成本规制财政补贴等管理办法。支持实施创新驱动战略，财政科技支出增速居全省前二，推动科技进步综合评价进全省四强，创历史最好水平。整合优化“三农”专项资金 3.3 亿元，支持农业“两区”、现代生态循环农业、农业主导产业综合开发、美丽乡村建设、扶贫攻坚及农产品质量安全等“三农”事业发展，出台农发项目库和专家库管理办法，苍南县局在全省率先出台村级公益事业一事一议奖补办法。围绕“五水共治”，整合和落实美丽浙南水乡建设资金 6 亿元，其中农村污水治理整合资金 1.5 亿元，完成污水治理村数全省第一。开展城市总体规划经济性评估调研，制订滨江商务区等市区三大亮点区块建设资金保障方案，选择温州市综合材料生态处置中心工程作为 PPP 项目试点上报，借助市场机制和市场力量，提高公共产品供给效率。

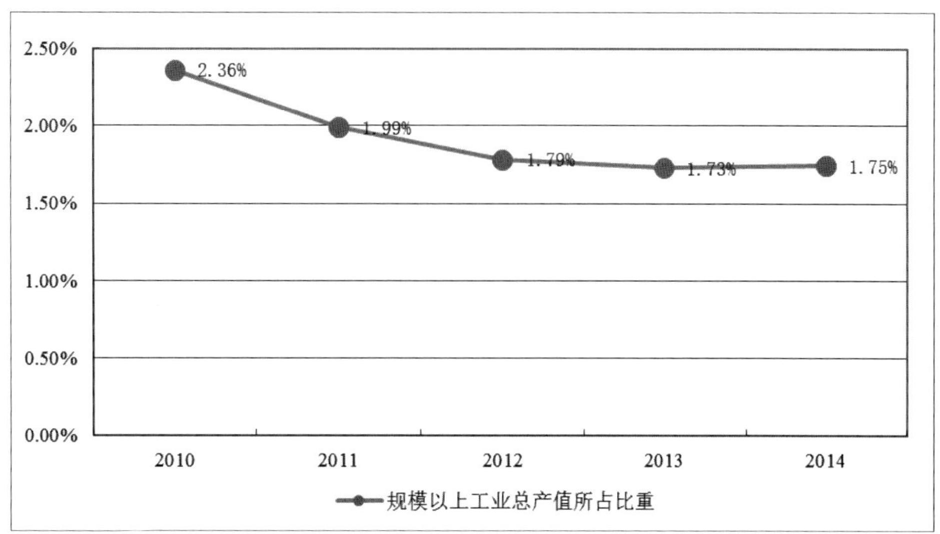

图6　2010—2014年温州市规模以上工业总产值在泛长三角所占比重变化趋势

2010—2014年温州市规模以上工业总产值在长三角所占比重分别为2.36%、1.99%、1.79%、1.73%和1.75%，总体呈下降的态势，近5年累计降幅为0.61个百分点，其中2014年比上年增加了0.02个百分点。2014年温州市规模以上工业总产值在泛长三角地区41个市排名第20位。

2014年，全市实现工业总产值7671.65亿元，比上年增长6.2%。全市规模以上工业企业4266家，实现工业总产值4740.11亿元，比上年增长5.9%。其中，轻工业产值1658.77亿元，增长5.5%；重工业产值3081.34亿元，增长6.1%。规模以上工业销售产值4509.10亿元，增长4.6%，其中完成出口交货值753.52亿元，增长6.9%，占销售产值比重为16.7%。新产品产值991.42亿元，增长39.9%；新产品产值率为20.9%，比上年提高4.6个百分点。

工业经济增加值达到1748.81亿元，同比增长8.0%，较前三季度增速提高0.7个百分点，与全省差距进一步缩小。其中，规模以上工业增加值同比增长6.2%，较前三季度增速也提高0.7个百分点，提升幅度高出全省平均水平0.4个百分点。受工业增长好转的影响，我市第二产业同比增长8.4%，相较前三季度提升了0.5个百分点。

2010—2014年温州市进出口总额在泛长三角所占比重分别为1.54%、1.64%、1.53%、1.50%和1.45%，2014年延续2013年继续下降，较上年下降了0.05个百分点，五年累计跌幅达0.09个百分点。2014年温州市进出口总额在泛长三角地区41个市排名第13位。

全年实现进出口总额207.82亿美元，比上年增长0.9%，增速比上年提高0.1个百分点。其中进口22.31亿美元，下降9.3%；出口185.51亿美元，增长2.2%。外贸依存度为29.7%，其中出口依存度为26.5%，分别比上年降低2个和1.4个百分点。至年末，与我市建立出口和进口贸易关系的国家和地区共计213个，有进出口业务的企业6127家。

2014年，全市进出口207.8亿美元，同比增长0.9%。其中出口185.5亿美元，增长2.2%，与全国、全省平均水平差距比上年缩小1.4个百分点、0.4个百分点。进口22.3亿美元，下降9.3%，比上年回升了1.2个百分点。全年全市外贸进出口主要有以下特点：

一是出口低开高走回落。2014年一季度，全市出口37.4亿美元，下降1.2%；二季度出口48.95亿美元，增长11.8%；三季度出口54.36亿美元，增长2.1%；四季度出口44.96亿美元，下降3.8%。其中，11月、12月连续两月分别下降5.3%、13.9%，拉低全年2.7个的百分点。

二是欧美市场稳定增长。欧盟、美国、俄罗斯是温州市前三大主要出口市场，2014年，温州市对欧

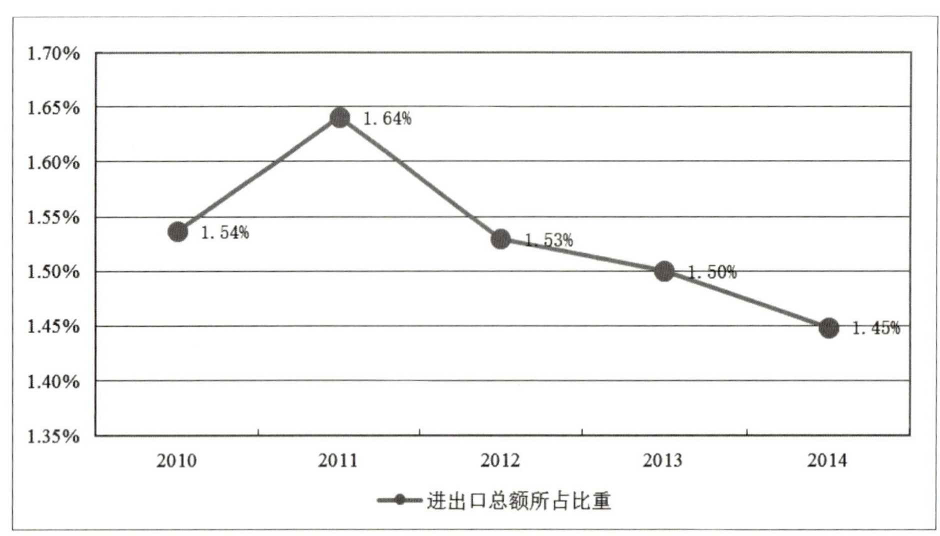

图7 2010—2014年温州市进出口总额在泛长三角所占比重变化趋势

盟、美国出口53.2亿美元、24.3亿美元,分别增长14.9%、1.6%。

三是鞋类出口小幅下降。2014年,前五大类出口商品占全市出口总额54%,总体上呈现增长态势,服装、通断及保护电路装置、纺织品、眼镜分别增长3.1%、6.0%、7.3%、5.4%。但是鞋类作为温州市第一大类出口商品,占比30%左右,2014年逐月呈下降走势,全年累计出口同比减少3.43亿美元,下降6.7%,拖累全市出口1.9个百分点。

四是企业出口预期回落。全市541家省级重点外经贸企业调查监测显示,2014年出口订单景气指数总体走势沉闷,以1月份104.2开局,一路震荡下行,12月份止于93.7,处于不景气区间。企业出口信心呈逐月失落,全年月均降幅1.63点,呈现少有的线性下落,12月份达到全年最低点95.8。预示2015年温州市出口增长仍面临较大压力。

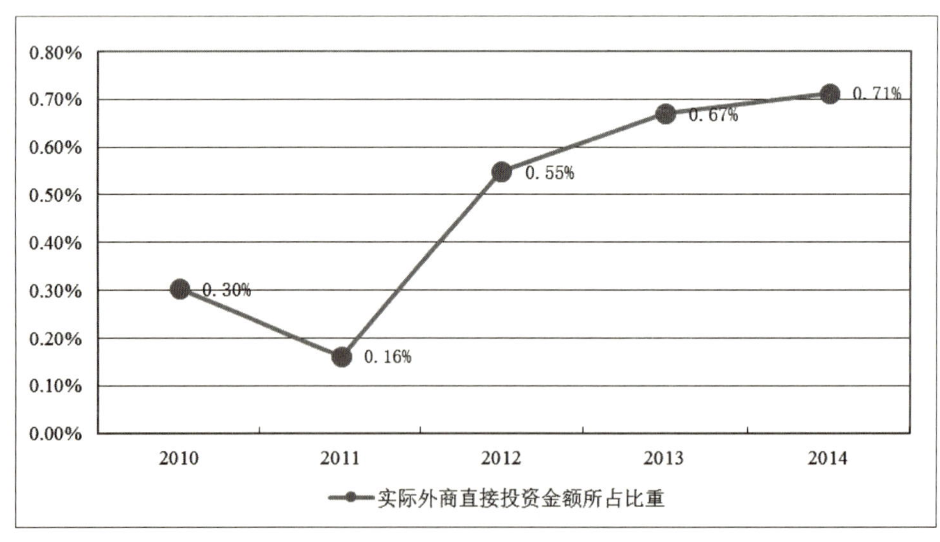

图8 2010—2014年温州市实际外商直接投资金额在泛长三角所占比重变化趋势

2010—2014年温州市实际外商直接投资金额在泛长三角所占比重分别为0.30%、0.16%、0.55%、0.67%和0.71%,2012—2014年逆势上扬,2014年较2013年增幅达0.04个百分点,五年累

计增加了 0.41 个百分点。2014 年温州市实际外商直接投资金额在泛长三角地区 41 个市排名第 29 位，排位相当靠后。

2014 年温州市全年新签外资项目 43 项，实际利用外资 5.33 亿美元，增长 6.2%。全年新批设立境外机构 26 家，中方境外投资额 1.7 亿美元，比上年增长 91.7%。国际经济合作营业额 6283 万美元。

香港依然是外资的主要来源。据提供的数据，香港、英属维尔京群岛和投资性公司实际到资总额 50687 万美元，占全市总数 95.16%，其中香港到资 31461 万美元，英属维尔京群岛到资 9934 万美元，投资性公司到资 9292 万美元，分别占全市总数 59.06%、18.65%和 17.44%。

三产项目占据主导地位。二产、三产项目实际外资分别为 6522 万美元、46645 万美元，占全市总数分别为 12.24%、87.57%。而三产项目中又以房地产业、公共设施管理业和专业技术服务业为主，实际到资分别为 19127 万美元、12323 万美元、6932 万美元，分别占实际到资总额 35.91%、23.13%和 13.01%。

五　嘉兴市2014年度经济社会发展报告

2014年，面对复杂多变的外部环境和经济下行压力，全市上下认真贯彻市委、市政府决策部署，坚持稳中求进工作总基调，着力抓改革、促转型、治环境、惠民生，主要经济指标保持稳步增长，结构调整实现新进展，发展质量有了新提升，改善民生取得新成效。

一、嘉兴市2014年经济发展概况

（一）综合经济

1. 经济总量

全市生产总值(GDP)3352.60亿元，比上年增长7.5%。其中第一产业增加值144.77亿元，下降0.2%；第二产业增加值1813.67亿元，增长7.8%；第三产业增加值1394.17亿元，增长8.0%。按常住人口计算，人均生产总值为73462元(按年平均汇率折算为11959美元)，增长7.2%。三次产业结构调整为4.3∶54.1∶41.6。

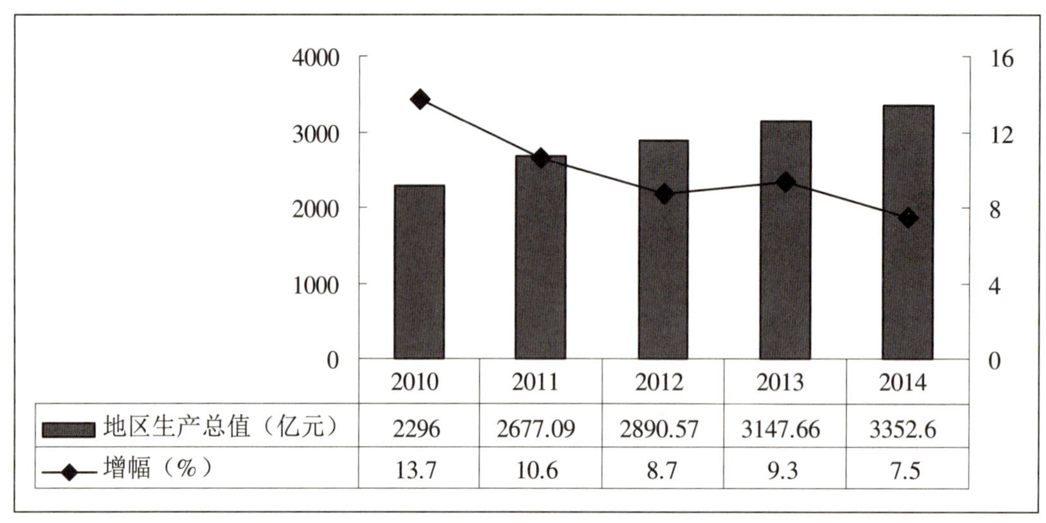

	2010	2011	2012	2013	2014
地区生产总值（亿元）	2296	2677.09	2890.57	3147.66	3352.6
增幅（%）	13.7	10.6	8.7	9.3	7.5

图1　2010—2014年嘉兴市地区生产总值及增长速度

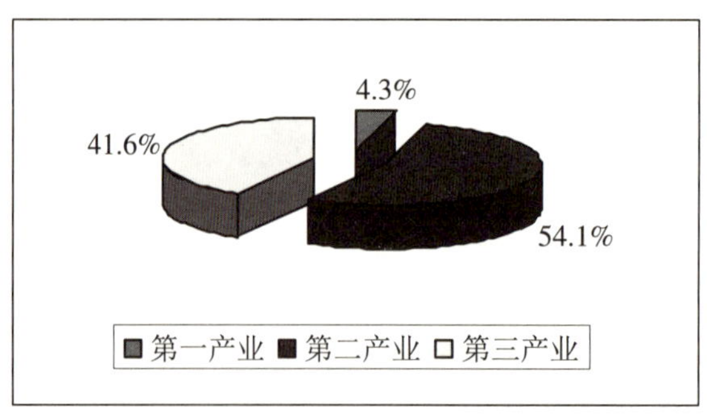

图2　2014年嘉兴市三次产业结构图

2. 财政收支

全市财政一般预算收入568.09亿元，比上年增长9.8%，其中公共财政预算收入307.07亿元，增长8.8%。各级财政用于民生支出255.2亿元，占一般公共预算支出的76.2%。

3. 物价水平

市区城市居民消费价格同比上涨2.0%。从八大类情况看，食品类价格上涨3.1%；娱乐教育文化用品及服务上涨2.2%；衣着类商品价格上涨3.5%；家庭设备用品及维修服务价格上涨1.0%；居住类价格上涨1.8%；交通和通信下降0.1%；医疗保健和个人用品价格上涨1.8%；烟酒及用品类价格下降0.6%。

2014年，全市工业企业原材料、燃料、动力购进价格下降1.8%，工业品出厂价格下降1.9%。

4. 固定资产投资

2014年，全市固定资产投资额2221.21亿元，比上年增长16.3%，其中投资项目(单位)投资额1695.49亿元，增长21.2%；房地产开发投资额525.72亿元，增长2.9%。在固定资产投资中，第一产业投资额25.14亿元，增长52.4%；第二产业投资额1001.45亿元，增长11.8%；第三产业投资额1194.62亿元，增长19.7%。基础设施投资额434.36亿元，增长51.1%。

全市房屋施工面积4548.48万平方米，增长5.0%；房屋竣工面积631.93万平方米，下降7.1%；商品房销售面积497.34万平方米，下降17.3%。

全市非国有控股固定资产投资额1675.93亿元，增长14.2%，占全部固定资产投资额比重为75.5%。

全市固定资产投资当年施工项目5439个，增长18.0%；当年新开工项目3355个，增长15.8%；建成投产项目3307个，增长34.2%；新增固定资产1537.9亿元。

全市重点工程建设项目176项，其中实施项目147项，年度计划投资总额269.58亿元，实际完成投资总额298.80亿元，完成计划投资目标110.8%。完善市域基础设施，杭平申线航道改造、嘉兴应急备用水源等项目扎实推进，建成钱江通道北接线一期、湖嘉申线航道一期等工程。

全市新增专用和公共停车位7925个，开发利用地下空间145.9万平方米，中心城市新建公交场站40个，优化公交线路51条，公交分担率进一步提高。

（二）农业

全年粮食种植面积274.93万亩，比上年增长0.7%；油菜籽种植面积24.15万亩，减少4.8万亩；蔬菜种植面积123.48万亩，增加0.35万亩；果用瓜种植面积13.62万亩，减少1.32万亩；花卉苗木种植面积19.86万亩，增加2.9万亩。粮经面积比调整至58.6∶41.4。全年粮食总产量122.34万吨，增长0.8%；蔬菜总产量253.31万吨，增长1.9%。

年末全市生猪存栏82.19万头，比年初下降71.6%；生猪出栏数374.83万头，下降10.7%；肉类总产量32.30万吨，下降10.9%；水产品总产量16.35万吨，比上年下降9.1%，其中淡水产品产量16.15万吨，下降7.6%，海水产品产量0.20万吨，下降59.8%。

全市已有种子种苗基地94个，引进新品种503个；制定农业标准213项，有576个农产品通过国家级无公害农产品认证。全市已建成各类休闲农业园区83个，新增农民专业合作社31家。新建粮食生产功能区15.1万亩、新增省级现代农业园区19个。

（三）工业和建筑业

1. 工业

2014年，全市工业增加值1633.84亿元，比上年增长7.9%，占全市生产总值48.7%。规模以上(主营业务收入2000万元以上)工业企业数4623家，工业增加值1328.26亿元，增长7.7%，其中重工业增加值734.34亿元，增长8.4%；轻工业增加值593.92亿元，增长6.8%。全市规模以上工业战略性新兴产业、高新技术产业和装备制造业增加值分别增长12.8%、11.7%和15.7%，占规模以上工业增加值比重分别为39.6%、38.2%和24.3%。

全市规模以上工业企业全年主营业务收入6862.16亿元，增长6.2%；利税总额598.53亿元，增长5.8%，其中利润总额366.19亿元，增长6.5%。工业产品销售率96.97%，总资产贡献率10.18%，资本保值增值率108.28%，成本费用利润率5.61%，资产负债率由上年58.69%下降为58.12%，亏损率由上年6.90%提升为7.62%，新产品产值率由上年34.57%上升为36.23%。

2. 建筑业

2014年，全社会建筑业增加值177.65亿元，比上年增长6.7%。全市具有资质等级的总承包和专业承包建筑业企业利润11.89亿元，比上年下降1.4%。

（四）服务业

1. 国内贸易

2014年，全市社会消费品零售总额1347.02亿元，比上年增长12.5%。批发零售贸易业零售额1215.35亿元，增长12.8%，住宿餐饮业零售额131.67亿元，增长9.9%。

年末全市拥有各类商品交易市场327个，商品交易额(不含网上交易额)1492.74亿元，增长12.6%，其中成交额超亿元市场64个，超10亿元市场19个。

2. 交通运输、邮电

2014年，全市公路通车里程8067公里，增长0.8%，其中四级以上公路7940公里，增长0.9%。各种运输方式(不包括铁路，下同)货物周转量245.32亿吨公里，增长7.5%，其中，公路104.06亿吨公里，增长16.4%；全年旅客周转量(营业性车辆)31.69亿人公里，下降14.3%。全年嘉兴港货物吞吐总量6880.35万吨，增长4.2%，其中，外贸货物吞吐量901.06万吨，增长4.8%，集装箱115.60万标箱，增长14.4%。

全年邮电业务总量105.37亿元，增长3.7%。其中，邮政业务总量24.36亿元，增长32.5%；电信业务总量81.01亿元，下降2.7%。年末城乡固定电话用户135.23万户，比上年末下降11.3%。移动电话用户614.60万户，增长9.6%。固定互联网用户141.91万户，增长7.7%。

3. 旅游业

全市接待海内外游客5391.23万人次，旅游总收入565.03亿元，分别增长14.1%和16.4%。其中，接待外国、港澳台游客70.66万人次，增长7.4%，旅游外汇收入2.27亿美元，下降6.8%；接待国内游客5302.57万人次，增长14.2%，国内旅游收入551.06亿元，增长17.1%。

4. 金融、证券和保险

年末全部金融机构本外币存款余额5684.10亿元，比上年末增长9.2%，其中人民币存款余额5513.87亿元，比上年末增长8.7%；金融机构本外币贷款余额4641.26亿元，比上年末增长12.6%，

其中人民币贷款余额4393.16亿元，比上年末增长13.8%。城乡居民储蓄存款余额2701.58亿元，增长10.8%。

年末全市上市公司35家，发行股票36个，累计募集资金545.86亿元，年末全市证券A、B股帐户共83.49万户，减少1.66万户。全年全市证券交易额10142.2亿元，比上年增长44.7%，其中股票交易额6992.5亿元，增长46.6%，基金交易额357.15亿元，增长201.3%。

全市保险业保费收入96.67亿元，比上年增长15.0%。其中，财产险保费收入44.61亿元，增长16.0%；人寿险保费收入52.05亿元，增长14.2%。全年赔付额27.18亿元，增长5.7%。其中，财产险赔付金额24.90亿元，增长5.0%；人寿险赔付金额(剔除期满给付)2.28亿元，增长13.4%。

(五) 对外经济

1. 对外贸易

2014年，全市进出口总值337.34亿美元，比上年增长6.2%，其中出口总值236.51亿美元，增长10.0%，进口总值100.83亿美元，下降1.7%。机电、服装及纺织类产品等居出口主导地位，机电产品出口77.93亿美元，增长14.7%，占全市出口总额的32.9%；服装类产品出口42.34亿美元，下降1.3%，占17.9%；纺织类产品出口42.58亿美元，增长12.7%，占18.0%。经济外向度保持较高水平，进出口总额占全市生产总值的比例61.8%(按当年汇率计算)，其中出口额占比为43.3%。

2. 外资状况

全市新批外商投资企业246家，比上年减少2家；合同利用外资44.15亿美元，比上年增长30.2%；实际利用外资24.96亿美元，增长13.1%。全市新批境外投资项目41个，境外中方投资额3.12亿美元，增长23.3%。全市引进内资项目970个，实际到位内资287.90亿元，增长16.5%。

二、嘉兴市2014年社会发展概况

(一) 人口、人民生活

2014年末全市户籍人口348.14万人，比上年末增加2.21万人。全市户籍人口出生率9.98‰，死亡率6.84‰，自然增长率3.14‰。全年迁入人口2.95万人，迁出人口1.79万人，人口机械增长率3.32‰。

据5‰人口抽样调查结果推算，年末全市常住人口457.00万人，出生率10.4‰，死亡率5.7‰，城镇人口比重59.2%，比上年提高2.1个百分点。

2014年，全市城镇居民人均可支配收入42143元，增长9.0%，扣除价格因素，实际增长6.9%；农村居民人均可支配收入24676元，增长10.2%，扣除价格因素，实际增长8.0%。城镇居民人均生活消费支出23032元，同比增长9.1%；农村居民人均生活消费支出16163元，增长20.2%。城乡居民家庭恩格尔系数(即居民家庭食品消费支出占家庭消费总支出的比重)分别为30.4%和29.8%。年末城镇居民家庭人均住房建筑面积38.19平方米；农村居民人均生活用房建筑面积72.46平方米。

(二) 就业与社会保障

1. 就业工作

全市城镇新增就业人数10.72万人，比上年增加0.28万人。城镇登记失业率2.92%。年末全市共有职业介绍机构70家，全年举办各类劳动力招聘活动552次。

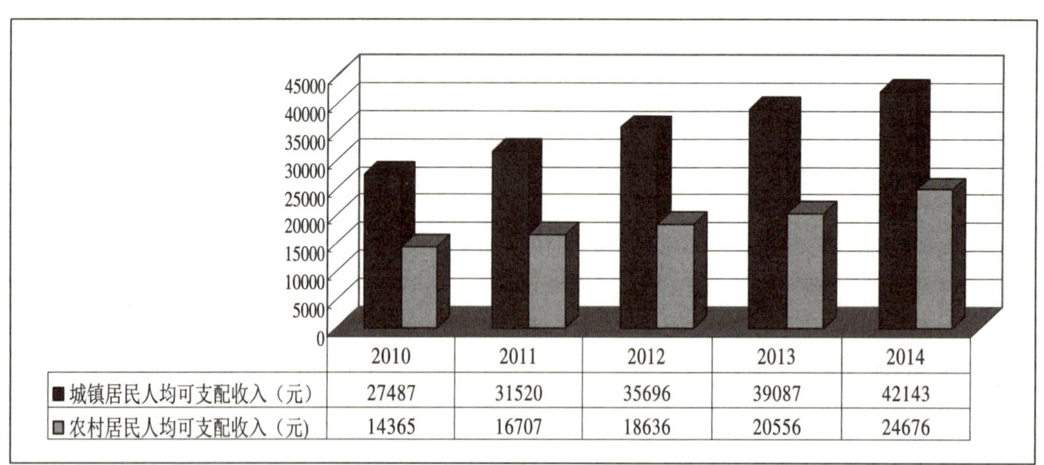

图 3　2010—2014 年嘉兴市城乡居民收入对比一览

2. 社会保障

全市城乡享受最低生活保障家庭 1.38 万户，比上年减少 0.18 万户；保障人数 2.27 万人。全市投入城乡最低生活保障资金 9787 万元，上升 17.2%，提供城乡各种社会救济 5.12 万人次，比上年减少 6.16 万人次。

全市参加基本养老保险人数 231.52 万人，增长 5.5%。全年共发放养老金 116.25 亿元；失业保险参保人数达 110.78 万人，增长 6.4%；领取失业保险金的人数 2.53 万人。

新增机构养老床位 2128 张，居家养老服务照料中心城市社区、农村社区覆盖率分别达到 89.2%和 75.2%。

（三）教育和科学技术

1. 教育事业

2014 年，全市拥有各类学校（含幼儿园）698 所，在校生 68.65 万人。各类高等教育学校 10 所，在校生 10.27 万余人，其中全日制普通高校 6 所，在校生 6.57 万人；普通高中 36 所，在校生 5.99 万人；初级中学 139 所，在校生 11.03 万人；小学 170 所，在校学生 24.54 万人。初中、小学入学率和巩固率均达到 100%。初中毕业生升高中段各类学校比例达 99.00%。普通高校招生 20449 人，毕业学生 14087 人，比上年增长 0.5%。高等自学考试报考人数 2.36 万人，获得大专以上文凭人数 2971 人；成人中等专业学历教育招收学生 759 人，毕业班学生 928 人。农村各类文化技术培训 70 多万人次。全市各类民办学校 48 所，在校学生 9.50 万人，其中民办高校 5 所，民办高校在校学生 2.49 万人。

2. 科技与创新

2014 年，全市发明专利申请量和发明专利授权量分别为 3908 件和 546 件，全市人才资源总量达 102.30 万人，比上年增加 9.10 万人，增长 9.8%。全年获得市级以上各类科技成果 105 项，技术市场发展平稳，全年经认定登记技术交易金额 11.18 亿元，交易合同数 237 项。全市年末国家级高新技术企业达 402 家，省级科技型中小企业 1304 家，比上年增加 311 家。全市规模以上工业新产品产值 2668.24 亿元，增长 12.3%。科技创新投入力度加大，全市研究与试验发展经费支出占全市生产总值比重 2.65%。

（四）文化、卫生和体育

1. 文化事业

2014 年末，全市拥有文化艺术表演团体 11 个，艺术表演场所 16 个，文化馆 8 个，文化站 73 个，公共图书馆 6 个，图书总藏量（不含电子图书）680 万册，图书阅览 913 万人次。各类电影放映单位 39 家，广播电台 6 座，电视台 6 座，全市行政村有线电视联网率达到 100%，广播和电视人口覆盖率均达 100%。

2014 年，成立嘉兴市文化馆、嘉兴博物馆理事会，组建嘉兴电影集团。“文化有约”项目共推出各类活动 800 多项，形成 60 多个活动子品牌，“文化有约”网站注册用户近 1 万人，点击量已突破 115 万次。大运河嘉兴段 6 段河道和 2 个遗产点列入世界文化遗产名录，成功承办第十二届全国美展综合画种 • 动漫展区展览。

2. 卫生事业

年末，全市共有医疗卫生机构 1374 个，各类卫生工作人员 28036 人，其中医生 9280 人，注册护士 11384 人，医疗床位 21038 张。平均每千人拥有医生 2.67 名，每千人拥有医院床位 6.04 张。全年急门诊病人 3440 万人次，住院 63.9 万人次。

全市已建成 81 个社区卫生服务中心，其中：省级规范社区服务中心 78 个，社区卫生服务站 780 个。全市无偿献血 45531 人次，献血量 1446 万毫升；无偿献血占临床用血比例达 100%。

全市（镇）、村合作医疗覆盖率均达 100%，镇初保达标率为 100%。全市农村自来水受益率 99.97%，农村农户改厕率 99.07%。

3. 体育事业

加强“体育强市”建设，大力开展群众体育，嘉兴体育代表团在第十五届省运会上获得 144 枚金牌。

（五）城乡建设

统筹城乡区域发展，城市功能进一步提升。启动国家“多规合一”试点，开展新一轮市域总体规划修编。完善市域基础设施，杭平申线航道改造、嘉兴应急备用水源等项目扎实推进，建成钱江通道北接线一期、湖嘉申线航道一期等工程，嘉兴军民合用机场改扩建项目前期工作进展顺利。认真落实促进市本级经济发展的 18 条意见，完成市本级规划管理体制调整，国际商务区、湘家荡区域、温泉新城等重点区块开发建设步伐加快。全市启动城市有机更新 10097 亩，中心城区子城广场、南湖湖滨等区块房屋征收、设计规划和招商工作有序推进。大力实施“三改一拆”，积极开展无违建县（市、区）、无违建镇（街道）创建，改造旧住宅区、旧厂区、城中村 1722.8 万平方米，拆除违法建筑 2013.8 万平方米。开展城市交通治堵，大力实施道路综合整治工程，全市新增专用和公共停车位 7925 个，开发利用地下空间 145.9 万平方米。优先发展公共交通，中心城市新建公交场站 40 个，优化公交线路 51 条，公交分担率进一步提高。市区顺利完成“三小车”整治。加快滨海港产城统筹发展试验区建设，嘉兴港口岸扩大开放获得国务院批复，货物吞吐量、集装箱吞吐量分别达到 6880 万吨和 115.6 万标箱。支持各副中心城市特色发展，区域发展协调性进一步增强。联动推进 4 个省级和 13 个市级小城市培育试点工作，中心镇综合承载功能得到提升。大力实施农村土地综合整治，改造集聚农户 1.4 万户，复垦土地 1.1 万亩。深入开展美丽乡村“四级联创”，新增市级美丽乡村先进镇 15 个。

（六）资源、生态环境与节能减排

2014 年全市水资源总量 23.52 亿立方米，增长 8.4%；人均水资源量 514.7 立方米（按当年常住人口计算），增长 8.1%；全市降水量 1152.6 毫米，降水深 1249 毫米，下降 0.6%。全市机动车总量达 146.42 万辆，其中汽车 79.18 万辆，增长 15.8%；私人汽车 65.27 万辆，增长 18.4%。

实施“五水共治”，完成垃圾河清理 1066.2 公里，整治黑河、臭河 847.8 公里。加快污水处理设施建设，新建污水管网 594 公里，新增污水达标入网企业 4152 家。扎实推进农村生活污水治理，新增受益农户 10.2 万户。

深入实施大气污染整治，淘汰高污染小锅炉小炉窑 665 台、黄标车 2.5 万辆，市区空气质量优良率 70.3%。新增改造绿化面积 4.6 万亩，新建生态绿道 108 公里。

全市规模以上工业企业综合能源消费（等价值）1337.1 万吨标准煤，增长 3.9%；万元工业增加值能耗下降 3.5%。367 家年耗能 5000 吨标准煤及以上重点能耗企业能源消费量 1029.2 万吨标准煤，增长 6.5%。初步测算，单位生产总值综合能耗下降 4.7%。

（七）社会安全

建设“平安嘉兴”取得新成效。据调查，2014 年全市人民群众安全感满意率达到 96.36%，比上年提高 0.18 个百分点。全年全市共发生各类安全生产事故（不含火灾）1339 起，比上年减少 74 起；死亡人数 333 人，比上年减少 33 人。

三、嘉兴市在泛长三角地区经济发展中的地位

2014 年，嘉兴市全市继续深入贯彻落实科学发展观，牢牢把握稳中求进的工作总基调，主动适应经济发展新常态，着力推进转型发展，全市经济运行总体稳定。

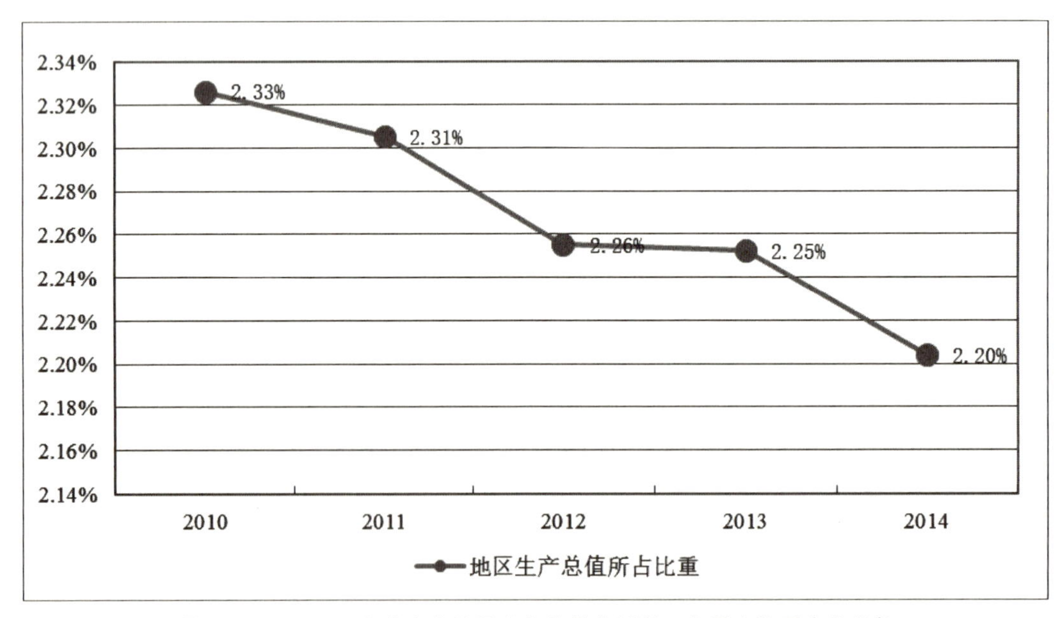

图 4　2010—2014 年嘉兴市地区生产总值在泛长三角所占比重变化趋势

2010—2014 年嘉兴市地区生产总值在泛长三角所占比重分别为 2.33%、2.31%、2.26%、2.25% 和 2.20%，总体呈下降趋势，2014 年较上年减少了 0.05 个百分点，较 2010 年减少了 0.13 个百分点。

2014 年嘉兴市地区生产总值在泛长三角地区 41 个市排名第 17 位。

2014 年全市生产总值(GDP)3352.80 亿元，比上年增长 7.5%。其中第一产业增加值 145.14 亿元，下降 0.2%；第二产业增加值 1811.31 亿元，增长 7.8%；第三产业增加值 1396.35 亿元，增长 8.0%。按常住人口计算，人均生产总值为 73462 元(按年平均汇率折算为 11959 美元)，增长 7.2%。三次产业构成比例为 4.3∶54.1∶41.6，全市第三产业增加值占 GDP 比重低于全省平均 4.5 个百分点，低于长三角平均 7.9 个百分点，在全省列 11 位，在长三角 16 城市中列 16 位。在八城市中，嘉兴第二产业比重最高，第三产业比重最低，第三产业比重分别低于常州、南通、镇江、泰州、扬州、绍兴和台州七城市 6.4 个、2.6 个、4.5 个、0.7 个、1.3 个、2 个和 5.4 个百分点。

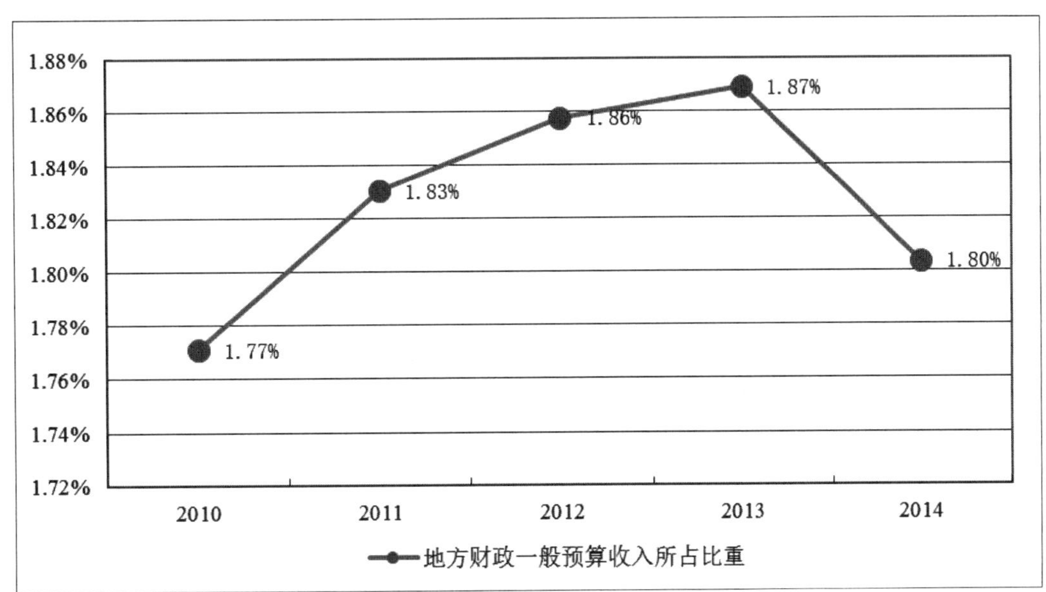

图 5　2010—2014 年嘉兴市地方财政一般预算收入在泛长三角所占比重变化趋势

2010—2014 年嘉兴市地方财政一般预算收入在泛长三角所占比重分别为 1.77%、1.83%、1.86%、1.87%和 1.80%，2014 年出现下跌。累积增加 0.17 个百分点，2014 年较上年下跌了 0.07 个百分点。2014 年嘉兴市地方财政一般预算收入在泛长三角地区 41 个市排名第 15 位。

2014 年，嘉兴市全市财政一般预算收入 568.09 亿元，比上年增长 9.8%，其中公共财政预算收入 307.07 亿元，增长 8.8%。其中，公共财政预算收入 307.07 亿元，总量首次突破 300 亿大关，较上年增长 8.8%，增幅比上年回落 0.7 个百分点。全市地方财政收入中增值税、营业税和企业所得税的三大主体税种收入 176.83 亿元，比上年增长 8.8%，增幅比上年提升 0.7 个百分点。各级财政用于民生支出 255.2 亿元，占一般公共预算支出的 76.2%。

2010—2014 年嘉兴市规模以上工业总产值在泛长三角所占比重分别为 2.68%、2.62%、2.54%、2.64%和 2.69%，2014 年较上年增加了 0.05 个百分点，较 2010 年增加了 0.101 个百分点。2014 年嘉兴市规模以上工业总产值在泛长三角地区 41 个市排名第 15 位。

2014 年，全市规模以上工业生产实现稳增长，工业结构调整加快。全市规模以上工业增加值 1328.26 亿元，增长 7.7%。全市装备制造业、高新技术产业、战略性新兴产业(省标准)增加值分别增长 15.7%、11.7%、9.6%，占规模以上工业比重分别为 24.3%、38.2%、26.4%，分别较上年提高 1.7 个、15.7 个、1.8 个百分点。

2014 年，全市规模以上服务业企业总体保持平稳发展态势，但增速趋缓，规模以上服务业企业增

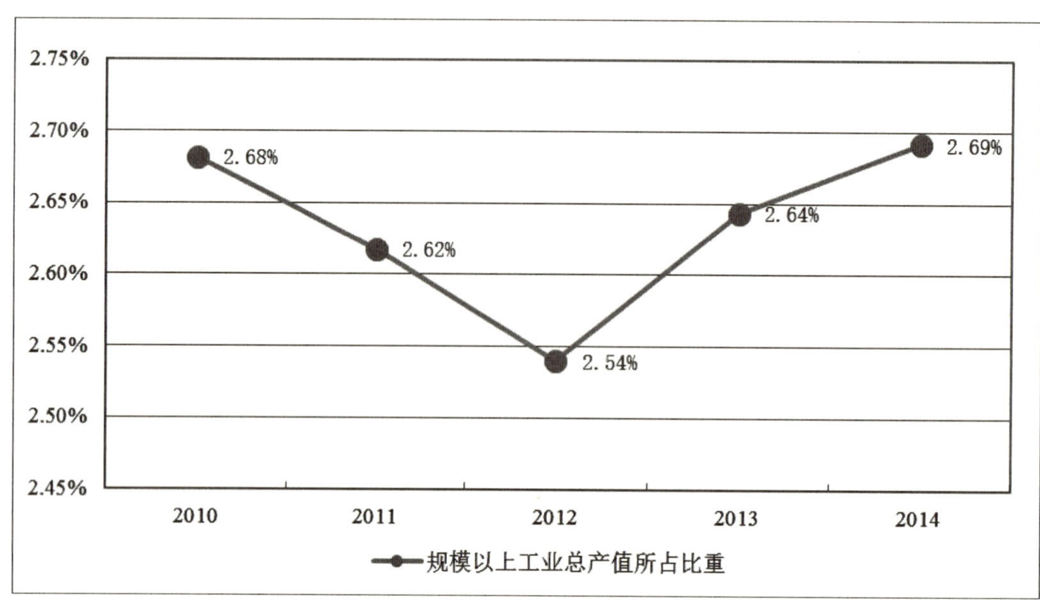

图 6　2010—2014 年嘉兴市规模以上工业总产值在泛长三角所占比重变化趋势

加值增长 2.2%，较上年下降 15.6 个百分点。全市服务业呈现经营主体多元化，龙头企业支撑作用明显，服务业企业税负下降等积极变化。但服务业发展仍面临结构不够合理、单位规模偏小、高技术和生产性服务业发展不快等问题。2015 年，全市上下必须重视服务业企业的培育，优化服务业行业结构，提升服务业质量效益，确保“十二五”各项目标任务完成。

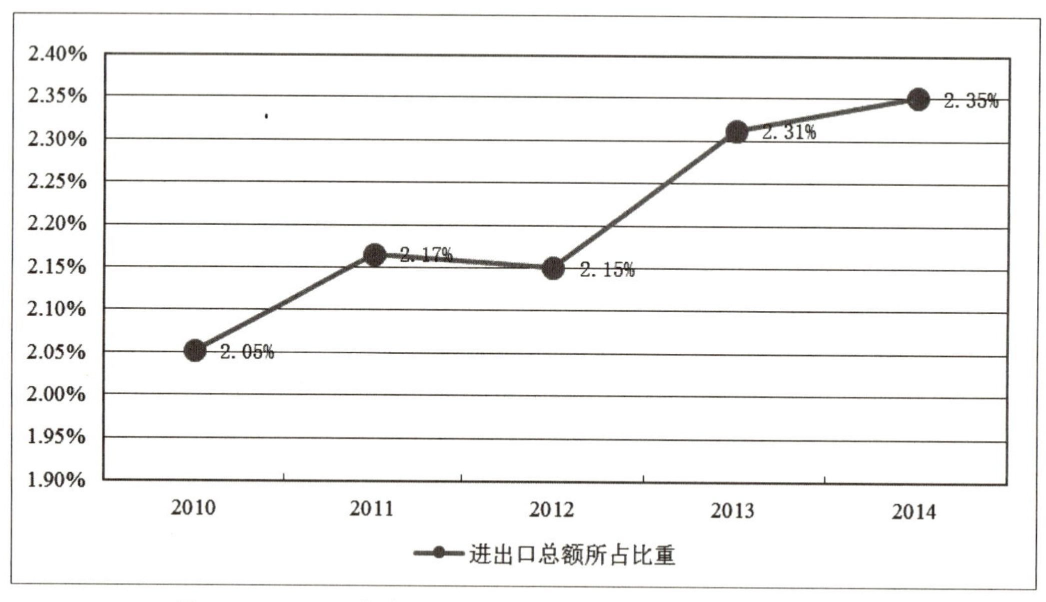

图 7　2010—2014 年嘉兴市进出口总额在泛长三角所占比重变化趋势

2010—2014 年嘉兴市进出口总额在泛长三角所占比重分别为 2.05%、2.17%、2.15%、2.31%和 2.35%，总体呈上升趋势，2014 年较上年增加了 0.04 个百分点，五年累计增加了 0.30 个百分点。2014 年嘉兴市进出口总额在泛长三角地区 41 个市排名第 9 位。

2014 年，全市进出口总额 337.34 亿美元，增长 6.2%，增幅较上年回落 4.3 个百分点。其中进口

额 100.83 亿美元，下降 1.7%，降幅较上年扩大 13.8 个百分点；出口 236.51 亿美元，增长 10.0%，增幅较上年提升 0.2 个百分点。主要出口产品保持平稳。

其中，对欧美等主要市场出口态势良好，对日本出口表现相对低迷。2014 年，嘉兴市对欧盟、美国和东盟分别出口 350.1 亿元、345.8 亿元和 94.1 亿元，同比增长分别达 17.2%、11.3%和 9.5%，三大市场占全市出口总值的 54.4%。同期，对日本出口 132.2 亿元，下降 7.1%。

传统劳动密集型产品和机电产品保持平稳增长。嘉兴市出口纺织品、服装、箱包、鞋类、玩具、家具、塑料制品等 7 大类传统劳动密集型产品 731.3 亿元，同比增长 6.8%，占同期全市出口总值的 50.3%。另外，机电产品出口 479 亿元，同比增长 13.5%。

去年，嘉兴市本级及各县(市)外贸出口均保持增长。其中市本级出口总值列全市第一，出口 434 亿元，增长 9.3%；桐乡出口增速列全市第一，出口 188 亿元，增长 12.6%。

图 8　2010—2014 年嘉兴市实际外商直接投资金额在泛长三角所占比重变化趋势

2010—2014 年嘉兴市实际外商直接投资金额在泛长三角所占比重分别为 2.92%、2.73%、2.45%、2.94%和 3.34%，2014 年较上年增加了 0.40 个百分点，较 2010 年增加了 0.42 个百分点。2014 年嘉兴市实际外商直接投资金额在泛长三角地区 41 个市排名第 7 位。

2014 年，全市引进外资项目 246 个，比上年减少 2 个；全市合同利用外资 44.15 亿美元，增长 30.2%，增幅高于上年 9.7 个百分点；实际利用外资 24.96 亿美元，增长 13.1%，增幅比上年回落 10.8 个百分点。在浙江省稳居第三位。超额完成全年目标任务，利用外资规模再创历史新高。一批批优质项目的落户，有力促进了全市产业结构的优化。

六　湖州市 2014 年经济社会发展报告

2014 年，面对错综复杂的宏观发展环境，湖州市积极应对挑战，奋力攻坚克难，突出聚力发展主题，把握稳中求进基调，激发改革创新动力，统筹稳增长、抓改革、调结构、惠民生，经济社会发展稳中有进，主要预期目标基本完成。

一、湖州市 2014 年经济发展概况

（一）综合经济

1. 经济总量

全年实现地区生产总值(GDP)1956.0 亿元，按可比价计算比上年增长 8.4%。分产业看，第一产业增加值 120.34 亿元，增长 0.9%；第二产业增加值 999.1 亿元，增长 9.1%，其中工业增加值 904.3 亿元，增长 9.2%；第三产业增加值 836.56 亿元，增长 8.6%。三次产业结构比例为 6.2∶51.2∶42.6。按户籍人口计算的人均 GDP 为 74332 元，增长 7.9%，折合 12101 美元；按常住人口计算的人均 GDP 为 66916 元，增长 7.9%，折合 10893 美元。

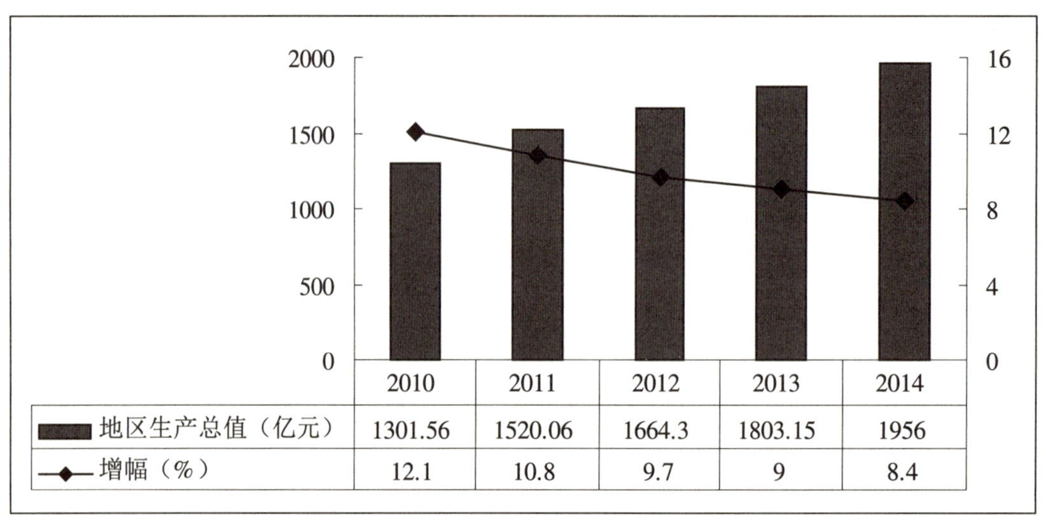

图 1　2010—2014 年湖州市地区生产总值及增长速度

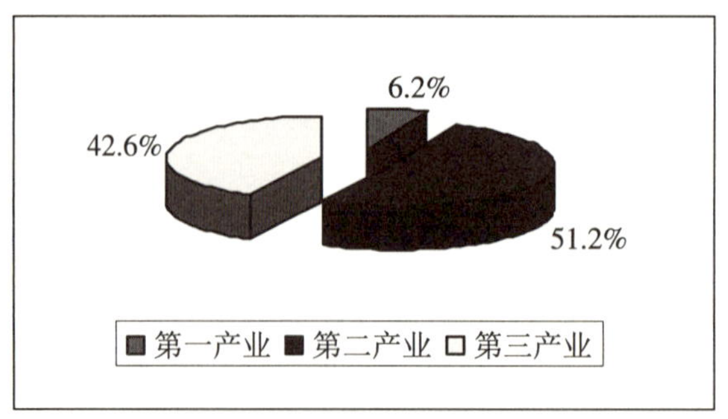

图 2　2014 年湖州市三次产业结构图

2. 财政收支

全年实现财政总收入 295.7 亿元，其中地方财政收入 167.8 亿元，分别比上年增长 8.9%和 8.5%。财政总收入占 GDP 的比重为 15.1%。地方财政收入中，税收收入 156.3 亿元，增长 7.8%，占比为 93.1%；从主要税种看，增值税、营业税、企业所得税、个人所得税分别为 29.6 亿元、40.6 亿元、23.9 亿元和 7.7 亿元，分别增长 9.0%、2.2%、20.0%和 7.0%。全年财政支出 224.6 亿元，增长 13.6%，其中民生改善支出 165.5 亿元，增长 17.0%。

3. 物价水平

全年城市居民消费价格总水平比上年上涨 2.3%，其中服务项目价格上涨 3.8%，消费品价格上涨 1.6%。从八大类商品和服务价格看，食品上涨 1.5%，烟酒及用品上涨 0.2%，衣着上涨 6.2%，家庭设备用品及服务上涨 2.9%，医疗保健和个人用品上涨 2.0%，交通和通信上涨 1.1%，娱乐教育文化用品上涨 0.7%，居住上涨 4.0%。

4. 固定资产投资

全年限额以上固定资产投资项目 2197 个，完成投资 1242.9 亿元，比上年增长 16.2%。其中，基础设施投资 260.7 亿元，增长 18.8%；非国有投资 1006.1 亿元，增长 16.1%。按产业划分，第一产业投资 6.8 亿元，下降 0.3%；第二产业投资 569.6 亿元，增长 7.6%，其中工业投资 569.6 亿元，增长 7.8%；第三产业投资 666.5 亿元，增长 24.8%。

（二）农业和农村建设

全年实现农林牧渔业总产值 211.4 亿元，比上年下降 0.7%。其中，农业产值 97.0 亿元，增长 2.1%；林业产值 24.1 亿元，增长 3.8%；牧业产值 37.4 亿元，下降 18.6%；渔业产值 43.7 亿元，增长 8.2%。全年粮食播种面积 159.6 万亩；经济作物播种面积 121.0 万亩，其中蔬菜面积 56.3 万亩，花卉苗木面积 30.3 万亩。全年粮食产量 73.7 万吨；油菜籽产量 2.8 万吨；生猪出栏 137.6 万头，减少 15.9%；肉类产量 16.7 万吨，减少 13.0%；蚕茧产量 0.9 万吨，减少 19.6%；家禽出栏 4170 万羽，减少 9.8%；禽蛋产量 4.8 万吨，减少 8.4%；水产品产量 30.5 万吨，增加 5.9%。

全市年末拥有现代农业示范园 306 个，其中省级 88 个；本年新建现代农业示范园 51 个，其中省级 25 个。全市年末拥有无公害水产品基地 102 个；拥有农业龙头企业 223 家；拥有省级无公害农产品基地 111.8 万亩，无公害农产品 625 只，绿色食品 184 只。

（三）工业和建筑业

1. 工业增加值

全年规模以上工业实现增加值 700.6 亿元，按可比价计算比上年增长 9.2%，其中轻工业增加值 320.8 亿元、重工业增加值 379.8 亿元，分别增长 9.6%和 8.8%。33 个大类行业中，有 29 个行业实现增长，5 个行业增加值超过 40 亿元。其中，纺织业 94.0 亿元，增长 6.9%；非金属矿物制品业 67.8 亿元，增长 9.7%；电气机械及器材制造业 66.8 亿元，增长 5.6%；通用设备制造业 44.1 亿元，增长 18.9%；电力热力的生产和供应业 43.3 亿元，增长 3.1%

全年规模以上工业实现主营业务收入 3915.4 亿元，比上年增长 3.5%；利税 361.1 亿元，其中利润 231.7 亿元，分别增长 11.5%和 12.2%。10 个工业行业达到了“主营业务收入超 100 亿元、利税超 10 亿元”，共实现主营业务收入 2803.6 亿元、利税总额 258.4 亿元，均占全部规模以上工业的 71.6%。7 个行业利税超过 20 亿元。其中，纺织业 46.8 亿元，增长 11.4%；非金属矿物制品业 35.0

亿元，增长7.6%；电气机械及器材制造业34.6亿元，下降0.3%；通用设备制造业31.2亿元，增长37.2%；黑色金属冶炼及压延加工业22.0亿元，增长3.6%；化学原料及化学制品制造业21.2亿元，增长6.1%；木材加工及木、竹、藤、棕、草制品业20.1亿元，增长3.6%。

全年高新技术产业实现主营业务收入1375.8亿元，比上年增长7.4%；利税145.6亿元，其中利润100.2亿元，分别增长12.8%和13.6%。从利税看，电子信息产业增长33.1%，光机电一体化产业增长24.8%，资源与环境产业增长14.8%，新材料产业增长9.7%，生物医药产业增长8.8%，新能源及节能产业下降11.8%。

全年六大特色产业实现主营业务收入2327.1亿元，比上年增长1.9%；利税199.7亿元，其中利润134.5亿元，分别增长13.6%和15.0%。从利税看，先进装备产业增长32.5%，特色纺织产业增长31.2%，绿色家居产业增长12.8%，金属新材产业增长6.2%，生物医药产业增长5.8%，新能源产业下降15.0%。

2. 建筑业

全市年末拥有建筑企业230家，其中一级资质企业42家、二级资质企业64家。全年建筑企业完成建筑业总产值590.9亿元，比上年增长12.2%，其中建筑工程产值524.3亿元，安装工程产值46.4亿元，分别增长12%和7.6%；房屋建筑施工面积4187.9万平方米，增长2.2%；竣工面积1806.4万平方米，增长10.5%。

（四）服务业

1. 国内贸易

全年实现社会消费品零售总额871.2亿元，比上年增长13.7%。其中，批发零售业783.3亿元，增长14.1%；住宿餐饮业87.9亿元，增长10.0%。限额以上批发零售贸易企业全年实现零售额315.8亿元，增长20.0%。其中，汽车类118.0亿元，增长15.4%；石油及制品类69.2亿元，增长4.3%；服装类32.9亿元，增长144.7%；食品类26.1亿元，增长28.0%；家用电器和音像器材类12.6亿元，下降6.8%；金银珠宝类10.4亿元，增长6.2%。

2. 交通运输、邮电

加快构建现代化综合交通网络体系，湖苏沪铁路等项目前期工作进一步深化，杭长高速公路北延、318国道南浔至吴兴段改线等一批在建项目进展顺利，104国道五一大桥改建等项目开工，新建成农村联网公路200公里。全市年末公路通车里程达到7511公里，其中高速公路289公里、一级公路451公里、二级公路579公里。全年完成客运量6307万人，比上年下降9.2%；客运周转量22.1亿人公里，下降10.5%。完成货运量13202万吨，下降32.6%，其中公路7463万吨，增长8.7%，水路5739万吨，下降54.9%；货运周转量143.3亿吨公里，下降39.6%，其中公路56.9亿吨公里，增长5.3%，水路86.4亿吨公里，下降52.8%。全年内河港口货物吞吐量8487万吨，下降44.6%。

全市年末汽车保有量达到47.15万辆，比上年增加6.58万辆，增长16.2%；私人汽车保有量42.45万辆，增加6.67万辆，增长18.6%，其中轿车30.32万辆，增加3.09万辆，增长11.3%。全年小型汽车上牌量8.22万辆，增长18.3%。

全年实现电信业务收入30.9亿元，比上年下降2.3%；全市年末固定电话（含小灵通）用户90.62万户，比上年减少6.41万户；移动电话用户383.00万户，增加16.65万户；年末国际互联网宽带用户87.84万户，增加6.57万户。

3. 旅游业

全年接待国内外旅游人数5956.8万人次，比上年增长20.2%。其中，国内旅游人数5896.5万人

次，增长20.3%；入境旅游人数60.3万人次，增长13.1%。全年实现旅游总收入503.2亿元，增长27.9%。其中，国内旅游收入489.4亿元，增长28.4%；旅游外汇收入2.3亿美元，增长12.4%。全年旅游景区门票收入4.4亿元，增长20.3%。全市年末拥有星级宾馆49家，其中三星级以上宾馆39家，比上年增加2家。

4. 金融、证券和保险

全市金融机构年末本外币存款余额2813.7亿元、贷款余额2363.0亿元，分别比上年增长9.1%和10.1%；年末本外币贷款余额比年初增加217.6亿元，同比少增13.9亿元；年末城乡居民本外币储蓄存款余额1374.9亿元，比年初增加131.1亿元，同比少增29.5亿元。年末金融机构年末不良贷款余额为37.4亿元，比年初减少5.95亿元，不良贷款率为1.58%，比年初下降0.44个百分点。

全年证券营业机构股票成交额3181.7亿元，比上年增长73.2%，其中代理A股成交3178.7亿元，增长73.3%。我武生物、老恒和酿造分别在深交所创业板和香港交易所上市，实现首发融资12.1亿元；美都能源、久立特材、华港实业、天能动力、超威动力、尤夫股份6家上市公司通过定向增发、并购融资等途径，实现再融资50.3亿元。全市年末已拥有上市公司15家，其中境外4家，境内11家。

全年保险公司保费收入63.2亿元，增长7.0%。其中，财产险保费收入31.4亿元，增长5.5%；寿险保费收入31.8亿元，增长8.6%。各项保险赔款和给付支出23.0亿元，下降0.7%。其中，财险赔款17.2亿元，下降9.9%；寿险赔款和给付支出5.8亿元，增长42.0%。

5. 房地产业

全年完成房地产开发投资342.7亿元，比上年增长28.1%。全年房屋施工面积2471.5万平方米，增长17.4%；房屋竣工面积454.0万平方米，增长87%；商品房销售面积304.9万平方米，下降1.1%，其中住宅260.0万平方米，增长3.6%；商品房销售额200.0亿元，下降7.3%，其中住宅164.0亿元，下降6.4%。

（五）对外经济

1. 对外贸易

全年外贸进出口总额99.9亿美元，比上年增长4.8%。其中，出口88.1亿美元，增长8.9%；进口11.8亿美元，下降18.1%。按出口贸易方式分，一般贸易出口80.3亿美元，增长9.6%；加工贸易出口7.7亿美元，增长1.8%。按出口企业性质分，生产企业出口49.0亿美元，增长11.9%；流通企业出口13.0亿美元，增长11.0%；外资企业出口26.1亿美元，增长2.8%。按主要出口产品分，纺织原料及纺织制品出口29.3亿美元，增长6.5%；机电产品出口28.4亿美元，增长14.4%。按主要出口市场分，非洲、欧洲和北美洲出口增长较快，分别达到13.5%、12.9%和10.9%；拉丁美洲和亚洲分别增长7.6%和5.4%；大洋洲下降6.6%。

2. 利用外资情况

全年新批准及增减资利用外资项目157个。其中，外商投资企业86家，增资项目53个；总投资千万美元以上项目66个。全年合同外资15.7亿美元，比上年下降6.6%。全年实到外资9.8亿美元，比上年下降7.0%。其中，第一产业687万美元，下降56.0%；第二产业5.9亿美元，增长11.6%；第三产业3.9亿美元，下降24.5%。

二、湖州市 2014 年社会发展概况

（一）人口、人民生活

全市年末户籍人口 263.78 万人，其中男性 130.89 万人、女性 132.89 万人；非农人口 94.84 万人，比上年增加 1.94 万人；60 岁以上人口 58.75 万人，占总人口的 22.3%，占比提高 1.0 个百分点。全年出生人口 2.79 万人，出生率为 10.61‰；死亡人口 1.88 万人，死亡率为 7.16‰；人口自然增长率为 3.45‰。全年计划生育率为 97.9%。全年新增城镇就业 6.26 万人，帮扶下岗失业人员再就业 2.35 万人；年末城镇登记失业率为 2.98%。

据 619 户城镇居民家庭抽样调查，全年城镇居民人均可支配收入达到 38959 元，比上年名义增长 9.0%。其中，工资性收入增长 8.6%，经营性收入增长 8.0%，财产性收入增长 3.8%，转移性收入增长 16.3%。人均生活消费支出 24875 元，增长 7.2%。据 576 户农村居民家庭抽样调查，全年农村居民人均可支配收入达到 22404 元，比上年名义增长 10.6%。其中，工资性收入增长 13.9%，经营性收入增长 0.4%，财产性收入增长 12.2%，转移性收入增长 32.5%。人均生活消费支出 14836 元，增长 19.3%。按户籍人口计算的城乡居民年末人均本外币储蓄存款余额达 52120 元，比上年增加 4736 元，增长 9.1%。

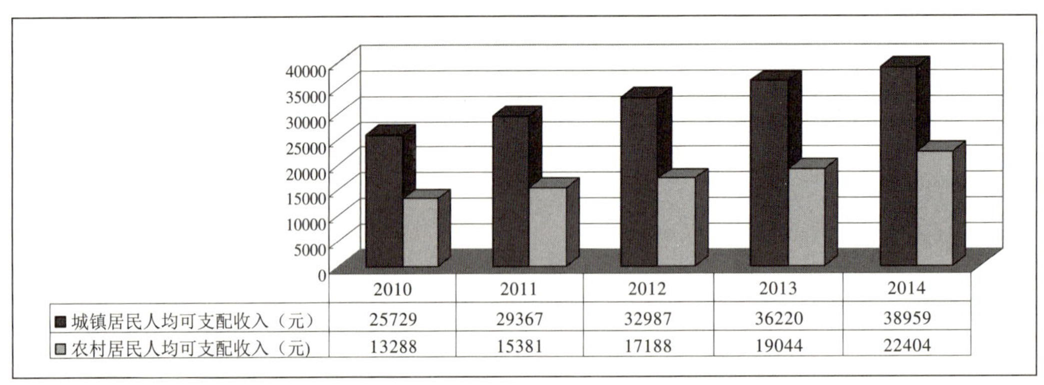

	2010	2011	2012	2013	2014
城镇居民人均可支配收入（元）	25729	29367	32987	36220	38959
农村居民人均可支配收入（元）	13288	15381	17188	19044	22404

图 3　2010—2014 年湖州市城乡居民收入对比一览

（二）社会保障

全市年末参加城镇基本养老保险人数达到 127.39 万人，比上年增加 11.08 万人；参加城镇职工基本医疗保险人数 104.14 万人，增加 7.94 万人；参加失业保险人数 61.62 万人，增加 3.86 万人；参加工伤保险人数 75.53 万人，增加 2.90 万人；参加生育保险人数 60.28 万人，增加 3.94 万人；参加生活保障和生活补助制度的被征地农民 12.68 万人，减少 0.32 万人。全市年末住房公积金正常缴存人数达到 26.38 万人，比上年增加 1.81 万人；全年归集住房公积金 33.36 亿元，增长 12.3%；当年发放个人住房贷款 25.8 亿元，增长 14.5%。

全市年末农村“五保”对象人数为 1642 人，城镇“三无”对象人数为 205 人。全年得到政府最低生活保障的家庭 20550 户，人数 34007 人，其中农村 28076 人、城镇 5931 人；全年发放低保保障金 13000 万元，比上年增加 10.4%；市区城镇低保标准为每人每月 580 元，农村为 435 元。全年销售社会福利彩票 8.9 亿元，筹集社会福利资金 2.3 亿元。

（三）教育和科学技术

1. 教育事业

全市年末拥有各级各类学校 458 所，全年招收学生 11.66 万人，在校学生 43.47 万人，毕业生 11.90 万人。高等教育毛入学率 55.53%，比上年提高 1.87 个百分点；初中毕业升高中段比例 99.05%，提高 0.11 个百分点；初中、小学入学率均为 100%；十五年教育毛入学率 99.13%，提高 0.46 个百分点。全市各类学校拥有专任教师 2.77 万人，其中中小学专任教师 1.86 万人；每百名中小学生拥有专任教师 6.7 人。

2. 科技与创新

全年专利申请量 19886 项，比上年增长 19.8%；专利授权量 12679 项，比上年增加 2353 件，增长 22.8%，其中发明专利 700 项，比上年增加 179 项，增长 34.4%。全年经认定登记的技术成交项目 389 项，比上年减少 19.5%；技术成交金额 19804 万元，比上年增长 18.8%。全市年末拥有省级高新技术研究开发中心 188 家，比上年增加 39 家；拥有国家级高新技术企业 377 家，增加 87 家。全年获市级以上政府奖的科技成果 100 项，其中省级 18 项。全年列入国家级火炬项目 38 项，比上年减少 15 项。

（四）文化、卫生和体育

1. 文化事业

全市年末拥有影剧院 5 个，全年演出 9420 场；文化馆、艺术馆 6 个，全年举办展览 144 个，组织文艺活动 1007 次；公共图书馆 5 个，总藏量 217.4 万册件；乡镇街道文化站 69 个；博物馆（纪念馆）12 个；文物保护单位 360 个，其中国家级 24 个，省级 38 个。

深入打造“文化走亲”“文化街景”“博物馆在行动”等特色文化品牌，建成农村文化礼堂 114 个，顺利举办湖笔文化系列活动。大运河湖州段列入世界文化遗产名录，桑基鱼塘系统入选中国重要农业文化遗产，“钱山漾文化”获得考古学文化命名。全年共引进高雅艺术演出 136 场，举办大型广场文化活动 598 场，组织基层文化活动 4711 场，开展电影下乡放映 1.4 万场次。全年出版各类报纸 4065 万份，其中湖州日报 1614 万份，湖州晚报 2201 万份，湖州广播电视报 250 万份。

2. 卫生事业

全市年末拥有医疗卫生机构 1359 个，其中医院 41 家、卫生院 73 家、妇幼保健院 4 家、社区卫生服务站 750 个；等级医院 24 家，其中三级医院 8 家；拥有医疗床位 12411 张，其中医院（卫生院）床位 11632 张；卫生技术人员 19027 人，其中执业医师 5665 人、执业助理医师 1154 人、注册护士 7319 人。按户籍人口计算，每万人拥有医院（卫生院）床位数 44 张，每万人拥有卫生技术人员数为 72 人，其中医生 26 人。全年婴儿死亡率、5 岁以下儿童死亡率分别为 3.26‰、4.50‰，分别比上年上升 0.28 个和 0.62 个千分点。

3. 体育事业

全年共承办了 2014 第五届环太湖国际公路自行车赛（湖州赛区）、2014 中国乒超联赛、“相约苏州世乒赛—李宁红双喜杯”2014 年中国乒乓球协会会员联赛（湖州站）、中外男子篮球对抗赛、第五届二界岭国际山地自行车越野挑战赛、浙江省“大港·莹河”杯桥牌邀请赛等多项省级以上体育品牌赛事。全年湖州市运动健儿在省以上运动会上获得奖牌 180 枚，其中金牌 94 枚、银牌 38 枚、铜牌 48 枚。全年体育彩票销售额 6.2 亿元，比上年增长 23.7%。

（五）城乡建设

深化“三改一拆”，拆、改、用结合有力地推动了城乡建设。加快构建现代化综合交通网络体系，湖苏沪铁路等项目前期工作进一步深化，杭长高速公路北延、318 国道南浔至吴兴段改线等一批在建项目进展顺利，104 国道五一大桥改建等项目开工，新建成农村联网公路 200 公里。华能长兴电厂“上大压小”、电力特高压“四线一站”等项目建成。完善市域城镇发展体系，南太湖一体化发展规划基本完成编制工作，湖州开发区、太湖度假区、吴兴东部新区、南浔中心城区产城融合进程切实加快，三县城市化水平不断提升，长兴县入选全省首批美丽县城试点县。联动推进中心城市建设，外环道路东线、北线基本建成，新三院投入使用，11 个老小区综合整治全面完成，仁皇山大桥等一批骨干路桥工程有序实施。深入推进城市交通拥堵治理，主城区公交分担率提高了 3.1 个百分点。大力提升美丽乡村建设水平，新增 52 个市级美丽乡村，6 条示范带建设加快推进，村庄环境长效管理进一步加强。市校合作共建新农村不断深化。

（六）环境保护

环境质量保持基本稳定。全市地表水市控以上监测断面达到Ⅲ类以上标准的比例为 90.6%，功能区达标率为 90.6%，比上年提高 1.9 个百分点；县级以上集中式饮用水源地水质达标率为 100%；入太湖河流断面水质均达到或好于Ⅲ类水标准，市出境断面水质良好；市区空气优良率 60.8%，比上年提高了 8.7 个百分点；PM2.5 平均浓度为 64 微克/立方米，同比下降 13.5%。

三、湖州市在泛长三角地区经济发展中的地位

2014 年，面对三期叠加的复杂经济环境，湖州市坚持聚力发展、稳中求进，不断激发改革创新动力，扎实推进各项工作。经过全市人民一年的辛勤努力，经济发展取得明显成效，主要指标领跑全省。

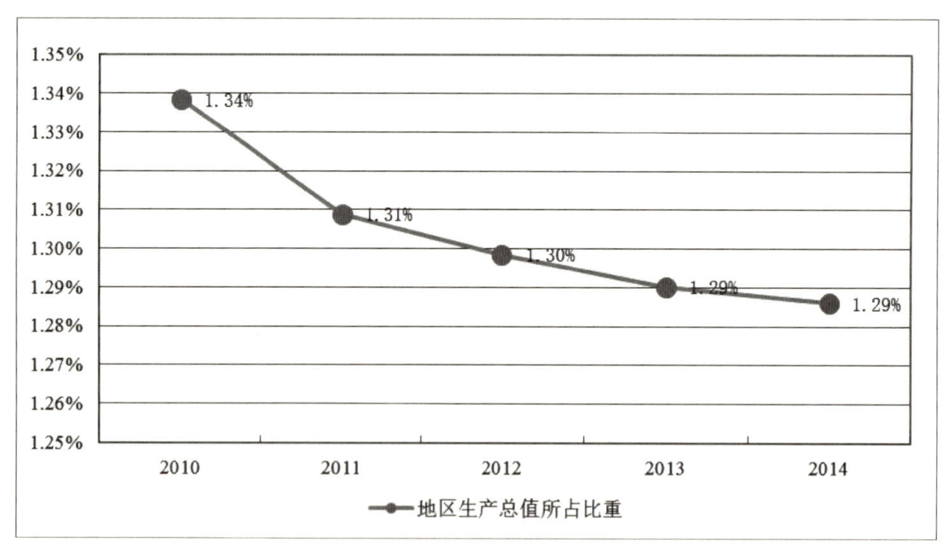

图 4　2010—2014 年湖州市地区生产总值在泛长三角所占比重变化趋势

2010—2014 年湖州市地区生产总值在泛长三角所占比重分别为 1.34%、1.31%、1.30%、1.29% 和 1.29%，最近 5 年所占比重变化不大，2014 年较上年基本持平，五年时间累计下跌了 0.02 个百分点。2014 年湖州市地区生产总值在泛长三角地区 41 个市排名第 23 位。

2014 年，湖州市实现地区生产总值(GDP)1955.96 亿元，按可比价计算比上年增长 8.4%，增速高于全省平均水平 0.8 个百分点，居全省各市第 2 位。分产业看，第一产业增加值 120.96 亿元，增长 0.9%；第二产业增加值 1001.58 亿元，增长 9.1%，其中工业增加值 904.27 亿元，增长 9.2%；第三产业增加值 833.42 亿元，增长 8.6%，三产占比达到 42.6%，提前完成"十二五"规划目标。

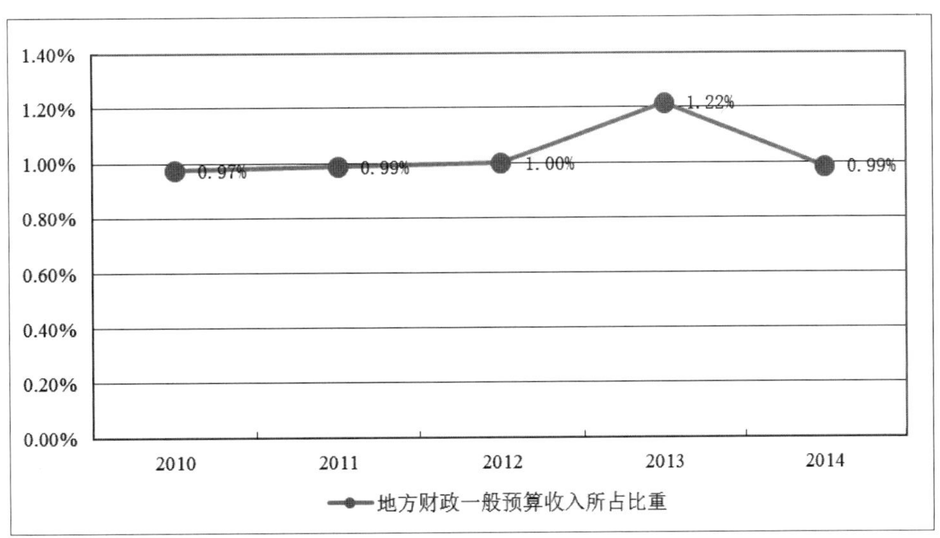

图 5　2010—2014 年湖州市地方财政一般预算收入在长三角所占比重变化趋势

2010—2014 年湖州市地方财政一般预算收入在泛长三角所占比重 0.97%、0.99%、1.00%、1.22%和 0.99%，2014 年较上年减少了 0.23 个百分点，五年累计增加 0.02 个百分点。2014 年湖州市地方财政一般预算收入在泛长三角地区 41 个市中排名第 24 位。

2014 年，全市财政总收入完成 295.71 亿元，同比增长 8.9%，其中地方财政收入 167.84 亿元，同比增长 8.5%；地方财政收入占全市财政总收入的 56.8%，高于全省平均 1.97 个百分点。市本级完成财政总收入 114.16 亿元，同比增长 8.3%，其中地方财政收入 64.42 亿元，同比增长 8.2%；市本级地方财政收入占市本级财政总收入的 56.4%，高于全省平均 1.64 个百分点。全市地税部门组织各项收入 252.3 亿元，同比增长 13.1%，其中税收收入 136.55 亿元，同比增长 8.1%。市本级地税部门共组织各项收入 97.2 亿元，同比增长 10.2%，其中市本级税收收入 54.18 亿元，同比增长 7%。

2010—2014 年湖州市规模以上工业总产值所占比重分别为 1.40%、1.31%、1.40%、1.47%和 1.52%，整体呈上升发展态势，2011 年后大幅上升，2014 年较上年增加了了 0.05 个百分点，五年时间累计增加了 0.12 个百分点。2014 年湖州市规模以上工业总产值在泛长三角地区 41 个市中排名第 22 位。

2014 年，湖州市规模以上工业实现增加值 700.63 亿元，按可比价计算，同比增长 9.2%，高于全省平均水平 2.3 个百分点，增幅列全省第二。主要特点：一是三大产业增幅继续居全省前列。高新技术、装备制造和战略新兴产业等三大增加值全年分别增长 12.4%、12.4%和 11.4%，增幅分别居全省第一、第二和第三位。二是行业发展整体良好。33 个工业大类行业中有 29 个行业较同期正增长，其中 16 个行业增速快于全市平均水平。三是新产品开发速度较快。全年规模以上工业新产品产值 1293.66 亿元，增长 21.1%，新产品产值率达 31.2%，比同期提高 2.7 个百分点。四是工业产品出口形势总体向好。全年规模以上工业出口交货值 594.46 亿元，增长 14.8%，增幅列全省第一，比上月提高 0.4 个百分点，增幅是近两年来的最高值。

2010—2014 年湖州市进出口总额在泛长三角所占比重分别为 0.62%、0.66%、0.65%、0.69%和

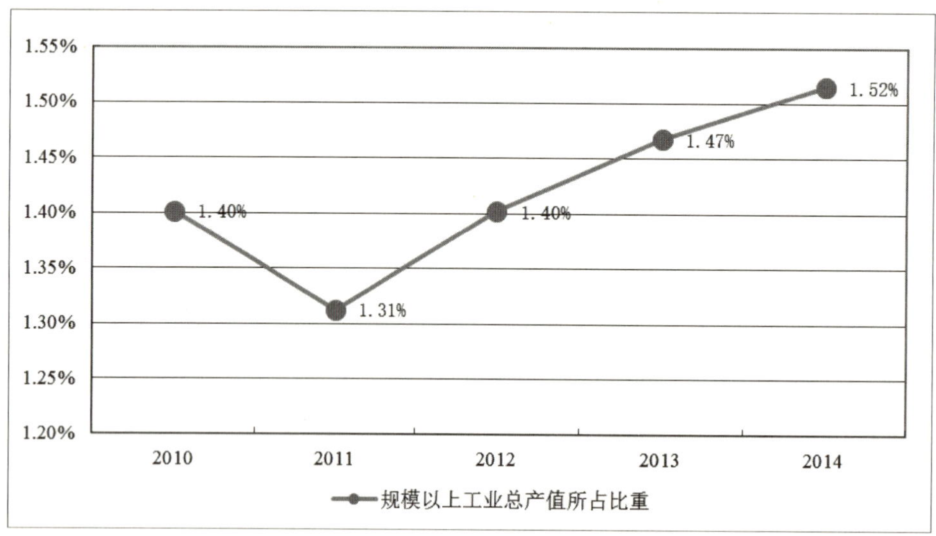

图6　2010—2014年湖州市规模以上工业总产值在泛长三角所占比重变化趋势

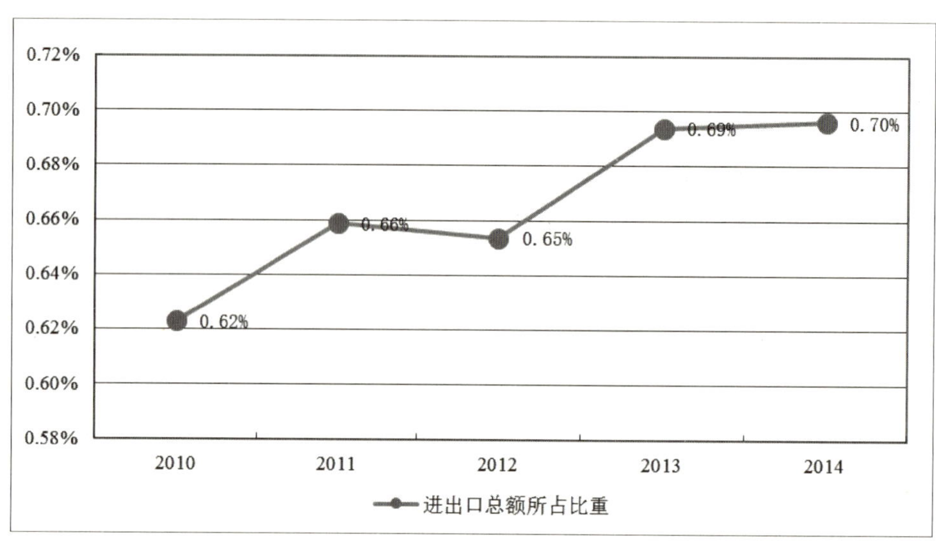

图7　2010—2014年湖州市进出口总额在泛长三角所占比重变化趋势

0.70%，呈连续多年增长态势，累计涨幅为0.08个百分点，2014年所占比重较上年增加了0.01个百分点。2014年湖州市进出口总额在泛长三角地区41个市中排名第19位。

2014年，湖州市全年外贸进出口总额99.9亿美元，比上年增长4.8%。其中，出口88.1亿美元，增长8.9%；进口11.8亿美元，下降18.1%。按出口贸易方式分，一般贸易出口80.3亿美元，增长9.6%；加工贸易出口7.7亿美元，增长1.8%。按出口企业性质分，生产企业出口49.0亿美元，增长11.9%；流通企业出口13.0亿美元，增长11.0%；外资企业出口26.1亿美元，增长2.8%。按主要出口产品分，纺织原料及纺织制品出口29.3亿美元，增长6.5%；机电产品出口28.4亿美元，增长14.4%。按主要出口市场分，非洲、欧洲和北美洲出口增长较快，分别达到13.5%、12.9%和10.9%；拉丁美洲和亚洲分别增长7.6%和5.4%；大洋洲下降6.6%。

从出口产品看，纺织原料及纺织制品增长6.5%，机电产品增长14.4%，化工产品增长2.0%，农副产品下降2.1%，高新技术产品增长15.4%。从主要出口市场看，欧洲、北美洲和非洲增长较快，分

别达到 12.9%、10.9%和 13.5%；亚洲和拉丁美洲分别增长 5.4%和 7.6%；大洋洲下降 6.6%。全年全市实际利用外资 9.84 亿美元，比上年下降 7.0%。

其中 1—7 月全市进出口额为 56.37 亿美元，同比增长 2.8%，进出口增幅低于全省平均 3.6 个百分点；其中出口为 49.87 亿美元，同比增长 7.5%，出口增幅低于全省平均 1.7 个百分点；进口为 6.5 亿美元，同比下降 23.1%，进口降幅高于全省平均 21.6 个百分点。

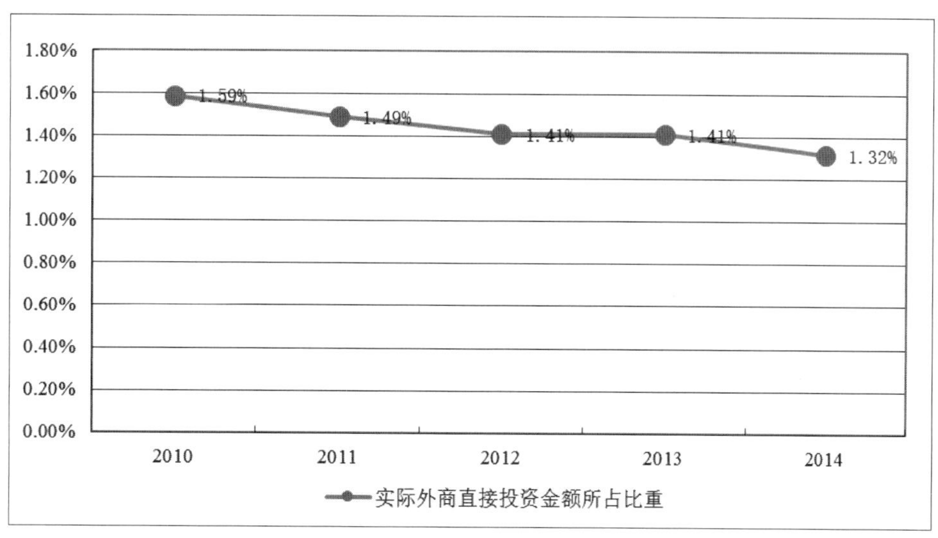

图 8 2010—2014 年湖州市实际外商直接投资金额在长三角所占比重变化趋势

2010—2014 年湖州市实际外商直接投资金额在长三角所占比重分别为 1.59%、1.49%、1.41%、1.41%和 1.32%，整体呈下滑态势，2014 年较上年减少了 0.09 个百分点，较 2010 年减少了 0.27 个百分点。2014 年湖州市实际外商直接投资金额在泛长三角地区 41 个市中排名第 19 位。

2014 年全年新批准及增减资利用外资项目 157 个。其中，外商投资企业 86 家，增资项目 53 个；总投资千万美元以上项目 66 个。全年合同外资 15.7 亿美元，比上年下降 6.6%。全年实到外资 9.8 亿美元，比上年下降 7.0%。其中，第一产业 687 万美元，下降 56.0%；第二产业 5.9 亿美元，增长 11.6%；第三产业 3.9 亿美元，下降 24.5%。

其中 1—5 月份，全市外资“大好高”新、老项目累计实现合同外资 5.2 亿美元，实到外资 1.46 亿美元，分别完成年度计划的 57.8%和 34.8%；累计实现 12 个项目开工建设，6 个项目竣工投产，分别完成年度计划的 70.6%和 40.0%。

七　绍兴市 2014 年度经济社会发展报告

2014 年，面对复杂的外部环境和严峻的经济形势，市委、市政府认真贯彻中央和省各项方针政策，牢牢把握发展大局，扎实推进“重构绍兴产业、重建绍兴水城”战略部署，保持了经济社会平稳健康发展的良好态势。

一、绍兴市 2014 年经济发展概况

（一）综合经济

1. 经济总量

2014 年全市实现生产总值(GDP)4265.88 亿元，比上年增长 7.5%。其中第一产业增加值 194.28 亿元，第二产业增加值 2213.48 亿元，第三产业增加值 1858.12 亿元，分别增长 1.7%、7.5% 和 8.3%。GDP 总量居全省第 4 位，增速居全省第 6 位。人均 GDP(按常住人口计算)86135 元(按年平均汇率 6.1428 折算为 14022 美元)，增长 7.4%。人均 GDP 列全省第 4 位，增速列全省第 7 位。第一、二、三次产业结构由上年的 4.9∶53.0∶42.1 调整为 4.6∶51.9∶43.6。

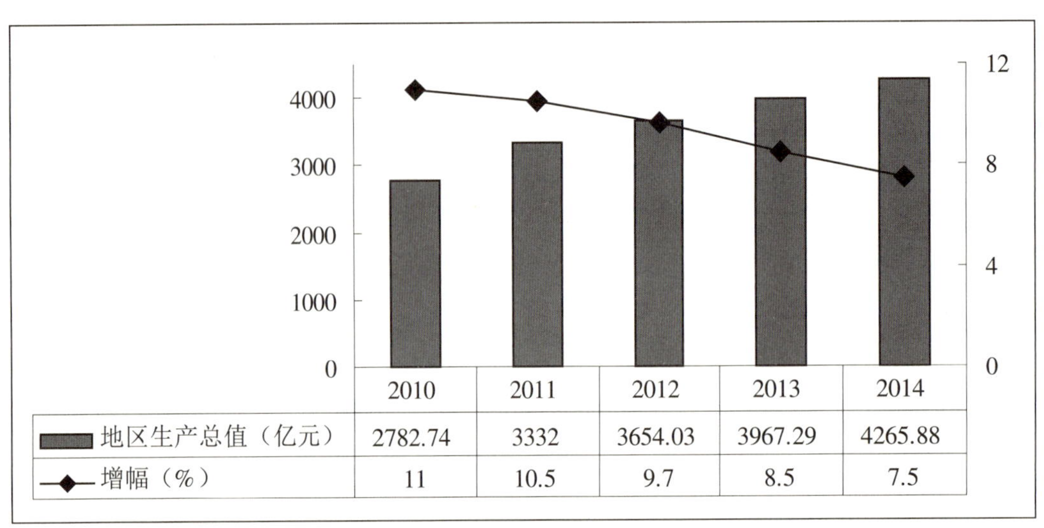

图 1　2010—2014 年绍兴市地区生产总值及增长速度

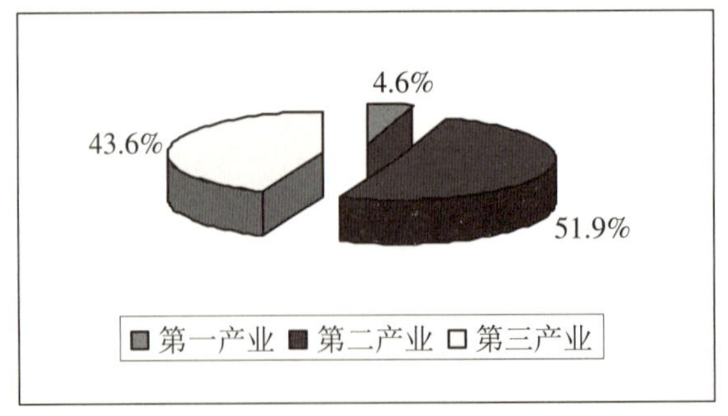

图 2　2014 年绍兴市三次产业结构图

2. 财政收支

全年财政总收入546.34亿元，比上年增长8.8%，其中公共财政预算收入317.27亿元，增长8.3%。公共财政预算支出346.44亿元，增长11.0%。

3. 物价水平

全年居民消费价格比上年上涨2.1%。调查的八大类商品价格“六涨二跌”，其中医疗保健和个人用品类上涨5.9%，食品类上涨4.3%，娱乐教育文化用品及服务类上涨3.2%，家庭设备用品及维修服务类上涨0.5%，居住类上涨0.5%，衣着类上涨0.3%；交通和通信类下降2.1%，烟酒下降0.6%。市区商品零售价格上涨1.6%。工业生产者出厂价格和购进价格分别下降1.1%和1.7%。

4. 固定资产投资

全年固定资产投资2304.68亿元，比上年增长15.1%。国有投资461.79亿元，增长20.8%，占固定资产投资比重20.0%；非国有投资1842.89亿元，增长13.8%，占固定资产投资比重80%，其中民间投资1757.65亿元，增长14.7%，占固定资产投资比重76.3%。

固定资产投资中，第一产业投资16.13亿元，比上年增长7.2%；第二产业投资1106.02亿元，增长10.6%；第三产业投资1182.54亿元，增长19.8%。全年施工项目3922个，比上年增长2.7%，其中新开工项目2842个，增长17.1%。

全年工业投资1106.02亿元，比上年增长10.6%，总量居全省第2位，增速居全省第7位。其中新兴产业投资448.18亿元，增长13.7%，占工业投资比重40.5%，比重比上年提高1.1个百分点。

（二）农业和农村建设

全年农林牧渔业增加值195.98亿元，按可比价计算增长1.8%。农林牧渔业总产值296.96亿元，增长1.8%。其中农业总产值191.86亿元，增长3.4%；林业总产值26.30亿元，增长3.3%；牧业总产值47.92亿元，下降4.4%；渔业总产值28.69亿元，增长1.9%；农林牧副渔服务业总产值2.20亿元，增长6.8%。农作物播种面积331.09千公顷，比上年增长0.1%。粮食总产量122.88万吨，比上年增长1.8%。

年末生猪存栏105.36万头，比上年下降14.9%；出栏190.06万头，下降3.4%。全年肉类总产量17.43万吨，比上年下降2.1%。其中，猪肉产量14.37万吨，增长1.6%；鸡鸭鹅蛋产量4.37万吨，下降11.9%。

全年水产品产量10.30万吨，比上年增长3.6%。

全市公共财政预算用于农林水事务支出37.18亿元，增长12.0%。财政资金用于“三农”156.41亿元，增长18.7%；用于美丽乡村建设8.57亿元，增长21.7%。深入开展美丽乡村“四级联创”。嵊州市成功创建成为省级美丽乡村先进县，全市第二批10个美丽乡村示范区建设加快推进，有12个乡镇、17个村成功创建市级美丽乡村先进乡镇、精品村，新创建美丽农家1.83万户，累计达3.03万户。结合“双清”“四边三化”“三改一拆”等专项工程，积极推进整乡整镇综合整治建设，诸暨市农村环境连片整治国家示范项目通过省级验收。建立健全农村环境长效管理机制，大力推广专业化、社会化保洁机制，积极采用舆论监督、行政问责等手段，深化农村环境整治保洁的常态化、规范化、制度化。大力开展“花卉绍兴”建设，新增花卉交易市场2个，新增花卉苗木基地2万亩，培育花卉学校10所、花卉农庄16家、花卉村庄31个、花卉家庭400家。积极探索农村垃圾减量化、资源化处理试点，推进全市14个试点村建设，其中4个列入省级试点。有序推进空心村改造。全市共有184个村开展空心村改造，其中今年新启动106个村，已全面完成27个村，完成改造面积1300亩，其中退宅还耕250亩，安置农户近3000户，探索形成了“原地改造”“土地收储”“退宅还耕”等多种行之有效的改造模式。坚持科学治污，试点推广高负荷地下渗滤污水处理复合技术和狐尾藻污水治理技术等2项中科院技术。全市各级财政投入超过15亿元，募集捐款3.5亿元。新增治理村527个，累计接入农户20.17万户。

（三）工业和建筑业

1. 工业增加值

全年全部工业增加值1924.93亿元，比上年增长7.6%，其中规模以上工业增加值增长6.4%。规模以上工业中，国有控股企业增加值增长7.8%，集体企业增加值下降28.7%，股份制企业增加值增长11.4%，外商投资企业增加值增长9.4%，港澳台商投资企业增加值增长0.7%，私营企业增加值增长5.6%。轻工业增加值增长4.4%，重工业增加值增长9.0%。

规模以上工业中，六大战略性新兴产业总产值2892.24亿元，同比增长8.5%，增速高于规模以上工业2.9个百分点，占规模以上工业比重30.1%，比重同比提高0.8个百分点。其中，生物医药产业增长16.9%，节能环保产业增长10.9%，先进装备制造业增长10.5%，新能源产业增长7.8%，新材料产业增长5.1，新兴信息产业下降15.5%。

规模以上工业中，四大传统产业总产值5690.88亿元，同比增长4.7%，增速低于规模以上工业0.9个百分点，占规模以上工业比重59.2%，比重比上年降低2.0个百分点。其中纺织产业增长1.5%，机械产业增长11.1%，化工产业增长10.2%，轻工食品增长6.3%。

规模以上工业新产品产值2974.15亿元，同比增长21.8%，高于工业总产值增幅16.2个百分点；新产品产值率31.0%，同比提高4.1个百分点。黄酒433234千升，同比增长11.6%；合成纤维单体298.60万吨，增长9.2%；化学药品原药12.41万吨，增长5.8%；太阳能电池54.02万千瓦，增长100.1%；染料产量56.44万吨，下降2.0%；印染布产量186.37亿米，下降2.9%；领带14617万条，增长6.9%；袜子60.51亿双，下降54.9%；伞15961万把，增长13.3%；珍珠饰品41.16亿元，下降3.1%。

全年规模以上工业利润总额525.70亿元，同比增长11.1%。其中，国有控股企业9.32亿元，下降24.7%；股份制企业61.32亿元，增长6.8%；港澳台投资企业72.98亿元，增长8.3%；外商投资企业43.78亿元，增长22.1%；私营企业237.10亿元，增长3.9%。主营业务利润率5.8%，同比提高0.3个百分点。

2. 建筑业

全年建筑业增加值290.49亿元，比上年增长6.2%。利润总额151.55亿元，同比增长9.1%；税金总额195.56亿元，同比增长19.1%

（四）服务业

1. 国内贸易

全年社会消费品零售总额1487.14亿元，比上年增长12.8%。按销售单位所在地分：城镇市场消费品零售额1297.11亿元，增长12.6%；乡村市场消费品零售额190.03亿元，增长14.3%。按商品分类分：粮油、食品、饮料、烟酒类零售额53.01亿元，增长2.8%；金银珠宝类零售额44.64亿元，增长40.1%；石油及制品类零售额108.93亿元，下降1.5%；汽车类零售额300.94亿元，增长11.1%。分行业看，批发零售业零售额1372.27亿元，增长12.7%；住宿餐饮业零售额114.87元，增长14.0%。

年末有商品交易市场411个，比上年减少2个。其中成交额超亿元市场63个，超十亿元市场27个，超百亿元市场9个。全年商品市场成交额2904.55亿元，比上年增长12.8%，其中消费品市场成

交额1759.40亿元，增长17.4%；生产资料市场成交额1145.12亿元，增长6.5%。中国轻纺城成交额和钱清轻纺原料市场成交额分别为742.10亿元和496.03亿元，同比分别增长16.0%和6.5%。

2. 交通运输、邮电

全年货物运输总量11841万吨，比上年增长10.8%，其中公路、水运货物运输总量分别为10091万吨、1390万吨，分别增长7.0%和10.7%。货物运输周转量1124146万吨公里，增长9.2%，其中公路、水运货运周转量818443万吨公里、305703万吨公里，分别增长11.1%和4.6%。

全年旅客运输总量9824万人，比上年下降6.9%，其中公路、水运旅客运输总量分别为9721万人、103万人，分别下降6.6%和27.0%。旅客运输周转量368421万人公里，比上年下降0.4%，其中公路、水运旅客运输周转量分别为368086万人公里、335万人公里，分别下降0.4%和4.0%。年末公路通车里程9893公里，增长1.1%。

年末民用车辆拥有量(车管所)110.05万辆，比上年末下降0.8%。其中汽车85.12万辆，增长15.0%。

全年邮电业务收入60.77亿元，比上年下降1.7%。年末电话用户数(含小灵通)150.94万户，下降15.7%；移动电话用户数(通话用户)532.31万户，增长1.0%。固定电话普及率34.07号线/百人，下降16.0%；移动电话普及率120.15部/百人，增长0.7%。互联网用户数(不含手机上网用户)154.13万户，增长14.6%。

3. 旅游业

年末有旅行社137家，比上年增加5家。全年旅游总收入652.07亿元，比上年增长11.6%。其中，国内旅游收入636.73亿元，增长11.9%；旅游外汇收入24970.94万美元，增长2.4%。接待游客6325.07万人次，增长11.3%。其中，接待国内游客6254.86万人次，增长11.4%；接待入境游客70.21万人次，增长0.8%。

4. 金融、证券和保险

年末金融机构本外币各项存款余额6666.73亿元，比上年末增长3.2%。其中人民币存款余额6554.22亿元，比上年末增长3.0%；金融机构本外币贷款余额6006.70亿元，增长6.5%。其中人民币贷款余额5823.39亿元，比上年末增长6.9%；年末个人本外币储蓄存款余额2817.69亿元，比上年末增长3.0%。

全年全市实现社会融资总量1231.58亿元，同比增加63.82亿元。实现直接融资384.16亿元，居全省第二位。

当年新增上市企业2家，“新三板”挂牌6家、浙江股交中心上柜11家。13家上市公司实施并购20次，交易金额达到45.17亿元，全省上市公司并购重组现场会在绍兴市举行。全年全市证券交易额突破2万亿元，达23479.32亿元，同比增长60.3%。

引进异地特色银行4家，新设民间资金管理企业、民间融资信息服务企业、民间融资行业服务机构共6家。新设立小额贷款公司2家，至年末全市小贷公司37家，注册资本101.8亿元，全年累计发放贷款396.18亿元。

开展金融支持经济“百日服务”活动，组织各类银企对接11次，召开协调会280余次，新增融资195.67亿元。制定出台《绍兴市恶意逃废债务失信行为黑名单管理办法》，严厉打击逃废债行为，公告恶意逃废债务黑名单4批、307人(企业)次。

年末有保险公司54家，其中财险27家、寿险27家。全年全市实现保费收入92.96亿元，同比增长10.3%。其中，产险收入46.44亿元，同比增长15.4%；寿险收入46.52亿元，同比增长5.7%。

5. 房地产业

全年房地产开发投资613.51亿元，比上年增长14.2%。其中，住宅投资465.69亿元，比上年增长11.3%;办公楼投资27.88亿元,增长13.4%;商业营业用房投资67.64亿元,增长24.9%。

全年商品房销售面积531.73万平方米,销售额440.26亿元,比上年分别下降12.5%和22.6%。房屋施工面积4090.41万平方米,增长13.5%;房屋竣工面积775.82万平方米,增长67.9%;待售面积427.65万平方米,增长46.1%。

(五)对外经济

1. 对外贸易

全年货物进出口总额346.84亿美元,比上年增长3.9%。其中,进口49.32亿美元,下降9.5%;出口297.51亿美元,增长6.6%。有进出口国家和地区209个,比上年增加12个。其中出口额超1000万美元的国家和地区108个,比上年减少1个。美国、阿联酋、巴西分别居出口额前三位国家,出口额分别为39.12亿美元、15.61亿美元和14.38亿美元。机电产品出口49.66亿美元,增长3.8%;化工产品出口19.67亿美元,增长11.4%;高新技术产品出口8.12亿美元,下降9.7%;纺织及服装出口197.14亿美元,增长4.3%。新登记备案企业1988家,累计获进出口经营权企业19917家。全市出口超1000万美元企业638家,比上年增加11家。

2. 利用外资

全年新批外资项目141个,比上年增加3个。合同利用外资10.30亿美元,比上年增长9.7%;实际利用外资6.71亿美元,下降16.9%。新批(含增资)总投资1000万美元以上项目55个。

3. 外经合作

全年新批境外投资企业37家(增资企业12家)。境外投资企业总投资额65342万美元,其中中方投资额60756万美元,比上年增长83%。境外工程营业额15077万美元,增长20.4%。全年服务外包合同签订额1.20亿美元,下降25.5%。其中离岸合同额1.18亿美元,下降21.9%;完成合同执行额11108万美元,增长10.7%。其中离岸执行额10946万美元,增长20.5%。

二、绍兴市2014年社会发展概况

(一)人口、人民生活

据市统计局5‰人口变动抽样调查,年末常住人口495.6万人,比上年增加了0.7万人。

据市公安局人口变动抽样调查,年末户籍人口总户数161.48万户,基本与上年的161.55万户持平。户籍人口443.04万人,其中男性221.62万人,女性221.42万人,分别占总人口的50.02%和49.98%;全年出生人数42043人,出生率9.49‰;死亡人数30368人,死亡率6.85‰;自然增长人口11675人,自然增长率2.64‰,自然增长率比上年提高1.96个千分点。

据市城镇住户抽样调查,当年绍兴全体居民人均可支配收入35335元,同比增长9.8%。其中,城镇常住居民人均可支配收入为43167元,增长9.1%,农村常住居民人均可支配收入为23539元,增长10.5%。

(二)就业与社会保障

1. 就业

年末全市城镇就业人员172.5万人,其中当年新增11.48万人。城镇失业人员实现再就业4.04万人,就业困难人员实现再就业1.13万人。年末城镇登记失业人员3.81万人,比上年减少20.6%,

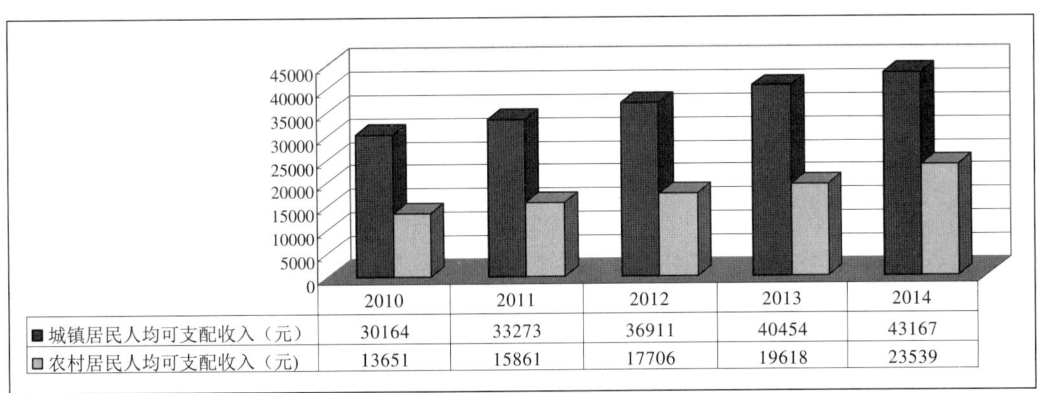

	2010	2011	2012	2013	2014
■城镇居民人均可支配收入（元）	30164	33273	36911	40454	43167
■农村居民人均可支配收入（元）	13651	15861	17706	19618	23539

图 3　2010—2014 年绍兴市城乡居民收入对比一览

城镇登记失业率 2.76%，比上年下降 0.13 个百分点。农村从业人员数 236.36 万人。

2. 社会保障

全市职工基本养老保险和城乡居民社会养老保险总参保人数 345.09 万人，职工基本医疗保险和城乡居民基本医疗保险总参保人数 483.18 万人。工伤、失业、生育保险总参保人数分别达到 197.82 万人、116.54 万人和 133.20 万人，比上年分别增长 6.34%、6.98%和 6.55%。年末全市城乡居民基本医疗保险参保人数 297.52 万人(包括原新农合)，筹资标准每人每年 800 元。当年城乡居民健康体检完成 158.11 万人次，其中 60 岁以上老人体检 51.65 万人，体检率达到 67.43%。

全市全年新建成照料中心 488 家，新增养老机构床位 1630 张。全市城乡平均低保标准分别提高到 567 元和 487 元，市本级标准分别为 580 元和 520 元，全省领先。全面提高医疗救助人均筹资水平，全市平均达到 18.06 元，远高于省定 13 元的标准。推进临时救助工作，全市支出临时救助资金 1543 万元，救助困难群众 5978 户 1.5 万人次。推进避灾安置场所建设，新建村级避灾点 324 个，全市累计建成 1098 个，覆盖率达到 41.84%；建成乡镇级避灾安置场所 120 个，实现全覆盖。成功创建省级减灾示范社区 9 个，申报全国减灾示范社区 7 个。积极开展慈善救助工作，全年共支出善款 9950.35 万元，救助困难群众 39.24 万人次。筹集福彩公益金 3.26 亿元，可用公益金达 9848.84 万元，其中市本级全年销量 1.99 亿元，可用公益金 4850 万元。积极开展福彩公益活动，全市开展了“爱心暖流”“感受福彩”“福彩牵手”等慈善公益活动 60 余场(次)，其中市本级开展了 14 场(次)，救助困难群众 320 余人，支出公益金 70 余万元。

全年实际开工保障性安居工程住房 19536 套，完成目标任务的 108.8%。基本建设 13985 套，完成目标任务的 139.85%。竣工 7920 套，完成目标任务的 132%。完成保障性安居工程实物分配 5715 套，完成目标任务的 190.5%。新增公共租赁住房货币补贴 215 户，完成目标任务的 134.38%。完成农村住房改造 10674 户，完成率达 172%。旧住宅区、旧厂区和城中村改造完成建筑面积 882.32 万平方米，完成目标任务的 145.84%。

（三）教育和科学技术

1. 教育事业

年末有普通高校 9 所，中等职业教育学校 20 所。普通本专科招生 2.39 万人，在校生 8.03 万人，毕业生 2.01 万人，普通高考录取率 81.5%。各类中等职业教育(含技工学校)招生 1.67 万人，在校生 5.36 万人，毕业生 2.24 万人。有 17 所中职学校 32 个专业开设“3+2”职业教育，13 所中职学校 21 个专业开设“五年一贯制”职业教育。普通高中招生3.05万人，在校生10.14万人，毕业生3.88万；初中招生4.93万人，在校生14.47万人，毕业生4.47万人。初中毕业生升学率99.16%。小学招生4.18万人，在校生28.86万人，毕业生5.05万人，小学毕业生升学率100%。全市专任教师4.84万人，其中普通高校0.39万人，中等职业教育0.28万人，普通高中0.74万人，初中1.10万人，小学1.56万人，幼儿园0.77万人。义务教育标准化学校建设走在全省前列，累计有476所通过省厅验收，创建率达到92.8%，居全省第一。拥有幼儿园648所，在园幼儿13.23万人。其中新建、改建幼儿园78所，省等级幼儿园创建率95%，市级标准化幼儿园创建率71.3%。保障符合条件的外来务工人员子女100%入学，全市义务教育阶段接纳进城务工人员子女入学10.6万人，占在校生总数的25.03%。

2. 科技与创新

全市公共财政预算用于科学技术支出18.46亿元，增长16.3%，财政科技支出占公共财政预算支出比重为5.3%，比上年提高0.2个百分点。全年新上创新基金、重点新产品、火炬计划、星火计划等国家级科技项目131项，新上省重大科技专项计划等省级科技计划项目184项，新上省级新产品1161项。新增省级高新技术产业园区1家，总数达到7家，居全省第一。新认定国家需要重点扶持高新技术企业172家、省级流通领域知识产权保护试点示范单位4家、省级专利示范企业6家、省级创新型示范(试点)企业13家、省级科技型中小企业501家。10家企业入选省技术创新能力百强企业，入选数全省第三。新增国家级科技企业孵化器1家，市级科技企业孵化器2家，全市孵化场地总面积达76.4万平方米。新认定省级重点实验室3家、省级工程技术研究中心5家，新认定数占全省总量的17.6%和33.3%，新认定省级企业研究院22家，省级企业研发中心33家。国家可持续发展实验区顺利通过科技部验收，绍兴市科技进步水平居全省第二，创新型试点城市测评居全省第三。17个项目被列入2014年网上技术市场成交产业化项目，35项成果获省科技奖，获奖数连续第二年居省内各地市首位。全年共申请专利28173件、授权17356件，同比分别增长1.9%和14.8%，其中发明专利申请4618件、授权880件，同比分别增长37.8%和20.7%。

(四) 文化、卫生和体育

1. 文化事业

年末有艺术表演团体7个；艺术表演团体全年演出773场次，比上年下降13.4%，观众162.18万人次；广播电台1座，电视台1座，广播电视台5座。广播、电视综合覆盖率均达到100%。有线电视用户数144.7万户，入户率89.58%。有剧场(国有)6个，电影院24个，电影放映22.58万场次，比上年增长41.1%。

全市有群艺馆、文化馆(站)125个。公共图书馆6个，公共图书馆总藏量336.67万册，比上年增长13.6%。文物藏品实际数量90753件，比上年增长0.6%。公共发行报纸8种，年发行量12860.2万份；出版期刊2种，年发行量3.9万册。

市文化中心建成全面开放，农村应急广播体系建设超额完成全年目标任务，列全省第四。成功举办“台湾·浙江文化节——绍兴文化周”、第12届江浙沪经典越剧大展演等重大文化活动。浙江绍剧艺术研究院3位演员荣获第24届上海“白玉兰”戏剧表演艺术奖主角奖、新人主角奖和新人配角奖，刷新了浙江专业文艺院团在“白玉兰”奖项中的新纪录。越剧《马寅初》获省“五个一工程”奖，绍剧《于谦》入选省重点扶持剧目。组织开展了市区春节、国庆“群众文化周”，直接参与群众近50万人次。嵊州市(越剧)被评为“中国民间文化艺术之乡”。非遗名录申报工作取得新的突破，绍兴目连戏、绍兴童谣、草塔抖狮等3个项目正式成为第四批国家级非遗项目。至此，全市五大剧种、五大曲种全部入选

"国遗"项目名录，实现"十全十美"。全市国家级非遗项目增加至24个，名列全国同类城市前列。

2. 卫生事业

年末有卫生机构2499个（含村卫生室973个），比上年下降2.3%。其中医院45个，增长9.8%；卫生院及分院（社区卫生服务中心、站）904个，下降1.6%。卫生机构床位数21038张，其中医院床位16774张，分别增长4.8%和5.6%。医生数12025人，注册护士数11114人，分别增长3.6%和5.5%。每万人拥有医疗床位47.49张，每万人拥有医生27.14人，分别比上年增长4.4%和3.3%。

浙江省卫生强市和省级除四害先进城区通过复查。推进非公医疗机构建设，新审批设置民营医疗机构36家，总投资额达42亿元。73家乡镇卫生院通过省级等级评审，省级规范化社区卫生服务中心创建率85%，村卫生室（站）紧密型一体化管理率92.81%。所有乡镇卫生院（街道社区卫生服务中心）开展签约服务，签约92.70万人。全市基层医疗机构门急诊就诊比率达到60.1%。人感染H7N9禽流感等疫情得到有效防控。完成300名来自埃博拉出血热疫区人员的健康监管。母婴安全继续保持良好态势，实现孕产妇零死亡。卫生监督执法有力有效，查处各类卫生违法案件586起，完成食品安全风险监测5679份。举办各类健康教育讲座2307堂。

3. 体育事业

年末有大型体育场馆23个，比上年增加3个。成功承办第十五届省运会，绍兴市以180金58银121.5铜总分3450.7的成绩，位列全省金牌第四，总分第五，奖牌第六，取得了绍兴参加省运会以来的最好成绩。在韩国仁川举行的第17届亚运会上，绍兴籍运动员共获得3金1铜1个第六并打破一项亚洲纪录的好成绩，成绩居全省前列。申报创建省级体育强镇（乡）、先进街道5个。组织开展"全民健身与省运同行"百千万系列活动，其中市本级组织有一定规模的群体活动200余场次，规模较大的活动有迎新健步走、万人登山周、体育节、杭州都市圈全民健身交流展示、三人制篮球赛、国庆文化周"欢乐体育、健康体验"等，营造了浓厚的省运氛围，推动了全民健身活动的深入开展。奥体中心自6月成立以来，顺利承办了省运会四个项目的7项赛事。顺利举行第四届环城河国际皮划艇马拉松赛和2014—2015全国男子排球联赛等品牌赛事，全力申办2017年皮划艇马拉松世界杯赛和2018年皮划艇马拉松世界锦标赛。体育彩票销量稳步增长，全年突破6.4亿元。

（五）城乡发展

编制实施绍兴市城市发展战略纲要，完成大城市发展战略11个专题研究。谋划推进"一环六横八纵"中心城市快速路网建设，杭长高铁绍兴段如期建成，31省道北延越城区段基本建成，104国道柯桥区高架、绍诸高速诸暨延伸线开工建设，杭绍台高速前期工作高效推进，越城区至上虞区公交开通运营。积极推进绍兴高新区迪荡湖整治建设，加快袍江"两湖"区域开发，进一步完善滨海新城基础设施，建成开放科技中心、文化中心、奥体中心。制定绍兴智慧城市概念规划，完善通信等信息基础设施。系统治理城市交通拥堵，完善机动车、非机动车、公交和水运"四网"规划，新增公共自行车1万辆。

顺利推进越城区人力客运三轮车整治，取消东街夜市。完善城中村拆迁安置办法，基本完成越城区小区移交工作。积极建设诸暨城东新城。推进嵊新区域集约发展。健全小城市分类培育机制。深入开展美丽乡村示范区建设，改造农房1.1万户，嵊州市成为省级美丽乡村先进县。

（六）资源和环境保护

全年全市水利建设资金总投资47.73亿元，占全年水利建设投资计划的111.0%，同比增长19.9%；已建成水库555座，水库总容量12.95亿立方米，防洪能力显著提高。全年新增改善灌溉面积4033.33公顷，新增高效节水灌溉面积3.69万亩；完成长诏、门溪两座大中型水库，15座小型病险水库除险加固工程，完成1—10万立方山塘整治159座，改善4.178万人农村居民饮水条件。

年末实有耕地面积209450公顷，比上年下降0.1%。其中水田138100公顷，下降0.6%；旱地61070公顷，增长1.1%。

全年完成造林更新面积2176667公顷，森林覆盖率54.03%。建成省级森林城镇32个(其中新建7个)、森林村庄98个(其中新建20个)，建成市级森林城镇51个(其中新建10个)、森林村庄259个(其中新建56个)。新增省级现代林业精品园创建点6个，建成市级以上现代林业园区96个(其中新建11个)，市级以上森林公园26家，市级以上林业观光园85家。

全年平均气温17.4℃，平均年降水量1439.0mm。

继续强化农村基层气象灾害防御能力，开展气象为农服务能力建设，全面完成"气象防灾减灾百村示范千村达标三年行动计划"；围绕"五水共治"、"五气合治"和生态考核要求，开展暴雨预警工程建设，诸暨和新昌制定县域突发暴雨精细化监测预警工程实施方案，启动暴雨强度公式修订和城市暴雨内涝风险普查；发布空气质量预报(AQI预报)，全年共发布霾预警信号102次。

全年全市化学需氧量排放量比上年下降3.92%，其中工业和生活化学需氧量排放下降2.75%；氨氮排放量比上年下降10.26%，其中工业和生活氨氮排放量下降10.75%；二氧化硫排放量比上年下降2.98%；氮氧化物排放量比上年下降4.61%。四项指标均超额完成省政府下达的目标。

规模以上工业万元增加值能耗同比下降6.2%，36个行业中30个行业单位工业增加值能耗同比下降，下降面超八成。全年万元生产总值能耗下降5.0%以上。

(七) 社会安全

完善安全监管责任体系，开展较大事故防控专项行动，加大安全生产综合整治力度，进一步深化行政审批改革，开展标准化和诚信机制建设融合推进工作，加快安全生产信息化建设，加强了安全生产宣传教育，加强了应急救援体系建设。全年共发生各类事故(除生产经营性火灾外)1526起，同比下降2.68%；死亡498人，同比下降9.78%。发生较大事故4起。各项指标均在省政府下达的控制指标进度内，实现事故起数、死亡人数"双下降"的目标。其中，工矿商贸企业事故31起，死亡37人；道路交通事故1493起，死亡460人；水上交通事故2起，无人员伤亡。生产经营性火灾923次，无人员伤亡。

三、绍兴市在泛长三角地区经济发展中的地位

2014年绍兴经济正在奏响"稳稳的幸福"主旋律。在新常态下，2014年绍兴交出了一份"数据并不抢眼、亮点仍然频现"的成绩单

2010—2014年绍兴市地区生产总值在泛长三角所占比重分别为2.83%、2.87%、2.85%、2.84%和2.80%，五年时间减少了0.03个百分点，2014年较上年下跌了0.04个百分点。2014年绍兴市地区生产总值在泛长三角地区41个市排名第12位。

2014年，绍兴全年实现生产总值4266亿元，同比增长7.5%，完成财政收入546.34亿元，增长8.8%。其中第一产业增加值194.25亿元，第二产业增加值2213.51亿元，第三产业增加值1858.07亿元，分别增长1.7%、7.5%和8.3%。GDP总量居全省第4位，增速居全省第6位。人均GDP(按常住人口计算)86135元(按年平均汇率6.1428折算为14022美元)，增长7.4%。人均GDP列全省第4位，增速列全省第7位。第一、二、三次产业结构由上年的4.9∶53.0∶42.1调整为4.6∶51.9∶43.6。

从产业之比来看，去年全市实现第三产业增加值1858亿元，增长8.3%，对GDP增长贡献率达

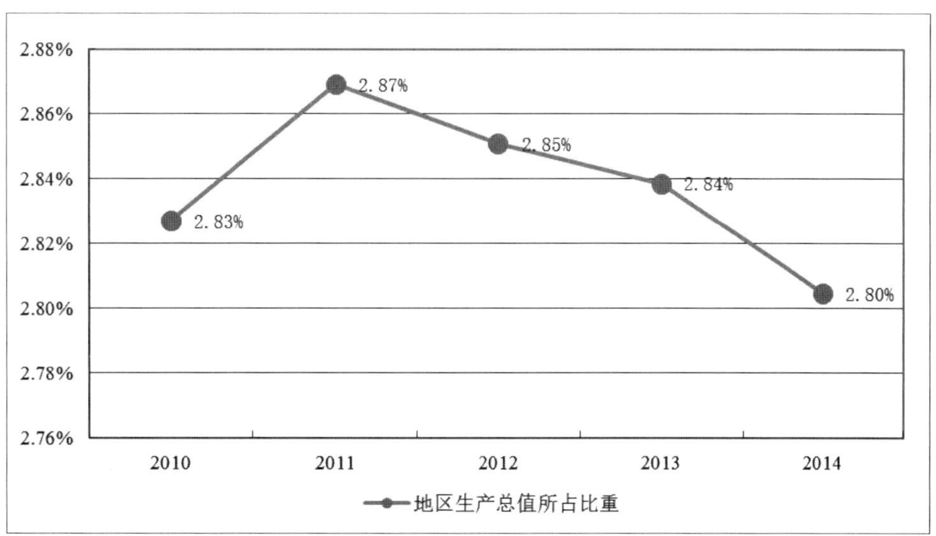

图 4　2010—2014 年绍兴市地区生产总值在泛长三角所占比重变化趋势

44.1%，拉动 GDP 增长 3.3 个百分点。这一成绩离不开绍兴市大力实施"310"工程，服务业完成投资 1183 亿元，增长 19.8%，超过省政府下达增长 16%的目标。

在第三产业发展中，电子商务发展尤其抢眼。全市已有 16 个电商园区、80 多个专业市场"上线"，全年实现网络零售额 165 亿元，同比增长了 65.5%。快递行业也因此获益，全市规模以上快递企业完成业务量 9421 万件，增长 56.2%，已连续 11 个月增幅超过 50%。

产业结构的调整还体现在工业经济领域。2014 年全市规模以上工业新兴产业产值 2892 亿元，同比增长 8.5%，高于规模以上工业产值增速 2.9 个百分点，占规模以上工业产值比重达 30.1%。

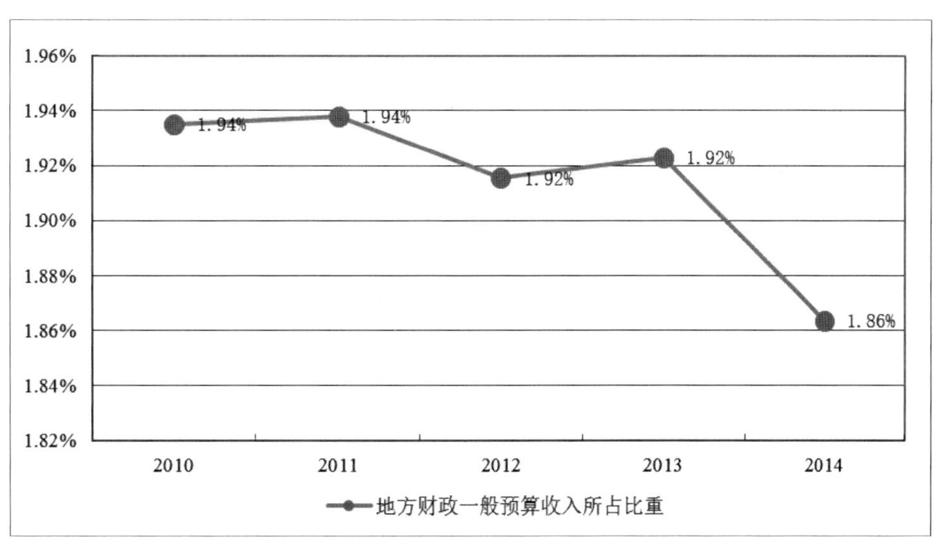

图 5　2010—2014 年绍兴市地方财政一般预算收入在泛长三角所占比重变化趋势

2010—2014 年绍兴市地方财政一般预算收入在泛长三角所占比重分别为 1.94%、1.94%、1.92%、1.92%和 1.86%，2014 年出现下跌，较上年减少了 0.06 个百分点，较 2010 年减少了 0.08 个百分点。2014 年绍兴市地方财政一般预算收入在泛长三角地区 41 个市排名第 13 位。

2014 年，绍兴市实现财政总收入 546.3 亿元，增长 8.8%，其中公共财政预算收入 317.3 亿元，增长8.3%。

2014年绍兴市财政支出用于民生支出259.53亿元，增长14%，占财政支出的比重为74.9%，比上年度提高2个百分点。在社会保障方面，全市基本养老保险参保人数比上年增加11.5万人，基本医疗保险参保人数比上年增加9.5万人，社会保障范围进一步加大。

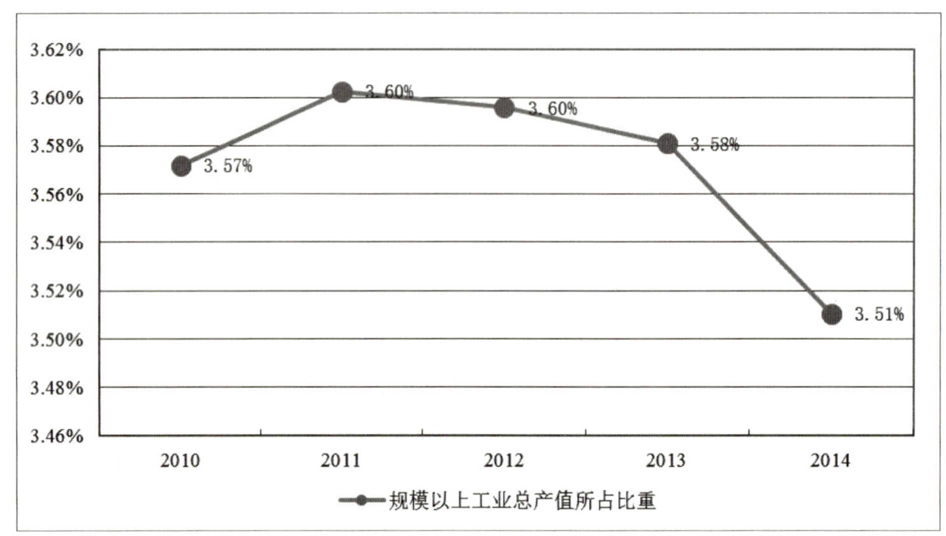

图6　2010—2014年绍兴市规模以上工业总产值在泛长三角所占比重变化趋势

2010—2014年绍兴市规模以上工业总产值在泛长三角所占比重分别为3.57%、3.60%、3.60%、3.58%和3.51%，总体呈波浪式上升，2014年较2013年减少了0.07个百分点，五年减少了0.06个百分点。2014年绍兴市规模以上工业总产值在泛长三角地区41个市排名第10位。

2014年全市全年规模以上工业增加值1518亿元，同比增长6.4%，高于一季度的5.0%、上半年的5.0%和前三季度的5.7%，增速稳步加快。规模以上工业企业实现利润526亿元，同比增长11.1%，增幅高于全省平均水平6个百分点。

规模以上工业新兴产业产值2892亿元，同比增长8.5%，高于规模以上工业产值增速2.9个百分点，占规模以上工业产值比重达30.1%。全市产值超亿元、十亿元、百亿元的工业企业数量分别较上年增加60家、8家、1家，占工业总产值比重达到88.5%、50.6%和14.8%。节能降耗成效显著，全面完成制革、造纸行业整治提升，单位工业增加值能耗同比下降6.2%。

2010—2014年绍兴市进出口总额在泛长三角所占比重分别为2.43%、2.55%、2.40%、2.43%和2.42%。2014年，较上年减少了0.01个百分点，较2010年减少了0.01个百分比。2014年绍兴市进出口总额在泛长三角地区41个市排名第8位。

2014年，绍兴市全年进出口总额346.84亿美元，增长3.9%。其中出口297.51亿美元，增长6.6%，增幅创全年新低。其中，进口49.32亿美元，下降9.5%；出口297.51亿美元，增长6.6%。有进出口国家和地区209个，比上年增加12个。其中出口额超1000万美元的国家和地区108个，比上年减少1个。美国、阿联酋、巴西分别居出口额前三位国家，出口额分别为39.12亿美元、15.61亿美元和14.38亿美元。机电产品出口49.66亿美元，增长3.8%；化工产品出口19.67亿美元，增长11.4%；高新技术产品出口8.12亿美元，下降9.7%；纺织及服装出口197.14亿美元，增长4.3%。新登记备案企业1988家，累计获进出口经营权企业19917家。全市出口超1000万美元企业638家，比上年增加11家。

从主要出口市场看，对欧盟和东盟出口增长9.6%和10.1%，高于全市平均；对美国和非洲出口

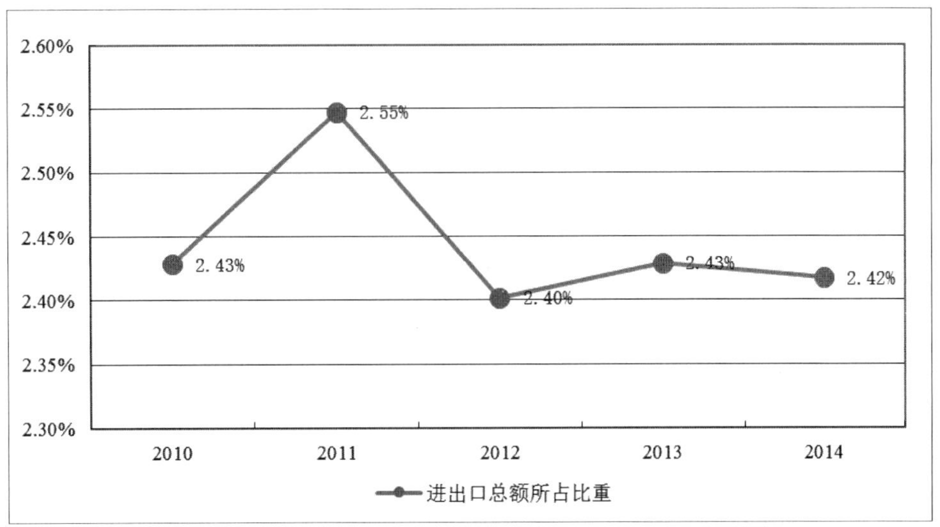

图7　2010—2014年绍兴市进出口总额在泛长三角所占比重变化趋势

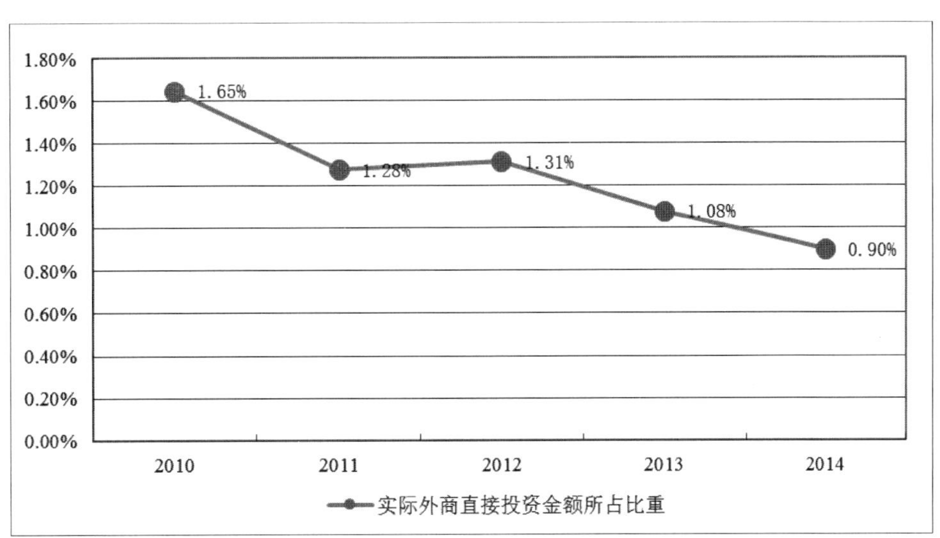

图8　2010—2014年绍兴市实际外商直接投资金额在泛长三角所占比重变化趋势

增长6.0%和4.1%，低于全市平均。而从主要出口产品看，纺织品及服装、机电产品、化工及相关产品出口增长4.3%、3.8%和11.4%，农副产品和高新技术产品出口下降8.2%和9.7%。全年全市批准外资项目141个，实际利用外资6.71亿美元，下降16.9%。

2010—2014年绍兴市实际外商直接投资金额在泛长三角所占比重分别为1.65%、1.28%、1.31%、1.08%和0.90%，总体呈下跌趋势。2014年较上年下跌了0.18个百分点，五年时间累计下跌了0.75个百分比。2014年绍兴市实际外商直接投资金额在泛长三角地区41个市排名第24位。

2014年全年新批外资项目141个，比上年增加3个。合同利用外资10.30亿美元，比上年增长9.7%；实际利用外资6.71亿美元，下降16.9%。新批(含增资)总投资1000万美元以上项目55只。

全年新批境外投资企业37家(增资企业12家)。境外投资企业总投资额65342万美元，其中中方投资额60756万美元，比上年增长83%。境外工程营业额15077万美元，增长20.4%。全年服务外包合同签订额1.20亿美元，下降25.5%。其中离岸合同额1.18亿美元，下降21.9%；完成合同执行额11108万美元，增长10.7%。其中离岸执行额10946万美元，增长20.5%。

八　金华市 2014 年度经济社会发展报告

2014 年，面对错综复杂的国内外经济环境和转型时期经济发展的新常态、新特点，市委、市政府带领全市上下全面贯彻落实中央、省委省政府的各项决策部署，紧紧围绕稳增长、调结构、促转型、惠民生等重点工作，凝心聚力，攻坚克难，全市经济平稳向好，在全省继续保持近年来的赶超发展态势，经济结构持续优化，社会事业继续发展，民生不断得到改善，较好地完成年初确定的目标任务。

一、金华市 2014 年经济发展概况

（一）综合经济

1. 经济总量

2014 年全市实现生产总值(GDP)3208.2 亿元，按可比价计算，比上年增长 8.3%。其中：第一产业增加值为 138.56 亿元，增长 1.8%；第二产业增加值为 1508.36 亿元，增长 7.8%；第三产业增加值为 1561.29 亿元，增长 9.5%。全市人均生产总值达到 67654 元(按 2014 年年均汇率折算为 11008 美元)，增长 7.8%。第一、二、三产业增加值占地区生产总值的比重由上年的 4.6∶47.7∶47.7 变化为 4.3∶47.1∶48.6，第三产业所占比重比上年提高 0.9 个百分点。

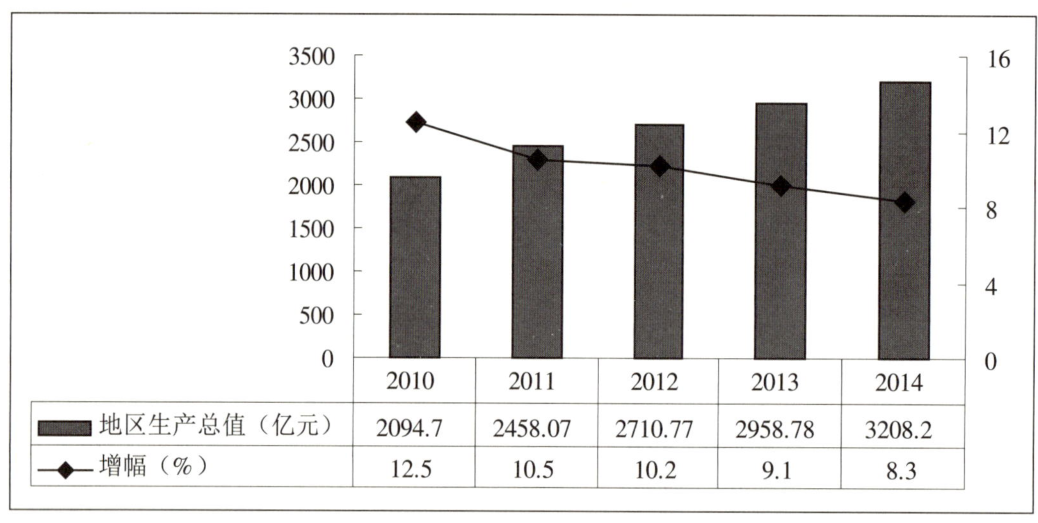

	2010	2011	2012	2013	2014
地区生产总值（亿元）	2094.7	2458.07	2710.77	2958.78	3208.2
增幅（%）	12.5	10.5	10.2	9.1	8.3

图 1　2010—2014 年金华市地区生产总值及增长速度

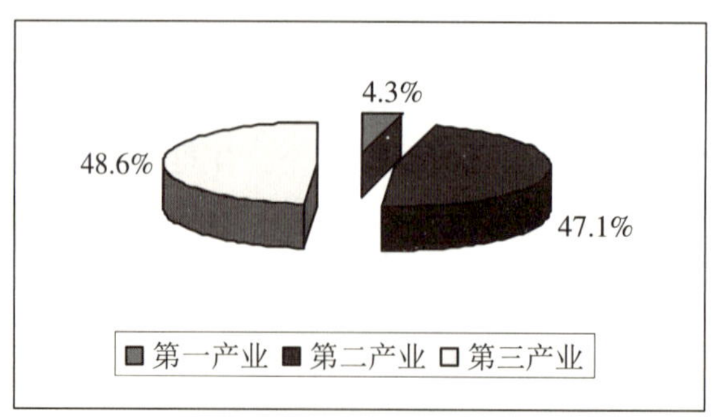

图 2　2014 年金华市三次产业结构图

2. 财政收支

2014 年全市完成财政总收入 461.40 亿元，比上年增长 10.9%。其中：上划中央财政收入 192.54 亿元，增长 11%；一般公共预算收入 268.87 亿元，增长 10.9%。全市一般预算支出 352.86 亿元，增长 9.5%。财政支出更加关注民生，一般公共预算支出的 75.8%用于保障和改善民生。其中住房保障支出、节能环保支出、城乡社区事务支出、文化体育与传媒支出、医疗卫生和计划生育支出、教育支出、科学技术支出同比分别增长 120.8%、53.6%、15.1%、13.9%、11%、10.3%、10.3%。

3. 物价水平

市区居民消费价格总水平比上年上涨 2.4%，涨幅较上年缩小 0.7 个百分点。所调查的八大类消费品及服务项目价格“七涨一跌”，食品类价格上涨 4.1%，烟酒类价格上涨 0.4%，衣着类价格上涨 1.6%，家庭设备用品及维修服务类价格上涨 2.3%，医疗保健和个人用品类价格上涨 2.7%，娱乐教育文化用品及服务类价格上涨 3.0%，居住类价格上涨 1.8%，交通和通信类价格下降 0.8%。商品零售价格指数上涨 1.1%。全市工业生产者出厂价格下跌 1.2%，工业生产者购进价格下跌 2.7%，购销价格为顺差 1.5 个百分点。

4. 固定资产投资

2014 年全市完成固定资产投资 1594.79 亿元，比上年增长 16.9%。其中，房地产开发投资 367.67 亿元，下降 4.5%；投资项目（单位）投资 1227.12 亿元，增长 25.3%。民间投资较快增长，全年实现民间投资 1228.21 亿元，增长 12.4%，占固定资产投资的 77.0%。

投资结构进一步优化。在固定资产投资中：第一产业完成投资 5.51 亿元，增长 41.2%。第二产业完成投资 736.05 亿元，增长 10.3%；其中工业投资 720.01 亿元，增长 8.1%。第三产业完成投资 853.22 亿元，增长 23.1%。与上年相比，第二产业投资比重下降 2.7 个百分点，第三产业投资比重提高 2.7 个百分点，三次产业投资结构调整为 0.3∶46.2∶53.5。

全市省重点建设项目 152 项，年计划投资 171.79 亿元，今年以来完成投资 294.47 亿元，为年度计划 171.4%；当年新开工项目 22 项，未开工项目 1 项，开工率 99.34%。竣工投产项目 20 项。列入市重点建设实施类项目共计 364 个，年计划投资 428.2 亿元，今年以来完成投资 645.7 亿元，为年度计划 150.8%；未开工项目 12 个，开工项目 352 个，开工率 96.7%。

（二）农业建设

2014 年全市农林牧渔业增加值 141.96 亿元，比上年增长 1.8%。

全市农作物播种面积 272.1 千公顷，下降 0.02%。其中粮食播种面积为 153.2 千公顷，总产量为 88.35 万吨，分别下降 0.2%和增长 0.1%；棉花播种面积 6.2 千公顷，下降 9.8%，产量为 0.94 万吨，下降 12.4%；油料播种面积为 25.0 千公顷，下降 1.3%，产量为 4.76 万吨，增长 1.5%；蔬菜播种面积为 44.1 千公顷，增长 1.3%，产量为 96.9 万吨，增长 4.1%；药材播种面积 7.2 千公顷，增长 1.3%；果用瓜种植面积 10.5 千公顷，增长 0.9%，产量为 23.53 万吨，增长 2.2%；花卉苗木种植面积 14.6 千公顷，增长 1.7%。

全市共完成绿化造林面积 3.773 千公倾，迹地更新面积 2.25 千公倾，其中人工更新面积 1.09 千公倾；完成重点防护林工程建设面积 0.22 千公倾，其中人工造林 0.12 千公倾、封山育林 0.1 千公倾；东阳市、武义县通过省级森林城市创建考核验收，罗店镇等 8 个城镇通过省级森林城镇创建考核验收，成功创建省级森林村庄 18 个、市级绿化示范村（森林村庄）225 个。

全市肉类总产量为 24.70 万吨，比上年下降 6.1%，其中猪肉 21.30 万吨，下降 6.3%；全年生猪出栏280.37万头,下降5.4%;家禽出栏1893.1万只,下降9.4%;全年牛奶产量5.68万吨,下降24.6%;全年水产品产量7.62万吨,增长2.1%。

全市农田水利有效灌溉面积158.09千公顷,旱涝保收面积114.17千公顷;全年化肥施用量(折纯)11.14万吨,下降13.2%;农村用电量46.3亿千瓦时,增长6.9%。

(三)工业和建筑业

1. 工业增加值

2014年全市完成工业增加值1302.83亿元,比上年增长7.7%,工业增加值占GDP的比重为40.6%。全市实现规模以上工业总产值4796.34亿元,销售产值4546.48亿元,分别增长7.1%和6.5%。规模以上工业企业完成出口交货值1113.39亿元,增长5.8%,占销售产值的比重为24.5%。

全市规模以上工业企业科技活动经费支出47.98亿元,增长25.5%。新产品生产增长较快。规模以上工业企业完成新产品产值1464.41亿元,增长25.7%,新产品产值率达到30.5%,提高2.8个百分点。

全年规模以上工业企业实现利税341.38亿元,增长2.2%;其中利润204.21亿元,增长0.3%。金属制品,纺织,医药制造,电气机械和器材制造,纺织服装、服饰,计算机、通信和其他电子设备制造等六大行业实现利润占全市规模以上工业利润总额的48.6%。

2. 建筑业

全市建筑业总产值达3044.22亿元,增长12.3%;完成建筑业地方税收31.65亿元,比上年增长13.8%,占全市税收入的14.1%。建筑施工面积38115.16万平方米,完成房屋竣工面积10686.64万平方米。省外市场发展良好,2014年建筑业企业在省外完成产值1965.76亿元,增长12.9%,占全省省外完成产值的17.4%,占全市建筑业总产值的64.6%。

(四)服务业

1. 国内贸易

2014年全市实现社会消费品零售额1592.70亿元,比上年增长13.2%,其中:城镇消费品零售额为1355.34亿元,增长13.1%;乡村消费品零售额为237.36亿元,增长14.0%。分行业看,批发零售业零售额1446.96亿元,增长13.3%;住宿餐饮业零售额145.74亿元,增长12.3%。

在限额以上批发零售业零售额中,服装鞋帽针纺织品类、化妆品类、日用品类、中西药品类消费增长较快,这四大类商品零售额分别为45.05亿元、5.03亿元、8.41亿元、40.40亿元,分别增长15.8%、20.8%、28.5%和18.0%;食品饮料烟酒类、石油及制品类、汽车类消费增长平稳,零售额分别为33.52亿元、159.66亿元、326.53亿元,分别增长10.8%、10.7%和12.9%。

全年实现网络零售额942亿元,同比增长41.0%,占全省网络零售额的16.7%。其中居民网络消费额327.09亿元,增长43.8%,实现顺差615.47亿元。

全市共有各类市场464个,市场总成交额为2525.59亿元,增长6.1%。其中年成交额超亿元的市场有77个,总成交额为2403.15亿元,增长5.3%;商品交易市场448个,年成交额为2273.58亿,增长了7.2%;生产要素市场9个,年成交额1.5亿元;7家网上市场成交250.5亿,成交额基本与上年持平。

2. 交通运输、邮电

2014年全市交通建设共完成投资132.3亿元。其中高速公路完成投资12.01亿元,国省道、县道

建设项目完成投资 68.54 亿元，大中修工程完成投资 3.66 亿元，农村联网公路完成投资 0.93 亿元，安保工程完成投资 2.19 亿元，病旧桥隧加固改造工程完成投资 0.47 亿元，场站建设完成投资 33.62 亿元，水运建设完成投资 7.70 亿元，智慧交通 3.18 亿元。全市境内公路总里程达到 12269.4 公里。年内公路旅客周转量 47.83 亿人公里，货物周转量 61.21 亿吨公里。

邮电业务收入 84.34 亿元，比上年增长 1.9%。其中，邮政业务收入 11.05 亿元，比上年增长 22.6%；电信业务收入 73.29 亿元，下降 0.5%。年末城乡固定电话用户 136.49 万户，比上年末下降 15.6%。其中住宅电话 70.25 万户，下降 16.1%；公用电话 17.16 万户，下降 18.2%。年末移动电话用户达 918.36 万户，下降 6.8%；其中 3G 移动电话用户 31.99 万户，增长 62.9%。电话普及率 222.45 部/百人，其中：移动电话普及率 193.66 部/百人，固定电话普及率 28.78 部/百人。互联网宽带接入用户达 194.62 万户，比上年末增长 17.9%。

3. 旅游业

全市共接待游客 5982.01 万人次，同比增长 21.7%，实现旅游收入 620 亿元，增长 26%，其中接待国内旅游者 5897.88 万人次，同比增长 22.0%，实现国内旅游收入 590.53 亿元，增长 27.8%；接待入境旅游者 84.13 万人次，同比增长 5.6%，实现旅游外汇收入 47954.22 万美元，增长 5.6%。

4. 金融和保险

2014 年末，全市金融机构本外币各项存款余额 6638.34 亿元，增长 7.7%。其中：单位存款余额 2979.11 亿元，增长 4.5%；本外币储蓄存款余额 3232.66 亿元，增长 7.0%。金融机构本外币各项贷款余额 5733.36 亿元，增长 11.2%。其中短期贷款余额 4341.66 亿元，增长 6.5%；中长期贷款余额 1245.62 亿元，增长 27.3%。本外币余额存贷比为 86.4%。

全市保险机构全年保费收入 135.83 亿元，增长 12.45%。其中财产险保费收入 62.7 亿元，人身险保费收入 73.13 亿元，分别增长 19.58%和 6.98%。全年支付各类赔偿及给付 44 亿元，比上年增长 6.23%。其中财产险赔款 33.75 亿元，增长 14.6%；人身险赔款及给付 10.25 亿元，下降 14.37%。

5. 房地产业

全市房地产开发房屋施工面积为 2652.53 万平方米，比上年增长 20.7%。当年新开工面积 673.33 万平方米，增长 29.7%；竣工面积 346.69 万平方米，增长 64.1%。全市商品房销售面积为 336.60 万平方米，下降 14.3%；其中住宅销售面积 294.98 万平方米，下降 8.9%。（五）对外经济

1. 对外贸易

2014 年全市完成进出口总额 414.9 亿美元，比上年增长 21.1%。其中，出口总额 396.7 亿美元，增长 22%；进口总额 18.2 亿美元，增长 4.2%。进出口、出口增幅均居全省首位，规模均创历史新高。其中，进出口总额首超 400 亿美元。出口有效主体增加。全年新增备案企业 1822 家。全年有进出口实绩企业 6224 家，比上年净增 427 家。全市与 220 个国家和地区建立了贸易关系，其中出口超 1 亿美元的国家和地区 73 个，比上年增加 6 个。

2. 外资状况

全市新批外商投资企业 70 家；合同利用外资 5.7 亿美元，比上年增长 226.2%；实际利用外资 2.78 亿美元，增长 20.9%。工业利用外资继续占主导地位，实际利用外资 2.27 亿美元，增长 78.1%，占全市实到外资的 81.5%。增资扩股项目增多，全年增资项目 7 个，累计新增合同利用外资 3.34 亿美元，占全市合同外资的 58.4%。

3. 对外合作

全市新批核准境外投资项目 42 个，境外投资总额 5.3 亿美元，中方投资 4.97 亿美元，同比增长

168%。全市完成对外承包工程劳务合作营业额2.82亿美元。全年设立境外营销网络36家，占全市项目总数的85.7%。企业在境外投资、经营的各类营销网络达336个，涉及67个国家和地区。全市有注册服务外包企业215家，从业人员超3.95万人，离岸合同签约金额2.09亿美元，增长11.1%，离岸合同执行金额1.68亿美元，增长6.6%。

二、金华市2014年社会发展概况

（一）人口、人民生活

2014年全市出生人口58731人，出生率12.39‰；死亡人口39664人，死亡率8.36‰；人口自然增长率4.02‰。年末总人口475.07万人，其中市区95.09万人；非农业人口109.93万人，其中市区32.66万人。平均每户家庭人口2.58人。

2014年，居民人均可支配收入为31599元，同比增长10.2%。分城乡看，城镇常住居民人均可支配收入为39807元，增长9.4%；农村常住居民人均可支配收入为18544元，增长11.3%。全体居民从收入来源看，工资性收入为17630元，增长9.5%；经营净收入为6077元，增长8.9%；财产净收入为4132元，增长11.0%；转移净收入为3761元，增长15.2%。全体居民人均生活消费支出20954元，增长10.7%，其中城镇常住居民人均生活消费支出25627元，农村常住居民人均生活消费支出13520元。

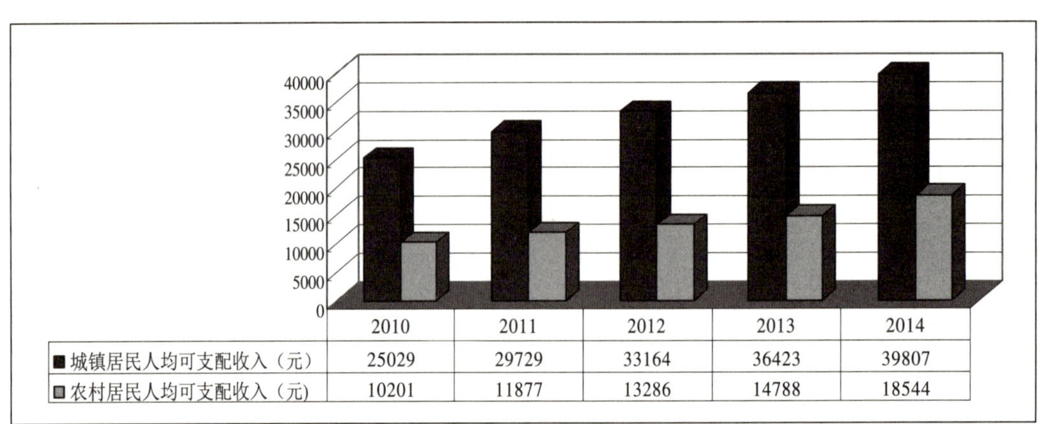

	2010	2011	2012	2013	2014
■城镇居民人均可支配收入（元）	25029	29729	33164	36423	39807
■农村居民人均可支配收入（元）	10201	11877	13286	14788	18544

图3　2010—2014年金华市城乡居民收入对比一览

（二）就业与社会保障

1. 就业

全市城镇新增就业76176人，城镇失业人员实现再就业31096人，年末城镇登记失业率2.80%，低于4.00%的控制目标。

2. 社会保障

年末全市拥有各类社会福利单位144个，社会福利床位数29264张，收养各类人员15417人。农村五保对象集中供养率为100%。全市共有低保对象5.63万人，发放最低生活保障金1.7亿元；筹集医疗救助资金7698万元，救助医疗困难群众3.2万人次；发放救灾款2131.8万元，救济灾民2.2万人次，改扩新建避灾场所44个。社区服务功能日趋完善，建立乡镇（街道）社区服务中心151个、城市社

区服务中心(站)284个、村级社区服务中心(站)3576个、捐赠接收站(慈善超市)117个。全市共有社会组织4277家,其中社会团体1836家,民办非企业单位2441家。全市共有抚恤优待对象32338人,发放抚恤金13098.1万元、义务兵优待金5654万元、困难补助经费498.68万元,退役义务士兵自主就业率达到100%,发放自主就业一次性经济补助金2840.96万元。

年末全市城镇职工养老保险参保人数165.31万人,职工基本医疗保险参保人数133.57万人,工伤保险参保人数154.44万人,生育保险参保人数80.05人,失业保险参保人数74.99万人;城乡居民养老保险参保人数152.11万人,城乡居民医疗保险参保人数347.36万人,被征地农民基本生活保障参保人数28.37万人。

(三)教育和科学技术

1. 教育事业

2014年全市共有各级各类全日制学校692所,在校生704025人。其中小学418所,在校生410577人;初中176所,在校生157598人;普通高中64所,在校生84467人;职业高中30所,在校生45652人;普通中专4所,在校生5002人;特殊教育学校9所,在校生1250人。全市有幼儿园1455所,在园幼儿250233人,学前三年幼儿园入园率98.8%;有省等级幼儿园1035所;全市112个乡镇全部建有中心幼儿园。十五年教育普及率99.5%,全面普及十五年教育。小学入学率、巩固率100%;初中入学率、巩固率100%;初中毕业生升入高中段学校比例98.4%。初中毕业生升入普通高中与中等职业学校的比例为1∶0.895,普通高中教育与中等职业教育协调发展。高等教育规模不断扩大,结构更趋合理。全市高等院校共9所,在校生86725人,其中普通高校2所,在校生35103人;高职院校5所(含浙江科贸职业技术学院(筹)),在校生48187人;成人高校2所,在校生3435人。高等教育毛入学率54.1%。义务教育均衡发展县(市、区)、教育现代化创建工作有序开展。

2. 科技与创新

全市列入市级以上科技项目820项,其中国家级74项、省级443项,新到位上级科技资金13973万元,其中国家级1558万元。新立市级科技计划项目303项,其中工业类69项,农业类73项,社会发展类161项,农业科技成果转化项目7项。申请专利18989件,其中发明专利2059件;获专利授权15129件,其中发明专利524件。新认定省级重点企业研究院6家、工程技术研究中心1家,省级高新技术研发中心32家、市级48家,市级以上各类企业研发机构累计达到577家。

全市新增浙江名牌产品36只,累计282只,新增加金华名牌产品64只,累计414只。制修订国家或行业标准11个,获国家级农业标准化示范项目和服务业试点项目4个,省市级农业标准化推广示范项目5个,农业标准示范区面积14.9万亩,省级工业和服务业标准化试点项目2个。产品监督抽查合格率95.1%,特种设备定检率、登记率和操作人员持证上岗率达95%以上,计量器具强制检定13.66万台件。

(四)文化、卫生和体育

1. 文化事业

2014年全市拥有文化馆10个,公共图书馆10个,其中8个馆获评一级馆公共图书馆。配合市委宣传部建成农村文化礼堂210家,制定全市文化系统农村文化礼堂建设服务菜单,提供点单式服务196项。创建并命名市级文化示范村(社区)36个,积极实施文化惠民工程,完成送戏下乡1632场,送电影下乡44700场,"非遗文化礼堂百村行"活动129场,送书366862册、送展览讲座809场、骨干培训

20623人次、文化走亲(县级以上)99场。全市文化市场健康平稳有序，出动检查9139人次，检查文化经营单位14342家次，全市广播综合覆盖人口473.23万人，覆盖率99.49%。电视综合覆盖人口474.36万人，覆盖率99.73%，全市农村应急广播体系工程完成覆盖53.3%行政村。

2. 卫生事业

全市共有医疗卫生机构4013家，其中医院113家；卫生院(含社区服务中心)165家；门诊部50家；专业公共卫生机构109家，其中妇保院(所、站)10家、疾病预防控制机构10家，卫生监督检验机构10家，专科疾病防治院(所、站)5家；其他卫生机构17家；诊所、医务室、社区卫生服务站、村卫生室3559个。全市共有实际开放床位数23916张，其中：医院和卫生院床位(含社区服务中心，不含妇保院)22633张。全市共有卫生技术人员34826人，其中执业医师和执业助理医师13652人，注册护士12921人；疾病预防控制机构总人数546人；卫生监督检验机构总人数314人；另有诊所、医务室、社区卫生服务站村卫生室等机构的卫技人员2996人。全市共有艾滋病实验室58个、其中初筛实验室54个，中心实验室3个、确诊实验室1个。

3. 体育事业

全市新创省级体育强县1个、体育强镇(乡)5个、复评强镇(乡)24个、新创先进社区4个、复评先进街道(社区)15个。新建省级小康体育村460个、中心村健身广场9个。共派出500多名运动员，参加了第十五届省运会田径、游泳、篮球等21个项目的角逐，为我市体育代表团夺得金牌32.5枚，奖牌81.5枚，总分1155.25分，现场金牌、奖牌、总分均列赛事排行榜第七位。全市共举办了30多场(次)国家级以上、100多场(次)省级以上重大赛事与活动，共吸引了20多万人前来看赛健身，大大推动了体育产业和体育旅游发展。市体育中心实现365天对外开放，为广大市民提供游泳、篮球、羽毛球、乒乓球等16项体育服务，全年共接待健身休闲的市民达130多万人次。全年全市共销售体育彩票13.76亿元，比上年增加5.79亿元。

(五) 城乡建设

城乡基础设施建设加快推进。杭长高铁开通，全面融入上海两小时交通圈，金华发展跨入“高铁时代”。金温铁路扩能改造项目完成拆迁，金台铁路项目建议书获批。东永高速完成主体工程，杭金衢高速改扩建工程动工，330国道改建、20省道浦江段、永磐公路永康段、42省道磐安段、义兰公路等工程加快推进。开通金兰中线城际直达公交。开工建设衢江航运姚家、游埠枢纽工程。建成两项国家特高压工程，新增110千伏及以上线路228公里。开展智慧城市建设试点，列入“宽带中国”示范城市。加强地下空间开发利用，新开发地下空间401万平方米。

(六) 环境保护和生态建设

2014年全面实施“811”生态文明建设推进行动，主要污染减排各项工作扎实推进。金华市区环境空气API优良率为93.6%，全市平均为91.1%；市区环境空气AQI优良率为64.7%，全市平均为72.4%；7个主要河段及湖库市控以上断面，达到或优于Ⅲ类水质标准的占52.4%、满足功能区要求的占52.4%；全市20个地表水交接断面，达到或优于Ⅲ类水质标准的占65.0%；按水质自动监测数据统计，10个出境断面中达到或优于Ⅲ类水质标准的占100%。

全市生态公益林建设面积为277.86千公倾，生态公益林达到优质林分面积222.66千公倾。全市森林覆盖率60.95%。全市新增命名国家生态乡镇10个，省级生态乡镇7个。截至目前，全市共创成国家级生态县2个、省级生态县3个、国家级生态乡镇(街道)33个、省级以上生态乡镇(街道)88个、市级以上生态乡镇(街道)97个，市级生态村2565个。全市共有沙金兰等52规范化合格饮用水源

保护区，其中8个县级以上集中式饮用水水源地水质达标率为99%。省级以上森林公园13个，其中国家级森林公园2个。

（七）安全生产

2014年，全市共发生各类生产安全事故1381起（不含火灾事故）、死亡475人、直接经济损失1654.14万元，同比分别下降6.05%、10.88%和11.05%。

三、金华市在泛长三角地区经济发展中的地位

2014年，面对严峻复杂的外部环境和经济下行压力，金华市上下认真贯彻中央、省委省政府和市委市政府决策部署，全年经济在新常态下平稳运行，稳中向好。国家统计局金华调查队主要调查数据表明，全年城乡居民收入较快增长，居民消费价格涨幅逐步回落，工业生产者价格继续下降，房地产价格连续下跌，规模以上工业生产平稳回升。

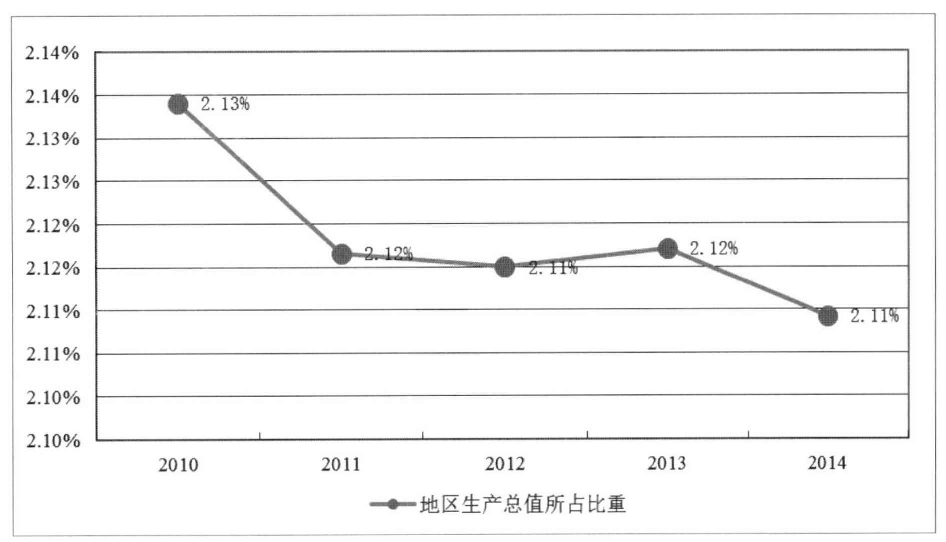

图4　2010—2014年金华市地区生产总值在泛长三角所占比重变化趋势

2010—2014年金华市地区生产总值在泛长三角所占比重分别为2.13%、2.12%、2.11%、2.12%和2.11%，总体上呈下跌趋势，2014年比上年减少了0.01个百分点，较2010年减少了0.02个百分点。2014年金华市地区生产总值在泛长三角地区41个市排名第19位。

“十二五”以来，全市经济保持赶超发展态势。2014年全市生产总值(GDP)为3206.64亿元，按可比价计算，增长8.3%，快于全省平均0.7个百分点，增速居全省第三位，连续四年保持增速在全省前三位。三次产业中：第一产业增加值为138.31亿元，增1.8%；第二产业增加值为1509.13亿元，增长7.8%；第三产业增加值为1559.20亿元，增长9.5%。第一、二、三产业增速分别快于全省平均0.4个、0.7个和0.8个百分点，分别居全省第六、第六和第二位。其中市区生产总值为606.07亿元，增长7.5%。第一产业增加值为32.79亿元，增长1.5%；第二产业增加值为261.72亿元，增长7.6%；第三产业增加值为311.56亿元，增长8.1%。一、二、三产增加值占全市生产总值的比重由上年的4.6∶47.7∶47.7，变化为4.3∶47.1∶48.6。

2010—2014年金华市地方财政一般预算收入在泛长三角所占比重分别为1.56%、1.56%、1.55%、1.99%和1.58%，2014年较上年减少了0.41个百分点，较2010年增加了0.02个百分点。

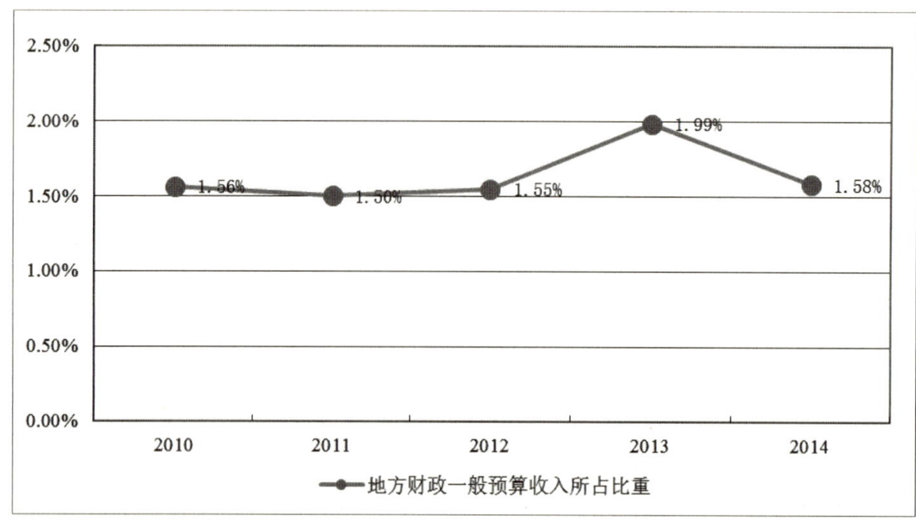

图 5　2010—2014 年金华市地方财政一般预算收入在泛长三角所占比重变化趋势

2014 年金华市地方财政一般预算收入在泛长三角地区 41 个市排名第 19 位。

2014 年，全市一般公共预算收入完成 268.87 亿元，完成预算的 101.5%，比 2013 年增长 10.9%；其中市区一般公共预算收入完成 63.69 亿元，完成预算的 100.3%，增长 8.8%。全市一般公共预算支出完成 352.86 亿元，完成预算的 103.9%，增长 9.5%；其中市区一般公共预算支出完成 91.55 亿元，完成预算的 99.8%，增长 7.0%。财政支出更加关注民生，一般公共预算支出的 75.8%用于保障和改善民生。其中住房保障支出、节能环保支出、城乡社区事务支出、文化体育与传媒支出、医疗卫生和计划生育支出、教育支出、科学技术支出同比分别增长 120.8%、53.6%、15.1%、13.9%、11%、10.3%和 10.3%。

2014 年，全市民生支出 267.38 亿元，增长 9.1%，占地方财政支出的 75.8%。城镇新增就业 7.67 万人，比上年增长 8.1%。登记失业率为 2.8%。基本养老保险参保人数达 326.38 万人，其中，企业职工参保 165.31 万人，增长 9.1%；基本医疗保险参保人数为 480.93 万人，增长 25.7%，其中，城镇职工参保人数为 133.57 万人，被征地农民基本生活保障参保人数 28.37 万人。

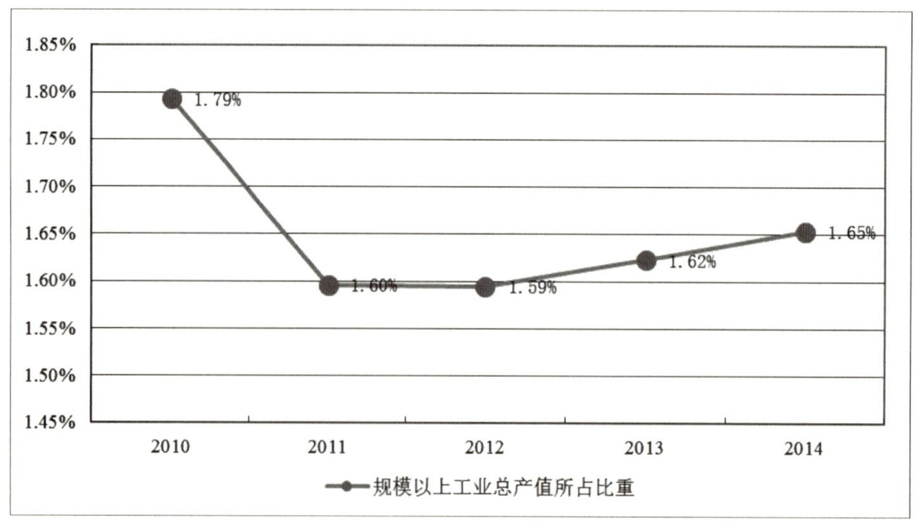

图 6　2010—2014 年金华市规模以上工业总产值在泛长三角所占比重变化趋势

2010—2014年金华市规模以上工业总产值在长三角所占比重分别为1.79%、1.60%、1.59%、1.62%和1.65%，2013—2014年止跌上扬，2014年较上年增加了0.03个百分点，较2010年减少了0.14个百分点。2014年金华市规模以上工业总产值在泛长三角地区41个市排名第21位。

2014年，全市规模以上工业完成增加值945.32亿元，增长7.4%，高出全省平均水平0.5个百分点，增速居全省第五位。规模以上工业总产值4796.34亿元，增长7.0%，高出全省平均水平0.6个百分点，增速居全省第四位。规模以上工业销售产值4546.48亿元，增长6.5%，高出全省平均水平0.6个百分点，增速居全省第四位。规模以上工业出口交货值1113.39亿元，增长5.8%。规模以上工业产品产销率为94.8%。其中市区实现规模以上工业增加值165.63亿元，增长5.6%；规模以上工业完成总产值876.06亿元，增长6.5%；规模以上工业实现销售产值823.51亿元，增长5.1%；其中实现工业出口交货值145.12亿元，下降5.8%。

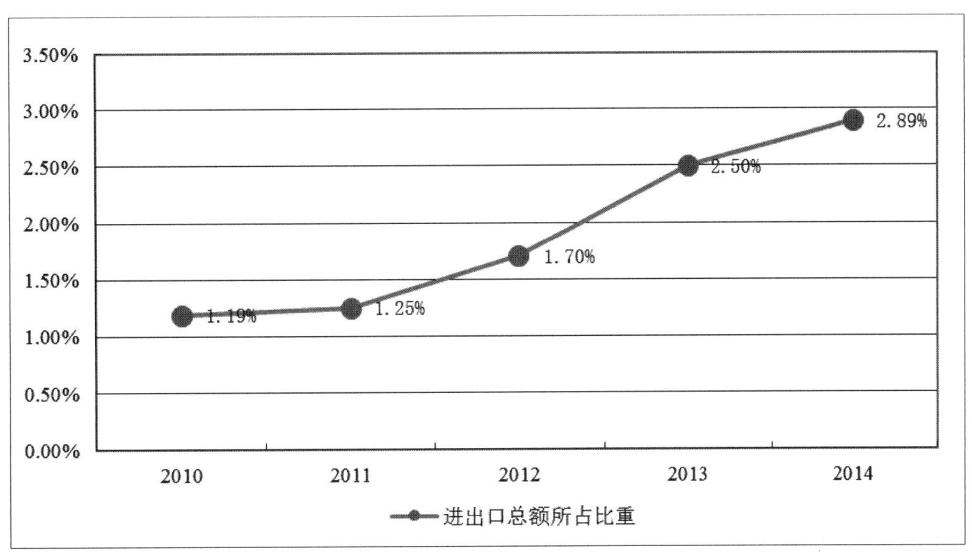

图7　2010—2014年金华市进出口总额在泛长三角所占比重变化趋势

图8　2010—2014年金华市实际外商直接投资金额在泛长三角所占比重变化趋势

2010—2014年金华市进出口总额在泛长三角所占比重分别为1.19%、1.25%、1.70%、2.50%和2.89%，呈现逐年增加的趋势，2014年较2013年增加了0.39个百分点，5年累计增幅为1.70个百分点。2014年金华市进出口总额在泛长三角地区41个市排名第7位，保持着相对领先的位置。

2014年，全市完成进出口总额414.87亿美元，增长21.1%，出口额为396.71亿美元，增长21.0%，两者分别高出全省平均水平15.3个和12.1个百分点，增速均居全省首位；进口额为18.16亿元，增长4.2%，高出全省平均水平10.2个百分点，增速居全省第四位。其中市区完成进出口总额36.17亿美元，增长12.1%；完成出口额35.14美元，增长13.1%；进口额为1.03亿美元，下降13.3%。

2010—2014年金华市实际外商直接投资金额在泛长三角所占比重分别为0.61%、0.37%、0.39%、0.33%和0.37%，2014年较上年增加了0.04个百分点，较2010年减少了0.24个百分点。2014年金华市实际外商直接投资金额在泛长三角地区41个市排名第32位。

2014年，全市新批三资企业70家，比去年增加11家。合同利用外资5.72亿美元，实际利用外资2.78亿美元，增长20.9%，高出全省平均水平9.3个百分点，增速居全省第二位。其中市区新批三资企业13家，实际利用外资1.28万美元，增长31.5%。

九　衢州市2014年度经济社会发展报告

2014年，市委、市政府坚持以科学发展观为指导，紧紧围绕“打造生态屏障、建设幸福衢州”，积极应对复杂的国内外发展环境，全力干好“四件大事”，大力实施“稳增长、保生态、惠民生、促改革”各项措施，全市上下共同努力，国民经济运行总体平稳，各项社会事业取得新的进步。

一、衢州市2014年经济发展概况

（一）综合经济

1. 经济总量

全年全市生产总值1115.1亿元，按可比价格计算，比上年增长7.4%。其中：第一产业增加值82.64亿元，增长1.3%；第二产业增加值558.9亿元，增长7.2%；第三产业增加值473.56亿元，增长8.7%。在第三产业中：交通运输、仓储及邮政业增加值增长8.1%，批发和零售业增加值增长10.4%，住宿和餐饮业增加值增长10.4%，金融业增加值增长14.0%，房地产业增加值增长2.8%。三次产业增加值结构为7.4∶50.7∶41.9。全市人均生产总值按户籍人口计算为43972元，合7158美元，比上年增长6.8%；全市人均生产总值按常住人口计算为52778元，合8592美元，比上年增长7.3%。

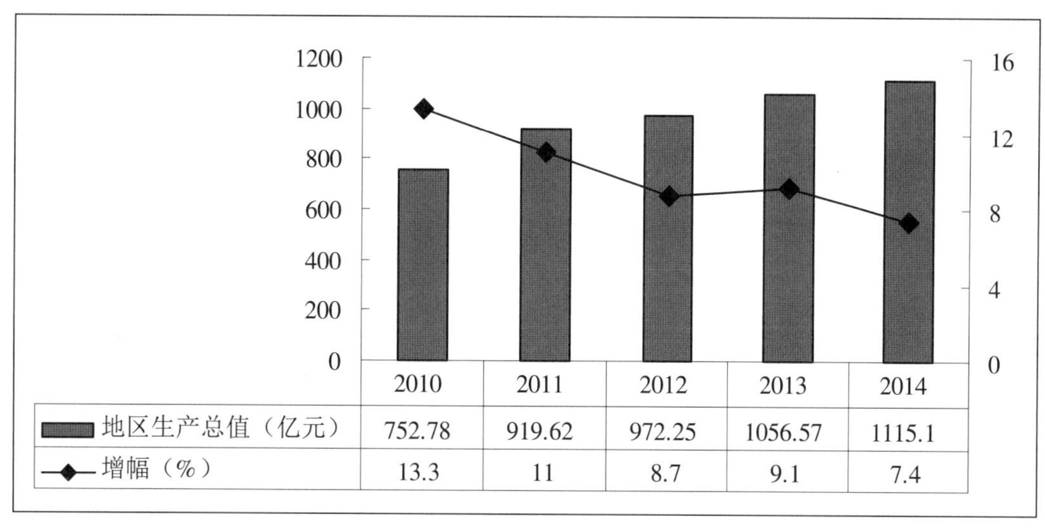

图1　2010—2014年衢州市地区生产总值及增长速度

2. 财政收入

全年实现财政总收入126.82亿元，比上年增长7.3%，其中一般公共预算收入80.32亿元，增长10.4%。在一般公共预算收入中实现税收收入73.87亿元，增长10.6%，其中：增值税8.98亿元，下降0.3%；营业税20.98亿元，增长3.6%；企业所得税8.79亿元，增长5.7%；个人所得税3.08亿元，增长8.7%。

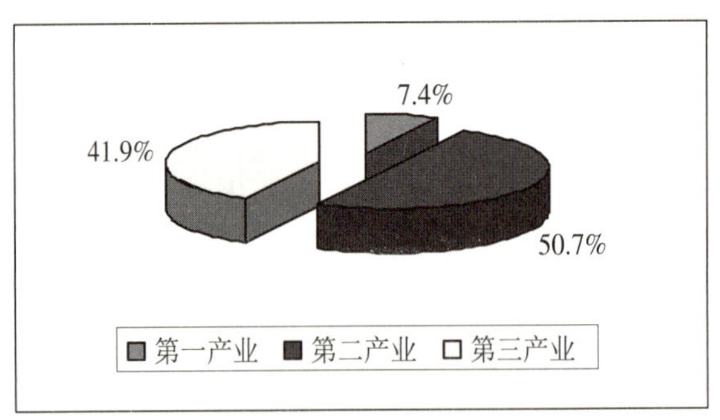

图 2 2014 年衢州市三次产业结构图

3. 物价水平

市区居民消费价格一季度比上年同期上涨 3.3%，上半年上涨 3.1%，前三季度上涨 2.9%，全年平均比上年上涨 2.5%，其中：食品类上涨 3.7%。

工业生产者出厂价格比上年下降 1.5%，其中：重工业产品出厂价格下降 2.2%，轻工业产品出厂价格增长 0.1%。工业生产者购进价格下降 2.0%，其中：黑色金属材料类下降 6.1%，有色金属类下降 2.9%，燃料、动力类下降 3.3%，化工原料类增长 0.5%。

5. 固定资产投资

全年完成固定资产投资 782.10 亿元，比上年增长 16.6%。其中：第一产业投资 21.75 亿元，下降 19.1%；第二产业投资 357.49 亿元，增长 12.4%；第三产业投资 402.86 亿元，增长 23.6%。

全年完成工业投资 357.27 亿元，比上年增长 12.4%，其中制造业投资 306.81 亿元，增长 14.7%。食品制造业、家具制造业等 12 个行业的投资增长 20%以上，非金属矿物制品业、黑色金属冶炼业等 9 个行业比上年下降。有 10 个行业年投资额超 10 亿元，其中 5 个行业年投资额超 20 亿元：化学原料及化学制品制造业 38.72 亿元，增长 7.4%；电气机械及器材制造业 27.46 亿元，增长 2.6%；金属制品业 24.5 亿元，增长 28.9%；通用设备制造业 23.54 亿元，增长 15.4%；造纸及纸制品业 23.31 亿元，增长 13.4%。

全年完成基础设施投资 261.04 亿元，比上年增长 27.0%。其中：水利、环境和公共设施管理投资 130.21 亿元，增长 47.9%；交通运输、仓储和邮政业投资 59.43 亿元，增长 8.0%；电力、燃气及水的生产供应业投资 46.66 亿元，增长 1.2%；教育设施投资 8.48 亿元，增长 40.0%；文化艺术业投资 8.68 亿元，增长 81.4%；卫生设施投资 3.61 亿元，下降 2.9%。

全市组织实施重点项目 328 个，完成投资 483.60 亿元，其中：本年新开工项目 117 个，建成项目 85 个。

（二）农业和农村建设

全年实现农林牧渔业总产值 138.74 亿元，比上年下降 1.0%。

全年农作物播种面积 207116 公顷，其中：粮食播种面积 110458 公顷，油料播种面积 38425 公顷，蔬菜种植面积 36766 公顷，果用瓜种植面积 5230 公顷。

全年粮食总产量 70.68 万吨。油料产量 6.50 万吨，其中油菜籽产量 5.97 万吨。蔬菜产量 96.29 万吨，增长 5.1%。食用菌产量 15.70 万吨，下降 8.7%。果用瓜产量 14.64 万吨，增长 2.5%。茶叶产量 6570 吨，增长 5.4%。水果产量 87.97 万吨，增长 6.7%，其中柑桔产量 67.55 吨，增长 5.4%。

全年肉类总产量 27.57 万吨，比上年下降 9.9%，其中猪肉 23.49 万吨，下降 12.4%。全年生猪出

栏 409.45 万头，下降 8.7%。家禽出栏 2750.29 万只，下降 7.4%；禽蛋产量 2.23 万吨，下降 3.1%。蜂蜜产量 2.80 万吨，增长 23.2%；蜂皇浆产量 820.52 吨，增长 48.2%。牛奶产量 365 吨，下降 44.8%。水产品产量 5.71 万吨，增长 0.5%。

实施"共建生态家园行动"治理农村生活污水，全市开展治理村 590 个，累计完成村 560 个，化粪池改造农户 117.37 万户，接户管户数 16.85 万户。实施农村"户集、村收、乡镇运、县处理"机制治理生活垃圾，覆盖村 1274 个，垃圾源头分类实施村 350 个。实施美丽乡村创建，新增市级美丽乡村示范乡镇 12 个、精品村 40 个，"五美"农户 1 万户，各县(市、区)均提升 2 条美丽乡村精品线路和 1 个美丽乡村精品片区。全市累计培育农家乐特色村 90 个、特色点 180 个，建成 10 个"上海村"。全市共有星级农家乐经营户 1208 户，从业人数 1.63 万人。全年农家乐接待游客 1680 万人，直接营业收入 7.75 亿元，分别比上年增长 31.7%和 33.3%。至年末共有来料加工示范基地 295 个、专业村 70 个，从业人员 25.3 万人，全年发放加工费 25 亿元。

（三）工业和建筑业

1. 工业增加值

全市年末共有规模以上工业企业单位 1004 家，与上年持平，其中：主营业务收入亿元以上的企业 281 家，比上年增加 20 家；大中型企业 94 家，比上年增加 1 家。

全年全部工业增加值 491.73 亿元，按可比价格计算比上年增长 7.1%。规模以上工业企业全年完成产值 1575.37 亿元，增长 5.7%，其中：重工业 1084.18 亿元，增长 6.0%；轻工业 491.20 亿元，增长 5.0%。实现工业销售产值 1520.97 亿元，增长 4.2%，产销率 96.55%，比上年降低 1.36 个百分点。全年完成工业出口交货值 124.63 亿元，增长 12.6%。

在规模以上工业中：机械行业实现产值 317.99 亿元，比上年增长 2.8%；化工行业 272.06 亿元，增长 11.9%；黑色金属冶压业 181.80 亿元，下降 0.1%；造纸行业 150.77 亿元，增长 11.6%；电力行业 90.19 亿元，增长 5.2%；建材行业 81.14 亿元，增长 1.4%；食品加工及制造业 70.82 亿元，下降 0.2%；纺织业 65.92 亿元，增长 4.4%；通信设备业 60.62 亿元，下降 4.6%；木材加工业 55.64 亿元，增长 8.3%；饮料业 27.03 亿元，下降 20.1%。

全年规模以上工业企业实现利税 111.04 亿元，下降 12.6%，其中利润 71.22 亿元，下降 14.9%。分行业看，机械行业实现利润 15.80 亿元，下降 14.1%；造纸行业 8.32 亿元，增长 5.3%；建材行业 7.94 亿元，增长 32.5%；化工行业 7.07 亿元，下降 26.4%；计算机、通信和其他电子设备制造业 6.74 亿元，下降 37.8%；饮料行业 5.31 亿元，下降 35.2%；竹木加工业 3.92 亿元，下降 11.0%；食品加工及制造业 3.26 亿元，增长 6.0%；黑色金属冶压业 2.20 亿元，下降 30.8%。

2. 建筑业

全年建筑业实现增加值 77.44 亿元，按可比价格计算比上年增长 8.1%。全市建筑业企业 442 家，其中：具有一级资质企业 34 家，二级资质企业 97 家。全年建筑业实现总产值 405.98 亿元，增长 9.2%，超亿元产值的企业 90 家。

（四）服务业

1. 国内贸易

全年实现社会消费品零售总额 503.79 亿元，比上年增长 13.6%。按经营地统计，城镇市场 432.86 亿元，增长 13.6%；乡村市场 70.93 亿元，增长 13.1%。按消费形态统计，批发业 81.95 亿元，增长14.0%；零售业367.29亿元，增长13.7%；住宿业4.94亿元，增长10.0%；餐饮业49.61亿元，增长12.2%。

全市限额以上批发零售业实现零售额150.07亿元，增长14.7%。其中：食品、饮料、烟酒类增长6.2%，服装鞋帽、针、纺织品类增长13.4%，日用品类增长15.5%，化妆品类增长0.2%，中西药品类增长20.4%，家用电器和音像制品类增长6.9%，汽车类增长20.1%，石油及制品类增长16.8%。

全市共有成交额超亿元的各类市场23个，摊位数7712个，实现成交额280.20亿元，增长11.6%。成交额超10亿元市场有9家，比上年增加1家。

2. 交通运输与邮电

全年完成交通运输、仓储和邮政业增加值37.78亿元，按可比价格计算，比上年增长8.1%。

全年各种运输方式完成货物运输量9201.19万吨，比上年增长7.2%，其中：铁路320.47万吨，下降13.6%；公路8877万吨，增长8.1%；水运3.66万吨，下降0.5%；民航629.8吨，下降18.4%。全年各种运输方式完成旅客运输量5397.33万人，比上年下降2.5%，其中：铁路258.90万人，增长7.0%；公路5112万人，下降2.9%；水运4.36万人，下降27.7%；民航22.07万人，下降0.6%。

年末民用汽车拥有量24.48万辆，比上年增长15.2%，其中：载客汽车20.16万辆，增长31.4%；载货汽车3.59万两，下降20.8%。私人汽车21.45万辆，增长21.7%。全市摩托车拥有量24.85万辆，增长0.3%。年末共有城乡公共汽车营运车辆1516辆，其中城市公共汽车630辆。年末共有出租汽车848辆。

年末各类公路里程8069.68公里，其中高速公路317.32公里，一级公路301.4公里，二级公路716.81公里，村道3926.53公里。

全年邮电业务收入16.60亿元，比上年下降6.0%，其中邮政业务收入1.49亿元，增长1.4%；通信业务收入15.11亿元，下降6.2%。全年邮政传送函件1381.25万件，包件5.25万件，累计订销报纸4200.25万份，订销杂志184.15万份。年末全市共有快递企业47家，全年实现业务收入2.80亿元，增长94.9%；快递收件3054.13万件，增长96.9%，其中国际收件3.20万件，增长51.4%；快递派件799.70万件，增长98.3%。年末城乡固定电话用户48.04万户，比上年减少5.95万户。年末移动电话用户280.04万户，增加42.17万户。电话普及率(含移动电话)128.30部/百人，增加19.41部/百人。互联网用户50.6万户(不含手机)，增加6.77万户，互联网普及率达到56.1%。

3. 旅游业

全年旅游总收入240.38亿元，比上年增长21.9%，其中：接待国内旅游者3755.82万人次，增长14.6%，国内旅游收入236.89亿元，增长22.3%；入境的旅游者11.60万人次，下降4.1%，国际旅游外汇收入5695.93万美元，下降1.5%。在入境的旅游者中：外国人4.32万人次，增长1.6%；香港、澳门和台湾同胞7.29万人次，与上年持平。全市拥有星级宾馆饭店37家，客房总数3790间。

4. 金融、证券和保险

全年完成金融业增加值75.27亿元，按可比价格计算，比上年增长14.0%。

年末金融机构本外币存款余额1635.62亿元，比上年末增长9.6%，其中人民币存款余额1624.29亿元，增长9.6%。年末金融机构本外币贷款余额1469.65亿元，增长17.5%，其中人民币贷款余额1454.46亿元，增长17.6%。年末城乡居民本外币储蓄存款余额792.73亿元，增长12.2%。

年末共有证券营业部17家，比上年末增加5家，全年证券交易量2972.63亿元，比上年增长110.8%；实现佣金收入1.88亿元，增长69.1%；期末保证金余额13.12亿元，增长93.0%；托管市值122.87亿元，增长40.9%；实现利润1.21亿元，增长103.5%；新开证券帐户11970个，增长43.8%。

年末共有保险机构30家，全年保费收入35.43亿元，比上年增长17.0%，其中：寿险保费收入19.52亿元，增长14.1%；财产险保费收入15.91亿元，增长20.8%。支付各类赔款11.38亿元，增长17.5%，其中：寿险业务赔款2.62亿元，增长6.4%；财产险赔款8.76亿元，增长21.3%。

5. 房地产

全年完成房地产开发投资95.17亿元，比上年增长7.1%，其中住宅投资71.13亿元，增长0.9%。房地产开发施工面积776.17万平方米，增长7.3%；竣工面积143.01万平方米，增长3.2%；销售面积166.81万平方米，下降2.0%，其中：住宅销售138.84万平方米，下降4.1%，商业营业用房销售11.97万平方米，增长60.1%。商品房销售额109.15亿元，下降5.8%，其中住宅销售额92.38亿元，下降9.1%，商业营业用房销售额10.01万平方米，增长16.2%。

全年新开工建设保障性安居住房5328套，完成年度任务的124.0%，其中：公共租赁住房2508套，开工率148.0%；棚户区改造（安置房建设、货币补偿安置户数）2820户，开工率108.5%。新增公共租赁住房保障户843户，其中实物配租494户，租赁补贴349户。

（五）对外经济

1. 对外贸易

全年实现进出口总额44.48亿美元，比上年增长17.8%。其中：出口28.85亿美元，增长20.7%；进口15.63亿美元，增长12.7%。

全市有出口实绩的企业771家，比上年增加72家，其中当年新启动出口业务企业159家，增加2家。全年出口额在100万美元以上企业322家，其中1000万美元以上的企业69家，增加2家。

全市出口排前三位的市场依次是欧盟、东盟、美国。对欧盟出口4.66亿美元，增长25.3%；对东盟出口3.47亿美元，增长8.3%；对美国出口2.49亿美元，下降3.5%。对这三大主要市场出口额合计占全市出口总额的36.8%。

在主要商品出口中：机电产品出口8.18亿美元，增长20.8%；高新技术产品出口1.00亿美元，增长33.6%；化工医药产品出口6.03亿美元，增长27.2%；服装、纺织品出口2.93亿美元，下降2.3%；农产品及其加工产品2.24亿美元，增长3.4%。

2. 外资状况

全年新批外商投资企业14家，合同利用外资1.08亿美元，比上年下降18.7%；实际利用外资0.70亿美元，增长6.6%。

二、衢州市2014年社会发展概况

（一）人口、人民生活

年末户籍总人口255.67万人，其中男性人口131.09万人、女性人口124.58万人，分别占总人口的51.3%和48.7%。全年出生人口2.48万人，出生率为9.71‰；死亡人口1.47万人，死亡率为5.77‰；全年净增人口1.01万人，自然增长率为3.94‰。根据全市5‰人口抽样调查结果推算，全市常住人口为212.40万人，城市人口占总人口比重为49.0%。

全市城镇居民人均可支配收入30583元，增长9.3%；农村居民可支配收入15354元，增长11.2%。

全市城镇居民人均住房建筑面积38.5平方米，农村居民人均住房建筑面积68.1平方米。

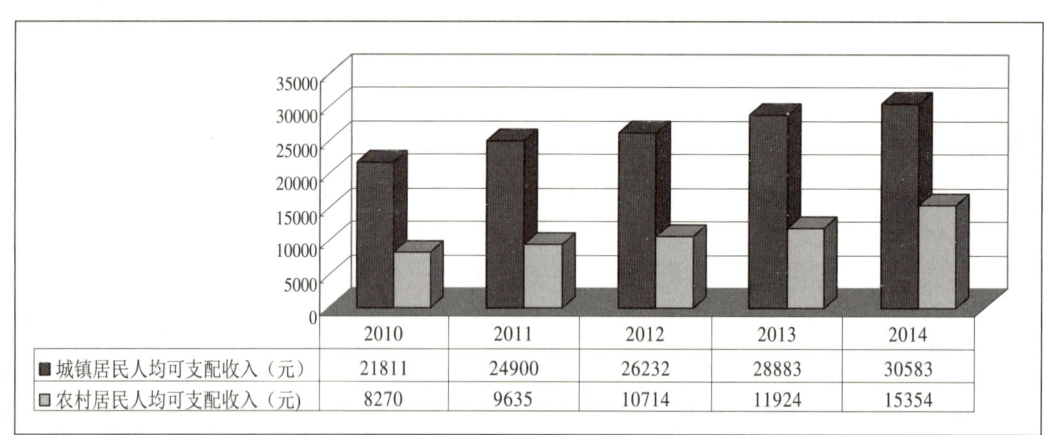

	2010	2011	2012	2013	2014
■城镇居民人均可支配收入（元）	21811	24900	26232	28883	30583
□农村居民人均可支配收入（元）	8270	9635	10714	11924	15354

图 3　2010—2014 年衢州市城乡居民收入对比一览

（二）就业与社会保障

1. 就业

全市新增就业人数 3.57 万人，有 1.38 万城镇下岗失业人员实现再就业，年末城镇登记失业率为 3.08%，比上年末下降 0.05 个百分点。

2. 社会保障

年末全市参加基本养老保险的人数 176.80 万人，比上年末增长 2.4%，其中：企业职工参保人数 64.71 万人，增长 1.4%；机关事业参保人数 5.31 万人，增长 2.9%；城乡居民社会养老保险参保人数 106.78 万人，下降 1.9%。参加基本医疗保险的人数 242.61 万人，增长 12.1%，其中：城镇职工基本医疗保险参保人数 56.53 万人，增长 6.7%；城乡居民基本医疗保险参保人数 186.09 万人，增长 13.8%。参加失业保险的人数 24.70 万人，增长 6.2%；全年享受失业保险待遇人数 9405 人，增长 24.4%。参加工伤、生育保险的职工分别为 36.74 万人和 26.93 万人，分别增长 2.7%和 7.1%。

年末拥有各类收养性社会福利单位 109 个，床位 16297 张，在院人数 6434 人。农村五保人员集中供养率 96%，城镇“三无”对象集中供养率 100%。全市城镇居民和农村居民最低生活保障对象月低保标准分别为 540 和 389 元，已保人数分别为 3951 人和 5.36 万人。

（三）教育和科学技术

1. 教育事业

全市拥有普通高校 2 所，其中本科 1 所、专科 1 所，在校生 13664 人。中等职业教育学校 17 所，在校生 2.83 万人。普通高中 26 所，在校生 3.78 万人。普通初中 68 所，在校生 7.42 万人。小学 201 所，在校生 14.30 万人。特殊教育 7 所，在校生 485 人。全市拥有幼儿园 516 所，在园幼儿 6.46 万人。

全市学前教育入园率 95.74%，小学入学率 100%，初中入学率 100%，初中毕业升高中段的比例 96.88%，高中段毛入学率 94.98%，高等教育毛入学率 46.69%。15 年教育普及率 98.15%，“三残”儿童入学率 97.45%。

全市有普通高校专任教师 599 人；普通高中专任教师 3146 人，学历合格率 99.05%；初中专任教师 5434 人，学历合格率 100%；小学专任教师 8401 人，学历合格率 99.99%；幼儿园专任教师 3856 人，学历合格率 97.48%；中等职业教育专任教师 1633 人，学历合格率 96.69%；特殊教育专任教师 143

人，学历合格率97.9%。

2. 科技与创新

全市拥有国家级高新技术企业107家，市级高新技术企业205家。国有独立研究开发机构11个，企业技术开发机构262个。全年获得市级科技进步奖40项。当年专利申请受理3957项，专利申请授权2891项，其中发明176项。

年末拥有产品质量检验机构69家，法定计量技术机构5个。全年强制检定计量器具51257(件)，其中：贸易结算用计量器具49639件，安全防护用计量器具1637件。全年检验特种设备12978台(件)，其中：电梯3492台，压力容器3746台。

（四）文化、卫生和体育

1. 文化事业

年末共有各类艺术表演团体25个，其中专业团体2个。公共图书馆7个，面积12593平方米，藏书量1471千册。博物馆4个，面积26167平方米。文化馆7个，面积16921平方米。文化站106个，面积83001平方米。有广播电台6座，广播综合人口覆盖率97.69%。电视台7座，电视综合人口覆盖率98.25%。全年城市影院观看电影观众130.11万人次，票房收入3881.63万元。全市日均发行《衢州日报》5.80万份，《衢州晚报》7.30万份。年末共有综合档案馆7个和国家专门档案馆1个，面积21458.75平方米，馆藏档案全宗1081个，共计62.67万卷、31.47万件。全年查阅档案、资料2.29万人次，28445卷(件)次。

2. 卫生事业

年末共有卫生机构731家，共有病床床位9842张，卫生技术人员13582人，其中医生5406人。年末共有疾病控制中心6个，公共卫生人员271人。孕产妇和5岁以下儿童死亡率分别为5.01/10万和6.22‰。农村自来水受益率84.95%，农村卫生厕所普及率94.04%。

3. 体育事业

全年举办市、县运动会179次，参加人次16.58万人。在全国及全省各类体育比赛中，全市共获金牌66.2枚、银牌67枚、铜牌80枚。

（五）城乡建设

宁波市坚持规划引领，强化科学管控，有力有序推进城乡建设。城市十大专项全面推进。完成上下街改造提升、坊门街规范提升，基本完成历史文化街区保护利用、孔子儒学文化区建设、天王塔院和文昌阁复建、市区水系改造提升、西区鹿鸣公园建设等专项工作，形成了一批城市新景观。

加大城市管理力度，顺利通过国家园林城市复查。加强县城和中心镇建设，推进小城市培育试点，各县(市)均完成一批城市专项工作。龙游被列入全省首批美丽县城试点县。加强城市规划工作。创新规划编制方法，与国内一流规划设计团队建立战略合作关系，同步推进战略规划与区块设计，统筹融合区块规划和专项规划，促进大、中、小规划相互衔接。完善城市规划体系，完成现代田园城市规划研究和中心城区空间发展战略研究，全面推进西区、城南片区、十里长街、环信安湖及古城片区等区块城市设计。

建成城市展示馆。强化科学有效管控。建立市区规划土地联席会议制度，实现市区“空间一张图、规划一支笔、建设管理一个口”。推进城市总体规划用地范围内农村管理体制改革，构筑城中村改造政策体系，全面推行公寓安置，创新“房票”安置模式，加快农民市民化步伐。出台促进市区房地产市场平稳健康发展政策，有效遏制违规“工改商”行为。

深化美丽乡村建设。推进农村产权制度改革，激发农村发展活力，农村宅基地发证率达91.1%，土地承包权证发证率达99.6%，完成849个村经济合作社股份制改革。深化农村环境综合整治，推进养生度假、农业观光、乡村旅游和民俗风情建设，新增省美丽宜居示范村21个。柯城被评为省级美丽乡村先进县，江山大陈村荣获中国年度十大美丽乡村称号。

（六）资源、环境保护和生态建设

全市地表水环境功能区达标率为95.2%，交接断面水质达标率为100%。城市环境空气优良天数比例为79.6%。区域环境噪声各县域均低于55分贝，符合功能区要求。

全年全市万元GDP综合能耗可完成省核定下降4.4%的考核目标任务，四项减排指标年度计划目标（化学需氧量削减2.5%，氨氮削减3.0%，二氧化硫削减2.5%，氮氧化物削减3.5%）可全面完成。

全年全市共新增5个乡镇获得国家级生态乡镇命名，2个乡镇获得省级生态乡镇称号，新增省级绿色家庭20户，省级生态文明教育示范基地2个。累计建成优质林分面积333万亩，完成平原绿化扩面4.19万亩、森林抚育提质31.56万亩，国省道边坡复绿面积2.76万平方米。

（七）社会安全

全年自然灾害受灾人口61.82万人，无因灾死亡人口，倒塌房屋143间。农作物受灾面积32.13千公顷，其中绝收面积1.37千公顷。因灾害造成的直接经济损失5.42亿元，其中农业经济直接损失2.35亿元。

全年共发生各类事故899起，死亡233人，受伤899人，直接经济损失1335.6万元，比上年分别下降10.5%、8.6%、8.9%和0.8%。在各类事故中，工矿商贸企业共发生事故25起、死亡30人、直接经济损失926万元，比上年分别下降13.8%、增长3.4%和1.5%；道路交通共发生事故874起、死亡203人、直接经济损失409.6万元，比上年分别下降10.5%、10.2%和5.7%。生产经营性火灾共发生事故301起、无死亡人口、受伤2人，直接经济损失1633.5万元。据调查，全市群众安全感满意率95.82%。

三、衢州市在泛长三角地区经济发展中的地位

2014年，衢州全市上下紧紧围绕“打造生态屏障、建设幸福衢州”，全面深化各领域改革，全力干好“四件大事”，深入推进“四个一”建设，经济运行稳中有进，社会事业全面发展，民生福祉持续改善，市人大六届五次会议确定的约束性指标全面完成，预期性指标除地区生产总值和城镇居民人均可支配收入外均如期完成。

2010—2014年衢州市地区生产总值在泛长三角所占比重分别为0.76%、0.79%、0.76%、0.76%和0.73%，2014年较上年减少了0.03个百分点，较2010年减少了0.03个百分点。2014年衢州市地区生产总值在泛长三角地区41个市中排名第31位。

2014年，全市生产总值突破千亿元，增长9.1%，高于全省0.9个百分点，高于去年0.6个百分点，人均生产总值达到41676元（按户籍人口计算）。三次产业结构由上年的8.2∶53.1∶38.7调整为当年的7.9∶52.6∶39.5，第三产业占GDP比重连续两年提高。规模以上工业企业983家，产值1474.87亿元，增长8.8%，增速比上年提高4个百分点。建筑业企业364家，产值360.64亿元，增长20.2%。固定资产投资增长18.5%，扭转持续下滑态势，增速比上年提高6.3个百分点。

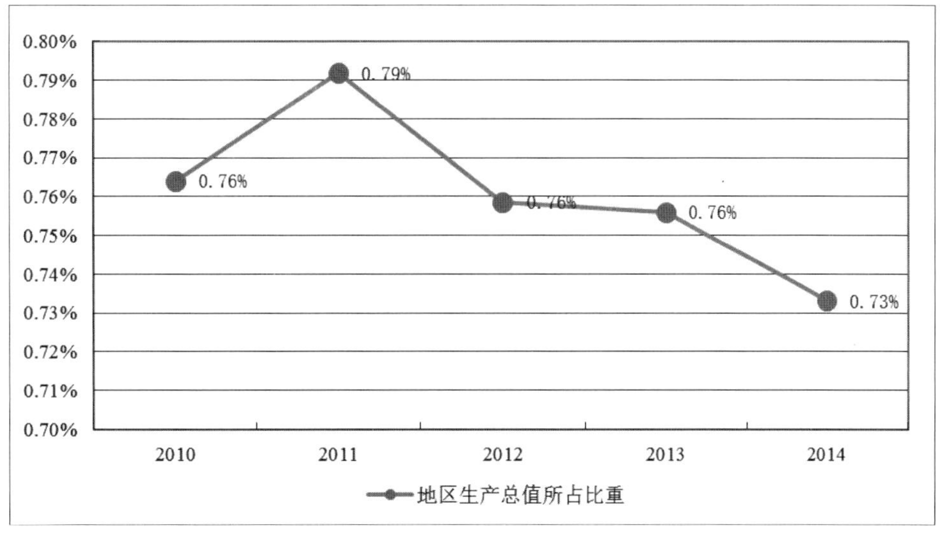

图 4　2010—2014 年衢州市地区生产总值在泛长三角所占比重变化趋势

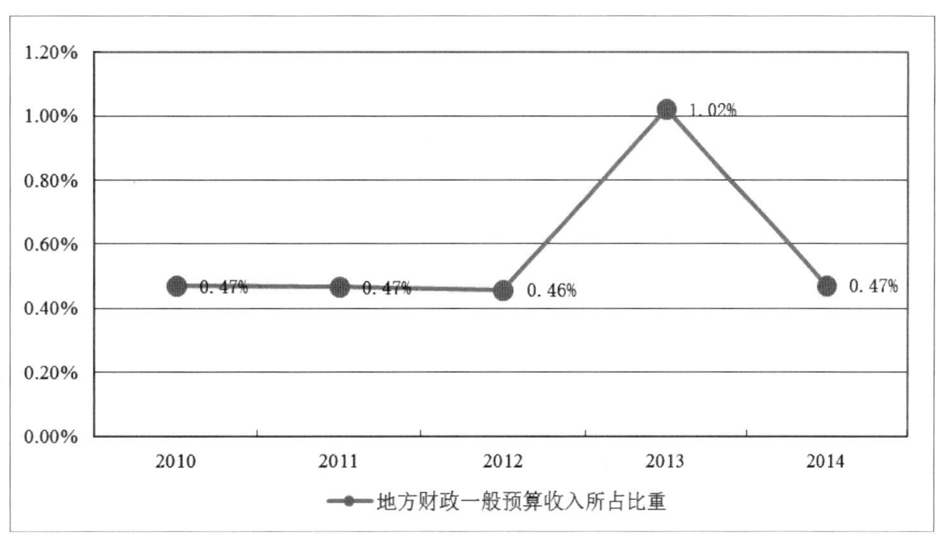

图 5　2010—2014 年衢州市地方财政一般预算收入在泛长三角所占比重变化趋势

2010—2014 年衢州市地方财政一般预算收入在泛长三角所占比重 0.47%、0.47%、0.46%、1.02%和 0.47%，2014 年较 2013 年减少 0.55 个百分点，与 2010 年基本持平。2014 年衢州市地方财政一般预算收入在泛长三角地区 41 个市中排名第 34 位，位置靠后，亟需有所突破。

2014 年财政金融运行平稳。财政总收入和地方财政收入分别增长 11.1%和 14.7%，增速均位列全省第一。年末金融机构本外币存、贷款余额增长 14.9%和 16%，增速同比提高 2.6 个和 0.6 个百分点，均列全省第三。

2010—2014 年衢州市规模以上工业总产值所占比重分别为 0.57%、0.59%、0.56%、0.57%和 0.57%，2014 年与上年基本持平。2014 年衢州市规模以上工业总产值在泛长三角地区 41 个市排名第 35 位，较靠后，亟需有所改善。

2014 年大力实施创新驱动发展，加快工业转型升级，企业创新能力不断增强。全年规模以上工业增加值 363.13 亿元，按可比价格计算(下同)同比增长 6.5%，增幅居全省第 7 位；其中战略性新兴产业和高新技术产业发展步伐明显快于全部规模以上工业。

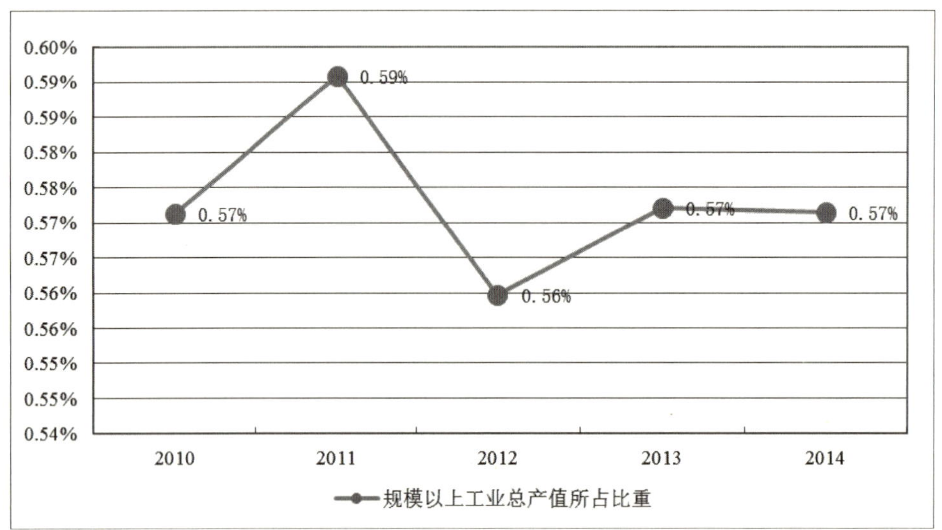

图6　2010—2014年衢州市规模以上工业总产值在泛长三角所占比重变化趋势

2014年，战略性新兴产业增加值72.20亿元，同比增长10.8%，增幅居全省第4位，高出规模以上工业增加值增速4.3个百分点。高新技术产业增加值125.62亿元，同比增长7.6%，增幅居全省第10位，高出规模以上工业增加值增速1.1个百分点。新产品产值351.36亿元，同比增长20.7%，增幅位居全省第9位，高出规模以上工业产值增速15.0个百分点。

规模以上工业主营业务收入超亿元企业达到281家，比2013年净增20家。亿元企业主营业务收入1258.25亿元，占全部规模以上工业的79.8%，占比较2013年提高0.2个百分点；资产1200.47亿元，占全部规模以上工业的76.2%，占比较2013年提高0.3个百分点；平均从业人员数9.87万人，比2013年增加493人。

2014年，主营业务收入十亿以上企业有20家，其中百亿以上两家：巨化集团、元立公司；十亿至五十亿18家，分区域看：绿色产业集聚区6家：开山集团、新禾管业、明旺乳业、通天星集团、嘉禾管业、红五环；市本级2家：衢州电力局、浙开电气集团；柯城1家：乐迪电子；衢江区2家：仙鹤特种纸、夏王纸业；开化县3家：创亿光电、元通硅业、创佳数字；龙游县2家：金龙纸业、龙游供电公司；江山市2家：江山化工、中数科技。

2010—2014年衢州市进出口总额在泛长三角所占比重分别为0.17%、0.20%、0.23%、0.27%和0.31%，五年间稳中有升，2014年较上年上升了0.04个百分点，五年累计增幅达0.14个百分点。2014年衢州市进出口总额在泛长三角地区41个市排名第25位。

2014年，全年实现进出口总额44.48亿美元，比上年增长17.8%。其中：出口28.85亿美元，增长20.7%；进口15.63亿美元，增长12.7%。

全市有出口实绩的企业771家，比上年增加72家，其中当年新启动出口业务企业159家，增加2家。全年出口额在100万美元以上企业322家，其中1000万美元以上的企业69家，增加2家。

全市出口排前三位的市场依次是：欧盟、东盟、美国。对欧盟出口4.66亿美元，增长25.3%；对东盟出口3.47亿美元，增长8.3%；对美国出口2.49亿美元，下降3.5%。对这三大主要市场出口额合计占全市出口总额的36.8%。

在主要商品出口中：机电产品出口8.18亿美元，增长20.8%；高新技术产品出口1.00亿美元，增长33.6%；化工医药产品出口6.03亿美元，增长27.2%；服装、纺织品出口2.93亿美元，下降2.3%；农产品及其加工产品2.24亿美元，增长3.4%。

图 7　2010—2014 年衢州市进出口总额在泛长三角所占比重变化趋势

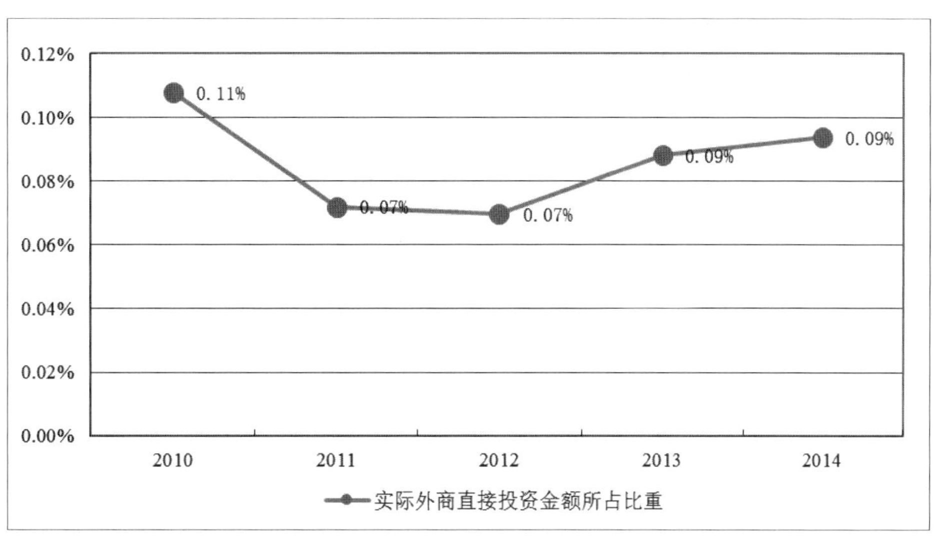

图 8　2010—2014 年衢州市实际外商直接投资金额在泛长三角所占比重变化趋势

2010—2014 年衢州市实际外商直接投资金额在泛长三角所占比重分别为 0.11%、0.07%、0.07%、0.09%和 0.09%，呈现些许摆动，2014 年与上年基本持平，较 2010 年减少了 0.02 个百分点。2014 年衢州市实际外商直接投资金额在泛长三角地区 41 个市中排名第 41 位，位置靠后，需解放思想，积极开拓“走出去，引进来”的对外贸易路线，以期较大的提升外商直接投资额。

2014 年引进市外项目 250 个，实际到位市外资金 194.7 亿元，完成年度计划的 108.2%。央企合作项目投资 13.4 亿元。实际利用外资 6616 万美元，增长 30.6%，外贸进出口总额 37.76 亿美元，增长 25%。

十　舟山市 2014 年度经济社会发展报告

2014 年，面对复杂多变的宏观环境，全市上下在新区党工委管委会、市委市政府的领导下，锐意改革，坚持稳中求进、进中求快、快中求好的工作总基调，加快各项建设，促进经济发展方式转变，全面推进新区发展，国民经济在新常态下较快增长，各项社会事业持续进步，人民生活不断提高，实现了经济社会持续稳定良好发展。

一、舟山市 2014 年经济发展概况

（一）综合经济

1. 经济总量

全年全市地区生产总值 1015.26 亿元，按可比价计算，比上年增长 10.2%。其中，第一产业增加值 100.9 亿元，增长 5.9%；第二产业增加值 425.27 亿元，增长 11.4%；第三产业增加值 489.09 亿元，增长 10.0%。第一产业增加值占地区生产总值的比重为 9.9%，第二产业增加值比重为 42.1%，第三产业增加值比重为 48.0%，三次产业结构比例更趋协调。按常住人口计算，人均地区生产总值 89306 元，约合 14538 美元，增长 9.9%。

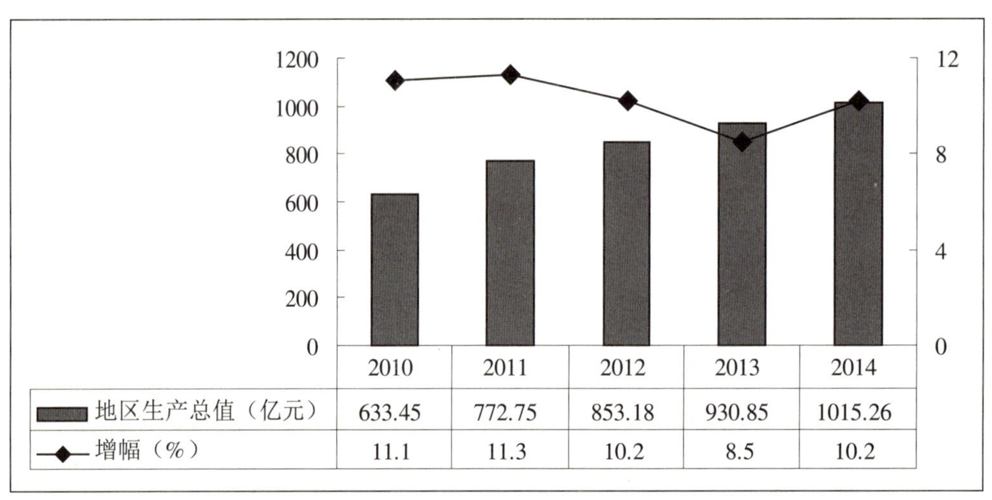

	2010	2011	2012	2013	2014
地区生产总值（亿元）	633.45	772.75	853.18	930.85	1015.26
增幅（%）	11.1	11.3	10.2	8.5	10.2

图 1　2010—2014 年舟山市地区生产总值及增长速度

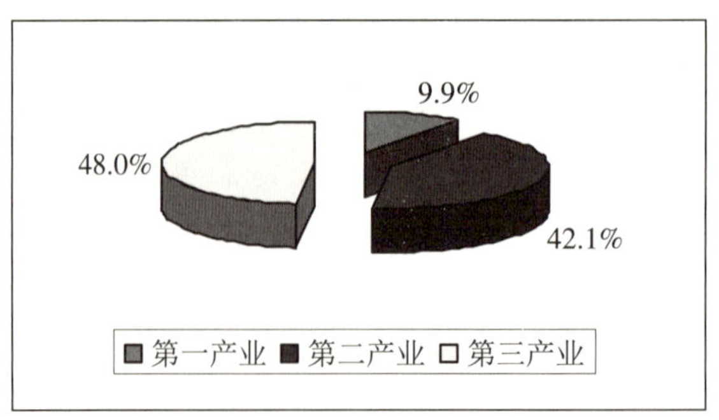

图 2　2014 年舟山市三次产业结构图

全年海洋经济总产出2435亿元，按可比价计算，比上年增长15.1%；海洋经济增加值713亿元，增长12.8%。海洋经济增加值占全市GDP的比重为69.8%，比上年提高0.7个百分点。

2. 财政收支

全年财政总收入148.93亿元，比上年增长8.4%，其中，公共财政预算收入101.02亿元，增长9.1%。在公共财政预算收入中，国内增值税8.55亿元，增长2.1%；改征增值税5.48亿元，增长9.4%；企业所得税10.35亿元，增长25.9%；个人所得税3.68亿元，增长1.9%；营业税24.70亿元，下降1.6%。公共财政预算支出188.19亿元，下降0.9%。其中，城乡社区事务支出增长22.9%，医疗卫生支出增长18.7%，文化体育与传媒支出增长14.4%，交通运输支出增长13.5%。

3. 物价水平

全年居民消费价格比上年上涨1.7%，其中，服务项目价格上涨2.2%，消费品价格上涨1.4%。商品零售价格上涨0.5%。工业生产者出厂价格下降1.5%，舟山特色的化学原料制造业出厂价格下降9.3%，石油产品制造业下降8.5%，塑料加工专用设备制造业下降2.0%，水产品加工业下降1.8%，船舶修造业下降0.1%，五大行业影响全市工业生产者出厂价格总水平下降约1.2个百分点。12月份新建住宅销售价格同比下降8.9%，全年新建住宅销售价格下降4.2%。

4. 固定资产投资

全年全市固定资产投资961.0亿元，比上年增长28.1%。其中，建筑安装工程投资651.8亿元，增长22.3%；基础设施投资388.6亿元，增长17.8%；民间投资466.9亿元，增长33.2%。

从主要行业看，服务业投资654.1亿元，比上年增长32.2%；仓储业投资87.2亿元，增长24.8%；住宿餐饮批发零售业投资39.1亿元，增长1.1倍；水利环境公共设施投资71.8亿元，增长20.0%；文化体育娱乐业投资增长34.0%；居民服务业投资增长50.0%；专业技术服务业投资增长3.4倍。

（二）农林牧渔业

全年农林牧渔业总产值199.48亿元，比上年增长6.2%。其中，渔业总产值182.49亿元，增长6.4%；农业总产值11.03亿元，增长4.2%；林业总产值0.29亿元，下降10.2%；牧业总产值4.66亿元，下降6.2%。

全年农作物播种面积21.04千公顷，比上年下降9.0%。其中，粮食作物播种面积9.27千公顷，下降13.0%。粮食产量4.42万吨，下降14.0%；蔬菜产量13.71万吨，下降4.5%；水果产量7.86万吨，下降3.4%。

年末生猪存栏12.42万头，比上年末下降16.1%；家禽存栏90.82万只，增长0.7%。全年肉类总产量2.07万吨，增长5.2%。其中，猪肉产量1.80万吨，增长8.3%；鸡鸭鹅蛋产量5107吨，增长4.3%；牛奶产量312吨，与上年持平。

全年水产品总产量166.94万吨，比上年增长7.4%。其中，远洋渔业产量39.35万吨，增长32.7%。全市年末海水养殖面积5864公顷，下降2.3%，海水养殖产量13.02万吨，增长6.3%。

年末全市有无公害农产品98个（国家级）、无公害养殖水产品42个（国家级）、绿色食品23个。全市有省级无公害农产品产地62个，面积11.2万亩；省级无公害水产品产地46个，面积2033公顷。

年末有机动渔船8617艘，比上年末减少356艘，其中，生产渔船7540艘，减少335艘；辅助渔船1077艘，减少21艘。渔船总吨位111.94万吨，比上年增长1.7%，其中，生产渔船总吨位88.95万吨，增长0.6%；辅助渔船总吨位22.99万吨，增长6.0%。渔船总功率162.48万千瓦，增长2.2%，其中，生产渔船129.75万千瓦，下降0.7%；辅助渔船32.73万千瓦，增长15.5%。

（三）工业、盐业和建筑业

1. 工业增加值

全年全市工业总产值 1967.62 亿元，比上年增长 12.4%。规模以上工业总产值 1524.29 亿元，增长 13.0%；工业销售产值 1483.99 亿元，增长 13.2%；工业产销率 97.4%。以船舶修造业、石油化工业和水产加工业为主的临港工业发展步伐加快，规模以上工业中临港工业总产值 1255.84 亿元，增长 15.2%，占规模以上工业总产值的比重为 82.4%。规模以上船舶修造业总产值 762.07 亿元，增长 14.4%，其中海工装备产值 56.1 亿元，增长 44.4%。规模以上工业中，重工业总产值 1199.42 亿元，增长 14.2%，轻工业总产值 324.87 亿元，增长 8.9%，重轻工业比为 79∶21。全市规模以上工业中中型和小型企业实现工业总产值 1095.43 亿元，增长 14.5%，占规模以上工业的比重达 71.9%；年产值超亿元企业 173 家，比上年增加 15 家，工业总产值达 1431.83 亿元，增长 15.1%，占规模以上工业总产值的 93.9%。

舟山海洋产业集聚区实现规模以上工业总产值 562.09 亿元，比上年增长 18.4%，拉动全市规模以上工业总产值增长 6.5 个百分点。

全市规模以上工业企业资产总计 1673.69 亿元，比上年增长 1.5%；实现利税总额 22.11 亿元，下降 31.8%，其中利润总额 2.06 亿元，下降 83.5%。

全年盐田生产面积 1628.26 公顷，比上年下降 4.1%。全年生产原盐 5.58 万吨，下降 47.3%；销售原盐 11.08 万吨，增长 14.3%。

2. 建筑业

全年全社会建筑业增加值 102.10 亿元，按可比价计算，比上年增长 10.1%。年末全市具有资质等级的总承包和专业承包建筑业企业 142 家，实现总产值 210.09 亿元，增长 16.8%；建筑（房屋）施工面积 1642.86 万平方米，增长 4.2%，其中新开工面积 410.01 万平方米，下降 8.4%。

（四）服务业

1. 国内贸易

全年全市社会消费品零售总额 376.58 亿元，比上年增长 13.5%，扣除物价因素，实际增长 12.9%。分行业看，批发业零售额 40.21 亿元，增长 11.9%；零售业零售额 280.59 亿元，增长 14.7%；住宿业零售额 13.70 亿元，增长 8.4%；餐饮业零售额 42.08 亿元，增长 9.3%。从限额以上批发零售业商品零售类别看，食品、饮料、烟酒类实现零售额 19.79 亿元，增长 26.2%；服装鞋帽针纺织品类实现零售额 8.3 亿元，增长 9.3%；汽车类实现零售额 22.35 亿元，增长 9.7%。全年批发零售业商品销售总额 1692.95 亿元，增长 32.9%；住宿餐饮业营业额 82.56 亿元，增长 16.3%。

全年全市实现网络零售额 7.04 亿元，比上年增长 77.8%；居民网络消费总额 59.08 亿元，增长 24.4%；网络零售逆差 52.04 亿元，比上年扩大 8.52 亿元。

大宗商品交易中心、综保区等重点交易平台快速发展。大宗商品交易所全年完成网上电子交易额 15565.91 亿元，比上年增长 121.1%，入驻企业完成现货贸易额 252.09 亿元，增长 116.3%。综保区跨境电子商务平台建设启动，保税燃料油外锚地供应开始常态化运作。2014 年，全市保税燃料油直供量 66.5 万吨，增长 62.2%，调拨量 210 万吨，基本与上年持平，结算量 337.2 万吨，增长 17%。

年末全市有商品交易市场 132 个，比上年末减少 1 个。其中，消费品市场 125 个，生产资料市场 7 个。全年商品交易市场成交额 225.67 亿元，比上年增长 5.2%。其中，水产品类市场成交额 116.49

亿元，增长7.0%；船舶交易市场成交额36.38亿元，下降20.3%；船用商品交易市场成交额6.20亿元，下降11.4%。

2. 交通运输、邮电

全年全市交通运输、仓储和邮政业实现增加值96.88亿元，按可比价计算，比上年增长12.2%。全年水路货运量16662万吨，增长1.8%，水路货运周转量2157.10亿吨公里，增长16.0%；水路客运量2222万人，增长20.8%，水路客运周转量3.87亿人公里，增长3.4%。公路货运量5621万吨，增长3.1%，公路货运周转量112.03亿吨公里，增长2.6%；公路客运量2895万人，下降6.2%，公路客运周转量8.90亿人公里，增长3.3%。普陀山机场全年完成客运量53.84万人，增长12.4%；货邮运量（不包括行李）254.8吨，下降11.0%。年末全社会民用车辆拥有量17.11万辆，比上年末增长6.8%，其中，私人汽车（小型载客汽车）拥有量8.95万辆，增长18.1%。

年末全市有海运企业274家，比上年末减少12家，海上运输船舶1608艘，运力542.81万载重吨，比上年末增长2.1%。其中，万吨级以上船舶126艘，比上年末增加3艘，运力282.16万载重吨，占全市总运力的比重为52.0%。年末全市有舟山户籍运输船海员3.79万人，比上年末增长1.6%。

全年舟山港域港口货物吞吐量34700万吨，比上年增长10.6%。其中，外贸货物吞吐量12159万吨，增长12.7%。从主要品种看，金属矿石吞吐量13928万吨，增长25.3%；煤炭吞吐量3184万吨，下降0.9%；石油及天然气吞吐量5062万吨，增长3.8%。全年集装箱吞吐量74.92万标箱，增长29.8%，其中出口38.13万标箱，增长30.1%。年末全市有生产性泊位291个，其中万吨以上深水泊位48个。

全年邮电业务收入15.65亿元，比上年下降5.1%。年末全市固定电话用户40.44万户，比上年末下降18.6%；移动电话用户163.88万户，增长4.6%；宽带网用户38.68万户，增长8.7%；年末邮路长度1263公里，增长8.1%。

3. 旅游业

年末全市有旅行社143家，比上年末增加9家。全市有星级宾馆45家，客房4287间，床位7633张，星级宾馆客房入住率为47.9%。全市有A级景区12个。其中，5A级景区1个，4A级景区2个。全年接待国内外游客共3397.96万人次，比上年增长10.8%。其中，接待国际游客31.58万人次，增长0.2%。从主要景区看，普陀山景区接待游客625.56万人次，增长5.2%；朱家尖景区接待游客482.01万人次，增长12.7%；桃花岛景区接待游客207.73万人次，增长10.4%。全年实现旅游总收入338.44亿元，增长12.8%。

4. 金融和保险

年末全市有各类金融机构62家。其中，银行业机构24家，保险业机构21家，证券业机构6家，小额贷款公司11家。年末金融机构本外币存款余额1624.05亿元，比上年末增长8.5%，其中储蓄存款603.14亿元，增长9.7%；金融机构本外币贷款余额1453.70亿元，比上年末增长9.0%。金融机构融资总量余额2577.38亿元，比年初新增139.7亿元。其中，市内银行融资总量余额1702.3亿元，比年初新增35.2亿元；市外金融机构融资余额875.08亿元，比年初新增104.5亿元。

全年保险公司保费收入22.97亿元，比上年增长5.8%。其中，财产险保费收入10.92亿元，增长7.1%；人身险保费收入12.05亿元，增长4.7%。保险公司赔款支出7.24亿元，增长17.0%；保险公司给付支出1.52亿元，增长5.7%。

5. 房地产业

全年房地产开发投资225.8亿元，比上年增长57.0%。其中，住宅投资136.3亿元，增长43.7%；

办公楼投资13.1亿元,增长44.3%;商业营业用房28.5亿元,增长77.1%;其他47.9亿元,增长1.0倍。全年房屋竣工面积243.23万平方米,增长89.9%。商品房销售面积91.70万平方米,下降14.3%;年末商品房待售面积93.16万平方米,增长92.2%。

(五)对外经济

1. 对外贸易

全年全市外贸进出口总额(含保税仓库货物)123.35亿美元,比上年下降2.7%。其中,进口总额65.59亿美元,增长8.9%;出口总额57.76亿美元,下降13.2%。全年水产品出口额8.31亿美元,增长3.1%。工业品出口额28.12亿美元,增长7.4%,其中,造船出口额21.24亿美元,增长2.8%。油品出口额21.03亿元,下降34.6%。

全年舟山口岸进出口货运量10119万吨,比上年增长5.1%。其中,进口货运量9654万吨,增长7.1%;出口货运量465万吨,下降24.4%。全市进出口货运总值2119.87亿元,下降7.9%。其中,进口货运值1813.55亿元,下降8.6%;出口货运值306.32亿元,下降3.5%。年末舟山口岸对外开放陆海域面积1302平方公里。

2. 外资状况

全年新批设立外商投资企业14家,投资总额26.15亿美元,合同外资金额10.75亿美元,比上年增长4.8倍;实际使用外资金额2.00亿美元,下降4.6%。新批境外投资企业6家、境外机构2家、增资项目3个,中方投资额0.35亿美元;境外承包工程劳务合作营业额4.98亿美元,增长85.2%。新引进市外企业542家,比上年增加244家。

二、舟山市2014年社会发展概况

(一)人口、人民生活

年末全市家庭总户数36.73万户,户籍人口97.49万人,其中非农业人口36.90万人。按性别分,男性48.28万人,女性49.21万人。全年出生人数7506人,死亡人数7116人,人口自然增长率0.4‰。年末全市常住人口114.6万人,城镇化率66.3%,比上年提高0.5个百分点。

全年全体常住居民人均可支配收入35330元,比上年增长10.3%。城镇常住居民人均可支配收入41466元,增长9.7%。城镇常住居民人均生活消费支出27807元,增长9.5%。全年渔农村常住居民人均可支配收入23783元,增长11.1%。渔农村常住居民人均生活消费支出16217元,增长11.0%。城镇、渔农村居民收入比为1.74∶1。城镇居民恩格尔系数为30.6%,与上年持平;渔农村居民恩格尔系数为34.8%,比上年下降0.2个百分点。年末城镇居民人均现住房建筑面积34.12平方米,渔农村居民人均现住房建筑面积50.27平方米。

(二)就业与社会保障

1. 就业

全年新增城镇就业人员11762人,城镇登记失业率为2.71%。年末渔农村从业人员42.25万人,比上年末减少0.24万人,同比下降0.6%。其中,从事农林牧渔业人员9.81万人,比上年末减少0.97万人,比重为23.2%,比上年回落2.2个百分点。

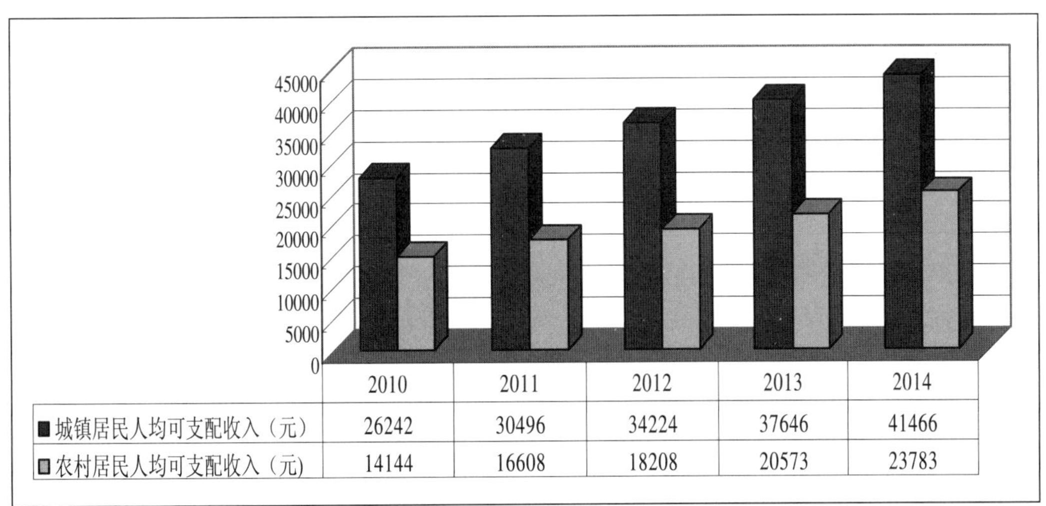

	2010	2011	2012	2013	2014
城镇居民人均可支配收入（元）	26242	30496	34224	37646	41466
农村居民人均可支配收入（元）	14144	16608	18208	20573	23783

图 3　2010—2014 年舟山市城乡居民收入对比一览

2. 社会保障

年末全市参加基本养老保险人数(包括职工和城乡居民)73.66 万人,基本医疗保险参保人数(包括职工和城乡居民)94.90 万人,失业保险参保人数 21.09 万人,工伤保险参保人数 29.35 万人,生育保险参保人数 19.70 万人。全市被征地农民参加养老保险人数 13.70 万人。

年末全市有敬老院 33 所,社会福利院 10 所,共有床位数 5164 张。城镇"三无"对象集中供养率 100%,渔农村"五保"老人集中供养率 98.56%。城乡居民得到政府最低生活保障人数 11183 人,其中,城镇低保对象 1854 人,渔农村低保对象 9329 人。城镇低保对象最低生活补助标准每人每月 525 元,渔农村低保对象最低生活补贴标准提高到每人每月 473 元(其中,普陀山镇低保对象最低生活补贴标准为每人每月 550 元,嵊泗县城乡低保对象最低生活补贴标准为每人每月 525 元)。

(三) 教育和科学技术

1. 教育事业

年末有普通高等院校 4 所(含独立学院和筹建院校),全年招生 6737 人,毕业学生 7037 人,在校学生 22731 人;成人高校 1 所,全年招生 1153 人,毕业学生 951 人,在校学生 4631 人;中等职业学校 7 所,全年招生 2431 人,毕业学生 2919 人,在校学生 8045 人;普通高中 14 所,全年招生 3658 人,在校学生 11909 人;普通初中 29 所,全年招生 7194 人,在校学生 21670 人;普通小学 58 所,全年招生 8509 人,在校学生 47086 人;幼儿园 119 所,全年招生 8306 人,在园幼儿 25650 人。全市 3—5 周岁幼儿入园率 99.6%,小学毕业生升学率 100%,初中升高中段比例 99.17%,高中段教育毛入学率 96.56%,高等教育毛入学率 62.5%。在各类学校就读的外来人口子女 17146 人,其中,公办学校 13467 人,民办学校 3679 人。

2. 科技与品牌

全年组织实施各级各类科技项目共 552 项。其中,国家级 32 项,省级 246 项。申请专利 3418 件,授权专利 2088 件。其中,申请发明专利 1073 件,授权发明专利 258 件。年末全市有高新技术企业 45 家,省级创新型试点、示范企业 10 家,省级科技型企业 218 家,省级农业科技企业 76 家,省级高新技术研发中心 33 家,省级农业科技企业研发中心 27 家。

年末全市有浙江名牌 34 个，其中，工业名牌 14 个、农业名牌 11 个、服务名牌 8 个。截止年末，全市拥有各类注册商标 4711 件，其中，中国驰名商标 10 件、省著名商标 89 件、市著名商标 134 件，地理标志（包括证明、集体）商标 18 件。

（四）文化、卫生和体育

1. 文化事业

年末全市有文化艺术表演团体 53 个，艺术表演场所 5 处，文化馆 5 个，文化站 35 个，公共图书馆 5 个，藏书 142.72 万册。年末全市有线电视用户数 29.81 万户，其中数字电视用户数 27.53 万户。广播人口综合覆盖率 99.98%，电视人口综合覆盖率 99.98%。

2. 卫生事业

年末全市有医疗卫生机构（含村卫生室）668 家，其中医院 25 家，社区卫生服务中心（卫生院）35 家，社区卫生服务站 143 家。医疗机构开放床位 5052 张。卫生技术人员（含村卫生室）8101 人，其中，执业（助理）医师 3055 人，注册护士 2958 人。全年累计报告传染病（甲乙类）3853 例，报告发病率（甲乙类）每 10 万人为 331.75 人。全市 5 岁以下儿童死亡率 4.63‰，婴儿死亡率 3.47‰，均低于全省平均水平。孕产妇住院分娩率 100%，全市连续 3 年无户籍人口孕产妇死亡。免费婚检率 93.35%，计划生育率 98.54%，综合节育率 85.28%。

3. 体育事业

全市共举办群众体育活动 270 次，参加活动人数 55 万人次。新建全民健身路径 147 条，新建各类体育健身场所 120 个。群众健身条件进一步改善，建设省级全民健身活动中心 1 个、省级中型健身步道 1 条、中心村全民健身广场 3 个、中心村体育休闲公园 4 个，市级中心村体育休闲公园 13 个、渔农民体育健身路径 66 条以及沙滩足球场等健身场地和设施。创建省级体育先进社区 8 个、小康体育村 70 个、各类体育俱乐部 41 个。参加省第十五届运动会，获得金牌 28 枚，奖牌 46.5 枚、总分 578.55 分，实现了金牌数、奖牌总数、团体总分三突破。全年共销售体育彩票 11.5 亿元，比上年增长约 4.2 倍，其中“飞鱼”体育彩票销量 4.2 亿元。

根据第六次全国体育场地普查结果，截止 2013 年末，全市共有体育场地 2962 个，场地面积 202.19 万平方米，人均场地面积 1.77 平方米。

（五）城市建设和新渔农村建设

年末全市城市建成区面积 71.74 平方公里，实有城市道路面积 1268.97 万平方米，建成区绿地率 34.11%，人均公园绿地面积 13.65 平方米，城市生活垃圾无害化处理率 100%。“五水共治”工程扎实推进，全年完成了 18 条城区河道清淤工作，排水管道清淤总长 260 公里；新增城镇污水处理配套管网 41.8 公里，城市污水处理率达到 86.02%。全年城区排水管道长度 1098.6 公里，供水总量 5456 万立方米，液化石油气供气总量 3.44 万吨，天然气供气总量 2893.79 万立方米。

渔农村集体资产股份合作制改革平稳推进，全年全市有 494 个村社通过股改决议，占总数的 93.6%；有 334 个村社通过股改实施细则，占总数的 63.3%；新增股份经济合作社 317 家，占总数的 60.4%。新增家庭农场 61 家、国家农民合作社示范社 5 家、渔农民专业合作社联合社 2 家，新增土地流转面积 4674 亩。新启动创建美丽海岛精品（特色）村 12 个、历史文化村落保护利用一般村 4 个，实施渔农村生活垃圾减量化资源化无害化处理试点村 4 个。朱家尖里沙古树群被评为浙江省 50 个“最美森林”之一。全市实施造林更新 17145 亩、重点防护林 5935 亩，完成清河净水工程的河岸绿化 40

公里。

全年全市新开工保障性住房(城市棚户区改造)10073套,基本建成保障性住房7248套,竣工保障性住房5676套,分配保障性住房3978套。开展渔农村困难群众危旧房改造救助工作,救助改造家庭335户,改造住房面积2.48万平方米。渔农村改水受益率达到98.99%,其中自来水受益率97.28%。渔农村卫生厕所普及率93.38%,粪便无害化处理率86.29%。

"三改一拆"行动全年累计拆除违法建筑166.08万平方米,改造旧住宅区、旧厂区、城中村206.91万平方米,舟山市"无违建"创建工作取得重大突破,有15个乡镇通过考核验收,嵊泗县参加省第一批"无违建县"试点验收。舟山市荣获省政府"三改一拆"行动先进集体表彰。全年新建改造拥堵地段城市道路6.68公里,新增专用停车位5895个,新增公共自行车2012辆,建设城市绿道慢行系统15公里,公共交通分担率比上年提高2个百分点以上,治堵工作取得新成效。

(六)能源和环境

全年单位工业增加值能耗比上年下降0.3%。全社会用电量45.43亿千瓦时,比上年增长6.7%。其中,工业用电23.50亿千瓦时,增长10.9%;城乡居民生活用电7.66亿千瓦时,下降0.5%。

全年市区日空气质量优良率94.0%,其中优148天占40.6%,良195天占53.4%;PM2.5年平均浓度为0.030毫克/立方米,达到国家二级标准,在全省十一个地市中空气质量位列第一。全市县级以上集中式饮用水源水质达标率95.4%,水环境功能区水质达标率85.7%。区域环境噪声平均等效声级51.9分贝,烟尘控制区总面积55.65平方公里。年末优质林建成面积56.57万亩,全年有效灌溉面积15.07千公顷,节水灌溉面积7.89千公顷。

全市达到国家一、二类海水水质标准的海域面积占20.8%,四类和劣四类海水海域面积占74.8%,近岸海域环境功能区达标率6%。全年舟山海域共发生赤潮5次,累计赤潮面积1070平方公里。

(七)社会安全

全年全市共发生各类生产安全事故395起,比上年减少6起,亿元GDP生产安全事故死亡率0.1%,比上年降低0.01个百分点。全年共发生道路交通事故330起,死亡人数45人,交通事故损失额111.69万元。全年共发生火灾事故44起,损失额167.4万元。

三、舟山市在泛长三角地区经济发展中的地位

2014年以来,面对严峻复杂的宏观环境,舟山市上下积极发挥新区优势和效应,坚持稳增长促转型、抓当前谋长远、强创新求突破,确保经济平稳较快发展。小微企业平稳发展,居民收入稳步提高,物价水平总体稳定。但经济运行中的困难和问题依然不少,企业生产经营面临较多困难,房地产市场出现波折,城乡居民增收压力进一步加大。

2010—2014年舟山市地区生产总值在泛长三角地区占比分别为0.65%、0.67%、0.67%、0.67%和0.67%,2014年较上年持平,较2010年增加了0.02个百分点。2014年舟山市地区生产总值在泛长三角地区41个市排名第34位。

2014年,一季度全市GDP增长9.5%,上半年增速提高到9.8%,前三季度继续提高到10.1%,全年增长10.2%。据初步核算,2014年,全市实现地区生产总值(GDP)1021.66亿元,按可比价计算,比上年增长10.2%。其中,第一产业实现增加值100.82亿元,增长5.9%;第二产业430.07亿元,增长11.4%;第三产业490.77亿元,增长10.0%。在产业经济协调发展及三次产业划分标准调整作用

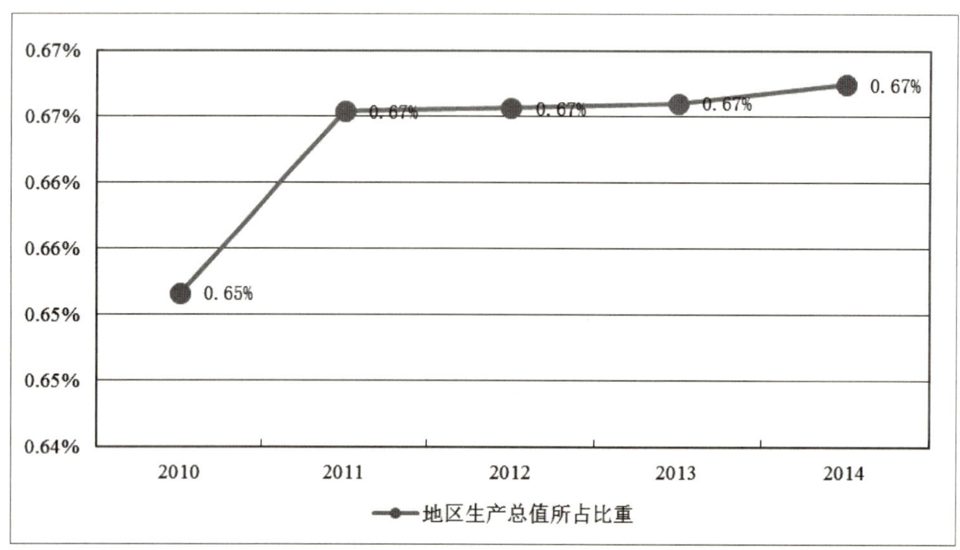

图 4　2010—2014 年舟山市地区生产总值在泛长三角所占比重变化趋势

下，三次产业结构比例调整为 9.9∶42.1∶48.0，第三产业比重明显上升，比上年提高 2.5 个百分点。按常住人口计算，全市人均 GDP 约 8.93 万元，约折合 1.45 万美元。全市海洋经济总产出 2435 亿元，按可比价计算，增长 15.1%。海洋经济增加值 713 亿元，增长 12.8%，海洋经济增加值占 GDP 比重达到 69.8%，比上年提高 0.7 个百分点。

各县区 GDP 增速和全市趋势基本同步。定海区完成 GDP 417.93 亿元，比上年增长 10.3%，普陀区完成 GDP 328.52 亿元，增长 10.3%；岱山县完成 GDP 193.03 亿元，增长 10.1%；嵊泗县完成 GDP 80.14 亿元，增长 10.1%。

2014 年，全国 GDP 增长 7.4%，全省 GDP 增长 7.6%，我市 GDP 增速为全省唯一保持两位数增长的地市。同时，规模以上工业总产值和增加值、渔农业增加值、固定资产投资、城镇常住居民人均可支配收入、限额以上批发零售业销售额、工业用电量增速均居全省首位。

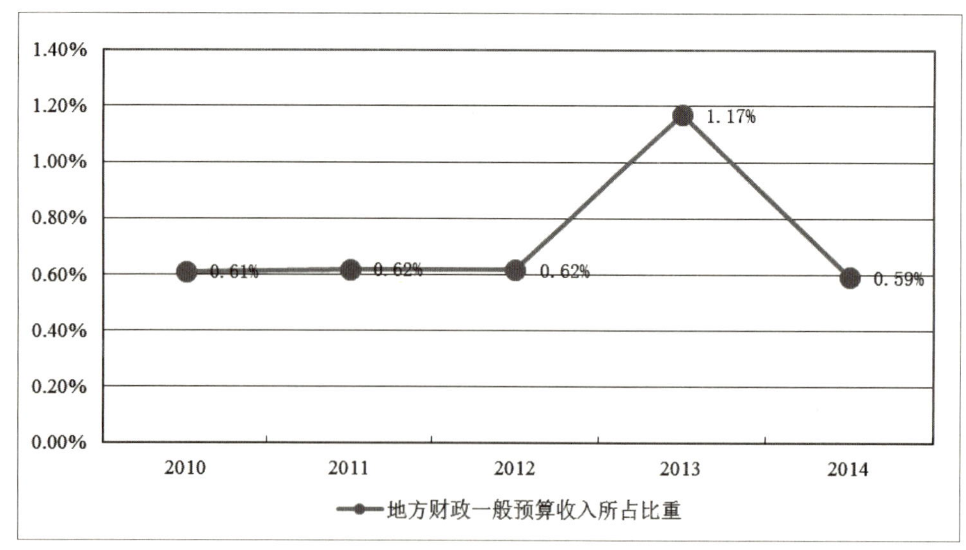

图 5　2010—2014 年舟山市地方财政一般预算收入在泛长三角所占比重变化趋势

2010—2014 年舟山市地方财政一般预算收入在泛长三角地区占比分别为 0.61%、0.62%、0.62%、1.17%和 0.59%，2014 年较上年减少了 0.58 个百分点，较 2010 年减少了 0.02 个百分点。2014 年舟山市地方财政一般预算收入在泛长三角地区 41 个市排名第 31 位。

2014 年，全市财政总收入 148.93 亿元，增长 8.4%，其中公共财政预算收入 101.02 亿元，增长 9.1%。公共财政预算支出 188.19 亿元，下降 0.9%。12 月末，全市金融机构融资总量余额 2577.38 亿元，比年初新增 139.7 亿元。其中，市内银行融资总量余额 1702.3 亿元，占全市金融机构融资总量的 66%，余额比年初新增 35.2 亿元；市外金融机构融资余额 875.08 亿元，占融资总量的 34%，余额比年初新增 104.5 亿元。全市金融机构本外币贷款余额 1453.7 亿元，同比增长 9.0%，金融机构本外币存款余额 1624.1 亿元，同比增长 8.5%。

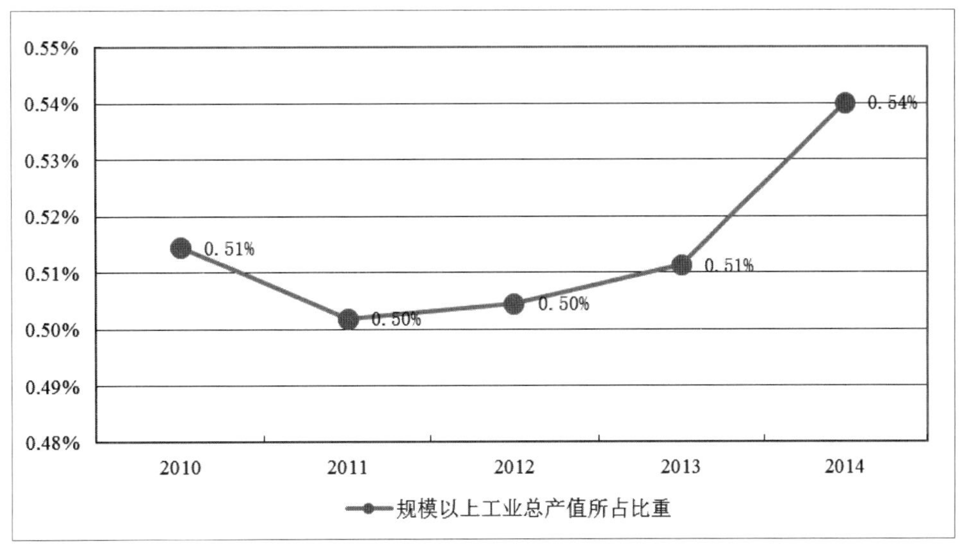

图 6　2010—2014 年舟山市规模以上工业总产值在泛长三角所占比重变化趋势

2010—2014 年舟山市规模以上工业总产值在泛长三角地区占比分别为 0.51%、0.50%、0.50%、0.51%和 0.54%，总体上保持稳定态势，2014 年较上年上升了 0.03 个百分点，较 2010 年上升了 0.03 个百分点。2014 年舟山市地方规模以上工业总产值在泛长三角地区 41 个市排名第 36 位，期待能有所改善。

2014 年，全市规模以上工业总产值 1524.29 亿元，比上年增长 13.0%；规模以上工业增加值 316.56 亿元，增长 12.3%。全市工业用电量 23.50 亿千瓦时，增长 10.9%。规模以上工业中九大主要行业七升二降。船舶修造业产值 762.1 亿元，增长 14.4%；石油化工业产值 236.8 亿元，增长 14.5%；水产品加工业产值 169.9 亿元，增长 9.7%；浙能中煤舟山煤电有限公司发电运行，电力生产供应业 67.7 亿元，增长 55.5%；机械制造业、化纤制造业、医药制造业分别增长 8.1%、27.9%和 24.7%，电子电机业、纺织服装业分别下降 21.6%和 1.5%。

2010—2014 年舟山市进出口总额在泛长三角地区占比分别为 0.96%、1.01%、1.15%、0.92%和 0.86%，2014 年较上年减少了 0.06 个百分点，较 2010 年减少了 0.10 个百分点。2014 年舟山市进出口总额在泛长三角地区 41 个市排名第 15 位。

2014 年，外贸出口依然下降。外贸进出口总额 123.3 亿美元，下降 2.7%。其中，进口总额 65.6 亿美元，增长 8.9%；出口总额 57.8 亿美元，下降 13.2%，降幅有所收窄。

船舶、水产品出口平稳，油品出口下降幅度较大。2014 年，全市水产品出 8.31 亿美元，增长

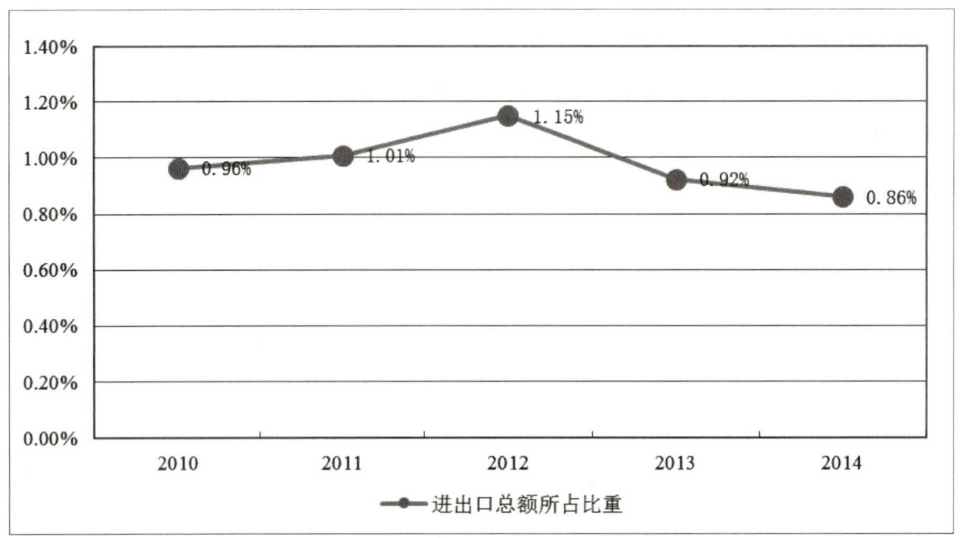

图 7 2010—2014 年舟山市进出口总额在泛长三角所占比重变化趋势

3.1%；船舶出口 21.23 亿美元，增长 2.8%；油品出口 21.03 亿美元，下降 34.6%。主要是油品价格骤跌产生惜售、国际贸易交易主体少、业务拓展难，几大主要油品企业的复出口业务明显缩减，出口增长点相对单一等因素影响。

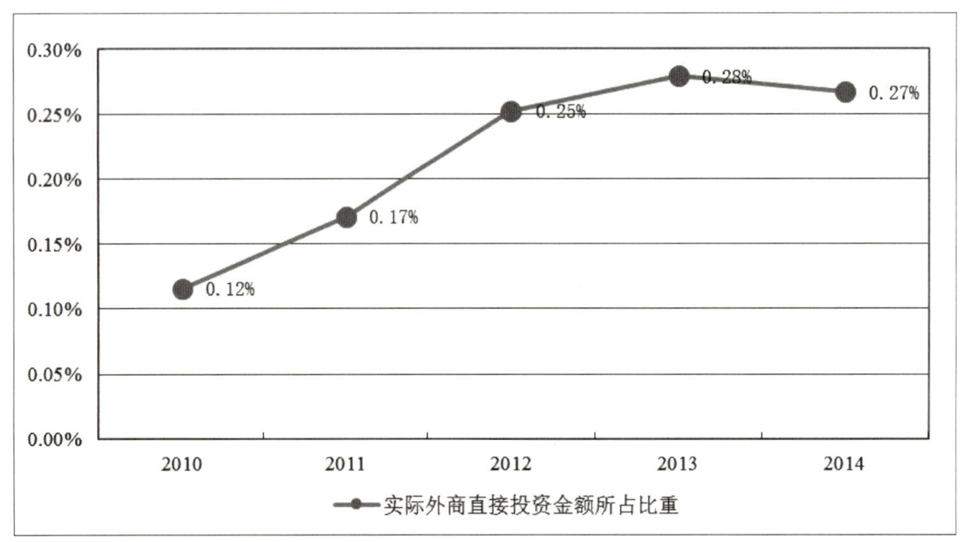

图 8 2010—2014 年舟山市实际外商直接投资金额在泛长三角所占比重变化趋势

2010—2014 年舟山市实际外商直接投资金额在泛长三角地区占比分别为 0.12%、0.17%、0.25%、0.28%和 0.27%，2011～2013 年持续上扬，2014 年较 2013 年减少了 0.01 个百分点，较 2010 年增加了 0.15 个百分数。2014 年舟山市实际外商直接投资金额在泛长三角地区 41 个市的排名第 37 位。

2014 年，全市实际利用市外资金 402 亿元，完成全年目标任务。全市汇总招商引资重点项目 156 个（在谈项目、签订意向或框架协议项目及已签订投资协议但未正式开工或营业的项目），涉及金额 2866.4 亿元。其中签约项目 70 个（已签订投资协议，但未正式开工或营业的项目），协议金额 1136.5 亿元。

十一　台州市2014年度经济社会发展报告

2014年，全市人民在市委、市政府的正确领导下，深入贯彻落实党的十八届三中、四中全会精神，主动适应经济发展新常态，深化“以实干论英雄”工作竞赛，积极落实稳增长、促改革、调结构、惠民生各项政策措施，全市经济平稳健康发展，转型升级取得有效进展，各项社会事业全面进步。

一、台州市2014年经济发展概况

（一）综合经济

1. 经济总量

经济运行稳中有进。全市实现生产总值3387.38亿元，按可比价格计算，比上年增长7.5%。其中，第一产业增加值215.63亿元，增长2.1%；第二产业增加值1578.85亿元，增长7.1%；第三产业增加值1592.89亿元，增长8.7%；三次产业结构为6.4∶46.9∶46.7。全市人均生产总值为56878元，比上年增长7.0%，按年平均汇率折算达9259美元。

市区实现生产总值1228.22亿元，按可比价格计算，比上年增长8.1%。市区人均生产总值达到77678元，比上年增长7.6%，按年平均汇率折算达12645美元。

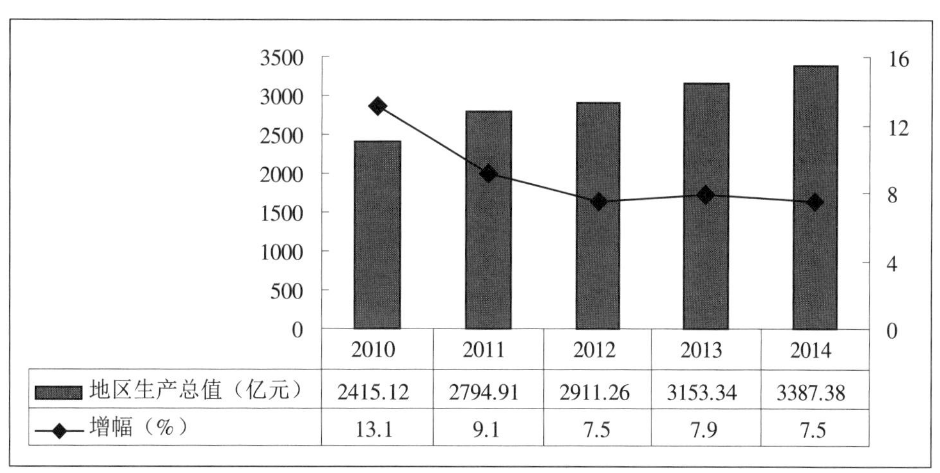

	2010	2011	2012	2013	2014
地区生产总值（亿元）	2415.12	2794.91	2911.26	3153.34	3387.38
增幅（%）	13.1	9.1	7.5	7.9	7.5

图1　2010—2014年台州市地区生产总值及增长速度

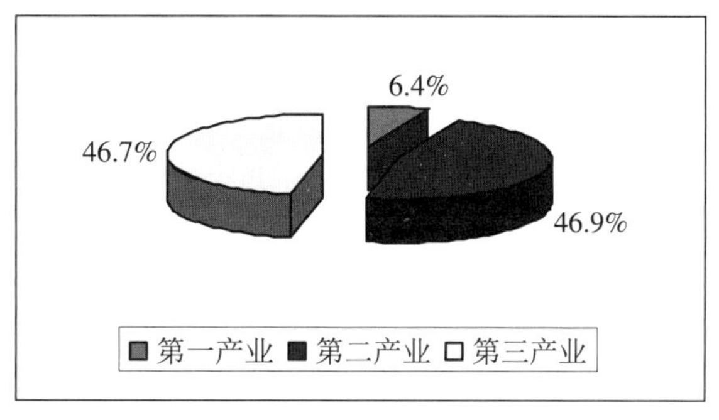

图2　2014年台州市三次产业结构图

2. 财政收入

2014 年，全市公共财政一般预算总收入 485.29 亿元，比上年增长 8.2%；其中地方财政一般预算收入 265.21 亿元，增长 7.1%。

3. 物价水平

市场物价温和上涨。2014 年台州市居民消费价格总水平比上年上升 2.4%，其中消费品价格上升 2.3%，服务项目价格上升 2.8%。工业生产者出厂价格比上年下降 1.0%，工业生产者购进价格比上年下降 2.0%。

4. 固定资产投资

固定资产投资规模继续扩大。全市固定资产投资施工项目 5547 个，其中新开工项目 2594 个。全年固定资产投资总额 1765.93 亿元，比上年增长 17.1%。其中第一产业完成投资 12.06 亿元，增长 6.5%；第二产业完成投资 731.85 亿元，增长 19.8%；第三产业完成投资 1022.02 亿元，增长 15.4%。固定资产投资中，工业性投资 719.98 亿元，比上年增长 20.0%；基础设施投资 439.25 亿元，增长 33.2%；民间投资 1266.79 亿元，增长 16.3%。

重点工程建设进展良好。全年省、市 197 个重点项目完成投资 466.82 亿元。椒江二桥、沿海大通道、104 国道改建天台段全面通车，头门港正式开港；担屿涂围垦主体工程、洋市涂围垦海堤填筑工程基本完成；三门核电一期、台州第二电厂一期、仙居抽水蓄能电站、吉利 V 汽车、巨科铝轮毂项目、洪家场浦、栅岭汪排涝调蓄工程加快建设；沿海高速台州段、广汽吉奥、海正海诺尔项目、方溪水库、盂溪水库大坝主体工程开工建设。

（二）农业建设

农业生产保持稳定。全市实现农林牧渔业总产值 379.34 亿元，按可比价格计算，比上年增长 2.0%。其中，农业产值 134.06 亿元，增长 2.5%；林业产值 6.11 亿元，增长 1.9%；牧业产值 32.44 亿元，下降 5.0%；渔业产值 203.15 亿元，增长 3.0%；农林牧渔服务业产值 3.58 亿元，增长 3.8%。

全年农作物总播种面积 203.55 千公顷，比上年增长 3.8%。全市粮食作物播种面积 96.10 千公顷，比上年增长 5.6%；全年粮食总产量 60.22 万吨，比上年增长 3.5%，每公顷单产为 6266 公斤，比上年下降 3.2%。全市非粮作物播种面积 107.45 千公顷，比上年下降 1.3%。粮食作物与非粮食作物播种面积的比例为 47.2∶52.8。全年蔬菜产量 188.44 万吨，比上年增长 3.3%；油料产量 1.57 万吨，下降 4.0%；水果产量 126.48 万吨，增长 3.4%。

全市完成造林更新面积 4863 公顷，其中人工造林面积 3466 公顷。年末实有封山育林面积 9.4 千公顷。全市有林地面积 623.03 千公顷，森林覆盖率为 60.3%。全市有自然保护区（含小区）35 个，面积 12.14 千公顷。

全年肉类总产量 12.34 万吨，比上年下降 8.5%，其中猪肉产量 8.92 万吨，下降 5.2%。禽蛋产量 3.85 万吨，下降 19.2%。

全年水产品产量 148.39 万吨，比上年增长 3.2%。其中海洋捕捞产量 103.13 万吨，增长 1.9%；海水养殖产量 38.46 万吨，增长 4.2%。

全市注册登记的农民专业合作社 6960 家，其中省级示范性专业合作社 166 家。全市共认证有机食品 35 个，绿色食品 171 个，国家无公害农产品 239 个，浙江省无公害农产品产（基）地 239 个。市级农业龙头企业共有 281 家。

农业生产条件得到改善。全市完成河道疏浚清淤 471 公里，其中市区 156 公里，治理水土流失面

积 65.62 平方公里，新增防渗渠道 417 公里，新增节水灌溉面积 4274 公顷。年末全市拥有农业机械总动力 316.72 万千瓦，全年农村用电量 103.32 亿千瓦时。

（三）工业和建筑业

1. 工业经济

工业生产平稳增长。全市实现工业增加值 1402.99 亿元，按可比价格计算，比上年增长 6.9%。全市年主营业务收入 2000 万元及以上工业企业（以下简称规模以上工业企业）家数为 3614 家，实现工业增加值 831.50 亿元，比上年增长 6.3%。

全市规模以上轻工业实现工业增加值 307.58 亿元，比上年增长 6.4%，占规模以上工业增加值的 37.0%；重工业实现工业增加值 523.92 亿元，增长 6.2%，所占比重为 63.0%。

全市规模以上工业增加值总量排在前五位的行业中，通用设备制造业、医药制造业、橡胶和塑料制品业、汽车制造业分别完成工业增加值 104.26 亿元、81.45 亿元、81.11 亿元和 70.67 亿元，分别比上年增长 9.2%、13.6%、11.2%和 1.6%，电力热力生产供应业完成增加值 89.46 亿元，比上年下降 6.0%。

全市规模以上工业企业产品产销率为 93.94%，新产品产值 1231.83 亿元，比上年增长 22.2%，新产品产值率为 29.7%，比上年提高 3.2 个百分点。

全市规模以上工业企业实现利税总额（不含台州电业局、台州电业局直属局）326.28 亿元，比上年增长 5.0%，其中利润总额 195.09 亿元，增长 4.3%。

2. 建筑业

建筑业稳步增长。全市实现建筑业增加值 188.65 亿元，按可比价格计算，比上年增长 9.2%。资质以上建筑企业完成房屋建筑施工面积 18218.14 万平方米，比上年增长 5.6%；房屋竣工面积 6452.71 万平方米，增长 21.1%。

（四）服务业

1. 国内贸易

消费品市场企稳回升。全市实现社会消费品零售总额 1646.32 亿元，比上年增长 13.6%，比上年提高 0.8 个百分点，扣除价格因素，实际增长 11.9%。其中批发业实现零售额 119.19 亿元，比上年增长 24.3%，零售业实现零售额 1348.63 亿元，比上年增长 12.9%，住宿业实现零售额 13.48 亿元，增长 5.8%，餐饮业实现零售额 165.01 亿元，增长 12.8%。限额以上批发零售企业中，汽车类、石油及制品类商品零售额分别比上年增长 15.3%和 18.7%。全年网络零售额 376.93 亿元，比上年增长 80.2%。

商贸设施不断完善。麦德龙仓储式超市开业，万达综合体、银泰城项目、台州市洲锽物流中心、台州市物流发展交易中心（路桥）等工程开工建设。年末全市拥有各类商品交易市场 533 家，成交额 1512 亿元，年成交额超亿元的市场有 101 家。全市已建成村级连锁店 4996 个，直营连锁门店 523 个。

2. 交通运输、邮电

全年交通运输、仓储和邮政业增加值为 123.39 亿元，比上年增长 7.0%。

全年完成货物周转量 1471.78 亿吨公里，比上年增长 3.3%；旅客周转量为 77.32 亿人公里，比上年增长 3.4%。全年台州港完成货物吞吐量 6049 万吨，比上年增长 7.5%。其中外贸吞吐量 817 万吨，下降 16.4%；完成集装箱吞吐量 15.43 万标箱，下降 7.4%。民航完成旅客吞吐量 66.47 万人次，货邮吞吐量 7410 吨，分别比上年增长 8.8%和 7.2%。全年铁路发送旅客 695 万人次，比上年增长 27.1%。

年末全市公路总里程(含村道)12283 公里,其中等级公路 12055 公里,占公路总里程的 98.1%,高速公路 298 公里。年末全市汽车保有量达 103.95 万辆,比上年增加 11.74 万辆,其中私人汽车 92.78 万辆,比上年增加 11.55 万辆。

全市邮电业务收入 75.57 亿元,比上年下降 1.9%。年末国际互联网宽带接入用户 167.67 万户,移动互联网用户 542.75 万户,分别比上年末增加 16.46 万户和 39.88 万户。年末移动电话用户为 758.62 万户,城乡固定电话用户为 140.55 万户。

全市快递服务企业累计完成业务量 18553.1 万件,比上年增长 81.0%,累计完成业务收入 17.44 亿元,增长 44.5%。

3. 旅游业

旅游业发展较快。全年共接待旅游总人数 6094.38 万人次,比上年增长 17.7%,其中接待国内游客 6078.85 万人次,增长 17.7%;实现旅游总收入 583.55 亿元,比上年增长 18.3%,其中国内旅游收入 580.53 亿元,增长 18.3%。神仙居景区成功获批国家公园试点项目,成为全国首批两家国家试点单位之一。全市共有 4A 级旅游区 9 个,3A 级旅游区 19 个,2A 级旅游区 9 个。共有星级饭店 54 家,客房 8036 间,床位 13152 张,旅行社 145 家。

4. 金融和保险

金融业保持健康快速发展。2014 年末,全市金融机构本外币存款余额 5671.03 亿元,比上年末增长 8.7%,当年新增存款 451.30 亿元。年末本外币个人存款余额 2993.90 亿元,比上年末增长 7.9%,当年新增 218.56 亿元。年末金融机构本外币贷款余额 5039.37 亿元,比上年末增长 13.1%,当年新增贷款 585.26 亿元。年末金融机构本外币存贷比为 88.9%,不良贷款率为 1.19%。

企业上市工作有序推进。全年新增上市公司 3 家,年末台州市累计已有上市公司 32 家,其中中小板上市公司 22 家,累计融资总额达到 359.13 亿元(其中公司债 22.3 亿元)。年末有小额贷款公司 33 家,合计注册资金 54.70 亿元,全年累计发放贷款 144.12 亿元。

全年台州辖内证券营业部股票交易额 1.25 万亿元,比上年增长 67.1%。

保险市场发展较快。全年保费总收入 112.39 亿元,比上年增长 16.7%。其中财产险保费收入 51.72 亿元,人寿险保费收入 60.67 亿元,分别比上年增长 16.0%和 17.3%。全年各类赔款、给付支出 38.38 亿元,比上年增长 6.0%。

5. 房地产业

房地产投资有所回落。全年房地产开发完成投资 496.05 亿元,比上年增长 9.4%,增速比上年回落 17.5 个百分点。房屋施工面积 3026.32 万平方米,比上年增长 11.6%,房屋竣工面积 329.06 万平方米,下降 1.4%。全年商品房销售面积 344.55 万平方米,比上年下降 2.0%。

(五)对外经济

1. 对外贸易

对外贸易微幅增长。全年外贸进出口总额 220.79 亿美元,比上年增长 0.9%。其中出口总额 193.51 亿美元,增长 3.4%,进口总额 27.28 亿美元,下降 13.6%。全年外贸企业出口 28.83 亿美元,下降 9.3%;三资企业出口 23.57 亿美元,下降 4.4%;生产企业出口 141.12 亿美元,增长 7.9%。在出口总额中,一般贸易出口 178.33 亿美元,增长 5.4%;加工贸易出口 13.67 亿美元,下降 8.9%。全年机电产品、高新技术产品出口分别增长 3.2%和 5.3%。2014 年台州市有进出口实绩企业 4923 家,比上年增加 230 家,其中进出口超 1000 万美元企业有 480 家,比上年增加 18 家。出口国家和地区达 212 个。

2. 对外经济

全年新批外商投资企业 40 家，合同利用外资 3.46 亿美元，比上年增长 28.2%，实际利用外资 2.77 亿美元，下降 30.7%。

全年新批境外投资企业 35 家，中方投资额 8668 万美元。全市累计境外投资项目 513 个，中方累计投资额 6.83 亿美元。

3. 服务外包

服务外包发展良好。新注册服务外包企业 6 家，全市累计已注册服务外包企业 67 家。服务外包离岸合同额 3929 万美元，比上年增长 17.0%；离岸合同执行额 3929 万美元，增长 16.0%。

二、台州市 2014 年社会发展概况

（一）人口、人民生活

人口平稳增长。2014 年末，全市户籍总人口 597.10 万人，其中男性人口 305.88 万人，女性人口 291.23 万人，男女性别比为 105 ∶ 100。全年共出生 6.60 万人，死亡 3.57 万人，人口出生率为 11.07‰，死亡率为 5.98‰，人口自然增长率 5.09‰。户籍总人口中市区人口 158.47 万人。据 2014 年人口变动抽样调查，年末全市常住人口 601.5 万人，城镇人口比重为 59.5%。

城乡居民生活进一步改善。全年全体居民人均可支配收入 30950 元，比上年增长 9.7%，扣除价格因素实际增长 7.1%。全年城镇常住居民人均可支配收入 39763 元，比上年增长 9.0%，扣除价格因素实际增长 6.4%。农村常住居民人均可支配收入 19362 元，比上年增长 10.5%，扣除价格因素实际增长 7.9%。城乡居民收入差距倍数为 2.05。年末城镇常住居民和农村常住居民人均现住房建筑面积分别为 46.9 平方米和 51.7 平方米。城乡居民每百户家庭家用汽车、空调、家用电脑等高档耐用消费品拥有量继续增加。

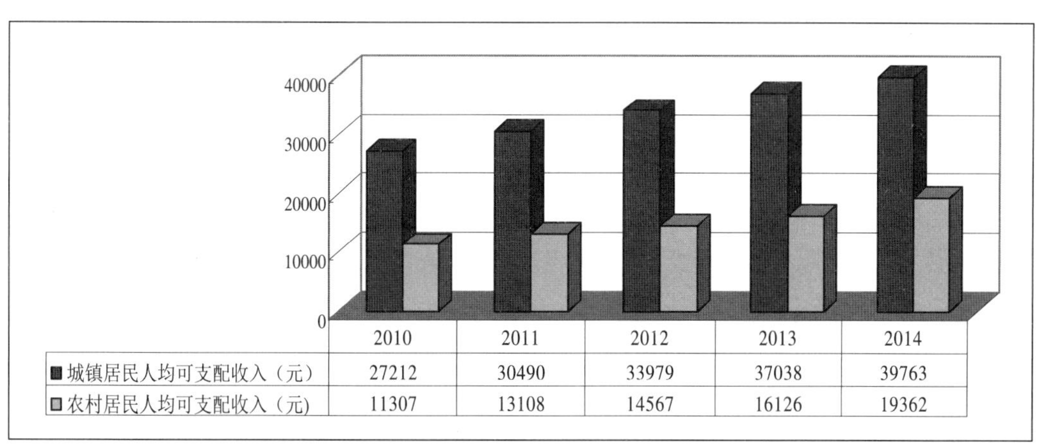

图 3　2010—2014 年台州市城乡居民收入对比一览

（二）就业与社会保障

1. 就业

就业形势基本稳定。全市城镇新增就业人数 9.42 万人，全年帮助 2.70 万名城镇失业人员实现再就业。全年创业培训 3782 人。年末城镇登记失业率为 2.21%。

2. 社会保障

社会保障城乡一体化进程加快。新农合与城镇居民基本医疗保险、被征地农民基本生活保障与职工养老保险、老农保与城乡居民养老保险实现并轨，大病医疗保险制度全面建立。年末全市城镇职工基本养老保险（含被征地农民）、基本医疗保险、工伤保险、生育保险和失业保险参保人数分别达到 208.87 万人、136.21 万人、228.63 万人、85.70 万人和 95.95 万人，分别比上年末增加 14.30 万人、13.89 万人、9.48 万人、8.76 万人和 6.42 万人。年末全市有 246.05 万人参加城乡居民社会养老保险，有 480.57 万人参加城乡居民医疗保险。全年收缴各类保险基金 162.11 亿元，支出 159.32 亿元。

社会福利和社会救助体系日渐完善。全市城乡居民最低生活保障人数为 61150 人，全年共投入低保资金 19885 万元。城镇和农村低保对象月人均补助分别为 380 元和 262 元。全市农村五保对象集中供养率达到 99.2%，城镇“三无”人员供养率达到 100%。全市共有各类养老机构 332 个，床位 37983 张，年末在院老人 18764 人。全市新建城乡社区居家养老服务照料中心 1574 个。全年共支出医疗救助资金 7825 万元，医疗救助 43714 人次。

（三）教育和科学技术

1. 教育事业

教育事业均衡发展。义务教育“阳光招生”常态化，市文华小学投入使用。全市有幼儿园 1314 所，在园幼儿 23.03 万人；普通小学 343 所，在校生 48.16 万人；初中 190 所，在校生 19.25 万人；高中 69 所，中等职业学校 31 所，高中段在校生 15.37 万人，初升高比例 98.26%。全市特殊教育学校招生（不含随班就读）148 人，在校生 1217 人。全市全日制普通高校招生 10384 人，在校生 32457 人，成人高校在校学生 33289 人。高等教育毛入学率达到 53.0%，比上年提高 2.0 个百分点。

2. 科技与创新

科技事业再上新台阶。全市实现规模以上高新技术产业增加值 316.32 亿元，比上年增长 9.1%。全市共有省级企业研究院 39 家，省级工程技术研究中心和省级重点实验室 12 家，省级创新型示范（试点）企业 54 家，国家重点扶持的高新技术企业 407 家。全年申请专利 20570 件，比上年增长 21.3%；专利授权 16134 件，比上年增长 27.3%，其中发明专利 791 件，增长 7.3%。全年共签订各类技术合同 1022 项，技术交易额 17.37 亿元。

质量强市和名牌战略深入推进。全年新增 7 件驰名商标，全市被国家工商总局认定的驰名商标达到 51 件。全市有中国名牌产品 19 个，浙江名牌产品 235 个，地理标志保护产品 3 个。全市有 480 家食品企业取得 QS 证书。年末全市有各类检验机构 112 家，其中国家检测中心 1 家，省级质检中心 9 家。

（四）文化、卫生和体育

1. 文化事业

文化事业实现新发展。至 2014 年末，全市有文化馆 10 个，公共图书馆 10 个，自办广播节目 10 套，自办电视节目 10 套。年末全市有线电视用户 150 万户，其中数字电视用户 146 万户。全年广播节目播出时间 71762 小时，电视节目播出时间 60266 小时。广播人口综合覆盖率和电视人口综合覆盖率分别为 99.76%和 99.63%。至 2014 年末全市拥有国家级非物质文化遗产项目 15 项，省级 95 项，市级 299 项。全年共完成 1939 场文艺演出、3.67 万场数字电影和 17.03 万册图书的下乡任务。

2. 卫生事业

城乡公共卫生服务体系进一步健全。公立医院综合改革平稳推进，分级诊疗试点顺利起步，继续

实施阳光用药工程。年末全市有各类医疗卫生机构3260家，其中社区卫生服务机构479家。医疗卫生机构床位22267张，各类卫生技术人员34836人，其中执业医生和执业助理医生14266人，注册护士12731人。年末每千人拥有卫生技术人员5.83人，其中医生2.39人。全市甲乙类传染病发病率为183.64/10万。全市五岁以下儿童死亡率4.88‰，其中婴儿死亡率3.25‰，孕产妇死亡率11.76/10万。全年有6.72万人参加无偿献血。农村自来水普及率94.95%，卫生户厕普及率93.88%。

3. 体育事业

体育事业取得新成绩。成功承办全国网球团体锦标赛、世界华人网球邀请赛等高规格体育赛事活动。全民健身活动蓬勃开展，举办了市第三届万人健身跑、市首届健步走等活动。全市运动员参加国际国内各项赛事取得了较好成绩，共夺得国际比赛金牌5枚、银牌3枚、铜牌2枚，全国、全省比赛金牌102枚、银牌103枚、铜牌120枚。

（五）城乡发展

天台成为省首批“清三河”达标县。“三改一拆”深入推进，拆违3514万平米，连续两年居全省第一，“三改”1621万平米，73个乡镇街道、2844个村达到“无违建”标准。交通治堵名列全省前茅，新增公共停车位7864个，市区公交一体化深入推进，新建公交站点164个，新增公交车辆100辆，公交分担率提高3.1个百分点。“多城同创”取得突破，国家卫生城市创建通过评估，国家环保模范城市创建通过技术评估，全省文明程度指数测评居同类城市第一。环境质量显著提升。主城区化工恶臭整治成果不断巩固，江口医化园区实施告别恶臭倒计时行动，椒江和临海医化基地循环化改造、仙居城南医药企业搬迁取得实质性进展，金属资源再生产业基地国家“城市矿产”示范试点、三门橡胶高新产业园建设加快。淘汰黄标车3.99万辆，完成有机废气治理工程78项、减排项目建设284个、重污染企业整治272家，整改、停产、取缔、关闭涉污企业1834家。空气质量优良率87.4%，5个月份进入全国74个监测城市前十名。生态市建设扎实推进。省森林城市创建通过验收。“四边三化”“双清”行动成效明显。永宁江两岸绿带建成。临海成为首批省美丽县城试点，天台列入国家生态文明建设示范区，仙居成为首批国家公园试点。首次地理国情普查扎实开展，数字台州地理空间框架建成。中心城市加快建设。中央商务区3幢金融大楼建成，天盛、刚泰、腾达中心动工。商贸核心区银泰城市综合体、绿心生态区植物(雕塑)园和飞龙湖建设进展顺利。江北商务区、委羽山新区、高铁新区加快推进。中央山公园二期开园，星光耀广场综合体开工。台州湾集聚区月湖绿岛新区吹填工程加快。万达广场主体工程基本完工，麦德龙仓储式超市营业。美丽乡村建设深入开展。“清洁家园”活动深化，环卫保洁机制不断健全，垃圾分类减量无害化试点有序推进，农村生活污水治理居全省前列。创建美丽乡村精品村23个，建成美丽宜居示范村25个，农家乐乡村旅游成为新亮点。扶贫开发示范村和美丽库区建设成效明显。长潭水库连续43个月保持国家Ⅰ类水质标准，库区38米线以下移民动迁安置完成。

（六）环境保护

2014年，全市万元生产总值综合能耗比上年下降4.5%。主要污染物化学需氧量、氨氮、二氧化硫、氮氧化物排放量分别比上年下降3.22%、3.01%、2.61%和1.06%。全市地表水满足水域功能达标率为61.8%，城市空气综合污染指数4.47。城镇生活污水集中处理率为88.92%，城镇生活垃圾无害化处理率为100.0%。2014年市区PM2.5年均浓度为46微克/立方米，比上年下降7微克/立方米；市区环境空气质量达到二级标准以上的天数有310天，占全年总天数的84.9%。

（七）社会安全

全市共发生各类事故3046起，死亡512人，受伤3178人，直接经济损失3041万元，分别比上年下降 6.0%、10.0%、6.1%和 6.3%。

三、台州市在泛长三角地区经济发展中的地位

2014 年，台州市经济内生增长动能仍然疲弱，专项活动整治力度空前，经济运行中的新旧矛盾相互交织，经济发展逐步迈入中速增长的“新常态”。

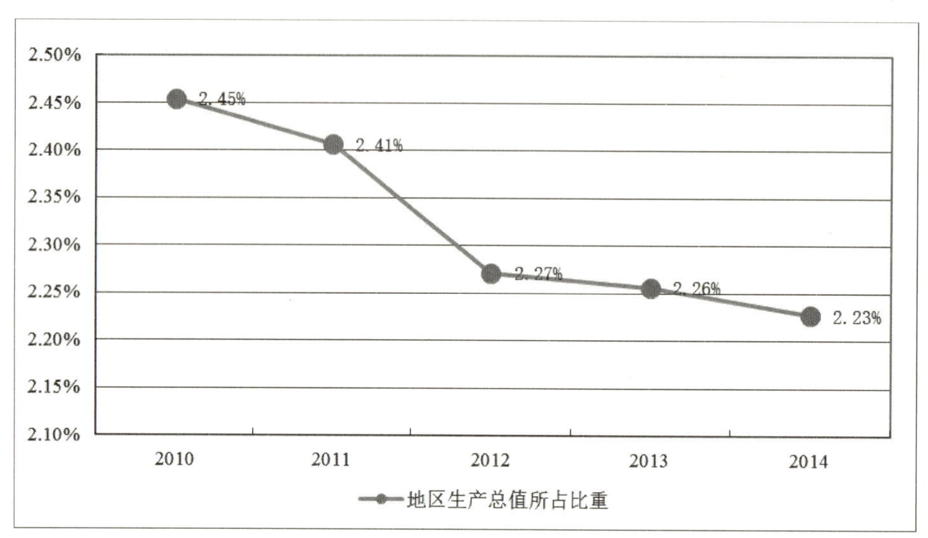

图 4　2010—2014 年台州市地区生产总值在泛长三角所占比重变化趋势

2010—2014 年，台州市地区生产总值在泛长三角所占比重分别为 2.45%、2.41%、2.27%、2.26%和 2.23%，总体呈下降趋势，2014 年较上年下降了 0.03 个百分点，五年累计下降了 0.222 个百分点。2014 年台州市地区生产总值在泛长三角地区 41 个市中排名第 15 位。

2014 年，台州市全市实现地区生产总值 3387.51 亿元，同比增长 7.5%，增速逐季回升。全年一、二、三产分别增长 2.1%、7.1%和 8.7%。三次产业结构为 6.4∶46.9∶46.7。全市人均生产总值为 56878 元，比上年增长 7.0%，按年平均汇率折算达 9259 美元。

市区实现生产总值 1228.22 亿元，按可比价格计算，比上年增长 8.1%。市区人均生产总值达到 77678 元，比上年增长 7.6%，按年平均汇率折算达 12645 美元。

2010—2014 年台州市地方财政一般预算收入在泛长三角所占比重分别为 1.65%、1.62%、1.59%、2.03%和 1.56%，2014 年大幅下滑，2014 年较 2010 年减少了 0.09 个百分点，较上年减少了 0.47 个百分点。2014 年台州市地方财政一般预算收入在泛长三角地区 41 个市中排名第 20 位。

2014 年，全市公共财政一般预算总收入 485.29 亿元，比上年增长 8.2%；其中地方财政一般预算收入 265.21 亿元，增长 7.1%。

2010—2014 年台州市规模以上工业总产值在泛长三角所占比重分别为 1.91%、1.57%、1.48%、1.46%和 1.46%。2014 年较 2010 年减少了 0.45 个百分比。2014 年台州市地方规模以上工业总产值在泛长三角地区 41 个市中的排名第 23 位，此排名处于下游。

2014 年，台州工业经济呈现平稳回升态势，各项主要指标运行稳中有进。全市规模以上工业（年主营业务收入 2000 万元及以上，下同）实现工业增加值 831.50 亿元，比上年增长 6.3%。2015 年，国内外不确定因素仍然较多，台州工业经济仍将面临需求减弱、要素供给不足、成本费用上升等困难，增长下行压力依然不轻。

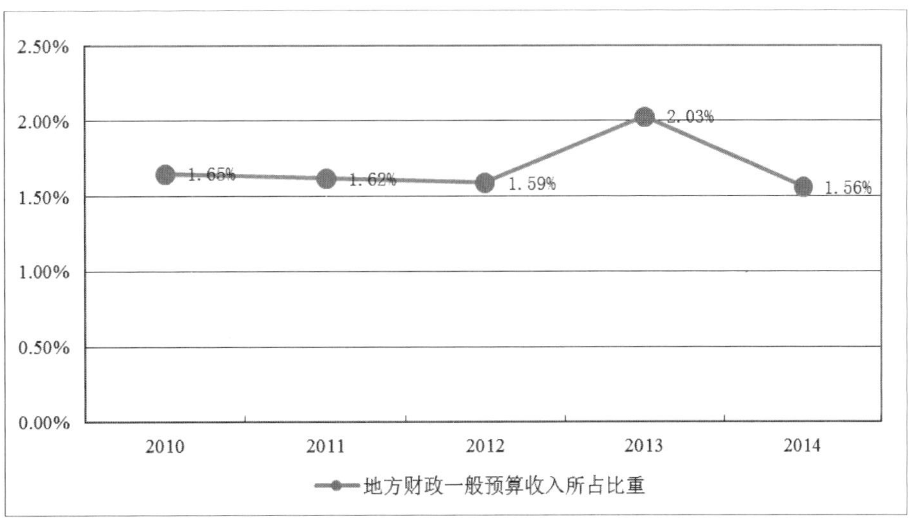

图5　2010—2014年台州市地方财政一般预算收入在泛长三角所占比重变化趋势

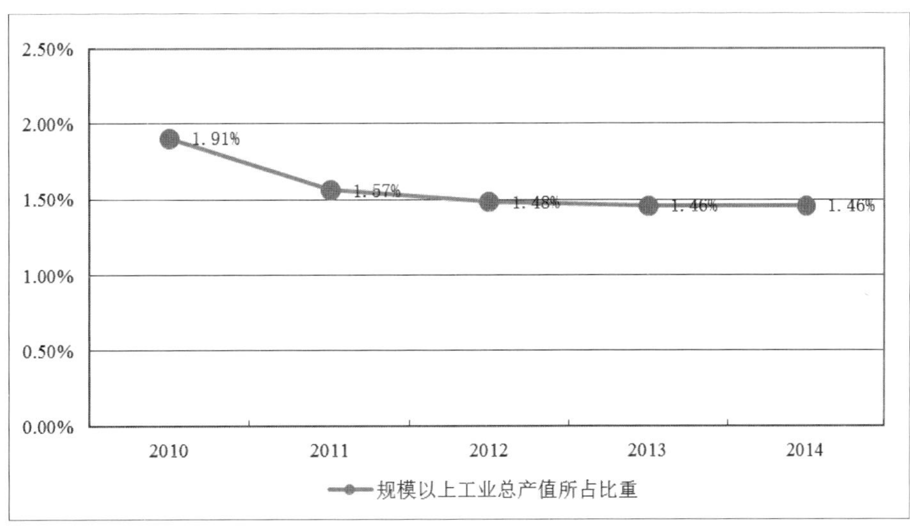

图6　2010—2014年台州市规模以上工业总产值在泛长三角所占比重变化趋势

2014年，全市规模以上工业企业共实现利润总额195.09亿元，比上年增长4.3%。其中亏损企业共413家，亏损面11.4%；亏损企业亏损额为19.30亿元，比上年增长23.0%。

利润总额排名前5位的行业中，电力、热力生产和供应业实现利润总额30.18亿元，比上年下降9.6%；医药制造业实现利润总额22.24亿元，比上年增长14.8%；通用设备制造业实现利润总额21.88亿元，比上年增长5.6%；橡胶和塑料制品业实现利润总额20.95亿元，比上年下降2.8%；化学原料和化学制品制造业实现利润总额18.62亿元，比上年增长46.8%。

2014年，各县（市、区）之间规模以上工业增加值增幅差距较大。其中，仙居县以13.0%的增速排名第一，三门县、天台县以12.2%的增速并列第二，路桥区、临海市、黄岩区、温岭市稳步增长，增长8%—10%，椒江区增长较慢，仅增长3.4%，玉环县呈现负增长，下降1.5%。

2010—2014年台州市进出口总额在泛长三角所占比重分别为1.53%、1.56%、1.54%、1.59%和1.54%，2014年较上年减少了0.05个百分点，较2010年增加了0.01个百分数。2014年台州市进出口总额在泛长三角地区41个市中排名第12位。

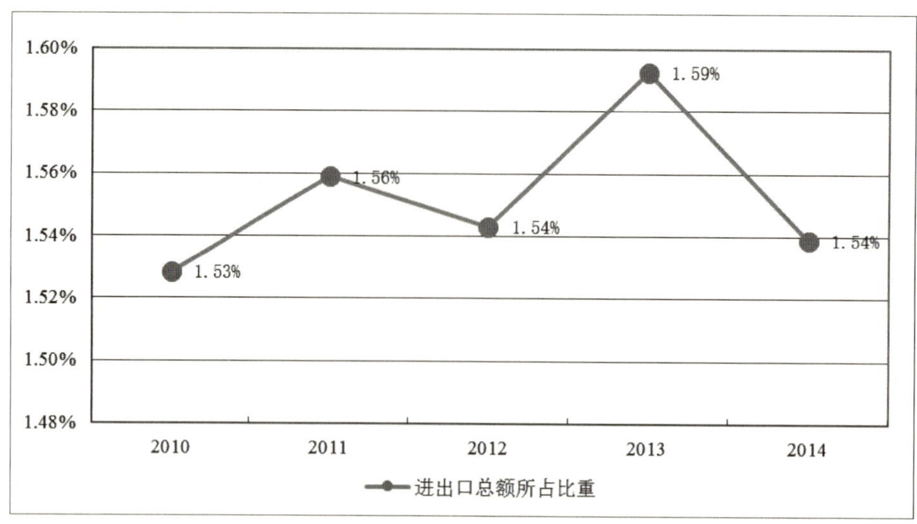

图 7　2010—2014 年台州市进出口总额在泛长三角所占比重变化趋势

2014 年全市实现进出口总额 1357 亿元人民币，比去年同期微降 0.07%，进出口额列宁波、杭州、金华、绍兴、嘉兴之后居全省各地区第 6 位，进出口增速排名全省第 9 位且低于全省 4.9 个百分点。其中出口额达到 1189 亿元人民币，增长 2.3%，出口额列宁波、杭州、金华、绍兴、嘉兴之后居全省各地区第 6 位，增幅列全省各地区第 9 位；进口 168 亿元人民币，下降 14.3%，进口额位列全省第 6 位。

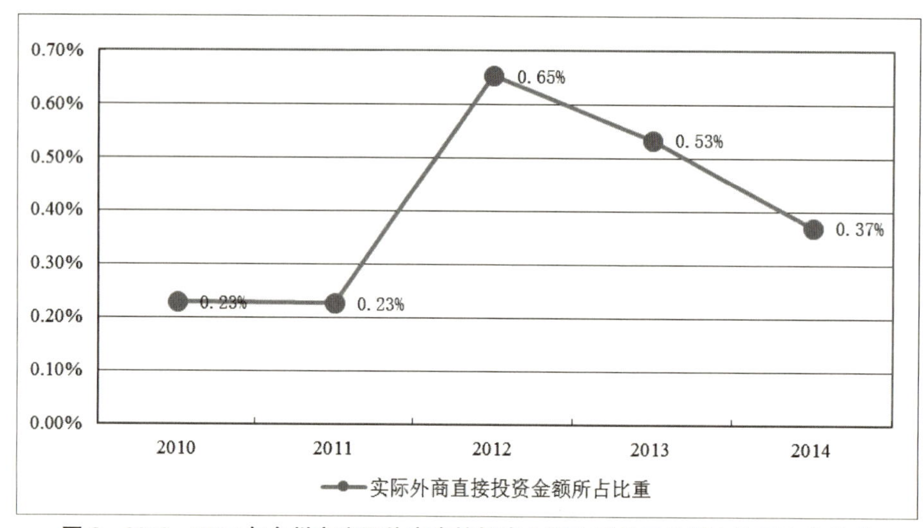

图 8　2010—2014 年台州市实际外商直接投资金额在泛长三角所占比重变化趋势

2010—2014 年台州市实际外商直接投资金额在泛长三角所占比重分别为 0.23%、0.23%、0.65%、0.53%和 0.37%，2014 年比上年减少了 0.16 个百分点，较 2010 年增加了 0.14 个百分点。2014 年台州市实际外商直接投资金额在泛长三角地区 41 个市中排名第 34 位。

2014 年全年新批外商投资企业 40 家，合同利用外资 3.46 亿美元，比上年增长 28.2%，实际利用外资 2.77 亿美元，下降 30.7%。

全年新批境外投资企业 35 家，中方投资额 8668 万美元。全市累计境外投资项目 513 个，中方累计投资额 6.83 亿美元。

服务外包发展良好。新注册服务外包企业 6 家，全市累计已注册服务外包企业 67 家。服务外包离岸合同额 3929 万美元，比上年增长 17.0%；离岸合同执行额 3929 万美元，增长 16.0%。

十二　丽水市 2014 年度经济社会发展报告

2014 年，面对国内外复杂多变的宏观经济环境，全市上下始终坚持走“绿水青山就是金山银山”绿色生态发展之路，克服诸多压力和挑战，全力推进生态产业发展，奋力打造经济发展升级版，加快推进转型升级，全市经济在新常态下平稳运行，结构调整出现积极变化，质量效益稳步提高，民生保障继续加强，实现了经济社会持续稳步发展。

一、丽水市 2014 年经济发展概况

（一）综合经济

1. 经济总量

全年地区生产总值(GDP)1051.75 亿元，按可比价计算，比上年增长 7.0%。其中，第一产业增加值 88.56 亿元，第二产业增加值 505.57 亿元，第三产业增加值 457.63 亿元，分别比上年增长 2.4%、7.0%和 7.8%。人均生产总值 49424 元(按年平均汇率 6.1428 折算为 8046 美元)，比上年增长 6.6%。三次产业增加值结构由上年的 8.5∶49.0∶42.5 调整为 8.4∶48.5∶43.1。

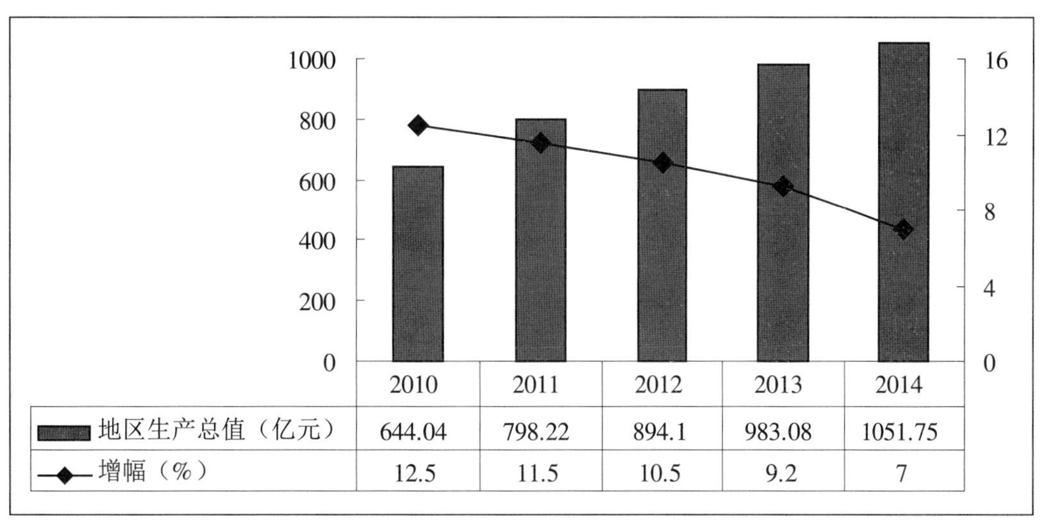

	2010	2011	2012	2013	2014
地区生产总值（亿元）	644.04	798.22	894.1	983.08	1051.75
增幅（%）	12.5	11.5	10.5	9.2	7

图 1　2010—2014 年丽水市地区生产总值及增长速度

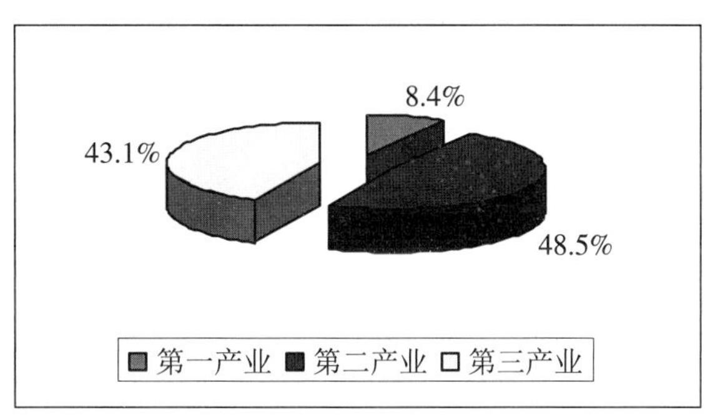

图 2　2014 年丽水市三次产业结构图

2. 财政收支

全年财政总收入 135.02 亿元，其中一般公共预算收入 80.96 亿元，分别比上年增长 8.7%和 9.8%。一般公共预算支出 217.3 亿元，增长 11.2%。

3. 物价水平

市区全年居民消费价格比上年上涨 2.6%，其中食品类价格上涨 4.1%，非食品类价格上涨 1.8%。

4. 固定资产投资

全年固定资产投资 665.08 亿元，比上年增长 16.6%。非国有投资 404.47 亿元，增长 20.3%，占固定资产投资的 60.8%，其中民间投资 400.08 亿元，增长 19.8%，占固定资产投资的 60.2%。

在固定资产投资中，第一产业投资 17.56 亿元，比上年增长 28.2%；第二产业投资 188.93 亿元，增长 2.5%，其中工业投资 184.76 亿元，增长 1.0%；第三产业投资 458.59 亿元，增长 23.2%。

全年投资项目 2278 个，比上年增加 356 个，其中，新开工项目 1493 个。浙西南绿色农产品物流中心、浙北至福州特高压输变电、杭丽热电集中供热等一批重大建设项目建成投入使用，50 省道莲都段、松阳段等一批高等级公路建成通车，金丽温铁路扩能改造路基工程基本完成，衢宁铁路开工建设。

（二）农业和农村建设

全年农作物总播种面积 164.29 千公顷，比上年下降 3.2%，其中粮食播种面积为 89.46 千公顷，增长 3.3%；果用瓜种植面积 3.45 千公顷，增长 8.2%；药材种植面积 4.53 千公顷，增长 31.6%；油料种植面积 9.78 千公顷，下降 0.7%；蔬菜种植面积 46.89 千公顷，增长 2.4%；花卉苗木面积 1.23 千公顷，下降 5.3%。全年粮食总产量为 49.37 万吨，增长 3.7%。

全年肉类总产量 9.27 万吨，比上年下降 8.7%，其中猪牛羊肉产量 7.73 万吨，下降 6.3%；禽蛋产量 1.29 万吨，增长 6.5%。牛奶产量 1303 吨，增长 5.7%。生猪出栏为 81.39 万头，下降 6.1%；家禽出栏 987.35 万羽，下降 19.7%。水产品总产量 1.86 万吨，增长 1.2%。

年末全市农田有效灌溉面积 94.76 千公顷，比上年增长 4.0%。农业机械总动力 112.94 万千瓦，增长 0.9%。

全市新建粮食生产功能区 6.19 万亩、现代农业综合区 3 个、主导产业示范区 6 个、特色农业精品园 12 个、生态精品林业基地 39.43 万亩。新增农产品加工园区实际供地 1826 亩。新增农村土地流转面积 7.15 万亩，新发展家庭农场 1372 家。创建“丽水山耕”区域公用品牌，新增绿色、有机和无公害认证农产品 191 个，新增中国生态原产地保护产品 4 个。全年创建“美丽乡村”示范村 20 个，农村垃圾收集率达到 100%，比上年提高 2.6 个百分点。全年异地搬迁农民 2.09 万人。农家乐休闲旅游业发展较快，累计发展农家乐休闲旅游特色村(点)367 个，从业人员 2.45 万人，营业总收入 11.73 亿元。全市完成农村困难家庭危房改造 2180 户，启动 21 个农房改造示范村建设。年末金融系统涉农贷款余额 752.12 亿元，比上年末增长 14.4%，林权抵押贷款余额达 43.05 亿元，增长 17.7%。

（三）工业和建筑业

1. 工业及工业建设

全年规模以上工业增加值 357.98 亿元，比上年增长 5.3%。规模以上工业销售产值 1765.48 亿元，增长 2.7%，其中出口交货值 158.73 亿元，增长 6.3%，出口交货值占销售产值的比重为 9.0%，比上年提高 0.3 个百分点。规模以上工业企业产品销售率 94.8%，比上年下降 1.4 百分点。实现利润

总额 132.28 亿元，下降 1.5%。

全年规模以上工业高新技术产业增加值 76.86 亿元，比上年增长 7.8%，高于规模以上工业增加值增幅 2.5 个百分点。新产品产值 558.34 亿元，增长 23.2%，占规模以上工业产值比重为 30.0%，比上年提高 4.6 个百分点。成品钢材产量 329.72 万吨，增长 18.0%。

2. 建筑业

全年建筑业增加值 71.3 亿元，比上年增长 10.1%。资质以上建筑企业完成总产值 243.59 亿元，增长 17.0%，实现利润总额 9.15 亿元，增长 10.1%。

（四）服务业

1. 国内贸易

全年社会消费品零售总额 476.35 亿元，比上年增长 13.2%。其中，城镇消费品零售额 390.67 亿元，乡村消费品零售额 85.68 亿元，分别增长 12.9%和 14.4%。分行业看，批发零售业零售额 420.76 亿元，增长 13.5%；住宿餐饮业零售额 55.59 亿元，增长 11.2%。全市限额以上社会消费品零售总额 169.16 亿元，增长 13.3%。

在限额以上批发零售业零售额中，服装、鞋帽、针纺织品类增长 22.0%，家用电器和音像器材类增长 17.0%，通讯器材类增长 13.8%，中西药品类增长 11.1%，石油及制品类增长 7.8%，汽车类增长 8.3%，金银珠宝类下降 10.2%。

年末全市共有商品交易市场 103 个，比上年增加 4 个，全年商品交易市场成交额 325.14 亿元，增长 13.0%。成交额超亿元的市场 22 个，全年成交额 196.47 亿元，其中，超 10 亿元的市场 7 个，全年成交额 152.10 亿元。

2. 交通运输、邮电

全年交通运输、仓储和邮政业增加值 35.62 亿元，比上年增长 5.0%。全市公路货物周转量 70.95 亿吨公里，比上年下降 0.3%；公路旅客周转量 22.20 亿人公里，下降 11.4%。铁路客运量 92.49 万人，货运量 110.73 万吨。

全年邮政行业业务收入 5.51 亿元，比上年增长 25.0%，其中快递业务收入 3.28 亿元，增长 39.2%。邮政行业业务总量 8.80 亿元，增长 50.8%，其中快递 3561.2 万件，增长 62.1%。电信业务收入 18.13 亿元，下降 4.1%。年末固定电话用户（含小灵通）达 46.68 万户，年末移动电话用户 289.26 万户；固定电话、移动电话普及率分别为 21.9 部/百人和 135.7 部/百人。全年新增互联网用户（含宽带用户）6.36 万户，年末总量达 51.37 万户，比上年末增长 14.1%。

3. 旅游业

全年共接待国内旅游者 5456.59 万人次，比上年增长 20.1%。入境旅游者 29.83 万人次，增长 15.7%，其中：接待外国游客 26.82 万人次，增长 14.9%；香港游客 0.55 万人次，增长 25.7%；澳门游客 0.44 万人次，增长 21.1%；台湾游客 2.03 万人次，增长 22.6%。实现旅游总收入 339.58 亿元，增长 27.5%，其中国内旅游收入 294.99 亿元，增长 29.2%；旅游外汇收入 7.26 亿美元，增长 18.5%。

2014 年成功创建古堰画乡、中国龙泉青瓷小镇·披云青瓷文化园 2 家 4A 级景区。累计创建 18 家 4A 级景区。

4. 金融和保险

年末，金融机构本外币各项存款余额 1858.36 亿元，比上年末增长 10.5%，其中人民币存款余额 1741.81 亿元，增长 9.9%。金融机构本外币各项贷款余额 1420.56 亿元，比上年末增长 9.0%，其中人民币贷款余额1404.49亿元，增长9.2%。年末本外币个人存款余额1048.95亿元，比上年末增长10.9%。

年末金融机构不良贷款32.53亿元，不良贷款率为2.29%，比年初提高0.28个百分点。

全年保险业实现保费收入32.88亿元，比上年增长16.6%。其中，财产险业务保费收入14.62亿元，增长13.0%；人身险业务保费收入18.26亿元，增长19.7%。支付各类赔款及给付11.08亿元，增长23.7%，其中：人身险业务赔款2.37亿元，增长14.1%；财产险业务赔款8.71亿元，增长26.7%。

5. 房地产业

全年房地产开发投资157.63亿元，比上年增长32.6%。商品房销售面积135.40万平方米，增长4.9%。商品房销售额127.60亿元，增长9.3%。

（五）对外经济

1. 对外贸易

全年进出口总额29.08亿美元，比上年增长12.8%。其中，出口26.37亿美元，增长11.1%；进口2.71亿美元，增长32.5%。

欧洲和亚洲仍是丽水市产品出口的主要市场，出口额比重达到63.4%，对拉丁美洲和大洋洲市场出口较快增长，对非洲市场出口实现高速增长。

2. 外资状况

全市新批准设立外商直接投资企业18个，比上年减少8个；外商直接总投资3.68亿美元，下降30.1%；合同利用外资金额2.47亿美元，增长19.2%；实际利用外资金额1.78亿美元，增长39.5%。

二、丽水市2014年社会发展概况

（一）人口、人民生活

年末全市公安户籍人口2656524人，比上年增长0.7%。其中，男性1369526人，女性1286998人，分别占总人口的51.6%和48.4%。全年出生人口33986人，出生率12.8‰；死亡人口17705人，死亡率为6.7‰；全年净增人口16281人，自然增长率为6.1‰。

根据城乡一体化住户调查，全年全体居民人均可支配收入22426元，比上年名义增长9.8%，扣除价格因素实际增长7.0%。其中，全市城镇常住居民和农村常住居民人均可支配收入分别为30413元和13635元，分别名义增长8.6%和12.0%，扣除价格因素分别实际增长5.8%和9.2%。全体居民人均消费支出16923元，比上年名义增长11.0%，扣除价格因素实际增长8.2%。其中，城镇常住居民和农村常住居民人均生活消费支出分别为21867元和11483元，分别名义增长9.3%和13.9%，扣除价格因素分别实际增长6.5%和11.0%。年末城镇常住居民人均住房建筑面积39.8平方米，比上年末增加1.2平方米；农村居民人均住房建筑面积54.4平方米，增加2.3平方米。年末每百户城镇居民家用汽车拥有量31.7辆，比上年末增加1.9辆。

（二）就业与社会保障

1. 就业

全年新增城镇就业2.73万人，帮助7969名下岗失业人员实现再就业。年末城镇登记失业率为2.92%，比上年末下降0.04个百分点。

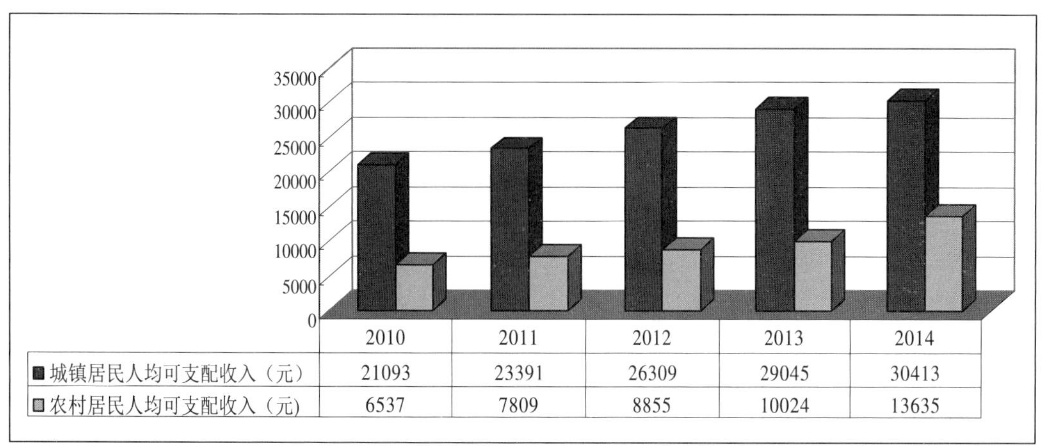

	2010	2011	2012	2013	2014
城镇居民人均可支配收入（元）	21093	23391	26309	29045	30413
农村居民人均可支配收入（元）	6537	7809	8855	10024	13635

图 3　2010—2014 年丽水市城乡居民收入对比一览

2. 社会保障

年末全市参加城镇基本养老保险人数为 55.10 万人(包括企业和机关事业的在岗及离退休人员),比上年末增加 4.15 万人;参加失业保险的人数为 21.16 万人,增加 1.15 万人;参加城镇职工基本医疗保险的人数为 36.97 万人,增加 1.72 万人。工伤保险参保人数 42.63 万人,增加 4.4 万人,生育保险参保职工 22.12 万人,增加 2.7 万人。城乡居民社会养老保险 100.62 万人,减少 0.32 万人。城乡居民医疗保险参保人数 208.20 万人,增加 0.7 万人。被征地农民基本生活保障累计参保人数 10.19 万人,基金累计结余 20.02 亿元。年末在册低保对象 66952 人,其中城镇 3661 人,农村 63291 人。平均保障标准为城镇 510.6 元/月・人、农村 368.3 元/月・人,全年共支出低保金 1.66 亿元,比上年增长 6.4%。农村五保集中供养率 91.5%,城镇"三无"集中供养率 95.9%。

全年销售社会福利彩票 4.43 亿元,比上年增长 15.8%。

全年新开工保障性安居工程住房 6225 套,其中新开工公共租赁住房 2654 套。竣工保障性安居工程住房 3060 套。

（三）教育和科学技术

1. 教育事业

全市拥有普通高校 3 所,普通高等教育本专科招生 12279 人,在校生 39738 人,毕业生 10603 人。各类中等职业教育学校 18 所,招生 9996 人,在校生 29885 人,毕业生 11036 人。普通高中学校 22 所,普通高中招生 11067 人,在校生 34271 人,毕业生 12318 人。初中学校 75 所,招生 24773 人,在校生 75687 人,毕业生 24181 人,初中毕业升高中段的比例为 96.52%,比上年提高 0.53 个百分点。普通小学 221 所,招生 28959 人,在校生 166329 人,毕业生 24908 人;小学毕业生升学比例达 100%,初中入学率、巩固率分别为 99.99%和 100%。特殊教育招生 143 人,在校生 605 人。

义务教育专任教师 15082 人,比上年增长 0.3%。中等职业教育专任教师 1908 人,生师比 16∶1;专任教师学历合格率为 95.5%,比上年提高 0.2 个百分点。双师型教师占专任教师和专业课教师的比例分别为 41.9%和 73.9%,比上年分别提高 2.0 和 1.9 个百分点。普通高等学校专任教师具有硕士以上学位教师比例为 26.4%,比上年提高 0.7 个百分点。

全市共有幼儿园 660 所,在园幼儿 81781 人。幼儿园专任教师 0.51 万人,比上年增加 0.01 万人;幼儿教师学历合格率为 99.1%,比上年提高 0.8 个百分点。

2. 科技与创新

全年新增国家重点支持高新技术企业 49 家，高新技术企业认定新政策出台后，累计获批高新技术企业 177 家。全年省级新产品 214 个，国家、省创新基金项目 13 个。全年规模以上工业科技活动经费支出 8.1 亿元，比上年增长 7.7%。购置技术成果费用 2598 万元，下降 18.9%。

全年通过市级以上验收、结题科技项目 79 项，科技成果登记 320 项，获得省级科学技术进步奖 2 项。知识产权保护工作得到加强，共获专利授权 3656 项，其中发明专利 159 项。

全年有 93 家企业获得 602 张 3C 证书。法定计量技术机构 9 个，全年强制检定计量器具 25.99 万台件。609 家企业获得了管理体系认证。

有效期内年末累计省名牌产品 84 个，比上年增加 12 个。3 家企业 5 名个人获得市政府质量奖。

（四）文化、卫生和体育

1. 文化事业

年末共有艺术表演团体 82 个，文化馆 10 个、文化站 173 个，公共图书馆 9 个，博物馆 15 个。广播、电视综合覆盖率分别达到 98%和 95%。有线广播电视用户数 50.74 万户，其中数字电视用户数 46.80 万户。全市公开发行的报纸 6 种，年发行量达 5593 万份，平均每千人每天拥有 57.9 份报纸。全市共有综合档案馆 10 个。馆藏各类档案 1613 个全宗，共计 120.45 万卷 42.4 万件，其中已开放全宗 983 个，共计 29.23 万卷。

2. 卫生事业

年末共有医疗卫生机构 344 个（不含诊所、村卫生室），其中医院、卫生院 238 个，妇幼保健院（所、站）9 个，疾病预防控制中心（防疫站）9 个，卫生监督所（中心）10 个。卫生技术人员 16086 人，其中执业医师和执业助理医师 6200 人，注册护士 6104 人，床位数 10999 张。全市共完成 76.9 万人的免费健康体检，其中 60 岁以上老年人 218897 人，体检率达到 71%。

3. 体育事业

全市运动健儿共取得国际比赛冠军 3 个、全国冠军 3 个、全省冠军 19 个。全市共创建 2 个省级体育强县（区），创建 23 个省级体育强镇（乡），1 个青少年俱乐部，扶持建设 600 个省级体育小康村。全年销售体育彩票 2.68 亿元，比上年增长 24.8%。

（五）城乡建设

城市品位进一步提升。在全民创卫的努力中，中心城市通过国家卫生城市创建技术评估，并被评为“2014 中国十大特色休闲城市”，成为省级历史文化名城。完成花园路综合改造、高速丽水出口富岭连接线整治、紫金路和南明湖沿线亮化、规划馆改造等一批城市亮点项目，完成老小区改造 8 个、农贸市场改造 5 个、背街小巷整治 317 条，城区街头绿地建设项目获中国人居环境范例奖。美丽县城“六个一”项目建设加快推进。深化城市治堵，市区新增停车位 5102 个、公交站点 40 个、优化公交线路 9 条，在全省率先实现公共自行车租赁市域“一卡通”。

美丽乡村建设向纵深推进。莲都碧湖镇等 9 个镇入选新一批全国重点镇，青田洞背村、缙云鼎湖村入选“中国最美村镇”20 强。新创市级美丽乡村示范村 20 个、最美乡村 3 个，创成新农村电气化市。加强历史文化村落保护利用，松阳杨家堂等 56 个村列入第三批中国传统村落名录，居全省之首。

（六）资源、环境保护和生态建设

全年全市平均降水量 1864.6 毫米，增长 21.0%。年末全市 33 座大中型水库蓄水总量 40.69 亿

立方米。全市水资源总量 232.59 亿立方米，比上年增长 20.9%；人均水资源 10915 立方米（常住人口口径），增长 20.4%。

全市共建有自动气象站 279 个，土壤水分观测站 3 个，能见度观测点 9 个，灰霾观测站 8 个，负氧离子站 4 个，农田小气候站 8 个，大气电场仪 38 个。全市霾平均日数 21 天。全年平均温度 18.2 度，日照时数 1644.5 小时。

全年完成造林更新 9460 公顷，比上年增长 2.6%，其中荒山荒（沙）地造林 5510 公顷，有林地造林 211 公顷，迹地更新造林 3739 公顷。森林抚育改造 6.3 万公顷，增长 10.5%。义务植树 534.6 万株，增长 3%。育苗面积 1273 公顷，下降 5.3%，其中新增 127 公顷。森林覆盖率为 80.79%。

全市地表水 96 个断面的水质监测，有 95 个断面年均值满足相应水功能要求。市区 PM2.5 浓度平均为 44 微克/立方米。全年空气质量优良的天数达到 310 天。城市声环境质量符合国家标准，各标准适用区平均值均低于相应标准。全市累计创建省级生态县（市、区）9 个；国家级生态乡镇 96 个、省级绿色学校 107 所，建成省级生态环境教育示范基地 12 个。

全市建有各级自然保护区（含自然保护小区）56 个，其中国家级自然保护区 2 个；自然保护区面积 44.05 千公顷，占土地总面积的 2.53%。建有市级以上森林公园 11 个、湿地公园 2 个。全市园林绿地面积 4401.74 公顷，其中公园绿地面积 1119.59 公顷，建成区绿化覆盖率 38.7%，人均公园绿地面积 11.73 平方米。

全年规模以上工业企业能源消费比上年下降 4.9%，单位工业增加值能耗下降 9.7%。

（七）社会安全

全年共发生各类事故（不含火灾）402 起、死亡 270 人、受伤 359 人，分别比上年下降 6.7%、4.3% 和 3.0%。发生较大事故（含火灾）4 起、死亡 13 人，事故起数比上年增加 1 起、死亡人数与上年持平。道路交通共发生事故 351 起、死亡 213 人、受伤 356 人，分别比上年下降 9.8%、9.0%和 1.1%。

全年因山洪爆发等自然灾害死亡 4 人，受伤 54 人，倒塌房屋 1759 间，损坏房屋 13380 间，造成直接经济损失 23.51 亿元，其中农业直接经济损失 6.6 亿元。工矿商贸企业共发生事故 51 起、死亡 57 人，分别比上年增长 21.4%和 18.8%。

三、丽水市在泛长三角地区经济发展中的地位

2014 年，全市经济继续呈现稳中趋缓的发展态势，工业、投资、社会消费品零售额、财政收入、存贷款余额等指标增幅小幅波动，出口回落较快，我市经济运行目前尚未走出放缓通道，内生动力仍显不足，下行压力依然不减。

2010—2014 年丽水市地区生产总值在长三角所占比重分别为 0.67%、0.69%、0.70%、0.70%和 0.69%，2014 年较上年减少了 0.01 个百分点，较 2010 年增加了 0.02 个百分点。2014 年丽水市地区生产总值在泛长三角地区 41 个市中排名第 33 位，位置属于下游，希望能有所突破，以期结束落后的局面。

2014 年，丽水市地区生产总值突破千亿大关，达 1051.0 亿元，按可比价计算，比上年增长 7.0%。实现财政总收入 135.02 亿元，增长 8.7%；其中一般公共预算收入 80.96 亿元，增长 9.8%，提前一年实现“十二五”规划目标。产业发展基本平稳。农业总产值 136.45 亿元，增长 5.2%。工业增加值 438.37 亿元，增长 6.5%。服务业增加值 453.07 亿元，增长 7.8%。旅游总收入 339.58 亿元，增长 27.5%。转型升级步伐加快。生态产业结构调整出现积极变化，一产、二产和三产增加值分别增长 2.4%、7.0%和 7.8%；三次产业结构从上年的 8.5∶49.0∶42.5 调整为 8.4∶48.5∶43.1，三产比重

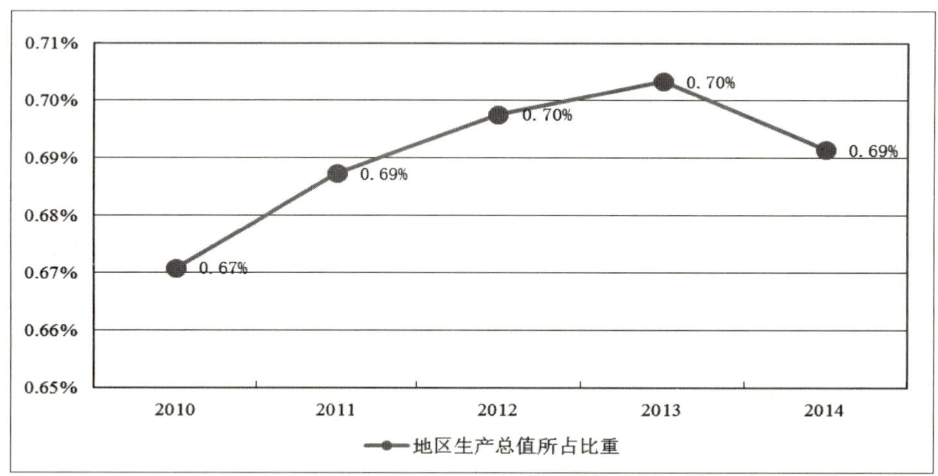

图4 2010—2014年丽水市地区生产总值在泛长三角所占比重变化趋势

比上年增加0.6个百分点。高新技术产业增加值、战略性新兴产业增加值、装备制造业增加值分别增长7.8%、6.3%和8.6%。新产品产值增长23.2%。

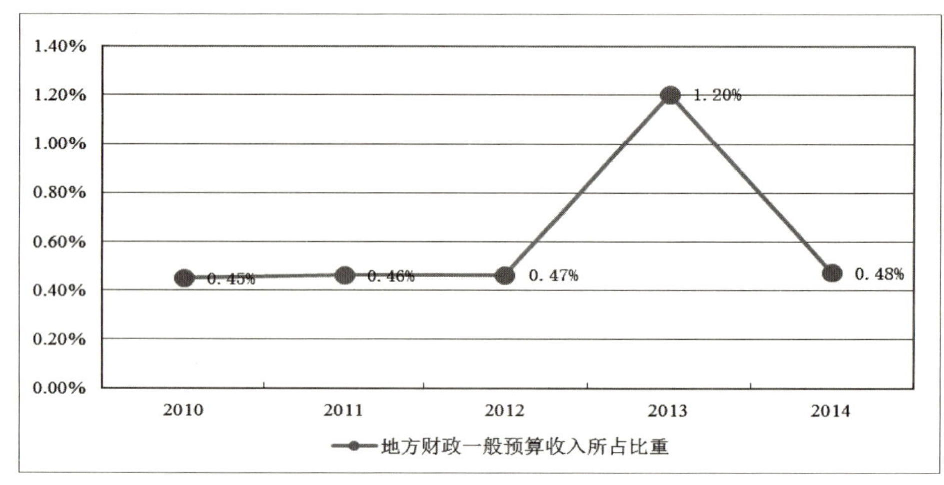

图5 2010—2014年丽水市地方财政一般预算收入在泛长三角所占比重变化趋势

2010—2014年丽水市地方财政一般预算收入在泛长三角所占比重分别为0.45%、0.46%、0.47%、1.20%和0.48%,2014年大幅减少,较2013年减少了0.72个百分点,较2010年增加了0.03个百分点。2014年丽水市地方财政一般预算收入在泛长三角地区41个市中排名第33位。

2014年,全市一般公共预算收入决算数为809573万元,完成预算的101.7%,比上年增长9.8%。全市财政总收入1350208万元,增长8.7%。

全市一般公共预算收入和一般公共预算税收收入增速分别居全省各市第三位和第二位。全市一般公共预算收入占财政总收入比重为60.0%,高于全省5.2个百分点,比上年提高0.6个百分点。全市一般公共预算税收收入占一般公共预算收入比重为88.9%,比上年提高0.6个百分点。坚持有保有压、统筹兼顾、集中财力保障经济社会发展各项重点支出。认真贯彻落实中央、省、市关于厉行节约的各项规定,制定出台市本级培训费、差旅费等管理规定,规范公务支出管理,严格控制行政经费和一般性支出,厉行节约取得明显成效。全市和市本级一般公共预算拨款安排的"三公"经费支出分别下降37.9%和46.4%。

民生保障力度持续加大。发挥公共财政职能作用，做好重大民生事业的资金保障工作。全市和市本级地方财政安排的民生支出分别为101.87亿元和14.55亿元，分别增长16.3%和12.6%，新增财力用于民生支出的比重分别为89.9%和71.0%，继续保持在三分之二以上。加大“三农”投入，全市新农村建设财政性资金投入100.67亿元，增长15.9%。坚持教育优先，完善财政投入政策和机制，进一步提高市本级义务教育阶段学校生均公用经费标准，加大学前教育、高等教育投入力度，落实中职学校免学费、帮困助学等政策，努力促进全市教育均衡发展。市本级安排人才发展专项资金5175万元，大力支持“人才强市”建设，安排文化产业发展专项资金1000万元，促进文化产业发展。完善社会保障体系，稳步提高城乡居民基本医疗保险筹资标准和财政补助标准。落实更加积极的就业政策，市本级安排促进就业资金2300万元。落实“五水共治”、“创国卫”等重点项目资金保障，全市共统筹安排“五水共治”财政资金22亿元，其中市本级安排4.72亿元。积极支持“8·20”灾后恢复重建工作，第一时间推出灾后重建税收扶持政策，紧急下拨全市救灾补助资金2850万元，推进灾后重建。

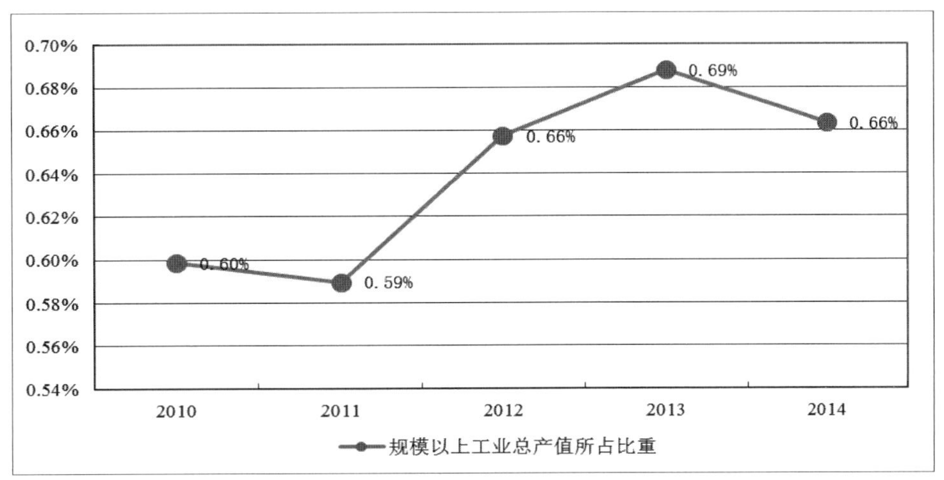

图6　2010—2014年丽水市规模以上工业总产值在泛长三角所占比重变化趋势

2010—2014年丽水市规模以上工业总产值在泛长三角地区所占比重分别为0.60%、0.59%、0.66%、0.69%和0.66%，2014年较2013年减少了0.03个百分点，较2010年增加了0.06个百分点。2014年丽水市规模以上工业总产值在泛长三角地区41个市中排名第30位。

2014年全市规模以上工业实现工业增加值357.98亿元，按可比价计算同比增长5.3%，增幅比前三季度回升0.3个百分点，比上年回落7.3个百分点。工业总产值1861.39亿元，增长4.2%，增幅比前三季度回升0.8个百分点，比上年回落8.7个百分点；工业对GDP增长贡献率从2013年的57.2%下降为40.5%；工业增加值占GDP比重从2013年的42.4%下降为41.7%。全市规模以上工业用电量45.13亿千瓦时，下降4.1%，降幅比前三季度有所收窄，占全部工业用电量比重为85.3%。工业经济增速虽有回调但仍处在合理区间，工业规模依然保持平稳态势。实现工业销售产值1765.48亿元，增长2.7%，其中出口交货值158.73亿元，增长6.3%。内销产值占全部销售产值的91%。全市工业园区实现产值1315.10亿元，增长3.8%。工业经济在全市经济发展中仍有重要作用。

2014年，全市纳入规模以上工业统计的35个行业大类中，累计产值超过50亿元的行业有11个，合计实现产值1468.9亿元，增长3.6%，占规模以上工业产值比重为78.9%，对规模以上工业产值增长的贡献率达69%，有力地支撑了全市规模以上工业的发展。但重点行业中的橡胶和塑料制品、皮革毛皮羽毛及其制品和制鞋、通用设备制造、金属制品业增速放缓，分别下降17.4%、7.8%、3.9%、0.9%。

县域工业经济参差不齐。从规模看，莲都、青田、缙云等重点区域共计完成工业总产值 1163.21 亿元，工业增加值 252.4 亿元，分别占全市工业总产值、工业增加值的 62.5％和 70.5％。但工业总产值和工业增加值增速均处于全市中低位水平。而全市工业占比较小的龙泉、庆元、松阳分别以 8.7％、8.5％、6.9％的增速居全市工业增加值增速前三位。全市各县（市、区）工业增加值均只有个位数增长，其中云和、丽水经济开发区两地出现负增长。云和主要受华宏钢铁集团重组和技改影响工业增加值下降 2.8％；丽水经济开发区因合成革行业整体不景气和联保问题负面影响，工业增加值下降 4.0％。

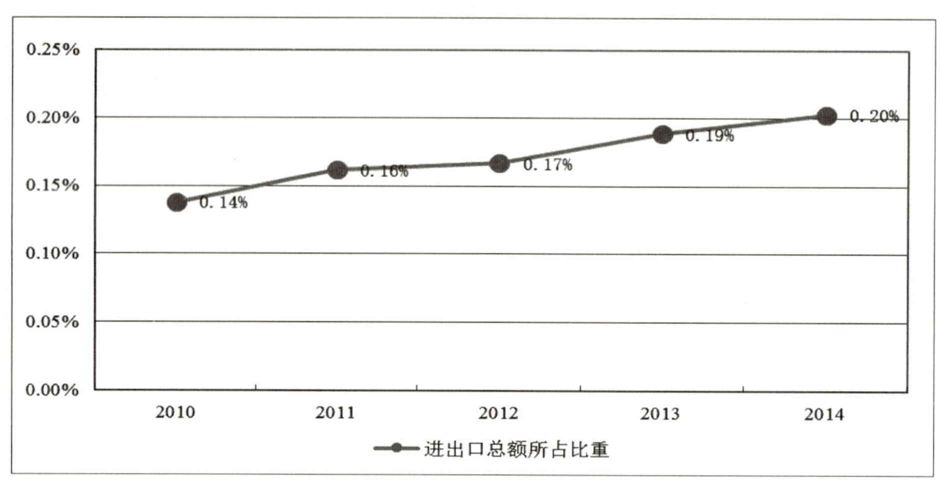

图 7　2010—2014 年丽水市进出口总额在泛长三角所占比重变化趋势

2010—2014 年丽水市进出口总额在泛长三角所占比重分别为 0.14％、0.16％、0.17％、0.19％和 0.20％，总体呈上升趋势，累计增幅达 0.06 个百分比，2014 年较上年增加了 0.01 个百分比。2014 年丽水市进出口总额在泛长三角地区 41 个市中排名第 29 位。

2014 年 1—12 月丽水市实现外贸进出口总值 178.7 亿元人民币，同比（下同）增长 11.79％，高于全省增幅 4.67 个百分点，增幅位列衢州之后，在全省 11 个地区位列第 2。其中出口 162 亿元，增长 10.13％；进口 16.7 亿元，增长 31.09％，增幅位列全省第 1。

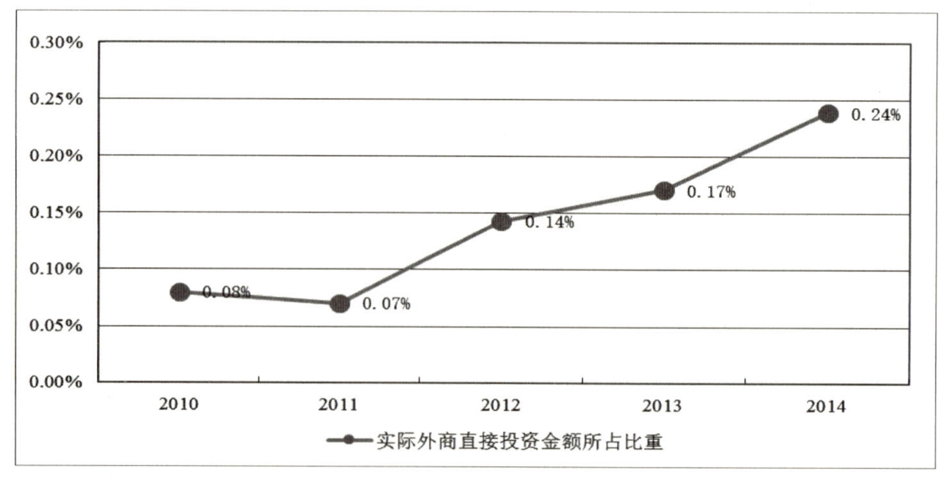

图 8　2010—2014 年丽水市实际外商直接投资金额在泛长三角所占比重变化趋势

2010—2014年丽水市实际外商直接投资金额在泛长三角所占比重分别为0.08%、0.07%、0.14%、0.17%和0.24%，整体呈上升趋势，2014年较上年增加了0.07个百分点，较2010年增加了0.16个百分比。2014年丽水市实际外商直接投资金额在泛长三角地区41个市中排名第39位，希望继续努力，改善对外投资环境，以期能较大程度的吸引外商直接投资，改变这种落后的局面。

2014年丽水市新批外商投资项目18个，合同外资2.47亿美元，同比增长19.2%；实际外资1.78亿美元，同比增长39.5%，完成省政府考核任务(1.3亿美元)的137.2%。实际利用外资增速和完成进度均列全省各市第一，打破了“欠发达地区吸引不了外资”的思想藩篱，合同外资和实际外资分别是2011年的2.7倍和4倍，实现了总量和效益双提升。

第四章　安徽省及各市 2014 年经济社会发展报告

一　安徽省 2014 年经济社会发展报告

2014 年，面对复杂严峻的宏观环境和艰巨繁重的改革发展任务，全省上下在省委、省政府坚强领导下，深入贯彻落实党的十八大和十八届三中、四中全会和习近平总书记系列重要讲话精神，坚持稳中求进工作总基调，统筹做好稳增长、促改革、调结构、惠民生、防风险各项工作，主动作为，精准发力，保持了经济社会的平稳健康发展。

一、安徽省 2014 年经济发展概况

（一）综合经济

1. 经济总量

全年生产总值(GDP)20848.7 亿元，按可比价格计算，比上年增长 9.2%。分产业看，第一产业增加值 2392.4 亿元，增长 4.6%；第二产业增加值 11077.7 亿元，增长 10.3%；第三产业增加值 7378.7 亿元，增长 8.8%。三次产业结构为 11.5∶53.7∶34.8，其中工业增加值占 GDP 比重为 46%。全社会劳动生产率 48559 元/人，比上年增加 3221 元/人。人均 GDP34427 元(折合 5604 美元)，比上年增加 2426 元。全年民营经济增加值 11946.3 亿元，比上年增长 9.2%，占 GDP 比重由上年的 57%提高到 57.3%。

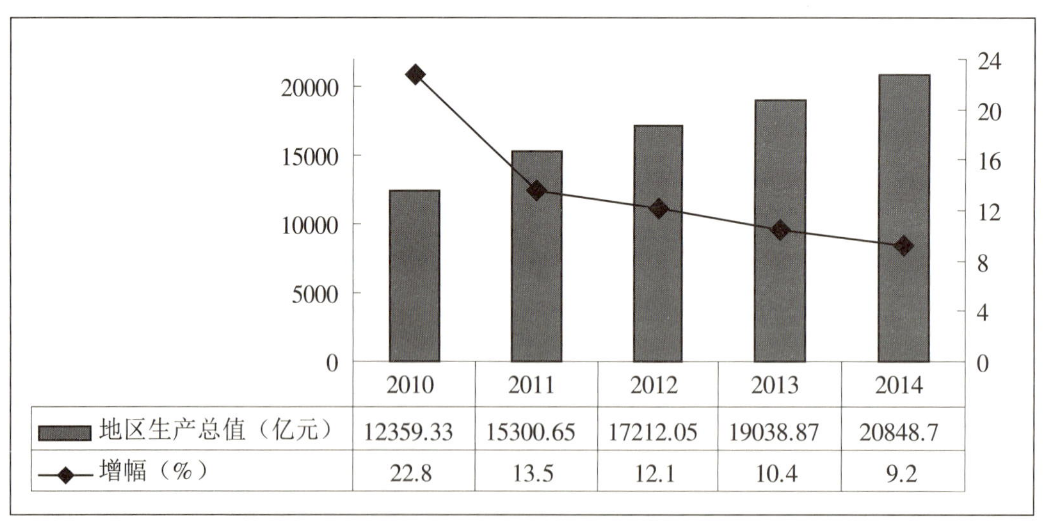

	2010	2011	2012	2013	2014
地区生产总值（亿元）	12359.33	15300.65	17212.05	19038.87	20848.7
增幅（%）	22.8	13.5	12.1	10.4	9.2

图 1　2010—2014 年安徽省地区生产总值及增长速度

2. 财政收支

全年财政收入 3663 亿元，比上年增长 8.9%，其中地方财政收入 2218.4 亿元，增长 6.9%。全部

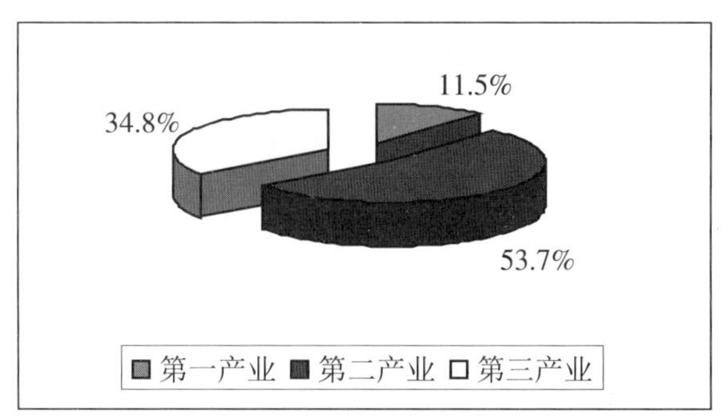

图 2　2014 年安徽省三次产业结构图

财政收入中，增值税增长 7.6%，营业税增长 7.5%，企业所得税增长 15%。财政支出 4663.6 亿元，增长 7.2%，其中民生支出 3833 亿元，增长 7.9%。从重点支出项目看，社会保障与就业支出增长 7.8%，医疗卫生支出增长 3.5%，城乡社区事务支出增长 19%，科学技术支出增长 17.6%，教育支出增长 0.6%。全年 33 项民生工程累计投入 686.3 亿元，惠及 6000 多万城乡居民。

3. 物价水平

全年居民消费价格比上年上涨 1.6%，其中食品价格上涨 2.5%，商品零售价格上涨 0.4%。工业生产者出厂价格下降 2.6%，工业生产者购进价格下降 2.8%。固定资产投资价格上涨 0.3%，农业生产资料价格下降 0.4%。

4. 固定资产投资

全年固定资产投资 21256.3 亿元，比上年增长 16.5%。其中，工业及信息化产业技术改造投资 5031 亿元，增长 16.5%；民间投资 14681 亿元，增长 20.9%。分区域看，皖江示范区投资 14700.2 亿元，增长 17%；皖北六市投资 5242.1 亿元，增长 15.9%。分产业看，第一产业投资增长 39.2%，第二产业增长 13.9%，第三产业增长 17.7%。分行业看，工业投资增长 13.2%，其中制造业增长 14.6%，制造业中装备制造业增长 17%。六大高耗能行业投资增长 6.5%。

全年共安排"861"行动计划项目 4180 个，当年完成投资 9798.2 亿元。开工建设中国(合肥)国际智能语音产业园、合肥三利普 TFT 偏光片、芜湖科沃斯年产 500 万台智能机器人等 1863 个项目；建成投产合肥鑫晟触摸屏生产线、蚌埠方兴科技电容式触摸屏、芜湖三山格力空调、铜陵有色高导铜材、马鞍山山鹰高档纸生产线等 922 个项目。

全年建成或基本建成 2 对矿井，新增煤炭产能 740 万吨、电力装机容量 393 万千瓦。

（二）农业

全年粮食作物种植面积 6628.9 千公顷，比上年扩大 3.6 千公顷，其中优质专用小麦面积 2142 千公顷，扩大 35.2 千公顷。油料种植面积 788.4 千公顷，减少 13.6 千公顷。棉花种植面积 265.2 千公顷，减少 19.9 千公顷。蔬菜种植面积 862.1 千公顷，扩大 26.1 千公顷。

全年粮食产量 3415.8 万吨，比上年增产 136.2 万吨，增长 4.2%。其中，夏粮 1400 万吨，增产 61.5 万吨，增长 4.6%；秋粮 1887.5 万吨，增产 77.2 万吨，增长 4.3%。油料产量 228.8 万吨，增长 1.5%。棉花产量 26.3 万吨，增长 4.8%。

年末全省生猪存栏 1585.3 万头，比上年下降 1.7%；全年生猪出栏 3089.2 万头，增长 4%。肉类总产量 414 万吨，增长 2.5%，其中猪牛羊肉产量 298.2 万吨，增长 4.1%。禽蛋产量 122.5 万吨，下降 1.6%。牛奶产量 27.9 万吨，增长 10%。水产品产量 223.7 万吨，增长 3.8%。

年末全省农业机械总动力 6365.8 万千瓦，比上年增长 3.7%。农用拖拉机 238.8 万台，减少 1.7%；农用运输车 66.5 万辆，减少 1.4%。全年化肥施用量（折纯）341.4 万吨，增长 0.9%。农村用电量 147.5 亿千瓦时，增长 6.6%。有效灌溉面积 4342.3 千公顷，新增 36.7 千公顷；新增节水灌溉面积 41.3 千公顷。

（三）工业和建筑业

1. 工业经济

年末全省规模以上工业企业 16372 户，比上年净增 1258 户。全年规模以上工业增加值比上年增长 11.2%，其中国有及国有控股企业增长 5.6%，股份制企业增长 10.9%，外商及港澳台商投资企业增长 15.8%。

规模以上工业中，40 个工业行业有 39 个增加值保持增长，其中计算机、通信和其他电子设备制造业增长 43.8%，石油加工业增长 31.2%，有色金属冶炼和压延加工业增长 17%，黑色金属冶炼和压延加工业增长 14.7%，非金属矿物制品业增长 12.8%，医药制造业增长 10.9%，通用设备制造业增长 10.8%，化学原料和化学制品制造业增长 10.1%，农副食品加工业增长 8.7%，电气机械和器材制造业增长 7.1%，汽车制造业增长 7%，电力、热力生产和供应业增长 3.9%，煤炭开采和洗选业下降 2.6%。六大工业主导产业增加值增长 11%，装备制造业增长 12.3%，高新技术产业增长 13.6%；战略性新兴产业产值增长 22.5%。

规模以上工业统计的主要产品产量中，原煤下降 7.7%，发电量增长 1.5%，粗钢、钢材分别增长 3.9%和 3.6%，水泥增长 1.6%，彩色电视机增长 7.4%，家用洗衣机、家用电冰箱、房间空调器分别下降 12.5%、7.1%和 0.2%，汽车下降 7.1%。

全年规模以上工业企业实现利润 1775.2 亿元，增长 0.1%，其中国有企业增长 4%，股份制企业下降 0.8%，外商及港澳台企业增长 6.1%，中小企业增长 5.8%，民营企业增长 4.6%。电气机械和器材制造业、非金属矿物制品业、电力热力生产和供应业、农副食品加工业、通用设备制造业、化学原料和化学制品制造业、计算机通信和其他电子设备制造业、汽车制造业、橡胶和塑料制品业、黑色金属冶炼和压延加工业、专用设备制造业、金属制品业以及酒、饮料和精制茶制造业等 13 个利润超 50 亿元的行业，合计实现利润 1463 亿元，增长 6.4%，占全部规模以上工业的 82.4%。

2. 建筑业

全年资质建筑企业实现利税总额 390.8 亿元，增长 14.7%。房屋建筑施工面积 39488.4 万平方米，比上年增加 3214.4 万平方米；房屋竣工面积 15339.4 万平方米，增加 488.3 万平方米。

（四）服务业

1. 国内贸易

全年社会消费品零售总额 7320.8 亿元，比上年增长 13%，扣除价格因素，实际增长 12.5%。按经营地统计，城镇消费品零售额 6002.9 亿元，增长 12.9%；乡村消费品零售额 1317.9 亿元，增长 13.1%。按消费形态统计，商品零售额 6551 亿元，增长 12.9%；餐饮收入 769.8 亿元，增长 13.2%。全省纳入统计的 83 家开展网络零售业务的限额以上企业，实现网上零售额 70 亿元，增长 84.7%。

限额以上企业商品零售额中，吃、穿、用类商品零售额分别比上年增长 15.1%、10.3%和 10.6%，粮油类增长 10.4%，肉禽蛋类增长 15.5%，服装类增长 11%，化妆品类增长 13.9%，日用品类增长 8.4%，中西药品类增长 10.7%，家用电器和音像器材类增长 10.5%，家具类增长 25.1%，通讯器材类增长23.1%，石油及制品类增长6.5%，建筑及装潢材料类增长19.6%，汽车类增长11%。

2. 交通运输、邮电

全年旅客运输量14亿人，货物运输量43.4亿吨，比上年分别增长10.1%和9.6%；旅客运输周转量1416.7亿人公里，货物运输周转量13486.1亿吨公里，分别增长10.1%和9.4%。全年港口货物吞吐量4.4亿吨，增长10.8%，其中外贸货物吞吐量419.6万吨，增长26.6%。全省民航机场旅客吞吐量723.5万人次，增长7.8%，其中合肥新桥机场旅客吞吐量597.5万人次，增长6.2%。

年末全省民用汽车拥有量437.3万辆，比上年增长16.3%，其中私人汽车348.2万辆，增长20.3%。民用轿车拥有量226.1万辆，增长21.2%，其中私人轿车205.1万辆，增长24.8%。

全年新增高速公路231公里，一级公路343公里、铁路营业里程35.2公里。到2014年末，全省高速公路达3752公里、一级公路达2623公里、铁路营业里程达3478.2公里。

全年邮电业务总量630.1亿元，比上年增长18%。其中，电信业务总量549.3亿元，增长15.2%；邮政业务总量80.8亿元，增长40.5%。年末本地固定电话交换机总容量723.1万门，比上年减少121.3万门。本地固定电话用户839.8万户，比上年减少136.9万户；移动电话用户4215.9万户，增加257.1万户。每百人拥有电话(含移动)83.8部，增加1.4部。年末基础电信运营企业计算机互联网宽带接入用户725.4万户，增加82.8万户。

3. 旅游业

全年入境旅游人数405.1万人次，比上年增长13%；其中外国人232.9万人次，增长16.1%；港澳台172.2万人次，增长9%。国内游客3.8亿人次，增长12.8%。旅游总收入3430.1亿元，增长13.9%。其中，旅游外汇收入19.6亿美元，增长13.2%；国内旅游收入3309.7亿元，增长14%。年末全省有A级及以上旅游景点(区)499处。

4. 金融、证券和保险

全年社会融资规模4262.2亿元，比上年减少706.8亿元。年末全省金融机构人民币各项存款余额29817.7亿元，比上年增加3078.4亿元，增长11.5%。其中，单位存款余额13643.2亿元，增长10.3%；居民储蓄存款余额14599.4亿元，增长13%。金融机构人民币各项贷款余额22088.3亿元，比上年增加2999.5亿元，增长15.7%。其中，短期贷款余额7698.1亿元，增长4.8%；中长期贷款余额13164.3亿元，增长20.2%，中长期贷款中个人贷款余额5246.8亿元，增长24.9%。

全年上市公司通过境内市场累计筹资190.1亿元，其中A股再筹资(包括配股、公开增发、非公开增发、认股权证)173.9亿元；上市公司通过发行可转债、可分离债、公司债筹资5亿元。到2014年末，全省有上市公司80家，上市公司市价总值7041.6亿元，比上年增长48.8%。

全年发行中小企业私募债10.5亿元。企业发行短期融资券479亿元。

全年我省境内证券经营机构证券交易量26532.9亿元，期货经营机构代理交易量150375.6亿元。

全年保险业保费收入572.3亿元，比上年增长18.5%。其中，财产险业务保费收入241.4亿元，增长18.5%；人身险业务保费收入330.8亿元，增长18.5%。赔款和给付234.4亿元，增长5.1%。其中，财产险业务赔款支出127.4亿元，增长10.5%；人身险业务赔款和给付支出107亿元，下降0.7%。

5. 房地产业

全年房地产开发投资4339亿元，比上年增长10%。商品房销售面积6202.2万平方米，下降1%；商品房销售额3345.2亿元，增长5.1%。全年开工建设城镇保障性安居工程住房46.64万套，基本建成 27.49 万套。

（五）对外经济

1. 对外贸易

全年进出口总额 492.7 亿美元，比上年增长 8.2%。其中，出口 314.9 亿美元，增长 11.5%；进口 177.8 亿美元，增长 3%。从出口经营主体看，生产型企业出口增长 11.7%，贸易型企业出口增长 9.4%。从出口商品看，机电产品、高新技术产品出口分别增长 25%和 1.2 倍。

2014 年全省出口主要分类及地区分布　　单位：亿美元

指　标	绝对数	比上年增长%
出口额	314.9	11.5
其中：机电产品	160.3	25.0
其中：高新技术产品	60.9	116.4
其中：一般贸易	219.6	−0.9
加工贸易	87.6	64.1
其中：对亚洲	142.7	20.3
对欧洲	62.5	9.6
对北美洲	56.2	19.4
对非洲	21.7	−13.3
对拉丁美洲	25.7	−11.8
对大洋洲	6.0	9.7

2. 外资状况

全省亿元以上在建省外投资项目 5564 个，当年实际到位资金 7942.4 亿元，比上年增长 16.9%。全年新批外商投资项目 256 个，增长 4.1%；合同利用外资 31.1 亿美元，增长 15.7%；实际利用外商直接投资 123.4 亿美元，增长 15.5%。到 2014 年底，来皖投资的境外世界 500 强企业增加到 71 家，其中当年新引进 5 家。

3. 对外合作

全年对外承包工程新签合同金额 26.7 亿美元，比上年下降 3%；完成营业额 32.3 亿美元，增长 10.7%；当年外派劳务人员 14139 人，增长 11.8%。全年新批境外企业（机构）100 个，实际对外投资 4.7 亿美元，下降 32%。

二、安徽省 2014 年社会发展概况

（一）人口、人民生活

年末全省常住人口 6082.9 万人，比上年增加 53.1 万人。城镇化率 49.2%，比上年提高 1.3 个百分点。全年人口出生率 12.86‰，比上年下降 0.02 个千分点；死亡率 5.89‰，下降 0.17 个千分点；自然增长率 6.97‰，上升 0.15 个千分点。

全年城镇常住居民人均可支配收入 24839 元，比上年增长 9%，扣除价格因素，实际增长 7.2%。人均消费性支出 16107 元，增长 10.4%。其中，食品支出增长 9.5%，衣着增长 6%，居住增长 6%，家庭设备用品及服务增长 26.9%，医疗保健增长 23.7%，交通通信增长 8.8%，教育文化娱乐服务增长 11.8%。城镇常住居民恩格尔系数为 33.3%，比上年下降 0.2 个百分点。年末城镇常住居民人均住房建筑面积 35.1 平方米，比上年增加 1.3 平方米。

全年农村常住居民人均可支配收入 9916 元，比上年增长 12%，扣除价格因素，实际增长 10.3%。人均生活消费支出 7981 元，增长 10.8%。其中，食品支出增长 7.6%，衣着增长 9.5%，居住增长 9.6%，家庭设备用品及服务增长 2.9%，医疗保健增长 24.6%，交通通讯增长 14%，教育文化娱乐用品及服务增长 14.8%。农村常住居民恩格尔系数为 35.6%，比上年下降 1.1 个百分点。年末农村常住居民人均住房建筑面积 44.7 平方米，比上年增加 2.9 平方米。

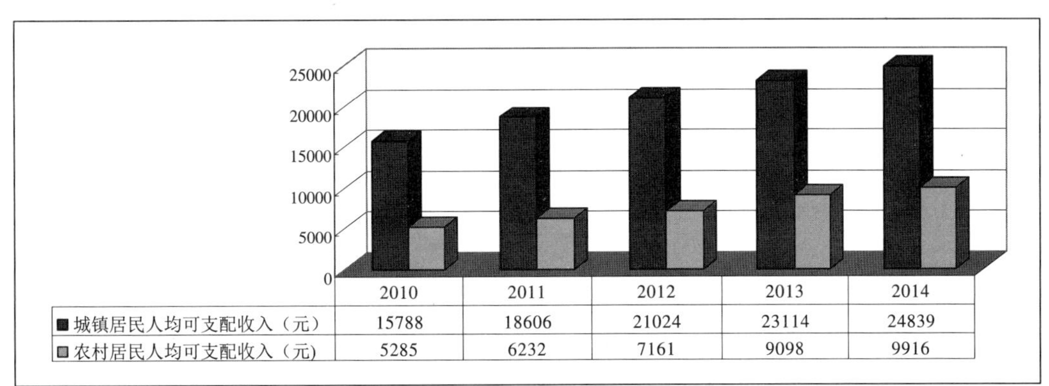

	2010	2011	2012	2013	2014
■城镇居民人均可支配收入（元）	15788	18606	21024	23114	24839
■农村居民人均可支配收入（元）	5285	6232	7161	9098	9916

图 3　2010—2014 年安徽省城乡居民收入对比一览

（二）就业和社会保障

1. 就业

年末全省从业人员 4311 万人，比上年增加 35.1 万人。其中，第一产业 1415.3 万人，减少 54.4 万人；第二产业 1211.1 万人，增加 41.9 万人；第三产业 1684.6 万人，增加 47.6 万人；城乡私营企业从业人员和个体劳动者 816.4 万人，增加 111.3 万人。全年城镇实名制新增就业 67.1 万人，下岗失业人员再就业 25.6 万人。年末城镇登记失业率 3.2%，比上年下降 0.2 个百分点。全省农民工总量 1850.2 万人，其中外出农民工 1320.3 万人。

2. 社会保障及福利

年末全省参加城镇基本养老、医疗保险人数分别为 829.1 万人和 1756 万人。参加失业保险人数为 422 万人，全年为 12.2 万名失业人员发放了不同期限的失业保险金。全省参加工伤、生育保险人数分别为 508.5 万人和 482.7 万人。城乡居民养老保险参保人数 3337.2 万人。参加新型农村合作医疗的农业人口 5190.4 万人，参合率为 101%。

年末 72.4 万人享受城市居民最低生活保障，208.9 万人享受农村居民最低生活保障，农村五保供养 43.1 万人。全年医疗救助 366.7 万人次，抚恤补助各类优抚对象 47.7 万人。

年末全省有各类提供住宿的社会服务机构 997 个，床位 11.9 万张，收养各类人员 7.2 万人。不提供住宿的社会服务机构 8252 个，其中社区服务中心 1360 个，社区服务站 2850 个，社区日间照料床位 19713 张。全年销售社会福利彩票 69.3 亿元，筹集社会福利资金 19.4 亿元。

（三）教育和科学技术

1. 教育事业

年末全省有研究生培养单位21个，在学研究生46590人。普通高校107所，普通本专科在校生108.1万人。各类中等职业教育(不含技工学校)431所，在校生91.5万人。普通高中694所，在校生120.1万人，高中阶段毛入学率91.9%，比上年上升1.9个百分点。初中2905所，在校生192.4万人，初中阶段适龄人口入学率99.8%。小学10547所，在校生415.1万人，小学学龄儿童入学率99.98%。各级各类成人学校毕业生98.4万人。

2. 科技与创新

年末全省有各类专业技术人员215万人，比上年增长10.8%。科研机构3484个，其中大中型工业企业办机构967个。从事研发活动人员18.1万人。全年用于研究与试验发展(R&D)经费支出408.7亿元，增长16.1%；相当于全省生产总值的1.96%，比上年提高0.13个百分点。全省有国家大科学工程5个；有国家实验室2个，国家重点(工程)实验室19个，省级(含重点)实验室111个，部属(含院属)实验室51个；有省级以上工程(技术)研究中心554家，其中国家级24家。有高新技术产业开发区16个，其中国家级4个。有高新技术企业2361家，其中当年新认定671家。

全年取得省部级以上科技成果740项。主要科技成果有航空遥感系统环境大气成分探测系统、紫金山金铜矿复杂岩土灾变控制及预测关键技术研究等。受理申请专利99160件，比上年增长6.2%；授权专利48380件，下降1%。共签订各类技术合同7093项，成交金额169.8亿元，比上年增长29.8%。

年末全省有县以上产品质量检验机构830个，其中系统内109个，国家质量监督检验中心23个；有产品质量、体系认证机构1个，累计完成强制性产品认证的企业2148个；法定计量技术机构81个，全年强制检定计量器具82.8万台(件)。累计制定、修订地方标准2387项。有国家地理标志产品52个、安徽名牌产品1377个。

全年省测绘档案资料馆为社会各界提供各种比例尺地形图24700幅，测绘基准成果5301点(次)，航空航天遥感数据71.3万平方千米，数据量14921GB；完成国家基本比例尺地形图生产与更新44756幅、地理国情动态监测4100平方千米、“天地图·安徽”地图网站数据更新[9]5.6GB。

（四）文化、卫生和体育

1. 文化事业

年末全省有文化馆120个，公共图书馆109个，博物馆162个(含民营博物馆)，乡镇街道综合文化站1437个。全国重点文物保护单位130处、合并国保项目2处，省级重点文物保护单位708处。国家级非物质文化遗产名录72项，省级名录343项。广播电台14座，中波发射台和转播台23座，广播节目综合人口覆盖率98.6%。电视台14座，有线电视用户768.1万户，电视节目综合人口覆盖率98.7%。全年出版报纸98种，总印数11.7亿份；期刊(杂志)180种，总印数0.6亿册；图书10142种，总印数2.7亿册。有各级国家档案馆137个，馆藏档案资料2217.4万卷(件、册)，库馆总建筑面积26.5万平方米。

2. 卫生事业

年末全省有医疗卫生机构24838个，其中医院969个、基层医疗卫生机构22026个、专业公共卫生机构1757个，其他卫生机构86个。基层医疗卫生机构中，卫生院1394个，社区卫生服务中心(站)

1947个，村卫生室15297个；专业公共卫生机构中，疾病预防控制中心121个，专科疾病防治院（所、站）48个，妇幼保健院（所、站）121个，卫生监督所（中心）113个。全省卫生技术人员26.4万人，其中执业（助理）医师10.3万人，注册护士10.9万人。乡村医生和卫生员4.8万人。医疗卫生机构床位24.9万张，其中医院、卫生院床位22.7万张。全年医疗卫生机构共诊疗2.67亿人次。

3. 体育事业

全年在国际国内重大比赛中，安徽省运动健儿共获得30枚金牌、41枚银牌、34枚铜牌。其中，在第十七届仁川亚运会上，获得7枚金牌、3枚银牌、2枚铜牌，创造了安徽省境外亚运会的最好成绩。“全民健身、健康安徽”系列主题活动蓬勃开展，全年共举办百人以上的群众体育健身活动2318次，参加活动总人数270万人次。

（五）区域统筹发展

基础设施建设力度加大，合肥铁路枢纽及南客站、宁绩高速、徐明高速安徽段建成运营，完成新改建国省干线公路1260公里，杭黄铁路、庐铜铁路、济祁高速、淮水北调、淮干蚌浮段、淮南—上海特高压输变电等项目加快推进。

稳步推进新型城镇化。有序推进农业转移人口市民化，加快实施居住证制度，进城落户农民逐步纳入城镇住房和社会保障体系。实施县城规划建设管理提升专项行动，全面展开34个省级开发区产城一体试点，城镇功能和面貌进一步改善。积极探索新型城镇化建设体制机制，安徽省成为国家新型城镇化试点省。

（六）资源和环境保护

全省已发现的矿种为159种（含亚矿种）。查明资源储量的矿种123种（含亚矿种），其中能源矿种6种，金属矿种21种，非金属矿种94种，水气矿种2种。全年地质勘查部门新立项各类地质（科研）项目（省级）36项。新增查明资源储量的大中型矿产地12处，新增探明储量矿种1种。

年末全省有省、市、县级环境监测站87个。全省16个省辖市空气质量平均优良天数比例为88.1%，比上年上升1.5个百分点；有9个市空气质量达到二级标准。全省PM10年均浓度为95微克/立方米，比上年下降4%。已建成自然保护区39个，其中国家级7个、省级30个、市级2个。当年人工造林面积150.9千公顷。年末森林面积4488千公顷，活立木总蓄积量25200.9万立方米，森林蓄积量22619.6万立方米。

全年能源消费量1.24亿吨标准煤，比上年增长2.7%。电力消费量增长3.7%。单位GDP能耗下降5.97%。

淮河干流安徽段水质以Ⅲ类为主，总体水质优。长江干流安徽段以Ⅱ类水质为主，总体水质优；主要支流总体水质良好。巢湖湖区整体水质轻度污染，9条主要环湖支流整体水质中度污染。新安江干、支流水质优。全省城市集中式饮用水水源地水质达标率为96.5%。

（七）安全生产

全年亿元GDP生产安全事故死亡人数为0.145人，比上年下降11.5%；工矿商贸从业人员十万人生产安全事故死亡人数为0.984人，下降8%；道路交通万车事故死亡人数为2.162人，下降1.1%；煤矿百万吨死亡人数为0.385人，上升143.7%。全年发生道路交通事故16491起，发生火灾事故12274起。

三、安徽省在泛长三角地区经济发展中的地位

2014年，面对复杂多变的宏观环境，安徽全省人民在省委、省政府的坚强领导下，认真贯彻落实中央各项决策部署，坚持稳中求进、改革创新，统筹做好稳增长、促改革、调结构、惠民生、防风险各项工作，保持了经济持续健康较快发展的态势。

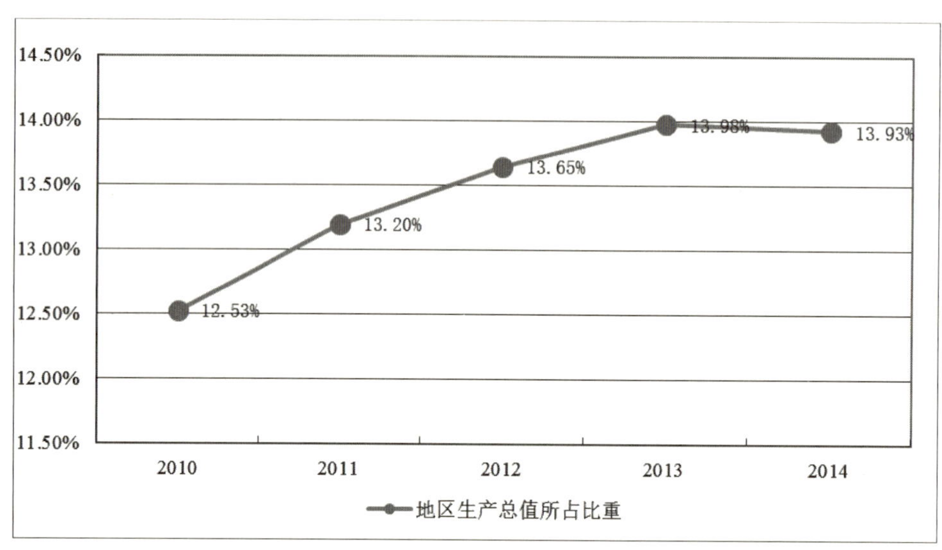

图4 2010—2014年安徽省地区生产总值在泛长三角所占比重变化趋势

按总量来讲，多年来安徽省地区生产总值在泛长三角(江苏、上海、浙江和安徽三省一市，下同)地区一直位居第四位。2010—2014年安徽省地区生产总值在长三角所占比重分别为12.53%、13.20%、13.65%、13.98%和13.93%。安徽省地区生产总值在泛长三角(江苏、上海、浙江和安徽三省一市)占比整体呈现上扬态势，与2010年比增加了1.40个百分点，较2013年小幅减少，减少了0.05个百分点。

2014年，在泛长三角地区41市(苏浙两省24个地级市、上海市和安徽省的16个市，下同)地区生产总值所占比重排名的前十位中，安徽省16个地级市占据1席。

2014年，全省生产总值20848.8亿元，按可比价格计算，比上年增长9.2%。其中，一产增长4.6%，二产增长10.3%，三产增长8.8%。与上年相比，GDP增幅低1.2个百分点，其中一产高1.1个百分点，二、三产业分别低2.1个和0.7个百分点。虽然发展速度减慢，但经济运行的质量稳步提升。GDP中服务业占比上升，由上年的34.2%提高到34.8%。

区域发展基本协调。皖江示范区8市生产总值、财政收入分别增长9.8%和10.3%，增幅比全省高0.6个和1.4个百分点，继续保持领先地位。皖北6市生产总值、财政收入分别增长7.6%和3.6%，若两者剔除淮南市下降的因素，则其他5市合计增长9.2%和11.5%，发展速度与全省基本同步。

2010—2014年安徽省地方财政一般预算收入在泛长三角(江苏、上海、浙江和安徽三省一市)所占比重分别为10.73%、11.09%、12.08%、12.54%和12.22%，整体处于上升态势，2014年较2010年增加了1.49个百分点。

2014年，安徽省地方财政一般预算收入在泛长三角(江苏、上海、浙江和安徽三省一市)地区的排名中，与上年保持一致，仍为第四位，未能有所改善；在泛长三角地区41市地方财政一般预算收入所

图5　2010—2014年安徽省地方财政一般预算收入在泛长三角所占比重变化趋势

占比重排名的前十位中，安徽省16个地级市占据1席。

2014年，安徽省财政收入平稳增长，收入增速进入新常态。除年初因税收延迟入库增速较高外，全省全年财政收入增长较为平稳，月度平均增速在10%上下，月均收入规模达到305亿元。随着经济结构调整和经济下行压力加大，财政收入增长放缓，累计增速由一季度的11.2%逐步回落至全年的8.9%，进入个位数增长阶段，一方面与全省经济发展新常态相适应，总体保持在合理区间，另一方面落实了结构性减税和普遍性降费政策，减轻了企业负担，为下一步转方式、调结构、促升级留下了空间。收入质量稳步提高，主体税种贡献攀升。财政总收入、地方财政收入中税收占比分别为84.8%、76.3%，分别高于上年1.7和3个百分点，地方财政收入中税收占比居中部第1位，收入结构不断优化。财政总收入中税收增长11.1%，高于上年0.3个百分点，其中，增值税、消费税、营业税、企业和个人所得税等主体税种拉动财政总收入增长7.1%，高于上年2个百分点；地方财政收入中税收增长11.3%，高于全国地方平均增速1.6个百分点，税收两位数的增速，基本了反映了我省经济质量和发展态势。

税收行业结构积极变化，金融、石化税收贡献提升。第三产业实现税收1586亿元，占全省税收的51.3%，较上年占比提高0.5个百分点，增长12.3%，高于全省税收增幅1.2个百分点，服务业税收占比提高，反映了我省产业结构调整趋势。金融业、房地产业对税收增长贡献最大，占全省税收增量的28%，拉动财政总收入增长2.5个百分点。石油加工是税收增长最快的行业，增长57.7%，拉动财政总收入增长0.8个百分点。财政支出结构优化，支出均衡性不断增强。全年拨付重大项目建设资金250亿元，拨付31亿元支持政策性融资担保体系建设，拨付27亿元支持产业园区基础设施建设，安排15亿元支持创新型省份建设和战略性新兴产业发展，较好地发挥了财政在宏观调控中的特殊重要作用。全省民生支出3833亿元，增长7.9%，占财政支出的82.2%，高于上年占比0.5个百分点；33项民生工程投入资金686亿元，增长10.6%，有力地保障民生持续改善。全省"三公"经费下降19.2%，行政成本进一步降低。全省月度财政支出离散程度系数为0.34，较上年下降18%，财政支出均衡性进一步提升。

2010—2014年安徽省规模以上工业总产值在泛长三角（江苏、上海、浙江和安徽三省一市）所占比重分别为9.74%、11.63%、12.17%、12.81%和13.36%，总体上呈现上升趋势，累计增幅达3.62个百分点。

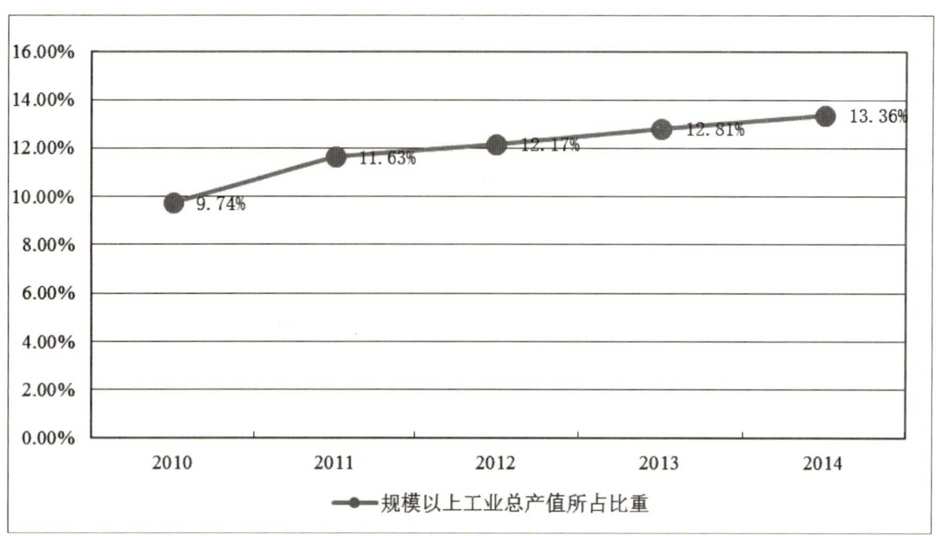

图6　2010—2014年安徽省规模以上工业总产值在泛长三角所占比重变化趋势

2014年,安徽省规模以上工业总产值在泛长三角(江苏、上海、浙江和安徽三省一市)的排名中,与上年保持一致,为第三位;在泛长三角地区41市规模以上工业总产值所占比重排名的前十位中,安徽省16个地级市数量为零,需继续努力。

2014年,全年规模以上工业增加值9530.9亿元,增长11.2%,增幅比全国高2.9个百分点,居全国第7、中部第2位;实现利润1775.2亿元,增长0.1%。

规模以上工业中,高新技术产业实现增加值3320.6亿元,增长13.6%,高于全部工业2.4个百分点,对全部工业增长的贡献率为40.9%,比上年提高3个百分点;装备制造业实现增加值3244.8亿元,增长12.3%,高于全部工业1.1个百分点。其中,电子信息增加值增长43.8%,对全部工业增长的贡献率达13.8%,比上年提高6.1个百分点,居40个工业大类行业之首。战略性新兴产业快速成长,总产值增长22.5%,增幅高于全部工业11.1个百分点,总产值占全部工业比重由上年的20.5%提高到22.6%。

规模以上工业中,中小型企业实现增加值6059.9亿元,增长13.8%,高于全部工业2.6个百分点;对全部工业增长的贡献率为75.7%,比上年提高4.9个百分点;增加值占全部工业的比重为63.6%,比上年提高1.7个百分点。规模以上工业中,15346户民营企业实现增加值6462亿元,增长13.9%,高于全部工业2.7个百分点%;对全部工业增长的贡献率为81.2%,比上年提高8.5个百分点;增加值占全部规模以上工业的67.8%,比上年提高3.3个百分点。

2010—2014年安徽省进出口总额在泛长三角(江苏、上海、浙江和安徽三省一市)所占比重分别为2.18%、2.38%、2.94%、3.32%和3.43%,总体上呈现增长态势,五年间增加了1.25个百分点,其中2014年较上年上升了了0.11个百分点。

2014年,安徽省进出口总额在泛长三角(江苏、上海、浙江和安徽三省一市)的排名中,与上年保持一致,仍为第四位,稳定不变;在进出口总额所占比重排名的前十位中,安徽省所占席位数量为零。

2014年,全年进出口总额492.7亿美元,比上年增长8.2%。其中,出口314.9亿美元,增长11.5%;进口177.8亿美元,增长3%。与全国相比,三项指标增幅分别高4.8个、5.4个和2.6个百分点。中部六省中,安徽省进出口总额和进口均低于河南居第2位,出口额低于江西和河南居第3位;三项指标增幅均居第5位,其中进出口和进口增幅仅高于山西,出口增幅仅高于河南。

全年有进出口实绩企业5608家,新增1295家,户均进出口规模由上年的835.1万美元增加至

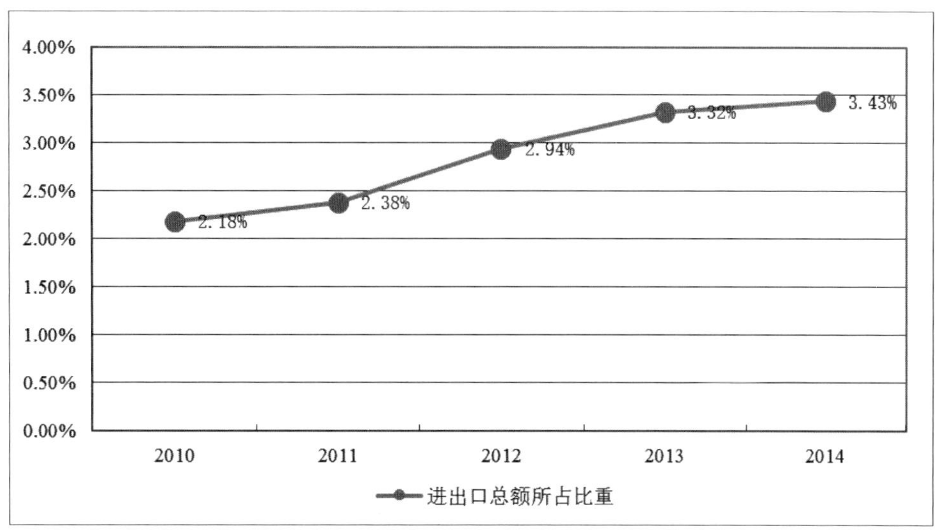

图 7 2010—2014 年安徽省进出口总额在泛长三角所占比重变化趋势

878.6 万美元，进出口额过亿美元企业 64 家，比上年净增 5 家。外资企业进出口 138.8 亿美元，增长 17.7%，高于全部进出口增幅 9.4 个百分点，其中出口 83.4 亿美元，增长 58.7%，高 47.2 个百分点。国有企业进出口 133.7 亿美元，增长 3.2%，其中出口 57.8 亿美元，增长 10.7%。民营企业进出口 220.2 亿美元，增长 6%，其中出口 173.7 亿美元，下降 2.3%。

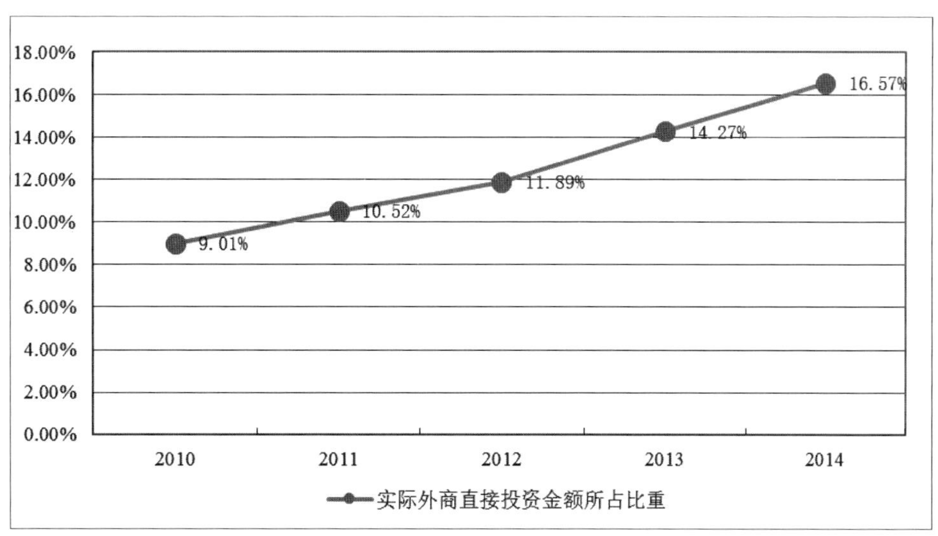

图 8 2010—2014 年安徽省实际外商直接投资金额在泛长三角所占比重变化趋势

2010—2014 年安徽省实际外商直接投资金额在泛长三角所占比重分别为 9.01%、10.52%、11.89%、14.27%和 16.57%，呈现连续上扬姿态，2014 年较 2010 年增加了 7.56 个百分点。

2014 年，安徽省实际外商直接投资金额在泛长三角的排名中，与上年保持一致，为第 4 位；在实际外商直接投资金额所占比重排名的前十位中，安徽省 16 个地级市占据 1 席。

2014 年，全年新批外商投资项目 256 项，比上年增长 4.1%；合同利用外资 31.1 亿美元，增长 15.7%；实际利用外商直接投资 123.4 亿美元，增长 15.5%，增幅高于全国 13.8 个百分点。在中部六省中，我省实际利用外商直接投资额（少于河南 25.9 亿美元）和增幅（低于湖南 2.4 个百分点）均居第

2位。

全年第三产业实际利用外商直接投资56.8亿美元，增长87.7%，高于全部外资额增幅72.2个百分点，总量占全部外资额46%，比上年提高17.7个百分点。其中，房地产业36.1亿美元，增长1.1倍；商务服务业3.8亿美元，增长1.5倍；金融业3.7亿美元，增长8倍；科学研究技术服务业1.5亿美元，增长1.3倍；公共设施管理业1亿美元，增长1.7倍。全年一产利用外资3.1亿美元，增长11.1%；二产63.6亿美元，下降14%，其中制造业55亿美元，下降17%。

全年新批合同外资额1000万美元以上项目66个，合同外资额18亿美元，分别增长8.2%和15.3%；实际到资过亿美元企业19家，增长26.7%。新引进境外世界500强5家(投资设立了9家企业)，累计已有71家境外世界500强在我省投资设立了113个企业。其中美国惠而浦公司并购合肥荣事达三洋公司，成立惠而浦(中国)股份有限公司，是我省交易额最大的外商投资并购项目，也是第一个由全球领军企业设立的中国研发总部项目。

二　合肥市2014年经济社会发展报告

2014年，面对复杂严峻的宏观环境，全市人民在市委、市政府坚强领导下，深入贯彻落实党的十八大和十八届三中、四中全会和习近平总书记系列重要讲话精神，坚持稳中求进，突出改革引领，强化创新驱动，顽强拼搏，扎实工作，保持经济社会持续健康较快发展，“大湖名城、创新高地”建设迈出坚实步伐。

一、合肥市2014年经济发展概况

（一）综合经济

1. 经济总量

全年生产总值(GDP)5180.56亿元，按可比价格计算，比上年增长10.0%。其中，第一产业增加值252.35亿元，增长4.8%；第二产业增加值2862.03亿元，增长11.4%；第三产业(服务业)增加值2066.3318亿元，增长8.5%。三次产业结构为4.9∶55.2∶39.9，其中工业增加值占GDP比重由上年43.9%提高到44.5%。按常住人口计算，人均GDP为67394元，比上年增加5839元，折合美元首次超过1万美元，达到10971美元。

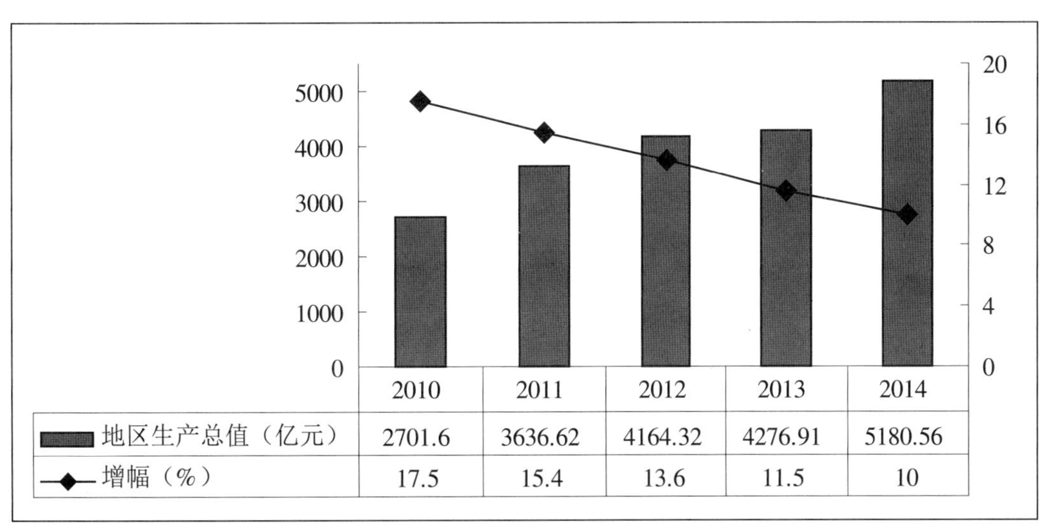

图1　2010—2014年合肥市地区生产总值及增长速度

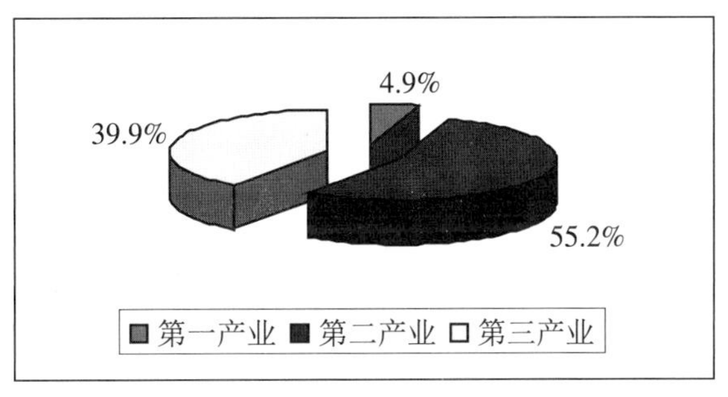

图2　2014年合肥市三次产业结构图

2. 财政收支

全年财政收入880.68亿元，比上年增长14.6%，其中地方财政收入500.34亿元，增长14.1%。财政支出698.79亿元，比上年增长10.8%。其中，城乡社区服务支出增长42.1%，文化体育与传媒支出增长44.4%，交通运输支出增长12.3%，科技支出增长11.7%，社会保障与就业支出增长7.5%。

3. 物价水平

全年居民消费价格比上年上涨2.0%，其中食品价格上涨2.2%。工业生产者出厂价格下降1.2%，工业生产者购进价格下降2.5%。

4. 固定资产投资

全年全社会固定资产投资5385.17亿元，比上年增长18.1%。其中，民间投资3343.94亿元，增长24.3%；城市基础设施投资896.12亿元，增长16.9%。分产业看，第一产业投资96.41亿元，增长38.9%；第二产业投资1953.27亿元，增长12.9%；第三产业投资3335.50亿元，增长20.9%。分行业看，工业投资1910.10亿元，增长12.6%；现代服务业投资1448.24亿元，增长20.4%。

全年固定资产投资施工项目5583个，比上年增加496个。其中，本年新开工项目4765个，比上年增加524个；竣工项目4511个，增加547个。施工项目计划总投资8314.41亿元，增长14.4%。

（二）农业建设

全年农作物总播种面积为75.14万公顷，比上年增长1.1%。其中，粮食作物49.24万公顷，增长1.5%；棉花3.26万公顷，与上年持平；蔬菜8.67万公顷，增长9.0%；瓜果2.45万公顷，增长2.4%；油料10.94万公顷，下降5.4%。

全年粮食总产量312.25万吨，比上年增长4.2%。其中，稻谷248.38万吨，增长3.9%；小麦47.53万吨，增长4.9%。棉花产量3.16万吨，下降2.7%。蔬菜产量200.37万吨，增长10.6%。瓜果产量61.70万吨，增长4.7%。油料产量31.84万吨，下降0.9%。

年末全市生猪存栏量143.54万头、出栏量291.45万头，比上年分别增长1.2%和1.9%。肉类总产量48.30万吨，增长1.6%，其中猪牛羊肉产量24.88万吨，增长2.2%。禽蛋产量19.62万吨，增长0.9%。牛奶产量11.16万吨，下降2.0%。

年末农业机械总动力415.01万千瓦，比上年增长4.5%。农用拖拉机21.59万台，增长0.5%；排灌动力机械14.00万台，与上年持平；农用运输车1.68万辆，下降0.4%。农作物播种面积中，机耕作业面积68.03万公顷，占90.5%；机械播种面积17.03万公顷，占22.7%，提高3.8个百分点；机械收割面积48.24万公顷，占64.2%，提高2.8个百分点。化肥施用量（折纯）31.67万吨，增长0.4%。农村用电量15.27亿千瓦时，下降0.2%。

全年农林牧渔业总产值450.32亿元，按可比价格计算，比上年增长4.8%。

（三）工业和建筑业

1. 工业经济

年末规模以上工业企业2306户，全年工业总产值8447.84亿元，产值超亿元企业1073户，比上年增加53户，其中超100亿元企业11户。规模以上工业增加值2126.59亿元，比上年增长12.3%。其中，轻、重工业分别增长3.0%和18.2%；国有控股企业增长5.3%，集体企业下降37.7%，股份制企业增长7.7%，外商及港澳台商投资企业增长24.8%。

规模以上工业37个行业中，有31个行业增加值实现增长。六大主导产业实现增加值1348.08

亿元，比上年增长 14.5%，占规模以上工业的 63.4%，比上年提高 1.6 个百分点；其中，平板显示及电子信息、光伏及新能源产业分别增长 79.7%和 69.9%。战略性新兴产业实现增加值 681.03 亿元，比上年增长 29.7%。规模以上工业出口交货值 909.26 亿元，比上年增长 75%。

规模以上工业统计的主要产品产量中，太阳能电池增长 1.75 倍，笔记本计算机增长 1.55 倍，液晶显示屏增长 73.5%，叉车增长 1.9%，发电量增长 2.5%，水泥增长 2.2%，汽车下降 9.2%，钢材下降 7.8%，房间空气调节器下降 4.2%，家用电冰箱下降 8.6%，家用洗衣机下降 14.2%，彩色电视机下降 28.9%。

全年规模以上工业企业主营业务收入 7906.36 亿元，比上年增长 11.4%；利润 461.35 亿元，增长 2.1%；亏损企业亏损额 16.13 亿元，下降 11.7%。

2. 建筑业

全年建筑业增加值 578.10 亿元，比上年增长 8.6%。纳入统计范围的具有建筑业资质等级的总承包和专业承包建筑施工企业 856 户，比上年增加 16 户。房屋建筑施工面积 19466.24 万平方米，比上年增长 9.1%。房屋竣工面积 6293.31 万平方米，增长 0.2%。年末建筑业从业人员 76.34 万人，比上年下降 7.8%。企业劳动生产率 38.5 万元/人，增长 34.2%。

（四）服务业

1. 国内贸易

全年社会消费品零售总额 1666.75 亿元，比上年增长 12.9%。按经营地统计，城镇消费品零售额 1461.11 亿元，增长 13.2%；乡村消费品零售额 205.64 亿元，增长 11.1%。按消费形态统计，商品零售额 1559.33 亿元，增长 13.0%；餐饮收入 107.42 亿元，增长 12.9%。

年末限额以上批发零售和住宿餐饮企业(单位)[4] 1372 户，全年实现零售额 1282.79 亿元，比上年增长 14.1%。分类别看，粮油类增长 1.0%，肉禽蛋类增长 8.8%，服装类增长 15.1%，化妆品类增长 15.9%，日用品类增长 5.2%，中西药品类增长 13.4%，家用电器及音像器材类增长 26.8%，建筑及装潢材料类增长 26.7%，家具类增长 5.7%，汽车类增长 16.8%，石油及制品类增长 2.0%。全市纳入统计的开展网络零售业务的限额以上企业 20 家，网上零售额增长 44.2%。

全年共举办各类展览活动 176 场，比上年增长 3.1%，展览面积 168 万平方米，与上年持平。

2. 交通运输、邮电

全年交通运输、仓储和邮政业增加值 200.27 亿元，比上年增长 7.9%。旅客运输量 2.01 亿人，比上年增长 10.1%。货物运输量 4.22 亿吨，比上年增长 11.1%。

年末民用汽车拥有量 97.57 万辆，比上年增长 18.9%，其中私人汽车 77.10 万辆，增长 24.4%。民用轿车拥有量 61.40 万辆，增长 23.5%，其中私人轿车 55.45 万辆，增长 26.6%。

全年邮电业务总量 123.94 亿元，比上年增长 24.2%。其中，电信业务总量 100.04 亿元，增长 18.4%；邮政业务总量 23.90 亿元，增长 56.6%。年末本地固定电话用户 171.05 万户，比上年减少 8.26 万户。其中，城市 119.39 万户，减少 0.97 万户；农村 51.67 万户，减少 7.29 万户。移动电话用户 781.89 万户，增加 69.67 万户。基础电信运营企业计算机互联网接入用户 111.42 万户，增加 8.43 万户。

3. 旅游业

全年入境旅游人数 40.09 万人次，比上年增长 3.0%；旅游外汇收入 2.82 亿美元，增长 12.8%。国内游客 6534.84 万人次，增长 9.8%；国内旅游收入 774.32 亿元，增长 52.1%。年末全市有星级饭店69家，其中五星级11家、四星级20家；A级及以上旅游景点（区）46家。

4. 金融、证券和保险

年末金融机构本外币各项存款余额9269.58亿元，比上年末增加940.21亿元，增长11.3%。其中，单位存款6057.53亿元，增长14.6%；储蓄存款余额2555.82亿元，增长7.8%。金融机构本外币各项贷款余额8666.79亿元，比上年末增加1220.75亿元，增长16.4%。其中，短期贷款余额1931.24亿元，下降6.3%；中长期贷款余额6190.55亿元，增长21.7%。

全年首发上市公司3家，融资11.22亿元，至年末共有33家境内上市公司。全年债券融资642.37亿元。年末证券营业部73个，比上年增加5个，全年证券交易量12364.54亿元，从业人员2488人。年末期货营业部19个，比上年减少1个，全年期货交易量87629.61亿元，从业人员630人。

全年保险公司保费收入126.06亿元，比上年增长15.2%。其中，财产险保费收入62.84亿元，增长20.2%；人身险保费收入63.22亿元，增长10.6%。支付各类赔款及给付49.37亿元，比上年增长6.6%。其中，财产险赔款与给付32.15亿元，增长11.9%；人身险赔款与给付17.22亿元，下降2.0%。

5. 房地产业

全年房地产开发投资1127.36亿元，比上年增长1.9%，其中住宅投资715.04亿元，增长6.0%。商品房施工面积6986.81万平方米，比上年下降0.4%；竣工面积1055.13万平方米，下降26.5%。商品房销售面积1594.79万平方米，下降2%；商品房销售额1141.36亿元，增长11.6%。全年开工建设城镇保障性安居工程住房48003套，竣工7379套。

（五）对外经济

1. 对外贸易

全年进出口总额200.87亿美元，比上年增长10.5%。其中，出口127.14亿美元，增长5.2%；进口75.73亿美元，增长20.4%。加工贸易出口额58.57亿美元，增长91.9%。机电产品出口额54.86亿美元，下降6.6%。高新技术产品出口额30.59亿美元，增长10.6%。

2. 利用外资

全年新批外商投资企业85户，比上年增长1.2%。实际利用外商直接投资21.82亿美元，增长15.4%。新增总投资（含增减资）27.18亿美元，同比增长45.6%。

3. 对外合作

对外经济合作新签合同额20亿美元，比上年增长67%；完成营业额23.4亿美元，增长4%。劳务合作年末在外人员1.25万人。年末境外世界500强企业在合肥投资设立37家外资企业，新增2家。

二、合肥市2014年社会发展概况

（一）人口、人民生活

年末全市常住人口769.6万人，比上年增加8.5万人。城镇化率69.1%，比上年末提高1.3个百分点。年末户籍人口712.81万人，比上年增加1.31万人，其中市区户籍人口245.37万人，增加11.54万人。全年人口出生率13.09‰，比上年增长1.21个千分点；死亡率6.10‰，下降1.43个千分点；自然增长率6.99‰，增长2.64个千分点。

全年居民人均可支配收入 24272 元，比上年增长 10.5%。按常住地分，城镇居民人均可支配收入 29348 元，比上年增长 9.4%；农村居民人均可支配收入 14407 元，比上年增长 12.2%。

居民人均消费性支出 15110 元，比上年增长 7.6%。按常住地分，城镇居民人均消费性支出 18214 元，增长 6.6%，其中食品烟酒支出增长 6.9%、衣着增长 1.8%、居住增长 1.7%、生活用品及服务增长 21.8%、医疗保健增长 7.8%、交通通信增长 12.0%、教育文化娱乐增长 13.0%；农村居民人均生活消费支出 9077 元，增长 8.6%，其中食品烟酒支出增长 6.9%、衣着增长 3.1%、居住增长 0.7%、生活用品及服务增长 9.8%、医疗保健增长 13.9%、交通通讯增长 37.0%、教育文化娱乐服务增长 15.2%。城镇居民恩格尔系数为 33.7%，比上年上升 0.1 个百分点；农村居民恩格尔系数为 37.0%，比上年下降 0.5 个百分点。年末城镇居民人均住房建筑面积 35.2 平方米，比上年增加 0.6 平方米；农村居民人均住房建筑面积 38.7 平方米，比上年增加 0.7 平方米。

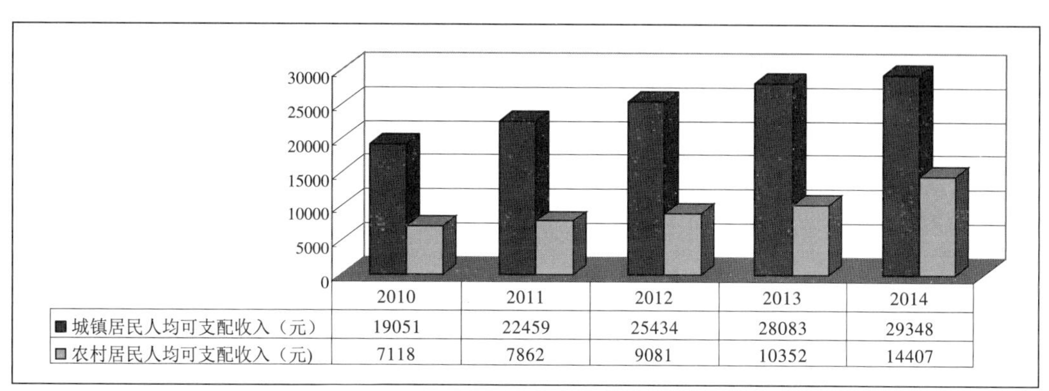

	2010	2011	2012	2013	2014
■城镇居民人均可支配收入（元）	19051	22459	25434	28083	29348
■农村居民人均可支配收入（元）	7118	7862	9081	10352	14407

图 3　2010—2014 年合肥市城乡居民收入对比一览

（二）就业与社会保障

1. 就业

年末全市从业人员 513.9 万人，比上年增加 9.5 万人。其中，第一产业 92.7 万人，减少 9.7 万人；第二产业 181.4 万人，增加 6.1 万人；第三产业 239.8 万人，增加 13.1 万人。城乡私营企业从业人员和个体劳动者 150.7 万人，增加 22.7 万人。全年城镇实名制新增就业 18.9 万人，下岗失业人员再就业 3.67 万人，转移农村劳动力 8.27 万人。年末城镇登记失业率为 2.96%，比上年下降 0.29 个百分点。

2. 社会保障和福利

市区最低月工资标准为 1260 元。年末参加城镇职工养老、医疗、失业、工伤、生育保险人数分别为 176.20 万人、153.72 万人、115.95 万人、124.51 万人和 109.76 万人。城镇居民基本医疗保险参保人数 207.23 万人，城乡居民养老保险参保人数　291.31 万人。

年末 20.35 万城乡居民享受政府最低生活保障，其中城市 4.12 万人，农村 16.23 万人；累计发放低保金 6.24 亿元，其中城市 2.26 亿元，农村 3.98 亿元。农村五保户集中供养率为 51.8%，城市“三无”人员全部纳入社会救助。全年实施城乡医疗救助 32.46 万人次，支出医疗救助金 1.27 亿元。

年末拥有各类收养性社会福利机构 199 个，床位 3.1 万张，收养各类人员 1.6 万人。城镇建立各种社区服务中心(站)927 个，其中乡镇、街道及县(市、区)级社区服务中心 161 个。全年销售社会福利彩票 17.36 亿元，筹集公益金 4.94 亿元，慈善组织募集各类善款 2943.79 万元。

（三）教育和科学技术

1. 教育事业

全市各类高等院校 60 所，在校学生 60.37 万人；其中普通高校 50 所，在校学生 57.86 万人。中等职业教育学校（不含技工学校）78 所，在校生 12.12 万人；特殊教育学校 6 所，在校生 1032 人。幼儿园 829 所，在园幼儿 21.45 万人。普通高中 114 所，在校生 15.31 万人，高中阶段毛入学率 120.43%。普通初中 248 所，在校生 21.39 万人，初中阶段适龄人口入学率 103.10%。小学 613 所，在校生 44.25 万人，小学学龄儿童入学率 100.39%。各类专任教师 9.18 万人，其中普通高校 2.52 万人、普通中学 2.92 万人、小学 2.44 万人。全市义务教育经费保障机制改革惠及学生 65.64 万人，其中城市 30.25 万人，农村 35.39 万人。

2. 科技与创新

全市有省部级以上重点实验室和工程实验室 136 个，其中国家重点实验室 7 个；省级以上工程技术研究中心 130 个，其中国家级（含分中心）7 个；省级以上企业技术中心 203 个，其中国家级 29 个。国家高新技术企业总数达 828 个，其中新认定 299 个。新增省级以上高新技术产品 248 个，其中国家级重点新产品 23 个。全市高新技术产业完成产值 4501.3 亿元；实现增加值 1136.3 亿元，比上年增长 14.8%，占全市生产总值的 22%。

全年有 9 项科技成果获国家科技奖，其中国家自然科学二等奖 1 项，科技进步一等奖 1 项、二等奖 4 项，技术发明二等奖 3 项。全年受理专利申请 25393 件，其中发明专利 12929 件，比上年增长 68.5%；授权专利 12722 件，其中发明专利 1891 件，增长 22.2%。共签订各类技术合同 5225 项，成交金额 90.5 亿元，比上年增长 30.4%。

（四）文化、卫生和体育

1. 文化事业

年末全市有文化馆 11 个，公共图书馆 9 个，博物馆 26 个（其中私人博物馆 7 个），各级国家综合档案馆 10 个，乡镇街道综合文化站 131 个。全国重点文物保护单位 6 处，省级重点文物保护单位 36 处，市级重点文物保护单位 46 处。国家级非物质文化遗产项目 6 项，省级非物质文化遗产项目 17 项，市级非物质文化遗产项目 89 项。图书馆总藏量 455.53 万册（件）（不含电子图书），其中图书 363.40 万册，比上年增长 7.9%。各级国家档案馆馆藏档案资料 323.01 万卷，增长 14.1%。电影院 49 家，全年票房收入近 3.3 亿元。各类动漫企业近 80 家，具有原创能力和代表作品的企业 20 家。年末广播综合人口覆盖率 98%，电视综合人口覆盖率达 100%。

2. 卫生事业

年末拥有医疗卫生机构（含村卫生室）2253 个，其中医院、卫生院 267 个，妇幼保健院（所、站）12 个，卫生防疫和防治机构 18 个，社区卫生服务机构 214 个。卫生机构床位数 4.17 万张，其中医院、卫生院床位 3.95 万张。专业卫生技术人员 4.51 万人，其中执业（助理）医师 1.69 万人，注册护士 2.08 万人。每千人拥有卫生技术人员 5.41 人，拥有医院、卫生院床位 5.13 张。婴儿死亡率 4.79‰，产妇住院分娩率 100%。城市社区卫生机构覆盖率达 95%以上，城乡居民新农合参合率达 103.51%。

3. 体育事业

全年成功组织 10 项大型赛事和 44 项市级体育赛事。在各种省级以上体育赛事中，合肥市运动健儿共获得 169 枚金牌、80 枚银牌和 62 枚铜牌。成功举办首届环巢湖国际马拉松赛，吸引来自 21 个

国家和地区的万余名选手参赛。全市完成 356 个农民体育健身工程、100 个全民健身苑工程和 10 个笼式多功能健身场建设。全年共举办全民健身活动 392 次，参加活动总人数 360 万人次。全年销售体育彩票 8.46 亿元，比上年增长 1.0%。

（五）城乡建设

以"工业发展主战场、城乡统筹新典范"为统揽，推进城乡一体融合发展。加大对五县（市）政策、资金等支持力度，县域经济总量达 1700 亿元、占全市 33.6%，县域规模以上工业增加值 786.7 亿元、占全市 37%。肥西在全国百强县位次升至第 86 位，肥东再度跻身全国科学发展百强县，巢湖、长丰获评全省美好乡村建设先进县，庐江入围全省农村金融改革试点县。粮食生产实现"十一连丰"，肉蛋奶水产品总产量达到 102.8 万吨，新建"粮安工程"仓容 40.5 万吨。市级以上特色农业园区超过 400 个，省级现代农业示范区在全省率先实现县域全覆盖。新增专业大户 500 多个、家庭农场 750 多个、农民合作社 500 多个，农业产业化联合体经营模式引领全省。董铺和大房郢水库水源地、新桥国际机场周边、庐江汤池三大土地整治项目完成农田整治 21 万亩、村庄整治 2 万亩。耕地连续 16 年实现占补平衡。积极推进与国开行合作新型城镇化一期试点项目建设，县城、新市镇、环湖十二镇等规划建设取得新进展，首批 49 个美好乡村重点示范村通过省级验收，第二批 82 个重点示范村和 656 个自然村整治深入推进，以"三线三边"为重点的全市域环境综合整治取得实效。

（六）环境保护和生态建设

2014 年末，全市共有市县（区）级环境监测站 6 个。区域噪声等效声级 54.4 分贝，道路交通噪声等效 67.5 声级分贝，保持稳定。PM10、PM2.5 年均浓度分别为 113 微克/立方米和 83 微克/立方米，比上年下降 1.7%和 5.7%，均超过空气环境质量日均值二级标准要求。二氧化硫、二氧化氮、一氧化碳、臭氧年均浓度分别为 22 微克/立方米、31 微克/立方米、0.859 毫克/立方米和 53 微克/立方米，均达到空气环境质量日均值一级标准要求。巢湖流域 11 个国考断面中有 7 个断面达到考核要求，比上年增加 1 个。巢湖西半湖湖心断面整体水质保持平稳，东半湖湖心断面达标率为 75%，水质明显好转。饮用水源地水质达标率 100%。辐射环境质量良好。

年末城市公园 51 个，占地面积 2361 公顷，人均公园绿地面积 13 平方米。建成区新增绿地面积 2136 公顷，绿地率 40.3%。建成区绿化覆盖面积 18170 公顷，绿化覆盖率 45.2%。生活污水集中处理率 89.4%，生活垃圾无害化处理率 100%。

（七）安全生产

全年亿元 GDP 生产安全事故死亡人数为 0.083 人，比上年下降 10.7%；工矿商贸企业从业人员十万人生产安全事故死亡人数为 0.902 人，比上年下降 9.3%；道路交通万车死亡人数为 2.615 人，比上年下降 11.0%。全年发生一般程序道路交通事故 2347 起，造成 374 人死亡，2592 人受伤。

三、合肥市在泛长三角地区经济发展中的地位

合肥 2014 年的成绩单中，一串串耀眼数字，透露出成就来之不易。在合肥人的不断努力下，经济总量与新标杆城市的差距进一步缩小。26 个省会城市中，合肥 GDP 总量超过石家庄，位居 14；增速继续保持省会城市前列，居第 8。

2010—2014 年合肥市地区生产总值在泛长三角地区 41 市所占比重分别为 3.00%、3.13%、3.25%、3.34%和 3.41%。合肥市地区生产总值在泛长三角 41 市占比整体呈现上扬态势，与 2010 年

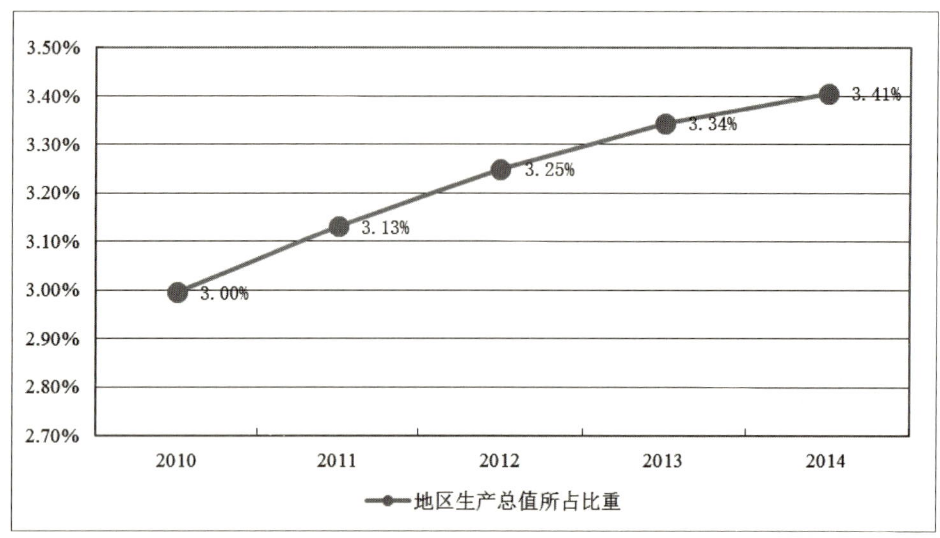

图 4　2010—2014 年合肥市地区生产总值在泛长三角地区所占比重变化趋势

比增加了 0.41 个百分点，较 2013 年增加了 0.07 个百分点。2014 年，合肥市在泛长三角地区 41 市地区生产总值所占比重排名第 8 位。

2014 年，合肥经济迈入新的发展阶段，总量突破 5000 亿大关。2014 年全市生产总值(GDP)5158 亿元，同比增长 10%，增幅高于全国和全省。其中，第一产业增加值 257.6 亿元，增长 4.8%；第二产业增加值 2872 亿元，增长 11.4%；第三产业(服务业)增加值 2028.3 亿元，增长 8.5%。人均 GDP 越过 1 万美元。按常住人口计算，全年人均 GDP 达到 67394 元，是全省平均水平的 1.96 倍；折合美元首次超过 1 万美元，达到 10971 美元；按可比价计算，比上年增长 9.1%。高新技术产业产值 4501.3 亿元，增长 15%，增加值 1136.3 亿元，增长 14.8%。技术合同交易额 90.5 亿元，增长 30.4%。全年新认定国家高新技术企业 373 户，总数达到 828 户，总量居全国省会城市第 8。

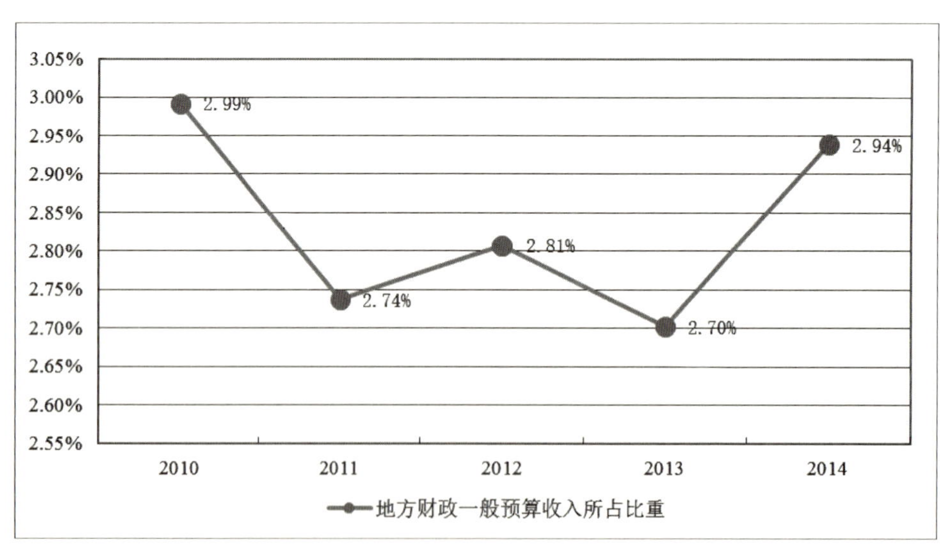

图 5　2010—2014 年合肥市地方财政一般预算收入在泛长三角地区所占比重变化趋势

2010—2014 年合肥市地方财政一般预算收入在泛长三角 41 市所占比重分别为 2.99%、2.74%、2.81%、2.70%和 2.94%，2014 年较 2010 年减少了 0.05 个百分点，较上年增加了 0.24 个百分点。

2014 年,合肥市地方财政一般预算收入在泛长三角 41 市地区的排第 8 位。

2014 年,全市完成财政收入 880.68 亿元,增长 14.6%。地方财政收入 500.34 亿元,列省会第 12 位,同比前移一位;同比增长 14.1%,增速位列省会城市第 10。

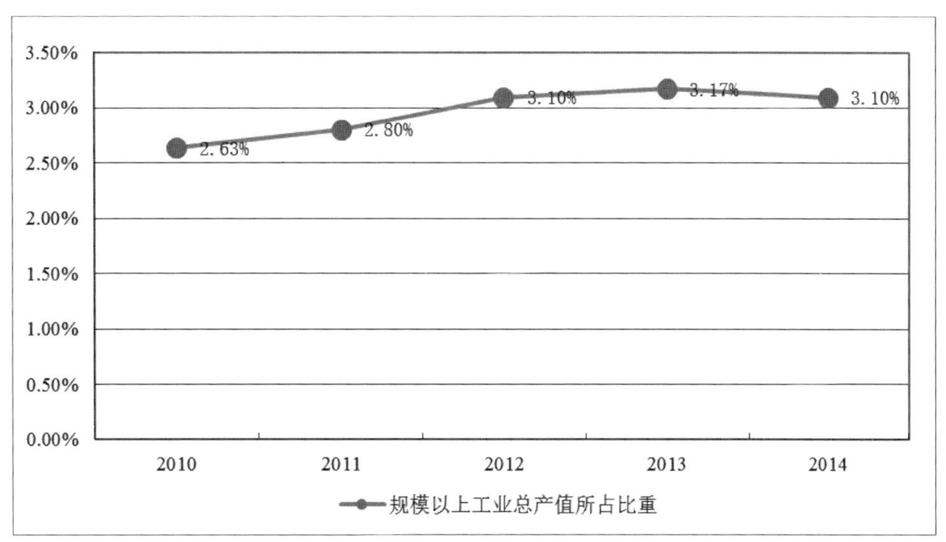

图 6　2010—2014 年合肥市规模以上工业总产值在泛长三角地区所占比重变化趋势

2010—2014 年合肥市规模以上工业总产值在泛长三角 41 市所占比重分别为 2.63%、2.80%、3.10%、3.17%和 3.10%,2014 年较 2010 年增加了 0.47 个百分点,较上年减少了 0.07 个百分点。2014 年,合肥市规模以上工业总产值在泛长三角 41 市地方财政一般预算收入所占比重排第 13 位。

2014 年,规模以上工业企业 2306 户,全年工业总产值 8447.84 亿元,产值超亿元企业 1073 户,比上年增加 53 户,其中超 100 亿元企业 11 户。规模以上工业增加值 2126.59 亿元,比上年增长 12.3%。其中,轻、重工业分别增长 3.0%和 18.2%;国有控股企业增长 5.3%,集体企业下降 37.7%,股份制企业增长 7.7%,外商及港澳台商投资企业增长 24.8%。工业总量首进十强,全市规模以上工业增加值总量超越石家庄,首次进入省会城市前十强;增速位居省会城市第 2,同比前移 4 位。

全市战略性新兴产业增加值增长 29.7%,增长贡献率为 66.3%。六大主导产业增加值增长 14.5%,占全市工业比重为 63.4%;其中平板显示及电子信息产业产值接近千亿,已成为继家电和装备制造产业之后的第三大产业。县区发展重点突出。四城区服务业增加值 1337.6 亿元,增长 9.7%,对全市服务业增长贡献达到 73.3%;五县市规模以上工业增加值 786.74 亿元,增长 13.8%,占全市比重 37%;四大开发区 GDP 总量 1418.5 亿元,同比增长 12.1%,占全市比重 27.5%。

2010—2014 年合肥市进出口总额在泛长三角 41 市所占比重分别为 0.92%、0.94%、1.32%、1.32%和 1.45%,总体上呈现增长态势,五年间增加了 0.51 个百分点,其中 2014 年较上年上升了了 0.13 个百分点。2014 年,合肥市进出口总额在泛长三角 41 市的排 14 位。

2014 年,全年进出口总额 200.87 亿美元,比上年增长 10.5%。其中,出口 127.14 亿美元,增长 5.2%;进口 75.73 亿美元,增长 20.4%。加工贸易出口额 58.57 亿美元,增长 91.9%。机电产品出口额 54.86 亿美元,下降 6.6%。高新技术产品出口额 30.59 亿美元,增长 10.6%。

全市完成进出口总额位列省会城市第 10;同比增长 12.7%。其中,出口总额 784.7 亿元,位列第 8;同比增长 6%。

2010—2014 年合肥市实际外商直接投资金额在泛长三角 41 市所占比重分别为 2.24%、2.31%、2.20%、2.52%和 3.02%,整体呈现上扬姿态,2014 年较 2010 年增加了 0.78 个百分点,较上年增加

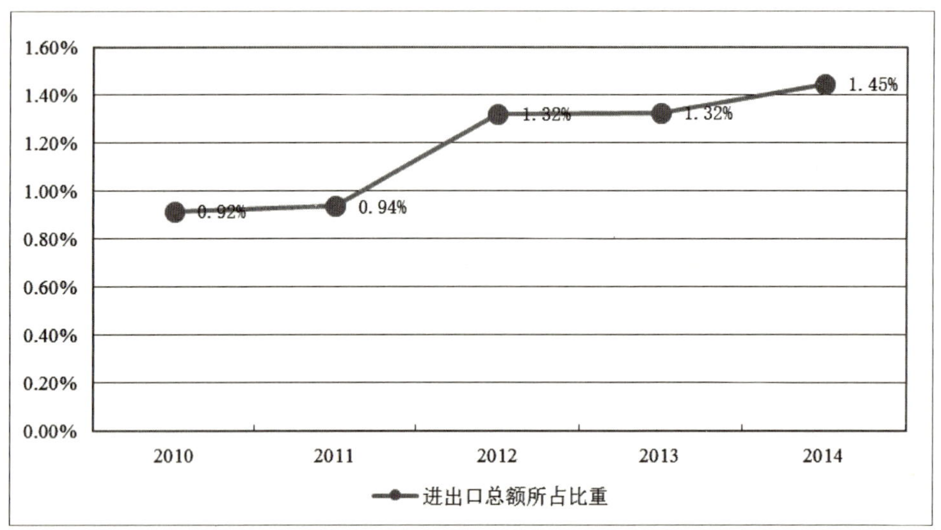

图 7 2010—2014 年合肥市进出口总额在泛长三角地区所占比重变化趋势

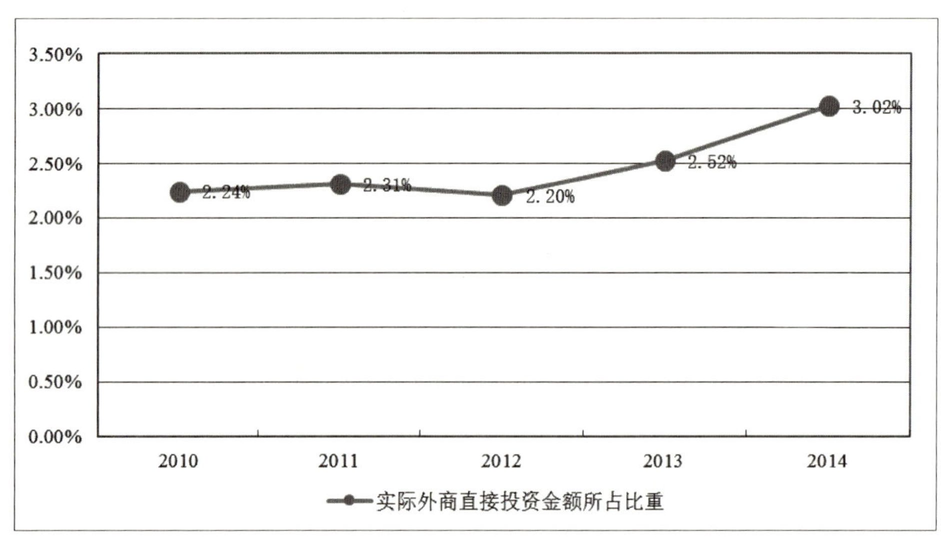

图 8 2010—2014 年合肥市实际外商直接投资金额在泛长三角地区所占比重变化趋势

了 0.5 个百分点。2014 年，合肥市实际外商直接投资金额在泛长三角 41 市排第 10 位。

2014 年，全年新批外商投资企业 85 户，比上年增长 1.2%。实际利用外商直接投资 21.82 亿美元，增长 15.4%。新增总投资(含增减资)27.18 亿美元，同比增长 45.6%。对外经济合作新签合同额 20 亿美元，比上年增长 67%；完成营业额 23.4 亿美元，增长 4%。劳务合作年末在外人员 1.25 万人。年末境外世界 500 强企业在合肥投资设立 37 家外资企业，新增 2 家。2014 年，全省制造业引资呈现下降态势，吸收外商直接投资 55 亿美元，同比下降 17%，占全省利用外商直接投资总额的 44.57%，占比较上年下降 17.4 个百分点。但其中也不乏亮点：家电及电子信息业利用外资增长 20%，战略性新兴产业利用外资占比稳中有升。

三 芜湖市2014年经济社会发展报告

2014年，面对复杂严峻的宏观经济环境，全市人民在市委、市政府的坚强领导下，着力调整经济结构，全面推进跨江发展，不断优化发展环境，全市经济和社会保持了平稳健康发展的良好态势。

一、芜湖市2014年经济发展概况

（一）综合经济

1. 经济总量

全年实现地区生产总值2309.55亿元，比上年增长10.7%。其中，第一产业增加值118.04亿元，增长4.8%；第二产业增加值1476.01亿元，增长11.1%；第三产业增加值715.5亿元，增长10.8%。按常住人口计算，人均生产总值63996元，比上年增长9.3%，按年末汇率折算为10459美元。三次产业增加值比例由上年的6.1∶66.1∶27.8调整为5.1∶63.9∶31。

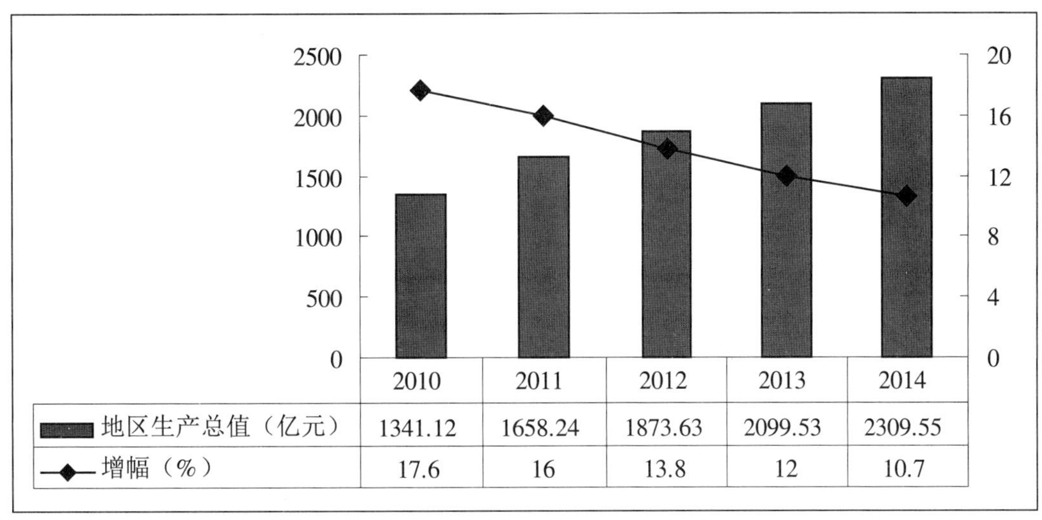

图1 2010—2014年芜湖市地区生产总值及增长速度

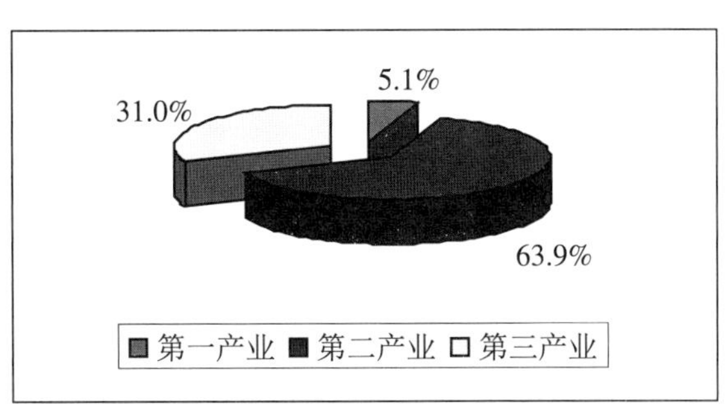

图2 2014年芜湖市三次产业结构图

2. 财政收支

全年实现财政收入426亿元，比上年增长11.6%，其中，地方财政收入233.68亿元，增长9.2%。在地方财政收入中，增值税41.37亿元，增长14.7%；营业税46.64亿元，下降4.6%；企业所得税17.87亿元，增长13.4%；城市建设维护税14.25亿元，增长18.8%；契税17.65亿元，下降5.4%。全年完成财政支出346.65亿元，比上年增长8.5%，其中，农林水事务支出25.79亿元，增长1.4%；教育支出50.89亿元，增长0.3%；社会保障和就业支出33.18亿元，增长6.7%；医疗卫生支出28.59亿元，增长16.7%；城乡社区事务支出68.37亿元，增长24.5%；科学技术支出34.29亿元，增长30.2%；交通运输支出22.66亿元，增长24.9%。

3. 物价水平

2014年，城市居民消费价格(CPI)比上年上涨1.9%，其中食品类价格上涨2.2%。城市商品零售价格比上年上涨0.6%。工业生产者出厂价格比上年下降2.0%，工业生产者购进价格比上年下降3.0%。

4. 固定资产投资

全年完成固定资产投资2392.64亿元，比上年增长17.2%；新增固定资产1468.72亿元。本年项目建成投产率61.4%，固定资产交付使用率61.4%。固定资产投资中，第一产业投资66.79亿元，增长40.7%；第二产业投资1174.39亿元，增长16.6%，其中工业投资1153.77亿元，增长15.9%；第三产业投资1151.46亿元，增长16.7%，其中房地产开发投资479.01亿元，增长7.4%。

（二）农业

1. 农业生产

全年粮食种植面积204715公顷，油料种植面积51994公顷，棉花种植面积37673公顷。粮食产量138.43万吨，比上年增产4.3%；油料产量13.70万吨，增产3.8%；棉花产量　4.63万吨，减产14.7%；蔬菜产量143.80万吨，增产6.2%。肉类产量15.57万吨，增长1.8%；水产品产量16.74万吨，增长3.1%(参见附表)。当年完成造林面积15199公顷。新增无公害农产品认证23个，绿色食品认证64个，有机食品认证2个，农产品地理标志2个。超级杂交稻推广面积75.3万亩。年末拥有省级及以上农业产业化龙头企业55家。

2. 农业生产条件和基础设施

年末，拥有农业机械总动力203.80万千瓦，农用拖拉机5.82万台。农田有效灌溉面积204.12千公顷，其中，节水灌溉面积15.47千公顷。全年农用化肥施用量(折纯)18.33万吨，农村用电量12.44亿千瓦时。2014年，农村人口饮水安全工程惠及14.1万农村居民，农村饮水安全覆盖率已达到93.9%。

（三）工业和建筑业

1. 工业生产

全年年主营业务收入2000万元以上工业企业(以下简称规模以上工业)实现增加值1404.77亿元，比上年增长12.3%。其中，国有及国有控股企业实现增加值341.47亿元，增长7.6%；股份制企业实现增加值1011.3亿元，增长12.5%；外商及港澳台商投资企业实现增加值253.22亿元，增长13.0%。轻工业增加值379.08亿元，增长8.8%；重工业增加值1025.68亿元，增长13.6%。工业产

品销售率达到97.9%。

规模以上工业主要工业产品产量:水泥1585.71万吨,下降2.0%;钢材401.78万吨,增长4.5%;铜材60.68万吨,增长23.1%;汽车45.97万辆,下降3.7%;汽车仪表663.22万台,增长30.4%;船舶67.99万载重吨,下降7.7%;空调1618.53万台,增长3.0%;发电量166.66亿千瓦时,下降3.1%;平板玻璃1297.9万重量箱,下降30.2%;电力电缆245.83万千米,增长4.6%。

2. 工业效益

全年规模以上工业实现主营业务收入5041.24亿元,比上年增长12.1%;利润总额298.15亿元,利税总额579.7亿元,分别比上年增长9.1%和14.7%。工业经济效益综合指数达到348.6%。

3. 重点项目建设

工业项目优化升级,奇瑞汽车发动机扩产、电厂五期、盾安空调配件、德尔智能家电、新兴铸管高端绿色铸件、中联重机大型工程和农用机械、鑫龙电器技术研究中心和科技园、雅图视频技术产业园、神剑裕昌新材料、长信触摸屏模组等项目建成投产;东旭高端显示器件装备、三安光电产业化二期、德豪润达LED外延片、格力空调及热水机、安飞LED照明产业链、信义电子玻璃等项目加快推进;中兴智能配套基地、东旭平板显示玻璃基板、星辉电子信息产业园、天娇红健康食品产业园、万向芜湖汽车零部件工业园、博通创业园、感知铜业低氧铜杆等项目开工建设。服务业项目加快推进,合福高铁芜湖段、中医院新院区、中软智慧城市运营服务平台、宝瑞有色金属材料市场、无为蓝鼎购物中心等项目建成;宁安城际铁路、芜湖火车站站区枢纽工程、亚夏汽车文化广场、华强方特未来世界、江丰非物质文化博览园等项目加快建设;芜湖长江公路二桥、信安物流园、宝特铁路物流综合基地、宝能三级甲等医院、浩研彩虹园芜湖健康养老产业基地、健坤徽商文化街等项目开工建设。

4. 建筑业

年末具有资质等级的总承包和专业承包建筑业企业229家。全年完成总产值408.72亿元,比上年增长6.5%。全年房屋建筑施工面积2713.35万平方米,比上年增加320.38万平方米;房屋建筑竣工面积1064.70万平方米,比上年增加61.52万平方米。

(四)服务业

1. 国内贸易

全年实现社会消费品零售总额632.71亿元,比上年增长13.4%。分区域看,城镇零售额572.67亿元,增长13.4%;乡村零售额60.04亿元,增长13.6%。分行业看,批发和零售业零售额552.21亿元,增长13.6%;住宿和餐饮业零售额80.54亿元,增长12.0%。

2. 交通运输、邮电

全年交通运输、仓储和邮政业实现增加值91.77亿元,比上年增长8.7%。

交通运输。全年公路客运量7439万人,比上年增长13.0%;公路货运量12078万吨,增长11.3%。铁路客运量495.71万人,增长3.0%;铁路货运量156.66万吨,增长9.8%。水路货运量19005万吨,增长0.3%。港口货物吞吐量1.08亿吨,增长16.5%,其中外贸货物吞吐量224.32万吨,增长18.1%;港口集装箱吞吐量40.26万标准箱,增长39.9%。年末,民用汽车拥有量28.47万辆,比上年增长3.2%,其中私人汽车拥有量26.67万辆,增长18.6%。民用船舶拥有量4146艘。公路里程9551公里,其中等级公路9156公里。在等级公路中,高速公路144公里,一级公路221公里,二级公路578公里。

邮电业。全年邮电业务总量35.07亿元,比上年增长8.9%,其中,邮政业务总量2.62亿元,增长

4.3%；电信业务总量 32.45 亿元，增长 9.3%。年末本地固定电话用户 61.28 万户，比上年减少 9.34 万户；移动电话 305.72 万户，新增 31.35 万户，其中 3G 移动电话用户为 140.54 万户，新增 34.64 万户。年末计算机互联网用户达到 62.50 万户，新增 3.57 万户。

3. 旅游业

全年接待国内外各类游客 2811.58 万人次，其中接待国内游客 2785.28 万人次。实现旅游业总收入 313.78 亿元，其中国际旅游收入 16069 万美元。年末共有旅行社 65 家；星级饭店 32 家，其中三星级及以上 26 家；A 级及以上旅游景点（区）27 处，其中 4A 级及以上 7 处。成功举办各类会展 65 个。

4. 金融和保险

金融业。年末金融机构本外币存款余额 2322.95 亿元，比年初增加 146.98 亿元，其中，单位存款 1124.45 亿元，比年初增加 14.50 亿元；个人存款 1159.14 亿元，比年初增加 125.79 亿元。金融机构本外币贷款余额 2182.60 亿元，比年初增加 232.56 亿元，其中，短期贷款 706.84 亿元，比年初减少 46.57 亿元；中长期贷款 1216.82 亿元，比年初增加 196.19 亿元。年末外汇存款余额 130656 万美元，比年初增加 52638 万美元；外汇贷款余额 25272 万美元，比年初减少 43372 万美元。社会融资总量 4677.68 亿元，比年初增加 586.74 亿元。全市完成直接融资 201.73 亿元。

保险业。全年，实现保费收入 35.64 亿元，比上年增长 18.1%。其中，人身险 19.84 亿元，增长 19.7%；财产险 15.81 亿元，增长 17.6%。赔款及给付支出 14.50 亿元。其中，人身险 5.74 亿元，财产险 8.76 亿元。

（五）对外经济

1. 对外贸易

全年实现进出口总额 64.47 亿美元，比上年增长 18.8%。其中，进口总额 14.73 亿美元，下降 1.7%；出口总额 49.74 亿美元，增长 26.6%。从出口产品类别看，机电产品出口额 35.42 亿美元，占出口总额的 71.2%。从产品出口地区看，对欧洲出口 7.51 亿美元，占出口总额的 15.1%；对亚洲出口 26.04 亿美元，占出口总额的 52.4%；对北美出口 8.87 亿美元，占出口总额的 17.8%。

2. 招商引资

当年新批外商投资企业 35 家，合同利用外资 5.30 亿美元。全年实际利用外资 20.34 亿美元，比上年增长 23.9%，其中外商直接投资 20.03 亿美元，增长 24.8%。实际利用内资 2693.98　亿元，增长 23.8%，其中省外资金 1938.78 元，增长 23.2%。截止 2014 年底，全市共有 41 家境外世界 500 强企业在芜投资项目 46 个；其中来自美国的境外世界 500 强企业 12 家，投资项目 14 个。

3. 园区建设

全年省级及以上开发区完成固定资产投资 1579.62 亿元，其中基础设施投资 82.70 亿元；实际利用省外境内资金 1568.41 亿元，实际利用外商直接投资 15.50 亿美元；区内规模以上工业实现总产值 4559.68 亿元，比上年增长 14.4%。

4. 跨江发展

全年江北产业集中区实现固定资产投资 124.68 亿元，其中工业投资 43.69 亿元，基础设施投资 28.42 亿元；实际利用省外境内资金 105.86 亿元，实际利用外商直接投资 0.97 亿美元。芜湖长江公路二桥、商合杭铁路长江公铁大桥公路桥接线、江北产业集聚区和大龙湾起步区基础设施等重点项目

开工建设；海创新型节能材料、天盛伟业新能源、中晨照明、双钱轮胎二期等工程加快推进；商合杭铁路、芜湖民用机场获批立项。

二、芜湖市2014年社会发展概况

（一）人口、人民生活

年末，全市常住人口361.7万人，比上年增加2.1万人。城镇化率60.7%，比上年提高1.3个百分点。公安户籍人口384.51万人，比上年减少0.03万人。人口中，男性人口198.61万人，女性人口185.90万人。全年人口出生率11.9‰，死亡率6.9‰，自然增长率5.0‰。

据抽样调查，全年居民人均可支配收入21947元，比上年增长10.7%；人均消费支出13504元，比上年增长10.7%；人均住房建筑面积36.97平方米。其中，城镇常住居民人均可支配收入27384元，增长9.3%；人均消费支出16390元，增长10.4%；人均住房建筑面积33.75平方米。农村常住居民人均可支配收入14606元，增长12.2%；人均消费支出9606元，增长9.8%；人均住房建筑面积40.43平方米。城镇居民的恩格尔系数为35.2%，与上年持平；农村居民的恩格尔系数为36.5%，较上年下降0.1个百分点。

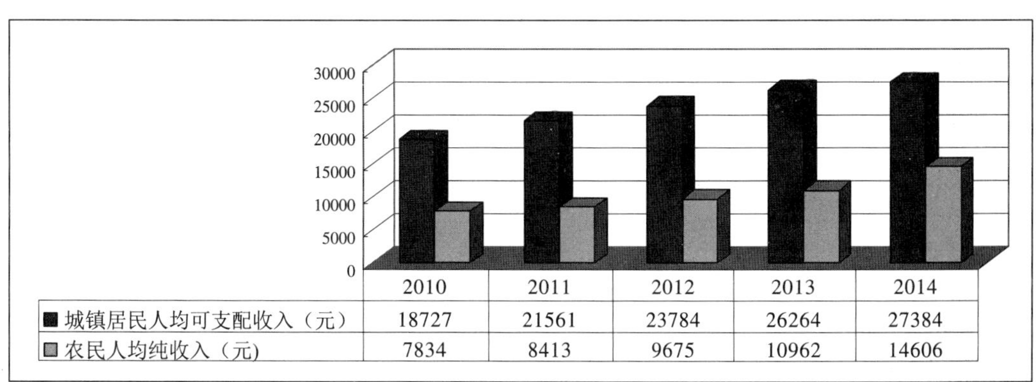

	2010	2011	2012	2013	2014
■城镇居民人均可支配收入（元）	18727	21561	23784	26264	27384
■农民人均纯收入（元）	7834	8413	9675	10962	14606

图3 2010—2014年芜湖市城乡居民收入对比一览

（二）就业与社会保障

1. 就业工作

年末，共有人力资源服务机构32个。全年新增城镇就业人员8万人，其中安置下岗失业人员2.7万人。就业技能培训1.7万人次。城镇登记失业率3.5%。

2. 社会保障和福利

年末，企业职工基本养老保险参保人数53万人，比上年增加1.21万人；城镇职工基本医疗保险参保人数64.2万人，增加2.19万人；失业保险参保人数36.2万人，增加1.1万人；工伤保险参保人数39.7万人，增加4.3万人；生育保险参保人数37.1万人，增加2.1万人。城镇居民参加基本医疗保险参保人数96.6万人。城乡居民养老保险参保人数162.8万人；农民参加新型农村合作医疗182.54万人，参合率达100%。有6.4万城镇居民、8.4万农村居民享受最低生活保障。市区最低工资标准达到1040元/月，失业保险金标准达到676元/月，企业离退休人员人均养老金水平1717元/月。

全市拥有各类福利机构107个，床位1.5万张，收养各类人员0.9万人。全年销售社会福利彩票

4.2亿元，筹集市级公益金4473.9万元。直接接收慈善捐款281.9万元。

（三）教育和科学技术

1. 教育事业

年末，拥有普通高等院校10所，专任教师0.66万人，在校学生15.97万人，招生5.14万人，毕业生4.54万人；普通中学211所，专任教师1.5万人，在校学生15.8万人；中等职业学校30所，在校学生5.3万人；小学412所，专任教师1.2万人，在校学生18.8万人；幼儿园467所，在园儿童8.5万人。小学学龄儿童入学率100%，初中阶段适龄人口入学率100%。

2. 科技与创新

年末全市拥有省级及以上工程(技术)研究中心72个，其中国家级4个，新增省级13个；省级及以上企业技术中心123个，其中国家级10个，新增国家级2个，省级13个。省级及以上重点(工程)实验室16个；省级及以上质检中心5个，其中国家级2个，国家特种电线电缆产品质检中心通过国家验收。院士工作站18个，新增6个。拥有高新技术企业401家，其中当年新认定80家；拥有省级高新技术产品793个，其中当年新认定355个。省级及以上创新型(试点)企业73家，其中新增和升级共35家；国家创新型企业2家。芜湖新能源汽车产业创新型产业集群被认定为全国第二批创新型产业集群试点。各类科技企业孵化器16家，面积达39.6万平方米，其中国家级孵化器2个。芜湖大学科技园被国家科技部认定为国家级科技企业孵化器。全年组织实施各类科技计划项目284项，其中国家项目79个；全年共登记各类科技成果134项，其中省部级以上124项；获各类科技奖54项，其中省级以上20项。专利申请量17066件，其中发明专利9364件；专利授权量8934件，其中发明专利853件。万人有效发明专利拥有量8.57件。拥有中国驰名商标24件，当年新认定华亚(塑胶)、馨源(海绵)2件商标；省著名商标227件，当年新认定(包括再认定)63件。中国名牌产品7个，省级名牌产品(含服务名牌)169个。

（四）文化、卫生和体育

1. 文化事业

年末，全市拥有艺术表演团体48个，文化馆8个；公共图书馆9个，馆藏图书179.12万册，其中市区藏书90.25万册；档案馆12个，向社会开放档案数12.47万卷。广播电台5座，电视台5座，广播综合人口覆盖率和电视综合人口覆盖率均达到99.85%，有线电视用户60.14万户，其中数字电视用户37.62万户。全国重点文物保护单位9处，省级重点文物保护单位30处。列入国家级非物质文化遗产名录2项，省级名录18项。全年举办大型文化活动13场次；大型群众性文化活动110场次；文艺团体演出135场次，其中送文化下乡130场次；创作剧目获省级及以上表彰奖励48个。《芜湖日报》、《大江晚报》全年总印数3165.24万份，其中《芜湖日报》970.14万份，《大江晚报》2195.10万份。

2. 卫生事业

年末，全市拥有各类卫生机构670个(不含村卫生室)，其中，医院78所，基层医疗卫生机构531所，专业公共卫生机构52所。基层医疗卫生机构中，社区卫生服务中心(站)127所，乡镇卫生院61所，门诊部25所，诊所、卫生所和医务室318所。专业公共卫生机构中，主要有疾病预防控制中心9所，卫生监督机构9所，妇幼保健机构8所，专科防治机构7所，急救中心1所，采供血机构1所。卫生机构拥有床位17198张，其中医院14488张。卫生技术人员19245人，其中执业(助理)医生7400人，注册护士8594人。

3. 体育事业

全年，全市运动员在省级以上国内外重要赛事中共获得奖牌212枚，其中金牌103枚。向省级及以上专业队和体育院校输送运动员83人，审批二级运动员127名。全市举办全民健身活动169次，参加活动人员13万人次。销售体育彩票2.54亿元。参加第十三届省运会获金牌数位居全省第二，成功举办中国体育旅游、体育文化博览会，承办2014年四国青年男篮交流比赛、全国青少年男子足球联赛等赛事。

（五）城乡建设

市委、市政府出台了关于提升城市品质的30条意见，促进城市建设与产业发展、人才集聚有效联动。坚持重大规划全覆盖，完成了城市排水防涝、城市供水备用水源、绿地系统、中心城区公共停车场等专项规划编制。出台了市政、园林设计和施工导则。

宁安城际铁路及火车站东站房、弋江站、繁昌西站主体工程基本完成。完善一级公路网，205国道南陵渡大桥改建、弋牧公路改建二期工程开工，318国道弋江至柯店段、329国道市区段改建工程完成。实施市区畅通工程，九华中路铁路立交、弋江路钱桥立交和黄山东路立交等项目开工，弋江桥和荆山桥改建、弋江路北延线等主体工程基本建成，华山路、十里牌立交建成通车。新购公交车248台，新增公交线路6条。建成了三山水厂和3座加气站。

将棚户区改造作为重大民生工程和发展工程强力推进，实施模拟征迁、自主征迁、市场化安置，让群众出棚即可进楼，完成棚改291万平方米。裕溪河治理工程开工，除险加固小型水库19座，治理中小河流5条，解决了15.1万农村居民饮水安全问题。新增绿地450万平方米、街头游园12个、绿道80公里。完成造林20万亩，建设森林长廊164公里。制订了节能减排低碳发展行动方案，实施节能减排项目110个，完成4台火电机组脱硫脱硝改造、11条水泥熟料生产线脱硝治理。淘汰落后水泥产能109万吨，整合关闭矿山20家，关闭全部烟花爆竹企业10家。落实秸秆禁烧、燃煤锅炉改造、淘汰黄标车等措施，防治大气污染。完成雨污分流改造项目25个，城东污水处理厂投入运营。新增光伏发电装机容量130兆瓦。完成3个城市主要出入口治理、44个“三线三边”整治、25个矿山地质环境治理项目。完成首批27个省级美好乡村示范村建设，南陵县、芜湖县分列沿江片区考核第1名、第2名。改造农村危房4572户。新建成7个国家级生态镇。经济技术开发区成为国家生态工业示范园区。改进城市管理考核机制，委托第三方开展城市文明程度指数测评。

（六）环境保护

年末，拥有国家三级及以上环境监测站5个，其中二级站1个。全年市区环境空气质量达优良的天数为253天，空气质量优良率为69.3%。饮用水源水质符合国家Ⅱ类标准。长江和青弋江干流芜湖段水质分别以Ⅱ类和Ⅲ类水质为主。森林覆盖率达到18.3%。

三、芜湖市在泛长三角地区经济发展中的地位

2014年，面对复杂多变的宏观经济环境，全市人民在市委、市政府的坚强领导下，着力调整经济结构，全面推进跨江发展，不断优化发展环境，全市经济继续保持了平稳较快发展的良好态势。

2010—2014年芜湖市地区生产总值在泛长三角地区41市所占比重分别为1.36%、1.43%、1.46%、1.50%和1.52%。地区生产总值在泛长三角41市占比整体呈现上扬态势，2014年与2010年比增加了0.16个百分点，较上年增加了0.02个百分点。

2014年，芜湖市在泛长三角地区41市（苏浙两省24个地级市、上海市和安徽省16市，下同）地区

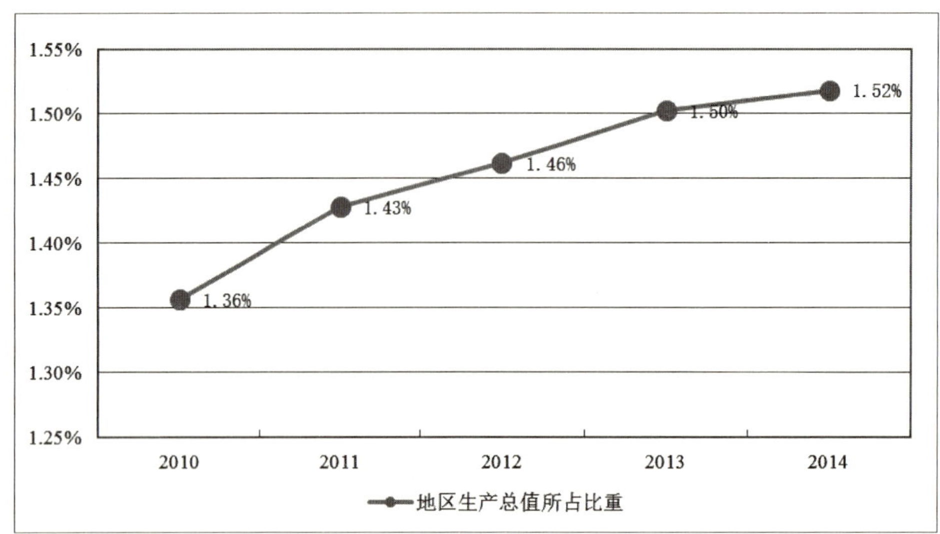

图4 2010—2014年芜湖市地区生产总值在泛长三角地区所占比重变化趋势

生产总值所占比重排名第21位。

2014年，全市实现地区生产总值2307.90亿元，比上年增长10.7%；分产业看：第一产业实现增加值136.20亿元，增长4.8%；第二产业实现增加值1516.02亿元，增长11.1%；第三产业实现增加值655.68亿元，增长10.8%。三次产业增加值比例为5.9∶65.7∶28.4。

受宏观环境变化的影响，全市经济增长速度与全国、全省一样有所放缓，与上年相比，全市GDP增幅回落1.3个百分点，但增长水平仍高于全国、全省3.3和1.5个百分点，在全省16个市中继续保持第一。结构调整呈现积极变化，三次产业结构调整为5.9∶65.7∶28.4，服务业占GDP比重同比提高0.6个百分点。战略性新兴产业加快发展，全年实现增加值446.90亿元，增长19.8%，增幅高于规模工业7.5个百分点，占规模工业比重达31.8%，比上年提高2.4个百分点。首位产业加快聚集，全年实现增加值612.89亿元，增长12.9%，增幅高于规模工业0.6个百分点，占规模工业比重达43.6%，比上年提高0.8个百分点。高耗能产业占比下降，全市规模以上工业高耗能产业增加值占规模工业比重为20.8%，比上年下降0.4个百分点，增速低于规模工业0.6个百分点。

2010—2014年芜湖市地方财政一般预算收入在泛长三角41市所占比重分别为0.95%、1.13%、1.29%、1.32%和1.37%，2014年较2010年增加了0.42个百分点，较上年增加了0.05个百分点。2014年，芜湖市地方财政一般预算收入在泛长三角41市地区的排第22位。

2014年，全市财政总收入完成426亿元，增长11.6%。其中：地方公共财政预算收入233.5亿元，增长9.1%，完成汇编调整预算的98.8%，加上级税收返还及补助收入114.5亿元、调入预算稳定调节基金和其他资金8.1亿元、上年结余收入1.4亿元、债券转贷收入11.2亿元，收入合计368.7亿元。

全市公共财政预算支出346.9亿元，增长8.5%，为汇编调整预算的99.7%，加上解上级支出14.6亿元、地方政府债券还本6亿元、安排预算稳定调节基金0.3亿元，支出合计367.8亿元。收支相抵，滚存结余0.9亿元。其中：结转下年支出0.5亿元，净结余0.4亿元。

实现了全市财政收入平稳增长。收入总量、增幅分别居全省第2位、第8位；税收比重达到88.5%，优于全省平均水平3.7个百分点。

2010—2014年芜湖市规模以上工业总产值在泛长三角41市所占比重分别为1.18%、1.68%、1.79%、1.84%和1.97%，呈连续增加态势，2014年较2010年增加了0.79个百分点，较上年增加了

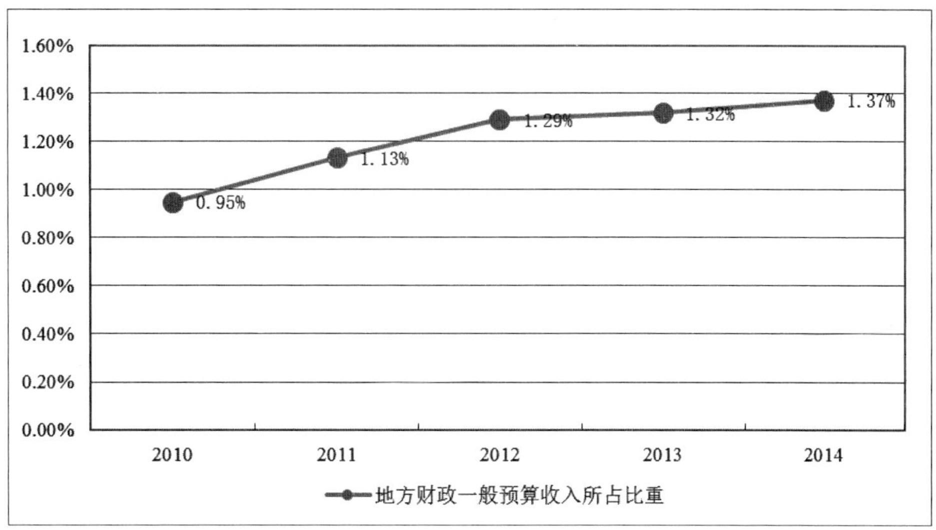

图5 2010—2014年芜湖市地方财政一般预算收入在泛长三角地区所占比重变化趋势

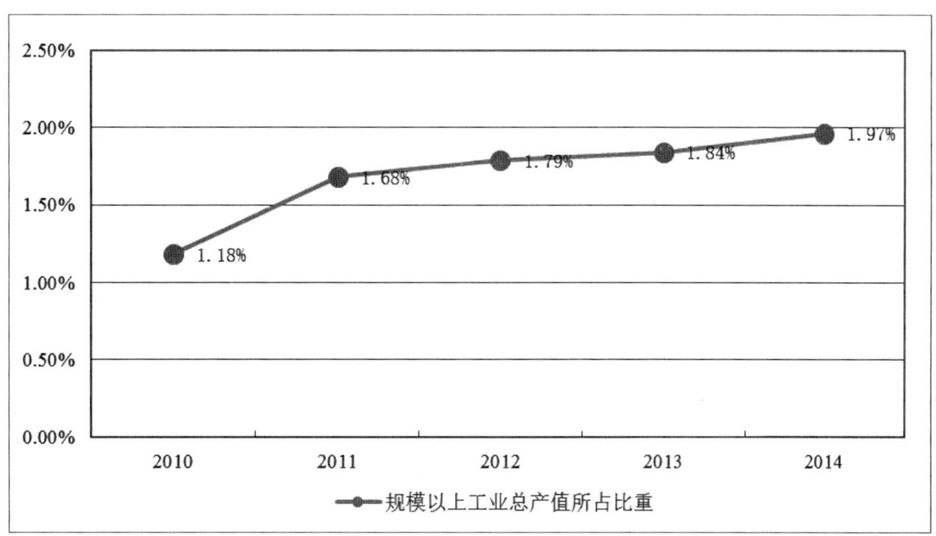

图6 2010—2014年芜湖市规模以上工业总产值在泛长三角地区所占比重变化趋势

0.13个百分点。2014年,芜湖市规模以上工业总产值在泛长三角41市地方财政一般预算收入所占比重排第18位。

全年,全市规模以上工业企业达1815户,实现增加值1404.77亿元,比上年增长12.3%。其中,产值超亿元企业835户,超10亿元企业84户,比上年分别增加91户和3户。分产业看,汽车及零部件、材料、电子电器和电线电缆四大支柱产业实现增加值955.80亿元,增长12.1%。

全市规模以上工业经济效益综合指数348.6%,比上年提升5.1个百分点;全年规模以上工业主营业务收入5041.24亿元,实现利润298.15亿元,实现利税579.70亿元,分别增长12.1%、9.1%和14.7%。

规模以上工业主要工业产品产量:水泥1585.71万吨,下降2.0%;钢材401.78万吨,增长4.5%;铜材60.68万吨,增长23.1%;汽车45.97万辆,下降3.7%;汽车仪表663.22万台,增长30.4%;船舶67.99万载重吨,下降7.7%;空调1618.53万台,增长3.0%;发电量166.66亿千瓦时,下降

3.1%；平板玻璃 1297.9 万重量箱，下降 30.2%；电力电缆 245.83 万千米，增长 4.6%。2014 年末，全市规模以上工业企业 1973 家，比上年增加 137 家，增长 7.5%。规模以上工业企业中开展科学研究和试验发展活动(简称 R&D，是核算科技投入的统计指标)373 家，占全部规模以上工业企业的 18.9%。企业开展 R&D 项目 1500 项，比上年增加 203 项，增长 15.7%。

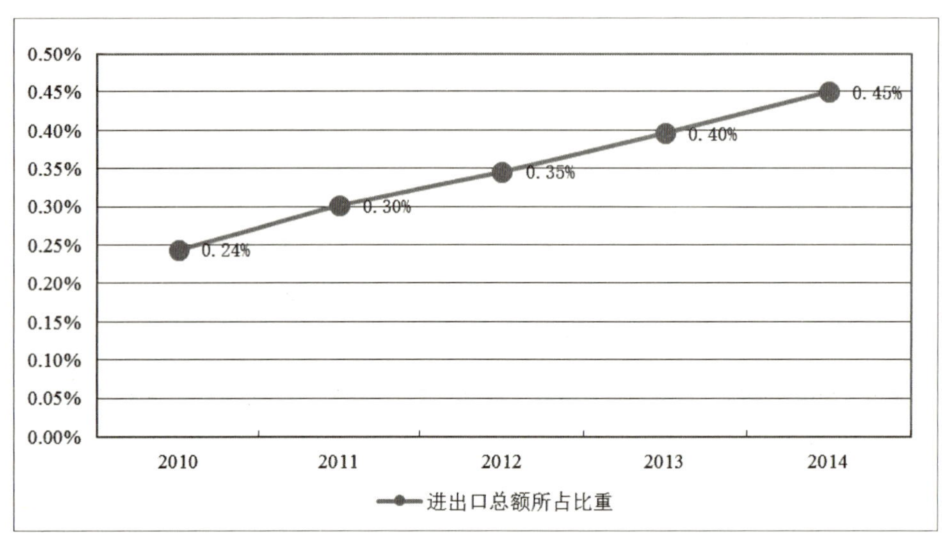

图 7　2010—2014 年芜湖市进出口总额在泛长三角地区所占比重变化趋势

2010—2014 年芜湖市进出口总额在泛长三角 41 市所占比重分别为 0.24%、0.30%、0.35%、0.40%和 0.45%，总体上呈现上扬态势，五年间增加了 0.21 个百分点，其中 2014 年较上年增加了了 0.05 个百分点。2014 年，芜湖市进出口总额在泛长三角 41 市的排 22 位。

全年，全市实现进出口总额 64.47 亿美元，比上年增长 18.8%。其中，出口总额 49.74 亿美元，增长 26.6%。出口产品中，机电产品占 71.2%，全年出口 35.42 亿美元，增长 18.7%；高新技术产品出口增长快，全年出口 3.44 亿美元，增长 42.0%。

前 3 季度，芜湖市进出口总值 316.4 亿元人民币，这个数字已经接近去年全年进出口值 337.2 亿元，排名全省第二，较去年同期增长 25.1%，增速列全省外贸四强第一。其中，出口 248.9 亿元，增长 34.7%；进口 67.5 亿元，下降 1.1%，贸易顺差达 181.4 亿元。

外贸增长原因主要有：一是进口继续处于低位企稳态势。一方面，得益于铁矿砂、机械设备及液晶显示板等商品进口的大幅增长；另一方面，对东盟和北美洲进口贸易持续增长。二是龙头企业带动作用显著。出口方面，奇瑞汽车回升速度进一步加快，连续 5 个月保持增长，其中 6、7、8 三个月均实现 2 位数增长。进口方面，大陆电子除了 2 月份下降以外，其余 8 个月均保持 2 位数的高速增长态势，9 月份更是猛增 74.6%。三是芜湖出口加工区贡献突出。前 3 季度，出口加工区先抑后扬，进出口 32.7 亿元，基本达到去年全年水平，同比增长 23.6%。继一季度大幅下跌之后，出口加工区利用“区港联动”提升物流便利化，促进了随后的外贸高速增长。

2010—2014 年芜湖市实际外商直接投资金额在泛长三角 41 市所占比重分别为 1.41%、1.65%、1.81%、2.14%和 2.68%，整体呈现上扬姿态，2014 年较 2010 年增加了 1.27 个百分点，较上年增加了 0.54 个百分点。2014 年，芜湖市实际外商直接投资金额在泛长三角 41 市排第 11 位，排名相对靠前。

2014 年，全市累计批准外商投资企业 35 家，同比增长 25%，合同利用外资 52954 万美元，同比增长 7.8%，实际利用外资 203420 万美元，同比增长 23.9%，其中，外商直接投资 200340 万美元，同比增

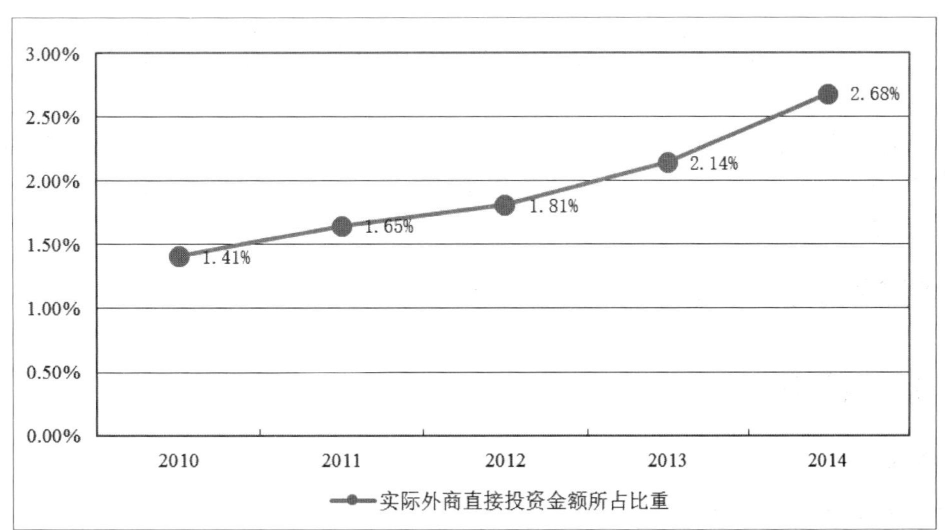

图 8　2010—2014 年芜湖市实际外商直接投资金额在泛长三角地区所占比重变化趋势

长 24.8%，总量位居全省第二。值得一提的是，在列入全省统计的 91 个省级以上开发区中，芜湖经开区以实际利用外商直接投资 70726 万美元高居榜首。

新批外资企业 35 家，同比增长 25%，创 2011 年以来新高，外资增资项目 14 个，项目总投资增加额 34408 万美元，同比增长 47.3%，合同外资增加额 19881 万美元，同比增长 153.3%，外资新批及增资项目增长势头良好；我市利用外资产业结构进一步优化，服务业利用外资比重大幅上升，全年新批服务业项目 16 个，投资总额 50972 万美元，注册资本 30814 万美元，合同外资 21105 万美元，占全市比重分别达到 45.7%、56.5%、65.1%和 64%，新批服务业外资项目涉及金融、物流、研发、商业、居民服务等多个领域，由传统服务业向现代服务业加速转变趋势明显。此外，利用外资大项目支撑作用显著，全市新批（含增资）过亿美元项目 3 个，到资项目平均规模 1590 万美元，比去年同期增加 475 万美元，其中，实际到资 1 亿美元以上项目 3 个，实际到资 5000 万美元以上项目 8 个，实际到资 1000 万美元以上项目 58 个，合计到资 179400 万美元，占比达 89.5%。

四 蚌埠市 2014 年经济社会发展报告

2014 年，面对严峻复杂的宏观形势和经济下行的较大压力，全市上下在市委、市政府的坚强领导下，认真贯彻党的十八大和十八届三中、四中全会和习近平总书记系列重要讲话精神，全力以赴稳增长、调结构、促改革、惠民生，经济社会发展跃上了新台阶。

一、蚌埠市 2014 年经济发展概况

（一）综合经济

1. 经济总量

全年生产总值(GDP)1151.19 亿元，按可比价格计算，比上年增长 10.1%。分产业看，第一产业增加值 178.35 亿元，增长 5.1%；第二产业增加值 597.5 亿元，增长 12.0%；第三产业增加值 375.35 亿元，增长 9.4%。三次产业结构由上年的 17.1∶51.2∶31.7 调整为 16.4∶51.6∶32.0，其中工业增加值占 GDP 的比重为 45.9%，比上年提高 0.6 个百分点。人均 GDP34222 元(折合 5571 美元)，比上年增加 2740 元。

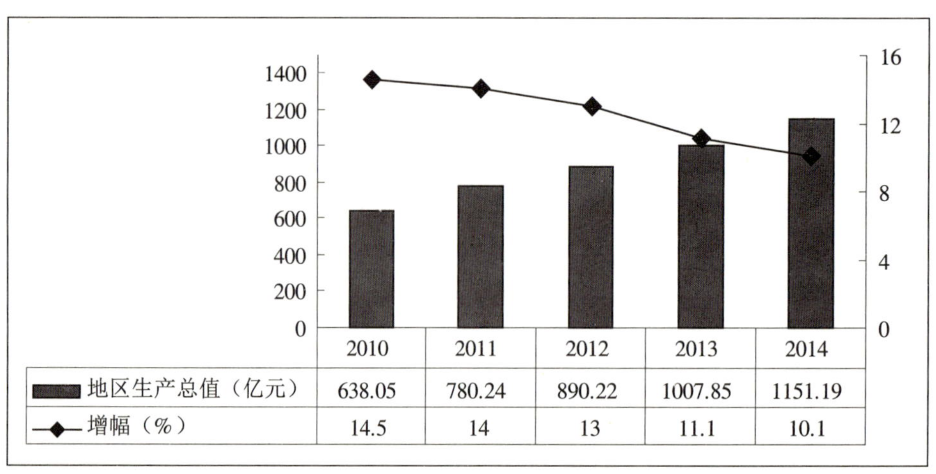

	2010	2011	2012	2013	2014
地区生产总值（亿元）	638.05	780.24	890.22	1007.85	1151.19
增幅（%）	14.5	14	13	11.1	10.1

图 1 2010—2014 年蚌埠市地区生产总值及增长速度

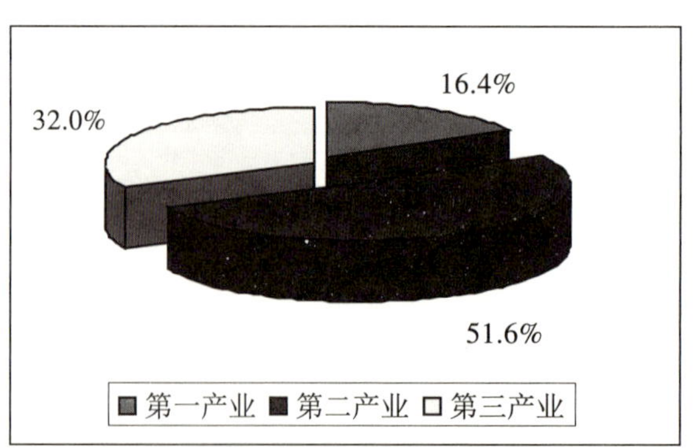

图 2 2014 年蚌埠市三次产业结构图

2. 财政收支

全年财政收入 208.38 亿元，比上年增长 14.0%，其中地方财政收入 105.34 亿元，增长 13.5%。在全部财政收入中，增值税增长 34.6%，营业税增长 4.6%，企业所得税增长 20.6%。财政支出 208.66 亿元，增长 9.0%。全年 45 项民生工程[5]累计投入 45.0 亿元，惠及 100%城乡居民。

3. 物价水平

居民消费价格上涨 2.2%，涨幅与上年持平；商品零售价格上涨 0.9%。

4. 固定资产投资

全年完成固定资产投资 1244.18 亿元，比上年增长 17.3%。分产业看，第一产业投资增长 24.5%，第二产业投资增长 13.0%，第三产业投资增长 20.0%。分行业看，工业投资增长 10.8%。三产中的房地产业增长 18.0%，批发和零售业增长 16.9%，教育业增长 36.0%。

全年共完成“3461”项目投资 780 亿元，在建亿元以上项目 405 个。和鼎子午胎、荣辉动力锂电池等 102 个项目建成投产，中纺油脂产业园、MEMS 产业化基地等 199 个项目加速实施，国电二期、方兴科技柔性镀膜等 205 个项目开工建设。新增谋划项目 223 个，储备规模超 3500 亿元。

（二）农业

全年粮食作物种植面积 47.02 万公顷，其中，小麦面积 24.01 万公顷，稻谷面积 11.04 万公顷。油料种植面积 6.49 万公顷。棉花种植面积 0.90 万公顷。蔬菜种植面积 6.83 万公顷。

全年粮食产量 275.51 万吨，比上年增加 11.91 万吨，增长 4.5%，连续十一年丰收。油料产量 40.50 万吨，增长 6.8%。棉花产量 1.56 万吨，下降 27.4%。蔬菜产量 263.55 万吨，增长 4.9%。水果产量 104.45 万吨，增长 2.4%。

年末全市生猪存栏 97.27 万头，比上年增长 4.2%；全年生猪出栏 202.87 万头，增长 3.5%。肉类总产量 32.56 万吨，增长 3.0%。禽蛋产量 7.45 万吨，增长 3.3%。水产品产量 12.00 万吨，增长 3.6%。

全年化肥施用量(折纯)30.13 万吨，下降 1.3%。农用薄膜使用量 0.95 万吨，下降 4.0%。农药使用量 0.63 万吨，下降 3.7%。全市有效灌溉面积 232.31 万公顷，增长 3.0%。

全市农业机械总动力 527.20 万千瓦，比上年增长 0.5%。大中型拖拉机 1.2 万台，增长 6.6%。小型拖拉机 31.2 万台，下降 2.2%。联合收割机保有量 1.4 万台，增长 4.2%。

（三）工业和建筑业

1. 工业经济

年末全市规模以上工业企业达 768 户，比上年净增 66 户。全年规模以上工业增加值增长 12.8%，其中轻、重工业分别增长 9.3%和 16.1%。

全市多数工业行业增加值保持增长，其中：非金属矿物制品业增长 19.5%，医药制造业增长 17.2%，化学原料及制品制造业增长 12.2%，汽车制造业增长 12.1%，纺织业增长 9.1%，农副食品加工业增长 7.5%，烟草制品业增长 6.7%，食品制造业增长 3.5%。高新技术产业产值增长 26.7%，战略性新兴产业产值增长 24.7%。

主要工业产品产量中，钢材、商品混凝土、水泥分别增长 13.1%、25.3%、30.5%，卷烟增长 1.3%，布增长 19.0%。

全市规模以上工业经济效益综合指数为 384.8%，比上年提高 26.1 个百分点。规模以上工业实现主营业务收入1657.08亿元,增长19.0%;实现利税总额148.55亿元,增长7.4%,其中利润61.70亿元,增长4.0%。

2. 建筑业

全年全社会建筑业增加值63.50亿元,比上年增长7.6%。具有资质等级建筑企业完成产值397.79亿元,增长18.3%。房屋建筑施工面积2852.08万平方米,增长14.2%;房屋竣工面积953.92万平方米,增长11.9%。

(四)服务业

1. 国内贸易

全年社会消费品零售总额481.50亿元,比上年增长13.7%。按经营单位所在地分,城镇消费品零售额423.23亿元,增长13.9%;乡村消费品零售额58.28亿元,增长12.6%。按消费形态分,商品零售435.29亿元,增长14.4%;餐饮收入46.22亿元,增长8.3%。按单位规模分,限额以上企业(单位)零售额230.51亿元,增长16.3%;限额以下企业(单位)零售额250.99亿元,增长6.6%。

在限额以上企业(单位)零售额中,批发、零售、住宿、餐饮四大行业零售额比上年分别增长6.8%、18.1%、8.9%、16.2%。粮油类增长11.5%,肉禽蛋类增长47.4%,服装类增长15.0%,化妆品类下降12.0%,金银珠宝类增长11.4%,日用品类增长10.5%,中西药品类增长27.2%,文化办公用品类增长25.5%,通讯器材类增长16.7%,家用电器和音像器材类增长9.1%,建筑及装潢材料类增长40.6%,汽车类增长20.7%,石油及制品类增长22.4%。

2. 交通运输、邮电

全年交通运输、仓储和邮政业增加值41.09亿元,比上年增长8.5%。

全年铁路旅客发送量766.30万人次,比上年增长9.3%;货运发送量97.69万吨,下降26.1%。全年公路旅客发送6614.31万人次,增长8.8%;公路货运发送量24221.00万吨,增长11.0%

年末全市汽车拥有量18.81万辆,比上年增长14.4%,其中个人汽车12.96万辆,增长21.4%。小型、微型载客汽车拥有量12.75万辆,增长19.8%,其中个人小型、微型载客汽车11.18万辆,增长24.4%。

全年邮电业务总量22.92亿元,比上年增长7.5%。年末全市固定电话用户数48.18万户,比上年下降8.1%;移动电话用户数243.82万户,比上年增长2.9%。

3. 旅游业

全年实现旅游总收入130.39亿元,比上年增长14.1%,接待国内游客2220.02万人次,接待入境游客6.04万人次。全市星级饭店(宾馆)19个。旅行社41家,分社10家。A级旅游景区38个,其中,4A级旅游景区5个,3A级旅游景区10个,2A级旅游景区23个。

4. 金融和保险

年末全市金融机构各项存款余额(人民币口径,下同)1433.46亿元,比上年末增加174.87亿元,增长13.9%,其中城乡居民储蓄存款余额为681.86亿元,增长12.9%。金融机构各项贷款余额1003.22亿元,比上年末增加191.89亿元,增长23.8%。其中,短期贷款余额407.36亿元,增长16.1%;中长期贷款余额555.51亿元,增长31.2%,中长期贷款中个人贷款余额266.37亿元,增长30.1%。

全年实现保费收入30.58亿元,比上年增长27.9%。其中,财产保险保费收入12.35亿元,增长25.2%;人身保险保费收入18.23亿元,增长29.8%。年末,全市保险公司已达34家。

5. 房地产业

全年房地产开发投资 406.96 亿元，比上年增长 25.1%；房屋销售面积 450.28 万平方米，增长 8.7%；房屋销售额 221.78 亿元，增长 14.7%。

（五）对外经济

1. 对外贸易

全年进出口总额 20.81 亿美元，比上年增长 21.7%。其中，出口 16.23 亿美元，增长 30.4%；进口 4.58 亿美元，下降 1.5%。

2. 利用外资

全年实际到位外资金额 12.50 亿美元，增长 23.4%，其中外商直接投资 12.14 亿美元，增长 25.3%。实际到位内资 702.32 亿元，增长 25.6%，其中省外资金 600.57 亿元，增长 22.5%。

二、蚌埠市 2014 年社会发展概况

（一）人口、人民生活

全年人口出生率为 32.64‰，比上年提高 14.61‰；死亡率 5.25‰，降低 2.60‰；自然增长率为 27.39‰，提高 17.21‰。年末户籍人口 371.10 万人，比上年增加 4.50 万人；常住人口 325.80 万人，比上年增加 3.80 万人。城镇化率 50.91%，比上年提高 1.24%。

全年城镇居民人均可支配收入 24147 元，比上年增长 9.3%。人均消费支出 13656 元，增长 8.8%。其中，食品支出增长 0.3%，医疗保健支出下降 0.3%，交通和通信支出增长 54.5%，教育文化娱乐服务支出增长 0.3%。城镇居民家庭恩格尔系数为 36.8%，比上年减少了 3.0 个百分点。城镇居民人均拥有住房面积 38.19 平方米。

全年农民人均可支配收入 10511 元，比上年增长 11.8%。农村居民家庭恩格尔系数为 37.9%，比上年提高了 7.0 个百分点。农村居民人均拥有住房 39.36 平方米，比上年增加 3.1 平方米。

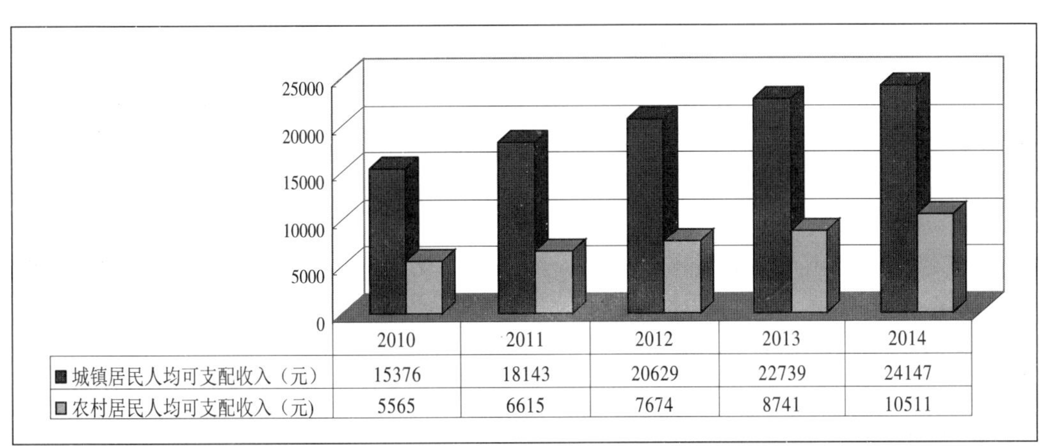

	2010	2011	2012	2013	2014
城镇居民人均可支配收入（元）	15376	18143	20629	22739	24147
农村居民人均可支配收入（元）	5565	6615	7674	8741	10511

图 3　2010—2014 年蚌埠市城乡居民收入对比一览

（二）就业与社会保障

1. 就业工作

全年城镇新增就业 8.17 万人，登记失业人员再就业 3.19 万人，新增农村劳动力转移 3.26 万人。年末城镇登记失业率 3.21%。

2. 社会保障和福利

年末全市职工基本养老、失业、医疗、工伤、生育五项社会保险参保人数分别为 52.29 万人、21.37 万人、45.78 万人、24.26 万人、24.63 万人，城镇居民医疗保险参保 61.87 万人，城乡居民养老保险参保 175.52 万人（其中当年参续保 168.46 万人）。企业退休人员养老金和失业人员失业金 100%按时足额发放。

（三）教育和科学技术

1. 教育事业

全市共有普通高等教育学校 5 所；全市共有中等职业教育学校 26 所，其中普通中专 11 所，职业高中 12 所，成人中等专业学校 3 所；普通教育学校 1184 所，其中，普通中学 169 所（高中 37 所，初中 132 所），小学 685 所，幼儿园 324 所，特殊教育学校 5 所，工读学校 1 所。

全市普通高等学校专任教师 2756 人，在校学生 7.01 万人，招收学生数 2.01 万人，毕业生数 1.91 万人。

全市中等职业学校专任教师 1979 人，普通中学专任教师 11489 人，其中，高中 3624 人，初中 7865 人。

全市中等职业教育学校在校学生 6.05 万人；普通教育学校在校学生 51.44 万人，其中，普通中学在校学生 16.61 万人（高中在校学生 6.17 万人，初中在校学生 10.44 万人），小学在校学生 23.51 万人，幼儿园在园幼儿 11.24 万人，特殊教育学生 892 人，工读学校学生 20 人。

全市小学适龄儿童入学率 100%，初中学龄人口入学率 100%，高中阶段毛入学率 100.09%。

2. 科技与创新

全年新认定高新技术企业 44 家，创新型企业 8 家，高新技术企业总数达 185 家。新认定高新技术产品和重点新产品 103 项。高新技术产业产值同比增长 26.7%，达 777.8 亿元。全市有国家重点（工程）实验室 3 个，省级（含重点）实验室 14 个。有省级以上工程（技术）研究中心 60 家，其中国家级 3 家。有国家级高新技术产业开发区 1 个。

全年发明专利申请量 4408 件，同比增长 21.0%，发明专利授权量 529 件，同比增 29.0%。共签订各类技术合同 475 项，技术市场合同交易额 15.72 亿元，比上年增长 25.2%。万人发明专利拥有量达 3.7 件/万人，增长 47.0%。全年共新建省级以上工程技术研究中心 28 家。

（四）文化、卫生和体育

1. 文化事业

成功举办 2014 中国·蚌埠花鼓灯艺术交流展演周暨文艺志愿者走基层活动。34000 平方米的新博物馆已完成土建，进入展陈施工；推进音乐厅、新文化馆规划；全市建成 55 个乡镇文化站、924 个农家书屋和 63 个公共电子阅览室，构建市、县（区）、乡（镇）、村四级公共文化服务网络，打造了“城市一刻钟、农村半小时”文化服务圈。全市组织文艺演出 1000 多场；市博物馆免费接待观众近 12 万人次；

孙家圩子渡江战役总前委旧址纪念馆免费接待观众9万多人次；市图书馆接待读者48.9万人次。双墩春秋墓、双墩遗址、禹会村遗址3处国保单位的保护规划立项获国家文物局批准；大禹文化产业园区被文化部命名为第五批国家级文化产业示范园区，跻身全国十大文化产业示范园区。

2. 卫生事业

公共卫生服务能力显著提高。全市农民参合率103.8%，城市社区卫生服务人口覆盖率达100%。每万人拥有床位数38.60床，每万人拥有卫生技术人员数44.40人。

3. 体育事业

举办以温馨蚌埠健康珠城为主题的全民健身系列活动和群众性体育比赛22次，直接参与人数达66200人。为101个村建设了农体健身工程，建成4个省级乡镇健身广场。在2014省运会上，获金牌123枚、银牌48枚、铜牌53枚。全年培训各级社会体育指导员439名，其中国家级3名，一级40名，二级161名，三级235名。

（五）城乡建设

城市空间有效拓展。《蚌埠市城市总体规划（2012—2030年）》顺利获批，规划期末城市人口规模220万人、城市建设用地规模220平方公里，位居全省第3、皖北第1。部分区划调整工作全面完成，市区面积扩大至956.9平方公里。制定《关于以“363”框架为引领推进城市集约发展的指导意见》，着力构建以“三环六轴三带”为核心的城市发展主轴。胜利东路、中环线东段主车道建成通车，黄山大道全线贯通，国道104、206南段和省道307、长淮卫淮河大桥开工建设，市区与三县、凤阳城际公交全覆盖，区域通达能力明显增强。

城区功能逐步完善。继续推进城市大建设，完成投资241亿元，净增31亿元。全力开展征迁拆违攻坚扫尾，市区完成征迁502万平方米、拆违98万平方米，交付净地2.96万亩。启动第二轮棚户区改造项目60个，回迁安置棚改居民2万户。开工建设保障性安居工程31080套，廉租房实物配租4333户。新建、续建朝阳南路、学瀚路等道路39条，市区路网逐步完善。

（六）环境保护

全年环境空气质量达二级标准以上天数78.1%，区域噪声平均值小于55.6分贝。重点污染源达标率96.1%。生态文明建设力度加大。跻身全国绿色循环低碳交通区域性试点城市、水生态文明试点城市，入选全省生态文明先行示范区。大力实施退网还湖工程，拆除围网2.5万亩。成片造林15.2万亩，建设农田林网77万亩，创建森林长廊示范段129公里。积极推行园林绿化认建认养，新增、改造绿地315万平方米。森林覆盖率提高到17.7%。市民广场、龙子湖东公园起步区建成开放，淮河南岸外滩地整治工程、淮河北岸滨河景观带一期完工。三污厂和怀远、固镇污水处理厂提标改造工程顺利完成。垃圾焚烧发电和餐厨废弃物处置项目前期工作有序推进。实施大气污染防治“百日行动”，开展市区建筑施工扬尘、生活燃煤小锅炉、黄标车淘汰等专项治理，PM10平均浓度从上半年的142微克/m3降到下半年的86微克/m3。

（七）社会安全

全市各类事故共死亡129人，其中工矿商贸死亡7人，道路交通事故死亡119人（生产经营性道路交通事故死亡58人，非生产经营性道路交通事故死亡61人），铁路交通事故死亡3人；较大事故发生3起。

三、蚌埠市在泛长三角地区经济发展中的地位

2014 年，面对异常复杂的宏观经济形势，全市上下积极适应经济发展的"新常态"，沉着应对、主动作为，经济发展保持平稳较快的良好态势，主要经济指标继续好于全省、领先皖北。省政府通报的我市 11 项主要经济指标除城乡居民收入 2 项指标暂未反馈外，其余指标增速均高于全省平均水平，其中 8 项指标增速居全省前 4 位，与上年同期相比，5 项指标总量居全省位次前移。

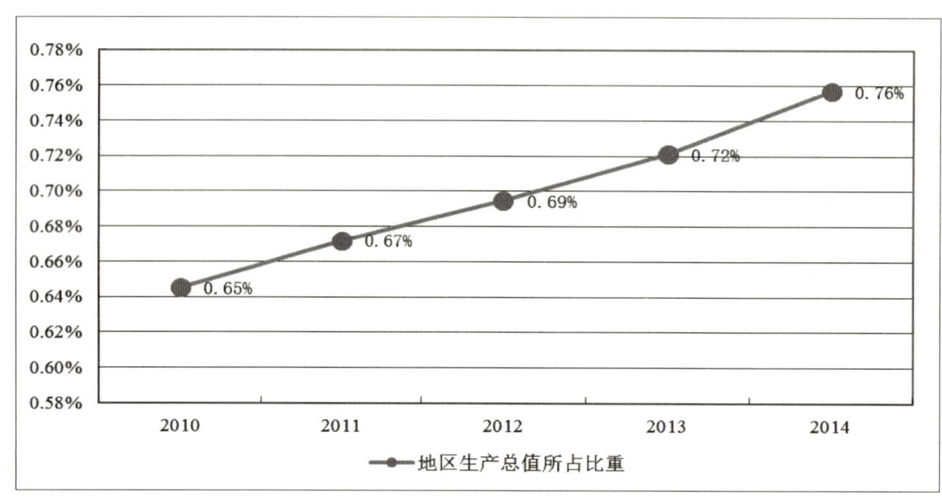

图 4　2010—2014 年蚌埠市地区生产总值在泛长三角地区所占比重变化趋势

2010—2014 年蚌埠市地区生产总值在泛长三角地区 41 市所占比重分别为 0.65%、0.67%、0.69%、0.72%和 0.76%。地区生产总值在泛长三角 41 市占比整体呈现上扬态势，2014 年与 2010 年比增加了 0.11 个百分点，较上年增加了 0.04 个百分点。2014 年，蚌埠市在泛长三角地区 41 市(苏浙两省 24 个地级市、上海市和安徽省 16 市，下同)地区生产总值所占比重排名第 29 位。

2014 年，全年生产总值(GDP)1108.44 亿元，按可比价格计算，比上年增长 10.1%。分产业看，第一产业增加值 182.05 亿元，增长 5.1%；第二产业增加值 572.25 亿元，增长 12.0%；第三产业增加值 354.14 亿元，增长 9.4%。三次产业结构由上年的 17.1∶51.2∶31.7 调整为 16.4∶51.6∶32.0，其中工业增加值占 GDP 的比重为 45.9%，比上年提高 0.6 个百分点。人均 GDP34222 元(折合 5571 美元)，比上年增加 2740 元。

居全省第 8 位，同比前移 1 位；按可比价格计算，比上年同期增长 10.1%，高于全省平均水平 0.9 个百分点，居全省第 2 位，同比前移 2 位。其中，第一产业增加值 182.1 亿元，增长 5.1%，居全省第 2 位；第二产业增加值 572.2 亿元，增长 12.0%，居全省第 1 位；第三产业(服务业)增加值 354.1 亿元，增长 9.4%，居全省第 3 位

2010—2014 年蚌埠市地方财政一般预算收入在泛长三角 41 市所占比重分别为 0.43%、0.50%、0.57%、0.57%和 0.62%，2014 年较 2010 年增加了 0.19 个百分点，较上年增加了 0.05 个百分点。2014 年，蚌埠市地方财政一般预算收入在泛长三角 41 市地区的排第 29 位。

2014 年，全市财政总收入完成 426 亿元，增长 11.6%。其中：地方公共财政预算收入 233.5 亿元，增长 9.1%，完成汇编调整预算的 98.8%，加上级税收返还及补助收入 114.5 亿元、调入预算稳定调节基金和其他资金 8.1 亿元、上年结余收入 1.4 亿元、债券转贷收入 11.2 亿元，收入合计 368.7 亿元。

全年财政收入 208.38 亿元，比上年增长 14.0%，其中地方财政收入 105.34 亿元，增长 13.5%。

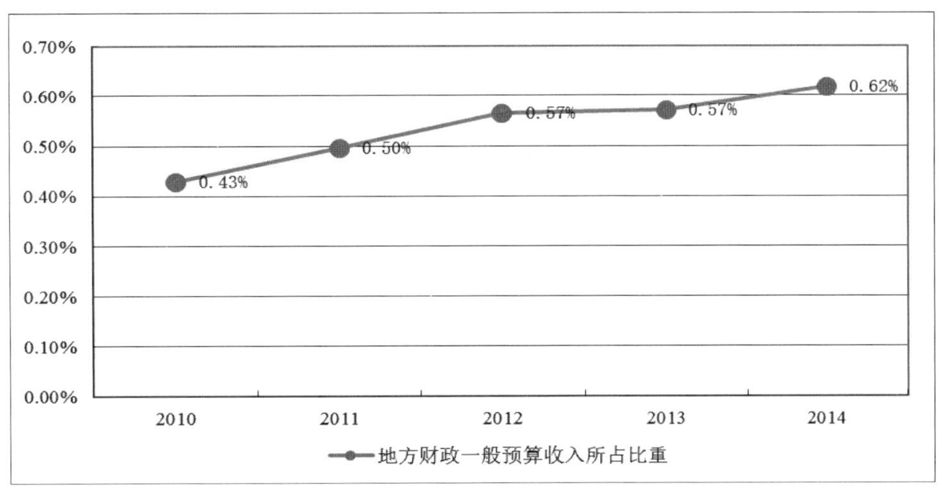

图 5　2010—2014 年蚌埠市地方财政一般预算收入在泛长三角地区所占比重变化趋势

在全部财政收入中，增值税增长 34.6%，营业税增长 4.6%，企业所得税增长 20.6%。财政支出 208.66 亿元，增长 9.0%。全年 45 项民生工程累计投入 45.0 亿元，惠及 100%城乡居民。居全省第 4 位，同比前移 1 位；增长 14.0%，高于全省平均水平 5.1 个百分点，居全省第 4 位，同比前移 6 位。其中，地方财政收入 105.3 亿元，居全省第 7 位，同比前移 1 位；增长 13.5%，高于全省平均水平 6.6 个百分点，居全省第 6 位，同比前移 1 位。

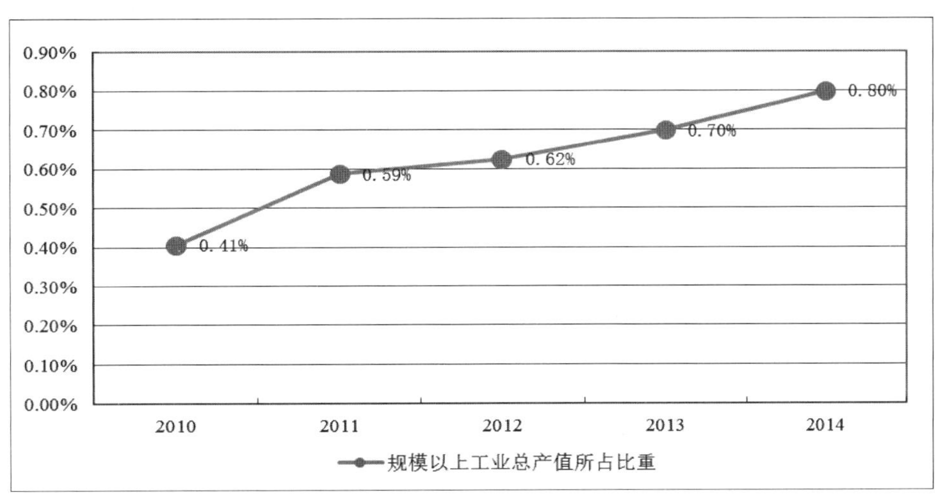

图 6　2010—2014 年蚌埠市规模以上工业总产值在泛长三角地区所占比重变化趋势

2010—2014 年蚌埠市规模以上工业总产值在泛长三角 41 市所占比重分别为 0.41%、0.59%、0.62%、0.70%和 0.80%，呈连续增加态势，2014 年较 2010 年增加了 0.39 个百分点，较上年增加了 0.10 个百分点。2014 年，蚌埠市规模以上工业总产值在泛长三角 41 市地方财政一般预算收入所占比重排第 28 位。

全市规模以上工业经济效益综合指数为 384.8%，比上年提高 26.1 个百分点。规模以上工业实现主营业务收入 1657.08 亿元，增长 19.0%；实现利税总额 148.55 亿元，增长 7.4%，其中利润 61.70 亿元，增长 4.0%。居全省第 5 位，同比前移 2 位；增长 12.8%，高于全省平均水平 1.6 个百分点，居全省第 1 位，同比前移 2 位。

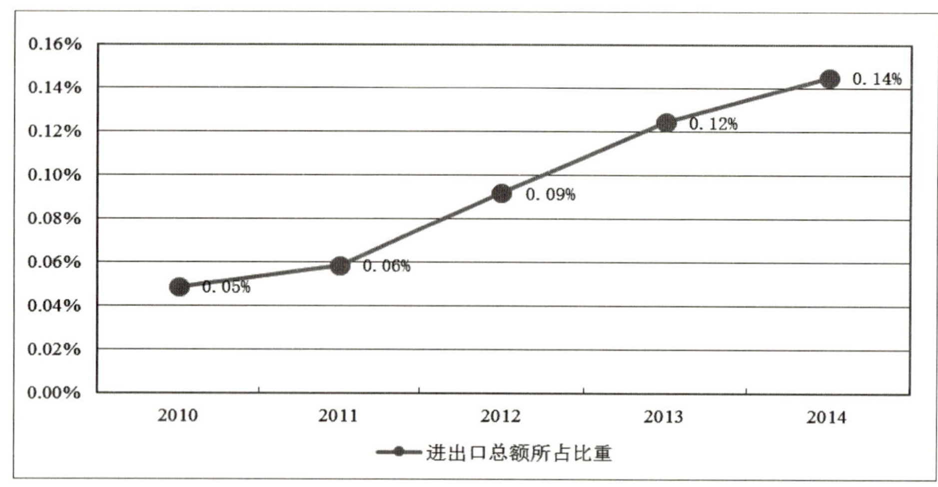

图7 2010—2014年蚌埠市进出口总额在泛长三角地区所占比重变化趋势

2010—2014年蚌埠市进出口总额在泛长三角41市所占比重分别为0.05%、0.06%、0.09%、0.12%和0.14%，总体上呈现上扬态势，五年间增加了0.09个百分点，其中2014年较上年增加了了0.02个百分点。2014年，蚌埠市进出口总额在泛长三角41市的排32位，位置相对靠后。

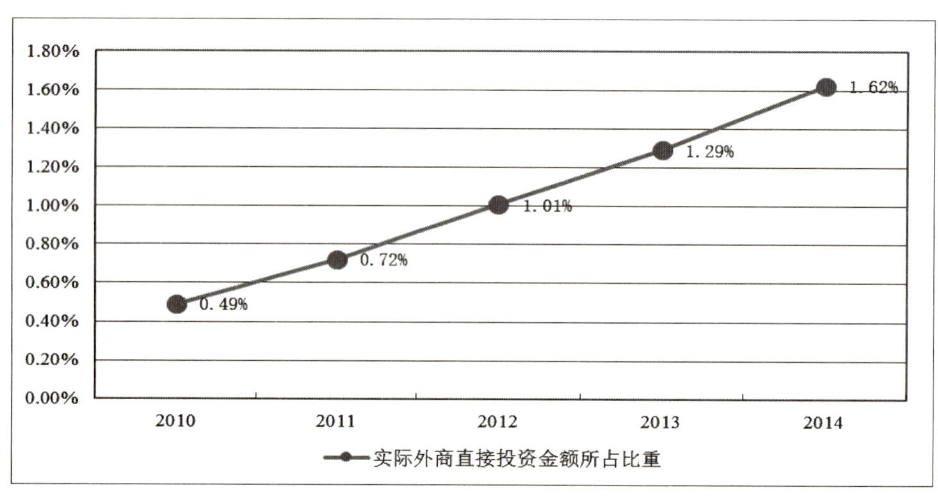

图8 2010—2014年蚌埠市实际外商直接投资金额在泛长三角地区所占比重变化趋势

全年进出口总额20.80亿美元，比上年增长21.7%。其中，出口16.23亿美元，增长30.4%；进口4.58亿美元，下降1.5%。居全省第7位，同比前移1位；增长21.7%，高于全省平均水平13.4个百分点，居全省第3位，同比前移1位。

2010—2014年蚌埠市实际外商直接投资金额在泛长三角41市所占比重分别为0.49%、0.72%、1.01%、1.29%和1.62%，整体呈现上扬姿态，2014年较2010年增加了1.13个百分点，较上年增加了0.33个百分点。2014年，蚌埠市实际外商直接投资金额在泛长三角41市排第16位，排名相对靠前。

全年实际到位外资金额12.50亿美元，增长23.4%，其中外商直接投资12.14亿美元，增长25.3%。实际到位内资702.32亿元，增长25.6%，其中省外资金600.57亿元，增长22.5%。居全省第4位，同比持平；增长25.3%，高于全省平均水平9.8个百分点，居全省第4位，同比后移1位。

五 淮南市 2014 年经济社会发展报告

2014 年，面对复杂严峻的宏观环境，全市人民在市委、市政府的坚强领导下，深入贯彻落实党的十八大和十八届三中、四中全会和习近平总书记系列重要讲话精神，统筹做好稳增长、促改革、调结构、惠民生、防风险各项工作，保持了经济运行安全和社会大局稳定。

一、淮南市 2014 年经济发展概况

(一) 综合经济

1. 经济总量

全年生产总值(GDP)789.32 亿元，按可比价格计算，比上年下降 0.4%。其中，第一产业增加值 67.08 亿元，增长 4.6%；第二产业增加值 440.71 亿元，下降 3.9%；第三产业增加值 281.53 亿元，增长 6.7%。三次产业结构由上年的 8.1∶62.0∶29.9 调整为 8.8∶57.4∶33.8，其中工业增加值占 GDP 的比重为 49.3%。全社会劳动生产率 57134 元/人。人均 GDP 达 33361 元(折合 5431 美元)。

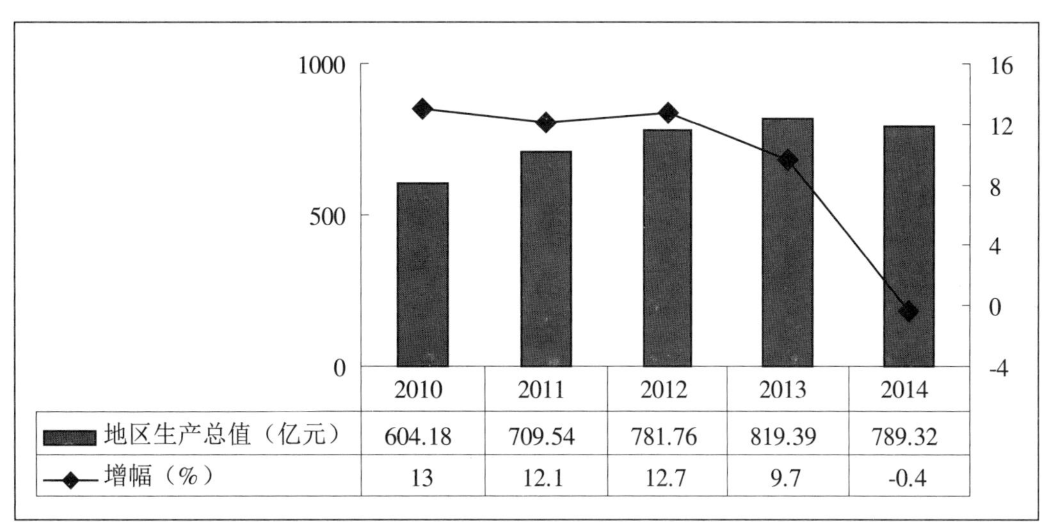

图 1 2010—2014 年淮南市地区生产总值及增长速度

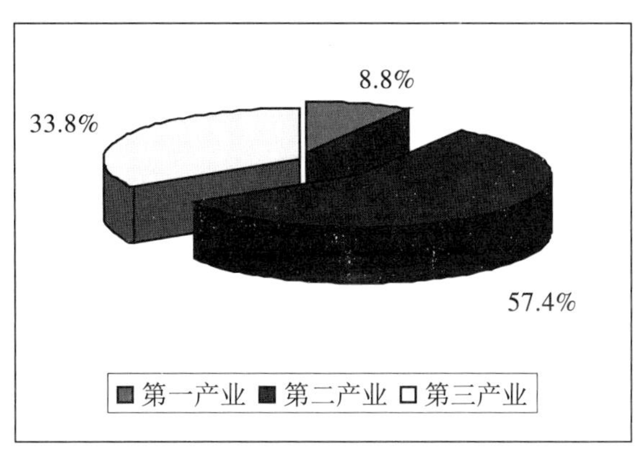

图 2 2014 年淮南市三次产业结构图

2. 财政收支

全年财政收入 125.8 亿元，比上年下降 26%，其中地方财政收入 75.4 亿元，下降 31.9%。全部财政收入中，增值税下降 13.8%，营业税下降 18.5%，企业所得税下降 8%。财政支出 146 亿元，下降 13.4%。其中教育支出 19.5 亿元，下降 13.4%；城乡社区事务支出 16.5 亿元，下降 57.3%；医疗卫生支出 12.3 亿元，下降 5.2%；科学技术支出下降 29.1%；文化体育与传媒支出增长 5.8%；交通运输支出增长 14.6%。全市 33 项民生工程实际拨付资金 32.03 亿元，同比增长 58.5%。

3. 物价水平

全年居民消费价格比上年上涨 1.4%，其中食品价格上涨 1.1%。商品零售价格同比持平。工业生产者出厂价格下降 8.1%。工业生产者购进价格下降 6%。

4. 固定资产投资

全年固定资产投资 755.3 亿元，比上年下降 5.7%。其中：民间投资 357.1 亿元，下降 6.1%。分产业看，第一产业投资 54.0 亿元，增长 23.2%；第二产业投资 314.7 亿元，下降 6.2%；第三产业投资 386.6 亿元，下降 8.3%。分行业看，工业完成投资 302.3 亿元，下降 9.5%。其中煤炭开采和洗选业完成投资 49.5 亿元，下降 27.0%；电力行业完成投资 66.1 亿元，下降 15.3%；制造业完成投资 179.7 亿元，下降 0.8%。

全年共安排“861”行动计划项目 405 个，当年完成投资 427.2 亿元。济祁高速公路淮南段开工建设；田集电厂二期竣工投产；省道 S308 凤利路改造工程、淮潘路道路改造工程、朝阳路改造工程等完成。

（二）农业

全年粮食种植面积 20.7 万公顷，比上年增长 1.5%；棉花种植面积 912 公顷，下降 0.1%；油料种植面积 4900 公顷，增长 1.8%；蔬菜种植面积 2.8 万公顷，增长 3.8%。

全年粮食总产量 139.4 万吨，比上年增长 4.1%，其中

夏粮产量 63.8 万吨，增长 4.7%；秋粮产量 75.6 万吨，增长 3.6%。油料产量 1.6 万吨，增长 3.3%；棉花产量 1829.3 吨，下降 0.9%。

年末全市生猪存栏 29.0 万头，比上年增长 2.6%；全年生猪出栏 50.7 万头，增长 3.5%。肉类总产量 9.1 万吨，增长 2.3%，其中猪牛羊肉产量 5.6 万吨，增长 2.2%。禽蛋产量 6.8 万吨，增长 3.9%。牛奶产量 5.3 万吨，增长 5.4%。水产品产量 7.8 万吨，增长 3.8%。

年末全市农业机械总动力 184.9 万千瓦，比上年增长 2.0%。各式拖拉机 10.8 万台，下降 3.7%；联合收割机 5805 台，增长 15.6%。全年化肥施用量（折纯）15.1 万吨，增长　7.5%；农村用电量 8.9 亿千瓦时，增长 6.2%。有效灌溉面积 122 千公顷；节水灌溉面积 65.6 千公顷。

年末市级以上农业产业化龙头企业 151 家，新增 33 家。其中市级农业产业化龙头企业 124 家，省级农业产业化龙头企业 26 家，国家级农业产业化龙头企业 1 家。

（三）工业和建筑业

1. 工业经济

年末全市规模以上工业企业 637 户。全年实现规模以上工业增加值 403.0 亿元，比上年下降 5.8%，轻、重工业增加值比例由上年 7.1∶92.9 变化为 8.5∶91.5。

全市 35 个工业行业中 10 个行业增加值增长。在 35 个行业中，煤炭行业实现增加值 216.9 亿元，

下降5.9%;电力行业89.0亿元,增长6.5%;化学原料和化学制品制造业12.3亿元,下降17.0%;装备制造业26亿元,下降31%。高新技术工业增加值31.7亿元,下降25.3%。战略性新兴产业产值76.6亿元,下降3.3%。

主要工业产品产量中,原煤下降10.7%,洗煤增长33.6%,发电量增长6.6%,合成氨增长2.8%,化肥下降2.2%,水泥下降6.8%,矿山专用设备下降17.1%。

年末全市发电装机容量1219.2万千瓦,其中,当年新增发电装机容量68.4万千瓦。

全年规模以上工业企业实现主营业务收入918.7亿元,下降14.0%;实现税收57.3亿元,下降9.8%。

2. 建筑业

全年全社会建筑业增加值64.0亿元,比上年增长3.8%。年末资质内建筑企业106户。其中大型企业1户,与上年末相比持平;中型企业16户,比上年增加1户;小型企业41户,比上年增加3户。房屋建筑施工面积360万平方米,比上年减少51.9万平方米;房屋竣工面积245.7万平方米,增加51.6万平方米。全年实现税收2.7亿元,增长18.7%;利润2.5亿元,下降12.3%。

(四)服务业

1. 国内贸易

全年实现社会消费品零售总额316.3亿元,比上年增长9.0%。分城乡看,城镇实现零售额273.5亿元,增长9.4%;乡村实现零售额42.8亿元,增长7.0%。分行业看,批发和零售业实现零售额281.2亿元,增长9.1%;住宿和餐饮业实现零售额35.1亿元,增长8.0%。

全市纳入统计的6家开展网络零售业务的限额以上企业,实现网上零售额3512.7万元,增长5.2倍。

限额以上单位实现消费品零售额130.2亿元,增长1.6%,从限额以上单位商品零售类值看,食品、饮料和烟酒类下降0.6%,服装、鞋帽、针纺织品类增长7.5%,家用电器和音像器材类下降2.1%,日用品类下降4.0%,石油及制品类下降1.1%,汽车类增长1.0%。

2. 交通运输、邮电

全年旅客运输量4647.9万人,货物运输量21041万吨,分别比上年增长17.1%和14.7%。公路客运周转量22.6亿人公里,增长14.8%;公路货运周转量261.9亿吨公里,增长12.9%;水路货运周转量198亿吨公里,增长260%;港口吞吐量2034万吨,增长25.9%。

年末全市拥有民用汽车15.5万辆,增长8.9%;其中:载客车12.4万辆,增长13.7%;载货车3.0万辆,下降5.4%;私人汽车11.5万辆,增长17.9%。

全年完成邮电业务总量16.86亿元,比上年增长0.5%。其中,邮政业务总量1.24亿元,增长3.3%;电信业务总量15.62亿元,增长0.3%。全市获得《快递业务经营许可证》的企业有13家,全年完成快递业务量365.2万件;快递业务收入5462.2万元,同比增长67.1%。年末电话交换机容量277.1万门;固定电话用户33.5万户;移动电话用户170.8万户,其中3G移动电话用户52万户,4G移动电话用户10.6万户。城市家庭每百户拥有固定电话49部,同比减少7%;拥有移动电话229部,同比增长10.5%;农村家庭每百户拥有固定电话34部,同比减少7.6%;拥有移动电话196部,同比增长7.4%。年末计算机互联网用户36.6万户,增长13%。

3. 旅游业

全年接待国内外游客1300万人次,增长9.2%。其中:接待入境国际游客3.5万人次,增长

5.6%。旅游总收入 75.4 亿元，比上年增长 12.7%。其中，国际旅游收入 2030.4 万美元，增长 5.9%。全市星级饭店 32 家，星级饭店客房 2665 间。年末全市共有 6 个 4A 级旅游景区。

4. 金融、保险和证券

全年社会融资规模 145.2 亿元，比上年减少 58.2 亿元。年末全市金融机构人民币各项存款余额 1228.7 亿元，比年初增加 18.9 亿元，增长 1.6%。其中，单位存款 500.5 亿元，比年初减少 24 亿元，下降 4.6%；城乡居民储蓄存款 691 亿元，比年初增加 39.4 亿元，增长 6%。金融机构人民币各项贷款余额为 896.2 亿元，比年初增加 16.2 亿元，增长 1.8%。其中，短期贷款 306 亿元，比年初减少 74.3 亿元，下降 19.5%；中长期贷款 517.4 亿元，比年初增加 64.4 亿元，增长 14.2%。

全年保险公司保费收入 30.1 亿元，比上年增长 17.0%，其中财险保费收入 9.1 亿元，增长 19.0%；人身险保费收入 21 亿元，增长 16.1%。全年赔付支出 10.3 亿元，下降 27.1%，其中财险赔付支出 4.8 亿元，增长 14.2%；人身险赔付支出 5.5 亿元，下降 44.4%。

年末债券市场融资余额 479.8 亿元，同比增长 59.5%，其中中期票据余额 212 亿元，短期融资券余额 203 亿元，企业债余额 62 亿元，中小企业私募债 2.8 亿元。

年末证券市场共有资金账户 13.6 万户，比上年增长 4.1%。全年证券交易额 1160.1 亿元，比上年增长 81.8%。

5. 房地产业

全年房地产开发投资 110.5 亿元，比上年下降 13.8%。全年商品房销售面积 179.7 万平方米，下降 21.0%。商品房销售额 87.0 亿元，下降 19.8%。全年新开工建设城镇保障性安居工程住房 59185 套(户)，基本建成城镇保障性安居工程住房 13395 套。

（五）对外经济

1. 对外贸易

全年外贸进出口总额 44694 万美元，比上年下降 11.5%。其中出口 35662 万美元，下降 12.2%；进口 9032 万美元，下降 8.3%。

2. 利用外资

全年实际利用外资 20095 万美元，比上年下降 17.9%，其中：全年实际吸收外商直接投资 20095 万美元，下降 16.0%。全年新批外商投资企业 5 家，比上年增长 66.7%；合同利用外资 5179 万美元，下降 49.7%。

3. 对外承包和引进内资

全年对外工程承包完成营业额 18836 万美元，增长 13.3%。全市外派劳务人员 3600 人，增长 24%。引进内资实际到位市外资金总额为 600 亿元，下降 14.3%。

二、淮南市 2014 年社会发展概况

（一）人口、人民生活

年末全市常住人口 237.5 万人，比上年增加 1.8 万人；全市城镇化率 67.9%，比上年末提高 1.25 个百分点。全市人口出生率 11.7‰，比上年上升 0.5 个千分点；死亡率 5.1‰，提高 1.3 个千分点；自然增长率 6.6‰，下降 0.8 个千分点。

全年城镇常住居民人均可支配收入 26267 元，比上年增长 7.5%，扣除价格因素，实际增长 6.0%。人均消费性支出 15219 元，增长 9.3%。其中，食品烟酒支出增长 7.3%，居住支出增长 5.7%。城镇居民家庭恩格尔系数为 37.0%。城镇居民人均住房面积 30.5 平方米。

全年农村常住居民人均可支配收入 10547 元，比上年增长 11%，扣除价格因素，实际增长 9.5%。农村居民人均消费性支出 7238 元，增长 7.1%。农村居民家庭恩格尔系数为 37.6%。农村居民人均住房面积 38.9 平方米。

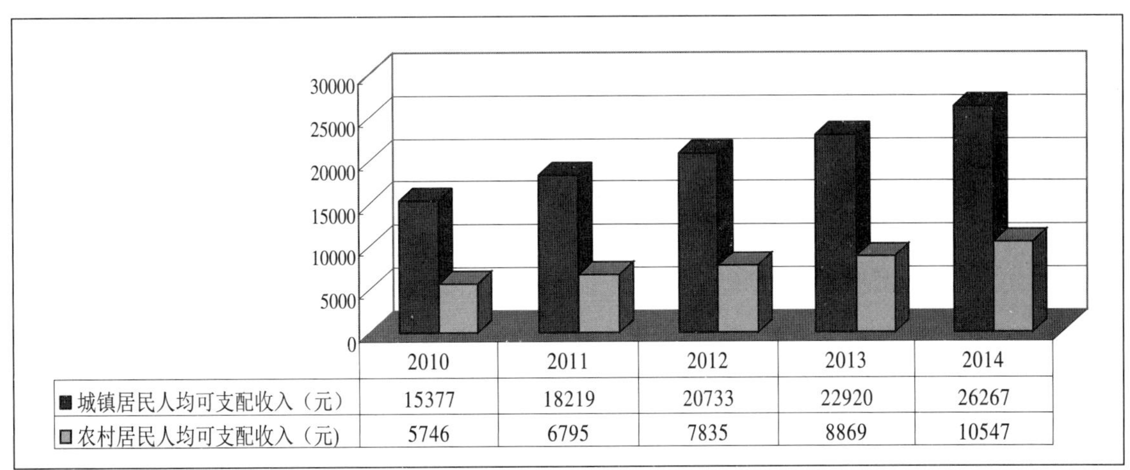

	2010	2011	2012	2013	2014
■城镇居民人均可支配收入（元）	15377	18219	20733	22920	26267
■农村居民人均可支配收入（元）	5746	6795	7835	8869	10547

图 3　2010—2014 年淮南市城乡居民收入对比一览

（二）就业与社会保障

1. 就业工作

年末全市从业人员 137.5 万人，比上年减少 1.3 万人。其中，第一产业 28.5 万人，增加 0.3 万人；第二产业 54.3 万人，减少 2.8 万人；第三产业 54.7 万人，增加 1.2 万人。全年城镇实名制新增就业 4.7 万人，下岗失业人员再就业 2.16 万人。年末城镇登记失业率为 4.0%。

2. 社会保障和福利

年末全市参加城镇基本养老、医疗保险人数分别为 45.96 万人和 112.54 万人。参加失业保险人数为 29.2 万人，全年为 2.32 万名失业人员发放了不同期限的失业保险金。全市参加工伤、生育保险人数分别为 32.4 万人和 24.06 万人。城乡居民养老保险参保人数 76.24 万人。参加新型农村合作医疗的农业人口 126.5 万人，参合率为 101.15%。

年末城市居民最低生活保障 4.5 万人，农村最低生活保障 3.7 万人，农村五保供养 1.5 万人。全年医疗救助 6.9 万人次，抚恤补助各类优抚对象 0.9 万人。

年末全市有各类提供住宿的社会服务机构 6 个，床位 711 张，收养各类人员 536 人。不提供住宿的社会服务机构 288 个，其中社区服务中心 42 个，社区服务站 239 个，社区日间照料床位 400 张。全年销售社会福利彩票 18245 万元，筹集社会福利资金 6385 万元。

（三）教育和科学技术

1. 教育事业

年末共有普通高校 5 所，在校学生 79193 人，招收学生　24255 人，毕业生 28978 人。各类中等职业教育(不含技工学校)在校学生 31759 人;普通高中在校学生 43376 人;义务教育在校学生 218664 人,其中初中 69347 人,小学 149317 人;幼儿园在校学生 65227 人。学龄儿童小学入学率和初中学龄人口入学率分别为 99.93%和 99.79%;高考录取 14030 人,成人高校在校学生 12854 人。

2. 科技与创新

年末共有高新技术企业 80 家,全年高新技术企业实现总收入 125.3 亿元。高新技术产品 293 个。科研机构 72 个。科技人员 17600 人。全年专利申请量 3062 件,比上年下降 14.6%;专利授权量 2072 件,增长 19.4%。全年共取得省部级以上鉴定的科技成果 33 项;获得省科技进步奖一等奖 2 项,二等奖 2 项,三等奖 6 项。

年末拥有国家级研究院 1 家,国家级工程技术中心 1 家,国家级重点实验室 1 个,国家级工程实验室 1 家,国家级企业技术中心 2 家;省级工程技术研究中心 27 个,省级实验室 2 家;市级工程技术研究中心 47 个,市级重点实验室 2 个;国家级、省、市创新型(试点)企业 51 家。

年末全市有县以上产品质量检验机构 28 个,其中系统内 5 个,国家质量监督检验中心 2 个;法定计量技术机构 2 个,全年强制检定计量器具 9.9 万台(件)。累计制定、修订地方标准 7 项。有国家地理标志产品 2 个。

(四) 文化、卫生和体育

1. 文化事业

年末全市有文化馆 7 个,博物馆 1 个,公共图书馆 4 个,图书馆藏书 41 万册。各级综合档案馆 7 个,档案馆藏档案、资料 59.3 万卷(册),增长 2.8%。广播、电视覆盖率均为 100%。《淮南日报》、《淮河早报》全年共发行 1263.8 万份。

2. 卫生事业

年末全市有医疗卫生机构 1208 个,其中医院 63 个、基层医疗卫生机构 1059 个、专业公共卫生机构 82 个,其他卫生机构 4 个。基层医疗卫生机构中,卫生院 47 个,社区卫生服务中心(站)183 个,村卫生室 573 个;专业公共卫生机构中,疾病预防控制中心 8 个,专科疾病防治院(所、站)2 个,妇幼保健院(所、站)9 个,卫生监督所(中心)7 个。全市卫生技术人员 17877 人,其中执业(助理)医师 4991 人,注册护士 6118 人。乡村医生和卫生员 1454 人。医疗卫生机构床位 1.3 万张,其中医院、卫生院床位 1.1 万张。全年医疗卫生机构共诊疗 1112.5 万人次。

3. 体育事业

全年在省级各项比赛中,淮南市运动健儿获金牌 77.25 枚,银牌 37 枚,铜牌 56 枚。举办了"淮南市全民健身自愿服务社区行"等系列重大活动,影响人数达百万人次。

(五) 城乡建设

淮南市强化城市功能,城镇化步伐不断加快。坚持以人为本,促进公共服务均等化,新增建成区面积 2.6 平方公里,城镇化率达 66.9%。城乡规划加快编制。统筹经济社会发展规划、土地利用总体规划、城乡总体规划,开展"多规合一"试点。各类规划加快完善,城乡规划体系更加科学合理,规划的前瞻性、约束性和严肃性进一步增强。

山南新区建设稳步推进。按照"三年大见成效,五年基本建成"的发展要求,重新启动一批战略合作和重点项目建设,核心区路网、公交等设施加快完善,3 所学校、2 所幼儿园建成投用,安理大新校区、职教园区等群众关注的项目全力推进。

安居工程建设保障力度加大。全面完成保障性安居工程年度建设任务，开工 59185 套、基本建成 13395 套。利用住房公积金贷款 3.1 亿元，支持保障性安居工程建设。扎实推进采煤塌陷区异地搬迁工程，竣工安置项目 4 个。加强安置区建设协调调度，着力解决征迁户安居问题。

城市基础设施加快完善。西部城区 5 条道路改造完成，3 座淮河大桥加快建设，新改建各类地下管网 180 公里，龙王沟城市排涝工程全面竣工。

交通网络加快构建，济祁高速公路淮南段、九龙大道等项目开工建设。"三线三边"环境综合整治扎实开展，违法建设、超载超限专项整治取得积极成效。全国智慧城市试点工作全面启动。

（六）资源、环境保护

全年全市国有建设用地供应总量 494.8 公顷，比上年增长 0.4%。其中，工矿仓储用地 35.1 公顷，下降 51.9%；房地产用地 43.4 公顷，下降 70.3%；基础设施等其他用地 416.3 公顷，增长 51.9%。

全年全市供水总量 16.3 亿立方米，比上年下降 6%，其中地表水供水量 15.1 亿立方米，地下水供水量 1.2 亿立方米。全年总用水量 16.3 亿立方米，其中，农田灌溉用水比上年下降 11.5%；工业用水量下降 16.5%，生活用水增长 4.5%。

城市污水处理厂日处理能力达 22.5 万立方米，城市污水处理率达到 92.35%，建成区绿地率达到 36.07%。

当年全市人工造林面积 6702 公顷。年末全市森林面积 52.7 千公顷，活立木总蓄积量 341.3 万立方米，森林蓄积量 291.2 万立方米。

年末全市有市、县级环境监测站 2 个。全市空气质量平均优良天数比例为 83.4%，比上年上升 4.7 个百分点；全市 PM10 年均浓度为 107 微克/立方米，比上年下降 7%。

全市化学需氧量(COD)、氨氮、二氧化硫、氮氧化物四项主要污染物排放总量分别较上年削减 2.38%、0.89%、3.3%和 31.12%。初步核算，全市单位 GDP 能耗下降 1.59%。

（七）社会安全

全年亿元 GDP 生产安全事故死亡人数为 0.165 人；工矿商贸企业就业人员 10 万人事故死亡人数为 2.93 人；煤矿百万吨死亡人数为 0.46 人；道路交通万车事故死亡人数为 2.52 人。全年发生火灾事故 784 起。全年发生交通事故 918 起。

三、淮南市在泛长三角地区经济发展中的地位

2014 年是"十二五"关键之年，市委、市政府坚持稳中求进工作总基调，克服宏观经济形势下行，煤电等重点行业持续低迷以及小煤矿关闭等多重不利因素，努力保持了经济平稳运行、各项事业稳步推进。

2010—2014 年淮南市地区生产总值在泛长三角地区 41 市所占比重分别为 0.61%、0.61%、0.61%、0.59%和 0.52%。2014 年与 2010 年比减少了 0.09 个百分点，较上年增加了 0.07 个百分点。2014 年，淮南市在泛长三角地区 41 市地区生产总值所占比重排名第 37 位。

全年完成地区生产总值 789.3 亿元，比上年下降 0.4%。其中，第一产业增加值 69.5 亿元，增长 4.7%；第二产业增加值 453.2 亿元，下降 4%；第三产业增加值 266.6 亿元，增长 7.5%。三次产业结构由上年的 8.1∶62∶29.9 调整为 8.8∶57.4∶33.8。人均 GDP 达 33361 元(折合 5431 美元)。

2010—2014 年淮南市地方财政一般预算收入在泛长三角 41 市所占比重分别为 0.52%、0.58%、0.71%、0.68%和 0.44%，2014 年较 2010 年减少了 0.08 个百分点，较上年减少了 0.24 个百分点。

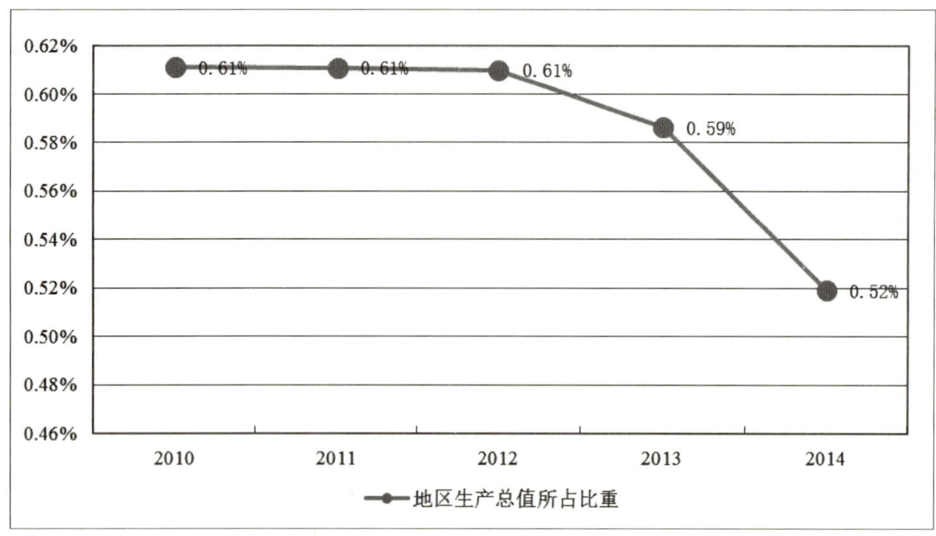

图 4　2010—2014 年淮南市地区生产总值在泛长三角地区所占比重变化趋势

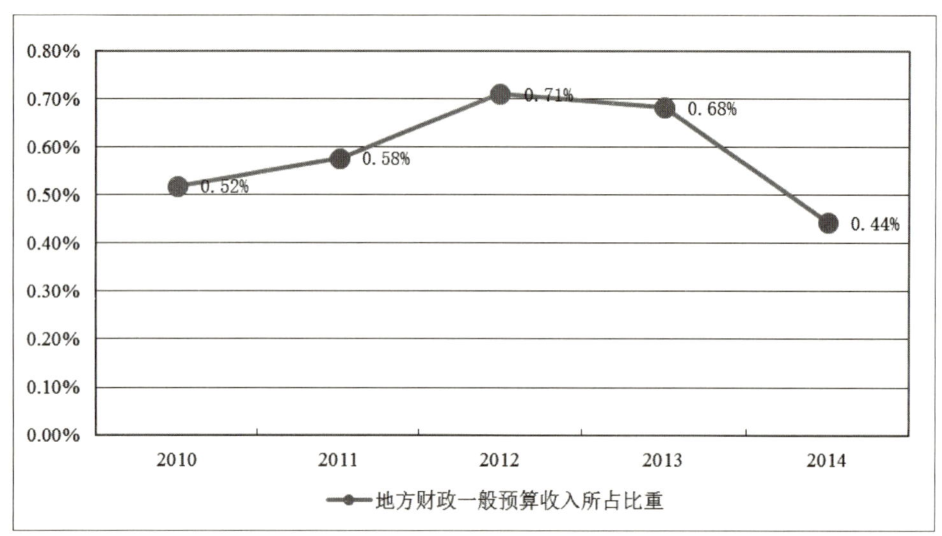

图 5　2010—2014 年淮南市地方财政一般预算收入在泛长三角地区所占比重变化趋势

2014 年，淮南市地方财政一般预算收入在泛长三角 41 市地区的排第 36 位。

全年财政收入 125.8 亿元，比上年下降 26%，其中地方财政收入 75.4 亿元，下降 31.9%。全年社会融资规模 145.2 亿元，比上年减少 58.2 亿元。年末，全市金融机构各项存款余额 1228.7 亿元，比年初增加 18.9 亿元，增长 1.6%；金融机构各项贷款余额为 896.2 亿元，比年初增加 16.2 亿元，增长 1.8%。全年城镇常住居民人均可支配收入 26267 元，比上年增长 7.5%；农村常住居民人均可支配收入 10547 元，增长 11%。全部财政收入中，增值税下降 13.8%，营业税下降 18.5%，企业所得税下降 8%。财政支出 146 亿元，下降 13.4%。其中教育支出 19.5 亿元，下降 13.4%；城乡社区事务支出 16.5 亿元，下降 57.3%；医疗卫生支出 12.3 亿元，下降 5.2%；科学技术支出下降 29.1%；文化体育与传媒支出增长 5.8%；交通运输支出增长 14.6%。全市 33 项民生工程实际拨付资金 32.03 亿元，同比增长 58.5%。

2010—2014 年淮南市规模以上工业总产值在泛长三角 41 市所占比重分别为 0.41%、0.41%、

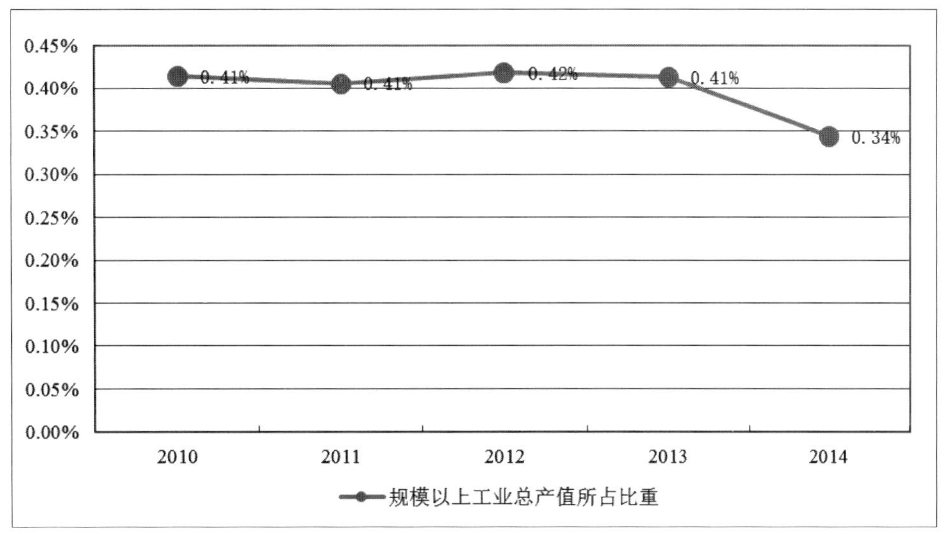

图6　2010—2014年淮南市规模以上工业总产值在泛长三角地区所占比重变化趋势

0.42%、0.41%和0.34%，2014年较2010年减少了0.07个百分点，较上年减少了0.07个百分点。2014年，淮南市规模以上工业总产值在泛长三角41市地方财政一般预算收入所占比重排第38位。

全市规模以上工业企业637户。全年实现规模以上工业增加值403.0亿元，比上年下降5.8%，轻、重工业增加值比例由上年7.1∶92.9变化为8.5∶91.5。全市规模以上工业企业637户。全年实现规模以上工业增加值403亿元，比上年下降5.8%，轻、重工业增加值比例由上年7.1∶92.9变化为8.5∶91.5。全市35个工业行业中10个行业增加值增长。在35个行业中，煤炭行业实现增加值216.9亿元，下降5.9%；电力行业89.0亿元，增长6.5%；化学原料和化学制品制造业12.3亿元，下降17.0%；装备制造业26亿元，下降31%。高新技术工业增加值31.7亿元，下降25.3%。战略性新兴产业产值76.6亿元，下降3.3%。主要工业产品产量中，原煤下降10.7%，洗煤增长33.6%，发电量增长6.6%，合成氨增长2.8%，化肥下降2.2%，水泥下降6.8%，矿山专用设备下降17.1%。年末，全市发电装机容量1219.2万千瓦，其中当年新增发电装机容量68.4万千瓦。全年规模以上工业企业实现主营业务收入918.7亿元，下降14.0%；实现税收57.3亿元，下降9.8%；全年亏损34.4亿元。全年全社会建筑业增加值64亿元，比上年增长3.8%。年末，资质内建筑企业106户。全年实现税收2.7亿元，增长18.7%；利润2.5亿元，下降12.3%。

2010—2014年淮南市进出口总额在泛长三角41市所占比重分别为0.01%、0.02%、0.03%、0.04%和003%，五年间增加了0.02个百分点，其中2014年较上年减少了了0.01个百分点。2014年，淮南市进出口总额在泛长三角41市的排39位，位置较为靠后。

全年外贸进出口总额44694万美元，比上年下降11.5%。其中出口35662万美元，下降12.2%；进口9032万美元，下降8.3%。

2010—2014年淮南市实际外商直接投资金额在泛长三角41市所占比重分别为0.18%、0.20%、0.26%、0.32%和0.27%，2014年较2010年增加了0.09个百分点，较上年减少了0.05个百分点。2014年，淮南市实际外商直接投资金额在泛长三角41市排第36位，排名相对靠后。

全年利用外商直接投资2亿美元，引进内资600亿元。合肥海关驻淮南办事处获批成立。对外经贸合作继续拓展。组织参加华交会、广交会、高交会和中国—东盟博览会等境内外展会，对外贸易国家和地区达到112个；重点实施了蒙古奥云陶勒盖铜矿、沙特马登氯乙酸、沙特阿美延布炼油安装、新加坡合成橡胶等4个千万美元以上项目；淮南禾牧商贸在法国投资，填补了淮南市民营企业境外投

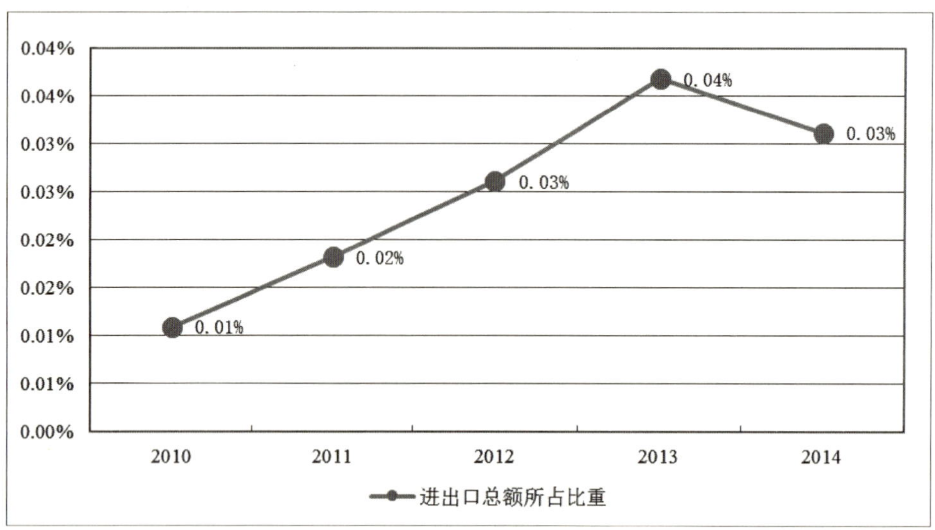

图 7　2010—2014 年淮南市进出口总额在泛长三角地区所占比重变化趋势

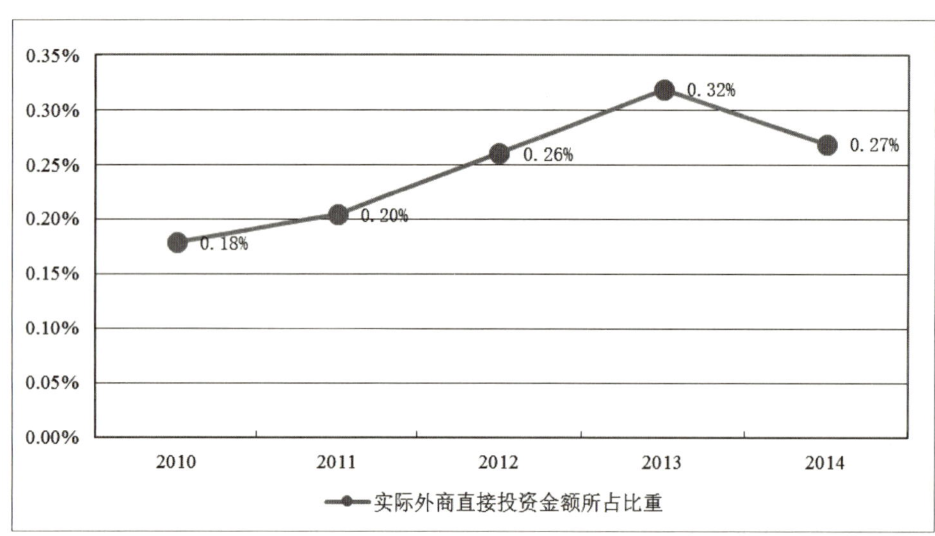

图 8　2010—2014 年淮南市实际外商直接投资金额在泛长三角地区所占比重变化趋势

资空缺。

其中：全年实际吸收外商直接投资 20095 万美元，下降 16.0%。全年新批外商投资企业 5 家，比上年增长 66.7%；合同利用外资 5179 万美元，下降 49.7%。全年对外工程承包完成营业额 18836 万美元，增长 13.3%。全市外派劳务人员 3600 人，增长 24%。引进内资实际到位市外资金总额为 600 亿元，下降 14.3%。

六　马鞍山市 2014 年经济社会发展报告

2014 年，面对复杂严峻的宏观经济环境，全市人民在市委市政府的坚强领导下，紧紧围绕转型升级、加快发展，主动适应经济发展新常态，抢抓长江经济带建设等重大机遇，全力推进"项目突破年"等活动，聚焦工业发展、勇于改革创新、奋力攻坚克难，经济社会发展取得新的成绩。经济运行总体平稳、稳中有进，经济结构不断优化，发展成果惠及民生。

一、马鞍山市 2014 年经济发展概况

（一）综合经济

1. 经济总量

全年实现地区生产总值(GDP)1333.12 亿元，按可比价格计算，比上年增长 9.7%。其中，第一产业增加值 77.04 亿元，增长 4.5%；第二产业增加值 831.12 亿元，增长 10.7%；第三产业增加值 424.96 亿元，增长 7.9%。三次产业结构比例为 5.8∶62.3∶31.9。

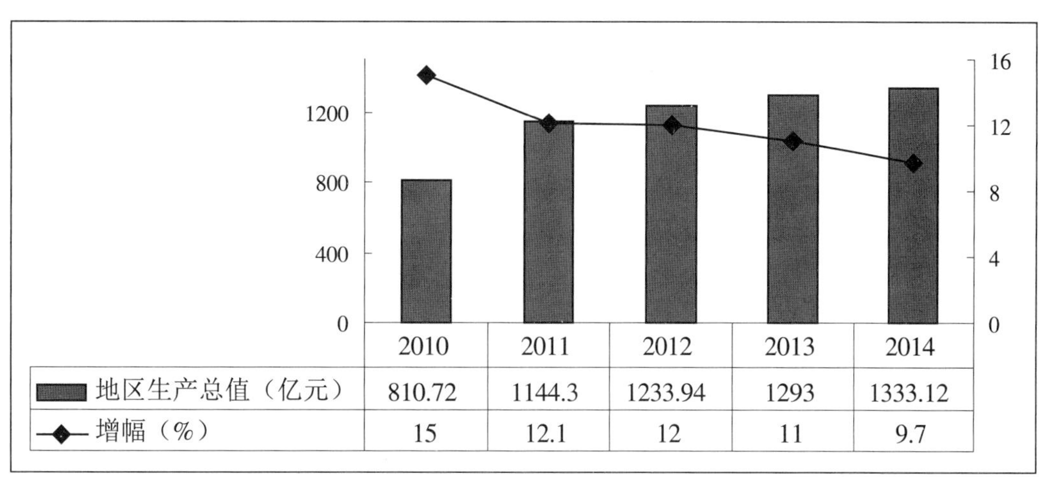

	2010	2011	2012	2013	2014
地区生产总值（亿元）	810.72	1144.3	1233.94	1293	1333.12
增幅（%）	15	12.1	12	11	9.7

图 1　2010—2014 年马鞍山市地区生产总值及增长速度

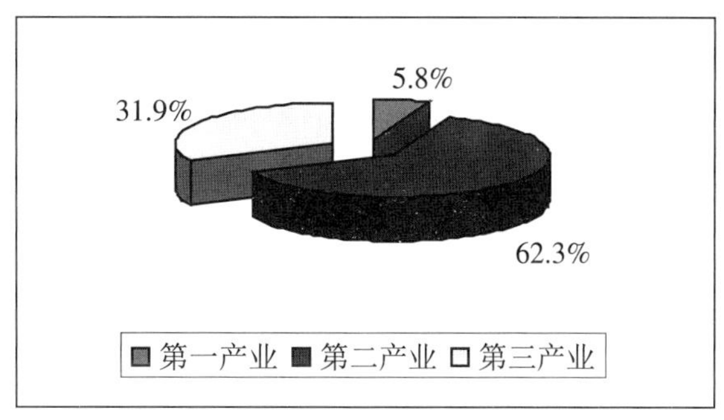

图 2　2014 年马鞍山市三次产业结构图

2. 财政收支

全年实现财政收入 202.72 亿元，比上年下降 10.3%。税收收入 174.74 亿元，占全市财政收入比重为 86.2%，比上年提升 8.9 个百分点。地方财政收入 121.02 亿元，下降 17.2%。财政支出 182.46 亿元，下降 9.9%；其中，社会保障和就业支出 17.8 亿元，下降 2.4%；民生支出 150.06 亿元，下降 9.6%。

3. 物价指数

全市居民消费价格(CPI)比上年上涨 1.6%。八大类商品及服务价格呈“七涨一跌”格局，其中，涨幅靠前的主要是娱乐教育文化用品类、食品类和衣着类，分别上涨 3%、2.4%和 1.5%；居住类价格上涨 1.3%，医疗保健和个人用品类价格上涨 1%，家庭设备用品价格上涨 0.4%，烟酒类价格上涨 0.3%；交通和通信类价格下跌 0.4%。工业生产者出厂价格(PPI)比上年下跌 6.5%。

4. 固定资产投资

全年完成固定资产投资 1674.74 亿元，比上年增长 17%。其中，房地产开发投资 245.58 亿元，下降 4%。

全年第一产业完成投资 35.19 亿元，比上年增长 7.2%。第二产业完成投资 795.75 亿元，增长 20.7%；其中，工业投资完成 792.72 亿元，增长 20.6%；工业投资占全市投资的比重达 47.3%，比上年提升 1.4 个百分点。第三产业完成投资 843.8 亿元，增长 14.1%。

全年实施重点项目 659 个，完成投资 854.9 亿元，占投资总额的 51.2%。省亿元以上重点项目完成投资 640 亿元。山鹰 80 万吨造纸等 123 个重点项目基本建成，威博新能源等 166 个重点项目开工建设。

（二）农业

粮食作物再获丰收。全年完成农业总产值 138.6 亿元，比上年增长 4.5%。全市粮食作物种植面积为 15.51 万公顷，比上年扩大 1%，粮食作物和经济作物之比由上年的 1.87∶1 上升到 2∶1。粮食产量实现“十一连增”，达 106.26 万吨，增长 4.4%；蔬菜产量 67.98 万吨，增长 0.3%。油料、棉花等主要经济作物产量因种植面积下降而有所减少；其中，油料产量下降 6.7%，棉花产量下降 18.1%。

养殖业生产稳定发展。全市肉类总产量 8.01 万吨，比上年下降 0.1%；蛋类产量 2.1 万吨，增长 2.8%；牛奶产量 4.02 万吨，下降 1.3%；水产品产量 11.14 万吨，增长 1.9%。生猪生产平稳，全年生猪饲养量为 56.17 万头，增长 3.8%。奶牛年末存栏 8951 头，增长 1%。

（三）工业和建筑业

工业经济较快增长。全年完成规模以上工业增加值 625.82 亿元，扣除价格变动因素，比上年增长 11.9%。县区、开发园区工业生产快速增长，其中，三县规模以上工业增加值增长 16.8%；三区规模以上工业增加值增长 12.5%，开发区及新区规模以上工业增加值增长 16.1%。

战略性新兴产业持续发展。全年战略性新兴产业产值为 543.63 亿元，比上年增长 18.6%。其中，电子信息产业增长 47.4%，节能环保产业增长 12.7%，高端装备制造业增长 13.2%，新材料产业增长 33.9%，生物产业增长 5.6%，公共安全产业增长 13.7%。

工业企业产销衔接良好。全年规模以上工业企业产品销售率为 98.3%。主要工业产品产量保持增长。

建筑业平稳发展。全年实现建筑业增加值 82.7 亿元，按可比价格计算，比上年增长 6.3%。全市

房屋建筑施工面积 2152.55 万平方米，房屋竣工面积 870.28 万平方米。

（四）服务业

1. 国内贸易

全年实现社会消费品零售总额 340.34 亿元，比上年增长 13.3%。分地区看，城市市场与农村市场同步发展，城镇和乡村市场分别实现零售额 314.44 亿元和 25.9 亿元，分别增长 13.3%和 13.4%。分行业看，批发零售业实现零售额 296.82 亿元，增长 13.4%；其中，限额以上企业实现零售额 142.42 亿元，增长 12%。住宿餐饮业实现零售额 43.52 亿元，增长 12.9%；其中，限额以上企业实现零售额 6.07 亿元，增长 0.2%。

2. 交通运输、邮电

交通运输能力提升。全年铁路旅客发送量 109 万人，铁路货运发送量 297 万吨。港口货物吞吐量 8100 万吨，比上年增长 8.2%；集装箱吞吐量 11.45 万标箱，增长 61.9%。郑蒲港一期工程开港运行；马鞍山港慈湖综合码头、天顺港集装箱堆场等项目开工建设。宁安城际铁路马鞍山段、合福铁路含山段加快建设。205 国道改造南段、226 省道改造一期建成。裕溪河大桥建成通车；马滁高速、206 省道改造积极推进。

邮电通讯业增长。全年完成邮电业务收入 17.31 亿元，比上年增长 1.9%。年末固定电话用户 45.7 万户，其中，城市电话用户 22.5 万户。年末移动电话用户 173.67 万户，年末宽带用户 38.35 万户。

3. 旅游业

全年旅游业总收入 142.5 亿元，比上年增长 14.7%；其中，国际旅游外汇收入 0.75 亿美元，增长 10%。全年共接待海外旅游者 11.02 万人次，增长 8.6%。年末星级饭店 20 家；其中，五星级 2 家，四星级 6 家，三星级 9 家。现有 A 级景区 23 处，其中，4A 级景区 3 处。

4. 金融和保险

年末全市金融机构本外币存款余额 1475.62 亿元，比年初增加 27.77 亿元；其中，单位存款余额 635.18 亿元，比年初减少 20.4 亿元。年末金融机构本外币贷款余额 1103.34 亿元，比年初增加 102.27 亿元；其中，短期贷款 368.85 亿元，比年初减少 64.44 亿元。中长期贷款 588.07 亿元，比年初增加 116.25 亿元。

全市各类保险机构 20 家。全年保费总收入 27.48 亿元，比上年增长 18.9%；其中，财产险保费收入 10.82 亿元，增长 20.1%；人身险保费收入 16.66 亿元，增长 18.1%。

（五）开放型经济

1. 对外贸易

全年实现进出口总额 29.72 亿美元，比上年下降 18.1%。其中，进口总额 17.26 亿美元，下降 23.1%；出口总额 12.46 亿美元，下降 10.0%。中小企业完成进出口总额 13.47 亿美元，下降 11.9%；其中，进口总额 5.72 亿美元，增长 30.6%；出口总额 7.75 亿美元，下降 29%。

2. 招商引资

全年实际利用外资 17.62 亿美元，比上年增长 0.9%。其中，外商直接投资 17.61 亿美元，增长 19.1%。

二、马鞍山市2014年社会发展概况

（一）人口、人民生活

人口总量平稳。年末全市户籍人口227.7万人；其中，农业人口146.1万人，非农业人口81.6万人。据抽样调查，全市常住人口222.9万人，人口出生率10.5‰，死亡率5.6‰，自然增长率4.9‰。

城乡居民收入提升。据抽样调查，全年城乡居民人均可支配收入25648元，比上年增长10.3%，比同期GDP增速高0.6个百分点。其中，城镇居民人均可支配收入32560元，增长9%；农村居民人均可支配收入14969元，增长11.9%。

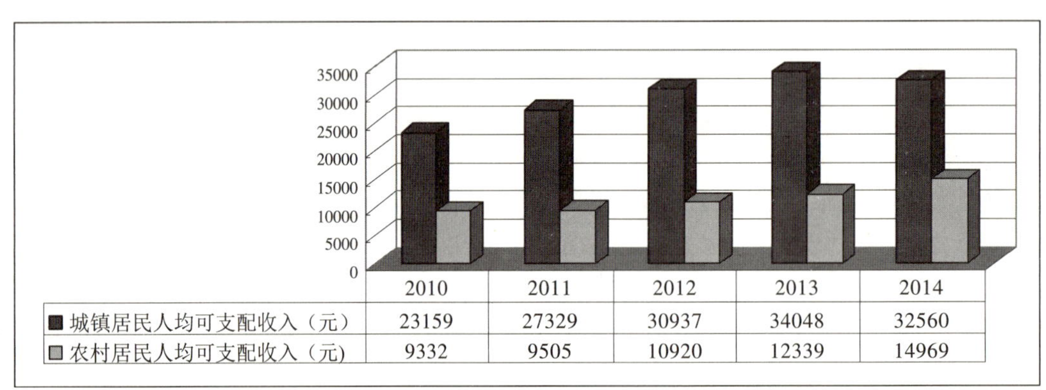

图3　2010—2014年马鞍山市城乡居民收入对比一览

个人存款余额增加。全市年末个人存款余额819.37亿元，比年初增加67.31亿元。其中，定期存款余额535.06亿元，比年初增加39.47亿元；活期存款余额217.53亿元，比年初减少0.66亿元。

（二）就业与社会保障

1. 就业

全年新增就业5.39万人；其中，下岗失业人员再就业2.11万人，“4050”人员等困难群体再就业4599人，城镇登记失业率为2.8%。抓好下岗失业人员再就业培训，完成就业再就业技能培训2.03万人，创业培训4595人。

2. 社会保障和福利

社会保障事业持续推进。城镇职工基本养老保险参保人数60.05万人，失业保险参保人数24.62万人，工伤保险参保人数30.52万人，生育保险参保人数57.55万人。城镇居民医疗保险参保人数50.1万人。新型农村社会养老保险参保人数99.74万人，参保率为94.88%。被征地农民养老保障实现即征即保，参保人数为14.38万人。

社会福利事业健康发展。城乡低保标准和补助水平稳步提高，城乡低保、农村五保供养和孤儿基本生活费标准均提高10%，社会散居和集中供养的孤儿保障标准分别是每人每月不低于888元、1465元。全年城乡最低生活保障救助111万人次，全年支付低保金3.21亿元。全市社会收养性福利床位数1.43万张；抚恤、补助各类优抚对象1.65万人；接受社会捐赠612万元；拥有便民利民服务网点680个。全年福利彩票销售2.3亿元，比上年增长3.7%。筹集福利彩票公益金6675万元，增长

3.7%;其中,市本级2503万元。

(三)教育和科学技术

1. 教育事业

全年财政用于教育的支出26.65亿元。全面启动教育综合改革,推进名校集团化办学,新建农村标准化教学点43个,新改扩建公办幼儿园7所,市二中郑蒲港分校建成投入使用。全市高等院校6所;中小学及其他各类学校647所,其中,幼儿园247所,小学274所,特殊教育学校3所,普通中学104所。全市省一类幼儿园10所,省示范高中11所,省特色初中1所,省特色小学2所,国家重点职业学校5所。全市中小学及其他各类学校共有在校学生31.45万人、教职工2.32万人。全市高中阶段在校学生8.17万人,高中阶段教育毛入学率127.3%。

2. 科技创新与人才

马鞍山市成为首批省级创新型试点城市。全年专利申请量6231件,比上年增长17.1%。承担实施省级以上科技计划项目74项。市级工程技术研究中心36家,市级重点实验室16家。新增院士工作站2家,新引进高层次科技人才团队6家。

全年高新技术产业产值780亿元,比上年增长11.3%。大力培育发展高新技术企业、高新技术产品,高新技术企业达213家,高新技术产品1049个。民营科技企业达439家,技工贸总收入120亿元。

全年引进中级职称以上人才811人,建成博士后科研工作站17个,引进国外专家24人,培训专业技术人才2.44万人次,培养高技能人才4949人。新增博士后工作站1家、国家级技能大师工作室1家。

(四)文化、卫生和体育

1. 文化事业

马鞍山市成为全国10个公共文化服务标准化试点地区之一。市图书馆总分馆模式全国领先,市文化馆数字化改造列入文化部试点。建成35个乡镇综合文化站和7个农民文化乐园。节俭举办第26届李白诗歌节,荣获"中国诗歌之城"称号。年末拥有公共图书馆7个,藏书109万册;专业艺术表演团体20个,文化馆7个;广播人口覆盖率、电视人口覆盖率均为100%。综合档案馆7个,档案资料139.5万卷(件),总建筑面积1.4万平方米。

2. 卫生事业

全市共有卫生机构993个。其中,医院、卫生院96个;社区卫生服务机构104家;标准化村卫生室392所。共有病床8532张,卫生技术人员1.18万人。全市以乡镇为单位四苗、五苗接种率99%,乙肝疫苗首针接种率99.96%。

3. 体育事业

马鞍山市荣获省第十三届运动会团体总分第二名。获得奖牌279枚,其中,金牌125.25枚、银牌66.75枚、铜牌87枚。位居金牌榜第四名,奖牌榜第二名。成功举办2014年苏浙皖三省十一市(县、区)"古漕运杯"象棋邀请赛、南京都市圈第四届城市龙舟邀请赛、首届马鞍山广场舞大赛、第四届长三角城市(马鞍山·博望)自行车越野邀请赛、市直机关全民健身活动成果展示暨第五届运动会。

(五)城市和农村建设

城乡综合承载能力增强。城市建成区面积92平方公里,城镇化率达63.9%。全市建设公共自行车站点124个，投放公共自行车2500辆。实现廉租房和公租房并轨，保障性住房新开工2.4万套、竣工9436套。改造提升11个老旧小区；美好乡村建设深入推进，22个省级中心村、33个市级示范村建设加快推进。

城市绿化水平提升。完成向山广场游园、二招游园改造，完成湖北路、天门大道等主干道绿化补植更新。新增城市绿道62公里。新增绿地面积123公顷，市区人均公园绿地面积15.39平方米，建成区绿化覆盖率43.8%。

美好乡村建设深入推进。22个省级中心村、33个市级示范村建设加快推进，当涂县被评为全省美好乡村建设先进县，含山县小冯村被评为全国美丽乡村建设示范村。改造县乡公路62公里、通村公路163公里、农村危桥24座、农村危房3353户。实施渔民上岸安居工程，安置渔民1554户。滁河防洪治理、慈湖河中游综合整治等水利重点工程顺利推进，完成45公里中小河流治理和14座小水库加固任务，解决了2.9万农村居民饮水安全问题。深入开展"三线三边"环境综合治理，扎实推进千万亩森林增长工程，新增造林面积10.3万亩。

（六）资源和环境

矿产资源丰富。全市已发现36种矿种；其中，金属矿产10种，非金属矿产25种，水汽矿产1种。查明资源储量的矿种共计24种；其中，金属矿产5种，非金属矿产19种。

环境保护力度加大。完成省政府下达的220项大气污染治理工程目标任务，全年PM10平均浓度比上年下降21%。扎实推进节能减排，含山光大生物质能发电等一批项目建成运行。建成21项污染减排重点工程，主要污染物排放总量控制在省下达指标以内。水生态文明城市建设试点工作扎实推进。全市空气质量优良率85.5%，城市饮用水水质达标率100%。

（七）安全生产

全年亿元GDP安全事故死亡人数0.070人，比上年下降6.7%。

三、马鞍山市在泛长三角地区经济发展中的地位

2014年，是马鞍山发展史上不平凡的一年。全市上下积极适应经济发展新常态，紧紧围绕转型升级、加快发展工作主题，奋发有为、争先进位，在经济总体下行、资源型城市艰难转型的双重压力下，全市经济保持了平稳增长的态势。

2010—2014年马鞍山市地区生产总值在泛长三角地区41市所占比重分别为0.96%、0.99%、0.96%、0.93%和0.88%。马鞍山市地区生产总值在泛长三角41市占比整体呈现下跌态势，与2010年比减少了0.08个百分点，较上年减少了0.05个百分点。2014年，马鞍山市在泛长三角地区41市地区生产总值所占比重排名第26位。

2014年，经济总量再上新台阶。全年实现地区生产总值（GDP）1357.41亿元，按可比价格计算，比上年增长9.7%（见图1）。其中，第一产业增加值83.66亿元，增长4.5%；第二产业增加值859.59亿元，增长10.7%；第三产业增加值414.16亿元，增长7.9%。

在全市经济进入转型升级的关键时期，服务业内部结构调优也是转型升级战略的重要组成。从重点服务业调查情况看，现代服务业发展速度明显超过传统服务业，租赁和商务服务业、软件和信息技术服务业和文化娱乐业营业收入增幅均超过20%，比传统服务业增速高8个百分点。同时，生产性服务业增加值占服务业增加值比重不断提高，达到56%，比上年提高5.5个百分点，生产性服务业成为拉动服务业增长的主要力量。

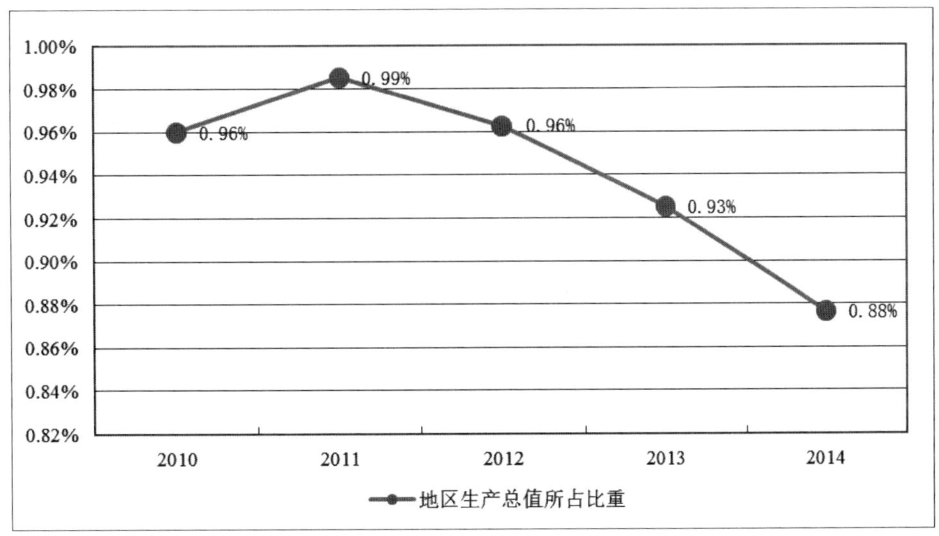

图 4 2010—2014 年马鞍山市地区生产总值在泛长三角地区所占比重变化趋势

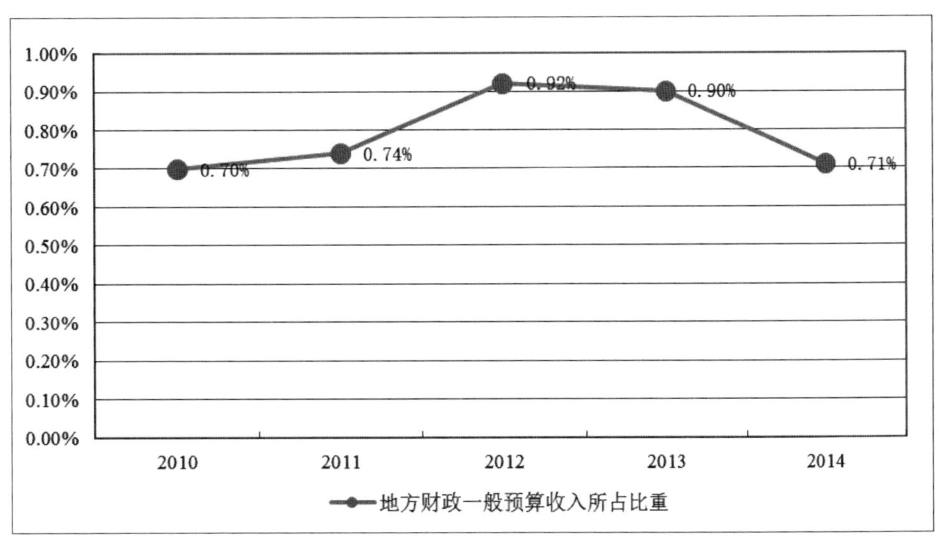

图 5 2010—2014 年马鞍山市地方财政一般预算收入在泛长三角所占比重变化趋势

2010—2014 年马鞍山市地方财政一般预算收入在泛长三角 41 市所占比重分别为 0.70%、0.74%、0.92%、0.90%和 0.71%，2014 年与 2010 年基本持平，较 2010 年减少了 0.01 个百分点，较上年减少了 0.21 个百分点。2014 年，马鞍山市地方财政一般预算收入在泛长三角 41 市地区的排第 26 位。

财政收入质量提升。全年实现财政收入 202.72 亿元，比上年下降 10.3%。税收收入 174.74 亿元，占全市财政收入比重为 86.2%，比上年提升 8.9 个百分点。地方财政收入 121.02 亿元，下降 17.2%。财政支出 182.46 亿元，下降 9.9%；其中，社会保障和就业支出 17.8 亿元，下降 2.4%；民生支出 150.06 亿元，下降 9.6%。主体税种增幅呈“三升一降”，增值税、营业税、企业所得税和个人所得税四大主体税种共入库 114.63 亿元，增长 4.9%。其中，增值税、企业所得税和个人所得税分别增长 3%、35.8%和 3.3%；营业税下降 8.9%。

财政收入下降，究其原因，主要是受宏观环境影响，钢铁和与之相关的钢贸、废钢回收以及海关税收下降，房地产税收下降，非税收入下降，新增税源点不多。

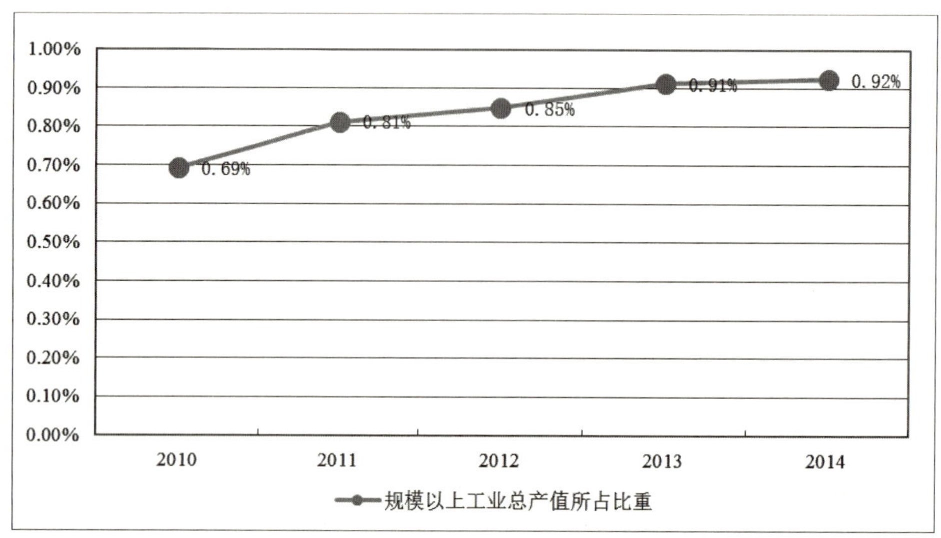

图 6　2010—2014 年马鞍山市规模以上工业总产值在泛长三角所占比重变化趋势

2010—2014 年马鞍山市规模以上工业总产值在泛长三角 41 市所占比重分别为 0.69%、0.81%、0.85%、0.91%和 0.92%，2014 年较 2010 年增加了 0.23 个百分点，较上年增加了 0.01 个百分点。2014 年，马鞍山市规模以上工业总产值在泛长三角 41 市地方财政一般预算收入所占比重排第 26 位。

2014 年，全市完成规模以上工业增加值 625.82 亿元，增长 11.9%。完成规模以上工业总产值 2561.52 亿元，增长 8.3%。多数行业生产势头良好。在全市 36 个工业行业大类中，32 个行业增长，行业增长面为 88.9%。32 个行业共完成工业总产值 2287.18 亿元，增长 11.4%，拉动全市规模以上工业总产值增幅 9.9 个百分点。新增企业拉动有力。全市新增 193 家规模以上工业企业完成工业增加值 35.43 亿元，对全市工业增长贡献率达 33.7%，拉动全市规模以上工业增加值增幅 4 个百分点。战略性新兴产业产值占比提升。全市战略性新兴产业完成产值 543.63 亿元，增长 18.6%，增幅比全部规模以上工业高 6.7 个百分点。；占全市规模以上工业总产值比重为 21.2%，比上年提升 1.8 个百分点。12 月份，完成规模以上工业增加值 60.28 亿元，增长 12.1%。完成规模以上工业总产值 246.22 亿元，增长 5.1%。

从位次上看，工业所居全省位次前移。2014 年，全市规模以上工业累计完成产值超 2000 亿元，高达 2561.52 亿元，比上年增长 8.3%；累计完成增加值突破 600 亿元，达 625.82 亿元，圆满完成了年初确定的奋斗目标，工业总量继续处于全省领先行列，居第 4 位；比上年增长 11.9%，分别比全国(8.3%)、全省(11.2%)的工业平均增速高出 3.6 和 0.7 个百分点，工业增速居全省位次大幅前移，比上年提升 5 个位次，跃升至全省第 7 位。

从规模上看，亿元企业支撑作用明显。2014 年，1—10 亿元企业完成规模以上工业产值 820.87 亿元，占全市规模以上工业产值的 32%，比上年增长 20.6%，比上年提升 13.6 个百分点；10 亿元以上企业完成规模以上工业产值 1371.61 亿元，占全市规模以上工业产值的 53.5%，10 亿元以上企业的增长面近六成，为 62.5%。全市亿元以下企业完成工业总产值 334.13 亿元，占全市规模以上工业产值的 12.6%，比上年增长 23.1%，增速比全市工业平均水平(8.3%)高出 14.8 个百分点。

2010—2014 年马鞍山市进出口总额在泛长三角 41 市所占比重分别为 0.28%、0.32%、0.27%、0.26%和 0.21%，总体上呈现下降态势，五年间减少了 0.07 个百分点，其中 2014 年较上年减少了了 0.05 个百分点。2014 年，马鞍山市进出口总额在泛长三角 41 市的排 28 位。

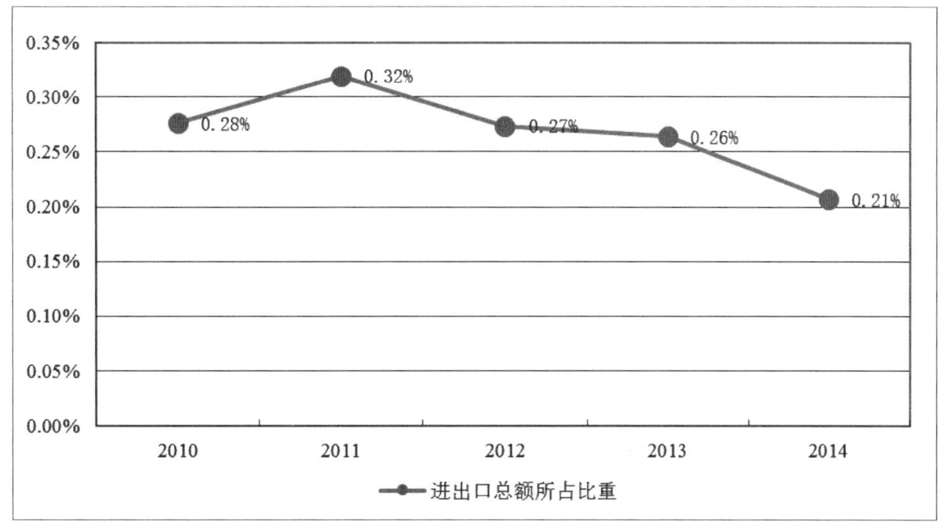

图7　2010—2014年马鞍山市进出口总额在泛长三角所占比重变化趋势

2014年，全市实现进出口总额29.72亿美元，比上年下降18.1%，其中，出口12.46亿美元，比上年下降10.0%，比全省平均增幅低21.5个百分点；进口17.26亿美元，比上年下降23.1%，比全省低26.1个百分点。主要呈现以下特点：

（一）大型骨干企业带动有力。面对国内钢材市场持续低迷，马钢加大出口力度，在稳定主要出口地韩国、日本、香港、东南亚等市场的同时，努力开辟美国市场，有效推动了马钢产品的国际化进程。2014年马钢出口4.71亿美元，比上年增长60.3%。全市中小企业完成出口7.75亿美元，比上年下降29.0%，完成进口5.72亿美元，增长30.6%。虽然中小企业出口总体下降，但也不乏亮点。一是新增出口企业50家，共出口1.48亿美元，占全市出口总额11.9%，拉动全市出口增长10.7个百分点。二是骨干企业作用突出。2014年，全市中小企业中，出口超千万美元的企业共21家，实现出口总额4.98亿美元，比上年增长75.4%。

（二）大类商品出口增长较快。2014年，全市继续推动出口商品结构优化调整，加大优势大宗商品出口力度。大宗出口商品中，钢材、服装、塑料及制品、纺织品、机床合计出口6.86亿美元，比上年增长40.6%，其中钢材出口5.17亿美元，增长68.1%，服装出口0.98亿美元，增长17.9%。

（三）多元市场格局保持稳定。全市进出口企业在稳定传统市场的同时，积极开拓新市场。亚洲市场份额进一步巩固提升，2014年我市对亚洲市场出口7.65亿美元，占全市出口总额的61.4%，比上年提高3.7个百分点，其中对日本出口1.27亿美元，增长9.4%。对欧洲、北美洲、非洲、拉丁美洲、大洋洲出口份额总体保持稳定。

2010—2014年马鞍山市实际外商直接投资金额在泛长三角41市所占比重分别为1.48%、1.57%、1.76%、1.97%和2.36%，整体呈现上扬姿态，2014年较2010年增加了0.88个百分点，较上年增加了0.39个百分点。2014年，马鞍山市实际外商直接投资金额在泛长三角41市排第12位。

2014年，全市新批外商投资项目15项，与上年持平；实际利用外商直接投资17.61亿美元，比上年增长19.1%。

三产引资增势迅猛。2014年，全市第三产业实际利用外商直接投资8.01亿美元，比上年增长52.6%，增幅高于全市33.5个百分点，总量占全市45.5%，比上年提高10个百分点。其中，房地产业5.85亿美元，比上年增长44.8%；批发零售业0.76亿美元，增长22.3倍；工程设计0.14亿美元，增长4.6倍。全市第二产业实际利用外商直接投资9.60亿美元，比上年增长22.6%，其中制造业7.89亿

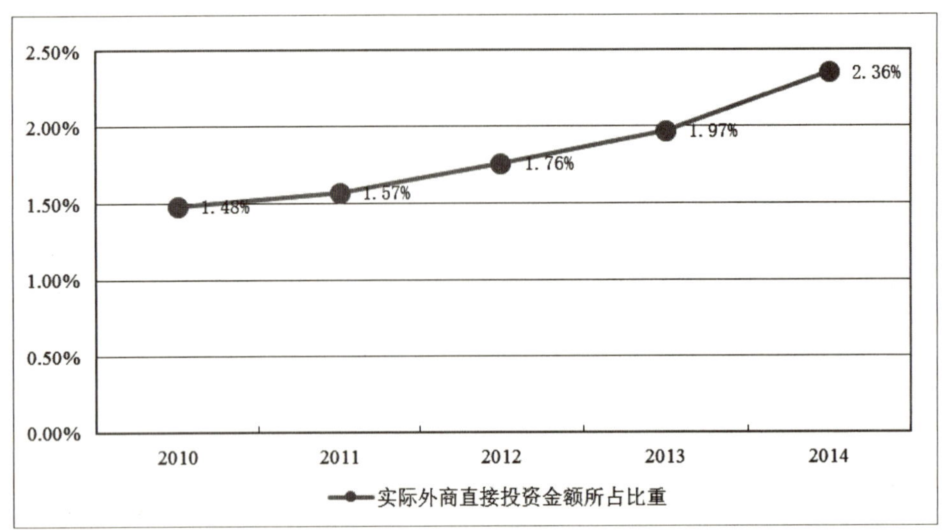

图 8 2010—2014 年马鞍山市实际外商直接投资金额在泛长三角所占比重变化趋势

美元，增长 10.0%。

港台投资增长较快。2014 年，全市利用外资来源地主要集中在亚洲和欧洲，亚洲投资 11.44 亿美元，比上年增长 41.1%，占 64.9%，比上年提高 10.1 个百分点，主要是香港、台湾投资增长较快。来源于北美、非洲外资出现较大下降。

七 淮北市 2014 年经济社会发展报告

2014 年，市委、市政府带领全市人民，紧紧围绕“精致淮北”建设主线，坚持稳中求进的工作总基调，以“九个一工程”为抓手，积极应对经济下行压力加大的不利形势，深入贯彻落实中央宏观调控政策，突出抓主抓重，全面深化改革，全市经济实现平稳较快发展，转型升级步伐加快，城乡建设统筹推进，民生保障坚实有力，社会事业全面发展，生态环境继续改善。

一、淮北市 2014 年经济发展概况

（一）综合经济

1. 经济总量

全市实现生产总值（GDP）759.64 亿元，按可比价格计算，增长 9.6%。其中，第一产业增加值 57.99 亿元，增长 4.5%；第二产业增加值 481.76 亿元，增长 10.6%；第三产业增加值 219.89 亿元，增长 8.2%。三次产业结构比例为 8.0∶66.6∶25.4，与上年相比，一产比重下降 0.1 个百分点，二产比重下降 0.6 个百分点，三产比重提高 0.7 个百分点。人均生产总值 34758 元，比上年增加 1762 元；按年均汇率折算为 5658 美元。

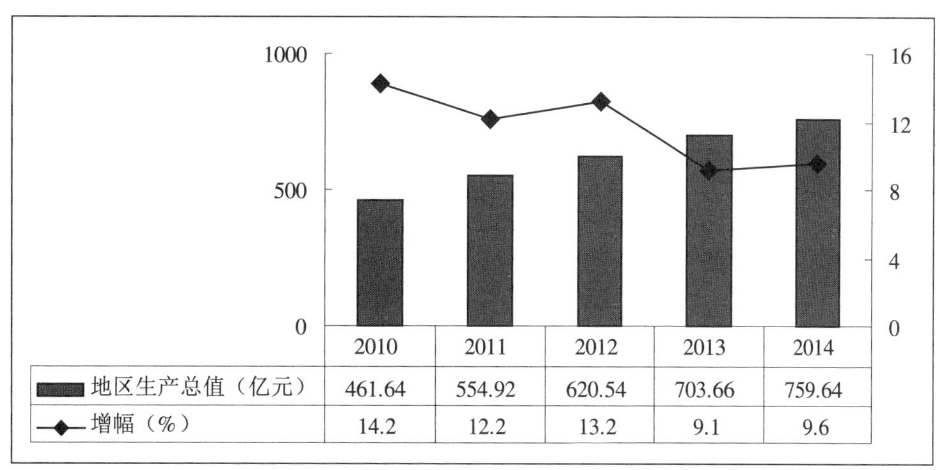

	2010	2011	2012	2013	2014
地区生产总值（亿元）	461.64	554.92	620.54	703.66	759.64
增幅（%）	14.2	12.2	13.2	9.1	9.6

图 1 2010—2014 年淮北市地区生产总值及增长速度

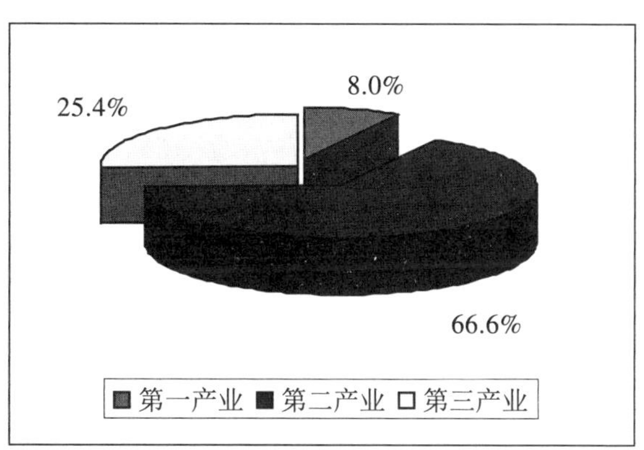

图 2 2014 年淮北市三次产业结构图

2. 财政收支

全年完成财政总收入91.3亿元，比上年减收1.7亿元，下降1.8%。其中地方一般预算收入52.8亿元，比上年增收2.1亿元，增长4.2%；上划中央收入36.6亿元，比上年减收4.5亿元，下降10.9%；出口货物退增值税1.9亿元，增长50.7%。分级次看，市级财政收入65.0亿元，比上年减收3.6亿元，下降5.3%；濉溪县财政收入26.4亿元，比上年增收2.0亿元，增长8%。全市完成财政支出116.0亿元，增长6.7%。其中教育支出17.5亿元，增长6.8%；医疗卫生支出10.8亿元，增长10.8%；城乡社区事务支出25.4亿元，增长8.4%；一般公共服务支出10.4亿元，下降14.4%，农林水事务支出11.1亿元，下降0.9%。

3. 物价水平

全年居民消费价格上涨1.3%，构成居民消费的八大类商品价格“五涨二降一平”，其中食品类价格上涨1.9%，衣着类上涨0.7%，医疗保健和个人用品类上涨1.0%，娱乐教育文化用品及服务类上涨3.8%，居住类上涨1.4%，家庭设备用品及维修服务类持平，烟酒类下降3.6%，交通和通信类下降0.5%。工业生产者出厂价格下降8.3%；工业生产者购进价格下降5.4%，其中燃料动力类价格下降14.9%。

4. 固定资产投资

全年累计完成固定资产投资840.8亿元，增长20%。其中，项目投资688.4亿元，增长21.5%；房地产投资152.4亿元，增长13.7%。从三次产业看，第一产业投资17.5亿元，增长41.7%；第二产业投资506.2亿元，增长25.8%；第三产业投资317.1亿元，增长11%。从工业投资看，全市工业完成投资500.7亿元，增长24.4%，占全市投资总量的比重为59.5%，对全市投资贡献率达到70.1%，拉动全市投资增长14个百分点。其中，采矿业投资36.6亿元，增长38.0%，制造业投资427.9亿元，增长27.5%，电力、燃气和水的生产供应业投资36.1亿元，下降10.3%。

全年安排重点项目427个，完成投资490.9亿元。平山电厂加快建设，相邦铝基复合材料、银龙三佳高铁轨道板、华孚纺织工业园一期等项目竣工投产，南坪港建成通航，市职教园区一期正式投入使用，南湖景区核心区基本建成；20万吨混合芳烃加氢、淮水北调干线工程、焦化二期等项目开工建设，符夹线扩能工程及淮北至萧县北客车联络线项目于12月30日正式开工；淮水北调淮北配水工程、市一中新校区、市人民医院新院区、淮北斐讯产业园等前期项目加快推进。

（二）农业

全年实现农林牧渔业总产值101亿元，按可比价格计算，比上年增长4.8%。其中，农业总产值57.4亿元，增长3.9%；林业总产值3.3亿元，下降1.8%；牧业总产值33.2亿元，增长6.6%；渔业总产值4.4亿元，增长0.7%；农林牧渔服务业总产值2.8亿元，增长17.3%。

全年粮食播种总面积358.3万亩，粮食产量连续十一年获得丰收，总产量达到125万吨，增长4.1%；其中夏粮92.6万吨，增长4.5%，秋粮32.4万吨，增长3%。油料产量4505吨，下降1.4%，棉花产量1002吨，下降33.9%，水果产量12.3万吨，增长36.6%，蔬菜产量48.5万吨，下降3.5%。全年新增造林面积4356公顷，完成森林长廊示范段建设66.7公里，新建完善农田林网6667公顷，新育苗395公顷；年末林木蓄积量288万立方米，森林覆盖率达到20.4%。全年出栏肉猪68.2万头，增长3.7%；出栏家禽1678.5万只，增长2.9%；出栏羊43.5万只，下降2.9%；年末猪存栏43万头，增长4.6%；家禽存栏1009.4万只，增长1.5%；牛存栏14086头，增长1.5%；羊存栏27.8万只，增长3.2%。全年肉类总产量9.1万吨，增长3.3%；禽蛋产量5.4万吨，增长2.6%；奶类总产量2.2万吨，

增长 93.3%。水产品产量 28400 吨，增长 0.6%。

年末全市农用机械总动力 276.2 万千瓦，增长 2.9%，其中农产品初加工机械总动力 10.7 万千瓦，排灌机械总动力 10.2 万千瓦。年末农用拖拉机 12 万台，农用运输车 1.7 万辆。全年完成机耕作业面积 18.0 万公顷，机播面积 28.2 万公顷，机收面积 25.3 万公顷。农村用电量 25232 万千瓦时，农用化肥（折纯）使用量 100726 吨，地膜覆盖面积 3537 公顷。全年新增土地流转面积 3 万亩；新增高效规模化种养基地 55 个。年末家庭农场 861 家，农民合作社 1164 家。全市拥有国家级农业产业化龙头企业 1 家，省级农业产业化龙头企业 31 家；新认证绿色食品 2 个，无公害农产品产地 3 个、产品 2 个。

加快推进美好乡村建设，首批 13 个重点中心村全面建成，统筹推进第二批 11 个重点中心村规划建设。深入开展“三线三边”治理，农村人居环境不断改善。濉溪县获评全省美好乡村建设先进县，烈山区入选全国美丽乡村建设标准化试点，榴园成为全省宜居村庄示范村。

（三）工业和建筑业

1. 工业经济

全年完成工业增加值 460.4 亿元，比上年增长 11.1%，工业占 GDP 的比重达到 61.6%，对全市经济增长的贡献达到 73%，拉动全市 GDP 增长 7 个百分点。全年新增规模以上工业企业 110 家，总数达到 739 家；规模以上工业增加值增长 11.2%。36 个行业中 33 个行业实现增长，其中煤炭行业增长 0.3%，电力行业增长 30.3%，炼焦行业增长 0.8%；机械制造、食品、纺织服装和建材业分别增长 21.2%、12.8%、17.7%和 15.9%。非煤工业占全市工业增加值比重达到 64%，比上年提高 6.4 个百分点；增长 17.7%，对全市规模以上工业增加值增长的贡献率达到 90.9%，拉动全市工业增长 10.2 个百分点。全市 163 家规模以上战略性新兴产业实现产值 404.7 亿元，比上年增长 20.2%；占全市工业总产值比重的 22.1%，比上年提高 1.7 个百分点；56 家规模以上高新技术企业累计实现增加值 119 亿元，增长 18%。

在重点统计的 61 种工业产品中，有 42 种产量实现增长。其中，洗煤产量 3475.3 万吨，增长 1.1%；发电量 160.6 亿千瓦时，增长 60.8%；服装 5716.6 万件，增长 18.8%。原煤产量 5203.1 万吨，下降 2.9%；白酒 34885 千升，下降 3%；水泥 825.8 万吨，下降 13%；纱 6.2 万吨，布 10894.1 万米，分别下降 3.7%和 3.9%。

全年规模以上工业企业实现主营业务收入 2385.3 亿元，比上年增长 5.8%；实现利税 111.8 亿元，下降 14.9%，其中利润 40 亿元，下降 32.4%。工业经济效益综合指数 215.8%，比上年下降 19.3 个百分点；产品产销率 98.12%，比上年下降 0.87 个百分点。

2. 建筑业

年末全市资质内总承包和专业承包建筑业企业 49 家，从业人员 32013 人；全年完成建筑业总产值 65.5 亿元，下降 13.9%；实现工程结算收入 67.1 亿元，下降 13.9%，竣工产值 28.7 亿元，下降 50.2%；建筑业劳动生产率 20.5 万元/人。全年房屋建筑施工面积 301.2 万平方米，竣工房屋面积 141.2 万平方米。

（四）服务业

1. 国内贸易

全年实现社会消费品零售总额 219.8 亿元，增长 12.8%。其中，餐饮收入 11.8 亿元，增长

13.1%；商品零售208亿元，增长12.8%。城镇消费品零售额172.7亿元，增长12.6%；乡村消费品零售额47.1亿元，增长13.6%。从限上单位商品零售类值看，全市粮油、食品、饮料、烟酒类商品零售额35.4亿元，增长13.6%；服装鞋帽、针、纺织品类商品零售额9亿元，增长17.1%；日用品类商品零售额5.4亿元，增长16.7%；家用电器和音像器材类商品零售额7.2亿元，增长12.7%；中西药品类商品零售额1.7亿元，增长20.5%；石油及制品类商品零售额13.6亿元，增长9.4%；汽车类商品零售额24.5亿元，增长12.1%。完成相山路标准化菜市场维修改造，建成乡镇商贸中心9家，直营农家店120家。推动电子商务发展，淮北企业网开通运营。淮北市汽车城获批省级服务业集中区，国购城市综合体、中泰广场基本建成，国购汽车文化园等项目加快建设。

2. 交通运输、邮电

全年公路客运量3471万人，旅客周转量229398万人公里，公路货运量14473万吨，货运周转量5066026万吨公里。年末全市公路里程3794公里(包括村道)。其中高速公路94公里，国道7公里，省道196公里，县道576公里，乡道622公里，村道2216公里。年末全市民用汽车拥有量156725辆，比上年增长16.8%，其中私人汽车拥有量131601辆，增长18.1%。

全年邮电业务总收入13.6亿元，比上年增长3.5%。其中邮政业务收入11852万元(全口径)，比上年增长9.0%；电信业务收入123979万元，增长3.0%。年末固定电话用户35.3万户，比上年减少1.8万户，其中城市电话用户17.0万户，农村电话用户18.3万户。年末移动电话用户172.7万户，比上年增加6.3万户。全市电话普及率达到96.6部/百人。年末国际互联网宽带接入用户34.7万户，比上年增加7.2万户。

3. 旅游业

全年共接待国内游客618万人次，比上年增长21.3%；接待入境游客1.65万人次，增长15.1%，其中外国人0.32万人次。全年国内旅游收入33.4亿元，增长20.2%；国际旅游外汇收入733.6万美元，增长14.9%。年末全市有星级饭店4家，星级饭店客房782间；国家A级及以上旅游景点(区)7个。隋唐大运河柳孜遗址公园项目顺利通过联合国世界文化遗址验收评定，口子文化博览园项目建设全面提速，台湾5D影城正式签署协议。成功举办第三届食品工业博览会、第五届石榴文化旅游节、“2014中国旅游日·欢乐淮北游”、葡萄采摘旅游节、华东地区汽车场地越野赛、三月十八古庙会旅游节、临涣文化旅游节等活动。

4. 金融、保险和证券

年末全市金融机构各项存款余额946.9亿元，比年初增加83.0亿元，比上年增长9.6%；其中居民储蓄存款余额530.7亿元，比年初增加59.9亿元，增长12.7%；金融机构各项贷款余额664.2亿元，比年初增加50.5亿元，增长8.5%。金融存贷比达到70.1%，比上年下降0.7个百分点。濉溪湖商村镇银行、濉溪农商行和淮矿集团财务公司正式挂牌运营。

全年保费总收入186431万元，比上年下降0.2%，其中财产险业务保费收入80183万元，增长15.5%；人身险业务保费收入106248万元，下降9.4%。全年赔付支出41090万元，下降7.6%，其中财产险业务赔付支出36609万元，下降1.2%；人身险业务赔付支出4481万元，下降39.7%。

全市4家证券机构证券账户(沪深合计)数量9.58万户，证券代理交易额940.4亿元，分别比上年增长4.7%和49.5%。

5. 房地产业

全年房地产开发完成投资152.4亿元，比上年增长13.7%。其中，住宅投资98.4亿元，增长8.2%；商业营业用房投资30.6亿元，增长40.4%。房屋施工面积1411.9万平方米，下降2.7%。房

屋竣工面积 112.1 万平方米，增长 40.3%。商品房销售建筑面积 120.7 万平方米，下降 23.7%。其中，住宅销售建筑面积 104.4 万平方米，下降 27.2%。保障性安居工程建设进展顺利。新开工各类保障性安居工程 13498 套，开工任务完成率 104%；其中本年新开工 12977 套，竣工 12008 套。

（五）对外经济

1. 对外贸易

全年完成外贸进出口总额 54808 万美元，比上年增长 17.0%。完成出口 51958 万美元，增长 18.6%。其中专业外贸公司出口 6171 万美元，增长 7.9%；自营生产企业出口 29799 万美元，增长 17.8%；外商投资企业出口 15988 万美元，增长 24.8%。全年累计实现进口 2850 万美元，比上年下降 5.4%。

2. 利用外资

全年新批外商投资企业 5 家，实际利用外商直接投资 54431 万美元，比上年增长 18.5%。全市引进投资规模亿元以上新建项目 105 个，其中投资 3—5 亿元项目 9 个，投资 5 亿元以上项目 11 个。

二、淮北市 2014 年社会发展概况

（一）人口、人民生活

全年人口出生率 11.63‰，人口死亡率 4.78‰，人口自然增长率 6.85‰。年末全市户籍人口 215.3 万人，其中非农业人口 90.3 万人，农业人口 125 万人。年末常住人口 215.9 万人；城镇化率 59.8%，比上年提高 1.23 个百分点。

全年居民人均可支配收入 17411 元，比上年增长 9.8%。其中城镇居民人均可支配收入 23787 元，增长 8.2%，城镇居民人均消费支出 14632 元，增长 12.0%。城镇居民人均现住房建筑面积 38.08 平方米，比上年增加 2.83 平方米。农村居民人均可支配收入 9116 元，增长 11.8%，农村居民人均消费支出 6447 元，增长 2.4%。农村居民人均现住房建筑面积 50.90 平方米，比上年增加 3.24 平方米。

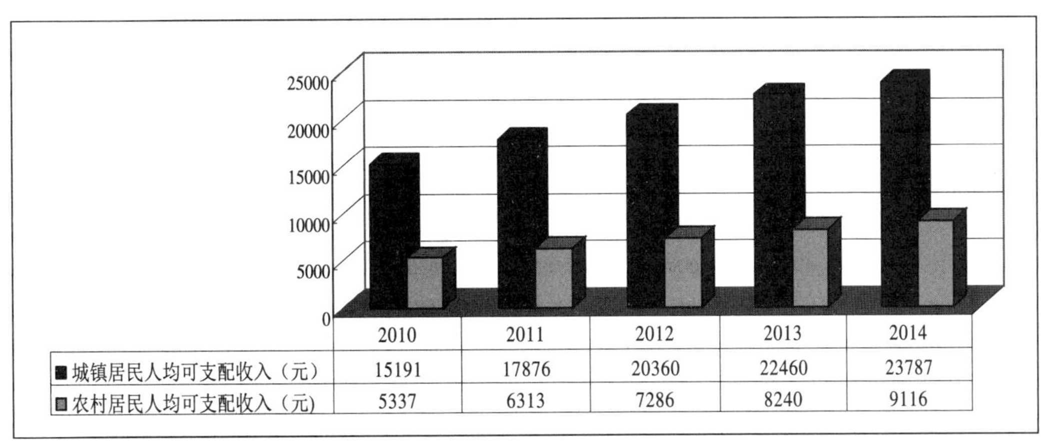

	2010	2011	2012	2013	2014
■城镇居民人均可支配收入（元）	15191	17876	20360	22460	23787
■农村居民人均可支配收入（元）	5337	6313	7286	8240	9116

图 3　2010—2014 年淮北市城乡居民收入对比一览

（二）就业与社会保障

1. 就业工作

全年新增城镇就业4.2万人，城镇登记失业率4.06%。年末全市从业人员114.9万人，比上年增加0.8万人。其中，第一产业从业人员38.7万人，比上年减少0.1万人；第二产业从业人员39.1万人，比上年减少0.2万人；第三产业从业人员37.1万人，比上年增加1.1万人。

2. 社会保障和福利

城乡居民社会养老保险实现全覆盖，年末城镇职工基本养老保险参保人数40.5万人，比上年增加9547人；城乡居民养老保险参保人数72.7万人。职工医疗保险参保人数46.1万人，比上年减少7107万人；城镇居民医疗保险参保人数52.8万人。失业保险参保人数25.2万人，比上年增加7396人；工伤保险参保人数30.9万人，增加3436人；生育保险参保人数22.6万人，增加1823人。

城市最低生活保障标准人均每月408.75元；农村最低生活保障标准人均2280元/年。全市供养五保对象7234人，其中分散供养3322人，集中供养3912人，发放五保供养资金2734.05万元。全年共保障城市低保对象65.2万人次，发放最低生活保障金及各类补贴18586.6万元；保障农村低保对象40.3万人次，发放最低生活保障金及各类补贴7483.4万元。

年末全市共有各种福利机构38个，社会福利院床位4877张，收养各类人员4027人。城镇社区服务设施171处，其中综合性社区服务中心171个，网点1510个。全年销售社会福利彩票19770万元，筹集社会福利资金6009万元。

全年培训残疾人1068人次，233名残疾人实现就业再就业。投入1110万元，帮扶救助15261名贫困重度残疾人和100名贫困残疾学生、贫困残疾人家庭子女。为残疾人免费配发辅助器具1795件。2000多人次残疾人得到康复服务。

（三）教育和科学技术

1. 教育事业

年末全市共有普通高等院校3所，当年招生10529人，在校学生34146人，当年毕业学生8425人。各类中等职业技术学校13所，在校学生28207人，当年毕业学生15615人。普通中学129所，在校学生112678人，其中高中22所，在校学生47693人；初中107所，在校学生64985人。小学345所，在校学生136304人；幼儿园233所，入园儿童64102人。小学适龄儿童入学率100%，初中学龄人口入学率99.00%；小学毕业生升学率达到99.01%，初中毕业生升学率达到90.59%。年末全市中小学共有教职工22972人，其中专任教师20106人。全市各级各类学校校舍建筑总面积349.9万平方米；普通中学生均占有校舍建筑面积15.47平方米，小学生均占有校舍建筑面积6.17平方米。

2. 科技与创新

全年新增科技型企业31家，国家高新技术企业25家，省创新型试点企业11家，省级知识产权管理规范企业3家。11个产品获省重点新产品，47个产品获批省级高新技术产品。全年高新技术产业总产值达到458.3亿元，增长20.2%，总量和增速分别居全省第8位和第4位。新增省级工程技术研究中心5家。全年共争取省级以上科技计划项目18项，争取科技经费0.19亿元。其中，国家级重大科技项目立项6项，争取项目经费169万元。相邦复合材料创新团队列入省高层次科技人才团队计划。龙湖高新区获批设立省级“留学人员创业园”。杜集矿山机电装备科技企业孵化器获省级认定。烈山国家可持续发展实验区、凤凰山国家级农业科技园通过科技部现场评审。全年完成技术合同交

易额4.7亿元;完成专利申请量2661件,比上年增长3%,其中,发明专利申请量1214件,增长77%;完成专利授权121件,增长21%。

全年全市产品质量监督抽查150家企业7类16种292个批次产品和商品,完成强制检定计量器具12000台件。全市有气象台站2个,开展121电话天气自动答询的台站1个;开展人工影响天气业务的单位2个;防雹、增雨累计收益面积1000平方公里,增雨量500万立方米。全市有天气预报服务网站1个,卫星云图接收站2个。全年降水量846.8毫米,年平均气温16.1摄氏度,无霜期240天。

(四)文化、卫生和体育

1. 文化事业

年末全市共有各级档案馆6个,其中国家综合档案馆5个,专业档案馆1个,馆藏档案资料83万卷(件、册),库馆总建筑面积6805平方米。全市有国有艺术表演团体2个,文化馆5个,公共图书馆5个,博物馆6个;广播电台2座,中波发射台和转播台2座,电视台2座;有线电视基本实现"户户通",有线电视和有线数字电视用户数分别达到41.09万户和13.22万户,分别比上年增加4.20万户和1.53万户;有线电视入户率76%,比上年提高6个百分点;全市广播综合人口覆盖率99.3%,电视综合人口覆盖率99.3%。全年共举办大型文化活动16场,群众性文化活动862次,专业文艺团体演出650场,各类表演团体送文化下乡425场,创作剧(节)目6个。成功举办"精致淮北我的家"2015新年音乐会等活动。

2. 卫生事业

年末全市共有卫生机构705个(含村卫生室),床位11713张,卫生技术人员10442人。其中医院75个,床位9757张,卫生技术人员7051人,执业医师及助理医师2492人;乡镇及街道卫生院28个,床位1217张,卫生技术人员1265人,执业医师及助理医师596人;妇幼保健院(所、站)6所,床位220张,卫生技术人员304人,执业医师及助理医师108人;疾病预防控制中心5所,卫生技术人员150人,执业医师及助理医师95人;诊所、卫生所、医务室130个,执业医师及助理医师147人;村卫生室305所,执业医师及助理医师71人。

3. 体育事业

全年举办全民健身活动200余次,其中1000人以上活动50次,参加活动总人数75万人次。组织开展全市元旦长跑、全民健身日等大型群体活动。淮北市运动员在省级以上比赛中获金牌65枚、银牌16枚、铜牌33枚。先后承办全国男排联赛八一"主场"、全国青少年羽毛球赛、全国青少年武术套路锦标赛等高水平体育赛事。

(五)城乡建设

淮北市坚持建管并举,突出环境整治,进一步提升城市形象。持续完善城市功能。投资16.3亿元,实施城市道路、管网、桥梁、绿化和电网建设等重点项目127个。维修加固东岗楼立交桥,新建、改造东山北路、惠黎路、长山中路等14条城区道路,东部新区4条道路建成通车。增设公交候车亭54座,更新改造人民路、相山中路路灯697柱,完成长山路桥等7座道路桥梁和部分街区广场亮化工程。推进供水、供气向城市周边延伸,新铺设燃气、供水和污水管网84公里。完成2570公里地下管线普查探测并建成信息管理平台。实施城市增绿工程,建成绿道34.3公里。顺利通过国家园林城市验收。整治老濉河、相阳沟、跃进河等城区沟河,清理淤泥24万立方米。完成房屋征收191万平方米,建成安置房89万平方米,已有3000余户居民迁进新居。

强化城市管理服务。加强“市容管理示范路”建设，完成濉溪路等 6 条道路街景整治。实施公共自行车惠民工程，日均使用量 4.5 万人次。出台进一步加强物业管理工作的实施意见，规范物业管理。生活垃圾无害化处理率达 94%以上，入选国家第四批餐厨废弃物资源化利用和无害化处理试点城市。

国家智慧城市试点建设取得积极进展。加快建设美好乡村。首批 13 个重点中心村全面建成，统筹推进第二批 11 个重点中心村规划建设。深入开展“三线三边”治理，农村人居环境不断改善。濉溪县获评全省美好乡村建设先进县，烈山区入选全国美丽乡村建设标准化试点，榴园成为全省宜居村庄示范村。

（六）环境保护

出台实施《淮北市大气污染防治实施细则》，大力推进全市大气污染防治工作。围绕污染物总量减排、大气污染物防治等各项重点目标任务，先后开展“秸秆禁烧”工作、大气污染防治专项行动、保证群众健康等环保专项行动。全市共完成餐饮油烟整治 81 家，燃煤锅炉整治 68 家，物料堆场整治 62 家，非煤矿山整治 25 家，混凝土搅拌站整治 24 家，建筑工地施工扬尘整治 46 家。全市淘汰注销黄标车、老旧车 8659 辆。全年完成水污染治理项目 13 个，大气污染治理项目 306 个，规模化畜禽养殖污染治理项目 15 个，机动车尾气污染治理项目 1 个。全年空气质量优良天数 319 天，优良率 87.4%；集中式饮用水源地水质达标率 100%；声环境质量符合功能区划标准，昼间年平均值 51.9 分贝，夜间年平均值 44.7 分贝；危险废弃物安全处置率 100%。全年 COD 减排 441 吨、氨氮减排 185.2 吨、氮氧化物减排 8159 吨，污染物排放削减率分别为化学需氧量 1.51%，氨氮 4.88%，氮氧化物 15.51%。

（七）社会安全

全年共发生各类事故 72 起，死亡 77 人，事故起数比上年减少 4 起，死亡人数减少 2 人，下降 2.5%。其中工矿商贸事故 5 起，死亡 5 人，事故起数比上年减少 1 起，死亡人数减少 1 人，下降 16.7%。道路交通一次死亡一人及以上事故 64 起，比上年减少 3 起，死亡 69 人，比上年减少 1 人，下降 1.4%；火灾事故 1 起，死亡 1 人，事故数与上年持平，死亡人数减少 3 人，下降 75%。亿元 GDP 生产安全事故死亡人数为 0.10 人，下降 8.2%。

三、淮北市在泛长三角地区经济发展中的地位

2014 年，市委、市政府带领全市人民紧紧围绕精致淮北建设主线，坚持稳中求进、改革创新的工作总基调，以“九个一”工程为抓手，积极应对经济发展中的困难与挑战，努力稳增长、促改革、调结构、惠民生、防风险，全市国民经济运行总体平稳，整体发展快于全省、好于上年。

2010—2014 年淮北市地区生产总值在泛长三角地区 41 市所占比重分别为 0.47%、0.48%、0.48%、0.50%和 0.50%。地区生产总值在泛长三角 41 市占比整体呈现上扬态势，2014 年与 2010 年比增加了 0.03 个百分点，与上年基本持平。2014 年，淮北市在泛长三角地区 41 市地区生产总值所占比重排名第 38 位，位置靠后。

2014 年，全年全市实现地区生产总值 747.5 亿元，按可比价格计算，增长 9.6%。其中第一产业增加值 60.1 亿元，增长 4.9%；第二产业增加值 497.8 亿元，增长 10.6%；第三产业增加值 189.6 亿元，增长 8%。

非煤工业对全市工业增长贡献突出，全年完成增加值 345.5 亿元，增长 17.7%，增速高于全市 6.5 个百分点，占全市工业增加值比重达到 64%，比上年提高 6.4 个百分点。非煤工业对全市工业增

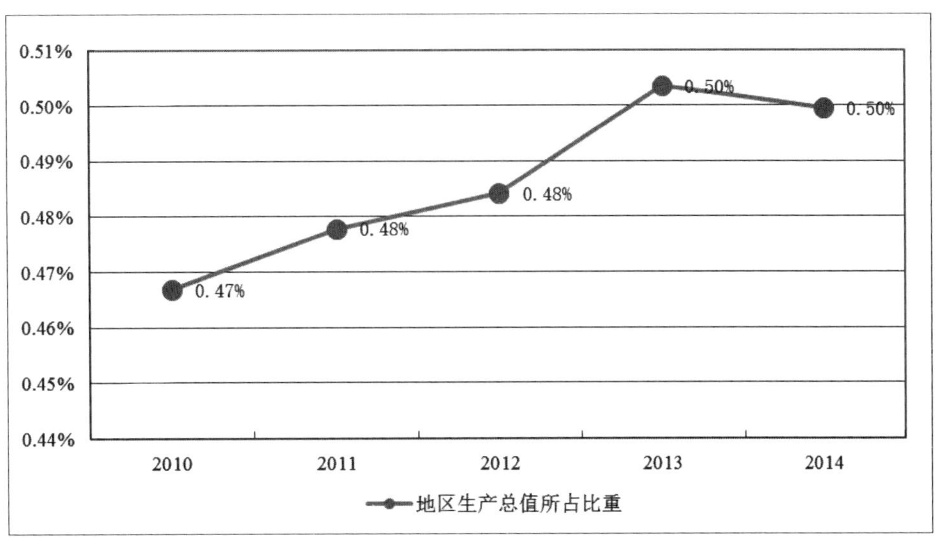

图4　2010—2014年淮北市地区生产总值在泛长三角地区41市所占比重变化趋势

加值增长的贡献率达到90.9%，拉动全市工业增长10.2个百分点。全市163家规模以上战略性新兴产业实现产值404.7亿元，比上年增长20.2%；占全市工业总产值比重的22.1%，比上年提高1.7个百分点，总量和增速均居全省第7位。全市56家规模以上高新技术企业累计实现增加值119亿元，增长18%，增速高于全省4.4个百分点，总量和增速分别居全省第8和第4位。全市工业累计完成投资500.7亿元，增长24.4%；增速高出全市投资4.4个百分点，占全市投资比重为59.5%，比上年提高2.1个百分点。制造业投资继续占主导地位，完成427.9亿元，增长27.5%，增速高于全市工业投资3.1个百分点，占工业投资比重达到85.5%，比上年提高2.1个百分点；对全市工业投资增长的贡献率达到75%。其中纺织服装、食品加工和装备制造业投资增长最快，分别为85.1%、47.1%和32.6%。

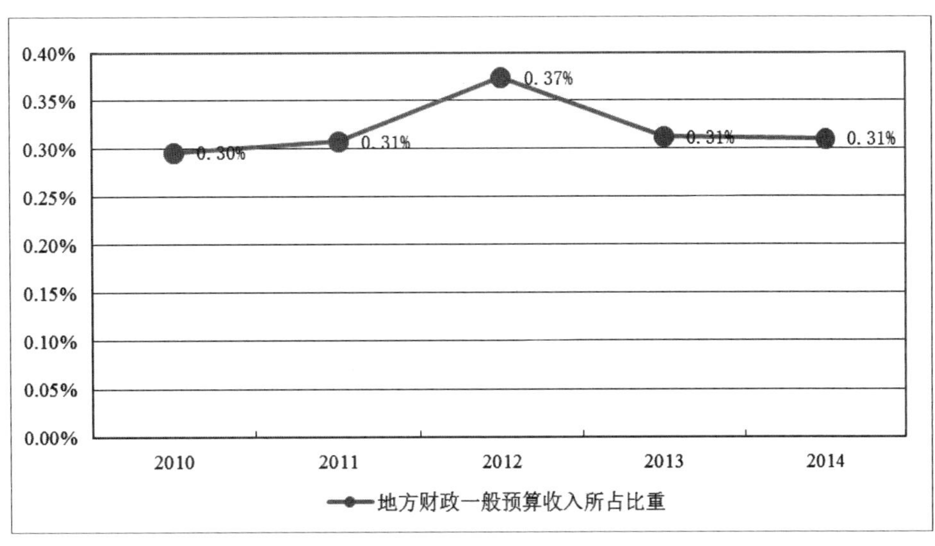

图5　2010—2014年淮北市地方财政一般预算收入在泛长三角41市所占比重变化趋势

2010—2014年淮北市地方财政一般预算收入在泛长三角41市所占比重分别为0.30%、0.31%、0.37%、0.31%和0.31%，2014年较2010年增加了0.01个百分点，与上年基本持平。2014年，淮北市地方财政一般预算收入在泛长三角 41 市地区的排最后一位。

全年完成财政总收入 91.3 亿元，比上年减收 1.7 亿元，下降 1.8%。其中地方一般预算收入 52.8 亿元，比上年增收 2.1 亿元，增长 4.2%；上划中央收入 36.6 亿元，比上年减收 4.5 亿元，下降 10.9%；出口货物退增值税 1.9 亿元，增长 50.7%。分级次看，市级财政收入 65.0 亿元，比上年减收 3.6 亿元，下降 5.3%；濉溪县财政收入 26.4 亿元，比上年增收 2.0 亿元，增长 8%。全市完成财政支出 116.0 亿元，增长 6.7%。其中教育支出 17.5 亿元，增长 6.8%；医疗卫生支出 10.8 亿元，增长 10.8%；城乡社区事务支出 25.4 亿元，增长 8.4%；一般公共服务支出 10.4 亿元，下降 14.4%，农林水事务支出 11.1 亿元，下降 0.9%。

财政总收入比上年下降 1.8%，降幅比上年收窄 6.2 个百分点，居全省第 14 位，比上年前移 2 位；地方财政收入增长 4.2%，居全省第 13 位，比上年前移 3 位。

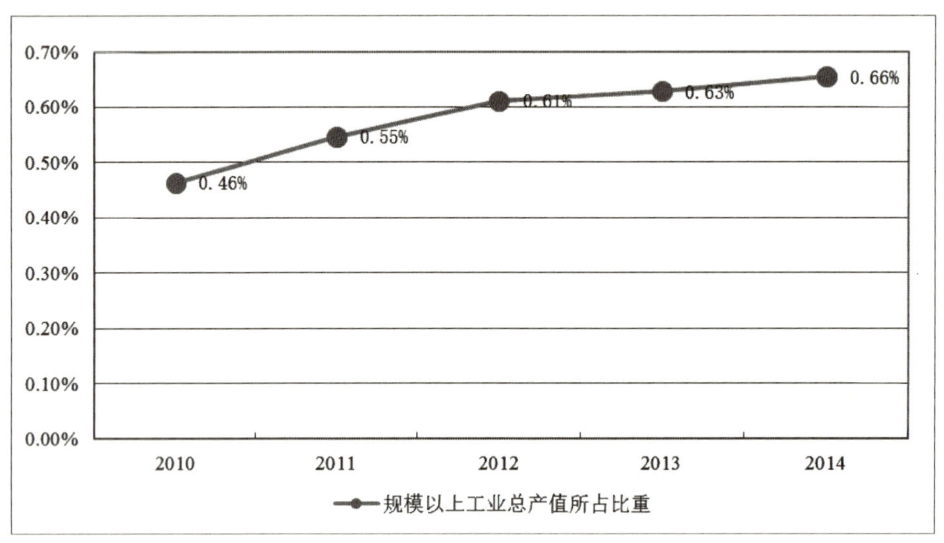

图 6　2010—2014 年淮北市规模以上工业总产值在泛长三角 41 市所占比重变化趋势

2010—2014 年淮北市规模以上工业总产值在泛长三角 41 市所占比重分别为 0.46%、0.55%、0.61%、0.63%和 0.66%，呈连续增加态势，2014 年较 2010 年增加了 0.20 个百分点，较上年增加了 0.03 个百分点。2014 年，淮北市规模以上工业总产值在泛长三角 41 市地方财政一般预算收入所占比重排第 31 位。

全年新增规模以上工业企业 89 家，总数达到 739 家；规模以上工业增加值增长 11.2%，增速比上年提高 0.7 个百分点。36 个行业中 33 个行业实现增长，增长覆盖面达 91.7%，其中 17 个行业增速超过 20%。六大主导行业全部实现增长。其中煤电行业实现增加值 188.2 亿元，增长 2.5%；炼焦行业实现增加值 6.3 亿元，增长 0.8%；机械制造、食品、纺织服装和建材业分别实现增加值 109.1 亿元、70.7 亿元、23 亿元和 37.9 亿元，分别增长 21.2%、12.8%、17.7%和 15.9%。

2010—2014 年淮北市进出口总额在泛长三角 41 市所占比重分别为 0.02%、0.02%、0.03%、0.03%和 0.04%，总体上呈现上扬态势，五年间增加了 0.02 个百分点，其中 2014 年较上年增加了了 0.01 个百分点。2014 年，淮北市进出口总额在泛长三角 41 市的排 38 位，位置较为靠后。

全年完成外贸进出口总额 54808 万美元，比上年增长 17.0%。完成出口 51958 万美元，增长 18.6%。其中专业外贸公司出口 6171 万美元，增长 7.9%；自营生产企业出口 29799 万美元，增长 17.8%；外商投资企业出口 15988 万美元，增长 24.8%。全年累计实现进口 2850 万美元，比上年下降 5.4%。

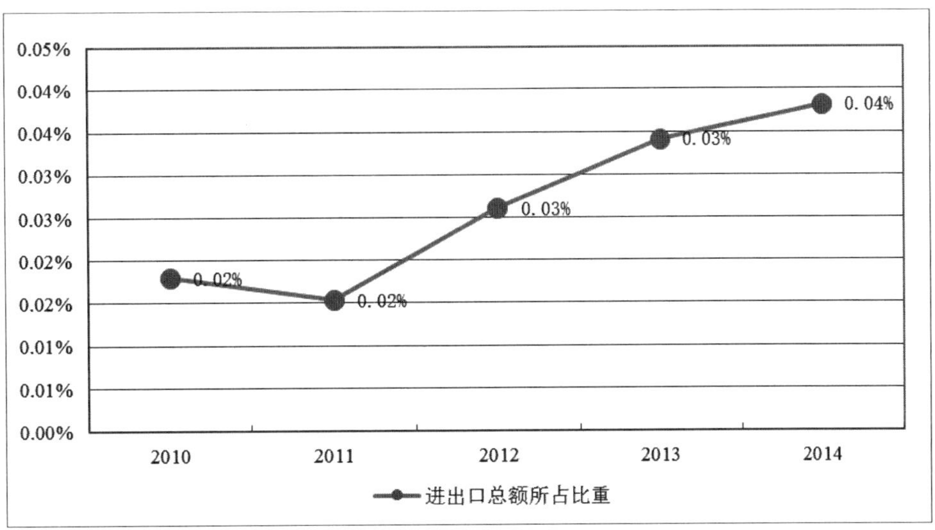

图7　2010—2014年淮北市进出口总额在泛长三角41市所占比重变化趋势

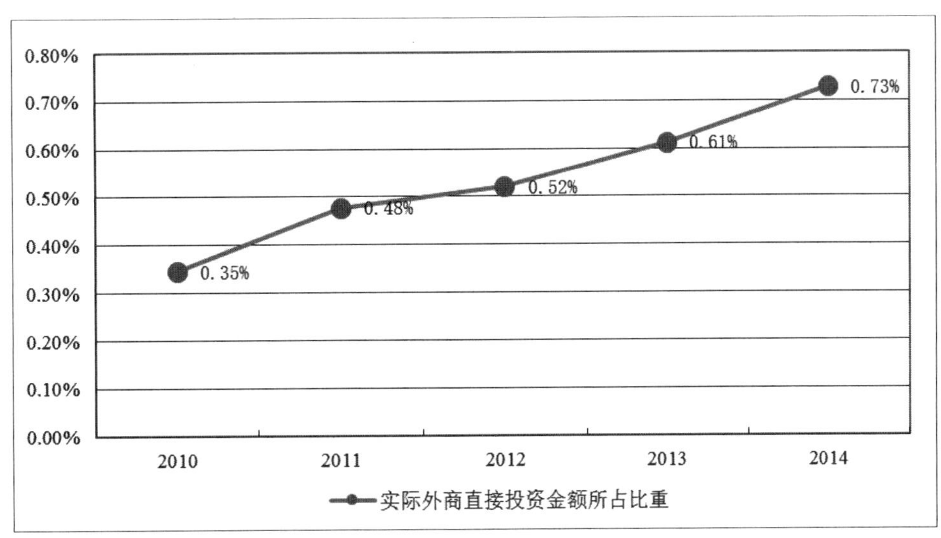

图8　2010—2014年淮北市实际外商直接投资金额在泛长三角41市所占比重变化趋势

2010—2014年淮北市实际外商直接投资金额在泛长三角41市所占比重分别为0.35%、0.48%、0.52%、0.61%和0.73%，整体呈现上扬姿态，2014年较2010年增加了0.38个百分点，较上年增加了0.12个百分点。2014年，淮北市实际外商直接投资金额在泛长三角41市排第28位，排名相对靠前。

全年新批外商投资企业5家，实际利用外商直接投资54431万美元，比上年增长18.5%。全市引进投资规模亿元以上新建项目105个，其中投资3—5亿元项目9个，投资5亿元以上项目11个。

八　铜陵市 2014 年经济社会发展报告

2014 年，面对复杂严峻的经济环境，全市人民在市委、市政府的坚强领导下，稳中求进，克难攻坚，统筹做好稳增长、调结构、促改革、惠民生、防风险各项工作，克服宏观经济下行压力，经济发展稳中有进、稳中向好。

一、铜陵市 2014 年经济发展概况

（一）综合经济

1. 经济总量

全年实现生产总值（GDP）716.31 亿元，按可比价计算，增长 10.0%。分产业看，第一产业增加值 12.58 亿元，增长 4.2%；第二产业增加值 510.46 亿元，增长 11.0%；第三产业增加值 193.27 亿元，增长 7.3%。按常住人口计算，全年人均生产总值 97192 元（折合 15822 美元），全社会劳动生产率 154194 元/人，比上年分别增加 4593 元和 6688 元。第一、第二、第三产业增加值在地区生产总值中的比例，由 2013 年的 1.8∶72.5∶25.7 调整为 1.8∶71.6∶26.6，工业增加值占地区生产总值比重为 66.3%。

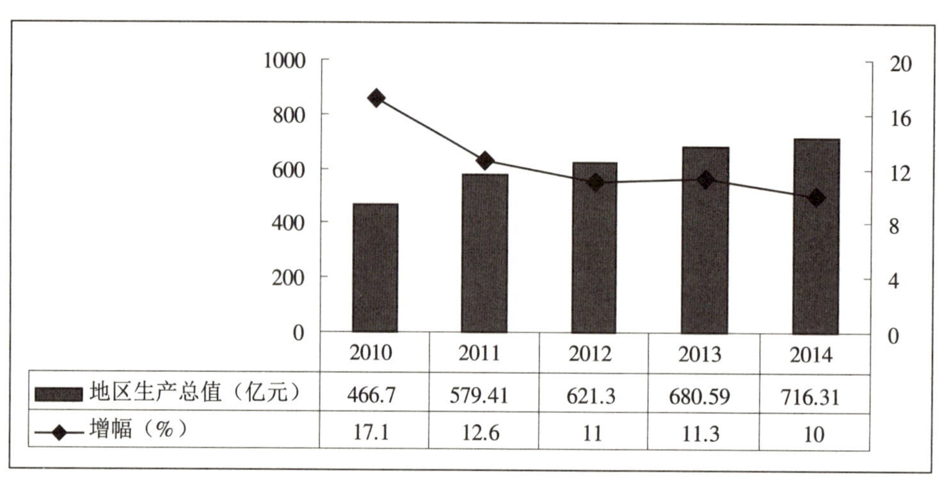

图 1　2010—2014 年铜陵市地区生产总值及增长速度

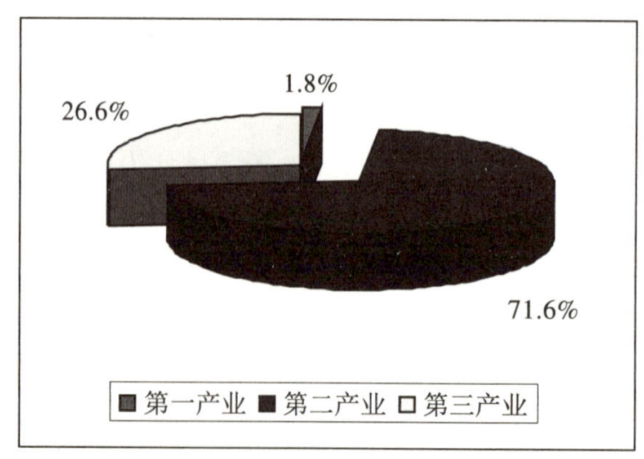

图 2　2014 年铜陵市三次产业结构图

2. 财政收支

全年财政收入132.2亿元，增长1.6%。其中，上划中央财政收入65.3亿元，下降1.1%；完成地方财政收入66.3亿元，增长3.3%。在地方财政收入中，契税、国内增值税、企业所得税、个人所得税分别增长21.4%、9.4%、8.9%、3.9%。全年财政支出105.3亿元，增长4.7%，其中文化体育与传媒支出增长21.7%，城乡社区服务支出增长11.5%，商业服务业等事务支出增长10.9%，公共安全支出增长10.4%，科学技术支出增长10.0%，节能环保支出增长6.6%。全年民生类累计支出86.8亿元，增长6.2%，占财政总支出比重达82.4%。

3. 物价水平

全年居民消费价格上涨1.1%。分类看，食品类价格上涨1.8%，烟酒及用品类价格下降1.7%，衣着类价格上涨0.4%，家庭设备用品及维修服务类价格上涨0.2%，医疗保健和个人用品类价格上涨0.4%，交通和通讯类价格下降1.2%，娱乐、教育文化用品及服务类价格上涨3.5%，居住类价格上涨0.6%。

工业生产者出厂价格下降5.6%。工业生产者购进价格下降7.2%。

4. 固定资产投资

全年固定资产投资767.6亿元，增长18%。分经济类型看，国有及国有控股投资141.8亿元，下降3.5%；民间投资623.5亿元，增长24.1%；外商投资2.3亿元，增长132.5%。分产业看，第一产业投资21亿元，增长23.6%；第二产业投资351.3亿元，增长14.2%；第三产业投资395.3亿元，增长21.4%。分行业看，工业完成投资343.9亿元，增长14.4%，其中制造业投资297.5亿元，增长15.4%；交通运输业、公共设施等城市基础设施建设投资126.6亿元，增长11.9%。房地产开发投资132.8亿元，增长5.8%；商品房销售面积120.9万平方米，下降4.2%；商品房销售额92.7亿元，增长32.2%。

全年全市500万元及以上投资项目1504个，比上年增加216个，增长16.8%。在建项目平均规模13982万元，比去年同期减少1623万元。其中，新开工项目723个，增加50个，增长7.4%。6万吨电子铜板带生产系统技术改造项目、年产10万吨环保脱销催化剂项目、智能电缆及核电缆项目、铜陵有色废铜再生利用基地(年产40万吨拆解铜项目)、铜南宣高速公路、S320沿江公路铜陵段、合福铁路铜陵长江公铁大桥公路接线、西湖公园、永盛房地产溪潭花园等一批重大工业项目、基础设施和服务业项目进展顺利；年产240万平方米高多层HDI电路板及60万平方米FPC电路板生产项目、新兴际华铜陵东港现代物流园、新建高端多层印刷电路板生产项目、S321黄浒至白杨坡段改建工程、东部城区滨湖置地广场项目、滨湖房地产万象购物公园、地质置业有限公司龙山湖苑等45个亿元以上重点项目顺利开工；焦化二期、年产10万吨环保脱销催化剂、汽车电机轴承生产线、年产50万公里通信及塑料光纤、年产6000吨聚酰亚胺薄膜等596个工业项目竣工投产。

（二）农业

全年实现农、林、牧、渔业现价总产值21.64亿元，增长4.5%，其中农业产值10.81亿元，增长5.8%；林业产值1.86亿元，增长3.2%；牧业产值3.99亿元，增长2.9%；渔业产值3.68亿元，增长2.2%；农林牧渔服务业产值1.29亿元，增长7.1%。

全年农作物总播种面积46664公顷，其中，粮食作物播种面积28621公顷，增长2.3%；棉花播种面积为3696公顷，下降1.1%；油料作物播种面积8020公顷，增长2.4%；蔬菜播种面积4530公顷，增长1.4%。

全年粮食产量15.97万吨，增长4.7%；油料产量1.88万吨，增长0.8%；棉花产量0.37万吨，下降10%；蔬菜产量11.11万吨，增长2.2%。

全年肉类总产量1.83万吨，增长1.9%；禽蛋总产量1.02万吨，增长3.3%；全年水产品产量2.4万吨，增长3.5%。

年末全市农业机械总动力38.1万千瓦，增长0.3%。化肥施用量(折纯)2.47万吨，增长0.7%。农村用电量2.12亿千瓦时，增长7.2%。全年有效灌溉面积23.9千公顷。

（三）工业和建筑业

1. 工业经济

2014年全市规模以上工业企业，完成工业总产值1927.1亿元，增长8%；实现工业增加值476.3亿元，扣除价格因素增长11.7%。工业经济发展对全市经济增长的贡献率达78.5%，拉动GDP增长7.9个百分点。分经济类型看，国有企业增加值增长2.8%；集体企业下降60.4%；股份制企业增长10%；外商及港澳台商投资企业增长21.6%。分轻重工业看，重工业增加值增长12.3%；轻工业下降8.2%。从主导行业看，有色金属冶炼和压延加工业增长21%；电气机械和器材制造业增长5.6%；化学原料和化学制品制造业增长2.8%；电力、热力生产和供应业下降3.6%；非金属矿物制品业下降2%；黑色金属冶炼和压延加工业增长9.9%。

全年战略性新兴产业完成工业总产值583.5亿元，增长22.2%。

主要工业产品产量中，精炼铜(电解铜)131万吨，增长9.1%；铜材133.7万吨，增长59.1%；硫酸(折100%)495.6万吨，增长8%；化学肥料总计(折纯)101.8万吨，增长15.7%；水泥熟料1837.5万吨，增长2.5%；火力发电量160.2亿千瓦时，下降8.9%。

全年全市规模以上工业企业，实现主营业务收入2487.7亿元，增长10.8%；实现利税总额56.9亿元，下降13.9%，其中盈亏相抵后实现利润总额31.6亿元，下降27.4%；工业经济效益综合指数为430.2，上升12.1个百分点；产品销售率98.5%，下降0.3个百分点；企业亏损面26.7%，上升5.8个百分点；全员劳动生产率57.2万元/人，增长8.4%。

2. 建筑业

全年全社会建筑业完成增加值37.9亿元，增长6.8%。全年房屋建筑施工面积906.6万平方米，增长2.0%；房屋竣工面积292.8万平方米，下降5.0%。

（四）服务业

1. 国内贸易

全年社会消费品零售总额174.6亿元，增长12.6%。分城乡看，城市零售额156.8亿元，增长12.6%；乡村零售额17.8亿元，增长12.7%。分行业看，批发零售贸易业零售额144.0亿元，增长12.9%；住宿和餐饮业收入30.6亿元，增长11.6%。

在限额以上企业(单位)批发零售业零售额中，食品、饮料、烟酒类下降3.0%，服装鞋帽、针织纺织品类下降14.3%，化妆品类下降14.7%，体育、娱乐用品类增长7.6%，金银珠宝类下降29.1%，日用品类下降11.5%，家用电器及音像制品类增长2.3%，石油及制品类增长10.7%，汽车类增长9.9%。

2. 交通运输、邮电

全年交通运输、仓储和邮政业实现增加值25.68亿元，增长8.6%。

全年铁路运输旅客发送量59.4万人，增长15.8%，货物发送量86.1万吨，下降22.7%。全市公

路货物周转量26.7亿吨公里，增长13.0%；公路旅客周转量7.7亿人公里，增长9.6%。港口货物吞吐量7045.1万吨，增长19.3%。

年末全市机动车拥有量12.8万辆，增长6.8%，其中汽车拥有量7.82万辆，增长12.0%。

全年完成邮电业务收入7.67亿元。其中，邮政业务收入0.68亿元，下降6.6%；电信（含电信公司、移动公司、联通公司、铁通公司）业务收入7.0亿元，增长0.6%。年末城乡固定电话用户达16.88万户，比上年减少2.86万户；移动电话用户70.8万户，国际互联网用户29.6万户，新增11万户。

3. 旅游业

全年旅游总收入60.93亿元，增长14.06%。接待海外游客2.82万人次，下降2.98%；接待国内游客921.14万人次，增长13.2%。年末全市共有星级饭店（宾馆）15个，房间数1331间；共有旅行社29家，其中国际旅行社2家；旅游商品定点生产单位20个，旅游线路6条，旅游景区（点）16个。全市旅游饭店客房住宿出租率为57.3%。

4. 金融、证券和保险

年末全市金融机构各项存款余额（人民币，下同）676.3亿元，比年初增加38.1亿元，增长6.0%。其中，单位存款314.3亿元，比年初增加9.1亿元，增长3.0%；城乡居民储蓄存款338.9亿元，增长9.5%。金融机构各项贷款余额为638.2亿元，比年初增加62.0亿元，增长11.0%。其中，短期贷款302.6亿元，增长10.2%；中长期贷款305.7亿元，增长11.6%。

年末，铜陵市直接在上海、深圳证券交易所上市交易股票的上市公司有6家，上市公司流通股市价总值379.2亿元。

全年保险业保费收入11.75亿元，增长17.6%。全年保险已决赔款2.68亿元，满期给付2.42亿元。

（五）对外经济

1. 对外贸易

全年实现进出口总额52.4亿美元，下降8.4%。其中，出口8.6亿美元，增长37.7%；进口43.8亿美元，下降14.0%。

2. 利用外资

全年新批外商投资企业6家。合同外资额0.4亿美元，下降75.9%。全年外商直接投资2.0亿美元，下降51.4%；实际到位1亿元以上省外投资项目内资373.8亿元，增长36.3%。

二、铜陵市2014年社会发展概况

（一）人口、人民生活

年末全市总户籍人口73.78万人，比上年末减少4279人。2014年全市人口出生率为8.65‰，下降0.54个千分点；人口死亡率为5.98‰，下降0.2个千分点；人口自然增长率为2.66‰，上升0.35个千分点。

全年全市常住居民人均可支配收入26178元，增长9.9%，常住居民人均消费支出17889元。其中城镇常住居民人均可支配收入29234元，增长9.1%。城镇常住居民人均消费性支出19882元，城镇居民恩格尔系数为31.8%，比上年下降2.4个百分点。

全年农村常住居民人均可支配收入16405元，增长11.8%。农村常住居民人均消费支出11516

元。农村居民恩格尔系数为 33.1%，比上年下降 6 个百分点。

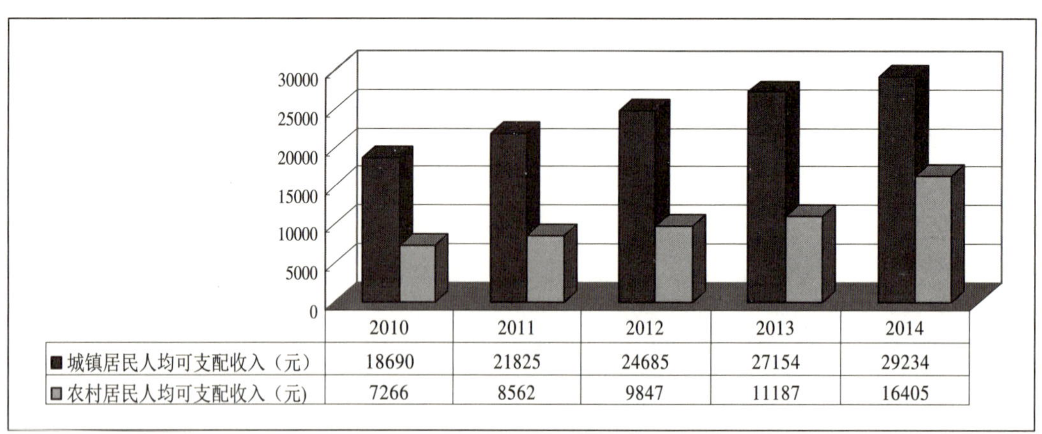

	2010	2011	2012	2013	2014
■城镇居民人均可支配收入（元）	18690	21825	24685	27154	29234
■农村居民人均可支配收入（元）	7266	8562	9847	11187	16405

图 3　2010—2014 年铜陵市城乡居民收入对比一览

（二）就业与社会保障

1. 就业工作

年末全市从业人员 46.59 万人，增加 0.27 万人。其中，第一产业 9.14 万人，减少 0.11 万人；第二产业 17.31 万人，增加 0.22 万人；第三产业 20.14 万人，增加 0.16 万人。城镇非私营单位在岗职工 14.35 万人，增加 1.64 万人；城乡私营企业从业人员和个体劳动者 16.04 万人，增加 1.46 万人。年末城镇登记失业率为 3.37%。

全年全市新增就业再就业人数 31924 人，下岗失业人员再就业人数 15135 人，就业困难对象再就业人数 5454 人，全市共开展各类就业技能培训人数 8162 人，新转移农村劳动力人数 4504 人，当年为各类失业人员发放小额担保贷款金额 4825 万元，为劳动密集型小企业发放小额贷款金额 39719 万元。

2. 社会保障和福利

全年企业职工基本养老保险 24.37 万人，城乡居民养老保险 20.67 万人，失业保险参保人数 15.22 万人；工伤保险参保人数 18.64 万人；城镇职工基本医疗保险参保人数 28.53 万人，城乡居民医疗保险参保人数 50.73 万人，生育保险参保人数 16.55 万人；2014 年末被征地农民养老保障参保人数达 7.11 万人。

年末，城镇居民最低生活保障人数 1.54 万人，农村居民最低生活保障人数 1.02 万人。2014 年全市各种社会福利收养单位 29 个，拥有床位总数达 2986 张，在院人数 1294 人。全年销售福利彩票 11010 万元。年末，全市城镇社区服务设施 185 个，社区从业人员 1979 人。

（三）教育和科学技术

1. 教育事业

年末，全市普通高校在校学生 33088 人，比上年增加 529 人；中等职业教育学校在校学生 14072 人，增加 2058 人；普通中学在校学生 35417 人，减少 2020 人，其中高中在校学生 15010 人，减少 904 人；小学在校学生 38708 人，比上年增加 205 人。2014 年，普通高校毕业生 8962 人，比上年增加 619 人；中等职业教育学校毕业生 2891 人，减少 1932 人；普通中学毕业生 13514 人，增加 865 人；小学毕业

生 6347 人，减少 318 人。2014 年成人高等学校在校生和毕业生分别为 8504 人和 2758 人。全年社会考生报名参加高等教育自学考试 2462 人次，其中本科 1678 人次；全年自学考试毕业生数为 72 人，其中本科 54 人。

2. 科技与创新

全年高新技术产业实现增加值 180.6 亿元、总产值 828.6 亿元。全市拥有国家高新技术企业 120 家，拥有国家级创新型企业 2 家、省级创新型企业 11 家、省级创新型试点企业 13 家，拥有 25 个省级工程技术研究中心、2 个省级实验室、3 个院士工作站、4 个省级以上科技孵化器、3 个生产力促进中心。全年获批省级以上科技计划项目 99 项(其中国家级项目 10 项)，获得上级资助资金 4098.7 万元。全年有 10 项科技成果获安徽省科学技术奖(其中一等奖 2 项、二等奖 2 项、三等奖 6 项)。2014 年，全市申请专利 2582 件，其中申请发明专利 1378 件、实用新型 1149 件、外观设计 55 件；授权专利 1474 件，其中授权发明专利 145 件、实用新型 1275 件、外观设计 54 件。

（四）文化、卫生和体育

1. 文化事业

年末，全市共有登记注册的艺术表演团体 5 个；文化馆(站)19 个；公共图书馆 5 个(含筹建的铜官山区图书馆，已上报省厅)，公共图书馆藏书量 71 万册；档案馆 6 个，馆藏档案 33.1 万卷册，馆藏资料 2.87 万册。全市拥有广播电台 2 座，电视台 2 座，广播人口覆盖率和电视人口覆盖率均达 100%，有线电视入户率 61.8%。全年建成了 7 个公共电子阅览室、完成广播电视村村通总任务数 243 个。

2. 卫生事业

年末，全市共有各类卫生机构 175 个，其中医院、卫生院 33 个，疾病预防控制中心 2 个。各类卫生机构拥有病床 5687 张，其中医院、卫生院病床 5071 张。全市卫生技术人员 5614 人，其中，执业医师 2162 人，注册护师、护士 2528 人。全年免费婚检率达 99.8%以上，7 岁以下儿童保健覆盖率 97%。2014 年，市立医院晋升三级综合医院，铜官山区和铜陵县分别通过国家、省级慢性病示范区考核评估，创建成为国家慢性病综合防控示范区、省级慢性病综合防控示范区。

3. 体育事业

全市共有国家级体育传统项目学校 1 所、青少年体育俱乐部 8 家，省级体育传统项目学校 7 所、专项体育特色学校 4 所、青少年体育俱乐部 5 家、省级单项训练基地 2 个，市级体育传统项目学校 6 所。网上注册社会体育指导员 478 人，历年来注册总数达 2490 人。参加省第十三届运动会 15 项比赛，共有 5 人 8 次破省青少年纪录，夺得赛场金牌 45 枚、奖牌 96 枚、总分 1755 分，均列全省第 10 位。组队参加全国举重锦标赛，夺得金牌 6 枚。全市体育彩票发行工作继续保持良好趋势，全年发行 1.21 亿元。铜陵市被国家体育总局评为全国全民健身示范市。

（五）城乡建设

2014 年铜陵市提质提效推进城乡建设，交通设施建设提速推进。京福高铁铜陵段全线铺通，铜陵北站及站前路、站前广场主体完工。宁安城际铁路铜陵段基本建成。庐铜铁路启动建设。铜南宣高速进入路面施工阶段。沿新大道顺利完工，省道 320、321 和坝白路一级路改造全线开工，滨江大道北段、朱永路建设加快推进。铜陵长江三桥开展前期工作。

城市功能建设提档升级。市体育中心、铜博物馆、城市展示馆和循环经济展示馆等一批重大项目竣工投入使用；新文化馆开工建设。全长 3.2 公里的滨江生态公园建成开放，昔日脏乱差的滨江岸线成为美丽的铜陵"外滩";西湖现代农业生态示范园路网、驳岸基本完工;全国规模最大的气象主题公园、天井湖西湖整治等一批生态项目竣工。滨江大道、景观大道、太平湖路、白云路、金岭道等一批城市主干道建成通车;打通了五松道等一批"丁"字路、断头路和微循环道路,北京路下穿涉铁工程顺利完工。亮化 106 幢楼宇,增添了城市魅力。新(改)建污水管网 55 公里、燃气管道 71.5 公里,老城区基本实现雨污分流。临津公园建成开放,大通澜溪老街修缮工程一期完工,东部、南部城区建设稳步推进。

美好乡村建设亮点纷呈。坚持点线面结合,充分发挥基层干部群众的创造力,高效完成 16 个省级中心村、20 个市级中心村和 7 条综合示范带建设任务。铜陵县入列全国首批美丽乡村建设标准化试点,凤凰山牡丹花卉入选首批"中国美丽田园"景观,美好乡村已成为铜陵市新的魅力板块。

(六)资源和环境保护

2014 年铜陵市集中开展"三线三边三小"环境综合整治。以治脏、治乱、治污、植绿为重点,组织千人会战,多路出击、多点攻坚,实施重点整治项目 336 个。铜芜路、铜贵路、顺凤路、翠湖六路、滨江大道、铜都大道、沿新大道等全线焕然一新,蛤蟆岭、罗凤庵、长江大桥等重点区域呈现新貌;依法关停、拆除滨江小码头和非码头设施 54 个,关闭清场石料矿山 21 家、取缔小选矿厂(点)136 家,提前一年实现煤矿整体退出;率先在全省创建绿色矿山,完成了 13 个矿山环境整治项目。大力推进森林增长和绿化提升工程,造林绿化 2.9 万亩,建成森林长廊 25.7 公里、城市绿道 39.9 公里,完成或超额完成全年目标任务。

切实加强重点领域污染治理。全面落实大气污染防治行动计划,实施了七大治理工程,完成工业污染治理、燃煤锅炉淘汰、餐饮油烟整治等治理项目 3507 个,秸秆焚烧得到有效控制。饮用水水源地保护得到进一步强化,顺安河水质由劣五类提升到三类标准。完成 4 个重金属污染治理工程。危险废物规范化管理水平居全省前列。建筑垃圾填埋场建成使用,城市生活垃圾无害化处理率 100%,保持全省领先水平。

2014 年,城区空气平均污染指数 78,优于和达到二级的天数 298 天,全年一级天数 23 天,比上年多 8 天。一、二水厂和三水厂两个城市集中式饮用水水源地水质全年监测结果全部达标,水质达标率 100%。天井湖水质类别为Ⅲ类,水质好转。城市区域昼间、夜间平均等效声级分别为 54.3、44.0 分贝;17 条主要交通干道昼间为 63.5 分贝。各类噪声监测值均低于相应的标准值。全市四项主要污染物总量,化学需氧量削减 0.47%、氨氮削减 1.97%、二氧化硫削减 14.72%、氮氧化物削减 13.34%,超额完成年度削减目标任务。2014 年度全市节能降耗目标任务圆满完成。

(七)社会安全

全市发生各类安全生产事故死亡 31 人,亿元 GDP 生产安全事故死亡人数为 0.067 人、工矿商贸企业从业人员十万人事故死亡人数为 5.02 人、道路交通万车死亡人数为 2.17 人、特种设备万台死亡人数为 0.55 人。

三、铜陵市在泛长三角地区经济发展中的地位

2014 年,面对宏观经济复杂严峻、实体经济增势趋缓的持续压力,我市及时开展"暖企"等一系列专项行动,稳定了全市实体经济增长。其中,通过"重大项目提质提效年"活动的有效推进,特别是"高导铜材"等一批重大项目相继竣工、投产,有力推动了全市经济增长步伐的加快,为全年地区生产总值增长预期目标的实现创造了先决条件。

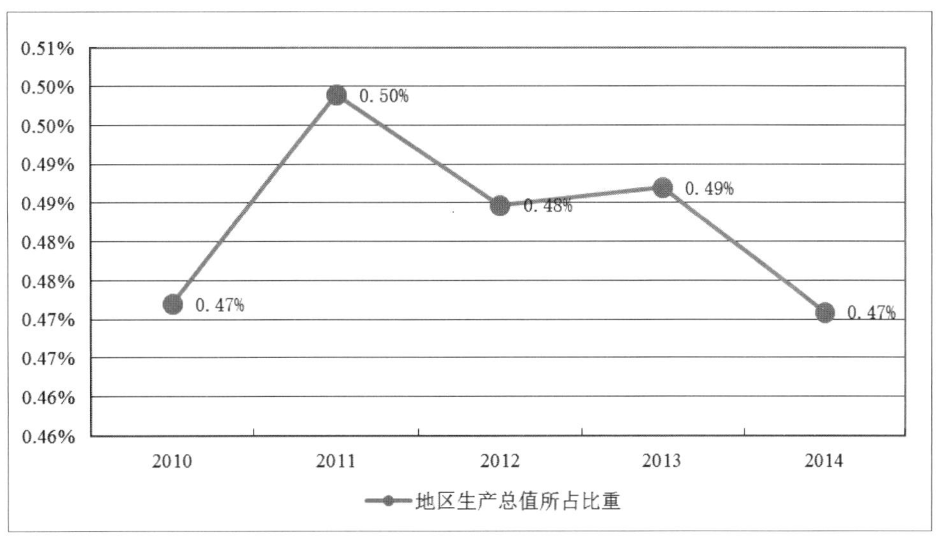

图 4　2010—2014 年铜陵市地区生产总值在泛长三角地区 41 市所占比重变化趋势

2010—2014 年铜陵市地区生产总值在泛长三角地区 41 市所占比重分别为 0.47%、0.50%、0.48%、0.49%和 0.47%。2014 年与 2010 年基本持平，较上年减少了 0.02 个百分点。2014 年，铜陵市在泛长三角地区 41 市地区生产总值所占比重排名第 39 位。

全年实现生产总值(GDP)716.3 亿元，按可比价计算，增长 10.0%。分产业看，第一产业增加值 13.2 亿元，增长 4.6%；第二产业增加值 512.9 亿元，增长 11.0%；第三产业增加值 190.2 亿元，增长 7.5%。按常住人口计算，全年人均生产总值 97192 元(折合 15822 美元)，全社会劳动生产率 154194 元/人，比上年分别增加 4593 元和 6688 元。第一、第二、第三产业增加值在地区生产总值中的比例，由 2013 年的 1.8∶72.5∶25.7 调整为 1.8∶71.6∶26.6，工业增加值占地区生产总值比重为 66.3%。

从经济结构调整和优化上看，通过“两化融合”的深入推进和“技改三年行动计划”的全面实施，全市出现了传统产业升级改造、现代服务业和民营经济加速发展的良好局面，全市转型发展取得了新进展。突出表现在：服务业增加值比重提升，全市服务业实现增加值 190.2 亿元，按可比价计算，同比增长 7.5%，比上年提高 0.2 个百分点，服务业增加值占 GDP 比重比上年提高 0.9 个百分点；工业结构趋于优化，铜冶炼、化工等传统产业规模和工艺水平迈上新台阶，战略性新兴产业增速明显快于全部规模工业，全市战略性新兴产业完成工业总产值 583.5 亿元，同比增长 22.2%，比全市工业总产值增速快 14.2 个百分点，其总量、增速分别位列全省第四、第五位，同时战略性新兴产业产值占工业总产值比重达 30.3%，比上年提高 3.5 个百分点；民营经济加快发展，全年新增民营企业 1750 户，新增个体工商户 5080 户，民营经济实现增加值 426 亿元，同比增长 11.2%，比全市 GDP 增幅高 1.2 个百分点；财政收入结构明显优化，地方财政收入中，非税收入占比已由上年的 33%下降到 27.1%。

2010—2014 年铜陵市地方财政一般预算收入在泛长三角 41 市所占比重分别为 0.35%、0.37%、0.46%、0.40%和 0.39%，2014 年较 2010 年增加了 0.04 个百分点，较上年减少了 0.01 个百分点。2014 年，铜陵市地方财政一般预算收入在泛长三角 41 市地区的排第 40 位。

全年财政收入 132.2 亿元，增长 1.6%。其中，上划中央财政收入 65.3 亿元，下降 1.1%；完成地方财政收入 66.3 亿元，增长 3.3%。在地方财政收入中，契税、国内增值税、企业所得税、个人所得税分别增长 21.4%、9.4%、8.9%、3.9%。全年财政支出 105.3 亿元，增长 4.7%，其中文化体育与传媒支出增长 21.7%，城乡社区服务支出增长 11.5%，商业服务业等事务支出增长 10.9%，公共安全支出增长 10.4%，科学技术支出增长 10.0%，节能环保支出增长 6.6%。全年民生类累计支出 86.8 亿元，

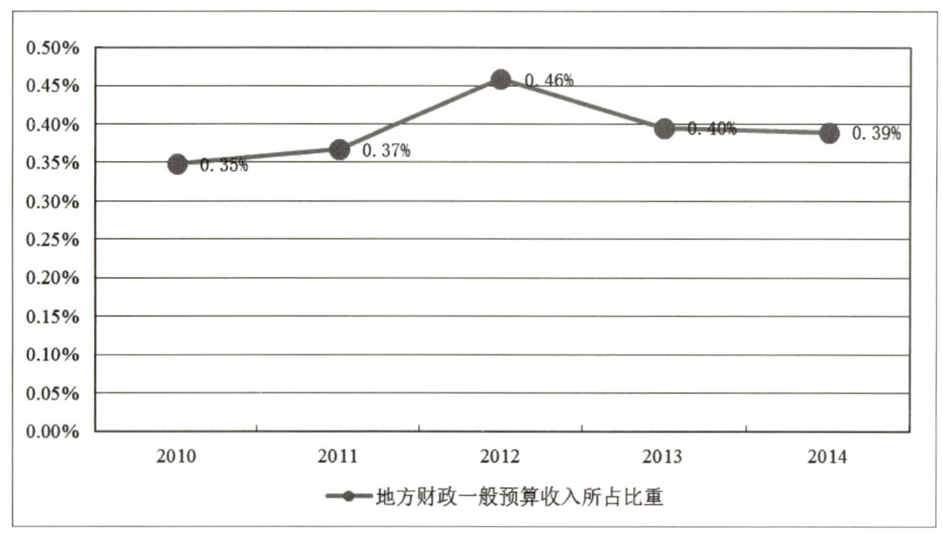

图 5　2010—2014 年铜陵市地方财政一般预算收入在泛长三角地区所占比重变化趋势

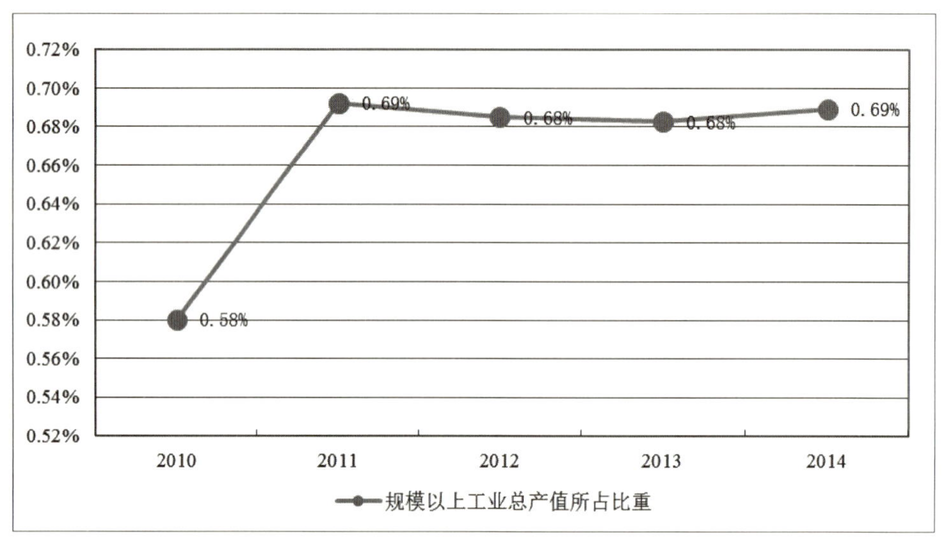

图 6　2010—2014 年铜陵市规模以上工业总产值在泛长三角地区所占比重变化趋势

增长 6.2%，占财政总支出比重达 82.4%。

2010—2014 年铜陵市规模以上工业总产值在泛长三角 41 市所占比重分别为 0.58%、0.64%、0.54%、0.58%和 0.62%，2014 年较 2010 年增加了 0.04 个百分点，较上年增加了 0.04 个百分点。2014 年，铜陵市规模以上工业总产值在泛长三角 41 市地方财政一般预算收入所占比重排第 29 位。

2014 年全市规模以上工业企业，完成工业总产值 1927.1 亿元，增长 8%；实现工业增加值 476.3 亿元，扣除价格因素增长 11.7%。工业经济发展对全市经济增长的贡献率达 78.5%，拉动 GDP 增长 7.9 个百分点。分经济类型看，国有企业增加值增长 2.8%；集体企业下降 60.4%；股份制企业增长 10%；外商及港澳台商投资企业增长 21.6%。分轻重工业看，重工业增加值增长 12.3%；轻工业下降 8.2%。从主导行业看，有色金属冶炼和压延加工业增长 21%；电气机械和器材制造业增长 5.6%；化学原料和化学制品制造业增长 2.8%；电力、热力生产和供应业下降 3.6%；非金属矿物制品业下降 2%；黑色金属冶炼和压延加工业增长 9.9%。

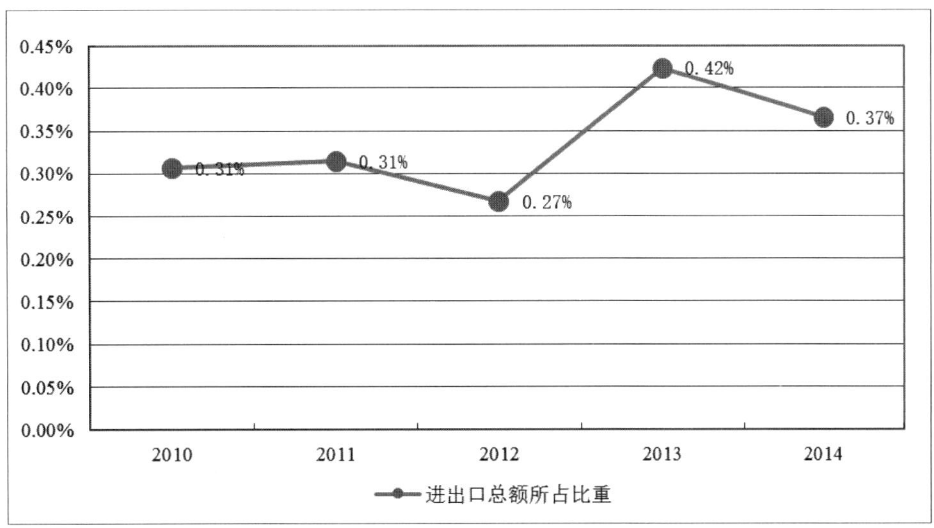

图7　2010—2014年铜陵市进出口总额在泛长三角地区所占比重变化趋势

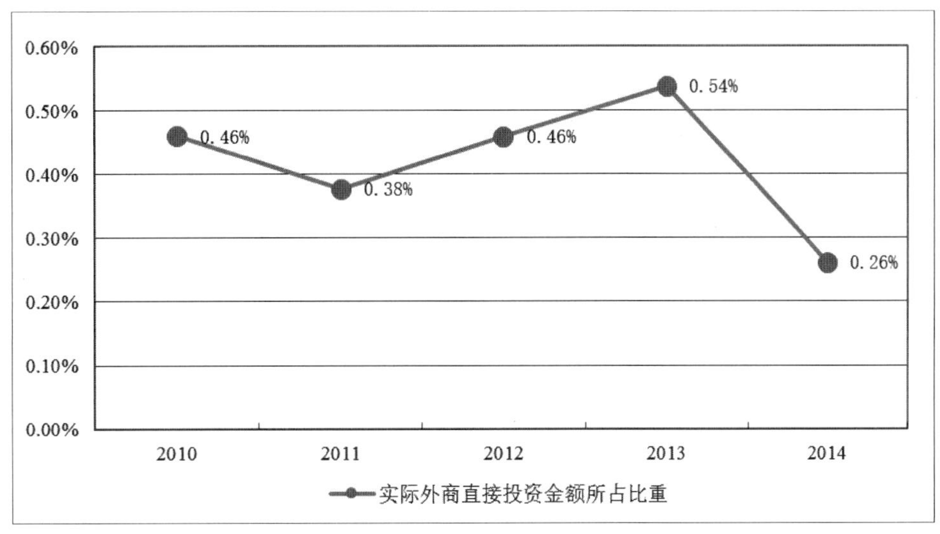

图8　2010—2014年铜陵市实际外商直接投资金额在泛长三角地区所占比重变化趋势

2010—2014年铜陵市进出口总额在泛长三角41市所占比重分别为0.31%、0.31%、0.27%、0.42%和0.37%，五年间增加了0.06个百分点，其中2014年较上年减少了0.05个百分点。2014年，铜陵市进出口总额在泛长三角41市的排24位，位置相对靠前。

全年实现进出口总额52.4亿美元，下降8.4%。其中，出口8.6亿美元，增长37.7%；进口43.8亿美元，下降14.0%。

2010—2014年铜陵市实际外商直接投资金额在泛长三角41市所占比重分别为0.46%、0.38%、0.46%、0.54%和0.26%，2014年较2010年减少了0.20个百分点，较上年减少了0.28个百分点。2014年，铜陵市实际外商直接投资金额在泛长三角41市排第38位，排名相对靠后。

全年实现进出口总额52.4亿美元，下降8.4%。其中，出口8.6亿美元，增长37.7%；进口43.8亿美元，下降14.0%。

九　安庆市 2014 年经济社会发展报告

2014 年，在市委、市政府的坚强领导下，全市上下坚持稳中求进、改革开放，积极应对挑战，奋力赶超，保持了经济社会稳定健康较快发展。

一、安庆市 2014 年经济发展概况

（一）综合经济

1. 经济总量

全年地区生产总值（GDP）1544.32 亿元，按可比价格计算，比上年增长 9.3%。其中，第一产业增加值 212.39 亿元，增长 4.6%；第二产业增加值 814.73 亿元，增长 11.4%；第三产业增加值 517.2 亿元，增长 7.3%。第二、第三产业对地区生产总值增长的贡献率为 70.1%和 23.4%。地区生产总值中三次产业比例为 14.6∶53.7∶31.7，人均生产总值 28808 元。

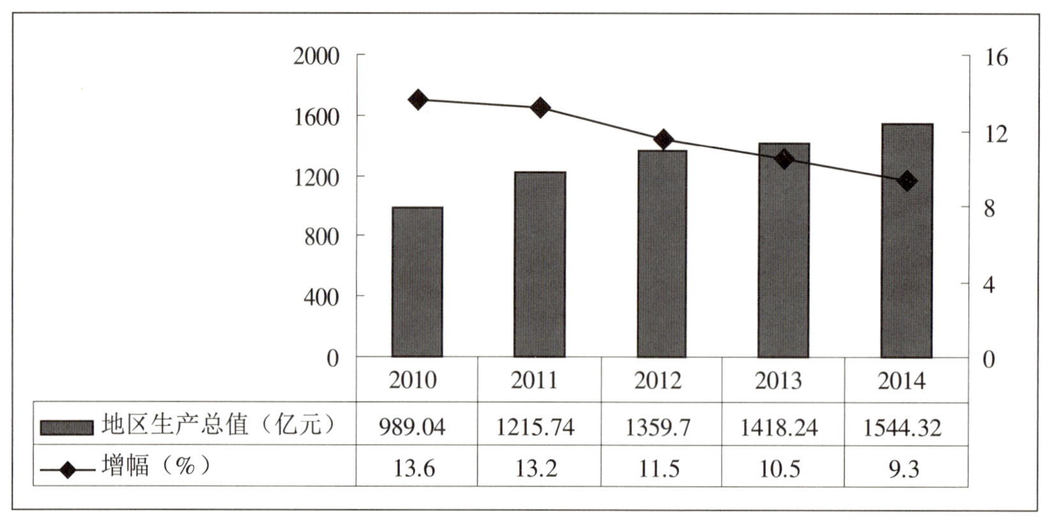

图 1　2010—2014 年安庆市地区生产总值及增长速度

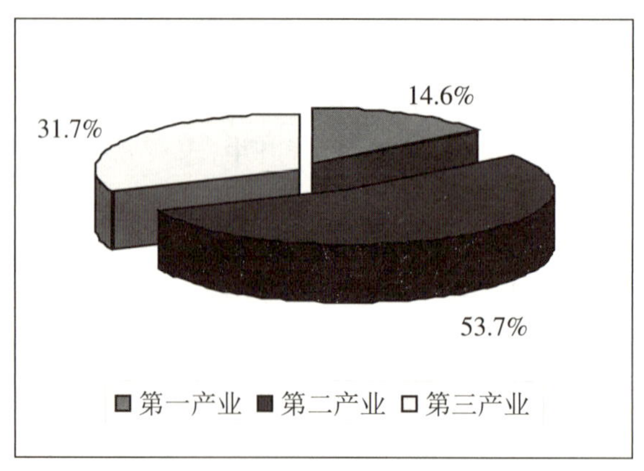

图 2　2014 年安庆市三次产业结构图

2. 财政收支

财政结构优化，质量提高。全年全市财政一般预算收入迈上新台阶，达到230.8亿元，比上年增收33.8亿元，增长17.1%。地方财政一般预算收入105.7亿元，增长7.3%。全年地方财政一般预算支出299.5亿元，增长6.8%。其中，一般公共服务支出增长10.6%，农林水事物支出增长3.6%，文教科卫事业费支出增长4.6%，交通运输支出增长15.8%，社会保障补助和就业支出增长14.2%。

3. 物价水平

消费品市场价格涨幅平稳。全年居民消费价格比上年上涨1.3%，比上年涨幅回落1.3个百分点。其中，食品类价格上涨2.4%，比上年涨幅回落3.4个百分点；居住类价格上涨1.2%；交通和通讯类价格下降0.9%；烟酒类价格下降1.5%；医疗保健及个人用品类价格上涨0.9%；家庭设备用品及服务类价格上涨2.1%；娱乐教育文化用品及服务类价格上涨1.5%；全年商品零售价格上涨0.4%。

生产领域价格上涨。工业生产者出厂价格比上年上涨0.3%。其中，生产资料价格下跌0.9%；生活资料价格同比上涨4.1%。

4. 固定资产投资

投资快速增长。全年全社会固定资产投资1394.8亿元，比上年增长17.6%。

投资结构进一步优化。全年第一产业投资43.4亿元，比上年增长48.6%；第二产业投资811.7亿元，增长23.7%；第三产业投资539.7亿元，增长7.8%。在投资中，工业完成投资792.5亿元，增长22.2%；制造业投资712.1亿元，增长18.5%；电力等能源工业投资62.5亿元，增长115.0%；交通运输、仓储和邮政业、水利和环境及公共设施管理等基础设施投资243.7亿元，增长13.1%。

2014年全市亿元以上重点项目建设扎实推进。全年安排亿元以上续建和新开工项目457个，总投资规模3255.8亿元，当年完成投资741.1亿元，占年度计划的107%。一批重大项目加速推进，环新轻量化铝缸套、泰发异辛烷、桐城新能源材料、华茂枞阳产业园、安庆体育中心等项目建成，人民路步行街、天柱山机场改造、石门湖航道疏浚、五千年文博园二期等项目基本完成。

（二）农业

2014年，全市各地认真贯彻中央和省委有关文件精神，进一步加大支农力度，努力克服多种因素所带来的不利影响，农业生产形势总体稳定。全年粮食种植面积46.1万公顷，其中稻谷面积38.1万公顷，小麦种植面积4.1万公顷．经济作物中，棉花种植面积7.2万公顷，油料种植面积14.0万公顷，蔬菜种植面积7.5万公顷。

主要农产品产量有所增长。全年粮食总产量258.6万吨，产量增长4.45%。其中，谷物248.5万吨，增长4.6%；豆类3.8万吨，增长4.9%；薯类(折粮)6.4万吨，增长0.8%。全年棉花产量10.2万吨，增长7.5%；油料29.3万吨，下降0.43%；蔬菜154.7万吨，增长2.8%。

畜牧业、渔业稳步发展。全年肉类总产量33.1万吨，比上年增长2.4%，其中猪牛羊肉产量23.9万吨，增长3.3%。禽蛋产量19.4万吨，增长1.8%。水产品产量37.9万吨，增长3.3%。

农业生产条件继续改善。全市农业机械总动力328.4万千瓦，比上年增长5.1%；农用拖拉机10.8万台，增长1.4%。全年化肥施用量(折纯)25.47万吨，增长4.4%。农村用电量181665.6万千瓦时，增长13.3%。

（三）工业和建筑业

1. 工业经济

工业生产平稳较快增长。全年全部工业增加值 730.7 亿元，比上年增长 12.0%。其中，规模以上工业实现增加值 686.8 亿元，增长 12.6%。在规模以上工业中，国有及国有控股企业增加值 106.6 亿元，增长 16.0%；集体企业 6.3 亿元，增长 11.8%；股份制企业 494.7 亿元，增长 10.9%；外商及港澳台投资企业 30.4 亿元，增长 20.8%。重工业增加值 384.8 亿元，增长 15.2%；轻工业增加值 302.0 亿元，增长 9.4%。

全市规模以上工业经济效益综合指数达到 320.8%，比上年上升 12.5 个百分点。实现主营业务收入 2902.4 亿元，增长 13.3%；实现利税 337.8 亿元，增长 14.4%，其中利润 184.9 亿元，增长 4.7%。

2. 建筑业

全年全社会建筑业完成增加值 98.3 亿元，比上年增长 6.5%。三级及以上建筑企业实现利税总额 15.03 亿元，增长 20.0%。房屋建筑施工面积 2002.88 万平方米，比上年增加 62.71 万平方米；房屋竣工面积 1097.78 万平方米，比上年增加 80.83 万平方米。

（四）服务业

1. 国内贸易

全年社会消费品零售总额 589.8 亿元，增长 13.1%。分城乡看，全年城镇消费品零售额 394.5 亿元，增长 12.9%；乡村消费品零售额 195.3 亿元，增长 13.3%。分行业看，批发零售业零售额 494.6 亿元，增长 12.8%；餐饮业零售额 86.9 亿元，增长 17.9%；住宿业零售额 8.3 亿元，增长 10.9%。

全年全市限额以上大类商品普遍旺销，居民消费结构的升级速度明显加快。从限额以上单位商品零售类值看，粮油、食品、饮料、烟酒类增长 23.4%；日用品类增长 23.2%；家用电器和音像器材类增长 10.7%；体育娱乐用品类增长 36.4%；家具类增长 83.0%。反映居民消费结构升级的通讯器材类、化妆品、汽车等商品继续热销，分别增长 97.3%、16.2%和 23.8%。

2. 交通运输、邮电

全年邮电业务总量 33.0 亿元，增长 3.5%。其中，邮政业务总量 6.6 亿元，增长 22.8%；电信业务总量 26.3 亿元，下降 0.5%。年末本地固定电话用户 82.8 万户；移动电话用户 416.4 万户；年末计算机互联网用户 60.6 万户。

年末民用汽车 27.048 万辆，增长 5.6%。民用轿车 15.94 万辆，下降 19.0%。

3. 旅游业

旅游业快速发展。全年接待海外游客 192790 人次，增长 100.4%；接待国内游客 3793.27 万人次，增长 11.5%。旅游总收入 348.16 亿元，增长 15.5%。其中，旅游外汇收入 16829.82 万美元，增长 93.0%；国内旅游收入 337.82 亿元，增长 14.1%。

4. 金融和保险

金融机构存贷款稳定增加。全市金融机构存款年末余额为 2237.6 亿元，比上年末增加 257.1 亿元，增长 13.0%。其中，单位存款余额 737.7 亿元，增长 11.0%；城乡居民储蓄存款余额 1427.2 亿元，增长 13.7%。全市金融机构贷款年末余额为 1259.7 亿元，比上年末增加 186.1 亿元，增长 17.3%。

全年全市保险系统保费收入47.58亿元，比上年增长26.7%。其中，财产险业务保费收入17.04亿元，增长22.3%；人身险业务保费收入30.54亿元，增长29.3%。赔款和给付17.76亿元，增长26.9%。其中，财产险业务赔款支出8.87亿元，增长24.8%；人身险业务赔款和给付支出8.89亿元，增长28.5%。

5. 房地产业

全年房地产开发投资146.9亿元，下降1.9%；商品房销售额172.2亿元，下降13.4%。

（五）对外经济

1. 对外贸易

外贸高出低进。全年进出口总额22.6亿美元，比上年增长25.1%。其中，出口19.5亿美元，增长30.4%；进口3.1亿美元，下降0.4%。在出口中，机电产品、高新技术产品出口快速增长，两者占全部出口的比重由上年的20.6%提高到23.2%。

2. 利用外资

外商直接投资势头良好。全年新批外商投资企业13家，比上年增长30%；合同利用外商直接投资12897万美元，增长12.4%。

3. 对外承包

对外承包工程和劳务合作继续发展。全年对外承包工程和劳务合作新签合同金额150万美元；完成营业额2467万美元；当年外派劳务人员587人。

二、安庆市2014年社会发展概况

（一）人口、人民生活

人口自然增长率保持较低水平。据计生部门统计，2014年，全市人口出生率为10.20‰，比上年下降0.05个千分点；死亡率为5.13‰，比上年下降0.29个千分点；自然增长率5.07‰，比上年上升0.25个千分点。2014年末全市户籍人口620.88万人。

城乡居民生活水平继续提高。全年城镇常住居民人均可支配收入22109元，比上年增长9.5%，扣除价格因素，实际增长8.2%；城镇常住居民人均消费支出13047元，增长10.2%，其中，食品支出增长8.7%，交通与通讯支出增长10.8%，衣着支出增长6.8%，娱乐教育文化支出增长12.4%；城镇居民恩格尔系数为36.8%，比上年下降1.2个百分点。

全年农村常住居民人均可支配收入9024元，比上年增长12.3%。农村常住居民人均消费支出7434元，增长14.2%，其中，食品支出增长9.7%，交通和通讯支出增长16.1%。

（二）就业与社会保障

1. 就业工作

全年城镇新增就业8.98万人，比预期目标多4.14万人。全年有2.88万人实现了再就业。年末城镇人口登记失业率为3.68%。

2. 社会保障和福利

社会保障工作进一步加强。年末全市参加城镇职工基本养老保险人数为59.47万人，比上年增

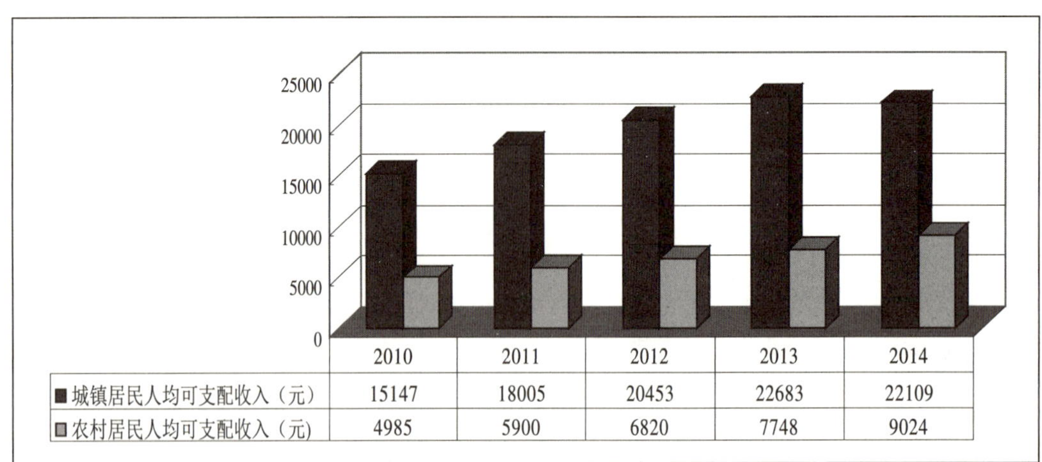

	2010	2011	2012	2013	2014
■城镇居民人均可支配收入（元）	15147	18005	20453	22683	22109
■农村居民人均可支配收入（元）	4985	5900	6820	7748	9024

图 3　2010—2014 年安庆市城乡居民收入对比一览

加 2.21 万人，其中，参保职工 37.9 万人，参保的离退休人员 17.43 万人；参加城乡居民社会养老保险人数为 335.1 万人，其中，领取养老金人数 83.38 万人；参加失业保险的人数为 24.16 万人，领取失业保险金人数为 0.6 万人，比上年减少 0.31 万人；参加城镇职工基本医疗保险人数为 46.05 万人，比上年增加 2.6 万人，其中，参保职工 32.55 万人，参保的离退休人员 13.5 万人；参加城镇居民基本医疗保险人数 92.75 万人，领取待遇 8.55 万人次；参加工伤保险人数 37.65 万人，领取待遇 0.39 万人次；参加生育保险人数 30.61 万人，领取待遇 0.33 万人次。全市年末享受城市居民最低生活保障的人数为 5.62 万人，享受农村最低生活保障的人数为 22.2 万人。

社会福利事业稳步发展。年末全市有各类收养性单位 212 个，拥有床位数 37970 张，收养各类人员 20416 人。其中：农村五保供养服务机构 164 个，拥有床位数 29743 张，收养 17510 人。全市建立各类社区服务设施 255 个，其中：社区服务中心 48 个，社区服务站 207 个。全年销售社会福利彩票 5.14 亿元，筹集社会福利资金 1.33 亿元。

（三）教育和科学技术

1. 教育事业

教育事业持续健康发展。2014 年末，全市有普通高校 5 所，当年招生 12626 人，在校学生 41976 人，毕业生 12109 人。其中，硕士研究生当年招生 78 人，在校生 251 人，毕业生 79 人。各类中等职业教育学校(含技工学校)当年招生 3.28 万人，在校生 9.77 万人，毕业生 4.13 万人。普通高中招生 3.50 万人，在校生 12.93 万人，毕业生 5.64 万人。初中招生 5.26 万人，在校生 16.94 万人，毕业生 6.32 万人。普通小学招生 5.13 万人，在校生 30.86 万人，毕业生 5.91 万人。初中阶段适龄人口入学率为 100%，小学学龄儿童入学率为 100%。

2. 科技与创新

科技事业取得新进展。获国家级科技项目 24 项，省级科技项目 57 项，市级科技项目 65 项。全年认定高新技术企业 42 家，认定高新技术产品 121 项。全年受理专利申请量 5481 件，获得专利授权量 2456 件，已实施的专利授权量 1818 件。全年签订各类技术合同 63 项，技术合同成交金额 7888 万元。

质量检验工作得到加强。全市共有县以上产品质量检验机构 80 个，其中系统内 12 个。国家检测中心 1 个。法定计量技术机构 9 个，全年强制检定计量器具 66.59 万台件，报省级修订地方标准数

1 项。

（四）文化、卫生和体育

1. 文化事业

文化事业继续发展。2014 年末，全市共有艺术表演团体 77 个，文化馆 12 个，乡镇文化站 169 个，公共图书馆 10 个，博物馆 15 个。全市广播电台 9 座，中短波转播发射台 1 座，调频转播发射台 25 座，电视转播发射台 30 座。全市有线电视用户 82.93 万户，其中：数字电视用户 31.73 万户，全市广播电视农村直播卫星用户 9.44 万户。年末广播综合人口覆盖率为 97.88%，电视综合人口覆盖率为 98.33%。全年出版报纸 4 种，总印数 2390 万份；期刊（杂志）4 种，总印数 6.78 万册；年末全市共有各级档案馆 12 个，馆藏档案资料 16.19 万册，库馆总建筑面积 22532.9 平方米。

2. 卫生事业

卫生事业不断进步。年末全市共有卫生机构（含诊所、卫生室）2371 个。其中医院、卫生院 217 个，卫生防疫机构 10 个，妇幼保健院（所、站）10 个。医院、卫生院床位 18814 张。全市卫生人员总数 28747 人，其中卫生技术人员 20890 人，执业医师和执业助理医师 8188 人，注册护士 8140 人。乡村卫生院 152 个，乡村医生和卫生员 4482 人，全市农村有医疗点的村占总村数的比重达 100%。全市共有 11 个县（市、区）开展了新型农村合作医疗试点工作，实际参加农村新型合作医疗的农民 504.87 万人。

3. 体育事业

体育事业取得新成绩。成功举办安徽省第十三届运动会，全年安庆市运动健儿在国际和国内的重大比赛中，共获得省运会金牌 117 枚，银牌 73 枚，铜牌 69 枚。全年发展二级裁判员 150 人，三级裁判员 35 人，社会体育指导员 718 人，二级运动员 125 人。全民健身运动蓬勃发展，全年共举办百人以上的体育健身活动 135 次，参加体育健身活动人数 7.25 万人。

（五）城乡建设

城市建设管理加强。推进经济社会发展、土地利用、城乡建设、生态环保“四规合一”，完成大宜城发展战略规划和 24 个专项规划编制。加强老城改造、新城配套，迎宾东路、祥和路、天柱山路东段建成通车，华中西路、黄土坑东路改造完成。人民路步行街建设基本完工。东围墙街等 25 条背街后巷改造基本完成。新建雨水管网 75.9 公里、污水管网 53.3 公里。完成 61.6 公里道路绿化提升，建成游园绿地 14 处。完成 96 个老旧小区 2.5 万户居民天然气管网配套建设。投资 25 亿元建成市及 8 县（市）综合体育场馆，设施水平跃居全省一流。成功获批国家森林城市。加强城市管理，成功获批第三届省级文明城市，首获全国文明城市提名，省级卫生城市创建启动。城区住宅小区物业管理全覆盖工作有序推进，数字化城管系统建成。土地清理深入实施，4.5 万亩批而未供、闲置和低效利用土地处置到位，得到省政府肯定，经验在全国推广。扎实推进环保创模工作，菱湖风景区水环境综合整治等重点工程全面展开，城东污水处理厂二期开工建设，安庆石化碧水蓝天工程进展顺利，脱硫脱硝率首次达到 95%以上。11 个大气污染防治专项行动扎实有效，淘汰黄标车和老旧车 16774 辆，关停超标排放企业 11 家，秸秆禁烧工作全省领先，空气质量优良率居全省第四。节能减排任务完成。

着眼统筹城乡发展，加快推进交通建设。宁安城际铁路建设和安庆火车站改造进展顺利，岳武高速、望东长江大桥及接线建设加快，安庆至桐城、望江、枞阳一级公路城区段建设全面启动，国省道改造完成 240 公里，石门湖航道疏浚基本完成，安庆新港规划即将出台，天柱山机场改造完成，将于春节前复航。

（六）环境保护

2014 年，安庆市加大了对资源与环境保护的投入力度，资源的有效利用与环境保护工作取得一定进展。

环境保护工作继续加强。2014 年末，全市省、市、县环境监测站 11 个。全市当年审批的建设项目环保投资总额 1051 亿元，累计建成和在建环保项目 251 个，自年初累计建成和在建环保项目完成投资 15.4 亿元。全年环境检测站检测到的县（市）、区中，空气质量达二级以上的天数为 331 天。

生态建设积极推进。全市已建成自然保护区 4 个，其中国家级 1 个、省级 3 个。

（七）社会安全

全市发生安全生产事故 1543 起，比上年下降 10.3%，死亡 283 人，比上年下降 1.7%，其中，发生工矿商贸事故 16 起，比上年上升 45.5%，死亡 18 人，比上年下降 14.3%；发生火灾事故 117 起，比上年下降 54.3%，死亡 0 人，造成直接经济损失　413.97 万元；发生交通事故 1404 起，比上年下降 9.2%，死亡 265 人，比上年下降 0.4%，造成直接经济损失 832.04 万元。

三、安庆市在泛长三角地区经济发展中的地位

2014 年，在市委、市政府坚强领导和市人大监督支持下，安庆市上下认真贯彻落实中央和省一系列决策部署，积极应对宏观经济下行压力，坚持稳中求进、改革创新，统筹推进稳增长、促改革、调结构、惠民生、防风险各项工作，经济社会总体呈现平稳运行、稳中有进的发展态势

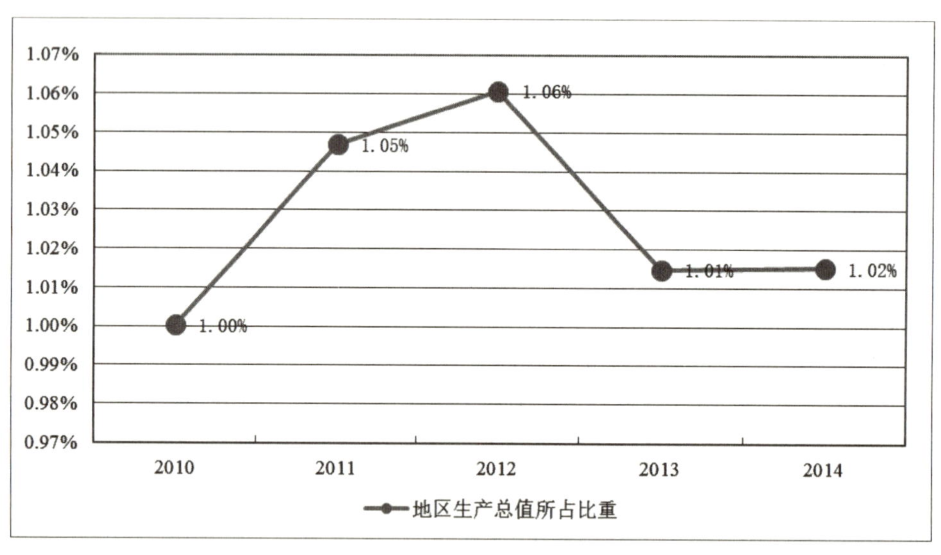

图 4　2010—2014 年安庆市地区生产总值在泛长三角地区 41 市所占比重变化趋势

2010—2014 年安庆市地区生产总值在泛长三角地区 41 市所占比重分别为 1.00%、1.05%、1.06%、1.01%和 1.02%。2014 年与 2010 年比增加了 0.02 个百分点，较上年减少了 0.01 个百分点。2014 年，安庆市在泛长三角地区 41 市地区生产总值所占比重排名第 25 位。

2014 年，全年地区生产总值(GDP)1544.3 亿元，按可比价格计算，比上年增长 9.3%。其中，第一产业增加值 225.6 亿元，增长 4.7%；第二产业增加值 829.0 亿元，增长 11.4%；第三产业增加值 489.8 亿元，增长 7.3%。第二、第三产业对地区生产总值增长的贡献率为 70.1%和 23.4%。地区生

产总值中三次产业比例为14.6∶53.7∶31.7，人均生产总值28808元。

三次产业结构由上年的15∶53.2∶31.8调整为12∶58∶30；税收收入占财政收入的比重为87.9%，较上年同期提高3.2个百分点。工业经济效益综合指数315.8%，较上年同期提高19.7个百分点。前11个月工业利税287.7亿元，增长22.6%，总量、增幅分别居全省第3位、第2位。

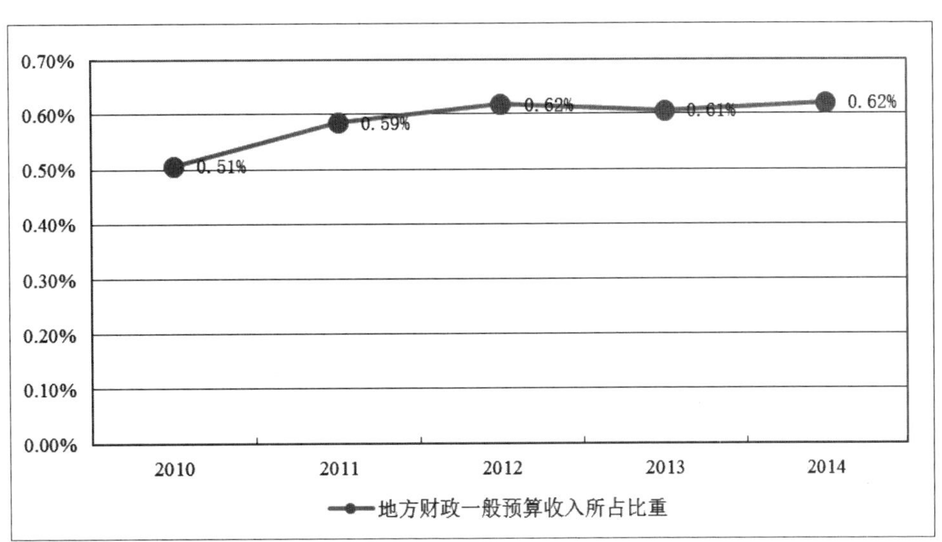

图5　2010—2014年安庆市地方财政一般预算收入在泛长三角41市所占比重变化趋势

2010—2014年安庆市地方财政一般预算收入在泛长三角41市所占比重分别为0.51%、0.59%、0.62%、0.61%和0.62%，2014年较2010年增加了0.11个百分点，较上年增加了0.01个百分点。2014年，安庆市地方财政一般预算收入在泛长三角41市地区的排第28位。

2014年全年财政收入完成230.78亿元，完成年度预算的104.5%，同比增长17.1%。其中，中央财政收入117.42亿元，完成年度预算的109.7%，同比增长27.2%；地方财政收入105.65亿元，完成年度预算的98.6%，同比增长7.3%，其中地方税收收入完成79.99亿元，完成年度预算的99.8%，同比增长14.9%，占地方财政收入比重为75.7%；出口货物退增值税7.24亿元，完成年度预算的118.8%，同比增长19.1%；国有资本经营预算收入0.47亿元，完成年度预算的100.1%。全市土地出让金收入累计完成111.63亿元，完成预算的81.3%，是上年同期的1.8倍。其中：市本级（不含开发区）土地出让金收入累计完成47.18亿元，完成预算的47.2%，是上年同期的3倍。全市公共财政支出累计完成299.47亿元，完成年度预算的143.2%，同比增长6.8%。民生支出累计完成241.66亿元，占支出总数的80.7%，同比增长5.6%。一般公共服务398.05亿，增幅10.6%。

2010—2014年安庆市规模以上工业总产值在泛长三角41市所占比重分别为0.69%、0.82%、0.89%、0.99%和1.09%，呈连续增加态势，2014年较2010年增加了0.4个百分点，较上年增加了0.10个百分点。2014年，安庆市规模以上工业总产值在泛长三角41市地方财政一般预算收入所占比重排第25位。

2014年全市规模以上工业实现增加值686.8亿元，同比增长12.6%，实现增加值比上年净增105.9亿元，总量居全省第3位，增幅比全省高1.4个百分点，居全省第2位。全市规模以上工业高开高走，全年增幅保持较高水平，其中连续6个月增幅居全省第1位；全年规模以上工业总产值接近3000亿元，达到2992.9亿元，比上年净增446.7亿元；全年工业增加值总量直逼700亿元大关。

从轻、重工业看，重工业发展快于轻工业。2014年，轻、重工业增加值分别为302.0亿元和384.8亿元，增长9.4%和15.2%，重工业增幅比轻工业增幅高5.8个百分点，两者增幅差距在上年0.2个百

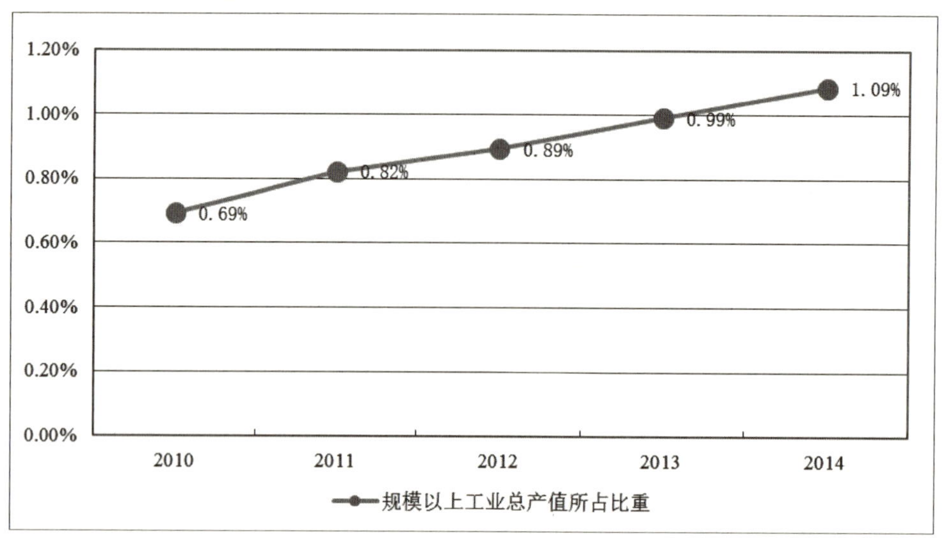

图6　2010—2014年安庆市规模以上工业总产值在泛长三角41市所占比重变化趋势

分点基础上扩大，且一改一个时期以来我市工业发展主要靠轻工业格局，重工业对全市工业增长贡献率为66.6%，拉动全市工业增长8.4个百分点。

从"双新"看，"双新"助推工业转型。2014年，战略性新兴产业和高新技术工业企业较快发展，助推全市工业转型发展。全年，全市战略性新兴产业企业164户，同比净增19家，累计实现产值343.1亿元，名义增长16.7%，增幅高于全部工业2个百分点，战略性新兴占全部工业比重11.5%，比上年提高0.2个百分点。

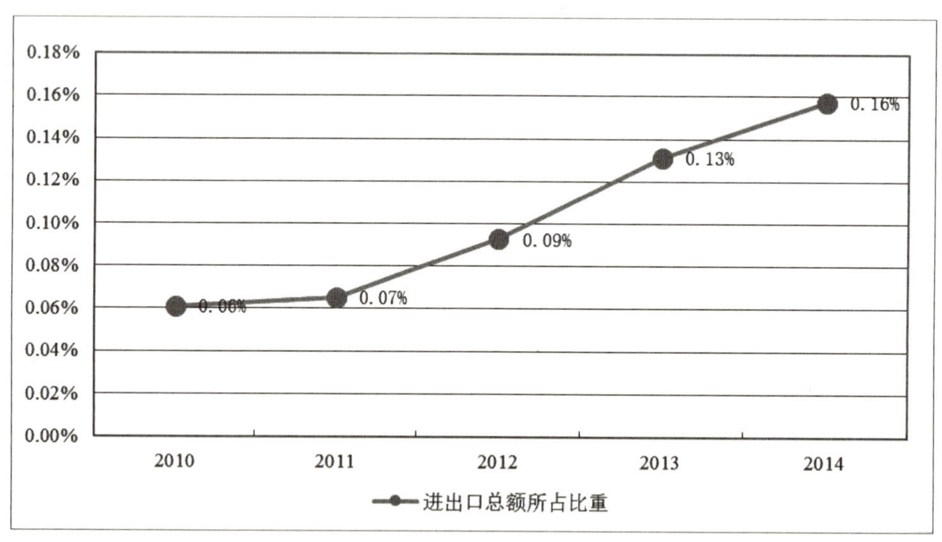

图7　2010—2014年安庆市进出口总额在泛长三角41市所占比重变化趋势

2010—2014年芜湖市进出口总额在泛长三角41市所占比重分别为0.06%、0.07%、0.09%、0.13%和0.16%，总体上呈现上扬态势，五年间增加了0.10个百分点，其中2014年较上年增加了了0.03个百分点。2014年，安庆市进出口总额在泛长三角41市的排30位，位置相对靠后。

2014年安庆市外贸进出口总值达22.57亿美元，创历史新高，同比增长25%，增幅全省第一。其中出口19.49亿美元，同比增长30.37%；进口3.08亿美元，同比下降0.41%。

去年国家、省、市良好的政策支持及外部需求的明显改善，使得出口总量同比有较大增长。市政府进一步加大招商引资力度，投资环境的进一步优化，使得开展外贸出口业务的企业数量增加。2014年全市开展进出口业务的企业共有410家，比2013年同期新增69家，同比增幅20.2%；其中商贸型企业125家，商贸型企业外贸进出口总值为11.33亿美元，占全市外贸总值比为50%。

另一方面，棉花等农产品作为主要进口产品之一，受国际市场及汇率等因素的影响，使得我市此类农产品的进口大幅减少，直接影响进口总量。去年全年棉花进口仅3264万美元，同比下降40.6%。

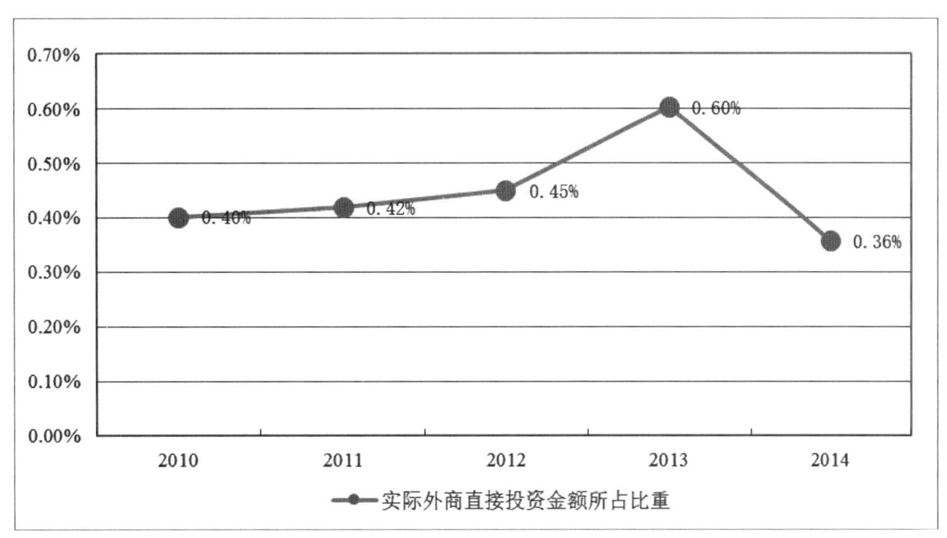

图8　2010—2014年安庆市实际外商直接投资金额在泛长三角41市所占比重变化趋势

2010—2014年安庆市实际外商直接投资金额在泛长三角41市所占比重分别为0.40%、0.42%、0.45%、0.60%和0.36%，2014年较2010年减少了0.04个百分点，较上年减少了0.24个百分点。2014年，安庆市实际外商直接投资金额在泛长三角41市排第35位，排名相对靠后。

外商直接投资势头良好。全年新批外商投资企业13家，比上年增长30%；合同利用外商直接投资12897万美元，增长12.4%。

对外承包工程和劳务合作继续发展。全年对外承包工程和劳务合作新签合同金额150万美元；完成营业额2467万美元；当年外派劳务人员587人。

十 黄山市2014年经济社会发展报告

2014年，面对错综复杂的外部环境和经济下行压力，在市委、市政府坚强领导和统筹谋划下，全市上下凝神聚力，积极应对，紧紧围绕建设现代国际旅游城市战略目标，以“十大战略支点”为主要抓手，坚持稳中求进、改革创新，全力推进提质增效、转型升级，国民经济实现平稳发展，民生状况不断改善，社会保持和谐稳定。

一、黄山市2014年经济发展概况

（一）综合经济

1. 经济总量

全市生产总值突破500亿元，达507.17亿元，按可比价格计算，比上年增长7.6%。其中：第一产业增加值53.37亿元，增长4.1%；第二产业增加值217.11亿元，增长7.5%；第三产业增加值236.69亿元，增长8.6%。按常住人口计算，人均GDP37305元，按平均汇率计算，达6073美元。

全市三次产业结构由上年的11.0∶46.3∶42.7调整为10.7∶46.2∶43.1。工业增加值占地区生产总值的比重为36.6%，比上年提高0.2个百分点，第三产业比上年提高0.4个百分点；第一、二、三次产业对经济增长的贡献率分别为5.8%、49.9%和44.3%。其中：工业对经济增长的贡献率为45.1%。

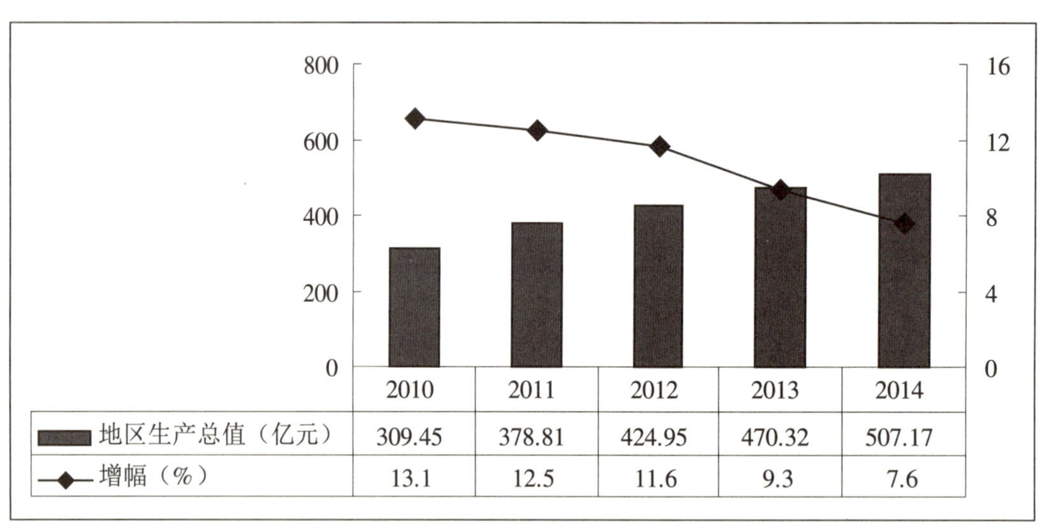

	2010	2011	2012	2013	2014
地区生产总值（亿元）	309.45	378.81	424.95	470.32	507.17
增幅（%）	13.1	12.5	11.6	9.3	7.6

图1 2010—2014年黄山市地区生产总值及增长速度

2. 财政收支

全年财政收入90.2亿元，比上年增长11.4%，其中：地方财政收入68.0亿元，增长14.5%。从地方财政收入来源看，税收收入43.0亿元，增长3.3%，非税收入25.0亿元，增长40.9%，对地方财政收入的贡献率为84.3%。从地方收入主要税种看：营业税同比下降0.4%、契税增长6.4%、增值税增长5.4%、土地增值税下降1.9%、所得税下降2.0%、城镇土地使用税增长86.5%。税收收入占全部财政收入的比重为72.2%。

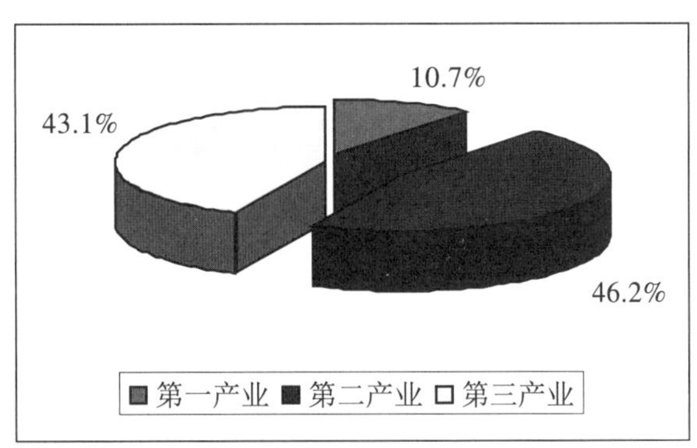

图 2 2014 年黄山市三次产业结构图

全年财政支出 148.7 亿元，增长 10.0%。其中：民生支出 115.1 亿元，增长 10.5%，占财政支出的比重为 77.4%，同比提高 0.4 个百分点。在民生支出中：其中教育、科学技术、医疗卫生和计划生育、节能环保、城乡社区事务支出分别增长 14.1%、29.3%、16.4%、32.0%和 30.1%。全市 36 项民生工程目标任务全面完成，完成投资额 37.33 亿元，占年度计划的 116.3%，增长 16.7%。市、县、区新增财力 80%以上倾力民生。

3. 物价水平

全市居民消费价格比上年上涨 2.1%，涨幅比上年回落 0.9 个百分点；服务项目价格上涨 2.2%，消费品价格上涨 2.1%。食品价格上涨 3.8%，涨幅比上年回落 1.4 个百分点。商品零售价格上涨 0.9%；工业品出厂价格与上年持平，工业生产者购进价格下降 1.2%。

4. 固定资产投资

全年固定资产投资完成 551.7 亿元，比上年增长 5.1%，其中：国有及国有控股投资 246.9 亿元，增长 10.8%；外商投资 9.3 亿元，下降 38.8%；民间投资 295.5 亿元，增长 2.9%。

分产业看：第一产业投资 20.2 亿元，比上年增长 3.1%；第二产业 98.4 亿元，下降 6.8%；第三产业 433.0 亿元，增长 8.3%。分行业看：工业投资 98.2 亿元，下降 6.4%，其中：制造业 87.2 亿元，下降 7.3%。

全年共安排“十大工程”重点建设项目 668 个，其中，亿元以上重大项目 404 个。京福高铁、新安江上游段综合治理、黄山农产品物流园一期、祁门县医院整体搬迁等 50 个重大项目基本建成。歙黟一级公路、世行贷款黄山新农村建设、卓达新材料科技园、雨润旅游度假区等一批重大项目加快推进。黄杭铁路、宁国至黄山天然气支线工程、黄山高铁公路客运枢纽等 70 个重大项目顺利开工。“欧洲之星”欢乐谷、中关村（黄山）科技园、中建材新材料园、皖南皖新现代物流园等一批 10 亿元以上重大项目成功签约，其中中关村（黄山）科技园、中建材新材料园被列入省级预留地重点项目计划。月潭水库、黄金铁路、黄千高速等一批重大项目前期准备工作有序推进。

（二）农业

全市农林牧渔业总产值 91.7 亿元，比上年增长 4.2%。农林牧渔增加值 54.6 亿元，比上年增长 4.2%。

农作物总播种面积 129.4 千公顷，比上年下降 0.1%，其中：经济作物播种面积 65.2 千公顷，增长 0.1%。在总播种面积中：粮食作物种植面积 64.3 千公顷，比上年下降 0.2%；油料种植面积 27.0 千公顷，下降 1.0%；中草药材种植面积 5.9 千公顷，增长 0.6%；蔬菜种植面积 23.2 千公顷，增长 1.3%。

全年茶叶产量 3.3 吨，比上年增长 5.8%(农委提供)；粮食 34.7 万吨，增长 3.7%；油料 4.0 万吨，下降 6.6%；中草药材 9012 吨，增长 1.0%；棉花 546 吨，增长 6.4%；园林水果 6.4 万吨，增长 10.2%；蔬菜 40.2 万吨，下降 0.4%。

年末全市生猪存栏 76.8 万头，同比增长 8.8%；全年生猪出栏 96.4 万头，增长 0.9%；肉类总产量 9.0 万吨，下降 0.8%；禽蛋 2.2 万吨，增长 1.9%；牛奶产量 5230 吨，增长 4.1%；蚕茧 4370 吨，下降 8.7%，水产品 1.7 万吨，下降 0.7%。

年末农业机械总动力 79.5 万千瓦，比上年增长 2.1%。农用拖拉机 1.62 万台，农用运输车 3197 辆；机耕作业面积 96.7 千公顷，增长 52.1%，机播作业面积 6.4 千公顷，增长 87.9%，机收作业面积 35.9 千公顷，增长 27.8%。全年农用化肥施用量(折纯)3.9 万吨，比上年下降 1.8%；农村用电量 22.9 亿千瓦时，增长 2.6%。农田有效灌溉面积 49.02 千公顷，节水灌溉面积 7.73 千公顷。

年末全市规模以上农产品加工企业 216 家，比上年增加 11 家；实现产值 189.2 亿元，增长 8.5%，其中：省级龙头企业产值 35.1 亿元，增长 9.0%。年末拥有 5 个中国驰名商标、57 个安徽省著名商标、26 个安徽名牌产品。新组建农民专业合作社 257 家，累计达 1487 家。

（三）工业和建筑业

1. 工业经济

年末全市规模以上工业企业 511 户，比上年净增 22 户；全年规模以上工业增加值 130.7 亿元，比上年增长 10.1%。分轻重工业看，轻工业 58.0 亿元，增长 0.8%，重工业 72.7 亿元，增长 18.6%；从大中小型企业看，大中型工业企业 23.6 亿元，增长 2.9%，小微型工业企业 107.1 亿元，增长 11.8%。

全市 31 个工业行业大类中，有 23 个行业实现增长，16 个行业增幅超过全市平均水平。工业增加值总量列前五位的化学原料和化学制品制造业、酒、饮料和精制茶制造业、纺织业、电气机械和器材制造业、橡胶和塑料制品业工业累计增加值 60.6 亿元，比上年增长 20.7%；装备制造业增加值 34.4 亿元，增长 18.5%，高新技术产业增加值 42.5 亿元，增长 13.0%，战略性新兴产业产值 145.3 亿元，同比增长 12.0%。

主要工业产品产量中，精制茶增长 39.6%；纱、布、蚕丝分别增长 16.8%、17.1%、5.7%；人造板增长 27.5%，初级形态塑料增长 12.4%、塑料制品增长 123.0%；钢化玻璃增长 17.5%；金属切削机床、金属成形机床分别增长 148.6%、362.5%，滚动轴承、电动机分别增长 13.7%、18.0%，电力电缆增长 15.1%；蓄电池、电光源分别增长 23.1%、6.8%；电子元件增长 17.8%和 16.4%；工业自动调节仪表与控制增长 146.6%。

全市规模工业企业累计完成主营业务收入 531.1 亿元，比上年增长 8.8%；利税 36.7 亿元，增长 4.1%，其中利润 24.3 亿元，增长 3.0%。31 个工业行业全面实现盈利，其中 15 个行业利润同比增长，增幅超过 20%以上的有 10 个行业。化学原料及化学制品制造业、酒、饮料和精制茶制造业、印刷业和记录媒介的复制业、纺织业的电气机械和器材制造业等 5 个行业利润超亿元。扭亏成效显著，企业亏损面为 9.2%，亏损企业亏损额比上年下降 20.5%。

2. 建筑业

全年全社会建筑业增加值 48.6 亿元，比上年增长 4.1%；资质内建筑企业完成总产值 61.3 亿元，比上年下降 9%；建筑业劳动生产率为 16.7 万元/人，下降 11.2%，房屋建筑施工面积 644.6 万平方米，下降 1.2%；房屋竣工面积 261.0 万平方米，下降 24.4%。

（四）服务业

1. 国内贸易

全年社会消费品零售总额220.3亿元，比上年增长12.7%。按经营单位所在地分，城镇消费品零售额　175亿元，增长12.7%；乡村消费品零售额45.3亿元，增长12.8%。按消费形态分，商品零售177.3亿元，增长13.0%；餐饮收入43亿元，增长11.9%。按单位规模分，限额以上单位零售额100.1亿元，同比增长8.1%；限额以下单位零售额120.2亿元，增长12.5%。限上单位实现网上零售额1.1亿元，同比增长48.0%。

据限额以上商贸调查统计，6类商品中，娱乐健康型消费增势良好，其中：居住类和文化娱乐体育健康类分别增长65%、30.6%，分别比上年提高32.1个和15.4个百分点；而基本生活类、交通电器设备类和燃料类商品分别增长13.8%、6.3%和7.5%，分别比上年回落11.3、13.8和10.8个百分点；其他类商品则下降8%，回落30.1个百分点。

2. 交通运输、邮电

全年各类运输方式完成货运总量8026.4万吨，比上年增长10.4%。其中，公路7779.0万吨，增长9.3%；铁路121.1万吨，增长10.4%；水运126.0万吨，增长215.0%；民航货邮吞吐量2637吨，增长4.6%。完成旅客运输总量6206.3万人，比上年增长8.0%，其中，公路5928.0万人，增长8.5%；铁路123.6万人，下降4.4%；水运91.0万人，下降4.2%；民航旅客吞吐量63.7万人，增长15.3%。

年末，全市公路线路里程6259公里，其中：高速公路353公里。黄山屯溪机场升格为国际机场，共有东航、南航、国航、上航等12家境内外航空公司在黄山机场投入运力，通航城市国内17个，地区城市3个，境外城市2个；恢复黄山至香港、新开黄山至高雄包机航线。

年末全市民用汽车拥有量12.58万辆，比上年增长18.8%，其中私人汽车8.98万辆，增长24.6%。民用轿车拥有量6.60万辆，增长28.8%，其中私人轿车5.87万辆，增长32.0%。

全年全市完成邮电业务总量13.33亿元，比上年增长25.1%。其中，邮政业务量(包括快递业务)2.37亿元，增长44.5%；电信业务量10.96亿元，增长21.6%。全年函件296.67万件，包裹4.9万件，快递723.95万件，增长78.2%。年末固定电话交换机总容量36.53万门，增长10.8%，固定电话用户24.07万户，下降4.5%；移动电话用户109.48万户，增长3.2%，其中：3G移动电话用户48.74万户，增长33.1%，4G移动电话用户6.38万户；互联网宽带接入用户21.66万户，增长7.4%。

3. 旅游业

全年接待海内外旅游者4165.1万人次，比上年增长11.6%。其中：接待国内旅游者3988.2万人次，增长11.7%，接待入境旅游者176.9万人次，增长10.1%。在入境旅游者中，外国人105.3万人次，同比增长13.6%；港澳台同胞71.6万人次，增长5.4%。全年旅游总收入354.4亿元，增长12.7%，其中：国内旅游收入321.1亿元，增长12.9%，国际旅游创汇5.43亿美元，增长11.5%。年末全市共有A级及以上旅游景点(区)56处，比上年增加4处，其中5A级景区3处，比上年增加1处；星级饭店68家，其中四星级以上饭店28家；旅行社达156家，比上年增加4家。

4. 金融和保险

年末全市金融机构人民币各项存款余额821.5亿元，比上年增长10.8%，余额比年初增加80.2亿元，同比少增2.2亿元；其中：城乡居民储蓄存款余额504.6亿元，增长14.6%，余额比年初增加64.3亿元，同比少增0.3亿元。金融机构人民币各项贷款余额526.2亿元，增长11.5%，余额比年初增加52.9亿元，同比少增2.2亿元。其中：短期贷款余额212.1亿元，增长9.5%；中长期贷款余额

282.4亿元，增长12.6%，中长期贷款中个人贷款余额111.1亿元，增长5.0%。

年末银行业机构不良贷款余额9.0亿元，比上年末增长31.0%，不良贷款率为1.72%，比上年增加0.2个百分点。

全年保险业保费收入15.9亿元，比上年增长15.6%，其中：财产险保费收入5.8亿元，增长22.1%；寿险保费收入8.2亿元，增长4.8%；健康和意外伤害险保费收入2.0亿元，增长59.9%。各项赔款和给付6.5亿元，增长4.6%。其中：财产险公司赔款支出2.9亿元，增长15.1%，寿险赔付3.1亿元，同比下降11.1%；健康和意外伤害赔款0.5亿元，增长149.2%；全年简单赔付率为49.9%，比上年提高2.5个百分点。

5. 房地产业

全年房地产开发投资136.8亿元，比上年下降4.0%，其中：住宅92.6亿元，增长8.6%；商品房销售建筑面积115.5万平方米，下降27.6%，其中住宅93.9万平方米，下降29.6%；商品房销售额51.0亿元，下降27.9%，其中住宅38.1亿元，下降31.0%。

（五）对外经济

1. 对外贸易

全年外贸进出口总额91808万美元，比上年增长14.2%。其中：出口额81950万美元，增长16.8%；进口额9858万美元，下降3.2%。从贸易方式看：一般贸易进出口87658万美元，增长15.0%，加工贸易3996万美元，增长7.3%。从出口商品类别看：纺织服装15736万美元，增长41.3%；化工产品14452万美元，增长19.5%；农业品18635万美元，增长14.4%；机电产品15787万美元，增长2.9%。从出口区域看：对亚洲出口居首，达38320万美元，增长23.8%；非洲19091万美元，增长36.2%，欧洲11673万美元，下降11.2%；北美洲7632万美元，下降6.2%；拉丁美洲3692万美元，增长27.5%；大洋洲1541万美元，增长51.1%；从重点商品出口看：茶叶2.96万吨，出口金额12873万美元，增长26.7%；服装9963万美元，增长48.9%；新型塑料包装2777万美元，增长86.7%。

2. 利用外资

全年新签内资项目654个，其中：亿元以上项目135个；到位内资（含续建项目）632.1亿元，比上年增长12.0%；其中：新签项目到位资金120.2亿元，比上年增长4.7%。新签外资项目7个，实际到位外资金额28037万美元，同比增长10.4%；其中：外商直接投资27837万美元，增长10.0%。全年签约世界500强企业2家，央企3家，上市公司1家，大型国企及省属企业5家，行业知名企业1家。年末，来黄投资的境外世界500强企业增加到4家；国内500强企业增加到19家。

二、黄山市2014年社会发展概况

（一）人口、人民生活

全年出生人口15192人，出生率10.30‰，比上年升1.74个千分点；死亡人口9378人，死亡率为6.35‰，比上年下降0.18个千分点；全年自然增长率为3.94‰，比上年上升1.92个千分点。年末全市户籍人口147.69万人，比上年增加0.27万人，其中非农人口36.7万人。根据人口变动情况抽样调查统计，年末全市常住人口为136.3万人，其中：城镇人口64.1万人。

全年居民人均可支配收入16736元，比上年增长10.3%，其中工资性收入8670元，同比增长8%，经营净收入3966元，同比增长11.8%，财产净收入690元，同比增长11.6%，转移净收入3410元，同

比增长 14.3%。其中：城镇居民人均可支配收入① 24194 元，同比增长 8.1%，从城镇居民收入结构来看，人均工资性收入 14055 元，同比增长 6.5%；经营净收入 3588 元，同比增长 12.3%；财产净收入 1427 元，同比增长 6.2%；转移净收入 5124 元，同比增长 10.2%。城镇居民人均生活消费支出 14721 元，同比增长 5.7%。城镇常住居民恩格尔系数为 33.2%。期末人均拥有房屋面积 46.48 平方米。

农村居民家庭人均可支配收入②达 10942 元，同比增长 12.0%，从农村常住居民收入结构来看，人均工资性收入 4487 元，同比增长 8.1%，经营净收入 4258 元，同比增长 11.8%；财产净收入 118 元，同比增长 57.1%；转移净收入 2079 元，同比增长 19.8%。农村居民人均生活消费支出 9056 元，同比增长 10.2%，农村居民恩格尔系数为 35.1%。期末人均拥有房屋面积 52.69 平方米。

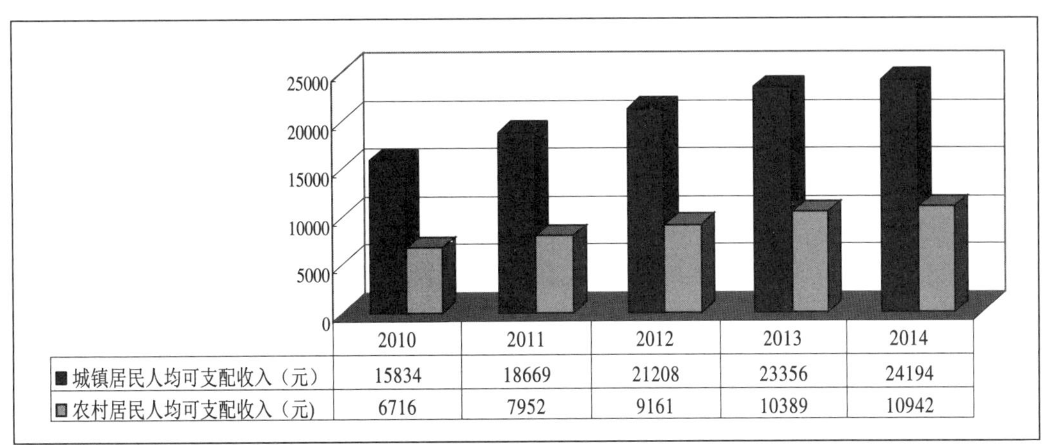

	2010	2011	2012	2013	2014
■城镇居民人均可支配收入（元）	15834	18669	21208	23356	24194
■农村居民人均可支配收入（元）	6716	7952	9161	10389	10942

图 3　2010—2014 年黄山市城乡居民收入对比一览

（二）就业与社会保障

1. 就业工作

实行更加积极的就业政策，出台一系列稳定和促进就业再就业的政策措施，推进城乡统筹就业，着力解决困难群众就业问题。全市城镇新增就业 3.24 万人，下岗失业人员再就业 1.54 万人，就业困难人员再就业 4360 人；城镇登记失业率为 3.69%；农村劳动力转移大力推进，全年新增转移农村劳动力 2.22 万人；突出“人才强市”战略，全市新培养技师 193 人、高级工 1958 人，职业技能鉴定 1.75 万人。

2. 社会保障和福利

年末全市参加城镇基本养老保险人数 20.85 万人，比上年下降 2.3%，其中：参保职工 15.60 万人，下降 4.9%，参保离退休人员 5.25 万人，增长 6.4%。参加城镇医疗保险人数 40.28 万人，比上年下降 0.5%，其中：职工参保 18.58 万人，增长 1.9%。参加失业保险人数 9.35 万人，比上年下降 0.2%。参加工伤保险人数 11.72 万人，比上年增长 2.7%，其中农民工 3.89 万人；参加生育保险人数 11.26 万人，增长 1.2%。五项社会保险参保 93.46 万人次，征缴五项社会保险金额 14.34 亿元，增长 0.1%。城乡居民社会养老保险参保 81.24 万人，累计发放养老金 1.43 亿元，符合领取条件的人员养

① 由于统计制度的变化，2014 年城镇居民人均可支配收入统计口径和范围有所调整，同比增幅按新口径计算。

② 由于统计制度的变化，2014 年农民人均纯收入统计口径改为农村常住居民人均可支配收入，同比增幅按新口径计算，2013 年及以前年份为农民人均纯收入。

老金发放率达100%。完成4.99万名企业退休人员养老金调整工作，人均月增加养老金168.28元，按时足额发放5.25万人企业离退休人员养老金105423万元。

年末各类收养性社会福利单位131个，比上年增加2个；床位数12295张，增加400张。1.87万城镇居民得到政府最低生活保障，发放最低生活保障金7359万元，月人均补助308.8元；4.74万农村居民得到政府最低生活保障，发放最低生活保障金10644万元，月人均补助176.5元；城乡均实现了动态管理下的应保尽保；农村居民得到政府五保救济7013人，发放供养资金2476万元，农村低保覆盖率4.2%；农村低保平均保障标准为2400元，较上年增长32.0%；解决了7.61万农村居民饮水不安全问题。新开工建设廉租房和公租房7579套，完成农村危房改造9080户。全年销售社会福利彩票1.56亿元，增长2.0%，筹集社会福利资金1784万元，增长6.8%。

（三）教育和科学技术

1. 教育事业

年末全市普通高校2所，普通本专科(不含成人)在校生20952人，毕业生4356人。高考文理本科达线率为50.94%，高出全省10.51个百分点，创历史新高。各类中等职业教育(不含技工学校)学校20所，在校生17045人，毕业生5849人；普通高中22所，在校生22770人，毕业生8985人，高中阶段毛入学率104.93%。初中96所，在校生34364人，毕业生11509人，初中学龄人口入学率99.97%，初中毕业生升学率达111.49%，比上年提高6.18个百分点，达历史新高；普通小学139所，在校生67642人，毕业生10820人，小学入学率100.0%，九年义务教育巩固率104.23%；幼儿园158所，在校生35309人，学前三年毛入园率102.92%，比上年提高1.08个百分点；特殊教育学校2所，在校生110人。新设立市新城实验学校，启动屯溪一中新校区建设。

2. 科技与创新

制定印发《中共黄山市委黄山市人民政府关于进一步加快创新型城市建设的实施意见》，加快创新型城市建设。全市共拥有省、市创新型(试点)企业57户，新增9户；高新技术企业57家，新认定11家，累计实现高新技术产业产值166.2亿元，占规模以上工业总产值的33.0%。全市拥有省、市工程技术研究中心72家，新增14家；有省级院士工作站4家，新增1家。共拥有省民营科技企业213户，新认定27户。全年有2个项目获得省科学技术进步奖。8项产品被认定为省重点新产品，其中4项为国家重点新产品。获省级以上科技计划项目经费支持70项，其中国家科技计划项目18项。签订技术合同87项，比上年增加24项，技术合同成交金额0.47亿元。取得各类科技成果78项，其中省部级以上26项。

全年专利申请1059件，授权844件，其中发明专利申请253件，授权83件。企业专利申请833件，授权673件。休宁县、歙县入选国家知识产权工程试点县。开展"双百双行"政产学研合作活动，成功举办第六届科技成果转化对接会，签约15个产学研合作项目。

拥有国家地理标志产品8个，比上年增加3个；拥有安徽名牌产品68个，黄山名牌产品171个，其中新进安徽名牌产品5个，黄山名牌产品22个，比上年增加2个。拥有县以上产品质量检验机构24个，其中：系统内2个；完成强制性产品认证的企业25个；法定计量技术机构12个，强制检定计量器具3.23万台(件)，比上年下降56.3%。新制定、修订地方标准5项，制订的《山型旅游景区清洁服务规范》(国家标准)顺利通过评审。

（四）文化、卫生和体育

1. 文化事业

年末全市拥有文化馆 8 个，公共图书馆 11 个，博物馆 40 个，纪念馆 5 个，美术馆 5 个，乡镇文化站 101 个，艺术表演团体 17 个。共有广播电台 5 座，中、短波广播发射台和转播台 5 座，广播综合人口覆盖率为 95.9%，比上年提高 0.6 个百分点；电视台 5 座，有线电视用户 32.2 万户，电视综合人口覆盖率 98.4%，比上年提高 0.5 个百分点。拥有全国重点文物保护单位 31 处，省级重点文物保护单位 93 处。新增中国历史文化名镇名村 5 个和中国传统村落 25 个，108 个古村落入选全省首批传统村落，徽州府衙修复获中国建筑工程鲁班奖。竹艺轩作为全省唯一入选第二批国家级非遗生产性保护示范基地；新增国家级非物质文化遗产名录 4 项，省级名录 15 项。

共放映农村公益电影 8969 场，新增 7 个省级农民文化乐园建设试点，黄山区仙源镇被评为"中国民间文化艺术之乡"；《宏村阿菊》入选第二批全省民营艺术院团"十大名剧。成功承办和举办了第十届黄山书市、"践行群众路线、促进文化惠民"百场文艺巡演、2014 新春书画展等一系列文化活动；创作了舞蹈《挑山》、声乐《十绣鞋》等一批展现徽州特色的文艺精品；歙县《定谭·人间天堂》获"中国十佳村歌"称号。

2. 卫生事业

年末全市共有各类卫生机构 1121 个（含村卫生室），其中：医院、卫生院 132 个，妇幼保健院（所、站）7 个，专科疾病防治院 2 个。全市卫生技术人员 8315 人，比上年增加 409 人，其中执业（助理）医师 3029 人，增加 96 人，注册护士 3675 人，增加 292 人。医疗卫生机构拥有病床 6672 张，比上年增加 510 张，其中：医院、卫生院 6339 张，增加 510 张。全年医疗卫生机构共诊疗 520.7 万人次，比上年增加 25.0 万人次。村卫生室 612 个，乡村医生和卫生员 616 人。新型农村合作医疗覆盖农村人口 110.73 万人，实际参加农村合作医疗农民 111.88 万人，平均参合率达 101.04%。大病保险全面启动，城乡医疗救助 10.5 万人次，发放救助资金 2611 万元。"黄山市新安名医堂"落成并对外接诊。

3. 体育事业

年末全市拥有体育场地 25 个，比上年增加 8 个，其中：体育场 9 个、体育馆 6 座、运动场（田径场）10 个。全市运动员在参加安徽省第十三届运动会 11 个大项的比赛中，有 40 人次获 25 枚金牌，8 人次获银牌，11 人次获铜牌；吕秀芝在亚运会上勇夺金牌。广泛组织开展全民健身活动，全年举办各级各类全民健身项目 100 项次，参与健身群众人数达 22.0 万人次；成功举办全国竞走大奖赛暨竞走世界杯选拔赛、第九届中国黄山（黟县）国际山地车公开赛、全国山地车冠军赛（第四、五站）、全国大众跆拳道锦标赛、全国少儿游泳锦标赛、全国游泳锦标赛、第一届中国（黄山）户外评奖大会暨首届中国齐云山国际养生万人徒步大会、第十届中国黄山国际登山大会、第十二届中国女子围棋赛公开赛（决赛）等 19 项品牌赛事。全年电脑体育彩票销售额达 1.16 亿元。

（五）城乡建设

黄山市强力推进重点项目建设，京福高铁黄山段线路建设全线建成，黄杭铁路开工建设，黄山北站、歙县北站主体完工，客运枢纽启动建设。龙门岭隧道及接线工程竣工，歙黟一级公路、第二污水处理厂等项目加快推进。市图书馆、徽州糕饼博物馆竣工运营，农产品批发市场一期基本建成。棚户区和老旧小区改造稳步推进，屯溪老街公房住户搬迁 224 户。中心城区完成投资 200 亿元、增长 9.9%。区县城和建制镇建设步伐加快，屯光等 8 个镇跻身全国重点镇。全市城镇化率提高 1.2 个百分点，达到50%。扎实开展美好乡村建设和“三线三边”环境整治，36个重点示范村通过省级考核验收，黄山市包揽皖南片区考核前五名，徽州区、黄山区、屯溪区荣获“全省美好乡村建设先进区县”称号，西递、宏村、猴坑、山岔入选“中国名村”300强，美好乡村建设走在全省前列。

（六）环境保护

全年城市环境空气质量达到国家二级标准；黄山风景区环境空气质量达到国家一级标准。建成了7个机动车环保检测站共13条检测线并投入使用，共检测机动车4.8万余辆，年内完成19197辆老旧车辆及“黄标车”淘汰工作；已完成了已有三个大气自动站的升级改造，增加了PM2.5等指标项目的监测，通过验收正式投入运行；新建了歙县大气自动监测站。全市PM10均值为52微克/立方米，比上年下降6微克/立方米，低于年度55微克/立方米目标值。新增国家级生态乡镇9个、省级生态乡镇7个、生态村18个，年末拥有国家级生态乡镇17个、国家级生态村4个，省级生态乡镇53个、省级生态村107个。拥有国家级自然保护区2个、省级自然保护区7个。

新安江流域总体水质状况为优，8个监测断面水质均为Ⅱ～Ⅲ类，长江流域总体水质为优，3个监测断面水质均为Ⅰ～Ⅱ类。太平湖水质为Ⅰ～Ⅱ类，丰乐湖、奇墅湖水质为Ⅱ～Ⅲ类。全市地表水水环境功能区达标率100%，饮用水源地水质达标率为100%。全市城镇集中式饮用水源地全年水质达标率为100%。全面完成省政府下达的化学需氧量、二氧化硫、氨氮、氮氧化物四项主要污染物减排目标任务。年末森林覆盖率77.4%，当年造林面积6071公顷，其中：人工造林面积4071公顷，封山育林面积2000公顷；退耕还林面积3463公顷。黄山区、祁门县跻身首批省级森林城市。黄山市在中国社科院2014年中国生态城市竞争力排名中名列第二。

（七）社会安全

全年各类安全生产事故638起，比上年同期下降0.47%，死亡110人，比上年同期持平；亿元GDP生产安全事故死亡人数为0.216人，比上年同期下降15.63%；工矿商贸从业人员十万人生产安全事故死亡人数为2.47人，下降5.36%；道路交通万车事故死亡人数为2.20人，下降0.45%。

三、黄山市在泛长三角地区经济发展中的地位

2014年，面对错综复杂的外部环境和经济下行压力，全市上下在市委的坚强领导下，深入学习贯彻党的十八大、十八届三中、四中全会和习近平总书记系列重要讲话精神，紧紧围绕建设现代国际旅游城市战略目标，以“十大战略支撑点”为抓手，主动适应经济发展新常态，坚持稳中求进、改革创新，全力推进提质增效、转型升级，较好完成了市六届人大三次会议确定的各项目标任务。

2010—2014年黄山市地区生产总值在泛长三角地区41市所占比重分别为0.31%、0.33%、0.33%、0.34%和0.33%。2014年与2010年比增加了0.02个百分点，较上年减少了0.01个百分点。2014年，黄山市在泛长三角地区41市地区生产总值所占比重排名最后一位。

2014年，全市生产总值突破500亿元，达507.2亿元，按可比价格计算，比上年增长7.6%。其中：第一产业增加值54.6亿元，增长4.2%；第二产业增加值234.2亿元，增长7.9%；第三产业增加值218.4亿元，增长8.0%。按常住人口计算，人均gdp37305元，按平均汇率计算，达6073美元。

2010—2014年黄山市地方财政一般预算收入在泛长三角41市所占比重分别为0.31%、0.37%、0.41%、0.37%和0.40%，2014年较2010年增加了0.09个百分点，较上年增加了0.03个百分点。2014年，黄山市地方财政一般预算收入在泛长三角41市地区的排第39位。

全年财政收入90.2亿元，比上年增长11.4%，其中：地方财政收入68.0亿元，增长14.5%。从地

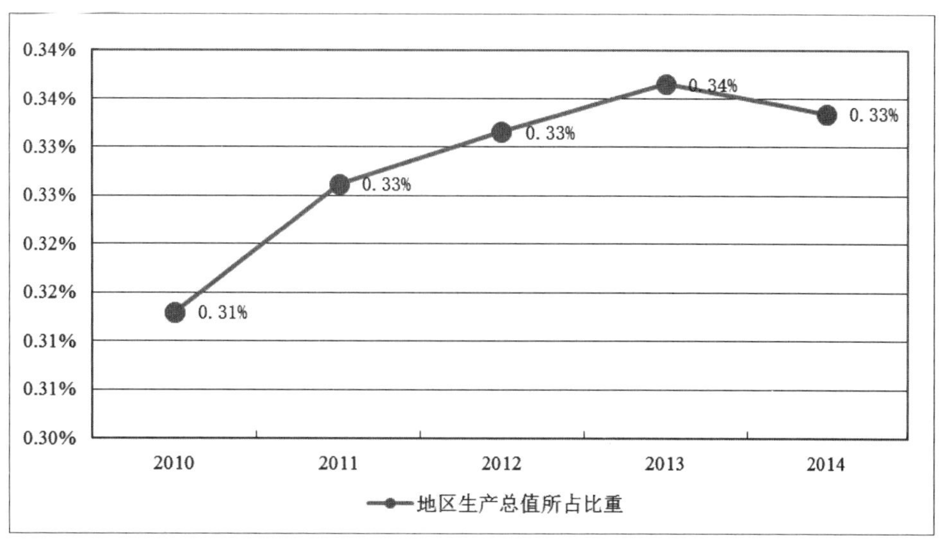

图4　2010—2014年黄山市地区生产总值在泛长三角地区41市所占比重变化趋势

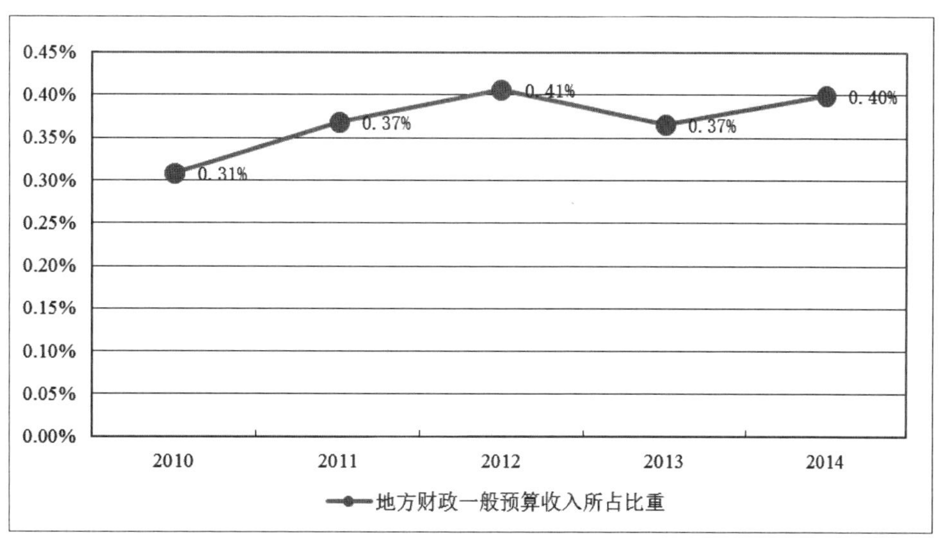

图5　2010—2014年黄山市地方财政一般预算收入在泛长三角41市所占比重变化趋势

方财政收入来源看，税收收入43.0亿元，增长3.3%，非税收入25.0亿元，增长40.9%，对地方财政收入的贡献率为84.3%。从地方收入主要税种看：营业税同比下降0.4%、契税增长6.4%、增值税增长5.4%、土地增值税下降1.9%、所得税下降2.0%、城镇土地使用税增长86.5%。税收收入占全部财政收入的比重为72.2%。2014年，黄山市36项民生工程计划总投资额32.1亿元，实际完成投资额37.33亿元，完成年度计划的116.3%，较上年增长16.7%，市级和区县新增财力的80%以上用于改善民生，不断创新民生工程建后管养长效机制。

2010—2014年黄山市规模以上工业总产值在泛长三角41市所占比重分别为0.17%、0.20%、0.19%、0.20%和0.20%，2014年较2010年增加了0.03个百分点，与上年基本持平。2014年，黄山市规模以上工业总产值在泛长三角41市地方财政一般预算收入所占比重排最后一位。

全市规模以上工业企业511户，比上年净增22户；全年规模以上工业增加值130.7亿元，比上年增长10.1%。分轻重工业看，轻工业58.0亿元，增长0.8%，重工业72.7亿元，增长18.6%；从大中

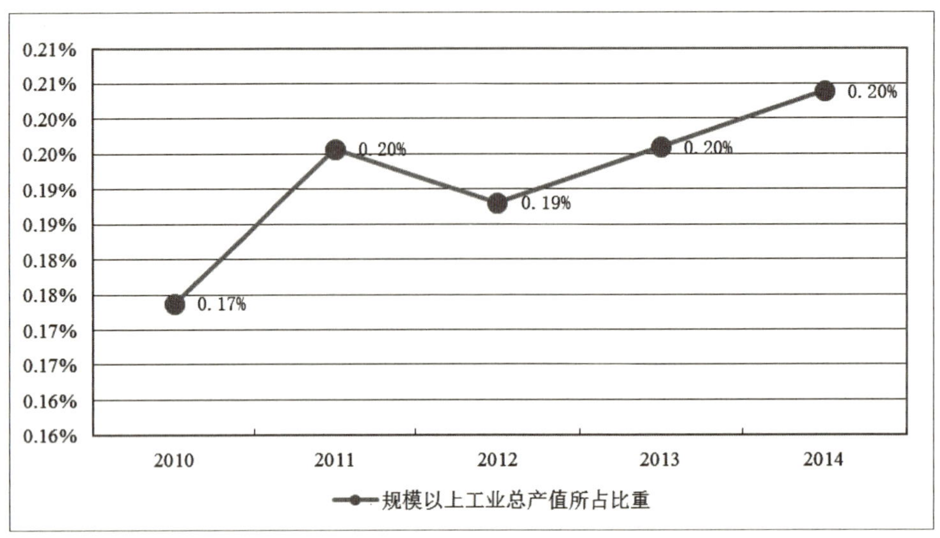

图6 2010—2014年黄山市规模以上工业总产值在泛长三角41市所占比重变化趋势

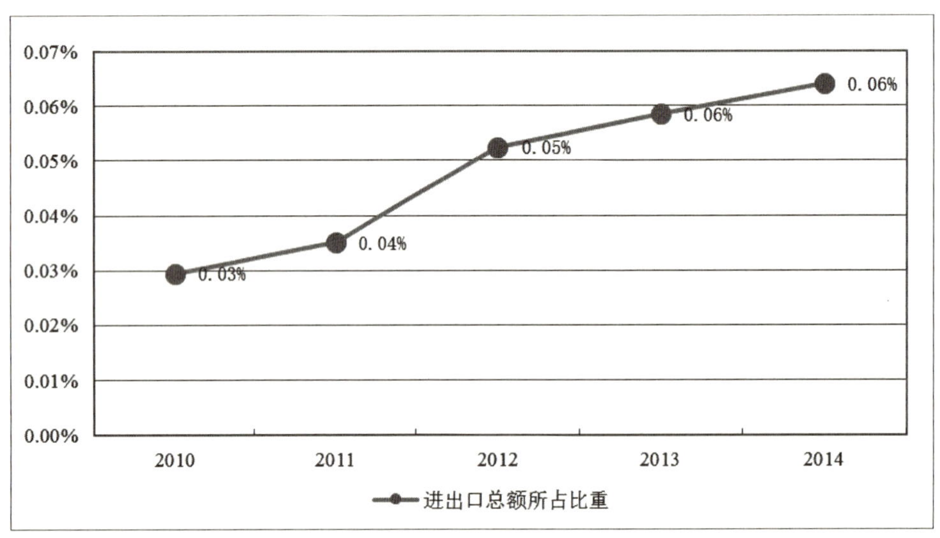

图7 2010—2014年黄山市进出口总额在泛长三角41市所占比重变化趋势

小型企业看，大中型工业企业23.6亿元，增长2.9%，小微型工业企业107.1亿元，增长11.8%。

2010—2014年黄山市进出口总额在泛长三角41市所占比重分别为0.03%、0.04%、0.05%、0.06%和0.06%，总体上呈现上扬态势，五年间增加了0.03个百分点，其中2014年与上年基本持平。2014年，黄山市进出口总额在泛长三角41市的排35位。

全年外贸进出口总额91808万美元，比上年增长14.2%。其中：出口额81950万美元，增长16.8%；进口额9858万美元，下降3.2%。从贸易方式看：一般贸易进出口87658万美元，增长15.0%，加工贸易3996万美元，增长7.3%。从出口商品类别看：纺织服装15736万美元，增长41.3%；化工产品14452万美元，增长19.5%；农业品18635万美元，增长14.4%；机电产品15787万美元，增长2.9%。从出口区域看：对亚洲出口居首，达38320万美元，增长23.8%；非洲19091万美元，增长36.2%；欧洲11673万美元，下降11.2%；北美洲7632万美元，下降6.2%；拉丁美洲3692万美元，增长27.5%；大洋洲1541万美元，增长51.1%；从重点商品出口看：茶叶2.96万吨，出口金额

12873万美元，增长26.7%；服装9963万美元，增长48.9%；新型塑料包装2777万美元，增长86.7%。

前三季度，黄山市外贸总值38.9亿元人民币，与上年同期相比(下同)增长5.4%。其中，出口34.4亿元，增长6.1%；进口4.5亿元，增长0.1%。

进口方面，化工原料进口0.9亿元，下降57.4%；机电产品进口0.4亿元，下降35.4%；塑料原料进口1.0亿元，增长34.0%；农产品进口0.04亿元，增长40.4%。出口方面，机电产品出口7.9亿元，下降12.7%；农产品出口6.4亿元，增长19.2%；塑料产品出口4.5亿元，增长23.3%；化工产品出口2.5亿元，增长35.4%。

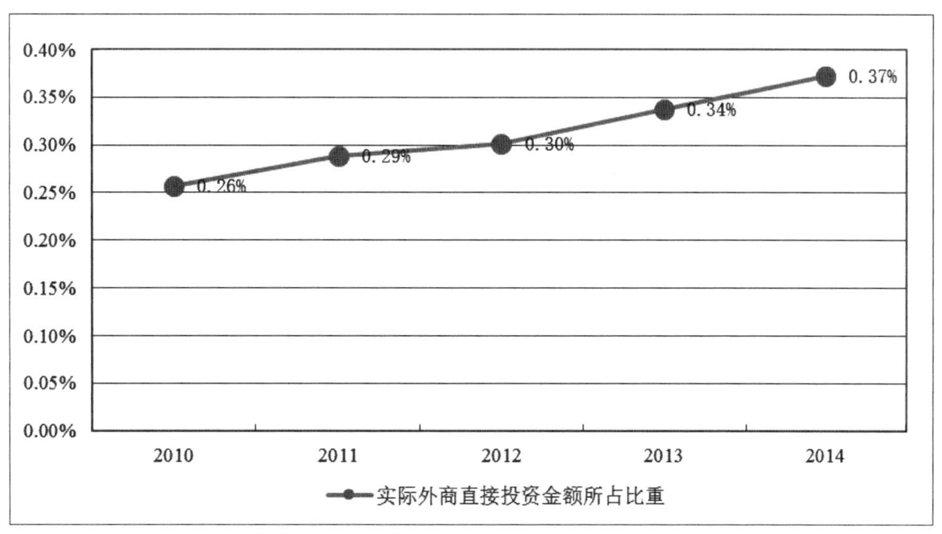

图8　2010—2014年黄山市实际外商直接投资金额在泛长三角41市所占比重变化趋势

2010—2014年黄山市实际外商直接投资金额在泛长三角41市所占比重分别为0.26%、0.29%、0.30%、0.34%和0.37%，整体呈现上扬姿态，2014年较2010年增加了0.11个百分点，较上年增加了0.03个百分点。2014年，黄山市实际外商直接投资金额在泛长三角41市排第33位。

2014年，全年新签内资项目654个，其中：亿元以上项目135个；到位内资(含续建项目)632.1亿元，比上年增长12.0%；其中：新签项目到位资金120.2亿元，比上年增长4.7%。新签外资项目7个，实际到位外资金额28037万美元，同比增长10.4%；其中：外商直接投资27837万美元，增长10.0%。全年签约世界500强企业2家，央企3家，上市公司1家，大型国企及省属企业5家，行业知名企业1家。年末，来黄投资的境外世界500强企业增加到4家；国内500强企业增加到19家。

十一　阜阳市 2014 年经济社会发展报告

2014 年，全市人民在市委、市政府的正确领导下，围绕建设“四化”协调发展先行区和“皖北争一流、全省赶平均、同步达小康”目标，坚持“稳中求进、进中求好、好中求快”工作总基调，着力推进改革创新、扩大有效投入、转变发展方式、突出民生改善，结构调整稳步推进，民计民生持续改善，经济社会在新常态下持续稳定发展。

一、阜阳市 2014 年经济发展概况

（一）综合经济

1. 经济总量

全年生产总值(GDP)1188.97 亿元，按可比价格计算，比上年增长 8.6%。其中，第一产业增加值 277.05 亿元，增长 5.0%；第二产业增加值 504.54 亿元，增长 11.0%；第三产业增加值 407.37 亿元，增长 8%。三次产业结构为 25.3∶41.1∶33.6，工业增加值占 GDP 的 35.8%。人均 GDP14752 元(折合 2401 美元)，比上年增加 913 元。

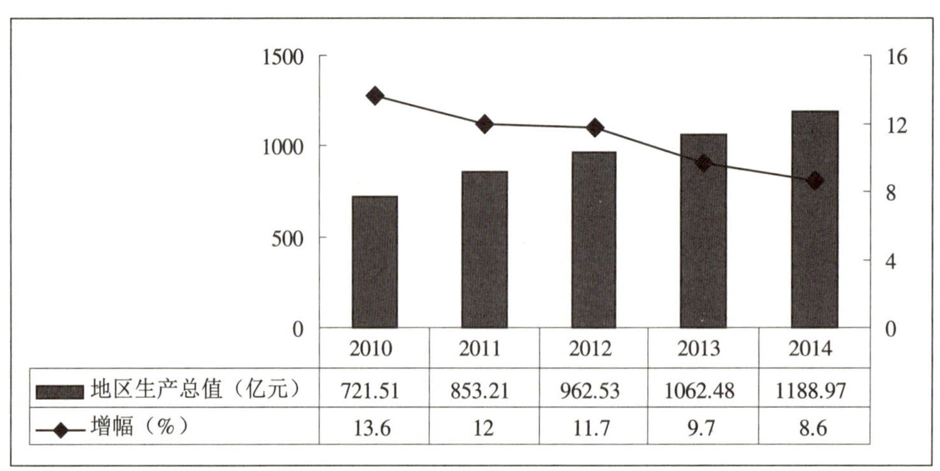

	2010	2011	2012	2013	2014
地区生产总值（亿元）	721.51	853.21	962.53	1062.48	1188.97
增幅（%）	13.6	12	11.7	9.7	8.6

图 1　2010—2014 年阜阳市地区生产总值及增长速度

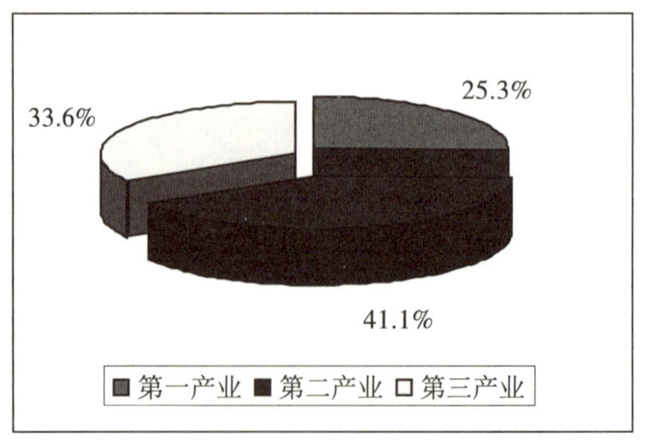

图 2　2014 年阜阳市三次产业结构图

2. 财政收支

全年财政收入180.2亿元，比上年增长14.7%。其中，地方财政收入103.5亿元，增长21.1%。地方财政收入中，税收收入80.4亿元，增长23.0%；非税收入23.1亿元，增长14.9%。全年财政支出350.6亿元，增长11.7%。其中，民生类支出296.7亿元，增长15.6%。重点支出项目中，医疗卫生支出增长4.5%，教育支出增长7.1%，社会保障和就业支出增长10.6%，农林水事务支出增长8.5%，城乡社区事务支出增长12.1%，住房保障支出增长60.4%，交通运输支出增长34.5%。全年33项民生工程累计投入102亿元，增长17.0%。

3. 物价水平

全年居民消费价格比上年上涨1.8%。其中，食品价格上涨3.2%。商品零售价格上涨0.7%。

4. 固定资产投资

全年固定资产投资(不含城乡个体投资)805.1亿元，比上年增长24.8%。其中，第一产业28.6亿元，增长125.2%；第二产业275.1亿元，增长18.4%；第三产业501.4亿元，增长25.3%。工业投资275.0亿元，比上年增长18.5%。其中，制造业投资245.3亿元，增长15.1%。高新技术产业投资29.1亿元，增长19.1%，占工业投资的10.6%。分行业投资看，农林牧渔业增长125.2%，制造业增长15.1%，电力热力燃气及水的生产和供应业增长85.2%，批发和零售业增长54.6%，房地产业增长29.6%，租赁和商务服务业增长128.4%，水利环境和公共设施管理业增长7.4%，卫生和社会工作增长67.1%，公共管理、社会保障和社会组织增长7.6%。

全年"6611"工程完成投资695.9亿元，为年度计划的130.0%，比上年增长18.3%。全年开工项目302个，为年度计划的111.0%；竣工项目163个，为年度计划的137.0%。全年列入省"861"行动计划项目完成投资461.3亿元，为年度计划的118.2%；新开工项目93个，为年度计划的89.4%；竣工项目35个，为年度计划的120.7%。

(二) 农业

全年粮食作物种植面积1002.7千公顷，比上年增加1.8千公顷。油料种植面积40.0千公顷，减少0.3千公顷。棉花种植面积11.8千公顷，减少1.3千公顷。蔬菜种植面积142.3千公顷，增加6.8千公顷。粮经面积比由上年的82.2∶17.8调整为81.7∶18.3。

全年粮食产量548.1万吨，比上年增加22万吨，增长4.2%。油料产量8.0万吨，增长2.8%。棉花产量1.5万吨，减少9.3%。蔬菜产量529.2万吨，增长5.9%。

全年肉类总产量63.1万吨，比上年增长3.3%。禽蛋产量14.4万吨，增长2.6%。水产品产量10.0万吨，增长3.9%。

年末农业机械总动力720.0万千瓦，比上年增长4.3%。农用拖拉机14.7万台，增长0.2%；农用运输车11.0万辆，下降0.7%。全年化肥施用量(折纯)40.5万吨，增长1.2%。农村用电量13.9亿千瓦时，增长9.4%。

(三) 工业和建筑业

1. 工业经济

年末全市规模以上工业企业[4]1317户，比上年净增246户。全年规模以上工业增加值比上年增长11.5%。按轻重工业分，重工业增长9.8%，轻工业增长13.4%；按经济类型分，国有企业增长5.3%，集体企业增长11.6%，股份制企业增长12.9%，外商港澳台投资企业增长4.3%。

规模以上工业中，35个工业行业有33个行业增加值保持增长2个行业下降。其中，纺织业增长18.0%，电气机械和器材制造业增长14.2%，非金属矿物制品业增长13.2%，农副食品加工业增长12.2%，煤炭开采和洗选业增长11.8%，废弃资源综合利用业增长10.6%，化学原料和化学制品制造业增长9.9%，酒、饮料和精制茶制造业增长9.9%，烟草制品业增长6.0%，电力、热力生产和供应业下降2.7%。

规模以上工业主要产品产量中，精甲醇、配合饲料、白酒、复合木地板、服装、塑料制品分别比上年增长94.1%、32.8%、26.3%、17.1%、15.3%、13.5%，小型拖拉机、轻革、啤酒、发电量分别下降26.7%、26.6%、21.6%、8.3%。

全年规模以上工业企业实现利润71.3亿元，比上年下降3.4%。其中，国有企业下降25.4%，集体企业增长20.5%，股份制企业下降5.2%，外商及港澳台商投资企业增长36.1%。规模以上工业经济效益综合指数304.8%，比上年提升6.3个百分点。主营业务收入1522.3亿元，增长17.7%。实现利税169.0亿元，增长1.8%。

2. 建筑业

全年建筑业增加值60.9亿元，比上年增长7.6%。具有资质等级的建筑业企业实现利润5.2亿元，增长19.4%。房屋建筑施工面积1682.8万平方米，增长30.4%；房屋竣工面积577.8万平方米，增长11.4%。

（四）服务业

1. 国内贸易

全年社会消费品零售总额573.3亿元，比上年增长13.2%。按经营地统计，城镇消费品零售额401.1亿元，增长13.2%；乡村消费品零售额172.2亿元，增长13.4%。按消费类型统计，商品零售额479.6亿元，增长14.0%；餐饮收入额93.7亿元，增长9.7%。

全年限额以上批发零售企业商品零售额311.4亿元，增长17.1%。其中，粮油、食品、饮料、烟酒类增长32.9%，服装、鞋帽、针纺织品类增长21.4%，化妆品类增长37.9%，日用品类增长22.9%，金银珠宝类增长30.2%，五金电料类增长16.9%，家用电器和音像器材类增长4.9%，书报杂志类增长14.8%，中西药品类增长12.5%，石油及制品类增长13.6%，汽车类增长13.5%，建筑及装潢材料类增长80.9%，机电产品及设备类增长185.2%。

2. 交通运输、邮电

全年交通运输、仓储和邮政业增加值50.8亿元，比上年增长8.0%。

全市境内火车站12个，铁路营运里程176公里。全年公路货物运输量5.4亿吨，旅客运输量1.3亿人次，分别比上年增长10.9%和8.4%。公路货物运输周转量1673.1亿吨公里，旅客运输周转量77.2亿人公里，分别增长13.0%和7.1%。港口货物吞吐量1311.4万吨，增长28.6%。阜阳机场航线9条，民航旅客吞吐量30.3万人次，下降15.1%。

年末民用汽车拥有量48.4万辆，比上年增长12.2%。其中，私人汽车37.6万辆，增长15.1%。

全年邮电业务总量38.5亿元，比上年增长3.5%。其中，电信业务总量33.7亿元，增长2.4%；邮政业务总量4.8亿元，增长12.0%。年末全市固定电话用户64.9万户，比上年减少5.0万户；移动电话用户491.4万户，增加69.2万户。年末全市计算机互联网宽带接入用户61.2万户，比上年增加6.3万户。

3. 旅游业

全年旅游总收入80.0亿元，比上年增长13.6%。其中，旅游外汇收入976.5万美元，增长

13.1%;国内旅游收入79.4亿元,增长13.8%。全年接待游客1699.7万人,增长9.3%。其中,入境游客1.4万人,下降12.5%。年末有星级饭店13家,客房1578间,床位2563张。

4. 金融和保险

年末金融机构人民币各项存款余额2047.5亿元,比上年末增加298.4亿元,增长17.1%。其中,居民储蓄存款余额1447.0亿元,增长18.9%。金融机构人民币各项贷款余额961.2亿元,比上年末增加175.1亿元,增长22.5%。其中,短期贷款余额436.0亿元,增长18.8%;中长期贷款余额511.3亿元,增长31.6%。

全年保险业保费收入61.1亿元,比上年增长13.9%。其中,财产险24.6亿元,增长14.4%;寿险30.9亿元,增长6.3%;意外伤害险0.8亿元,增长41.7%;健康险4.8亿元,增长90.4%。

5. 房地产业

全年房地产开发投资215.7亿元,比上年增长53.5%。商品房销售面积342.9万平方米,增长14.7%;商品房销售额179.4亿元,增长21.5%。商品房施工面积1752.9万平方米,增长38.4%;竣工面积111.7万平方米,下降36.8%。

(五)对外经济

1. 对外贸易

全年进出口总额16.1亿美元,比上年增长17.9%。其中,出口14.5亿美元,增长30.4%;进口1.6亿美元,下降37.5%。从出口贸易方式看,一般贸易出口13.0亿美元,增长33.1%;加工贸易出口1.6亿美元,增长11.8%。进出口额超百万美元的企业185家,比上年增加17家。

2. 利用外资

全年新批外商投资企业5家,比上年减少3家;合同利用外资1927万美元,下降76.6%。全年实际利用外资16461万美元,增长22.5%。其中,外商直接投资16207万美元,增长23.4%。

二、阜阳市2014年社会发展概况

(一)人口、人民生活

年末全市常住人口782.3万人,比上年末增加10.7万人,增长1.39%。城镇化率37.50%,提高1.27个百分点。常住人口中,男性人口389.6万人,女性人口392.7万人。全年人口出生率19.03‰,人口死亡率6.39‰,人口自然增长率12.65‰。

全年居民人均可支配收入12854元,比上年增长11.4%,扣除价格因素,实际增长9.4%。按常住地分,城镇居民人均可支配收入21715元,增长9.2%,扣除价格因素,实际增长7.3%;农村居民人均可支配收入8213元,增长12.3%,扣除价格因素,实际增长10.3%。全年居民人均消费支出9347元,增长11.6%,扣除价格因素,实际增长9.6%。按常住地分,城镇居民人均消费性支出14410元,增长9.7%,扣除价格因素,实际增长7.8%;农村居民人均消费性支出6696元,增长12.0%,扣除价格因素,实际增长10.0%。

(二)就业与社会保障

1. 就业工作

年末全市就业人员638.4万人,比上年增加9.1万人。其中,第一产业263.8万人,增加2.4万

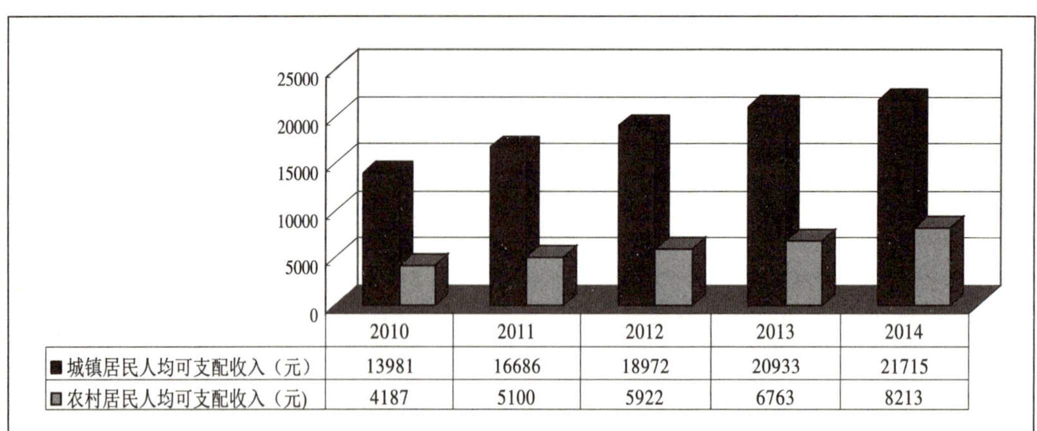

	2010	2011	2012	2013	2014
■城镇居民人均可支配收入（元）	13981	16686	18972	20933	21715
■农村居民人均可支配收入（元）	4187	5100	5922	6763	8213

图 3　2010—2014 年阜阳市城乡居民收入对比一览

人；第二产业 203.0 万人，减少 8.4 万人；第三产业 171.6 万人，增加 15.1 万人。全年劳务输出 310.2 万人，新增劳务输出 15.1 万人。全年城镇新增就业岗位 10.2 万个，下岗失业人员再就业 2.3 万人。年末城镇登记失业率 1.5%，比上年下降 0.6 个百分点。

2. 社会保障和福利

年末全市城镇基本养老保险参保人数 34.3 万人，城镇基本医疗保险参保人数 132.3 万人。年末城镇职工养老保险参保人数 24.3 万人，实征基金 16.3 亿元，发放基金 21.6 亿元，领取基金人数 10.0 万人；医疗保险参保人数 37.4 万人，实征基金 8.1 亿元，发放基金 7.5 亿元，领取基金人数 26.1 万人；失业保险参保人数 25.0 万人，实征基金 1.4 亿元，发放基金 0.4 亿元，领取基金人数 0.2 万人；工伤保险参保人数 28.8 万人，实征基金 0.7 亿元，发放基金 0.3 亿元，领取基金人数 0.1 万人；生育保险参保人数 26.4 万人，实征基金 0.4 亿元，发放基金 0.3 亿元，领取基金人数 0.7 万人。

农村社会养老保险参保人数 478.6 万人；新型农村合作医疗保险参保人数 868.7 万人，比上年增加 26.2 万人。

年末有社会福利收养性单位 508 个，床位 9.4 万张，收养各类人员 3.0 万人。年末城镇居民最低生活保障人数 10.5 万人，农村居民最低生活保障人数 35.3 万人，农村五保供养人数 6.9 万人。城镇各种社区服务设施 298 处。全年福利彩票销售额 3.5 亿元；发行体育彩票 2.3 亿元。

（三）教育和科学技术

1. 教育事业

年末有普通高校 4 所，当年招生 1.0 万人，在校生 3.5 万人，毕业生 1.1 万人。各类中等职业教育学校 46 所，在校生 11.9 万人。普通中学 459 所，在校生 44.9 万人。其中，高中 51 所，在校生 14.7 万人；初中 408 所，在校生 30.2 万人。小学 2050 所，在校生 73.8 万人。幼儿园 640 所，在园儿童 27.0 万人。初中学龄人口入学率 99.8%，初中毕业生升学率 91.7%；小学适龄儿童入学率 100.0%；小学毕业生升学率 99.8%。

2. 科技与创新

年末县以上政府部门研究与开发机构科技人员 447 人。国有独立科研机构 10 家。全年财政科技投入 1.6 亿元，比上年下降 17.3%。

年末有高新技术企业 54 家。全年高新技术产业产值 224.5 亿元，比上年增长 20.9%；战略性新

兴产业产值增长27.2%。全年专利申请量4331件，增长15.5%。其中，发明专利2361件，实用新型专利1522件，外观设计488件。全年专利授权量1310件，比上年下降31.6%。其中，发明专利217件，实用新型专利867件，外观设计专利226件。

年末有法定质检机构69个，法定计量技术机构9家。全年强制检定计量器具10.8万台件。

（四）文化、卫生和体育

1. 文化事业

年末有艺术表演团体369个（含个体），文化馆9个，公共图书馆7个，博物馆8个。公共图书馆藏书量58.5万册，广播人口覆盖率100%，电视人口覆盖率100%。全年报纸出版量1897万份；期刊出版量0.8万册。

2. 卫生事业

年末有各类卫生机构2647个。其中，医院89个，社区卫生服务中心（站）177个，基层卫生院164个，村卫生室1763个，疾病预防控制中心9个，妇幼保健院（所、站）9个，专科疾病防治院（所、站）2个。年末卫生技术人员28218人。其中，执业（助理）医师10900人，注册护士10324人。

3. 体育事业

全市有体育场馆10处，县级全民健身广场6个，乡镇级全民健身广场56个，农民体育健身工程1205个，全民健身苑195个，社区体育俱乐部39个，全民健身晨晚练点494个。全年举办大型全民健身活动112次，参与活动人数16万余人。全年获得国际赛事金牌1枚；国家级体育赛事金牌1枚、铜牌2枚；省级体育赛事金牌63枚、银牌47枚、铜牌48枚。全市批准通过二级运动员126人，二级裁判员527人；发展二级社会体育指导员598名，三级社会体育指导员329名。

（五）城乡建设

阜阳市始终把加速新型城镇化进程作为大事来抓，深入实施中心城市带动战略，围绕建设大美阜城目标，高起点、大力度、全方位推进阜城建设与管理，全年完成投资160亿元，是上年的2.1倍，创历史最高。城市基础设施建设明显加强，阜颍路、北京路和人民西路等道路改造完成，西南大外环、东三环路加快建设，沙颍河船闸桥竣工通车，颍河向阳路大桥、东环路大桥开工建设。城南新区建设步伐加快，一期工程主干路网基本建成，市规划展示馆、要素大市场开工建设。阜城棚户区改造三年行动计划有效实施，一期工程进展顺利，完成征迁700万平方米，位居全省之首。坚持安置优先，开工建设各类保障房和安置住房63494套，基本建成20566套，超额完成年度目标任务。全面启动智能公交项目建设，新添置100台空调公交车，公共自行车系统投入运营。深入推进市容环境、交通秩序、农贸市场“三项整治”，大力实施园林绿化提升行动，新增绿地面积400万平方米。阜城的大建设大发展有效改善了人居环境，促进了经济增长，提升了对外形象，受到社会各界的好评。高度重视县城建设，着力扩张规模、完善功能，县城面貌明显改观，承载能力进一步增强。大力推进以城带乡，切实加强中心镇建设，美好乡村建设成效显著。深入开展“三线三边”综合整治，农村环境持续改善。

（六）环境保护

年末查明资源储量矿种2种。其中，查明煤矿储量52.2亿吨，铁矿0.4亿吨。

年末有环境监测站6个。其中，市级站1个，县级站5个。阜阳城区空气质量达到国家Ⅱ级标准330天，空气质量优良率90.4%。自然保护区3个，面积4.4万公顷。当年造林面积9944公顷，比上年增长 25.9%。其中,用材林 3663 公顷,经济林 3377 公顷,防护林 2904 公顷。

(七)社会安全

全年发生火灾事故 454 起,直接经济损失 764.2 万元。发生交通事故 758 起,造成 151 人死亡,765 人受伤,经济损失 350.7 万元。

三、阜阳市在泛长三角地区经济发展中的地位

2014 年,面对增速换挡、结构优化、动力转换的经济新常态,全市上下在市委、市政府正确领导下,紧紧围绕稳中求进、进中求好、好中求快的工作总基调,按照"皖北争一流、全省赶平均、同步达小康"的发展思路,主动有为争位,努力克服不利因素,顶住下行压力,全年经济经历了"低开—触底—企稳—回升"四个阶段。

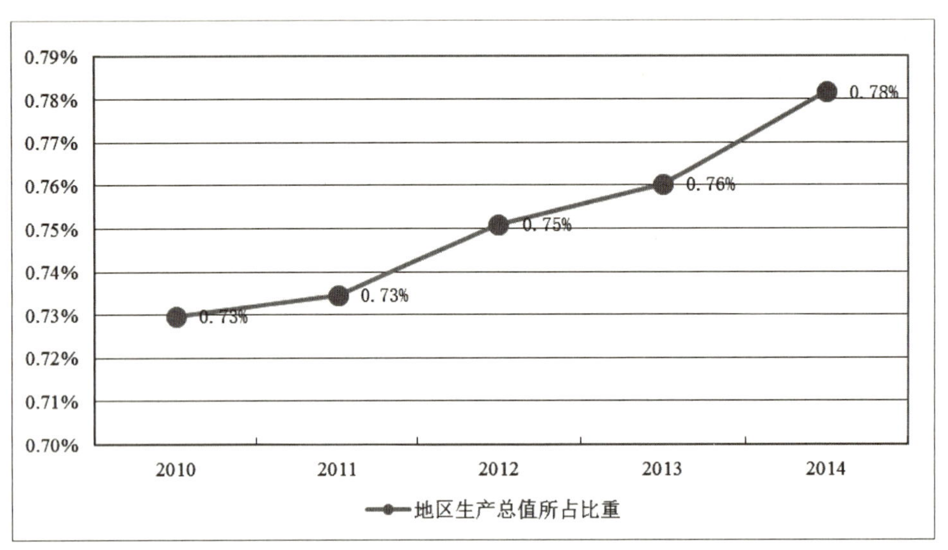

图 4 2010—2014 年阜阳市地区生产总值在泛长三角地区 41 市所占比重变化趋势

2010—2014 年阜阳市地区生产总值在泛长三角地区 41 市所占比重分别为 0.73%、0.73%、0.76%、0.78%和 0.80%。地区生产总值在泛长三角 41 市占比整体呈现上扬态势,2014 年与 2010 年比增加了 0.07 个百分点,较上年增加了 0.02 个百分点。2014 年,阜阳市在泛长三角地区 41 市地区生产总值所占比重排名第 28 位。

2014 年,年地区生产总值 1146.1 亿元,增长 8.6%,总量居皖北首位。其中,一产增加值 289.4 亿元,增长 5.0%;二产增加值 471.4 亿元,增长 11.0%;三产增加值 385.3 亿元,增长 7.8%。

全年地区生产总值中,一产占 25.3%,比上年降低 0.4 个百分点;三产占 33.6%,提高 0.4 个百分点;二产占 41.1%,与上年持平。粮经种植面积比为 81.7∶18.3,经济作物比重提升 0.5 个百分点。规模工业增加值中,轻工业占 50.4%,提高 3.3 个百分点;重工业占 49.6%,下降 3.3 个百分点。地方财政收入中,税收占 77.7%,提升 1.2 个百分点。

"两新"产业发展迅速。战略性新兴产业产值 158.8 亿元,比上年增长 27.2%,领先全省 4.7 个百分点,增速全省第 2;高新技术产业产值 224.5 亿元,增长 20.9%,领先全省 7.1 个百分点,增速居全省第 3。

2010—2014 年阜阳市地方财政一般预算收入在泛长三角 41 市所占比重分别为 0.41%、0.45%、

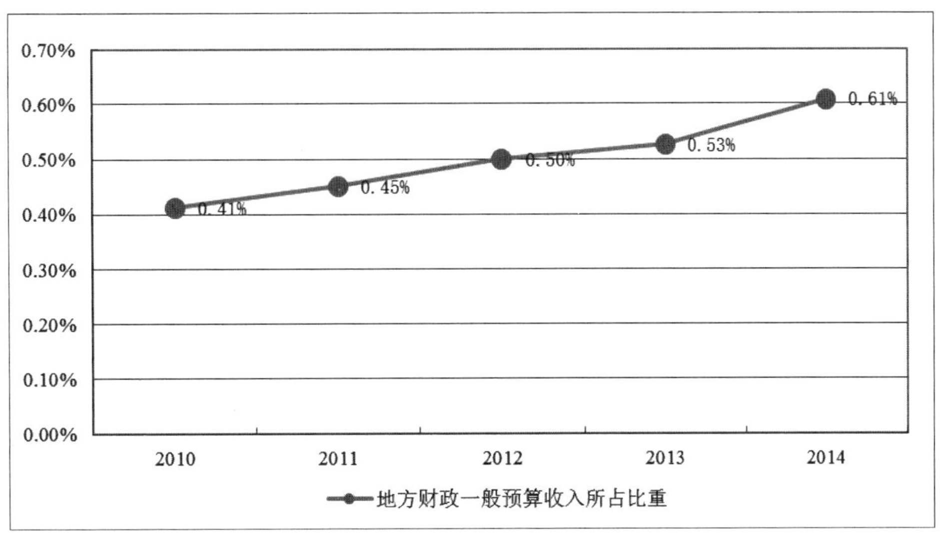

图5 2010—2014年阜阳市地方财政一般预算收入在泛长三角41市所占比重变化趋势

0.50%、0.53%和0.61%,2014年较2010年增加了0.20%,较上年增加了0.08%。2014年,阜阳市地方财政一般预算收入在泛长三角41市地区的排第30位。

全市实现财政收入180.2亿元,同比增长14.7%,高出全省6个百分点。地方财政收入103.5亿元,增长21.1%,高出全省14.2个百分点,增速全省第1,其中,税收收入增长23%,比重接近8成,增速同比提升1.2个百分点,成为地方财政收入的顶梁柱;增值税、消费税、营业税、所得税四大主体税种贡献突出,共实现税收107.2亿元,同比增长11.2%,占财政总收入的比重达6成。存款增幅全省居首,贷款增量皖北第2。全市金融机构人民币存款余额超越2000亿元关口,达2047.5亿元,位列全省四强,同比增长17.1%,增幅全省居首。贷款余额961.2亿元,比年初增加175.1亿元,同比增长22.5%,增量居皖北第2,其中,中长期贷款511.3亿元,比年初增加122.7亿元,增长31.6%。贷存比升至46.9%,比上年同期提高2个百分点,信贷投放持续加快,贷存比稳步提升,为经济发展注入了新的活力。

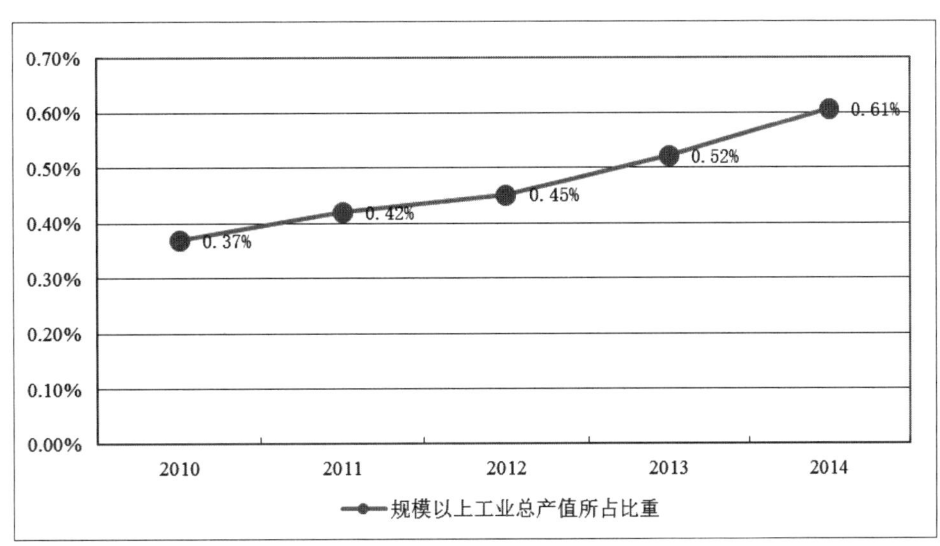

图6 2010—2014年阜阳市规模以上工业总产值在泛长三角41市所占比重变化趋势

2010—2014 年阜阳市规模以上工业总产值在泛长三角 41 市所占比重分别为 0.37%、0.42%、0.45%、0.52%和 0.61%，呈连续增加态势，2014 年较 2010 年增加了 0.24 个百分点，较上年增加了 0.09 个百分点。2014 年，阜阳市规模以上工业总产值在泛长三角 41 市地方财政一般预算收入所占比重排第 34 位。

全市规模以上工业增加值逐季突破百亿元关口，全年达到 445.6 亿元，同比增长 11.5%，高出全省平均水平 0.3 个百分点。分轻重工业看，轻工业增速与贡献率均领跑重工业。在规模以上工业增加值中，轻重工业比重基本持平(49.6∶50.4)，轻工业增速为 13.4%，比重工业高 3.6 个百分点，对规模以上工业贡献率为 54.9%，高出重工业近 10 个百分点。分经济类型看，非公经济贡献突出。以股份制企业为主力军的非公企业实现增加值 387.9 亿元，占全市 87.1%，比上年提高 2.8 个百分点，贡献率提升至 93.6%，拉动规模以上工业增长 10.8 个百分点。分行业类型看，全市 35 个工业大类行业中 33 个实现同比增长，其中 9 个行业增速超过 20%，八大支柱产业实现增加值 362 亿元，占比超过 8 成。服务业体量稳步扩张，总量皖北居首。服务业实现增加值 385.3 亿元，同比增长 7.8%，总量居全省第 5，皖北第 1。

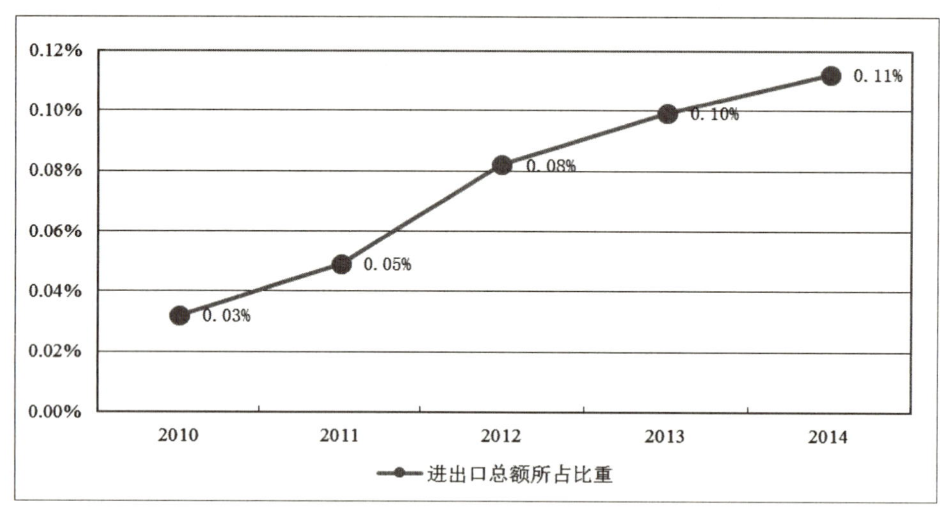

图 7　2010—2014 年阜阳市进出口总额在泛长三角 41 市所占比重变化趋势

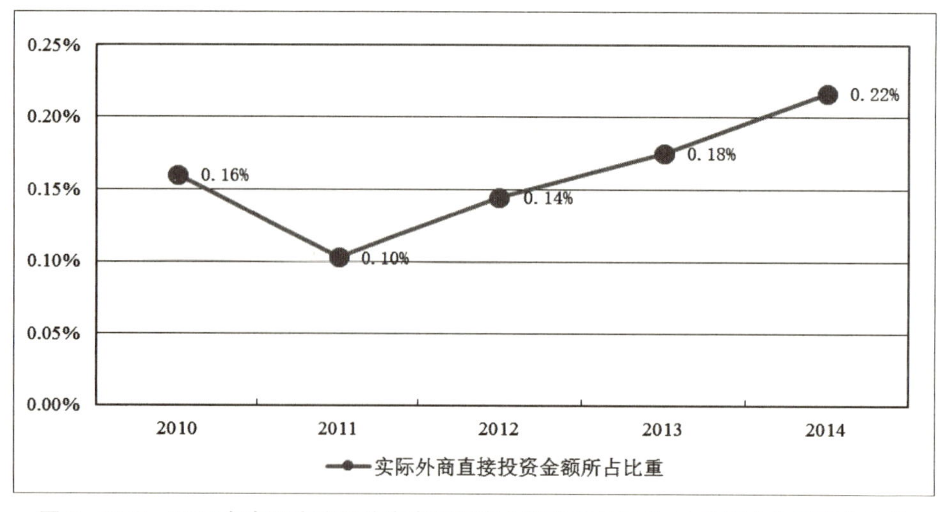

图 8　2010—2014 年阜阳市实际外商直接投资金额在泛长三角 41 市所占比重变化趋势

2010—2014 年阜阳市进出口总额在泛长三角 41 市所占比重分别为 0.03%、0.05%、0.08%、0.10%和 0.11%，总体上呈现上扬态势，五年间增加了 0.08 个百分点，其中 2014 年较上年增加了了 0.01 个百分点。2014 年，阜阳市进出口总额在泛长三角 41 市的排 34 位。

全市对外贸易年初低位开局，前 7 个月一路呈负增长态势，在 8 月末增幅由负转正后加快赶超，全年实现进出口贸易额 16.1 亿美元，同比增长 17.9%，总量居皖北次席，增幅居皖北第 3。其中，出口额 14.5 亿美元，同比增长 30.4%，高出全省 18.9 个百分点，增幅居全省第 3。

2010—2014 年阜阳市实际外商直接投资金额在泛长三角 41 市所占比重分别为 0.16%、0.10%、0.14%、0.18%和 0.22%，2014 年较 2010 年增加了 0.06 个百分点，较上年增加了 0.04 个百分点。2014 年，阜阳市实际外商直接投资金额在泛长三角 41 市排第 40 位，排名相对靠后。

全年新增 5 家外商投资企业，实际利用外资 1.6 亿美元，同比增长 22.5%，高出上年同期 37.5 个百分点。

十二　宿州市 2014 年经济社会发展报告

2014 年，面对复杂多变的国内外经济形势，全市上下坚持稳中求进的工作总基调，以提高经济发展质量和效益为中心，科学统筹稳增长、调结构、促改革、惠民生，积极适应新常态，全市经济运行平稳、质量向好，人民生活进一步改善，生态效益同步发展。

一、宿州市 2014 年经济发展概况

（一）综合经济

1. 经济总量

全年生产总值(GDP)1140.53 亿元，按可比价格计算，增长 9.7%。其中：第一产业增加值 259.67 亿元，增长 5.0%；第二产业增加值 478.39 亿元，增长 11%；第三产业增加值 402.47 亿元，增长 11%。三次产业结构比为 24.0∶42.1∶33.9。人均生产总值 20630 元(折合 3358 美元)，比上年增加 1862 元。全社会劳动生产率 30767 元/人，比上年增加 2638 元/人。

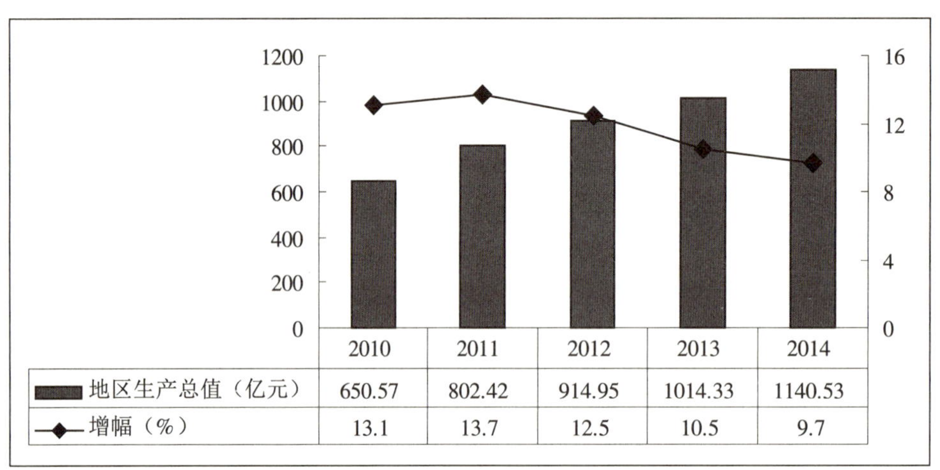

	2010	2011	2012	2013	2014
地区生产总值（亿元）	650.57	802.42	914.95	1014.33	1140.53
增幅（%）	13.1	13.7	12.5	10.5	9.7

图 1　2010—2014 年宿州市地区生产总值及增长速度

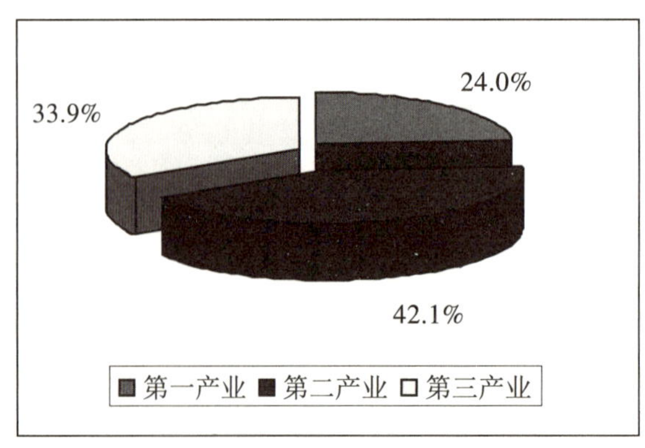

图 2　2014 年宿州市三次产业结构图

2. 财政收支

全年财政收入114.34亿元，比上年增长14.0%，其中地方财政收入76.94亿元，比上年增长16.0%。全部财政收入中，税收收入91.07亿元，增长13.1%；非税收收入23.27亿元，增长17.6%。财政支出247.4亿元，比上年增长11.3%，其中民生支出206.4亿元，占财政支出的83.4%，增长13.6%。从重点支出项目看，教育支出增长7.1%，农林水支出增长10.8%，医疗卫生和计划生育支出增长6.1%，社会保障和就业支出增长11.0%。

3. 物价水平

全年居民消费价格(CPI)比上年上涨1.4%。其中，食品价格上涨3.0%。商品零售价格上涨0.3%，农产品生产价格下降0.2%。

4. 固定资产投资

全年固定资产投资945.8亿元，比上年增长22.3%。其中一、二、三产投资分别增长55.0%、23.7%和18.9%。全市亿元以上工业项目174个，比上年增加65个。全年工业投资532.2亿元，增长22.1%。民间投资742.2亿元，占全市固定资产投资的比重为78.5%，比上年提高5.8个百分点。全年固定资产投资到位资金1034.1亿元，增长28.1%。其中，自筹资金增长21.2%。

全市工业项目进展顺利，冠军建材一期、国口酒业、尚荣服饰、安特生物酒精二期、鸿丰生物等工业项目投产，合百大农产品物流中心二期等服务业项目竣工。交通基础设施建设加快，宿淮铁路客运、徐明高速建成通车，宿淮铁路蒿沟站开工，济祁高速、郑徐客运专线、宿灵泗、宿萧砀快速通道、国道206改线等项目加快建设，宿州民航机场列入长江经济带综合立体交通走廊规划。能源基础设施建设深入推进，主城区、砀山、灵璧3座垃圾焚烧发电，阳光电源埇桥解集光伏发电等项目开工建设，协和萧县官山、埇桥符离风电项目并网发电。新汴河治理、淮水北调、中小河流治理、农田水利基本建设等重点水利工程累计完成投资超16亿元。

（二）农业

全年粮食种植面积82.07万公顷，比上年增长1.8%。其中，小麦面积35.79万公顷，增长1.2%；油料种植面积5.61万公顷，增长6.4%；棉花种植面积2万公顷，下降0.1%；蔬菜及食用菌种植面积7.70万公顷，增长4.0%。

全年粮食产量396.67万吨，比上年增长4.6%。其中，夏粮产量239.75万吨，增长4.4%；棉花产量2.6万吨，下降0.2%；油料产量24.37万吨，增长7.8%；蔬菜及食用菌产量319.72万吨，增长7.6%。

全年肉类总产量51.3万吨，增长3.0%；牛奶产量1.68万吨，增长5.0%；水产品产量4.35万吨，增长3.4%；禽蛋产量26.23万吨，增长1.9%。

年末全市农业机械总动力827.97万千瓦，增长2.9%，大中型拖拉机保有量4.6万台，增长7.0%，联合收割机保有量2.04万台，增长9.7%，大中型拖拉机配套比1∶2.43，耕种收综合机械化水平达到85.5%。全年农用化肥施用量(折纯)34.58万吨，增长1.0%。其中复合肥17.39万吨，增长5.1%。农村用电量9.45亿千瓦时，增长11.7%。

全年耕地灌溉面积415.28千公顷，新增耕地灌溉面积5.69千公顷；新增节水灌溉面积3.43千公顷。

（三）工业和建筑业

1. 工业经济

全年全部工业增加值420.75亿元，比上年增长11.4%。其中，规模以上工业增加值336.01亿元，增长11.8%。全年战略性新兴产业产值79.6亿元，增长19.7%。农产品加工产值791.5亿元，增长19.3%。

年末全市规模以上工业企业1010家，比上年净增28家。33个工业行业中有29个增加值保持增长。其中，非金属矿物制品业增长24%，木材加工和木竹藤棕草制品业增长20.9%，农副食品加工业增长10.5%，煤炭开采和洗选业下降2.7%；电力、热力生产和供应业下降9.2%。

规模以上工业统计的主要产品产量中，原煤下降1.0%，小麦粉增长29.6%，饲料增长56.6%，人造板增长23.8%，硅酸盐水泥熟料增长34.3%，水泥增长6.8%；发电量下降12.9%。

全年规模以上工业企业实现主营业务收入1342.7亿元，增长20.0%；实现利润52.28亿元，增长40.2%。

2. 建筑业

全年建筑业总产值207.30亿元，增长21.8%。房屋建筑施工面积855.12万平方米，增长11.7%。

（四）服务业

1. 国内贸易

全年社会消费品零售总额344.24亿元，比上年增长13.6%，其中，限额以上消费品零售额214.17亿元，增长13.3%。分城乡看，城镇零售额284.12亿元，增长14.3%；乡村零售额60.12亿元，增长10.7%。分消费形态看，餐饮收入34.0亿元，增长13.6%；商品零售310.2亿元，增长13.7%。

限额以上批发零售业中，家具、通讯器材、建筑及装潢材料、汽车等零售额分别增长17.1%、16.1%、40.2%和12.7%。

2. 交通运输、邮电

全年交通运输仓储和邮政业实现增加值53.05亿元，比上年增长8.7%。全年公路客运量7719万人，旅客周转量392714万人公里。公路货物运输量27383万吨，货物周转量6228170万吨公里。

年末民用汽车拥有量25.13万辆，比上年增长16.8%，其中私人汽车拥有量20.7万辆，增长19.8%。

全年邮电业务总量29.67亿元；年末移动电话用户488.42万户；互联网用户达到99.06万户。

3. 旅游业

全年入境旅游人数3万人次，比上年增长27.4%；国际旅游外汇收入1386.62万美元，增长11.7%；旅游总收入79.85亿元，增长15.6%；国内旅游人数1326.38万人次，增长15.4%。

4. 金融和保险

年末，全市金融机构人民币存款1314.59亿元，增长13.7%。其中，城乡居民储蓄存款883.4亿元，增长15.8%。金融机构贷款余额686.7亿元，增长22.9%。金融机构存贷比52.2%，比上年提高3.9个百分点。

全年保险业保费收入45.82亿元，增长23.9%。其中，财产险保费收入13.20亿元，增长20.3%；人寿险保费收入32.62亿元，增长25.4%。赔款和给付支出12.02亿元，下降8.4%。其中，财产险赔款6.46亿元，增长14.1%，人寿险赔款和给付5.56亿元，同比下降25.3%。

5. 房地产业

全年房地产开发投资182.33亿元，增长28.0%。年末商品房销售面积484.1万平方米，增长

15.2%;商品房销售额181.07亿元,增长21.4%。全年开工建设城镇保障性安居工程住房3.21万套,基本建成1.79万套。

(五) 对外经济

1. 对外贸易

全年进出口总额6.51亿美元,比上年增长21.8%。其中,进口总额0.77亿美元,增长22.8%;出口总额5.74亿美元,增长21.7%。

2. 利用外资

全年引进外资项目8个,比上年增加2个;全市合同利用外资7824万美元,增长3.83倍;外商直接投资5.9亿美元,增长26.0%。全年实际利用内资1350亿元,增长22.7%。

二、宿州市2014年社会发展概况

(一) 人口、人民生活

年末全市总人口642.32万人,其中:出生人口8.98万人,出生率为13.98‰;死亡人口4.19万人,死亡率为6.53‰;自然增长率为7.45‰。全市常住人口548.6万人。城镇化率37.4%,比上年提高1.27个百分点。

全年城镇常住居民人均可支配收入21941元,增长9.2%。城镇常住居民恩格尔系数35.72%,城镇居民人均住房建筑面积33.53平方米,比上年增加0.96平方米。

农村常住居民人均可支配收入8332元,增长12.4%。农村常住居民恩格尔系数为34.5%。农村居民人均拥有住房面积40.08平方米,比上年增加5.03平方米。

年末人均储蓄存款20472元,比上年增加8588元,增长72.3%。

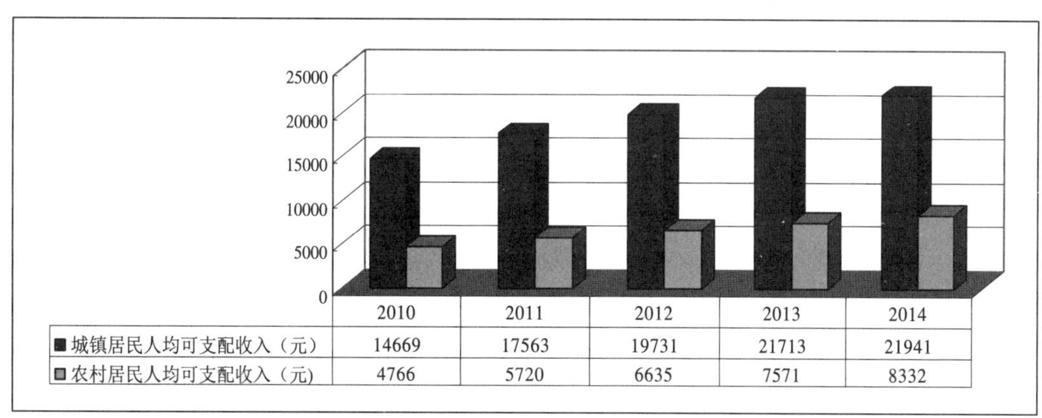

	2010	2011	2012	2013	2014
城镇居民人均可支配收入（元）	14669	17563	19731	21713	21941
农村居民人均可支配收入（元）	4766	5720	6635	7571	8332

图3　2010—2014年宿州市城乡居民收入对比一览

(二) 就业与社会保障

1. 就业工作

年末全市从业人员369.9万人,比上年增加7.8万人。分产业看,第一产业154.7万人,比上年增加0.8万人;第二产业105.6万人,比上年增加4.2万人;第三产业109.6万人,比上年增加2.8人。

城乡私营企业从业人员和个体劳动者 39.8 万人，比上年增加 6.7 万人。

全年城镇新增就业 9.59 万人，安置下岗失业人员再就业 1.92 万人，就业困难人员再就业 0.45 万人，转移农业劳动力 6.93 万人。年末城镇登记失业率 3.21%，比上年下降 0.49 个百分点。

2. 社会保障和福利

全年参加城乡居民养老保险人数 333.09 万人。其中，城镇居民参保 7.37 万人，农村居民参保 325.72 万人。年末医疗保险参保人数 92.72 万人，增长 4.7%。其中，城镇职工参保 30.00 万人，增长 3.6%；城镇居民参保 62.72 万人，增长 5.2%。年末参加农村新型合作医疗人数达 528.67 万人，参合率达 100.75%。

全市各种社会福利收养性单位 201 个，床位 1.43 万张。社区服务中心 46 个，社区服务中心覆盖率达 100%。全市共救助困难群众病患者 46.33 万人次，支出医疗救助金 8536.40 万元。农村五保供养对象 3.49 万人。

全年销售社会福利彩票 3.62 亿元，筹集福利彩票公益金 0.98 亿元。

（三）教育和科学技术

1. 教育事业

教育科技文化事业持续发展。全年普通高等学校招生 1.00 万人，在校学生 3.05 万人，毕业生 1.03 万人。高中阶段招生 2.93 万人，在校生 10.66 万人，毕业生 3.49 万人。高中阶段毛入学率 78.93%。中等职业学校招生 2.71 万人，在校生 5.85 万人，毕业生 1.94 万人。初中阶段招生 5.48 万人，在校生 16.85 万人，毕业生 6.07 万人。初中学龄人口入学率 100.00%。小学招生 8.08 万人，在校生 40.09 万人，毕业生 5.53 万人。小学学龄儿童入学率 100.00%。幼儿园在园幼儿 17.74 万人。特殊教育在校学生 0.10 万人。

2. 科技与创新

全年研究与试验发展（R&D）经费支出 6.62 亿元，增长 1.41 倍。全年高新技术企业 44 家，其中当年新增企业 14 家。认定高新技术产品 89 个，其中当年新增 32 个。全年专利申请量 2916 件，其中发明专利申请量 1163 件。市级以上科技计划项目 19 个。全市各类科技成果 32 项。全市省级以上研发机构 12 个，其中省级以上工程技术研究中心数 11 个。省级院士工作站 4 个。

（四）文化、卫生和体育

1. 文化事业

全市共有公共图书馆 6 个，图书馆藏书量 51.20 万册。群众艺术馆、文化馆 108 个。年末有线电视入户率 13.84%，广播节目综合人口覆盖率 92.77%；电视节目综合人口覆盖率 93.98%。全年组织文艺活动 1272 次。

2. 卫生事业

全市拥有卫生机构 1895 个。其中，基层医疗卫生机构 1730 个，专业公共卫生机构 97 个，其他卫生机构 4 个。医院、卫生院 172 个。全市实有床位 1.78 万张，其中医院 1.13 万张，乡镇卫生院 0.59 万张。全市卫生技术人员 1.99 万人，其中，执业（助理）医师 0.81 万人，注册护士 0.76 万人。

3. 体育事业

年末全市体育社团组织机构数 145 个，青少年体育俱乐部 14 个，社区体育健身俱乐部 10 个。全

市社会体育指导员 2711 人。全年共开展各项全民健身活动 82 次。省及省以上比赛共获得金牌 57 枚,银牌 14 枚,铜牌 22 枚。

(五) 城乡建设

宿州市城乡面貌显著改观。全市实施重点工程 213 个,完成投资 220 亿元。规划工作继续加强,主城区基本实现控制性详细规划全覆盖,四个县城总体规划修编全部启动。重点工程亮点纷呈,市文化艺术中心、汴北水厂建成运行,市规划馆、体育馆加快建设,万达广场、元一新天地顺利推进。道路通达能力提升,宿城大外环 75%路段建成,环内面积超 200 平方公里,南北环公跨铁立交桥、宿州大道新汴河大桥建成通车,"六纵十横"路网形成。

启动国家园林城市创建工作,新增绿地 586 万平方米,新建绿道 47.7 公里,新汴河景观工程成效初显。征迁拆违步入良性发展轨道,控违工作成效显著。荣获省级文明城市称号,埇桥、灵璧进入省级文明城区、文明县城行列,砀山、泗县进入创建先进行列。县镇发展提速,"555"工程扎实推进,四个县开工建设重点项目 79 个,"五个一"工程进展顺利;符离等 8 个镇被评为全国重点镇;萧县、埇桥被评为全省美好乡村先进县区,第二批 37 个示范村建设稳步推进。"三线三边"环境整治成为宿州的响亮品牌,3 座垃圾焚烧发电厂开工建设。

(六) 资源和环境保护

全年降水量 842.2 毫米。全年平均气温 15.8℃。极端气温最高 39.2℃,极端气温最低－7.7℃。全年日照时数 2061.6 小时。全市当年造林面积 10040 公顷,四旁(零星)植树 1073 万株。森林覆盖率达 28.8%,林木绿化率达 32.9%,活立木蓄积量达 1668 万立方米。全市省级生态乡镇 8 个,省级生态村 52 个。城市集中式饮用水源地水质、水量达标率均为 100%。

环境空气质量二级。城区空气质量优良率为 91.2%,空气污染指数 API 年均值为 72。城市区域声环境等效声级均值和城市道路交通噪声等效声级均值分别为 66.3dB(A)和 52.6dB(A)。

全年废水中化学需氧量排放总量 10.54 万吨,较上年削减 1.05%;废水中氨氮排放总量 0.99 万吨,较上年削减 2.51%;废气中二氧化硫排放总量 3.22 万吨,较上年削减 8.15%;废气中氮氧化物排放总量 5.58 万吨,较上年削减 15.93%。

全市城市污水处理率达到 86.6%,建成区绿地率达到 39.8%。全年全社会综合能源消费量(等价值)707.62 万吨标准煤,增长 2.6%,单位 GDP 能耗 0.7017 吨标准煤/万元,下降 6.5%。

(七) 社会安全

全年各类生产安全事故 551 起,死亡 76 人。工矿商贸企业生产安全事故 8 起,死亡 9 人;道路交通事故 272 起,死亡 67 人。生产经营性火灾事故 270 起,损失额为 514.6 万元。

三、宿州市在泛长三角地区经济发展中的地位

2014 年,是全面深化改革元年,也是"全市工业和城乡建设三年振兴计划"实施的第一年。在错综复杂的宏观环境、"三期叠加"的严峻形势以及改革发展的繁重任务前,宿州秉承"整体承接、双轮驱动、三区共进、四化同步"的发展思路,生动践行"抓主抓重、苦干实干、提速提效、争先争优"的"十六字"方针,抢抓新常态下的新机遇,全面谋求深化改革新开局,使全市经济呈现出"稳中有增、进中见好"的平稳较快发展态势。

2010—2014 年宿州市地区生产总值在泛长三角地区 41 市所占比重分别为 0.66%、0.69%、

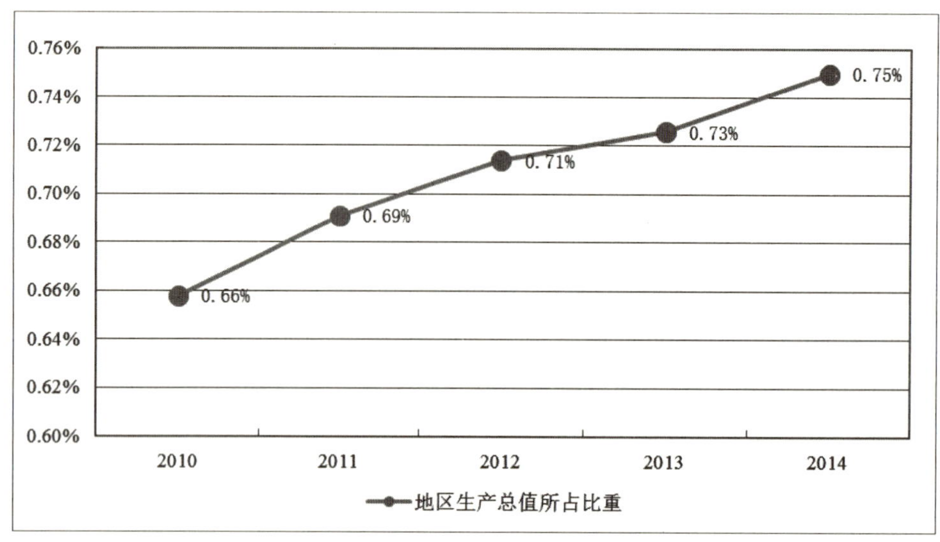

图 4 2010—2014 年宿州市地区生产总值在泛长三角地区 41 市所占比重变化趋势

0.71%、0.73%和 0.75%。地区生产总值在泛长三角 41 市占比整体呈现上扬态势，2014 年与 2010 年比增加了 0.09 个百分点，较上年增加了 0.02 个百分点。2014 年，宿州市在泛长三角地区 41 市地区生产总值所占比重排名第 30 位。

2014 年，全年生产总值(GDP)1126.07 亿元，按可比价格计算，增长 9.7%。其中：第一产业增加值 269.95 亿元，增长 5.2%；第二产业增加值 474.60 亿元，增长 11.1%；第三产业增加值 381.52 亿元，增长 10.8%。三次产业结构比为 24.0∶42.1∶33.9。人均生产总值 20630 元(折合 3358 美元)，比上年增加 1862 元。全社会劳动生产率 30767 元/人，比上年增加 2638 元/人。

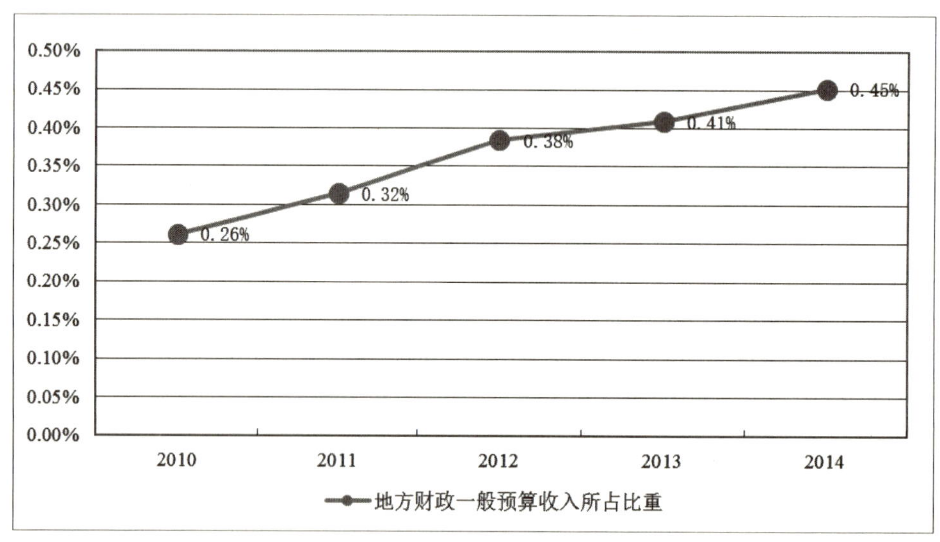

图 5 2010—2014 年宿州市地方财政一般预算收入在泛长三角 41 市所占比重变化趋势

2010—2014 年宿州市地方财政一般预算收入在泛长三角 41 市所占比重分别为 0.26%、0.32%、0.38%、0.41%和 0.45%，2014 年较 2010 年增加了 0.19 个百分点，较上年增加了 0.04 个百分点。2014 年，宿州市地方财政一般预算收入在泛长三角 41 市地区的排第 35 位。

全年财政收入 114.34 亿元，比上年增长 14.0%，其中地方财政收入 76.94 亿元，比上年增长

16.0%。全部财政收入中，税收收入91.07亿元，增长13.1%；非税收收入23.27亿元，增长17.6%。财政支出247.4亿元，比上年增长11.3%，其中民生支出206.4亿元，占财政支出的83.4%，增长13.6%。从重点支出项目看，教育支出增长7.1%，农林水支出增长10.8%，医疗卫生和计划生育支出增长6.1%，社会保障和就业支出增长11.0%。

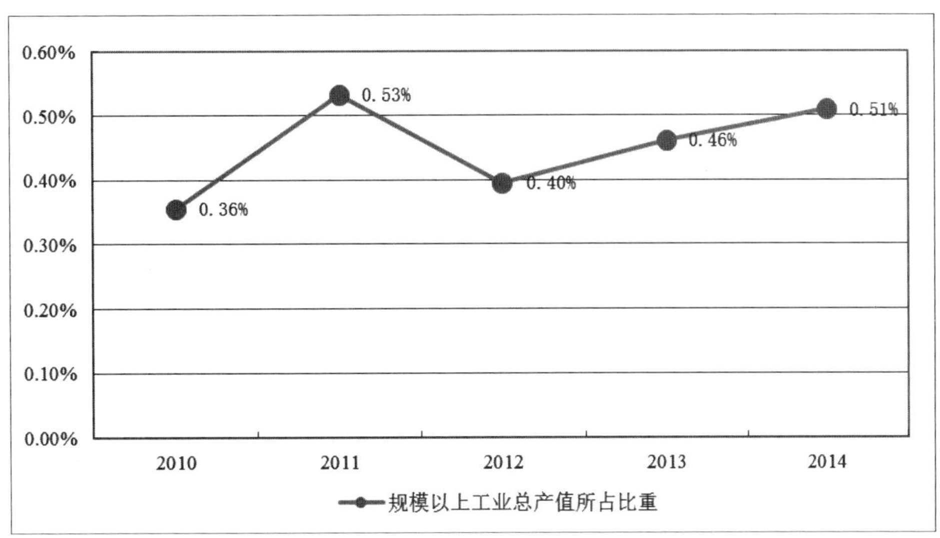

图6　2010—2014年宿州市规模以上工业总产值在泛长三角41市所占比重变化趋势

2010—2014年宿州市规模以上工业总产值在泛长三角41市所占比重分别为0.36%、0.53%、0.40%、0.46%和0.51%，2014年较2010年增加了0.15个百分点，较上年增加了0.05个百分点。2014年，宿州市规模以上工业总产值在泛长三角41市地方财政一般预算收入所占比重排第37位。

全年全部工业增加值420.75亿元，比上年增长11.4%。其中，规模以上工业增加值336.01亿元，增长11.8%。全年战略性新兴产业产值79.6亿元，增长19.7%。农产品加工产值791.5亿元，增长19.3%。

年末全市规模以上工业企业1010家，比上年净增28家。33个工业行业中有29个增加值保持增长。其中，非金属矿物制品业增长24%，木材加工和木竹藤棕草制品业增长20.9%，农副食品加工业增长10.5%，煤炭开采和洗选业下降2.7%；电力、热力生产和供应业下降9.2%。

规模以上工业统计的主要产品产量中，原煤下降1.0%，小麦粉增长29.6%，饲料增长56.6%，人造板增长23.8%，硅酸盐水泥熟料增长34.3%，水泥增长6.8%；发电量下降12.9%。

全年规模以上工业企业实现主营业务收入1342.7亿元，增长20.0%；实现利润52.28亿元，增长40.2%。

2010—2014年宿州市进出口总额在泛长三角41市所占比重分别为0.01%、0.02%、0.03%、0.04%和0.05%，总体上呈现上扬态势，五年间增加了0.04个百分点，其中2014年较上年增加了了0.01个百分点。2014年，宿州市进出口总额在泛长三角41市的排37位，位置较为靠后。

全年进出口总额6.51亿美元，比上年增长21.8%。其中，进口总额0.77亿美元，增长22.8%；出口总额5.74亿美元，增长21.7%。

2010—2014年宿州市实际外商直接投资金额在泛长三角41市所占比重分别为0.24%、0.40%、0.51%、0.62%和0.79%，整体呈现上扬姿态，2014年较2010年增加了0.55个百分点，较上年增加了0.17个百分点。2014年，宿州市实际外商直接投资金额在泛长三角41市排第27位，排名相对靠前。

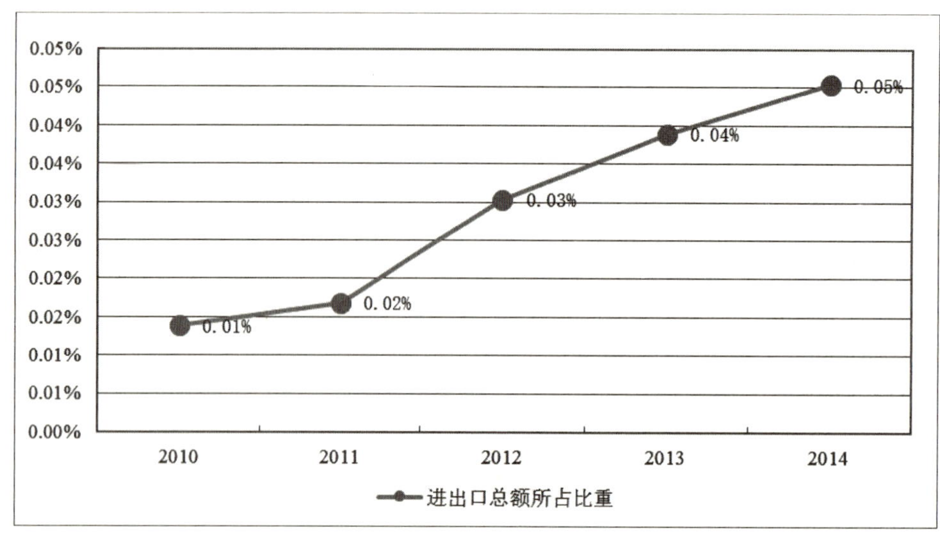

图 7　2010—2014 年宿州市进出口总额在泛长三角 41 市所占比重变化趋势

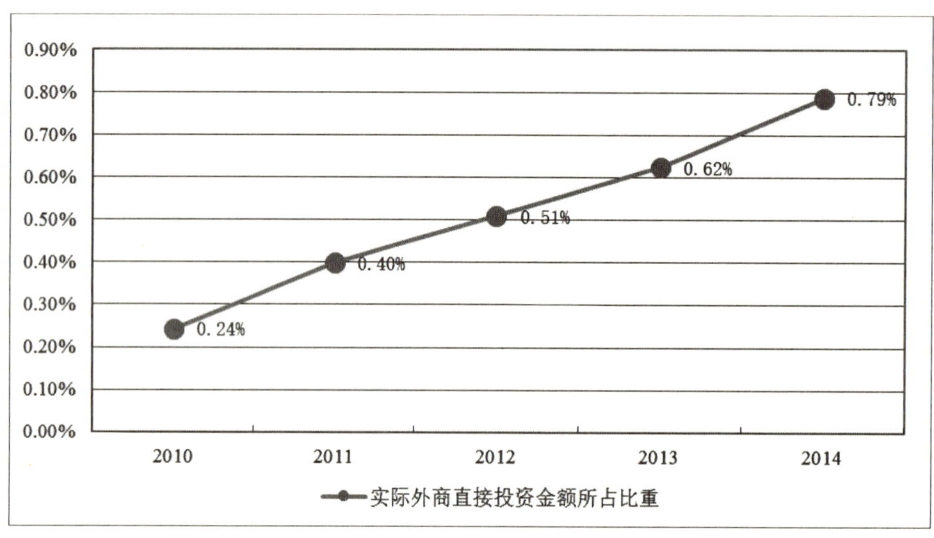

图 8　2010—2014 年宿州市实际外商直接投资金额在泛长三角 41 市所占比重变化趋势

全年引进外资项目 8 个，比上年增加 2 个；全市合同利用外资 7824 万美元，增长 3.83 倍；外商直接投资 5.9 亿美元，增长 26.0%。全年实际利用内资 1350 亿元，增长 22.7%。

十三　滁州市2014年经济社会发展报告

2014年，面对复杂严峻的宏观经济环境和经济下行压力，全市人民在市委、市政府的坚强领导下，深入贯彻落实党的十八大和十八届三中、四中全会和习近平总书记系列重要讲话精神，牢牢把握主题主线，迎难而上，调结构、促改革、惠民生，经济社会实现了平稳健康发展。

一、滁州市2014年经济发展概况

（一）综合经济

1. 经济总量

全年实现生产总值(GDP)1214.39亿元，比上年增长9.4%，保持平稳较快的增长势头。在生产总值中，第一产业增加值214.12亿元，增长4.8%；第二产业增加值651.16亿元，增长11.1%；第三产业增加值349.11亿元，增长9.0%。三次产业比为18.4∶53.5∶28.1。工业化水平达到47.4%，比上年提高0.6个百分点，人均GDP达29818元(折合4854美元)，比上年增加2344元。

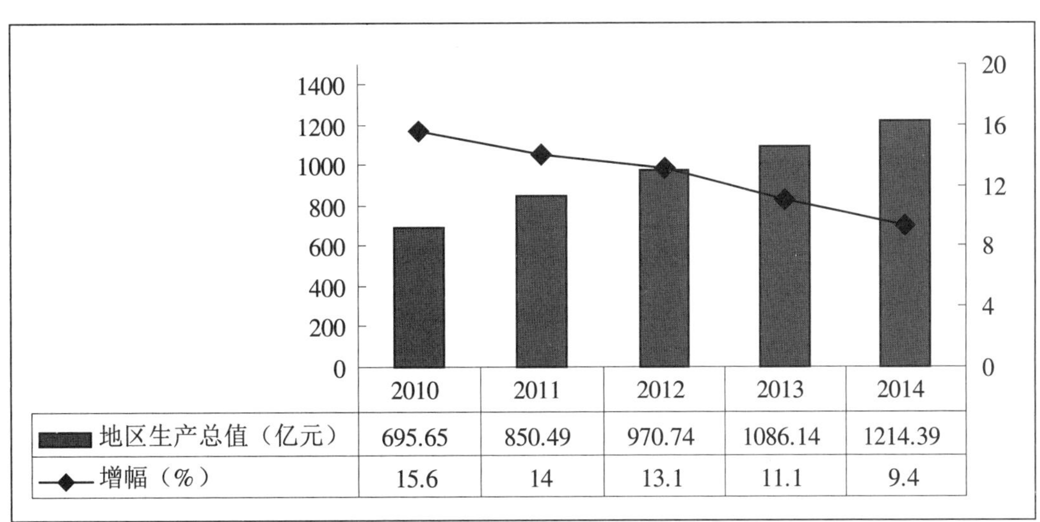

	2010	2011	2012	2013	2014
地区生产总值（亿元）	695.65	850.49	970.74	1086.14	1214.39
增幅（%）	15.6	14	13.1	11.1	9.4

图1　2010—2014年滁州市地区生产总值及增长速度

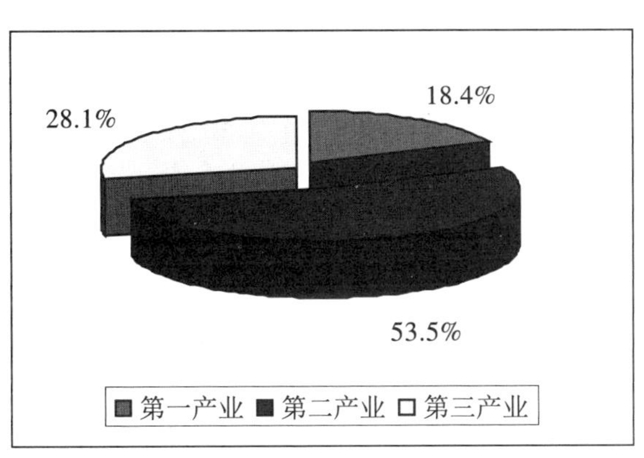

图2　2014年滁州市三次产业结构图

2. 财政收支

全年实现财政总收入203.6亿元，比上年增长13.8%。其中，地方财政收入123.6亿元，增长8.0%。从收入来源结构看，各项税收完成168.9亿元，比上年增长15.5%，占财政总收入的82.9%，占比上升1.2个百分点。从实现主体看，市本级财政收入66.1亿元，增长19.2%；县级财政收入137.6亿元，增长11.4%。全年财政支出268.4亿元，比上年增长7.3%。其中，教育支出41.6亿元，增长3.7%；城乡社区事务支出27.9亿元，增长50.3%；农林水事务支出49.2亿元，增长9.8%；社会保障和就业支出29.8亿元，增长8.8%；医疗卫生和计划生育支出31.8亿元，增长1.3%；交通运输支出16.0亿元，增长16.7%；住房保障支出14.2亿元，下降6.0%。用于民生方面支出230.0亿元，比上年增长10.6%，占总支出的85.7%，比上年提高2.6个百分点。其中33项省级民生工程投入68.5亿元，比上年增长24.7%。

3. 物价水平

2014年全年居民消费价格上涨1.4%，涨幅比上年回落0.9个百分点。八大类商品和服务价格"七涨一降"，其中食品价格上涨3.2%，娱乐教育文化用品及服务价格上涨2.2%，衣着价格上涨1.2%，医疗保健和个人用品价格上涨0.4%，交通和通讯价格上涨0.4%，家庭设备用品及维修服务价格上涨0.3%，居住价格上涨0.1%，烟酒价格下降4.0%。全年商品零售价格比上年上涨0.4%。全年工业生产者出厂价格同比下降1.2%，其中轻工业价格上涨0.3%，重工业价格下降2.2%；生产资料价格下降2.2%，生活资料价格上涨0.7%。工业生产者购进价格下降1.6%。

4. 固定资产投资

全年完成固定资产投资1248.2亿元，比上年增长16.0%。其中，项目投资942.7亿元，比上年增长15.8%；房地产开发投资305.5亿元，比上年增长16.7%。按产业分，第一产业投资31.9亿元，增长130.8%；第二产业投资621.1亿元，增长11.7%；第三产业投资595.1亿元，增长17.6%。分行业看，制造业投资578.0亿元，增长10.7%；批发零售业投资12.1亿元，增长23.9%；房地产业投资381.4亿元，增长15.0%；水利、环境和公共设施管理业投资105.4亿元，增长31.8%；居民服务、修理和其他服务业投资0.6亿元，增长89.6%；教育投资10.4亿元，增长3.9%；公共管理、社会保障和社会组织投资25.2亿元，增长2.6%。

全年500万元以上固定资产投资施工项目2427个，比上年增长8.2%。其中，当年新开工项目1545个，增长6.5%。其中，亿元以上项目397个，增长15.4%。当年已投产项目1619个。

重大项目建设进展顺利。全年全市共安排"861"行动计划项目413项，比上年增加94项，当年完成投资578.9亿元，比上年增长10.6%。计划总投资80亿元的远东电缆制造项目，当年完成投资4.2亿元；计划总投资50亿元的亚太科技五金机电城项目，当年完成投资5.9亿元；计划总投资30亿元的德轮年产250万套高性能载重子午线轮胎及20万条特种轮胎项目，当年完成投资4.3亿元；计划总投资21亿元的年产4.2亿米仿真真丝面料项目，当年完成投资4.9亿元；投资11.6亿元的滁州东鹏功能性饮料及茶饮料项目，当年完成投资4亿元。

一批大项目如期开工建设。如计划总投资20亿元的雅居乐商业综合体、总投资15亿元的中普年产20万吨重油裂解制烯项目、总投资12亿元的来安蓄电池专业生产设备工业自动化设备、总投资11亿元的年产10亿只铝制两片式易拉罐及灌装线、总投资8.3亿元的城东集中供热工程项目等。

（二）农业

全年农作物播种面积88.2万公顷，比上年增加5161公顷，增长0.6%。其中，粮食作物播种面积

72.3 万公顷，比上年增长 1.5%；油料作物播种面积 7.3 万公顷，比上年减少 6.3%；蔬菜播种面积 4.6 万公顷，比上年增长 2.0%。

全年粮食总产量 430.7 万吨，比上年增产 4.1%。经济作物有增有减，其中，全年棉花产量 9350 吨，比上年增产 1.5%；蔬菜产量 142.2 万吨，比上年增产过 2.2%；水果产量 64.1 万吨，比上年增产 2.6%；油料产量 20.1 万吨，比上年减产 2.7%。全年肉类总产量 39.0 万吨，比上年增长 2.7%；禽蛋产量 11.4 万吨，比上年增长 3.3%；牛奶产量 10812 吨，比上年增长 4.3%；水产品产量 33.4 万吨，比上年增长 5.2%。

年末，全市农业机械总动力 678.3 万千瓦，比上年增长 3.8%；农用拖拉机 44.2 万台，比上年减少 3.8%；排灌动力机械 9.0 万台，比上年增长 1.9%；全年化肥施用量(折纯)35.1 万吨，比上年增长 2.2%。农村用电量 9.7 亿千瓦时，比上年增长 4.0%。年末农田有效灌溉面积达 486.7 千公顷，比上年净增 900 公顷。全年完成重点水利工程 19 项，比上年增加 2 项，完成投资 8.6 亿元，比上年减少 5.5 亿元。

（三）工业和建筑业

1. 工业经济

全年全部工业实现增加值 561.9 亿元，比上年增长 11.6%。其中，规模以上工业比上年增长 12.2%。在规模以上工业中，重工业、集体企业、股份合作制企业、股份制企业增长较快。

规模以上工业中，35 个工业行业大类 29 个增加值实现增长。其中：有色金属冶炼和压延加工业增长 3.2 倍，酒、饮料和精制茶制造业增长 21.6%，食品制造业增长 20.0%，印刷和记录媒介复制业增长 30.0%，计算机、通信和其他电子设备制造业增长 31.0%，金属制品业增长 18.9%，化学原料和化学制品制造业增长 14.5%，文教、工美、体育和娱乐用品制造业增长 23.1%。

年末，全市共有 463 家企业列入高新技术产业行业目录，占全市规模以上工业企业单位数的 36.5%，全年完成产值 1025.2 亿元，实现增加值 256 亿元；年末，战略性新兴产业的企业数为 223 家，全年完成产值 421.9 亿元；

年末亿元以上工业企业达到 481 家，比上年增加 31 家，全年完成产值 1891.6 亿元，完成增加值 476.8 亿元，亿元企业对全市规模以上工业增长贡献率达到 96.9%。

全年全市六大支柱产业规模以上工业企业 929 家，实现增加值 466.7 亿元，占全市规模以上工业的 82.7%，增加值同比增长 14.4%，对规模以上工业增长的贡献率达到 95.6%，拉动规模工业增长 11.7 个百分点。

主要工业产品产量和上年相比，大多保持增长，其中，农用化肥 18.9 万吨，增长 77.4%；白酒 4079.6 万升，增长 26.3%；光缆 168383 芯千米，增长 22.4%；改装汽车 1.2 万辆，增长 13.1%；房间空调器 119.9 万台，增长 9.6%。

全年规模以上工业企业经济效益综合指数为 318.0%，规模以上工业实现主营业务收入 2187.1 亿元，比上年增长 11.2%；实现利税总额 343.3 亿元，比上年增长 11.6%，其中利润 237.3 亿元，比上年增长 8.9%。

2. 建筑业

全年建筑业完成增加值 71.8 亿元，比上年增长 7.4%。年末，资质以上建筑企业 148 户，全年共完成建筑业总产值 219.9 亿元，比上年增长 10.5%；实现利润总额 8.4 亿元，比上年下降 12.1%；完成房屋建筑施工面积 1670.6 万平方米，比上年增长 4.6%，其中当年新开工面积 1039.6 万平方米，比上年增长 18.0%；房屋竣工面积 1001.8 万平方米，比上年增长 17.8%。

（四）服务业

1. 国内贸易

全年实现社会消费品零售总额382.3亿元，比上年增长13.3%，扣除价格因素实际增长12.8%。分实现区域看，城镇实现消费品零售额311.5亿元，乡村实现消费品零售额70.8亿元，分别比上年增长13.3%、13.7%。分行业看，批发零售贸易业实现零售额332.3亿元，增长13.1%；住宿和餐饮业实现零售额50.0亿元，增长15.2%。分构成看，商品零售额329.7亿元，增长13.2%；餐饮消费额52.6亿元，增长14.2%。分经营规模看，限上单位零售额211.6亿元，增长15.2%；限下单位零售额170.7亿元，增长5.7%。

从限额以上单位商品零售分类完成情况看，穿类商品零售额20.2亿元，增长18.2%；吃类商品零售额41.4亿元，增长14.0%；用类商品零售额133.4亿元，增长15.4%，其中，金银珠宝类增长16.4%，五金电料类增长33.8%，家用电器和音像器材类增长14.4%，家具类增长19.7%，建筑及装潢材料类增长19.2%，汽车类增长19.9%。

2. 交通运输、邮电

全年交通运输、仓储和邮政业增加值46.7亿元，比上年增长8.7%。全年货物运输周转量606.5亿吨公里，比上年增长19.0%。其中，公路货物运输周转量555.0吨公里，增长16.8%；水运货物运输周转量51.5亿吨公里，增长49.7%。全年旅客周转量94.7亿人公里，比上年增长0.01%。

年末全市民用汽车拥有量20.9万辆，比上年增长13.4%，其中私人汽车拥有量16.1万辆，增长17.2%。民用轿车拥有量14.9万辆，增长18.4%，其中私人轿车拥有量13.3万辆，增长20.9%。

全年邮电业务总量32.73亿元，比上年增长20.6%，其中，电信业务总量31.06亿元，比增长20.2%；邮政业务总量1.67亿元，增长26%。年末，全市拥有电话351.1万户，比上年末增加3.7%，其中固定电话用户数54.6万户，减少16.8%；移动电话用户数296.5万户，增长8.7%。年末国际互联网用户50.7万户，比上年增长19.2%。

3. 旅游业

全年接待旅游人数1446.9万人次，比上年增长13.7%，其中接待外国和港澳台游客90357人次。全年旅游总收入112.9亿元，比上年增长12.9%。其中，旅游外汇收入2673.6万美元。年末，全市共有星级旅游饭店21个，星级饭店客房数2228间(套)。年末A级以上旅游景区(点)23个，名胜风景区2个。

4. 金融和保险

金融保险业务快速发展。年末，全市金融机构人民币各项存款余额1421.8亿元，比年初增加137.1亿元，增长10.7%。其中，单位存款527.2亿元，比年初增加17.1亿元；城乡居民储蓄存款828.5亿元，比年初增加116.5亿元。年末，金融机构人民币各项贷款余额1037.9亿元，比年初增加143.5亿元，增长16.3%。从贷款期限看，短期贷款余额545.0亿元，比年初增加54.3亿元；中长期贷款465.7亿元，比年初增加76.1亿元。

年末，全市保险公司29家，比上年增加1家。其中寿险14家，财产险15家。全年保费收入31.44亿元，比上年增长17.0%，其中，财产保险保费收入13.69亿元，增长15.6%；人身保险保费收入17.76亿元，增长17.8%。财产险中，机动车险保费收入10.36亿元，增长17.0%；农业险保费收入1.78亿元，下降0.4%。人身险中，健康险收入1.45亿元，增长89.0%；意外伤害险保费收入0.67亿元，比上年增长3.8%。全年保险赔款和给付12.2亿元，比上年增长22.0%。其中，财产险业务赔款支出7.52亿元，增长11.9%；人身险业务赔款和满期给付支出4.52亿元，增长10.1%。2014年共上交税收8325万元，增长53.2%。代扣代缴各项税款7748.21万元。

5. 房地产业

全年完成房地产开发投资305.5亿元，增长16.7%；房屋施工面积2657.3万平方米，增长0.3%，其中新开工面积632万平方米，下降28.5%；房屋竣工面积479.9万平方米，下降11.3%。商品房销售面积503.9万平方米，其中，住宅443.9万平方米，分别比上年增长6.7%、5.2%；商品房销售额221.8亿元，其中，住宅179.5亿元，分别比上年增长8.7%、5.2%。

（五）对外经济

1. 对外贸易

对外经济保持较快发展。全年商品进出口总额220430万美元，比上年增长18.8%。其中，出口总额151523万美元，增长9.6%；进口总额68907万美元，增长45.8%。从进出口经营主体看，内资生产企业完成167669万美元，增长29.5%；外商投资企业完成52761万美元，下降5.3%。出口国别及地区达166个。

2. 利用外资

全年招商引资市外亿元以上项目到位资金700亿元，增长18.2%，其中境内省外563.6亿元，位列全省第6位。其中，来自长三角区域资金355.3亿元，占引资总量的50.8%

二、滁州市2014年社会发展概况

（一）人口、人民生活

全年人口出生率为12.95‰，死亡率为5.75‰，自然增长率7.2‰。年末，全市户籍人口449.6万人，比上年增加0.16万人，其中非农业人口97.2万人，农业人口352.4万人。年末，常住人口398.5万人。

全年城镇居民人均可支配收入①22091元，比上年增长9.1%；人均消费性支出13722元，比上年增长8.7%。其中：食品支出5008元，增长16.2%；衣着支出1219元，增长14%；居住支出3093元，下降2.3%；生活用品及服务支出836元，增长2.9%；交通通信支出1147元，增长13.8%；教育文化娱乐支出11234元，增长9.3%；医疗保健支出894元，增长5.5%；其他用品和服务支出291元，增长2.2%。

城镇居民恩格尔系数为36.5%。年末，每百户城市居民家庭拥有家用汽车16辆，摩托车43辆，电冰箱97台，洗衣机94台，热水器90台；空调130台，彩电144台，摄像机4台，照相机21台，计算机57台，中高档乐器1架，固定电话55部，移动电话222部。人均住房建筑面积36.6平方米。

全年农民人均可支配收入9171元，比上年增长12.1%；农民人均生活消费支出6484元。其中：食品支出2725元，增长11.6%；衣着支出352元，下降2.4%；居住支出1218元，增长6.7%；生活用品及服务支出351元，下降2.0%；交通通信支出808元；增长12.5%；教育文化娱乐支出559元，增长2.8%；医疗保健支出365，增长0.5%；其他用品和服务支出107元，下降2.6%。

---

① 从2014年起，城镇居民人均可支配收入等数据采用国家统计局滁州调查队城乡一体化调查数据，其统计范围和方案和原有的有较大调整。

农村居民恩格尔系数为 42.0%。年末，每百户农村居民家庭拥有家用汽车 4 辆，摩托车 46 辆，电冰箱 80 台，洗衣机 68 台，热水器 55 台；空调 41 台，彩电 116 台，照相机 3 台，计算机 12 台，固定电话 31 部，移动电话 164 部。农村居民人均住房面积为 30.7 平方米。

全市保障房建设完成投资 42 亿元，比上年下降 28.8%，其中，公租房（含廉租房）完成投资 5 亿元；全年保障房施工面积 500 万平方米，比上年下降 26.7%，其中，公租房（含廉租房）施工面积为 128 万平方米；全年保障房竣工面积 120 万平方米，比上年下降 18.9%，其中公租房（含廉租房）竣工 25 万平方米。

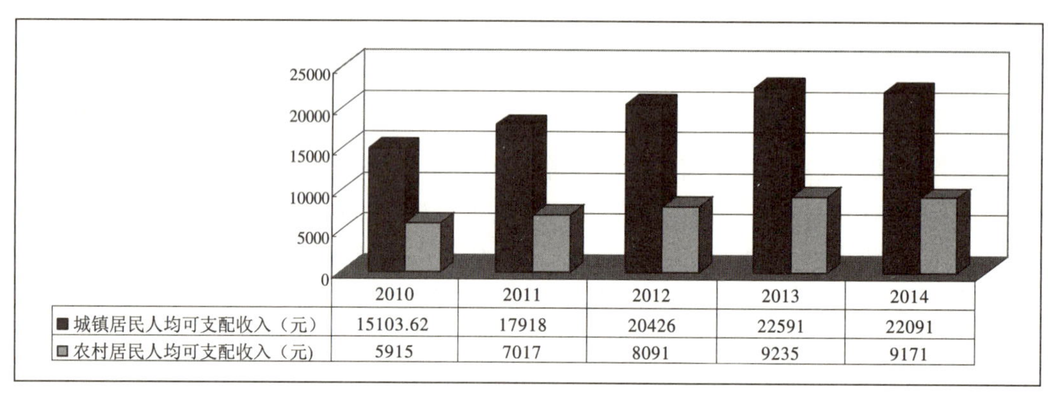

	2010	2011	2012	2013	2014
■城镇居民人均可支配收入（元）	15103.62	17918	20426	22591	22091
■农村居民人均可支配收入（元）	5915	7017	8091	9235	9171

图 3　2010—2014 年滁州市城乡居民收入对比一览

（二）就业与社会保障

1. 就业工作

年末全市从业人员 282.7 万人，比上年增加 2.3 万人。其中，第一产业 102.5 万人，减少 1.1 万人；第二产业 99.0 万人，增加 0.1 万人；第三产业 81.2 万人，增加 3.3 万人。年末城镇在岗职工人数（不包括个体、私营、乡镇企业从业人员）21.2 万人，增加 0.6 万人；城乡私营企业从业人员和个体劳动者 67.6 万人，比上年末增加 7.8 万人。城镇登记失业率为 3.3%，比上年下降 0.2 个百分点。

2. 社会保障和福利

养老、失业、医疗、工伤保险、生育保险以及城乡居民最低生活保障工作加强。2014 年末，全市城乡基本养老保险（含城镇职工养老保险、城乡居民养老保险）参保人数 291.36 万人，比上年末增长 0.6%，其中，城乡居民养老保险参保人数 246.61 万人，比上年末增长 0.3%。城镇基本医疗保险参保人数 110.63 万人，比上年末增长 0.9%。失业保险参保人数为 21.62 万人，比上年末增加 1.8%。工伤保险参保人数为 28.8 万人，比上年末增长 3.6%。生育保险参保人数为 25.16 万人，比上年末增长 7.1%

参加城市最低生活保障人数 5.8 万人，比上年末减少 8.4%。参加农村最低生活保障人数 14.96 万人，比上年末增加 1.2%。城乡低保人均月补差分别为 338 元、159.3 元，退休人员养老金标准进一步提高。

年末，全市工会组织数 8543 个，比上年增加 1%，筹集发放送温暖基金 1121.84 万元，其中工会系统筹集发放 1029.86 万元。年末，县级及以上妇联组织 9 个，县级以上春蕾工程全年筹资 76.66 万元，资助大学、大专和中小学生 1403 人。

年末，全市各类福利收养性单位数 157 个，床位数 20317 张，比上年末增长 4%。农村五保供养人数 2.76 万人，比上年末下降 1%。年末，城镇社区各种服务设施 971 个，比上年增加 2 个。全年销售

社会福利彩票3.96亿元，比上年增长16.8%，募集公益金4000余万元，比上年增长4.5%。

（三）教育和科学技术

1. 教育事业

年末，全市共有幼儿园556所，比上年增加11所，入园儿童4.2万人，比上年减少8.7%；小学396所，比上年减少35所，专任教师1.48万人，减少3.3%，在校生24.1万人，减少1.2%；普通中学289所，增加2所，专任教师1.59万人，减少180人，在校生21.53万人，减少2.7%；高等学校5所，专任教师2299人，在校生5.95万人，增加7.0%。

2. 科技与创新

年末，全市共有各类专业技术人员6.2万人，比上年增长10.7%；民营科技企业512家，比上年末增加29家；省级工程技术研究中心27家，比上年增加9家；规模以上企业建立企业技术中心203家，比上年增加32家；国家高新技术企业145家，比上年增加38家。全年获省部级以上科技成果42项、科技进步奖3项；专利申请数7598件，比上年增加654件，全年授权专利数3053件，比上年增加40件，其中发明专利241件，增加91件；全年高新技术产业产值1025亿元，占规模以上工业总产值45%。

（四）文化、卫生和体育

1. 文化事业

年末，全市公共图书馆藏书量78.4万册，电子图书169.2万册，全市广播电视台8个，网络分公司6家。全市广播综合覆盖率98.17%，电视综合覆盖率98.58%，有线电视入户率35.43%。广播全年播放时间4.11万小时，其中自办栏目播放时间1.88万小时；电视全年播放时间5.45万小时，其中自办栏目播放时间1.73万小时。有线电视用户50.53万人，比上年增加15.3%。

2. 卫生事业

年末，全市共有卫生机构1640个。其中，医院、卫生院160个，疾病控制中心8个，妇幼保健机构8个。全市卫生机构拥有床位15020张，比上年增长4%，其中医院、卫生院拥有床位14254张，比上年增加524张。卫生机构从业人员2.1万人。其中，医院、卫生院技术人员1.2万人，执业医生4424人，注册护士5996人，卫生防疫人员270人。全市参加新型农村合作医疗人数达到352.2万人，参合率101.66%。

3. 体育事业

年末，全市共有体育场馆17个。据第六次全国体育场地普查，截止2013年底，全市共有体育场地设施4154个，场地总面积475万平方米。2014年全年举办县以上比赛22次，百人以上群众性体育活动111次，参与人数56.5万人。截止2014年底全市共有国家级体育传统学校2所，省级体育传统项目学校7所，省级体育特色学校3所，国家级青少年体育俱乐部10所，省级青少年体育俱乐部3所。全年获得亚运会金牌1枚，全国比赛银牌2枚，省级比赛金牌99.5枚、银牌26枚、铜牌41枚，打破一项省青少年纪录。全年，体育彩票销售1.6亿元，募集公益金300万元。

（五）城乡建设

坚持走新型城镇化道路，推进城乡统筹发展，城乡面貌又有新变化。美好滁城品质提升。省政府审议通过了滁城新一轮总体规划。“131”组团实施重点项目375个，其中新开工项目166个，完成投资 187 亿元；中心城区实施重点项目 168 个，其中新开工项目 56 个，完成投资 66.5 亿元。“十路一渠”基本完工，滁城百姓期盼多年的西涧路即将贯通，滁来全一体化重点工程滁州大道正在分段施工，连接琅琊山、高铁站、乌衣新区的洪武路建设已近尾声，连接政务新区和苏滁园区的龙蟠路跨线桥工程进展顺利，城北干线世纪大道加快改造。琅琊山山体覆绿一期工程、永乐路公园建设等完工，醉翁亭核心景区综合整治初见成效，清流河二期、中央公园、龙池街景观工程开工建设。完成 37 条小街巷、78 条老旧道路改造，凤凰三村、汇龙新村、银花新村、北湖小区等老旧小区改造有序推进。垃圾焚烧发电厂调试运营。延长加密公交线路，新投放公交车 70 辆、“迷你”巴士 20 台，滁全、滁来城际公交开通。50 个站点、1300 辆公共自行车投入使用。依法禁止滁城“三小车”客运，着力推进湖心路、天长路、中都大道等重点路段集中整治，市容市貌进一步改善。来安县城的小街小巷综合治理，全椒县城的老襄河沿岸拆迁改造和儒林文化街区建设成绩显著。

美好城镇各展风采。天长、明光、定远、凤阳四个县城以“三治三增三提升”为抓手，坚持老城改造、新区拓展、园区突破同步推进，实施各类重点建设项目近 300 个，完成投资近 200 亿元。天长建成红草湖公园南区，获全国文明县城提名；明光市区的规划、建设取得重大突破；定远、凤阳县城打通外环，新区建设有新的进展。秦栏跻身“安徽省宜居小镇”，炉桥、汊河、古河、沙河、临淮关、女山湖等 12 镇入选“全国重点镇”。农村清洁工程实现乡镇全覆盖。

美好乡村加快建设。重点抓好 10 条示范线和 48 个中心村建设，全面整治 100 个沿线沿边村，实施村庄建设项目 800 多个。定远、凤阳、天长被评为全省 2013 年度美好乡村建设先进县（市）；全椒黄栗树、来安小李庄等入选农业部美丽乡村创建试点；凤阳小岗、天长长山入选“全国生态文化村”；南谯姑塘等获“安徽省宜居村庄”；天长龙岗、明光梅郢等入选省首批传统村落。

基础设施逐步完善。徐明高速建成通车，滁淮高速开工建设，滁马高速、宿扬高速、蚌淮高速连接线加速推进，104 国道滁汊段（苏滁大道）改造工程过半，全市高速公路建设规模、在建里程和总投资均居全省前列。淮河入江水道加固工程完工，滁河、池河防洪工程加快实施，淮干蚌浮段行洪区调整工程开工，74 座小型水库完成除险加固。全年交通投资 106 亿元、水利投资 16.8 亿元、能源建设投资 30 亿元，其中，水利建设投资连续六年全省第一、市政公用设施投资连续四年全省第二。

（六）环境保护

年末，全市共有自然保护区 2 个，自然保护区面积 21900 公顷。当年人工造林面积 17440 公顷。年末森林面积 21.4 万公顷，活立木总蓄积量 1792.5 万立方米，森林覆盖率 16.1%。全市环境监测和监察支队 16 个。全市环境污染治理投资 4.6 亿元，比上年增加 100.0%。年末，共有污水处理厂 12 座。城镇生活污水处理率 93.31%。农村自来水受益率达到 76.6%，比上年提高 10 个百分点。全市年单位生产总值耗能比上年下降 6.25%。

全年，全市环境空气质量符合《环境空气质量标准》（GB3095－1996）一级标准的天数为 71 天，占 19.5%；符合二级标准的天数为 247 天，占 67.7%；一、二级标准的天数总计为 318 天，占 87.1%。PM_{10} 全年平均值 97μg/m3，全年轻微污染 37 天，轻度污染 6 天，中度污染 3 天，中重度污染 1 天。

（七）社会安全

全年发生火灾事故 1025 起，直接经济损失 1517.3 万元，发生交通事故 609 起，交通事故死亡人数 182 人。

三、滁州市在泛长三角地区经济发展中的地位

2014 年，是滁州经济社会发展破难奋进的一年。一年来，面对宏观环境复杂多变、经济下行压力

加大等多重考验，在市委、市政府坚强领导下，在市人大、市政协监督支持下，全市上下认真贯彻落实党的十八大和十八届三中、四中全会精神，积极适应经济发展新常态，坚定冲刺全省第一方阵不动摇，统筹稳增长、促改革、调结构、惠民生、防风险，经济社会发展整体呈现稳中有进、稳中有为、稳中提质的良好态势。

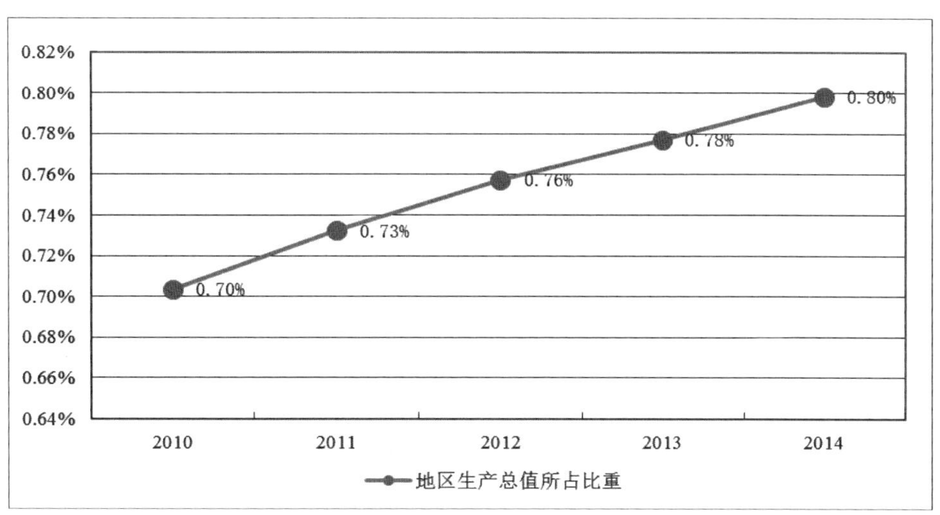

图 4　2010—2014 年滁州市地区生产总值在泛长三角地区 41 市所占比重变化趋势

2010—2014 年滁州市地区生产总值在泛长三角地区 41 市所占比重分别为 0.70%、0.73%、0.76%、0.78%和 0.80%。滁州市地区生产总值在泛长三角 41 市占比整体呈现上扬态势，2014 年与 2010 年比增加了 0.10 个百分点，较上年增加了 0.02 个百分点。2014 年，在泛长三角地区 41 市地区生产总值所占比重排名 27 位。

2014 年全年实现生产总值(GDP)1184.8 亿元，比上年增长 9.4%，保持平稳较快的增长势头。在生产总值中，第一产业增加值 218.4 亿元，增长 4.9%；第二产业增加值 633.7 亿元，增长 11.1%；第三产业增加值 332.7 亿元，增长 8.9%。三次产业比为 18.4∶53.5∶28.1。工业化水平达到 47.4%，比上年提高 0.6 个百分点，人均 GDP 达 29818 元(折合 4854 美元)，比上年增加 2344 元。

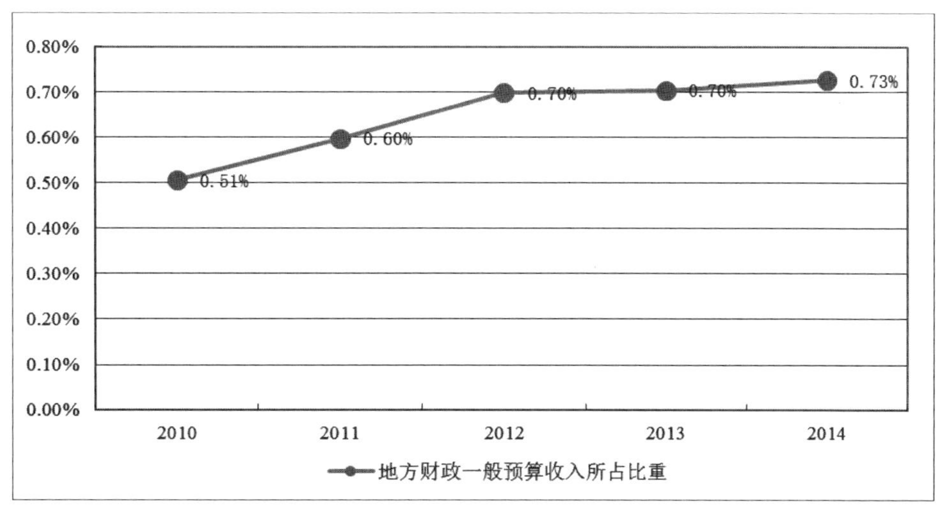

图 5　2010—2014 年滁州市地方财政一般预算收入在泛长三角 41 市所占比重变化趋势

2010—2014 年滁州市地方财政一般预算收入在泛长三角 41 市所占比重分别为 0.51%、0.60%、0.70%、0.70%和 0.73%，整体处于上升态势，2014 年较 2010 年增加了 0.22 个百分点。2014 年，滁州市地方财政一般预算收入在泛长三角 41 市地区的排第 25 位。

2014 年全市财政总收入完成 203.64 亿元，占年初目标的 101.8%，较上年增长 13.8%，其中，地方收入完成 123.63 亿元，占预算的 101.1%，增长 8%。地方收入中，税收收入完成 88.9 亿元，增长 8.7%，非税收收入完成 34.7%，增长 6.3%。财政支出完成 268.4 亿元(含省追加支出)，民生支出完成 230 亿元，增长 10.6%，占公共财政支出的 85.7%，财政支出倾力民生的大方向依旧。值得注意的是，在全市上下认真贯彻中央八项规定和《党政机关厉行节约反对浪费条例》的大环境下，去年全市以行政经费为主的一般公共服务支出下降 21.6%。

滁州市 2014 年财政总收入继 2011 年财政突破 100 亿元台阶后再上新台阶，突破 200 亿元，收入总量预计位列全省第 5；增长 13.8%，高于全省平均增幅 5 个百分点，位列全省第 6。

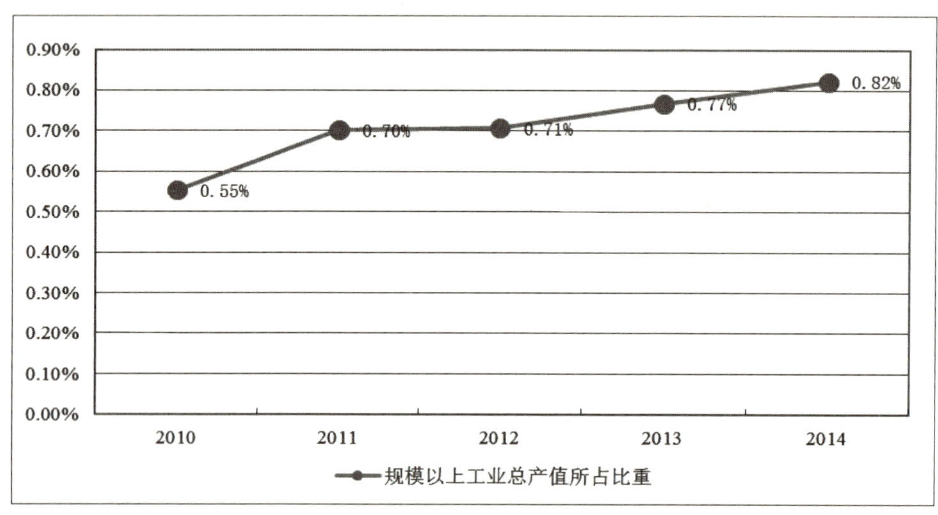

图 6　2010—2014 年滁州市规模以上工业总产值在泛长三角 41 市所占比重变化趋势

2010—2014 年滁州市规模以上工业总产值在泛长三角 41 市所占比重分别为 0.55%、0.70%、0.71%、0.77%和 0.82%，总体上呈现上升趋势，累计增幅达 0.27 个百分点。2014 年，滁州市规模以上工业总产值在泛长三角 41 市地方财政一般预算收入所占比重排第 27 位。

2014 年全年全部工业实现增加值 561.9 亿元，比上年增长 11.6%。其中，规模以上工业比上年增长 12.2%。在规模以上工业中，重工业、集体企业、股份合作制企业、股份制企业增长较快。1—10 月，全市规模以上工业企业累计能耗为 338.7 万吨标准煤，同比增长 5.39%，增量为 17.3 万吨标准煤，超过全年节能总量控制量 0.8 万吨标准煤；四大高耗能行业(化学原料和化学制品制造业、非金属矿物制品业、黑色金属冶炼和压延加工业以及电力、热力生产和供应业)10 月份累计能耗为 274 万吨标准煤，占全市规模以上工业能耗的 80.9%，同比增长 4.97%，增量为 13 万吨标准煤，对全市工业能耗的贡献率为 74.9%，拉动全市工业能耗增长 3.73 个百分点。

2010—2014 年滁州市进出口总额在泛长三角 41 市所占比重分别为 0.08%、0.09%、0.11%、0.14%和 0.15%，总体上呈现增长态势，五年间增加了 0.07 个百分点，其中 2014 年较上年上升了了 0.01 个百分点。2014 年，滁州市进出口总额在泛长三角 41 市的排 31 位。

2014 年，对外经济保持较快发展。全年商品进出口总额 220430 万美元，比上年增长 18.8%。其中，出口总额 151523 万美元，增长 9.6%；进口总额 68907 万美元，增长 45.8%。从进出口经营主体看，内资生产企业完成 167669 万美元，增长 29.5%；外商投资企业完成 52761 万美元，下降 5.3%。出

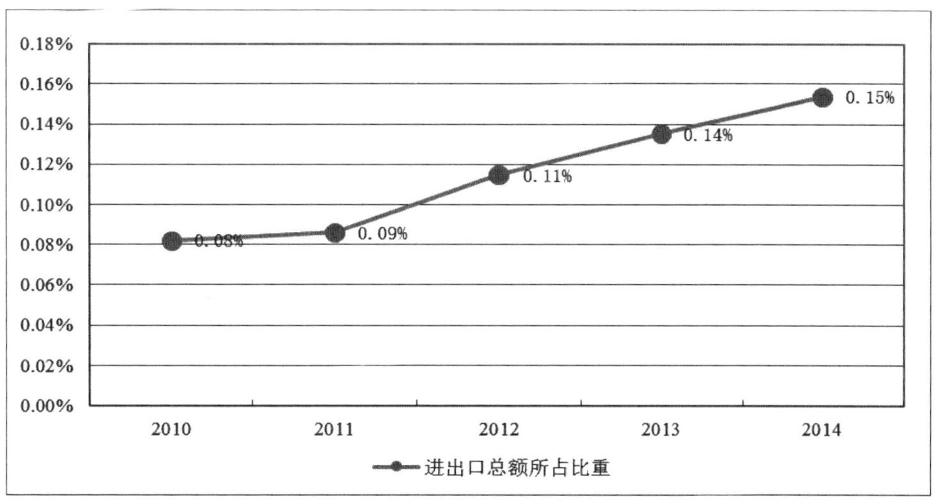

图 7　2010—2014 年滁州市进出口总额在泛长三角 41 市所占比重变化趋势

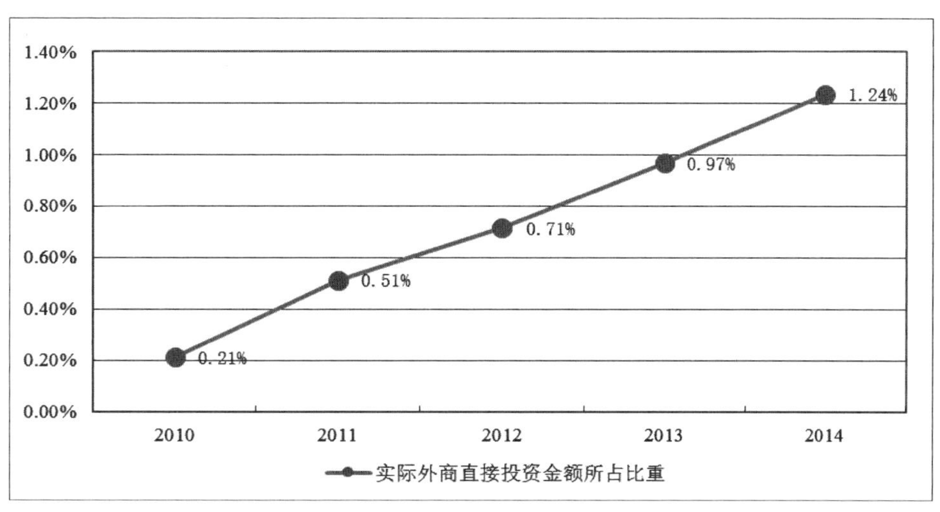

图 8　2010—2014 年滁州市实际外商直接投资金额在泛长三角 41 市所占比重变化趋势

口国别及地区达 166 个。

在海关总署综合统计司及《中国海关》杂志根据进出口统计数据编制发布的 2014 年“中国外贸百强城市”名单中，滁州市与马鞍山、铜陵、合肥、芜湖、蚌埠、安庆等市共同入选 2014 年度中国外贸百强城市。其中，滁州市排名由 2013 年的第 92 位上升至第 76 位。从滁州市结构竞争力指标来看，滁州市在出口产品技术含量和出口产品、出口市场的多元化上，优势较为明显。1 至 11 月份，滁州外贸进出口实现十一个月连增长，累计完成 18.5 亿美元，同比增长 10.8%，高于全省平均增幅 1.1 个百分点，进出口总额列全省第 6 位。其中累计出口 12.3 亿美元，累计进口 6.2 亿美元。

2010—2014 年滁州市实际外商直接投资金额在泛长三角 41 市所占比重分别为 0.21%、0.51%、0.71%、0.97%和 1.24%，呈现连续上扬姿态，2014 年较 2010 年增加了 1.03 个百分点。2014 年，滁州市实际外商直接投资金额在泛长三角 41 市排第 22 位。

2014 年全年招商引资市外亿元以上项目到位资金 700 亿元，增长 18.2%，其中境内省外 563.6 亿元，位列全省第 6 位。其中，来自长三角区域资金 355.3 亿元，占引资总量的 50.8%。

十四　六安市2014年经济社会发展报告

2014年，全市上下在市委、市政府的坚强领导下，认真贯彻落实党的十八大和十八届三中、四中全会精神，主动适应经济发展新常态，破解发展难题，坚持稳中求进的工作总基调，凝心聚力，攻坚克难，全市经济平稳增长，各项社会事业发展取得明显进步。

一、六安市2014年经济发展概况

（一）综合经济

1. 经济总量

全年生产总值(GDP)1095.81亿元，按可比价格计算，比上年增长7.9%。分产业看，第一产业增加值215.21亿元，增长4.5%；第二产业增加值520.22亿元，增长9.8%；第三产业增加值360.38亿元，增长7.1%。三次产业结构由2013年的20.8∶47.3∶31.9调整为20.3∶47.5∶32.2。按常住人口计算，人均生产总值19044元(折合3100美元)，比上年增加1216元。规模以上工业劳动生产率281714元/人，比上年增长15.5%。

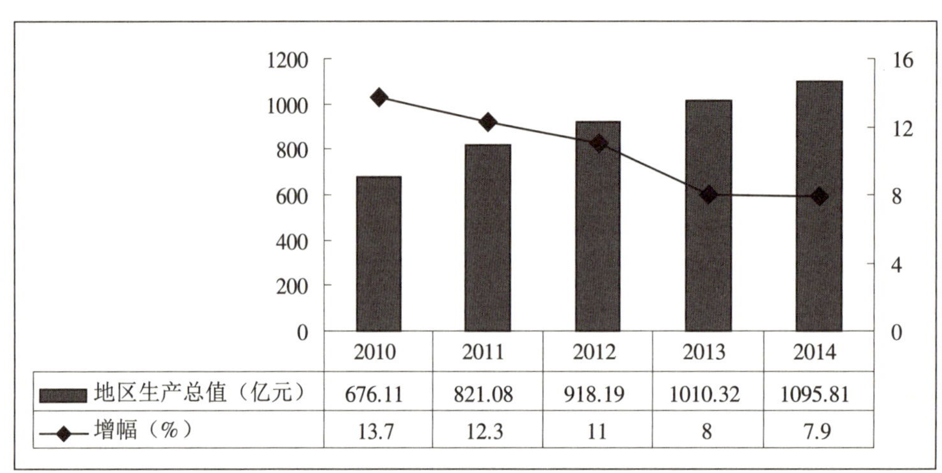

图1　2010—2014年六安市地区生产总值及增长速度

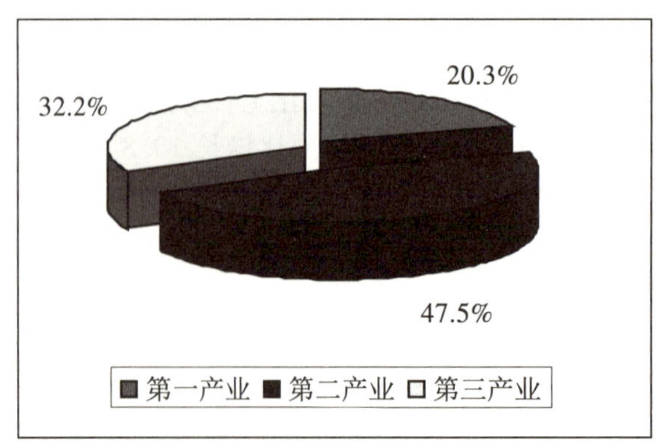

图2　2014年六安市三次产业结构图

2. 财政收支

全年实现财政收入 142.1 亿元，增长 11.3%。其中，地方财政收入 94.9 亿元，增长 15.9%；完成中央级财政收入 40.9 亿元，增长 2.0%。在地方税收收入中，国内增值税 7.8 亿元，增长 3.5%；营业税 27.4 亿元，增长 16.0%；企业所得税 5.1 亿元，增长 16.2%。财政支出结构进一步优化。全年财政支出 319.4 亿元，增长 11.7%。其中，教育支出增长 4.7%，科学技术支出增长 2.0%，交通运输支出增长 24.4%，农林水事务支出增长 5.4%，社会保障和就业支出增长 4.3%。全年民生工程累计投入财政资金 266.1 亿元，比上年增长 11.3%。

3. 物价水平

2014 年，六安城市居民消费价格指数为 101.7%，居民消费价格同比上涨 1.7%。其中，食品类价格上涨 2.9%，居住类价格上涨 3%。原材料、燃料、动力购进价格指数 97.2%；工业品出厂价格指数 99.5%。

4. 固定资产投资

2014 年全年完成固定资产投资 1003.8 亿元，比上年增长 18.8%。分产业看，第一产业投资 55.8 亿元，增长 76.7%；第二产业投资 432.5 亿元，增长 4.7%；第三产业投资 515.5 亿元，增长 28.8%。

从行业看，全年完成工业项目投资增长 4.5%，其中制造业投资增长 0.9%。水利、环境和公共设施管理业投资增长 38.9%，交通运输、仓储和邮政业增长 34%，居民服务业投资增长 63%。重点项目建设继续加强。全年新开工项目 1659 个，比上年净增 18 个。全年亿元以上重点项目完成投资 253.1 亿元，同比下降 3.8%。

（二）农业

全年粮食种植面积 730615 公顷，比上年增加 11328 公顷；油料种植面积 77089 公顷，比上年减少 2675 公顷；棉花种植面积 11326 公顷，比上年减少 544 公顷；蔬菜种植面积 64223 公顷，比上年增加 243 公顷。全年粮食产量 463.1 万吨，增长 4.3%；油料产量 17.3 万吨，下降 1.3%；棉花产量 18700 吨，增长 1.1%。蔬菜、水果产业在品种优化的基础上平稳发展。

全年肉类总产量 54.5 万吨，比上年增长 2.7%，其中猪牛羊肉产量 37.0 万吨，增长 2.3%。禽蛋产量 12.2 万吨，增长 6.5%。牛奶产量 30238 吨，增长 2.3%。水产品产量 30.2 万吨，增长 3.7%。

全年人工造林面积 18013 公顷。年末有林地面积 68.2 万公顷，活立木总蓄积量 3226 万立方米，森林覆盖率 38.8%，林木绿化率 42.1%。

全市农业机械总动力 736 万千瓦，比上年增长 4.3%。农用拖拉机 30.09 万台，增长 1.7%；农用运输车 2.80 万辆，增长 2.8%。全年化肥施用量(折纯)35.4 万吨，下降 4.3%。农村用电量 13.8 亿千瓦小时，增长 6.1%。

（三）工业和建筑业

1. 工业经济

2014 年，全市规模以上工业企业数达到 1010 户，比上年增加 61 户。全年规模以上工业实现增加值 441.0 亿元，增长 10.6%。其中：轻工业增加值 202.1 亿元，比上年增长 7.6%；重工业增加值 238.9 亿元，增长 13.2%。分经济类型看：股份合作企业、外商及港澳台投资企业和集体企业增长较快，分别增长 8.9 倍、8.2%和 13.9%。分行业看：统计的 35 个行业大类中有 32 个行业增加值实现增长；在增加值达到 20 亿元的行业中，黑色金属冶炼及压延加工业、皮革、毛皮、羽毛及其制品和制鞋业以及黑色金属矿采选业和增长较快，增幅分别达到1.9倍、17.8%和15.2%。规模工业全年实现主营业务收入1502.9亿元，增长4.2%，实现利税113.2亿元，下降10.6%。经济效益综合指数为290.7%，比上年提高12个百分点。规模以上工业统计的产品产量中，铁矿石原矿量增长7.0%，精制茶增长28.2%，服装增长16.5%，水泥增长13.9%，钢材增长23.1%，家用电冰箱增长8.7%，白酒下降7.1%，发电量下降28.4%。

2. 建筑业

全年实现建筑业增加值79.6亿元，比上年增长7.5%，建筑业企业实现总产值153.7亿元，同比增长7.7%。利润总额6.5亿元，同比下降了24.4%。建筑企业当年房屋建筑施工面积1420.9万平方米，同比增长3.8%。房屋竣工面积854.8万平方米，同比增长4.8%。

（四）服务业

1. 国内贸易

全年社会消费品零售总额487亿元，同比增长12.5%。分城乡看，城镇消费品零售额263.5亿元，增长12.7%；乡村消费品零售额223.5亿元，增长12.4%。分行业看，批发零售业零售额435.5亿元，增长12.3%；住宿餐饮业零售额51.5亿元，增长15%。粮油、食品、饮料、烟酒类法人企业实现零售额24.8亿元，增长11.6%；服装、鞋帽、针纺织品类零售法人企业实现零售额14.2亿元，下降9.6%；日用品类、化妆品类、书报杂志类分别实现零售额2.6亿元、1.9亿元、2.6亿元，分别增长1.7%、15.3%和6.3%；金银珠宝类法人企业实现零售额2.9亿元，下降5.5%。按规模分，限额以上商业实现零售额174.3亿元，增长5.8%；限额以下商业实现零售额312.7亿元，增长16.7%。

2. 交通运输、邮电

交通运输、仓储及邮政业平稳增长，全年实现增加值47.7亿元，比上年增长7.9%。全年完成公路货运量2.8亿吨，增长10.4%，货运周转量567.9亿吨公里，增长12.8%；客运量15298万人次，增长10.3%，客运周转量97.7亿人公里，增长8.9%；水上货运量12233万吨，增长101.0%，水运客运量28万人次，增长27.3%，水上客运周转量318万人公里，增长6.4%。

年末全市拥有各种机动车辆101.4万辆，比上年增长6.3%(同口径)。汽车拥有量34.4万辆，增长14.7%。其中：载客汽车24.9万辆，增长19.7%，其中小微型载客汽车24.4万辆，增长20.8%；载货汽车9.1万辆，比上年增长5.8%。

邮政电信部门全年完成邮电业务总量29.1亿元；其中：邮政部门完成邮政业务量2.7亿元，电信部门完成业务量26.4亿元。电信部门年末拥有本地固定电话用户61.0万户，减少4.3万户；移动电话用户317.4万户，减少42.7万户。互联网用户37.3万户，比上年减少2.5万户。

3. 旅游业

全年接待海外游客102261人次，增长45%；接待国内游客2412.3万人次，增长21.6%。旅游总收入163.5亿元，增长25.8%。其中，旅游外汇收入7284.9万美元，增长8.0%；国内旅游收入159.02亿元，增长29.6%。年末全市共有A级旅游景点(区)65处，4A级以上旅游景点23家。

4. 金融、证券和保险

年末全市金融机构各项存款余额(人民币口径)1715.6亿元，增长12.6%，比年初增加191.5亿元，增加额比上年少55.8亿元。城乡居民储蓄存款余额1022.2亿元，增长16.7%，比年初增加146.6亿元，增加额比上年少5.8亿元。金融机构各项贷款余额958.1亿元，增长16.6%；比年初增加136.1亿元，与上年基本持平。其中，短期贷款425.1亿元，增长10.9%；中长期贷款493.7亿元，增

长20.0%。

年末全市有证券公司分支机构7家，新增2家。累计开户数7.34万户，当年新增0.28万户。全年累计代理证券交易额568.9亿元，比上年增长64.5%。

截至2014年末，全市共有保险公司分支机构37家，其中经营财产保险业务15家，经营人寿保险业务17家，中介5家。全年保险业保费总收入50.5亿元，比上年增长48.9%。其中，财产险业务保费收入16.5亿元，增长22.1%；人身险业务保费收入34.0亿元，增长66.6%。

5. 房地产业

全年完成房地产企业开发投资额182.3亿元，增长25.9%；当年商品房屋新开工面积443.7万平方米，下降2.5%；施工面积1926.4万平方米，增长42%；竣工面积203.1万平方米，增长2.3%；商品房屋销售面积331.2平方米，增长20.3%；销售额153.2亿元，增长24%。

（五）对外经济

1. 对外贸易

2014年，全市实现进出口总额68683万美元，比上年下降14.1%。其中，出口66311万美元，下降14.6%；进口2371万美元，增长1.2%。

2. 利用外资

2014年全市利用外商直接投资35191万美元，同比增长15.7%，完成全年目标数的100.7%；新批外资项目9个，同比下降35.7%，合同外资6545万美元(其中增资1843万美元)，同比下降73.5%。

二、六安市2014年社会发展概况

（一）人口、人民生活

2014年末，全市户籍人口720.5万人，比上年增加3.8万人。按照户籍人口计算，全年人口出生率为16.0‰，比上年上升2.7个千分点；死亡率为4.93‰，比上年上升1.32个千分点；人口自然增长率11.1‰，比上年上升1.42个千分点。据全省人口变动抽样调查统计，2014年全市常住人口572.5万人，城镇化率41.44%，城镇化率比上年提高1.25个百分点。

2014年，全市城镇常住居民人均可支配收入[①]20610元，比上年增长9.1%；城市居民人均消费性支出13006.3元，增长5.6%，其中食品支出4870.6元，增长5.3%，衣着支出下降2.3%，交通与通讯支出增长2.9%，教育文化娱乐服务支出增长7.7%；城市居民家庭恩格尔系数为37.4%，比上年下降0.2个百分点。城市居民人均居住面积32.21平方米，比上年增加1.65平方米。

2014年农村常住居民人均可支配收入8287元，比上年增长11.9%。农村居民人均生活消费支出7395.3元，增长9.9%，其中食品支出增长2.3%，交通和通讯支出增长34.0%，居住支出增长4.8%；农村居民人均住房面积39.62平方米，比上年增加0.85平方米。

（二）就业与社会保障

1. 就业工作

加大就业工作力度，全年开展创业培训4597人，就业技能培训30812人。

① 由于统计制度的变化，2014年城镇居民人均可支配收入统计口径和范围有所调整，同比增幅按新口径计算。

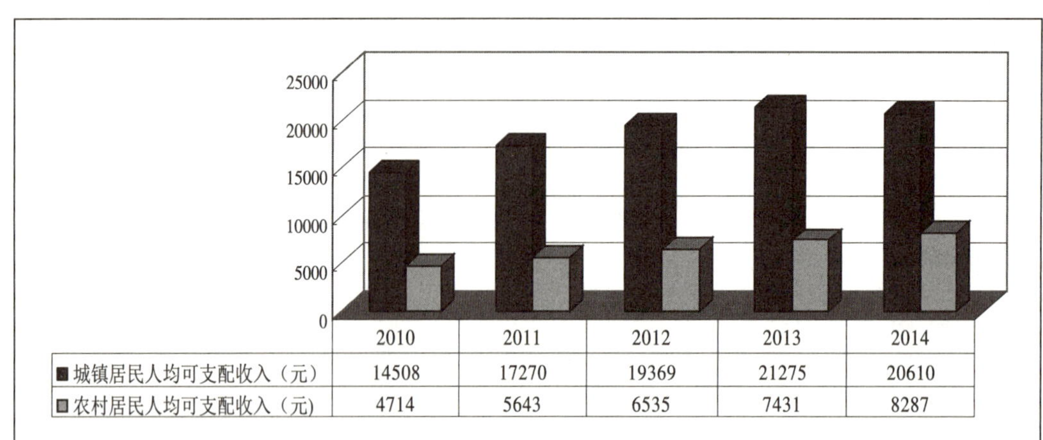

	2010	2011	2012	2013	2014
■城镇居民人均可支配收入（元）	14508	17270	19369	21275	20610
■农村居民人均可支配收入（元）	4714	5643	6535	7431	8287

图 3 2010—2014 年六安市城乡居民收入对比一览

城镇新增就业 10.18 万人，城镇登记失业率控制在 3.96%以下。

2. 社会保障

社会保障体系不断完善。养老、失业、基本医疗、工伤和生育五项社会保险制度深入开展，2014 年末全市参加城镇基本养老保险 34.55 万人、失业保险 17.18 万人、基本医疗保险 118.88 万人、工伤保险 26.64 万人、生育保险 22.81 万人；合计征缴五项保险基金 25.81 亿元，比上年增长 10.39%；发放参加城乡居民养老保险人数 99.47 万人；参加城镇居民医疗保险人数 84.02 万人；发放失业保险金人数 4398 人。

（三）教育和科学技术

1. 教育事业

2014 年普通高校 5 所，当年招生 13404 人，增长 12.6%；在校生 43071 人，增长 9.7%；毕业生 11090 人，增长 0.7%。各类中等职业教育学校 40 所（不含技工学校），当年招生 31166 人。普通高中 62 所，招生 34914 人，高中阶段毛入学率 105.58%，比上年上升 0.15 个百分点。普通初中 351 所，招生 59887 人，初中学龄人口入学率为 102.2%。小学 1336 所，招生 64810 人，小学入学率为 103.32%。

2. 科技与创新

全市有省级工程技术研究中心 3 家。取得市级科技成果 8 项，取得省级科技成果 9 项，其中获省级科技奖 1 项。全年申请专利 3658 件，比上年增长 0.01%，授权专利 2656 件，下降 20%。科技兴农力度加大，全年选派科技特派员 798 名，创建专家大院 91 家。

2014 年，全市共有县以上产品质量检验机构 66 个。全市产品质量市级及以上监督抽查合格率 92.4%（较 2013 年提高 0.3 个百分点），实现连续多年上升。新制修订地方标准 5 项，推进在建的 4 家国家和省级农业标准化示范区建设，新获（4A 级）标准化良好行为企业 1 家。全年完成强制认证企业 68 户。获得食品及相关产品生产许可证企业达 832 家。法定计量技术机构（含授权）22 家，强制检定计量器具 11.75 万台件。新获得国家地理标志产品 1 个，安徽名牌产品 9 个，六安市名牌产品 22 个。

（四）文化、卫生和体育

1. 文化事业

2014 年末，全市共有文化馆 7 个，乡镇(街道)综合文化站 165 个，公共图书馆 6 个，年末馆藏书籍总藏量 65.17 万册(件)，电子图书 207.19 万册，文物保护管理机构 7 个，博物馆(纪念馆)11 个(含民办 1 家)，年末馆藏文物 17672 件。广播电视台 6 家，中波发射台 1 座，调频转播发射台 10 座，电视转播发射台 12 座，有线广播电视用户 54.10 万户，广播综合人口覆盖率 96.64%；电视综合人口覆盖率 95.89%。

2. 卫生事业

2014 年末，全市共有卫生机构(含诊所、卫生所室)2683 个，其中医院、卫生院 201 个，卫生防疫防治机构 9 个，妇幼保健院(所、站)9 个，社区卫生服务机构 137 个。卫生机构年末床位 19341 张，各类专业卫生技术人员 19826 人，其中执业医师和执业助理医师 8774 人，注册护士 7242 人。

3. 体育事业

2014 年，举办中韩古李十番棋围棋赛，推进中韩青少年体育交流活动。积极参加第八届体育旅游博览会，并被授予“优秀组织奖”。六安南山体育产业园被授予“徽杭古道体育产业园”，舒城翰文运动用品有限公司生产的“翰文”羽毛球拍被授予全省体育行业名优产品称号；认真做好第六次全国体育场地普查工作；体彩销量稳中有增，全年体育彩票销售额超过 1.75 亿元，完成省体彩中心的目标任务。

先后举办了市第十一届迎新春长跑、市第四届龙舟赛、市第二届传统武术比赛、安徽省第一届轮滑比赛、8.8 全民健身日纪念活动、市羽毛球赛、第七届门球赛、第七届乒乓球联谊赛、市乒协第七届乒乓球联谊赛、市直单位第一届职工运动会、第八届门球赛、市直单位第一届门球赛、市职工广场舞大赛、全国体育舞蹈邀请赛暨全市第二届体育舞蹈锦标赛、裕安区美好乡村农民篮球赛、舒城万佛湖健身走、金寨县“挺进大别山、千里走金寨”活动。全年共派出 350 名运动员参加省第十三届运动会，共参加赛艇、皮划艇、拳击、武术(套路、散打)、跆拳道、柔道、田径、自由跤、举重、乒乓球、羽毛球、网球、击剑等 14 个项目的比赛。共获得金牌 58.5 枚、银牌 45.25 枚、铜牌 42 枚，共 145.75 枚奖牌，取得团体总分 2132.25 分的优异成绩。综合金牌数位列全省第九，较上届提升 3 个位次；综合总分、赛场金牌数位列全省第九，较上届提升 2 个位次；综合奖牌数、赛场奖牌位列全省第九和第八，较上届提升 1 个位次，代表团还荣获体育道德风尚奖。霍邱县还位列全省县级金牌榜第一名。第十七届仁川亚运会上，安籍选手储友勇与队友宗猛组合在皮划艇静水项目获得铜牌，为六安市体育史填上了浓重一笔。

(五) 城乡建设

六安市成功创建省文明城市，国家森林城市建设总体规划通过国家林业局专家评审。完成六安东部新城暨核心区总体规划、西部生态新区规划以及淠河总干渠生态治理和景观规划，开展城市南部发展战略研究。进一步加快中心城市建设，共实施项目 83 个、完成政府性投资 49.6 亿元，凤凰桥污水处理厂、苏大堰河道治理工程、清水河畔棚改安置小区等 37 个项目竣工。

强力推进征迁工作，中心城区重点工程征迁面积 219.2 万平方米。加大土地经营力度，房地产市场平稳运行。启动中心城区工业企业“退城进园”工作。开展“三治、三增、三提升”活动，加快推进县城和中心集镇建设，完成霍邱县、金寨县新一轮县城总体规划修编，舒城、霍邱、寿县建设中等城市步伐加快，霍山“智慧城市”试点扎实推进。大力推进美好乡村建设，首批 83 个重点示范村通过省考核验收，启动第二批 87 个省级中心村建设。

大力开展“三线三边一点一地”城乡环境整治，城乡面貌明显改善。加快交通基础设施建设，完成投资 70 亿元，新建和续建国省干线公路项目 25 个，G312 六安段(二、三期)、六舒路(一期)、大别山旅游扶贫快速通道金寨段(一期)主体工程建成通车；济祁高速寿县段加快建设；新建和升级县乡公路 345 公里，改造危桥 66 座；舒城县在全市率先实现城乡公交一体化。

深入推进农村电网和通讯设施改造升级，农网改造线路 2203 公里。加强耕地保护，新增耕地 2 万余亩，完成高标准基本农田建设 79 万亩；治理水土流失面积 110 平方公里，除险加固小Ⅱ型水库 110 座。深入推进皖江示范区建设，全面加强合肥经济圈合作，寿县蜀山现代产业园建设步伐加快，舒城包河现代产业园筹建工作有序推进。大力推进精准扶贫，减少贫困人口 14 万人。

（六）环境保护

实施绿色发展战略，编制《六安市生态文明建设规划》，启动“六安茶谷”建设，成功举办“绿色发展生态六安论坛”、“绿色发展跨洲视频连线国际研讨会”；5 县区被列入国家首批生态文明先行示范区—巢湖生态文明先行示范区，霍山、金寨 2 县被列入国家主体功能区建设试点示范。2014 年末，全市共有市、县级环境监测站 6 个。监测的城区空气质量优良率为 84.4%。全市集中式饮用水源地水质达标率 100%。年末全市国家级生态示范区建设试点总数 3 个，已建成自然保护区 4 个，其中国家级 1 个，省级 3 个。

（七）社会安全

安全事故明显下降。全年亿元 GDP 生产安全事故死亡人数 1.42 人，比 2013 年减少 0.51 人，同比下降 26.4%。全年共发生火灾事故 262 起，与上年持平，直接经济损失 342 万元，与上年持平；火灾无死亡。道路交通事故 1259 起，同比下降 24.1%，直接经济损失 393.1 万元，同比下降 0.4%，死亡 258 人，与上年持平。工矿商贸及其他类事故 16 起，同比下降 30.4%；直接经济损失 989 万元，同比下降 41.7%，死亡 16 人，同比下降 38.5%。

三、六安市在泛长三角地区经济发展中的地位

2014 年，全市上下在市委市政府坚强领导下，主动适应经济发展新常态，破解发展难题，坚持稳中求进，经济社会发展取得明显进步。在国际经济复苏乏力、国内经济增长放缓的大背景下，市委、市政府果断决策，精准发力，破解一系列制约地方经济发展的难题，逆境中谋发展，全年经济实现了平稳较快增长。

2010—2014 年六安市地区生产总值在泛长三角地区 41 市所占比重分别为 0.68%、0.71%、0.72%、0.72%和 0.72%。2014 年与 2010 年比增加了 0.04 个百分点，与上年基本持平。2014 年，六安市在泛长三角地区 41 市地区生产总值所占比重排名第 32 位。

全年生产总值(GDP)1086.3 亿元，按可比价格计算，比上年增长 7.9%。分产业看，第一产业增加值 220.6 亿元，增长 4.6%；第二产业增加值 516.1 亿元，增长 9.8%；第三产业增加值 349.5 亿元，增长 7.0%。三次产业结构由 2013 年的 20.8∶47.3∶31.9 调整为 20.3∶47.5∶32.2。按常住人口计算，人均生产总值 19044 元(折合 3100 美元)，比上年增加 1216 元。规模以上工业劳动生产率 281714 元/人，比上年增长 15.5%。

二产尤其是工业比重持续上升，全年工业化率达到 40.2%，较上年提高 0.2 个百分点，第三产业占 GDP 比重较上年提高 0.3 个百分点。农业大市地位稳固，全年粮食总产量居全省第 3 位。农业强市基础加强，全年实现农产品加工产值 852.8 亿元，仅次于合肥和安庆，总量较上年净增 114.9 亿元。

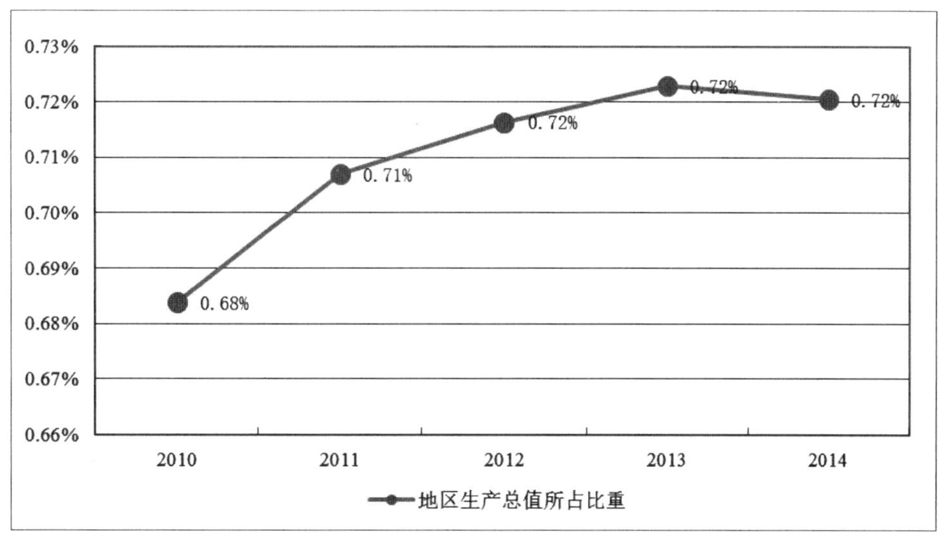

图 4　2010—2014 年六安市地区生产总值在泛长三角地区 41 市所占比重变化趋势

战略性新兴产业发展良好，全年战略性新兴产业实现产值 255.9 亿元，增长 15.8%，增幅快于规模工业 7.2 个百分点，占规模工业产值的比重 14.5%，高于上年 0.9 个百分点。工业主导产业集聚程度提高。2014 年，全市增加值总量居前三位的黑色金属矿采选业、黑色金属冶炼及压延加工业和农副食品加工业累计实现增加值 132 亿元，占规模工业增加值的 29.9%，集聚度同比提高 0.6 个百分点。投资结构变化明显，一产和服务业投资加速，分别增长 76.7%和 28.8%，高于上年 42.9 个和 7.3 个百分点，高于全部投资增幅 57.9 个和 10 个百分点。

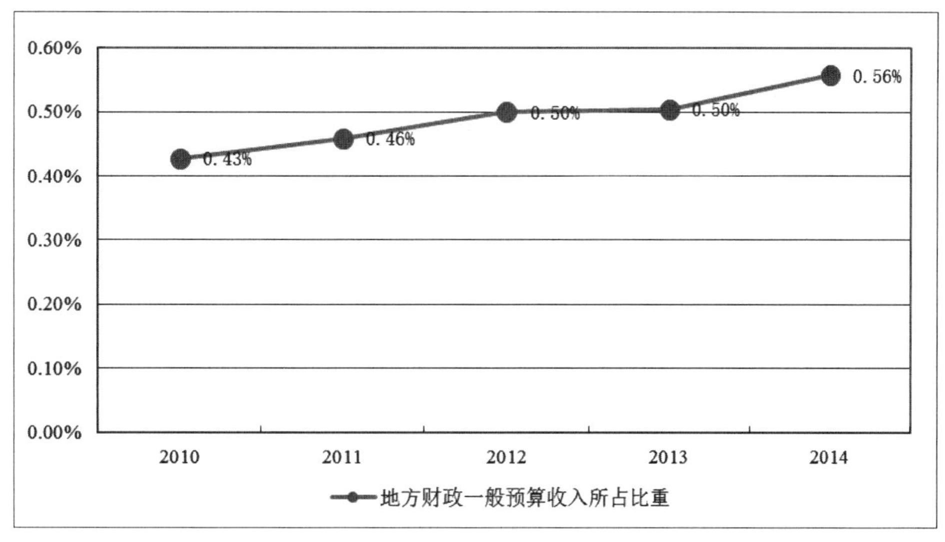

图 5　2010—2014 年六安市地方财政一般预算收入在泛长三角 41 市所占比重变化趋势

2010—2014 年六安市地方财政一般预算收入在泛长三角 41 市所占比重分别为 0.43%、0.46%、0.50%、0.50%和 0.56%，2014 年较 2010 年增加了 0.13 个百分点，较上年增加了 0.06 个百分点。2014 年，六安市地方财政一般预算收入在泛长三角 41 市地区的排第 32 位。

2014 年，全市财政收入占 GDP 的比重达到 13.1%，在上年提高 0.4 个百分点基础上再提高了 0.5 个百分点。税收收入占财政收入的比重达到 82.6%，较上年提高 0.7 个百分点。全市累计投入财政资金 73.5 亿元实施 37 项民生工程，全市财政支出中民生类支出达到 266.1 亿元，占全部财政收入的比重达到 83.3%。

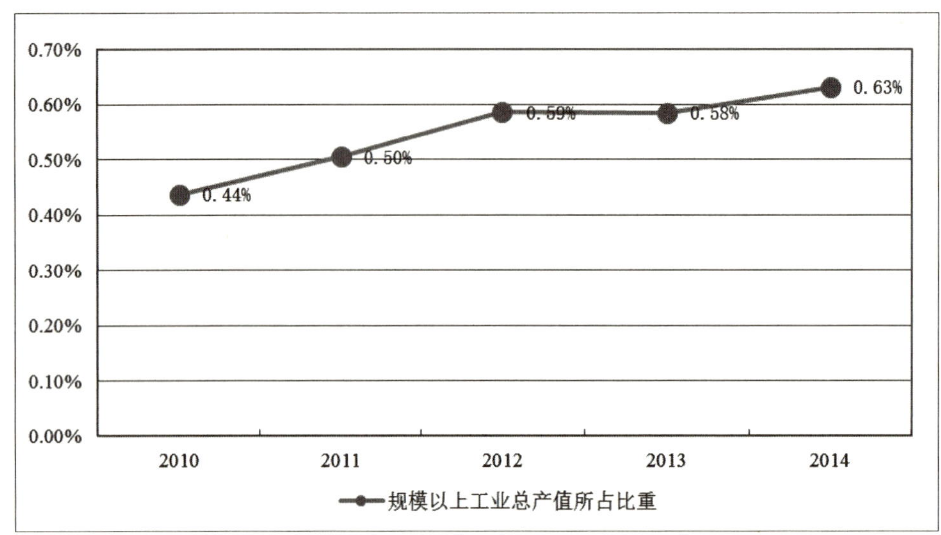

图 6 2010—2014 年六安市规模以上工业总产值在泛长三角 41 市所占比重变化趋势

2010—2014 年六安市规模以上工业总产值在泛长三角 41 市所占比重分别为 0.44%、0.50%、0.59%、0.58%和 0.63%，呈连续增加态势，2014 年较 2010 年增加了 0.19 个百分点，较上年增加了 0.05 个百分点。2014 年，六安市规模以上工业总产值在泛长三角 41 市地方财政一般预算收入所占比重排第 32 位。

2014 年，全市规模以上工业企业数达到 1010 户，比上年增加 61 户。全年规模以上工业实现增加值 441.0 亿元，增长 10.6%。其中：轻工业增加值 202.1 亿元，比上年增长 7.6%；重工业增加值 238.9 亿元，增长 13.2%。分经济类型看：股份合作企业、外商及港澳台投资企业和集体企业增长较快，分别增长 8.9 倍、8.2%和 13.9%。分行业看：统计的 35 个行业大类中有 32 个行业增加值实现增长；在增加值达到 20 亿元的行业中，黑色金属冶炼及压延加工业、皮革、毛皮、羽毛及其制品和制鞋业以及黑色金属矿采选业和增长较快，增幅分别达到 1.9 倍、17.8%和 15.2%。规模工业全年实现主营业务收入 1502.9 亿元，增长 4.2%，实现利税 113.2 亿元，下降 10.6%。经济效益综合指数为 290.7%，比上年提高 12 个百分点。规模以上工业统计的产品产量中，铁矿石原矿量增长 7.0%，精制茶增长 28.2%，服装增长 16.5%，水泥增长 13.9%，钢材增长 23.1%，家用电冰箱增长 8.7%，白酒下降 7.1%，发电量下降 28.4%。工业经济效益总体提高。前 11 个月，工业经济效益综合指数 285.7%，比上年提高 7.4 个百分点。

2010—2014 年六安市进出口总额在泛长三角 41 市所占比重分别为 0.04%、0.05%、0.06%、0.06%和 0.05%，五年间增加了 0.01 个百分点，其中 2014 年较上年减少了了 0.01 个百分点。2014 年，六安市进出口总额在泛长三角 41 市的排 36 位。

2014 年，全市实现进出口总额 68683 万美元，比上年下降 14.1%。其中，出口 66311 万美元，下降 14.6%；进口 2371 万美元，增长 1.2%。

2010—2014 年六安市实际外商直接投资金额在泛长三角 41 市所占比重分别为 0.25%、0.32%、0.36%、0.41%和 0.47%，整体呈现上扬姿态，2014 年较 2010 年增加了 0.22 个百分点，较上年增加了 0.06 个百分点。2014 年，六安市实际外商直接投资金额在泛长三角 41 市排第 30 位，排名相对靠前。

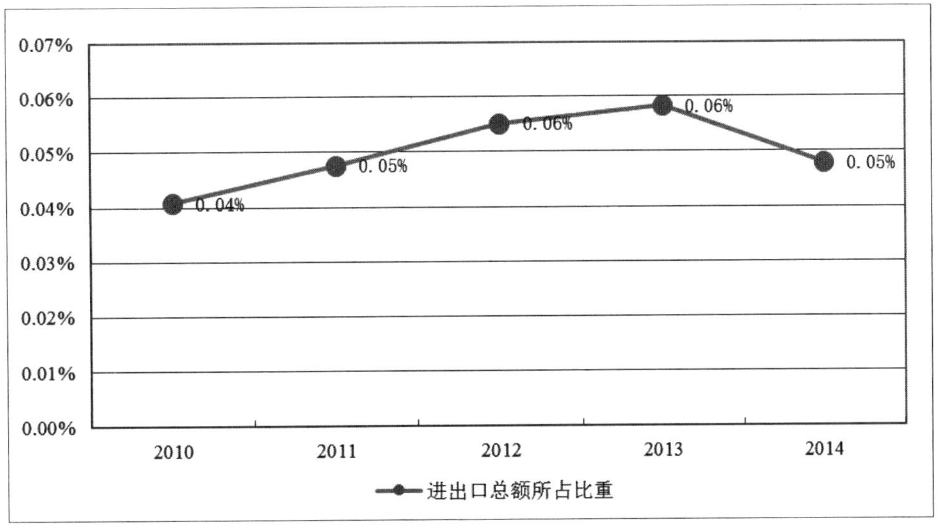

图 7 2010—2014 年六安市进出口总额在泛长三角 41 市所占比重变化趋势

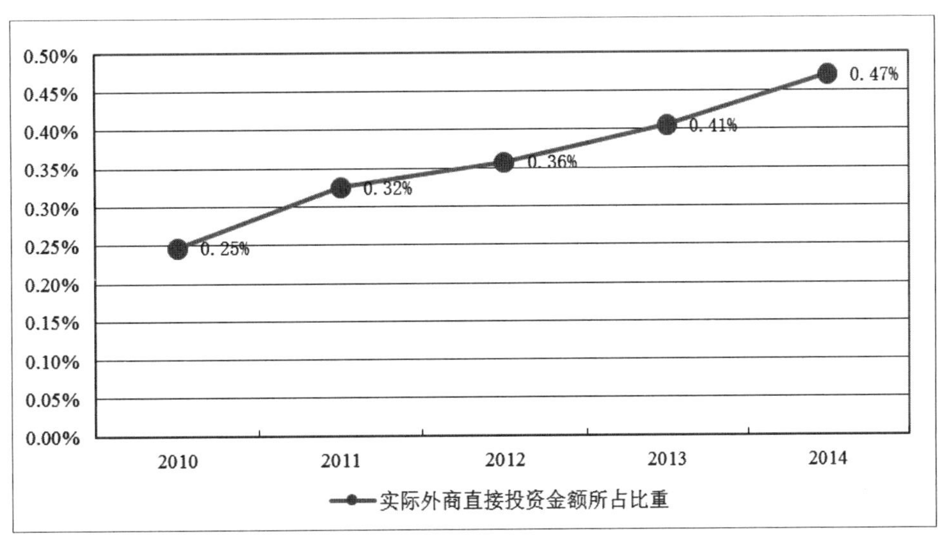

图 8 2010—2014 年六安市实际外商直接投资金额在泛长三角 41 市所占比重变化趋势

2014 年全市利用外商直接投资 35191 万美元，同比增长 15.7%，完成全年目标数的 100.7%；新批外资项目 9 个，同比下降 35.7%，合同外资 6545 万美元(其中增资 1843 万美元)，同比下降 73.5%。

十五　宣城市2014年经济社会发展报告

2014年，面对复杂严峻的宏观经济环境，全市上下在市委、市政府的坚强领导下，深入贯彻落实党的十八大、十八届三中、四中全会精神，坚持稳中求进总基调，把握"好为标准，快字当先"工作导向，全面落实"11331"①发展思路，主动适应经济发展新常态，着力稳增长、调结构、促改革、惠民生，实现了经济社会持续稳定发展。

一、宣城市2014年经济发展概况

（一）综合经济

1. 经济总量

全年生产总值(GDP)917.63亿元，按可比价格计算(下同)，比上年增长9.0%。分产业看，第一产业实现增加值117.92亿元，增长4.4%；第二产业实现增加值471.64亿元，增长10.4%；第三产业实现增加值308.07亿元，增长8.4%。按年均常住人口计算，人均生产总值35527元(折合5783美元)，比上年增加2599元。三次产业结构由上年的14.2∶52.6∶33.2变化为13.9∶52.4∶33.7，第三产业比重比上年提高0.5个百分点，工业化率44.5%。

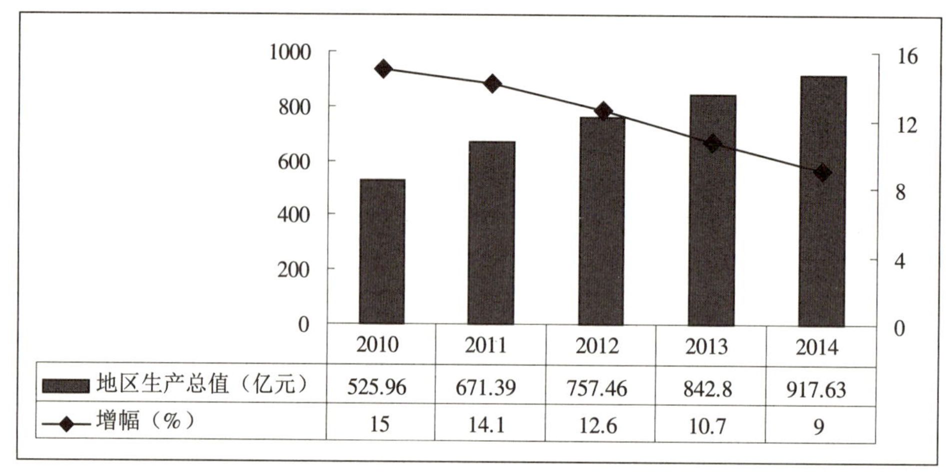

	2010	2011	2012	2013	2014
地区生产总值（亿元）	525.96	671.39	757.46	842.8	917.63
增幅（%）	15	14.1	12.6	10.7	9

图1　2010—2014年宣城市地区生产总值及增长速度

2. 财政收支

2014年，全市财政总收入174.9亿元，比上年增收17.1亿元，增长10.9%，其中地方财政收入120.2亿元，比上年增收12.6亿元，增长11.7%，其中税收收入中增值税完成45.2亿元，增长6.8%；营业税完成25.4亿元，增长0.9%；企业所得税完成19.5亿元，增长28.4%；个人所得税完成4.5亿

① "11331"：致力"一个率先"，把宣城建成安徽首个国家生态城市；建设"一个中心"，倾力把宣城打造成为皖苏浙交汇区域中心城市；实施"三大战略"，把生态立市作为先导战略，把工业强市作为支撑战略，把文化强市作为永恒战略；坚持"三条路径"，改革引导，创新驱动，民生优先；弘扬"一种精神"，让千锤百炼、精雕细琢、刚柔相济、百折无损成为宣城干部的精神风貌

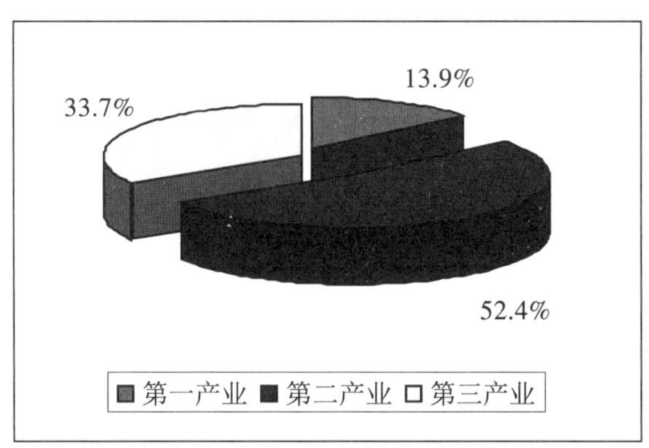

图 2　2014 年宣城市三次产业结构图

元，增长 3.1%。全市财政支出 222.5 亿元，比上年增加 17.3 亿元，增长 8.4%，其中，科学技术支出增长 12.8%，教育支出增长 5.3%，文化体育与传媒支出增长 16.1%，城乡社区事务完成支出增长 28.7%，交通运输支出增长 19.6%，社保基金支出增长 22.7%。全年 33 项民生工程累计投入 32.07 亿元，惠及 200 多万城乡居民。

3. 物价水平

全年居民消费价格累计上涨 1.3%，涨幅比上年低 1 个百分点。商品零售价格上涨 0.2%，全年工业生产者出厂价格总水平累计下降 1.3%，工业生产者购进价格总水平累计下降 2.4%。全年固定资产投资价格上涨 0.8%，农业生产资料价格同比下降 0.6%。

4. 固定资产投资

全年固定资产投资完成 1140.1 亿元，同比增长 16.6%。工业及信息化产业技术改造投资 240.4 亿元，比上年下降 12.4%。民间投资 790.9 亿元，增长 12%。从三次产业看，2014 年，全市第一产业投资下降 7.9%，第二产业投资增长 7%，第三产业投资增长 28.6%。分行业看，工业投资增长 7.9%，其中制造业增长 11.3%，制造业中装备制造业增长 10.6%。六大高耗能行业投资增长 5%。三产中的水利、环境和公共设施管理业增长 135.6%，交通运输业、仓储和邮政业增长 22.4%。

从重点项目看，2014 年全市计划总投资 5 亿元及以上在建项目 73 个，5 亿元及以上项目完成投资 272.2 亿元，同比增长 16.5%。宣城亚夏汽车文化财富广场（一期）、水阳江大道闭合段、安徽中扬建材新型节能环保项目等计划总投资 10 亿元以上的项目开工建设。

（二）农业

全年粮食种植面积 232.3 千公顷，小麦种植面积 50.2 千公顷，油料种植面积 48.2 千公顷，棉花种植面积 8.8 千公顷，蔬菜种植面积 36.7 千公顷。

全年粮食总产量 122.29 万吨，增长 2.2%。油料产量 11.4 万吨，下降 3.0%。棉花产量 0.94 万吨，下降 9.9%。烟叶产量 1.85 万吨，下降 1.6%。茶叶产量 3.36 万吨，增长 15.6%。

年末全市生猪存栏 54.14 万头，比上年增长 0.04%；全年生猪出栏 103.7 万头，下降 0.2%。全年肉类总产量 22.2 万吨，增长 2.3%。蛋禽产量 4.7 万吨，下降 9.2%。全年水产品产量 11.5 万吨，增长 4%。

2014 年，全市省级龙头企业 92 家，国家级龙头企业 6 家，全国绿色原料标准化生产基地 6 个，省级农业标准化生产基地 17 个，省级以上标准化畜禽养殖小区 36 个，无公害农产品有效论证企业 73

家。全市现有无公害农产品、绿色食品、有机食品认证产品数分别为83个、99个和137个。

年末全市农业机械总动力239.9万千瓦，比上年增长3.4%，农用拖拉机达到5.7万台，增长5.5%，联合收割机达到4187台，增长3.2%。全年化肥施用量(折纯)14.2万吨，增长0.8%。农村用电量115624万千瓦小时，增长5.3%。有效灌溉面积200.7千公顷，新增节水灌溉面积2.1千公顷。

（三）工业和建筑业

1. 工业经济

2014年末全市规模以上工业企业达1238户。全年规模以上工业实现增加值402.7亿元，比上年增长11.3%。其中轻、重工业分别增长5.5%和13.3%，轻重工业增加值比例由上年的25.4∶74.6变化为24.9∶75.1。全市共有11个行业的增加值过10亿元，共达318.1亿元，占规模以上工业增加值总量的79.0%，其中橡胶和塑料制品业最大，达58.6亿元。

规模以上工业中，分所有制类型看，股份制企业完成工业增加值354.3亿元，比上年增长13.1%；外商及港澳台投资企业完成工业增加值23.5亿元，增长4.9%；集体企业完成工业增加值1.2亿元，增长49.5%；国有企业完成工业增加值18.5亿元，增长0.5%。分轻重工业看，重工业实现增加值302.3亿元，同比增长13.3%，轻工业实现增加值100.4亿元，增长5.5%。

33个大类行业中28个同比实现增长，其中13个行业增加值增速超过全市平均水平，装备制造业增长11.0%，高新技术产业增长16.5%；战略性新兴产业产值增长21.9%。

全市13家开发区建成区面积99.6平方公里，集聚企业4150家，宣城经济技术开发区升级为国家级开发区。

2014年，全市规模以上工业主营业务收入1579.0亿元，比上年增长11.1%；实现利润总额100.5亿元，比上年增长2.2%，其中，金属制品业、电力、热力生产和供应业、农副食品加工业等行业利润分别比上年增长26.2%、19.5%、17.1%。全市规模以上工业经济综合效益指数达到278.0，比上年提高了4.2个点。

2. 建筑业

2014年末全市资质内建筑企业137家，全年建筑企业利税总额7.3亿元，下降11.3%，房屋建筑施工面积966.1万平方米，比上年下降5.5%；竣工面积457.1万平方米，比上年下降3.2%。

（四）服务业

1. 国内贸易

2014年末全市限额以上单位共385家。全年实现社会消费品零售总额为342.3亿元，比上年增长13.1%。分销售地区看，城镇消费品市场实现消费品零售额208.2亿元，比上年增长14.5%，乡村消费品市场实现消费品零售额134.1亿元，增长11%。销售额按行业分，实现批发业销售额301.7亿元，增长16%；实现零售业销售额420.4亿元，增长16.3%；实现住宿业营业额12.6亿元，增长13.2%；实现餐饮业营业额64.6亿元，增长16.8%。限额以上企业(单位)经营状况良好，全年实现商品零售额165.3亿元，增长15.3%，其中，汽车类增长20.2%，石油及制品类增长15.4%，家用电器和音像器材类增长9.1%，中西药品类增长38.3%，日用品类增长6.2%，服装、鞋帽类增长10.4%，粮油、食品类增长18.0%。

2. 交通运输、邮电

全年完成公路货物周转量182.3亿吨公里，比上年增长12.8%，公路客运周转量23.6亿人公里，

比上年增长 5.2%，完成内河港口货物吞吐量 165 万吨，增长 9.4%。

年末全市民用汽车保有量 20.8 万辆，增长 13.6%，其中 2014 年新注册 4.1 万辆。年末私人汽车保有量 17.4 万辆，增长 16.6%，其中私人轿车 14.5 万辆，增长 24.7%。

全年完成邮电业务总量 23.3 亿元。年末固定电话 46.2 万户，移动电话用户 198 万户，其中 3G 移动电话用户 76 万户，年末基础电信运营企业计算机互联网宽带接入用户 35.5 万户。

3. 旅游业

全年接待旅游入境者 11.5 万人次，增长 43.6%，其中接待外国人 6.9 万人次；接待国内旅游者 1800 万人次，增长 13.8%，实现旅游业总收入 138.1 亿元，增长 15.2%，其中国际旅游外汇收入 3804.5 万美元，增长 45.1%。全年新增 4A 级景区 2 家，全市 A 级景区数达到 53 家。

4. 金融和保险

2014 年年末全市金融机构人民币各项存款余额为 1033.9 亿元，增长 12.8%，余额比年初增加 117.4 亿元。其中，储蓄存款余额为 627.5 亿元，增长 16.1%，比年初增加 87.1 亿元。人民币各项贷款余额为 824.8 亿元，同比增长 15.4%，余额比年初增加 108.1 亿元。短期贷款余额为 327.7 亿元，中长期贷款余额为 469 亿元。

全年保险业保费收入 22.58 亿元。其中，财产险业务保费收入 10.96 亿元；人身险业务保费收入 11.62 亿元，人身险中意外伤害险收入 0.54 亿元，健康险收入 1.48 亿元。赔款和给付支出 7.63 亿元，其中财产险支出 5.37 亿元，人身险 2.26 亿元。

5. 房地产业

全年房地产开发完成投资 201.8 亿元，同比增长 6.7%。全年商品房屋销售面积 253.8 万平方米，同比下降 17.1%；商品房屋销售额 121.7 亿元，同比下降 14.3%。全市开工建设各类保障性安居工程 17046 套，基本建成 11965 套。

（五）对外经济

1. 对外贸易

全年实现进出口总额 16.9 亿美元，比上年下降 10%，其中，出口 15.9 亿美元，下降 9.4%；进口 1.0 亿美元，下降 19.4%。从出口经营主体看，生产型、贸易型企业出口分别增长 4.1% 和下降 30.2%。从出口商品看，机电产品出口下降 18.7%，汽车零部件出口增长 3%，塑料及橡胶件出口增长 1.5%，纺织品出口下降 9.6%，广义农产品出口下降 20.1%。卫浴产品出口增长 7.4%。

2. 利用外资

全年新批外商投资企业 14 家，合同利用外资 9871 万美元，增长 117%；实际使用外资金额 6.9 亿美元，增长 20.4%。全市新增境外投资企业 5 家，实际对外投资 8250 万美元。

二、宣城市 2014 年社会发展概况

（一）人口、人民生活

年末全市户籍人口 279.8 万人，常住人口 257.4 万人，比上年增加 1.1 万人。全年人口出生率 9.24‰，死亡率 5.95‰，自然增长率 3.29‰，城镇化率 49.32%，比上年提高 1.26 个百分点。

全年城镇常住居民人均可支配收入 26289 元，比上年增长 9.6%，扣除价格因素，实际增长

8.2%。人均消费性支出 16452.7 元，增长 2.9%，其中食品支出增长 8.0%，衣着支出增长 1.6%，交通通讯支出增长 10.0%，居住支出增长 10.4%。城镇居民恩格尔系数为 32.2%，城镇居民人均住房建筑面积 37.6 平方米。

全年农村常住居民人均可支配收入 11251 元，增长 11.1%，扣除价格因素，实际增长 9.7%。人均生活消费支出 10359 元，增长 19.3%。其中，食品支出增长 19.8%；居住支出增长 37.4%；交通通讯支出增长 9.1%。农村居民恩格尔系数为 32.2%，农村居民人均住房建筑面积 46.7 平方米。

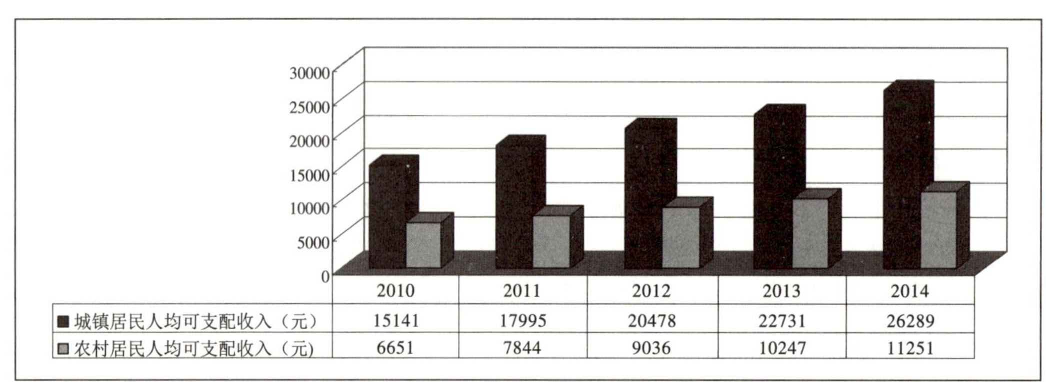

	2010	2011	2012	2013	2014
■城镇居民人均可支配收入（元）	15141	17995	20478	22731	26289
■农村居民人均可支配收入（元）	6651	7844	9036	10247	11251

图 3　2010—2014 年宣城市城乡居民收入对比一览

（二）就业与社会保障

1. 就业工作

全年城镇新增就业岗位 4.9 万人，下岗失业人员再就业 1.6 万人，就业困难人员再就业 4200 人，转移农村劳动力 3.4 万人。年末城镇登记失业率为 3.3%。

2. 社会保障和福利

年末全市参加城镇基本养老、基本医疗、失业、工伤和生育保险的人数分别为 38.9 万、31.5 万、13.6 万、23.8 万和 18.8 万，分别比上年增长 11.9%、4.1%、3.7%、11.3%和 3.9%。年末城镇登记失业 10541 人。

2014 年末全市社会福利收养单位床位 1.7 万张，收养各类人员 9103 人，社会福利院 45 个，各类社区服务设施 964 个，全市敬老院 105 所。年末有 2.2 万城市居民享受最低生活保障，7.2 万农村居民享受最低生活保障。全年销售社会福利彩票 4.4 亿元。

（三）教育和科学技术

1. 教育事业

年末全市共有各类学校 805 所，在校学生 344120 人，专任教师 23448 人。中职学校 14 所，在校学生 36838 人；普通中学 159 所，在校学生 107940 人；小学 184 所，在校学生 133370 人；幼儿园 443 所，在校儿童数 65779 人。2014 年，全市小学学龄儿童入学率达 100%，初中适龄少年入学率达 99.76%，初中毕业生升学率 97.74%，高中毛入学率达 95.02%。2014 年，高等教育稳步发展，合肥工业大学宣城校区招生人数 3000 人，在校学生数 8483 人，专任教师 267 人。宣城市职业技术学院招生人数 3943 人，在校学生数 5626 人。

2. 科技与创新

全年共实现高新技术产业总产值480.8亿元，增长12.8%，

完成专利申请量5757件、专利授权2677件。全年新申请认定高新技术企业35家，获省级科学技术奖励4项，48项省级以上科技计划项目获批，新增国家火炬计划重点高新技术企业2家。

年末全市共有县以上产品质量检验机构43个，其中系统内7个，累计完成强制性产品认证的企业117个；法定计量技术机构8个，全年强制检定计量器具3.8万台(件)；累计制定、修订地方标准26项。截止到2014年底，全市共有中国驰名商标13件、国家地理标志产品4个、安徽省著名商标166件、宣城市知名商标169件。

（四）文化、卫生和体育

1. 文化事业

2014年全市共有全国重点文物保护单位17个，省级重点文物保护单位57个。国家非物质文化遗产6项、省级非物质文化遗产名录45项。广播电台7座，广播综合人口覆盖率97.7%，电视台7座，有线电视用户38.9万户，其中数字电视用户20.5万户，电视人口覆盖率98.4%。全市共有8个文化馆，8所公共图书馆，11个博物馆和87个乡镇综合文化站实现免费开放。年末全市共有国家综合档案馆8个。

2. 卫生事业

年末全市共有卫生机构508个(不含村卫生室)，其中医院38个，卫生院84个，社区卫生服务中心(站)68个，妇幼保健院(所、站)8个，疾病预防控制中心8个。专业卫生技术人员12267人，其中执业医生3742人、执业助理医生1120人，注册护士4935人。卫生机构共有床位10579张。新型农村合作医疗参合人数186.5万人，参合率为103.0%。

3. 体育事业

全年在国内和省内的重大比赛中，宣城市运动健儿共获金牌58.5枚、银牌10枚、铜牌23枚。2014年宣城市输送30名运动员进入省体校，1名运动员入选省优秀运动队。2014年宣城市新增一级运动员3名，二级运动员42名。2014年宣城市新增国家级青少年体育俱乐部3所，命名市级体育专项特色学校18所。

（五）城乡建设

以建设区域中心城市为目标，着力提升城镇化水平。加快中心城市建设。完成市级土地利用总体规划调整。新编、续编和增编城市总规等各类规划79项。完成地下管线普查。市区续建和新建城市建设项目167个，完成投资152.2亿元，其中基础设施及公共项目投资61.4亿元。合工大宣城校区二期工程13个房建单体交付使用。宛溪河综合整治二期及周边棚户区改造、国防动员训练基地、关庙水库等重点项目和泥河等4条河流截污工程加快推进。水阳江大道闭合段东桥工程进场施工。完成207个老旧小区整治任务。

完成数字城管二期建设。出台《打造皖苏浙交汇区域中心城市促进房地产业健康发展意见》，促进人口向中心城区集聚，商品房销售突破百万平方米。

加快交通建设会战。完成交通建设投资86亿元，高速公路投资占全省近四分之一。新增高速公路76公里、一级公路55公里。完成国省道路面改善128公里，公路路况指标进入全省前四名。宣城、郎溪客运总站开工建设，宁国长途汽车站基本建成。芜申运河郎溪段及定埠港主体工程基本完工。改善县乡公路路面125公里，改造农村公路危桥62座。杭黄铁路绩溪段开工建设，皖赣铁路芜宣段扩能改造有序推进。

完成水利建设投资6.9亿元。郎溪中斗闸、双桥联圩城市规划区堤防除险加固工程、城东联圩宛溪河治理一期工程完工。完成电网建设投资比上年翻一番。光纤入户项目快速推进，4G网络实现全覆盖。深入开展“六城同创”。

文明市创建全面启动。市区集中整治“六乱”行动取得实效。宁国跻身全国县级文明城市提名城市。完成国家环保模范城市创建省级预评估。郎溪、泾县通过国家生态县技术评估。新增国家生态乡镇17个。建立大气污染防治工作体系，大气环境质量优良率达92.3%，比上年提高4.4个百分点。

实行最严格水资源管理制度，开展江河沿线环境专项治理、非法采砂联合执法和环保专项行动，城市集中饮用水水源地和国控断面水质达标率均为100%。扎实推进国家园林城市和森林城市创建，新建城市公园5个，新增绿化面积175万平方米；新造林18万亩，广德、绩溪成功创建省级森林城市，创建森林城镇和村庄92个。

加快美好乡村建设。编制完成县市区村庄布点规划。35个省级重点示范村通过验收，57个省级中心村建设扎实推进。郎溪成为全省美好乡村建设先进县。旌德实现中心村建设全覆盖。新增中国最美休闲乡村2个、全国休闲农业和乡村旅游三星级以上示范点5个。“三线四边”、矿山生态环境得到有效整治，10条示范带建设水平进一步提升。农村清洁工程扎实推进，75个乡镇、522个村实行垃圾处理市场化，63个乡镇、352个村开展垃圾分类减量处理工作。

（六）环境保护

2014年，全市共组织121个污染减排项目，实现主要污染物化学需氧量、氨氮、二氧化硫、氮氧化物排放量分别为41830吨、4309.4吨、21925吨、44823吨，分别较上年削减1.44%、3.84%、2.61%、2.27%，超额完成省政府下达的污染减排目标任务。2014年，全市地表水国省控水质监测断面Ⅰ—Ⅲ类水质占73.3%，其中国控断面水质为100%，饮用水源地水质达标率为100%，环境空气质量优良率为92.3%（其中优级为40天），全年空气质量达标（API≤100）天数为334天。全市共创成国家级生态乡镇55个、省级生态乡镇45个，国家级生态村6个、省级生态村124个和市级生态村515个。成功创成省级文明城市和全省首个省级生态市，获得争创全国文明城市提名资格。

（七）社会安全

2014年，全市发生各类安全生产事故746起，死亡163人，同比分别下降33.1%和下降4.7%。各类安全事故损失额为1529万元，同比下降23.4%。全年亿元GDP生产安全事故死亡人数为0.18人。全年共发生道路交通事故690起，火灾事故1003起。

三、宣城市在泛长三角地区经济发展中的地位

2014年，面对经济下行压力增大的形势，宣城市加大突出矛盾和问题的协调解决力度，主动适应新常态、积极谋求新发展，全市经济运行呈现稳中有进、稳中有为的态势。

2010—2014年宣城市地区生产总值在泛长三角地区41市所占比重分别为0.53%、0.58%、0.59%、0.60%和0.60%。地区生产总值在泛长三角41市占比整体呈现上扬态势，2014年与2010年比增加了0.07个百分点，与上年基本持平。2014年，宣城市在泛长三角地区41市地区生产总值所占比重排名第35位。

2014年，全市经济仍呈现出平稳增长，加快发展的良好局面。全市实现地区生产总值（GDP）

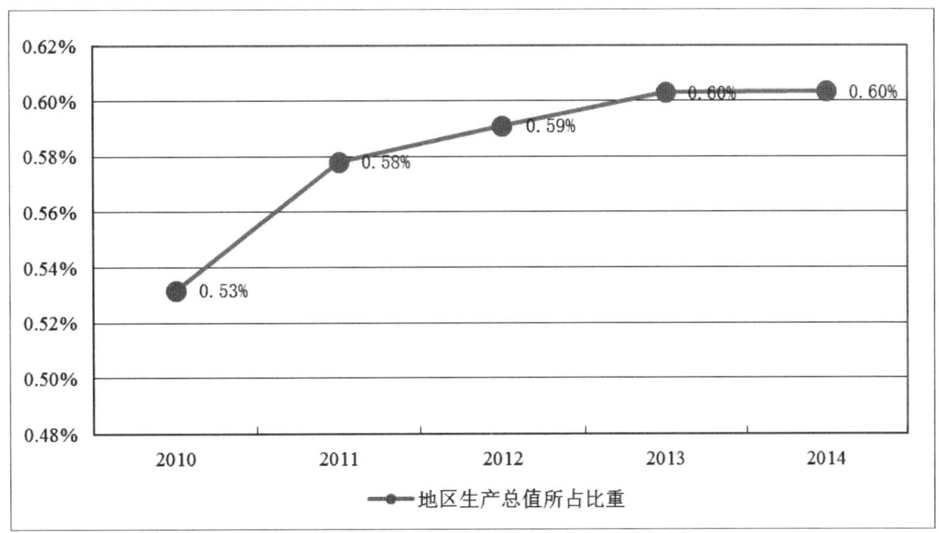

图 4　2010—2014 年宣城市地区生产总值在泛长三角地区 41 市所占比重变化趋势

912.5 亿，按可比价计算，比上年增长 9.0%。其中，第一产业实现增加值 126.9 亿元，同比增长 4.5%；第二产业增加值 477.7 亿元，同比增长 10.4%，其中，工业完成增加值 406.3 亿元，同比增长 10.9%；第三产业增加值 307.9 亿元，同比增长 8.4%。

自 2008 年始，全市经济总量每年跨过一个百亿元大关，2014 年，经济总量再上一个新台阶，突破了 900 亿大关，达到 912.5 亿元，经济实力不断壮大。2014 年宣城市人均 GDP 达 35527 元，比全省平均水平(34427 元)高 1100 元，居全省第 6 位，按年平均汇率折算，全市人均 GDP 为 5783 美元。

从季度走势来看，增长速度基本稳定在 9%上下，一季度 GDP 增长 10.2%，上半年增长 9.2%，前三季度增长 8.8%，年终呈翘尾态势，全年增速比前三季度回升 0.2 个百分点，与全省走势基本相同，在复杂的经济环境下，经济增长仍处在平稳较快增长区间，经济增长的基本面依然较好，实为不易。

在国家一系列“稳增长、调结构”政策措施的作用下，全市三次产业协调发展，各产业之间协同性不断增强。根据初步核算结果，一产比重由上年的 14.2%下降到 13.9%，二产比重由 52.6%下降到 52.4%，三产比重由 33.2%提高到 33.7%。三产比重持续上升，产业结构进一步优化。2014 年，一产和三产对经济增长的贡献率分别为 6.5%和 31.2%，比上年分别提高 2.4 个和 1.0 个百分点；二产贡献率为 62.3%，比上年回落 3.5 个百分点。

2010—2014 年宣城市地方财政一般预算收入在泛长三角 41 市所占比重分别为 0.50%、0.55%、0.63%、0.66%和 0.71%，2014 年较 2010 年增加了 0.21 个百分点，较上年增加了 0.05 个百分点。2014 年，宣城市地方财政一般预算收入在泛长三角 41 市地区的排第 27 位。

2014 年，全市财政总收入 174.9 亿元，比上年增收 17.1 亿元，增长 10.9%，其中地方财政收入 120.2 亿元，比上年增收 12.6 亿元，增长 11.7%，其中税收收入中增值税完成 45.2 亿元，增长 6.8%；营业税完成 25.4 亿元，增长 0.9%；企业所得税完成 19.5 亿元，增长 28.4%；个人所得税完成 4.5 亿元，增长 3.1%。全市财政支出 222.5 亿元，比上年增加 17.3 亿元，增长 8.4%，其中，科学技术支出增长 12.8%，教育支出增长 5.3%，文化体育与传媒支出增长 16.1%，城乡社区事务完成支出增长 28.7%，交通运输支出增长 19.6%，社保基金支出增长 22.7%。全年 33 项民生工程累计投入 32.07 亿元，惠及 200 多万城乡居民。

2010—2014 年宣城市规模以上工业总产值在泛长三角 41 市所占比重分别为 0.56%、0.64%、0.54%、0.58%和 0.63%，2014 年较 2010 年增加了 0.07 个百分点，较上年增加了 0.05 个百分点。

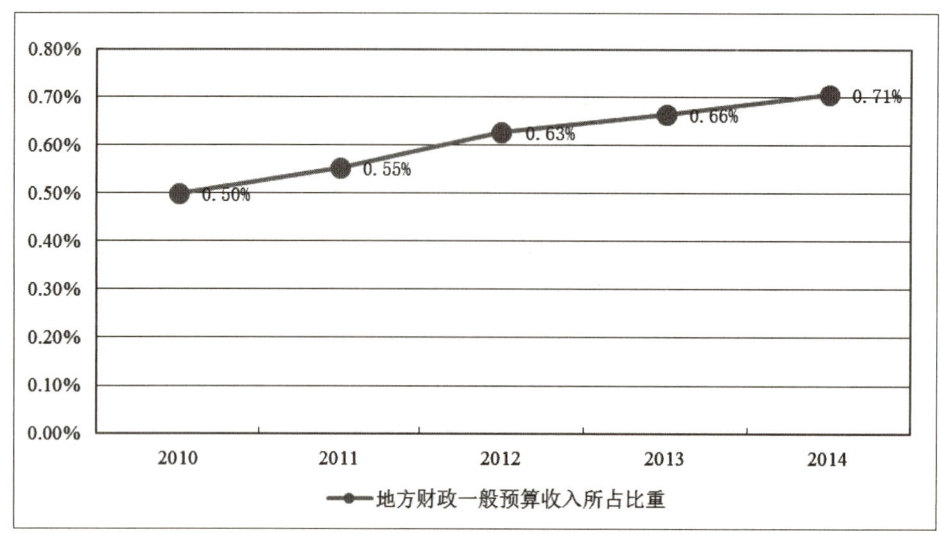

图 5　2010—2014 年宣城市地方财政一般预算收入在泛长三角 41 市所占比重变化趋势

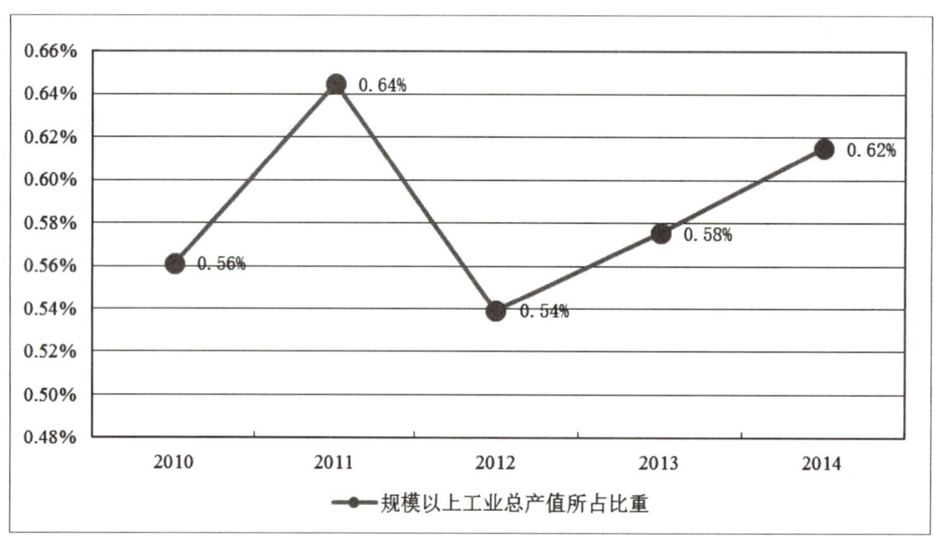

图 6　2010—2014 年宣城市规模以上工业总产值在泛长三角 41 市所占比重变化趋势

2014 年，宣城市规模以上工业总产值在泛长三角 41 市地方财政一般预算收入所占比重排第 33 位。

2014 年，全市规模以上工业增加值突破 400 亿，完成总量达 402.7 亿元，比上年增长 11.3%，增幅比全省平均水平高 0.1 个百分点。从全年走势看，2014 年开局增长较快，上半年稳中有所回落，三季度、四季度增速逐步下滑，一季度、上半年、1—3 季度、全年增加值分别增长 13.7%、12.5%、11.6% 和 11.3%，工业生产整体仍保持中速平稳增长态势。

全市 33 个行业大类中，28 个行业实现不同程度增长，增长面达 84.8%，其中 13 个行业增幅超过全市平均水平。2014 年，我市橡胶和塑料制品业实现增加值 58.6 亿元，比上年增长 26.1%，贡献率 20.2%；化学原料和化学制品制造业实现增加值 43.2 亿元，增长 21.4%，贡献率 18.1%；通用设备制造业实现增加值 21.8 亿元，增长 19.2%，贡献率 9%。农副食品加工业、造纸和纸制品业等 5 个行业增加值同比下降。

受市场环境不景气等因素影响，2014 年，企业整体生产经营面临挑战，我市规模以上工业企业主

要效益指标与上年相比有所回落，但从全省情况来看，我市主要效益指标在全省位次靠前。全市规模以上工业实现主营业务收入 1579.0 亿元，同比增长 11.1%，高于全省平均水平 1.4 个百分点。实现利润总额突破百亿元，2014 年，全市规模以上工业企业实现利润 100.5 亿元，全省排名第五位。利润同比增长 2.2%，比全省平均水平高 2.1 个百分点，全省排名第八。实现利税 147.0 亿元，同比增长 0.2%，利税总额全省排名第七。

2014 年，全市工业在面临较大下行压力情况下，积极调整内部结构，促使产业结构转型优化。

高新技术产业稳步发展。2014 年，全市规模以上高新技术工业企业达 333 户，比 2013 年末增加 48 户，比 2012 年末增加 126 户。2014 年全市规模以上高新技术产业总产值达到 480.8 亿元，比上年增长 12.8%，增速高于全市平均水平 1.8 个百分点；占规模以上工业比重为 28.4%，比去年同期提高 1 个百分点，比 2012 年提高 3.4 个百分点。装备制造业实现增加值 84.2 亿元，比上年增长 11.0%，增加值总量占规模以上工业的比重为 20.9%，同比提高 0.3 个百分点。其中，铁路船舶航空航天和计算机、通信和其他电子设备制造业生产明显加快，增速分别比上年提高 27.1 和 17.8 个百分点。

战略性新兴产业位居全省前列。2014 年，全市战略性新兴企业数达到 227 户，户数居全省第三；实现总产值 342.9 亿元，比上年增长 21.9%，占全市规模以上工业总产值比重 20.3%，增幅和占比在全省分别排名第 6、第 9 位。

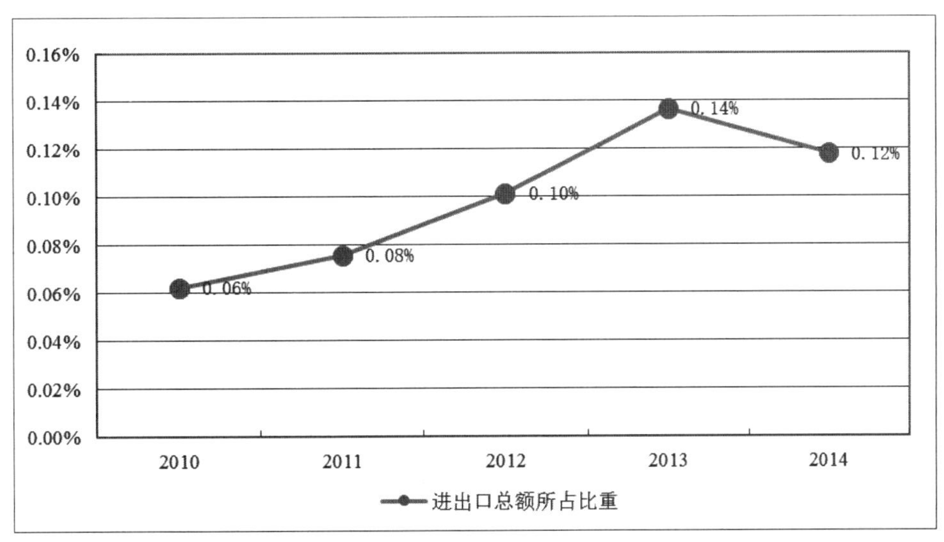

图 7 2010—2014 年宣城市进出口总额在泛长三角 41 市所占比重变化趋势

2010—2014 年宣城市进出口总额在泛长三角 41 市所占比重分别为 0.06%、0.08%、0.10%、0.14%和 0.15%，总体上呈现上扬态势，五年间增加了 0.09 个百分点，其中 2014 年较上年增加了了 0.01 个百分点。2014 年，宣城市进出口总额在泛长三角 41 市的排 33 位。

全年实现进出口总额 16.9 亿美元，比上年下降 10%，其中，出口 15.9 亿美元，下降 9.4%；进口 1.0 亿美元，下降 19.4%。从出口经营主体看，生产型、贸易型企业出口分别增长 4.1%和下降 30.2%。从出口商品看，机电产品出口下降 18.7%，汽车零部件出口增长 3%，塑料及橡胶件出口增长 1.5%，纺织品出口下降 9.6%，广义农产品出口下降 20.1%。卫浴产品出口增长 7.4%。

2010—2014 年宣城市实际外商直接投资金额在泛长三角 41 市所占比重分别为 0.35%、0.49%、0.60%、0.76%和 0.92%，整体呈现上扬态势，2014 年较 2010 年增加了 0.57 个百分点，较上年增加了 0.16 个百分点。2014 年，宣城市实际外商直接投资金额在泛长三角 41 市排第 23 位，排名相对靠前。

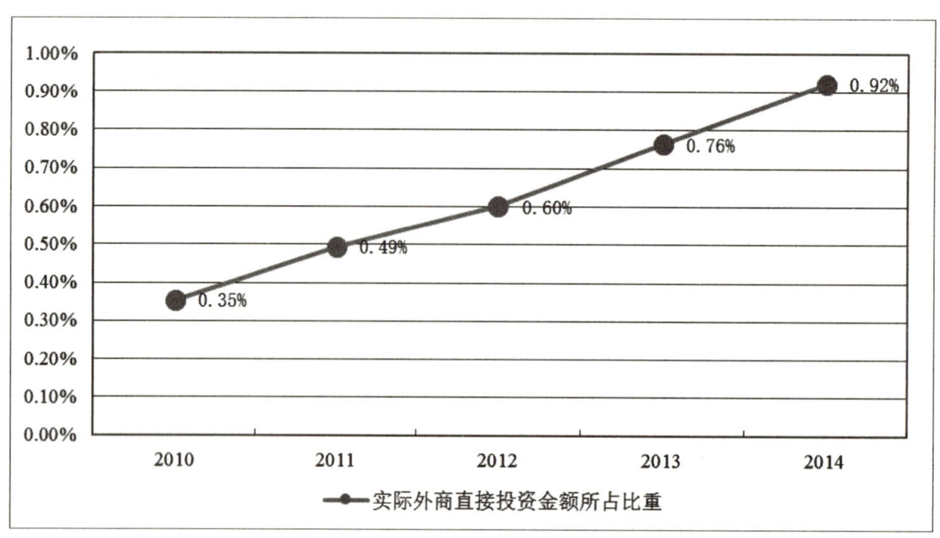

图8　2010—2014年宣城市实际外商直接投资金额在泛长三角41市所占比重变化趋势

2014年，全年新批外商投资企业14家，合同利用外资9871万美元，增长117%；实际使用外资金额6.9亿美元，增长20.4%。全市新增境外投资企业5家，实际对外投资8250万美元。

十六　池州市2014年经济社会发展报告

2014年，面对复杂多变的宏观环境和艰巨繁重的改革发展任务，全市上下在市委、委政府的坚强领导下，深入贯彻落实党的十八大、十八届三中、四中全会精神，主动适应新常态，创新思路，转变方法，统筹做好稳增长、促改革、调结构、惠民生、防风险的各项工作，实现了经济社会持续稳定健康发展。

一、池州市2014年经济发展概况

（一）综合经济

1. 经济总量

全年生产总值517.17亿元，按可比价格计算，比上年增长9.2%。分产业看，第一产业增加值68.56亿元，增长4.5%；第二产业增加值243.8亿元，增长10.1%；第三产业增加值204.81亿元，增长9.6%。三次产业结构比例由上年的14.6∶48.8∶36.6调整到14.2∶48.6∶37.2，其中工业化率由37.9%提高到38%，服务业占比提高0.6个百分点。全社会劳动生产率为44338元/人，比上年增加3285元/人。人均生产总值达35320元（约合5749美元），比上年增加2779元。

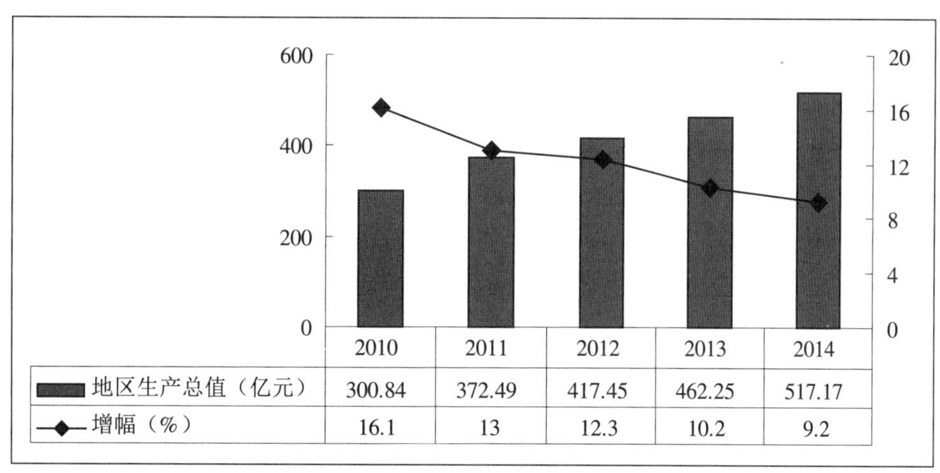

图1　2010—2014年池州市地区生产总值及增长速度

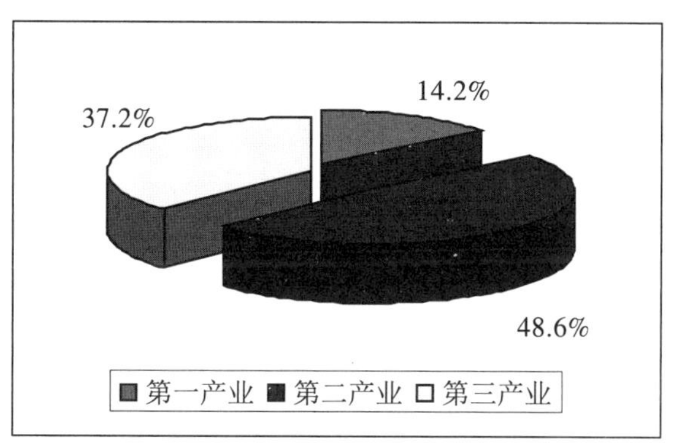

图2　2014年池州市三次产业结构图

2. 财政收支

全年财政收入 92.1 亿元，比上年增长 10.2%，其中地方财政收入 68.4 亿元，增长 5.1%。在全部财政收入中，税收收入 70.2 亿元，增长 8.5%。其中，增值税 20.7 亿元，增长 33.6%；营业税 13.4 亿元，增长 2.4%；消费税 0.8 亿元，增长 4.2%；企业所得税 8.1 亿元，增长 14.6%；个人所得税 1.6 亿元，下降 19%。全年财政支出 138.8 亿元，比上年增长 6.2%。其中，节能环保支出增长 17.5%，交通运输增长 13.3%，社会保障与就业增长 8.9%，住房保障增长 4.1%，教育下降 22.5%，科学技术下降 8.1%，农林水事务下降 3.7%，医疗卫生和计划生育下降 2.4%。全市 33 项民生工程和 10 件惠民实事共投入资金 34.2 亿元，增长 25%。

3. 物价水平

全年居民消费价格比上年上涨 1.8%。其中，食品、衣着、家庭设备用品及维修服务、医疗保健和个人用品、娱乐教育文化用品及服务、居住等价格分别上涨 2.7%、0.9%、0.7%、1.1%、1.7%、2.8%；烟酒、交通和通信等价格分别下降 2.2%、0.3%。工业生产者出厂价格比上年下降 2.6%。

4. 固定资产投资

全市固定资产投资 538 亿元，比上年增长 16.6%。其中，工业信息化技术改造投资 163.1 亿元，增长 34.3%；民间投资 398.9 亿元，增长 21.5%。分产业看，第一产业投资 10.2 亿元，增长 39.4%；第二产业投资 313 亿元，同比增长 23.8%；第三产业投资 214.8 亿元，增长 6.7%。三次产业投资比例由上年的 1.6∶54.7∶43.7 变化为 1.9∶58.2∶39.9。

分行业看，工业投资 308.4 亿元，增长 23.9%，其中制造业投资 279.2 亿元，增长 30.5%；交通运输、仓储和邮政业投资 30.3 亿元，下降 3.7%；批发零售住宿餐饮业投资 8.5 亿元，增长 21.1%；房地产业投资 110.7 元，下降 4.5%；租赁和商务服务业投资 35.3 亿元，增长 144.1%；水利、环境和公共设施管理业投资 14.9 亿元，下降 19.7%；公共管理、社会保障和社会组织投资 7.6 亿元，增长 52.4%。

全年列入省“861”行动计划重点项目 258 个，完成投资 238 亿元，增长 8%。97 个市本级政府性投资项目完成投资 9.1 亿元。池州长江公路大桥开工建设，宁安城际池州段完成轨道铺设，望东长江公路大桥、东九高速、杏花村文化旅游区基础设施等项目进展顺利。

（二）农业

全年粮食作物种植面积 117.4 千公顷，比上年扩大 1.5 千公顷，其中谷物种植面积 112.4 千公顷，扩大 13.5 千公顷。油料种植面积 39.1 千公顷，扩大 0.2 千公顷。棉花种植面积 26.8 千公顷，与上年基本持平。蔬菜及食用菌种植面积 15.3 千公顷，扩大 0.2 千公顷。

全年粮食总产 68 万吨，比上年增长 4.2%。油料产量 9.9 万吨，增长 2.8%。棉花产量 3.3 万吨，增长 1.3%。茶叶产量 0.8 万吨，增长 8.6%。

年末全市生猪存栏 42.4 万头，比上年增长 1%。全年生猪出栏 73.9 万头，增长 3.2%。肉类总产量 8.8 万吨，比上年增长 3%。其中，猪牛羊肉产量 6.2 万吨，增长 3.1%；禽蛋产量 3.8 万吨，增长 2.4%。水产品产量 13.4 万吨，增长 6.5%。

年末全市农业机械总动力 123.3 万千瓦，比上年增长 2.5%。农用拖拉机 3.9 万台，农用运输车 0.2 万台。全年化肥施用量（折纯）6.1 万吨，下降 2.7%。农村用电量 4.1 亿千瓦时，增长 10.5%。有效灌溉面积 97.8 千公顷，节水灌溉面积 3.94 千公顷。

（三）工业和建筑业

1. 工业经济

全年全部工业增加值191.4亿元，比上年增长11.6%。年末规模以上工业企业达483户，比上年末净增50户。全年规模以上工业增加值166.3亿元，比上年增长12.5%。分轻重工业看，轻、重工业分别增长1.7%和15.3%；分经济类型看，国有企业增长5.4%，集体企业下降20.9%，股份制企业增长12.9%，外商及港澳台商投资企业增长18.3%，其他企业增长3.3%。

规模以上工业中，34个工业行业有26个行业产值保持增长，其中黑色金属矿采选业产值增长67.5%，非金属矿采选业增长15.4%，化学原料和化学制品制造业增长31.1%，非金属矿物制品业增长2.8%，黑色金属冶炼和压延加工业增长28.4%，有色金属冶炼和压延加工业增长46.1%，通用设备制造业增长38.7%，电气机械和器材制造业增长15.6%，电力、热力生产和供应业增长8.1%，计算机、通信和其他电子设备制造业增长39.3%，农副食品加工业增长10.8%，纺织服装、服饰业增长7.7%，木材加工和木、竹、藤、棕、草制品业增长10.4%。全市高新技术产业产值237.3亿元，增长31.8%。全市战略性新兴产业产值95.3亿元，增长17.2%。

规模以上工业统计的主要产品产量中，火力发电量增长1.7%，硫酸、浓硝酸、农用化学肥料、化学农药原药分别增长61.1%、30.3%、15.1%、13.8%，硅酸盐水泥熟料、水泥、粗钢分别增长3.7%、3%、83.3%，钢材、铅分别下降37.2%、2.5%，啤酒、白酒、精制茶分别下降19.2%、19.7%、24.9%。

全年规模以上工业企业主营业务收入616.6亿元，比上年增长16.6%；利税66.8亿元，增长2.8%，其中利润总额48.5亿元，增长7.3%。规模以上工业经济效益综合指数312.1%，比上年提高10.3个百分点。

2. 建筑业

全年全社会建筑业增加值53.1亿元，比上年增长5.3%。资质内建筑企业达109个，比上年增加3个；房屋建筑施工面积1156.2万平方米，比上年增长44.8%；房屋竣工面积519.4万平方米，增长8.1%。

（四）服务业

1. 国内贸易

全年社会消费品零售总额161.2亿元，比上年增长13.5%。分城乡看，城镇消费品零售额125.8亿元，增长13.8%，其中城区零售额82.5亿元，增长15.9%；乡村消费品零售额35.4亿元，增长12.7%。按消费形态分，商品零售额149.6亿元，增长13.6%；餐饮收入11.6亿元，增长13.4%。

年末限额以上批发零售和住宿餐饮业单位达260户，比上年净增26户，实现零售额72.7亿元，比上年增长15.9%。在限额以上单位商品零售类值中，基本生活类商品增长23%，其中粮油食品类增长25.2%，服装类增长23.2%；居住类增长16.2%，其中家具类增长46.9%；燃料类商品增长19%，其中石油及制品类增长18.6%；交通电气设备类商品增长33.2%，其中汽车类增长52.2%；文化娱乐体育健康类商品增长23.2%，其中书报杂志类增长21.1%。

2. 交通运输、邮电

全年交通运输、仓储和邮政业增加值21.8亿元，比上年增长8.5%。

全年旅客运输量4006万人，比上年增长9.1%；货物运输量8971万吨，增长13.9%。旅客运输周转量(不包括铁路)365696万人公里，增长7.7%；货物运输周转量(不包括铁路)3323682万吨公里，增长15.7%。全年九华山机场旅客吞吐量22.2万人次，增长257.7%。全年港口货物吞吐量4279万吨，比上年增长9.3%，其中外贸货物吞吐量25.1万吨，下降42.4%。港口集装箱吞吐量14360标准箱(TEU)，增长31.4%。

年末全市机动车辆保有量21.3万辆，比上年增长9.3%。其中，汽车保有量8.8万辆，增长22.4%；摩托车12.5万辆，增长1.6%。

年末全市公路里程达7878公里，其中高速公路215公里；铁路营业里程达139公里。

全年邮电业务收入10亿元，比上年增长2.6%。其中，邮政业务收入1.2亿元，增长4.9%；电信业务收入8.8亿元，增长2.3%。年末全市固定电话用户25.1万户，比上年下降11.3%；移动电话用户110万户，增长6.1%。每百人拥有电话(含移动)83.7部。年末互联网用户19.1万户，增长7.5%。

3. 旅游业

全年接待国内外游客4133.4万人次，比上年增长20.1%，其中入境游客79.1万人次，增长15.3%；旅游总收入421.9亿元，增长22.3%。年末全市共有A级及以上景区32个，其中5A级1个，4A级15个。全市达到全国工、农业旅游示范点标准的7个，达到安徽省旅游乡镇标准的22个，达到安徽省星级农家乐标准的200个。全市共有旅游星级饭店35家，旅行社76家。

4. 金融和保险

全年社会融资总规模125亿元，比上年增加21.8亿元。年末全市金融机构存款余额(人民币口径，下同)668.6亿元，比年初增加72.6亿元，余额比上年增长12.2%，其中储蓄存款余额427.1亿元，比年初增加55.1亿元，余额比上年增长14.8%。金融机构贷款余额461.8亿元，比年初增加59.9亿元，余额比上年增长15.3%。其中，短期贷款余额162.2亿元，增长11%；中长期贷款余额283.5亿元，增长15.2%。

年末全市金融机构外汇存款余额1449万美元，比年初减少633万美元，余额比上年下降30.4%；全市金融机构外汇贷款余额4165万美元，比年初减少2326万美元，余额比上年下降35.8%。

九华股份IPO主板预披露。发行企业债券募集资金9.5亿元。新三板签约企业11家，挂牌2家。四板市场挂牌5家。

全年保险业保费收入16.3亿元，比上年增长23.2%。其中，财产险业务保费收入5.6亿元，增长26.5%；人身险业务保费收入10.7亿元，增长21.5%。赔款和给付支出5.2亿元，比上年增长5.4%。其中，财产险业务赔款和给付支出2.9亿元，增长18.9%；人身险业务赔款和给付支出2.3亿元，下降7.8%。

5. 房地产业

全年房地产开发投资104.1亿元，比上年下降1.5%。全年商品房销售面积154.1万平方米，增长1.2%；商品房销售额70.5亿元，下降7.6%。全年新开工建设保障性安居工程住房1万套、基本建成0.52万套，棚户区改造1.17万户。

（五）对外经济

1. 对外贸易

全年进出口总额41193万美元，比上年增长1.5%。其中出口25982万美元，增长0.9%；进口15211万美元，增长2.5%。从主要产品看，铅精矿进口5228万美元，下降50.1%；纺织服装出口2738万美元，下降54.9%；化工产品出口3067万美元，增长8.8%；农产品出口6884万美元，增长37.4%。

2. 利用外资

全市亿元以上在建省外投资项目 285 个，当年实际到位资金 296.9 亿元，比上年增长 19.9%。全年新批外商直接投资企业 8 个；合同外资 4920 万美元；全年利用外商直接投资 30260 万美元，比上年增长 15.5%。

二、池州市 2014 年社会发展概况

（一）人口、人民生活

年末全市户籍人口 160.64 万人。其中，男性 82.22 万人，占 51.2%；女性 78.42 万人，占 48.8%。全年出生人口 1.9 万人，出生率 11.83‰；死亡 1.09 万人，死亡率 6.76‰；人口自然增长率 5.07‰。在总人口中，非农业人口 29.12 万人。年末全市总户数 54.91 万户，平均每户家庭人口为 2.93 人。年末常住人口 143 万人，比上年增加 0.8 万人。全市城镇化率达 50.1%，比上年提高 1.3 个百分点。

全年常住居民人均可支配收入[①] 16089 元，比上年增长 10.1%。其中，城镇常住居民人均可支配收入 22295 元，比上年增长 7.8%；农村常住居民人均可支配收入 10629 元，比上年增长 12.5%。

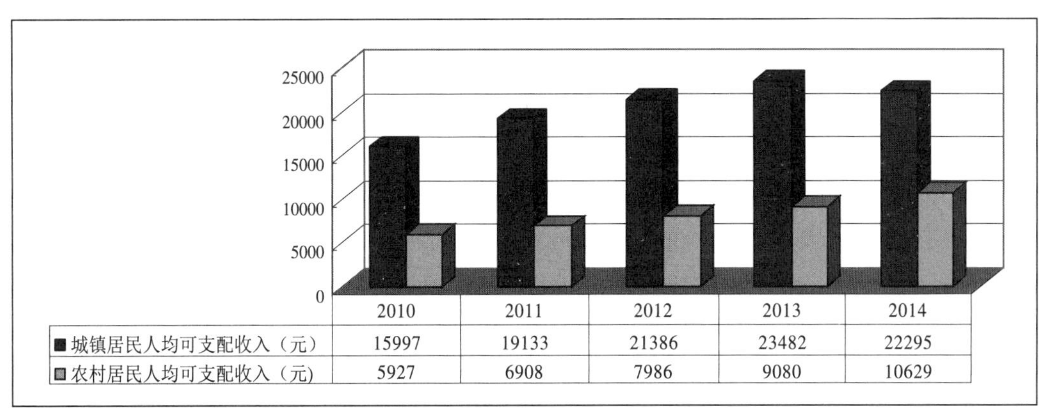

	2010	2011	2012	2013	2014
■城镇居民人均可支配收入（元）	15997	19133	21386	23482	22295
■农村居民人均可支配收入（元）	5927	6908	7986	9080	10629

图 3　2010—2014 年池州市城乡居民收入对比一览

（二）就业与社会保障

1. 就业工作

年末从业人员 114.11 万人，比上年增加 1.03 万人。其中，第一产业 45.38 万人，减少 0.01 万人；第二产业 28.62 万人，增加 0.44 万人；第三产业 40.11 万人，增加 0.6 万人。城乡私营企业从业人员和个体劳动者 21.81 万人，增加 2.13 万人。全年城镇新增就业 1.8 万人；失业人员再就业 0.89 万人；城镇失业登记率为 3.6%，在年度控制目标 4.5%以内。

2. 社会保障和福利

年末全市城镇职工养老保险参保 14.21 万人，城乡居民养老保险参保 87.91 万人，城镇职工基本医疗保险参保 13.52 万人，城镇居民基本医疗保险参保 14.93 万人，失业保险参保 7 万人，工伤保险

---

① 2012 年四季度，国家统计局实施了城乡一体化住户调查改革，统一了城乡居民收入名称、分类和统计标准。从 2014 年一季度开始，国家统计局安徽省调查总队正式公布一体化调查数据，与原口径数据不可比。

参保10.04万人,生育保险参保8.6万人。新型农村合作医疗实现农村人口全覆盖。

年末全市共有1.88万人享受城市居民最低生活保障;5.37万人享受农村最低生活保障。全年医疗救助1.78万人次,抚恤补助各类优抚对象1.03万人次。

年末全市共有各类收养性单位49个,床位数5997张。其中国家办社会福利院2个,儿童福利机构2个,农村老年福利机构11个,城镇办老年福利机构1个,光荣院2个。

(三)教育和科学技术

1. 教育事业

全市共有普通高等教育学校3所,普通本专科在校学生21024人,成人在校学生2309人。中等职业教育学校10所,在校学生23752人。普通中学105所,在校学生83810人。其中,高中在校学生36963人,高中阶段毛入学率98.3%;初中在校学生数46847人,初中学龄人口入学率99.9%。小学292所,在校学生90194人,小学入学率100%。

2. 科技与创新

年末全市各类专业技术人员3.96万人,比上年增长6.4%。

年末全市高新技术企业达51家,其中当年认定16家。全年新认定省级创新型试点企业9家、省级民营科技企业51家。新认定省级高新技术产品70个、省级重点新产品7个,其中国家重点新产品2个。新增省级工程技术中心4个、企业技术中心4家。荣获省科技一等奖项目1个,列入全省高层次科技人才创新创业团队1个,新增中国驰名商标1件、省著名商标16件、省名牌产品5个。青阳县列入国家知识产权强县工程试点县,东至县被评为全省发明专利授权量“十强县”。

全年申请专利2756件,比上年增长32.7%,其中发明1252件,增长97.2%。授权专利1137件,增长2%,其中授权发明62件。全年技术市场成交项目46个,成交额3248万元,比上年增长47.5%。

(四)文化、卫生和体育

1. 文化事业

年末全市共有文化馆6个,公共图书馆5个,博物馆4个,乡镇街道综合文化站53个。全国重点文物保护单位9处,省级重点文物保护单位45处。国家级非物质文化遗产名录4项,省级非物质文化遗产名录18项。广播综合人口覆盖率98.15%,电视综合人口覆盖率98.65%。

2. 卫生事业

年末全市共有卫生机构(不含村卫生室,下同)381个。其中,医院、卫生院87个,妇幼保健院(所、站)3个,专科疾病防治院(所、站)3个,疾病预防控制中心6个,卫生监督所(中心)6个,诊所、卫生所、医务室165个,社区卫生服务中心(站)40个,门诊部8个。各类卫生机构卫生技术人员6617人。其中,执业(助理)医师2550人,注册护士2713人。各类卫生机构床位数5507张,其中医院、卫生院床位数5317张。

3. 体育事业

成功举办第四届全国绿色运动健身大会和“海峡杯”铁人精英赛、首届中国国际健身气功交流比赛大会、第六届世界传统武术锦标赛四项品牌赛事。全年组织开展全民健身活动66次,参加人数达15.4万人次。

(五)城乡建设

实施创新生态文明建设体制机制的若干意见,突出以人的城镇化为核心,统筹推进人居城市、新

型城镇化、美好乡村“三大建设”，创建省级生态市通过考核验收，市辖三县完成国家级生态县创建目标任务，列入全省水生态文明建设第一批试点城市，生态宜居的城市特色进一步彰显。

切实抓好“三农”工作。加快发展现代农业，创建省级现代农业示范区1个，粮食总产68万吨，新建标准化蔬菜基地1000亩，新改建无性系良种茶园1万亩，3家茶企进入全国行业百强，新增“三品”认证11个；有序推进农村土地承包经营权确权登记颁证试点，土地流转7万亩，新增家庭农场等新型农业经营主体275个、规模农产品加工企业18家。着力改善农村基础设施条件，解决15.96万农村人口饮水安全问题，实施中小河流治理工程5处、排涝泵站工程2个、小型水库除险加固19座，完成水利投资6.1亿元；改造县乡道路157.3公里、农村公路危桥93座；升级改造农村电网1300公里；建成高标准基本农田18.1万亩，土地整理新增耕地7125.6亩。兑现强农惠农政策补贴资金6.5亿元，农民人均收入水平不断提高。

着力提升中心城市功能。97个市本级政府性投资项目完成投资9.1亿元，新改建城市道路18.1公里、雨污管网29.5公里、燃气管线96公里，地下综合管线完成普查。制定平天湖和清溪河水环境综合治理规划，完成清溪河主河道清淤、生态驳岸、尾水改造及沿线22个溢流口、2条沟渠截污整治，清溪河水质明显改善，论证确定平天湖为主城区应急备用水源。编制实施国家绿色生态示范城区规划，天堂湖环境综合整治进展顺利。“数字池州”公共云平台建成使用，市容管理不断加强。主城区房地产市场健康稳定发展。

稳步推进新型城镇化。有序推进农业转移人口市民化，全面推行居住证制度，进城落户农民纳入城镇住房和社会保障体系。扎实开展县城规划建设管理水平提质达标行动，重点推进东至、青阳省级新型城镇化试点，完成县城及集镇改造投资7.8亿元，新开通城乡公交线路6条。

扎实推进美好乡村建设。按照“三美”标准，坚持因地制宜、突出特色，尊重群众意愿，整合资源要素，引导农民参与，以“四沿五片”为重点推进“三线三边”环境治理，加快改善农村人居环境，实施10个乡镇农村清洁工程，改造农村危房6048户，建成25个省级重点示范村，贵池区在全省考核中跻身“美好乡村建设先进县”。

（六）环境保护

年末全市实有自然保护区6个。其中，省级自然保护区3个，国家级自然保护区2个。自然保护区面积64.5千公顷，占国土面积的8%，其中国家级自然保护区面积36.7千公顷。野生动植物就地保护点2个，保护点面积6.7千公顷。当年人工造林面积5.5千公顷，年末实有封山育林面积84.2千公顷。活立木蓄积量2784万立方米，比上年增加51万立方米；森林覆盖率达59.2%，比上年提高0.6个百分点。

全年平均降水量1589.9毫米，平均气温为16.8℃。

全年能源消费总量459.2万吨标准煤，比上年增长3.9%全社会电力消费量47.6亿千瓦时，增长7.7%，其中工业用电量37.1亿千瓦时，增长10.8%。万元GDP能耗下降4.9%。

全年化学需氧量排放量1.96万吨，比上年下降1.52%；氨氮排放量0.22万吨，下降4.52%；二氧化硫排放量1.66万吨，下降3.82%；氮氧化物排放量2.38万吨，下降28.73%。

年末全市共有环境监测站5个。其中，市级1个，县级4个。全年城区环境空气质量优良天数363天，占99.3%。全市PM10年均浓度为59微克/立方米，比上年下降24.4%。尧渡河、黄盆河、秋浦河、白洋河、九华河、青通河、长江池州段水质以Ⅱ～Ⅲ类为主，总体水质优。

年末城市污水处理厂处理能力达11万立方米/日，污水处理总量达3433万立方米，集中处理率达92.2%。生活垃圾无害化处理率达92.5%。建成区绿化覆盖率达41.3%。

（七）社会安全

全年各类安全事故 725 起、死亡 117 人、受伤 764 人，分别比上年下降 7.4%、1.7%、9.7%；造成直接经济损失 2648 万元，增长 49.8%。在各类安全事故中，工矿商贸事故 11 起，死亡 17 人；道路交通事故 564 起，死亡 100 人；生产经营性火灾事故 149 起；农业机械事故 1 起。

三、池州市在泛长三角地区经济发展中的地位

2014 年，全市上下在市委、委政府的坚强领导下，深入贯彻落实党的十八大、十八届三中、四中全会精神，主动适应新常态，创新思路，转变方法，统筹做好稳增长、促改革、调结构、惠民生、防风险的各项工作，实现了经济社会持续稳定健康发展。全市经济继续运行在相对较快合理区间，转型升级取得积极进展，呈现出“稳中有进、提质增效“的良好态势。

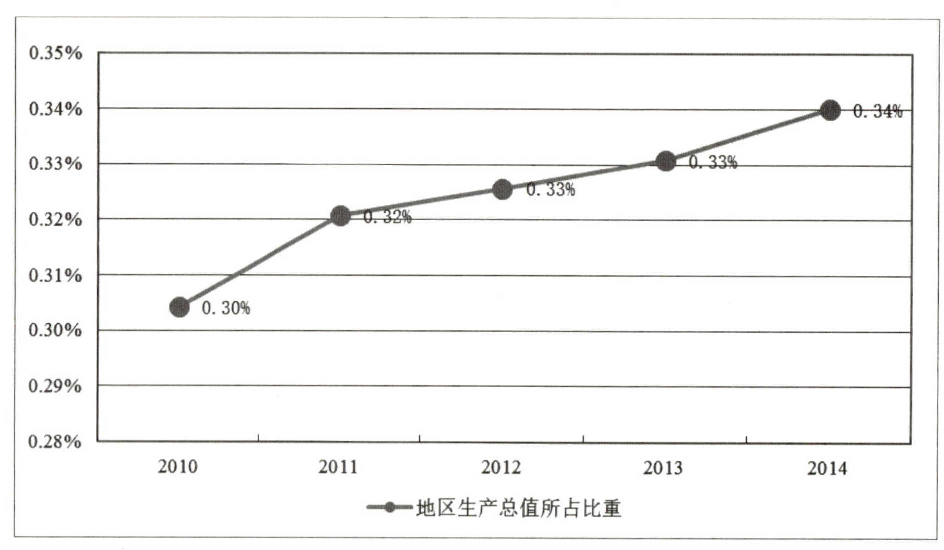

图 4　2010—2014 年池州市地区生产总值在泛长三角地区 41 市所占比重变化趋势

2010—2014 年池州市地区生产总值在泛长三角地区 41 市所占比重分别为 0.30%、0.32%、0.33%、0.33%和 0.34%。地区生产总值在泛长三角 41 市占比整体呈现上扬态势，2014 年与 2010 年比增加了 0.04 个百分点，较上年增加了 0.01 个百分点。2014 年，在泛长三角地区 41 市地区生产总值所占比重排名第 40 位，位置靠后。

2014 年，全年生产总值 503.7 亿元，按可比价格计算，比上年增长 9.2%。分产业看，第一产业增加值 71.7 亿元，增长 4.6%；第二产业增加值 244.5 亿元，增长 10.3%；第三产业增加值 187.5 亿元，增长 9.2%。三次产业结构比例由上年的 14.6∶48.8∶36.6 调整到 14.2∶48.6∶37.2，其中工业化率由 37.9%提高到 38%，服务业占比提高 0.6 个百分点。全社会劳动生产率为 44338 元/人，比上年增加 3285 元/人。人均生产总值达 35320 元(约合 5749 美元)，比上年增加 2779 元。

前三季度全市生产总值 363.7 亿元，按可比价格计算，同比增长 9.2%。分季度看，一季度增长 9.2%、上半年增长 9.3%、前三季度增长 9.2%，增幅波动在 0.1 个百分点以内，经济增长趋稳的态势明显。分产业看，一产增加值 41.6 亿元，增长 4.4%；二产增加值 183.4 亿元，增长 10.7%；三产增加值 138.7 亿元，增长 8.4%。GDP、财政、工业、投资、消费等指标增速高于全省，多数指标增速位居全省中上游。

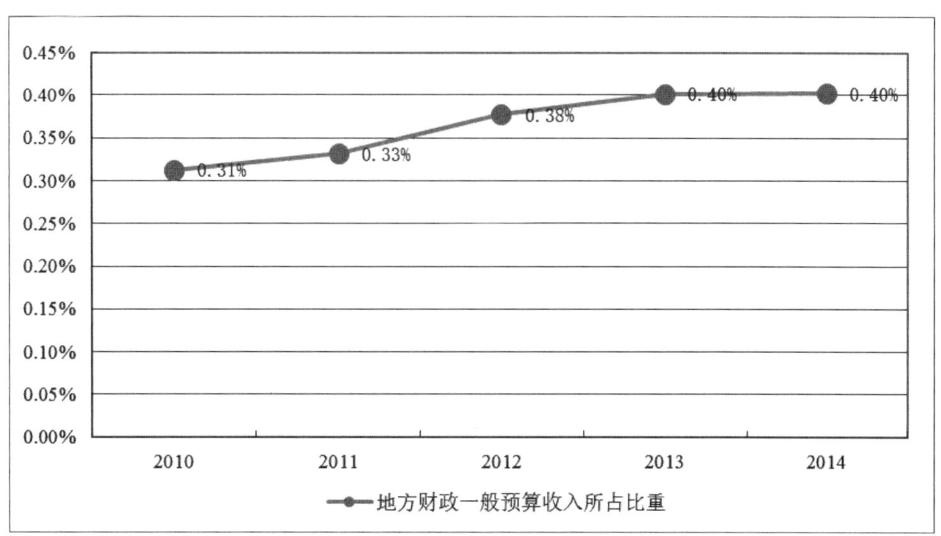

图5　2010—2014年池州市地方财政一般预算收入在泛长三角41市所占比重变化趋势

2010—2014年池州市地方财政一般预算收入在泛长三角41市所占比重分别为0.31%、0.33%、0.38%、0.40%和0.40%，2014年较2010年增加了0.09个百分点，与上年基本持平。2014年，池州市地方财政一般预算收入在泛长三角41市地区的排第38位，位置靠后。

2014年，全年财政收入92.1亿元，比上年增长10.2%，其中地方财政收入68.4亿元，增长5.1%。在全部财政收入中，税收收入70.2亿元，增长8.5%。其中，增值税20.7亿元，增长33.6%；营业税13.4亿元，增长2.4%；消费税0.8亿元，增长4.2%；企业所得税8.1亿元，增长14.6%；个人所得税1.6亿元，下降19%。全年财政支出138.8亿元，比上年增长6.2%。其中，节能环保支出增长17.5%，交通运输增长13.3%，社会保障与就业增长8.9%，住房保障增长4.1%，教育下降22.5%，科学技术下降8.1%，农林水事务下降3.7%，医疗卫生和计划生育下降2.4%。全市33项民生工程和10件惠民实事共投入资金34.2亿元，增长25%。

1—11月份，全市财政收入83亿元，同比增长8%，其中地方财政收入62.9亿元，增长4.8%；财政总收入超过黄山0.1亿元，地方财政收入分别超黄山0.4亿元、铜陵2.8亿元。在全部财政中，税收收入62.9亿元，增长6.6%。从四大主体税种看，增值税、所得税、消费税、营业税等分别实现税收17.8亿元、9.1亿元、0.8亿元、12.1亿元，同比分别增长27.7%、6.8%、4.3%、4.4%，四大主体税种累计完成税收39.8亿元，增长14.3%，占税收收入的比重达63.3%，同比提高4.2个百分点。

2010—2014年池州市规模以上工业总产值在泛长三角41市所占比重分别为0.16%、0.17%、0.21%、0.21%和0.24%，呈连续增加态势，2014年较2010年增加了0.08个百分点，较上年增加了0.03个百分点。2014年，池州市规模以上工业总产值在泛长三角41市地方财政一般预算收入所占比重排第40位，位置靠后。

全年全部工业增加值191.4亿元，比上年增长11.6%。年末规模以上工业企业达483户，比上年末净增50户。全年规模以上工业增加值166.3亿元，比上年增长12.5%。分轻重工业看，轻、重工业分别增长1.7%和15.3%；分经济类型看，国有企业增长5.4%，集体企业下降20.9%，股份制企业增长12.9%，外商及港澳台商投资企业增长18.3%，其他企业增长3.3%。

前三季度，全市规模以上工业增加值126.9亿元，增幅由上半年增长13.1%提高到13.2%，增幅居全省位次由第5位提升到第2位。34个大类行业中有27个行业增加值同比增长，其中金属制品业，通用设备制造业，计算机、通信和其他电子设备制造业，黑色金属矿采选业，有色金属矿采选业，有

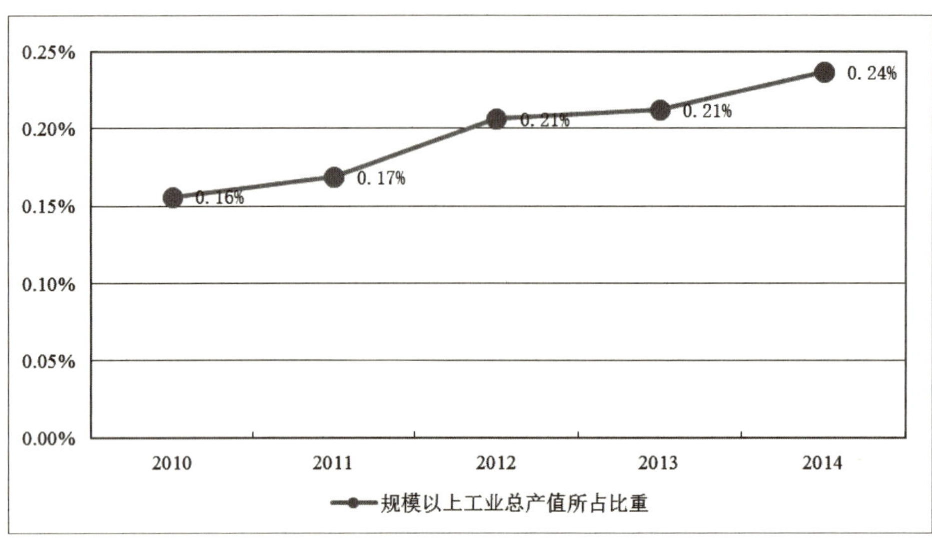

图 6　2010—2014 年池州市规模以上工业总产值在泛长三角 41 市所占比重变化趋势

色金属冶炼和压延加工业等增长较快，分别增长 65.1%、43.9%、31.5%、28.4%、24.4%、22.6%。农业生产形势稳定。全市夏粮总产 2 万吨，增长 4.2%；油菜籽总产 9.5 万吨，增长 3.1%；茶叶产量 0.7 万吨，增长 6.9%。前三季度，生猪出栏 50.7 万头，增长 2.6%；肉类总产量 6.1 万吨，增长 2.7%；水产品产量 10.1 万吨，增长 5.3%。

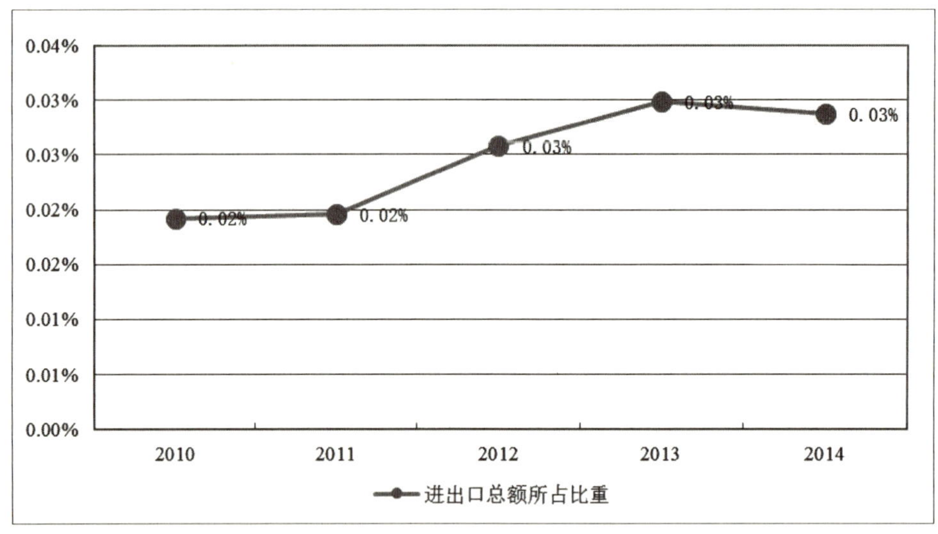

图 7　2010—2014 年池州市进出口总额在泛长三角 41 市所占比重变化趋势

2010—2014 年池州市进出口总额在泛长三角 41 市所占比重分别为 0.02%、0.02%、0.03%、0.03%和 0.03%，五年间增加了 0.01 个百分点，其中 2014 年与上年基本持平。2014 年，池州市进出口总额在泛长三角 41 市的排 40 位，位置较为靠后。

全年进出口总额 41193 万美元，比上年增长 1.5%。其中出口 25982 万美元，增长 0.9%；进口 15211 万美元，增长 2.5%。从主要产品看，铅精矿进口 5228 万美元，下降 50.1%；纺织服装出口 2738 万美元，下降 54.9%；化工产品出口 3067 万美元，增长 8.8%；农产品出口 6884 万美元，增长 37.4%。

1—11 月份，全市进出口总额 37775 万美元，同比下降 1.9%，降幅比前三季度、1—10 月份分别收

窄 10.4 个、2 个百分点。其中，出口 24281 万美元，增长 1.5%；进口 13494 万美元，下降 7.4%，降幅比前三季度、1—10 月份分别收窄 25.8 个、6.2 个百分点。从重点企业看，鸿叶集团、耐福电声、新桥工贸、中山化工、安联商贸、铜冠铜箔、正威半导体等企业对外贸易的形势较好；三大洲针织出口同比下降 78.2%，铜冠有色进口同比下降 60.3%，是全市进出口同比下降的主要原因。随着稳定外贸促进政策的进一步落实，全市进出口有望在全年扭转负增长态势。

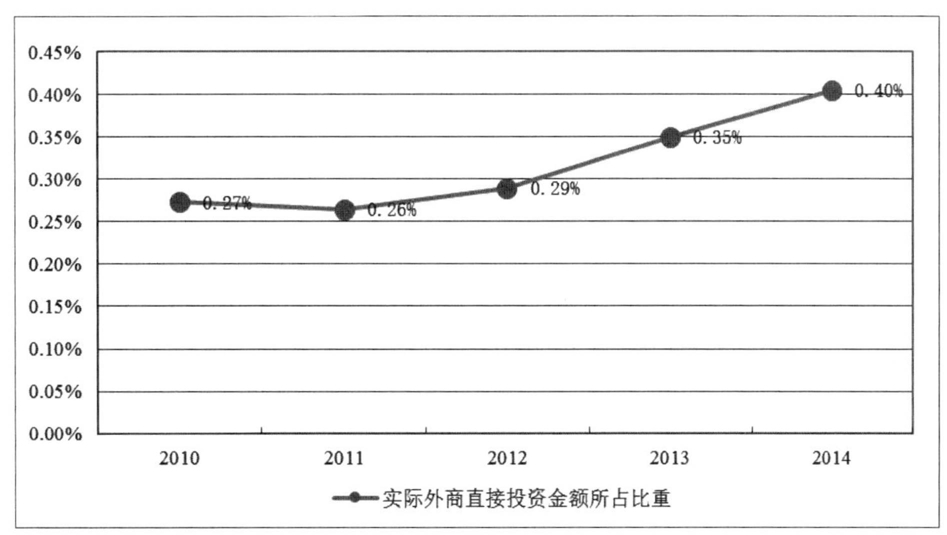

图 8　2010—2014 年池州市实际外商直接投资金额在泛长三角 41 市所占比重变化趋势

2010—2014 年池州市实际外商直接投资金额在泛长三角 41 市所占比重分别为 0.27%、0.26%、0.29%、0.35%和 0.40%，整体呈现上扬姿态，2014 年较 2010 年增加了 0.13 个百分点，较上年增加了 0.05 个百分点。2014 年，池州市实际外商直接投资金额在泛长三角 41 市排第 31 位。

2014 年，全市亿元以上在建省外投资项目 285 个，当年实际到位资金 296.9 亿元，比上年增长 19.9%。全年新批外商直接投资企业 8 个；合同外资 4920 万美元；全年利用外商直接投资 30260 万美元，比上年增长 15.5%。

十七　亳州市 2014 年经济社会发展报告

2014 年，面对复杂的宏观环境和繁重的改革发展任务，全市上下在市委、市政府坚强领导下，深入贯彻落实党的十八大和十八届三中、四中全会以及习近平总书记系列重要讲话精神，坚持稳中求进工作总基调，统筹做好稳增长、促改革、调结构、惠民生、防风险各项工作，主动作为，精准发力，保持了经济社会平稳健康发展。

一、亳州市 2014 年经济发展概况

（一）综合经济

1. 经济总量

全年生产总值(GDP)883.63 亿元，按可比价格计算，比上年增长 7.8%。分产业看，第一产业增加值 194.52 亿元，增长 4.5%；第二产业增加值 348.66 亿元，增长 8.3%；第三产业增加值 340.45 亿元，增长 9.1%。三次产业结构为 24.1∶40.1∶35.8，其中工业增加值占 GDP 比重为 33.7%。人均 GDP17102 元，比上年增加 1031 元。

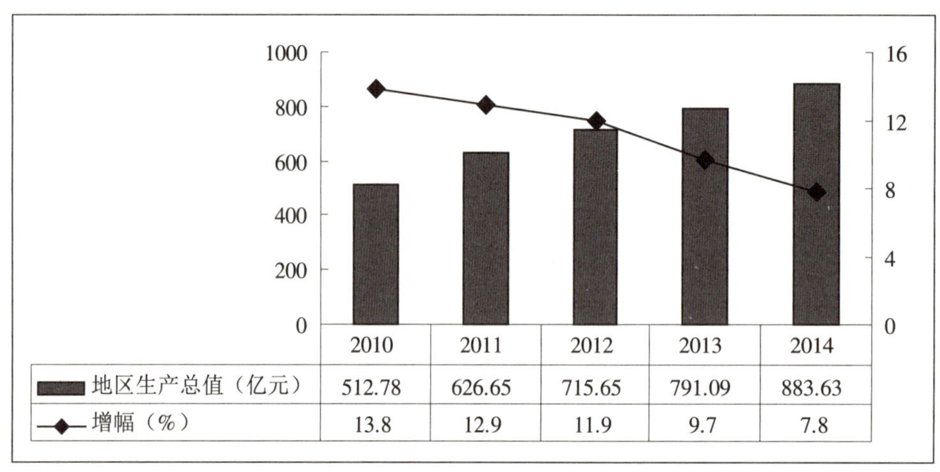

	2010	2011	2012	2013	2014
地区生产总值（亿元）	512.78	626.65	715.65	791.09	883.63
增幅（%）	13.8	12.9	11.9	9.7	7.8

图 1　2010—2014 年亳州市地区生产总值及增长速度

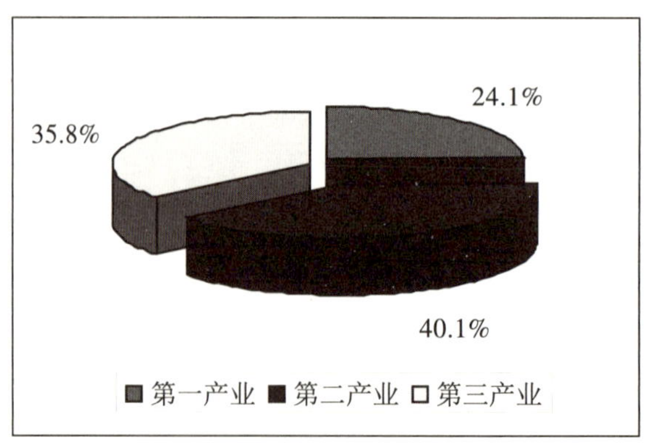

图 2　2014 年亳州市三次产业结构图

2. 财政收支

全年财政收入115.7亿元，比上年增长11.8%，其中地方财政收入72.7亿元，增长12.9%。全部财政收入中，增值税增长7.1%，营业税增长14.4%，企业所得税增长33.9%。财政支出227.6亿元，增长10.8%，其中城乡社区事务支出增长81.3%，节能环保支出增长61.6%，公共安全支出增长24.4%，文化体育与传媒支出增长14.1%，医疗卫生支出增长8.5%，社会保障与就业支出增长5.1%。全年32项民生工程累计投入107亿元，惠及600多万城乡居民。

3. 物价水平

全年居民消费价格比上年上涨1.4%，其中食品价格上涨2.9%。商品零售价格下降0.2%。工业生产者出厂价格上涨1.5%，工业生产者购进价格下降1.3%。

4. 固定资产投资

全年固定资产投资650.9亿元，比上年增长20.2%。其中，工业及信息化产业技术改造投资95.9亿元，增长20.4%；民间投资439.5亿元，增长15.9%。分产业看，第一产业投资增长17.9%，第二产业增长4.4%，第三产业增长32.5%。分行业看，工业投资增长4.6%，其中制造业投资下降1.9%。

全年共实施重点项目347个，完成投资449亿元，其中亿元以上项目239个，同比增加42个。新开工亿元以上项目110个，同比增加23个，其中新开工亿元以上工业项目53个、同比增加12个。奇瑞农机重工、鼎基鞋业、海创建材一期等一批亿元产业项目已进行试产，济祁高速亳州段、板集电厂、九州方圆制药、广药集团"大南药大健康双产业基地"、五得利面粉二期工程等重大项目正在加快建设，蒙城江淮汽车供应巢、九州通医药物流园等主体工程开工建设。

（二）农业

全年粮食作物种植面积878.5千公顷，比上年扩大24.4千公顷，其中优质小麦面积386.6千公顷，扩大3千公顷。油料种植面积10.6千公顷，减少0.8千公顷。棉花种植面积13.9千公顷，减少0.4千公顷。蔬菜种植面积98.8千公顷，扩大3.2千公顷。

全年粮食产量467.5万吨，比上年增产20.1万吨，增长4.5%。其中，夏粮329.2万吨，增产13.1万吨，增长4.2%；秋粮138.3万吨，增产6.9万吨，增长5.3%。油料产量5.3万吨，增长9.7%。棉花产量2.0万吨，增长2.6%。

全年共完成林木育苗面积40069亩，四旁植树1270万株，人工造林面积13.5万亩，林木覆盖率达19.4%。

年末全市生猪存栏154.8万头，比上年增长3.9%；全年生猪出栏304.7万头，增长3.4%。肉类总产量31.9万吨，增长3.2%，其中猪牛羊肉产量28.3万吨，增长3.2%。禽蛋产量6.9万吨，增长2.7%。牛奶产量1.8万吨，增长20.8%。

年末全市农业机械总动力839.2万千瓦，比上年增长5.3%。农用拖拉机19.0万台，下降1.4%；农用运输车24.6万辆，下降0.5%。农村用电量3975万千瓦时，增长19.9%。有效灌溉面积384千公顷，新增24千公顷；新增节水灌溉面积6.8千公顷。

年末市级以上农业龙头企业达454家，较上年新增60家，其中，国家级4家，省级50家。全市新建农民专业合作社省级示范点43个，年末拥有农民专业合作组织5447个，合作组织成员44.6万人。

全市改造县乡公路247公里，新建农村沼气池945口，解决86.2万农民的饮水不安全问题。

（三）工业和建筑业

1. 工业经济

年末全市规模以上工业企业达671户，比上年净增45户。全年规模以上工业企业实现增加值224亿元，比上年增长10.2%，其中轻、重工业分别增长11.8%和8%。集体企业、股份合作企业和股份制企业生产增长较快，增幅分别比规模工业高了12.6个、10.2个和4.2个百分点。

全市31个工业行业中，23个保持增长，其中增速超过20%的行业达到16个。煤炭开采和洗选业下降5%，农副食品加工业增长36.1%，酒、饮料和精制茶制造业下降13.2%，医药制造业增长15.8%，非金属矿物制造业增长26.5%，汽车制造业增长15%，五大主导行业对全市规模以上工业增长贡献率达44.3%。高新技术行业增长11.8%，高耗能行业下降1%。

全年规模工业总产值为822.2亿元，增长12%；战略性新兴产业产值223.5亿元，增长18.2%；农产品加工产值524.4亿元，增长15.9%；高新技术行业产值249.7亿元，增长16.4%。

主要工业产品产量中，小麦粉增长17.5%、白酒下降7.9%、水泥增长18.7%、服装增长11.2%、改装汽车增长2.1%。

全市规模以上工业企业经济效益综合指数262.5%，比上年下降1.9个百分点。企业主营业务收入741.5亿元，增长12%；利税65.5亿元，下降8.3%，其中利润37.9亿元，下降9.7%。农副食品加工业，食品制造业，酒、饮料和精茶制造业，纺织服装、服饰业，化学原料及化学制品制造业，医药制造业，金属制品业，非金属矿物制品业，木材加工和木、竹、藤、棕、草制品业，计算机、通信和其他电子设备制造等10个行业利润均超亿元

2. 建筑业

全年全社会建筑业增加值54.5亿元，比上年增长6.5%。资质内建筑企业利税总额3.2亿元，增长13.8%。房屋建筑施工面积337.4万平方米，增加67.7万平方米；房屋竣工面积199.8万平方米，增加26.3万平方米。

（四）服务业

1. 国内贸易

全年社会消费品零售总额388.4亿元，比上年增长13%。按经营地统计，城镇消费品零售额285.1亿元，增长13.3%；乡村消费品零售额103.3亿元，增长11.9%。按消费形态统计，商品零售额345.1亿元，增长12.7%；餐饮收入43.3亿元，增长15%。按企业规模分，限额以上企业零售额143.5亿元，增长15.1%；限额以下企业零售额244.9亿元，增长11.1%。

限额以上企业商品零售额中，吃、穿、用类商品零售额分别比上年增长14.6%、15.5%和16.7%。其中，粮油类增长17.8%，肉禽蛋类下降5.8%，服装类增长10.8%，化妆品类增长14.2%，日用品类增长14.6%，中西药品类增长16.9%，家用电器和音像器材类增长17.3%，石油及制品类增长15.7%，汽车类增长18.7%。

2. 交通运输、邮电

全年交通运输、仓储和邮政业增加值45.5亿元，比上年增长7.7%。

全年公路旅客运输量8927万人，公路和水运货物运输量28456万吨，比上年分别增长16.1%和11.4%；公路旅客运输周转量63.1亿人公里，公路和水运货物运输周转量796.2亿吨公里，分别增长14.6%和12.9%。全年港口货物吞吐量1190万吨，增长14.2%。

年末全市民用汽车拥有量30万辆，比上年增长16.8%，其中私人汽车24.6万辆，增长16.6%。民用轿车拥有量10.7万辆，增长24.5%，其中私人轿车10万辆，增长25.6%。

全年邮电业务总量26亿元，比上年增长24.4%。其中，电信业务总量22亿元，增长23.2%；邮政业务总量4.1亿元，增长31%。年末本地固定电话交换机总容量30.41万门，比上年减少6万门。本地固定电话用户34.3万户，比上年减少8.4万户；移动电话用户291.6万户，增加17.2万户。每百人拥有电话(含移动)51.4部，增加1.5部。年末基础电信运营企业计算机互联网宽带接入用户35.2万户，增加4.5万户。

3. 旅游业

全年入境旅游人数3.3万人次，比上年增长10%；国内游客1257.8万人次，增长14.9%。旅游总收入88.8亿元，增长15.8%。其中，旅游外汇收入1588万美元，增长42.6%；国内旅游收入87.8亿元，增长15.6%。年末全市共有A级旅游景点(区)32处，星级酒店16个，旅行社31家。

4. 金融和保险

年末全市金融机构各项存款余额(人民币口径，下同)1060.8亿元，比上年末增加133.2亿元，增长14.4%。其中，单位存款余额299亿元，增长13.1%；城乡居民储蓄存款余额741.6亿元，增长16%。金融机构各项贷款余额641.7亿元，比上年末增加120.1亿元，增长23%。其中，短期贷款余额339.8亿元，增长31.8%；中长期贷款余额294.2亿元，增长20.7%，中长期贷款中个人消费贷款余额129.1亿元，增长35.6%。

年末全市共有6家证券公司营业部，开户股民(含基金)总数3.2万个，比上年增长13.4%。全市共有保险公司30家，其中，财产保险公司16家，人寿保险公司14家。全年保险业保费总收入41.7亿元，增长21.1%。其中，财产险业务保费收入16.2亿元，增长22.7%；人身险业务保费收入25.5亿元，增长19.8%。赔款和给付13.9亿元，增长15.7%。其中，财产险业务赔款支出8.1亿元，增长10.2%；人身险业务赔款和给付支出5.8亿元，增长4.2%。

5. 房地产业

全年房地产开发投资209.1亿元，比上年增长40.2%。商品房销售面积319.3万平方米，增长20.1%；商品房销售额153.4亿元，增长32.2%。全年开工建设城镇保障性安居工程住房47246套，基本建成26127套。

（五）对外经济

1. 对外贸易

全年全市进出口总额3.7亿美元，比上年下降13.4%。其中，出口3.2亿美元，下降14.5%；进口0.5亿美元，下降5.1%。从出口经营主体看，生产型企业出口增长11.8%，贸易型企业出口下降92.6%。从出口商品看，中药材、机电产品、高新技术产品出口分别下降5.3%、59.6%和51.6%。

2. 利用外资

全年新批外商投资企业4家，比上年下降33.3%；合同利用外商直接投资0.5亿美元，增长359.9%；实际利用外商直接投资6亿美元，增长26%。

二、亳州市 2014 年社会发展概况

（一）人口、人民生活

年末全市户籍人口 634.4 万人，比上年增加 1.44 万人；常住人口为 499.6 万人，城镇化率 35.7%，较上年提高了 1.3 个百分点；全年出生人口 9.5 万人，人口出生率为 15.0‰；死亡人口 5 万人，死亡率为 7.8‰；人口自然增长率 7.2‰。

全年城镇常住居民人均可支配收入 21192 元，比上年增长 8.6%。人均消费性支出 14264 元，增长 10.8%。其中，食品支出增长 10.2%，衣着增长 2.1%，居住下降 7.7%，教育文化娱乐服务下降 0.5%。城镇常住居民恩格尔系数为 31%，比上年下降 0.4 个百分点。年末城镇常住居民人均住房建筑面积 44.5 平方米，比上年增加 2.7 平方米。

全年农村常住居民人均可支配收入 8967 元，比上年增长 12%。人均生活消费支出 7591.9 元，增长 10.1%。其中，食品烟酒支出增长 11.8%，衣着增长 16.6%，居住下降 3.9%，交通通信增长 106.8%。农村常住居民恩格尔系数为 36.2%，比上年增长 0.6 个百分点。年末农村常住居民人均住房建筑面积 42.2 平方米，比上年增加 2.3 平方米。

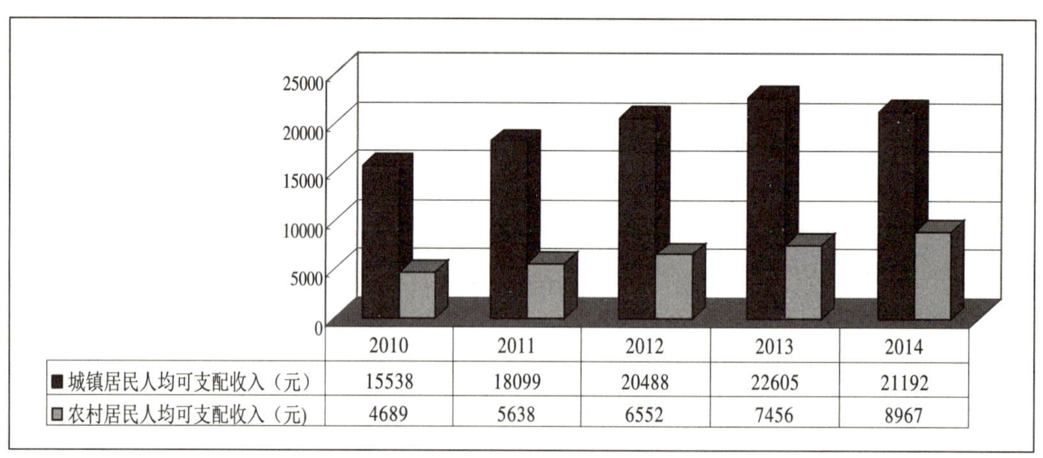

	2010	2011	2012	2013	2014
■城镇居民人均可支配收入（元）	15538	18099	20488	22605	21192
■农村居民人均可支配收入（元）	4689	5638	6552	7456	8967

图 3　2010—2014 年亳州市城乡居民收入对比一览

（二）就业与社会保障

1. 就业工作

城乡私营企业从业人员和个体劳动者 47.9 万人。全年城镇新增就业 5.2 万人，下岗失业人员再就业 1.3 万人。年末城镇登记失业率 3.6%。

2. 社会保障和福利

年末全市参加城镇基本养老保险 357.4 万人、城镇职工基本医疗保险 20.5 万人，参加失业保险人数为 15 万人，全年为 1334 名失业人员发放了不同期限的失业保险金。全市参加工伤、生育保险人数分别为 18.1 万人和 15.6 万人。被征地农民养老保险制度全面推进，年末被征地农民参保人数 9.9 万人，覆盖率为 95%。新型农村养老保险试点工作稳步推进，参保人数 338.7 万人。全市城乡低保保障水平进一步提升，全年发放低保金 4.2 亿元，城市低保年末保障 2.8 万人，农村低保年末保障 19.9 万人。

12 所乡镇敬老院完成改扩建，年末全市有各类收养性社会福利院床位 2.7 万张，收养各类人员 1.4 万人。城镇建立各种社区服务设施 452 个，其中综合性社区服务站 77 个。全年销售社会福利彩票 2.3 亿元，筹集公益金 0.3 亿元。

（三）教育和科学技术

1. 教育事业

年末全市普通高校 2 所，在校学生 1.2 万人。各类中等职业学校（不含技工学校）28 所，在校生 7.4 万人。普通高中 25 所，在校生 8.2 万人，高中阶段毛入学率 87%，比上年上升 3.8 个百分点。普通初中 266 所，在校生 18.4 万人，初中阶段适龄人口入学率 99.8%。小学 1270 所，在校生 47.3 万人，小学学龄儿童入学率 100%。各级各类成人学校毕业生 1 万人。全面实施免费义务教育，受益学生 65.9 万人。

2. 科技与创新

年末全市有各类专业技术人员 7.6 万人，比上年增长 7.8%。有省级以上工程（技术）研究中心 17 家，全市高新技术产业增加值 62.4 亿元，比上年增长 11.8%。全年受理专利申请 1727 件，授权专利 908 件。全年共取得省部级以上科技成果 7 项。主要科技成果有：古井贡酒大曲和窖泥中微生物多样性研究，合成氨系统节能升级改造关键技术开发与应用，亳白芍品种选育、规范化栽培及其加工产业化研究，中药材指数系统研发与应用等。

全年开展食品质量监督抽检 2948 批次，工业产品质量监督定期抽查 435 批次，工业品定期抽查合格率 90.3%。年末全市共有县以上产品质量检验机构 40 个，法定计量技术机构 4 个。全年强制检定计量器具 25916 台（件）。制定、修订地方标准 8 项。年末全市有长三角名牌产品 1 个。年末全市有各类气象台站 5 个，自动观测点 149 个。

（四）文化、卫生和体育

1. 文化事业

年末全市共有专业艺术表演团体 216 个，文化馆 4 个，公共图书馆 5 个，博物馆 4 个，乡镇综合文化站 87 个。全国重点文物保护单位 7 处，省级重点文物保护单位 37 处，市级重点文物保护单位 15 处。国家级非物质文化遗产名录 3 项，省级名录 20 项，市级名录 55 项。广播电台 4 座，中波发射台和转播台 4 座，广播人口覆盖率 100%。电视台 4 座，有线电视用户 23.46 万户，电视人口覆盖率 100%。全年出版报纸 1 种，总印数 900 万份。各级档案馆 5 个，馆藏档案资料 28.9 万卷（件、册），库馆总建筑面积 1.5 万平方米。

2. 卫生事业

年末全市共有卫生机构 378 个，其中医院 46 个、卫生院 94 个，社区卫生服务中心（站）98 个，妇幼保健院（所、站）5 个，疾病预防控制中心 5 个，计划生育技术服务机构 92 个。卫生技术人员 1.4 万人，其中执业（助理）医师 0.5 万人，注册护士 0.5 万人。医院、卫生院实有床位数 1.4 万张，编制床位数 1.4 万张。全年诊疗 1995 万人次。村卫生室 1267 个，乡村医生和卫生员 6125 人，农村有医疗点的村占总村数的 100%。参加新型农村合作医疗的农业人口 534.1 万人，参合率 97.9%。

3. 体育事业

年末全市共有体育场地 1208 个。其中，体育场 11 个，体育馆 2 座。全年在国际和国内的重大比赛中，亳州市运动健儿获 5 枚奖牌。“全民健身”系列主题活动蓬勃开展，共开展全民健身项目 185 项次，全民健身运动参加人数 9.5 万人，全年共举办百人以上群众体育活动 148 次。

（五）城乡建设

全年市政公用设施固定资产投资 9.1 亿元。修建主干路网 20 公里，配套设施正在完善。全年共投入城市建设维护资金 10.9 亿元。城市自来水普及率达 91.5%，日供水综合能力 11.2 万吨。液化气年家庭用量 0.6 万吨，用气人口 16 万人，城市气化率达 90.1%。年末园林绿地面积 1601 公顷，建成区绿化覆盖率为 40%，人均公共绿地面积 11.9 平方米。

全年全市调整完成小城镇规划 30 个，小城镇规划区内新铺装道路 77.5 公里，新修排水管道 82.3 公里，新增供水管道 180.8 公里，新增住宅面积 90 万平方米。规划区绿化覆盖率为 43%，供水普及率为 25%。

全年中心镇完成建设总投入 3.5 亿元。新增道路面积和住宅面积分别为 50 和 60 万平方米，新增排水管道 52.3 公里，新铺供水管道 100.8 万米，供水普及率为 43%。新增公共绿地面积 55 万平方米。

全年完成新农村建设规划 102 处，面积 2704.7 万平方米，新农村建设竣工面积 1018.6 万平方米，搬迁农户 10 万户。

（六）资源、环境保护

全年批准建设用地 771.9 公顷，建设占用耕地 1344.3 公顷，出让国有土地使用权 1433.9 公顷。补充耕地 978.9 公顷，基本农田保护面积 52.4 万公顷。

全市已发现各类矿产 9 种，已探明储量的矿产 6 种，煤炭储量达 52.5 亿吨。

全市人均水资源 551 立方米。总用水量 9.8 亿立方米，人均用水量 196.6 立方米。年平均气温 15.7℃；年日照总时数 1825.5 小时。年平均降水量 980.1 毫米。

年末全市共有市、县级环境监测站 5 个。监测的主城区中，城市空气质量全部达到二级标准。全市有 1 个国家级生态示范区、4 个国家级生态乡镇、13 个省级生态镇、30 个省级生态村、12 个市级生态镇、94 个市级生态村。

在监控的 360 公里河段长度中，Ⅰ—Ⅲ类水质河段长 123 公里，Ⅳ类水质河段长 137 公里，劣Ⅴ类水质河段长 100 公里。涡河入境水质为劣Ⅴ类，出境水质为Ⅳ类；境内西淝河水质为Ⅳ类，水质与去年持平。

全年市区环境空气质量优良天数为 326 天。市城区空气质量达标率 89.3%，集中式饮用水水源地水质达标率 100%。区域环境噪声平均值为 52.3 分贝，交通噪声平均值为 48.2 分贝。建成烟尘控制区 1 个，已完成高污染燃料禁燃区 1 个，面积为 169 平方公里。建成环境噪声污染达标区面积 40 平方公里。

（七）社会安全

全年共发生各类生产安全伤亡事故 1085 起，同比下降 10.6%，其中较大事故 0 起，减少 4 起。死亡 198 人，下降 1.5%；其中，工矿商贸事故死亡 12 人，同比下降 14.3%；道路交通死亡 185 人，下降 0.5%。全市亿元 GDP 生产安全事故死亡人数为 0.2 人。

三、亳州市在泛长三角地区经济发展中的地位

2014 年，面对错综复杂的宏观环境，全市上下在市委的坚强领导下，坚持以统筹城乡发展为主题，

以提商发展质量为主线，以深化改革开放为动力，以保障改善民生为目的，不断提升经济建设的“活力指数”、城乡发展的“美丽指数”、人民群众的“幸福指数”，经济社会发展总体平稳、稳中有进、稳中提质。

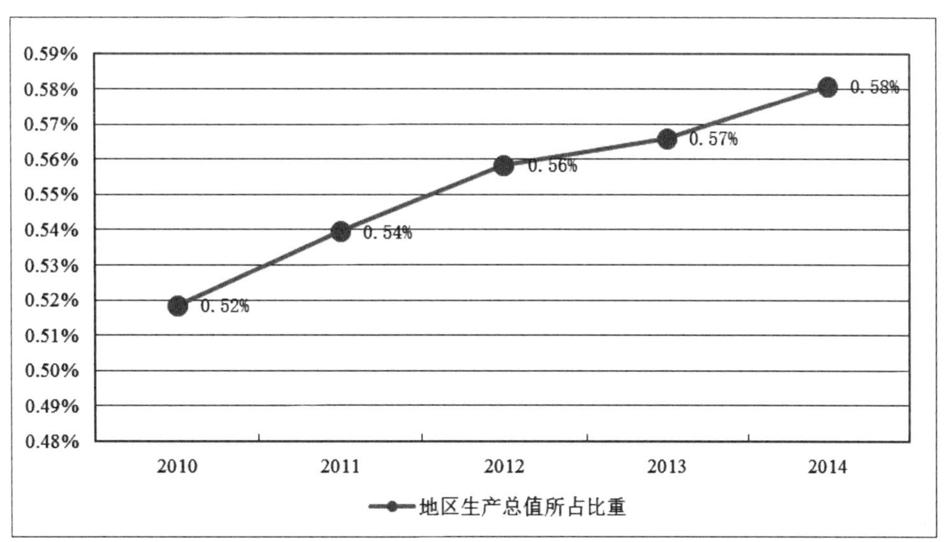

图 4　2010—2014 年亳州市地区生产总值在泛长三角地区 41 市所占比重变化趋势

2010—2014 年亳州市地区生产总值在泛长三角地区 41 市所占比重分别为 0.52%、0.54%、0.56%、0.57%和 0.58%。地区生产总值在泛长三角 41 市占比整体呈现上扬态势，2014 年与 2010 年比增加了 0.06 个百分点，较上年增加了 0.01 个百分点。2014 年，亳州市在泛长三角地区 41 市地区生产总值所占比重排名第 36 位。

2014 年，全年生产总值(GDP)850.5 亿元，按可比价格计算，比上年增长 7.8%。分产业看，第一产业增加值 204.9 亿元，增长 5.1%；第二产业增加值 341.2 亿元，增长 8.3%；第三产业增加值 304.4 亿元，增长 8.9%。三次产业结构为 24.1∶40.1∶35.8，其中工业增加值占 GDP 比重为 33.7%。人均 GDP17102 元，比上年增加 1031 元。

2010—2014 年亳州市地方财政一般预算收入在泛长三角 41 市所占比重分别为 0.23%、0.28%、0.38%、0.41%和 0.45%，2014 年较 2010 年增加了 0.22 个百分点，较上年增加了 0.04 个百分点。2014 年，亳州市地方财政一般预算收入在泛长三角 41 市地区的排第 37 位。

2014 年全市财政总收入完成 115.7 亿元，增长 11.8%。收入增幅居全省第 7 位、总量居全省第 12 位。其中：地方收入完成 72.7 亿元，为预算的 101.5%，增长 12.9%。全市财政支出完成 227.6 亿元，增长 10.8%。农林水、社保和就业、医疗卫生、城乡社区事务、节能环保支出分别增长 5.3%、5.1%、8.5%、81.3%、61.6%。支出的及时性、有效性、均衡性、安全性继续提高。

持续增加民生投入。全市民生支出完成 183.9 亿元，增长 8.3%，占财政支出的 80.8%。32 项民生工程投入资金 107 亿元，增长 33.2%，年度目标任务全部完成。大力支持教育事业。全市教育投入 39.8 亿元，占 GDP 的 4.7%，有力促进了教育均衡发展。保障困难群众生活。投入 32 亿元建设保障房，筹资 7783.6 万元落实“老字号”政策、实施渔民上岸工程。全面落实惠农政策。通过“一卡通”打卡发放惠农补贴 16.62 亿元，人均受益 408 元；投入 1.54 亿元开展政策性农业保险，兑现理赔 8543.4 万元。推进城乡统筹发展。筹集 2.99 亿元实施“一事一议”项目 937 个；投资 1.06 亿元实施 8 个农业综合开发项目，治理土地 8.2 万亩；投入 1.76 亿元用于秸杆综合利用奖补；投入 2.7 亿元支持美好乡村建设，农村生产生活条件进一步改善。

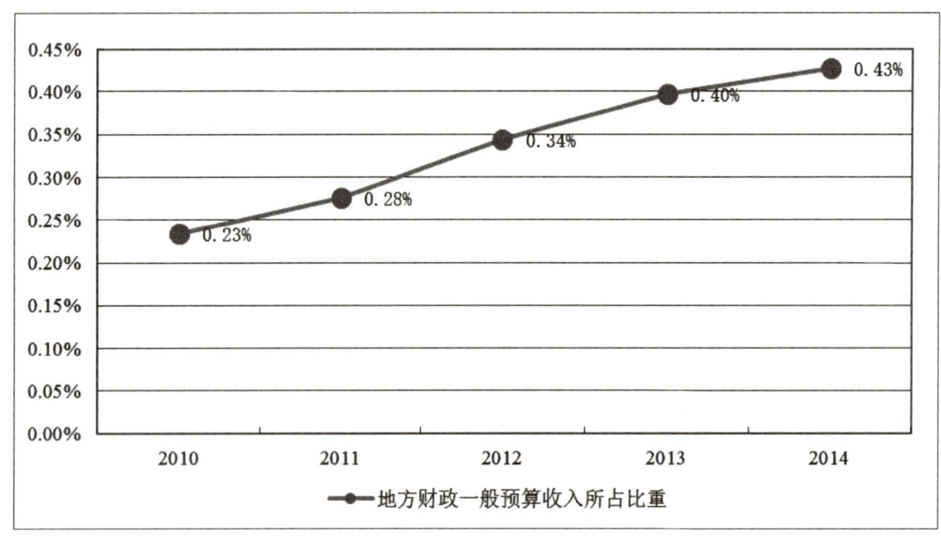

图 5　2010—2014 年亳州市地方财政一般预算收入在泛长三角 41 市所占比重变化趋势

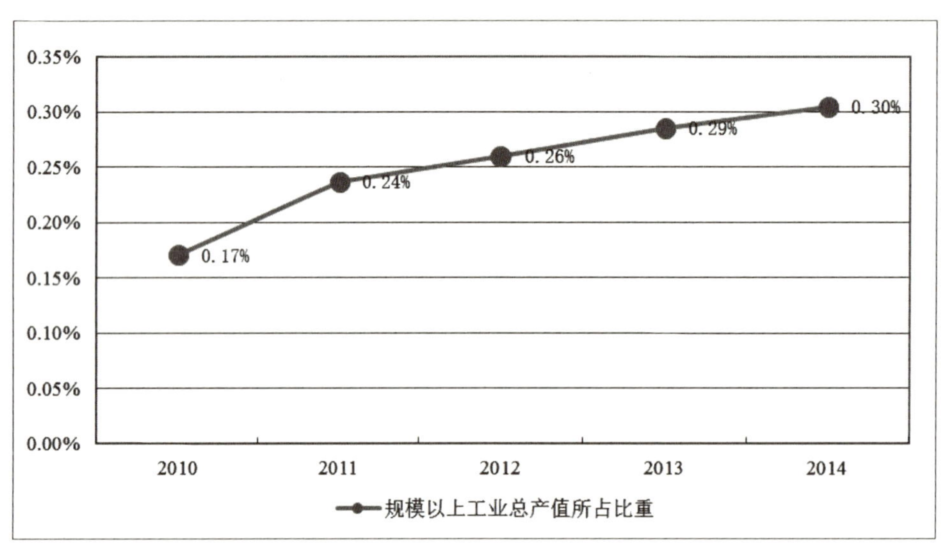

图 6　2010—2014 年亳州市规模以上工业总产值在泛长三角 41 市所占比重变化趋势

2010—2014 年亳州市规模以上工业总产值在泛长三角 41 市所占比重分别为 0.17%、0.24%、0.26%、0.29%和 0.30%，呈连续增加态势，2014 年较 2010 年增加了 0.13 个百分点，较上年增加了 0.01 个百分点。2014 年，亳州市规模以上工业总产值在泛长三角 41 市地方财政一般预算收入所占比重排第 39 位。

全市规模以上工业企业达 671 户，比上年净增 45 户。全年规模以上工业企业[3]实现增加值 224 亿元，比上年增长 10.2%，其中轻、重工业分别增长 11.8%和 8%。集体企业、股份合作企业和股份制企业生产增长较快，增幅分别比规模工业高了 12.6 个、10.2 个和 4.2 个百分点。

全市规模以上工业企业经济效益综合指数 262.5%，比上年下降 1.9 个百分点。企业主营业务收入 741.5 亿元，增长 12%；利税 65.5 亿元，下降 8.3%，其中利润 37.9 亿元，下降 9.7%。农副食品加工业，食品制造业，酒、饮料和精茶制造业，纺织服装、服饰业，化学原料及化学制品制造业，医药制造业，金属制品业，非金属矿物制品业，木材加工和木、竹、藤、棕、草制品业，计算机、通信和其他电子设

备制造等10个行业利润均超亿元。

全年全社会建筑业增加值54.5亿元，比上年增长6.5%。资质内建筑企业利税总额3.2亿元，增长13.8%。房屋建筑施工面积337.4万平方米，增加67.7万平方米；房屋竣工面积199.8万平方米，增加26.3万平方米。

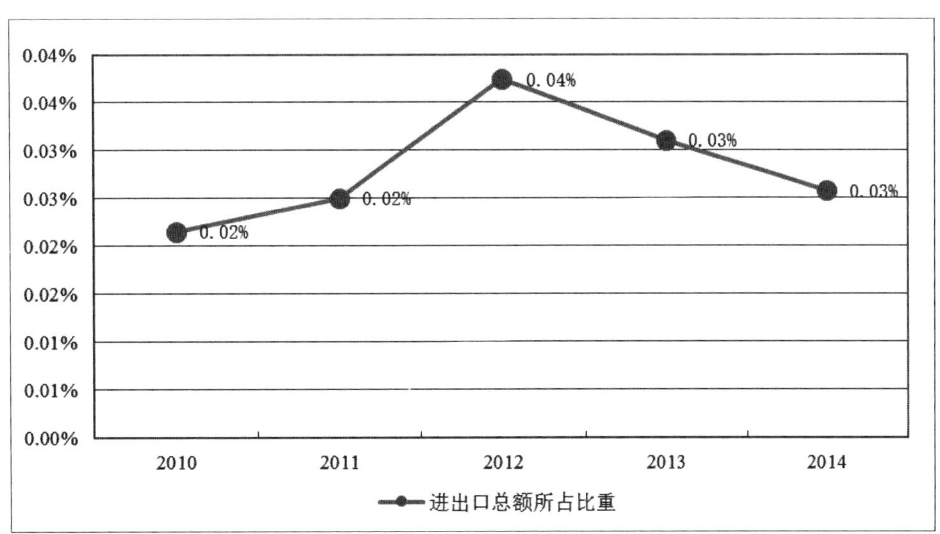

图7　2010—2014年亳州市进出口总额在泛长三角41市所占比重变化趋势

2010—2014年亳州市进出口总额在泛长三角41市所占比重分别为0.02%、0.02%、0.04%、0.03%和0.03%，2014年与上年基本持平。2014年，亳州市进出口总额在泛长三角41市的排最后一位，急需改善。

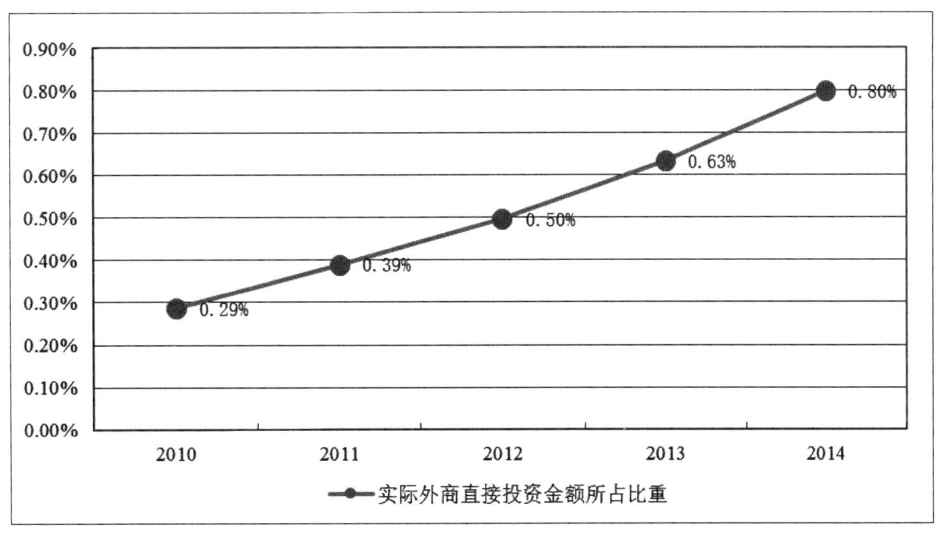

图8　2010—2014年亳州市实际外商直接投资金额在泛长三角41市所占比重变化趋势

全年进出口总额3.7亿美元，比上年下降13.4%。其中，出口3.2亿美元，下降14.5%；进口0.5亿美元，下降5.1%。从出口经营主体看，生产型企业出口增长11.8%，贸易型企业出口下降92.6%。从出口商品看，中药材、机电产品、高新技术产品出口分别下降5.3%、59.6%和51.6%。

2010—2014年亳州市实际外商直接投资金额在泛长三角41市所占比重分别为0.29%、0.39%、

0.50%、0.63%和0.80%，整体呈现上扬姿态，2014年较2010年增加了0.51个百分点，较上年增加了0.17个百分点。2014年，亳州市实际外商直接投资金额在泛长三角41市中排第26位。

2014年，全年新批外商投资企业4家，比上年下降33.3%；合同利用外商直接投资0.5亿美元，增长359.9%；实际利用外商直接投资6亿美元，增长26%。

全年入境旅游人数3.3万人次，比上年增长10%；国内游客1257.8万人次，增长14.9%。旅游总收入88.8亿元，增长15.8%。其中，旅游外汇收入1588万美元，增长42.6%；国内旅游收入87.8亿元，增长15.6%。年末全市共有A级旅游景点(区)32处，星级酒店16个，旅行社31家。

第四篇

长三角地区经济社会发展专题报告

第一章　长三角地区经济发展专题报告

一　长三角产业结构

一、长三角产业结构总体情况

2014 年，长三角实现地区生产总值 149677.80 亿元，按当年价计算，比上年增长 8.0%。从三次产业情况看，第一产业实现增加值 7928.16 亿元，比上年增长 4.0%；第二产业实现增加值 69274.94 亿元，增长 5.9%；第三产业实现增加值 72474.70 亿元，增长 10.6%。

2014 年，长三角产业结构得到了进一步调整优化，三次产业结构调整为 5.3∶46.3∶48.4。第一产业所占的比重比上年下降 0.2 个百分点，第二产业下降 0.9 个百分点，第三产业上升 1.1 个百分点。近五年，长三角地区第二产业比重在稳步下降，第三产业比重稳步上升。2014 年，全国三次产业结构调整为 9.2∶42.7∶48.1，长三角第一产业比重比全国平均水平低 3.9 个百分点，而长三角第二、三产业比重比全国平均水平分别高 3.6 个百分点和 0.3 个百分点。

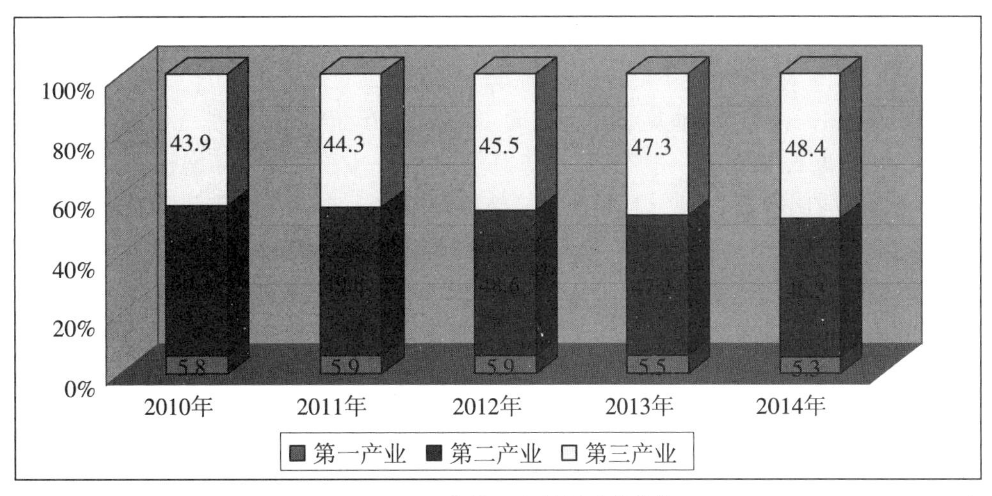

2010—2014 年长三角地区产业结构

从与上海市比较来看，2014 年上海市三次产业结构从上年的 0.6∶36.2∶63.2 调整为 0.5∶34.7∶64.8。第一产业所占的比重低于长三角 4.8 个百分点，第二产业低于长三角 11.6 个百分点，第三产业高于长三角 16.4 个百分点。

从与江苏省比较来看，2014 年江苏省三次产业结构从上年的 5.8∶48.7∶45.5 调整为 5.6∶47.4∶47.0。第一产业所占的比重高于长三角 0.3 个百分点，第二产业高于长三角 1.1 个百分点，第三产业低于长三角 1.4 个百分点。

从与浙江省比较来看，2014 年浙江省三次产业结构从上年的 4.7∶47.8∶47.5 调整为 4.4∶47.7∶47.8。第一产业所占的比重低于长三角 0.9 个百分点，第二产业高于长三角 1.4 个百分点，第三产业低于长三角 0.6 个百分点。

从与安徽省比较来看，2014 年安徽省三次产业结构从上年的 11.8∶54.0∶34.2 调整为 11.5∶53.1∶35.4。第一产业所占的比重高于长三角 6.2 个百分点，第二产业高于长三角 6.8 个百分点，第三产业低于长三角 13.0 个百分点。

二、上海市产业结构发展现状

2014 年，上海市实现生产总值 23567.70 亿元，按可比价格计算，比上年增长 7.0%。其中，第一产业增加值 124.26 亿元，同比增长 0.1%；第二产业增加值 8167.71 亿元，同比增长 4.2%；第三产业增加值 15275.73 亿元，同比增长 8.8%。第三产业增加值占上海市生产总值的比重达到 64.8%，比上年提高 1.6 个百分点。

第三产业引领发展。金融业实现增加值 3400.41 亿元，同比增长 14.7%；交通运输、仓储和邮政业实现增加值 1044.46 亿元，同比增长 9.4%；信息传输、计算机服务和软件业实现增加值 1211.83 亿元，同比增长 12.5%；批发和零售业实现增加值 3647.33 亿元，同比增长 6.3%。全年金融市场（包括外汇市场）交易总额达到 786.66 万亿元，比上年增长 23.2%。上海证券交易所各类有价证券总成交金额 128.15 万亿元，增长 48.1%，其中，股票成交金额 37.72 万亿元，增长 63.8%。上海期货交易所总成交金额 126.47 万亿元，增长 4.7%。中国金融期货交易所总成交金额 164.02 万亿元，增长 16.3%。银行间市场总成交金额 361.51 万亿元，增长 27.0%。上海黄金交易所总成交金额 6.51 万亿元，增长 24.7%。全市金融机构本外币存款余额为 73882.45 亿元，比上年末增长 6.7%；贷款余额为 47915.81 亿元，增长 8.0%。原保险保费收入 986.75 亿元，比上年增长 20.1%。其中，财产险公司原保险保费收入 320.36 亿元，增长 12.3%；寿险公司原保险保费收入 666.39 亿元，增长 24.3%。实现货物运输总量 9.03 亿吨，比上年下降 1.3%；旅客发送量 1.76 亿人次，增长 10.2%；港口货物吞吐量 7.55 亿吨，下降 2.6%；国际标准集装箱吞吐量 3528.53 万标准箱，增长 5.0%；机场旅客吞吐量 8965.90 万人次，同比增长 8.3%。完成邮政业务总量 310.53 亿元，比上年增长 20.0%；完成电信业务总量 596.99 亿元，同比增长 22.5%。实现入境旅游外汇收入 57.05 亿美元，增长 6.9%；国内旅游收入 2950.13 亿元，下降 0.6%。

工业结构调整加快。2014 年全市实现工业增加值 7362.84 亿元，比上年增长 4.3%。全年完成工业总产值 34071.19 亿元，增长 1.6%，其中，规模以上工业总产值 32665.19 亿元，增长 1.8%。在规模以上工业总产值中，国有控股企业 12094.57 亿元，增长 2.3%。全年节能环保、新一代信息技术、生物医药、高端装备、新能源、新材料和新能源汽车等战略性新兴产业制造业完成工业总产值 8113.34 亿元，比上年增长 5.5%。六个重点行业完成工业总产值 21841.95 亿元，比上年增长 1.2%，占全市规模以上工业总产值的比重为 66.9%。规模以上工业产品销售率达到 99.5%。全年乳制品产量 53.72 万吨，比上年增长 9.8%；汽车产量 247.45 万辆，增长 9.1%；集成电路产量 223.33 亿块，增长 13.3%。规模以上工业企业实现利润总额 2650.00 亿元，比上年增长 9.7%；实现税金总额 1877.90 亿元，增长 3.4%。规模以上工业企业亏损面为 21.2%。

农业生产基本稳定。全年全市实现农业总产值 322.22 亿元，与上年持平。其中，种植业 169.51 亿元，增长 0.5%；林业 8.78 亿元，下降 15.1%；牧业 69.93 亿元，增长 0.3%；渔业 62.50 亿元，增长 1.3%；农林牧渔服务业 11.50 亿元，下降 3.7%。上海域外市属农场实现农业总产值 21.45 亿元，增长 17.4%。全市粮食播种面积 16.49 万公顷，比上年下降 2.1%；粮食产量 112.89 万吨，下降 1.1%；牛奶产量 27.05 万吨，增长 2.0%。至年末，全市有 1489 家企业、7202 个产品获得农产品质量认证。其中，绿色食品生产企业 171 家，绿色食品 248 个；无公害农产品生产企业 1310 家，无公害农产品

6928个。全市累计建成标准化畜禽养殖场300家，标准化水产养殖场247家；累计建成设施粮田面积86.53千公顷，市级蔬菜标准园128家，面积3.37千公顷。至年末，全市有农业产业化龙头企业386家，农民专业合作社3192家，经农业主管部门认定的粮食家庭农场2787个。

三、江苏省产业结构发展现状

2014年，江苏省实现生产总值65088.32亿元，按可比价格计算，比上年增长8.7%。其中，第一产业增加值3634.33亿元，比上年增长3.0%；第二产业增加值30854.50亿元，增长8.2%；第三产业增加值30599.49亿元，增长10.0%。

工业经济企稳向好。2014年，江苏省规模以上工业增加值比上年增长9.9%，其中轻工业增长9.8%、重工业增长9.9%。分经济类型看，国有工业增长3.2%，集体工业增长4.3%，股份制工业增长11.2%，外商港澳台投资工业增长8.3%。在规模以上工业中，国有控股工业增长5.0%，私营工业增长11.7%。规模以上工业企业实现主营业务收入141955.99亿元，比上年增长6.2%；利税14943.69亿元，增长8.1%；利润9057.17亿元，增长8.1%。企业亏损面12.48%，比上年末下降0.14个百分点。规模以上工业企业总资产贡献率和成本费用利润率分别为15.87%和6.71%，分别上升0.07个和0.12个百分点。规模以上工业中，汽车制造业实现产值6440.15亿元，比上年增长13.7%；医药制造业产值3116.11亿元，增长13.6%；专用设备制造业产值5573.12亿元，增长9.9%；电气机械及器材制造业产值15694.41亿元，增长9.3%；通用设备制造业产值8272.89亿元，增长12.1%；计算机、通信和其他电子设备制造业产值17508.92亿元，增长2.4%。

服务业发展水平稳步提升。2014年，江苏省完成旅客运输量、货物运输量分别为15.60亿人次和20.86亿吨，分别比上年增长2.5%和7.5%；旅客周转量、货物周转量分别为1550.60亿人千米和11028.50亿吨千米，分别增长6.9%和4.7%；完成港口货物吞吐量22.60亿吨，增长5.6%。邮政电信业务总量1680.80亿元，比上年增长34.2%。其中，邮政业务总量359.00亿元，电信业务总量1321.80亿元，同比分别增长33.2%和34.5%。金融机构本外币存款余额96939.01亿元，比年初增加8636.94亿元，比上年少增1556.13亿元；金融机构本外币贷款余额72490.02亿元，比年初增加7581.80亿元，比上年多增326.42亿元。证券市场完成交易额29.54万亿元，比上年增长7.4%。分类型看，证券经营机构股票交易额9.87万亿元，增长58.0%；期货经营机构代理交易额19.68万亿元，下降7.5%。完成保费收入1683.76亿元，比上年增长16.4%。其中，财产险收入606.29亿元，比上年增长16.9%；寿险收入916.72亿元，增长13.3%。接待国内游客5.71亿人次，比上年增长10.8%；国内旅游收入7863.51亿元，比上年增长13.3%；海外旅游者人数297.10万人次，增长3.1%；国际旅游外汇收入30.33亿美元，增长27.4%。

农业生产形势较好，林牧渔业稳定发展。粮食连续十一年增产，全年总产量达3490.62万吨，比上年增产67.64万吨，增长2.0%；夏粮1254.68万吨，增长4.9%；秋粮2235.94万吨，增长0.4%。全年粮食播种面积5376.07千公顷，比上年增加15.29千公顷；棉花种植面积131.81千公顷，减少23.41千公顷；油料种植面积499.20千公顷，减少19.08千公顷；蔬菜种植面积1372.39千公顷，增加17.45千公顷。全年成片造林面积59.86千公顷，比上年下降8.3%。全年猪牛羊禽肉产量379.46万吨，比上年下降1.0%；禽蛋总产量196.97万吨，下降1.5%；牛奶总产量60.72万吨，增长1.4%；水产品总产量518.84万吨，增长1.9%，其中淡水产品368.37万吨，海水产品150.47万吨，分别增长2.8%和0.5%。全省有效灌溉面积达3890.53千公顷，新增有效灌溉面积105.26千公顷，新增节水灌溉面积184.11千公顷；年末农业机械总动力4649.98万千瓦，比上年增长5.5%。

四、浙江省产业结构发展现状

2014年，浙江省实现生产总值为40173.03亿元，按可比价格计算，比上年增长7.6%。其中，第一产业增加值1777.18亿元，比上年增长1.4%；第二产业增加值19175.06亿元，增长7.2%；第三产业增加值19220.79亿元，增长8.6%。

工业生产和利润保持平稳增长。2014年，浙江省规模以上工业总产值67039.78亿元，比上年增长6.4%；完成出口交货值11927.07亿元，增长6.3%；实现利润3729.13亿元，增长4.7%。其中，国有规模以上工业实现利润81.81亿元，比上年下降6.2%；私营规模以上工业实现利润1313.20亿元，增长4.1%；外商及港澳台投资企业实现利润1021.31亿元，增长2.2%。规模以上工业中，汽车制造业实现产值2963.96亿元，比上年增长27.6%；医药制造业产值1182.60亿元，增长14.7%；专用设备制造业产值1661.98亿元，增长4.6%；通用设备制造业产值4533.92亿元，增长7.5%；计算机、通信和其他电子设备制造业产值2705.34亿元，增长7.3%。至年末全省汽车产量为32.72万辆，比上年下降12.3%，其中轿车产量为22.13万辆，下降19.4%。

服务业增长较快。2014年，浙江省完成旅客运输量、货物运输量分别为13.19亿人和19.35亿吨，分别比上年增长－3.6%和3.0%；旅客周转量、货物周转量分别为1076.76亿人千米和9539.61亿吨千米，分别增长5.0%和6.4%。完成港口货物吞吐量13.91亿吨，增长0.7%。实现邮电业务总量1684.46亿元，比上年增长42.9%。金融机构本外币各项存款余额79241.90亿元，比上年末增长7.5%，其中人民币存款余额增长7.2%；金融机构本外币各项贷款余额71361.00亿元，比上年末增长9.2%，其中人民币贷款余额增长9.5%。保险业实现保费收入1258.04亿元，比上年增长13.3%。其中，财产险保费收入584.47亿元，比上年增长14.2%；寿险保费收入563.97亿元，比上年增长9.9%。实现国内旅游总收入5947.00亿元，比上年增长14.3%；接待国内旅游者4.79亿人次，比上年增长10.2%。实现旅游外汇收入57.53亿美元，比上年增长6.7%；接待入境旅游者931.03万人次，比上年增长7.5%。

农业平稳发展。2014年，浙江省粮食播种面积为1266.81千公顷，比上年增长1.0%；粮食单产和总产量分别为5979千克/公顷和757.40万吨，分别比上年上升2.1%和3.2%。油料播种面积145.00千公顷，比上年减少20.9%；蔬菜606.00千公顷，减少2.1%；棉花17.26千公顷，减少12.2%。生猪年末存栏964.64万头，年内出栏1724.53万头，分别比上年减少25.1%和9.0%；猪牛羊肉产量129.87万吨，比上年减少8.3%。水产品总产量575.06万吨，比上年增长4.4%。其中，海水产品产量468.22万吨，比上年增长5.6%；淡水产品产量106.84万吨，减少0.7%；远洋渔业产量54.15万吨，增长47.1%。

五、安徽省产业结构发展现状

2014年，安徽省实现生产总值为20848.75亿元，按不变价格计算，比上年增长9.2%。其中，第一产业增加值2392.39亿元，比上年增长4.6%；第二产业增加值11077.67亿元，增长9.9%；第三产业增加值7378.69亿元，增长9.5%。

工业生产平稳增长，利润下行。2014年，安徽省规模以上工业总产值37420.62亿元，按现行价计算，比上年增长10.9%；完成出口交货值2159.12亿元，增长32.5%；实现利润1943.62亿元，下降7.8%。其中，国有规模以上工业实现利润75.09亿元，比上年下降49.1%；私营规模以上工业实现利润971.03亿元，增长0.4%；外商及港澳台投资企业实现利润234.92亿元，下降9.8%。规模以上工业中，汽车制造业实现产值2113.70亿元，比上年增长7.5%；医药制造业产值643.98亿元，增长

21.9%；专用设备制造业产值1370.46亿元，增长17.2%；通用设备制造业产值1923.60亿元，增长11.3%；计算机、通信和其他电子设备制造业产值1639.09亿元，增长52.5%。至年末全省汽车产量为95.50万辆，比上年下降7.3%；公路汽车产量为3.96万辆，下降13.5%。

服务业增长较快。2014年，安徽省完成旅客运输量、货物运输量分别为13.98亿人次和43.43亿吨，分别比上年增长10.1%和9.6%；旅客周转量、货物周转量分别为1451.16亿人千米和13500.89亿吨千米，分别增长10.1%和9.4%。完成港口货物吞吐量4.38亿吨，增长10.7%。实现邮电业务总量586.01亿元，比上年增长14.1%。金融机构本外币各项存款余额30088.80亿元，比上年末增长11.7%，其中人民币存款余额增长11.5%；金融机构本外币各项贷款余额22754.66亿元，比上年末增长15.6%，其中人民币贷款余额增长15.7%。保险业实现保费收入572.29亿元，比上年增长18.5%。其中，财产险保费收入241.45亿元，比上年增长18.4%；寿险保费收入274.42亿元，比上年增长13.1%。实现国内旅游总收入3309.80亿元，比上年增长14.0%；接待国内旅游者3.79亿人次，增长12.8%。实现旅游外汇收入19.60亿美元，比上年增长13.2%；接待入境旅游者405.06万人次，增长5.1%。

农业平稳发展。2014年，浙江省粮食作物种植面积6628.93千公顷，比上年扩大3.63千公顷，其中优质专用小麦面积2142.00千公顷，扩大35.20千公顷。油料种植面积788.44千公顷，减少13.57千公顷；棉花种植面积265.20千公顷，减少19.93千公顷；蔬菜种植面积862.06千公顷，扩大26.10千公顷。全年粮食产量3415.83万吨，比上年增产136.23万吨，增长4.2%；油料产量228.80万吨，增长1.5%；棉花产量26.33万吨，增长4.8%。年末生猪存栏1585.30万头，比上年下降1.7%；全年生猪出栏3089.17万头，增长4.0%。肉类总产量414.02万吨，增长2.5%，其中猪牛羊肉产量298.19万吨，增长4.1%；禽蛋产量122.53万吨，下降1.6%；牛奶产量27.87万吨，增长10%；淡水产品产量223.69万吨，增长3.8%。年末全省农业机械总动力6365.83万千瓦，比上年增长3.7%。有效灌溉面积4331.70千公顷，新增26.17千公顷；新增节水灌溉面积41.30千公顷。

六、长三角产业结构调整策略

产业结构优化调整，是推动城市特别是现代城市演进发展的重要动力。城市能否成功转型发展，关键取决于能不能推进产业结构战略性调整，实现城市经济结构的新跨越。

上海市

推进“四个中心”建设，发展现代服务业。积极配合国家金融管理部门，推动原油期货上市、保险交易所建设，集聚功能性金融机构，支持互联网金融等新业态、民营金融等新型机构发展，提升陆家嘴—外滩金融集聚区服务功能，切实防范金融风险。聚焦航运服务业升级，发展航运金融、航运保险、海事法律、邮轮经济等高端航运服务业，争取扩大启运港退税试点范围，支持浦东机场做大货邮转运规模，推动航运衍生品发展。发挥大市场、大流通优势，建设大宗商品交易平台，优化发展现代物流，实施商业转型提速、竞争力提升计划，促进传统商业与电子商务融合发展。推进世界著名旅游城市建设，鼓励信息消费、旅游消费、健康消费、体验消费等服务类消费，带动生产性服务业和生活性服务业加快发展。

促进制造业转型升级。坚定发展战略性新兴产业，注重市场导向、高端引领，创新重大项目和原创性项目投融资体制，推动一批专项工程建设。制定实施鼓励运用新技术、新模式改造传统产业的政策措施，充分利用市场机制，促进钢铁、石化、电子、汽车等行业提升能级。淘汰高污染、高能耗、高危险的落后产能，推动工业区块转型和高桥、桃浦、南大等区域结构调整。

江苏省

深化农村改革，大力发展现代农业。把“三农”工作作为重中之重，大力实施农业现代化工程，毫不放松地抓好粮食生产，把增加农民收入作为中心任务，全面落实强农惠农富农政策，大力促进农民增收、农业增效、农村发展。加强农业科技创新与推广，促进转方式、调结构、强特色，发展农业产业化经营，延长农业产业链，增强市场竞争力。加强以水利为重点的农业基础设施建设，深入实施农业综合开发，提升农业机械化水平，持续提高农业综合生产能力。

发展战略性新兴产业，坚持高端引领，主攻关键技术，扩大市场应用，培育领军企业，加强重大项目和特色基地建设，加快培育战略性新兴产业集群和新的支柱产业。发展壮大金融、现代物流、服务外包等现代服务业，积极发展基于网络的数字化制造、内容服务和平台经济等新型业态，大力培育电子商务骨干企业，建设现代服务业集聚区，促进生产性服务业与先进制造业互动发展。推进信息化与工业化深度融合，发展智能制造、绿色制造，改造提升传统产业。加大品牌培育力度，加快标准体系建设，提升自主品牌国际国内市场占有率和影响力。以钢铁、水泥、平板玻璃、船舶行业为重点，采取差别化资源价格政策，调整产业准入标准，综合施策，积极化解产能过剩矛盾。加快淘汰落后产能。

浙江省

发展现代农业。守住粮食安全红线，坚持高效生态农业发展方向，加强以种业为重点的农业科技创新，大力发展生态循环农业，加快农业结构调整，发展规模经营，扩大旱杂粮种植面积，推广新型农作制度，推进农药化肥减量使用，完善强农惠农富农各项政策，加快建设绿色农业强省。

发展先进制造业和现代服务业。加快信息化和工业化深度融合国家示范区建设，积极推进制造业与生产性服务业联动发展、融合发展，大力发展战略性新兴产业和高新技术产业，加快培育能够支撑未来发展的大产业，研究制定信息、环保、健康、旅游、时尚、金融、高端装备等产业发展规划。

安徽省

进一步增强科技创新能力。继续发挥合芜蚌试验区引领作用，全面推进创新型省份建设。加强企业创新能力建设，鼓励企业建立具有产品设计、技术研发和系统集成能力的工程化平台，加强省级以上重点实验室、工程(技术)研究中心建设，启动科技“小巨人”企业扶持计划。健全产学研协同创新机制，鼓励发展企业主导、市场导向的产业技术创新联盟。健全人才引进市场化机制，加大企业股权和分红激励政策实施力度，启动创新创业科技团队扶持计划和技能人才振兴计划。完善知识产权运用和保护长效机制，激发全社会创新创造活力。

进一步培育具有核心竞争力的主导产业。大力发展电子信息、智能装备、新材料、新能源、生物医药等战略性新兴产业，实施新型显示、机器人产业区域集聚发展试点。支持企业运用新技术新模式改造传统产业，加快产业和产品结构转型升级。推进工业化信息化深度融合，重点建设新型工业化产业示范基地。加强质量和品牌建设。做好钢铁、水泥、平板玻璃、船舶等行业化解产能过剩工作。

进一步加快发展服务业。提升商贸流通和现代物流产业，启动现代流通综合试点，加快区域性商贸中心、配送中心和商贸物流园区、电子商务产业园区建设，积极培育航空、航运服务和临港经济。大力发展研发设计、文化创意、服务外包等产业。出台加快养老服务业发展的意见，健全服务体系，推进医养结合。深入实施服务业综合改革试点，引导服务业集聚发展，推动商业模式和业态创新，促进旅游与文化科技生态融合发展、传统商业与电子商务融合发展。

二 长三角财政

一、长三角财政总体情况

近几年,长三角一般预算收入稳步提升。2014年,长三角地区一般预算收入为19603.71亿元,比上年增长9.9%,增幅比上年下降1.1个百分点。其中,江苏省一般预算收入在长三角中占比最高,为36.9%,比上年上升0.1个百分点;上海市所占比重为23.4%,上升0.4个百分点;浙江省所占比重为21.0%,下降0.3个百分点;安徽省所占比重为18.7%,下降0.2个百分点。

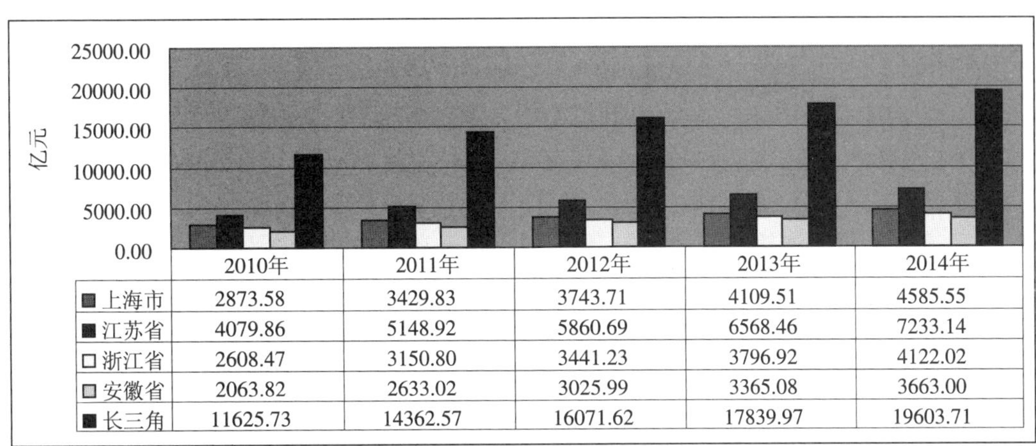

	2010年	2011年	2012年	2013年	2014年
上海市	2873.58	3429.83	3743.71	4109.51	4585.55
江苏省	4079.86	5148.92	5860.69	6568.46	7233.14
浙江省	2608.47	3150.80	3441.23	3796.92	4122.02
安徽省	2063.82	2633.02	3025.99	3365.08	3663.00
长三角	11625.73	14362.57	16071.62	17839.97	19603.71

2010—2014年长三角地方一般预算收入图及附表

近几年,长三角一般预算支出稳步增长。2014年,长三角地区一般预算支出为23219.56亿元,比上年增长8.5%,增幅比上年下降2.2个百分点。其中,江苏省一般预算支出在长三角中占比最高,为36.5%,比上年上升0.1个百分点;浙江省所占比重为22.2%,上升0.1个百分点;上海市所占比重为21.2%,与上年持平;安徽省所占比重为20.1%,下降0.2个百分点。

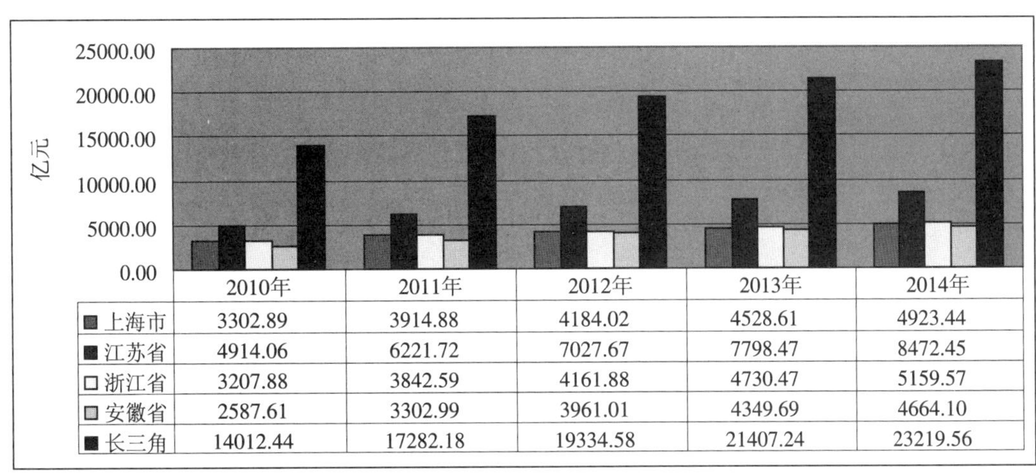

	2010年	2011年	2012年	2013年	2014年
上海市	3302.89	3914.88	4184.02	4528.61	4923.44
江苏省	4914.06	6221.72	7027.67	7798.47	8472.45
浙江省	3207.88	3842.59	4161.88	4730.47	5159.57
安徽省	2587.61	3302.99	3961.01	4349.69	4664.10
长三角	14012.44	17282.18	19334.58	21407.24	23219.56

2010—2014年长三角地方一般预算支出图及附表

二、上海市财政

（一）上海市地方一般预算收入收支执行情况

2014 年，上海全市一般公共预算收入 4585.6 亿元，为预算的 103.8%，比上年增长 11.6%。加上中央财政与本市结算净收入 419.0 亿元，中央财政专款上年结转收入、调入资金、调入预算稳定调节基金、动用历年结余等 75.1 亿元，以及本市地方政府债券收入 126.0 亿元；减去调出资金 28.6 亿元，全市可以安排使用的一般公共预算收入总计 5177.1 亿元。全市一般公共预算支出 4923.4 亿元，完成调整预算的 101.6%，增长 8.7%。加上地方政府债券还本 36.0 亿元、中央财政专款结转下年支出 45.7 亿元、安排预算稳定调节基金 160.6 亿元，全市一般公共预算支出总计 5165.7 亿元。全市一般公共预算执行结余 11.4 亿元。

2014 年，上海市本级一般公共预算收入 2209.3 亿元，为预算的 103.9%，增长 11.8%。加上中央财政与本市结算净收入 419.0 亿元，中央财政专款上年结转收入、调入资金等 44.1 亿元，以及本市地方政府债券收入 126.0 亿元；减去市对区县税收返还和转移支付 772.2 亿元，调出资金 16.0 亿元，市本级可以安排使用的一般公共预算收入总计 2010.2 亿元。市本级一般公共预算支出 1687.6 亿元，完成调整预算的 100.5%，增长 6.1%。加上地方政府债券还本 36.0 亿元、转贷区县地方政府债券支出 126.0 亿元、中央财政专款结转下年支出 45.7 亿元、安排预算稳定调节基金 114.9 亿元，市本级一般公共预算支出总计 2010.2 亿元。市本级一般公共预算执行基本平衡。

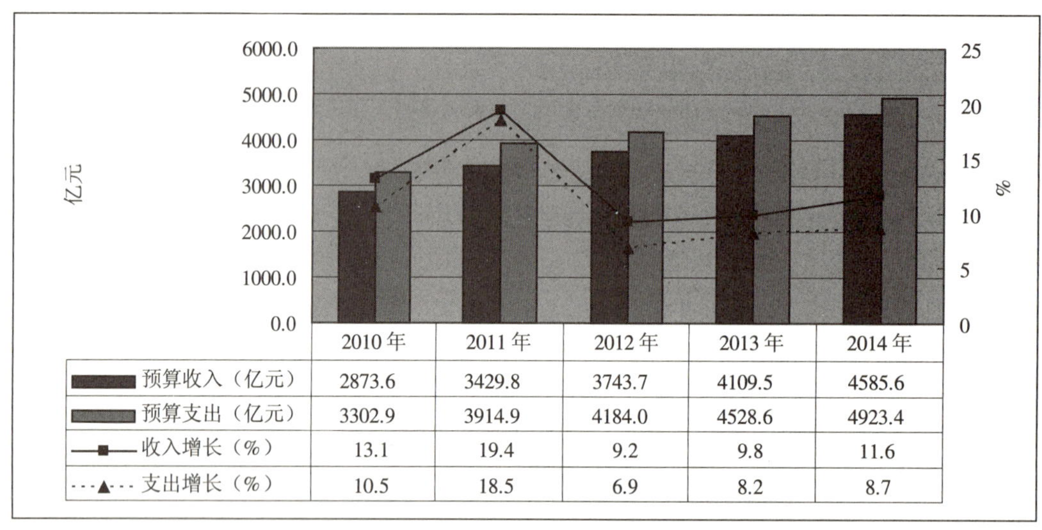

	2010 年	2011 年	2012 年	2013 年	2014 年
预算收入（亿元）	2873.6	3429.8	3743.7	4109.5	4585.6
预算支出（亿元）	3302.9	3914.9	4184.0	4528.6	4923.4
收入增长（%）	13.1	19.4	9.2	9.8	11.6
支出增长（%）	10.5	18.5	6.9	8.2	8.7

2010—2014 年上海市地方财政一般预算收支趋势图

（二）上海市财政预算执行与工作特点

1. 聚焦支持上海自贸试验区和“四个中心”建设，着力促进培育开放型经济新优势。在认真落实国家有关促进上海自贸试验区税收政策的同时，根据国家总体方案明确的税制改革原则，参照国际通行规则，研究提出自贸试验区新一轮税收政策建议，并及时设立上海自贸试验区专项发展资金，与上海自贸试验区功能定位、改革试点和创新发展相适应的财税环境进一步优化；按照国家统一部署和中国政府的对外承诺，积极配合财政部等国家有关部门认真做好金砖国家开发银行总部落户上海的国际竞标和筹建准备工作，并积极开展地方政府债券自发自还改革试点，建立地方政府债券信用评级制

度；批准首家以上海自贸试验区命名的会计师事务所分所挂牌营运，制定和实施《香港特别行政区和澳门特别行政区会计专业人士担任中国（上海）自由贸易试验区会计师事务所合伙人试行办法》；整合设立对外投资合作专项资金，进一步完善企业中长期出口信用保险扶持政策，提升企业“走出去”开展国际贸易的能力和水平；制定《上海国际航运中心建设专项资金管理暂行办法》，修订《上海航空枢纽建设专项扶持资金管理办法》，扩大启运港退税政策试点范围。

2. 围绕加快实施创新驱动发展战略，着力加大对科技创新、结构调整、产业转型升级的财税支持力度。进一步将铁路运输、邮政和电信业纳入“营改增”试点范围，结构性减税效应进一步放大（截至2014年年底，全市共有24.6万户企业纳入试点范围，比年初的19.9万户新增4.7万户）；改革和完善本市高等院校、科研院所职务科技成果管理制度，建立健全符合科技成果转化规律的科技成果使用处置管理制度，完善科技成果转化利益共享分配机制，实施科技成果转化“投资损失”免责政策；围绕加快新技术、新模式、新业态、新产业的“四新”经济发展，制订和实施市级财政专项资金整合优化方案；健全商业性融资担保机构担保代偿损失风险补偿机制，完善中小微企业贷款信用担保网络和财务会计服务体系，认真落实国家有关扩大小微企业所得税优惠政策实施范围、进一步支持小微企业发展的增值税和营业税政策，以及部分行政事业性收费减免等减税降费政策，切实降低大众创业、万众创新的成本；加大对互联网金融和平台经济发展的支持力度，全面落实国家有关鼓励企业固定资产加速折旧、支持技术先进型服务企业发展等企业所得税政策，扩大政府采购节能环保产品范围，完善并实施支持生物医药、新能源汽车、信息消费等方面的财政政策；加大对落后产能淘汰、重点地区调整和重点区域开发的财政聚焦支持力度，持续推动传统产业升级和新兴产业成长。

3. 完善民生财政保障机制，着力提升民生支出绩效。优先安排市政府确定的10大类28个实事项目经费预算；落实国家有关支持重点群体创业就业和退役士兵自主就业的税收优惠政策，细化落实鼓励高校毕业生就业创业特别是支持高校毕业生到农村基层工作的学费补偿和国家助学贷款代偿政策；支持“城居保”和“新农保”制度并轨改革，积极探索推进建立以补需方为主的基本养老服务财政补贴政策；加大对教育综合改革、医药卫生体制改革、企业职工职业培训、公共文化服务体系建设等方面的财政聚焦保障力度，支持加快推进重大公共基础设施建设、城市管理顽症整治、大气污染防治、水环境治理、林地绿化建设和“城中村”改造；将市政府下达的人口规模控制数作为转移支付的重要依据，增加考虑区县老年人口数量，以及居委会、村委会等基层组织数量因素，完善大型居住社区管理运行的补助机制；聚焦支持具有长期稳定收益的综合帮扶项目和有利于改善农村人居环境的“美丽乡村”建设；支持和促进在中心城区实行市场监管新体制、在浦东新区实施知识产权“三合一”改革；将市与区县联动开展绩效评价的实施范围，从教育经费扩大到就业、医疗卫生、住房保障、公交补贴等民生领域的重点支出项目，使财政的民生支出效益进一步提高。

4. 坚持整体推进和重点突破相结合，着力深化预算管理制度改革。制定和实施《上海市国有资本经营预决算管理工作规程（试行）》、《上海市社会保险基金预算管理工作规程（试行）》；深化中期预算管理改革试点，加大政府购买服务力度，实施高等教育投入机制改革；建立结转结余资金定期清理机制以及结转资金与年度预算安排的统筹平衡机制；研究完善本市基层法院、检察院经费预算管理体制，确保司法体制改革试点有力推进；从2014年1月1日起全面实施《行政单位会计制度》、《高等学校会计制度》、《科学事业单位会计制度》、《中小学会计制度》和《行政事业单位内部控制规范（试行）》，并将权责发生制政府综合财务报告试编范围由市本级和宝山、嘉定两区扩大到其他15个区县，实现市与区县全覆盖；出台《关于进一步加强本市政府性债务管理的若干意见》，着力从制度和源头上有效防范政府性债务风险。

5. 严格落实中央八项规定，着力加强财政科学管理。在全面落实国家有关因公临时出国经费、因公短期出国培训费用管理办法的同时，及时印发本市市级机关差旅费、会议费、外宾接待经费和培训费等管理办法，制定市级行政单位办公设备、办公家具等通用资产配置标准，开展严肃财经纪律和“小金库”专项治理，进一步完善落实中央八项规定的长效管理机制。实施预算评审和绩效目标管理的项目占市各部门项目支出预算的比重达到30%以上，并选择2个市级预算部门率先实施整体支出绩效评价试点。及时公开预决算报告，基本形成政府“四本预算”的全面公开体系；将2013年度市本级公共财政决算表支出内容全部细化到“项”级科目；积极推动市、区县、乡镇三级政府全面公开“三公”经费，推进市级行政单位（含参照《公务员法》管理的事业单位）公开本单位行政经费信息；全面实施电子集市采购和单一来源采购结果信息向社会公开；在财政绩效评价结果信息公开中增加公开“主要问题”、“整改建议”和“整改情况”等方面的内容。

2014年，上海市各项财政改革稳步推进，财政运行规范有序，预算完成情况总体较好。但财政运行和预算执行中还存在一些亟待进一步研究解决的问题。主要表现在：一是财政收入平稳增长与支出需求刚性增长矛盾突出，政府“四本预算”的统筹平衡和联动安排难度较大；二是政府预算的完整性、科学性、规范性和透明度有待进一步提高，预算管理制度改革有待进一步深化推进；三是与创新社会治理、加强基层建设要求相适应的基层经费保障机制有待进一步完善，基本公共服务的城乡差异有待进一步缩小，民生保障和改善力度有待进一步加强；四是与建设具有全球影响力的科技创新中心、发展“四新”经济相适应的财税政策体系有待进一步完善，财政专项资金的整合优化力度有待进一步加大，财政支持方式有待进一步优化；五是财政支出标准体系、中期财政规划和信用体系建设有待进一步加强，地方政府性债务管理有待进一步完善，财务会计管理基础有待进一步夯实，等等。对此，上海市政府高度重视，将结合推进实施新一轮财税体制改革，采取切实有力措施，认真加以解决。

三、江苏省财政

（一）江苏省地方财政一般预算收支执行情况

2014年，江苏省一般公共预算收入7233.14亿元，比上年增加664.68亿元，增长10.1%。其中，税收收入6006.05亿元，增长10.8%，占一般公共预算收入的83.0%。一般公共预算支出8472.45亿元，增加673.98亿元，增长8.6%。

2014年，江苏省一般公共预算总收入9609.57亿元。其中，一般公共预算收入7233.14亿元，中央税收返还及转移支付收入、地方政府债券收入等2376.43亿元。江苏省一般公共预算总支出8845.74亿元，其中，一般公共预算支出8472.45亿元，上解中央支出、地方政府债券还本支出等379.26亿元。收支相抵，预计年终结余结转763.83亿元。

2014年，江苏省级一般公共预算总收入3346.94亿元。其中省本级收入612.30亿元，中央税收返还及转移支付收入、下级上解收入、地方政府债券收入等2734.64亿元。省级一般公共预算总支出3276.71亿元，其中省本级支出944.82亿元，上解中央支出、对市县税收返还及转移支付支出、转贷地方政府债券支出、地方政府债券还本支出、援助其他地区支出、安排预算稳定调节基金等2331.89亿元。收支相抵，年终结余结转70.23亿元。

（二）江苏省财政预算执行与工作特点

1. 实施积极财政政策，促进经济提质增效。一是促进经济稳定增长。省级财政调整安排233亿元专项资金，确保十八届三中全会以来中央出台的三大类经济政策落地。落实国家促进企业发展的各项财税优惠政策，为企业特别是小微企业减负添力。完善出口退税分担机制，推动外贸协调发展。

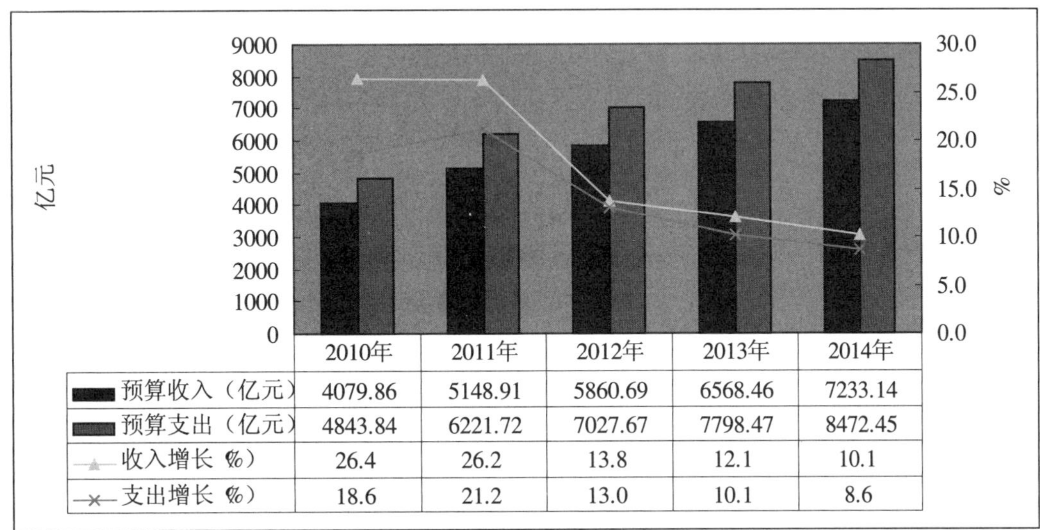

	2010年	2011年	2012年	2013年	2014年
预算收入（亿元）	4079.86	5148.91	5860.69	6568.46	7233.14
预算支出（亿元）	4843.84	6221.72	7027.67	7798.47	8472.45
收入增长（%）	26.4	26.2	13.8	12.1	10.1
支出增长（%）	18.6	21.2	13.0	10.1	8.6

2010—2014年江苏省地方财政一般预算收支趋势图

二是推动经济结构调整优化。发挥专项资金的引导作用，推动战略性新兴产业和现代服务业加快发展。支持钢铁、水泥、船舶产业等行业压缩产能，支持节能减排，加大对大气和水生态保护的支持力度。三是促进科技创新驱动。推动省级财政科技经费优化整合，加快实施科技重大专项，运用财税政策引导创新资源和创新要素向企业集聚。

2. 着力保障改善民生，推动城乡区域协调发展。一是坚持民生优先。"六大体系"建设深入推进，改善民生十件实事全面完成。全省民生支出占一般公共预算支出比重超过75%，省级财政民生支出占比达80%。二是推动城乡一体化建设。完善强农惠农富农补贴与扶持政策，全省农林水支出897.8亿元，比上年同口径增长5.8%。整合资金，加快农村河道疏浚、农村公路提档升级和城乡环境综合整治，建立多元可持续的城镇化建设资金投入机制。三是促进区域均衡发展。分类施策，苏北全面小康、苏中融合发展特色发展、苏南现代化建设示范区、沿海开发的扶持政策进一步完善，区域发展更趋协调。省对市县转移支付补助达到1523.4亿元，较上年增长5.4%。其中，对苏北地区转移支付规模为836.7亿元，占补助总额的54.9%。苏北地区内生动力不断增强，主要经济指标增速继续高于全省平均水平。

3. 深化财税体制改革，加快建立现代财政制度。一是坚持改革统领，出台深化财税体制改革加快建立现代财政制度的实施意见。制定、实施新一轮省以下财政体制，健全市县基本财力保障机制。二是加快预算管理制度改革。完善全口径预算管理体系，全省社会保险基金预算首次编入预算草案。推进预决算公开，除涉密内容外，政府预算首次细化公开到支出功能分类的项级科目，并公开了152项省对市县专项转移支付。除涉密部门外，省级一级预算单位全部公开了部门预决算和"三公"经费预决算。首次公开省级政府部门专项资金管理清单和行政事业性收费目录清单。转移支付结构进一步优化，一般性转移支付比重达到44.3%，较上年提高3.0个百分点。推进省级专项资金清理整合，涉及资金超过300亿元。盘活财政存量资金，全省和省级结余结转规模比上年分别压缩0.5和2.9个百分点。预算绩效管理工作有序推进，财政资金使用效益进一步提高。加强政府性债务管理，组织开展存量政府性债务纳入预算管理的清理甄别工作，实行了严格的债务增幅控制制度和风险预警机制。扩大政府综合财务报告试编范围，地方政府债券自发自还试点顺利推进，成功发行政府债券174.0亿元。积极推广政府与社会资本合作(PPP)模式，江苏省列入财政部首批示范项目数量占全国近1/3。严肃财经纪律，依托"大监督"机制加大监督检查力度。进一步健全完善厉行节约、公务接待、差旅费等方面的管理办法，省级党政机关"三公"经费比上年下降了24.0%，节约资金统筹用于民生支出等方面。三是税制改革有序推进。与上海自贸区建设全方位对接，成功争取启运港退税和贸易便利化政策在江苏省"落地"。稳步推进营改增试点改革，共34.4万户纳税人纳入试点范围，试点以来累计减税358.6亿元。

2014年，江苏省各项财政改革稳步推进，财政运行规范有序，预算完成情况总体较好。但财政运行和预算执行中还存在一些亟待进一步研究解决的问题，主要是：财政收入增速放缓与财政支出刚性增长矛盾加剧，市县预决算公开步伐仍需加大，税收等优惠政策亟待清理规范，财政资金使用绩效有待进一步提高，部分市县政府性债务风险和财政风险不容忽视等。对此，应采取切实有效措施，努力加以解决。

四、浙江省财政

（一）浙江省地方一般预算收入收支执行情况

2014年，浙江省一般公共预算收入4122.02亿元，完成预算的100.5%，比上年增长8.6%。加上转移性收入1595.61亿元，其中：中央税收返还收入455.55亿元、中央转移支付收入538.50亿元、地方政府债券收入165.00亿元、调入预算稳定调节基金95.95亿元、使用结转资金70.64亿元，以及调入资金269.97亿元（主要是根据财政部有关文件要求，加大政府性基金预算与一般公共预算的统筹力度，将地方教育附加、文化事业建设费等政府性基金调入一般公共预算），收入合计5717.63亿元。

2014年，浙江省一般公共预算支出5159.57亿元，完成预算的101.2%，比上年增长9.1%。加上转移性支出558.06亿元，其中：上解中央支出151.04亿元、债券还本支出39.00亿元、援助其他地区支出1.17亿元、安排预算周转金25.63亿元、安排预算稳定调节基金334.67亿元，以及调出资金6.55亿元（主要是燃油税费改革后，按规定从原养路费等收入中提取的水利建设资金，由一般公共预算调出到政府性基金预算），合计支出5717.63亿元。收支相抵，浙江省一般公共预算收支平衡。

2014年，浙江省级一般公共预算收入293.01亿元，完成预算的100.3%，比上年增长6.3%，加上转移性收入1853.01亿元，以及调入资金7.61亿元，收入合计2146.02亿元。省级一般公共预算支出480.92亿元，完成预算的101.4%，比上年下降0.2%，加上转移性支出1640.74亿元，以及结转下年支出24.36亿元，合计支出2146.02亿元。

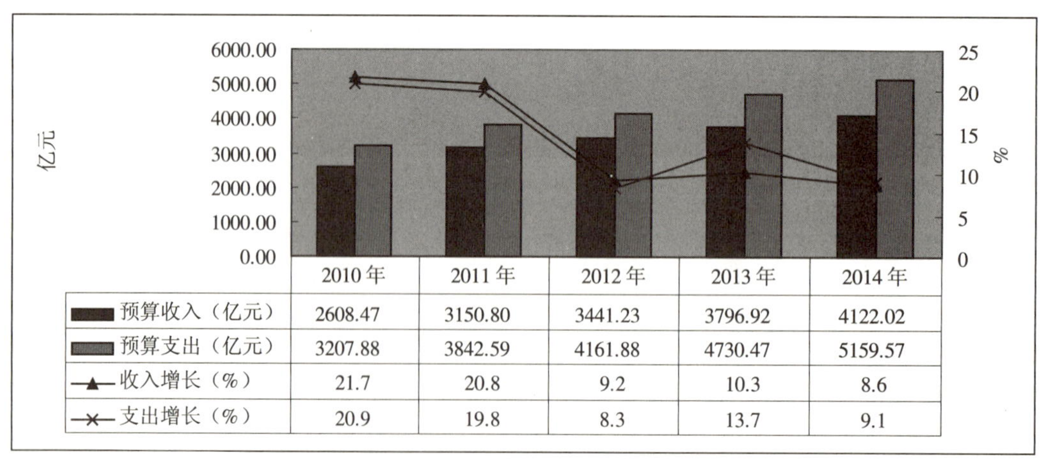

	2010年	2011年	2012年	2013年	2014年
预算收入（亿元）	2608.47	3150.80	3441.23	3796.92	4122.02
预算支出（亿元）	3207.88	3842.59	4161.88	4730.47	5159.57
收入增长（%）	21.7	20.8	9.2	10.3	8.6
支出增长（%）	20.9	19.8	8.3	13.7	9.1

2010—2014年浙江省地方财政一般预算收支趋势图

（二）浙江省财政预算执行与工作特点

1. 增收节支工作成效显著。密切关注经济发展形势、宏观经济政策和税收政策变化对税收的影响，强化对各税种的科学控管，及时掌握重点企业、重点行业生产经营和税源变化情况，依法积极组织财政收入，优化收入结构，提升收入质量。2014 年，浙江省一般公共预算收入占财政总收入的比重为 54.8%，税收收入占一般公共预算收入的比重为 93.5%，继续位居全国前列。坚持有保有压、统筹兼顾，集中财力保障好省委、省政府重大决策部署，以及经济社会发展各项重点支出需要。修订出台了会议费、差旅费、培训费因公出国费管理等 6 项制度，构建立体式公务支出管理体系，严格控制行政经费和一般性支出。全省和省级一般公共预算拨款安排的“三公”经费支出分别比上年下降 36.1% 和 37.0%。

2. 助推转型发展持续加力。认真实施一系列稳增长、调结构政策，落实好积极的财政政策，从分发挥财政资金的聚焦、引放大作用，助推经济转型升级，提升经济发展的质量和效益。安排省级财政性资金 146.5 亿元，争取地方政府债券 165.0 亿元和中央基建投资资金 51.7 亿元，支持重大项目建设和社会事业发展。推动实施“五水共治”、“三改一拆”、“四换三名”等经济转型升级“组合拳”。设立初期规模为 20 亿元的省信息经济创业投资基金，支持传统产业改造提升以及信息经济等新兴产业加快发展。出台重点生态功能区示范区建设试点财政政策，完善具有浙江特色的生态环保补偿机制，推进“两美”浙江建设。继续实施结构性减税和清费减负政策，扩大“营改增”试点行业范围，累计减轻企业负担 293.0 亿元。

3. 民生改善工作扩面提质。2014 年，浙江省新增财力用于民生的支出比重达 76.1%，继续保持在三分之二以上。支出实施政府“十方面实事”和教育、医疗、就业、社保、保障房等民生事业，有针对性地解决群众最关心、受益最直接的民生难题。按照“守住底线、突出重点、完善机制、引导舆论”的思路，推动民生事业发展，把加大民生投入与完善机制有机地结合起来，增强民生政策的公平性和可持续性。坚持公共财政导向，合理区分政府、市场、社会和个人的责任，科学安排支出，推动树立个人努力、各方面合理承担责任、勤劳致富的科学民生理念。

4. 财政重点改革有序推进。根据中央和省委、省政府关于财政改革的统一部署，稳步推进财政各项改革。按照“四张清单一张网”建设和“两个一般不”的要求，进一步厘清公共财政运行边界，建立省级政府部门专项资金管理清单，并在浙江政务服务网上公开。完善全口径政府预算体系，编制一般公共预算、政府性资金预算、国有资本经营预算和社会保险基金预算的等 4 本预算，并提交人代会审查。创新公共服务供给方式，大力推进政府购买服务工作。积极探索政府和社会资本合作模式，指导各地开展 PPP 模式试点，提高公共服务供给效率，激发民间资本活力。

5. 财政监管力度全面加强。按照疏堵结合、“开前门、堵后门、筑围墙”的改革思路，进一步加强地方政府性债务管理，做好存量债务的甄别和分类管理工作，有效防范债务风险。加强预算执行管理，建立限时下达预算机制，加快预算支出执行进度，提高资金使用效益。建立省对欠发达地区的补助资金绩效考核机制，将考核结果与省补助奖惩挂钩，促进欠发达地区科学发展。加快“数字财政”建设，提升财政管理水平和服务质量。积极推动政府预决算和“三公”经费公开，进一步细化公开内容，打造“阳光财政”。

2014 年，浙江省财政运行不断规范，预算完成情况总体较好。但财政运行和预算执行中还存在一些亟待解决的问题：一是预算编制不够细化，个别部门预算编制不合理、不完整；二是财政专项资金改革仍需进一步深化，部分部门专项资金整合不到位，部分地区涉农资金使用管理问题较多，支出进度偏慢，绩效有待提高；三是部门预算支出执行不够规范，部分单位财政管理较为薄弱；四是部分稳增长、惠民生政策的资金管理有待加强。对此，应高度重视这些问题，通过深化改革、创新机制、严格管理等措施逐步加以解决。

五、安徽省财政

（一）安徽省地方一般预算收入收支执行情况

2014年，安徽省一般公共预算总收入3663.0亿元，比上年增加297.9亿元，增长8.9%。地方一般公共预算收入2218.0亿元，增加143.0亿元，增长6.9%。加：中央税收返还及转移支付2302.0亿元，上年结余收入102.0亿元，调入资金112.0亿元，调入预算稳定调节基金27.0亿元，地方政府债券收入173.0亿元，接受其他地区援助收入1.0亿元，预算总收入4935.0亿元。全省一般公共预算支出4664.1亿元，比上年增加314.4亿元，增长7.2%。加：上解中央支出26.0亿元，安排预算稳定调节基金105.0亿元，调出资金2.0亿元，地方政府债券还本45.0亿元，支出合计4842.1亿元。收支相抵，年终结余93.0亿元，其中：结转下年87.0亿元，净结余6.0亿元。

2014年，安徽省级地方一般公共预算收入230.0亿元，增长7.0%。加：中央税收返还及转移支付2302.0亿元，上年结余收入46.0亿元，调入资金10.0亿元，市县上解省收入84.0亿元，调入预算稳定调节基金15.0亿元，地方政府债券收入173.0亿元，接受其他地区援助收入1.0亿元，预算总收入2861.0亿元。省级一般公共预算支出631.0亿元，增长5.9%。加：上解中央支出26.0亿元，安排预算稳定调节基金70.0亿元，调出资金1.0亿元，对市县税收返还及转移支付1947.0亿元，地方政府债券还本10.0亿元，债券转贷支出133.0亿元，支出合计2818.0亿元。收支相抵，年终结余43.0亿元，其中：结转下年42.0亿元，净结余1.0亿元。

（二）安徽省财政预算执行与工作特点

1. 加快推进财税体制改革。认真贯彻落实十八届三中全会精神，根据省委全面深化改革部署，确定6项财税改革年度重点任务，制订24个具体施工方案，相继出台209项制度办法，推动现代财政制度加快建立。健全预算动态平衡机制。省级一般公共预算超收收入及清理收回的存量资金，全部转入预算稳定调节基金，纳入下年预算统筹安排。启动中期财政规划编制，选择教育、社保、体育、医疗卫生、环保等重点领域试编三年滚动预算，增强预算政策的前瞻性。完善转移支付管理。省政府出台一般性转移支付和专项资金管理办法，健全了管理制度。清理规范专项转移支付，省级专项转移支付压缩到140项、77.5亿元，较上年分别减少47.2%、33.8%，把更多的资金和项目下放市、县（市、区）管理。健全一般性转移支付稳定增长机制，提高市、县（市、区）基本公共服务保障能力。开展省以下政府事权与支出责任划分研究，为科学界定各级政府支出责任奠定基础。有序推进税制改革。营改增试点范围扩大到铁路运输、邮政、电信业，试点纳税人新增4.1万户，当年为企业减负46.4亿元。启动实施煤炭资源税从价计征改革，取消停征涉煤收费基金，煤炭资源税税率为2.0%，为全国最低的省份之一。建立涉税信息交换与共享机制，进一步提高税收征管质量和效率。

2. 逐步完善全口径预算管理。将所有政府性收入和支出全部纳入预算管理，预算监督和管理更加统筹全面。完善政府预算体系。首次将省级4本预决算收支完整反映，报送省人大批准。出台安徽省省属企业国有资本收益收取管理办法，省级国有资本经营预算实现全覆盖，纳入预算的省属企业由33户扩大到40户，收益收取比例做到了规范统一。加大预算统筹力度。出台完善政府预算体系制度文件，将船舶港务费等11项政府性基金转列一般公共预算。省级国有资本经营预算超收收入2.6亿元全部调入一般公共预算，用于保障改善民生。强化社保基金监管。加强社会保险基金收支管

理，2014 年全省社保基金预算总收入 1252.1 亿元，总支出 1017.6 亿元，社会保障水平进一步提升。健全社保基金预算管理制度，在保证基金安全的前提下，创新社保基金保值增值新途径，取得较高收益。

3. 切实增强财政政策的科学性。进一步完善各项财政政策，提高政策的针对性和有效性。完善稳增长财政政策。全面落实税费减免政策，全年减少市场主体税费负担 466.0 亿元，为实体经济发展减负。通过优化支出结构、压减一般性支出，安排 31.0 亿元加强政策性融资担保体系建设，放大担保倍数，降低担保费率，缓解了小微企业融资难融资贵问题。完善新一轮促进皖北地区发展的支持政策，现行加大省财政转移支付等财税政策延长至 2020 年底，进一步加大基本公共服务和重大基础设施建设支持力度。完善调结构财政政策，争取合芜蚌自主创新示范区 4 项先行先试税收优惠政策。围绕主体功能区规划优化财政政策，推进新安江流域水环境生态补偿，启动大别山区水环境生态补偿试点。完善惠民生财政政策，继续实施 33 项民生工程，采取政府购买服务方式，财政投入管养经费 13.1 亿元，确保民生工程持续发挥效益。

4. 着力提高财政资金使用效益。进一步加快资金拨付，规范资金使用，把有限的财政资金用出效益。盘活财政存量资金。加快预算执行进度，建立结转结余定期清理机制，2014 年省级收回结转结余 5.7 亿元，清理收回专户结余 3.3 亿元。严格涉企资金监管。建成财政涉企项目资金管理信息系统，覆盖所有市、县（市、区）和涉企项目主管部门，纳入系统管理的项目达 1.1 万个，涉及资金 74.4 亿元，有效堵塞项目申报审核和资金分配中存在的漏洞，使资金投向更加精准有效。健全绩效管理机制。加快政府购买服务。创新公共服务供给机制，制定政府购买服务指导目录，建立政府购买服务规范化流程，全省完成试点项目 1041 个，涉及资金 94.6 亿元。

5. 有效防范地方政府性债务风险。按照"防控风险、严格审批、规范管理、服务发展"的原则，一手抓规范债务管理，一手抓扩大政府融资。严格政府债务管理，清理甄别政府存量债务，规范政府举债融资方式，努力降低债务融资成本。扩大权责发生制政府综合财务报告试编范围，覆盖全省所有市、县（市、区）。创新政府融资模式。建立省级棚户区改造融资平台。出台政府与社会资本合作（PPP）模式指导意见，在城市基础设施领域推出 42 个示范项目，污水处理和轨道交通等 4 个项目获批财政部 PPP 首批示范，获批项目个数和金额均占全国总额的 13.3%，较好发挥政府债务融资对经济社会发展的积极作用。

6. 积极发挥预算监督的有效作用。自觉主动接受监督，发挥监督合力作用，提高财政管理法治化、透明化水平。依法接受人大监督，建立联系人大代表制度，积极利用审计成果，不断健全管理制度，努力构建长效机制，切实加强财政监督，加强预算公开监督。推进预决算集中统一公开，细化公开内容，深化"开门办预算"。

2014 年，安徽省财政运行不断规范，预算完成情况总体较好。但财政运行和预算执行中还存在一些亟待解决的问题：财政收入增速趋缓与支出刚性矛盾加剧，财政保障任务十分艰巨。事权与支出责任相适应的财政制度尚未建立，财力与事权不相匹配的现象仍然存在，部分县（市、区）财政公共服务保障压力较大。部分单位预算编制还不够完整细化，预算执行还不够严格。部分市、县（市、区）政府债务风险开始显现。对此，应高度重视这些问题，通过深化改革、科学管理等措施认真加以解决。

三　长三角金融业

一、长三角金融运行总体情况

2014年末，长三角金融机构本外币存款总额为280152.16亿元，比上年末增加21923.18亿元，同比增长8.5%，增速回落3.0个百分点。

分地区看，各地区本外币存款稳定上升。2014年，上海市金融机构本外币存款为73882.45亿元，比上年增长6.7%；占长三角金融机构本外币存款总额的比重为26.4%，比上年下降0.4个百分点。江苏省金融机构本外币存款为96939.01亿元，增长9.8%；所占比重为34.6%，上升0.4个百分点。浙江省金融机构本外币存款为79241.90亿元，增长7.5%；所占比重为28.3%，下降0.3个百分点。安徽省金融机构本外币存款为30088.80亿元，增长11.7%；所占比重为10.7%，上升0.3个百分点。

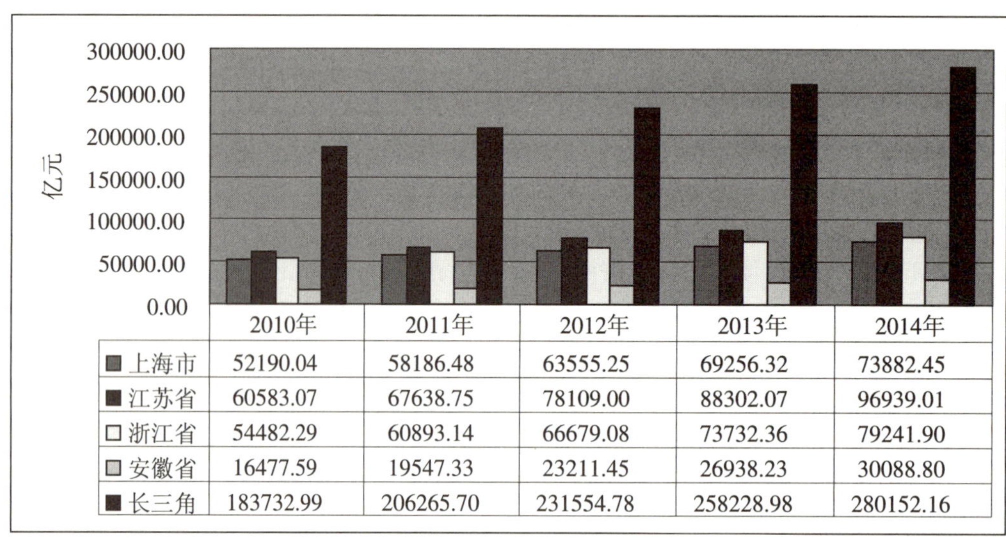

	2010年	2011年	2012年	2013年	2014年
上海市	52190.04	58186.48	63555.25	69256.32	73882.45
江苏省	60583.07	67638.75	78109.00	88302.07	96939.01
浙江省	54482.29	60893.14	66679.08	73732.36	79241.90
安徽省	16477.59	19547.33	23211.45	26938.23	30088.80
长三角	183732.99	206265.70	231554.78	258228.98	280152.16

2010—2014年长三角金融机构本外币存款余额

2014年末，长三角金融机构本外币贷款总额为214521.49亿元，比上年末增加20228.67亿元，同比增长10.4%，增速回落0.7个百分点。

分地区看，各地区本外币贷款稳定增长。2014年，上海市金融机构本外币贷款为47915.81亿元，比上年增长8.0%；占长三角金融机构本外币贷款总额的比重为22.3%，比上年下降0.5个百分点。江苏省金融机构本外币贷款为72490.02亿元，增长11.7%；所占比重为33.8%，上升0.4个百分点。浙江省金融机构本外币贷款为71361.00亿元，增长9.2%；所占比重为33.3%，下降0.3个百分点。安徽省金融机构本外币贷款为22754.66亿元，增长15.6%；所占比重为10.6%，上升0.5个百分点。

2014年，长三角地区保险业平稳发展。保费收入总额4500.84亿元，比上年增长16.6%，增速比上年上升8.2个百分点。2014年，上海市保费收入为986.75亿元，比上年增长20.1%；占长三角保费收入总额的比重为21.9%，比上年上升0.6个百分点。江苏省保费收入为1683.76亿元，增长16.4%；所占比重为37.4%，下降0.1个百分点。浙江省保费收入为1258.04亿元，增长13.3%；所占比重为28.0%，下降0.8个百分点。安徽省保费收入为572.29亿元，增长18.5%；所占比重为12.7%，上升0.2个百分点。

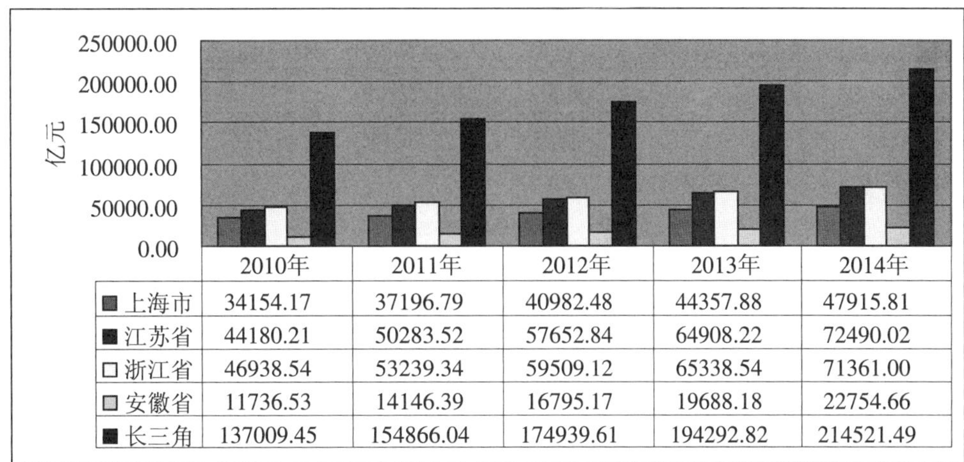

	2010年	2011年	2012年	2013年	2014年
上海市	34154.17	37196.79	40982.48	44357.88	47915.81
江苏省	44180.21	50283.52	57652.84	64908.22	72490.02
浙江省	46938.54	53239.34	59509.12	65338.54	71361.00
安徽省	11736.53	14146.39	16795.17	19688.18	22754.66
长三角	137009.45	154866.04	174939.61	194292.82	214521.49

2010—2014年长三角金融机构本外币贷款余额

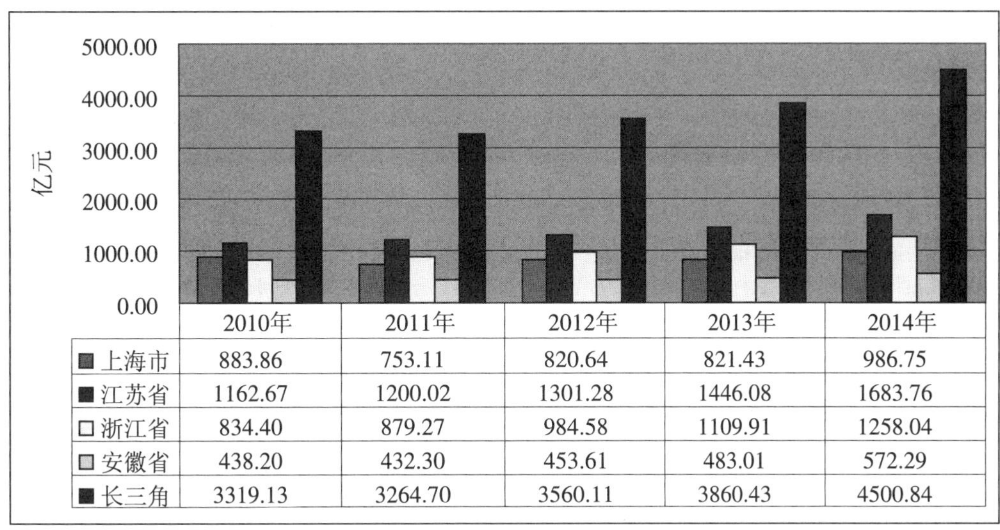

	2010年	2011年	2012年	2013年	2014年
上海市	883.86	753.11	820.64	821.43	986.75
江苏省	1162.67	1200.02	1301.28	1446.08	1683.76
浙江省	834.40	879.27	984.58	1109.91	1258.04
安徽省	438.20	432.30	453.61	483.01	572.29
长三角	3319.13	3264.70	3560.11	3860.43	4500.84

2010—2014年长三角保险机构保费收入

二、上海市金融运行情况

2014年，针对经济金融运行新常态，中国人民银行上海总部和全市金融机构坚持稳中求进，改革创新，认识新常态、适应新常态、引领新常态，继续贯彻落实稳健的货币政策，加强和改进宏观审慎管理，灵活运用各种政策工具，缓解实体经济融资难、融资贵，提升服务实体经济的能力和水平。

（一）各项存贷款增速放缓，信贷结构有所优化

1.银行业金融机构平稳发展。2014年末，上海市共有中资银行法人4家，外资银行法人22家，村镇银行法人10家，从业人员13.9万人。2014年末，上海市中外资金融机构本外币资产总额11.3万亿元，同比增长15.1%；各项存、贷款余额分别为7.4万亿元和4.8万亿元，同比分别增长6.7%和8.0%，增速比上年末分别回落2.3个和0.2个百分点。2014年，上海市金融机构实现净利润1175.0亿元，同比增长18.5%。

2014 年上海市银行业金融机构情况

机构类别	营业网点			法人机构(个)
	机构个数(个)	从业人数(人)	资产总额(亿元)	
一、大型商业银行	1713	54116	42973	1
二、国家开发银行和政策性银行	14	559	3425	0
三、股份制商业银行	864	33411	25315	1
四、城市商业银行	366	12593	14055	1
五、小型农村金融机构	399	6600	4680	1
六、财务公司	16	1157	2984	16
七、信托公司	7	1562	315	7
八、邮政储蓄银行	466	5795	1566	0
九、外资银行	219	20341	13215	22
十、新型农村金融机构	10	470	150	10
十一、其他	13	2502	3979	13
合　　计	4087	139106	112657	72

注:营业网点不包括国家开发银行和政策性银行、大型商业银行、股份制银行金融机构总部数据;大型商业银行包括中国工商银行、中国农业银行、中国银行、中国建设银行和交通银行;小型农村金融机构包括农村信用社、农村合作银行和农村商业银行;新型农村金融机构包括村镇银行、贷款公司和农村资金互助社;"其他"包含金融租赁公司、汽车金融公司、货币金融公司、消费金融公司等

数据来源:中国人民银行上海总部

2. 各项存款平稳增长。2014 年,上海市本外币各项存款增加 4613.0 亿元,同比少增 861.3 亿元。个人存款同比少增,主要是储蓄存款明显少增。2014 年,全市个人存款增加 959.7 亿元,同比少增 612.8 亿元;其中储蓄存款累计增加 809.9 亿元,同比少增 462.6 亿元。外币存款明显少增,主要是单位定期存款出现下降趋势。2014 年,全市金融机构外币存款增加 16.2 亿美元,同比少增 65.2 亿美元;其中单位定期存款减少 11.1 亿美元,同比多减 68.5 亿美元。

3. 有效信贷需求继续减少,信贷结构优化推动产业结构调整。2014 年,全市各项贷款同比增长 8.0%,增速比上年末下降 0.2 个百分点。2014 年,全市各项贷款增加 3424.2 亿元,同比多增 126.5 亿元。

从贷款投向看,信贷结构继续优化。在贷款投向的产业分布中,第三产业在新增贷款中的占比不断提高。2014 年,全市新增的本外币企业贷款(不含票据融资)中,投向第三产业的贷款增加 2472.4 亿元,占全部境内企业贷款(不含票据融资)增量的 100.2%;投向第二产业的贷款增加 17.7 亿元,其中制造业贷款减少 131.6 亿元。2014 年全市房产开发贷款新增 618.2 亿元,同比多增 318.6 亿元。保障房开发贷款新增 153.7 亿元,同比多增 65.0 亿元。2014 年,全市金融机构对小微企业的新增贷款在全部新增贷款的占比为 91.3%,较上半年大幅提高 79.4 个百分点。

(二)证券期货业平稳运行,股权融资大幅增长

1. 证券公司资产规模及经营业绩实现较快增长。2014 年末,上海辖区 21 家证券公司合计总资产 9168.4 亿元、净资产 1923.3 亿元、净资本 1449.2 亿元,分别较上年末增长 100.6%、14.0% 和

17.5%。全年累计实现营业收入518.3亿元,净利润211.5亿元,同比分别增长68.4%和130.2%。

2. 期货公司业务规模及盈利水平平稳增长。2014年末,上海辖区28家期货公司客户权益达701亿元,占全国的25.9%;代理交易额182.4万亿元,占全国的31.4%,市场份额较上年有所增长。全年累计实现营业收入48.0亿元(其中手续费收入22.9亿元),较上年增长14.6%;实现净利润11.3亿元,较上年增长59.6%。从业务创新来看,上海有9家公司取得资产管理业务资格,19家公司取得投资咨询业务资格,7家公司设立风险管理子公司,1家公司取得基金销售业务资格。2014年末,辖区公司资产管理规模较上年末增长5倍多,投资咨询业务收入同比增长1倍多,风险管理子公司开展的仓单服务、基差交易等创新业务均在积极推进。

3. 证券市场融资额同比增长,结构分化。2014年末,上海辖区上市公司累计直接融资607.5亿元,较上年同期增加31.2%(不含H股融资,下同)。其中,债权融资183.1亿元,同比下降38.1%;股权融资424.4亿元,同比增长153.7%。

2014年上海市证券业基本情况

项目	数量
总部设在辖内的证券公司数(家)	20
总部设在辖内的基金公司数(家)	44
总部设在辖内的期货公司数(家)	28
年末国内上市公司数(家)	204
当年国内股票(A股)筹资(亿元)	278
当年发行H股筹资(亿元)	13
当年国内债券筹资(亿元)	695
其中:短期融资券筹资额(亿元)	555
中期票据筹资额(亿元)	63

数据来源:上海证监局

(三)保险业快速发展,服务民生能力不断增强

1. 保险市场主体稳步增加。截至2014年末,上海市共有50家法人保险机构,较上年同期新增1家。其中,保险集团公司1家,财产险公司18家,人身险公司22家(12月新增太保安联健康保险股份有限公司,是在上海自由贸易实验区注册的首家专业健康险公司),再保险公司3家,保险资产管理公司6家。上海市共有88家省级保险分支机构。其中,财产险公司45家,人身险公司41家,再保险公司2家。上海市共有213家保险专业中介机构法人。其中保险代理机构106家,保险经纪机构63家,保险公估机构44家。全市保险专业中介分支机构共150家,其中保险代理机构75家,保险经纪机构50家,保险公估机构25家。

2. 保险业务快速发展。截至2014年末,上海市原保险保费收入累计986.8亿元,同比增长20.1%。其中,财产险公司原保险保费收入343.2亿元,同比增长12.6%;寿险公司原保险保费收入643.6亿元,同比增长24.6%。产、寿险原保险保费收入比例为35∶65,中、外资保险公司原保险保费收入比例为85∶15。

3. 保险赔付支出增长明显,尤其是寿险给付增长较快,充分发挥保障民生的能力。截至2014年末,上海市保险业赔付支出累计378.7亿元,同比增长25.4%。其中,财产险赔款支出177.2亿元,同

比增长 9.2%；寿险给付 158.4 亿元，同比增长 53.6%；健康险赔款给付 37.5 亿元，同比增长 17.9%；意外险赔款支出 5.5 亿元，同比增长 18.8%。

2014 年上海市保险业基本情况

项目	数量
总部设在辖内的保险公司数(家)	50
其中:财产险经营主体(家)	18
人身险经营主体(家)	22
保险公司分支机构(家)	88
其中:财产险公司分支机构(家)	45
人身险公司分支机构(家)	41
保费收入(中外资,亿元)	987
其中:财产险保费收入(中外资,亿元)	343
人身险保费收入(中外资,亿元)	644
各类赔款给付(中外资,亿元)	379
保险密度(元/人)	4068
保险深度(%)	4

数据来源:上海保监局

三、江苏省金融运行情况

2014 年，江苏省金融业运行稳健，银行业规模稳步增长，社会融资创历史新高，全省 2014 年社会融资规模为 13440.1 亿元，金融市场创新活跃，融资结构持续优化。证券业健康发展，资本市场规模继续保持在全国前列，多层次资本市场发展实现新突破。保险业总体平稳，各项业务不断增长，市场体系不断完善。金融消费者权益保护工作扎实推进，金融生态环境持续优化。

（一）银行业规模稳步增长，信贷投放稳健均衡

1. 规模效益稳步增长，机构体系日益完善。2014 年末，江苏省金融机构资产总额达 12.2 万亿元，同比增长 12.4%，其中生息资产 11.9 万亿元，同比增长 32.5%。机构个数和从业人数稳步增加，年末地方法人金融机构数量达 156 家，比年初新增 7 家，全省银行业金融机构从业人数 22.9 万人，同比增长 5.0%。盈利增长平稳，全年银行业金融机构实现税后净利润 1519.3 亿元。

2014 年江苏省银行业金融机构基本情况

机构类别	营业网点			法人机构(个)
	机构个数(个)	从业人员(人)	资产总额(亿元)	
一、大型商业银行	4839	102718	48659.5	0
二、国家开发银行和政策性银行	93	2333	5339.9	0
三、股份制商业银行	1074	37513	24009.9	0

续表

机构类别	营业网点			法人机构（个）
	机构个数(个)	从业人员(人)	资产总额(亿元)	
四、城市商业银行	804	24050	19708.8	4
五、小型农村金融机构	3169	45559	16932.0	63
六、财务公司	12	325	582.8	10
七、信托公司	4	400	170.5	4
八、邮政储蓄	2523	9571	4782.3	0
九、外资银行	79	2511	1038.7	6
十、新型农村金融机构	161	3469	609.7	68
十一、其他	1	118	266.5	1
合　　计	12759	228567	122100.6	156

注:营业网点不包括国家开发银行和政策性银行、大型商业银行、股份制银行金融机构总部数据;大型商业银行包括中国工商银行、中国农业银行、中国银行、中国建设银行和交通银行;小型农村金融机构包括农村信用社和农村商业银行;新型农村金融机构包括村镇银行、贷款公司和农村资金互助社;“其他”包含金融租赁公司、汽车金融公司、货币经纪公司、消费金融公司等

数据来源:中国人民银行南京分行、江苏银监局

2. 各项存款增幅回落。2014 年末,江苏省金融机构本外币存款余额 9.7 万亿元,同比增长 9.8%,比上年末回落 3.3 个百分点,比年初增加 8628.2 亿元,同比少增 1535.3 亿元。

3. 各项贷款平稳增长,信贷投向重点突出。2014 年末,全省本外币贷款余额 7.2 万亿元,同比增长 11.7%,增速较上年回落 0.9 个百分点。全年新增本外币贷款 7391.7 亿元,同比多增 353.6 亿元。

(二)证券业健康发展,多层次资本市场实现新突破

1. 证券公司的资本实力和经营效益进一步提升。2014 年末,江苏省共有法人证券公司 6 家,资产总额 3116.6 亿元,同比增长 124.0%;全年营业收入 179.0 亿元,同比增长 71.8%;利润总额 68.6 亿元,同比增长 121.5%。2014 年 1 月,全国首家省级交易场所统一登记结算平台——江苏交易场所登记结算公司正式成立。

2. 资本市场的总体规模继续保持在全国前列。截至 2014 年末,全省共有沪深上市公司 254 家,总市值达 1.96 万亿元,拟上市公司 175 家,其中在审企业 82 家。证券期货营业部共有 749 家,同比增加 14.0%。IPO 融资在全国位居前列。2014 年,江苏共有 18 家公司首次发行股票,首发融资 92.99 亿元。并购重组和再融资规模创历史新高。全年共有 59 家次公司公布重大资产重组计划,涉及金额 945 亿元,同比增长超过 150%,其中 25 家已经完成并购重组。并购重组已经成为江苏上市公司产业升级、行业整合、优化资源配置的重要手段。再融资方面,全省共有 29 家公司完成再融资 497.7 亿元,创历史最高水平。

2014 年江苏省证券业基本情况

项目	数量
总部设在辖内的证券公司数(家)	6
总部设在辖内的基金公司数(家)	0

续表

项目	数量
总部设在辖内的期货公司数(家)	10
年末国内上市公司数(家)	254
当年国内股票(A股)筹资(亿元)	349.5
当年发行H股筹资(亿元)	16.9
当年国内债券筹资(亿元)	4075.3
其中:短期融资券筹资额(亿元)	968.0
中期票据筹资额(亿元)	575.8

注:当年国内股票(A股)筹资额指非金融企业境内股票融资

数据来源:江苏证监局、江苏省金融办、中国人民银行南京分行

3. 期货业稳步发展。截至2014年末,全省共有法人期货公司10家,资产总额144.3亿元,同比增长12.1%;全省期货公司营业部125家,同比增加6家,代理交易量19.7亿元,同比下降7.5%,保证金余额99.0亿元,同比增长11.2%。

(三)保险业总体平稳,市场体系不断完善

1. 市场主体日趋丰富。截至2014年末,全省共有保险公司93家,其中法人公司5家(紫金产险、乐爱金产险、利安人寿、东吴人寿、国联人寿),省级分公司91家。

2. 各项业务平稳增长。2014年,全省累计实现保费收入1683.8亿元,同比增长16.4%。其中,财产险保费606.3亿元,同比增长16.9%,人身险保费1077.5亿元,同比增长16.2%。人身险业务中,寿险保费916.7亿元,同比增长13.3%;健康险保费112.3亿元,同比增长46.9%;意外险保费48.5亿元,同比增长15.7%。

3. 农业保险稳步发展。2014年,全省农险保费收入及农险基金总计为32亿元(不含农机保险和渔船保险保费),农业保险为全省参保农户提供了约729.1亿元的风险保障。其中,各级财政保费补贴约24.2亿元,农户已交纳保费为7.8亿元。全省已支付各类农险赔款15.5亿元,累计有510.5万户次农户从中受益。

2014年江苏省保险业基本情况

项 目	数量
总部设在辖内的保险公司数(家)	5
其中:财产险经营主体(家)	2
人身险经营主体(家)	3
保险公司分支机构(家)	93
其中:财产险公司分支机构(家)	39
人身险公司分支机构(家)	54
保费收入(中外资,亿元)	1683.8
其中:财产险保费收入(中外资,亿元)	606.3
人身险保费收入(中外资,亿元)	1077.5

续表

项　目	数量
各类赔款给付(中外资,亿元)	616.8
保险密度(元/人)	2115.6
保险深度(%)	2.6

数据来源:江苏保监局

四、浙江省金融运行情况

2014年,面对经济金融发展中的新问题、新挑战,浙江省金融业主动适应新常态,积极满足新需求,实现了金融平稳健康运行,全年金融业增加值2933.5亿元,比上年增长8.0%。

(一)银行业稳健发展,积极适应经济新常态

新常态下,浙江银行业运行呈现新特点。总量增长速度回落,结构指标趋于优化,金融市场创新活跃,资产质量总体保持稳定。

1.银行业规模扩张速度由高速回归平稳,利润额比上年下降。2014年末,浙江省银行业金融机构资产总额和负债总额比上年分别增长9.7%和9.9%,增速较上年分别下降3.7个百分点和3.5个百分点。随着金融支持实体经济力度加大及金融改革稳步推进,市场竞争更加充分,银行利润总额趋于下降。2014年银行业税后利润下降23.5%,降幅较上年扩大19.4个百分点。法人金融机构流动性状况平稳,资本充足率、拨备覆盖率、不良贷款率等主要指标处于合理水平。

2014年浙江省银行业金融机构基本情况

机构类别	营业网点			法人机构(个)
	机构个数(个)	从业人员(人)	资产总额(亿元)	
一、大型商业银行	3954	97532	39449	0
二、国家开发银行和政策性银行	60	1928	5039	0
三、股份制商业银行	788	32741	22475	1
四、城市商业银行	1048	38777	17007	13
五、城市信用社				
六、小型农村金融机构	4482	58664	16383	82
七、财务公司	7	239	597	6
八、信托公司	5	666	152	5
九、邮政储蓄	1687	7864	2666	0
十、外资银行	34	1130	442	1
十一、新型农村金融机构	231	5126	725	80
十二、其他	3	217	721	1

续表

机构类别	营业网点			法人机构(个)
	机构个数(个)	从业人员(人)	资产总额(亿元)	
合　　计	12299	244884	105656	189

注:营业网点不包括国家开发银行和政策性银行、大型商业银行、股份制银行金融机构总部数据;大型商业银行包括中国工商银行、中国农业银行、中国银行、中国建设银行和交通银行;小型农村金融机构包括农村商业银行、农村合作银行、农村信用社;新型农村金融机构包括村镇银行、贷款公司和农村资金互助社;"其他"包括金融租赁公司、汽车金融公司、货币经纪公司、消费金融公司等

数据来源:浙江银监局

2. 存款增速回落,波动幅度减弱。2014 年,浙江省本外币各项存款余额增长 7.2%,增速同比回落 3.4 个百分点;全年新增存款 5160.7 亿元,同比少增 1939.2 亿元。

3. 贷款平稳增长,期限和投向结构优化。2014 年末,浙江省本外币贷款余额增速为 9.2%,同比回落 0.6 个百分点,新增贷款为 5805 亿元,同比多增 101 亿元。中长期贷款新增 4537 亿元,同比多增 1567 亿元,占全部新增贷款的比重为 78.2%,较好满足了转型升级、兼并重组的中长期资金需求。

4. 银行业改革稳步推进,民营银行正式筹建。农业银行"三农金融事业部"改革试点稳步开展,国家开发银行、邮储银行改革持续深化,浙江网商银行获准筹建。浙江省已有 32 家农村商业银行开业,新设 8 家村镇银行。地方金融改革试点取得积极成果。温州民营银行获准设立,引导民间资本进入温州金融业举措取得重大进展。

(二) 证券业创新发展,市场交易量显著上升

2014 年,浙江省证券市场发展势头较好,交易量大幅增加,期货业发展平稳。

1. 证券业发展势头较好。截至 2014 年末,浙江省共有法人证券公司 5 家,证券公司分公司 31 家,证券营业部 598 家,证券投资咨询机构 3 家。证券经营机构 2014 年累计代理交易额 20.8 万亿元,比上年增长 53.6%;实现利润 54.2 亿元,比上年增长 54.4%。

2. 资本市场支持实体经济功能持续发挥。2014 年末,浙江省共有境内上市公司 266 家,较上年新增 20 家,位居全国第二;其中,中小板上市公司 123 家,占全国中小板上市公司总数的 17.0%;创业板上市公司 41 家,占全国创业板上市公司总数的 10.0%。上市公司总市值为 21286.6 亿元。上市公司融资额大幅增加。2014 年,浙江省境内上市公司累计融资 674.9 亿元,较上年增长 1.8 倍。

2014 年浙江省证券业基本情况

项目	数量
总部设在辖内的证券公司数(家)	5
总部设在辖内的基金公司数(家)	2
总部设在辖内的期货公司数(家)	12
年末境内上市公司数(家)	266
当年国内股票(A 股)筹资(亿元)	644
当年发行 H 股筹资(亿元)	—
当年国内债券筹资(亿元)	2274
其中:短期融资券筹资额(亿元)	621
中期票据筹资额(亿元)	410

数据来源:中国人民银行杭州中心支行、浙江证监局

3. 多层次资本市场建设持续推进。浙江股权交易中心推动企业差异化融资功能进一步发挥，规范企业治理结构效果明显。截至 2014 年末，浙江股权交易中心挂牌企业 1588 家，比上年增加 858 家；新三板挂牌企业 69 家。

（三）保险业规模和效益平稳增长，保险功能有效发挥

2014 年，浙江省保险业平稳发展，市场体系日益完善，资产规模稳步增长，服务领域继续拓宽，经济补偿和风险保障功能有效发挥。

2014 年浙江省保险业基本情况

项目	数量
总部设在辖内的保险公司数(家)	3
其中:财产险经营主体(家)	1
人身险经营主体(家)	2
保险公司分支机构(家)	76
其中:财产险公司分支机构(家)	35
人身险公司分支机构(家)	41
保费收入(中外资,亿元)	1258
其中:财产险保费收入(中外资,亿元)	602
人身险保费收入(中外资,亿元)	656.1
各类赔款给付(中外资,亿元)	474.7
保险密度(元/人)	2288.1
保险深度(%)	3.10

数据来源:浙江保监局

1. 保险行业规模和效益平稳增长。2014 年末，浙江共有法人保险公司 3 家，省级分支机构 76 家，保险互助社 2 家，保险市场格局更趋成熟。2014 年，共实现原保险保费收 1258 亿元，比上年增长 13.4%；其中，财产险保费收入比上年增长 14.4%，人身险保费收入增长 12.4%。浙江省保险密度为 2288.1 元/人，保险深度为 3.1%，均较上年提高。

2. 保险经济补偿功能有效发挥。2014 年，浙江省保险业赔付支出 474.7 亿元，比上年增长 5.3%。农业保险规模不断扩大，业务从保障自然风险向市场风险拓展，保障程度稳步提高。2014 年，浙江省内农业保险产品提供风险保障 379.2 亿元，10.9 万农户支付赔款 2.5 亿元。

3. 行业创新持续推进。保险公司投资收益情况总体良好，投资收益结构趋于多元化。互联网保险产品发展迅速。2014 年，部分保险公司将保险产品销售嵌入网络平台，充分发挥互联网的便捷性与长尾优势。

五、安徽省金融运行情况

2014 年，安徽省金融业规模稳步扩大，贷款增长平稳，信贷结构趋于优化，多层次资本市场体系基本建成，保险保障能力进一步提升，金融服务经济发展和转型升级的能力继续增强。

（一）银行业运行稳健，有力支持经济结构调整和转型升级

1. 银行业规模稳步扩大，组织体系建设有序推进。2014 年，全省银行业金融机构资产和利润总额分别增长 14.2%和 6.8%，同比分别下降 2.7 个和 9.5 个百分点。年末全省银行业金融机构营业网点 7948 个，法人机构 158 个，其中 2 家财务公司开业，1 家金融租赁公司获批筹建。

2014 年安徽省银行业金融机构基本情况

机构类别	营业网点			法人机构（个）
	机构个数（个）	从业人员（人）	资产总额（亿元）	
一、大型商业银行	2345	51428	14749	0
二、国家开发银行和政策性银行	87	2253	4583	0
三、股份制商业银行	251	5904	4528	0
四、城市商业银行	272	7142	5004	1
五、小型农村金融机构	3054	31350	7305	83
六、财务公司	6	200	261	6
七、信托公司	2	381	130	2
八、邮政储蓄	1766	14625	2799	0
九、外资银行	5	158	81	0
十、新型农村金融机构	156	2362	323	62
十一、其他	4	607	380	4
合　　计	7948	116410	40143	158

注：营业网点不包括国家开发银行和政策性银行、大型商业银行、股份制银行金融机构总部数据；大型商业银行包括中国工商银行、中国农业银行、中国银行、中国建设银行和交通银行；小型农村金融机构包括农村商业银行、农村合作银行、农村信用社；新型农村金融机构包括村镇银行和农村资金互助社；“其他”包括金融租赁公司、汽车金融公司等

数据来源：安徽银监局

2. 存款增长放缓，下半年波动性减小。2014 年，受表外理财较快增长、互联网金融创新等影响，金融机构吸收存款压力加大。年末全省本外币各项存款余额 30088.8 亿元，同比增长 11.7%，处于近年来较低水平；其中，人民币存款余额同比增长 11.5%。全年本外币存款增加 3146.9 亿元，同比少增 572.9 亿元。

3. 贷款平稳增长，信贷投放结构不断优化。2014 年末，全省本外币各项贷款余额 22754.7 亿元，同比增长 15.6%，增幅高于全国 2.3 个百分点，比上年末下降 1.7 个百分点；其中，人民币贷款余额同比增长 15.7%。全年本外币贷款增加 3019.4 亿元，同比多增 160.2 亿元。

（二）证券业稳步发展，积极推进多层次资本市场建设

1. 证券期货业机构稳步发展。2014 年，全省证券期货分支机构新增 29 家，达到 272 家，累计证券交易量增长 52%。全省证券业机构全年实现营业收入和利润总额分别增长 39.5%和 68.9%。2 家法人证券公司分类评级均为 A 类 A 级，3 家法人期货公司注册资本增长 50.0%。

2. 多层次资本市场建设稳步推进。2014 年末，全省上市公司达 80 家，“新三板”挂牌公司达 45

家，“四板”挂牌企业244家。全年全省资本市场融资总额224亿元，其中首发上市筹资11.2亿元，再融资178.9亿元，场外定向融资1.4亿元，私募债融资32.6亿元。

2014年安徽省证券业基本情况

项目	数量
总部设在辖内的证券公司数(家)	2
总部设在辖内的基金公司数(家)	0
总部设在辖内的期货公司数(家)	3
年末境内上市公司数(家)	80
当年国内股票(A股)筹资(亿元)	185.1
当年发行H股筹资(亿元)	0
当年国内债券筹资(亿元)	1550.9
其中：短期融资券筹资额(亿元)	567
中期票据筹资额(亿元)	438

数据来源：安徽证监局

（三）保险业实力持续增强，重点领域保险覆盖面进一步扩大

1. 保险业机构实力持续增强。2014年末，全省共有保险法人机构1家，省级保险机构53家，保险从业人员超过15万人。

2. 保费收入较快增长。全年全省保费收入572.3亿元，同比增长18.5%，增幅为近四年来最高；赔款与给付支出234.4亿元，同比增长5.1%。

2014年安徽省保险业基本情况

项目	数量
总部设在辖内的保险公司数(家)	1
其中：财产险经营主体(家)	1
人身险经营主体(家)	0
保险公司分支机构(家)	53
其中：财产险公司分支机构(家)	24
人身险公司分支机构(家)	29
保费收入(中外资，亿元)	572
其中：财产险保费收入(中外资，亿元)	241
人身险保费收入(中外资，亿元)	331
各类赔款给付(中外资，亿元)	234
保险密度(元/人)	945
保险深度(%)	3

数据来源：安徽保监局

3.保险保障作用显著提升。全年保险业承担各类风险保障同比增长62.7%。重点领域保险覆盖面扩大，农业保险提供保险保障519.7亿元，成为全国首个实现农业保险全覆盖的省份。全省大宗粮油作物承保率达到95%以上，名列全国第一。保险业改革创新有序推进，金寨县被保监会列为全国首个农村保险改革创新试点县；积极开展小额贷款保证保险、环境污染责任保险、安全生产责任保险、科技保险等试点。

四　长三角外资

一、长三角利用外资总体情况

2014 年,长三角实际利用外资总额达 744.77 亿美元,比上年下降 0.5%,占全国实际利用外资总额的比重为 66.3%,比上年上升 2.6 个百分点。其中,江苏省仍然是长三角的引资主力,实际利用外资 281.74 亿美元,比上年下降 15.3%,占长三角实际利用外资总额的 37.8%。浙江省实际利用外资 157.97 亿美元,比上年增长 11.6%,占长三角实际利用外资总额的 21.2%。上海市实际利用外资 181.66 亿美元,比上年增长 8.3%,占长三角实际利用外资总额的 24.4%。安徽省实际利用外资 123.40 亿美元,比上年增长 15.5%,占长三角实际利用外资总额的 16.6%。

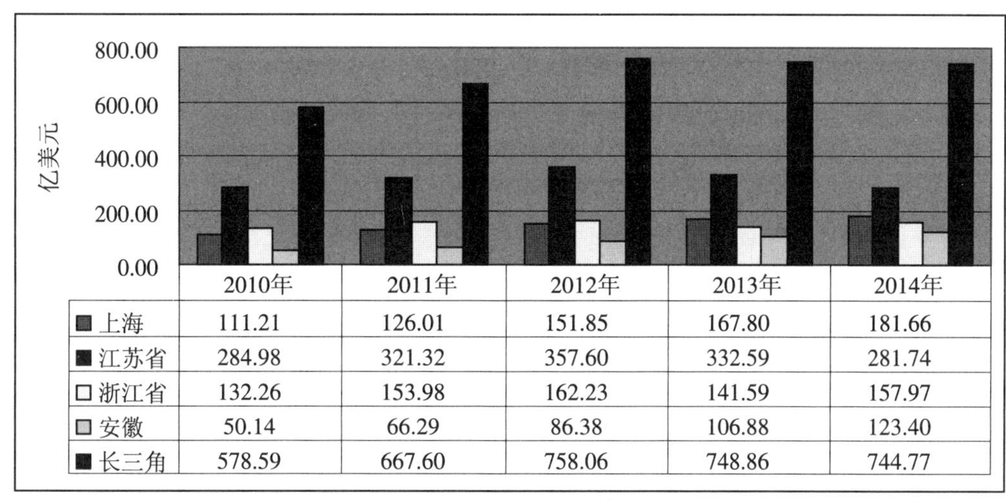

	2010年	2011年	2012年	2013年	2014年
上海	111.21	126.01	151.85	167.80	181.66
江苏省	284.98	321.32	357.60	332.59	281.74
浙江省	132.26	153.98	162.23	141.59	157.97
安徽	50.14	66.29	86.38	106.88	123.40
长三角	578.59	667.60	758.06	748.86	744.77

2010—2014 年长三角实际利用外资情况

数据来源:历年上海市、江苏省、浙江省、安徽省统计年鉴

二、上海市利用外资情况

2014 年,上海市新设外商直接投资合同项目 4697 项,比上年增长 25.6%;合同金额 316.09 亿美元,增长 26.8%;实际到位金额 181.66 亿美元,增长 8.3%。全年第三产业实际到位金额 163.85 亿美元,增长 20.8%,占全市实际利用外资的比重达到 90.2%。至 2014 年末,在上海投资的国家和地区达 159 个。年内新增跨国公司地区总部 45 家,其中亚太区总部 15 家,投资性公司 14 家,外资研发中心 15 家。至 2014 年末,在上海落户的跨国公司地区总部达到 490 家,投资性公司 297 家,外资研发中心 381 家。

2010—2014 年上海市直接吸收外资情况

指标	2010 年	2011 年	2012 年	2013 年	2014 年
签订合同项目(个)	3906	4329	4043	3842	4697
#合资经营	445	511	592	656	887

续表

指标	2010 年	2011 年	2012 年	2013 年	2014 年
合作经营	14	13	8	5	7
独资经营	3443	3801	3437	3075	3796
签订合同金额(亿美元)	153.07	201.03	223.38	246.30	316.09
＃合资经营	21.54	23.85	39.76	36.09	70.13
合作经营	1.11	14.85	7.29	5.31	1.91
独资经营	128.17	160.22	172.16	203.95	230.19
实际吸收外资金额(亿美元)	111.21	126.01	151.85	167.80	181.66
＃合资经营	17.84	19.87	27.18	26.64	21.92
合作经营	1.69	2.58	5.76	5.96	8.29
独资经营	90.71	102.07	118.29	133.08	151.15

资料来源:历年上海市统计年鉴

2014 年上海市外商直接投资合同项目和金额

类　别	签订合同项目(个)		签订合同金额(亿美元)		实际吸收外资金额(亿美元)	
	2014 年	至 2014 年底累计	2014 年	至 2014 年底累计	2014 年	至 2014 年底累计
总　计	4697	76408	316.09	2741.10	181.66	1691.59
＃1000 万美元以上项目	528		267.01			
＃工　业	16		20.44			
按投资方式分						
＃合资企业	887	19229	70.13	584.99	21.92	411.53
合作企业	7	5124	1.91	165.69	8.29	114.42
独资企业	3796	51853	230.19	1923.82	151.15	1132.39
按产业分						
第一产业	5	314	0.66	6.31	0.03	4.00
第二产业	110	26381	25.19	917.58	17.78	541.34
＃工　业	96	25446	22.48	894.69	17.44	534.04
第三产业	4582	49713	278.50	1805.47	163.85	1146.25
按主要国别(地区)分						
＃中国香港	1808	23976	198.51	1166.58	115.79	635.36
中国澳门	18	286	0.59	5.46	0.31	2.15
中国台湾	507	8176	5.29	70.93	3.10	47.81

续表

类　别	签订合同项目(个)		签订合同金额(亿美元)		实际吸收外资金额(亿美元)	
	2014 年	至 2014 年底累计	2014 年	至 2014 年底累计	2014 年	至 2014 年底累计
日　本	220	9854	8.27	247.98	12.46	191.00
韩　国	285	2952	2.66	33.03	0.78	19.39
新加坡	234	3904	21.88	168.68	8.30	97.81
泰　国	1	256	1.01	4.01	0.00	2.79
德　国	129	1906	5.85	86.32	2.10	60.58
英　国	111	1309	2.00	32.06	0.98	24.54
法　国	80	843	1.39	36.29	0.80	22.86
意大利	86	948	1.18	11.06	1.13	6.47
美　国	336	7776	7.58	178.49	9.97	122.04
加拿大	115	1257	1.30	11.19	0.10	5.53
澳大利亚	98	1339	1.56	14.12	0.10	6.84

资料来源:《上海统计年鉴》(2015)

三、江苏省利用外资情况

2014 年,江苏省吸引外资规模继续保持全国领先。新批外商投资企业 3031 家,新批协议外资 431.87 亿美元,比上年下降 8.6%;实际到账外资 281.74 亿美元,比上年下降 15.3%。新批及净增资 3000 万美元以上的大项目 701 个。

2010—2014 年江苏省外商投资况状况　　万美元

指标	2010 年	2011 年	2012 年	2013 年	2014 年
签订合同项目(个)	4661	4496	4156	3453	3031
#合资经营	934	932	721	632	709
合作经营	26	29	15	14	2
独资经营	3696	3531	3414	2806	2316
外商投资股份制企业	5	4	6	1	4
合同外商直接投资金额	5683321	5955372	5714109	4726816	4318685
#合资经营	801993	980904	743004	561458	661894
合作经营	65786	34123	32100	26282	9808
独资经营	4764618	4889203	4869617	4128148	3512530
外商投资股份制企业	50924	51142	69388	10928	134453
实际外商直接投资金额	2849777	3213173	3575956	3325922	2817416

续表

指标	2010年	2011年	2012年	2013年	2014年
＃合资经营	47435	597420	577193	590073	429339
合作经营	24697	25950	19118	20102	9508
独资经营	2283780	2554283	2887099	2692125	2322693
外商投资股份制企业	66950	35520	92546	23622	55876

资料来源：历年江苏省统计年鉴

2014年江苏省各市利用外资情况：

南京市全年新增外商投资企业314个，比上年下降6.5%。新批合同外资49.20亿美元，比上年下降8.2%。全年实际使用外资32.91亿美元，下降18.4%。分产业看，第一产业实际使用外资0.06亿美元，增长118.8%；第二产业实际使用外资9.21亿美元，下降35.8%；第三产业实际使用外资23.64亿美元，下降8.9%。

无锡市利用外资结构优化。全年新批外资项目407个，协议注册外资55.01亿美元，到位注册外资31.16亿美元，下降6.7%。制造业利用外资占到位注册外资比重达到55%，全年完成协议注册外资超3000万美元的重大外资项目65个。至2014年底全球财富500强企业中有95家在南京市投资兴办了180家外资企业。

徐州市新批外商直接投资企业189家，新批协议外资30.21亿美元，实际到账外资16.58亿美元，比上年增长15.0%。新批及净增资3000万美元以上的大项目24个。

常州市注册外资实际到账31.2亿美元，比上年增长0.3%。重大外资项目取得突破，全年新增总投资超3000万美元项目49个，其中超5亿美元项目4个。引进了常高新健亚胰岛素项目、博纳高性能材料项目、威翔航空科技项目、武进区龙王生物科技香精香料项目等一批高端制造业重大项目。重点企业增资势头强劲，新增总投资3000万美元以上增资项目18个，其中新增总投资超亿美元项目3个。全年新增1家世界500强投资项目，新增3家跨国公司地区总部和1家外资功能性机构。

苏州市实际使用外资81.2亿美元，比上年下降6.7%，其中服务业实际使用外资30.5亿美元，占实际使用外资的37.6%；战略性新兴产业和高技术项目实际使用外资38.2亿美元，占实际使用外资的47%。新引进和培育各类具有地区总部特征或共享功能的外资企业40家，累计超过200家。147家世界500强企业在苏州有投资项目（企业）。

南通市新批外商投资项目305个，比上年下降13.3%。其中，千万以上项目140个，比上年下降4.8%；新批协议注册外资55.2亿美元，增长11.5%；实际到账注册外资23.0亿美元，增长0.9%。

扬州市实际利用外资到账15.02亿美元，新批项目101个，协议外资19.85亿美元。

镇江市新批外商投资企业117家，新批协议外资23.8亿美元，比上年下降26.5%；实际利用外资12.9亿美元，比上年下降57.9%。新批及净增资1000万美元以上项目75个，其中3000万美元以上项目41个。

泰州市新批协议注册外资24.79亿美元，下降26.8%；实际到账注册外资9.39亿美元，下降29.0%。全年新批3000万美元以上项目24个。

四、浙江省利用外资情况

2014年，浙江省新批外商直接投资项目1550个，比上年减少22个；合同外资244.12亿美元，比上年增长0.1%；实际到位外资157.97亿美元，比上年增长11.6%。第三产业利用外资继续保持良

好势头，合同外资145.34亿美元，比上年下降3.7%，占合同外资总额的59.5%，比上年下降2.4个百分点；实际利用外资97.92亿美元，比上年增长24.3%，占实际利用外资总额的62.0%，比上年提高6.4个百分点。

2013—2014年浙江省按行业分的外商直接投资

万美元

指标	投资项目(个)		合同外资		实际利用外资	
	2013年	2014年	2013年	2014年	2013年	2014年
总计	1572	1550	2438359	2441203	1415898	1579725
合资企业	434	426	416637	392153	354182	313869
独资企业	1130	1115	1995163	1970647	996766	1205573
第一产业	21	36	13685	34570	8094	8146
第二产业	550	461	914802	953204	620096	592423
#制造业	542	448	896284	930790	604012	570815
纺织业	31	13	47084	32221	35896	29282
化学原料及化学制品制造业	10	14	65629	57341	59151	45573
医药制造业	8	7	20984	6516	28555	5404
通用设备制造业	83	54	111620	104218	64163	55597
专用设备制造业	61	46	98447	68532	61266	40299
通信设备、计算机及其他电子设备制造业	42	35	74766	51640	58165	47754
第三产业	1001	1053	1509872	1453429	787708	979156
#交通运输、仓储和邮政业	12	15	66917	48205	93762	28691
信息传输、计算机服务和软件业	79	93	110951	116023	60765	63335
批发和零售业	484	511	267018	356233	107304	179934
住宿和餐饮业	13	16	2121	11565	11271	4948
金融业	29	34	47485	143089	15094	21982
房地产业	59	29	621431	267871	345374	466395
租赁和商务服务业	153	154	191641	202795	85474	90796
科学研究、技术服务和地质勘查业	149	158	170888	232176	60202	92449
水利、环境和公共设施管理业	6	4	10843	20723	3243	17773
教育	1	4	110	697		75
卫生、社会保障和社会福利业	1	3	1951	1794	2108	1848
文化、体育和娱乐业	10	13	20038	42963	2419	7236

资料来源：《浙江省统计年鉴》(2015)

2014年浙江省各市利用外资情况：

杭州市全年批准外商直接投资408项，实到外资63.35亿美元，比上年增长20.1%。新批总投资3000万美元以上项目108个，总投资109.39亿美元，占新批外商项目总投资的82.3%。引进世界500强投资项目12个，至2014年末，共有107家世界500强企业来杭投资179个项目。

宁波市合同利用外资70.2亿美元，比上年增长20.6%，实际利用外资首次突破40亿美元，达40.3亿美元，增长22.9%。第三产业新批项目321个，增长17.2%，合同利用外资33.3亿美元，增长3.1%，其中批发和零售业合同利用外资13.7亿美元，增长47.7%；金融业合同利用外资5.1亿美元，增长321.7%。第三产业实际利用外资21.4亿美元，增长16.6%，其中房地产业实际利用外资11.1亿美元，增长18.1%；批发和零售业实际利用外资7.1亿美元，增长122.3%。

嘉兴市新批外商投资企业246家，比上年减少2家；合同利用外资44.15亿美元，比上年增长30.2%；实际利用外资24.96亿美元，增长13.1%。

绍兴市新批外资项目141个，比上年增加3个。合同利用外资10.30亿美元，比上年增长9.7%；实际利用外资6.71亿美元，下降16.9%。新批(含增资)总投资1000万美元以上项目55只。

金华市新批外商投资企业70家；合同利用外资5.70亿美元，比上年增长226.2%；实际利用外资2.78亿美元，增长20.9%。工业利用外资继续占主导地位，实际利用外资2.27亿美元，增长78.1%，占全市实到外资的81.5%。增资扩股项目增多，全年增资项目7个，累计新增合同利用外资3.34亿美元，占全市合同外资的58.4%。

台州市新批外商投资企业40家，合同利用外资3.46亿美元，比上年增长28.2%，实际利用外资2.77亿美元，下降30.7%。

五、安徽省利用外资情况

2014年，安徽省新批外商投资项目256个，比上年增加10个；合同利用外资31.10亿美元，增长15.7%；实际利用外商直接投资123.40亿美元，增长15.5%。到2014年底，来安徽省投资的境外世界500强企业增加到71家，其中当年新引进5家。

2010—2014年安徽省外商投资况状况　　万美元

指标	2010年	2011年	2012年	2013年	2014年
新批项目	281	263	194	246	256
＃合资经营	100	97	78	108	103
合作经营	8	7	2	5	3
独资经营	172	159	112	131	147
外商投资股份制	1	0	2	1	3
合同外资额	216462	344324	253481	268851	310969
＃合资经营	47726	102951	70431	110209	107022
合作经营	9115	16326	4472	18279	8020
独资经营	156738	213151	170532	136011	188572
外商投资股份制	2883	11896	8046	3351	7355
实际利用外商直接投资额	501446	662887	863811	1068772	1233978

续表

指标	2010年	2011年	2012年	2013年	2014年
#合资经营	173910	212503	269883	327720	428324
合作经营	3922	2648	1971	4414	4407
独资经营	307925	430223	569825	708629	771762
外商投资股份制	15689	17513	22132	28009	29485

资料来源:历年安徽省统计年鉴

2014年安徽省各市利用外资情况:

2013—2014年安徽省及各市利用外资情况

指标	项目(个)			合同外资额(万美元)		实际利用外资额(万美元)		
	2013年	2014年	比上年增长(%)	2013年	2014年	2013年	2014年	比上年增长(%)
总计	246	256	4.1	268851	310969	1068772	1233978	15.5
合肥市	84	85	1.2	96929	111486	189021	225877	19.5
芜湖市	28	35	25.0	49129	52953	160548	200340	24.8
马鞍山市	14	14	0.0	9462	29293	147895	176131	19.1
蚌埠市	8	17	112.5	7949	32466	96830	121357	25.3
滁州市	19	16	−15.8	9335	14565	72596	92353	27.2
宣城市	13	14	7.7	7508	11306	57303	69002	20.4
亳州市	6	4	−33.3	1157	5321	47383	59687	26.0
宿州市	6	8	33.3	1619	7824	46813	58966	26.0
淮北市	3	5	66.7	2337	6839	45934	54431	18.5
六安市	14	10	−28.6	24676	6598	30403	35191	15.7
池州市	13	8	−38.5	7741	4920	26208	30260	15.5
黄山市	7	7	0.0	4784	3689	25302	27838	10.0
安庆市	10	13	30.0	11471	12897	45178	26666	−41.0
淮南市	3	5	66.7	10301	5178	23914	20095	−16.0
铜陵市	10	6	−40.0	16215	3907	40310	19577	−51.4
阜阳市	8	9	12.5	8238	1727	13134	16207	23.4

数据来源:《安徽省统计年鉴》(2015)

合肥市新批外商投资企业85家,比上年增加1家。合同利用外资11.15亿美元,比上年增长15.0%;实际利用外商直接投资22.59亿美元,增长19.5%。新增总投资(含增减资)27.18亿美元,同比增长45.6%。年末境外世界500强企业在合肥投资设立37家外资企业,新增2家。

芜湖市新批外商投资企业35家,合同利用外资5.30亿美元。全年实际利用外资20.34亿美元,比上年增长23.9%,其中外商直接投资20.03亿美元,增长24.8%。截至2014年底,全市共有41家境外世界500强企业在芜投资项目46个;其中来自美国的境外世界500强企业12家,投资项目14个。

马鞍山市实际利用外资17.62亿美元,比上年增长0.9%。其中,外商直接投资17.61亿美元,增长19.1%。

蚌埠市新批外商投资企业17家,比上年增加9家;实际到位外资金额12.50亿美元,比上年增长23.4%,其中外商直接投资12.14亿美元,增长25.3%。

宣城市新批外商投资企业14家,比上年增加1家;合同利用外资1.13亿美元,增长50.6%;实际使用外资金额6.90亿美元,增长20.4%。

铜陵市新批外商投资企业6家。合同外资额0.39亿美元,比上年下降75.9%。全年外商直接投资1.96亿美元,下降51.4%。

五　长三角对外经济

一、长三角对外经济总体情况

随着全国经济国际化的深化，长三角对外经济迅猛发展，规模继续居于全国前列，2014 全年对外承包工程及对外劳务合作完成营业额 247.74 亿美元，比上年增长 5.3%，占到全国总量的 17.4%，比上年上升 0.2 个百分点。江苏省对外承包工程及对外劳务合作完成营业额 88.08 亿美元，比上年增长 8.1%，占长三角总量的 35.6%；上海市对外承包工程及对外劳务合作完成营业额 74.00 亿美元，下降 8.3%，占长三角总量的 29.9%；浙江省对外承包工程及对外劳务合作完成营业额 53.39 亿美元，上升 21.3%，占长三角总量的 21.6%。安徽省对外承包工程及对外劳务合作完成营业额 32.27 亿美元，上升 10.7%，占长三角总量的 13.0%。

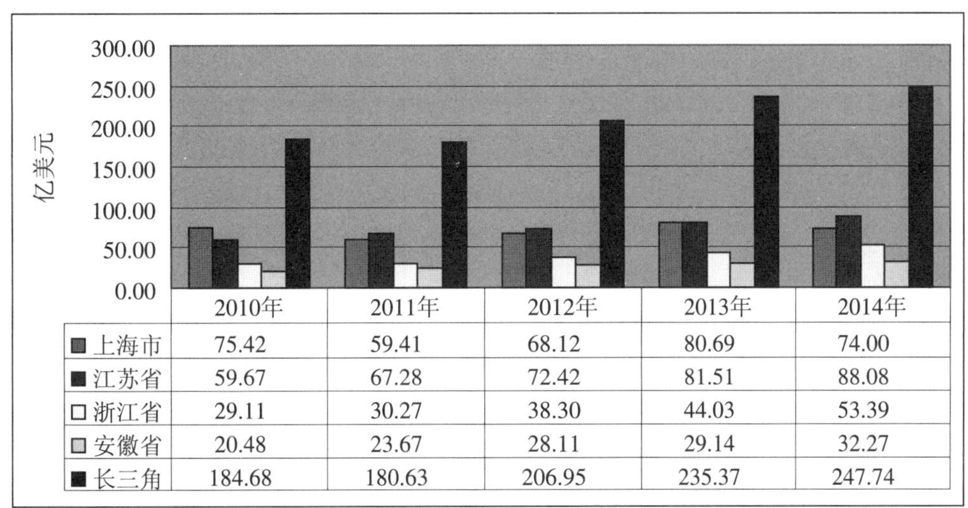

	2010年	2011年	2012年	2013年	2014年
上海市	75.42	59.41	68.12	80.69	74.00
江苏省	59.67	67.28	72.42	81.51	88.08
浙江省	29.11	30.27	38.30	44.03	53.39
安徽省	20.48	23.67	28.11	29.14	32.27
长三角	184.68	180.63	206.95	235.37	247.74

2010—2014 年长三角地区对外承包工程与劳务合作完成营业额

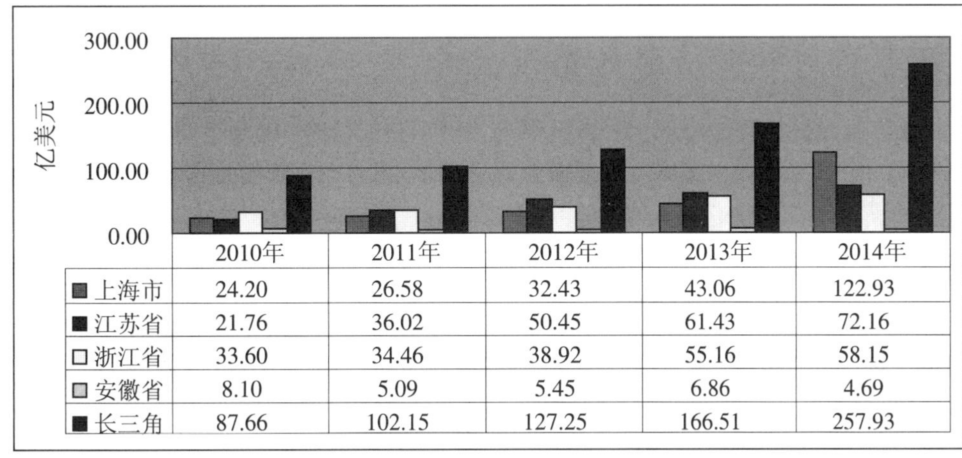

	2010年	2011年	2012年	2013年	2014年
上海市	24.20	26.58	32.43	43.06	122.93
江苏省	21.76	36.02	50.45	61.43	72.16
浙江省	33.60	34.46	38.92	55.16	58.15
安徽省	8.10	5.09	5.45	6.86	4.69
长三角	87.66	102.15	127.25	166.51	257.93

2010—2014 年长三角地区中方对外投资额

对外投资方面，长三角中方对外投资额为257.93亿美元，比上年增长54.9%。上海市中方对外投资额为122.93亿美元，增长185.5%，占长三角总量的47.7%；江苏省中方对外投资额为72.16亿美元，比上年增长5.8%，占长三角总量的28.0%；浙江省中方对外投资额为58.15亿美元，增长5.4%，占长三角总量的22.5%；安徽省中方对外投资额为4.69亿美元，下降31.6%，占长三角总量的1.8%。

二、上海市对外经济总体情况

2014年，上海市新批对外投资项目594项，比上年增长71.2%；投资总额122.91亿美元，增长1.9倍。签订对外承包工程合同金额108.90亿美元，增长0.7%；实际完成营业额74.00亿美元，下降8.3%；派出人员8532人次，增长96.7%。对外劳务合作派出人员18163人次，比上年增长32.6%。至2014年末，上海市对外承包工程和劳务合作涉及的国家和地区达178个。

2010—2014年上海市对外经济合作情况

指　标	2010年	2011年	2012年	2013年	2014年
对外承包工程					
签订合同金额(亿美元)	101.03	123.47	103.11	108.16	108.90
实际营业额(亿美元)	68.96	59.41	68.12	80.69	74.00
派出人员(人次)	9430	5559	3477	4337	8532
对外劳务合作					
派出人员(人次)	17417	8749	17767	13695	18163

资料来源：历年上海市统计年鉴

2011－2013年上海市海外企业情况

指　标	2011年新增	至2011年底累计	2012年新增	至2012年底累计	2013年新增	至2013年底累计	2014年新增	至2014年底累计
企业数(个)	172	1680	249	1929	347	2276	594	2870
投资额(万美元)	265824	1034119	324335	1358454	430571	1789025	1229253	3018278

资料来源：历年上海市统计年鉴

三、江苏省对外经济总体情况

2014年，江苏省对外投资增势迅猛。新批境外投资项目736个，比上年增长21.7%；中方协议投资72.16亿美元，增长17.5%。新签对外承包工程合同额96.61亿美元，比上年增长11.6%；新签对外承包工程完成营业额79.54亿美元，增长9.5%。

2010—2014年江苏省对外经济合作情况

指标		合同数(份)	合同金额(万美元)	实际完成营业额(万美元)	年末在外人数(人)
对外承包工程	2010年	968	544726	519838	35987
	2011年	891	594909	599171	35484
	2012年	1009	719844	646755	35615
	2013年	1021	865653	726299	36266
	2014年	1067	966108	795426	36552

续表

指标		合同数(份)	合同金额(万美元)	实际完成营业额(万美元)	年末在外人数(人)
对外劳务合作	2010 年	1055	76040	76864	59778
	2011 年	—	64883	73590	53864
	2012 年	—	62021	77438	51234
	2013 年	—	75680	88826	51748
	2014 年	—	120789	85351	59850

资料来源:历年江苏省统计年鉴

2010—2014 年江苏省境外投资情况

指标	2010 年	2011 年	2012 年	2013 年	2014 年
新批项目数(个)	408	505	572	605	736
#企业	360	443	528	550	698
#子公司	326	410	501	522	685
独资子公司	269	343	390	414	517
合资子公司	57	67	111	108	168
联营公司	34	33	27	28	13
机构	48	62	44	55	38
#国有及国有控股企业	39	34	60	58	58
集体企业	5	3	4	3	1
民营企业	269	369	383	426	554
外资企业	95	99	125	118	123
#参股并购类项目	47	64	83	80	110
风险投资类项目	2	9	13	10	7
#贸易型项目	162	213	243	210	277
非贸易型项目	246	292	329	395	459
#境外加工贸易项目	41	32	33	38	61
境外资源开发项目	7	18	33	9	10
中方协议金额(万美元)	217613	360154	504547	614272	721571
#企业	216646	359239	504089	611917	721154
#子公司	211877	351789	491387	579871	712482
独资子公司	191032	315587	393106	488365	543147
合资子公司	20846	36202	98281	91506	169335
联营公司	4769	7450	12702	32046	8672
机构	967	915	458	2356	417
#国有及国有控股企业	39	27271	84488	46418	65224
集体企业	5	1495	2185	974	9998

续表

指标	2010 年	2011 年	2012 年	2013 年	2014 年
民营企业	269	251638	320725	434218	547679
外资企业	95	79750	97149	132663	98669
#参股并购类项目	46726	49129	99294	126803	110347
风险投资类项目	137	8899	13522	28342	17973
#贸易型项目	61064	101672	154336	128831	167014
非贸易型项目	156549	258483	350210	485441	554557
#境外加工贸易项目	30787	14760	34988	34307	57923
境外资源开发项目	3202	39067	61756	24100	22658

资料来源：历年江苏省统计年鉴

2014 年江苏省各市对外经济情况：

南京市全年对外承包工程新签合同额为 39.40 亿美元，比上年增长 21.1%；完成营业额 26.97 亿美元，增长 14.8%。全年对外承包工程新派劳务人员 9664 人，增长 31.2%，年末在外劳务人数达 14453 人，比上年末增长 21.8%。

无锡市对外经济合作势头良好。全年完成境外投资项目 110 个，中方投资额达到 14.5 亿美元，比上年增长 20.9%，其中 1000 万美元以上项目 30 个。

徐州市新批境外投资项目 22 个，中方协议投资 2.48 亿美元，增长 22.3%。其中，千万美元以上项目投资占 84.4%，民营企业投资占 98.7%，第三产业投资占 53.8%。新签对外承包工程合同额 2.72 亿美元，完成营业额 2.99 亿美元。

常州市境外投资项目 64 个，中方协议投资额 4.7 亿美元，比上年增长 9%。全年完成服务外包合同额 3.2 亿美元，其中离岸合同额 1.5 亿美元；服务外包执行额 2.7 亿美元，其中离岸执行额 1.5 亿美元。

苏州市新批境外投资项目中方协议投资额 17.0 亿美元，比上年增长 5.0%。其中第三产业项目中方协议投资额 9.1 亿美元，占 53.5%；民营企业境外中方协议投资额 13.1 亿美元，占 77.0%。全年新签对外工程承包合同额 13.5 亿美元，完成营业额 9.5 亿美元，分别比上年增长 30.5%和 15.5%。

南通市新批设立境外企业 78 家，中方协议投资额 9.2 亿美元。新签对外承包劳务合同额 18.6 亿美元，增长 0.1%；完成对外承包劳务营业额 22.7 亿美元，增长 14.8%；新派劳务人员 0.94 万人次，下降 22.0%；年末在外劳务人员 2.3 万人，增长 3.4%。

扬州市完成外经营业额 6.35 亿美元，增长 20.0%；新签合同额 3.96 亿美元，增长 15.0%；期末在外人数 7405 人，下降 14.0%；新批境外投资项目 29 个，中方协议投资额 2.90 亿美元，增长 84.0%。

镇江市新批境外投资项目数 35 个，其中境外投资中方协议投资额 1.9 亿美元，比上年增长 65.8%。

四、浙江省对外经济总体情况

2014 年，浙江省实际对外直接投资 34.80 亿美元，比上年增长 45.2%。经审批和核准的境外投资企业和机构共计 577 家，比上年增加 9 家；其中中方投资 58.15 亿美元，增长 5.4%。对外承包工程完成营业额 53.39 亿美元，比上年增长 21.3%；全省劳务人员实际收入 1.60 亿美元，增长 46.9%。

2010—2014年浙江省对外经济合作情况

项目	2010年	2011年	2012年	2013年	2014年
新签对外承包工程和劳务合作合同额(万美元)	246106	295438	361220	464707	423539
对外承包工程和劳务合作营业额(万美元)	291076	302693	382974	440266	533922
对外承包工程和劳务合作在年底在外人数(人)	26261	17836	27149	27923	31279
新批境外投资企业数(个)	630	568	634	568	577
境外企业中方投资额(万美元)	336008	344551	389236	551648	581489

资料来源:历年浙江省统计年鉴

2014年浙江省各市对外经济情况:

杭州市至2014年末,累计设立各类境外投资企业(机构)1095个,其中非贸易企业362个。全年境外合同投资10.86亿美元,其中非贸易性投资8.92亿美元。完成对外承包工程和劳务合作营业额10.42亿美元,比上年增长30.3%。离岸服务外包合同执行额41.00亿美元,增长15.0%。

宁波市新批境外投资企业和机构208家;核准中方投资额18.4亿美元,比上年增长16.9%,实际中方投资额8.4亿美元,增长24.3%。完成境外承包工程劳务合作营业额16.9亿美元,增长12.4%。承接服务外包执行额140.6亿元,比上年增长30.1%;承接国际服务外包执行额9.1亿美元,增长50.8%。年末服务外包企业达1065家,从业人员4.14万人。

嘉兴市新批境外投资项目41个,境外中方投资额3.12亿美元,增长23.3%。

绍兴市新批境外投资企业37家(增资企业12家)。境外投资企业总投资额6.53亿美元,其中中方投资额6.08亿美元,比上年增长83.0%。境外工程营业额1.51亿美元,比上年增长20.4%。全年服务外包合同签订额1.20亿美元,比上年下降25.5%。其中离岸合同额1.18亿美元,下降21.9%;完成合同执行额1.11亿美元,增长10.7%。其中离岸执行额1.09万美元,比上年增长20.5%。

金华市新批核准境外投资项目42个,境外投资总额5.30亿美元,中方投资4.97亿美元,同比增长168.0%。全市完成对外承包工程劳务合作营业额2.82亿美元。全年设立境外营销网络36家,占全市项目总数的85.7%。企业在境外投资、经营的各类营销网络达336个,涉及67个国家和地区。全市有注册服务外包企业215家,从业人员超3.95万人,离岸合同签约金额2.09亿美元,增长11.1%,离岸合同执行金额1.68亿美元,增长6.6%。

台州市新批境外投资企业35家,中方投资额0.87亿美元。全市累计境外投资项目513个,中方累计投资额6.83亿美元。新注册服务外包企业6家,全市累计已注册服务外包企业67家。服务外包离岸合同额0.39亿美元,比上年增长17.0%;离岸合同执行额0.39亿美元,增长16.0%。

五、安徽省对外经济总体情况

2010—2014年安徽省对外经济合作情况

项目	2010年	2011年	2012年	2013年	2014年
新签对外承包工程和劳务合作合同额(亿美元)	15.78	19.37	23.38	27.50	26.68
对外承包工程和劳务合作营业额(亿美元)	20.48	23.67	28.11	29.14	32.27
对外承包工程和劳务合作在年底在外人数(人)	—	20901	23748	21655	24709
新批境外投资企业数(个)	—	42	56	59	100

续表

项目	2010 年	2011 年	2012 年	2013 年	2014 年
境外企业中方投资额(亿美元)	8.10	5.09	5.45	6.86	4.69

资料来源:历年安徽省统计年鉴

2014 年,安徽省新批境外企业(机构)100 个,协议对外投资 18.09 亿美元,比上年下降 33.4%;实际对外投资 4.69 亿美元,下降 31.6%。对外承包工程新签合同金额 26.68 亿美元,比上年下降 3.0%;完成营业额 32.27 亿美元,增长 10.7%;当年外派劳务人员 14139 人,增长 12.8%;年末在外人数为 24709 人,增长 14.1%。

2014 年安徽省主要城市对外经济情况:

合肥市对外经济合作新签合同额 20.0 亿美元,比上年增长 67.0%;完成营业额 23.4 亿美元,增长 4.0%。劳务合作年末在外人员 1.3 万人。

芜湖市实际对外投资额 1.65 亿美元,同比增长 169.0%,占全省实际对外投资额的 35.0%,超过第二名和第三名数额的总和(分别是宣城市 8250 万美元和马鞍山市 7023 万美元)。新增对外投资企业 13 家,对外投资企业总数达到 42 家。

六　长三角外贸

一、长三角对外贸易总体情况

2014年,长三角对外贸易进出口总值达14347.06亿美元,比上年增长4.4%,占全国外贸比重33.3%,增长0.3个百分点。其中,出口额8569.68亿美元,增长5.8%,占全国出口比重36.6%;进口额5777.38亿美元,同比增长2.5%,占全国出口比重29.5%。

2014年,上海市进出口总额占长三角进出口总额的比重为32.5%,比上年上升0.4个百分点;出口额占长三角出口总额的比重为24.5%,上升0.7个百分点。江苏省进出口总额占长三角进出口总额的比重为39.3%,比上年上升0.8个百分点;出口额占长三角出口总额的比重为39.9%,下降0.7个百分点。浙江省进出口总额占长三角进出口总额的比重为24.7%,比上年上升0.3个百分点;出口额占长三角出口总额的比重为31.9%,下降1.2个百分点。安徽省进出口总额占长三角进出口总额的比重为3.4%,比上年上升0.1个百分点;出口额占长三角出口总额的比重为3.7%,上升0.2个百分点。

2010—2014年长三角地区对外贸易情况　　亿美元

指标	2010年		2011年		2012年		2013年		2014年	
	进出口额	出口额	进出口额	出口额	进出口额	出口额	进出口额	出口额	进出口额	出口额
上海市	3688.69	1807.84	4374.36	2097.89	4367.58	2068.07	4413.98	2042.44	4666.22	2102.77
江苏省	4657.93	2705.50	5397.59	3126.23	5480.93	3285.38	5508.44	3288.57	5637.62	3418.69
浙江省	2535.33	1804.65	3093.78	2163.49	3124.03	2245.19	3357.89	2487.46	3550.49	2733.29
安徽省	242.77	124.13	313.38	170.84	393.25	267.52	456.34	282.56	492.73	314.93
长三角	11124.72	6442.12	13179.11	7558.45	13365.79	7866.16	13736.65	8101.03	14347.06	8569.68

资料来源:历年上海市、江苏省、浙江省、安徽省统计年鉴

二、上海市对外贸易情况

2014年,上海市关区货物进出口总额8634.55亿美元,比上年增长6.3%。其中,进口3402.43亿美元,增长8.7%;出口5232.12亿美元,增长4.8%。

2014年,上海市货物进出口总额4666.22亿美元,比上年增长5.7%。其中,进口总额2563.45亿美元,同比增长8.1%;出口总额2102.77亿美元,同比增长3.0%。上海市进出口总额相当于生产总值的比例为121.6%,比上年下降5.0个百分点;出口总额相当于生产总值的比例为54.8%,比去年下降3.8个百分点。

2014年,上海市国有企业出口279.17亿美元,比上年下降6.0%;外商投资企业出口1415.62亿美元,增长3.5%;私营企业出口389.63亿美元,增长7.8%。在上海市出口总额中,高新技术产品出口890.63亿美元,比上年增长0.4%;机电产品出口1456.08亿美元,增长1.5%;一般贸易出口879.73亿美元,增长7.6%;加工贸易出口919.88亿美元,下降2.5%。

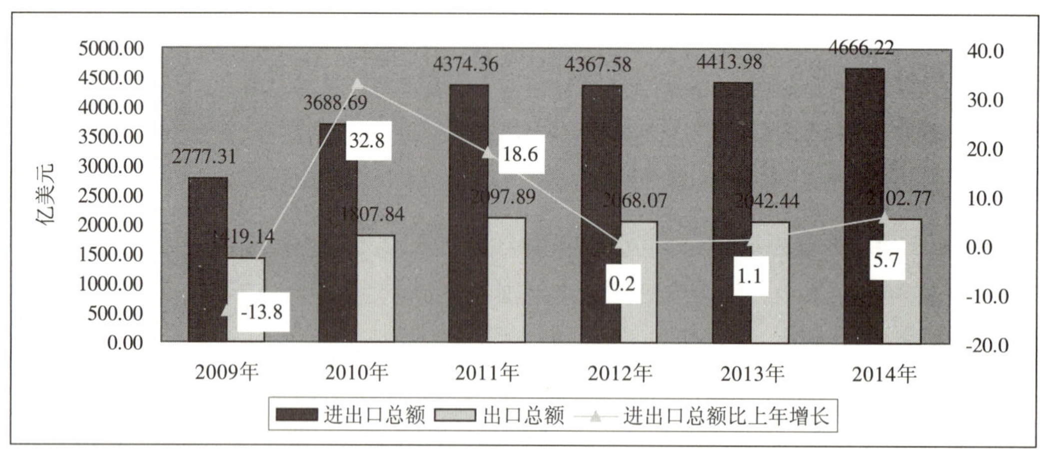

2009—2014 年上海市进出口总额与增长速度

2014 年上海市进出口总额及其增长速度

指 标	绝对值（亿美元）	比上年增长(%)	指 标	绝对值（亿美元）	比上年增长(%)
上海市进口总额	2563.45	8.1	上海市出口总额	2102.77	3.0
#国有企业	382.27	−7.2	#国有企业	279.17	−6.0
外商投资企业	1687.41	10.8	外商投资企业	1415.62	3.5
私营企业	380.11	8.3	私营企业	389.63	7.8
#一般贸易	1321.48	10.2	#一般贸易	879.73	7.6
加工贸易	370.19	6.3	加工贸易	919.88	−2.5
#机电产品	1391.06	8.4	#机电产品	1456.08	1.5
#高新技术产品	819.23	3.4	#高新技术产品	890.63	0.4

数据来源:2014 年上海市国民经济和社会发展统计公报

2014 年,上海市对欧盟进口 648.92 亿美元,比上年增长 16.9%;出口 388.80 亿美元,增长 7.2%。对美国进口 265.53 亿美元,增长 16.0%;出口 498.45 亿美元,下降 1.6%。对日本进口 311.75 亿美元,增长 3.3%;出口 233.13 亿美元,下降 6.4%。对东盟进口 303.80 亿美元,下降 6.6%;出口 234.17 亿美元,增长 9.4%。

2014 年上海对主要国家和地区进出口总额及其增长速度

指标	出口额(亿美元)	比上年增长(%)	进口额(亿美元)	比上年增长(%)
美 国	498.45	−1.6	265.53	16.0
欧 盟	388.80	7.2	648.92	16.9
日 本	233.13	−6.4	311.75	3.3
东 盟	234.17	9.4	303.80	−6.6
中国香港	184.65	10.1	7.90	8.9
中 东	79.51	5.3	43.75	−0.5

续表

指标	出口额(亿美元)	比上年增长(%)	进口额(亿美元)	比上年增长(%)
韩 国	71.62	15.3	190.84	7.9
中国台湾	66.82	15.4	164.75	1.5
俄罗斯	30.17	0.9	19.46	22.3

数据来源:2014 年上海市国民经济和社会发展统计公报

三、江苏省对外贸易情况

2014 年,江苏省外贸进出口总额小幅增长,进出口总额 5637.62 亿美元,比上年增长 2.3%。其中,出口额 3418.69 亿美元,增长 4.0%;进口额 2218.93 亿美元,与上年基本持平。

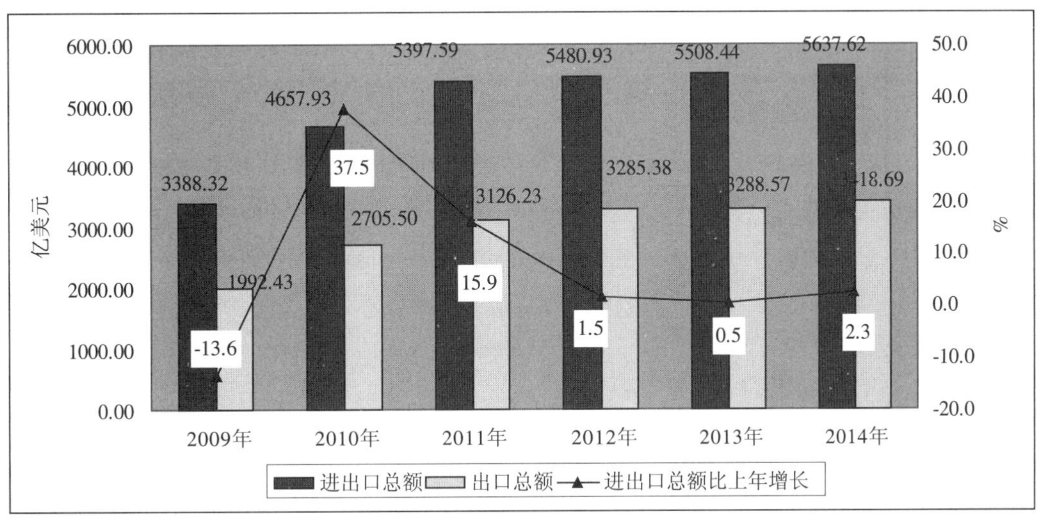

2009—2014 年江苏省进出口总额与增长速度

贸易转型步伐加快。一般贸易出口额 1583.44 亿美元,比上年增长 8.8%;加工贸易出口额 1492.20 亿美元,下降 0.6%。出口结构进一步优化。机电产品、高新技术产品出口额分别为 2214.50 亿美元、1293.60 亿美元,占出口总额比重为 64.8%、37.8%。其中,计算机与通信技术产品出口额 707.10 亿美元,占高新技术产品出口额比重为 54.7%。

外贸出口平稳增长。外商投资企业出口额 1987.99 亿美元,比上年增长 2.4%,占出口总额比重为 58.2%;私营企业出口额 1054.62 亿美元,增长 5.8%,占出口总额比重为 30.8%,占比较上年提升 0.5 个百分点。对欧盟、美国、日本、香港特别行政区出口额分别为 635.05 亿美元、701.72 亿美元、308.63 亿美元和 348.46 亿美元,分别比上年增长 11.2%、7.2%、-1.2%和-5.4%;对东盟、韩国、台湾省出口额分别为 342.22 亿美元、166.37 亿美元和 142.06 亿美元,分别增长 2.3%、-0.7%和 18.7%;对拉丁美洲、非洲、俄罗斯出口额分别为 191.93 亿美元、92.97 亿美元和 48.94 亿美元,分别下降 3.2%、零增长和下降 0.8%。

2011—2014 年江苏省进出口商品主要国家和地区

亿美元

指标	2011 年		2012 年		2013 年		2014 年	
	进出口额	出口额	进出口额	出口额	进出口额	出口额	进出口额	出口额
中国香港	244.02	235.52	343.48	337.23	374.48	368.34	353.92	348.46
中国台湾	393.38	82.56	409.23	105.67	431.24	119.65	462.43	142.06
韩国	566.42	166.63	548.93	163.94	582.57	167.47	593.27	166.37
日本	669.01	306.22	631.66	308.22	610.07	312.37	308.63	593.96
俄罗斯	60.94	48.15	64.23	54.72	57.77	49.32	56.27	48.94
美国	772.22	619.85	781.42	637.60	819.85	654.30	860.52	701.72
东盟	570.13	261.09	578.80	306.95	564.37	334.44	593.16	342.22
欧盟	961.19	718.37	862.22	630.48	812.73	571.21	893.61	635.05
非洲	98.45	80.62	116.62	98.88	118.93	92.99	110.73	92.97
拉丁美洲	282.21	193.53	304.74	219.35	287.16	198.22	272.21	191.93

数据来源:历年江苏省统计年鉴

2014 年江苏省各市对外贸易情况:

南京市外贸规模稳中有增。全年完成进出口总额 572.21 亿美元,比上年增长 2.6%。其中,出口总额 326.28 亿美元,增长 1.1%;进口 245.93 亿美元,增长 4.7%。从出口商品市场看,对欧盟、美国、东盟三大经济体全年完成出口额 168.52 亿美元,比上年增长 8.2%,占全市出口总额的比重为 51.7%。从出口商品构成看,全年高新技术产品出口 78.40 亿美元,比上年增长 25.0%,占全市出口总额的 24.0%。机电产品出口完成 162.83 亿美元,比上年增长 2.9%,占全市出口总额的 49.9%。

无锡市对外贸易创历史新高。全年实现对外贸易进出口总额 741.70 亿美元,比上年增长 5.4%。其中,进口总额 299.39 亿美元,比上年增长 2.5%;出口总额 442.31 亿美元,比上年增长 7.5%。出口结构持续优化,一般贸易实现出口额 231.13 亿美元,总量占比达 52.3%。

徐州市完成进出口总额 59.88 亿美元。其中,出口 46.77 亿美元,进口 13.12 亿美元。出口总量继续保持苏北第一。分企业性质看,国有企业出口 5.97 亿美元,外商投资企业出口 14.30 亿美元,民营企业出口 11.40 亿美元。分贸易方式看,一般贸易出口 38.97 亿美元,下降 10.5%;加工贸易出口 7.68 亿美元,增长 41.8%。

常州市完成外贸进出口总额 288.1 亿美元,比上年下降 1.4%,其中出口 213.8 亿美元,增长 5%,增幅较上年提高 2.9 个百分点。从出口国别看,对美国、欧盟出口呈现复苏态势,全年对美国出口 46.0 亿美元,增长 14.9%,对欧盟出口 36.2 亿美元,增长 5.6%,增幅分别较上年提高 7.7 个百分点和 16.3 个百分点。从出口产品结构看,高新技术产品出口增势强劲,全年完成出口 31.9 亿美元,增长 26.4%。

苏州市实现进出口总额 3113.1 亿美元,比上年增长 0.6%。其中出口 1811.8 亿美元,增长 3.1%;进口 1301.3 亿美元,下降 2.6%。从经营主体看,国有企业进出口 138.2 亿美元,比上年下降 9%;外资企业进出口 2187.4 亿美元,比上年增长 2.5%;私营企业进出口 699.3 亿美元,比上年下降 1.7%。主体市场中,对美国出口比上年增长 4.6%,对日本出口下降 2.3%,对欧盟市场出口增长 13.3%,三大主体市场出口额 939.4 亿美元,占全市出口总额的比重由上年的 50.2%提高至 51.9%。

新兴市场出口稳定，对东盟、南美和非洲等地出口258.1亿美元，比上年增长1.2%，占全市出口总额的14.3%。

南通市实现进出口总值316.5亿美元，比上年增长6.2%。其中，出口总值224.8亿美元，增长5.7%；进口总值91.7亿美元，增长7.4%。至年末与南通市建立进出口贸易关系的国家和地区共199个，比上年增加3个。全市有进出口业绩的企业5094家，增加9.8%。

扬州市进出口总额100.12亿美元，比上年增长5.3%。其中，出口76.82亿美元，增长1.7%；进口23.30亿美元，增长19.1%。从贸易结构看，一般贸易出口55.44亿美元，增长9.6%；加工贸易出口19.61亿美元，下降15.3%。主要出口贸易伙伴中，欧盟出口16.95亿美元，增长6.9%；美国出口16.07亿美元，增长8.1%；香港出口5.76亿美元，增长4.1%；拉丁美洲出口6.36亿美元，增长0.5%。

镇江市实现进出口总额103.1亿美元，比上年增长3.6%。其中，出口66.02亿美元，增长6.1%；进口37.1亿美元，下降0.6%。从贸易方式看，一般贸易出口47.2亿美元，增长4.5%，占出口总额比重71.7%；加工贸易出口17.6亿美元，增长5.3%，占出口总额比重26.7%。从企业类型看，国有企业出口1.6亿美元，比上年下降9.1%；外商投资企业出口33.2亿美元，比上年增长7.9%；民营企业出口29.4亿美元，比上年增长2.1%。从主要贸易产品看，高新技术产品出口增长122.0%，机电产品出口增长16.1%，纸及纸制品出口增长3.8%，光伏产品出口增长118.6%。

泰州市完成进出口总额108.90亿美元，比上年增长4.3%。其中，出口61.82亿美元，下降1.8%；进口47.08亿美元，增长13.5%。按贸易方式分，出口额中，一般贸易出口40.67亿美元，增长13.8%；加工贸易出口19.81亿美元，下降24.5%。进口额中，一般贸易进口29.31亿美元，增长3.7%；加工贸易进口9.45亿美元，下降7.1%。按企业性质分，出口额中，外商投资企业出口35.89亿美元，下降10.6%；民营企业出口24.22亿美元，增长14.4%。进口额中，外商投资企业进口29.20亿美元，增长13.8%；民营企业进口17.48亿美元，增长12.9%。按商品类别分，出口额中，机电产品出口26.56亿美元，下降16.3%；农产品出口2.36亿美元，增长3.4%。进口额中，机电产品进口10.22亿美元，增长19.5%；农产品进口9.18亿美元，增长13.7%。

四、浙江省对外贸易情况

2014年，浙江省完成进出口总额3550.49亿美元，比上年增长5.8%。其中，进口额817.20亿美元，下降6.1%；出口额2733.29亿美元，增长9.9%。其中7月份出口266.35亿美元，创历史新高。民营企业出口1912.05亿美元，增长14.3%，高于全省出口平均增速4.4个百分点，占全省出口总值的70.0%，比上年提高3.0个百分点；对全省出口增长的贡献率为97.1%。

2014年，在浙江省出口总额中，高新技术产品出口155.00亿美元，比上年增长8.6%；机电产品出口1124.92亿美元，增长10.8%；一般贸易出口2167.65亿美元，增长10.4%；加工贸易出口326.45亿美元，增长1.3%。

2014年，在浙江省进口总额中，高新技术产品进口82.0亿美元，比上年增长7.0%；机电产品进口145.06亿美元，下降3.0%；一般贸易进口581.96亿美元，下降7.9%；加工贸易进口141.26亿美元，下降2.2%。

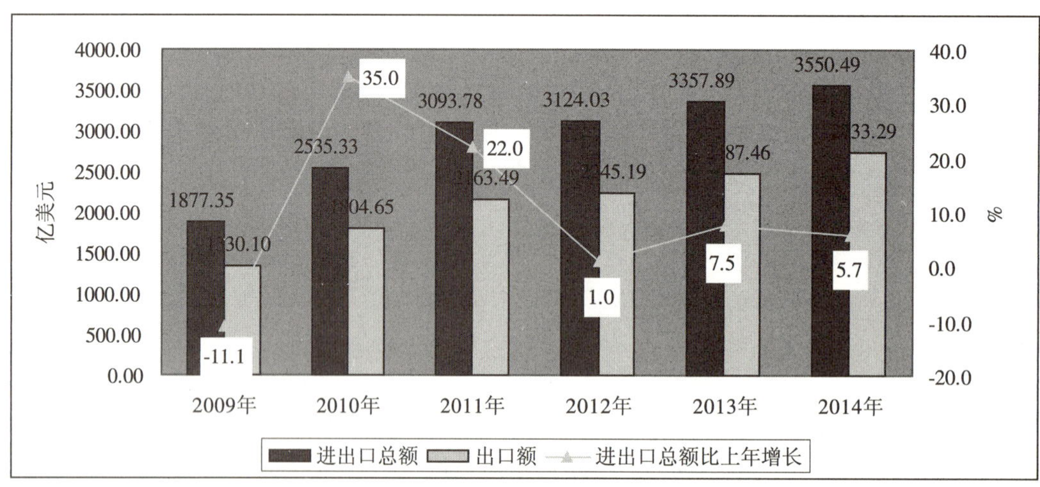

2009—2014 年浙江省进出口总额与增长速度

2013—2014 年浙江省进出口主要分类情况

指标	绝对数(亿美元)		比上年增长(%)
	2013 年	2014 年	
进出口总额	3357.89	3550.49	5.8
出口额	2487.46	2733.29	9.9
#一般贸易	1962.97	2167.65	10.4
加工贸易	322.40	326.45	1.3
#机电产品	1015.51	1124.92	10.8
#高新技术产品	142.71	155.00	8.6
进口额	870.42	817.20	−6.1
#一般贸易	632.03	581.96	−7.9
加工贸易	144.48	141.26	−2.2
#机电产品	149.51	145.06	−3.0
#高新技术产品	76.64	82.02	7.0

资料来源:《浙江省统计年鉴》(2015)

对欧洲市场出口持续复苏,对北美市场出口稳定增长。美元,增长 15.1%。对美国进口 62.04 亿美元,比上年下降 5.3%;出口 461.53 亿美元,增长 11.5%。对日本进口 92.96 亿美元,比上年下降 8.4%;出口 127.07 亿美元,下降 4.6%。对东盟进口 104.97 亿美元,比上年下降 10.3%;出口 226.99 亿美元,增长 12.6%。

2012—2014 年浙江省对主要市场进出口情况

国别(地区)	2012 年		2013 年		2014 年	
	出口额	进口额	出口额	进口额	出口额	进口额
欧盟	505.59	103.05	544.50	101.77	626.71	96.58
东盟	169.60	113.39	201.67	116.99	226.99	104.97
中国香港	66.29	2.88	59.11	2.70	58.24	2.15
中国台湾	23.34	108.79	26.20	110.11	28.24	98.46
日本	134.46	112.62	133.14	101.46	127.07	92.96
韩国	55.65	83.99	58.50	74.41	62.69	73.36
俄罗斯	79.82	16.45	93.05	12.98	93.29	11.69
美国	381.72	72.10	413.99	65.52	461.53	62.04

资料来源:《浙江省统计年鉴》(2015)

2014 年浙江省各市对外贸易情况:

杭州市完成外贸进出口总额 679.98 亿美元,比上年增长 4.5%。其中,进口总额 188.32 亿美元,下降 7.2%;出口总额 491.66 亿美元,增长 9.8%(不含省属出口 427.68 亿美元,增长 11.3%)。出口总额中,机电产品出口 193.52 亿美元,高新技术产品出口 59.87 亿美元,分别增长 13.6%和 19.2%。按贸易方式分,一般贸易出口 412.93 亿美元,增长 13.5%;加工贸易出口 71.71 亿美元,增长 0.2%。出口市场中,对美国、欧盟市场分别增长 11.1%和 12.7%,对日本出口下降 2.6%;新兴及周边市场中,东盟、印度和韩国分别增长 24.0%、18.7%和 10.3%。

宁波市实现口岸进出口总额 2186.1 亿美元,比上年增长 3.1%。外贸自营进出口总额 1047.0 亿美元,增长 4.4%,其中出口 731.1 亿美元,增长 11.3%;进口 315.9 亿美元,下降 8.7%。全年新增对外贸易经营备案登记企业 3757 家,累计达 26147 家。有进出口实绩企业 14810 家,比上年增加 922 家。其中,民营企业(包括私营企业和集体企业)出口额占全市出口总额的 63.1%,拉动全市出口增长 11.0 个百分点。全年机电产品出口 391.5 亿美元,增长 9.4%,占全市出口总额的 53.6%。出口额上亿美元的产品 157 个,比上年增加 22 个;进口额上亿美元的产品 47 个。2014 年直接与宁波市开展贸易往来的国家和地区 218 个,其中欧盟、美国、东盟、拉丁美洲、日本、大洋洲、非洲贸易额占比分别为 21.4%、16.3%、8.3%、7.5%、6.3%、5.1%和 4.5%。

嘉兴市完成进出口总值 337.34 亿美元,比上年增长 6.2%。其中,出口总值 236.51 亿美元,增长 10.0%;进口总值 100.83 亿美元,下降 1.7%。机电、服装及纺织类产品等居出口主导地位,机电产品出口 77.93 亿美元,增长 14.7%,占全市出口总额的 32.9%;服装类产品出口 42.34 亿美元,下降 1.3%,占 17.9%;纺织类产品出口 42.58 亿美元,增长 12.7%,占 18.0%。经济外向度保持较高水平,进出口总额占全市生产总值的比例 61.8%(按当年汇率计算),其中出口额占比为 43.3%。

绍兴市完成货物进出口总额 346.84 亿美元,比上年增长 3.9%。其中,进口 49.32 亿美元,下降 9.5%;出口 297.51 亿美元,增长 6.6%。有进出口国家和地区 209 个,比上年增加 12 个。其中,出口额超 1000 万美元的国家和地区 108 个,比上年减少 1 个。美国、阿联酋、巴西分别居出口额前三位国家,出口额分别为 39.12 亿美元、15.61 亿美元和 14.38 亿美元。机电产品出口 49.66 亿美元,比上年增长 3.8%;化工产品出口 19.67 亿美元,增长 11.4%;高新技术产品出口 8.12 亿美元,下降 9.7%;纺织及服装出口 197.14 亿美元,增长 4.3%。新登记备案企业 1988 家,累计获进出口经营权企业

19917 家。全市出口超 1000 万美元企业 638 家，比上年增加 11 家。

金华市完成进出口总额 414.9 亿美元，比上年增长 21.1%。其中，出口总额 396.7 亿美元，增长 22.0%；进口总额 18.2 亿美元，增长 4.2%。进出口、出口增幅均居全省首位，规模均创历史新高。其中，进出口总额首超 400 亿美元。出口有效主体增加。全年新增备案企业 1822 家。有进出口实绩企业 6224 家，比上年净增 427 家。全市与 220 个国家和地区建立了贸易关系，其中出口超 1 亿美元的国家和地区 73 个，比上年增加 6 个。

台州市外贸进出口总额 220.79 亿美元，比上年增长 0.9%。其中，出口总额 193.51 亿美元，增长 3.4%，进口总额 27.28 亿美元，下降 13.6%。全年外贸企业出口 28.83 亿美元，下降 9.3%；三资企业出口 23.57 亿美元，下降 4.4%；生产企业出口 141.12 亿美元，增长 7.9%。在出口总额中，一般贸易出口 178.33 亿美元，增长 5.4%；加工贸易出口 13.67 亿美元，下降 8.9%。全年机电产品、高新技术产品出口分别增长 3.2%和 5.3%。有进出口实绩企业 4923 家，比上年增加 230 家，其中进出口超 1000 万美元企业有 480 家，比上年增加 18 家。出口国家和地区达 212 个。

五、安徽省对外贸易情况

2014 年，安徽省完成进出口总额 492.73 亿美元，比上年增长 8.0%。其中，出口 314.93 亿美元，增长 11.5%；进口 177.80 亿美元，增长 2.3%。从出口经营主体看，生产型企业出口增长 11.7%，贸易型企业出口增长 9.4%。从出口商品看，机电产品、高新技术产品出口分别增长 25.0%和 1.2 倍。

2012—2014 年安徽省进出口商品主要国家和地区　　万美元

指标	2012 年		2013 年		2014 年	
	进出口总额	出口总额	进出口总额	出口总额	进出口总额	出口总额
合　计	3932527	2675228	4563375	2825638	4927279	3149309
亚　洲	1486168	1039555	1854714	1187392	2223971	1427250
香　港	69511	66588	134344	132334	150425	148053
日　本	230400	115870	266259	125889	295476	153541
韩　国	130879	57352	209458	81129	244989	101917
台　湾	96189	24831	146774	47021	209029	60275
非　洲	305165	264526	292513	250439	262789	217180
欧　洲	713079	556223	745970	570370	806746	625167
德　国	163514	94873	174301	92137	180940	106751
俄罗斯	69199	56957	72271	61550	80937	72524
拉丁美洲	618936	320736	743316	291737	664290	257363
北美州	585598	440763	661708	470722	744905	562097
美　国	494092	392144	555744	422477	651757	514345
大洋洲	223548	53417	265098	54978	224536	60248

数据来源：历年安徽省统计年鉴

2014年安徽省各市对外贸易情况：

合肥市进出口总额207.41亿美元，比上年增长14.0%。其中，出口127.74亿美元，增长7.4%；进口79.68亿美元，增长26.6%。加工贸易出口额58.57亿美元，增长91.9%。机电产品出口额54.86亿美元，下降6.6%。高新技术产品出口额30.59亿美元，增长10.6%。

芜湖市完成进出口总额64.47亿美元，比上年增长18.8%。其中，进口总额14.73亿美元，下降1.7%；出口总额49.74亿美元，增长26.6%。从出口产品类别看，机电产品出口额35.42亿美元，占出口总额的71.2%。从产品出口地区看，对欧洲出口7.51亿美元，占出口总额的15.1%；对亚洲出口26.04亿美元，占出口总额的52.4%；对北美出口8.87亿美元，占出口总额的17.8%。

铜陵市实现进出口总额52.4亿美元，下降8.4%。其中，出口8.6亿美元，增长37.7%；进口43.8亿美元，下降14.0%。

马鞍山市实现进出口总额29.72亿美元，比上年下降18.1%。其中，进口总额17.26亿美元，下降23.1%；出口总额12.46亿美元，下降10.0%。中小企业完成进出口总额13.47亿美元，下降11.9%。其中，进口总额5.72亿美元，增长30.6%；出口总额7.75亿美元，下降29.0%。

安庆市完成进出口总额22.57亿美元，比上年增长25.1%。其中，出口19.49亿美元，增长30.4%；进口3.08亿美元，下降0.4%。在出口中，机电产品、高新技术产品出口快速增长，两者占全部出口的比重由上年的20.6%提高到23.2%。

滁州市完成商品进出口总额22.04亿美元，比上年增长18.8%。其中，出口总额15.15亿美元，增长9.6%；进口总额6.89亿美元，增长45.8%。从进出口经营主体看，内资生产企业完成16.77亿美元，增长29.5%；外商投资企业完成5.28亿美元，下降5.3%。出口国别及地区达166个。

七　长三角固定资产投资

一、长三角固定资产投资基本情况

2014 年，长三角固定资产投资总额 92380.23 亿元，比上年增长 15.4%，增幅比上年下降 0.5 个百分点，高于全国增速 0.2 个百分点。上海市固定资产投资总额 6016.43 亿元，增长 6.5%；占长三角固定资产投资总额的 6.5%，所占比重下降 0.6 个百分点。江苏省固定资产投资总额 41552.75 亿元，同比增长 15.5%；占长三角固定资产投资总额的 45.0%，所占比重上升 0.1 个百分点。浙江省固定资产投资总额 23554.76 亿元，同比增长 16.6%；占长三角固定资产投资总额的 25.5%，所占比重上升 0.3 个百分点。安徽省固定资产投资总额 21256.29 亿元，同比增长 16.5%；占长三角固定资产投资总额的 23.0%，所占比重上升 0.2 个百分点。

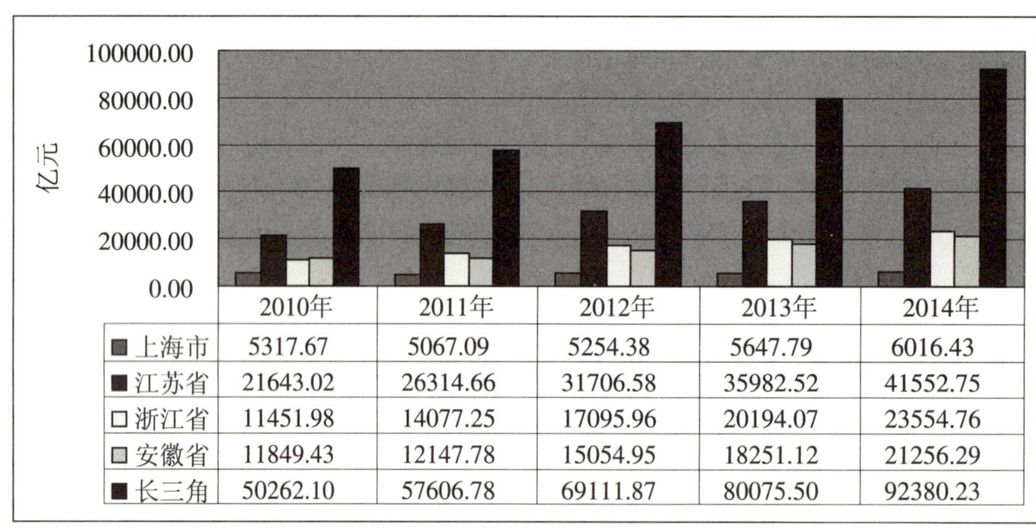

	2010年	2011年	2012年	2013年	2014年
上海市	5317.67	5067.09	5254.38	5647.79	6016.43
江苏省	21643.02	26314.66	31706.58	35982.52	41552.75
浙江省	11451.98	14077.25	17095.96	20194.07	23554.76
安徽省	11849.43	12147.78	15054.95	18251.12	21256.29
长三角	50262.10	57606.78	69111.87	80075.50	92380.23

2010—2014 年长三角及两省一市固定资产投资

注：上海市从 2011 年始固定资产投资统计起点为 500 万元及以上项目（下同），江苏省从 2010 年开始，投资总额中不含农户投资（下同），浙江省固定资产投资口径范围为计划总投资 500 万元及以上的投资项目和全部房地产开发投资（下同），安徽省从 2012 年以后为投资 500 万元及以上的投资项目及房地产开发投资

数据来源：历年上海市、江苏省、浙江省、安徽省统计年鉴

二、上海市固定资产投资基本情况

（一）上海市固定资产投资总体情况

2014 年，上海市固定资产投资总额 6016.43 亿元，比上年增长 6.5%，固定资产投资仍保持“三、二、一”的产业结构特征。第三产业投资 4847.30 亿元，增长 10.5%，占投资总额的 80.6%；第二产业投资 1157.27 亿元，下降 6.8%，占投资总额的 19.2%；第一产业投资 11.86 亿元，下降 35.7%，占投资总额的 0.2%。

2010—2014 年上海市全社会固定资产投资总体情况 亿元

指标	2010 年	2011 年	2012 年	2013 年	2014 年
投资总额	5317.67	5067.09	5254.38	5647.79	6016.43
第一产业	16.40	18.62	11.20	18.45	11.86
第二产业	1435.37	1295.83	1294.14	1242.02	1157.27
第三产业	3865.90	3752.64	3949.04	4387.32	4847.30
三次产业构成(%)					
第一产业	0.31	0.37	0.21	0.33	0.20
第二产业	26.99	25.57	24.63	21.99	19.23
第三产业	72.70	74.06	75.16	77.68	80.57

数据来源:历年上海市统计年鉴

(二)上海市固定资产投资的经济类型

2014 年,上海市固定资产投资中的国有经济投资 1796.22 亿元,比上年下降 6.8%,占投资总额的 29.9%;非国有经济投资 4220.21 亿元,增长 13.4%,占投资总额的 70.1%,比重比上年增长 4.2 个百分点。非国有经济中,股份制经济、私营经济和外商经济投资比重靠前,分别投资 1812.77 亿元、1219.43 亿元和 637.90 亿元,分别增长 13.2%、13.9%和 5.9%,分别占投资总额的 30.1%、20.3%和 10.6%。港澳台经济投资 465.14 亿元,比上年增长 59.3%,占投资总额的 7.7%,比重比上年上升 2.5 个百分点。

2010—2014 年上海市固定资产投资(按经济类型分) 亿元

指标	2010 年	2011 年	2012 年	2013 年	2014 年
国有经济	2234.12	1875.48	1855.24	1926.89	1796.22
非国有经济	3083.55	3191.61	3399.14	3720.90	4220.21
集体经济	183.07	133.33	112.41	102.81	55.07
私营经济	992.16	946.02	1090.09	1070.65	1219.43
联营经济	11.52	10.62	8.99	13.99	6.11
股份制经济	1200.26	1349.65	1417.80	1601.33	1812.77
外商经济	439.28	473.28	528.06	602.50	637.90
港澳台经济	247.67	253.29	230.02	291.96	465.14
其他经济	9.58	25.42	11.77	37.66	23.79
构成(%)					
国有经济	42.01	37.01	35.31	34.12	29.86
非国有经济	57.99	62.99	64.69	65.88	70.14
集体经济	3.44	2.63	2.14	1.82	0.92
私营经济	18.66	18.67	20.75	18.96	20.27
联营经济	0.22	0.21	0.17	0.25	0.10

续表

指标	2010年	2011年	2012年	2013年	2014年
股份制经济	22.57	26.64	26.98	28.35	30.13
外商经济	8.26	9.34	10.05	10.67	10.60
港澳台经济	4.66	5.00	4.38	5.17	7.73
其他经济	0.18	0.50	0.22	0.67	0.40

数据来源：历年上海市统计年鉴

（三）上海市固定资产投资的资金来源

2014年，上海市固定资产投资资金来源合计7961.62亿元，比上年增长1.7%。资金来源主要依靠自筹，自筹资金总额为3243.55亿元，比上年下降1.2%；占资金来源的比重为40.7%，所占比重比去年下降1.3个百分点。利用外资投资增长速度最快，利用外资投资金额为205.05亿元，比上年增长18.9%，所占比重比去年上升0.4个百分点。

2010—2014年上海市固定资产投资（按资金来源分）　亿元

指标	2010年	2011年	2012年	2013年	2014年
资金来源合计	6557.05	6289.54	7113.77	7828.22	7961.62
国家预算内资金	116.71	75.89	406.08	368.25	417.89
国内贷款	1568.79	1330.99	1554.53	1782.39	2068.08
债券	10.06	3.47			
利用外资	239.18	158.31	165.89	172.52	205.05
自筹资金	3273.11	3352.48	3348.77	3284.39	3243.55
其他资金	1349.21	1368.40	1638.50	2220.67	2027.05
构成（%）					
国家预算内资金	1.78	1.21	5.71	4.70	5.25
国内贷款	23.93	21.16	21.85	22.77	25.98
债券	0.15	0.05			
利用外资	3.65	2.52	2.33	2.20	2.58
自筹资金	49.92	53.30	47.07	41.96	40.74
其他资金	20.58	21.76	23.03	28.37	25.46

数据来源：历年上海市统计年鉴

（四）上海市六大重点发展工业行业固定资产投资分布

2014年，上海市六大重点发展工业行业固定资产投资总额690.16亿元，比上年下降7.0%；占投资总额的11.5%，所占比重比上年下降1.6个百分点。电子信息产品制造业、汽车制造业和成套设备制造业投资比重靠前，分别投资163.08亿元、142.67亿元和132.31亿元，同比分别下降21.9%、0.8%和21.4%，分别占投资总额的2.7%、2.4%和2.2%。

2010—2014 年上海市六大重点发展工业行业固定资产投资分布　　亿元

行业	2010 年	2011 年	2012 年	2013 年	2014 年
工业六大重点行业	730.68	698.79	740.35	741.73	690.16
电子信息产品制造业	219.65	244.74	207.29	208.88	163.08
汽车制造业	109.68	105.79	134.02	143.85	142.67
石油化工及精细化工制造业	85.03	73.02	95.46	94.56	120.58
精品钢材制造业	113.79	62.52	62.16	53.97	55.94
成套设备制造业	176.31	166.32	176.86	168.39	132.31
生物医药制造业	26.21	46.41	65.33	74.82	75.59

数据来源：历年上海市统计年鉴

（五）上海市固定资产投资的主要特点

1. 从产业投向看，第三产业仍是重中之重。2014 年，上海市第三产业投资 4847.30 亿元，比上年增长 10.5%，增速比去年下降 0.6 个百分点；所占比重为 80.6%，比上年上升 2.9 个百分点。第一产业投资 11.86 亿元，比上年下降 35.7%，占全社会固定资产投资总额的比重为 0.2%；第二产业投资 1157.27 亿元，比上年下降 6.8%，所占比重为 19.2%，所占比重比上年下降 2.8 个百分点。

2. 从三大投资领域来看，呈现“一降一平一升”的趋势。

“一平”是城市基础设施投资与上年基本持平。2014 年，城市基础设施投资 1057.25 亿元，比上年增长 1.3%；占全社会固定资产投资总额的比重为 17.6%，所占比重比上年下降 0.9 个百分点。其中，电力建设投资 134.22 亿元，增长 21.6%；运输邮电投资 510.42 亿元，下降 7.3%；共用设施投资 412.61 亿元，增长 7.9%。

“一降”是工业投资下降。2014 年，工业固定资产投资 1156.44 亿元，比上年下降 6.5%。六大重点发展工业行业固定资产投资总额 690.16 亿元，比上年下降 7.0%；占投资总额的 11.5%，所占比重比上年下降 1.6 个百分点。具体来看，六大行业呈“三升三降”的格局。石油化工及精细化工制造业投资增长最快，投资 120.58 亿元，增长 27.5%；精品钢材制造业投资 55.94 亿元，增长 3.7%；生物医药制造业投资 75.59 亿元，增长 1.0%。电子信息产品制造业、成套设备制造业和汽车制造业投资分别为 163.08 亿元、132.31 亿元和 142.67 亿元，同比分别下降 21.9%、21.4%和 0.8%。

“一升”是房地产开发投资上升。2014 年，房地产开发投资 3206.48 亿元，比上年增长 13.7%；占投资总额的 53.3%，占比比上年上升 3.4 个百分点。其中，住宅投资 1724.65 亿元，增长 6.8%；办公楼投资 534.77 亿元，增长 41.8%；商业营业用房投资 457.92 亿元，增长 23.8%。

三、江苏省固定资产投资基本情况

（一）江苏省固定资产投资总体情况

2014 年，江苏省固定资产投资总额 41552.75 亿元，比上年增长 15.5%，增幅高于去年 2.0 个百分点。江苏省固定资产投资第三产业首次超过第二产业，形成保持“三、二、一”的产业结构特征。第三产业投资总额 21047.33 亿元，比上年增长 21.1%，占江苏省固定资产投资总额的比重为 50.7%；第二产业投资总额 20298.45 亿元，比上年增长 10.2%，占江苏省固定资产投资总额的比重为

48.9%;第一产业投资总额206.97亿元,比上年增长5.8%,占江苏省固定资产投资总额的比重为0.5%。

2010—2014年江苏省固定资产投资(按产业分) 亿元

指标	2010年	2011年	2012年	2013年	2014年
投资总额(亿元)	21643.02	26314.66	31706.58	35982.52	41552.75
第一产业	131.79	155.20	205.23	195.71	206.97
第二产业	11518.55	13927.20	16631.07	18412.48	20298.45
第三产业	9992.68	12232.25	14870.28	17374.32	21047.33
三次产业构成(%)					
第一产业	0.61	0.59	0.65	0.54	0.50
第二产业	53.22	52.93	52.45	51.17	48.85
第三产业	46.17	46.48	46.90	48.29	50.65

注:从2010年开始,投资总额中不含农户投资(下同)

数据来源:历年江苏省统计年鉴

(二)江苏省固定资产投资的经济类型

2014年,江苏省固定资产投资中的国有经济投资总额为8308.13亿元,比上年增长21.0%;占固定资产投资总额的20.0%,所占比重上升0.9个百分点。非国有经济投资总额为33244.64亿元,比上年增长14.2%。其中,私营个体经济投资比重最大,投资总额为18185.36亿元,比上年增长21.6%,占固定资产投资总额的43.8%;其次是有限责任公司,投资总额为6792.92亿元,比上年增长14.7%,占固定资产投资总额的16.4%;再次是外商投资经济,投资总额为2476.57亿元,比上年增长7.0%,占固定资产投资总额的6.0%。

2010—2014年江苏省固定资产投资(按经济类型分) 亿元

指标	2010年	2011年	2012年	2013年	2014年
投资总额(亿元)	21643.02	26314.66	31706.58	35982.52	41552.75
国有经济	4348.46	5004.82	6022.51	6865.27	8308.13
集体经济	902.96	1132.95	1393.13	1639.37	1835.30
私营个体经济	7778.02	9696.87	12074.90	14955.56	18185.36
联营经济	11.83	58.12	74.66	82.69	66.04
股份制经济	934.63	1305.12	1645.86	1567.00	1376.93
有限责任公司	4215.32	5187.19	5738.63	5924.45	6792.92
港澳台投资经济	1263.87	1368.34	1599.75	1597.74	1679.36
外商投资经济	1706.07	1935.06	2218.49	2315.26	2476.57
其他经济	481.86	626.18	938.66	1035.18	832.16
构成(%)					
国有经济	20.09	19.02	18.99	19.08	19.99

续表

指标	2010 年	2011 年	2012 年	2013 年	2014 年
集体经济	4.17	4.31	4.39	4.56	4.42
私营个体经济	35.94	36.85	38.08	41.56	43.76
联营经济	0.05	0.22	0.24	0.23	0.16
股份制经济	4.32	4.96	5.19	4.35	3.31
有限责任公司	19.48	19.71	18.10	16.46	16.35
港澳台投资经济	5.84	5.20	5.05	4.44	4.04
外商投资经济	7.88	7.35	7.00	6.43	5.96
其他经济	2.23	2.38	2.96	2.88	2.00

数据来源：历年江苏省统计年鉴

（三）江苏省固定资产投资的资金来源

2014 年，江苏省固定资产投资资金来源合计 46697.64 亿元，比上年增长 8.6%。资金来源主要依靠自筹，自筹资金总额为 33325.52 亿元，比上年增长 13.2%，占资金来源的比重为 71.4%，占比比去年增加了 2.9 个百分点。

2010—2014 年江苏省固定资产投资（按资金来源分）　亿元

指标	2010 年	2011 年	2012 年	2013 年	2014 年
资金来源（亿元）	25666.16	30384.52	37409.97	43014.99	46697.64
国家预算内资金	273.00	344.87	448.05	529.19	627.26
国内贷款	3231.05	3751.24	4658.42	5091.04	5360.60
利用外资	1135.69	1241.65	1216.78	1127.55	1152.05
自筹资金	16186.61	20652.57	25824.05	29444.25	33325.52
其他资金来源	4839.81	4394.19	5262.67	6822.96	6232.21
资金来源构成（%）					
国家预算内资金	1.1	0.9	1.1	1.2	1.3
国内贷款	12.6	10.6	12.3	11.8	11.4
利用外资	4.4	3.7	4.1	2.6	2.5
自筹资金	63.1	53.3	68.0	68.5	70.9
其他资金来源	18.9	15.9	14.5	15.9	13.3

注：2010（含）以后数据按新口径统计

数据来源：历年江苏省统计年鉴

（四）江苏省固定资产投资的行业分布

从江苏省固定资产投资的行业分布来看，制造业和房地产业仍是投资的重中之重。2014 年，制造业固定资产投资 19134.50 亿元，比上年增长 10.5%；占江苏省固定资产投资的 46.0%，比上年下降

2.1 个百分点；房地产业投资 9853.12 亿元，比上年增长 11.5%，占江苏省固定资产投资的 23.7%，比上年下降 0.9 个百分点。

2012—2014 年江苏省固定资产投资（按行业分）　　亿元

指标	2012 年		2013 年		2014 年	
	投资额	构成(%)	投资额	构成(%)	投资额	构成(%)
总　　计	31706.58	100.00	35982.52	100.00	41552.75	100.00
农、林、牧、渔业	205.23	0.65	195.71	0.54	253.44	0.61
采矿业	87.75	0.28	91.02	0.25	106.47	0.26
制造业	15597.56	49.19	17318.24	48.13	19134.50	46.05
电力、热力、燃气及水的生产和供应业	858.71	2.71	960.28	2.67	1018.08	2.45
建筑业	87.04	0.27	42.95	0.12	58.11	0.14
交通运输、仓储和邮政业	1383.00	4.36	1685.86	4.69	2168.98	5.22
信息传输、软件和信息技术服务业	271.23	0.86	381.62	1.06	504.89	1.22
批发和零售业	727.03	2.29	816.24	2.27	985.52	2.37
住宿和餐饮业	494.92	1.56	502.09	1.40	424.41	1.02
金融业	97.85	0.31	116.60	0.32	173.25	0.42
房地产业	7604.09	23.98	8864.63	24.64	9853.12	23.71
租赁和商务服务业	690.13	2.18	691.85	1.92	879.34	2.12
科学研究和技术服务业	337.97	1.07	369.22	1.03	606.63	1.46
水利、环境和公共设施管理业	2014.32	6.35	2571.41	7.15	3541.34	8.52
居民服务、修理和其他服务业	113.81	0.36	138.61	0.39	152.61	0.37
教育	326.90	1.03	330.12	0.92	479.78	1.15
卫生和社会工作	166.04	0.52	207.34	0.58	271.44	0.65
文化、体育和娱乐业	343.42	1.08	424.35	1.18	578.86	1.39
公共管理、社会保障和社会组织	299.58	0.94	274.38	0.76	361.99	0.87

资料来源：历年江苏省统计年鉴

（五）江苏省各市固定资产投资情况

2014 年，江苏省固定资产投资区域不平衡现象依然很显著。投资额最多的前三位城市均在苏南，分别是：苏州市（6054.00 亿元）、南京市（5430.77 亿元）和无锡市（4610.77 亿元），分别比上年增长 4.0%、6.6%和 16.0%。但苏中苏北投资增速较快，位列增速前三位的是：连云港市（27.1%）、泰州市（24.6%）和盐城市（24.1%）。

2010—2014年江苏省各市固定资产投资　　亿元

地　区	2010年	2011年	2012年	2013年	2014年
南京市	3306.05	4010.03	4558.49	5093.78	5430.77
无锡市	2985.65	3169.18	3618.07	3973.52	4610.77
徐州市	2049.26	2200.99	2685.89	3090.13	3671.56
常州市	2103.60	2338.90	2621.56	2850.12	3310.05
苏州市	3617.82	4502.00	5142.51	5822.14	6054.00
南通市	2168.38	2378.36	2886.47	3298.73	3896.39
连云港市	1234.25	1240.93	1280.88	1350.12	1716.57
淮安市	921.01	1009.99	1247.99	1453.05	1795.73
盐城市	1891.05	1586.98	1940.89	2217.69	2751.35
扬州市	1331.85	1476.18	1783.65	2025.18	2416.66
镇江市	1327.08	1223.45	1500.67	1753.15	2142.34
泰州市	1538.03	1197.65	1454.59	1764.17	2197.34
宿迁市	1010.00	787.64	1025.56	1290.75	1559.22

数据来源:历年江苏省统计年鉴

（六）江苏省固定资产投资的主要特点

总量保持较快增长,增速有所回落。2014年,江苏省完成固定资产投资41552.8亿元,比2013年增长15.5%,增速同比回落4.1个百分点。投资总量中,项目投资完成33312.5亿元,比上年增长15.9%;房地产开发投资完成8240.2亿元,增长13.8%。

苏南增速回落明显,苏北增速持续领先。2014年,苏南、苏中、苏北三大地区投资分别完成21547.9亿元、8510.4亿元、11494.4亿元,比上年分别增长10.5%、20.1%和22.3%。

投资结构不断优化,服务业占比明显提升。2014年,江苏省第三产业完成投资21045.3亿元,比2013年增长20.8%;第一产业和第二产业分别完成投资207亿元、20300.5亿元,分别增长29.8%、10.3%。2014年,江苏省服务业完成投资21045.3亿元,比2013比增长20.8%;占投资总量比重为50.6%,同比提升2.2个百分点。

增长质量稳步提升,转型成效逐步显现。2014年,江苏省固定资产交付使用率由上年同期的75.5%提高到89.5%;项目竣工投产率由上年同期的75.6%提高到79.8%。2014年,江苏省技术改造投资完成10222.8亿元,比2013年增长20.3%;占项目投资总量比重由上年的29.6%提高到30.7%。

新开项目增势平稳,平均投资规模略降。2014年,江苏省新开工项目有35794个,比2013年增长10.8%;计划总投资为30738.9亿元,增长10.4%;完成投资22431.5亿元,增长20.9%。2014年,新开工项目平均投资规模为8588万元,略低于上年同期的8616万元。

开发投资增速回落,住宅增势明显减缓。2014年,江苏省房地产开发投资完成8240.2亿元,比2013年增长13.8%。其中,住宅投资完成5924.5亿元,比上年增长14.6%;商业营业用房增长14.9%;办公楼增长16.8%;其他商品房增长4%,增速同比均有不同程度回落。

投资总量居全国第二,增速低于全国高于东部。2014年,江苏省固定资产投资总量仅次于山东省

(41599.1 亿元)，位居全国各省(区、市)第二位；从增速看，江苏省投资增速略低于全国，高于东部地区，在东部主要省、市中，低于浙江省(16.6%)、广东省(15.9%)、山东省(15.8%)，仅高于上海市(6.5%)。

四、浙江省固定资产投资基本情况

(一) 浙江省固定资产投资总体情况

2014 年，浙江省固定资产投资总额 23554.76 亿元，比上年增长 16.6%。从投资的产业结构来看，依然保持"三、二、一"的特征。其中，第三产业投资 15362.21 亿元，比上年增长 18.8%，占固定资产投资总额的比重为 65.2%；第二产业投资 7929.04 亿元，比上年增长 12.3%，占固定资产投资总额的比重为 33.7%；第一产业投资 263.51 亿元，比上年增长 31.1%，占固定资产投资总额的比重为 1.1%。第三产业的投资比重稳步上升，所占比重比上年上升 1.2 个百分点；第二产业的投资比重持续下降，所占比重比上年下降 1.3 个百分点。

2010—2014 年浙江省固定资产投资(按产业分)　　亿元

指标	2010 年	2011 年	2012 年	2013 年	2014 年
投资总额	11451.98	14077.25	17095.96	20194.07	23554.76
第一产业	60.12	96.77	158.41	200.98	263.51
第二产业	4656.38	5223.11	6093.53	7061.54	7929.04
第三产业	6735.47	8757.37	10844.02	12931.56	15362.21
三次产业构成(%)					
第一产业	0.52	0.69	0.93	1.00	1.12
第二产业	40.66	37.10	35.63	34.97	33.66
第三产业	58.81	62.21	63.43	64.04	65.22

注：固定资产投资口径范围为计划总投资 500 万元及以上的投资项目和全部房地产开发投资

数据来源：历年浙江省统计年鉴

(二) 浙江省固定资产投资的经济类型

2014 年，浙江省固定资产投资 23554.76 亿元，比上年增长 16.6%。从内外资来看，内资投资 21557.78 亿元，比上年增长 18.1%；占固定资产投资总额的 91.5%，比上年上升 1.1 个百分点。港澳台商投资 1200.62 亿元，增长 6.6%；占固定资产投资总额的 5.1%，下降 0.5 个百分点。外商投资 741.43 亿元，下降 2.1%；占固定资产投资总额的 3.1%，下降 0.7 个百分点。个体经营投资 54.80 亿元，增长 7.1%；占固定资产投资总额的 0.2%，下降 0.1 个百分点。

从国有及非国有情况来看，国有及国有控股企业投资 7250.86 亿元，比上年增长 13.9%；占固定资产投资总额的 30.8%，所占比重比上年下降 0.7 个百分点。非国有投资 16303.90 亿元，同比增长 17.9%，其中民间投资 14757.84 亿元，同比增长 19.9%，占固定资产投资总额的 62.7%，所占比重比上年上升 1.8 个百分点。

2010—2014 年浙江省固定资产投资(按经济类型分)　亿元

指标	2010 年	2011 年	2012 年	2013 年	2014 年
投资额	11451.98	14077.25	17095.96	20194.07	23554.76
内资	10295.10	12811.07	15618.02	18258.69	21557.78
国有	2763.02	3213.47	4032.47	4628.76	5225.64
集体	277.75	339.82	556.62	695.39	945.49
股份合作	33.83	35.53	48.25	48.77	71.03
国有联营	40.32	60.23	12.31	10.39	22.08
集体联营	1.38	1.17	1.18	1.13	4.75
国有与集体联营	7.87	7.38	8.03	8.72	6.82
其他联营	0.88	8.06	0.51	0.65	1.89
国有独资公司	344.91	434.60	505.78	782.25	973.00
其他有限责任公司	3317.85	4255.88	5017.24	5628.67	6456.80
股份有限公司	417.66	489.60	598.59	673.73	684.13
私营	2898.29	3751.26	4601.30	5513.15	6841.46
其他	191.35	214.08	235.73	267.07	324.68
港澳台商投资	578.75	675.61	817.74	1126.59	1200.62
外商投资	548.67	564.20	605.28	757.64	741.43
个体经营	29.46	26.36	54.92	51.15	54.80
按国有及非国有情况分					
国有及国有控股企业投资	3887.77	4448.67	5367.92	6365.90	7250.86
非国有投资	7564.20	9628.58	11728.04	13828.17	16303.90
民间投资	6568.65	8512.83	10564.74	12307.72	14757.84

注:固定资产投资口径范围为计划总投资 500 万元及以上的投资项目和全部房地产开发投资

数据来源:历年浙江省统计年鉴

(三)浙江省固定资产投资的资金来源

2014 年,浙江省固定资产投资本年资金来源 25975.49 亿元,比上年增长 11.0%。资金来源主要依靠自筹,自筹资金总额为 16231.41 亿元,比上年增长 18.2%;占当年资金来源总额的 62.5%,比重比上年上升 3.8 个百分点。

2010—2014 年浙江省固定资产投资(按资金来源分)　亿元

指标	2010 年	2011 年	2012 年	2013 年	2014 年
资金来源	14061.52	16008.22	18695.17	23393.15	25975.49
国家预算内资金	458.60	690.89	929.30	1188.62	1407.59
国内贷款	2442.76	2607.13	2769.03	3190.02	3615.22

续表

指标	2010 年	2011 年	2012 年	2013 年	2014 年
债券	1.91	9.84	22.15	10.65	9.05
利用外资	238.77	271.34	211.66	244.21	214.59
自筹资金	7421.94	8944.00	10996.38	13728.10	16231.41
其他资金	3497.54	3485.04	3766.66	5031.54	4497.64
资金来源构成(%)					
国家预算内资金	3.26	4.32	4.97	5.08	5.42
国内贷款	17.37	16.29	14.81	13.64	13.92
债券	0.01	0.06	0.12	0.05	0.03
利用外资	1.70	1.70	1.13	1.04	0.83
自筹资金	52.78	55.87	58.82	58.68	62.49
其他资金	24.87	21.77	20.15	21.51	17.31

数据来源:历年浙江省统计年鉴

(四) 浙江省固定资产投资的产业分布

从浙江省固定资产投资的行业分布来看,房地产业和制造业仍是投资重点。但房地产业投资所占比重逐年上升,制造业投资所占比重逐年下降。

2014 年,浙江省固定资产投资中,房地产业投资 8802.71 亿元,比上年增长 17.1%;占投资总额的 37.4%,上升 0.2 个百分点。制造业投资 6821.48 亿元,增长 11.2%;占投资总额的 29.0%,下降 1.4 个百分点。

制造业中,石油加工、炼焦及核燃料加工业和农副食品加工业投资增幅居前。2014 年,浙江省炼焦及核燃料加工业投资 75.79 亿元,比上年增长 59.9%;农副食品加工业投资 122.59 亿元,增长 48.2%。

2012—2014 年浙江省固定资产投资(按行业分)　　亿元、%

指标	2012 年		2013 年		2014 年	
	投资额	构成	投资额	构成	投资额	构成
总　计	17095.96	100.00	20194.07	100.00	23554.76	100.00
农林牧渔业	158.41	0.93	200.98	1.00	263.51	1.12
采矿业	33.03	0.19	45.11	0.22	45.10	0.19
制造业	5305.38	31.03	6133.89	30.37	6821.48	28.96
电力、热力、燃气及水生产和供应业	727.92	4.26	845.89	4.19	1012.27	4.30
建筑业	27.20	0.16	36.65	0.18	50.20	0.21
交通运输、仓储和邮政业	1330.30	7.78	1450.34	7.18	1729.24	7.34
信息传输、软件和信息技术服务业	111.02	0.65	136.00	0.67	210.35	0.89

续表

指标	2012年		2013年		2014年	
	投资额	构成	投资额	构成	投资额	构成
批发和零售业	320.65	1.88	405.17	2.01	427.53	1.82
住宿和餐饮业	212.87	1.25	228.16	1.13	253.98	1.08
金融业	92.86	0.54	94.84	0.47	92.51	0.39
房地产业	6330.45	37.03	7518.35	37.23	8802.71	37.37
租赁和商务服务业	222.05	1.30	340.15	1.68	446.85	1.90
科学研究和技术服务	58.89	0.34	86.71	0.43	91.49	0.39
水利、环境和公共设施管理业	1383.57	8.09	1759.15	8.71	2229.35	9.46
居民服务、修理和其他服务业	31.27	0.18	29.73	0.15	49.54	0.21
教育	199.83	1.17	253.33	1.25	340.63	1.45
卫生和社会工作	125.23	0.73	148.18	0.73	175.39	0.74
文化、体育和娱乐业	207.74	1.22	268.96	1.33	284.62	1.21
公共管理、社会保障和社会组织	217.29	1.27	212.49	1.05	228.02	0.97

注:固定资产投资口径范围为计划总投资500万元及以上的投资项目和全部房地产开发投资

数据来源:历年浙江省统计年鉴

（五）浙江省各市固定资产投资情况

2010—2014年浙江省各市固定资产投资　　亿元

地　区	2010年	2011年	2012年	2013年	2014年
杭州市	2753.13	3100.02	3722.75	4263.87	4952.70
宁波市	2193.28	2385.51	2901.43	3422.95	3989.46
温州市	925.98	1540.31	2110.34	2618.16	3052.81
嘉兴市	1488.26	1488.27	1642.31	1910.15	2221.21
湖州市	719.98	804.67	970.73	1070.05	1242.92
绍兴市	1245.56	1426.26	1722.56	2001.99	2304.68
金华市	722.80	862.83	1126.80	1364.36	1594.79
衢州市	481.80	504.63	566.13	670.72	782.10
舟山市	413.84	476.09	570.60	750.02	960.88
台州市	950.24	1007.81	1242.56	1507.87	1765.93
丽水市	320.38	358.47	471.98	570.42	665.08

注:固定资产投资口径范围为计划总投资500万元及以上的投资项目和全部房地产开发投资

数据来源:历年浙江省统计年鉴

2014年,浙江省11个省辖市中固定资产投资数额前三位的是杭州市(4952.70亿元)、宁波市

(3989.46 亿元)和温州市(3052.81 亿元),分别比去年增长 16.2%、16.6%和 16.6%。固定资产投资增幅前三位的是舟山市(28.1%)、台州市(17.1%)和金华市(16.9%)。

(六)浙江省固定资产投资的主要特点

1. 第二产业投资持续提速,第三产业投资继续保持较快增长。从产业投资结构看,2014 年,第一产业投资 263.51 亿元,占全部投资的 1.1%,比上年增长 31.1%;第二产业投资 7929.04 亿元,占 33.7%,增长 12.3%;第三产业投资 15362.21 亿元,占 65.2%,增长 18.8%。扣除房地产开发投资外的第三产业投资增长 20.6%,增幅分别高于第三产业投资、全部投资 1.8 和 4.0 个百分点。第三产业中,信息传输软件和信息技术服务业、租赁和商务服务业、水利环境和公共设施管理业、教育、居民服务和其他服务业等相关行业投资快速增长,增速分别为 54.7%、31.5%、26.5%、34.5%和 70.1%。

2. 战略性新兴产业投资增长较快,装备制造业投资不断回升。2014 年,工业技改投资 5419.68 亿元,占工业投资的 68.8%,增长 16.2%。全省战略性新兴产业投资 2197.92 亿元,增长 16.5%。战略性新兴产业投资占工业投资的比重为 27.9%,分别比 1—3 月、1—6 月、1—9 月提高 1.7、1.8 和 1.9 个百分点。与 1—9 月相比,九大战略性新兴产业中有六大类行业投资增长加快,两大类由降转增,一类降幅收窄。全省制造业投资 6821.48 亿元,占工业投资的 86.6%,增长 11.2%,2014 年以来呈现不断回升的增长态势。31 个制造业行业大类有 5 个处于下降状态。其中,装备制造业投资 3189.78 亿元,增长 6.2%,分别比 1—3 月、1—6 月、1—9 月提高 4.8、7.6 和 5.1 个百分点,增速明显回升。九类装备制造业投资中,仪器仪表制造业、汽车制造业等行业投资增速位居前列,分别增长 31.3%和 20.3%。

3. 民间投资增速不断加快,国有投资持续回落。2014 年,全省民间投资 14757.84 亿元,占投资的比重为 62.7%,比 2013 年提高 1.8 个百分点,增长 19.9%。民间对投资增长贡献率达到 73.6%,拉动投资增长 12.2 个百分点;国有投资 7250.86 亿元,增长 13.9%,增幅分别比 1—3 月、1—6 月、1—9 月回落 5.8、7.2 和 2.1 个百分点,呈现持续回落的运行态势。民间投资资金来源主要是自筹,占本年资金来源的 66.9%,其次是其他资金来源,占 20.6%,第三是国内贷款,占 7.6%,而国家预算内资金、利用外资都比较少,分别仅占 0.6%和 0.2%。

4. 新开工项目个数由降转增,平均投资规模有所增加。2014 年,全省本年新开工项目 27675 个,增长 9.6%,增幅分别比 1—3 月、1—6 月、1—9 月提高 15.5、9.0 和 3.0 个百分点。新开工项目计划总投资 17517 亿元,平均每个项目投资规模为 6330 万元,比上年增加 14 万元。新开工项目完成投资 8433 亿元,增长 16.9%,增速分别比 1—3 月、1—6 月、1—9 月加快 14.7、11.9 和 6.4 个百分点。其中,计划总投资亿元以下的新开工项目完成投资 5032 亿元,占 59.7%,增长 19.4%;1—10 亿元完成投资 2629 亿元,占 31.2%,增长 12.5%;10 亿元及以上完成投资 771 亿元,占 9.1%,增长 15.9%。

5. 房地产开发投资增长总体平稳,商品房销售小幅下降。2014 年,全省房地产开发投资 7262.38 亿元,比上年增长 16.8%。2014 年以来,全省房地产开发投资增速呈现先提高再回落的走势,总体运行平稳。其中,住宅、办公楼、商业营业用房等物业类型投资分别为 4594.17、487.62 和 949.34 亿元,分别增长 12.3%、29.2%和 32.3%。随着"限购、限贷"等政策的调整,全省房地产市场明回暖显。全省商品房销售面积 4676.83 万平方米,下降 4.3%,降幅分别比 1—6 月、1—9 月收窄 18.3 和 8.6 个百分点。商品房销售额 4923.00 亿元,下降 8.8%。

五、安徽省固定资产投资基本情况

（一）安徽省固定资产投资总体情况

2014年，安徽省固定资产投资总额21256.29亿元，比上年增长16.5%。从投资的产业结构来看，依然保持“三、二、一”的特征。其中，第三产业投资11296.53亿元，比上年增长17.7%，占固定资产投资总额的比重为53.1%；第二产业投资9417.78亿元，比上年增长13.9%，占固定资产投资总额的比重为44.3%；第一产业投资541.99亿元，比上年增长39.2%，占固定资产投资总额的比重为2.6%。第三产业的投资比重稳步上升，所占比重比上年上升0.5个百分点；第二产业的投资比重持续下降，所占比重比上年下降1.0个百分点。

2010—2014年安徽省固定资产投资（按产业分）　　亿元

指标	2010年	2011年	2012年	2013年	2014年
投资总额	11849.43	12147.78	15054.95	18251.12	21256.29
第一产业	221.56	149.49	258.21	389.34	541.99
第二产业	5617.35	6070.68	6939.69	8265.60	9417.78
第三产业	6010.52	5927.61	7857.05	9596.19	11296.53
三次产业构成(%)					
第一产业	1.87	1.23	1.72	2.13	2.55
第二产业	47.41	49.97	46.10	45.29	44.31
第三产业	50.72	48.80	52.19	52.58	53.14

注：2012年以后为投资500万元及以上的投资项目及房地产开发投资

数据来源：历年安徽省统计年鉴

（二）安徽省固定资产投资的经济类型

2014年，安徽省固定资产投资21256.29亿元，比上年增长16.5%。从内外资来看，内资投资20522.98亿元，比上年增长16.6%；占固定资产投资总额的96.6%，比上年上升0.2个百分点。港澳台商投资378.98亿元，增长33.6%；占固定资产投资总额的1.8%，上升0.2个百分点。外商投资303.07亿元，增长0.5%；占固定资产投资总额的3.1%，下降0.7个百分点。个体经营投资54.80亿元，增长7.1%；占固定资产投资总额的1.4%，下降0.3个百分点。

2010—2014年安徽省固定资产投资（按经济类型分）　　亿元

指标	2010年	2011年	2012年	2013年	2014年
投资额	11849.43	12147.78	15054.95	18251.12	21256.29
内资	—	—	14447.94	17602.68	20522.98
国有	3061.33	2765.40	3677.49	4280.27	4661.01
集体	323.94	248.26	261.73	241.55	287.54
股份合作	—	—	107.46	55.85	57.42

续表

指标	2010 年	2011 年	2012 年	2013 年	2014 年
联营	31.54	35.34	70.42	87.13	59.87
有限责任公司	—	—	4446.41	5377.44	5796.42
股份有限公司	—	—	787.24	1062.95	1011.54
私营	2871.08	3803.54	4543.64	5755.43	7815.28
其他	4308.05	4026.13	517.91	742.06	833.89
港澳台商投资	236.44	248.79	257.23	283.58	378.98
外商投资	211.98	221.77	349.79	301.48	303.07
个体	91.89	34.51	35.63	63.38	51.26

注:2012 年以后为投资 500 万元及以上的投资项目及房地产开发投资

数据来源:历年安徽省统计年鉴

(三)安徽省固定资产投资的资金来源

2014 年,安徽省固定资产投资本年资金来源 22557.21 亿元,比上年增长 12.3%。国家预算内资金为 1167.55 亿元,增长 19.8%;占当年资金来源总额的比重为 5.2%,比上年上升 0.3 个百分点。国内贷款为 1386.10 亿元,下降 8.4%;所占比重为 6.1%,下降 1.4 个百分点。

2010—2014 年安徽省固定资产投资(按资金来源分) 亿元

指标	2010 年	2011 年	2012 年	2013 年	2014 年
资金来源	12798.95	13697.89	16243.90	20092.14	22557.21
国家预算内资金	936.06	906.02	971.61	974.37	1167.55
国内贷款	1201.40	1213.98	1541.91	1512.70	1386.10
债券	—	28.29	16.80	8.99	10.37
利用外资	113.89	112.70	111.44	108.27	82.82
其他资金	1737.30	1966.12	2322.00	3036.90	3132.21
资金来源构成(%)					
国家预算内资金	7.31	6.61	5.98	4.85	5.18
国内贷款	9.39	8.86	9.49	7.53	6.14
债券	—	0.21	0.10	0.04	0.05
利用外资	0.89	0.82	0.69	0.54	0.37
其他资金	13.57	14.35	14.29	15.11	13.89

注:2012 年以后为投资 500 万元及以上的投资项目及房地产开发投资

数据来源:历年安徽省统计年鉴

(四)安徽省固定资产投资的产业分布

从安徽省固定资产投资的行业分布来看,房地产业和制造业仍是投资重点,但房地产业和制造业

投资所占比重有所下降，农、林、牧、渔业投资比重逐年上升。2014 年，安徽省固定资产投资中，房地产业投资 5405.70 亿元，比上年增长 7.8%；占投资总额的 25.4%，下降 2.1 个百分点。制造业投资 8372.92 亿元，增长 14.6%；占投资总额的 39.4%，下降 0.7 个百分点。农、林、牧、渔业投资 541.99 亿元，增长 39.2%；占投资总额的 2.6%，上升 0.5 个百分点。

2012—2014 年安徽省固定资产投资(按行业分)　　亿元、%

指标	2012 年		2013 年		2014 年	
	投资额	构成	投资额	构成	投资额	构成
总计	15054.95	100.00	18251.12	100.00	21256.29	100.00
农、林、牧、渔业	301.94	2.01	389.34	2.13	541.99	2.55
采矿业	389.71	2.59	341.19	1.87	319.20	1.50
制造业	6072.62	40.34	7309.39	40.05	8372.92	39.39
电力、热力、燃气及水生产和供应业	434.81	2.89	531.81	2.91	573.04	2.70
建筑业	53.98	0.36	83.21	0.46	152.62	0.72
批发和零售业	357.65	2.38	474.19	2.60	793.56	3.73
交通运输、仓储和邮政业	653.61	4.34	812.53	4.45	1098.69	5.17
住宿和餐饮业	215.36	1.43	276.57	1.52	233.70	1.10
信息传输、软件和信息技术服务业	72.84	0.48	115.80	0.63	150.48	0.71
金融业	62.61	0.42	90.86	0.50	102.39	0.48
房地产业	4106.30	27.28	5013.28	27.47	5405.70	25.43
租赁和商务服务业	151.77	1.01	203.08	1.11	335.80	1.58
科学研究和技术服务业	141.27	0.94	151.09	0.83	219.48	1.03
水利、环境和公共设施管理业	1272.27	8.45	1575.09	8.63	1905.60	8.96
居民服务、修理和其他服务业	44.09	0.29	63.65	0.35	93.12	0.44
教育	204.05	1.36	240.48	1.32	235.82	1.11
卫生和社会工作	107.65	0.72	135.11	0.74	171.22	0.81
文化、体育和娱乐业	158.01	1.05	187.81	1.03	195.06	0.92
公共管理、社会保障和社会组织	254.41	1.69	256.65	1.41	355.92	1.67

注：2012 年以后为投资 500 万元及以上的投资项目及房地产开发投资

数据来源：历年安徽省统计年鉴

（五）安徽省各市固定资产投资情况

2014 年，安徽省 16 个省辖市中固定资产投资数额前三位的是合肥市(5302.64 亿元)、芜湖市(2392.64 亿元)和马鞍山市(1674.74 亿元)，分别比去年增长 16.9%、17.2%和 17.0%。固定资产投资增幅前三位的是阜阳市(24.8%)、宿州市(22.3%)和亳州市(20.2%)。

2012—2014 年安徽省各市固定资产投资 亿元

地 区	2012 年	2013 年	2014 年
合肥市	3803.04	4535.37	5302.64
淮北市	577.21	700.53	840.84
亳州市	430.29	541.49	650.90
宿州市	613.69	773.30	945.80
蚌埠市	872.79	1060.89	1244.18
阜阳市	514.89	645.26	805.13
淮南市	639.70	800.53	755.27
滁州市	882.59	1075.78	1248.16
六安市	687.24	845.04	1003.82
马鞍山市	1201.15	1431.60	1674.74
芜湖市	1700.79	2040.65	2392.64
宣城市	805.34	978.19	1140.12
铜陵市	534.30	650.24	767.60
池州市	374.74	461.48	538.04
安庆市	972.01	1185.72	1394.75
黄山市	445.17	525.07	551.67

注:2012 年以后为投资 500 万元及以上的投资项目及房地产开发投资

数据来源:历年安徽省统计年鉴

(六)安徽省固定资产投资的主要特点

1. 整体运行平稳,增速稳中趋缓。2014 年,安徽省固定资产投资 21256.3 亿元,比上年增长 16.5%,增幅比全国高 0.8 个百分点,居全国第 15 位,位次比上年提升 2 位。从投资运行轨迹看,全年增幅分别比上年同期、一季度、上半年和前三季度回落 4.7 个、2.9 个、1.5 个、0.5 个百分点,投资增速呈现小幅回落的态势。

2. 第一产业、第三产业投资增长较快。2014 年,全省第一产业投资 542.0 亿元,增长 39.2%;第二产业投资 9417.8 亿元,增长 13.9%;第三产业投资 11296.5 亿元,增长 17.7%,第一产业和第三产业增幅分别高于全部投资 22.7 个和 1.2 个百分点。与上年相比,第一产业投资增速提高 10.3 个百分点,第二产业投资增速回落 5 个百分点,第三产业投资增速回落 5.3 个百分点。

3. 民间投资占比上升。2014 年,全省民间固定资产投资 14681.0 亿元,增长 20.9%,比全部投资高 4.4 个百分点;民间投资占全部固定资产投资比重为 69.1%,比上年提高 2.6 个百分点。

4. 装备制造业投资增长较快。2014 年,全省制造业投资 8372.9 亿元,增长 14.6%,增幅比上年回落 5.8 个百分点。其中,装备制造业投资 3837.1 亿元,增长 17%,增幅比全部制造业投资高 2.4 个百分点,投资额占全部制造业的比重由上年的 44.9%上升到 45.8%,提高 0.9 个百分点。八大装备制造业行业中,增幅"七升一降",仪器仪表制造业、金属制品业、通用设备制造业、电气机械和器材制造业、专用设备制造业、铁路船舶航空航天运输设备制造业、汽车制造业分别增长 37.7%、30.5%、30.0%、23.2%、21.0%、15.1%和 6.3%;计算机通信和其他电子设备制造业下降 10.1%。

5. 高耗能行业投资增速放缓。2014年，全省高耗能行业投资2063.1亿元，增长6.5%，增幅比上年回落9.5个百分点。六大高耗能行业投资增速“四升两降”，有色金属冶炼和压延加工业、非金属矿物制品业、电力热力生产供应业、化学原料和化学制品制造业分别增长21.7%、13.2%、6.4%和4.8%；石油加工炼焦和核燃料加工业、黑色金属冶炼和压延加工业投资增幅分别下降0.3%和22.0%。

6. 基础设施投资增长较快。2014年，全省基础设施完成固定资产投资3509.3亿元，增长20.2%，比全部投资高3.7个百分点。其15个行业中，增幅“十二升三降”，其中装卸搬运和运输代理业、生态保护和环境治理业投资增幅在50%以上，分别为143.9%和50.6%；下降的是航空运输业、电信广播电视卫星传输服务、燃气生产和供应业，分别下降79.8%、16.5%和3.4%。

7. 生产性服务业投资高速增长。2014年，全省生产性服务业固定资产投资1915.6亿元，增长54.8%，比全部投资高38.3个百分点。其九大行业中有七个行业增幅在40%以上，生产性辅助服务、产品批发与贸易代理服务、租赁和生产性商务服务、物流服务、节能环保服务、信息技术与电子商务服务、研发技术与设计服务分别增长76.4%、67.0%、65.3%、58.0%、48.8%、49.7%、和46.8%；生产性金融服务、企业人力资源服务分别增长12.9%和12.2%。

八　长三角交通运输业

一、长三角交通运输业基本情况

（一）交通运输基础设施不断完善

在构建现代化综合交通运输体系思想指导下，长三角各种交通运输方式加快发展。2014 年，长三角铁路营业里程 8947 千米，比上年增长 4.6%；占全国铁路营运里程的比重为 8.0%，比上年下降 0.3 个百分点。公路通车总里程达 461206 千米，比上年增长 0.7%；占全国的 10.3%，下降 0.2 个百分点。其中，高速公路总里程达 12949 千米，增长 3.0%；占全国的 15.6%，下降 0.4 个百分点。长三角水运航道总里程 41913 千米，增长 0.3%；占全国的 33.2%，与去年持平。长三角港口吞吐量为 48.45 亿吨，增长 3.3%。

2010—2014 年长三角运输线路和港口吞吐量情况

指标	2010 年	2011 年	2012 年	2013 年	2014 年
铁路营业里程（千米）	6933	7687	7830	8554	8947
公路通车里程（千米）	421840	425642	445366	457916	461206
#高速公路	11146	11437	12005	12566	12949
水运通航里程（千米）	41649	41664	41716	41778	41913
港口吞吐量（亿吨）	36.96	41.32	43.70	46.92	48.45

数据来源：历年上海市、江苏省、浙江省、安徽省统计年鉴

（二）交通运输服务能力稳步提升

2014 年，长三角共完成客运量 44.53 亿人，比上年增长 3.1%；占全国客运量的 20.2%，下降 0.1 个百分点。完成旅客周转量 5505.66 亿人千米，比上年增长 7.1%；占全国旅客周转量的 18.3%，下降 0.3 个百分点。

2014 年，长三角共完成货运量 92.68 亿吨，比上年增长 6.5%；占全国货运量的 21.1%，下降 0.1 个百分点。完成货运周转量 52759.97 亿吨千米，比上年增长 6.2%；占全国货运周转量的 28.4%，下降 0.5 个百分点。

2014 年，长三角港口吞吐量为 48.45 亿吨，比上年增长 3.3%。

2010—2014 年长三角运输能力

指标	2010 年	2011 年	2012 年	2013 年	2014 年
客运量（亿人）	62.77	67.86	73.10	43.19	44.53
旅客周转量（亿人千米）	5571.75	6034.31	6345.52	5138.34	5505.66
#铁路	1241.89	1318.11	1401.62	1570.24	1804.84
公路	3204.26	3473.79	3779.98	2272.97	2333.77

续表

指标	2010 年	2011 年	2012 年	2013 年	2014 年
水运	11.49	9.28	8.84	10.07	9.96
货运量(亿吨)	66.82	76.00	82.92	86.99	92.68
货物周转量(亿吨千米)	36555.29	44962.43	47916.54	49689.80	52759.97
#铁路	1721.49	1833.15	1651.74	1535.75	1391.11
公路	7718.72	9157.31	10532.81	9955.55	11091.30
水运	26521.90	33439.43	35100.00	37520.94	39602.47
港口吞吐量(亿吨)	36.96	41.32	43.70	46.92	48.45

注:2013 年(含)后,各省市统计口径有所调整,数据与以前不具可比性

数据来源:历年上海市、江苏省、浙江省、安徽省统计年鉴

(三)综合交通运输结构趋于优化

从各种运输方式的特性及国外交通运输发展经验来看,现代公路由于突出的优越性——机动、灵活、迅速、方便、直达,将是客运的主导交通方式;而在货运方面,由于水路交通运载能力大、投资少、能耗低、单位运输成本低等优越性,将成为货物运输的主要方式。长三角在综合交通运输网络逐步完善的同时,交通运输结构也趋于优化。2014 年,长三角共完成客运周转量 5505.66 亿人千米。其中,公路完成 2333.77 亿人千米,占客运周转量的 42.4%,所占比重比上年下降 1.8 个百分点;铁路完成 1804.84 亿人千米,占客运周转量的 32.8%,占比上升 2.2 个百分点。完成货运周转量 52759.97 亿吨千米。其中,水运完成 39602.47 亿吨千米,占货运周转量的 75.1%,下降 0.4 个百分点。

二、上海市交通运输业的基本情况

2014 年,上海市各种运输方式完成货物运输量 90340.88 万吨,比上年下降 1.3%;旅客发送量 17560.06 万人次,增长 10.2%。全年港口货物吞吐量达到 75528.89 万吨,比上年下降 2.6%;集装箱吞吐量 3528.53 万国际标准箱,增长 5.0%。集装箱水水中转比例为 45.8%,比上年提高 0.4 个百分点;国际中转比例为 7.1%,提高 0.1 个百分点。上海浦东、虹桥两大国际机场全年共起降航班 65.54 万架次,增长 6.6%;进出港旅客达到 8965.90 万人次,增长 8.3%。其中,国内航线进出港旅客 6073.57 万人次,增长 7.0%;国际及地区航线进出港旅客 2892.33 万人次,增长 11.0%。

全年上海港接待邮轮靠泊 269 艘次,其中以上海为母港的邮轮 240 艘次。邮轮旅客吞吐量 121.52 万人次,比上年增长 60.6%。

轨道交通 13 号线和 16 号线部分区段建成通车。至年末,全市轨道交通运营线路达到 14 条,运营线路长度达到 548.44 公里(均不含磁浮线路)。全年优化调整公交线路 290 条,其中新辟 73 条。至年末,公交专用道路达到 161.80 公里。公交运营车辆 1.62 万辆,运营出租车 5.07 万辆。全年市内公共交通客运量 65.85 亿人次,比上年增长 3.6%。其中,轨道交通客运量 28.27 亿人次,增长 12.8%;公共汽电车客运量 26.65 亿人次,下降 1.7%。日均公交优惠换乘和老年人免费乘车分别达到 256.40 万人次和 73.40 万人次。

至年末,全市拥有各类民用汽车 255.19 万辆,比上年增长 8.5%。其中,私人汽车 183.43 万辆,增长 12.3%。

2010—2014 年上海市交通运输业基本情况

指标	2010 年	2011 年	2012 年	2013 年	2014 年
铁路营业里程(千米)	414	453	457	456	456
公路通车里程(千米)	11974	12084	12541	12633	12945
#高速公路	775	806	806	815	825
内河航道里程(千米)	2110	2037	2074	2074	2073
客运量总计(万人)	13456	13519	14547	15933	17560
#铁路	6095	6198	6758	7972	9194
公路	3634	3477	3748	3720	3754
港口	85	78	66	68	90
民用航空	3642	3766	3974	4173	4522
旅客周转量(亿人千米)	1214.25	1307.56	1223.05	1343.73	1427.10
货运量总计(万吨)	81023	93318	94376	91535	90341
#铁路	959	888	825	694	549
公路	40890	42685	42911	43809	42848
水运	38803	49389	50302	46697	46583
货物周转量(亿吨千米)	16173	20367	20427	17868	18691
港口货物吞吐量(万吨)	65339	72758	73559	77575	75529

数据来源:历年江苏省统计年鉴

三、江苏省交通运输业的基本情况

2014 年,江苏省完成旅客运输量、货物运输量分别为 15.60 亿人和 20.86 亿吨,分别比上年增长 2.5%和 7.5%;旅客周转量、货物周转量分别为 1550.60 亿人千米和 11028.50 亿吨千米,分别增长 6.9%和 4.7%。完成港口货物吞吐量 22.60 亿吨,增长 5.6%,其中外贸货物吞吐量 3.80 亿吨,增长 8.0%。港口货物吞吐量中,集装箱吞吐量 1500.5 万标准集装箱,下降 9.7%。至 2014 年末,江苏省公路通车里程 15.75 万千米,新增 1427 千米,其中高速公路里程 4488 千米,新增 45 千米。铁路营业里程 2632 千米,铁路正线延展长度 4200 千米。年末民用汽车保有量 1103.97 万辆,净增 149.59 万辆,增长 15.7%。年末私人汽车保有量 935.71 万辆,净增 145.58 万辆,增长 18.4%。其中,私人轿车保有量 665.60 万辆,净增 111.00 万辆,增长 20.0%。

2010—2014 年江苏省交通运输业基本情况

指 标	2010 年	2011 年	2012 年	2013 年	2014 年
铁路营业里程(千米)	1908	2348	2348	2554	2632
公路通车里程(千米)	150307	152247	154118	156094	157521
#高速公路	4059	4122	4371	4443	4488
内河航道里程(千米)	24248	24272	24280	24315	24342

续表

指　标	2010年	2011年	2012年	2013年	2014年
客运量总计(万人)	226627	247405	268371	152172	156016
＃铁路	9711	10598	11757	13435	15374
公路	215850	235673	255358	135555	137270
水运	590	579	594	2454	2563
民用航空	476	555	662	728	809
旅客周转量(亿人千米)	1604.00	1778.00	1949.80	1451.14	1550.60
货运量总计(万吨)	188565	212594	231295	194048	208623
＃铁路	6374	7282	7223	6806	6090
公路	123500	140803	153696	103709	114449
水运	48702	54012	58639	70909	75328
货物周转量(亿吨千米)	6111.57	7514.00	8474.63	10536.84	11028.50
港口货物吞吐量(万吨)	158977	180683	195417	213987	226049

注:1.公路客运量2013年(含)后不包括公交车和出租车的运输量;2.公路货运量2013年(含)后不包含农用车和拖拉机的运输量

资料来源:历年江苏省统计年鉴

四、浙江省交通运输业的基本情况

2014年,浙江省完成旅客运输量、货物运输量分别为13.19亿人和19.35亿吨,分别比上年增长－3.6%和3.0%;旅客周转量、货物周转量分别为1076.76亿人千米和9539.61亿吨千米,分别增长5.0%和6.4%。完成港口货物吞吐量13.91亿吨,增长0.7%。其中,沿海港口货物吞吐量10.82亿吨,增长7.5%;内河港口完成3.09亿吨,下降17.6%。至2014年末,浙江省公路通车里程11.64万千米,新增941千米,其中高速公路里程3884千米,新增97千米。铁路营业里程2310千米,铁路复线里程1744千米。年末民用汽车保有量1013.21万辆,净增109.91万辆,增长12.2%。年末私人汽车保有量871.08万辆,净增105.93万辆,增长13.8%。其中,私人轿车保有量591.54万辆,净增78.25万辆,增长15.2%。

2010—2014年浙江省交通运输业基本情况

指　标	2010年	2011年	2012年	2013年	2014年
运输线路长度(千米)					
铁路营业里程	1761	1765	1765	2031	2310
公路通车里程	110177	111776	113550	115426	116367
＃高速公路	3383	3500	3618	3787	3884
内河航道里程	9704	9750	9739	9747	9769
客运量总计(万人)	228017	231900	234366	136790	131879
＃铁路	7634	8439	8725	10579	13214
公路	215708	218415	220517	121185	112915

续表

指 标	2010 年	2011 年	2012 年	2013 年	2014 年
水运	3155	3466	3454	3111	3581
民用航空	1520	1580	1670	1915	2169
旅客周转量(亿人千米)	1250.74	1296.25	1317.58	1025.10	1076.76
货运量总计(万吨)	170540	185692	191057	187885	193488
#铁路	3888	4166	3847	4037	3548
公路	103394	108654	113393	107186	117070
水运	63258	72872	73817	76662	72837
货物周转量(亿吨千米)	7117.04	8634.82	9183.30	8949.57	9539.61
港口货物吞吐量(万吨)	112787	122373	131931	138050	139071

注:民用航空客运量指发送量,2013 年起公路、水路按新的口径统计

数据来源:历年浙江省统计年鉴

五、安徽省交通运输业的情况

2014 年,安徽省完成旅客运输量、货物运输量分别为 13.98 亿人和 43.43 亿吨,分别比上年增长 10.1%和 9.6%;旅客周转量、货物周转量分别为 1451.16 亿人千米和 13500.89 亿吨千米,分别增长 10.1%和 9.4%。完成港口货物吞吐量 4.38 亿吨,增长 10.7%,其中外贸货物吞吐量 419.60 万吨,增长 26.6%。至 2014 年末,安徽省公路通车里程 17.44 万千米,新增 610 千米,其中高速公路里程 3752 千米,新增 231 千米。铁路营业里程 3549 千米,新增 36 千米。年末民用汽车拥有量 437.30 万辆,比上年增长 16.3%,其中私人汽车 348.20 万辆,增长 20.3%。民用轿车拥有量 226.10 万辆,增长 21.2%,其中私人轿车 205.10 万辆,增长 24.8%。全省民航机场旅客吞吐量 723.50 万人次,增长 7.8%,其中合肥新桥机场旅客吞吐量 597.50 万人次,增长 6.2%。

2010—2014 年安徽省交通运输业基本情况

指 标	2010 年	2011 年	2012 年	2013 年	2014 年
运输线路长度(千米)					
铁路营业里程	2850	3121	3260	3513	3549
公路通车里程	149382	149535	165157	173763	174373
#高速公路	2929	3009	3210	3521	3752
内河航道里程	5587	5605	5623	5642	5729
客运量总计(万人)	159597	185789	213671	126975	139823
#铁路	5552	5980	6385	7210	7972
公路	153697	179440	206888	119433	131403
水运	139	155	159	68	178
民用航空	208	214	239	264	270
旅客周转量(亿人千米)	1502.76	1652.50	1855.09	1318.37	1451.16

续表

指　标	2010 年	2011 年	2012 年	2013 年	2014 年
货运量总计(万吨)	228106	268416	312442	396392	434300
#铁路	12091	12507	12263	11566	10488
公路	183658	219467	259461	284534	315223
水运	32355	36439	40716	100290	108587
货物周转量(亿吨千米)	7153.68	8446.62	9831.60	12335.63	13500.89
港口货物吞吐量(万吨)	32502.00	37418.60	36097.20	39617.52	43837.92

注:2013 年交通运输行业专项调查重新确定基数,调整了公路水路客货运输量;2011 年以后统计范围为通过能力在 200 万吨以上内河港口,以及从事外贸、集装箱的港口,与往年数据具有不可比性

数据来源:历年安徽省统计年鉴

六、长三角交通运输区域合作

(一)进一步推进交通基础设施建设领域的合作

加强沪、苏、浙、皖三省一市在交通基础设施规划建设领域的协调和衔接,努力实现交通基础设施布局合理、规模适当、标准趋同、衔接一体。结合长三角省际毗邻地区特殊客运需求,统筹规划相应功能的客运站。不断优化面向长三角地区的省际客运枢纽布局,积极推进长三角城际轨道交通的建设和运营,完善道路货运场站布局,推进建设覆盖长三角主要枢纽城市的甩挂运输场站体系。推进《长江三角洲高等级航道网建设规划(2011～2015)》落地,积极打造标准统一、贯通一体的内河航道网,优化完善长三角内河集疏运体系。

(二)进一步推进交通运输行业运营领域的合作

推进行业管理基础制度一体化建设,优化调整三地运力结构和运输网络,努力打造一体化的水陆、客货运输体系。建立健全四地交通运输地方性法规、标准规范、政策措施等研究制定和出台发布前的沟通、通报制度。加快覆盖长三角地区的交通运输企业及从业人员的诚信体系建设。对接沪、苏、浙、皖四地,做好新建干线路网的客运配套工作;合理整合四地省际客运班线资源,推进公司化改造;加强和完善四地省际旅游包车管理,完善长三角道路旅游客运服务体系;不断完善“长三角道路客运品牌班线”的服务标准、评价指标和评比程序,逐步拓展品牌班线的覆盖范围。总结试点经验,适时、适地拓展开通毗邻地区公交班线,更好地满足毗邻地区跨省出行的需求。培育和发展面向长三角地区的道路货运物流重点企业,积极推进城际小件快运快递体系和配送体系建设,全面推动长三角地区道路货运物流网络化、高效化发展。协调推进长三角地区道路集装箱运输市场健康发展,开展沪、苏、浙、皖四地共同甩挂运输的试点和推广工作,鼓励发展“精品”甩挂运输线路。探索建设长三角区域汽车租赁网络,鼓励发展异地租还车业务。鼓励机动车维修品牌企业异地连锁经营,加快建立覆盖长三角地区的机动车维修救援网络。推动建立内河集装箱运输合作协调机制,加快推进长三角内河水运市场一体化,重点培育和发展上海至嘉兴、无锡、苏州、宜兴等地的内河集装箱运输,进一步推动“水水中转”。推进水上旅游客运资源整合,积极开通毗邻地区水上客运线路。加大工作力度,继续推动长三角内河运输船型标准化。积极参与长三角港口管理联席会议机制,会同港口企业集团,推动长三角地区港口群联合联动发展。

（三）进一步推进交通运输信息化领域的合作

以统一技术标准为突破口，积极打造长三角地区道路运输和水路运输互联共享的信息网络。积极推进长三角地区交通卡“一卡通”。研究推进长三角货运物流公共信息平台建设和 RFID 卡“一卡通”工程。积极推动三地机动车快修救援信息化平台的联网。支持建立服务三地交通出行的电台广播网，为在长三角地区出行提供更为周到、及时的信息服务。进一步做好服务热线的衔接，提升长三角道路运输运政服务信息化水平。积极推进长三角地区危险品运输（道路、水路）监管信息的共享。推进实施长三角航道网智能航运信息服务（船联网）应用示范工程，不断提高长三角水运信息一体化水平。

（四）进一步推进交通运输执法稽查领域的合作

完善长三角地区联合执法和联合稽查机制，提高交通执法的效能。继续推进长三角地区交通违法行为构成要件研究，逐步统一执法标准。完善四地交通违法案件协查协处机制，积极推进案件信息共享、协助调查、逾期催办、诚信采信、统一处罚标准等方面的合作，提高交通行政执法案件结案率。通过定期交换道路运输违法信息、实施交通运输部电子准营证试点等途径，研究促进四地交通执法信息共享。针对四地行业管理的共性问题，联合开展定期与不定期相结合、专项与日常性相结合的联合稽查行动。依托长三角和泛长三角地区道路运政稽查联席平台，进一步强化“春运”交通执法保障。联合开展针对船舶超载和非法营运的联合执法行动，积极整治长三角内河水运市场秩序。探索建立事故责任船员及违规船员信息共享平台，进一步加强长三角地区船员的协同管理。依托泛长三角水路运政管理联席平台，强化长三角水运市场的监管。

（五）进一步推进交通运输安全监管和应急处置领域的合作

争取四地的大力支持，完善长三角地区交通运输安全监管和应急处置合作机制。将危险化学品运输市场作为行业安全监管的重点，共同防范和遏制危险化学品运输事故的发生。进一步加强长三角地区危险化学品运输车辆和船舶的联网联控，强化对危险化学品运输的动态监管。在四地主要航道交界处设立省际船舶安全检查站点，对船舶进出省际水上道口统一管理。加快建立市、区县两级内河搜救和应急指挥中心，并实现四地及其有关地区搜救（指挥）中心的联网和对接。建立和完善长三角地区内河海事监管合作机制和毗邻地区海事调查协作机制，深化长三角内河安全监管和应急搜救的联勤联动，加强内河安全事故的调查、追逃和处理，共同提高长三角内河水运安全监管、应急处置及治安防控的效能。

为共享交通一体化，长三角地区三省一市将加强“十三五”交通运输规划衔接。加快构建长三角更加方便快捷的综合立体交通运输体系，建立“长三角综合交通运输信息共享应用与服务系统”。开工建设商合杭高铁，加快推进沪通、沪乍杭、沪苏湖等铁路前期工作。推动落实《江苏安徽交通项目对接会纪要》，加快宿扬等 8 条省际高速公路项目建设进度，力争同步建成运营。加强长江、淮河流域干支航道整治，同步推进芜申运河改造、水阳江航道整治工程。加强长三角港口合作，深化港航船货合作机制建设。加快机场布点建设，加密区域航空网络，扩大国际通航范围。

九　长三角纺织服装、服饰业

一、长三角纺织服装、服饰业发展总体概况

2014年，长三角地区拥有规模以上纺织服装、服饰企业6746家，比上年增加78家；完成工业总产值7890.06亿元，增长7.1%；实现主营业务收入7799.75亿元，增长6.0%；创造利润总额489.89亿元，增长9.4%；年末资产总额为5491.07亿元，增长4.8%。

2010—2014长三角地区规模以上纺织服装、服饰业发展情况　　亿元

指标	企业单位数(个)	工业总产值	资产总计	主营业务收入	利润总额
2010年	8782	5006.61	3424.71	4924.50	305.12
2011年	5064	5428.25	3751.44	5073.65	375.97
2012年	6284	6707.24	4769.70	6637.45	419.34
2013年	6668	7367.19	5238.52	7355.55	447.70
2014年	6746	7890.06	5491.07	7799.75	489.89

注：2012年(含)以后数据按新行业标准统计，与以前数据不可比较

数据来源：历年上海市、江苏省、浙江省、安徽省统计年鉴

（一）资产运营情况

从资产运营情况来看，2014年长三角规模以上纺织服装、服饰业资产总额为5491.07亿元，比上年增长4.8%；负债总额为2936.60亿元，增长1.1%。资产总额增速快于负债总额，使得长三角规模以上纺织服装、服饰业资产负债率有所降低。2014年，长三角规模以上纺织服装、服饰业资产负债率为53.48%，比上年下降1.96个百分点。

分省市来看，安徽省规模以上纺织服装、服饰业资产运营情况最好，2014年安徽省规模以上纺织服装、服饰业资产负债率为50.94%，比上年下降0.16个百分点；江苏省规模以上纺织服装、服饰业资产负债率为51.05%，下降4.09个百分点；浙江省规模以上纺织服装、服饰业资产负债率为55.84%，下降1.28个百分点；上海市规模以上纺织服装、服饰业资产负债率最高，为57.67%，上升5.86个百分点。

（二）重点纺织服装企业发展情况

1. 雅戈尔集团

雅戈尔集团创建于1979年，总部位于中国浙江宁波。经过30余年的发展，逐步确立了以品牌服装、地产开发、金融投资三大产业为主体的经营格局。旗下的雅戈尔集团股份有限公司为上市公司，股票代码600177。雅戈尔集团旗下的雅戈尔服饰公司在全国拥有100余家分公司，400多家自营专卖店，共2000多个商业网点。

2014年，雅戈尔集团股份有限公司实现主营业务收入159.03亿元，同比增长4.9%；利润总额38.99亿元，增长83.1%；资产总额为476.24亿元，下降1.5%；负债总额为308.80亿元，下降9.5%。品牌服装营业收入41.33亿元，占主营业务收入的比重为26.0%。

2. 杉杉集团

杉杉集团创立于1989年,经历20余年的发展,已在全国形成跨地域、跨行业的102家具有独立法人资格的下属企业。杉杉集团产业涉及时尚产业、新能源新材料、投资、园区开发、国际贸易、文化产业六大板块,旗下拥有杉杉股份和中科英华两家上市公司。杉杉作为中国服装的龙头企业,引领中国服装业的产业方向,并成为第一家上市的服装企业和国家扶植的520家重点企业之一,股票代码600884。

2014年,宁波杉杉股份有限公司实现主营业务收入36.59亿元,同比下降9.6%;利润总额3.67亿元,增长95.2%;资产总额为91.66亿元,增长22.6%;负债总额为47.56亿元,增长20.2%。品牌服装营业收入3.66亿元,占主营业务收入的比重为31.4%。

3. 美特斯邦威集团

美特斯邦威集团公司于1995年创建于中国浙江省温州市,主要研发、生产、销售美特斯·邦威品牌休闲系列服饰。2005年创办了上海美特斯邦威服饰博物馆,是国内目前规模最大的服饰博物馆。2008年美特斯邦威集团正式收购流行服装衣之纯品牌和雷迈服饰有限公司主打系列服装“LEIMAI”。同年,美特斯邦威公司A股在深交所挂牌上市,股票代码002269。

2014年,上海美特斯邦威服饰股份有限公司实现主营业务收入66.21亿元,同比下降16.1%;利润总额2.46亿元,下降49.5%;资产总额为69.87亿元,增长4.2%;负债总额为33.50亿元,增长14.2%。

4. 海澜之家

“海澜之家”是海澜之家股份有限公司旗下服装品牌,自推出以来,以全国连锁、超大规模、男装自选的全新营销模式引发了中国服装市场的新一轮革命,其平价优质的市场定位,款式多、品种全的货品选择,无干扰、自选式购衣方式迅速赢得了广大消费者的青睐。2014年4月11日,海澜之家上市,股票代码600398。

2014年,海澜之家股份有限公司实现主营业务收入123.38亿元,同比增长72.6%;利润总额32.27亿元,增长77.8%;资产总额为185.30亿元,增长65.1%;负债总额为114.26亿元,增长44.8%。

5. 报喜鸟集团

报喜鸟集团有限公司组建于1996年,是一家以服装为主业,涉足地产和投资领域的综合性现代化企业集团。集团下属一家服饰上市公司、两家地产开发公司和两家创业投资公司,拥有7个自主服饰品牌、5个国际代理品牌、3个服装生产基地及2000多家销售网点。集团核心子公司浙江报喜鸟服饰股份有限公司于2007年8月在深交所成功上市,成为温州地区第一家国内上市的鞋服企业,股票代码002154。

2014年,浙江报喜鸟服饰股份有限公司实现主营业务收入22.75亿元,同比增长12.7%;利润总额2.05亿元,下降12.4%;资产总额为43.49亿元,下降5.2%;负债总额为16.22亿元,下降17.3%。纺织服装营业收入20.75亿元,占主营业务收入的比重为91.2%。

6. 红豆集团

红豆集团是江苏省重点企业集团,国务院120家深化改革试点企业之一。“红豆”商标于1997年被国家工商局认定为中国驰名商标,“千里马”商标于2012年获中国驰名商标荣誉,是全国较少拥有两个驰名商标的公司;同时,企业通过ISO9001:2008质量体系认证,拥有多个“中国名牌”产品。多年来,红豆以优异的销售业绩稳居中国服装业百强亚军。红豆集团大力推进品牌建设,实现转型升级:

由生产经营型向创造运营型转变、由资产经营型向产融结合型转变、由国内企业向跨国企业转变、产业升级及竞争力升级。企业的产品也从最初的针织内衣，发展到服装、橡胶轮胎、生物制药、地产四大领域。2001 年 1 月，“红豆股份”在上交所交易，股票代码 600400。

2014 年，江苏红豆实业股份有限公司实现主营业务收入 28.42 亿元，同比增长 18.7%；利润总额 0.98 亿元，增长 75.0%；资产总额为 57.89 亿元，下降 17.3%；负债总额为 40.52 亿元，下降 23.8%。服装行业营业收入 9.79 亿元，占主营业务收入的比重为 34.4%。

二、上海市纺织服装、服饰业基本情况

（一）行业经济总量

2014 年，上海市拥有规模以上纺织服装、服饰企业 428 家，比上年减少 109 家；吸纳从业人员 9.22 万人，下降 21.3%；实现工业总产值 388.52 亿元，下降 23.5%；年末资产总计 388.16 亿元，下降 22.8%；实现主营业务收入 405.37 亿元，下降 22.4%。

2010—2014 年上海市规模以上纺织服装、服饰业指标　　亿元

指标	单位数(个)	从业人员	工业总产值	资产总计	主营业务收入	利润总额	税金总额
2010 年	957	17.16	463.41	413.31	470.64	38.87	18.04
2011 年	430	11.50	440.35	395.67	462.11	44.44	18.73
2012 年	537	13.69	542.80	502.78	558.44	33.86	21.82
2013 年	537	11.71	507.97	502.72	522.06	23.27	19.01
2014 年	428	9.22	388.52	388.16	405.37	3.94	8.79

注：2012 年(含)以后数据按新行业标准统计
数据来源：历年上海市统计年鉴

（二）行业经济效益

2014 年，上海市规模以上纺织服装、服饰企业创造利润总额 3.94 亿元，比上年下降 83.1%；实现税金总额 8.79 亿元，下降 53.8%。

三、江苏省纺织服装、服饰业基本情况

（一）行业经济总量

2010—2014 年江苏省规模以上纺织服装、服饰业主要经济指标　　亿元

指标	单位数(个)	资产总计	工业总产值	新产品产值	主营业务收入	利润总额	利税总额
2010 年	3755	1432.51	2622.80	190.42	2591.43	147.78	237.81
2011 年	2540	1763.00	3080.68	346.06	3033.92	209.16	313.22
2012 年	2579	1983.00	3396.48	493.24	3399.14	231.37	363.35
2013 年	2651	2229.63	3780.82	560.12	3839.06	257.94	416.35
2014 年	2572	2514.22	4099.73	544.99	4127.25	300.65	470.83

注：2011 年(含)以后数据按新行业标准统计
数据来源：历年江苏省统计年鉴

2014年，江苏省拥有规模以上纺织服装、服饰企业2572家，比上年减少79家；年末资产总额2514.22亿元，增长12.8%；全年共实现工业总产值4099.73亿元，增长8.4%；实现新产品产值544.99亿元，下降2.7%；实现主营业务收4127.25亿元，增长7.5%；实现利润总额300.65亿元，增长16.6%；实现利税总额470.83亿元，增长13.1%。

（二）行业经济效益

2014年，全球经济持续回暖，需求有所恢复。国内经济虽有起色，但从长期趋势来看，居民收入增长放缓，消费增长动力不足。服装内销总体规模扩大，但增速相对较低，依然较疲弱。规模以上企业效益平稳，亏损面缩小，但运营质量两极分化明显，而数量众多的中小企业仍困难突出，压力较大。

1. 企业亏损面和资产负债率下降。2014年，江苏省规模以上纺织服装、服饰业亏损率达到11.51%，比上年下降0.45个百分点；资产负债率为51.05%，比上年下降4.09个百分点。

2. 利税指标及利润指标上升。2014年，江苏省规模以上纺织服装、服饰业产值利税率、销售利税率和资金利税率回升，分别达到11.48%、11.41%和23.21%，分别比上年上升0.47个、0.56个和1.00个百分点；成本费用利润率为7.78%，比上年上升0.61个百分点。

3. 产品销售率下降。2014年，江苏省规模以上纺织服装、服饰业产品销售率为98.78%，比上年水平下降0.20个百分点。

4. 企业流动资产周转次数加快。2014年，江苏省规模以上纺织服装、服饰业流动资产周转次数为3.11次/年，比上年水平上升0.04次/年。

2010—2014年江苏省规模以上纺织服装、服饰业主要经济效益指标

指标	2010年	2011年	2012年	2013年	2014年
企业亏损面(%)	9.96	7.80	11.71	11.96	11.51
产值利税率(%)	9.07	10.17	10.70	11.01	11.48
销售利税率(%)	9.18	10.32	10.69	10.85	11.41
资金利税率(%)	20.12	21.36	22.16	22.21	23.21
成本费用利润率(%)	6.10	7.43	7.34	7.17	7.78
资产负债率(%)	53.99	56.52	55.82	55.14	51.05
流动资产周转次数(次/年)	3.08	2.91	3.03	3.07	3.11
产品销售率(%)	98.29	98.88	98.86	98.98	98.78

注：2011年(含)以后数据按新行业标准统计

数据来源：历年江苏省统计年鉴

四、浙江省纺织服装、服饰业基本情况

（一）行业经济总量

2014年，浙江省拥有规模以上纺织服装、服饰企业2706家，比上年增加151家；完成工业总产值2499.31亿元，增长6.4%；主营业务收入达到2392.72亿元，增长5.1%；年末资产总额达到2252.89亿元，增长1.5%；创造利润总额为139.97亿元，同比增长12.2%；实现利税总额为236.96亿元，增长9.8%。

2010—2014 年浙江省规模以上纺织服装、服饰业主要经济指标 亿元

指标	单位数(个)	从业人员	工业总产值	资产总计	主营业务收入	利润总额	利税总额
2010 年	3333	65.78	1652.95	1441.79	1615.28	103.28	165.30
2011 年	1499	47.25	1468.37	1417.87	1156.10	99.09	159.86
2012 年	2354	62.81	2189.94	2056.50	2115.43	122.45	200.67
2013 年	2555	61.10	2348.78	2218.60	2276.39	124.80	215.84
2014 年	2706	61.62	2499.31	2252.89	2392.72	139.97	236.96

注:2012 年(含)以后数据按新行业标准统计

数据来源:历年浙江省统计年鉴

(二)行业经济效益

1. 行业利税率上升。2014 年,浙江省规模以上纺织服装、服饰业“每百元固定资产原值实现利税”为 34.92 元,与上年相比上升 2.10 元;“每百元销售收入实现利税”为 9.90 元,与去年相比上升 0.42 元。

2. 产品销售率有所回落。2014 年,浙江省规模以上纺织服装、服饰业产品销售率为 96.67%,比去年下降 1.03 个百分点,为近五年来最低。

3. 出口交货值占工业销售产值比重下降。2014 年,浙江省规模以上纺织服装、服饰业出口交货值占工业销售产值比重为 42.82%,较上年下降 0.62 个百分点。

4. 新产品产值率快速上升。2014 年,浙江省规模以上纺织服装、服饰业新产品产值率为 28.62%,比上年上升 8.01 个百分点,为近五年来最高。

2010—2014 年浙江省规模以上纺织服装、服饰业主要经济效益指标

指标	2010 年	2011 年	2012 年	2013 年	2014 年
每百元固定资产原值实现利税(元)	36.40	37.70	32.32	32.82	34.92
每百元主营业务收入实现利税(元)	10.23	11.25	9.49	9.48	9.90
产品销售率(%)	97.66	97.09	97.48	97.70	96.67
出口交货值占工业销售产值比重(%)	44.01	42.66	46.06	43.44	42.82
新产品产值率(%)	13.32	15.86	20.92	20.61	28.62

数据来源:历年浙江省统计年鉴

五、安徽省纺织服装、服饰业基本情况

(一)行业经济总量

2014 年,安徽省拥有规模以上纺织服装、服饰企业 1040 家,比上年增加 115 家;完成工业总产值 902.50 亿元,增长 23.7%;主营业务收入达到 874.41 亿元,增长 21.8%;年末资产总额达到 335.80 亿元,增长 16.8%;负债合计 171.04 亿元,增长 16.4%;创造利润总额为 45.33 亿元,同比增长 8.7%。

2011—2014 年安徽省规模以上纺织服装、服饰业主要经济指标

亿元

指标	单位数(个)	工业总产值	资产总计	负债合计	主营业务收入	利润总额
2010 年	737	267.45	137.10	73.31	247.15	15.19
2011 年	595	438.85	174.90	90.51	421.52	23.28
2012 年	814	578.02	227.42	114.18	564.44	31.66
2013 年	925	729.62	287.57	146.96	718.04	41.69
2014 年	1040	902.50	335.80	171.04	874.41	45.33

注:2012 年(含)以后数据按新行业标准统计

数据来源:历年安徽省统计年鉴

(二)行业经济效益

1. 总资产贡献率下降。2014 年,安徽省规模以上纺织服装、服饰业总资产贡献率为 21.98%,比上年下降 1.16 个百分点。

2. 资产负债率有所回落。2014 年,安徽省规模以上纺织服装、服饰业资产负债率为 50.94%,比去年下降 0.16 个百分点。

3. 流动资产周转次数加快。2014 年,安徽省规模以上纺织服装、服饰业流动资产周转次数为 4.92%,较上年上升 0.18 个百分点。

4. 工业成本费用利润率回落。2014 年,安徽省规模以上纺织服装、服饰业工业成本费用利润率为 5.51%,比上年下降 0.76 个百分点,为近年来最低。

5. 产品销售率小幅下降。2014 年,安徽省规模以上纺织服装、服饰业产品销售率为 98.33%,较上年下降 0.22 个百分点。

2011—2014 年安徽省规模以上纺织服装、服饰业主要经济效益指标

指标	2011 年	2012 年	2013 年	2014 年
总资产贡献率(%)	20.87	22.52	23.14	21.98
资产负债率(%)	51.75	50.21	51.10	50.94
流动资产周转次数(次/年)	4.84	4.67	4.74	4.92
工业成本费用利润率(%)	5.95	6.08	6.27	5.51
产品销售率(%)	98.06	98.51	98.55	98.33

注:2012 年(含)以后数据按新行业标准统计

数据来源:历年安徽省统计年鉴

十　长三角钢铁产业

一、长三角钢铁产业整体情况

（一）长三角钢铁行业经济总量

2014年，长三角规模以上钢铁企业12671家，比上年增加64家；工业总产值为36077.48亿元，同比增长3.1%，；资产总计为25434.50亿元，同比增长3.7%；主营业务收入为37022.59亿元，同比增长2.6%；利润总额为1512.45亿元，同比增长0.5%。

2014年，上海市规模以上钢铁行业工业总产值占长三角规模以上钢铁行业工业总产值的比重为8.0%，同比下降0.5百分点；年末资产总计占比为14.3%，与去年持平；主营业务收入占比为8.8%，同比下降0.6百分点；利润总额占比为8.8%，同比下降0.3百分点。

2014年，江苏省规模以上钢铁行业工业总产值占长三角规模以上钢铁行业工业总产值的比重为55.0%，同比下降1.0百分点；年末资产总计占比为48.7%，同比下降0.4百分点；主营业务收入占比为54.4%，同比下降0.6百分点；利润总额占比为60.5%，同比上升3.2百分点。

2014年，浙江省规模以上文钢铁行业工业总产值占长三角规模以上钢铁行业工业总产值的比重为21.6%，同比上升0.3百分点；年末资产总计占比为22.8%，同比下降0.4百分点；主营业务收入占比为20.2%，同比上升0.2百分点；利润总额占比为18.6%，同比上升0.4百分点。

2014年，安徽省规模以上钢铁行业工业总产值占长三角规模以上钢铁行业工业总产值的比重为15.4%，同比上升1.2百分点；年末资产总计占比为14.3%，同比上升0.8百分点；主营业务收入占比为16.6%，同比上升1.0百分点；利润总额占比为12.1%，同比下降3.3百分点。

2010—2014年长三角规模以上钢铁企业主要经济指标　　亿元

指标	企业单位数(个)	工业总产值	资产总计	主营业务收入	利润总额
2010年	15932	25384.83	18358.34	25818.91	1315.06
2011年	9717	28975.05	20819.08	30765.46	1439.02
2012年	11910	32068.47	22624.87	33833.96	1338.54
2013年	12607	34978.09	24533.39	36075.77	1504.33
2014年	12671	36077.48	25434.50	37022.59	1512.45

数据来源：历年上海市、江苏省、浙江省、安徽省统计年鉴

（二）长三角钢铁行业主要产品产量

2014年，长三角钢铁行业生产生铁11862.29万吨，同比增长4.0%；生产粗钢15440.70万吨，同比下降1.1%；生产钢材23001.04万吨，同比增长6.1%。

2010—2014年长三角钢铁企业主要产品产量　　万吨

产品	2010年	2011年	2012年	2013年	2014年
生铁	9873.15	10082.99	10605.12	11405.29	11862.29

续表

产品	2010年	2011年	2012年	2013年	2014年
粗钢	11539.35	12360.88	12842.84	15617.89	15440.70
钢材	16877.90	18361.02	19456.67	21682.80	23001.04

数据来源:历年上海市、江苏省、浙江省、安徽省统计年鉴

二、上海市钢铁产业

(一)上海市钢铁行业经济总量

2014年,上海市规模以上钢铁企业1050家,比上年减少37家;工业总产值2886.61亿元,同比下降2.8%;年末资产总计3624.62亿元,同比增长3.7%;主营业务收入3260.91亿元,同比下降4.1%;利润总额133.54亿元,同比下降2.0%;税金总额60.40亿元,同比增长0.4%。

2010—2014年上海市规模以上钢铁企业主要经济指标 亿元

指标	单位数(个)	工业总产值	资产总计	主营业务收入	利润总额	税金总额
2010年	1932	3073.02	3125.43	3449.67	225.98	67.77
2011年	1040	3228.08	3172.62	3658.90	132.12	57.47
2012年	1086	3011.40	3290.58	3517.67	201.83	52.34
2013年	1087	2968.81	3496.18	3399.61	136.32	60.13
2014年	1050	2886.61	3624.62	3260.91	133.54	60.40

注:2012年(含)后的数据按新行业标准统计

数据来源:历年上海市统计年鉴

(二)上海市精品钢材制造业基本情况

2014年,上海市精品钢材制造企业97家,比上年减少1家;工业总产值为1441.44亿元,同比下降5.0%;资产总计为2270.62亿元,同比增长3.4%;主营业务收入为1773.78亿元,同比下降8.5%;利润总额为63.61亿元,同比下降长7.0%;税金总额为25.00亿元,同比下降9.2%。

2014年,上海市精品钢材制造业工业总产值占规模以上钢铁行业工业总产值的比重为49.9%,同比下降1.2百分点;年末资产总计占比为62.6%,同比下降0.2百分点;主营业务收入占比为54.4%,同比下降2.6百分点;利润总额占比为47.6%,同比下降2.6百分点;税金总额占比为41.4%,同比下降4.4百分点。

2010—2014年上海市精品钢材制造业主要经济指标 亿元

指标	单位数(个)	工业总产值	资产总计	主营业务收入	利润总额	税金总额
2010年	125	1722.87	2048.15	2086.98	154.93	40.85
2011年	88	1813.16	2119.48	2235.94	61.53	28.35
2012年	101	1548.32	2037.13	2000.99	126.58	18.94
2013年	98	1517.07	2196.75	1938.62	68.42	27.53

续表

指标	单位数(个)	工业总产值	资产总计	主营业务收入	利润总额	税金总额
2014 年	97	1441.44	2270.62	1773.78	63.61	25.00

注:2012 年(含)后的数据按新行业标准统计

数据来源:历年上海市统计年鉴

(三)上海市钢铁行业主要产品产量

2014 年,上海市钢铁行业生产生铁 1643.29 万吨,比上年增长 0.3%;生产粗钢 1045.49 万吨,同比下降 42.3%;生产钢材 2309.14 万吨,同比下降 0.6%。

2010—2014 年上海市钢铁企业主要产品产量　　万吨

产品	2010 年	2011 年	2012 年	2013 年	2014 年
生铁	1901.39	1947.48	1800.44	1637.58	1643.29
粗钢	2214.27	2225.48	1970.91	1811.08	1045.49
钢材	2475.95	2482.81	2340.76	2322.76	2309.14

注:2012 年(含)后的数据按新行业标准统计

数据来源:历年上海市统计年鉴

三、江苏省钢铁产业

(一)江苏省钢铁行业经济总量

2014 年,江苏省规模以上钢铁企业 5822 家,比上年减少 97 家;工业总产值为 19853.84 亿元,同比增长 1.3%;资产总计为 12389.44 亿元,同比增长 2.9%;主营业务收入为 20126.01 亿元,同比增长 1.4%;利润总额为 915.11 亿元,同比增长 6.2%;利税总额为 1544.82 亿元,同比增长 7.0%。

2010—2014 年江苏省规模以上钢铁企业主要经济指标　　亿元

指标	单位数(个)	工业总产值	资产总计	主营业务收入	利润总额	利税总额
2010 年	6991	13566.95	8764.51	13570.05	682.79	1035.29
2011 年	4479	15168.27	10512.64	16343.33	850.98	1307.53
2012 年	5614	17650.50	11066.02	17775.64	729.19	1223.36
2013 年	5919	19594.05	12045.33	19840.86	861.68	1444.23
2014 年	5822	19853.84	12389.44	20126.01	915.11	1544.82

注:2011 年(含)后的数据按新行业标准统计

数据来源:历年江苏省统计年鉴

(二)江苏省钢铁行业经济效益

1. 黑色金属冶炼和压延加工业。2014 年,江苏省黑色金属冶炼和压延加工业企业亏损面为 16.91%,同比上升 0.96 个百分点;产值利税率为 7.06%,同比上升 0.68 个百分点;销售利税率为 6.83%,同比上升 0.65 个百分点;资产负债率为 63.20%,同比下降 2.51 个百分点;产品销售率为

98.64%，同比下降0.15个百分点；成本费用利润率为3.79%，同比上升0.33个百分点；流动资产周转次数为3.62次/年，同比上升0.20次/年。

2.有色金属冶炼和压延加工业。2014年，江苏省有色金属冶炼和压延加工业企业亏损面为17.14%，同比下降1.46个百分点；产值利税率为6.10%，同比下降0.06个百分点；销售利税率为6.16%，同比下降0.05个百分点；资产负债率为61.73%，同比下降1.46个百分点；产品销售率为98.82%，同比下降0.36个百分点；成本费用利润率为3.84%，同比上升0.01个百分点；流动资产周转次数为3.39次/年，同比上升0.11次/年。

3.金属制品业。2014年，江苏省金属制品业企业亏损面为11.08%，同比上升0.78个百分点；产值利税率为10.09%，同比下降0.03个百分点；销售利税率为10.22%，同比下降0.05个百分点；资产负债率为54.20%，同比下降0.94个百分点；产品销售率为98.87%，同比上升0.53个百分点；成本费用利润率为6.52%，同比下降0.13个百分点；流动资产周转次数为2.62次/年，同比上升0.03次/年。

2010—2014年江苏省规模以上钢铁企业主要经济效益指标

指标		2010年	2011年	2012年	2013年	2014年
黑色金属	企业亏损面(%)	11.43	9.24	17.79	15.95	16.91
	产值利税率(%)	7.18	7.70	5.49	6.38	7.06
	销售利税率(%)	7.10	7.55	5.39	6.18	6.83
	资产负债率(%)	64.68	66.78	66.07	65.71	63.20
	产品销售率(%)	99.54	98.94	99.42	98.79	98.64
	成本费用利润率(%)	5.16	5.14	3.06	3.46	3.79
	流动资产周转次数(次/年)	2.64	2.59	2.97	3.42	3.62
有色金属	企业亏损面(%)	8.36	14.02	18.39	18.60	17.14
	产值利税率(%)	6.09	6.30	6.75	6.16	6.10
	销售利税率(%)	6.14	6.33	6.72	6.16	6.11
	资产负债率(%)	63.63	64.49	64.72	63.37	61.73
	产品销售率(%)	99.01	98.86	99.10	99.18	98.82
	成本费用利润率(%)	4.11	4.69	4.69	3.83	3.84
	流动资产周转次数(次/年)	3.51	3.28	3.15	3.28	3.39
金属制品业	企业亏损面(%)	8.30	8.52	11.08	10.30	11.08
	产值利税率(%)	9.80	10.02	9.94	10.12	10.09
	销售利税率(%)	9.94	10.24	10.08	10.27	10.22
	资产负债率(%)	56.55	58.46	56.28	55.14	54.20
	产品销售率(%)	98.20	98.28	98.47	98.34	98.87
	成本费用利润率(%)	6.78	7.06	6.72	6.65	6.52
	流动资产周转次数(次/年)	2.41	2.35	2.54	2.59	2.62

注：2011年(含)后的数据按新行业标准统计

数据来源：历年江苏省统计年鉴

（三）江苏省钢铁行业主要产品产量

江苏省是全国钢铁大省，钢铁行业总量规模和发展水平均居于全国前列，具有较强的影响力。2014 年，江苏省生产生铁 7080.12 万吨，同比增长 5.8%；生产粗钢 10195.51 万吨，同比增长 9.8%；生产钢材 13255.21 万吨，同比增长 6.9%。

2010—2014 年江苏省规模以上钢铁企业主要产品产量　万吨

产品	2010 年	2011 年	2012 年	2013 年	2014 年
生铁	5211.26	5303.54	5871.95	6690.62	7080.12
粗钢	6242.75	6838.77	7419.70	9286.16	10195.51
钢材	9122.95	9994.01	10989.18	12398.00	13255.21

注：2011 年（含）后的数据按新行业标准统计

数据来源：历年江苏省统计年鉴

四、浙江省钢铁产业

（一）浙江省钢铁行业经济总量

2014 年，浙江省规模以上钢铁企业 4269 家，比上年增加 90 家；工业总产值为 7795.62 亿元，同比增长 4.6%；资产总计为 5790.05 亿元，同比增长 1.7%；主营业务收入为 7493.50 亿元，同比增长 3.7%；利润总额为 280.69 亿元，同比增长 2.4%；利税总额为 447.30 亿元，同比增长 4.2%。

2010—2014 年浙江省规模以上钢铁企业主要经济指标　亿元

指标	单位数（个）	工业总产值	资产总计	主营业务收入	利润总额	利税总额
2010 年	5854	5712.39	4384.41	5574.73	253.88	380.80
2011 年	3327	6505.26	4594.05	6338.70	275.30	415.92
2012 年	3917	6960.42	5276.24	6722.19	243.34	385.79
2013 年	4179	7453.94	5691.44	7223.97	274.13	429.18
2014 年	4269	7795.62	5790.05	7493.50	280.69	447.30

注：2012 年（含）后的数据按新行业标准统计

数据来源：历年浙江省统计年鉴

（二）浙江省钢铁行业经济效益

1. 黑色金属冶炼和压延加工业。2014 年，浙江省黑色金属冶炼和压延加工业每百元固定资产原值实现利税 16.48 元，比上年上升 1.37 元/百元；每百元主营业务收入实现利税 5.65 元，同比上升 0.78 元/百元；产品销售率 95.47%，同比下降 1.79 个百分点；出口交货值占工业销售值的 4.50%，同比上升 0.94 个百分点；新产品产值率为 24.50%，同比增长 0.86 个百分点。

2. 有色金属冶炼和压延加工业。2014 年，浙江省有色金属冶炼和压延加工业每百元固定资产原值实现利税 29.56 元，比上年下降 3.67 元/百元；每百元主营业务收入实现利税 4.30 元，同比下降 0.38 元/百元；产品销售率 97.49%，同比上升 1.36 个百分点；出口交货值占工业销售值的 4.59%，同比下降 1.41 个百分点；新产品产值率为 26.65%，同比上升 5.24 个百分点。

3. 金属制品业。2014 年，浙江省金属制品业每百元固定资产原值实现利税 26.48 元，比上年下降 1.71 元/百元；每百元主营业务收入实现利税 7.99 元，同比下降 0.44 元/百元；产品销售率 96.16%，同比下降 0.46 个百分点；出口交货值占工业销售值的 26.44%，同比下降 0.42 个百分点；新产品产值率为 25.74%，同比上升 5.70 个百分点。

2010—2014 年浙江省规模以上钢铁企业主要经济效益指标

指标		2010 年	2011 年	2012 年	2013 年	2014 年
黑色金属	每百元固定资产原值实现利税(元)	19.03	18.15	12.81	15.11	16.48
	每百元主营业务收入实现利税(元)	6.20	5.42	4.19	4.87	5.65
	产品销售率(%)	97.01	97.52	97.32	97.26	95.47
	出口交货值占工业销售(%)	3.40	4.14	4.56	3.56	4.50
	新产品产值率(%)	14.82	18.80	20.63	23.64	24.50
有色金属	每百元固定资产原值实现利税(元)	44.92	51.43	38.74	33.23	29.56
	每百元主营业务收入实现利税(元)	5.86	6.10	4.96	4.68	4.30
	产品销售率(%)	97.51	97.86	97.63	96.13	97.49
	出口交货值占工业销售(%)	6.33	5.82	5.46	6.00	4.59
	新产品产值率(%)	16.22	16.54	18.40	21.41	26.65
金属制品业	每百元固定资产原值实现利税(元)	30.98	32.64	28.75	28.19	26.48
	每百元主营业务收入实现利税(元)	8.38	8.25	8.16	8.43	7.99
	产品销售率(%)	96.98	97.03	96.52	96.62	96.16
	出口交货值占工业销售(%)	29.89	28.04	26.20	26.86	26.44
	新产品产值率(%)	16.38	18.84	21.86	20.04	25.74

注：2012 年(含)后的数据按新行业标准统计

数据来源：历年浙江省统计年鉴

（三）浙江省钢铁行业主要产品产量

2014 年，浙江省钢铁行业生产生铁 1140.28 万吨，比上年增长 7.6%；生产粗钢 1748.30 万吨，同比增长 0.9%；生产钢材 4170.99 万吨，同比增长 9.1%。

2010—2014 年浙江省钢铁企业主要产品产量　万吨

产品	2010 年	2011 年	2012 年	2013 年	2014 年
生铁	915.60	1002.17	1006.13	1059.79	1140.28
粗钢	1228.53	1329.93	1305.23	1733.15	1748.30
钢材	2832.60	3141.00	3361.33	3823.44	4170.99

注：2012 年(含)后的数据按新行业标准统计

数据来源：历年浙江省统计年鉴

四、安徽省钢铁产业

（一）安徽省钢铁行业经济总量

2014 年，安徽省规模以上钢铁企业 1530 家，比上年增加 108 家；工业总产值为 5541.41 亿元，同比增长 11.7%；资产总计为 3630.39 亿元，同比增长 10.0%；主营业务收入为 6142.17 亿元，同比增长 9.5%；利润总额为 183.11 亿元，同比下降 21.1%；负债总额为 2198.91 亿元，同比增长 4.6%。

2010—2014 年安徽省规模以上钢铁企业主要经济指标　　亿元

指标	单位数(个)	工业总产值	资产总计	主营业务收入	利润总额	负债合计
2010 年	1155	3032.47	2083.99	3224.46	152.41	1312.10
2011 年	871	4073.44	2539.77	4424.53	180.62	1600.57
2012 年	1293	4446.15	2992.03	5818.46	164.18	1887.22
2013 年	1422	4961.29	3300.44	5611.33	232.20	2101.77
2014 年	1530	5541.41	3630.39	6142.17	183.11	2198.91

数据来源：历年安徽省统计年鉴

（二）安徽省钢铁行业经济效益

2010—2014 年安徽省规模以上钢铁企业主要经济效益指标

指标		2010 年	2011 年	2012 年	2013 年	2014 年
黑色金属	总资产贡献率(%)	15.42	12.15	10.83	14.24	11.59
	资产负债率(%)	58.51	61.32	63.93	62.23	58.91
	流动资产周转次数(次/年)	2.93	2.99	3.07	3.43	3.30
	工业成本费用利润率(%)	5.08	4.16	3.14	5.24	3.84
	产品销售率(%)	99.01	99.31	97.73	98.43	98.43
有色金属	总资产贡献率(%)	11.04	11.78	8.34	8.91	6.36
	资产负债率(%)	73.92	70.64	71.39	71.61	67.88
	流动资产周转次数(次/年)	3.21	4.09	3.75	3.94	3.85
	工业成本费用利润率(%)	3.49	3.17	1.88	2.21	0.95
	产品销售率(%)	99.47	98.29	98.83	99.08	98.68
金属制品业	总资产贡献率(%)	19.41	17.29	18.17	16.74	16.88
	资产负债率(%)	53.55	53.15	54.68	54.38	51.75
	流动资产周转次数(次/年)	2.46	2.76	2.74	2.68	2.79
	工业成本费用利润率(%)	9.43	6.99	7.28	6.71	6.66
	产品销售率(%)	95.57	96.58	96.19	96.07	96.48

数据来源：历年安徽省统计年鉴

1. 黑色金属冶炼和压延加工业。2014 年，安徽省黑色金属冶炼和压延加工业总资产贡献率为 11.59%，比上年下降 2.65 个百分点；资产负债率为 58.91%，同比下降 3.32 个百分点；流动资产周转次数为 3.30 次/年，同比下降 0.13 次/年；工业成本费用利润率为 3.84%，同比下降 1.40 个百分点；产品销售率为 98.43%，与去年持平。

2. 有色金属冶炼和压延加工业。2014 年，安徽省有色金属冶炼和压延加工业总资产贡献率为 6.36%，比上年下降 2.55 个百分点；资产负债率为 67.88%，同比下降 3.73 个百分点；流动资产周转次数为 3.85 次/年，同比下降 0.09 次/年；工业成本费用利润率为 0.95%，同比下降 1.26 个百分点；产品销售率为 98.68%，同比下降 0.40 个百分点。

3. 金属制品业。2014 年，安徽省金属制品业总资产贡献率为 16.88%，比上年上升 0.14 个百分点；资产负债率为 51.75%，同比下降 2.63 个百分点；流动资产周转次数为 2.79 次/年，同比上升 0.11 次/年；工业成本费用利润率为 6.66%，同比下降 0.05 个百分点；产品销售率为 96.48%，同比上升 0.41 个百分点。

（三）安徽省钢铁行业主要产品产量

2014 年，安徽省钢铁行业生产生铁 1998.60 万吨，比上年减少 0.9%；生产粗钢 2451.40 万吨，同比减少 12.1%；生产钢材 3265.70 万吨，同比增长 4.0%。

2010—2014 年安徽省钢铁企业主要产品产量　　万吨

产品	2010 年	2011 年	2012 年	2013 年	2014 年
生铁	1844.90	1829.80	1926.60	2017.30	1998.60
粗钢	1853.80	1966.70	2147.00	2787.50	2451.40
钢材	2446.40	2743.20	2765.40	3138.60	3265.70

数据来源：历年安徽省统计年鉴

十一　长三角房地产业

一、长三角房地产业发展情况

2014年,长三角完成房地产开发投资额23048.04亿元,比上年增长14.0%,增速较上年下降5.2个百分点;占全国房地产开发投资的24.3%,所占比重比上年上升0.8个百分点。房屋施工面积147951.40万平方米,增长10.4%;占全国房屋施工面积的20.4%,上升0.3个百分点。房屋竣工面积23520.30万平方米,增长7.7%;占全国房屋竣工面积的21.9%,上升0.4个百分点。商品房销售面积22810.51万平方米,下降8.7%;占全国商品房销售面的18.9%,下降0.2个百分点。

2010—2014长三角房地产业发展情况　　亿元,万平方米,%

指标	房地产开发投资		房屋施工面积		房屋竣工面积		商品房销售面积	
	绝对额	增速	绝对额	增速	绝对额	增速	绝对额	增速
2010年	11557.29	32.43	87725.69	18.52	17773.93	3.02	20471.41	−11.72
2011年	14824.14	28.27	104196.80	18.78	18846.18	6.03	17878.73	−12.66
2012年	16965.34	14.44	116606.50	11.91	20411.79	8.31	19751.74	10.48
2013年	20223.52	19.20	133973.20	14.89	21838.73	6.99	24989.31	26.52
2014年	23048.04	13.97	147951.40	10.43	23520.30	7.70	22810.51	−8.72

数据来源:历年上海市、江苏省、浙江省、安徽省统计年鉴

2014年,长三角房地产开发实际到位资金为31557.54亿元,比上年下降0.5%;占全国房地产开发实际到位资金的比重为25.9%,所占比重比上年下降0.1个百分点。

从房地产开发企业融资渠道来看,2014年房地产开发企业资金来源结构最大特点是其他资金占房地产开发资金的比重回落,而自筹资金所占比重反弹上升。2014年,长三角其他资金占房地产开发资金的比重为44.2%,所占比重比上年下降4.3个百分点。究其原因,商品房销售面积出现下降,商品房销量的回落,导致以"住房按揭贷款"为主要组成部分的其他资金减少。

2010—2014年长三角房地产开发企业资金来源　　亿元,%

指标	实际到位资金	国内贷款		利用外资		自筹资金		其他资金	
		数额	比重	数额	比重	数额	比重	数额	比重
2010年	19566.93	3682.56	18.82	218.95	1.12	5602.22	28.63	10063.20	51.43
2011年	21080.71	3845.16	18.24	171.24	0.81	7370.33	34.96	9693.97	45.99
2012年	24191.59	4398.20	18.18	105.08	0.43	8338.85	34.47	11349.47	46.91
2013年	31710.12	5723.85	18.05	195.58	0.62	10411.61	32.83	15379.06	48.50
2014年	31557.54	6274.22	19.88	224.86	0.71	11121.85	35.24	13936.60	44.16

数据来源:历年上海市、江苏省、浙江省、安徽省统计年鉴

二、上海市房地产业发展情况

（一）房地产开发投资增速回落，占全社会固定资产投资比重上升

2014年，上海市房地产开发投资3206.48亿元，比上年增长13.7%，增速较上年回落4.7个百分点。全年房地产开发投资占全社会固定资产投资比重上升，达53.3%，分别比2013年和2012年高出3.4个和8.0个百分点。

从房屋类型看，非住宅投资快于住宅投资。2014年，上海市住宅投资1724.65亿元，比上年增长6.8%，占全部房地产开发投资的53.8%；办公楼投资534.77亿元，增长41.8%，占16.7%；商业营业用房投资457.92亿元，增长23.8%，占14.3%。

从全国范围看，2014年，全国房地产开发投资总额95035.61亿元，其中位列前3位的依次是江苏省(8240.22亿元)、广东省(7638.45亿元)和浙江省(7262.38亿元)。上海市居全国31个省市区的第14位，与上年持平，投资额占全国及东部地区的比重分别为3.4%和6.1%，比上年分别提高0.1个和0.2个百分点；上海市房地产开发投资增速居全国31个省市区的第17位，比上年增长13.7%，分别比全国(10.5%)和东部地区(10.4%)高3.2和3.3个百分点。

2010—2014年上海市房地产业发展情况

亿元，万平方米，%

指标	房地产开发投资		商品房施工面积		商品房竣工面积		商品房销售面积	
	绝对额	增速	绝对额	增速	绝对额	增速	绝对额	增速
2010年	1980.68	35.28	11295.03	13.39	1941.25	−7.78	2055.53	−39.05
2011年	2170.31	9.57	12983.32	14.95	2240.62	15.42	1771.30	−13.83
2012年	2381.36	9.72	13249.97	2.05	2305.06	2.88	1898.46	7.18
2013年	2819.59	18.40	13516.58	2.01	2254.44	−2.20	2382.20	25.48
2014年	3206.48	13.72	14690.18	8.68	2313.29	2.61	2084.66	−12.49

数据来源：历年上海市统计年鉴

（二）房屋新开工及竣工面积小幅增长

2014年，上海市房地产开发投资增速较上年明显回落，且投资增长更多依赖土地购置费的快速增长。受此影响，上海市房屋施工面积仅个位数增长。2014年，上海市房屋施工面积14690.18万平方米，比上年增长8.7%。其中，住宅8525.85万平方米，增长4.9%。

2014年，上海市房屋新开工面积2782.02万平方米，比上年增长2.8%。其中，住宅1547.29万平方米，下降5.8%；非住宅1234.73万平方米，增长16.2%。10月起，上海市房屋新开工面积扭转了长达31个月同比下降的走势。同时，上海市房屋竣工面积自11月起也出现了同比增长。2014年，上海市房屋竣工面积2313.29万平方米，比上年增长2.6%。其中，住宅1535.55万平方米，增长8.3%。

（三）房地产项目到位资金小幅增长

受销售房款减少和银行业规范表外业务等因素影响，2014年上海市房地产项目到位资金5269.90亿元，比上年增长3.5%。从资金来源渠道看，四大类资金呈现“两增两降”。据人民银行上海总部统计，截至2014年底，上海市中资银行本外币商业性房地产贷款余额12361.53亿元，比上年

增长12.1%。其中,房地产开发贷款余额5490.39亿元,增长17.3%;个人购房贷款余额6429.82亿元,增长9.8%。

2014年,上海市新建及存量住房销售量均出现下降。受此影响,上海市公积金贷款当年发放贷款472.20亿元,比上年下降23.2%,而上年则增长49.8%。

2010—2014年上海市房地产资金到位情况 亿元

指标	2010年	2011年	2012年	2013年	2014年
本年实际到位资金小计	3229.29	3206.93	3968.51	5092.67	5269.90
国内贷款	819.57	741.18	975.78	1292.36	1638.84
利用外资	96.05	43.55	26.12	38.14	69.61
#外商直接投资	65.52	41.01	26.12	37.32	67.73
自筹资金	1070.88	1192.87	1385.96	1569.91	1560.83
其他资金	1242.78	1229.32	1580.66	2192.26	2000.62

数据来源:历年上海市统计年鉴

(四)楼市交易量出现萎缩

2014年,上海市严格贯彻落实国家和市级各项房地产调控政策措施,采取差别化住房信贷、税收、住房限购、增加土地供应等综合措施,抑制投资和投机性购房需求。由于房价上涨预期有所分歧,前三季度买卖双方持续观望,导致市场交易出现萎缩。

1. 新建房屋销售面积降幅超一成。一方面由于2013年上海市楼市交易繁荣,成交面积明显高于正常年份,导致基数较高;另一方面由于2014年前三季度市场经历了一轮调整,观望情绪浓厚,导致全年新建房屋销售面积减少,降幅超一成。2014年,上海市新建房屋销售面积2084.66万平方米,比上年下降12.5%。其中,住宅1780.91万平方米,下降11.7%。

从成交结构看,市场化新建住宅成交减少是新建住宅销售面积下降的主要原因。2014年,上海市市场化新建住宅销售面积比上年下降26.0%,保障性住宅则增长6.2%。从历史成交量看,自2013年12月至2014年9月上海市市场化新建住宅单月成交面积连续10个月低于近5年来月均成交水平,受四季度出台的一系列楼市政策影响,2014年四季度市场化新建住宅月均成交面积超百万平方米。

2. 存量房市场交易前冷后热。卖方撤牌惜售、买方谨慎入市,买卖双方因市场环境低迷,不约而同选择了观望,前三季度存量房交易显得较为冷清,四季度成交出现回升。据市房地产交易中心统计,2014年上海市存量房网签面积1719.3万平方米,比上年下降38.3%。其中,存量住宅1454.6万平方米,下降40.9%。从月度数据看,在四季度出台的各类楼市政策作用下,存量住宅网签月均成交量超150万平方米,但相比火爆的2013年,上海市2014年存量房市场成交量还是出现了较大幅度的下降。

3. 新建住宅平均销售价格达到每平方米16415元。2014年,上海市新建住宅平均销售价格16415元/平方米。从区域分布看,全市新建住宅中,内环线以内区域销售54.28万平方米,占全市新建住宅的3%;内外环线之间区域销售304.81万平方米,占17.1%;外环线以外区域销售1421.82万平方米,占79.9%。全年各环线区域新建住宅平均销售价格分别为:内环线以内53629元/平方米,内外环线之间23681元/平方米,外环线以外13437元/平方米。

从剔除共有产权房和动迁安置房等保障性住宅后的市场化新建住宅的区域分布看,内环线以内区域销售 52.38 万平方米，占全市市场化新建住宅的 6.3%；内外环线之间区域销售 148.66 万平方米，占 18%；外环线以外区域销售 625.69 万平方米，占 75.7%。全年各环线区域市场化新建住宅平均销售价格分别为：内环线以内 54436 元/平方米，内外环线之间 40345 元/平方米，外环线以外 20487 元/平方米。

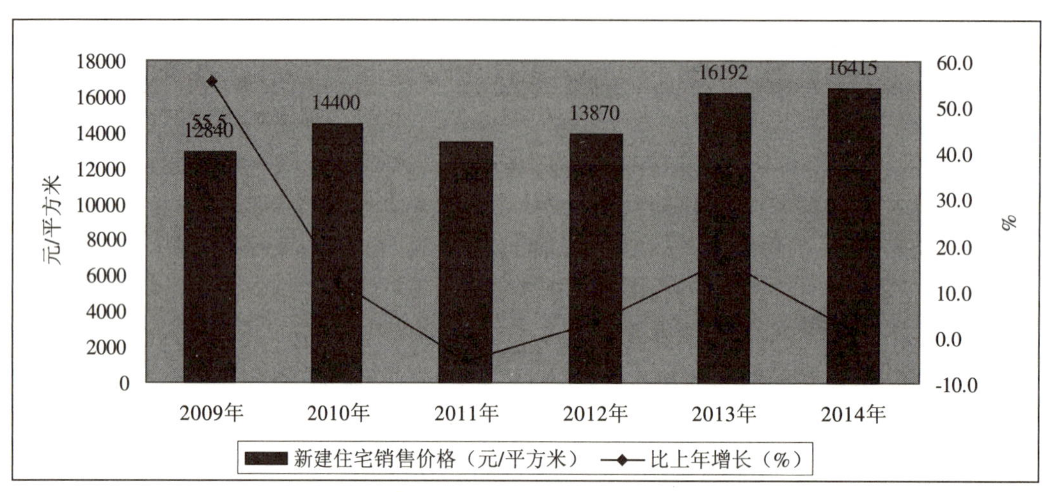

2009—2014 年上海市新建商品住宅销售价格及增长情况

三、江苏省房地产业发展情况

（一）房地产开发投资仍然保持较快增长

2010 年以来，虽然国家实施了一系列房地产调控政策，江苏省房地产开发投资依然保持两位数增长态势。2014 年，江苏省房地产开发投资额为 8240.22 亿元，比上年增长 13.8%，增幅比上年回落 2.9 个百分点；房地产开发投资占固定资产投资总额的 19.8%，占比比上年下降 0.3 个百分点。

从商品房类型看，商品住宅投资 5924.51 亿元，比上年增长 14.6%，增幅回落 4.2 个百分点；占房地产开发投资总额的 71.9%，所占比重比上年上升 0.5 个百分点。办公楼投资 378.47 亿元，比上年增长 16.7%，增幅回落 7.9 个百分点；占开发投资总额的 4.6%，上升 0.1 个百分点。商业营业用房投资 1286.71 亿元，比上年增长 14.9%，增幅上升 0.2 个百分点；占开发投资总额的 15.6%，上升 0.1 个百分点。

2010—2014 年江苏省房地产业发展情况　　亿元，万平方米，%

指标	房地产开发投资		商品房施工面积		商品房竣工面积		商品房销售面积	
	绝对额	增速	绝对额	增速	绝对额	增速	绝对额	增速
2010 年	4299.38	28.78	35106.90	17.20	8696.28	3.00	9485.47	−7.44
2011 年	5567.94	29.51	40500.27	15.36	8448.24	−2.85	7970.49	−15.97
2012 年	6206.10	11.46	45097.54	11.35	9848.40	16.57	9019.18	13.16
2013 年	7241.45	16.68	52574.17	16.58	9711.60	−1.39	11454.77	27.00
2014 年	8240.22	13.79	57637.72	9.63	9620.47	−0.94	9846.84	−14.04

数据来源：历年江苏省统计年鉴

（二）商品房施工面积增幅收窄，竣工面积有所下降，商品房成交量回落

2014年，江苏省商品房施工面积为57637.72万平方米，比上年增长9.6%，增幅回落7.0个百分点；住宅施工面积41579.79万平方米，比上年增长7.3%，增幅回落8.7个百分点。2014年，江苏省商品房竣工面积为9620.47万平方米，比上年下降0.9%，降幅比上年收窄0.5个百分点；住宅竣工面积7259.11万平方米，比上年下降4.3%，降幅比上年上升3.0个百分点。

由于2014年的市场调整，购房者观望气氛较重，导致全年商品房销售面积减少。2014年，江苏省商品房销售面积9846.84万平方米，比上年下降14.0%，其中商品住宅销售面积8800.93万平方米，比上年下降13.6%。

受保障性住房政策的影响，中小户型住宅的销售比重提升。90平方米以下的中小户型住宅销售面积为1755.71万平方米，占住宅销售面积的比重19.9%，比上年上升2.3个百分点。144平方米以上大户型住宅销售面积为1142.38万平方米，占住宅销售面积的比重为13.0%，比上年下降1.0个百分点。两相比较，中小户型住宅销售面积占比高于大户型住宅6.6个百分点。

（三）房地产项目到位资金小幅下降

受2013年房地产项目到位资金基数较高的影响，2014年江苏省房地产项目到位资金虽然高位运行，但同比降低。2014年，江苏省房地产项目到位资金12100.16亿元，比上年下降4.6%。

从资金来源渠道看，四大类资金呈现“一增三降”。2014年，江苏省房地产投资到位资金中自筹资金为4154.86亿元，比上年增长5.6%；占到位资金的比重为34.3%，比上年上升3.3个百分点。国内贷款、利用外资和其他资金来源分别为2249.68亿元、80.79亿元和5614.83亿元，分别下降5.2%、26.2%和10.4%；所占比重分别为18.6%、0.7%和46.4%，分别比上年下降0.1个、0.2个和3.0个百分点。

2010—2014年江苏省房地产资金到位情况　　亿元

指标	2010年	2011年	2012年	2013年	2014年
本年实际到位资金小计	8022.34	8310.54	9856.88	12682.04	12100.16
国内贷款	1515.66	1629.96	1890.71	2373.97	2249.68
利用外资	92.76	84.69	61.57	109.41	80.79
自筹资金	2031.38	2635.02	3087.53	3932.97	4154.86
其他资金	4382.54	3960.87	4817.07	6265.69	5614.83

数据来源：历年上海市统计年鉴

四、浙江省房地产业发展情况

（一）房地产开发投资继续增长

2014年，浙江省完成房地产投资额7262.38亿元，比上年增长16.8%，增幅比上年下降2.1个百分点，与全国房地产投资增长10.5%相比，浙江省房地产开发投资仍高于全国平均水平6.3个百分点。房地产开发投资占固定资产投资的30.8%，与上年持平。

2010—2014 年浙江省房地产业发展情况 亿元，万平方米，%

指标	房地产开发投资		商品房施工面积		商品房竣工面积		商品房销售面积	
	绝对额	增速	绝对额	增速	绝对额	增速	绝对额	增速
2010 年	3025.43	34.21	23781.86	19.31	4115.83	7.08	4816.53	－13.03
2011 年	4474.35	47.89	29927.39	25.84	4528.59	10.03	3531.36	－26.68
2012 年	5226.27	16.81	33422.97	11.68	4292.94	－5.20	4005.29	13.42
2013 年	6216.25	18.94	37647.24	12.64	4692.34	9.30	4886.99	22.01
2014 年	7262.38	16.82	42144.35	11.95	6390.17	36.18	4676.83	－4.30

资料来源：历年浙江省统计年鉴

从房屋类型来看，住宅投资额为 4594.17 亿元，比上年增长 12.3%，占房地产开发投资总额的 63.3%；办公楼、商业营业用房和其他房屋的投资分别为 487.62 亿元、949.34 亿元和 1231.25 亿元，同比增长分别为 29.2%、32.3%和 19.3%。商品住宅投资占比最高，但增幅明显低于其他类型商品房。

从区域上来看，杭州市房地产投资总额最高，全年房地产投资总额为 2301.08 亿元，同比增长 24.2%，约占全省房地产投资总额的 31.7%；舟山市房地产投资增长幅度最高，同比增长 57.0%，丽水市次之，同比增长 32.6%；而金华市房地产投资增幅全省最低，是浙江省 11 个地市中唯一一个房地产投资增幅下降的地区，同比下降 4.5%。

（二）商品房销售面积下降，销售额回落

2014 年，浙江省商品房销售面积为 4676.83 万平方米，同比下降 4.3%。其中，商品住房销售面积为 3941.49 万平方米，同比下降 3.8%；办公楼销售面积 185.22 万平方米，同比下降 15.1%；商业营业用房销售面积 333.88 万平方米，同比下降 3.1%；其他房屋销售面积 216.24 万平方米，同比下降 4.6%。从商品房销售额来看，2014 年全省商品房销售额为 4923.00 亿元，同比下降 8.8%。其中，商品住房销售额为 4172.58 亿元，同比下降 7.8%；办公楼销售额为 205.92 亿元，同比下降 32.2%；商业营业用房销售额 449.59 亿元，同比下降 6.6%；其他房屋销售额 94.91 亿元，同比下降 2.3%。各类商品房销售规模都有所减少，办公楼销售规模下降幅度最大。

从近 5 年商品房销售面积和销售额及其增幅来看，2014 年商品房销售规模维持在平均水平，但销售面积和金额双双负增长还是首次出现。与 2014 年全国商品房销售面积下降 7.6%相比，浙江省商品房销售面积下降幅度略好于全国水平，但商品房销售额下降幅度略高于全国 6.3%的水平。

（三）商品房需求结构发生变化，住宅改善性需求逐步提升

从近几年全省各种用途商品房销售面积占比来看，商品住宅需求逐渐增加，而非商品住宅需求逐渐减少。2011 年、2012 年、2013 年和 2014 年商品住宅销售面积占全年商品房销售面积的比例分别为 78.5%、82.8%、83.9%和 84.3%，2014 年商品住宅占比分别比 2011 年、2012 年、2013 年增加 5.7、1.5 和 0.4 个百分点。从非商品住宅来看，商业营业用房销售面积占比有逐渐减少趋势，办公楼销售面积有一定波动。

从商品住宅需求结构来看，首次置业的刚性需求（90 平方米以下住宅）正在逐渐减少，改善性需求会逐步释放。从近 5 年商品住宅销售面积结构来看，2011 年、2012 年、2013 年和 2014 年 90 平方米以

下商品住宅占全年商品住宅销售面积的比重分别为25.9%、27.7%、24.7%和23.6%，整体呈现缓慢下降的趋势。同期，144平方米以上户型的商品住宅占比分别为23.4%、27.0%、27.7%和33.3%，呈现逐年上升态势。

（四）房地产开发项目到位资金增幅收窄

由于受2014年房地产市场交易量下降、房地产价格下降等多种因素影响，浙江省房地产企业到位资金增幅下降较为明显。2014年，浙江省房地产开发企业到位资金为8956.31亿元，同比仅增长1.1%。其中，国内贷款、利用外资、自筹资金和其他资金来源分别为1817.77亿元、71.68亿元、3202.31亿元和3864.55亿元，增幅分别为14.3%、52.4%、15.8%和－13.3%。可见，利用外资资金增长较快，定金及预收款下降明显。由于其他资金占房地产企业到位资金的比重较大，该项资金增幅下降，对房地产企业到位资金的影响较大，加重了房地产企业的资金压力。在自筹资金中，自有资金为863.05亿元，比上年下降4.6%；股东投入资金、借入资金为1143.26亿元和848.01亿元，同比增长47.1%和15.0%。表明2014年浙江省房地产企业资金较为紧张，更多需要通过外资、借贷和向股东融资等方式为房地产项目筹集资金。

2010—2014年浙江省房地产开发资金到位情况　　亿元

指标	2010年	2011年	2012年	2013年	2014年
本年资金来源小计	5451.60	6163.43	6530.86	8858.25	8956.31
国内贷款	1023.60	1131.62	1125.48	1590.65	1817.77
利用外资	23.96	39.56	16.00	47.03	71.68
自筹资金	1288.89	1963.83	2178.56	2765.07	3202.31
其他资金	3115.16	3028.42	3210.82	4455.49	3864.55

资料来源：历年浙江省统计年鉴

五、安徽省房地产业发展情况

（一）房地产开发投资增速放缓

2010—2014年安徽省房地产业发展情况　　亿元，万平方米，%

指标	房地产开发投资		商品房施工面积		商品房竣工面积		商品房销售面积	
	绝对额	增速	绝对额	增速	绝对额	增速	绝对额	增速
2010年	2251.80	34.85	17541.90	23.80	3020.57	5.57	4113.88	2.06
2011年	2611.54	15.98	20785.80	18.49	3628.73	20.13	4605.58	11.95
2012年	3151.61	20.68	24836.06	19.49	3965.39	9.28	4828.81	4.85
2013年	3946.23	25.21	30235.20	21.74	5180.35	30.64	6265.35	29.75
2014年	4338.96	9.95	33479.11	10.73	5196.37	0.31	6202.18	－1.01

资料来源：历年安徽省统计年鉴

2014年，安徽省房地产开发投资4338.96亿元，比上年增长10.0%，增幅比上年回落15.2个百分点，低于全部固定资产投资6.5个百分点，投资额占全部固定资产投资比重由上年的21.6%下降至20.4%，对全部投资增长的贡献率由24.9%下降到13.1%。

分用途看，安徽省商业营业用房投资增长较快。2014年，商业营业用房投资930.56亿元，增长

16.2%;住宅投资2847.63亿元,增长11.7%;办公楼投资168.96亿元,增长1.7%;其他项目投资391.81亿元,下降8.7%。

与全国相比,安徽省房地产开发投资增幅低0.5个百分点;在中部,增幅低于湖北省(21.2%)、河南省(13.8%)和江西省(12.6%),高于湖南省(9.7%)、山西省(7.3%)。16市中,阜阳、亳州和宿州三市增幅居前三位,分别为53.5%、40.2%和28%;马鞍山、黄山和淮南三市列后三位,降幅分别为4.0%、4.0%和13.8%。

(二)商品房施工面积继续扩大,新开工面积下降

2014年,安徽省商品房施工面积33479.11万平方米,比上年增长10.7%。其中,住宅施工面积23193.70万平方米,增长7.7%;办公楼施工面积1085.00万平方米,增长4.9%;商业营业用房施工面积5963.20万平方米,增长24.6%。

2014年,受房地产市场调整影响,企业开发意愿也有所下降。全年商品房新开工面积8736.77万平方米,比上年下降13.3%,而上年为增长28.0%。其中,商品住宅新开工面积5929.47万平方米,下降17.0%;办公楼新开工面积198.49万平方米,下降19.3%;商业营业用房新开工面积1738.20万平方米,增长7.0%。

(三)商品房销售面积小幅下降,销售额小幅上升

一方面由于2013年楼市交易繁荣,成交面积明显高于正常年份,导致基数较高;另一方面由于2014年的市场调整,购房者观望气氛较重,导致安徽省商品房销售面积减少。2014年,安徽省商品房销售面积6202.18万平方米,比上年下降1.0%,而2013年为增长29.7%。其中,商品住宅销售面积5364.91万平方米,下降3.7%;办公楼销售面积111.10万平方米,增长17.0%;商业营业用房销售面积648.00万平方米,增长28.0%。

2014年,安徽省商品房销售额3345.19亿元,比上年增长5.1%。其中,商品住宅销售额2691.80亿元,增长1.1%;办公楼销售额75.84亿元,增长9.7%;商业营业用房销售额551.63亿元,增长31.3%。

(四)房地产开发资金趋紧

2014年,受销售回笼资金缓慢的影响,安徽省房地产开发到位资金低速增长,开发资金面临趋紧的态势。2014年,安徽省开发实际到位资金5231.17亿元,比上年增长3.0%,比房地产开发投资增速低7.0个百分点,增幅比上年回落29.4个百分点。

从到位资金结构看,国内贷款567.93亿元,增长21.6%;自筹资金2203.85亿元,增长2.8%;其他资金2456.60亿元,下降0.4%;其他资金中的定金及预收款1324.90亿元,下降2.8%。

2010—2014年安徽省房地产开发资金到位情况

亿元

指标	2010年	2011年	2012年	2013年	2014年
本年资金来源小计	2863.70	3399.81	3835.34	5077.16	5231.17
国内贷款	323.73	342.40	406.23	466.87	567.93
利用外资	6.18	3.44	1.39	1.00	2.78
自筹资金	1211.07	1578.61	1686.80	2143.66	2203.85
其他资金	1322.72	1475.36	1740.92	2465.62	2456.60

资料来源:历年安徽省统计年鉴

十二　长三角汽车产业

一、长三角汽车产业基本情况

汽车产业是国民经济的重要支柱产业，是一个技术密集、高度竞争、必须不断自主创新的产业。凭借优越的地理位置、良好的工业基础、强大的经济实力和灵活的民间资本，长三角已成为中国国内最大的汽车产业集群，集聚了全国最多的汽车整车、零部件和研发等服务企业。

（一）长三角的总体情况

从总量上看，2010—2014 年长三角汽车产量始终保持增长态势。2014 年，长三角汽车产业延续了上年的发展态势，汽车产量达到 501.39 万辆，比上年增加 26.93 万辆，同比增长 5.7%，增速回落 4.0 个百分点。2014 年，长三角汽车产量占全国的 21.1%，所占比重比上年下降 0.3 个百分点。

2010—2014 年长三角及全国汽车产量、增幅对比

指标	2010 年	2011 年	2012 年	2013 年	2014 年
长三角汽车产量（万辆）	399.14	419.95	432.63	474.46	501.39
全国汽车产量（万辆）	1826.53	1841.64	1927.62	2212.09	2372.52
长三角汽车产量增速（%）		5.2	3.0	9.7	5.7
全国汽车产量增速（%）	32.4	0.8	4.7	14.8	7.3

数据来源：历年上海市、江苏省、浙江省、安徽省统计年鉴

（二）三省一市情况

近几年，上海市和江苏省汽车产业发展迅猛，汽车产量占长三角汽车总产量的比重逐年上升。浙江省汽车产量有所波动，安徽省汽车产量占比迅速回落。

2014 年，上海市汽车产量占长三角汽车总产量的比重为 49.4%，比上年上升 1.6 个百分点；江苏省汽车产量占的比重为 25.1%，上升 2.5 个百分点；浙江省汽车产量占的比重为 6.5%，下降 1.4 个百分点；安徽省汽车产量占的比重为 19.0%，下降 2.7 个百分点。

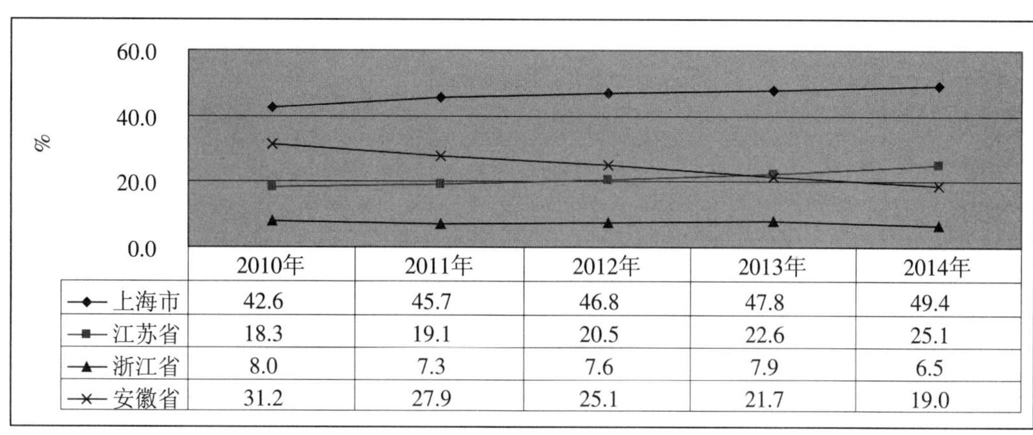

	2010年	2011年	2012年	2013年	2014年
上海市	42.6	45.7	46.8	47.8	49.4
江苏省	18.3	19.1	20.5	22.6	25.1
浙江省	8.0	7.3	7.6	7.9	6.5
安徽省	31.2	27.9	25.1	21.7	19.0

2010—2014 年三省一市汽车产量占长三角的比重

二、上海市汽车产业基本情况

(一)上海市的总体情况

1. 汽车生产与销售

2014年,上海市汽车行业产销稳定增长,全年产销分别为247.45万辆和247.05万辆,同比上年分别上升9.1%和9.0%,与全国汽车产销增幅比较,分别增加1.8和2.1个百分点。其中乘用车销售244.92万辆,同比上升8.8%,占整车总量99.1%;商用车销售21340辆,同比上升36.4%。

2010—2014年上海市汽车产、销量 万辆

指标		2010年	2011年	2012年	2013年	2014年
产量	汽车	169.89	191.91	202.43	226.89	247.45
	#轿车	159.77	174.20	180.68	201.03	214.22
销量	汽车	168.94	190.12	206.12	226.74	247.05
	#轿车	158.75	172.59	184.35	200.91	213.86

数据来源:历年上海市统计年鉴

2. 行业经济总量及效益

汽车产业是上海市的六大重点发展工业行业之一,也是上海着力发展的优势产业。2014年,上海市共有汽车制造业单位527个,比上年减少23家;从业人员23.31万人,减少0.05万人;完成工业生产总值5364.95亿元,增长9.8%;实现销售产值5322.28亿元,增长9.7%;年末资产总计5511.02亿元,增长6.6%;主营业务收入6645.70亿元,增长9.7%;实现利润总额1062.29亿元,增长16.3%;实现税金总额373.94亿元,增长14.9%。

2010—2014年上海市汽车行业主要指标

指标	2010年	2011年	2012年	2013年	2014年
单位数(个)	659	522	552	550	527
从业人员(万人)	20.77	21.97	22.69	23.36	23.31
工业总产值(亿元)	3626.46	4129.58	4296.82	4884.08	5364.95
工业销售产值(亿元)	3604.18	4090.26	4323.11	4852.23	5322.28
年末资产总计(亿元)	3366.28	3933.24	4419.99	5172.17	5511.02
主营业务收入(亿元)	4603.17	5086.12	5360.56	6055.52	6645.70
利润总额(亿元)	634.42	795.49	769.13	913.38	1062.29
税金总额(亿元)	259.66	306.09	303.47	325.52	373.94

数据来源:历年上海市统计年鉴

(二)上海市汽车生产企业(集团)情况

2014年,上汽集团整车销售561.99万辆,继续保持国内市场领先地位,同比增长10.1%。集团

下属的上海大众、上海通用、上汽乘用车三大乘用车企业累计分别销售 172.50 万辆、172.39 万辆、18.00 万辆乘用车，同比累计大众和通用分别增长 13.1%、11.8%，上汽乘用车同比下降。上汽商用车自 5 月份起开始产销多功能乘用车，5—12 月累计销售 5065 辆。

上海产销的商用车均是客车，其中上汽商用车销售 15947 辆，同比上升 41.1%，如加上乘用车，上汽商用车合计销售 21012 辆，同比上升 85.9%；上海申沃客车销售 3866 辆，同比上升 2.2%，上海申龙客车销售 1516 辆，由于去年同期为初产，因此大幅上升。

上汽旗下乘用车合资品牌以其优良的性价比、便捷的服务，在全国乘用车市场继续处于领先的地位，在 2014 年销售量排列前十的轿车品牌中，朗逸、桑塔纳、凯越、科鲁兹、赛欧合计销售 149.17 万辆，占前十品牌轿车销量近 50%。上海乘用车良好的品牌优势，确保了上海汽车行业在全国汽车市场的领先地位。

（三）上海市汽车行业经济运行情况

1. 经济运行继续保持稳定上升

2014 年，上海汽车行业协会纳入统计范围的 125 家企业（上汽部分限上海本地），实现工业总产值 4309.17 亿元，同比上升 9.6%，主营业务收入 5547.44 亿元，同比上升 10.0%，上述两项累计增幅较上半年末有所下降。利润总额 1037.02 亿元，同比增长 29.8%，累计增幅较上半年末有所上升。从业人员 12.81 万人，同比下降 2.2%。另外，中汽协公布了 1—11 月份全国规模以上工业企业和重点企业经济效益情况分析，上海汽车行业主营业务收入同比增幅低于规模以上企业，与重点企业集团基本持平；工业总产值增幅略低于重点企业集团，但利润总额增幅高于规模以上和重点企业集团十个以上百分点。

2. 据对上汽外 56 家企业的统计，显示经济运行状况相对不佳

2014 年，56 家企业工业总产值同比仅上升 1.5%，低于上海汽车行业整体增幅 8.1 个百分点，主营业务收入同比仅上升 0.1%，低于上海汽车行业整体增幅 9.9 个百分点。赢利能力不佳，特别是个别规模较大的企业起落较大，致使利润总额同比下降达 32.3%。在经济运行质量等一些指标方面，显示出成本、资金压力较大。

3. 具体分析上汽外 56 家企业

2014 年，56 家企业中工业总产值同比下降企业共 24 家，占统计总数的 42.9%，比上年同期增加了 5.2 个百分点。其中改装车企业 5 家，占下降企业总数的 20.8%，零部件企业 19 家，占下降企业总数 79.2%，同比增加了 18.3 个百分点，数据显示零部件企业由于经营规模、产品结构等因素制约，经营难度增大。

盈利能力明显下降，利润总额亏损的有 10 家，占统计总数的 17.9%，其中改装车企业 6 家，占亏损企业总数的 60.0%，且亏损额大幅增加；利润总额下降的有 27 家，占统计企业的 48.2%，其中零部件企业 19 家，占统计范围零部件企业总数的 45.2%。

应收账款 52.27 亿元，同比上升 7.0%；存货 34.20 亿元，同比微降；资产总计 259.69 亿元，同比上升 5.2%，负债 128.13 亿元，同比上升了 5.0%；三项费用占销售收入比例 12.3%，比上年同期增加 1.2 个百分点。其中管理费用、财务费用同比均上升 15%以上，利息收入下降 35.7%，利息支出却上升 19.1%。

三、江苏省汽车产业基本情况

（一）江苏省的总体情况

1. 汽车生产、销售和库存

2014年，江苏省年初库存汽车4.11万辆，本年生产125.72万辆，本年销售125.69万辆，年末库存4.12万辆，比上年分别增长−4.0%、17.3%、16.4%和16.4%。

2010—2014年江苏省汽车生产、销售、库存　　万辆

指标	2010年	2011年	2012年	2013年	2014年
年初库存	1.72	2.28	3.24	4.28	4.11
本年生产	72.87	80.38	88.70	107.20	125.72
本年销售	72.31	79.43	87.96	107.94	125.69
年末库存	2.28	3.22	3.98	3.54	4.12

数据来源：历年江苏省统计年鉴

2. 载货汽车生产、销售和库存

2014年，江苏省年初库存载货汽车0.47万辆，本年生产14.55万辆，本年销售14.50万辆，年末库存0.52万辆，比上年分别增长−40.5%、20.0%、16.3%和20.9%。

2010—2014年江苏省载货汽车生产、销售、库存　　万辆

指标	2010年	2011年	2012年	2013年	2014年
年初库存	0.48	0.34	0.48	0.79	0.47
本年生产	8.14	6.74	10.90	12.12	14.55
本年销售	8.16	6.60	10.60	12.47	14.50
年末库存	0.47	0.48	0.79	0.43	0.52

数据来源：历年江苏省统计年鉴

3. 轿车生产、销售和库存

2014年，江苏省年初库存轿车2.28万辆，本年生产74.51万辆，本年销售74.82万辆，年末库存1.95万辆，比上年分别增长28.1%、18.0%、18.4%和12.7%。

2010—2014年江苏省轿车生产、销售、库存　　万辆

指标	2010年	2011年	2012年	2013年	2014年
年初库存	0.52	0.94	0.65	1.78	2.28
本年生产	31.38	38.35	45.54	63.15	74.51
本年销售	30.96	38.64	44.70	63.21	74.82
年末库存	0.94	0.65	1.48	1.73	1.95

数据来源：历年江苏省统计年鉴

（二）江苏省的区域情况

汽车制造业作为南京市千亿级产业的规模效应已经逐步显现。2014 年，南京市汽车制造业累计贡献税收 130.52 亿元，比上年增长 25.1%。布局日趋清晰：按照产业集聚规划，重点建设了溧水、江宁、浦口三大产业基地，目前全市已集聚汽车整车生产企业 6 家，专用改装企业 16 家，汽车零部件生产企业 300 余家，构建了较为完善的汽车工业体系。新能源汽车发展提速：目前，南京依维柯作为国内第一家掌握纯电驱动技术的轻型商用车企业，2015 年将形成年产 3 万辆的规模；创维集团联合南京东宇汽车和厦门金龙联合汽车已在宁投资 100 亿元建设新能源汽车基地。

汽车产业是盐城市重点培植的支柱产业。经过多年的快速发展，汽车产业规模不断壮大，已经形成了乘用车、商用车、专用车、新能源汽车和汽车零部件等较为完整的产业体系。目前，盐城市已经成为江苏省最大的乘用车制造基地、江苏省新能源汽车产业基地、国家级汽车零部件产业基地和江苏省汽车零部件出口基地。2014 年 1 月，东风悦达起亚第三工厂正式量产，将乘用车产能规模扩大到 80 万至 100 万辆，为企业分阶段改进现有量产车型、有序投放更为领先新车型提供了有力支持；7 月 24 日，东风悦达起亚第 300 万辆汽车顺利下线。

2014 年，苏州金龙海格客车销售达 25615 辆，总额超过 100 亿元，比上年增长 9.1%，创下历史新高，成为国内客车行业第二家销售收入超百亿级的企业。其中，销售 2145 辆新能源客车，同比增长 110%，总销售额约 20 亿元，在国内车企中名列前茅。2014 年，海格整车出口突破 6000 辆，出口金额超过 26 亿元，同比增长 55%，出口额在公司收入中的占比达到 26%。2014 年，在高端客车市场，斯堪尼亚海格高档客车实现出口超过 400 辆，其中近 70%出口到欧洲市场。

四、浙江省汽车产业基本情况

（一）浙江省的总体情况

1. 汽车产量

浙江省汽车产业起步晚，特别是整车产业相对较薄弱，汽车产量与上海市和江苏省相比有一定的差距。2014 年，浙江省汽车产量为 32.72 万辆，比上年下降 12.3%；其中轿车产量为 22.13 万辆，比上年下降 19.4%。

2010—2014 年浙江省汽车产量 万辆

指标	2010 年	2011 年	2012 年	2013 年	2014 年
汽车	31.91	30.63	32.98	37.32	32.72
＃轿车	27.37	30.11	26.45	27.45	22.13

数据来源：历年浙江省统计年鉴

2. 行业经济总量及效益

2014 年，浙江省共有汽车制造业单位 1753 个，比上年增加 130 家；从业人员 35.80 万人，增长 8.4%；完成工业生产总值 2963.96 亿元，增长 27.6%；年末资产总计 3160.59 亿元，增长 7.2%；主营业务收入 2833.98 亿元，增长长 27.0%；实现利润总额 210.22 亿元，增长 27.0%；实现利税总额 250.84 亿元，增长 29.8%。

2012—2014 年浙江省汽车行业主要指标

指标	单位数（个）	从业人员（万人）	工业总产值（亿元）	年末资产总计（亿元）	主营业务收入（亿元）	利润总额（亿元）	利税总额（亿元）
2012 年	1435	32.88	2898.53	2775.24	2846.85	168.12	250.98
2013 年	1623	33.02	2323.39	2948.45	2231.35	165.57	250.84
2014 年	1753	35.80	2963.96	3160.59	2833.98	210.22	325.49

数据来源：历年浙江省统计年鉴

（二）浙江省的区域情况

2014 年，面对严峻的经济形势和日益激烈的市场竞争，浙江省全面进行内部结构调整和转型，促进了汽车产业的新发展。继于 2011 年引进上海大众量产后，于 2012 年引进的长安福特也于 2014 年底投产，2014 年引进的比亚迪汽车的生产基地也即将完成建设，形成了产品以轿车、SUV、客车为主的 11 家整车生产企业（吉利集团、广汽吉奥、东风裕隆等），16 个生产基地，产能已达 180 万辆。专用车生产企业完成产业重组 3 家，投资引进 2 家，目前浙江省共 36 家专用车生产企业，产品覆盖专用客厢车、通用货车挂车等 6 大类。

据浙江省经信委行业管理系统统计，2014 年全省累计完成汽车产销 65.46 万辆和 64.02 万辆，比上年增加了 11.56 和 10.06 万辆，约占全国市场份额 2.8%。其中整车企业产销分别完成 64.56 万辆和 63.12 万辆，轿车产销量完成 45.98 万辆和 44.72 万辆，比上年增加 5.19 万辆和 4.01 万辆。2014 年，浙江省汽车整车及改装车企业实现销售收入 444.64 亿元，比上年增加 83.07 亿元。其中，整车企业销售收入 425.90 亿元，比上年增加 85.24 亿元。截至 2014 年底，汽车整车累计出口 6.45 万辆，出口金额 42941 万美元。

五、安徽省汽车产业基本情况

（一）安徽省的总体情况

1. 汽车产量

2014 年，安徽省汽车行业产量回落，全年汽车产量为 95.50 万辆，比上年下降 7.3%。其中，载货汽车产量为 23.84 万辆，下降 16.1%；公路汽车产量为 3.96 万辆，下降 13.5%。

2010—2014 年安徽省汽车产、销量　　万辆

指标	2010 年	2011 年	2012 年	2013 年	2014 年
汽车	124.47	117.03	108.52	103.05	95.50
＃载货汽车	27.36	25.28	24.92	28.43	23.84
公路汽车	7.84	6.24	6.01	4.58	3.96

数据来源：历年安徽省统计年鉴

2. 行业经济总量及效益

2014 年，安徽省共有汽车制造业单位 802 个，比上年增加 65 家；完成工业生产总值 2113.70 亿元，增长 7.5%；实现销售产值 2085.36 亿元，增长 9.4%；年末资产总计 2026.65 亿元，增长 6.4%；主

营业务收入1999.27亿元,增长10.5%;实现利润总额93.43亿元,下降12.0%。

2010—2014年安徽省汽车行业主要指标

指标	2012年	2013年	2014年
单位数(个)	685	737	802
工业总产值(亿元)	1804.69	1966.72	2113.70
工业销售产值(亿元)	1777.31	1905.55	2085.36
年末资产总计(亿元)	1747.49	1905.40	2026.65
主营业务收入(亿元)	1590.06	1809.87	1999.27
利润总额(亿元)	79.27	106.21	93.43

数据来源:历年安徽省统计年鉴

(二)安徽省的区域情况

截止2014年上半年,奇瑞汽车股份有限公司累计销量已达450余万辆。其中,累计出口超过100万辆,总销量和出口量均位居中国乘用车企业第一位。公司在国内建成了芜湖、大连和鄂尔多斯三大乘用车生产基地,具备年产90万辆整车、90万台套发动机及80万台变速箱的生产能力。产品出口到海外80余个国家和地区,在全球范围内具备了一定的品牌知名度。2014年,奇瑞战略转型后上市的三款新产品获得市场认可和好评,产品和品牌溢价能力不断提升。同时,在营销体系建设方面也取得了重要成就,根据J. D. Power2014年中国售后服务满意度研究(CSI)及销售满意度研究(SSI)调研报告显示,奇瑞汽车均稳居自主品牌第一位,并超越众多主流合资品牌,分别位列行业第6名和第9名。

2014年,安徽江淮汽车股份有限公司全年生产各类汽车及底盘44.98万辆,销售44.68万辆,同比下降9.9%,由于产品升级和结构优化,公司实现营业收入341.95亿元,同比增长1.7%。公司紧紧围绕"做强做大商用车,做精做优乘用车"战略要求和年度经营目标,采取各项有力措施,在产品升级、机制变革、新能源等方面频现亮点,各项业务在调整中呈现出积极的发展态势,其中轻卡全面升级国IV,继续保持行业第二,化解了经营风险,夯实了发展基础;重卡在行业下滑的不利情况下逆势增长达20.2%,增速位居行业第一,并成功与委内瑞拉签订5239辆重卡出口大单;瑞风MPV继续发挥效益和规模的支柱作用,全年实现销量56382辆,同比增长8.6%,其中瑞风M5同比增长98.5%,继续保持细分行业前列。瑞风S3首创网络发布,上市不到40天订单突破2万辆,上市3个月登顶小型SUV销量冠军,目前仍供不应求。新能源电动车全年销售2433辆,全新平台的第五代电动车年底顺利量产,成为中国自主品牌首款真正意义上全新设计五人座A0级电动轿车,在国内继续保持领先地位;公司核心技术取得重大突破,1.5TGDI、DCT成功量产。

十三 长三角大众传媒产业

一、长三角大众传媒产业基本情况

长三角在国内的强势经济地位与发展活力，为当地传媒产业的发展提供了肥沃的土壤和发展的动力，发展水平在全国处于较高的层次。2014 年，长三角报刊总印数 86.09 亿册，比上年减少 2.82 亿册，下降 3.2%；总印张数 374.61 亿印张，减少 31.50 亿印张，下降 7.8%。期刊总印数 3.97 亿册，比上年减少 0.27 亿册，下降 6.4%；总印张数 19.39 亿印张，减少 1.10 亿印张，同比下降 5.4%。图书总印数 15.10 亿册，比上年减少 0.36 亿册，下降 2.3%；总印张数 113.80 亿印张，比上年减少 1.87 亿印张，下降 1.6%。

2010—2014 年长三角地区报刊、期刊、图书出版情况

指标		2010 年	2011 年	2012 年	2013 年	2014 年
报刊	总印数(亿册)	87.22	92.06	90.86	88.91	86.09
	总印张数(亿印张)	407.08	435.02	424.02	406.11	374.61
期刊	总印数(亿册)	4.12	4.38	4.46	4.24	3.97
	总印张数(亿印张)	18.36	20.17	21.31	20.49	19.39
图书	总印数(亿册)	13.27	14.15	14.70	15.46	15.10
	总印张数(亿印张)	94.79	104.52	107.78	115.67	113.80

数据来源：历年上海市、江苏省、浙江省统计年鉴

二、上海市大众传媒产业基本情况

（一）上海市的总体情况

1. 电视台情况

2014 年，上海市电视台共有节目 25 套；公共节目播出时间 179072 小时，比上年减少 1043 小时，其中市级电视台 127769 小时，减少 710 小时，区县级电视台 51303 小时，减少 333 小时；全年制作节目时间 60664 小时，比上年增加 7542 小时。

2010—2014 年上海市电视台情况

指标	2010 年	2011 年	2012 年	2013 年	2014 年
节目套数(套)	25	25	25	25	25
公共节目播出时间(小时)	175304	177240	180644	180115	179072
全年制作节目时间(小时)	49507	42695	53274	53122	60664

数据来源：历年上海市统计年鉴

2. 广播电台情况

2014 年，上海市广播电台共有节目 21 套；公共节目播出时间 137667 小时，比上年减少 104 小时，

其中市级广播电台 81326 小时，区县级广播电台 56341 小时，减少 104 小时；全年制作节目时间 84673 小时，比上年增加 3966 小时。

2010—2014 年上海市广播电台情况

指标	2010 年	2011 年	2012 年	2013 年	2014 年
节目套数(套)	21	21	21	21	21
公共节目播出时间(小时)	131433	138010	138385	137771	137667
全年制作节目时间(小时)	85262	72344	83309	80707	84673

数据来源：历年上海市统计年鉴

3. 有线电视情况

2014 年，上海有线电视总用户数为 687.80 万户，比上年增加了 6.00 万户，增长 0.9%；有线电视入户率为 130.40%，比上年上升 0.37 个百分点；有线广播电视传输网络干线总长 44092 千米，增长 1.7%。

2010—2014 年上海市有线电视基本情况

指标	2010 年	2011 年	2012 年	2013 年	2014 年
有线电视总用户数(万户)	573.00	627.18	648.00	681.80	687.80
有线电视入户率(%)	112.36	120.78	124.13	130.03	130.40
有线广播电视传输网络干线总长(千米)	36211	37475	39805	43369	44092

数据来源：历年上海市统计年鉴

4. 报刊出版情况

2014 年，上海市共出版报刊 100 种，其中综合报 12 种，专业报 88 种；报刊期数为 10269 期，比上年减少 943 期，同比下降 8.4%；每期平均印数 537.43 万份，比上年减少 67.30 万份，同比下降 11.1%；总印数为 11.45 亿册，比上年减少 1.71 亿册，同比下降 13.0%；总印张数为 48.96 亿印张，比上年减少 9.90 亿印张，下降 16.8%。

2010—2014 年上海市报刊出版情况

指标		2010 年	2011 年	2012 年	2013 年	2014 年
种类(种)	总计	100	100	100	101	100
	综合报	12	12	12	12	12
	专业报	88	88	88	89	88
期数(期)		11013	11273	11362	11212	10269
每期平均印数(万份)		752.18	734.33	685.51	604.73	537.43
总印数(亿份)		15.90	15.61	14.54	13.16	11.45
总印张数(亿印张)		78.65	79.38	68.03	58.86	48.96

数据来源：历年上海市统计年鉴

5. 期刊出版情况

2014 年，上海市共出版期刊 627 种，比上年增加 2 种；出版期数 6179 期，比上年减少 108 期，下降

1.7%;每期平均印数 804 万份,比上年减少 71 万份,下降 8.1%;总印数为 1.45 亿册,比上年减少 0.17 亿册,下降 10.5%;总印张数为 8.10 亿印张,比上年减少 0.90 亿印张,下降 10.0%。

2010—2014 年上海市期刊出版情况

指标	2010 年	2011 年	2012 年	2013 年	2014 年
种类(种)	632	632	626	625	627
出版期数(期)	5983	6053	6303	6287	6179
每期平均印数(万册、万份)	1019	1023	938	875	804
总印数(亿册)	1.77	1.82	1.76	1.62	1.45
总印张数(亿印张)	9.04	9.42	9.67	9.00	8.10

数据来源:历年上海市统计年鉴

6. 图书出版情况

2014 年,上海市共出版图书 24969 种,比上年减少 293 种,下降 1.2%;总印数为 3.26 亿册,比上年减少 0.11 亿册,下降 3.3%;总印张数为 30.47 亿印张,比上年减少 1.62 亿印张,下降 5.0%。

2010—2014 年上海市图书出版情况

指标	2010 年	2011 年	2012 年	2013 年	2014 年
种类(种)	19519	22056	23792	24969	24676
总印数(亿册)	2.89	2.89	3.35	3.37	3.26
总印张数(亿印张)	26.34	27.37	31.35	32.09	30.47

数据来源:历年上海市统计年鉴

(二)上海市的占比情况

上海市报刊总印量和总印张数占长三角的比重呈下降趋势。2014 年,上海报刊总印数、总印张数分别占长三角的 13.3%和 13.1%。期刊发展繁荣,在长三角地区显示出绝对主力地位。2014 年,上海市期刊总印数、总印张数分别占长三角的 36.5%和 41.8%。2014 年,上海市图书总印数、总印张数分别占长三角的 21.6%和 26.8%。

2010—2014 年上海市报刊、期刊、图书出版占长三角比重　　%

指标		2010 年	2011 年	2012 年	2013 年	2014 年
报刊	总印数	18.2	17.0	16.0	14.8	13.3
	总印张数	19.3	18.2	16.0	14.5	13.1
期刊	总印数	43.0	41.6	39.5	38.2	36.5
	总印张数	49.2	46.7	45.4	43.9	41.8
图书	总印数	21.8	20.4	22.8	21.8	21.6
	总印张数	27.8	26.2	29.1	27.7	26.8

三、江苏省大众传媒产业基本情况

（一）江苏省的总体情况

1. 电视台情况

2014 年，江苏省共有电视台 14 座；电视发射及转播台 83 座；发射机功率为 521 千瓦；电视人口覆盖率为 99.9%；有线电视用户 2291 万户，比上年增加 42 万户，增长 1.9%；数字电视用户 1787 万户，比上年增加 125 万户，增长 7.5%；有线电视入户率 94.6%，比上年上升了 1.5 个百分点；节目制作时间为 193135 小时，比上年下降 11.3%。

2010—2014 年江苏省电视台情况

指标	2010 年	2011 年	2012 年	2013 年	2014 年
电视台(座)	14	14	14	14	14
电视发射及转播台(座)	96	83	83	83	83
发射机功率(千瓦)	520	520	520	520	521
电视人口覆盖率(%)	99.9	99.9	99.9	99.9	99.9
有线电视用户数(万户)	1886	1988	2178	2249	2291
数字电视用户数(万户)	1008	1196	1450	1662	1787
有线电视入户率(%)	78.5	82.2	89.8	93.1	94.6
节目制作时间(小时)	226743	191070	205738	217672	193135

数据来源：历年江苏省统计年鉴

2. 广播电台情况

2014 年，江苏省共有广播电台 14 座，中短波发射台及转播台 21 座；中短波发射机功率为 734 千瓦，比上年增加 16 千瓦，增长 2.2%；广播人口覆盖率为 100.0%；节目制作时间为 603551 小时，比上年增长 0.5%。

2010—2014 年江苏省广播电台情况

指标	2010 年	2011 年	2012 年	2013 年	2014 年
广播电台(座)	14	14	14	14	14
中短波发射台及转播台(座)	21	21	21	21	21
中短波发射机功率(千瓦)	718	711	618	718	734
广播人口覆盖率(%)	100.0	100.0	100.0	100.0	100.0
节目制作时间(小时)	569636	580799	582066	600722	603551

数据来源：历年江苏省统计年鉴

3. 报刊出版情况

2014 年，江苏省共有报刊 143 种；总印数为 287810 万册(万份)，比上年增加 1316 万册(万份)，增长 0.5%；总印张数为 1312412 万印张，比上年减少 28570 万印张，下降 2.1%。

2010—2014 年江苏省报刊出版情况

指标	2010 年	2011 年	2012 年	2013 年	2014 年
种数(种)	142	142	143	143	143
总印数(万册、万份)	271213	284608	289408	286494	287810
总印张(万印张)	1339891	1422719	1405435	1340982	1312412

数据来源:历年江苏省统计年鉴

4. 期刊出版情况

2014 年,江苏省共出版期刊 442 种;总印数为 11807 万册(万份),比上年减少 39 万册(万份),下降 0.3%;总印张数为 50730 万印张,比上年增加 3527 万印张,增长 7.5%。

2010—2014 年江苏省期刊出版情况

指标	2010 年	2011 年	2012 年	2013 年	2014 年
种数(种)	440	441	441	442	442
总印数(万册、万份)	10475	11601	12559	11846	11807
总印张(万印张)	42321	44768	47836	47203	50730

数据来源:历年江苏省统计年鉴

5. 图书出版情况

2014 年,江苏省共出版图书 23819 种,比上年增加 466 种,增长 2.0%;总印数为 55855 万册(万份),比上年减少 724 万册(万份),下降 1.3%;总印张数为 397145 万印张,比上年减少 530 万印张,下降 0.1%。

2010—2014 年江苏省图书出版情况

指标	2010 年	2011 年	2012 年	2013 年	2014 年
种数(种)	14248	17763	20254	23353	23819
总印数(万册、万份)	51695	54820	51851	56579	55855
总印张(万印张)	329825	374541	354397	397675	397145

数据来源:历年江苏省统计年鉴

(二)江苏省的占比情况

2014 年,江苏省报刊总印数、总印张数所占比重分别为 33.4%和 35.0%,分别比上年增长 1.2 和 2.0 个百分点;期刊总印数、总印张数所占比重分别为 29.7%和 26.2%,分别比上年增长 1.8 和 3.2 个百分点;图书总印数、总印张数所占比重分别为 37.0%和 34.9%,分别比上年增长 0.4 和 0.5 个百分点。

2010—2014 年江苏省报刊、期刊、图书出版占长三角比重 %

指标		2010 年	2011 年	2012 年	2013 年	2014 年
报刊	总印数	31.1	30.9	31.9	32.2	33.4
	总印张数	32.9	32.7	33.1	33.0	35.0

续表

指标		2010 年	2011 年	2012 年	2013 年	2014 年
期刊	总印数	25.4	26.5	28.2	27.9	29.7
	总印张数	23.1	22.2	22.4	23.0	26.2
图书	总印数	39.0	38.7	35.3	36.6	37.0
	总印张数	34.8	35.8	32.9	34.4	34.9

四、浙江省大众传媒产业基本情况

（一）浙江省的总体情况

1. 电视台情况

2014 年，浙江省共有省市级电视台 12 座；电视节目套数 117 套；电视发射台及转播台 100 座；播出时间为 755633 小时，同比增长 2.4%；电视人口覆盖率为 99.65%；有线电视入户率 92.43%，同比下降 6.22 个百分点。

2010—2014 年浙江省电视节目制作情况

指标	2010 年	2011 年	2012 年	2013 年	2014 年
省市级电视台(座)	12	12	12	12	12
电视节目套数(套)	115	116	116	116	117
电视发射台及转播台(座)	98	97	97	100	100
播出时间(小时)	712130	722035	733784	738055	755633
电视人口覆盖率(%)	99.35	99.38	99.60	99.64	99.65
有线电视入户率(%)	74.13	82.78	83.89	98.65	92.43

数据来源：历年浙江省统计年鉴

2. 广播电台情况

2014 年，浙江省共有省市级广播电台 12 座；广播节目套数 111 套，比上年增加 1 套；中短波广播发射台和转播台 36 座；县级广播电视台 66 个；广播人口综合覆盖率为 99.57%；全年公共广播节目播出时间 749740 小时，同比增长 1.2%。

2010—2014 年浙江省广播节目制作情况

指标	2010 年	2011 年	2012 年	2013 年	2014 年
省市级广播电台(座)	12	12	12	12	12
广播节目套数(套)	107	107	108	110	111
中短波广播发射台和转播台(座)	37	37	36	36	36
县级广播电视台(个)	66	66	66	66	66
广播人口综合覆盖率(%)	99.17	99.20	99.54	99.56	99.57
全年公共广播节目播出时间(小时)	709854	713198	714622	740977	749740

数据来源：历年浙江省统计年鉴

3. 报刊出版情况

2014 年，浙江省共出版报纸 69 种，其中综合报 40 种，专业报 29 种；总印量为 337367 万册（万份），比上年减少 8913 万册（万份），同比下降 2.6%；总印张为 1479502 万印张，比上年减少 142963 万印张，同比下降 8.8%。

2010—2014 年浙江省报刊出版情况

指标		2010 年	2011 年	2012 年	2013 年	2014 年
种类(种)	总计	70	71	71	69	69
	综合报	41	42	44	40	40
	专业报	29	29	27	29	29
总印量(万册、万份)		325048	359090	347100	346280	337367
总印张(万印张)		1473458	1605549	1628360	1622465	1479502

数据来源：历年浙江省统计年鉴

4. 期刊出版情况

2014 年，浙江省共出版杂志 225 种，比上年增加 2 种；总印量为 7765 万册（万份），同比减少 384 万册（万份），同比下降 4.7%；总印张为 37651 万印张，同比减少 4023 万印张，同比下降 9.7%。

2010—2014 年浙江省期刊出版情况

指标	2010 年	2011 年	2012 年	2013 年	2014 年
种数(种)	218	220	222	223	225
总印量(万册、万份)	7201	8001	8312	8149	7765
总印张(万印张)	27729	38044	42927	41674	37651

数据来源：历年浙江省统计年鉴

5. 图书出版情况

2014 年，浙江省共出版本版图书 12687 种，比上年减少 19 种；总印量为 36971 万册（万份），比上年减少 1520 万册（万份），同比下降 3.9%；总印张为 243514 万印张，比上年增加 5816 万印张，同比增长 2.4%。

2010—2014 年浙江省图书出版情况

指标	2010 年	2011 年	2012 年	2013 年	2014 年
本版图书种数(种)	8084	9492	11478	12706	12687
总印量(万册、万份)	28179	32608	37250	38491	36971
总印张(万印张)	190700	210647	236174	237698	243514

数据来源：历年浙江省统计年鉴

（二）浙江省的占比情况

2010—2014 年，浙江省报刊发行成绩最为显著。2014 年，浙江省报刊总印数占长三角的比重为

39.2%，比上年上升0.3个百分点；总印张数所占比重为39.5%，下降0.5个百分点。期刊总印数所占比重为19.6%，比上年上升0.4个百分点；总印张数所占比重为19.4%，下降0.9个百分点。图书总印数所占比重为24.5%，比上年下降0.4个百分点；总印张数所占比重为21.4%，上升0.9个百分点。

2010—2014年浙江省报刊、期刊、图书出版占长三角比重　%

指标		2010年	2011年	2012年	2013年	2014年
报刊	总印数	37.3	39.0	38.2	38.9	39.2
	总印张数	36.2	36.9	38.4	40.0	39.5
期刊	总印数	17.5	18.3	18.6	19.2	19.6
	总印张数	15.1	18.9	20.1	20.3	19.4
图书	总印数	21.2	23.0	25.3	24.9	24.5
	总印张数	20.1	20.2	21.9	20.5	21.4

五、安徽省大众传媒产业基本情况

（一）安徽省的总体情况

1. 电视台情况

2014年，安徽省电视台14座，比上年减少1座；电视节目套数112套；电视发射台及转播台136座，减少6座；电视人口覆盖率为98.72%；节目制作时间76278小时，下降0.8%；播出时间为610264小时，增长1.3%。

2010—2014年安徽省电视节目制作情况

指标	2010年	2011年	2012年	2013年	2014年
电视台(座)	15	15	15	15	14
电视节目套数(套)	118	117	117	112	112
电视发射台及转播台(座)	163	163	146	142	136
电视人口覆盖率(%)	97.50	97.92	98.10	98.57	98.72
节目制作时间(小时)	82427	76953	86881	76886	76278
节目播出时间(小时)	641055	641252	636369	602604	610264

数据来源：历年安徽省统计年鉴

2. 广播电台情况

2014年，安徽省共有省市级广播电台14座，比上年减少1座；广播节目套数105套；中短波广播发射台和转播台23座；广播人口综合覆盖率为98.6%；全年公共广播节目制作时间179638小时，增长4.0%；全年公共广播节目播出时间521869小时，增长2.6%。

2010—2014 年安徽省广播节目制作情况

指标	2010 年	2011 年	2012 年	2013 年	2014 年
省市级广播电台(座)	15	15	15	15	14
广播节目套数(套)	106	106	106	105	105
中波广播发射台和转播台(座)	23	23	23	23	23
广播人口综合覆盖率(%)	97.3	97.6	97.9	98.3	98.6
全年公共广播节目制作时间(小时)	228141	191932	183679	172742	179638
全年公共广播节目播出时间(小时)	503775	519610	523253	508540	521869

数据来源：历年安徽省统计年鉴

3. 报刊出版情况

2014 年，安徽省共出版报纸 98 种；总印量为 121176 万册(万份)，比上年减少 3524 万册(万份)，下降 2.8%；总印张为 464623 万印张，比上年减少 44477 万印张，下降 8.7%。

2010—2014 年安徽省报刊出版情况

指标	2010 年	2011 年	2012 年	2013 年	2014 年
种类(种)	98	98	98	98	98
总印量(万册、万份)	116988	120769	125807	124700	121176
总印张(万印张)	470953	528120	526148	509100	464623

数据来源：历年安徽省统计年鉴

4. 期刊出版情况

2014 年，安徽省共出版杂志 180 种；总印量为 5627 万册(万份)，比上年减少 600 万册(万份)，同比下降 9.6%；总印张为 24474 万印张，同比减少 1526 万印张，同比下降 5.9%。

2010—2014 年安徽省期刊出版情况

指标	2010 年	2011 年	2012 年	2013 年	2014 年
种数(种)	178	180	180	180	180
总印量(万册、万份)	5842	5948	6172	6227	5627
总印张(万印张)	23115	24675	25657	26000	24474

数据来源：历年安徽省统计年鉴

5. 图书出版情况

2014 年，安徽省共出版本版图书 9934 种，比上年增加 494 种；总印量为 25579 万册(万份)，比上年减少 221 万册(万份)，同比下降 0.9%；总印张为 192396 万印张，减少 8044 万印张，下降 4.0%。

2010—2014 年安徽省图书出版情况

指标	2010 年	2011 年	2012 年	2013 年	2014 年
图书种数(种)	5646	7804	9094	9440	9934
总印量(万册、万份)	23891	25185	24440	25800	25579

续表

指标	2010年	2011年	2012年	2013年	2014年
总印张(万印张)	163954	186306	173709	200400	192396

数据来源:历年安徽省统计年鉴

(二)安徽省的占比情况

2014年,安徽省报刊总印数占长三角的比重为14.1%,比上年上升0.1个百分点;总印张数所占比重为12.4%,下降0.1个百分点。期刊总印数所占比重为14.2%,比上年下降0.5个百分点;总印张数所占比重为12.6%,下降0.1个百分点。图书总印数所占比重为16.9%,比上年上升0.2个百分点;总印张数所占比重为16.9%,下降0.4个百分点。

2010—2014年安徽省报刊、期刊、图书出版占长三角比重　%

指标		2010年	2011年	2012年	2013年	2014年
报刊	总印数	13.4	13.1	13.8	14.0	14.1
	总印张数	11.6	12.1	12.4	12.5	12.4
期刊	总印数	14.2	13.6	13.8	14.7	14.2
	总印张数	12.6	12.2	12.0	12.7	12.6
图书	总印数	18.0	17.8	16.6	16.7	16.9
	总印张数	17.3	17.8	16.1	17.3	16.9

十四　长三角旅游业

一、长三角旅游业基本情况

国际旅游方面，2014 年，长三角地区共接待入境游客 2424.49 万人次，比上年增长 5.5%；外国游客 1655.53 万人次，增长 5.6%。旅游创汇 164.51 亿美元，比上年增长 10.8%，占全国国际旅游外汇收入的比重为 28.9%，所占比重比上年上升 0.2 个百分点。

国内旅游方面，2014 年，长三角地区共接待国内游客 16.97 亿人次，比上年增长 9.8%，增幅同比下降 0.7 个百分点。实现国内旅游收入 20070.44 亿元，同比增长 11.4%，增幅同比上升 0.7 个百分点。

分地区看，2014 年，上海市国际旅游外汇收入占长三角国际旅游外汇收入的比重为 34.7%，比上年下降 1.3 个百分点；国内旅游收入占长三角国内旅游收入的比重为 14.7%，下降 1.8 个百分点。江苏省国际旅游外汇收入占长三角国际旅游外汇收入的比重为 18.4%，比上年上升 2.4 个百分点；国内旅游收入占长三角国内旅游收入的比重为 39.2%，上升 0.7 个百分点。浙江省国际旅游外汇收入占长三角国际旅游外汇收入的比重为 35.0%，比上年下降 1.3 个百分点；国内旅游收入占长三角国内旅游收入的比重为 29.6%，上升 0.7 个百分点。安徽省国际旅游外汇收入占长三角国际旅游外汇收入的比重为 11.9%，比上年上升 0.2 个百分点；国内旅游收入占长三角国内旅游收入的比重为 16.5%，上升 0.4 个百分点。

2010—2014 年长三角地区旅游业基本情况

指标	国际旅游业			国内旅游业	
	接待入境旅游人数（万人次）	其中：外国人	国际旅游外汇收入（亿美元）	接待国内旅游人数（亿人次）	国内旅游收入（亿元）
2010 年	2387.80	1703.94	159.38	10.18	10950.57
2011 年	2591.46	1853.01	172.09	12.10	13548.00
2012 年	2789.34	1969.16	185.97	13.98	16275.27
2013 年	2297.21	1568.12	148.41	15.45	18013.25
2014 年	2424.49	1655.53	164.51	16.97	20070.44

注：2013 年（含）以后数据统计口径发生变化，与以前数据不可比

数据来源：历年上海市、浙江省、江苏省、安徽省统计年鉴

二、上海市旅游业的基本情况

（一）国际旅游情况

2014 年，上海市接待国际旅游入境者 791.30 万人次，比去年增长 4.5%。其中入境外国人 611.14 万人次，增长 2.3%；港澳台同胞 180.16 万人次，增长 12.7%；在国际旅游入境者中，过夜旅游者 639.62 万人次，增长 4.2%；入境游客平均逗留时间 3.24 天/人，比去年略降 0.05 天/人；旅游创汇

57.05 亿美元，增长 6.9%。从外国游客的国别来看，日本仍是上海市的第一大客源国，2014 接待日本游客 101.28 万人次，比上年下降 5.0%，占外国人总数的 16.6%，占比比上年下降 1.2 个百分点；第二大客源国是美国，2014 年接待美国游客 77.42 万人次，增长 0.3%，占外国人总数的 12.7%，占比下降 0.2 个百分点。

2010—2014 年上海市国际旅游入境人数

指标	2010 年	2011 年	2012 年	2013 年	2014 年
国际旅游入境人数(万人次)	851.12	817.57	800.40	757.40	791.30
#外国人	665.63	648.31	633.03	597.59	611.14
#日本	152.47	147.94	136.05	106.63	101.28
新加坡	23.5	22.79	21.19	20.26	21.72
德国	29.52	30.33	30.63	30.67	31.93
法国	24.86	21.21	21.46	22.17	21.81
英国	20.94	21.43	21.57	22.06	22.77
意大利	11.49	10.99	11.73	11.77	12.20
加拿大	20.97	18.69	19.52	17.43	17.19
美国	80.79	82.17	80.48	77.16	77.42
澳大利亚	21.33	21.52	21.47	20.86	20.59
港澳同胞	77.47	66.34	63.33	59.84	66.94
台湾同胞	108.02	102.92	104.04	99.97	113.22
平均每天来沪旅游人数(人次/天)	23382	22399	21929	20751	21679
来沪旅游者平均逗留天数(天/人)	3.51	3.42	3.34	3.29	3.24
国际旅游(外汇)收入(亿美元)	64.05	58.35	55.82	53.37	57.05

数据来源：历年上海市统计年鉴

（二）国内旅游情况

2014 年，上海市共接待国内游客 26818.11 万人次，比上年增长 3.2%。其中，接待外省市来沪旅游者 13040.91 万人次，增长 14.7%。全年实现国内旅游收入 2950.13 亿元，比上年下降 0.6%。国内旅游者的人均旅游消费总支出为 1099 元，减少 65 元。

2010—2014 年上海市国内旅游人数、人均消费支出及国内旅游收入

指标	2010 年	2011 年	2012 年	2013 年	2014 年
国内旅游者来沪人数(万人次)	21463	23079	25094	25991	26818
外省市来沪旅游人数	11255	10877	11496	11369	13041
本市市民在本地旅游人数	10208	12202	13598	14622	13777
国内旅游者人均消费支出(元)	1175	1207	1285	1164	1099
#长途交通费	139	128	133	122	132

续表

指标	2010 年	2011 年	2012 年	2013 年	2014 年
住宿费	168	137	145	139	148
餐饮费	153	146	150	145	148
购物费	453	519	572	508	406
门票费	131	123	144	129	131
娱乐费	42	34	38	39	39
市内交通费	53	47	48	45	47
邮电通信费	14	8	8	8	7
国内旅游收入(亿元)	2521.90	2786.54	3224.39	2968.00	2950.13

数据来源:历年上海市统计年鉴

(三)旅行社接待经营情况

2014 年,上海市旅行社共接待来沪旅游者 759.61 万人次,比上年下降 12.6%。其中,接待境外旅游者 75.04 万人次,下降 10.6%;接待境内旅游者 684.57 万人次,下降 12.8%。组织出境游 242.30 万人次,比上年增长 3.8%。旅行社实现营业收入 723.73 亿元,比上年增长 18.2%;实现利润总额 6.89 亿元,下降 44.6%。

2010—2014 年上海市旅行社接待经营情况

指标	2010 年	2011 年	2012 年	2013 年	2014 年
接待境内外来沪旅游者(万人次)	1239.28	962.88	1018.27	868.80	759.61
境外旅游者	158.325	93.02	92.85	83.98	75.04
#外国人	147.79	81.88	80.68	70.40	64.79
中国香港	4.47	5.10	4.44	4.61	3.62
中国澳门	0.08	2.01	2.26	2.90	2.68
中国台湾	5.91	4.03	5.47	6.07	3.95
境内旅游者	1081.03	869.86	925.42	784.82	684.57
出境旅游者(万人次)	116.86	132.44	175.40	233.44	242.30
经营和财务状况					
营业收入(亿元)	341.88	433.78	574.28	612.43	723.73
利润总额(亿元)	4.02	6.39	8.34	12.44	6.89

数据来源:历年上海市统计年鉴

(四)住宿业接待经营情况

2014 年,上海市共有旅游星级饭店 255 家,比上年减少 16 家;客房 6.17 万间,减少 0.30 万间;床位 9.40 万张,减少 0.47 万张;客房平均出租率为 63.5%,上升 4.3 个百分点;营业收入 193.92 亿元,增长 5.4%,其中五星级饭店营业收入 121.41 亿元,增长 13.6%。

三、江苏省旅游业的基本情况

（一）国际旅游情况

2014年，江苏省年接待海外旅游者297.10万人次，比上年增长3.1%。其中接待外国人197.04万人次，增长1.9%；港澳台同胞100.06万人次，增长5.8%。旅游创汇30.33亿美元，增长27.4%。

从外国游客的国别来看，日本、韩国、美国仍是江苏省的三大主要客源国。2014年，江苏省接待日本旅游者41.93万人次，接待韩国旅游者34.87万人次，接待美国旅游者19.69万人次。美、日、韩三国旅游者合计共占外国游客市场的49.0%，比上年下降0.2个百分点。

2010—2014年江苏省接待海外旅游者人数和收入

指标	2010年	2011年	2012年	2013年	2014年
接待人数(万人次)	653.55	737.33	791.54	288.03	297.10
#外国人	473.50	537.91	575.21	193.44	197.04
#日本	112.98	124.92	121.93	43.94	41.93
韩国	55.33	63.70	64.94	32.75	34.87
美国	54.82	60.95	65.15	18.47	19.69
马来西亚	23.59	23.18	26.79	9.42	9.87
德国	24.41	31.24	34.72	9.21	9.86
新加坡	21.84	23.91	27.02	6.74	6.86
加拿大	17.14	19.72	24.71	6.34	6.63
#香港同胞	56.96	65.60	71.51	12.91	14.42
澳门同胞	7.17	7.45	8.14	0.51	0.62
台湾同胞	115.93	126.37	136.67	81.18	85.02
旅游外汇收入(亿美元)	47.83	56.53	63.00	23.80	30.33

注：2013年(含)后统计口径发生变化，与以前数据不可比

数据来源：历年江苏省统计年鉴

（二）国内旅游情况

2014年，江苏省接待国内游客5.71亿人次，比上年增长10.9%；实现国内旅游收入7863.51亿元，增长13.3%。

2010—2014年江苏省国内旅游业发展情况

指标	2010年	2011年	2012年	2013年	2014年
接待人数(亿人次)	3.55	4.11	4.64	5.15	5.71
国内旅游收入(亿元)	4287.86	5161.47	6055.80	6940.05	7863.51

数据来源：历年江苏省统计年鉴

（三）各市国际旅游发展情况

2014年，江苏省接待海外旅游者最多的三个市分别是：苏州市145.33万人次，比上年增长0.8%；南京市56.62万人次，增长9.2%；无锡市40.31万人次，增长3.0%。三市合计接待海外旅游者占全省的比重为81.5%，比上年下降0.2个百分点。

有4个市旅游创汇超亿美元，其中旅游创汇最多的三个市分别是：苏州市17.05亿美元，比上年增长25.6%；南京市5.53亿美元，增长38.0%；无锡市3.30亿美元，增长22.3%。三市合计旅游创汇占全省的比重为85.3%，比上年下降0.1个百分点。

2010—2014年江苏省各市接待海外旅游者人数和外汇收入

项目	2010年	2011年	2012年	2013年	2014年
海外旅游者人数(人次)	6535498	7373266	7915366	2880287	2970956
南京市	1308791	1506642	1627142	518568	566202
无锡市	791592	908324	981947	391185	403116
徐州市	158277	182180	199488	25849	29485
常州市	359067	413101	455706	109958	120423
苏州市	2075299	2326318	2492157	1442138	1453273
南通市	355133	404852	440788	216943	187185
连云港市	116663	132289	144684	24228	22972
淮安市	28313	32328	34699	10565	13607
盐城市	62100	72008	80077	26048	42164
扬州市	560113	622012	660160	47783	53539
镇江市	613277	650074	663075	36675	44986
泰州市	79016	91632	101323	26644	29979
宿迁市	27857	31506	34120	3703	4025
旅游外汇收入(万美元)	478343	565297	629972	237989	303271
南京市	98062	119960	136216	40063	55293
无锡市	48146	59839	68138	26985	32994
徐州市	15287	18694	21045	2193	2975
常州市	34707	42138	47439	7590	10160
苏州市	125059	146998	164723	135687	170463
南通市	36066	39916	42995	11196	10792
连云港市	10747	12869	14434	1668	1876
淮安市	2475	2703	3056	888	1313
盐城市	4535	5556	6477	2533	4511
扬州市	45988	52348	55921	3711	4919
镇江市	46966	52181	55819	3130	4640

续表

项目	2010 年	2011 年	2012 年	2013 年	2014 年
泰州市	7931	9440	10855	1990	2791
宿迁市	2375	2655	2854	355	546

数据来源：历年江苏省统计年鉴

四、浙江省旅游业的基本情况

（一）国际旅游情况

2014 年，浙江省接待入境旅游者 931.03 万人次，比上年增长 7.5%。其中，接待外国人 614.45 万人次，比上年增长 6.6%；接待港澳台同胞 316.58 万人次，同比增长 9.3%。旅游创汇 57.53 亿美元，同比增长 6.7%，增速较上年上升 2.0 个百分点。

从外国旅游者的国别来看，排前三名的入境客源国分别为韩国、日本和美国。浙江省接待韩国旅游者 95.60 万人次，比上年增长 11.5%；接待日本旅游者 51.51 万人次，下降 9.2%；接待美国旅游者 45.07 万人次，增长 2.1%。美、日、韩三国旅游者合计共占外国游客市场的 31.3%，比上年下降 1.1 个百分点。

2010—2014 年浙江省国际旅游业发展情况

指标	2010 年	2011 年	2012 年	2013 年	2014 年
入境旅游人数合计(万人次)	684.71	773.69	865.93	866.28	931.03
外国人	447.41	515.04	570.51	576.57	614.45
＃日本	70.83	77.31	71.71	56.71	51.51
韩国	71.43	79.09	83.85	85.71	95.60
马来西亚	23.84	25.93	26.39	26.75	25.70
美国	33.82	38.83	41.96	44.16	45.07
新加坡	16.05	16.71	16.90	18.04	19.55
德国	13.68	16.15	15.84	20.53	22.10
意大利	12.42	15.62	19.40	22.74	25.00
港澳台同胞	237.30	258.66	295.42	289.71	316.58
创汇收入(亿美元)	39.30	45.42	51.52	53.93	57.53

数据来源：历年浙江省统计年鉴

（二）国内旅游情况

2014 年，浙江省接待国内旅游者 4.79 亿人次，比上年增长 10.2%；实现国内旅游收入 5947.00 亿元，增长 14.3%。

2010—2014 年浙江省国内旅游业发展情况

指标	2010 年	2011 年	2012 年	2013 年	2014 年
国内旅游人数(万人次)	29500	34295	39124	43439	47875
国内旅游收入(亿元)	3046	3785	4476	5202	5947

数据来源:历年浙江省统计年鉴

（三）各市国际旅游发展情况

2014 年,杭州市接待入境旅游者数仍遥遥领先其他各市,达到 326.13 万人次,比上年增长 3.2%;其次是宁波市,接待人数为 139.68 万人次,增长 9.7%;再次是温州市,接待人数为 91.08 万人次,增长 22.7%。三市合计接待入境旅游者占全省的比重为 59.8%。

国际旅游收入最高的是杭州市,为 23.18 亿美元,比上年增长 7.3%;其次是宁波市,国际旅游收入 7.78 亿美元,下降 2.3%;再次是丽水市,国际旅游收入 7.26 亿美元,增长 18.5%,丽水入境旅游收入能排第三名,主要是丽水华侨回乡探亲所致,华侨入境游客通常停留时间较长,加总起来花费较多。三市合计创汇收入占全省的比重为 66.4%。

2010—2014 年浙江省各市接待海外旅游者人数和外汇收入

年份	2010 年	2011 年	2012 年	2013 年	2014 年
接待人数(人次)					
杭州市	2757147	3063140	3311225	3160058	3261337
宁波市	951680	1073872	1162088	1273439	1396802
嘉兴市	664063	721407	781860	657800	706642
湖州市	331650	398313	473020	532938	602847
绍兴市	522841	603505	686757	696310	702142
舟山市	256790	277468	310468	315375	315835
温州市	391587	470504	575397	742099	910803
金华市	627437	727280	776994	796998	841864
衢州市	98826	116136	135657	121019	116046
台州市	102947	123382	240042	108927	155286
丽水市	129155	161901	205909	257902	298334
旅游外汇收入(万美元)					
杭州市	169008	198710	220165	216048	231811
宁波市	59066	65472	73428	79656	77832
嘉兴市	22643	25857	27658	24389	22728
湖州市	12585	14768	17323	20022	22511
绍兴市	18478	22010	24128	24386	24971
舟山市	13094	14137	15865	16084	16227
温州市	21115	25602	31887	42064	48132

续表

年份	2010 年	2011 年	2012 年	2013 年	2014 年
金华市	37670	41661	42451	45417	47974
衢州市	5123	5991	6659	5724	5696
台州市	5629	6334	8726	4265	4909
丽水市	28608	33631	46884	61239	72576

数据来源:历年浙江省统计年鉴

五、安徽省旅游业的基本情况

(一) 国际旅游情况

2014 年,安徽省接待入境旅游者 405.06 万人次,比上年增长 5.1%。其中,接待外国人 232.90 万人次,增长 16.1%;接待港澳台同胞 172.16 万人次,下降 6.9%。旅游创汇 19.60 亿美元,增长 13.2%,增速较上年上升 2.5 个百分点。

从外国旅游者的国别来看,排前三名的入境客源国分别为韩国、美国和日本。安徽省接待韩国旅游者 88.05 万人次,比上年增长 25.4%;接待美国旅游者 23.61 万人次,增长 5.1%;接待日本旅游者 16.51 万人次,增长 8.8%。美、日、韩三国旅游者合计共占外国游客市场的 55.0%,比上年上升 1.2 个百分点。

2010—2014 年安徽省国际旅游业发展情况

指标	2010 年	2011 年	2012 年	2013 年	2014 年
入境旅游人数(万人次)	198.42	262.87	331.47	385.50	405.06
外国人	117.40	151.75	190.41	200.52	232.90
＃日本	13.53	16.16	17.11	15.18	16.51
韩国	40.55	55.17	70.01	70.23	88.05
新加坡	4.35	6.56	8.96	9.33	10.44
美国	10.17	13.43	17.18	22.47	23.61
英国	4.91	5.87	6.45	7.54	8.11
法国	6.38	7.37	8.39	8.48	9.08
德国	5.29	6.29	6.31	7.18	7.69
俄罗斯	2.40	3.04	3.84	4.87	4.91
港澳台同胞	81.02	111.12	141.06	184.98	172.16
创汇收入(亿美元)	8.20	11.79	15.63	17.31	19.60

数据来源:历年安徽省统计年鉴

(二) 国内旅游情况

2014 年,安徽省接待国内旅游者 3.79 亿人次,比上年增长 12.8%;实现国内旅游收入 3309.80

亿元，增长 14.0%。

2010—2014 年安徽省国内旅游业发展情况

指标	2010 年	2011 年	2012 年	2013 年	2014 年
国内旅游人数(万人次)	15349	22535	29229	33601	37899
国内旅游收入(亿元)	1094.81	1814.99	2519.08	2903.20	3309.80

数据来源：历年安徽省统计年鉴

（三）各市国内旅游发展情况

2014 年，合肥市接待国内旅游者数仍遥遥领先其他各市，达到 6534.80 万人次，比上年增长 13.6%；其次是黄山市，接待人数为 4832.70 万人次，增长 9.3%；再次是安庆市，接待人数为 3793.20 万人次，增长 11.5%。三市合计接待国内旅游者占全省的比重为 40.0%，比上年下降 0.4 个百分点。

国内旅游收入最高的是合肥市，为 774.30 亿元，比上年增长 14.5%；其次是黄山市，旅游收入 464.00 亿元，增长 9.3%；再次是安庆市，旅游收入 337.80 亿元，增长 14.1%。三市合计国内旅游收入占全省的比重为 47.6%，比上年下降 0.5 个百分点。

2011—2014 年安徽省各市接待国内旅游者人数和收入

年份	2011 年	2012 年	2013 年	2014 年
接待人数(万人次)	22534.8	29219.1	33601.1	37898.8
合肥市	3637.2	4933.1	5752.5	6534.8
淮北市	533.3	722.8	809.9	922.2
亳州市	719.1	934.8	1094.8	1257.8
宿州市	763.2	975.3	1149.4	1326.4
蚌埠市	1380.5	1758.3	1975.3	2200.0
阜阳市	812.1	1070.9	1230.0	1414.5
淮南市	834.3	1038.4	1187.3	1297.4
滁州市	861.7	1094.2	1263.4	1437.8
六安市	974.5	1390.9	1658.0	1887.0
马鞍山市	1232.2	1552.2	1810.8	2016.8
芜湖市	1438.8	2014.7	2382.5	2785.3
宣城市	895.9	1328.4	1581.9	1800.1
铜陵市	569.2	716.8	813.7	921.1
池州市	2104.2	2690.0	3066.4	3471.5
安庆市	2441.3	2974.1	3403.1	3793.2
黄山市	3337.4	4034.1	4422.0	4832.7
旅游收入(亿元)	1815.0	2519.1	2903.2	3309.7
合肥市	401.2	577.5	676.4	774.3

续表

年份	2011 年	2012 年	2013 年	2014 年
淮北市	30.1	43.2	48.5	56.1
亳州市	46.6	64.3	76.0	87.8
宿州市	41.6	57.6	68.3	79.0
蚌埠市	67.8	98.8	113.0	128.8
阜阳市	49.0	66.1	78.2	90.4
淮南市	41.8	57.2	65.7	74.1
滁州市	61.0	81.3	97.5	111.3
六安市	64.2	94.6	113.2	130.7
马鞍山市	76.7	102.3	120.0	138.5
芜湖市	150.6	218.0	259.8	303.9
宣城市	64.4	99.1	118.2	135.8
铜陵市	34.3	46.4	52.8	60.2
池州市	188.1	261.9	295.2	336.9
安庆市	189.7	256.0	296.0	337.8
黄山市	308.0	395.0	424.4	464.0

数据来源:历年安徽省统计年鉴

十五　长三角海洋经济

一、长三角海洋经济发展情况

据初步核算，2014 年全国海洋生产总值 59936 亿元，比上年增长 7.7％，海洋生产总值占国内生产总值的 9.4％。其中，海洋产业增加值 35611 亿元，海洋相关产业增加值 24325 亿元。海洋第一产业增加值 3226 亿元，第二产业增加值 27049 亿元，第三产业增加值 29661 亿元，海洋第一、第二、第三产业增加值占海洋生产总值的比重分别为 5.4％、45.1％和 49.5％。据测算，2014 年全国涉海就业人员 3554 万人。2014 年，环渤海地区海洋生产总值 22152 亿元，占全国海洋生产总值的比重为 37.0％，比上年提高了 0.6 个百分点；长江三角洲地区海洋生产总值 17739 亿元，占全国海洋生产总值的比重为 29.6％，与上年基本持平；珠江三角洲地区海洋生产总值 12484 亿元，占全国海洋生产总值的比重为 20.8％，比上年回落了 0.8 个百分点。

2014 年全国区域海洋经济发展情况一览表

地区	海洋生产总值(亿元)	占全国海洋生产总值的比重(％)
长江三角洲经济区	17739	29.6
环渤海经济区	22152	37.0
珠江三角洲经济区	12484	20.8

数据来源：2014 年中国海洋经济统计公报

2014 年长三角海洋经济发展情况一览表

指标	海域面积（万平方千米）	大陆海岸线和海岛岸线（千米）	海岛(个)	滩涂面积（万公顷）	海洋生产总值`(亿元)
上海市	1.00	518	23	8.40	6217
江苏省	3.75	954	16	68.93	5960
浙江省	26.00	6696	2878	26.67	—
安徽省	—	—	—	—	—

数据来源：2014 年中国海洋经济统计公报

（一）上海市海洋经济的发展情况

上海市位于我国大陆海岸线中部，长江入海口和东海交汇处，海域面积约 10000 平方千米，岸线总长约 518 千米(不含无居民岛)，其中大陆岸线总长 211 千米。共有崇明岛、长兴岛、横沙岛 3 个有居民岛屿，大金山岛、佘山岛、九段沙等 23 个无居民岛屿(沙洲)。拥有港口航道、滩涂湿地、渔业、滨海旅游、风能和潮汐能等多种海洋资源。

2014 年，上海市海洋生产总值约 6217 亿元。港口货物吞吐量达到 75528.89 万吨，比上年下降 2.6％；集装箱吞吐量 3528.53 万国际标准箱，增长 5.0％。集装箱水水中转比例为 45.8％，比上年提高 0.4 个百分点；国际中转比例为 7.1％，提高 0.1 个百分点。

（二）江苏省海洋经济的发展情况

2014 年，江苏省海洋经济实现了稳健增长。海洋传统产业得到恢复性增长，全省沿海沿江港口完

成货物吞吐量17亿吨，同比增长5%；船舶工业造船完工量、新承接订单、手持订单三大主要指标居全国榜首。海洋战略性新兴产业发展势头良好，海洋工程装备、海洋风电等处于全国领先地位。滨海旅游等现代服务业快速发展，海洋产业结构进一步优化。编制了《江苏省海洋产业发展指导目录》和《江苏省海洋经济创新示范园区认定办法》。财政部、国家海洋局将我省新增为海洋经济创新发展区域示范省份，重点支持海水淡化、海工装备等产业科技成果转化和产业化。省局与邮政储蓄银行江苏省分行签署了全面战略合作协议，并加强了与国家开发银行江苏省分行、省农行等金融机构的合作，推动金融支持海洋与渔业发展。率先在全国建成省级海洋经济运行监测与评估系统，被评为2014年江苏省重大信息化示范工程。编制了《2013年江苏省海洋经济统计公报》和《江苏海洋经济地图》。联合盐城市、大丰市成功举办了全国海洋生物博览会和"6.8世界海洋日"江苏主会场活动。

2014年，江苏省海洋与渔业系统围绕建设海洋与渔业强省的目标，改革创新，攻坚克难，各项事业取得新的成效。全省海洋经济生产总值预计实现5960亿元，同比增长11%左右；全省水产品总产量预计达到518万吨，增长2%；渔业产值1470亿元，增长6%；渔业经济总产值2600亿元左右，增长6%；渔民人均可支配收入19542元，增长8%。

（三）浙江省海洋经济的发展情况

浙江省海洋开发战略的深入推进，海洋经济发展示范区和舟山群岛新区建设上升为国家战略，必然带动浙江省海洋事业跨越发展，海洋资源开发利用、海洋生态环境保护、海洋公共服务体系等将得到有效加强，从而形成对海洋经济发展的强力支撑。浙江省北承长江三角洲，南接海峡西岸经济区，东濒太平洋，西连长江流域和内陆地区，不仅区域内外交通便利，且紧邻国际航运战略通道，具有深化国内外区域合作的有利条件。浙江的深水港口资源具有地处中国沿海中部、出海航道及锚地优越等特点，有良好的开发前景。2014年，浙江省完成港口货物吞吐量13.91亿吨，增长0.7%。其中，沿海港口货物吞吐量10.82亿吨，增长7.5%。

二、长三角海洋经济的发展对策

（一）上海市海洋经济的发展对策

1. 坚持创新驱动，加快海洋经济转型升级。根据上海自身的资源特点和区位优势，促进海洋经济发展"聚焦、错位、合作"。充分发挥上海国际金融中心的优势，在金融支持海洋经济发展方面先行先试。着眼全球科技创新中心建设，充分利用上海市涉海科研院所、高等院校、高新企业聚集的优势，加强海洋前沿和核心技术研发。

2. 坚持科学发展，大力实施基于生态系统的海洋综合管理。抓规划执行，严格贯彻实施全国海洋主体功能区规划和细化完善上海市海洋主体功能区规划。抓方案落实，对于每一个用海审批项目，都要赋予生态元素，打造亲水、美丽、生态岸线。抓综合治理，坚持陆海统筹，形成协调推进海洋生态文明建设的合力。

3. 依法治海，扎实推进法治海洋建设。坚持立法先行，完善海洋管理法律法规体系。坚持职权法定，严格规范行政权力运作。坚持严格监管、依法用权，强化行政权力运行监督，积极推进建立海洋督察制度。

（二）江苏省海洋经济的发展对策

1. 加强海洋经济发展政策指导。做好海洋经济发展的规划指导和监测评估，组织起草《江苏省海洋经济促进条例》，编制《江苏省十三五海洋经济发展规划》和《江苏省十三五海洋事业发展规划》。出台《江苏省海洋产业发展指导目录》和《江苏省海洋经济创新示范园区认定办法》，引导江苏海洋产业结构调整和优化升级。精心组织海洋经济创新发展区域示范建设，重点推进南通、镇江、泰州等地海洋工程装备产业集聚区建设，推动海水淡化、海工装备等产业成长壮大，实现新增产值20亿元以上。指导好海洋生物、海工装备产业技术联盟和大丰国家级科技兴海产业示范基地建设，推动重大科技成果产业化。强化海洋经济运行监测与评估系统运用，提高海洋经济信息发布及时性和产品多样性，发布《江苏省海洋经济发展报告(2014年)》。积极配合做好第一次海洋经济调查工作。扩大深化与金融机构的合作，做好开发性金融促进海洋经济发展试点工作。

2. 加强陆海统筹和海域综合管理。切实发挥海洋功能区划在涉海规划中的引领性、约束性、基石性作用，启动省级海洋功能区划的修编工作，完成海岸线修测。完成沿海市、县海洋功能区划编制。积极争取将我省列为全国陆海统筹和海域综合管理试点省份。科学配置海域资源，合理布局产业用海空间，确保国家、省重点项目的用海需求。对围填海进行分类指导，实施岸线保有率计划指标管理。严格审查区域用海规划拟建项目实施方案，根据项目数量和规模确定区域用海面积，对围而不填、填而不建、建而不足的海域，以县为单位暂缓受理新的围填海项目申请。加快推进海域使用权“直通车”制度出台和实施，做好相关配套政策的制定。研究海域使用金征收使用管理办法，推动市县海域收储平台和交易中心建设，全面开展海域分等定级，充分激活海域资源区位价值，提升海域使用权地位。加强县级海域动态监管机构能力建设，发挥其在海域使用管理中的技术支撑作用。做好海岛开发与保护工作，完成连云港连岛、竹岛整治修复项目的验收工作，加快海岛动态监视监测系统建设，推进赣榆区秦山岛旅游岛功能的开发实施。

3. 加强海洋生态环境保护工作。要以制度建设、能力建设、依法行政为保障，统筹推进海洋环境监督管理、污染防治、监测评价、应急响应和生态保护等再上新水平。争取省政府出台《关于加强近岸海域污染防治工作的意见》，完成海洋生态红线保护规划的编制工作，抓紧编制十三五海洋环境监测发展规划和海州湾生态修复规划，建立健全海洋生态损害赔偿制度，制定海洋生态赔偿标准，加强重要海洋生态区域和重大开发利用活动的生态补偿。完善赤潮和浒苔绿潮灾害应急响应机制，开展浒苔绿潮灾害应急监测和打捞工作。继续做好海洋环境监测工作，强化重点企业、园区污水排放口和河流入海断面的监测，年内再选择两个重点入海河口开展在线监测建设试点。沿海各县要加快海洋环境监测站建设进度，确保年内重点县区海洋环境监测站全部挂牌，已挂牌的县要组织开展监测资质申报并开展业务化运行。今年是国家海洋环境保护行政许可质量年，沿海市县要坚守海洋工程环评审批底线，强化海洋工程项目全过程监管，研究推进将海洋工程环保设施竣工验收作为项目验收前置条件的工作，确保各项环保措施落实到位。

4. 加强海洋预报减灾和执法监察工作。以市级海洋预报机构和县级预报减灾职能部门建设为重点，争取实现南通、连云港、盐城三个市级海洋预报机构挂牌，人员和装备到位，建设海洋预报减灾体系。以江苏海洋观测网规划为导向，不断完善海洋观测体系建设。以精细化预报为抓手，不断拓展丰富海洋预报产品，满足保障目标的个性化需求。完善海洋渔业生产安全环境保障服务系统，拓宽服务渠道、丰富服务产品；抓好汛期海洋与渔业灾害应对及海平面变化影响调查评估工作。加强海洋监察工作，突出强化海洋资源环境保护执法，继续开展“碧海”、“海盾”等专项执法行动，加大岸线巡查力度，严肃查处非法排污入海、未批先建、边批边建等重大海洋违法案件，坚决维护我省良好的用海秩序，保护海洋资源环境。

（三）浙江省海洋经济的发展对策

要坚持“规划用海、集约用海、生态用海、科技用海、依法用海”，并始终以“五个用海”的要求来统

筹海洋经济发展与社会、文化、生态文明建设任务，实现“在开发中保护、在保护中开发”的目标。围绕着力推进海洋资源科学开发、海洋科技创新和海洋生态环境保护等重点开展工作。

1. 加大宣传力度，提高对海洋事业战略地位的认识。大力宣传浙江海洋事业建设成就，努力提高海洋事业在国民经济和社会中的地位。运用评优评先、树立榜样、惩治违法等手段，不断提高企业对海洋事业的关注度，进一步提高全社会的海洋意识。构筑多元化的海洋与渔业生态文化宣传平台，特别是“全国海洋宣传日”活动、海洋与渔业专题会展、海洋科普教育基地、海洋公园等，不断提高社会公众对海洋事业发展的关注度。

2. 完善管理体制，提高海洋事业服务的能力。建立海洋综合管理的高层次协调机制，强化涉海部门间的协调配合，推进涉海部门间合作协调制度的建设，形成海洋管理的合力；建立和完善涉海行业协会及自治组织，充分发挥行业协会和自治组织在处理海洋相关事务中的协调作用和自我监管作用；支持成立海洋环境保护组织、海岛保护组织、海洋动物保护组织等相关民间团体，鼓励民间团体参与对海洋事务的监督，作为政府管理的重要补充。

3. 加大投入力度，增强海洋事业资金保障能力。建立以政府投入为主，社会投入为辅的海洋事业经费保障机制。积极争取国家对海岛海岸带修复、海监装备能力建设、海洋可再生能源开发、海洋科研、海洋经济运行监测等领域的支持，鼓励各类投资主体参与海洋事业建设。加大对海洋事业财政支持力度，按照“取之于海、用之于海”的原则，运用海域使用金、无居民海岛使用金等涉海规费支持海洋事业发展。

4. 实施人才战略，提高海洋事业的科技支撑能力。创新干部选拔制度，构建人才激励机制，建设一支规模适度、结构合理、素质优良、作风扎实、清正廉洁的海洋人才队伍，提高全省海洋事业管理效率和水平。编制实施全省海洋科技人才发展专项规划，重点实施海洋高素质人才培养和引进年度行动计划。加强国内外人才交流合作，实施“海洋人才引进基地”建设，强化海洋科研、技术、教育和管理力量，重点支持涉海院校、海洋科研机构、领军企业培养和引进学科带头人及高端管理人才。实施涉海一线从业人员培训计划，强化从业资格认证，提高一线从业人员的技术水平和综合素质。

5. 坚持依法行政，建立海洋事业发展长效机制。积极完善涉海法律法规体系，加强地方性配套制度建设，重点推进海域使用管理、海洋观测预报管理、无居民海岛保护与利用、海洋生态补偿等方面的立法进程。全面推进海洋管理依法行政，进一步完善海洋行政许可制度，深化海洋管理行政执法责任制建设，强化海洋依法行政监督。深入开展海洋普法活动，加大涉海法律法规的宣贯力度，建立与广电、互联网等媒体有效合作的机制，创新法律法规宣传模式，推进法律法规多渠道、多形式的宣传，为海洋事业发展提供法制保障。

6. 加强海洋生态环境保护，促进海洋经济可持续发展。全面实施海洋生态环境建设与保护规划，建立和完善海洋自然保护区和海洋特别保护区，加强海洋信息服务工作，健全海洋环境监测体系、海洋灾害预警预报和防御决策体系，以及海洋污损应急处理和救助体系，提高防灾减灾和应对突发性海难、重大海洋污损事件的能力，促进海洋经济可持续发展。

十六　长三角服务业

一、长三角服务业发展情况

2010—2014 年长三角服务业发展情况

指标		2010 年	2011 年	2012 年	2013 年	2014 年
上海市	地区生产总值(亿元)	17165.98	19195.69	20181.72	21818.15	23567.70
	服务业增加值(亿元)	9833.51	11142.86	12199.15	13785.45	15275.73
	服务业比重(%)	57.3	58.0	60.4	63.2	64.8
	服务业增长率(%)	5.7	9.6	10.6	9.0	8.8
江苏省	地区生产总值(亿元)	41425.48	49110.27	54058.22	59753.37	65088.32
	服务业增加值(亿元)	17131.45	20842.21	23517.98	27197.43	30599.49
	服务业比重(%)	41.4	42.4	43.5	45.5	47.0
	服务业增长率(%)	13.3	11.1	9.7	9.8	10.0
浙江省	地区生产总值(亿元)	27747.65	32363.38	34739.13	37756.58	40173.03
	服务业增加值(亿元)	12199.74	14449.07	16071.16	17948.72	19220.79
	服务业比重(%)	44.0	44.6	46.3	47.5	47.9
	服务业增长率(%)	12.8	10.1	9.9	8.9	8.6
安徽省	地区生产总值(亿元)	12359.33	15300.65	17212.05	19229.34	20848.75
	服务业增加值(亿元)	4193.69	4975.96	5628.48	6572.15	7378.69
	服务业比重(%)	33.9	32.5	32.7	34.2	35.4
	服务业增长率(%)	10.1	10.6	11.0	11.2	9.5
长三角	地区生产总值(亿元)	98698.44	115969.99	126191.12	138557.44	149677.80
	服务业增加值(亿元)	43358.39	51410.10	57416.77	65503.75	72474.70
	服务业比重(%)	43.9	44.3	45.5	47.3	48.4
	服务业增长率(%)	−4.6	18.6	11.7	14.1	10.6

注:上海市、江苏省、浙江省和安徽省服务业增长率按可比价计算,长三角服务业增长率按当年价计算。2013 年及以后数据行业分类采用《国民经济行业分类》(GB/T4754—2011),产业分类按照国家统计局 2012 年制定的三次产业划分规定

数据来源:历年上海市、江苏省、浙江省和安徽省统计年鉴

2014 年,长三角实现地区生产总值 149677.80 亿元,按当年价计算,比上年增长 8.0%。从三次产业情况看,第一产业实现增加值 7928.16 亿元,比上年增长 4.0%;第二产业实现增加值 69274.94 亿元,增长 5.9%;第三产业实现增加值 72474.70 亿元,增长 10.6%。长三角产业结构得到了进一步调整优化,三次产业结构调整为 5.3∶46.3∶48.4,第三产业比重比上年提高 1.1 个百分点。与全国

相比较，第三产业构成高于全国0.3个百分点。

分地区看，2014年上海市实现服务业增加值15275.73亿元，按可比价计算，比上年增长8.8%；第三产业增加值占上海市生产总值的比重达到64.8%，比上年提高1.6个百分点。江苏省实现服务业增加值30599.49亿元，按可比价计算，比上年增长10.0%；第三产业增加值占上海市生产总值的比重达到47.0%，比上年提高1.5个百分点。浙江省实现服务业增加值19220.79亿元，按可比价计算，比上年增长8.6%；第三产业增加值占上海市生产总值的比重达到47.9%，比上年提高0.4个百分点。安徽省实现服务业增加值7378.69亿元，按可比价计算，比上年增长9.5%；第三产业增加值占上海市生产总值的比重达到35.4%，比上年提高1.2个百分点。

二、上海市服务业发展特点

（一）金融、保险业快速发展

2014年，上海市实现金融业增加值3268.43亿元，比上年增长14.0%。中外资金融机构本外币各项存款余额73882.45亿元，比年初增加4626.13亿元；贷款余额47915.81亿元，比年初增加3557.93亿元。

2014年，上海市新增各类金融单位96家。其中，货币金融服务单位37家；资本市场服务单位40家。至年末，全市各类金融单位达到1336家。其中，货币金融服务单位601家；资本市场服务单位292家；保险业单位363家。至年末，在沪经营性外资金融单位达到216家，外资金融机构代表处190家。

2014年，通过上海证券市场股票筹资3962.59亿元，比上年增长57.5%；发行公司债2955.2亿元，比上年下降5.6%。至年末，上海证券市场上市证券3758只，比上年增加972只，其中股票1039只，增加42只。全年金融市场（包括外汇市场）交易总额达到786.66万亿元，比上年增长23.2%。上海证券交易所各类有价证券总成交金额128.15万亿元，增长48.1%，其中，股票成交金额37.72万亿元，增长63.8%。上海期货交易所总成交金额126.47万亿元，增长4.7%。中国金融期货交易所总成交金额164.02万亿元，增长16.3%。银行间市场总成交金额361.51万亿元，增长27.0%。上海黄金交易所总成交金额6.51万亿元，增长24.7%。

2014年，上海市原保险保费收入986.75亿元，比上年增长20.1%。其中，财产险公司原保险保费收入320.36亿元，增长12.3%；人身险公司原保险保费收入666.39亿元，增长24.3%。全年保险赔付支出378.66亿元，增长25.4%。其中，财产险赔款支出177.24亿元，增长9.2%；寿险给付158.41亿元，增长53.6%；健康险赔款给付37.51亿元，增长17.9%；意外险赔款支出5.50亿元，增长18.8%。

（二）旅游业平稳发展

2014年，上海市实现旅游产业增加值1449.33亿元，比上年增长1.5%。入境旅游外汇收入57.05亿美元，比上年增长6.8%；国内旅游收入2950.13亿元，下降0.6%。

至2014年末，上海市已有星级宾馆255家，旅行社1357家，A级旅游景区（点）89个，红色旅游基地34个。接待国际旅游入境者791.30万人次，比去年增长4.5%。其中，入境外国人611.14万人次，增长2.3%；港、澳、台同胞180.16万人次，增长12.7%；在国际旅游入境者中，过夜旅游者639.62万人次，增长4.2%。接待国内旅游者26818.11万人次，比上年增长3.2%，其中外省市来沪旅游者13040.91万人次，增长14.7%。

（三）商贸流通业平稳增长

2014年，上海市实现批发和零售业增加值3809.31亿元，比上年增长6.9%。实现商品销售总额8.78万亿元，比上年增长11.5%，其中批发销售额7.95万亿元，增长11.8%。实现社会消费品零售总额9303.49亿元，比上年增长8.7%，其中无店铺零售额957.90亿元，增长21.7%。至2014年末，上海市购物中心数达150家，其中建筑面积10万平方米以上的购物中心63家。全年购物中心实现营业收入1099.47亿元，比上年增长14.0%。

（四）交通运输业和通讯服务业增长较快

2014年，上海市实现交通运输、仓储和邮政业增加值1044.46亿元，比上年增长9.4%。

2014年，上海市各种运输方式完成货物运输量90340.88万吨，比上年下降1.3%；旅客发送量17560.06万人次，增长10.2%；港口货物吞吐量达到75528.89万吨，下降2.6%；集装箱吞吐量3528.53万国际标准箱，增长5.0%。集装箱水水中转比例为45.8%，比上年提高0.4个百分点；国际中转比例为7.1%，提高0.1个百分点。上海浦东、虹桥两大国际机场全年共起降航班65.54万架次，增长6.6%；进出港旅客达到8965.90万人次，增长8.3%。邮轮旅客吞吐量121.52万人次，比上年增长60.6%。轨道交通13号线和16号线部分区段建成通车。至年末，全市轨道交通运营线路达到14条，运营线路长度达到548.44千米(均不含磁浮线路)。全年优化调整公交线路290条，其中新辟73条。至年末，公交专用道路达到161.8千米。公交运营车辆1.62万辆，运营出租车5.07万辆。全年市内公共交通客运量65.85亿人次，比上年增长3.6%。其中，轨道交通客运量28.27亿人次，增长12.8%；公共汽电车客运量26.65亿人次，下降1.7%。

2014年，上海市邮政电信业务总量746.09亿元，比上年增长21.6%。其中，邮政业务总量310.53亿元，电信业务总量596.99亿元，同比分别增长20.0%和22.5%。固定电话用户840.18万户，比上年减少29.06万户；移动电话用户3292.74万户，增加92.09万户；3G及4G移动电话用户1664.15万户，增加516.75万户。移动互联网用户2562.70万户，比上年增加233.60万户；互联网用户普及率为75.7%，比上年增长2.2个百分点。固定互联网宽带接入用户672.30万户，增长7.4%；家庭宽带接入用户普及率为55.2%，比上年增长1.1个百分点。邮政业全年完成邮政函件业务110282.49万件、包裹业务408.69万件、快递业务量128366.11万件；快递业务收入361.31亿元。

三、江苏省服务业发展特点

（一）金融、保险业市场规模进一步扩大

2014年，江苏省实现金融业增加值4723.69亿元，比上年增长19.3%。至年末，江苏省金融机构人民币存款余额93735.61亿元，比年初增加8131.53亿元，比上年少增1991.04亿元。其中，储蓄存款增加2756.69亿元，比上年少增1010.02亿元；单位存款增加4867.63亿元，比上年少增154.97亿元。2014年末，金融机构人民币贷款余额69572.67亿元，比年初增加7736.14亿元，比上年多增311.91亿元。其中，短期贷款比年初增加967.47亿元，比上年少增1877.97亿元。

2014年，江苏省证券市场完成交易额295423.25亿元，比上年增长7.4%。其中，证券经营机构股票交易额98654.91亿元，比上年增长58.0%；期货经营机构代理交易额196768.34亿元，下降7.5%。至2014年末江苏省境内上市公司254家，在上海、深圳证券交易所筹集资金701.45亿元，比上年增长1.47倍。江苏企业境内上市公司总股本1596.57亿股，比上年末增长15.7%；市价总值

19630.99亿元，比上年末上升53.5%。2013年末江苏省共有证券公司6家，证券营业部624家；期货公司10家，期货营业部125家，证券投资咨询机构3家。

2014年，江苏省保费收入1683.76亿元，比上年增长16.4%。其中，财产险收入606.29亿元，比上年增长16.9%；寿险收入916.72亿元，增长13.3%；健康险和意外伤害险收入160.74亿元，比上年增长35.9%。赔付额616.78亿元，比上年增长17.0%。其中财产险赔付336.30亿元，比上年增长10.9%；寿险赔付231.87亿元，增长22.9%；健康险和意外伤害险赔付48.61亿元，增长38.2%。

（二）旅游业持续平稳发展

2014年，江苏省接待国内游客5.71亿人次，比上年增长10.9%；实现国内旅游收入7863.51亿元，增长13.3%。接待海外旅游者297.10万人次，比上年增长3.1%。其中接待外国人197.04万人次，比上年增长1.9%；港澳台同胞100.06万人次，增长5.8%。旅游创汇30.33亿美元，比上年增长27.4%。2014年，江苏省拥有旅行社2251个，比上年增加47个；拥有星级饭店873个，减少97个。

（三）消费品市场增长平稳

2014年，江苏省实现社会消费品零售总额23458.07亿元，比上年增长12.4%。按消费形态分，商品批发和零售业收入额21229.55亿元，增长13.6%；餐饮收入额2040.85亿元，增长14.1%。全年实现限额以上社会消费品零售总额12421.40亿元，比上年增长9.7%。按行业分，批发零售业收入额11657.00亿元，增长10.0%；住宿餐饮业零售额764.40亿元，增长4.5%。其中，粮油、食品、饮料、烟酒类零售额1540.80亿元，增长8.5%；服装、鞋帽、针纺织品类零售额1106.20亿元，增长9.3%；金银珠宝类零售额320.10亿元，下降2.9%；日用品类零售额419.00亿元，增长9.9%；家用电器和音像器材类零售额717.10亿元，增长5.3%；中西药品类零售额769.60亿元，增长16.2%；石油及制品类零售额1411.20亿元，增长20.9%；建筑及装潢材料类零售额570.20亿元，增长19.8%；汽车类零售额3309.20亿元，增长6.6%。

（四）交通运输业和通讯服务业增长较快

2014年，江苏省实现交通运输、仓储和邮政业增加值2591.15亿元，比上年增长6.8%。

2014年，江苏省完成旅客运输量、货物运输量分别为15.60亿人和20.86亿吨，分别比上年增长2.5%和7.5%；旅客周转量、货物周转量分别为1550.60亿人千米和11028.50亿吨千米，分别增长6.9%和4.7%。完成港口货物吞吐量22.60亿吨，增长5.6%。港口货物吞吐量中，集装箱吞吐量1500.5万标准集装箱，下降9.7%。至2014年末，江苏省公路通车里程15.75万千米，新增1427千米，其中高速公路里程4488千米，新增45千米。铁路营业里程2632千米，铁路正线延展长度4200千米。

2014年，江苏省邮政电信业务总量1680.80亿元，比上年增长34.2%。其中，邮政业务总量359.00亿元，电信业务总量1321.80亿元，同比分别增长33.2%和34.5%。邮政电信业务收入1153.40亿元，同比增长4.1%。其中，邮政业务收入299.50亿元，同比增长27.0%；电信业务收入853.90亿元，同比下降2.4%。固定电话用户2133.61万户，比上年末减少156.20万户。移动电话用户8070.35万户，比上年末净增128.40万户。电话普及率达129部/百人，与上年末持平。互联网用户1523.35万户，新增92.00万户。3G移动电话用户新增306.00万户，达到3173.60万户，占移动电话用户总数的39.3%；4G移动电话用户达到921.40万户，占全国4G移动电话用户数9.0%。

四、浙江省服务业发展特点

（一）金融服务业发展势头良好

2014年末，浙江省金融机构本外币各项存款余额79241.90亿元，比年初增加5509.54亿元，增长7.5%。其中，人民币存款余额77145.38亿元，比年初增加5158.80亿元，增长7.2%。金融机构本外币各项贷款余额71361.00亿元，比年初增加6022.46亿元，增长9.2%。其中，人民币贷款余额68566.32亿元，比年初增加5968.76亿元，增长9.5%。年末个人本外币储蓄存款余额31167.48亿元，比年初增加1807.00亿元。

至2014年末，浙江省境内共有上市公司266家，累计融资3706.00亿元。其中，中小板上市公司123家，占全国中小板上市公司总数的16.8%；创业板上市公司41家，占全国创业板上市公司总数的10.1%。

2014年，浙江省保险业实现保费收入1258.04亿元，比上年增长13.3%。其中，财产险保费收入584.47亿元，比上年增长14.2%；人身险保费收入673.56亿元，比上年增长12.7%。支付各类赔款及给付474.63亿元，比上年增长5.2%。其中，财产险赔付支出349.77亿元，基本与去年持平；人身险赔付支出124.85亿元，比上年增长22.7%。

（二）旅游业平稳增长

2014年，浙江省接待国内旅游者4.79亿人次，比上年增长10.2%；实现国内旅游收入5947.00亿元，增长14.3%。浙江省接待入境旅游者931.03万人次，比上年增长7.5%。其中，接待外国人614.45万人次，比上年增长6.6%；接待港澳台同胞316.58万人次，同比增长9.3%。旅游创汇57.53亿美元，同比增长6.7%，增速较上年上升2.0个百分点。

（三）商贸流通业较快增长，消费热点突出

2014年，浙江省社会消费品零售总额17835.34亿元，比上年增长11.7%，扣除价格因素增长10.7%。其中，城镇消费品零售额14933.13亿元，增长11.4%；乡村消费品零售额2902.20亿元，增长12.9%。

在限额以上批发零售贸易业零售额中，按当年价计算，汽车类零售额比上年增长9.6%，石油及制品类增长8.6%，食品饮料烟酒类增长13.5%，服装、鞋帽、针纺织品类增长18.0%，中西药品类增长17.2%，日用品类增长10.2%，金银珠宝类增长4.1%，通讯器材类增长5.2%，家具类增长57.2%，五金、电料类增长70.6%，建筑及装潢材料类增长83.3%。年末全省已登记的商品交易实体市场4321家，交易额为1.95万亿元，增长9.2%。

（四）交通运输业和通讯服务业增长较快

2014年，浙江省完成旅客运输量、货物运输量分别为13.19亿人和19.35亿吨，分别比上年增长－3.6%和3.0%；旅客周转量、货物周转量分别为1076.76亿人千米和9539.61亿吨千米，分别增长5.0%和6.4%。完成港口货物吞吐量13.91亿吨，增长0.7%。至2014年末，浙江省公路通车里程11.64万千米，新增941千米，其中高速公路里程3884千米，新增97千米。铁路营业里程2310千米，铁路复线里程1744千米。

2014年，浙江省实现邮电业务总量1684.46亿元，比上年增长42.9%。电话用户1641.91万户，

比上年减少 7.8%。移动电话用户 7371 万户，新增 299 万户；互联网用户数为 6371 万户，新增 373 万户；固定互联网宽带接入用户数为 1276 万户，新增 33 万户。2014 年，浙江省人均邮政、电信费用支出 1987 元，比上年增加 151 元；固定电话普及率为 30.0 部/百人，下降 2.4 部/百人；移动电话普及率 134.6 部/百人，增加 5.9 部/百人。

五、安徽省服务业发展特点

（一）金融、保险业发展势头良好

2014 年，安徽省金融机构人民币各项存款余额 29817.73 亿元，比上年增加 3078.43 亿元，增长 11.5%。其中，单位存款余额 13643.20 亿元，增长 10.3%；居民储蓄存款余额 14599.43 亿元，增长 13.0%。金融机构人民币各项贷款余额 22088.30 亿元，比上年增加 2999.50 亿元，增长 15.7%。其中，短期贷款余额 7698.14 亿元，增长 4.8%；中长期贷款余额 13164.32 亿元，增长 20.2%，中长期贷款中个人贷款余额 5246.79 亿元，增长 24.9%。

2014 年，安徽省上市公司通过境内市场累计筹资 190.07 亿元，其中 A 股再筹资（包括配股、公开增发、非公开增发、认股权证）185.07 亿元；上市公司通过发行可转债、可分离债、公司债筹资 5.00 亿元。到 2014 年末，全省有上市公司 80 家，上市公司市价总值 7041.60 亿元，比上年增长 48.8%。境内证券经营机构证券交易量 26532.90 亿元，期货经营机构代理交易量 150375.60 亿元。

2014 年，安徽省保险业保费收入 572.29 亿元，比上年增长 18.5%。其中，财产险业务保费收入 241.45 亿元，增长 18.5%；人身险业务保费收入 330.84 亿元，增长 18.5%。赔款和给付 234.41 亿元，增长 5.1%。其中，财产险业务赔款支出 127.39 亿元，增长 10.5%；人身险业务赔款和给付支出 107.02 亿元，下降 0.7%。

（二）旅游业平稳增长

2014 年，安徽省接待国内旅游者 3.79 亿人次，比上年增长 12.8%；实现国内旅游收入 3309.80 亿元，增长 14.0%。接待入境旅游者 405.06 万人次，比上年增长 5.1%。其中，接待外国人 232.90 万人次，增长 16.1%；接待港澳台同胞 172.16 万人次，下降 6.9%。旅游创汇 19.60 亿美元，增长 13.2%，增速较上年上升 2.5 个百分点。

2014 年，安徽省旅行社总数为 1200 个，比上年增加 102 个；国内旅行社 1150 个，增加 98 个。旅游星级宾馆 466 个，比上年减少 5 个。其中，五星宾馆 26 个，比上年增加 4 个。全省有 A 级及以上旅游景点（区）499 处。

（三）消费品市场增长平稳

2014 年，安徽省社会消费品零售总额 7957.00 亿元，比上年增长 13.0%，扣除价格因素，实际增长 12.5%。按经营地统计，城镇消费品零售额 6457.10 亿元，增长 13.0%；乡村消费品零售额 1499.90 亿元，增长 12.9%。按消费形态统计，商品零售额 7032.90 亿元，增长 13.0%；餐饮收入 924.10 亿元，增长 12.8%。全省纳入统计的 83 家开展网络零售业务的限额以上企业，实现网上零售额超 70 亿元，增长超 80%。

限额以上企业商品零售额中，吃、穿、用类商品零售额分别比上年增长 15.1%、10.3%和 10.6%，粮油类增长 10.4%，肉禽蛋类增长 15.5%，服装类增长 11.0%，化妆品类增长 13.9%，日用品类增长 8.4%，中西药品类增长 10.7%，家用电器和音像器材类增长 10.5%，家具类增长 25.1%，通讯器材类增长 23.1%，石油及制品类增长 6.5%，建筑及装潢材料类增长 19.6%，汽车类增长 11.0%。

（四）交通运输业和通讯服务业增长较快

2014 年，安徽省完成旅客运输量、货物运输量分别为 13.98 亿人和 43.43 亿吨，分别比上年增长 10.1%和 9.6%；旅客周转量、货物周转量分别为 1451.16 亿人千米和 13500.89 亿吨千米，分别增长 10.1%和 9.4%。完成港口货物吞吐量 4.38 亿吨，增长 10.7%。至 2014 年末，安徽省公路通车里程 17.44 万千米，新增 610 千米，其中高速公路里程 3752 千米，新增 231 千米。铁路营业里程 3549 千米，新增 36 千米。全省民航机场旅客吞吐量 723.50 万人次，增长 7.8%，其中合肥新桥机场旅客吞吐量 597.50 万人次，增长 6.2%。

2014 年，安徽省实现邮电业务总量 586.01 亿元，比上年增长 14.1%。电话用户 839.83 万户，比上年减少 136.90 万户。移动电话用户 4215.97 万户，全年新增 257.10 万户，3G 移动电话用户 1678.52 万户，新增 284.38 万户。固定互联网宽带接入用户数为 725.41 万户，全年新增 82.77 万户。城市固定电话普及率为 56.6 部/百人，增加 3.7 部/百人，移动电话普及率 208.1 部/百人，增加 21.9 部/百人；农村固定电话普及率为 46.7 部/百人，增加 8.0 部/百人，移动电话普及率 193.2 部/百人，增加 12.1 部/百人。

十七　长三角化学工业

一、长三角化学工业总体情况

2014年,长三角规模以上化学工业企业16908家,比上年增加315家;工业总产值为51739.53亿元,增长6.4%;年末资产总计为38155.04亿元,增长7.8%;负债合计为20286.16亿元,增长4.6%;主营业务收入为50959.67亿元,增长5.1%;实现利润总额2878.28亿元,增长1.3%。

2010—2014年长三角规模以上化学工业经济指标　　亿元

指标	企业数(个)	工业总产值	资产总计	负债合计	主营业务收入	利润总额
2010年	23259	33273.90	24619.31	13303.67	33159.68	2486.09
2011年	15001	40951.05	28620.04	15778.44	40883.83	2641.76
2012年	15689	44009.61	31991.72	17572.10	43879.46	2376.28
2013年	16593	48606.66	35403.06	19401.66	48488.36	2841.90
2014年	16908	51739.53	38155.04	20286.16	50959.67	2878.28

注:2011年前统计数据为主营业务收入在500万元及以上企业。2011年(含)以后统计数据为2000万元及以上企业

数据来源:历年上海市、江苏省、浙江省、安徽省统计年鉴

(一)主要产品产量

2014年,长三角化学工业生产化学纤维3368.59万吨,比上年增长4.7%;汽油1575.21万吨,增长15.6%;轮胎外胎24358.80万条,下降5.2%。

2013—2014年长三角分地区化学产品产量对比　　万吨

地区	产品	产量		同比增速(%)
		2013年	2014年	
上海市	化学纤维(万吨)	47.76	45.35	−5.0
	汽油(万吨)	499.24	471.59	−5.55
	轮胎外胎(万条)	1079.57	1045.49	−3.2
江苏省	化学纤维(万吨)	1296.33	1312.17	1.2
	汽油(万吨)	451.95	564.26	24.9
	轮胎外胎(万条)	10704.96	11078.47	3.5
浙江省	化学纤维(万吨)	1839.31	1987.97	8.1
	汽油(万吨)	285.10	308.46	8.2
	轮胎外胎(万条)	10979.06	8925.94	−18.7
安徽省	化学纤维(万吨)	32.70	23.10	−29.4
	汽油(万吨)	126.90	230.90	82.0
	轮胎外胎(万条)	2944.70	3308.90	12.4

续表

地区	产品	产量		同比增速(%)
		2013年	2014年	
长三角	化学纤维(万吨)	3216.10	3368.59	4.7
	汽油(万吨)	1363.19	1575.21	15.6
	轮胎外胎(万条)	25708.29	24358.80	−5.2

数据来源:历年上海市、江苏省、浙江省、安徽省统计年鉴

(二)资产运营情况

2014年,长三角规模以上化学工业年末资产总额为38155.04亿元,同比增长7.8%;负债总额为20286.16亿元,同比增长4.6%。由于资产总额增长速度高于负债总额的增长速度,使得规模以上化学工业的资产负债率下降为53.17%,比上年下降1.63个百分点。

分地区看,2014年,上海市化学工业资产负债率最低,为48.21%,比上年下降1.99个百分点;浙江省化学工业资产负债率最高,达56.46%,下降1.69个百分点;江苏省资产负债率为52.22%,下降1.59个百分点;安徽省资产负债率为53.74%,下降0.99个百分点。

二、上海市化学工业基本情况

2014年,上海市规模以上化学工业企业1789家,比上年增加26家;工业总产值为5673.94亿元,下降3.7%;年末资产总计为5023.67亿元,增长5.6%;负债合计为2421.81亿元,增长1.4%;主营业务收入为5847.58亿元,下降3.3%;实现利润总额253.21亿元,下降13.9%;税金总额为330.50亿元,下降10.2%。

2010—2014年上海市规模以上化学工业经济指标　　亿元

指标	企业数(个)	工业总产值	资产总计	负债合计	主营业务收入	利润总额	税金总额
2010年	2813	4921.73	3948.63	1937.46	5109.55	368.09	294.47
2011年	1760	5499.85	4165.84	2070.57	5666.12	240.73	303.60
2012年	1762	5572.93	4498.91	2270.81	5691.57	214.83	298.68
2013年	1763	5890.13	4758.54	2388.62	6043.98	294.15	368.10
2014年	1789	5673.94	5023.67	2421.81	5847.58	253.21	330.50

注:2011年前统计数据为主营业务收入在500万元及以上企业。2011年(含)以后统计数据为2000万元及以上企业

数据来源:历年上海市统计年鉴

(一)行业经济总量

1. 工业总产值

2014年,上海市规模以上化学工业实现工业总产值5673.94亿元,比上年增下降3.7%。其中,石油加工、炼焦和核燃料加工业总产值1422.38亿元,同比下降19.1%;化学原料和化学制品制造业总产值2665.73亿元,增长1.8%;医药制造业总产值622.72亿元,增长4.5%;化学纤维制造业总产值43.01亿元,同比增长6.1%;橡胶和塑料制品业总产值920.1亿元,同比增长5.0%。

2. 主营业务收入

2014 年，上海市规模以上化学工业完成主营业务收入 5847.58 亿元，同比下降 3.3%。其中，石油加工、炼焦和核燃料加工业主营业务收入 1432.18 亿元，下降 19.0%；化学原料和化学制品制造业主营业务收入 2821.14 亿元，增长 2.2%；医药制造业主营业务收入 616.07 亿元，增长 6.0%；化学纤维制造业主营业务收入 41.63 亿元，增长 4.4%；橡胶和塑料制品业主营业务收入 936.56 亿元，增长 4.6%。

3. 资产总额

截至 2014 年底，上海市规模以上化学工业资产总额为 5023.67 亿元，同比增长 5.6%。其中，石油加工、炼焦和核燃料加工业年末资产总额为 474.96 亿元，下降 12.4%；化学原料和化学制品制造业年末资产总额为 2551.62 亿元，增长 4.2%；医药制造业年末资产总额为 932.47 亿元，增长 23.2%；化学纤维制造业年末资产总额为 50.09 亿元，下降 0.3%；橡胶和塑料制品业年末资产总额为 1014.53 亿元，增长 5.7%。

2014 年上海市规模以上化学工业主要经济指标　　亿元

行业	企业数(个)	工业总产值	主营业务收入	资产总计	利润总额	税金总额
石油加工、炼焦和核燃料加工业	39	1422.38	1432.18	474.96	−22.43	193.12
化学原料和化学制品制造业	781	2665.73	2821.14	2551.62	135.47	75.22
医药制造业	198	622.72	616.07	932.47	82.64	36.65
化学纤维制造业	28	43.01	41.63	50.09	1.56	0.52
橡胶和塑料制品业	743	920.1	936.56	1014.53	55.97	24.99

数据来源：《上海市统计年鉴》(2015)

（二）行业经济效益

1. 利润总额

2014 年，上海市规模以上化学工业完成利润总额 253.21 亿元，同比下降 13.9%。其中，石油加工、炼焦和核燃料加工业利润总额−22.43 亿元，下降 212.6%；化学原料和化学制品制造业利润总额 135.47 亿元，下降 9.3%；医药制造业利润总额 82.64 亿元，增长 11.1%；化学纤维制造业利润总额 1.56 亿元，下降 26.1%；橡胶和塑料制品业利润总额 55.97 亿元，增长 15.7%。

2. 税金总额

2014 年，上海市规模以上化学工业完成税金总额 330.50 亿元，同比下降 10.2%。其中，石油加工、炼焦和核燃料加工业税金总额 193.12 亿元，下降 15.3%；化学原料和化学制品制造业税金总额 75.22 亿元，下降 5.0%；医药制造业税金总额 36.65 亿元，下降 0.3%；化学纤维制造业税金总额 0.52 亿元，增长 2.0%；橡胶和塑料制品业税金总额 24.99 亿元，增长 5.8%。

三、江苏省化学工业基本情况

2014 年，江苏省规模以上化学工业企业 7542 家，比上年减少 48 家；工业总产值为 26898.68 亿元，增长 7.8%；年末资产总计为 17761.36 亿元，增长 9.1%；负债合计为 9274.65 亿元，增长 5.9%；主营业务收入为 26770.33 亿元，增长 7.2%；实现利润总额 1590.74 亿元，增长 6.0%；利税总额为 2892.48 亿元，增长 7.2%。

2010—2014 年江苏省规模以上化学工业经济指标　　亿元

指标	企业数(个)	工业总产值	资产总计	负债合计	主营业务收入	利润总额	利税总额
2010 年	9825	15973.17	10860.07	5833.95	15803.86	1162.45	1905.76
2011 年	6950	19907.89	12808.89	6960.86	19900.23	1421.62	2315.82
2012 年	7270	22180.17	14537.74	7820.48	22125.49	1311.22	2318.18
2013 年	7590	24949.94	16278.05	8758.45	24965.34	1501.15	2697.33
2014 年	7542	26898.68	17761.36	9274.65	26770.33	1590.74	2892.48

注:2011 年前统计数据为主营业务收入在 500 万元及以上企业。2011 年(含)以后统计数据为 2000 万元及以上企业

数据来源:历年江苏省统计年鉴

(一)行业经济总量

1. 工业总产值

2014 年,江苏省规模以上化学工业实现工业总产值 26898.68 亿元,同比增长 7.8%。其中,石油加工、炼焦和核燃料加工业总产值 2327.96 亿元,增长 4.3%;化学原料和化学制品制造业总产值 16195.23 亿元,增长 9.8%;医药制造业总产值 3116.11 亿元,增长 13.6%;化学纤维制造业总产值 2541.24 亿元,下降 6.9%;橡胶和塑料制品业总产值 2718.14 亿元,增长 9.2%。

2. 主营业务收入

2014 年,江苏省规模以上化学工业完成主营业务收入 26770.33 亿元,同比增长 7.2%。其中,石油加工、炼焦和核燃料加工业主营业务收入 2371.47 亿元,增长 6.7%;化学原料和化学制品制造业主营业务收入 16158.44 亿元,增长 8.7%;医药制造业主营业务收入 3043.49 亿元,增长 13.4%;化学纤维制造业主营业务收入 2517.74 亿元,下降 7.2%;橡胶和塑料制品业主营业务收入 2679.19 亿元,增长 8.0%。

3. 资产总额

截至 2014 年底,江苏省规模以上化学工业资产总额为 17761.36 亿元,同比增长 9.1%。其中,石油加工、炼焦和核燃料加工业资产总额为 847.08 亿元,增长 17.3%;化学原料和化学制品制造业资产总额为 10653.88 亿元,增长 8.9%;医药制造业资产总额为 2104.85 亿元,增长 19.2%;化学纤维制造业资产总额为 2145.35 亿元,下降 2.0%;橡胶和塑料制品业资产总额为 2010.20 亿元,增长 10.9%。

4. 利润总额

2014 年江苏省规模以上化学工业主要经济指标　　亿元

行业	单位数(个)	工业总产值	资产总计	负债合计	主营业务	利润总额	利税总额
石油加工、炼焦和核燃料加工业	143	2327.96	847.08	503.53	2371.47	62.50	375.27
化学原料和化学制品制造业	3834	16195.23	10653.88	5727.76	16158.44	962.69	1574.14
医药制造业	699	3116.11	2104.85	847.15	3043.49	318.93	519.14
化学纤维制造业	829	2541.24	2145.35	1310.45	2517.74	84.24	162.48
橡胶和塑料制品业	2037	2718.14	2010.20	885.76	2679.19	162.38	261.45
合计	7542	26898.68	17761.36	9274.65	26770.33	1590.74	2892.48

数据来源:《江苏省统计年鉴》(2015)

2014年，江苏省规模以上化学工业实现利润总额1590.74亿元，同比增长6.0%。其中，石油加工、炼焦和核燃料加工业利润总额62.50亿元，下降22.7%；化学原料和化学制品制造业利润总额962.69亿元，增长6.4%；医药制造业利润总额318.93亿元，增长16.9%；化学纤维制造业利润总额84.24亿元，下降4.4%；橡胶和塑料制品业利润总额162.38亿元，增长5.0%。

（二）行业经济效益

1. 石油加工、炼焦和核燃料加工业

2014年，江苏省石油加工、炼焦和核燃料加工业多项经济效益指标较2013年有所下滑。表现为：(1)企业亏损面上升。2014年企业亏损面为18.88%，比上年上升6.1个百分点。(2)产值利税率、销售利税率、成本费用利润率和流动资产周转次数下降。2014年产值利税率为16.12%、销售利税率为15.82%、成本费用利润率为2.86%和流动资产周转次数为5.73次/年，分别比上年下降1.95个百分点、2.33个百分点、1.20个百分点和0.02次/年。(3)产品销售率有所下降。2014年产品销售率为98.94%，比上年下降0.19个百分点。

2. 化学原料和化学制品制造业

2014年，江苏省化学原料和化学制品制造业主要经济效益指标呈现如下特点：(1)企业亏损面下降。2014年企业亏损面为11.45%，比上年下降0.60个百分点。(2)销售利税率和流动资产周转次数有所上升。2014年销售利税率为9.74%，比上年上升0.04个百分点；流动资产周转次数为3.25次/年，比上年上升0.10次/年。(3)产值利税率、成本费用利润率和产品销售率有所下降。2014年产值利税率为9.72%，比上年下降0.06个百分点；成本费用利润率为6.25%，下降0.14个百分点；产品销售率为98.78%，下降1.07个百分点。

3. 医药制造业

2014年，江苏省医药制造业经济效益指标具有如下特点：(1)企业亏损面下降。2014年企业亏损面为10.30%，比上年下降1.23个百分点。(2)产值利税率、销售利税率、成本费用利润率和产品销售率有所上升。2014年产值利税率为16.66%，比上年上升0.62个百分点；销售利税率为17.06%，上升0.67个百分点；成本费用利润率为11.70%，比上年上升0.41个百分点；产品销售率为97.84%，上升0.40个百分点。(3)流动资产周转次数有所下降。2014年流动资产周转次数为2.55次/年，比上年下降0.11次/年。

4.化学纤维制造业

2014年，江苏省化学纤维制造业经济效益指标具有如下特点：(1)企业亏损面上升。2014年企业亏损面为22.80%，比上年上升2.02个百分点。(2)产值利税率、销售利税率、成本费用利润率和产品销售率有所上升。2014年产值利税率为6.39%，比上年上升0.27个百分点；销售利税率为6.45%，上升0.30个百分点；成本费用利润率为3.39%，上升0.11个百分点；产品销售率为99.37%，上升0.77个百分点。(3)流动资产周转次数有所上升。2014年流动资产周转次数为2.60次/年，比上年增加0.06次/年。

5. 橡胶和塑料制品业

2014年，江苏省橡胶和塑料制品业经济效益指标具有如下特点：(1)企业亏损面下降。2014年企业亏损面为13.25%，比上年下降0.43个百分点。(2)产值利税率、销售利税率、成本费用利润率和产品销售率有所下降。2014年产值利税率为9.62%，比上年下降0.20个百分点；销售利税率为9.76%，下降0.09个百分点；成本费用利润率为6.43%，下降0.19个百分点；产品销售率为98.06%，

下降 0.35 个百分点。(3)流动资产周转次数与去年持平,均为 2.49 次/年。

2014 年江苏省规模以上化学工业主要经济效益指标　　%

指标	企业亏损面	产值利税率	销售利税率	流动资产周转次数(次/年)	成本费用利润率	产品销售率
石油加工、炼焦和核燃料加工业	18.88	16.12	15.82	5.73	2.86	98.94
化学原料和化学制品制造业	11.45	9.72	9.74	3.25	6.25	98.78
医药制造业	10.30	16.66	17.06	2.55	11.70	97.84
化学纤维制造业	22.80	6.39	6.45	2.60	3.39	99.37
橡胶和塑料制品业	13.25	9.62	9.76	2.49	6.43	98.06

数据来源:《江苏省统计年鉴》(2015)

四、浙江省化学工业基本情况

(一)行业经济总量

2014 年,浙江省规模以上化学工业企业 5170 家,比上年增加 144 家;工业总产值为 14380.16 亿元,增长 5.7%;年末资产总计为 12146.51 亿元,增长 6.1%;负债合计为 6857.52 亿元,增长 3.0%;主营业务收入为 13808.41 亿元,增长 2.6%;实现利润总额 763.92 亿元,下降 2.7%;利税总额为 1320.41 亿元,下降 1.7%。

2010—2014 年浙江省规模以上化学工业经济指标　　亿元

指标	企业数(个)	工业总产值	资产总计	负债合计	主营业务收入	利润总额	利税总额
2010 年	8276	9989.51	8121.88	4605.07	9984.62	758.40	1241.35
2011 年	4519	12310.86	9610.41	5618.88	12291.23	791.67	1361.72
2012 年	4661	12734.41	10488.96	6119.25	12639.13	622.78	1153.44
2013 年	5026	13598.55	11446.22	6656.39	13456.63	784.78	1343.32
2014 年	5170	14380.16	12146.51	6857.52	13808.41	763.92	1320.41

注:2011 年前统计数据为主营业务收入在 500 万元及以上企业。2011 年(含)以后统计数据为 2000 万元及以上企业

数据来源:历年浙江省统计年鉴

1. 工业总产值

2014 年,浙江省规模以上化学工业实现工业总产值 14380.16 亿元,比上年增长 5.7%。其中,石油加工、炼焦和核燃料加工业总产值 1819.57 亿元,增长 4.2%;化学原料和化学制品制造业总产值 5887.13 亿元,增长 4.5%;医药制造业总产值 1182.60 亿元,增长 14.7%;化学纤维制造业总产值 2588.61 亿元,增长 5.7%;橡胶和塑料制品业总产值 2902.25 亿元,增长 6.0%。

2. 主营业务收入

2014 年,浙江省规模以上化学工业完成主营业务收入 13808.41 亿元,比上年增长 2.6%。其中,石油加工、炼焦和核燃料加工业主营业务收入 1535.75 亿元,下降 7.3%;化学原料和化学制品制造业主营业务收入 5928.60 亿元,增长 3.6%;医药制造业主营业务收入 1092.46 亿元,增长 9.3%;化学纤维制造业主营业务收入 2487.21 亿元,增长 4.3%;橡胶和塑料制品业主营业务收入 2764.39 亿元,增

长2.6%。

3. 资产总额

截至2014年底，浙江省规模以上化学工业资产总额为12146.51亿元，比上年增长6.1%。其中，石油加工、炼焦和核燃料加工业年末资产总额为524.15亿元，下降3.7%；化学原料和化学制品制造业年末资产总额为5383.43亿元，增长8.4%；医药制造业年末资产总额为1564.55亿元，增长12.7%；化学纤维制造业年末资产总额为2198.40亿元，增长5.5%；橡胶和塑料制品业年末资产总额为2475.98亿元，增长0.6%。

4. 利润总额

2014年，浙江省规模以上化学工业实现利润总额763.92亿元，同比下降2.7%。其中，石油加工、炼焦和核燃料加工业利润总额41.44亿元，下降40.7%；化学原料和化学制品制造业利润总额324.34亿元，下降6.8%；医药制造业利润总额131.68亿元，增长21.1%；化学纤维制造业利润总额114.48亿元，增长27.3%；橡胶和塑料制品业利润总额151.98亿元，下降9.6%。

2014年浙江省规模以上化学工业主要经济指标　　亿元

行业	单位数(个)	工业总产值	资产总计	年末负债合计	主营业务收入	利润总额	利税总额
石油加工、炼焦和核燃料加工业	50	1819.57	524.15	241.21	1535.75	41.44	253.23
化学原料和化学制品制造业	1654	5887.13	5383.43	3078.98	5928.60	324.34	473.96
医药制造业	431	1182.60	1564.55	674.82	1092.46	131.68	202.10
化学纤维制造业	590	2588.61	2198.40	1381.07	2487.21	114.48	162.30
橡胶和塑料制品业	2445	2902.25	2475.98	1481.44	2764.39	151.98	228.82
合计	5170	14380.16	12146.51	6857.52	13808.41	763.92	1320.41

数据来源：《浙江省统计年鉴》(2015)

（二）行业经济效益

1. 石油加工、炼焦和核燃料加工业

2014年，浙江省石油加工、炼焦和核燃料加工业每百元固定资产原值实现利税64.63元，比上年下降13.43元/百元；每百元主营业务收入实现利税16.49元，下降1.08元/百元；产品销售率98.32%，上升3.56个百分点；出口交货值占工业销售值的0.10%，与去年持平；新产品产值率为0.87%，上升0.39个百分点。

2. 化学原料和化学制品制造业

2014年，浙江省化学原料和化学制品制造业每百元固定资产原值实现利税19.97元，比上年下降3.47元/百元；每百元主营业务收入实现利税7.99元，下降0.61元/百元；产品销售率96.70%，下降0.53个百分点；出口交货值占工业销售值的8.76%，上升0.24个百分点；新产品产值率为32.57%，上升2.70个百分点。

3. 医药制造业

2014年，浙江省医药制造业每百元固定资产原值实现利税36.91元，比上年下降0.32元/百元；

每百元主营业务收入实现利税18.50元，上升1.27元/百元；产品销售率92.90%，下降4.19个百分点；出口交货值占工业销售值的24.71%，下降1.39个百分点；新产品产值率为39.21%，下降0.62个百分点。

4. 化学纤维制造业

2014年，浙江省化学纤维制造业每百元固定资产原值实现利税18.29元，比上年增长1.81元/百元；每百元主营业务收入实现利税6.53元，上升0.80元/百元；产品销售率96.09%，下降1.31个百分点；出口交货值占工业销售值的6.81%，上升0.86个百分点；新产品产值率为31.85%，上升0.38个百分点。

5. 橡胶和塑料制品业

2014年，浙江省橡胶和塑料制品业每百元固定资产原值实现利税22.46元，比上年下降5.01元/百元；每百元主营业务收入实现利税8.28元，下降1.04元/百元；产品销售率97.04%，同比下降2.11个百分点；出口交货值占工业销售值的19.58%，上升0.43个百分点；新产品产值率为26.44%，上升2.43个百分点。

2014年浙江省规模以上化学工业主要经济效益指标

指标	每百元固定资产原值实现利税(元)	每百元主营业务收入实现利税(元)	产品销售率(%)	出口交货值占工业销售(%)	新产品产值率(%)
石油加工、炼焦和核燃料加工业	64.63	16.49	98.32	0.10	0.87
化学原料和化学制品制造业	19.97	7.99	96.70	8.76	32.57
医药制造业	36.91	18.50	92.90	24.71	39.21
化学纤维制造业	18.29	6.53	96.09	6.81	31.85
橡胶和塑料制品业	22.46	8.28	97.04	19.58	26.44

数据来源:《浙江省统计年鉴》(2015)

五、安徽省化学工业基本情况

（一）行业经济总量

2010—2014年安徽省规模以上化学工业经济指标

亿元

指标	企业数(个)	工业总产值	资产总计	负债合计	主营业务收入	利润总额
2010年	2345	2389.49	1688.73	927.19	2261.65	197.15
2011年	1772	3232.45	2034.90	1128.13	3026.25	187.74
2012年	1996	3522.10	2466.11	1361.56	3423.27	227.45
2013年	2214	4168.04	2920.25	1598.20	4022.41	261.82
2014年	2407	4786.75	3223.50	1732.18	4533.35	270.41

注:2011年前统计数据为主营业务收入在500万元及以上企业。2011年(含)以后统计数据为2000万元及以上企业

数据来源:历年安徽省统计年鉴

2014年，安徽省规模以上化学工业企业2407家，比上年增加193家；工业总产值为4786.75亿元，增长14.8%；年末资产总计为3223.50亿元，增长10.4%；负债合计为1732.18亿元，增长8.4%；主营业务收入为4533.35亿元，增长12.7%；实现利润总额270.41亿元，增长3.3%。

1. 工业总产值

2014年，安徽省规模以上化学工业实现工业总产值4786.75亿元，比上年增长14.8%。其中，石油加工、炼焦和核燃料加工业总产值585.14亿元，增长31.6%；化学原料和化学制品制造业总产值2162.32亿元，增长10.1%；医药制造业总产值643.98亿元，增长21.9%；化学纤维制造业总产值87.37亿元，增长18.4%；橡胶和塑料制品业总产值1307.94亿元，增长13.0%。

2. 主营业务收入

2014年，安徽省规模以上化学工业完成主营业务收入4533.35亿元，比上年增长12.7%。其中，石油加工、炼焦和核燃料加工业主营业务收入568.39亿元，增长31.6%；化学原料和化学制品制造业主营业务收入2007.69亿元，增长6.8%；医药制造业主营业务收入631.99亿元，增长18.7%；化学纤维制造业主营业务收入94.84亿元，增长11.5%；橡胶和塑料制品业主营业务收入1230.44亿元，增长12.6%。

3. 资产总额

截止2014年底，安徽省规模以上化学工业资产总额为3223.50亿元，比上年增长10.4%。其中，石油加工、炼焦和核燃料加工业年末资产总额为187.45亿元，增长1.9%；化学原料和化学制品制造业年末资产总额为1645.43亿元，增长7.5%；医药制造业年末资产总额为460.72亿元，增长19.9%；化学纤维制造业年末资产总额为130.65亿元，增长27.4%；橡胶和塑料制品业年末资产总额为799.25亿元，增长11.2%。

4. 利润总额

2014年，安徽省规模以上化学工业实现利润总额270.41亿元，同比增长3.3%。其中，石油加工、炼焦和核燃料加工业利润总额1.10亿元，扭亏为盈；化学原料和化学制品制造业利润总额126.17亿元，下降5.1%；医药制造业利润总额54.35亿元，增长15.8%；化学纤维制造业利润总额5.13亿元，增长24.5%；橡胶和塑料制品业利润总额83.66亿元，增长3.8%。

2014年安徽省规模以上化学工业主要经济指标　　亿元

行业	单位数(个)	工业总产值	资产总计	年末负债合计	主营业务收入	利润总额
石油加工、炼焦和核燃料加工业	27	585.14	187.45	122.85	568.39	1.1
化学原料和化学制品制造业	972	2162.32	1645.43	947.81	2007.69	126.17
医药制造业	360	643.98	460.72	216.18	631.99	54.35
化学纤维制造业	38	87.37	130.65	76.87	94.84	5.13
橡胶和塑料制品业	1010	1307.94	799.25	368.47	1230.44	83.66
合计	2407	4786.75	3223.50	1732.18	4533.35	270.41

数据来源：《安徽省统计年鉴》(2015)

（二）行业经济效益

1. 石油加工、炼焦和核燃料加工业

2014年，安徽省石油加工、炼焦和核燃料加工业各项经济效益指标大幅提升。(1)总资产贡献率、

产品销售率和流动资产周转次数上升:2014 年总资产贡献率为 48.53%,比上年上升 18.66 个百分点;产品销售率为 99.39%,上升 6.70 个百分点;流动资产周转次数为 10.31 次/年,上升 1.94 次/年。(2)资产负债率小幅上升:2014 年资产负债率为 65.54%,比上年上升 1.96 个百分点。(3)工业成本费用利润率扭亏为盈:2014 年工业成本费用利润率为 0.21%。

2. 化学原料和化学制品制造业

2014 年,安徽省化学原料和化学制品制造业经济效益指标呈以下特点。(1)总资产贡献率、工业成本费用利润率和流动资产周转次数下降:2014 年总资产贡献率为 12.68%,比上年下降 0.99 个百分点;工业成本费用利润率为 6.60%,下降 0.89 个百分点;流动资产周转次数为 2.82 次/年,下降 0.01 次/年。(2)资产负债率下降:2014 年资产负债率为 57.60%,比上年下降 0.38 个百分点。(3)产品销售率上升:2014 年产品销售率为 98.64%,比上年上升 0.54 个百分点。

3. 医药制造业

2014 年,安徽省医药制造业经济效益指标呈以下特点。(1)总资产贡献率、工业成本费用利润率和流动资产周转次数下降:2014 年总资产贡献率为 17.26%,比上年下降 0.72 个百分点;工业成本费用利润率为 9.35%,下降 0.27 个百分点;流动资产周转次数为 2.43 次/年,下降 0.05 次/年。(2)资产负债率下降:2014 年资产负债率为 46.92%,比上年下降 1.97 个百分点。(3)产品销售率上升:2014 年产品销售率为 97.03%,比上年上升 1.37 个百分点。

4. 化学纤维制造业

2014 年,安徽省化学纤维制造业经济效益指标呈以下特点。(1)总资产贡献率、工业成本费用利润率和流动资产周转次数上升:2014 年总资产贡献率为 8.35%,比上年上升 0.30 个百分点;工业成本费用利润率为 5.66%,上升 0.67 个百分点;流动资产周转次数为 2.42 次/年,上升 0.25 次/年。(2)资产负债率下降:2014 年资产负债率为 58.84%,比上年下降 5.20 个百分点。(3)产品销售率下降:2014 年产品销售率为 93.41%,比上年下降 2.79 个百分点。

5. 橡胶和塑料制品业

2014 年,安徽省橡胶和塑料制品业经济效益指标呈以下特点。(1)总资产贡献率、工业成本费用利润率和资产负债率下降:2014 年总资产贡献率为 15.64%,比上年下降 1.70 个百分点;工业成本费用利润率为 7.27%,下降 0.64 个百分点;资产负债率为 46.10%,下降 1.24 个百分点。(2)流动资产周转次数上升:2014 年流动资产周转次数为 46.92%,比上年上升 0.08 个百分点。(3)产品销售率下降:2014 年产品销售率为 97.68%,比上年下降 0.04 个百分点。

2014 年安徽省规模以上化学工业主要经济效益指标

指标	总资产贡献率	资产负债率	流动资产周转次数(次/年)	工业成本费用利润率	产品销售率
石油加工、炼焦和核燃料加工业	48.53	65.54	10.31	0.21	99.39
化学原料和化学制品制造业	12.68	57.6	2.82	6.6	98.64
医药制造业	17.26	46.92	2.43	9.35	97.03
化学纤维制造业	8.35	58.84	2.42	5.66	93.41
橡胶和塑料制品业	15.64	46.1	2.93	7.27	97.68

数据来源:《安徽省统计年鉴》(2015)

十八　长三角农副食品加工业

一、长三角农副食品加工业总体情况

2014 年，长三角地区规模以上农副食品加工企业 4132 家，比 2013 年增加 95 家；实现工业总产值 8468.42 亿元，同比增长 9.3%，增速同比回落 4.3 个百分点；主营业务收入 8414.22 亿元，同比增长 8.6%，增速同比回落 5.6 个百分点；创造利润总额 433.17 亿元，同比下降 2.1%，增速同比回落 17.8 个百分点；年末资产总额 3763.55 亿元，同比增长 6.0%，增速同比回落 9.8 个百分点。

2010—2014 年长三角规模以上农副食品加工业主要经济指标　　亿元，%

指标	企业单位数	工业总产值	主营业务收入	利润总额	资产总计	负债总计
2010 年	4725	4596.63	4569.98	261.20	2512.44	1553.01
2011 年	3486	5580.09	5577.90	308.00	2800.81	1697.70
2012 年	3800	6824.89	6783.48	382.21	3066.81	1764.71
2013 年	4037	7750.94	7745.62	442.35	3551.96	2042.62
2014 年	4132	8468.42	8414.22	433.17	3763.55	2055.40

数据来源：历年上海市、江苏省、浙江省、安徽省统计年鉴

（一）主要产品产量

1. 食用植物油

2014 年，长三角地区食用植物油产量为 844.76 万吨，比 2013 年增长 8.9%。分地区来看，2014 年，上海市生产食用植物油 109.85 万吨，同年增长 5.4%；江苏省精制食用植物油产量为 566.03 万吨，同比增长 9.0%；浙江省食用植物油的产量为 46.48 万吨，同比增长 24.1%；安徽省食用植物油产量为 122.40 万吨，同比增长 6.2%。

2010—2014 年长三角三省一市食用植物油产量　　万吨

指标	2010 年	2011 年	2012 年	2013 年	2014 年
上海市	85.31	84.56	101.70	104.24	109.85
江苏省	496.72	482.53	474.88	519.08	566.03
浙江省	44.59	43.12	37.33	37.44	46.48
安徽省	66.23	76.32	127.01	115.30	122.40
长三角	692.85	686.53	740.92	776.06	844.76

数据来源：历年上海市、江苏省、浙江省、安徽省统计年鉴

2. 配混合饲料

2014 年，由于上海市、江苏省未对配混合饲料产量进行统计，仅对浙江省和安徽省的配混合饲料进行分析。2014 年，浙江省配混合饲料产量为 464.75 万吨，比 2013 年减少 2.4%；安徽省配混合饲料产量为 91.70 万吨，比上年增长 9.7%。

（二）资产运营情况

从资产运营情况来看，2014 年，长三角地区规模以上农副食品加工业年末资产总额为 3763.55 亿元，同比增长 6.0%；负债总额为 2055.40 亿元，同比增长 0.6%。农副食品加工业资产的增长速度快于负债的增长速度，使得 2014 年长三角地区农副食品加工业资产负债率有所下降，达到 54.61%，较 2013 年下降了 2.90 个百分点。

分地区来看，安徽省规模以上农副食品加工业资产运营情况最好。2014 年，安徽省规模以上农副食品加工业资产负债率为 47.54%，同比下降 1.93 个百分点；上海市资产负债率为 54.29%，比上年下降 1.40 个百分点；江苏省规模以上农副食品加工业资产负债率为 56.05%，同比下降 4.43 个百分点；浙江省规模以上农副食品加工业资产负债率最高，2014 年资产负债率为 61.33%，同比下降 1.01 个百分点。

二、上海市农副食品加工业基本情况

（一）行业经济总量

2014 年，上海市拥有规模以上农副食品加工企业 144 家，比上年增加 7 家；实现工业总产值 351.33 亿元，同比增长 2.9%；年末资产总额 257.01 亿元，同比减少 1.8%；完成主营业务收入 421.85 元，同比增长 3.5%。

2010—2014 年上海市规模以上农副食品加工业主要经济指标

个，亿元

指标	企业单位数	工业总产值	主营业务收入	利润总额	税金总额	资产总计	负债总计
2010 年	202	262.07	279.28	11.44	3.45	183.89	98.90
2011 年	142	297.11	336.59	9.78	4.77	204.26	110.99
2012 年	137	338.20	357.64	16.39	4.48	210.16	109.09
2013 年	137	341.32	407.78	12.41	4.48	261.68	145.72
2014 年	144	351.33	421.85	13.16	5.18	257.01	139.53

数据来源：历年上海市统计年鉴

（二）行业经济效益

2014 年，上海市农副食品加工业实现利润总额 13.16 亿元，同比增长 6.0%，增速低于同期工业 3.7 个百分点；实现税金总额 5.18 亿元，同比增长 15.6%，增速高于同期工业 12.2 个百分点。

三、江苏省农副食品加工业基本情况

（一）行业经济总量

2014 年，江苏省拥有规模以上农副食品加工企业 1571 家，比上年增加 8 家；实现工业总产值 4202.20 亿元，同比增长 10.3%；年末资产总额 1673.68 亿元，同比增长 5.8%；完成主营业务收入 4190.02 亿元，同比增长 10.4%；实现利润总额 253.56 亿元，同比下降 2.4%；实现利税总额 400.56 亿元，同比增长 2.5%。

2010—2014年江苏省规模以上农副食品加工业主要经济指标

个,亿元

指标	企业单位数	工业总产值	主营业务收入	利润总额	利税总额	资产总计	负债总计
2010年	1858	2253.57	2258.84	125.09	195.25	1166.98	784.94
2011年	1355	2564.45	2556.74	160.52	236.44	1251.16	824.48
2012年	1476	3313.04	3272.70	210.83	313.44	1344.52	813.51
2013年	1563	3808.39	3794.13	259.84	390.78	1582.21	956.90
2014年	1571	4202.20	4190.02	253.56	400.56	1673.68	938.07

数据来源:历年江苏省统计年鉴

(二)行业经济效益

1. 行业盈利能力下降

2014年,江苏省规模以上农副食品加工行业创造利润总额253.56亿元,同比下降2.4%;实现利税总额400.56亿元,同比增长2.5%。利润总额和利税总额增速分别低于同期规模以上工业10.5个和5.6个百分点。

2. 企业亏损面大幅上升

2014年,江苏省规模以上农副食品加工企业亏损面为7.07%,与2013年相比,上升1.12个百分点;与2010年相比,上升了2.93个百分点。

3. 利税指标有所回落

2014年,江苏省规模以上农副食品加工业产值利税率和销售利税率分别为9.53%和9.56%,比2013年分别下降了0.73个百分点和0.74个百分点,基本与2012年持平。

4. 资产负债率有所回落

2014年,江苏省规模以上农副食品加工业资产负债率为56.05%,比2013年下降了4.43个百分点,资产负债率经历2012年的大幅下降后再次回落。

5. 产品销售率微降

2014年,江苏省规模以上农副食品加工业产品销售率为99.26%,比2013年微升0.20个百分点。

6. 成本费用利润率下降

2014年,江苏省规模以上农副食品加工业成本费用利润率为6.44%,比2013年下降0.84个百分点。成本费用利润率经历2008年以来的5连增后,首次出现下降。

7. 流动资产周转次数进一步加快

2014年,江苏省规模以上农副食品加工业流动资产周转次数创近几年新高,达到4.99次/年,比2013年增长0.50次/年。

2010—2014年江苏省规模以上农副食品加工业主要经济指效益标

指标	2010年	2011年	2012年	2013年	2014年
企业亏损面(%)	4.14	4.57	6.44	5.95	7.07

续表

指标	2010 年	2011 年	2012 年	2013 年	2014 年
产值利税率(%)	8.66	9.22	9.46	10.26	9.53
销售利税率(%)	8.64	9.25	9.58	10.30	9.56
资产负债率(%)	67.26	65.90	60.51	60.48	56.05
产品销售率(%)	98.81	99.26	99.05	99.46	99.26
成本费用利润率(%)	5.90	6.75	6.97	7.28	6.44
流动资产周转次数(次/年)	3.40	3.38	4.44	4.49	4.99

数据来源：历年江苏省统计年鉴

四、浙江省农副食品加工业基本情况

（一）行业经济总量

2014 年，浙江省拥有规模以上农副食品加工企业 776 家，比上年减少 8 家；实现工业总产值 1070.19 亿元，同比增长 2.4%；年末资产总额 772.28 亿元，同比增长 4.7%；完成主营业务收入 1049.01 亿元，同比增长 0.7%。

2010—2014 年浙江省规模以上农副食品加工业主要经济指标　　个，亿元

指标	企业单位数	工业总产值	主营业务收入	利润总额	利税总额	资产总计	负债总计
2010 年	1123	775.51	761.33	31.46	42.58	595.70	393.44
2011 年	686	845.81	845.13	32.99	46.45	629.35	415.59
2012 年	747	948.23	946.81	34.60	49.08	677.89	432.92
2013 年	784	1045.48	1041.74	38.77	55.61	737.77	459.95
2014 年	776	1070.19	1049.01	34.97	53.17	772.28	473.64

数据来源：历年浙江省统计年鉴

（二）行业经济效益

1. 行业盈利能力下降

2014 年，浙江省规模以上农副食品加工业实现利润总额 34.97 亿元，同比下降 9.8%；实现利税总额 53.17 亿元，同比下降 4.4%。增速均低于同期工业水平。

2. 企业亏损面回落

2014 年，浙江省在 776 个规模以上农副食品加工企业中，有 95 家企业出现亏损，企业亏损面为 12.24%，比 2013 下降了 0.13 个百分点。

3. 利税率指标回落

2014 年，浙江省规模以上农副食品加工业“每百元主营业务收入实现利税”和“每百元固定资产原值实现利税”指标有所下降。规模以上农副食品加工业“每百元主营业务收入实现利税”为 5.07 元，比 2013 年下降了 0.27 元；“每百元固定资产原值实现利税”为 20.79 元，比上年下降了 2.59 元/百元。

4. 产品销售率及出口交货值占工业销售下降

2014 年，浙江省规模以上农副食品加工业产品销售率延续了 2012 年的下降态势，比 2013 年下降 0.44 个百分点。2014 年，浙江省规模以上农副食品加工业出口交货值占工业销售为 15.82%，比 2013 年下降 0.07 个百分点。

5. 新产品产值率持续上升

2014 年，浙江省规模以上农副食品加工业新产品产值率为 11.96%，比 2013 年增长了 0.11 个百分点。

2010—2014 年浙江省规模以上农副食品加工业主要经济效益指标

指标	2010 年	2011 年	2012 年	2013 年	2014 年
企业亏损面(%)	9.97	6.56	9.10	12.37	12.24
每百元固定资产原值实现利税(元)	22.77	24.70	24.46	23.38	20.79
每百元主营业务收入实现利税(元)	5.59	5.50	5.18	5.34	5.07
产品销售率(%)	96.55	98.26	98.18	97.37	96.93
出口交货值占工业销售(%)	18.02	17.04	15.58	15.89	15.82
新产品产值率(%)	9.69	11.81	10.53	11.85	11.96

数据来源：历年浙江省统计年鉴

（三）不同所有制企业经营情况

1. 私营企业

从企业所有制来看，在农副食品加工业中，浙江省私营工业企业在农副食品加工业中占据支柱地位。2014 年，浙江省规模以上私营工业企业数为 561 家，占全省规模以上农副食品加工业企业单位数的比重高达 72.3%，比去年上升 0.6 个百分点；完成工业总产值为 600.36 亿元，同比增长 3.8%，占全省规模以上农副食品加工业总产值的比重为 56.1%，同比上升 0.8 个百分点；主营业务收入为 581.07 亿元，同比增长 2.0%，占全省规模以上农副食品加工业主营业务收入的比重为 55.4%，同比上升 0.7 个百分点；年末资产总额为 432.33 亿元，占全规省模以上农副食品加工业年末资产总额的比重为 56.0%；创造利润总额为 23.77 亿元，占全省规模以上农副食品加工业利润总额的比重为 68.0%；创造利税总额为 34.49 亿元，占全省规模以上农副食品加工业利税总额的比重为 64.9%。

从行业经济效益指标来看，规模以上私营农副食品加工企业“每百元固定资产原值实现利税”指标位居前列，2014 年数值为 24.91 元，而同期国有及国有控股企业、外商投资和港澳台投资企业的这一指标值为 9.06 元和 13.67 元。此外，私营农副食品加工企业新产品产值率亦很高。2014 年，浙江省规模以上私营农副食品加工企业新产品产值率达到 12.29%，远高于国有及国有控股农副食品加工企业的 6.95%及外商投资和港澳台投资农副食品加企业的 8.59%。

2. 国有及国有控股企业

2014 年，浙江省拥有规模以上国有及国有控股农副食品加工企业 17 家，与去年持平；完成工业总产值 38.41 亿元，同年增长 1.1%；实现主营业务收入 36.77 亿元，同比增长 2.8%；年末资产总计 28.93 亿元，同比增长 6.2%；负债合计 17.40 亿元，同比增长 10.1%；实现利润总额 0.68 亿元，同比下降 35.2%；实现利税总额 1.21 亿元，同比下降 24.8%。

从行业经济效益指标来看，与其他企业相比，国有及国有控股企业各项指标均处于中下游。

3. 外商投资、港澳台投资企业

2014 年，浙江省拥有规模以上外商投资和港澳台投资农副食品加工企业 57 家，比 2013 年减少 8 家；完成工业总产值 172.36 亿元，同比下降 3.4%；实现主营业务收入 166.45 亿元，同比下降 5.3%；年末资产总计 120.99 亿元，同比下降 7.9%；负债合计 66.26 亿元，同比下降 15.8%；实现利润总额 3.30 亿元，同比下降 49.2%；实现利税总额 7.75 亿元，同比下降 15.9%。

与其他企业相比，外商投资和港澳台投资农副食品加工企业的出口比重相对较高。2014 年，浙江省外商投资和港澳台投资农副食品加工企业出口交货值占销售产值的比重为 27.45%，而同期国有及国有控股企业出口交货值占销售产值的比重为 18.68%，私营企业出口交货值占销售产值的比重仅为 16.61%。

2013—2014 年浙江省规模以上农副食品加工业不同所有制企业主要经济指标

指标	国有及国有控股企业		私营企业		外商投资和港澳台投资企业	
	2013 年	2014 年	2013 年	2014 年	2013 年	2014 年
企业单位数(个)	17	17	562	561	65	57
其中：亏损企业数	3	2	55	58	18	14
工业总产值(亿元)	37.99	38.41	578.22	600.36	178.38	172.36
资产总计(亿元)	27.25	28.93	414.41	432.33	131.34	120.99
负债合计(亿元)	15.81	17.40	253.42	259.43	78.69	66.26
主营业务收入(亿元)	35.76	36.77	569.44	581.07	175.82	166.45
利润总额(亿元)	1.05	0.68	22.89	23.77	6.49	3.30
利税总额(亿元)	1.61	1.21	32.89	34.49	9.21	7.75
每百元固定资产原值实现利税(元)	11.78	9.06	24.88	24.91	20.52	13.67
每百元主营业务收入实现利税(元)	4.50	3.29	5.78	5.94	5.24	4.05
产品销售率(%)	96.54	99.89	96.73	96.31	98.00	96.84
出口交货值占工业销售(%)	19.62	18.68	15.60	16.61	31.28	27.45
新产品产值率(%)	10.77	6.95	13.05	12.29	8.08	8.59

数据来源：历年浙江省统计年鉴

五、安徽省农副食品加工业基本情况

（一）行业经济总量

2010—2014 年安徽省规模以上农副食品加工业主要经济指标

个，亿元

指标	企业单位数	工业总产值	主营业务收入	利润总额	资产总计	负债总计
2010 年	1542	1305.48	1270.53	93.21	565.87	275.73
2011 年	1303	1872.72	1839.44	104.71	716.04	346.64
2012 年	1440	2225.42	2206.33	120.39	834.24	409.19
2013 年	1553	2555.75	2501.97	131.33	970.30	480.05
2014 年	1641	2844.70	2753.34	131.48	1060.58	504.16

数据来源：历年安徽省统计年鉴

2014年，安徽省拥有规模以上农副食品加工企业1641家，比上年增加88家；实现工业总产值2844.70亿元，同比增长11.3%；年末资产总额1060.58亿元，同比增长9.3%；完成主营业务收入2753.34亿元，同比增长10.0%；实现利润总额131.48亿元，同比增长0.1%；负债总计504.16亿元，同比增长5.0%。

（二）省行业经济效益

1. 行业盈利能力下降

2014年，安徽省规模以上农副食品加工业实现利润131.48亿元，比上年微增0.1%，好于同期工业利润增长速度，但是行业盈利能力下降。

2. 总资产贡献率持续回落

经历2012年的上涨之后，安徽省规模以上农副食品加工业总资产贡献率持续回落。2014年安徽省规模以上农副食品加工业总资产贡献率为18.30%，比上年回落了1.56个百分点，但高于同期工业5.15个百分点。

3. 资产负债率大幅降低

2014年，安徽省规模以上农副食品加工业资产负债率为47.54%，比上年下降了1.93个百分点，低于同期工业10.45个百分点，为近5年来最低水平。

4. 流动资产周转次数微增

2014年，安徽省规模以上农副食品加工业流动资产周转次数为4.82次/年，比上年微增0.01次/年，高于同期工业1.95个百分点。

5. 工业成本费用利润率持续下降

近几年来，安徽省规模以上农副食品加工业工业成本费用利润率持续回落。2014年，安徽省规模以上农副食品加工业工业成本费用利润率为5.00%，为近5年来最低水平。

6. 产品销售率微增

2014年，安徽省规模以上农副食品加工业产品销售率为98.48%，比上年微增0.11个百分点，高于同期工业0.93个百分点。

2010—2014年安徽省规模以上农副食品加工业主要经济效益指标

指标	2010年	2011年	2012年	2013年	2014年
总资产贡献率(%)	21.62	19.88	20.31	19.86	18.30
资产负债率(%)	48.73	48.41	49.05	49.47	47.54
流动资产周转次数(次/年)	4.39	4.73	4.90	4.81	4.82
工业成本费用利润率(%)	7.77	6.01	5.78	5.50	5.00
产品销售率(%)	97.75	99.14	98.84	98.37	98.48

数据来源：历年安徽省统计年鉴

十九 长三角通讯服务业

一、长三角通讯服务业总体情况

2014年，长三角邮电业务总量为4858.79亿元，比上年增长31.7%；固定电话用户为5455.53万户，下降7.8%；移动电话用户为22950.06万户，增长3.5%；固定宽带接入用户为4197.06万户，增长6.4%。

2010—2014年长三角邮电业基本情况

指标	2010年	2011年	2012年	2013年	2014年
邮电业务总量(亿元)	5483.32	2699.33	3187.75	3690.27	4858.79
固定电话用户(万户)	6664.23	6489.20	6254.53	5917.13	5455.53
移动电话用户(万户)	16130.35	18320.85	20532.54	22173.47	22950.06
固定宽带接入用户(万户)	2817.22	—	—	3942.99	4197.06

数据来源：历年上海市、江苏省、浙江省、安徽省统计年鉴

二、上海市通讯服务业

2014年，上海市邮政电信业务总量746.09亿元，比上年增长21.6%。其中，邮政业务总量310.53亿元，电信业务总量596.99亿元，同比分别增长20.0%和22.5%。固定电话用户840.18万户，比上年减少29.06万户；移动电话用户3292.74万户，增加92.09万户；3G及4G移动电话用户1664.15万户，增加516.75万户。全年长途通话时长254.65亿分钟，比上年下降1.6%；移动电话通话时长 210.77亿分钟，增长0.4%。固定电话普及率34.6%，比上年下降1.4个百分点；移动电话普及率135.7%，比上年上升3.2个百分点。移动互联网用户2562.70万户，比上年增加233.60万户；移动互联网接入流量5829.10万G，增长36.5%；互联网用户普及率为75.7%，比上年增长2.2个百分点。固定互联网宽带接入用户672.30万户，增长7.4%；家庭宽带接入用户普及率为55.2%，比上年增长1.1个百分点。

三、江苏省通讯服务业

江苏省邮政电信业保持较快发展。2014年，江苏省邮政电信业务总量1680.80亿元，比上年增长34.2%。其中，邮政业务总量359.00亿元，电信业务总量1321.80亿元，同比分别增长33.2%和34.5%。邮政电信业务收入1153.40亿元，同比增长4.1%。其中，邮政业务收入299.50亿元，同比增长27.0%；电信业务收入853.90亿元，同比下降2.4%。局用交换机总容量2767.55万门，比上年减少578.75万门。固定电话用户2133.61万户，比上年末减少156.20万户。其中，城市电话用户1222.91万户，乡村电话用户910.70万户。移动电话用户8070.35万户，比上年末净增128.40万户。电话普及率达129部/百人，与上年末持平。长途光缆线路总长度3.62万千米，新增0.03万千米。互联网用户1523.35万户，新增92.00万户。3G移动电话用户发展态势良好，全年新增306.00万户，达到3173.60万户，占移动电话用户总数的39.3%，居全国第三位；其中TD－SCDMA电话用户数达1541.40万户，占3G移动电话用户数的48.6%。4G移动电话用户达到921.40万户，占全国4G

移动电话用户数9.0%,居全国第二位。

四、浙江省通讯服务业

2014年,浙江省实现邮电业务总量1684.46亿元,比上年增长42.9%。2014年末,浙江省电话用户1641.91万户,比上年减少7.8%。其中,城市电话用户1128.54万户,农村电话用户513.37万户。2014年末,浙江省移动电话用户7371万户,全年新增299万户;互联网用户数为6371万户,全年新增373万户;固定互联网宽带接入用户数为1276万户,全年新增33万户。2014年,浙江省电话交换机容量1769万门,比上年减少844万门;固定长途电话交换机容量851520路端,与上年持平;移动电话交换机容量11141万户,比上年增加334万门;长途光缆25744千米,比上年减少57千米。2014年,浙江省人均邮政、电信费用支出1987元,比上年增加151元;固定电话普及率为30.0部/百人,下降2.4部/百人;移动电话普及率134.6部/百人,增加5.9部/百人。

五、安徽省通讯服务业

2014年,安徽省实现邮电业务总量586.01亿元,比上年增长14.1%。2014年末,安徽省电话用户839.83万户,比上年减少万136.90户。其中,城市电话用户532.25万户,农村电话用户307.58万户。固定长途电话通话时长28.62亿分钟。2014年末,安徽省移动电话用户4215.97万户,全年新增257.10万户,3G移动电话用户1678.52万户,新增284.38万户,移动短信业务量219.27亿条;固定互联网宽带接入用户数为725.41万户,全年新增82.77万户。2014年,安徽省电话交换机容量917.05万门,比上年减少123.95万门;固定长途电话交换机容量204090路端,比上年减少44026路端;长途光缆882040芯千米,比上年增加59178芯千米。2014年,安徽省城市固定电话普及率为56.6部/百人,增加3.7部/百人,移动电话普及率208.1部/百人,增加21.9部/百人;农村固定电话普及率为46.7部/百人,增加8.0部/百人,移动电话普及率193.2部/百人,增加12.1部/百人。

六、长三角通讯服务业发展措施

(一)上海市

1.继续保持规模优势,维持较高普及水平,提升基础设施实力,持续推进共建共享。深入构建、优化、升级和完善信息通信基础设施,大力推进“城市光网”和“无线城市”的建设,至“十二五”期末,基本实现“百兆到户、千兆到楼、T级出口”的网络覆盖能力,光纤覆盖用户数达到900万,户均接入带宽超过50Mbps;基本实现无线宽带全覆盖,基本实现主要公共场所无线局域网全覆盖,覆盖密度和网络质量达到国内领先;加强对互联网数据中心(IDC)集中式和规模式部署。

加深共建共享工作力度,拓宽共建共享范围,从基站、铁塔、杆路,逐步向管道和室内分布系统延伸,在节约资源和保护环境等方面取得明显成效。做好虹桥枢纽、大飞机制造、洋山深水港、迪士尼等重点项目的通信基础设施的共建共享。基础电信企业的设施共建共享率在完成工业和信息化部相关考核指标的基础上,继续保持全国领先水平。加快建设共建共享信息平台,使共建共享工作流程制度化、资源情况直观化、综合管理智能化,新建小区通信基础设施基本实现共建共享。

2.深化普及信息服务,积极培育新兴业态。大力发展生产性信息服务和民生性信息服务,加快传统电信服务向融合化、多媒体化、集成化信息服务转型。充分发挥通信网络、通信技术、通信服务的整体优势,推动信息通信技术在社会、经济各领域的广泛应用。

发展和完善面向行业信息化应用的集成化解决方案，促进信息通信技术助力优化传统工业技术、生产流程、经营管理、企业组织模式等，推动传统产业升级。大力推进信息通信服务在教育、医疗、社会保障、社区服务、智能出行、城市账单等民生性社会公共服务领域的应用。加快宽带网络的延伸与普及，在构建社会行政管理、信息采集发布、便民利民服务等方面发挥信息通信服务的作用。

加强研究和探索，积极培育和发展移动互联网、云计算、物联网等信息服务新兴业态。鼓励基础电信企业、增值电信企业和社会力量积极发展移动互联网业务、应用和服务；依托国家云计算发展试点示范工程建设，推进云计算网络的部署和应用开发；切合物联网发展的需要，推进通信网与传感器网络、物联网的融合应用。

3. 强化安全应急能力，显著提高保障水平。增强信息通信基础设施安全防护能力，健全完善网络与信息安全积极防御架构，全面提升网络与信息安全事件的监测、发现、预警和处置能力，提高行业网络与安全保障意识。

密切跟踪新技术新业务的发展及可能带来的信息安全隐患，做好电信新业务信息安全评估和防范工作。

继续加强覆盖全行业、跨越多部门、包含多层级的网络与信息安全综合服务保障体系，确保信息通信网络生态环境更加安全可信、健康有序。

增强应急通信保障预案的完整性、有效性、针对性、可操作性，着重加强应急通信保障的指挥调度、协调联动、保障支撑、逐级衔接。

完善应急通信网络基础设施，依托国家通信应急指挥调度平台，在本市建成独立运行的、不依赖于公共通信网的应急专用通信保障网络，形成纵向与国家应急系统连接、横向与本市应急系统互通的应急通信保障网络体系，提升应急通信保障服务水平，逐步形成全社会广泛参与、协调有序的应急通信服务保障体系。

4. 加快“三网融合”进程，推进区域协同合作。按照国家和市委市政府的部署，积极探索通信网、互联网、广播电视网的深度融合，加快推进“三网融合”国家战略的落实与实施。充分协商研究，合理制定具体工作方案与工作计划，健全和完善针对“三网融合”相配套的、具有上海特色的、分业监管与合作联动相结合的工作体制。

大力推动“三网融合”的业务创新和应用，切实做好市场许可、互联接入、运营维护、联动保障、内容管理、用户服务、网络安全、信息安全等各项相关工作。争取在“基础设施能级、试点业务规模、运营管理模式、应用服务水平、重点产业发展”等五大领域达到全国领先的目标。

推进与江苏、浙江通信业的协同合作，建立和健全覆盖长三角地区、涵盖通信运营服务和监管的区域沟通交流、协同合作与共建共享机制，携手结成战略合作联盟。

探索建立通信行业监管、基础电信企业、行业组织、第三方专业机构等各方共同推进长三角地区通信业一体化的协调组织机制；针对重大专项工作，共同研究协商，步调一致；积极推进和创新区域性网络基础设施统筹规划的协同协作机制；探索长三角三省一市互相配合，协同办理异地通信业务、监管服务等快速便捷方式。

参与和研究推进长三角地区成为国家级自主创新综合示范区的建设；支撑地方政府推进交通、能源、环保、信用、社保等区域一体化建设，促进长三角区域一体化建设走在全国前列。

（二）江苏省

1. 加快落实“宽带中国”战略。省通信管理局通过推动省政府出台“宽带中国”战略实施意见；争取省政府出台 3000 万元配套监测系统建设、5000 万元“以奖代补”直联点专项资金；与省环保厅签订

环评合作协议；协调省国税局解决电信业营改增后转供电电费的增值税抵扣；联合省住建厅制定《通信用户驻地网室内无线信号覆盖系统建设标准（送审稿）》等举措为企业营造了健康良好发展环境。各基础电信运营企业全力配合、扎实推进，“宽带江苏”建设成效显著：一是认真落实省政府“宽带中国”战略实施意见，开展好江苏“宽带中国”2014 专项行动。提前一年超额完成“十二五”1350 亿元的投资计划。二是全省通信业积极配合地方政府参与“宽带中国”示范城市申报，南京、苏州、镇江、昆山 4 市成功申报，成为“宽带中国”示范城市数量最多的省份。三是在全国率先建成开通了南京互联网骨干直联点。四是开展南京、无锡地铁等公用通信网建设，地铁“自建共维”模式日趋完善。五是积极向省政府、集团公司沟通、汇报，推动省政府与四大集团公司签署了下一个五年的信息基础设施战略合作协议。截至 2014 年 12 月底，全省光纤到户用户数达 644.2 万户；光纤到户覆盖家庭达 1984 万户，居全国第 2 位。TD－LTE 基站建成站点超过 6 万个，全省所有地市、县城主要城区实现全覆盖，FDD/TDD 融合试验也加快了建设进度。自 2008 年开展共建共享以来，全省通信行业累计共建共享基站 1.59 万个、铁塔 1.14 万座、杆路 3200 多公里，节约建设资金 44.3 亿元。

2. 着力营造良好市场秩序。一是扎实推进行业纠风工作，垃圾短信全面实现“00000”一键退订，修改（含新增）格式条款 166 条，认真做好流量消费提醒。二是认真做好电话用户实名制工作，全省新增电话用户实名登记率达到 100%，全部电话用户实名登记率达到 89.4%。三是努力维护校园市场规范，加强自律与自查，校园电信营销工作总体平稳有序。四是积极开展移动转售业务，截至 2014 年 12 月，苏宁互联、蜗牛科技、国美、北京乐语世纪等 10 家转售企业已经在江苏部分城市开始放号，用户约 19 万。五是认真做好用户投诉、咨询等工作，2013 年，全省电信用户满意度达到 80.57 分，处于全国较高水平。在通信建设市场领域，一是通信建设项目备案达 190 件，企业招标项目进场交易率达 99.4%。二是全省通信建设领域从业人员积极参与 2014 年江苏省通信建设工程安全管理知识竞赛和培训，安全生产意识和水平有了新提高。

3. 加强监管、提升行业服务质量。通信监管机构重点抓好了市场份额预警管理、校园电信营销、电话用户实名登记、基础设施共建共享、通信建设市场管理等工作，特别是针对服务营销、资费收费、网络质量和垃圾短信等问题，开展了电信行业纠风工作，督促企业提升规范化服务水平。各运营企业大力加强内部管理、完善服务流程、创新服务模式，努力营造放心消费环境。全省通信行业发展规范有序，服务水平显著提升，行业的社会形象进一步改善。

4. 协力维护网络信息安全。一是全省基础电信企业认真开展网络信息安全责任考核，网站备案、整治网络淫秽色情、打击伪基站“护网行动”等一系列专项行动，确保网络信息安全。二是配合开展各类专项行动 10 余项，关闭非法网站 549 个，协助破获伪基站案件 136 起；强化网络安全防护，协调处置网络安全事件 14.6 万起，发函通报重要单位网站篡改事件 1329 起。网络与信息安全管理体制更加完善、手段更趋全面、能力持续提升，为江苏通信行业的持续健康发展提供了有力支撑。

（三）浙江省

1. 加强行业规划指导。进一步发挥行业监管部门的统筹规划和指导作用，加强对规划执行情况的监督。加强网络基础设施建设的统筹、协调，优化网络投资，促进网络结构的优化。积极跟踪研究通信技术演进趋势和业务市场发展动向，积极应用新一代移动通信网、下一代互联网、云计算、物联网等关键新技术，鼓励创新，加强新业务、新应用的研究和开发，结合浙江省特点，对新技术和新业务带来的影响进行科学评估与研究，适时提出相应的指导性意见。指导通信运营企业推进“节能减排”工作。

2. 积极争取国家和省有关政策及资金支持，提升农村信息服务水平。在网络信息安全管理、应急通信保障体系建设、农村信息网络应用和终端补贴等方面积极争取国家和省的相关资金、政策支持。进一步深化信息通信普遍服务，推进实施信息通信服务均等化。加快宽带网络等信息基础设施向农村及偏远地区普及延伸，提高社会公益机构的网络覆盖水平；加快信息通信技术和网络在基本公共服务体系中的应用，改善农村地区的通信服务能力和水平；加强信息化应用的推广工作，深度开发和应用各类涉农信息资源，不断提升农村信息化水平。

3. 推进网络信息安全相关立法建设。紧密跟踪通信网络和新技术新业务发展，加强顶层设计和统筹谋划，加快推进网络信息安全相关立法和标准体系建设，切实统筹处理好安全与发展的关系。加强通信网络与信息安全基础设施建设，延伸和拓展系统业务能力。综合运用法律、技术等手段，加强网络信息安全监管，深入落实企业安全责任，全面开展新技术、新业务安全评估，营造良好的网络环境。落实通信网络安全防护标准，加强域名系统安全管理，拓展和深化通信网络安全防护和应急管理，提高通信网络安全防护水平。健全和完善工作机制，形成工作合力。加强国际和地区网络信息安全合作，增进理解、凝聚共识，树立良好的外部形象。

4. 培育壮大新兴服务业态。统筹云计算基础设施布局，共享共建云计算基础设施和服务平台，促进形成云计算公共服务体系。

发展云计算服务。统筹云计算基础设施布局，共享共建云计算基础设施和服务平台，促进形成云计算公共服务体系。推进有条件的企业和政府部门率先利用云计算改造内部信息化流程和IT基础设施。支持云计算服务创新和商业模式创新，开展重点领域试点示范和优先应用。

繁荣移动互联网产业。打造基础设施－应用平台－智能终端的价值链生态体系，积极推动跨界融合，大力发展移动支付等跨行业业务，大力发展手机视频、手机阅读等数字文化业务。

加快发展电子商务。开发第三方电子商务平台，支持网上交易、信用支付等关联系统的集成和升级。开展移动电子商务创新和应用示范，完善移动电子商务产业链，重点推动中小企业电子商务应用，推动电子商务诚信体系建设。

加快物联网产业化进程。加强物联网研发和标准化，逐步完善物联网标准体系。加强专业化公共服务平台建设和公共支撑机构建设，形成资源共享、优势互补的产业公共服务体系。加强物联网先导应用示范，积极探索应用模式和商业模式，促进应用与产业协调发展。

（四）安徽省

1. 加强战略规划指导。加强下一代国家信息基础设施发展的国家战略指导，明确国家信息基础设施顶层架构，制订发布“宽带中国”战略、下一代互联网战略行动计划和物联网发展指导意见。统筹实施宽带网络基础设施、互联网、物联网、网络与信息安全、应急通信和无线电管理等专项规划。建立跨行业的信息基础设施统筹规划机制，将信息基础设施规划纳入城乡规划，加强土地利用、水电配套等方面对基础网络设施和应用服务设施的支持。加强技术标准规范建设，将用户驻地网建设纳入住宅建筑规范，在市政、建筑物新建或改扩建时，预留光纤、无线宽带等配套设施建设条件。研究出台节能减排、低效无效资产有序退出等相关配套政策和支持互联网、增值电信业务发展的指导意见。

2. 完善普遍服务机制。积极推动综合利用财政资金、国有资本收益金等多种资金来源，扩大普遍服务政策实施范围和服务内容，研究设立普遍服务基金。推动制订普遍服务成本补偿办法，探索建立与之相适应的部省联动补偿机制。争取中西部地区基础网络和应用服务设施建设在产业布局、设施配套等方面予以优先保障。

3. 完善市场监管体系。建立电信市场发展及预警报告机制，强化市场竞争行为监管。加强电信市场监管信息系统和技术平台建设，探索建立电信监管绩效评估和政策评估制度。抓好互联互通，完

善网间结算办法。强化电信服务质量监管，着力规范和引导增值领域的服务行为。规范电信企业价格行为，提高电信资费透明度。加强对增值电信业务的监管，优化增值电信业务结构。完善部、省、企业三级网站备案系统支撑体系，提高网站备案率和备案信息准确率。进一步明确并落实互联网企业责任，加强对重点企业、重点业务的监督检查。完善技术手段，加强移动智能终端安全管理。完善手机淫秽色情专项治理的长效机制。明确行业协会和中介机构的积极作用。

4. 加强人才队伍建设。支持企业加大重点领域人才资源开发力度，加大经费投入和政策倾斜，引进海内外高层次人才。鼓励企业在人才培养和用人机制等方面，对技术力量薄弱的中西部地区采取适当的倾斜政策。完善科技创新激励机制，提高专业技术人才自主创新和参与科研成果产业化的积极性和主动性。依托重大专项和重点工程，建立和完善产学研合作的人才培养模式。提高企业教育和培训经费提取比例，加强事业单位教育和培训工作，完善继续教育和在职培训机制。优化教育学科配置，完善产业后备人才队伍建设。加强电信监管人才队伍建设。

第二章　长三角地区社会发展专题报告

一　城市化发展

（一）一市三省城市化发展

表1　2012—2014年长三角地区一市三省城镇人口比重(%)

	2012年	2013年	2014年
上海市	89.8	90.0	90.3
江苏省	63.0	64.1	65.2
浙江省	63.2	64.0	64.9
安徽省	46.5	47.86	49.15

（二）省辖市城市化发展

表2　2012—2014年长三角地区各省辖市城镇人口比重(%)

	2012年	2013年	2014年
一、江苏省			
南京市	80.20	80.5	80.9
无锡市	72.9	73.7	74.5
徐州市	56.7	58.1	59.5
常州市	66.2	67.5	68.7
苏州市	72.3	73.2	74.0
南通市	58.7	59.9	61.2
连云港市	54.4	55.7	57.1
淮安市	53.5	55.1	56.5
盐城市	55.8	57.2	58.5
扬州市	58.8	60.0	61.2
镇江市	64.2	65.4	66.6
泰州市	57.9	59.0	60.2
宿迁市	51.0	52.4	53.7
二、浙江省			
杭州市	74.3	74.9	75.1

续表

	2012 年	2013 年	2014 年
宁波市	69.4	69.8	70.3
温州市	66.7	67.0	67.2
嘉兴市	55.3	57.1	59.2
湖州市	55.1	56.0	57.4
绍兴市	60.1	61.0	62.1
金华市	61.4	62.2	63.3
衢州市	46.6	47.7	49.0
舟山市	65.3	65.8	66.3
台州市	56.9	58.1	59.5
丽水市	52.5	53.8	55.2
三、安徽省			
合肥市	66.4	67.8	69.1
淮北市	57.2	58.5	59.8
亳州市	33.0	34.4	35.7
宿州市	34.8	36.2	37.4
蚌埠市	48.3	49.7	50.9
阜阳市	34.9	36.2	37.5
淮南市	65.3	66.7	67.9
滁州市	45.1	46.5	47.8
六安市	38.9	40.2	41.4
马鞍山市	61.2	62.6	63.9
芜湖市	58.0	59.4	60.7
宣城市	46.7	48.1	49.3
铜陵市	76.3	77.6	78.7
池州市	47.5	48.8	50.1
安庆市	39.6	41.0	42.2
黄山市	44.4	45.7	47.0

（三）促进城市化发展的措施与进展

上海

1. 加快形成城乡发展一体化配套机制和政策体系

致力于转变农村生产生活方式，继续推动城市建设重心向郊区转移、公共资源配置向郊区倾斜，加快形成与城乡发展一体化相适应的体制机制和政策体系。

2. 推进以人为核心的新型城镇化建设

结合新一轮城市总体规划编制，推进城市有机更新，促进新城产城融合、有序发展；分类推进镇域发展，加快编制镇村规划，制定实施不同类型镇的公共设施配置标准，强化非建制镇服务管理，支持有条件的镇发展特色产业；加强历史文化名镇名村保护开发；加强建设连接中心城与郊区的重要交通线和区区对接道路。

3. 推进四项改革，解决"新二元结构"

推进公共资源供给均等化，加强外来务工人员社会保障制度建设；促进外来务工人员社区融入，建立社会引导和利益诉求机制，提高外来务工人员的上海城市发展的社会价值认同和城市社会的生活适应能力。推进的四项改革即公共资源供给方式改革，逐步推进资源配置均等化；社会保障制度安排改革，逐步推进"综保"和"城保"并轨；社区服务体系改革，促进外来务工人员社区融入；社会管理体制改革，建立社会引导和利益诉求机制。

4. 合理控制土地开发强度，加大生态建设和保护力度

开展城市总体规划实施评估深化和城市发展战略研讨，形成《上海市城市总体规划实施评估报告》《上海新一轮城市总体规划编制的工作方案》和《关于上海新一轮城市总体规划编制的指导意见》；修改完善金山、松江、青浦、奉贤南桥、崇明城桥 5 个新城的总体规划；选取松江佘山，青浦白鹤、华新，奉贤青村 4 个试点新市镇开展新一轮新市镇总体规划编制，明确各新市镇的功能定位、发展性质和发展规模等，引导地区发展；严守耕地保护红线，严格土地用途管制；开展村庄规划编制试点，探索上海农村地区规划编制、建设管理及规划实施的策略，其中奉贤区拾村村"村庄规划"被住房城乡建设部列为全国 28 个村庄规划示范之一。

5. 加强资源节约和环境保护，促进城市可持续发展

着眼于建设生态宜居城市，加快建立健全生态文明制度体系，推动绿色发展、循环发展、低碳发展；加强资源节约集约利用；推进生态保护红线划定，健全生态补偿机制；推进低效建设用地减量化，创新工业区二次开发机制，完善节约集约用地标准体系，加强土地利用全生命周期管理，开展违法用地、闲置用地专项整治；建成不动产统一登记信息平台；完善节能标准体系和能源管理体系，严格执行固定资产投资项目节能评估和审查制度，加强工业、建筑、交通等重点领域节能减排；积极发展装配式建筑；加快黄浦江上游金泽水源地建设。

江苏

1. 打破户籍坚冰，市民化进程提速

2014 年，江苏有序推进农业转移人口市民化，全面推行城乡户籍统一登记管理和外来人口居住证制度。在特大城市和大城市中心城区建立以居住证为基础，以就业年限、居住年限和城镇社会保险参

加年限为基准的积分制落户政策，此外全面放开城镇落户限制。

省辖市范围内本地居民的户口通迁政策也在加速推进。苏州、无锡规定，本地居民在本市范围内具有合法稳定的住所就不受就业的限制，可在省辖市范围内户口通迁；2014 年 12 月 1 日起，南京江宁、原江浦、六合、溧水、高淳"老五县"也与主城区实现户口通迁。

通过打破户籍制度的"坚冰"、打通公平有序的政策通道，真正实现人在哪里、服务和管理就跟进到哪里。为此，江苏正加快构建集居住登记、房屋租赁、劳动就业、社会保障、计划生育、缴税收费等服务管理功能为一体的人口综合信息系统，为市民化提供人口服务管理支撑。

2. 就地城镇化，建宜居宜业小城镇

优先发展、重点发展小城镇，提升小城镇对农民的吸引力和集聚力。加强小城镇定位和打造，重点开发中心镇区，实现产城融合，既要集聚产业，也要集聚人口，推进学校、医院、公共交通等功能的完善，城市管理、住房保障、医保、社保统筹同步跟上，让农民"进的来""留得住"更"过的好"。

常熟北翼的海虞镇中心镇 1.66 平方公里，是现代化新型小城镇，力争成为全国新型城镇化建设的示范点。宿迁在宿城区中扬、屠园、仓集三个乡镇试点城乡统筹试验区，探索后发地区加快脱贫奔小康的路径，如今，试验区里的 12 万居民人均收入增幅超过 15%。

3. 节约、集约、高效，做好"地"文章

实行最严格的耕地保护制度和最严格的节约集约用地制度，探索实行城镇建设用地增加规模与吸纳农业转移人口落户数量挂钩、与盘活存量建设用地规模挂钩的激励约束机制。适度增加发展潜力大、吸纳人口多的小城镇用地规模。强化主体功能区规划定位和开发强度标准设定的双约束，严格控制新增建设用地规模。

优化城市空间结构，划定城市增长边界，从空间扩张转向内涵提升，摊大饼式的建设模式将受到限制。

划定城市增长边界，南京是全国 23 座试点城市之一。南京新增用地指标主要用于战略项目，形成资源要素集聚，大幅提升地均效益。不仅生态功能区坚决不许碰，就是在建设区域内，也要设定开发时序，一届班子不能把下面几届的空间都搞完。

4. 延续文脉，让城乡重现碧水蓝天

把生态文明理念融入城镇化过程，在这一思想指导下，江苏延续城乡文脉，保存文化记忆。充分尊重城镇和乡村在产业结构、功能形态、空间景观、社会文化等方面的差异，因地制宜，优化城乡建筑设计，使平原地区更具田园特色，丘陵地区更具山村风貌，水网地区更具水乡风韵。乡村独特的民俗风情、民间演艺、传统体育和节庆文化正受到重点保护，具有传统建筑风貌和历史文化价值的住宅也正逐步修缮。城乡文化传承和保护体制机制加快创新。

2014 年，江苏提出实施蓝天工程、清水工程、绿地工程和美好城乡建设行动，以资源节约、环境保护和生态修复为途径，稳步提升城乡绿色、低碳、可持续发展能力，让城乡重现碧水蓝天。

淮安市南部的白马湖风景区，展开退渔还湖、退圩还湖、生态清淤等生态修复工程，重现水草丰美、湖水清澈的美景。

5. "PPP"试水，破解钱从哪里来

加快投融资体制改革，创新金融服务，放宽市场准入，逐步建立低成本、多元化、可持续的城乡建设资金保障机制等，PPP 模式由此而生。"PPP"指政府与社会资本通过建立"全过程"合作关系，为社会提供公共物品或服务，比如道路、桥梁、污水处理、节能项目等。江苏系全国推广运用 PPP 模式试点的首批省份，已设立省级 PPP 试点中心。

PPP模式建立的政府和企业利益共享机制，能使那些侧重取得长期稳定投资回报的市场主体，进入以往完全由政府提供的公共服务和公共工程领域，通过长期持有和运营，扩展生存和发展的新空间。

6. 发挥都市圈辐射带动作用，提升城乡发展一体化水平

优化城乡空间布局和形态。加快构建以沿江、沿东陇海线为横轴，以沿海、沿大运河为纵轴的城镇化空间布局，以城市群为主体形态，强化中心城市综合功能，发挥都市圈辐射带动作用和中小城市吸纳农业转移人口作用。积极推进市县"多规合一"。

提升城乡发展一体化水平。建立城乡统一的建设用地市场。推进城乡基础设施建设，新建改建农村公路4000公里、桥梁7000座，开通镇村公交的乡镇达585个，新开通城市轨道交通83公里。新增城镇生活污水日处理能力80万立方米，建设生活污水收集配套管网2500公里。

浙江

1. 以"三个有序"推进农业转移人口市民化

"人群有序"，引导同一行政区内、地域文化认同感更强的当地农业转移人口融入当地城镇，积极推进就地、就近市民化。在同等条件下，把受教育程度和收入水平相对较高、工作年限较长以及举家外迁、基本融入当地生活的农业转移人口，优先纳入市民化梯队，给予城镇人口的同等待遇。

"领域有序"，基于可操作性和财政承受能力，分轻重缓急、先易后难，集中解决推进市民化的紧迫问题，优先完善教育公共服务，健全公共就业创业服务体系，扩大社会保障覆盖面，改善基本医疗卫生条件，审慎推进住房保障，逐步实现城镇基本公共服务常住人口全覆盖。

"空间有序"，按照全省生产力布局和地区承载力，分区域、有重点地引导农业转移人口在不同地区、不同等级城镇间合理分布。结合浙江实际，把都市区范围内的中小城市和小城镇作为吸纳农业转移人口的重中之重，鼓励在都市区内流动的农业转移人口，积极向发展快、潜力大、转化成本较低的中小城市和小城镇集聚。

2. 稳步推进城镇常住人口基本公共服务均等化

因地制宜建立"居住证＋积分制"制度，稳步推进城镇基本公共服务覆盖常驻人口。适应城市经济社会发展需要，建立与积分评价相挂钩的梯度化公共服务供给制度，有序提高居住证持有者享有公共服务的水平。

3. 强化农业转移人口社会融入

加强农业转移人口技能和文化培训，全面开展转移就业技能培训，逐步实现人均一次以上的免费技能培训；加强科普宣传教育，提高农民工科学文化和文明素质；建立健全农业转移人口就业创业服务体系；建立多部门互连、各地区共享的省级就业创业信息服务平台，免费为农业转移人口提供职业信息登记查询、就业指导等公益性服务。

保障农业转移人口社会参与权利。保障农业转移人口依法享有民主权利，引导其加入党组织、工会组织和社团组织，有序参与企业和社区的民主决策、管理和监督；畅通农业转移人口的维权渠道，积极提供法律服务和援助，加强劳动争议、行政调解、司法调解工作；提高农业转移人口的城市社会认同感和归属感，建设包容性城市。

4. 调整优化城市化宏观布局

以主体功能区规划为引领统筹安排生产、生活、生态空间，按照主体功能定位，科学引导城乡生产

力合理布局。环杭州湾地区等优化开发区域，要加快打造现代产业体系，提高经济国际竞争力。加快构建新型城镇体系，提高基础设施一体化、网络化水平，引导人口、经济要素在不同城镇之间合理分布。沿海平原地区、舟山群岛新区和丘陵盆地地区等重点开发区域，要着力推进产业转型升级，聚集发展战略性新兴产业、先进制造业和现代服务业。着力增强中心城市综合服务功能，完善重大基础设施，加快人口、经济要素聚集。农产品主产区、重点生态功能区、生态经济区等限制开发区域，要限制大规模、高强度的工业化和城市化开发，引导人口、经济要素向县城等城镇适度聚集。各类禁止开发区域，要加快推进人口、产业向其他区域有序转移。

5. 围绕都市区，建设功能互补、大中小协调的城镇体系

加快建设杭州、宁波、温州和金华—义乌四大都市区，集聚高端要素，发展高端产业，带动周边县市一体化发展。杭州都市区要加快建成高技术产业基地和国际重要的旅游休闲中心、全国文化创意中心、电子商务中心、区域性金融服务中心，加快建设国家自主创新示范区；宁波都市区要加快建成全国先进制造业、现代物流、能源原材料基地和国家海洋经济发展示范区核心区，加快建设现代化国际港口城市；温州都市区要推进建设金融综合改革试验区和民营经济创新示范区，加快建成国家枢纽港、长三角南翼和海峡西岸经济区北翼的重要城市。

6. 促进都市区人口、产业合理分布和公共服务资源优化配置

科学引导人口均衡分布，加快产业空间重组、公共服务重置、交通体系重构，疏解中心城市过密人口，提高周边区域人口接纳和承载能力，促进都市区人口多中心分布；着力强化产业分工协作，按照“研发孵化在中心城市、制造转化在周边区域”的思路，在中心城市加快构建以服务经济为主的产业结构，在周边区域加快建设一批工业强县(市、区)和强县；按照“特色化发展、差异化竞争”的要求，减少周边区域之间重复建设和无序竞争；合理配置公共服务资源，强化中心城市高端公共服务资源的配置，增强其对高端产业、高端人才、高端要素的集聚能力；强化周边区域基本公共服务资源的配置，满足居住人口教育、医疗、文化等基本公共服务需求；推动中心城市优质公共服务资源向周边区域延伸，有效实现服务功能下沉。

安徽

1. 深化户籍制度改革

按照“总体放宽、区别对待、积极作为”原则，制定差异化的户口迁移政策，全面放开建制镇和小城市落户限制，合理确定合肥市落户条件，有序放开其他设区市落户限制。继续落实人才落户政策。引导更多农业转移人口有序向城镇转移。重点开发区域城市制定积极的人口迁入政策，加强人口聚集和吸纳能力建设，中心城市放开省域内落户限制，其他城市全部放开居民落户限制。推广铜陵经验，分层次逐步完善辖区内城乡户籍一元化管理改革，取消农业、非农二元户口性质区别，统一登记为居民户口。研究制定城乡统一的就业失业登记管理、义务教育、社会保险、社会救助、卫生计生等配套政策，逐步实现城乡居民社会福利一体化。全面落实居住证制度，按照权利义务对等、依次梯度赋权的原则，拓宽居住证的服务保障功能，使持有居住证的农业转移人口在公共服务方面与城镇居民逐步享受同等待遇。健全人口信息管理制度和城镇化人口统计相关调查制度。

2. 促进创业就业，完善住房供应体系

完善公共创业服务体系，优化创业环境，促进城乡劳动者平等就业，降低创业成本，激发创业活力。加强农民工创业政策扶持，强化创业培训，落实小额担保贷款及贴息，完善为小微企业服务的政策性担保体系，提供创业孵化服务，壮大创业指导师资队伍。

完善住房供应体系。认真落实廉租住房、公共租赁住房并轨运行政策，构建以公共租赁住房为主体的保障性住房供应体系，提高保障能力和房源使用效率。通过提供公共租赁住房或发放住房租赁补贴的方式，保障在城镇就业稳定且符合条件的农业转移人口的基本住房需求。在开发区和工业园区配套建设一定比例的公租房，改善农民工居住条件。

3. 增强教育保障，提供医疗卫生保障

坚持以流入地政府为主，以公办学校为主，消除进城务工人员随迁子女就学障碍，实行"一样就读、一样升学、一样免费"，保障就近、平等接受义务教育。鼓励采取一校多区、集团化学校等办学模式，促进义务教育均衡发展。

实行"三医"联动，全面深化医药卫生体制综合改革，建立全覆盖、保基本、多层次、可持续的基本医疗卫生制度。整合城乡居民基本医保制度，在现有统筹层次基础上，分步推进城镇居民医保与新农合整合，建立统一的城乡居民基本医疗保险制度。在城乡居民基本医保已并轨的市、县开展试点，探索引入商业保险承办城乡居民大病保险事务，并适时全面推开。

4. 建立农业转移人口市民化成本分担机制

各级政府承担农业转移人口市民化在义务教育、就业服务、基本养老、基本医疗卫生、保障性住房以及市政设施等方面的基本公共服务成本投入。完善财政转移支付制度，建立省以下转移支付制度，建立省以下转移支付同农业转移人口市民化挂钩机制。

5. 统筹城乡发展，提高城镇化质量和水平

强化规划引导作用。全面参与长三角城市群规划建设，加速与沪苏浙基础设施建设、产业布局分工、对外开放、生态建设与环境保护、体制机制等一体化的进程；提升中心城市能级，加快合肥长三角城市群副中心城市建设；推动县城提质扩容，按照城市的标准规划建设管理县城。

扎实推进城乡一体化发展。推进城乡建设、基础设施、产业发展、公共服务、生态建设、管理体制等一体化，逐步延伸，实行全覆盖。

6. 推进产城融合，增强城镇综合承载力

强化产业支撑。提升产业竞争力与促进就业并举，优化城市产业布局和结构，推进城市经济转型升级，促进农业转移人口充分就业，构建结构优化、技术先进、特色鲜明、就业容量大的城市产业体系。增强城镇功能。坚持先地下后地上、软件与硬件并重，优先发展城镇公共交通，积极推行步行、自行车交通系统建设，科学有序推动城市轨道交通建设。优化城镇生态环境。将生态文明理念全面融入城市发展，推进绿色城市建设，实施绿色建筑行动，加快既有建筑节能改造，大力发展绿色建材。

二　居民收入情况

（一）一市三省居民收入情况

表 1:2012—2014 年长三角地区一市三省城镇居民人均可支配收入(元)

	2012 年	2013 年	2014 年
上海市	40188	43851	47710
江苏省	29677	31585	34346
浙江省	34550	37080	40393
安徽省	21024	23114	24839

表 2:2012—2014 年长三角地区一市三省农村居民人均可支配收入(元)

	2012 年	2013 年	2014 年
上海市	17401	19208	21192
江苏省	12202	13521	14958
浙江省	14552	17494	19373
安徽省	7160	8098	9916

（二）省辖市居民收入情况

表 1:2012—2014 年长三角地区各省辖市城镇居民人均可支配收入(元)

	2012 年	2013 年	2014 年
一、江苏省			
南京市	35092	39115	42568
无锡市	35663	38420	41731
徐州市	21716	22015	24080
常州市	33326	36288	39483
苏州市	39079	42964	46677
南通市	28292	30641	33374
连云港市	20816	21470	23595
淮安市	20950	23582	25798
盐城市	21941	23669	25854
扬州市	25712	27770	30322
镇江市	30045	32748	35752
泰州市	26574	28705	31346

续表

	2012 年	2013 年	2014 年
宿迁市	16991	18480	20396
二、浙江省			
杭州市	35704	40925	44632
宁波市	38043	40426	44155
温州市	34820	37266	40510
嘉兴市	35696	38671	42143
湖州市	32987	35750	38959
绍兴市	36911	39567	43167
金华市	33164	36386	39807
衢州市	26232	27981	30583
舟山市	34224	37799	41466
台州市	33979	36480	39763
丽水市	26309	28005	30413
三、安徽省			
合肥市	25434	28083	29348
淮北市	20360	22460	23787
亳州市	20488	22605	21192
宿州市	19731	21713	21941
蚌埠市	20629	22739	24147
阜阳市	18972	20933	21715
淮南市	20733	22920	26267
滁州市	20426	22591	22091
六安市	19369	21275	20610
马鞍山市	30937	34048	32560
芜湖市	23784	26264	27384
宣城市	20478	22731	26289
铜陵市	24685	27154	29234
池州市	21386	23482	22295
安庆市	20453	22683	22109
黄山市	21208	23356	24194

表 2:2012—2014 年长三角地区各省辖市农村居民人均可支配收入(元)

	2012 年	2013 年	2014 年
一、江苏省			
南京市	14786	16011	17661
无锡市	18509	20223	22266
徐州市	10762	11513	12811
常州市	16737	18169	20133
苏州市	19396	21410	23560
南通市	13231	14268	15821
连云港市	9589	10463	11698
淮安市	9838	10762	12010
盐城市	11898	12913	14414
扬州市	12686	13775	15284
镇江市	14518	15876	17617
泰州市	12493	13609	15076
宿迁市	9495	10418	11677
二、浙江省			
杭州市	17017	21208	23555
宁波市	18475	21879	24283
温州市	14719	17549	19394
嘉兴市	18636	22396	24676
湖州市	17188	20257	22404
绍兴市	17706	21307	23539
金华市	13286	16661	18544
衢州市	10714	13811	15354
舟山市	18601	21401	23783
台州市	14567	17523	19362
丽水市	8855	12171	13635
三、安徽省			
合肥市	9081	10352	14407
淮北市	7286	8240	9116
亳州市	6552	7456	8967
宿州市	6635	7571	8332
蚌埠市	7674	8741	10511
阜阳市	5922	6763	8213

续表

	2012 年	2013 年	2014 年
淮南市	7835	8869	10547
滁州市	8091	9183	9171
六安市	6535	7431	8287
马鞍山市	10920	12340	14969
芜湖市	9675	10962	14606
宣城市	9036	10247	11251
铜陵市	9847	11187	16405
池州市	7986	9080	10629
安庆市	6820	7748	9024
黄山市	9161	10389	10942

（三）促进居民收入的措施与进展

上海

1. 惠民生与稳增长齐头并行

保持国民经济持续、长期稳定增长。通过价格、财税杠杆等措施让居民“有钱花”“舍得花”，在拉动消费的同时促进就业，推动经济平稳增长。随着出口对经济增长动力的减弱，增长方式以消费拉动为主要动力，增长方式由高消耗的粗放增长转变为低消耗、高产出的集约增长。

2. 调整产业结构，发展高新产业

积极扶持粮食生产，集约发展农业现代化，确保农民经营性收入稳定增长。做大做强高端制造业，增加高端服务业的比例，发展高新产业，使各企业产业都取得规模化发展，同时从业者收入得以全面提升。

3. 完善保障体系，消除消费顾虑

建立完善的社会保障体系，深化医疗、养老、教育的改革，增强国家在这方面的二次分配，消除人们在这方面的后顾之忧，提升消费能力，扩大内需。增加公共福利投入，提高收入再分配的比例。城居保和新农保合并实施，实施上海市因病支出型贫困家庭救助办法，进一步完善社会救助和保障标准与物价上涨挂钩的联动机制。

4. 优化收入分配格局，减小城乡收入差距

加大对劳动者工资的宏观调控，使初次分配向个人倾斜，降低垄断性、资源性企业的高收入，提升竞争性中小企业的职工收入，同时对中小企业也给予收入性政策补贴或税收减免，增加广大低收入人群的收入分配。加快推进城市化进程，统筹城乡一体化发展。提高农民受教育水平，进一步提升人力资本价值，减小城乡收入差距。

5. 鼓励和扶持居民自主创业

支持居民创办第三产业以及中小企业，尤其对大学生给予政策优惠，涉及到开业、融资、税收、培

训等各个方面。

6. 灵活保障居民实际收入，切实提高民生质量

通过农产品产销快速通道建设、产品价格信息的及时发布预警等方式来降低通胀预期及影响；通过地方政府积极的财政政策来削减物价上扬对居民生活的消极影响。由于较高的通货膨胀率对低收入阶层影响更为直接，收入分配差距更易拉大，通胀较高时，尤其要保障财政支出向困难地区及困难群体倾斜，加大对改善民生领域的支出。

江苏

1. 协同优化产业结构与就业结构，大力扶持第三产业

全省抓准时机调整结构，大力发展第三产业，消化农业和工业部门转移过来的劳动力，不仅要让其成为吸纳劳动者最多的产业，而且要成为产业增加值增长、劳动收入增加的主要来源。优化产业内部结构，通过产业政策的引导，实现产业内部结构的梯队化发展，保有一些劳动密集型产业的存量，尤其是第三产业的某些领域，实现产业结构与就业的对接。

2. 增加人力资本投入，积极塑造新型农民和现代化工人

通过提高从业人员素质和改善人力资本状况来逐步提高劳动者的工作效率和就业竞争力。未来服务业就业增长潜力大的领域，将主要集中在以商业服务业为主的生产者服务业和以教育、医疗卫生业为主的社会服务业，这些均对从业人员的文化技术水平有着很高要求。

加强投入人力资本，人力资本投资包括教育、在职培训、医疗保健、迁移等多种形式，通过投资，可以有效的提高其他资源要素的配置效率，增强创业增收能力。人力资本投资需借助市场外部力量。加大投资农村人力资本，能有效促减城乡差距。

3. “内塑外引”实现高层次人才集聚，助推产业转型

随着分工的深化和竞争的加剧，产业链的价值增值空间也日益向产业链两端集中，产业结构及产业链的升级调整需要更高素质的劳动力，沿海城市老龄化的同步趋势，使得我们必须实施“内塑外引”以实现人才强省战略。政府要发挥主导作用，创造良好的人才就业创业环境，重视培养和引进创新人才，依靠人才集聚实现产业转型，选择性的打造高端产业，提升全省产业的整体竞争力和经济发展后劲。

4. 健全职工工资增长机制，确保收入持续稳定增长

建立增长有序、结构合理的收入分配格局，合理调整分配关系，逐步扩大中等收入人群比重，建立健全劳动者收入和经济同步增长机制，努力提高居民收入在国民收入分配中的比重。由于当前工资性收入在总收入中占比较大，所以要全方位提高就业的稳定性，同时健全企业工资集体协商机制，形成职工工资正常增长机制和支付保障机制；改革并完善再分配机制，切实发挥其收入差距促减的调节功能。

5. 优化收入结构，多渠道促进城乡居民增收

营造创业氛围提高城镇居民经营净收入。城乡居民收入来源中，属于居民可控的主要有工资性与经营性收入，但就目前来看，经营性收入依然是城镇居民收入增长的短板，政府和相关机构可以通过规划引导，营造帮扶就业、全民创业的良好氛围，搭建创业平台与载体，调动劳动者的创业活力，增加经营性收入，同时鼓励劳动者以资本、技术等要素参与分配，多途径增加收入。

巩固并逐步增加农村居民家庭经营性收入。首先要继续巩固家庭经营性收入在农民收入增长的主体地位，促进农业生产的专业化、规模化、产业化发展，提高农民的经营性收入，并且通过引导农户进行产业结构的调整规避农产品供求间的结构矛盾，化解经营风险，有效控制农产品经营成本。其次加快发展城乡二、三产业和中小产业，鼓励农民自主创业、联合创业、返乡创业，引导外来资本和人员到农村投资兴业。同时完善村级集体经济发展的政策，增强村级集体经济发展的内生动力和造血功能。

加大投入力度增加农村居民转移性收入。落实国家出台的各项支农惠农补贴政策，保障农民直接受益；加大对农业的支持力度，如改善乡村道路、灌溉、电力、供水等基础设施，降低生产、运输、储藏、销售和风险决策等成本；不断提高新型农村合作医疗、城乡低保和新型农村养老等社会保障覆盖水平。

6. 城乡居民收入变化的趋势

2012年全省的城乡居民人均收入分别增长12%和12.9%，2013年分别增长9.6%和11.4%，2014年分别增长8.7%和10.6%。江苏居民收入已经形成了一个相对稳定增长的机制，工资收入稳步增长，成为居民收入的主渠道。每年的贡献率占到整个居民增长的50%以上，今年占到56%。转移性收入呈现比较大的增长，成为第二大收入来源。随着城乡居民房租收入的增加，包括理财渠道的增多和农村居民土地流转经营性收益的增加，居民财产性收入也成为目前新的增长点。与经济发展新常态一样，目前江苏居民收入增长也渐入新常态，随着经济的发展放缓，我们增速也有回落，居民的增长从现阶段来看逐步进入一个放缓阶段。这几年江苏一个比较明显的亮点，一个积极向好的因素就是城乡居民差距进一步缩小，同时，无论是城乡城镇居民还是农村居民的中低收入阶层的增幅每年都超过了居民人均可支配收入增幅，这是比较好的变化，同时苏南苏中苏北区域性的收入差距也呈现出一个缩小的趋势。

浙江

1. 坚持教育为先、就业为基、创业带动、政策兜底

把发展教育放在促进城乡居民收入持续普遍较快增长的优先位置，加大教育投入，统筹发展各类教育，着力提高全社会劳动者素质和就业创业致富能力。提升工业化，加快城市化，积极推进农业人口转移就业，努力创造数量更多，收入更高的就业岗位，实现更高质量的就业，促进企业职工工资持续较快增长。在全省各地普遍建立创业服务体系，鼓励更多的城乡居民特别是科技人员和大学生自主创业，吸引更多的海内外人才到浙江创业，努力把浙江建成创业环境最优、政策最好的创业高地。全面推进基本公共服务均等化，加大财政对教育、医疗、社会保障等民生领域的投入，提高最低生活保障标准。加大对欠发达地区农民增收政策扶持力度，加大对困难群众的帮扶救助。

2. 着力提高工资性收入

努力创造收入更高的就业岗位。大力发展高新技术产业、装备制造业和现代服务业，做大做强信息、环保、健康、旅游、时尚、金融、高端装备等产业，不断提高就业比重。逐年提高最低工资标准。建立健全最低工资标准与经济增长联动机制，按照最低工资增长高于经济增长的原则，每年调整最低工资标准。

健全企业职工工资正常增长机制。按照平均工资增长不低于经济增长的要求，每年定期发布企业工资指导线。完善企业工资集体协商制度。

逐步提高机关事业单位人员收入。深化事业单位绩效工资制度改革，强化按劳分配，优绩优酬的政策导向。完善机关事业单位住房公积金、住房补贴制度，建立正常增长机制。

3. 稳步提高经营性收入

加快提高农村家庭经营水平。大力推广高效、生态循环的新型种养模式，加强农产品质量建设，加快发展绿色农业。积极培育家庭农场等现代农业主体，大力发展农村电子商务，推动农业生产经营规模化、网络化、品牌化。加快发展休闲观光农业，鼓励和支持农民利用特色资源发展农家乐，乡村民宿、休闲农庄等乡村旅游，鼓励有条件的地方加快推进乡村旅游景区化。积极发展新型农村家庭工业，重点支持以来料加工为主体，以手工制作为特色的零排放、低能耗家庭工业发展。

发展个体经济新业态，大力发展电商网店、软件编程等适宜个体经营的互联网经济新业态。适应市场需求个性化、多样化、高端化发展新趋势，进一步放宽政策，鼓励和支持专业技术人员创办创意设计，管理咨询、家庭理财等个人工作室或者从事健康顾问、依法提供法律顾问等服务。积极利用互联网技术改造提升传统个体服务业，推动个体经济业态创新。

4. 努力提高财产性收入

拓宽农民增加财产性收入渠道，加快“三权到人（户），权跟人（户）走”改革，保障农民对承包地行使占有、使用、收益、流转及承包经营权抵押、担保、入股等权利，对集体资产股份行使占有、收益、有偿退出及抵押、担保、继承权，慎重稳妥推进农民住房财产权抵押、担保、转让，着力增加农村居民财产性收入。

鼓励支持金融机构和第三方支付企业不断开发收益稳定、风险适度的理财产品，鼓励支持企业发行短期融资券，中期票据、企业债券等直接融资工具。积极发展地方资本市场，支持和鼓励更多的企业到浙江股权交易中心挂牌和进行股权、债券融资，实现民间小资本与大企业、大项目的对接。鼓励投资创业，降低创业门槛，对新办企业实行注册资本认缴登记、取消最低限额、筹建登记等新政。加强税收扶持，全面落实国家有关小微企业税收减免政策。

5. 持续提高转移性收入

加大农业补贴资金整合力度，调整优化涉农专项资金支出结构，建立农业补贴标准动态调整机制。逐步扩大农业保险保费补贴范围，适当提高保费补贴比例。

积极推进社会保险扩面提标，整合城乡居民基本医疗保险制度，构建城乡统一的失业保险制度，加快建立大病保险制度，努力实现应保尽保，不断扩大各类社会保险覆盖面。适时调整城乡居民基本养老保险缴费档次，适时提高城乡居民医保补助标准。

加大扶贫帮困力度。创新扶贫办法，整合扶贫资金，建立健全扶贫工作与最低生活保障工作联动机制。

安徽

1. 优化产业结构，推动就业结构改善，实现收入结构合理调整

把发展服务业作为扩大就业，提高从业人员收入水平的重要手段，推动服务业发展提速，比重提高，水平提升。大力发展创新型服务业，把新兴产业发展作为扩大高素质高收入人员就业的重要渠道。在大力提升煤炭、电力、化工三大主导产业发展层次的同时，重点围绕新能源、新型制造业、节能环保等新兴产业，突出规划引领、政策扶持和要素聚集，促进企业与国内外知名企业、高校的战略合作，提高产业自主创新能力，实现新兴产业跨越发展。

大力实施民营经济发展“4511”腾飞计划，“十二五”末，民营经济从业人员 50 万人以上，民营企业达到 10000 户以上。

2. 促进劳动者充分就业，实现劳动报酬稳步增长

加大扶持力度，扩大就业创业容量。深化就业领域改革，着手制定新一轮促进就业创业的综合政策和规范国有企业公开招聘制度。加大力度开发就业困难人员公益性岗位、组织开展就业见习、招聘基层特定岗位，加快就业促进民生工程实施进度。抓好各项就业服务，及时向未就业对象提供就业创业政策和当地人才招聘信息。全面提升劳动者就业素质，继续加大对有就业愿望的新成长劳动力和失业人员等职业技能培训力度，完善政府补贴培训政策体系，建立以补贴城乡劳动者为核心的"政府购买培训成果"新机制，不断扩大培训受益面。

3. 加强工资收入分配宏观调配力度，确保工资性收入合理增长

深化收入分配改革，释放改革红利。进一步公平税赋、清费正税，通过减、免、缓、抵等措施减轻中小企业和个体工商户税费负担，提高高收入群体缴税比重。加快国企改革，继续提高国有企业国有资本经营收益上缴比例用于民生。健全职工工资正常增长机制，加大工资协商力度。持续加大公共服务领域的投入，用好增量，盘活存量，优先保障和改善民生，最大限度的释放改革红利。

4. 大力拓宽农民增收渠道

按照统筹城乡发展要求，进一步加大对农村的政策性倾斜。在稳粮增收、结构调整增收的基础上，保持农产品价格合理水平，让农民实现增产增收。壮大县域经济，加快小城镇建设，促进农村非农产业发展，推进农村劳动力有序外出和就地就近转移就业，增加农民工资性收入。加大农业补贴力度，增加农民转移性收入。创新农村集体资产、资源、资金管理方式，发展新型农村集体经济。鼓励和支持农村土地流转，大力发展土地托管、租赁经营、股份合作等多种形式的规模经营，确保农民分享土地流转收益。

5. 完善收入分配机制，推动垄断行业收入结构调整

完善劳动、资本、技术、管理等要素按贡献参与分配的初次分配机制，努力提高主导产业和主要从业人员工资总额在收入分配中的比重。推动各行业、各种所有制经济依法平等使用生产要素、公平参与市场竞争、同等受到法律保护，形成主要由市场决定劳动价格的体制机制。对于一般性行业，放宽市场准入，鼓励其他所有制企业的发展，形成行业竞争，从而最大限度地消除垄断利润。加强对垄断行业收入分配管理，限制其工资和福利过快增长，使工资水平逐步合理化。

6. 2014 年取得的进展

全省经济稳中有增，夏粮连续 11 年增收，结构调整、转型升级成效逐步显现，为居民收入继续增加奠定基础。城镇就业规模持续扩大，新增就业同比增长 13%，企业用工总体稳定，岗位流失率处于较低水平，农村劳动力转移就业稳中有增。民生持续改善促进居民增收减支，民生投入持续增加，民生事业不断发展，基本公共服务体系不断完善，为全省居民在养老、医疗、教育、住房等领域享受越来越多的福利，个人及家庭在公共服务方面的支出压力逐步减轻。加大了三农投入，促进农民持续增收，全省安排专项资金 4000 万元，重点培育 100 个省级农民合作社示范社和 200 个省级示范家庭农场，安排 9800 万元支持龙头企业带动产业发展，安排 18.3 亿，支持大别山区、皖北连片特困等地区扶贫开发。

三　劳动就业情况

（一）一市三省劳动就业情况

表 1　2012—2014 年长三角地区一市三省从业人员数(万人)

	2012 年	2013 年	2014 年
上海市	1115.50	1315.09	1317.38
江苏省	4759.53	4759.89	4760..83
浙江省	3691.24	3708.73	3714.15
安徽省	4206.80	4275.90	4311.00

（二）省辖市劳动就业情况

表 2　2012—2014 年长三角地区各省辖市就业人员数(万人)

	2012 年	2013 年	2014 年
一、江苏省			
南京市	451.8	452.4	453.0
无锡市	389.1	389.2	389.5
徐州市	478.7	478.7	480.9
常州市	280.9	280.9	281.0
苏州市	694.3	695.2	693.4
南通市	468.9	467.2	462.0
连云港市	249.2	250.2	251.1
淮安市	280.4	281.3	281.9
盐城市	447.7	446.4	445.5
扬州市	265.8	265.7	265.6
镇江市	192.0	192.1	192.7
泰州市	284.4	284.2	285.0
宿迁市	276.4	276.4	279.2
二、浙江省			
杭州市	644.43	650.51	654.92
宁波市	501.58	503.36	511.50
温州市	577.88	573.96	567.57
嘉兴市	327.13	327.70	332.29

续表

	2012 年	2013 年	2014 年
湖州市	180.32	180.90	182.97
绍兴市	343.90	344.39	345.67
金华市	343.45	345.29	345.51
衢州市	133.35	133.60	134.16
舟山市	72.90	72.65	74.32
台州市	389.26	397.15	402.15
丽水市	139.20	140.07	140.63
三、安徽省			
合肥市	484.9	504.4	513.9
淮北市	113.5	114.1	114.8
亳州市	338.5	339.1	353.4
宿州市	359.1	362.1	369.9
蚌埠市	226.0	199.4	218.5
阜阳市	611.1	629.3	610.1
淮南市	138.1	140.2	138.0
滁州市	276.7	280.4	282.6
六安市	403.5	404.9	433.2
马鞍山市	127.2	131.7	136.9
芜湖市	195.9	197.8	200.8
宣城市	202.2	202.7	203.0
铜陵市	46.0	46.3	47.7
池州市	112.1	113.1	114.1
安庆市	431.9	434.6	436.7
黄山市	96.1	97.3	98.0

（三）促进劳动就业的措施与进展

上海

1. 明确政府职能定位，完善制度政策保障机制

政府主要是平衡经济发展与就业结构的矛盾，解决市场竞争中失业人群的再就业问题，遏制劳动力市场中的不良竞争行为，保护弱势群体的生存权益，维护社会的公平与稳定。在制定上海经济发展规划时，纳入就业增长和就业稳定指标，确立“社会就业比较充分”的基本目标，并作为政府政绩的主

要考核指标。为完善促进就业工作机制提供充足的财力保障。

2. 加大财税支持力度，改善创业融资环境

增加创业扶持的资金投入，扩大中小企业发展专项资金规模，加大对小企业创业基地的扶持力度，逐步增加对小微企业的资金支持比例。加大大学生创业基金等专项资金的扶持力度，增加大学生创业基金，青年创业就业基金的资金投入。拓宽资金支持的对象范围，将大学生创业基金扶持对象范围扩大到全国高校毕业5年以内在沪创业的高校毕业生，分基金会设立覆盖本市各层次、各类别院校以及各大学园区及高校集中区域。

3. 瞄准产业调整方向，优化职业培训内容

搭建技能培训平台。按照“网点布局科学化、投资主体多元化、培训形式多样化、培训层次合理化”的原则，优化和整合现有职业教育资源，加强高技能公共实训基地和综合性培训基地建设，构建职业技术教育与产业就业紧密结合的实践平台；开展与市场需求相结合的培训项目，与企业制定培训计划，工学结合，联合办学，培养适应企业和社会的技能人才，有针对性地弥补岗位空缺，降低结构性失业的影响。

完善就业培训的质量监督。不定期检查培训机构的办学情况，每年不少于两次，对所有参训学员电话回访不少于10%。建立企业补贴模式，提高企业培训积极性。

4. 构建立体公共服务网，搭建就业职介、培训平台

进一步完善职业介绍体系，上海可启动就业综合服务中心，规范现有的就业服务平台，全面整合人力资源和社会保障、民政、教育、卫生、计生、法律等公共管理与服务资源，构建多级就业服务网络。加强信息化建设。健全就业信息网络系统，统一人力资源管理。以服务平台为中心，逐步统筹、整合各类就业信息网络，形成统一、规范、便捷的就业信息系统，推动公共服务就业信息平台向基层发展。完善劳动力市场基础信息网络建设，强化职业介绍信息工作。实现高校毕业生就业信息网络与劳动力市场信息网络对接。实现就业培训信息网络与劳动力市场信息网、职业介绍信息网对接。

5. 培育新就业增长点，发挥小微企业吸纳能力

充分发挥上海国际大都市的资源优势，逐步形成高端、高效、高辐射力的产业群；促进第二产业升级以提升其就业吸纳能力；充分挖掘第三产业吸纳就业空间，推动新能源产业、高新技术产业等新兴产业的发展，拉动就业增长，将新的经济社会发展增长点的开拓与相应的就业开发和服务工作有机结合，促进就业与优化产业。

充分发挥小微企业吸纳就业的主力作用，通过“产业价值链”带动和扶持小微企业发展，加强对小微企业发展和吸纳就业的支持和引导。设立负责中小微企业发展的专门机构，加强对中小微企业发展的支持和引导；鼓励中小微企业实行弹性化的就业组织方式，灵活决定工作地点和时间，以维持其用工水平；对在转型过程中生存困难的中小微企业，出台有针对性的用工援助计划，保证其员工就业的相对稳定。

6. 鼓励创业带动就业，优化创业发展环境

确定鼓励创业的产业目录及配套支持政策。出台鼓励创业的上海市产业指导目录，不断完善准入审批、场地安排、税费减免、技术指导、小额担保贷款等创业促进措施，建立系统性的创业支持政策体系，加快清理和消除不利创业的制度障碍。

加大对返乡农民工、高校毕业生、低收入群体的创业激励。对这些特定群体中自主创业的劳动者，根据其创业计划“量身定做”创业培训，简化相关创业手续，并给予创业初期的专项补贴；对创业后在带动就业方面满足一定条件的，经认定后还可予以进一步奖励。

开发试行创业保险。以创业孵化基地、创业园区为依托，在对创业计划进行可行性考察和专业评估后，给予其最低收益的商业保险，将创业者的创业风险控制在可预期的范围内，鼓励更多劳动者大胆进行创业尝试。

7. 2014 年取得的进展

上海市全年新增就业岗位 59.96 万个，其中，农村富余劳动力实现非农就业 10.78 万个。全年新安置就业困难人员 16296 人，新消除零就业家庭 231 户。全年帮助成功创业人数 11014 人，帮助 6754 名长期失业青年实现就业。高技能人才占技能劳动者比例达到 29%，累计有 626 人和 442 人分别入选中央和上海“千人计划”。全年共完成职业培训 53.40 万人，其中，农民工 24.64 万人。至年末，全市城镇登记失业人员 25.63 万人，城镇登记失业率为 4.2%。

江苏

1. 全力促进就业创业，各项就业目标全面完成

全力促进就业政策完善和落实。完善运用失业保险基金促进就业、援企稳岗措施，探索实行城乡统一的职业培训补助政策，加大对创业载体和创业项目的扶持力度，完善就业援助制度，统筹抓好农村转移劳动力、城镇困难人员、退役军人就业。全年城镇新增就业 138.34 万人，比上年增加 1.43 万人，并连续十年超百万。城镇登记失业率控制在 3.01%，同比下降 0.02 个百分点。新增转移农村劳动力 25.72 万人，累计转移 1857.2 万人，转移率超过 70%。高校毕业生年末总体就业率达 96.9%，同比提高 0.2 个百分点，帮扶就业困难人员就业 14.07 万人，城镇零就业家庭和农村零转移家庭持续保持动态为零。

2. 大力促进高校毕业生创业就业

加强分类指导，提请省政府办公厅下发做好高校毕业生就业创业工作和实施大学生创业引领计划的“两个通知”，大力实施就业促进和创业引领“两大计划”，突出抓好毕业前和离校后“两个环节”，组织开展高校毕业生就业创业政策宣传月和就业促进月等系列活动，专门召开全省创业带动就业暨实施大学生创业引领计划现场推进会，组织 2.43 万名高校毕业生参加就业见习。扎实做好离校未就业高校毕业生实名制登记管理，教育部门移交的 9.46 万名离校未就业高校毕业生，实名调查登记率达 100%，接受职业指导、技能培训等服务的达 10.51 万人次。确保高校毕业生就业创业水平不降低，并有提高。

3. 积极提升劳动者就业创业能力

开展就业技能培训、岗位技能提升培训和创业培训，2014 年培训人数分别达到 69.77 万人、152.68 万人和 31.09 万人，有力提升了城乡劳动者素质技能，其中 31.09 万人接受创业培训后，成功创业的达 10.5 万人，创造就业岗位 40.5 万个。江苏省委、省政府在制定全省中长期教育改革和发展规划纲要时，将“高校毕业生就业率”列入江苏教育现代化指标体系，将“加强创业教育和就业指导”作为提高人才培养质量的重要内容，并用独立的篇幅对开展就业创业指导与服务、加强创业教育、建设创业基地、引导基层就业、强化公共服务等进行论述。江苏省还将高校毕业生就业工作作为高等教育综合改革实验区的重要内容。

切实加大职业培训力度，制定构建劳动者终身职业培训体系指导意见，组织实施企业职工技能提升计划，农民工职业技能提升计划和高校毕业生就业技能专项行动，全面落实农村劳动力职业技能培训鉴定获证奖补政策。

4. 进一步提升公共就业服务水平

出台进一步创新机制推动创业促进就业指导意见，激发了就业创业活力。深入推进省级创业型城市(县)建设，年末达标率近80%。创新打造创业服务综合平台，全省累计建立县级以上创业基地2411个，创建省级示范基地80个，国家级示范基地2个，建立大学生创业园181个，其中省级大学生创业示范园26个，进一步营造了浓厚的创业氛围。

不断优化就业服务。加快推进人力资源市场体制机制改革，积极引导人力资源服务企业向国家级和省级产业园集聚。加强公共就业服务信息化、标准化、制度化建设，联动开展就业援助月等系列专项活动，积极稳妥推进政府购买公共就业服务成果。

5. 大力实施全民创业工程

加快健全创业培训、创业政策、创业载体、创业服务和创业氛围“五位一体”新机制，全力办好第三届全省创业明星评选暨首届大学生创业大赛，全年扶持10万人创业，建设30个省级创业示范基地，遴选500个大学生优秀创业项目，80%以上的市、县达到省级以上创业型城市标准，以全民创业推动实现更高质量就业。

浙江

1. 统筹协调就业政策，促进社会就业更加充分

制定促进就业的中长期和年度工作计划，统筹协调各项政策措施，实现社会就业更加充分的目标。进一步优化产业结构，大力发展高端制造业和现代服务业，大力发展信息、环保、健康、旅游、时尚、金融、高端装备制造等七大产业，增加就业岗位，扶持发展中小企业，充分发挥民营企业在吸纳劳动力就业方面的积极作用。积极制定实施有利于促进就业的产业政策，鼓励支持优先发展就业容量大、就业质量高的产业。

2. 优化创业环境，促进创业带动就业

完善支持自主创业、自谋职业的政策体系，建立健全政策扶持、创业培训、创业服务三位一体的工作机制，把鼓励创业促进就业的小额担保贷款、职业培训补贴、职业技能鉴定补贴、贷款贴息补贴等各项优惠扶持政策扩大到城乡所有创业人员，对吸纳困难人员就业的企业，按规定给予社会保险补贴。大力营造鼓励自主创业的社会环境，简化程序，规范操作，提高效率，从市场准入、企业设立、投融资等各方面对创业主体予以支持。

3. 促进新增劳动力充分就业

加强对高校毕业生的公共就业服务，各类就业服务机构、人才交流服务机构、高校毕业生就业指导服务机构积极为高校毕业生搭建公益性就业服务平台，提供免费的政策咨询、职业指导、求职推荐、人才招聘、人事劳动保障代理等多种服务。支持和鼓励企业建立高校毕业生就业见习基地，广泛开展技能培训和就业见习，引导高校毕业生面向基层就业和创业，吸纳高校毕业生在城乡社区管理服务等新兴社会工作岗位就业。鼓励高校毕业生自主创业，促进高校毕业生充分就业。统筹做好城镇新增劳动力就业，农村富余劳动力转移就业、失业人员再就业以及退役军人就业和创业工作。

4. 健全就业援助制度，实现困难群体充分就业

针对不同就业群体的特点和诉求，完善相应的政策措施和工作机制。把握社会发展趋势，发掘一批适宜的岗位以提供更稳妥的就业保障，让弱势群体自食其力。针对下岗失业人员、失地农民等群体，要组织开展针对性、实用性强的技能培训，提高其转业、转岗能力，并通过给予税费减免、社保补贴

和岗位补贴等优惠政策，扶持其实现就业和再就业。

5. 健全促进就业的资金保障体制

实行有利于促进就业的财政政策，继续加大资金投入，不断改善就业环境。根据本省的就业状况和就业工作目标，每年在财政预算中安排就业专项资金用于促进就业工作。省级安排的促进就业资金，除保证省本级就业工作经费所需外，主要通过专项转移支付对市县给予适当补助。就业专项资金实现统筹安排，专款专用。切实加强对资金拨付的审核、审批和支付管理，建立健全资金运行全过程的内控制度。并结合就业再就业工作实绩，进行资金使用动态绩效评估，并将评估结果与次年的资金安排相挂钩，以强化激励及约束机制。

6. 大力开发社区公益性就业岗位

充分发挥街道(乡镇)、社区公共就业服务机构和辖区内共建单位的作用，通过兴办服务实体、创建再就业基地、提供空岗信息等多种方式，实现就业困难人员就业再就业。在大力开发"三保"(保洁、保绿、保安)等社区公益性岗位的基础上，进一步开发"三托"(托老、托幼、托护)、"三服"(家政服务、配送服务、保健服务)和"三管"(物业管理、车辆管理、公共管理)等岗位，就近就地安置就业困难人员。

浙江 2014 年新增城镇就业人数 107.4 万人，其中 41.8 万名城镇失业人员实现再就业。年末城镇登记失业率为 2.96%，比上年下降 0.05 个百分点。

安徽

1. 制定年就业工作目标任务，完善促进就业创业政策

全年城镇新增就业 63 万人，实现失业人员再就业 24 万人，就业困难人员就业 5 万人，城镇登记失业率控制在 4.5%以内。研究制定进一步做好新形势下就业创业工作意见，构建公平就业政策制度和促进就业的长效机制。完善鼓励扶持创业政策体系，加快建立创业扶持专项资金制度。探索工学一体的就业培训对接合作机制。研究促进基层公益性岗位服务期满人员就业创业措施。

2. 组织开展"就业提升年"活动，重点做好高校毕业生就业

加强就业形势研判，全面落实更加积极的就业政策，着力扶持小型微型企业和民营企业的发展。完善就业工作目标责任考评、民生工程考核和就业资金绩效分配办法，形成就业资金合理增长机制。督促、跟踪就业政策落实，加强政策评估，完善政策措施，充分释放政策促进和保障就业效用。大力实施就业促进民生工程，全年开展就业技能培训 30 万人。

实施离校未就业高校毕业生就业促进计划，通过跟踪服务、技能培训、就业见习等措施，全年开发就业见习 1.2 万人。健全高校毕业生基层服务保障机制，继续实施"三支一扶"，服务基层公益性岗位计划等基层服务项目，招募 1000 名"三支一扶"高校毕业生，组织高校毕业生基层特定岗位就业 4000 人。加强高校毕业生就业政策宣传，引导毕业生面向基层就业。

3. 统筹抓好困难群体就业，大力推进创业带动就业

健全面向困难群体的就业援助制度，完善就业困难人员动态管理、实名帮扶机制。组织实施化解产能过剩、淘汰落后产能企业职工安置工作，着力解决被征地农民就业问题，规范公益性岗位开发管理，稳定困难人员公益性岗位 5 万个。统筹推进退役军人、妇女、残疾人等群体就业工作。

实施"青年创业计划"，扩大创业模拟实训规模，积极规范小额担保贷款工作，力争新发放贷款 30 亿元，全面实施高校毕业生、退役士兵创业引导贷款项目，开辟创业融资新渠道。积极扶持民营创业孵化基地，新建一批青年创业园。深入开展创业型城市创建活动。加强公共创业服务机构和队伍

建设。

4. 健全就业失业信息动态监测制度，推进人力资源市场建设

密切关注宏观经济运行情况和就业形势变化，健全就业形势分析制度，完善监测指标体系和检测机构。建设公共就业人才服务信息平台，网上办事系统，推进就业信息系统向乡镇、行政村和高校延伸，逐步实现就业信息全省联网和线上线下全方位服务。

发挥市场在人力资源配置中的决定性作用，服务就业优先战略和人才强省战略。健全人力资源市场政策体系，制定加快人力资源服务业发展的意见，加快推进人力资源市场整合进度，积极探索经营性业务分离改革模式。扶持人力资源服务企业做大做强，加强人力资源市场诚信体系和标准化建设，促进人力资源服务业发展。

5. 提升公共就业服务水平

全面推行新增就业实名制、就业资金管理使用实名制和人力资源信息实名制，提供更加精细化、更有针对性的就业服务。加快建设覆盖城乡的公共就业创业服务体系，重点加强公共创业服务指导中心建设。实施城乡一体的公共就业创业管理服务制度，建立绩效管理制度，全面推行购买基层公共就业服务机制，逐步实现基本服务全免费。扎实开展就业专项服务活动，组织实施“职业指导名师进高校”活动。

四　社会保障情况

（一）一市三省社会保障情况

表 1　2012—2014 年长三角地区一市三省城镇职工基本医疗保险人数（万人）

	2012 年	2013 年	2014 年
上海市	1376	1394.09	1420.85
江苏省	2155.47	2274.73	2361.81
浙江省	1670.97	1791.08	1900.0
安徽省	974.76	944.87	1660.0

（二）促进社会保障的措施与进展

上海

1. 社会保障待遇持续稳步提高

2014 年上海将“职保”“镇保”“新农保”“城居保”月人均养老金分别增加 310 元、130 元、107 元、70 元，对失业保险、工伤保险待遇标准也进行相应调整，居民医保住院报销比例提高到 75%。制定《上海市城乡居民基本养老保险办法》及配套文件，合并实施“城居保”和“新农保”，制定出台“城乡居保”与“镇保”衔接办法。

2. 逐步形成多层次、多样化的养老服务供给体系

在制定城市总体规划，控制性详细规划时，按照人均用地不少于 0.1 平方米的标准，明确养老服务设施用地。编制本市养老服务设施布局专项规划，合理布局养老和其他配套服务设施，充分发挥交通、卫生、文化、教育、体育等设施对养老服务的重要支撑作用。完善公办养老机构服务供给。建立公办养老机构入住评估制度，政府投资举办的公办养老机构优先保障经济困难的无子女、失能、高龄老年人的基本养老服务需求，其中收住失能老年人数量占总入住老年人数量的 70%以上。鼓励社会力量兴办养老机构。完善社区居家养老服务，在全市 40 个社区中试点宜居老年社区的建设，统筹社会服务资源，设立社区综合为老服务机构。

3. 完善社会保障体系

继续提高各项社会保障待遇，加强城乡社会保障统筹。继续适当提高“城保”“镇保”“农保”的待遇水平，特别要积极提升现有农村社会保障标准，推动城市社会保障制度向农村覆盖，推动城乡社会保障制度的并轨。

4. 深入推进医改进程

加快公立医院体制机制综合改革，加快“医药分家”，有效控制“药占比”，缓解“看病贵”难题；实现全市社区卫生服务中心家庭医生制服务全覆盖；推动医疗护理和养老相结合；推动建设基层医疗机构与居家相结合的老年护理体系，满足老龄化社会的老年保健需求；大力化解医患矛盾；组建和推广医

患矛盾第三方化解平台，提高矛盾调解处的公正性和专业性，并探索建立医疗事故强制责任保险制度。

5. 积极完善医疗保险制度

继续优化医保支付制度，在现有医保总额预付制基础上，积极探索按病种、按项目等多种医保支付方式。完善居民医保费用管控办法，积极研究适应区域医疗联合体的医保整体预付方案。推进上海新型农村合作医疗的全市统筹，促进新型农村合作医疗与城镇居民基本医疗保险的协调发展。在筹资标准、报销比例和就医管理等方面缩小差异，逐步实现城镇居民基本医疗保险和新型农村合作医疗两项制度统筹发展，建立统一的城乡居民基本医疗保险制度。

6. 加快优化养老金制度

稳妥实施机关事业单位养老保险制度改革，完善职工养老金增长办法，鼓励更多企业参与企业年金，积极探索将社区基层队伍纳入补充保险范围。促进公平性，包括缴费负担公平、待遇计发与增长公平，以及个人账户投资回报公平。

7. 推进社会救助制度改革

继续提高城乡低保水平，全面实施临时救助制度，为特殊困难群众基本生活提供保障。今年根据国务院出台的救助暂行办法，特别强调一定要进行核对，提高政策实施过程中的公平和透明。结合上海的实际，有低保工作体制，有专项救助的工作体制，以及向市民综合帮扶作为补充的机制。在此基础上，制定低收入家庭标准，通过低收入标准的制定，可以把教育、就业、住房等专项救助纳入到核对中。

江苏

1. 加快完善社会保障体系，社保参保人数持续增长

2014年企业职工养老、城镇职工医疗、失业、工伤和生育保险参保人数分别达1968.37万人、2361.81万人、1442.67万人、1540.1万人和1374.56万人，同比分别增加66.55万人、87.08万人、53.33万人、52.83万人、18.94万人，城乡居民养老、城镇居民医保参保人数分别达2347.88万人和1435.68万人，城乡基本养老、基本医疗和失业保险覆盖率稳定在97%左右。

2. 不断完善社会保障制度

大力开展全民参保登记试点。研究制定贯彻国家建立统一的城乡居民基本养老保险制度的具体意见，出台推进城乡养老保险制度衔接的实施意见，推进城乡居民大病保险制度全覆盖，大病保险参保患者合规医疗费用报销比例平均提高10个百分点左右，提请省政府出台《江苏省职工生育保险规定》。指导鼓励各地加快推进城乡居民医保制度整合，目前，65个城乡居民医保统筹地区已有31个实现整合。

3. 着力提升社会保障待遇水平

改革完善企业退休人员基本养老金调整办法，继续提高城乡居民养老保险基础养老金最低标准，调整后全省企业退休人员月人均养老金水平达2236元，城乡居民养老保险基础养老金最低标准为每人每月90元。按照深化医改的要求，着力完善全民医疗保险制度，深化付费方式改革，提高最高支付限额、降低起付线，城镇职工医保和城镇居民医保政策范围内住院费用报销比例分别达84.8%和72%。

4. 支持健全社会救助和社会福利制度

按照民生幸福工程的总体要求，落实好医疗救助、临时生活困难救助等专项救助制度，落实低保标准自然调整机制。支持推进申请救助家庭经济状况核对工作，推进部门间申请救助家庭经济状况信息共享，进一步规范基层社会救助“一门受理”平台建设，进一步提高社会救助规范化水平。提高孤儿养育标准，保障困境儿童的生活和发展权益。落实好尊老金制度等老年人优待政策，让全体老年人受益。

5. 着力支持完善优抚安置政策

完善优抚对象抚恤补助标准自然增长机制，提高抚恤补助标准。支持开展重点优抚对象短期疗养和医疗巡诊工作，不断改善优抚对象生活质量。落实以结果为导向的资金拨付制度，强化督查评估，进一步提升退役士兵教育培训质量。妥善做好自主择业军队转业干部退役金发放和企业军转干部解困工作。

完善残疾人证管理制度，加强信息化建设，提高管理水平。进一步推动 7－14 残疾儿童康复试点工作。加大对残疾人就业工作支持力度，完善残疾人就业、康复、救助一体的残疾人社会保障体系。

6. 重点推进公立医院综合改革

全面实施县级公立医院综合改革，严格落实政府投入责任，督促县级人民政府对所办医院履行出资责任，严禁县级公立医院举债建设。按照“总量控制、结构调整、有升有降、逐步到位”的原则，参与制定实施城市公立医院价格改革方案，推进城市公立医院实行药品零差率销售。

继续巩固基层医疗卫生机构运行新机制。完善基层医疗卫生机构财政补助方式，督促市县加强对基层医疗卫生机构考核，考核结果与财政补助挂钩。加强基层医疗卫生机构基本建设和人才队伍建设，提升综合服务能力。

7. 健全社会养老服务体系建设

落实省政府关于社会养老服务体系建设的部署，创新养老服务体制机制。开展社会养老服务体系建设省补资金绩效核查，根据核查结果等因素及时下达省补资金。督促各地落实资金，扩大养老服务产品供给。推进政府购买养老服务工作，强化各类困难老年人托底保障工作。建立健全养老服务补贴和养老服务评估制度，推进城乡社区居家养老服务中心建设，强化社区居家养老基础性地位。继续开展养老护理员培训工作，推进医养整合发展，构建养老、医护、康复、临终关怀服务相互衔接模式，不断满足广大老年人养老服务需求。

浙江

1. 社会保障有序发展

2014 年浙江省全年参加企业基本养老保险人数 2442.6 万人，参加城镇职工基本医疗保险人数 1900 万人，参加失业保险人数 1210.4 万人，参加工伤保险人数 1899.45 万人，参加生育保险人数 1248.9 万人，分别比上年增加 170 万人、109 万人、65.8 万人、73.4 万人和 75.8 万人。企业正常缴费退休人员基本养老金月均水平超过 2500 元；城乡居保基础养老金最低标准提高到 100 元；全省失业保险金月均标准达到 1097 元；因公死亡职工供养亲属抚恤金月人均提高 110 元。

2. 完善城乡居民社会养老保险制度

坚持覆盖城乡，惠及全民，逐步实现人人享有基本养老保障，让全省人民共享改革发展成果；坚持政府主导和城乡居民自愿参保相结合，社会统筹与个人账户相结合，引导城乡居民普遍参保；坚持低

水平起步，积极稳妥推进，筹资标准和待遇标准与经济社会发展水平及各方面承受能力相适应；坚持权利与义务相对应，个人（家庭）、集体、政府合理分担责任，鼓励长缴多得，多缴多得，逐步形成城乡居民社会养老保险与企业职工基本养老保险等保障制度相衔接的制度体系。

3. 建立覆盖城乡居民的基本医疗卫生制度

全面推行居民医疗门诊统筹，提高住院和门诊大病报销比例，降低大病、重病患者的个人负担。城乡居民医疗保险最高支付限额分别达到当地个人可支配收入和人均纯收入6倍以上。继续提高对新型农村合作医疗和城镇居民基本医疗的补助标准，所有市县新农合和城镇居民基本医疗保险人均筹资标准不低于285元，其中各级财政人均补助不低于200元。实现基本医疗保险异地就医联网结算“一卡通”，即个人异地就医时实行即时报销，只需支付个人应承担的医疗费。实施国家基本药物制度，大幅度下降基本药物价格，推进公立医院改革试点，切实缓解看病难与贵。

4. 失业保险促进就业功能更加显现

浙江转型升级在由“从劳动密集向技术密集，从人口红利向技术红利，从城乡二元向城乡一体”的转变过程中，出现低端劳动力过剩，大量下岗失业人员会带来结构性失业矛盾凸显。为此，失业保险在发挥传统的生活保障作用的同时，其促进就业、预防失业的功能更加显现。建立失业保险待遇随企业最低工资标准实时调整机制，自谋就业、自主创业和就业困难人员的各项税费减免及就业社保补贴政策持续实施，政府提供更加优质的各项职业技能培训、转岗转业培训等，城乡居民就业质量明显提高。

5. 加快发展企业（职业）年金制度

建立多支柱的社会保障体系。本着“保基本可持续”的原则，将逐步建立社会基本保险、补充保险和商业保险相结合的多支柱社会保障模式。通过税收政策的调节和扶持，推动更多的劳动者在退出劳动岗位和遭遇各种职业风险时能够得到充分保障。

6. 完善普惠均衡的社会保障公共服务体系

按照城乡统筹、均衡发展的原则加快推进社会保障公共服务。在医保“一卡通”的基础上，逐步推进其在人力资源社会保障其他业务领域的应用，实现“全省通用”、“一卡多用”。为应对人口老龄化，浙江的养老模式，以居家养老为基础，社会服务为依托，机构养老为支撑，构建覆盖城乡的养老服务网络，机构养老服务人数达到老年人总数的3%以上。以社区劳动保障工作平台为基础的社会保障管理服务组织体系和服务网络，逐步延伸到全省所有乡镇、行政村。

7. 增强社会保障保民生促和谐的功能

各级政府继续加大对社会保障财政投入，发展社会救助、社会福利事业，将家庭人均纯收入低于2500元、符合低保条件的农户全部纳入低保，建立高龄老人待遇补贴制度，为残疾人提供基本保障，对城乡居民及家庭成员患危重疾病或遭遇溺水、火灾等人身意外伤害，贫困家庭子女就学等突发性、临时性生活困难的，政府给予及时有效救助和帮扶。

安徽

1. 全面完成社保目标任务，推进养老保险制度建设

2014年全年城镇职工基本养老保险、城乡居民养老保险、失业保险、城镇基本医疗保险、工伤保险、生育保险参保人数分别达到820万人、3250万人、408万人、1660万人、494万人、457万人。被征地农民养老保险参保率保持在95%以上。

完善养老保险省级统筹，研究省级调剂与地方扩面征缴实绩挂钩办法。按照国家部署，做好事业单位养老保险制度改革摸底和准备工作。完善城乡居民基本养老保险制度，研究建立基础养老金正常调整机制，强化多缴多得、长缴多得的缴费激励机制，探索建立丧葬补助费制度，增强制度吸引力。完善被征地农民社会保障政策，激励被征地农民参加城镇职工养老保险。研究制定城乡居民养老保险政策与其他群体养老保险政策的衔接办法，推进城乡基本养老保险一体化建设。

2. 健全医疗生育保险制度

按照国家部署，积极推进医疗保险城乡统筹。整体推进城乡居民大病保险工作，鼓励有条件的地区协同推进职工大病保险制度。深化医保付费方式改革，全面推进基本医疗保险付费总额控制。完善全省基本医疗保险异地就医结算机制，逐步实现16个市横向互联互通，平稳推进异地就医双向联网结算。以异地安置退休人员为重点，探索跨省异地就医费用结算服务。进一步规范生育保险制度，全面实施直接结算，落实各项待遇。鼓励探索城镇居民生育保险制度。

3. 完善失业保险制度

进一步完善失业保险市级统筹制度，全面实现失业保险基金在全市范围内实现统收统支的目标。制定失业保险基金用于促进就业和稳定就业的办法。全面落实新失业保险两项补贴资金使用办法，发挥失业保险制度促进就业的功能。做好淘汰落后产能企业职工安置方案审核，以及分流人员社会保险关系转移接续工作，切实保障职工合法权益，维护社会稳定。

4. 加强工伤保险制度建设

研究推进工伤保险省级统筹，提高工伤保险基金的抗风险能力，研究制定《安徽省实施〈工伤保险条例〉办法》的贯彻意见，修订有关规范性文件，进一步推进工伤保险工作的标准化、制度化、规范化的建设。继续规范工伤康复工作，加强工伤康复政策和标准体系建设，进一步加强工伤预防试点工作，加快推进工伤预防、工伤康复和工伤补偿相结合的现代工伤保险制度建设。

5. 稳步提升社会保险待遇，加强社会保险基金监管

按照国家部署，做好企业退休人员基本养老金调整工作。缩小政策范围内住院费用支付比例与实际住院费用支付比例之间的差距。努力提高失业、工伤和生育保险待遇水平，及时足额支付各项社会保险待遇。

切实加强基金监管和经办服务能力建设。完善社保基金预算管理约束机制，提升基金管理水平。组织开展社保基金监督检查，对部分地区失业保险基金管理使用情况进行检查。全面推进基金监管软件联网应用，探索建立非现场监督工作机制，开展社会监督试点。

6. 提高经办管理服务水平

深化“基层管理提升年”活动，健全基础管理长效机制，加强社会保险经办管理服务能力建设，规范社会保险业务档案管理，巩固省级经办机构业务档案管理成果。认真开展社会保险精算工作。积极推动统筹企业退休人员纳入属地社区管理，企业退休人员社区管理服务率保持在85%以上。

五　教育发展

（一）一市三省教育发展

表1　2012—2014年长三角地区一市三省在校学生人数(万人)

	2012年	2013年	2014年
上海市	200.80	202.98	201.23
江苏省	1004.88	989.82	1013.44
浙江省	751.44	747.18	750.19
安徽省	925.26	912.02	901.8

（二）促进教育发展的措施与进展

上海

1. 加大市级统筹，提高困难区县财力保障“短板”

上海通过加大市级教育财政转移支付力度，重点支持远郊区县、财政相对困难区县和人口导入区县以更好保障和更高标准发展义务教育。2008年所有郊区县实行了以区县为主的教育统筹管理体制，为缩小城郊学校办学条件、师资水平和教学质量的差距提供了制度保障。2014年全市安排对区县财政教育转移支付124亿元，其中98.21亿元用于郊区县和农村地区发展，占转移支付总量的79.2%，比2013年77.4%增加1.8个百分点。上海还统筹个别教育生均经费较高区的部分财政教育资金，对口支援到相关困难郊区县，为推进义务教育均衡发展助“一臂之力”。

2. 应对人口变化，超前谋划教育资源布局规划

教育资源布局需要谋划长远。随着城市布局的优化，中心城区大量人口向郊区导入，上海教育资源的承载量一度面临巨大压力。一方面，上海市坚持把教育公建配套建设项目作为义务教育均衡优质发展的基本保障，大力推进郊区学校建设工程，“十二五”期间在城乡结合部新建完成了355所义务教育学校。另一方面，出台《上海市义务教育阶段学校办学基本标准》，设定了义务教育资源均衡配置底限，将郊区学校的软件、硬件配置标准与城区学校“拉”到同一水平。

3. 鼓励教师交流，全面提升郊区学校师资质量

教师是影响均衡优质发展的核心资源。在推动城乡、区域教师校长的合作交流方面，上海摸索了一系列有效举措：一是选派中心城区优秀教师到郊区工作，建立市区与郊区长期对口支教关系，即中心城区每年至少选派20名符合条件的优秀教师到对口郊区的农村学校支教；二是建立校长流动交流制度，出台了促进义务教育阶段人才有序流动的指导意见，2013年本市首次统一选派9名中心城区晋升特级校长进行跨区柔性流动，到郊区学校任职2年；三是实施“影子校长培训”项目，每年选派郊区校长前往市区优质学校进修，在实践中对结对郊区校长进行传帮带，近年共有120多名农村学校校长接受培训；四是规定市、区重点中学和高级中学教师有农村学校或初级中学教学经历的，优先评聘中

学高级教师职务。

4. 创新共享机制，放大优质教育资源辐射效应

通过委托管理、捆绑办学、学区化集团化等机制创新，建立优质教育资源共享辐射机制，缩短学校优质均衡的进程。一是自2007学年起，启动农村义务教育学校委托管理工作，选择中心城区品牌中小学以及有影响力的教育研究机构，接受郊区县教育局委托，对郊区农村的义务教育阶段相对薄弱学校开展全方位的管理。迄今为止已实施四轮，覆盖全市17个区县，先后派出支援机构140所(个)，托管农村义务教育学校120所，惠及3400余个班级、110000余名学生。二是针对城市发展规划变化，上海教育行政部门组织市实验性示范性高中到郊区新城办分校。上海中学、上海交大附中、格致中学、复旦附中分别到临港、嘉定、奉贤南桥、青浦等新城开办了分校，与总校实行师资统一调配、课程统一管理、考核统一实施。三是充分发挥学区化和集团化的成片统筹、资源整合、优质资源共享的功能，自2014学年开始，徐汇区的华理学区、田林学区，闸北区的实验小学教育集团等一批学区和集团启动“先行先试”，总结经验后从2015学年起全面推行。

5. 注重专业引领，激发基层学校自主办学活力

市和区县政府和教育行政部门注重从单纯依靠行政手段，转向更加注重思想领导和专业引领。一是自2010年4月，上海启动了《上海市提升中小学(幼儿园)课程领导力三年提升行动计划(2010—2012)》，全面提升学校课程规划的能力、创造性落实课程方案的能力、学校课程更新与评估的能力。经过连续5年督导和教研部门联合对校长课程领导力的视督导，聚精会神抓管理、抓教学、抓质量，已经成为义务教育阶段广大校长的共识和本职要求。二是2011年组建了由行政部门、科学研究、媒体宣传人员为核心，43所学校参与的“新优质学校”推进项目团队。目前全市有13个区成立了新优质学校推进项目，吸引了200多所学校加盟。入围“新优质学校”的，既有关注教育实质公平的传统“名校”，也有地处平民社区的普通学校，有快速成长的新建学校，也有农村地区的普通学校。不挑选生源、不争抢排名和不集聚资源的“新优质学校”重新诠释了“公立学校”的多样性内涵。三是借鉴PISA测试和教育部学业质量监测的经验，探索建立了全国首个地方版“中小学生学业质量绿色指标”，实现了对学生学习成就、幸福指数、身心健康、学业负担、教学方式等在内的综合评价，丰富了学业质量评价的内涵。

6. 强化监督保障，引导区县政府履行均衡发展职责

有力的监督是义务教育均衡发展的保障。2006年起，上海已经建立了以义务教育均衡发展为重点的区县政府依法履行教育责任自评公示公报制度，以贯彻执行教育经费“三个增长”等核心指标为重点，向社会各界和新闻媒体公示区县政府责任执行情况。2011年10月至2013年5月，对17个区县开展义务教育均衡发展相关督导，核心举措是：涉及到教育经费“三个增长”等投入保障问题与区县财政部门交涉；涉及到学校公建配套、学校产权等问题与区县发改委、房管局等部门交涉；涉及到教师队伍建设等问题与区县人保局、编制等部门交涉。“三个涉及与三个交涉”机制对区县政府职能部门依法履职、共同推进义务教育均衡优质发展，发挥了重要的推动作用。

江苏

1. 深化改革推进教育事业发展，民生保障落实教育惠民

2014年，南京教育围绕改革、质量、惠民三个关键词谋篇布局，取得了显著成绩。聚焦教育综合改革突破口，细化改革方案，形成9项22条改革任务。学前一年基本免费教育，幼儿园增量、创优、惠民三项工程，义务教育阶段入学，中考和招生，校长教师“区管校用”，现代职业教育体系调整，中小学教

育布局等改革事项渐次落地，梯次展开。

健全政府教育救助机制，成立市学生资助管理中心，实现学前教育到高等教育扶困助学全覆盖，1.2万名家庭困难学生得到资助。推进残障儿童少年随班就读工作。义务教育阶段共接纳进城务工人员随迁子女7.88万人，公办学校入学率98.82%。69所学校试点体育设施向公众开放，主城区开放率达77%。“名师公益大讲堂”面向社会开放，现场受众15710人次。扩大优质教育资源覆盖面，新增托管学校32所，新开办名校分校20所，名校兼并弱校9所。

2. 书写教育信息化的新篇章

2014年，常州“数字化学习实验平台”“基于教育质量综合评价的教育云平台”“青果在线虚拟实验室”等一大批项目通过立项并进入实施。

以信息化为引擎，带动教育现代化。推进市教育信息化公共服务平台二期建设。推进以数字化学习为核心的智慧校园建设，基础教育阶段学校国家教育信息化标准达标率争取达到90%以上，中小学基本实现“班班通”，部分学校实现校园内无线网络全覆盖。加快职业教育信息化步伐，提高数字化教学资源应用水平。升级“常州终身学习在线”，建好各辖市区“终身教育在线”子站，建成5至6个数字化学习先行社区。

3. 深入推进教育教学改革，推进网络资源共建共享

徐州大力实施“学讲行动”，举办研讨课、观摩课、赛课1626节次，探索提升课堂教学效益的路径。广泛开展“责任教育”，培养学生的创新精神和实践能力。全面推进师德规范、师爱传播、师能提升、师心温暖、师风弘扬五项工程，搭建起集培养、管理、考核为一体的教师综合发展平台。

完善网络集体备课方案，市区中学和县区城区及有条件的乡镇学校实行网络集体备课。推动网络协同教研、城乡学校网上结对，提高微课程、精品课资源库等优质资源利用率，促进各类教学应用平台普遍使用。重点探索办学体制改革，采取优质学校托管薄弱学校的模式，通过“名校带动、名师支撑、全局支持”，快速放大优质教育资源。全市成立了27个办学共同体和教育集团，区域教育均衡水平稳步提升。

4. 关注学生发展核心素养，推动大数据在教育中应用

苏州为顺应国际教育改革潮流，重视培养学生的核心素养。从联合国教科文组织提出的“学会求知、学会做事、学会共处、学会生存”四大支柱，到经合组织概括的“人与社会、人与自己、人与工具”三方面核心素养体系，再到欧盟倡导的“母语、外语、数学与科学技术、数字素养、学会学习、社会与公民素养、主动意识与创业精神、文化意识与表达”八大核心素养，为深化教育改革提供了可参照的框架。

大数据是信息爆炸时代产生的海量数据，呈现体量大、关系复杂、价值大等特性。大数据应用有利于改变教育研究中对数据价值的认识，推动教育治理模式从传统的政策调研和观点式决策，向以多元丰富的证据为支撑的科学化决策转变，使教育政策更具有前瞻性和引导性。在大数据技术支持下，教育评价和学习分析会从传统的经验性向客观性发展，让校长、教师能够更方便地获得每一个学生在学校中的真实信息，实施个性化教育。

5. 抓好队伍建设，突出关键环节，深化教育领域综合改革

南通创新师德教育，提升建设水平，完善中小学教师和校长培训制度，继续实施名师、名校长培养工程，加快构建多层次的教育人才梯队，促进教师专业发展。助推新一代南通教育代表人物成长，新增15个名师工作室，建立市级专项经费资助制度。完善教师管理制度，出台南通市《鼓励教师长期从教、终身从教的指导意见》。

深化教育领域综合改革，探索系统培养技术技能人才的新模式、新机制，启动职业教育现代学徒

制实施的试点工作，进一步提高职业教育人才培养质量。完善师范生免费定向培养机制，探索职前职后一体化的教师培养培训模式。研制南通市中等学校考试招生方案，推进考试招生制度改革。加快现代学校制度建设。鼓励和支持具备条件的院校、教科研机构、教育行业协会、专业协会等成立社会性评估组织，积极参与教育质量、办学水平、投入绩效等评估，探索管办评新机制。

6. 打好教育的"攻坚"战

2014年，是扬州教育的"攻坚"之年，全市教育系统圆满完成了年初确定的50项重点工作和50项重大活动。攻质量之坚，坚持"常规管理百校行"，学校精制管理再上台阶。4000多名农村学生和1200余名初中学生分别进城下乡互动体验。中小学生"阅读工程"全面实施。市职业教育集团揭牌成立，中职招生完成省教育厅下达计划的112.5%，其中企业订单培养、定向培养专业比例为71%。攻队伍之坚，新一轮师德师能建设双"百千万"工程活动全面开展，市教师培训发展中心实质性运作。两位教师上榜"中国好人"。攻民生之坚，编制完成中心城区中小学及幼儿园布点规划，出台市区新建居住区教育设施配套实施意见。"公办中小学招生择校环节操作规范"得到落实，广陵区、蜀冈－瘦西湖风景区小学招生实现"零择校"。15所中小学生学习辅导站全年免费辅导学生1.1万人次；攻作风之坚，党员主题教育活动进一步深入，开展"四减一提"专项整治，压缩会议、文件、检查评比和培训活动22%。

浙江

1. 深入推进教育改革和开放

2014年9月，浙江省被国家确定为全国高考综合改革两个试点省市之一，省政府批准并向社会公布了浙江省高考招生改革试点方案。围绕实施高考招生制度改革，及时印发了普通高中课程教学指导意见、学业水平考试办法、选考科目考试办法等配套文件，目前已有各项招生改革有序推进。"三位一体"综合评价招生办法在高校的认同度和吸引力进一步增强，浙江大学、上海交通大学、中国科技大学等国内知名高校首次加入"三位一体"招生行列。首次实行重点欠发达县定向招生试点，安排浙江工业大学等16所省属本科院校面向浙江省文成等12个重点欠发达县（市、区）定向招生，录取新生288名。

12月中旬，首批34所中职课改试点学校"出炉"，那些有着强烈改革意愿、勇于担当、专业优势明显的学校成为这场改革的"探路者"。同时普通高中课改接力深入进行，一年中评估认定省普通高中特色示范学校105所，其中一级特色示范学校45所，一些过去名不见经传的普通学校因课改成效显著脱颖而出。

2. 深化教师管理制度改革

在全省建立义务教育公办学校校长教师交流制度，这是在当前情势下务实可行的一条解决路径。其中尤其是把交流的主要对象锁定在校长和骨干教师上，把交流的工作原则锁定在随迁人事关系上，这样才能有效防止教师交流走过场、流于形式。通过上半年狠抓试点、积累经验，下半年全面启动、普遍推进，一年来全省参加交流的校长教师有11732人，其中校长1379人，骨干教师2091人，参加交流的骨干教师占全省符合交流条件骨干教师总数的20.7%，交流校长全部随迁了人事关系，交流骨干教师随迁人事关系的比例达到了79.1%。

把社会普遍认为有着颇高含金量和关注度的高校教师专业技术职务评聘权、中专学校高级讲师及中小学校教育管理副研究员和高级实验师职称评审权，分别全面放给了高校和设区市。

3. 努力提高教育质量

加强学科专业建设。本科高校突出抓学科，高职院校突出抓专业。过去一年，我们组织了高校重中之重学科、人文社科重点研究基地建设绩效中期评估工作，对浙江省建设的53个重中之重学科及人文社科基地近5年在国内同类学科中的排位情况进行了督查，以此推进学科建设对标管理，提高学科竞争力和建设水平。新一轮的全省高校新兴特色专业、国际化专业已经启动建设。

加强学生学业管理和服务。出台建设"一站式"学生事务中心，加强和改进高校服务学生工作意见，全省101所高校建立了集教育、管理、服务于一体的"一站式"学生事务中心。

在高校，筹划启动了高校课堂教学创新三年行动计划。要求高校强化课程建设质量，创新课堂教学方式，完善课堂教学制度，严格课堂教学管理，改革完善教学评价。在中小学，继续推进减负工作，调整降低了小学低年级语文和数学的教学要求，布置实行小学一年级新生"零起点"教学。

4. 进一步提升教师素质

一方面，全省高度重视教师的培养培训工作。制定出台了深化教师教育改革的实施意见，着意改革师范类招生和培养制度，推进教师教育协同创新。高度重视中小学教师专业发展培训质量管理，从加强教师选课指导、建立培训质量反馈制度等6方面提出更加明确的要求。各高校落实青年教师助讲培养制度，2013—2014学年进行助讲培养的青年教师3717名，培养覆盖率达到97.0%。另一方面，分别制定出台了建立健全中小学教师师德建设长效机制、加强高校教师师德师风建设的意见，强化日常督促检查和惩处，并在评职评优评先中严格实行师德"一票否决"。

5. 大力促进教育公平

继续推进中小学标准化学校建设，一年来新审核通过标准化学校883所，全省义务教育标准化学校占比已达到72.4%，比上年提高了17个百分点。再次提高义务教育阶段学校生均公用经费基准定额，小学为610元，初中为810元。推动各地加快建立解决随迁子女读书与居住证挂钩制度，改进和完善进城务工人员随迁子女教育工作。加大治理择校乱收费力度，到秋季招生时，全省宣布公办义务教育学校实行"零择校"的县(市、区)达到88个。

着力解决制约学前教育发展的瓶颈问题。积极稳妥开展无证幼儿园整治工作，一年来全省无证幼儿园减少928所。进一步加强幼儿园专任教师队伍建设，全省幼儿园教师持有教师资格证比率已达到74.0%，比上年提高8.2个百分点。重新修订了幼儿园等级评定办法和标准，完善学前教育资助政策。

6. 积极服务"五水共治"和产业转型升级

2014年，浙江加大高校产学研联盟中心建设的推进力度，全省产学研联盟中心已达到13个，基本实现了对全省省级产业集聚区的全覆盖。从相关高校遴选进驻各联盟中心科研人员40人，组织高校专家566人次与企业进行了项目对接，达成合作项目57个，联合企业申请获得政府科研开发项目54个，研发经费7694万元。完成第三批省级"2011协同创新中心"认定工作，同时指导一二批协同创新中心牵头高校编制完成了发展规划。

积极发动有关高校、中职学校设置家政服务专业及家政服务方向，一年中参与招生高校达25所，设立家政服务和护理类专业及方向14个，安排招生计划6100名。针对全省三年扫盲计划进入攻坚阶段，各地进一步加大工作力度，一年来全省66万余人参加了扫盲培训，其中42万余人已完成脱盲。

安徽

1. 深化教育领域综合改革

推进考试招生制度改革。坚持义务教育阶段划片免试就近入学制度。省示范高中招生指标的80%以上分配到辖区内各初中。探索完善自主录取、推荐录取、定向录取、破格录取的方式，进一步落实高校招生自主权。稳步推进职业院校升学考试改革试点，不断完善“知识+技能”的考试方法，拓宽渠道，让各级各类教育立交互通。推进《安徽省学前教育条例》等地方性法律法规的制定和修订工作。加强行政执法监督，完善教育行政审批、行政处罚、行政执法检查制度。探索管办评分离的新型政府、学校、社会关系。探索培育相关社会组织开展教育评估监测工作，引入第三方评价机制。

做好“中俄青年友好交流年”有关工作，加大与俄罗斯伏尔加河沿岸联邦区教育合作交流。深入开展与友好省州和国(境)外高校和学术机构的合作交流。推进“留学安徽”项目，扩大省内高校接受留学生的规模。健全皖台高校合作长效机制，加强皖台师生双向交流。

2. 以立德树人为根本任务，深入推进素质教育

制定中小学生课外活动指南，规范课外德育内容和形式，有针对性地将德育内容融入各种活动载体，寓教于乐。优化高校思政理论课建设，打造一批名师大家、精品课程、优质课堂和校内外实践基地。探索课堂教学与社区服务、研究性学习和社会实践相结合的途径和方法。加强中小学教研工作，进一步提升课程实施水平和教学质量。改革教学模式，按照德智体美全面发展的原则，鼓励学校开设特色课程，开展全省特色课程开设情况展演活动。组织实施“中小学体育卫生艺术教育促进工程”。确定部分县区开展农村艺术教育实验工作。通过艺体教师服务中心等形式，组织艺术、体育教师走教，发挥艺体教育志愿者作用，帮助农村边远学校开展音体美等教育教学。

严肃执行义务教育不分重点校、重点班的要求，加大对义务教育择校收费的治理。减轻学生课业负担，严禁在双休日、寒暑假和其他法定节假日组织学生集体补课。控制学生在校学习时间，合理布置作业，减少考试次数，规范教辅材料管理，对学生课业负担进行定期监测。

3. 加强基本公共服务，全面提升基础教育科学发展水平

启动实施第二期学前教育三年行动计划，稳步扩大公办幼儿园和普惠性幼儿园覆盖面，农村基本实现“一镇一园”，城区逐步形成每3万常住人口建设1所公办和普惠性民办园格局，力争新增在园幼儿6万人，学前教育三年毛入学率达到78%以上。完成2291所义务教育学校标准化建设任务，标准化覆盖率提高到78%以上。进一步改善农村薄弱学校办学条件，探索均衡配置教育资源的实现形式，90%的县镇“大班额”基本消除。完善就地参加中高考和“钱随人走”政策，保障实行“两为主”“三个一样”平等接受义务教育。缩小校际之间的均衡发展系数差距，进一步做好国家县域义务教育均衡发展督导评估验收工作。

加强高中阶段教育内涵和特色建设，注重质量和提高水平，推动普通高中多样化发展。会同省物价局调整普通高中收费政策，完善普通高中教育培养成本分担机制，在此基础上取消普通高中20%的择校。

4. 适应经济社会发展，着力建设现代职业教育体系

促进中高职有效衔接，鼓励职业院校在专业设置、教学计划、教学大纲设置等有效衔接基础上，建立弹性分段学制。遴选一批职业院校进行试点，促进中高职专业设置、教学计划、教学大纲、课程设置、教材体系和师资等方面的贯通衔接。制定全省职业教育布局调整指导方案，通过转、并、撤等方式，从根本上改变职业教育点多面散，办学水平差异大，效益不高的现状。加大对皖北地区职业教育

的支持力度，加快皖北地区职教园区建设。支持皖南国际文化旅游示范区职业教育改革创新。实施皖江城市带职业教育办学模式改革中期评估，推广典型案例。制定推进校企合作工作意见。

组织开展全省第一批优质示范中职学校和优质特色中职学校评估，建立省级示范学校动态管理机制。重点建设好51个重点专业、50个重点实训基地和51门精品课程项目，制定省级职教专项管理办法，建立省级重点项目效益评价制度，促进学校办学条件和内涵建设共同提高。明确县级职教中心功能定位，推动县级职教中心转型升级，增强社会培训能力，实施农民工职业技能提升计划。

5. 推动内涵式发展，提升高等教育质量

以质量工程为抓手，深入推进高校教育教学改革和建设，运用信息技术促进人才培养模式创新，提高教学效果和人才培养质量。稳妥实施省研究生教育投入机制改革，健全奖助政策体系，全面推广研究生担任助教、助研和助管的"三助"工作。完善协同创新机制，实施好首批省级协同创新中心和高校产业共性技术研究院等创新平台建设。提升高校科研创新的基础能力及其支撑"建设创新安徽，加快转型发展"的水平。开展高校审核评估，探索高校个性化评估机制，形成与应用性高等教育保障体系相适应的评估体系。

推动成人高等教育教学模式改革和信息化建设，扩大试点范围。加强高校成人高等教育规范化管理，促进内涵建设，规范办学行为。加强高校毕业生就业信息化建设和市场建设，完善供求信息共享机制，同地方政府、经济组织、行业部门等联合开展专场招聘活动，推进区域间、校企间、高校间信息资源共享。

6. 加强教育保障，促进教育公平公正

健全各级各类教育经费保障机制，落实学前教育经费奖补机制。研究推进制定普通高中、学前教育生均拨款标准，提高城市义务教育生均公用经费补助标准，完善民办义务教育阶段学生享受经费保障政策，健全普通高中教育培养成本分担机制，研究建立职业教育生均拨款动态调整机制，完善本科高校预算编制办法，推进研究生培养投入机制改革。

转变资源配置理念，将教育资源向皖北地区、大别山区、贫困地区倾斜，向薄弱学校倾斜，建立扶贫联系点制度。加快城区内、城乡间义务教育学校校长教师交流轮岗，逐步形成制度化、常态化，实现县域内教师校长资源均衡配置。结合国家对薄弱学校条件改善，扩大农村教师周转房建设，进一步落实农村教师补贴政策。

六 文化发展

（一）一市三省文化发展

表 1 2012—2014 年长三角地区一市三省报纸、期刊发行种数(种)

	2012 年	2013 年	2014 年
上海市	726	726	727
江苏省	593	594	596
浙江省	293	292	294
安徽省	278	278	278

（二）促进文化发展的措施与进展

上海

1. 积极打造公共文化服务新机制

2014 年是深入实施“十二五”规划关键之年，上海积极打造“政府主导、社会参与、市场运作、群众受益”的公共文化服务新机制，完善现代公共文化服务体系，不断提高文化的宏观管理能力和创新实践水平，提升公共文化活动辐射效应，营造共建共享、共生互补的公共文化格局。

网络时代的公共文化服务“与时俱进”。2014 年上海启动试点“文化上海云”工程，为市民打造直通互联网的数字公共文化服务，目前已在嘉定、闸北、闵行三个区上线使用，线上线下公共文化服务融合的有声有色。

2. 持续“惠民”，推动群众文化蓬勃发展

创立不久的上海市民文化节呈现品牌效应，2014 年，文化节吸引千万人次市民参与“听、说、读、写”四大系列活动，包括市民演奏大赛，演说大赛、阅读大赛、写作大赛等等。逾 700 个“达人”从市民文化团队中产生，形成了上海公共文化最接地气，也是最为鲜活生动的风景。

3. 自贸区文化市场开放政策落地实施，试点任务有序推进

2014 年 4 月，上海市政府公布《中国(上海)自由贸易试验区文化市场开放项目实施细则》，规范管理外商独资演出经纪机构、外商独资娱乐场所、外资企业从事游戏游艺设备的生产和销售等三项文化市场开放政策。贸易便利化管理方式不断创新。随着负面清单管理模式的建立，文化领域积极创新管理方式，由市文广局牵头建立的“一站式、全天候、零时差”服务体系，率先设立文化审批受理的延伸服务窗口，集中受理自贸区内中外文化企业的资质审批、艺术品内容审批和演出内容审批等专项业务。自贸区成立以来，截止 2014 年底，基地吸引新增入驻文化企业 114 家，新增注册资本 51.48 亿人民币，累计入驻文化企业已达 300 余家，文化贸易规模超过百亿。基地入驻企业涵盖演艺、娱乐、影视、动漫游戏、图书出版、印刷、拍卖、贸易、艺术品经营等文化产业各领域，吸引亚洲联创、微软、太田游艺、索尼、佳士得拍卖、倪德伦演艺等一批国际文化龙头企业在自贸区注册设立子公司或合资公司。

4. 文化产业跨界融合深度推进，合作模式不断创新

创新文化和金融合作模式。2014年11月，正式发布《上海市关于深入推进文化与金融合作的实施意见》，从完善文化金融合作机制、拓展文化金融合作渠道和优化文化金融合作环境三方面着手，提出16项具体举措。设立文化创投风险引导基金，连续3年，每年安排1亿元，鼓励更多专业化风险投资基金和天使投资基金投资文化小微企业。加大文化和科技融合的力度，针对影视拍摄、后期制作、舞台展演等重点领域关键环节，继续实施2014年全市文化科技领域融合示范工程。经过第三轮扩区，张江示范基地已形成一区二十二园的发展态势，网络动漫、网络视听、数字出版等文化科技领域集聚特征明显。探索推动文化与装备制造业融合，2014年10月，举行首届国际高科技文化装备产业发展论坛暨高科技文化装备产业联盟启动仪式。在浦东筹建国内首个国际高科技文化装备产业基地，打造集文化装备技术研发和集成创新、标准认定和应用示范、投资交易和展示推广于一体的文化装备产业高地，项目一期上海国际高科技文化装备应用示范中心正加紧筹建。

5. 以改革为动力，促进传统文化产业转型发展

大力推动电影产业发展。2014年10月，制定出台《关于促进上海电影发展的若干政策》，整合现有扶持政策，每年安排逾2亿元资金，支持上海电影全产业链发展。设立上海影视摄制服务机构，截止12月中旬，受理影视协调、咨询类业务243件，并实现受理业务全部办结，切实服务各类影视机构。积极打造新型媒体集团。2014年，上海进一步深化文化国资的改革重组，推动上海文广集团深化市场化改革与加快互联网化转型。3月，原上海文化广播影视集团与上海广播电视台、上海东方传媒集团有限公司全面整合，正式组建上海文化广播影视集团有限公司，与上海广播电视台一体化运作。推动建设新型主流媒体。上海积极整合传统媒体资源，推动上海报业集团与新媒体深度融合。2014年，数字收费阅读产品“上海观察”、专注时政与思想的媒体平台“澎湃新闻”、商业和财经资讯平台“界面新闻”先后上线，获得了较高的关注度和影响力。

6. 加快文化“走出去”步伐，提升国际影响力

不断创新国际合作模式。26集上海原创动画片《泡泡美人鱼》由欧洲最大的电视代理公司德国国家电视台国际公司(ZDF)全球销售总代理，仅欧洲、北美等地区的预售金额就超过了1000万欧元，并被美剧《纸牌屋》的制作和播出平台Netflix公司收购了两年的播放授权。《泡泡美人鱼》实现了中国原创动画作品由国际团队创作、制作到国际销售的产业创新模式。积极开拓多样化国际贸易渠道。上海积极为外向型文化企业开拓面向海外市场的主流贸易渠道，组织国内文化企业参加海外各种高端文化专业交易展会，推动一批中国文化企业、产品和服务“走出去”。大力发展文化贸易平台。上海积极支持面向海外市场的专业化文化贸易平台建设，一批功能明确、市场化运作的文化贸易平台应运而生，有效提升全市文化贸易的质量和规模。

江苏

1. 文化体制改革积极作为，艺术创作生产紧扣主题

成立省文化厅文化体制改革小组，积极探索改革的新思路和新举措，重点围绕健全文化市场综合管理执法机构、建立公共文化服务体系建设统筹协调机制、加快公共文化资源数字化步伐、建立公共文化服务政府采购和资助目录、建立优秀传统文化传承体系等方面，开展调查研究，制定实施方案，形成了聚焦改革、研究改革、推进改革的浓厚氛围。探索开展南京图书馆成立理事会和图书馆总分馆制覆盖到村的改革试点，取得积极进展。

广泛开展以“中国梦”为主题的艺术创作生产。深入实施江苏省舞台艺术精品工程，扬剧《小花旦

当官》、滑稽戏《探亲公寓》等10台剧目被评为舞台艺术精品工程资助剧目。完成第十二届江苏省戏剧文学奖评选，柳琴戏《柳琴姑娘》等11部作品获奖。

2. 文化艺术活动蓬勃开展，公共文化服务扎实推进

成功承办全国地方戏(南方片)优秀剧目展演，15个省(市、自治区)的25台精品剧目参演，既有脍炙人口的传统经典，也有近年新创的精品力作，集中展示了越剧、黄梅戏、川剧等17个南方代表剧种。展演实施惠民票价，每场上座率都达到80%以上，累计有2万多名观众走进剧场观看演出。组织了浙江、山东等7个省份的“群星奖”作品来我省巡演，丰富了基层群众文化活动。

以修订完善省级公共文化服务体系示范区验收细则为抓手，深入开展公共文化服务体系示范区创建活动，南京、镇江2个省辖市，12个县(市、区)和103个乡镇(街道)被命名为第二批江苏省公共文化服务示范区。扎实做好第一次全国乡镇综合文化站评估定级工作，全省884家文化站被评为等级文化站，其中国家一级文化站239家，占全省文化站总数的19.12%。

3. 文化产业发展提质转型，文化市场管理依法规范

积极落实《国务院关于推进文化创意和设计服务与相关产业融合发展的若干意见》，参与制定江苏省实施意见和“三年行动计划”，推动文化产业发展调结构、转方式、提质量。承办全国文化金融合作会议，江苏有3个项目获得文化部优秀文化金融合作创新十大成果表彰，调研起草《江苏关于深入推进文化金融合作的实施意见》。新命名7家江苏省文化产业示范园区。常州恐龙园入选最具影响力国家文化产业示范基地。成功举办苏州文化创意设计产业博览会，10多个国家和地区的538家企业参展，签约金额达17.2亿元。文化产业引导资金项目组织有力，全省共申报文化产业类项目695个，投资额893.7亿元，其中252项得到立项补助。积极申报文化部文化科技项目，江苏有9个项目入选，数量居全国前列。

严格演出审批手续，加强营业性演出监管，对全省1000多家的演出场所和庙会活动开展了暗访检查。成立江苏省艺术品行业协会，促进行业自律。组织文化行政综合执法人员培训，促进了规范执法。积极开展技术监管平台建设试点与推广，常州、南通、盐城3市9县完成全国文化市场技术与服务平台试点，平台数据录入量名列全国前茅。组织文化市场技术监管与服务平台应用培训，建立全省市场准入、动态监管、综合执法相统一的技术平台。

4. 文化遗产保护卓有成效，对外文化交流日趋活跃

大运河申遗成功，江苏有6段申遗河道、22处历史遗存，是大运河河道最长、文化遗存最多、保存状况最好和利用率最高的省份，其中扬州是35个城市申遗联盟的牵头城市。积极申报国家历史文化名镇、名村，全省有8个镇、7个村入选第六批中国历史文化名镇名村。江苏省第一次全国可移动文物普查有序推进，扬州、苏州等地文物收藏单位率先完成文物认定工作。

上半年，江苏省共有25批文化团组176人次赴15个国家及中国香港、台湾地区实施20个文化交流项目，有8个国家及中国台湾地区的9批文化团组70人次来我省实施9个文化交流项目。圆满完成了荷兰“欢乐春节”和法国、比利时、葡萄牙“欢乐春节”演出任务，传递了“欢乐、和谐、共享”的中国春节文化理念。推进与澳大利亚维多利亚州的文化交流与合作，拓展了交流领域，提升了合作层次。

5. 通过贷款贴息等方式支持文化金融合作

江苏省文化厅与国家开发银行江苏分行、北京银行南京分行制定合作机制，积极引导社会资本投入文化产业。出资规模20亿元的江苏紫金文化产业发展基金已投资39个项目，吸引带动民间资本成立多支文化产业创意投资基金，促进江苏省文化产权交易所，为各类文化产权流转提供专业服务。2013年，江苏文化产业实现增加值2330亿元，当前江苏正处在推进两个率先的关键期，加快经济转型

的攻坚期。江苏省委省政府强调要加大重点领域和关键环境的改革力度，切实增强先进文化引领作用，在提升经济硬实力的同时显著提升文化软实力。

浙江

1. 大力培育文化产业主体

制定文化产业园区认定和管理办法，推动园区服务规范标准化。认定的省重点文化产业园区建设项目，符合条件的优先列入省重大产业项目。推动文化产业园区加强公共技术、资源信息、投资融资、交易展示、人才培养、交流合作等服务平台建设，提高运营服务能力，发挥产业集聚优势。支持孵化型文化产业园区建设，完善创新创业服务体系，为入园文化企业提供“一站式”服务。加快国有文化企业股份制改造，支持符合条件的新闻出版传媒企业按有关规定申请实行特殊管理股制度，结合文化领域许可证管理，制订完善配套机制。支持文化企业跨地区、跨行业、跨所有制兼并重组，培育一批具有强大实力和竞争力、影响力的现代文化企业集团。落实鼓励和引导民间资本进入文化领域的政策，鼓励社会资本投资、兴办文化企业。支持文化企业上市融资、到全国中小企业股份转让系统和区域性股权交易市场挂牌交易。指导小微文化企业以创意创新为驱动，走“专、精、特、新”和与大企业协作配套发展的道路。鼓励小微文化企业依托电子商务、第三方支付平台拓展经营领域，利用互联网创业平台、交易平台等载体拓宽发展渠道。

2. 积极推动文化产业融合发展

大力推进文化创意和设计服务与信息经济、环保、健康、旅游、时尚、金融、高端装备制造等产业融合发展，重点培育一批文化创意和设计服务与相关产业融合发展的骨干企业，打造一批示范城镇、知名品牌、试点园区、具有全国影响力的集聚区和服务平台。大力发展数字内容产业，加快推进示范基地建设，完善影视动漫游戏产业链，推动绿色印刷产业发展，培育文化创意信息融合新业态。不断完善文化与科技融合发展的体制机制。加大对文化领域科技创新的支持力度，省、市、县各级科技计划要倾斜支持文化领域的技术创新。鼓励高校、科研机构及有条件的行业骨干企业开展文化创新研究开发，引导跨国企业和海外高端人才在我省设立文化技术服务机构。进一步支持杭州、宁波、横店三个国家级文化和科技融合示范基地建设，鼓励有条件的地区创建国家级示范基地。鼓励金融机构建立特色支行和文化金融专业服务团队，提高文化金融服务专业化水平。鼓励文化企业开发新技术、新产品、新业态和新商业模式，提供优质丰富的文化产品和服务，培育新的文化消费增长点。

3. 扎实推进特色文化建设

把打造文化小镇作为促进县域文化产业发展的重要载体和抓手，重点培育一批文化元素特征突出、产业基础较好、产业融合潜力较大的文化小镇，符合条件的，可列入省重点培育特色小镇创建名单，享受相关政策。鼓励高校、科研院所与文化小镇结对帮扶，在发展规划、智力引进、项目推进等方面开展合作；鼓励发展特色文化产业，建设特色文化产业示范区，培育一批具有核心竞争力的特色文化企业、产品和品牌；充分发掘和保护古代历史遗迹、文化遗存，优化美化村庄人居环境，适度开发乡村休闲旅游业，把历史文化村落培育成为与现代文明有机结合的美丽乡村，建立健全“政府主导、社会参与、群众自筹”的历史文化村落保护资金筹措机制。

4. 加快发展对外文化贸易

鼓励和引导文化企业加大内容原创力度，创作开发体现中国优秀文化和浙江传统文化、符合社会主义核心价值观要求的文化产品和服务，在编创、设计、翻译、配音和市场推广等方面给予重点支持。培育打造一批省级文化产品和服务出口基地，推进浙江文化服务贸易示范城市建设。引导我省文化企业制订开拓国际文化市场的发展战略与规划，将经营国际化作为衡量业绩的重要指标纳入文化出口企业经营绩效考评体系。鼓励有条件的企业通过独资、合资、控股、参股、并购等多种方式在国外兴办文化经营实体，实现海外落地经营。鼓励和支持各种所有制文化企业从事国家法律法规允许的对外文化贸易业务，并享有同等待遇。健全浙江文化出口重点企业和项目目录年度发布制度，对列入目录的重点企业和项目给予重点扶持。加强文化"走出去"平台渠道建设。继续办好中国国际动漫节、中国义乌文化产品交易会等大型综合性文化展会，积极组织参加各类国际性文化贸易活动或综合性服务贸易展览会，对文化出口企业参加国际性大型文化贸易展会，在名额和组团参展等方面给予支持。支持文化企业在境外开展宣传推广、培训研讨和投标等市场开拓活动，借助跨境电子商务等新兴交易模式拓展国际业务。支持文化出口企业加强与国际著名文化制作、经纪、营销机构合作，拓展境外文化市场。

5. 落实相关优惠政策

相关主管部门要进一步厘清权力边界，减少审批事项，放宽市场准入，确定文化领域行政权力清单、企业投资负面清单、财政专项资金管理清单、部门责任清单，不断完善文化市场准入和退出机制。加大财政资金对文化产业发展的支持，探索文化产业基金制扶持方式，加强资金绩效评价，增强财政资金使用实效。继续执行中央和省关于支持文化单位转企改制和文化企业发展的扶持政策，确保文化企业增值税、所得税、营业税、出口文化产品退税等各项税收优惠落实到位。鼓励把"三改一拆"中的旧住宅区、旧厂区、城中村以及老城区原有工业功能区改造为文化产业园区，鼓励利用空余或闲置工业厂房、仓储用房等存量资源发展文化产业。加大核心人才、重点领域专门人才、高技能人才和国际化人才的引进、培养、扶持力度，造就一批文化产业领军人物。鼓励原创内容生产，制订原创内容生产奖励扶持办法，对产生较大市场影响力、具有较好社会效益的浙产原创内容产品给予奖励。创新完善我省艺术品交易、文化产权交易市场体系。

安徽

1. 以重点项目为载体

今年安徽省文化发展以项目为抓手，一是推动产业项目进入国家重点文化产业项目库、文化金融合作项目库。省文化厅组织申报的"黄梅戏艺术多业态推广普及和科技创新工程""铜官府铜工艺文化产业园"列入文化部2014年度特色文化产业重点项目；在财政部、文化部《2014年文化金融合作项目库》98个项目中，安徽占有5席；在文化部和有关金融机构《2014年部行文化金融合作库》中，安徽省6个项目入库，排名全国第七位；文化部在深圳文博会发布"2014中国文化产业重点项目手册"中，省文化厅推荐的50个项目入选。二是服务、推进"861"文化产业项目建设。安徽省政府明确由省文化厅负责联系的重大文化产业项目共有116个。在建立"861"文化产业项目库的基础上，有针对性地推进诸如合肥万达文旅城项目与以园区基地为示范。目前，全省共有8家文化部命名的国家文化产业示范基地、102家省文化厅命名的安徽省文化产业示范基地，示范基地在自身加快发展的同时，示范引领带动效应显著。在全省"民营百强文化企业"中，省文化产业示范基地占有51席。由省文化厅申报的中国宣纸股份有限公司，入选文化部委托中国文化产业协会评选的"全国十大最具影响力国家文化产业示范基地"。

2. 实施重点工程

2014年，安徽省文化厅把推动并指导蚌埠市创建国家级文化产业示范园区列为全年重点工作。2014年年底，蚌埠大禹国家级文化产业示范园区及安达创展、胡开文墨业国家文化产业示范基地已通

过文化部评审，我省国家级文化产业示范园区实现“零”的突破。

加强对建筑、园林、城市设计、城乡规划文化内涵的审查，完善方案竞选制度。鼓励装饰设计创新，引领装饰产品和材料升级。老城区改造要秉承和沿袭历史文脉，保留历史记忆，因地制宜建设各类艺术园区、特色街区，塑造城市特色。优化美术馆、博物馆等公共文化设施功能，提高展陈水平。

3. 以金融合作为平台

安徽省文化厅负责建立的全省文化直接融资企业后备库，已成为全省直接融资六大后备资源库的重要组成部分。到2014年8月底，初步建成全省文化直接融资后备企业资源库，首批148个项目入库。此外，在省文化厅的推动下，安徽省首家动漫企业金诺数码已在新三板成功上市。搭建银政、银企合作平台，破解文化企业融资困局。去年9月，省文化厅与中国建设银行安徽省分行签署战略合作框架协议，建行安徽省分行对安徽文化产业发展提供总额人民币20亿元的意向性信用额度，并启动绿色通道，建立联动跟踪服务体系。省文化厅还与省政府金融办和中行、工行、徽行等金融机构加强联系，深化合作。

4. 以动漫产业为突破

安徽省文化厅把动漫作为重点新兴产业加以培育。到2014年，安徽被国家认定的动漫企业总数已达33家，数量列中部地区第一、全国前列。同时，向手机、互联网等新媒体进军，多元发展。2014年举办的第三届安徽省动漫大赛，将原先以激发大中专学生的动漫兴趣为主要目的转变为激励动漫企业的创造精神。

推进传统媒体和新兴媒体融合发展，着力打造新型主流媒体。着力打造下一代广播电视网和交互式网络电视服务平台，积极推动三网融合，重点发展互联网电视、移动多媒体广播电视、IPTV、公共视听载体等新媒体。推动智慧社区、智慧家庭建设，加速推进电视生活综合体、下一代智能终端、物联网智能家居研究成果产业化。加快新闻、出版、音像、印刷数字化转型升级。推动动漫游戏与虚拟仿真技术在相关产业中的集成应用，扶持优秀原创动漫产品的创作、游戏软件开发和生产传播。举办安徽动漫大赛，办好中国国际动漫创意产业交易会。

5. 以人才培养为支撑

安徽省高度重视产业人才的培育及储备。2014年上半年，多次组织各类文化产业相关人员参加高层次培训。去年11月初举办文化产业发展与创新培训学习班。特邀文化部产业司负责人和有关专家，深入解读国家文化产业最新政策，把脉文化企业发展方向，指导促进我省文化产业的发展。

引导高校开设文化创意和设计服务产业相关专业，培养文化创意和设计服务领域急需的实用技术人才。积极推动非物质文化遗产传承人培养纳入职业教育体系。开展文化创意和设计服务从业人员在职教育和学历提升，加强院校与文化机构的合作，建设大学生文化创意产业创业孵化基地，吸引全国高端人才入驻安徽省创业。完善人才引进政策，加快引进文化创意和设计服务高端人才。举办文化创意和设计服务人才招聘会，为人才供需双方搭建高效的服务平台。加强工业设计从业人员培训，定期举办全省工业设计大赛。探索建立骨干人才持股、参股、配股等奖励机制。对作出突出贡献的高层次文化创意和设计服务人才，可破格参加高级专业技术职称评定，申报专业技术资格时不受单位性质限制。

七　体育发展

一、上海促进体育发展的措施与进展

1. 以改革创新思维推进和落实体育发展目标

2014年上海制定推行体育改革总体方案，方案突出"五个围绕、五个促进、十个化"，即竞技体育围绕奥运目标，促进项目的职业化、社会化；群众体育围绕市民体质，促进活动的专项化、生活化；体育赛事围绕管办分离，促进办赛的市场化、国际化；人才培育围绕德才兼备，促进队伍的年轻化、专业化；强化管理围绕夯实基础，促进落实的精细化、科学化。

上海全民健身工作将继续围绕改革的发展主线，构建全民健身公共服务体系。继续推进全民健身活动、国民体质监测的落实，推进体育设施开放和全民健身服务的实施，推动公共体育设施、体育信息服务平台、30分钟体育生活圈的建设。全面评估《全民健身计划(2011－2015年)》完成情况和实施成效，同步启动上海市新周期实施计划的研制工作，掌握上海市全民健身公共服务体系的建设现状和发展空间。加强公共体育设施建设，完善市、区(县)、街道(乡镇)、居委会(村)四级体育设施网络体系，重点建设基层体育设施。整合社会资源，支持社会力量办赛是2014年上海体育改革的"重头戏"，下半年将加快体育社会组织发展，加大政府职能转移委托力度，继续实施政府购买服务，加强对体育社会组织的分类指导。进一步健全联席会议工作机制。

2. 引导体育发展从政府独轮驱动向三轮驱动转变

市、区两级相关政府部门必须落实《上海市公共体育设施布局规划(2012－2020)》，切实保障体育用地和建设资金。同时借助研制新一轮体育事业和区域社会事业规划的契机，重点解决制约本市全民健身发展的瓶颈问题。

加快厘清政府、社会、市场权责，实现全民健身事业从政府独轮驱动向"政府、社会、市场"三轮驱动转变，引导各类社会力量承接公共体育服务、参与体育场地设施建设、推广健身培训和组织赛事活动等。

3. 全民健身日活动丰富多彩

作为一年一度的"全民健身大PARTY"，2014年的全民健身日体现了"突出主题、公益惠民、广泛动员、因地制宜"的特色。全市共有57个公共体育场馆，300余处社区公共运动场、96个百姓健身房、28个百姓游泳池等各类公共体育设施向市民免费开放。一些经营性场馆，通过政府购买服务的方式，今年再次加入公益性开放的队伍，为市民提供优惠开放服务。

由市体育局监制、上海体育学院编制的《上海市百姓健身房科学健身手册》2014年8月起面向全市首发。手册依托市政府实施项目中百姓健身房标配器械，分别以老年人、中年人、青年人、女性为对象，对不同人群适合练习的器械进行了详细解读，并配以图片演示进行展现，生动、直观、易懂，引导市民科学健身、提高体质。

4. 加快竞技体育职业化发展

针对三大球的问题和不足，上海市体育局加大改革力度，采取有效措施，着力加强男足、男篮职业俱乐部规范化、职业化建设，加快推进男女排、女足、女篮运动队职业化。自东浩女排俱乐部成立后，市体育局还在积极挖潜寻找男排、女足、女篮俱乐部组建的合作单位或企业，尽快完成三支队伍的职

业化。

5. 积极开展青少年体育活动

上海市运会将面向青少年群体，由体育和教育部门共同主办，上海市有关部门和各区县共同参与。举办市运会不仅关注体育后备人才的培育，而且新增以普通学生为参赛对象的“球类小达人”和“小铁人三项”，以及学校体育课展评等赛事和活动。在做好第15届市运会筹办工作的同时，体教两家将联手，重点抓体育课和青少年课外锻炼质量。譬如，开展体育活动配送，丰富学校体育活动内容；开展体育教师培训；培养青少年社会体育指导员；推进体育场馆向青少年公益开放等。目前，已有包括东方体育中心、上海市体育宫等6家市属体育场馆安装了中小学电子学籍卡，下阶段，将鼓励其他有条件的市属和区县公共体育场馆向青少年优惠开放，开展青少年体育活动和课余体育训练。

6. 发挥体育社会组织的作用

加强科学健身知识宣传，推广体质测试与健身指导相结合；落实社会体育指导员岗位制和相关配套保障措施，充分发挥社会体育指导员作用；依托“互联网+”，创新服务模式，加快市、区两级公共体育服务信息化综合平台建设步伐。

大力发展健身技能和运动项目培训，推广运动技能的业余等级制，推进社区体育设施建设，引导市民健身向多元化、专项化方向发展。

二、江苏促进体育发展的措施与进展

1. 完善体育顶层设计

对公共体育服务进行深入研究，确立长期的和阶段性的目标，把更好发挥政府作用和市场资源配置作用有机结合起来。对于由政府提供的基本公共体育服务，要明确基本公共体育服务的内容、具体标准和政府责任；非基本公共体育服务内容由政府、市场和社会组织共同提供，要明确规则和行业标准，并制定可行的监管办法和细则。实施省政府和国家体育总局共建公共体育服务体系示范区合作协议，制定我省基本公共体育服务建设标准，推动市县根据各自实际制定基本公共服务标准。充分发挥市场在资源配置中的决定性作用，以构建现代体育产业体系为目标，建立宽松透明、管理规范的市场准入制度，培育拓展各类体育产品市场和要素市场。进一步推进管办分离，制定政府购买公共体育服务意见，逐步把公共体育服务职能转移给社会组织和市场。

2. 全面深化体育改革

抓紧落实已有改革事项，落实转变竞技体育发展方式实施方案，推进行政审批制度改革，进一步清理创建达标制度，改进和加强干部选拔任用的科学管理机制。有序推进一批中央已明确的改革部署，制定我省加强大型体育场馆运营管理、改革创新、提高公共服务水平的实施意见，协调省人社厅制定运动员绩效工资改革方案。深入研究一批中央提出了改革方向原则和规划目标的改革任务，注重简政放权与加强监管同步推进，转职能、放权限、调职责、调机构，推动综合性体育运动会和体育竞赛改革，建立动态开放的综合数据库，加强体育行业标准建设。调整现有运动项目中心布局，推动同类项目群集中管理，与国家体育总局运动项目管理中心全面接轨。继续推进体育社团改革发展，坚持“三化五有”发展方向，完善等级评估体系，研究政府向体育社团转移职能、购买服务方案，促进体育社团发挥更大的作用。加大体育科教投入力度，协同推进全民健身、竞赛训练、体育产业等领域的科技创新、信息服务和人才队伍建设。

3. 推动体育融合发展

进一步完善运动项目省市、省校、省企共建机制和模式，与有关部门协商制定《省校联办省优秀运动队实施意见》。大力推进"名校办名队"和"教练员进校园"工作，鼓励支持四星级高中兴办1支以上具有市县水平的运动队，形成"一校一品"特色。继续开展星级体校创建工作，促进创建标准与常规管理深度融合。加大对体育传统项目学校的创建和规范管理力度，进一步发挥体育传统项目学校在学校体育和后备人才培养工作中的示范作用，完善体育传统项目学校的竞赛、训练、体育师资培训等体系建设。继续与省教育厅合作实施万名体育教师培训工程，举办全省青少年阳光体育联赛。落实运动员文化教育的各项政策措施，确保所有公办体校实现运动员文化教育规划和经费"两纳入"，进一步畅通体育运动学校毕业生的升学渠道。加强与建设、园林等部门合作，推进体育公园广场、健身步道、青少年体育户外营地建设，提供功能多样、形式新颖、与自然景观融为一体的体育场地。加强与卫生、旅游等部门合作，促进体育与健身服务业、旅游业等相关产业融合；加强与主流媒体合作，充分利用广播电视、平面媒体、互联网、手机等平台，深入宣传普及科学健身知识和健身活动信息，提高科学健身指导服务的覆盖面和质量。

4. 提升体育投入绩效

提高全民健身资源配置效益，由行政命令式配置向按需配置转变，把乡镇中小型健身中心作为新的重点给予支持。基层体育组织建设向注重延伸覆盖和质量提升并重转变，并通过政府购买服务等方式，推动群众性体育活动逐步向社会组织兴办转移，提高基层体育社团的活力。提高各类体育设施使用效率，大力推动公共体育设施向社会开放，健全学校等企事业单位体育设施向公众开放的管理制度，加强对经济薄弱地区场馆运营管理的扶持。修订运动队绩效目标考核办法，完善综合评估体系，改革经费核拨办法，提高投入产出效益。进一步提升体育竞赛综合效益，继续办好环太湖国际公路自行车赛等重大赛事，提倡勤俭节约办赛，加大市场运作力度，扩大公众参与程度。加快体育科技创新步伐，完善我省体育科技工作考核制度，研究制定体育科技相关激励政策。提高人才工作效益，完善人才培养引进制度，提高引进人才质量水平，统筹推进各类人才队伍建设。

5. 发挥市场机制作用

优化体育产业结构，壮大健身休闲、场馆服务、竞赛表演等主体产业，加快发展体育康复、体育建筑、体育旅游等新兴产业。积极拓展职业体育市场，引进国际高水平职业赛事，理顺管理部门与职业俱乐部和联赛关系，推动职业体育健康发展。加强规划制定、政策支持、服务指导，积极培育扶持体育企业特别是中小体育企业发展。加快推进体育产业集团组建和运营，创新培育苏南(县域)国家体育产业基地。规范体育产业经营主体行为和高危险性体育项目经营活动，对体育产业实行宏观监督和管理。加强政策的落实、集成和创新，把国家和省的各项体育产业政策落到实处。完善体育产业引导资金项目评审工作，提高对体育服务业、场馆运营等业态资助比例。推进体育产业统计、人才培训和职业技能鉴定、市场管理、公共服务平台以及标准化建设等基础工作，为体育产业可持续发展提供有效支撑。

6. 注重体育均衡协调

推动公共体育资源均衡配置，促进城乡体育一体化发展，大力推进城市社区"10分钟体育健身圈"建设，加强农村体育场地设施建设，着力拓展乡镇综合文化站和村文化室的体育服务功能，确保农村公共体育设施与城镇建设同步发展。加大农村社会体育指导员培训力度，积极发展大学生村官社会体育指导员，提升农村科学健身指导和服务水平。适当扩大万名体育教师培训中农村中小学教师比例，开展"送体育培训下乡"活动。加大对经济薄弱地区特别是苏北体育工作扶持力度，促进区域体育协调发展。提高群众体育活动的吸引力和参与度，吸引更多的青年和中年人参与到健身活动中来，着力改变健身人群"两头热、中间冷"现象。制定进一步加强老年体育工作实施办法，完善老年人体育工作具体措施。与妇联、计生等部门合作，推动育龄妇女健身活动开展，增强此类人群体质。

2014 年江苏体育健儿在重大比赛中获世界冠军 19 项，获金牌 150 人次，获银牌 86 人次，获铜牌 99 人次。全民健身活动广泛开展，圆满举办第二届夏季青年奥林匹克运动会，成功举办第十八届省运会和第九届省残运会。

三、浙江促进体育发展的措施与进展

1. 改革全民运动会制度

改变以往集中式、竞技化的群众性体育赛事模式，建立健全开放式、社会化的全民健身活动组织模式。2014 年初，会同省老干部局、省直属机关工委、省总工会、团省委、省妇联、省关工委制定下发了《浙江省第二届全民体育节竞赛规程总则》，并在杭州拉开了省第二届全民体育节序幕。全省 11 个市、90 个县（市、区）和省级机关三级联动，相继举行健步走、登山等活动迎接省第二届全民体育节。体育节期间，除 6 个项目进行总决赛外，其余项目不以竞技成绩定胜负，而是把参与人数、参与项目的多少和参与时间的长短作为排名重要因素，从而拓展全民参与的氛围。

2. 强化政府体育公共服务职能

在小康体育村、全民健身中心（健身步道）、中心村全民健身广场（体育休闲公园）等建设上，注重向山区海岛地区、欠发达地区、少数民族地区倾斜，扩大基本公共体育服务覆盖面。完成了 3000 个小康体育村、32 个中心村全民健身广场和 65 个中心村体育休闲公园建设任务。据统计，全省共投入 1.5 亿元（其中省级体彩公益金 6000 余万元）用于基层体育场地设施建设，新增体育场地面积 360 万平方米。各级体育部门积极推进体育设施向社会开放，通过政府购买服务方式，降低公共体育设施向公众开放的收费标准，提高现有体育设施开放率。各级体育部门免费开放场馆设施，吸引了百万人次健身。全省组建了 11 支体质监测队伍，采集 39600 个体质测试样本，全省国民体质监测合格率达 90.4%。依托 12 个社会体育指导员培训基地和 13 个非奥项目发展培训基地，全年共培训社会体育指导员、非奥项目教练员、裁判员等 1.2 万名。

3. 深化体育创强体系建设

全年有 10 个县（市、区）创建省级体育强县（市、区），总投入达 17.92 亿元。奉化市、德清县、开化县通过体育强县（市）复评，66 个镇（乡）和 6 个街道达到体育强镇（乡）和先进街道标准。积极推进体育现代化创建工作，在余姚召开了全省体育现代化县（市、区）试点工作暨拆装式游泳池建设工作座谈会，确定了 11 家全省体育现代化县（市、区）试点单位和 20 家拆装式游泳池全国试点单位。启动了《浙江省体育现代化乡镇街道标准（试行）》的制定研讨工作。会同省卫生厅对杭州市西湖区古荡街道卫生院、嘉兴市南湖区中心医院体卫合作工作进行调研，着手制订实施基层体质测试体卫合作试点建设方案。

4. 努力推进体育社团社会化实体化

围绕省委十三届四次全会提出的“创新社会组织体制，激发社会组织活力”的要求，加快推进省级体育协会实体化进程。研究出台了《浙江省省级体育协会实体化工作实施方案》，安排 200 万元专项扶持资金，在宁波召开体育社团社会化实体化推进现场会。借助《中国体育报》、《体坛报》、新蓝网平台，全方位介绍浙江省体育社团社会化、实体化工作进展情况，宣传浙江体育社团的优秀经验和风采。

5. 探索完善竞技体育发展机制

在不改变竞技体育院校化改革方向和训学研三位一体办学方针的前提下，调整建立具有独立法人资格的浙江水上运动管理中心、射击射箭自行车运动管理中心、非奥项目运动管理中心。同时，省局专门成立了由主要领导为组长、分管领导为副组长的备战领导小组，下设常态化管理的备战办公室，统筹管理备战工作和协调对外交流合作工作。另外，为全面选拔优秀青少年运动员，在省运动会运动员资格审查上变以往凭身份证认定年龄为凭骨龄测试认定，共完成 22122 人次青少年运动员骨龄检测，同时新增了文化测试项目。

6. 努力推动体育产业融合发展

成立浙江省体育基金会，联合中国银行浙江省分行完成 77 个企业共 11.9 亿额度综合授信，为体育产业发展提供了新平台。启动与省国资委在体育服务、体育赞助、体育公益领域的战略合作。会同上海市体育局、江苏省体育局共同举办 2014 首届长三角运动休闲体育季活动，组织开展了淳安、平湖、长兴三站体验活动，联合编印了《长三角体育产业发展蓝皮书》。组织 300 家体育企业(项目)参加了全国性体育产业博览会。会同省旅游局在永嘉县举办了浙江省第三届运动休闲旅游节，认定省级运动休闲旅游示范基地 3 个，精品线路 4 条、优秀项目 16 个。完成“龙游汽车拉力杯”寻找浙江省运动休闲旅游达人评选活动，编印了《浙江省运动休闲旅游示范案例》。

四、安徽促进体育发展的措施与进展

1. 加快构建基本公共体育服务体系，大力推进群众体育事业发展

政府主导的“大群体”工作格局已经形成。省及 16 个地级市、105 个县(市、区)全部建立了全民健身工作委员会。随着安徽省经济社会快速发展，全省公共体育设施得到不断改善。2011 年－2013 年，全省新建成公共体育场馆 32 个，其中体育馆 13 个、体育场 7 个、全民健身活动中心 11 个、游泳馆 1 个。2014 年，安庆市体育馆等 10 个省运会体育场馆建成并投入使用；在建的有宿州市体育馆、临泉县全民健身中心、铜陵市体育场等 20 余个公共体育场馆。围绕体育工作中心任务，我省体育宣传、体育文化、体育科技、体育法制、体育教育、体育人才、体育统计、体育外事等各项基础保障工作都取得了新成绩。

群众体育蓬勃开展。全省新建 1750 个村级农民体育健身工程、100 个乡镇级全民健身广场、423 个全民健身苑、100 个街道(社区)体育俱乐部、1000 个晨晚练点、6 个“雪炭工程”新成立 150 个体育法人社团；全省组织百人以上群众体育活动 2318 次；新建 16 个县级国民体质监测站；培训各级公益社会体育指导员 16640 人。

2. 改革创新，扎实备战，进一步提升竞技体育综合实力

2011 年以来，安徽省不断改革和完善竞技体育管理体制和运行机制，切实加强对备战工作的领导。深化对竞技体育规律的研究，推动训练理念和方法手段的创新实践。加大后勤服务保障的投入力度，强力推进科医训一体化进程。经过扎实工作，我省竞技体育综合实力有了显著增强，运动成绩稳步提高。安徽在国内高水平比赛中获得 17 枚金牌、34 枚银牌、32 枚铜牌，在国际大赛中获得 4 枚金牌、5 枚银牌、1 枚铜牌。特别是在第十七届仁川亚运会上，安徽运动员共获得 7 枚金牌、3 枚银牌、2 枚铜牌，创造了该省境外参加亚运会的历史最好成绩。

大力实施“青少年体育塔基工程”。安徽省出台加强运动员文化教育和运动员保障工作实施意见，全省 16 个市均出台了市级实施意见，制定了配套政策和贯彻落实的具体措施。以培养后备人才、夯实竞技体育基础为目标，规范各类后备人才基地管理，促进各级青少年体校建设，构建青少年体育后备人才培养体系。

3. 转变发展方式，提升质量和效益，推动青少年体育再上新台阶

全面深化“体教结合”，大力实施“青少年体质强健工程”。稳步推进各类青少年体育组织建设工作。目前，安徽省体育传统项目学校中，国家级 12 个、省级 164 个、市级 229 个；体育专项特色学校中，省级 41 个、市级 97 个；青少年体育俱乐部中，国家级 164 个、省级 155 个、市级 40 个；青少年户外体育活动营地中，国家级 5 个、省级 2 个。积极推进学校体育场馆向社会开放。截至 2014 年 9 月底，全省近两千所学校体育场馆设施向社会开放。大力推广青少年校园足球活动。合肥市作为 44 个全国首批校园足球布局城市之一，于 2009 年启动了校园足球工作。目前，合肥有 39 所小学、19 所初中、12 所高中开展校园足球活动，足球注册青少年运动员达 1 万多人次，在 2013—2014 赛季联赛中举办了 588 场比赛，足球人口已突破 10 万人。2013 年，安徽省开展了省级校园足球城市布点，打造安徽校园足球的“升级版”，确定蚌埠、芜湖、淮南、淮北、亳州、池州 6 个城市为省级校园足球布局城市，在 86 所小学、63 所中学中开展校园足球活动。

4. 充分发挥政策和市场作用，进一步加快体育产业发展

实施“品牌引领、融合发展”战略，体育产业在繁荣市场、强筋壮骨上有新进展。截至 2014 年 9 月底，全省已有 13 个市、2 个县出台了体育产业的相关政策，并分别设立了体育产业扶持资金。安徽省体育产业增加值从 2008 年 15.97 亿元增加到 2012 年 51.63 亿元，年均增幅 55%以上。

坚持“品牌引领”，着力培育安徽省体育品牌赛事和品牌体育用品。先后举办了第五届世界传统武术锦标赛、黟县山地车节、环中国自行车赛、亚洲赛艇锦标赛、六安女子沙滩手球赛、池州铁人三项赛、铜陵中美滑水比赛、红杨山汽车越野拉力赛等赛事。支持企业技术创新和标准化研制工作。坚持“融合发展”，融进“三个强省”建设。融入文化、旅游、服务业等产业的发展之中，积极协调省直有关部门，联合出台扶持体育产业政策。

借助“两博会”等平台，促进体育产业全面发展。2013 年，“中国体育文化 · 体育旅游博览会”在安徽省芜湖举办，首次发行安徽主题即开型体育彩票，组织了许海峰等 11 位奥运冠军走进基层等一系列活动。40 多万人次参观展会及比赛，直接消费 6000 多万元，带动相关收入 2 亿多元。安徽省有 11 个签约项目，投资合作项目包括体育产业实体项目、体育竞赛和体育交流合作，意向投资额达到 204 亿元。2014 年 11 月，“中国体育文化 · 体育旅游博览会”将再次在安徽省芜湖举办。

5. 统筹兼顾各项工作，努力推动体育事业全面发展

加强标准化建设。建立健全体育产品与服务地方标准体系，加快研制修订体育健身休闲、体育竞赛表演、体育中介服务、体育用品等领域标准，积极推进体育服务业标准化试点示范项目建设，建立评价监测机制，发布体育产业研究报告。

健全工作机制。建立发展改革、体育、财政等多部门合作的体育产业发展工作协调机制，加强沟通协调，确保各项优惠政策落实到位。选择有特点有代表性的项目和区域，建立联系点机制，跟踪产业发展情况，总结推广成功经验和做法。完善实施体育及相关产业分类标准和统计制度，为决策管理提供科学依据。

八　卫生发展

（一）一市三省卫生发展

表1　2012—2014年长三角地区一市三省医疗卫生机构床位数（万张）

	2012年	2013年	2014年
上海市	10.96	11.43	11.75
江苏省	33.31	36.83	39.23
浙江省	21.33	23.01	24.58
安徽省	22.23	23.60	25.21

（二）促进卫生发展的措施与进展

上海

1. 系统式规划、细节式推进公立医院改革

一是根据《上海市进一步深化公立医院体制机制改革三年行动计划（2013—2015年）》及8个相关配套文件，市卫生计生委制订出台公立医院改革的13项《操作指南》，内容涵盖医疗服务监管、公立医院综合评价、全面预算管理、投入机制改革、收支两条线管理、薪酬制度改革、药品采购供应机制改革、卫生综合管理信息平台建设等方面，进一步明确了各项改革任务的具体要求和实施路径。二是深化医药分开改革试点，研究制定本市深化医药分开试点方案，探索药品价格形成机制，通过调整医疗服务价格、完善医保支付方式、优化医疗机构收支结构等方式形成综合补偿机制，构建全过程药品监管体系。三是完善医疗服务补偿机制，调整医疗服务项目价格，上半年，物价部门对本市部分类别的187项医疗服务项目进行结构优化调整，下半年梳理调整综合医疗服务类项目42个，调整平均涨幅约80%。四是制订公立医院剥离特需、支持社会办医发展的政策，研究探索特需剥离后的公立医院资源差别化管理，实行政府分级定价。

事业单位薪酬制度持续完善。研究制订符合行业特点的卫生事业单位薪酬制度改革方案，包括1个全市总方案和市级医院、区县医院、社区卫生服务中心、公共卫生机构4个具体方案。

2. 点面结合、有序推进社区卫生服务改革

一是制订《关于深化本市社区卫生服务综合改革与发展的指导意见》1个主文件，提出“深化社区卫生改革32条”，同步制订了改革8个系列配套文件（《本市社区卫生服务中心基本服务项目目录（2014版）》《本市社区卫生服务中心基本项目标化工作量指导标准》《关于本市社区卫生服务中心基本项目财政补偿核定实施意见》《关于本市社区卫生服务中心人员岗位管理实施意见》《关于建立本市社区卫生服务中心薪酬制度实施意见》《关于本市社区卫生服务中心预算管理实施意见》《关于完善本市家庭医生制度的实施意见》《关于本市深化社区卫生服务综合改革试点的通知》）。二是开展基于全面预算管理的家庭医生、社区卫生服务中心与区县卫生管理部门三个层次联动的社区卫生综合管理平台建设，完成社区卫生服务机构综合评价，完善收支两条线政策。

3. 总体规划、重点推进区域卫生服务体系改革

一是制定2014年度区域卫生规划推进落实工作计划，确定了12类任务41项具体工作。二是制定下发《关于推进本市区县区域卫生规划编制工作的通知》，明确区县区域卫生规划编制要求。三是完成对17个区县区域卫生规划审核。四是开展制订疾病预防控制体系、老年护理体系、康复体系、院前急救体系、妇幼保健体系、卫生人力资源和计划生育基本公共服务体系等7个专项规划。

探索医疗联合体新思路。开展本市区域医疗联合体专题调研及本市进一步深化区域医疗联合体专项课题研究。截至2014年底，全市各区县共成立各类联合体41个。有序推进二级医院功能转型，完成对上海市第一康复医院、上海市第二康复医院、上海市第三康复医院和上海市第四康复医院筹建工作的现场评估，批复同意"上海市第一康复医院（筹）"和"上海市第三康复医院（筹）"去筹，并完成医院功能转型。

4. 积极引导、重点推进高端医疗建设

引导社会医疗机构发展。全面了解《关于进一步促进本市社会医疗机构发展的实施意见》的落实情况，梳理社会医疗机构对进一步细化政策举措的具体意见和建议。与市物价局、市医保办联合下发《关于转发国家发展改革委等三部门〈关于非公立医疗机构医疗服务实行市场调节价有关问题的通知〉的通知》，落实国家关于非公立医疗机构医疗服务实行市场调节价的工作。下发《关于组织申报2014年度上海市卫生和计划生育委员会科研课题的通知》，引导社会医疗机构注重学科建设。

推进两个医学园区建设。推进上海国际医学园区建设，上海国际医学中心于5月28日正式开业运行。推进上海新虹桥国际医学中心建设：2013年末，批准成立上海泰和诚肿瘤医院；全力推进新虹桥国际医学中心"能源中心"建设。

5. 纵向联通、构建多层次健康信息平台

全面推进健康信息网"拓展项目"建设。建成市区两级信息平台，完成本市公立医疗卫生机构的互联互通和数据共享。建成上海卫生数据中心。初步建成基于市区两级平台的公共卫生信息系统体系，市区之间、医疗机构和公共卫生机构之间的数据共享机制逐步完善，"先期试点项目"建设的"5＋1系统"（高血压、肿瘤、心血管、糖尿病、结核病和死亡报告）在全市推广，"拓展项目"新建6大系统（计划免疫、伤害监测、腹泻病、儿童青少年健康管理、出生登记、传染病）启动实施。

构建联通市区两级卫生综合管理信息平台。完成市级卫生综合管理总体框架设计，实现涵盖医疗资源、医疗服务、医疗质量、医疗效率等方面的数据展现和分析功能。制定区县卫生综合管理平台框架和建设规范标准，开发标准版的区县综合管理平台系统，并制定区县综合管理平台建设考核指标，实现市级平台和区县平台的互联互通。

6. 积极探索公共卫生分级分类服务与管理

积极推进本市公共卫生分级分类服务与管理工作，与发改、财政、人社、公安联合印发《关于进一步完善本市公共卫生服务与管理的实施意见》，明确公共卫生分级分类管理与梯度化服务的基本原则和工作要求，将本市公共卫生服务项目由原来"按项目内容分类"调整到目前"按项目性质和服务对象分类"，调整后确定3类79项公共卫生服务项目，10月1日起正式实施，实现4类服务对象"凭证"分级分类、有梯度的免费获得相应类别的公共卫生服务。

江苏

1. 严禁公立医院举债建设，县级公立医院取消药品加成

优化公立医疗资源规划布局。合理把控公立医院的床位规模和建设标准，严禁举债建设、举债购买大型医用设备。二级以上医疗机构检验对所有医疗机构开放，推动检验结果互认，促进医疗资源共享。全省所有县级公立医院将全部取消药品加成政策，政府将加大投入，今年同步调整医疗服务价格和推进补偿机制配套改革，落实对县级公立医院符合规划和医疗资源配置要求的各项投入政策，经核定的县级公立医院长期债务纳入政府性债务统一管理。

2014年江苏省将建立和完善现代医院管理制度，落实公立医院法人自主权。完善公立医院院长选拔任用制度，明确任职资格和条件，推进院长职业化、专业化。强化院长任期目标管理，试行年薪制，建立健全考核和问责机制。

2. 允许非公立医疗机构纳入医保定点范围

江苏2014新医改方案"允许非公立医疗机构纳入医保定点范围"，意味着政府正切实优化社会办医政策环境。对非公立医疗机构临床专科统一纳入临床重点专科建设规划。对非公立医疗机构和公立医疗机构在医疗技术临床应用准入管理方面给予同等对待。非公立医疗机构引进专业人才享有当地政府规定的引进各类人才的同等优惠政策。鼓励执业医师到非公立医疗机构多点执业。各医学类组织平等吸纳非公立医疗机构人员参与。支持非公立医疗机构加快实现与医疗保障、公立医疗机构等信息系统的互联互通。

3. 基本实现省内异地就医联网结算

2014年将以异地安置退休人员为重点，基本实现省内异地就医联网结算，参与国家跨省异地就医联网结算试点，完善长三角地区异地就医费用即时结算机制。扩大新农合省级联网医院范围，推行转外就医预约服务。

职工基本医疗保险、城镇居民基本医疗保险和新型农村合作医疗参保率稳定在95%以上。各级政府对城镇居民医保和新农合补助标准提高到人均320元以上，相应提高个人缴费水平，人均筹资标准不低于400元，职工医保、城镇居民医保和新农合政策范围内住院费用支付比例分别达80%以上、70%以上和75%，村级门诊补偿比例力争达到50%。将符合条件的中医诊疗项目、中药品种和医疗机构中药制剂纳入报销范围。

完善医保付费总额控制，加快推进按人头付费、按病种付费、按床日付费、病种分值结算等支付方式改革，年内覆盖所有城镇医保和新农合统筹地区。

进一步提高救助标准，对符合医保补偿规定的个人自付医药费按照不低于65%比例给予救助，年度累计封顶不低于3.5万元。

4. 公共卫生服务水平进一步提高

重大公共卫生服务项目均超额完成国家下达的任务，建成数字化预防接种门诊959家，新增6个县(市、区)达到血吸虫病传播阻断标准，管理严重精神障碍患者27.6万例，新增国家级慢性病综合防控示范14个、省级示范区23个，在全国首家实现耐多药结核病保障覆盖全地区和全人群，艾滋病监测检测、综合干预和治疗覆盖面进一步扩大，全省传染病疫情保持平稳态势。食品安全风险监测136种食品，获得数据近21万个，备案食品安全企业标准2678份。打击非法行医专项行动、"健康江苏2014卫监"系列执法行动扎实开展。《江苏省实施〈母婴保健法〉办法》(修订)经省人大常委会审议通过，建成5个妇幼保健集团，孕产妇死亡率4.65/100000，婴儿死亡率3.36‰。新增农村无害化卫生户厕60万座，卫生户厕普及率达94%，无害化卫生户厕普及率达83%。全面完成城乡饮用水卫生监测任务，率先实现农村生活饮用水水质监测乡镇和水厂全覆盖。新建成5个国家卫生城市、3个省卫生县城、29个省卫生镇、563个省卫生村。有44个地区成为省级卫生应急示范县(市、区)，5个通过国家验收。

5. 大力推进卫生计生服务单位信息公开

各地各单位结合实际，出台完善《院务公开工作检查考核制度》《院务公开工作责任追究制度》《院务公开工作表彰奖励制度》等管理规定。卫生计生服务单位将院务公开与“三好一满意”活动、“平安医院”建设等相结合，通过宣传栏、电子屏、网站等多种形式主动公开服务指南、服务规范、服务公约、服务承诺、就医流程以及卫生计生服务和药品价格，增强工作透明度，方便群众并接受监督。继续加大政策解读及对热点问题回应的力度，建立卫生计生舆情收集研判机制，明确专人收集卫生计生舆情，每周 2 次形成《舆情摘要》。根据舆情情况，分析当前社会关注的卫生计生热点，及时通过网站、广播、电视、报刊等渠道发布医药卫生体制改革的具体举措、人感染 H7N9 禽流感和埃博拉出血热等疫情防控知识及工作情况；针对公众普遍关注的单独二孩政策，专门进行政策分析和问题解答，并规范和公布了单独生育二孩申请的流程和要求。同时依托“12320”卫生热线、“12356”阳光计生服务热线，做好卫生和计生宣传、健康知识宣讲、健康理念传播、卫生计生政策解读，接受公共卫生相关问题的举报投诉，构建与社会、公众沟通的通道。

6. 中医药服务能力进一步提升

新增 2 名国医大师，使得我省成为全国国医大师最多的省份。启动第二批省农村优秀中医临床人才培养工程和省老中医药专家学科经验继承工作，新增全国名老中医传承工作室 8 个。积极实施基层中医药服务能力提升工程，全省 95.16％的社区卫生服务中心、90.42％乡镇卫生院及 86.04％的社区卫生服务站和村卫生室能够提供中医药服务。大力推进中医“治未病”健康工程，二级以上中医医院全部建立中医预防保健科或“治未病”中心。开展多种形式的中医药文化科普宣传，直接受益群众 36 万余人次。

浙江

1. 推进机构改革和职能转变，完善卫生发展宏观策略

完善和实施健康浙江发展政策。深入实施《关于实施卫生创新重大举措推进健康浙江建设的意见》，拟定并落实县域医疗卫生强化、区域医疗能力提升、重大健康危害控制、全民健康教育与促进等重大健康行动计划。研究出台加快发展健康服务业的政策意见，健全完善医疗服务体系，培育壮大健康养老服务、健康管理和促进等健康新业态，支持和促进健康保险、药品和医疗器械等相关产业发展。组织开展“十三五”卫生计生发展规划前期研究。

扎实推进系统平安创建。进一步加大卫生强市、强县（市、区）建设推进力度，调整完善考核指标，开展复查工作，严格创建管理，以卫生强省建设成果夯实健康浙江建设基础。深入开展“平安医院”创建活动，完善纠纷调解机制，及时有效解决医疗纠纷，构建和谐医患关系。加强医院安保体系建设，从制度入手、从措施着力，配备必要的安防力量和安防设施设备，保障患者和医务人员的安全。

2. 全面推进公立医院综合改革，大力发展社会资本办医

加快启动城市公立医院综合改革，实现省、市、县级公立医院综合改革全覆盖。围绕强化财政保障、改革医保支付方式、构建分级诊疗格局等重点，积极协调相关部门完善政策措施。建立以公益性为核心的公立医院绩效考核制度。推进二级以上医院临床路径管理，继续扩大病种范围。加强护理队伍建设，推进优质护理服务，实施护士岗位管理。加大预约诊疗进社区工作力度，推广分时段预约、诊间结算和先就诊后付费等服务模式。

贯彻落实《浙江省人民政府关于促进民营医疗机构加快发展的意见》，编制更新民营医疗机构投资指南，进一步简化民营医院审批，提高审批效率。新增医疗资源优先考虑社会资本，年内全省民营

医疗机构床位数占比提升2～3个百分点。支持民营医疗机构做大做强，支持社会资本参与公立医院改制重组。

3. 深入实施“两下沉、双提升”工程

继续鼓励和引导城市优质医疗资源下沉，加大省、市级医院对基层的支援力度，鼓励通过经济利益适当挂钩，托管或重点托管县级医院，建立紧密型合作办医模式。所有三级甲等医院均与1所以上县级医院建立合作办医关系。着重研究和督导分院建设的长效机制和工作成效。健全医疗资源下沉保障政策，加大对欠发达地区资源下沉工作的财政补助力度，研究缓解医院编制紧缺矛盾，完善医务人员激励机制。制定《浙江省城市优质医疗资源下沉考核标准》，考核结果与财政补助相挂钩，并纳入等级医院评审和卫生强市、强县(市、区)考核指标。继续推动“卫生人才下沉”，鼓励和支持省、市、县合作办医中选派优秀团队，注重发挥人才资源的保障支撑作用。进一步鼓励和引导医学院校毕业生到基层工作，指导各地认真落实和完善政策激励措施。积极推进住院医师规范化培训合格人员到基层实践服务，落实城市医生晋升职称前到基层服务的规定，多措并举缓解基层卫生人才短缺问题，切实增强基层卫生服务能力和服务水平。

4. 巩固完善基本药物制度

浙江省95%以上的村卫生室纳入基本药物制度实施范围并对其运行经费予以合理补偿。不断提升县级及以上医疗机构基本药物使用比例，二级医院基本药物销售额占药品销售额的比例达50%以上，三级医院基本药物销售额比例达到25%～30%。公布浙江省基本药物增补目录。完善集中采购价格形成机制，有效降低药品价格，全面完成新一轮国家基本药物、省增补基本药物和全品种药品集中采购工作。继续推进以县(市、区)为单位统一支付制度建设。强化药品经营企业履约管理，规范药品集中采购行为。全面推进医用耗材集中采购“省市联动”工作，完成骨科材料集中采购，实现医用检验试剂，人工晶体，普外科、脑外科、血透类医用耗材的阳光采购。探索药品采购新机制，选择部分品种由医疗机构在统一平台上自主竞价采购。

5. 大力推进基本公共卫生服务均等化

做深做细基本公共卫生服务项目，进一步提高项目服务质量，完善专业公共卫生机构与基层医疗卫生机构分工协作机制，推广“网格化管理、组团式服务”模式和优秀社区责任医生团队经验，切实提高重点慢性病的管理能力和管理效果，高血压、糖尿病规范管理人数分别达400万和90万。继续开展以重点人群为主的参保城乡居民健康体检工作，规范和完善电子健康档案系统，以县为单位的城乡居民规范化电子健康档案建档率巩固在80%以上。继续实施农村妇女“两癌”检查、免费增补叶酸、住院分娩补助、农村改水改厕等重大公共卫生服务项目。

6. 落实疾病预防控制策略

全面落实艾滋病病人“四免一关怀”政策，推进“五扩大、六加强”各项措施，引导社会组织参与艾滋病防治工作。健全结核病防治“三位一体”服务模式，实现县级结核病定点医院和市级耐药结核病定点医院全覆盖，全面落实肺结核患者免费诊断和治疗管理政策。继续实施血吸虫病综合防治策略和省际联防机制，及时发现和处置输入性病例。规范实施免疫规划，扎实推进疾控机构疫苗全程电子监管。继续实施消除麻疹策略，进一步消除人群免疫空白。巩固消除麻风病成果。落实慢病防控“十二五”规划，积极推进全民健康生活方式行动，认真做好“慢性非传染性疾病防治示范区”创建。贯彻落实《精神卫生法》，切实抓好重性病人社区治疗管理、救治救助和心理干预。

安徽

1. 深入推进医疗卫生体制改革

完善基层医疗卫生机构编制管理、补偿机制、人事分配等方面的综合改革措施，巩固基层医疗卫生体制综合改革成果。健全基层医疗卫生机构稳定长效的多渠道补偿机制，地方政府核定每个基层医疗卫生机构的公共卫生支出和基本支出，将其纳入年度预算，足额予以保障；加快落实一般诊疗费及医保支付政策，确保基层医疗卫生机构正常运转。完善激励约束机制，加大奖励性绩效工资比重，坚持多劳多得、优绩优酬，充分调动医务人员积极性。坚持公立医院公益性质，按照“政事分开、管办分开、医药分开、营利性和非营利性分开”的要求，以破除“医药补医”机制为关键环节，以县级医院为重点，统筹推进管理体制、补偿机制、人事分配、药品供应、价格机制等方面的综合改革。

2. 巩固发展新型农村合作医疗制度

继续扩大新农合受益面，参合率稳定在96%以上；建立动态增长的新农合筹资机制，政府补助标准提高到每人每年360元以上，个人缴费水平相应提高；全面推广门诊统筹，实现新农合门诊统筹覆盖所有的县、乡、村；进一步提高新农合基本医疗保障水平，实现新农合政策范围内住院费用报销比例达到75%以上，新农合统筹基金最高支付限额提高到农民人均纯收入的6倍以上，普通门诊报销比例达到50%，慢性病门诊报销比例达到60%以上；全面推行住院按病种付费以及门诊总额预算等多种形式的支付方式改革。在开展提高儿童白血病、先天性心脏病等儿童重大疾病医疗保障水平试点基础上，进一步扩大重大疾病保障范围和纳入报销慢性病病种范围，提高保障标准，有效缓解农民因病致贫的情况。

3. 进一步落实基本药物制度

巩固政府办基层医疗卫生机构实施基本药物制度的成果，落实基本药物全部配备使用和医保支付政策。对非政府办基层医疗卫生机构，各地政府结合实际，采取购买服务的方式将其纳入基本药物制度实施范围。鼓励公立医院和其他医疗机构优先使用基本药物。落实国家基本药物目录管理、使用和监测等制度，合理确定安徽省基本药物品种和数量；完善药品集中招标采购制度，加强省级医药集中采购信息平台建设，坚持实行以省为单位网上集中招标采购药品，确定全省基本药物包含配送费用在内的统一采购价格，招标选择配送企业统一配送，做好基本药物应急储备。组织编制临床基本药物应用指南和基本药物处方集，加强对医疗卫生机构用药的指导和监管，全面推进“规范药房”建设；将基本药物全部纳入省新型农村合作医疗、城镇基本医疗、工伤和生育保险药品目录，报销比例应明显高于非基本药物。

4. 全面加强重大疾病防控等公共卫生工作

进一步完善全省传染病疫情网络报告信息系统，提高传染病疫情早发现、早诊断、早治疗、早控制的能力。继续实施结核病、艾滋病、血吸虫病、疟疾等重大疾病防控和国家免疫规划等公共卫生项目，全面落实艾滋病防治“四免一关怀”政策，扩大高危人群(行为)干预覆盖面，减少艾滋病新发感染；切实落实以传染源控制为主的血吸虫病综合防控策略，以行政村为单位的居民血吸虫感染率控制在1%以内；继续落实现代结核病控制策略，实现年度结核病防治“维持DOTS覆盖率100%、新涂阳肺结核患者发现率达70%以上、治愈率达85%以上”的三大目标；采取科学划片开展休止期人群服药和流行期扩大治疗，控制并逐年降低疟疾疫情。

针对环境卫生、职业卫生、放射卫生、饮用水卫生、学校卫生和传染病防治，大力开展执法监督；积极探索卫生监督进社区、进乡镇工作；加大医疗服务市场清理整顿和监管力度，严厉打击非法行医、非法医疗广告、坚决取缔无证行医。

完善食品安全综合协调机制，建立健全食品安全风险监测网络，开展食品安全风险监测、评估和预警，规范食品安全地方标准制定与企业标准的备案工作；严厉打击违法使用非食用物质和滥用食品添加剂加工食品的行为，加强食源性疾病主动监测。

5. 广泛开展爱国卫生运动

深入贯彻落实《安徽省爱国卫生条例》，建立健全覆盖城乡的爱国卫生工作体系及长效工作机制，综合整治城乡环境卫生，防控传染性疾病。大力推进城乡卫生创建活动，新创建国家卫生城市 1～2 个、国家卫生镇（县城）1～2 个、省级卫生城市 2～3 个；以市为单位，力争 20％的县、10％的省新农村建设示范村、30％的省新农村建设示范镇达到省级卫生镇（县城）、卫生村标准。开展农村改厕和水质卫生监测工作，加强农村改水改厕技术培训和指导，力争省级农村生活饮用水卫生监测县（市）覆盖率达 100％，农村卫生户厕普及率达 65％。全面完成“城乡环境卫生整洁活动”。

6. 大力开展健康促进工作

建立健全健康教育体系，针对重点疾病、重点人群、重点场所和重大公共卫生问题开展健康教育活动，普及基本卫生知识，倡导健康文明生活方式。继续推进全民健康素养促进行动，充分利用大众媒体，开展公众健康教育。加强控烟宣传的广度和深度，全面落实室内公共场所和医疗卫生系统禁烟措施。到 2015 年，15 岁及以上人群吸烟率在现有基础上下降 2～3 个百分点。

九　环境保护

（一）一市三省环境保护情况

表1　2012—2014年长三角地区一市三省二氧化硫排放总量(万吨)

	2012年	2013年	2014年
上海市	22.82	21.58	18.81
江苏省	99.20	94.17	90.47
浙江省	61.10	57.90	56.00
安徽省	46.98	45.02	44.06

（二）促进环境保护的措施与进展

上海

1. 保障饮用水水源安全，完善污水处理系统

建成东风西沙水库及取输水泵闸工程、崇明岛原水输水系统一期工程，开工建设黄浦江原水系统闵奉支线工程，陈行水源地嘉定原水支线工程，关闭7个区县的34座中小水厂。完成黄浦江松浦大桥、青草沙水源地和黄浦江上游青浦、松江、金山等饮用水水源一级保护区围栏建设工程，完成青草沙水库周边水系调整，完成饮用水水源二级保护区内松江、闵行等污水处理厂排放口的关闭搬迁。

大力推进污水厂污泥处理和臭气治理。选用成熟的污泥处理工艺，完成竹园、石洞口、松江、金山等4个污泥处理工程，确保污水处理厂污泥得到安全处置。到2014年底，基本实现了城镇污水处理厂污泥有效处理。开展污水处理厂臭气治理状况专项调查，编制中心城区污水处理厂臭气整治规划，适时启动相关整治工程。

2. 深化电力行业大气污染治理，加强大气面源污染控制

完成11家电厂共计9074万千瓦机组的烟气脱硝等相关技术改造，削减氮氧化物排放总量。提高燃煤电厂除尘效率，35万千瓦及以下燃煤火电机组全面实施高效除尘改造，推进60万千瓦及以上机组高效除尘改造试点，确保达到国家新修订的排放标准。完成长兴岛第二电厂、上海石化自备电厂＃5、＃6燃煤机组的烟气脱硫升级改造工程。

加大城市扬尘治理力度。借鉴网格化管理经验，中心城区推进实施建筑工地扬尘污染在线监控系统。强化建筑工地扬尘污染控制，中心城区文明施工达标率达95％以上。加强城市道路扬尘污染控制，提高道路保洁率，城市快速路，高速公路路面机械清扫每天不少于1次，中心城区道路冲洗率达到75％以上。加强在用车污染控制，基本建成本市营运性车辆简易工况法检测网络，加大机动车尾气污染整治和路检执法力度。

上海石化、高桥石化、上海赛科、华谊集团等四大化工企业建立VOCs泄漏检测与修复技术(LDAR)示范，试点开展VOCs总量控制。

3. 完善危险废物和工业固废综合利用与处置体系，加强噪声污染治理

完成危险废物填埋场二期扩建、医疗废物应急处置系统等工程建设。完成崇明危险废物焚烧处置系统、崇明危险废物专区填埋库等工程建设。完善全市危险废物专业运输体系，启动医疗收运处置系统物联网示范工程建设。完成上海化工区有害废料焚化处理项目扩建、上海临港产业区工业废物资源化利用与处置示范基地等项目。推动上海宝钢、上海石化实施固废源头减量措施并提升固废自行利用处置能力，在金桥出口加工区、外高桥保税区等有条件的工业区推进工业固废集中收集试点。

加强机动车和非机动车禁鸣执法，将机动车、非机动车鸣号率控制在3%以下。加强社会噪声管理，进一步规范文明施工，减少建筑施工噪声污染。

4. 完善工业区环境基础设施建设，加大产业结构调整

以推进污水纳管、工业固体废物集中收集、环境监控系统建设为重点，进一步完善工业区环境基础设施。继续推进工业区块污水管网建设、实现12个区县104个工业区块已开发地块污水全部纳管。推进工业区环境监测体系建设，在吴淞、上海石化、上海化工区、高桥石化、吴泾、宝钢、老港和星火等8个大型工业区块及金山二工区、上海化工区奉贤分区建设环境空气特征因子自动监控系统。

到2014年底，动迁10家制造、机械、印刷企业，关停30家皮革、化工、仓储企业，完成结构绿地建设，在滚动开发建设的同时，完成受污染土染修复工作。加强工业区综合整治，到2014年底，金山第二工业区完成7家企业废气综合整治，完成金山卫镇污水处理厂二期扩建工程，推进污水管网维护和主要雨水口应急设施及主要河道应急水闸建设。加大高桥石化地区污染治理力度，到2014年底，高桥石化完成炼油厂催化烟气脱硫工程建设。

5. 推进养殖业污染治理，推进农业废弃物综合利用

以禽畜粪尿综合利用和治理为重点，严格控制规模化畜禽养殖场污染物排放，并以规模化场的治理带动散养户整治。以实现干粪采集处理、设置雨污水集泄管网、建造污水处理设施、建设绿化隔离带等为主要内容，重点完成25家畜禽养殖场标准化建设。建设10家畜禽场沼气工程。

按照“源头减量、过程拦截、末端治理”的原则，着力推进化肥、农药减量，切实减少种植业面源污染。以农业园区、特色农产品基地为重点，推进农业面源污染控制综合技术示范区建设，开展典型区域农业环境监测。

建立和完善秸秆收集利用体系、以用作新型建材、食用菌基料、有机肥辅料、压型成燃料棒等为重点，建设5个农作物秸秆综合利用示范工程。推进秸秆机械化还田，以二麦、水稻秸秆为重点，推广秸秆机械化还田580万亩次。健全长效管理机制，禁止秸秆露天焚烧。

6. 完善全市绿地林地系统，加强自然生态保护

结合基础设施建设、旧区改造、郊区新城和新农村建设，推进绿地林地建设和城市生态格局优化。重点推进宝山、普陀、嘉定、闵行、徐汇、长宁、浦东新区等7个区的外环生态专项建设，完成建绿400公顷以上。推进生态公益林建设，结合林业健康发展政策措施，新增生态公益林3万亩。逐步完善崇明岛环境基础设施，进一步改善环境质量，稳步推进生态岛建设。加强湿地和野生动物栖息地的保护、建设和管理。控制外来物种入侵，推进东滩互花米草生态控制与鸟类栖息地优化工程。

完成全市生态环境调查与评估工作，分析上海城市化过程中的生态系统演变规律及发展趋势，为进一步提升生态系统服务功能、保障城市生态安全提供科学依据。以点带面，充分发挥示范引领效应。积极开展国家级生态文明示范区、国家生态区建设，全市共创建21个国家级生态乡镇、生态村。

江苏

1. 全力推进生态文明建设“七大行动”

完善生态文明建设工程考核办法和实施细则，与各省辖市、省有关部门签订目标责任书，一起纳入目标责任体系同部署、同督查、同考核。2014年，全省节能环保产业增速达18%以上，规模和产值继续位居全国前列。全面完成化解过剩产能年度任务，提前完成国家下达的淘汰落后产能的“十二五”目标。煤炭消费占比下降到67.4%，清洁能源占比增长1个百分点。深入推进城乡环境整治，累计完成3.7万个城市环境综合整治项目、16.6万个村庄环境整治项目。全省城乡统筹区域供水乡镇覆盖率达88%，建制镇污水处理设施覆盖率达80%，镇村生活垃圾集中收运率超过80%。推进生态保护与修复，自然湿地保护率提高到38.5%，林木覆盖率达22.2%。

制定印发江苏省生态红线区域保护监督管理评估考核细则，量化5个方面23项考核指标。省政府组织首次考核，将生态补偿资金从10亿元提高到15亿元，出台的新型城镇化建设等一系列重要规划和意见，均主动与红线保护规划衔接，生态红线在江苏经济社会发展中的战略性、基础性、约束性地位得到确立并巩固。

持续深化生态创建工作。新增13个国家生态市县，累计建成国家生态市县35个，占全国总数的38%。累计有65个地区达到国家生态市县考核标准，占全省89个市、县(市、涉农区)的73%。

2. 污染物总量减排

积极拓展工程减排空间、深挖结构减排潜力、提升管理减排水平，大力削减污染物排放总量。2014年，全省化学需氧量、氨氮、二氧化硫、氮氧化物排放总量分别为110万吨、14.25万吨、90.47万吨、123.26万吨，较2013年分别削减4.25%、3.32%、3.92%、7.88%，均超额完成年度目标，化学需氧量、二氧化硫提前一年完成“十二五”减排任务。

完成水污染物减排项目1435个，新增城镇污水处理能力80万立方米/日，建设污水收集主干管网2500公里，城镇污水处理厂全年实际处理污水量达38.3亿立方米。建设企业深度治理和再生水回用工程49个、沼气治理工程482个、生物有机肥加工试点项目18个、畜禽粪便处理中心项目29个，全省规模养殖场畜禽粪便无害化处理和资源化利用率达83%。扶持建设大田循环农业项目35个，鼓励对沼气治理工程产生的沼渣沼液进行循环利用。

完成大气主要污染物减排项目671个，省级财政共安排火电脱硝资金3.5亿元、脱硫资金1亿元、机动车淘汰资金2.6亿元。关停小火电机组65.45万千瓦，完成电力机组脱硫项目125个1400万千瓦、脱硝项目186个1750万千瓦。完成脱硫钢铁烧结机(球团)面积1990平方米、脱硝水泥产能2220万吨/年。

3. 大气污染防治

大气污染防治取得新进展。省政府以1号文件印发《江苏省大气污染防治行动计划实施方案》，分解下达1166个年度重点工程项目。严格环境准入，将烟粉尘、挥发性有机物“减二增一”作为项目环评审批前置条件。出台全省煤炭消费总量控制和目标责任管理实施方案，建立能源消费强度和消费总量“双控”机制。完成燃煤机组超低排放示范工程8个、火电等企业除尘提标改造项目343个、有机废气治理项目490个，在19家大型石化企业推行泄漏检测与修复技术。

建设全省机动车排气监管系统，机动车环保检测率达90%，淘汰黄标车和老旧机动车47.7万辆；沿江8市车用汽油升级到国Ⅴ标准，全省车用柴油升级到国Ⅳ标准；全省储油库、加油站、油罐车的油气回收治理改造率达96%。

大气环境管理实施新机制。实施燃煤机组超低排放临时电价补贴政策，每度电再加价 1 分；改革扬尘排污费征收方案，征收标准提高至每平方米每月 1 元。加大燃煤锅炉整治、脱硫脱硝、除尘提标改造、油气回收、黄标车和老旧机动车淘汰等重点工作的财政补助力度。

4. 流域和区域污染防治

扎实推进太湖治理。全面实施修编后的国家《太湖流域水环境综合治理总体方案》和省实施方案，统筹推进应急防控和长效治理措施。强化监测预警，4—10 月安全度夏期间，每日对太湖湖体、饮用水水源地、主要出入湖河流和调水通道进行巡查监测，实行卫星遥测、自动监测、人工巡测相结合，严密监控太湖水质和蓝藻变化情况。

加强淮河、长江水污染防治。认真落实国家重点流域水污染防治"十二五"规划，列入规划的 245 项工程项目完成率 70.6%。组织开展 12 条重点入江支流整治，其中淮河、长江流域治污工作国家考核结果为优，处于全国前列。

加强南水北调和通榆河清水廊道建设。扎实做好南水北调通水水质保障工作，通水期间开展水质加密监测，确保清水北送。加强近岸海域污染防治。研究制订加强近岸海域污染防治工作的意见，加强黄海浒苔暴发防控工作，建立浒苔防治工作月报制度。

提高重金属污染防治水平。认真组织实施国家和省重金属污染综合防治规划，规划重点项目完成率分别达 90.9%、85.7%。开展全省涉及重金属排放污染源调查评估，进一步掌握重金属污染物排放状况。完成新一轮铅蓄电池和再生铅行业综合整治，全省关停淘汰涉铅企业 62 家。

加大沿海化工园区环保专项整治力度。全省投入资金 58.5 亿元，关闭化工企业 53 家，淘汰化工项目 86 个，停产整治 199 家企业，限期治理 355 家企业，对 281 家企业实施"一企一管"及明管化改造，完成"三废"改造项目 1360 个，搬迁环境敏感目标 1771 户，查处环境违法案件 192 起。

加强农村环境综合整治和生态保护。全面启动全省"覆盖拉网式"农村环境综合整治试点工作，建成 200 多套集中式污水处理设施，3000 多套分散式、微动力及无动力污水处理设施，铺设污水管网 3000 多公里。加强自然保护区规范管理，实施盐城珍禽自然保护区退渔还湿和泗洪洪泽湖湿地自然保护区内养殖户转产搬迁工程。

5. 环境执法监督管理

持续加大环境执法力度。深入开展环境执法"规范年"活动，重点开展整治违法排污企业保障群众健康、大气污染防治、南京青奥会及国家公祭日环境质量保障、沿海化工园区整治、集中式饮用水水源地保护、太湖流域安全度夏等六个专项执法行动。

完善环境应急保障体系。全年接报环境突发事件信息 70 条，没有发生重、特大突发环境事件。省政府发布《江苏省重污染天气应急预案》和《江苏省突发环境事件应急预案》。建成省级环境应急物资库淮安储备基地，全省社会化环境应急物资储备体系初步建成。

秸秆禁烧成效显著。出台《江苏省秸秆综合利用和禁烧考核办法》。禁烧期间，省领导亲自带队督查，省环保厅组织 14 个督查组驻守各地开展巡查。完善卫星遥感、路面巡查和 PM2.5 监测"三位一体"的监控模式，探索使用无人机、直升机监测监控火点，每日在《新华日报》、江苏卫视公布各地火点情况，环保部通报的秸秆火点同比下降 88%。

6. 环境监测预警及信息化

率先启动全省环境空气质量预报。加强空气自动监测数据质量管理，建成省级重污染天气监测预警系统，在全国率先以省为单位分时段发布区域和城市未来 24 小时空气质量预报信息。推进重点企业自行监测和信息公开。建成重点监控企业自行监测信息发布平台，对国控重点污染源的监督性

监测和企业自测信息公布率分别达100%和98.1%，均居全国首位。

浙江

1. 饮用水水源保护，河道综合整治和重点流域、湖泊水环境治理

科学划定饮用水水源保护区，坚决取缔饮用水水源一级保护区内所有与供水设施和水源保护无关的建设项目，禁止一切可能污染饮用水水源的活动。合格规范饮用水源保护区创建。加快推进合格规范饮用水水源创建，到2015年，全省所有集中式饮用水源地全面完成合格规范饮用水水源创建工作，所有镇级以上饮用水源地均开展不少于两个月一次的常规监测。坚持保护与引水结合，积极实施杭州千岛湖引水和嘉兴地区饮水工程。全面推进饮用水源集雨区范围生产生活污水和垃圾治理，积极引导饮用水源保护区范围内农民下山脱贫或生态移民。完善饮用水源预警监测自动站建设和运行管理，推广建设在线生物预警系统，加快形成全天侯实时监测的水环境质量监控体系。

到2014年底，全省河道保洁实现全覆盖。垃圾河、黑河臭河治理坚持"一河一策"、分类推进，针对每条河的问题和成因，编制规划和治理方案，明确整治路径、目标、时间节点。农村生活垃圾"户集、村收、镇运、县处理"体系全覆盖，统筹推进河道疏浚、沿河拆违、生态修复、生态补水等工作。深入实施万里清水河道建设和中小河流治理，加大河湖水系连通及水生态保护与修复力度，加强平原淤积河道清淤工作，建立河道淤积情况监测和清淤长效机制。全面取缔农用、渔业、保洁等挂桨机船舶，所有机动船舶要按有关标准配备防污染设备。

以钱塘江、瓯江、曹娥江、苕溪、飞云江、运河等6条由省领导担任河长的跨设区市水系为重点，全面推进重点流域水环境治理，全流域上下共治，不留死点、盲点。流域内各市、县(市、区)制订水系"河长制"工作方案、"河长制"工作实施情况考核办法、水环境综合治理工作方案等，在当地主要媒体上公示水环境治理目标、重点工程项目计划。主要饮用水源和其他重要湖库的入湖库河口要因地制宜建设湿地处理系统，降低入湖库氮磷总量。湖滨带全面开展生态修复。

2. 严格监管减排措施

全面实施排污许可证制度。强化排污许可证管理，建立和完善企业刷卡排污总量控制系统和运行管理平台，全面落实污染源"一企一证一卡"排污总量控制制度。

加强环境资源配置量化管理。加快落实排污权基本账户制度，按照以减量定增量的原则，加快实施省市县三级排污权指标基本账户制度，实施环境资源配置量化管理，控制主要污染物新增排放量。建立主要污染物总量激励制度，以县(市、区)为单位，按吨排污权税收贡献大小，在行业内实施"三三"制评价排序，支持优势企业发展，加快落后产能淘汰，促进转型升级。

推进网格化精细化管理，将辖区内列入2014年省减排计划的项目作为执法重点，实行最严格的环境监管制度，全面加强污染治理设施运行情况的执法检查，对环境违法行为实行"零容忍"。强化环保公安联动，严厉打击环境犯罪行为，严肃查处环境违法大案要案。健全完善环境执法与环境信访、刑事司法、舆论监督、信息公开、指导服务等相结合的执法机制，全面提升执法监管水平。

3. 五个方面开展大气污染防治

一是调整能源结构。制订实施煤炭消费总量控制方案，除统调燃煤电厂用煤外，力争地方煤炭消费总量较2012年负增长。实施低硫、低灰分配煤工程，推进煤炭清洁化利用，洁净煤使用率达到75%以上。全省县以上城市建成区全面开展"高污染燃料禁燃区"创建工作，天然气覆盖到的设区市城市建成区基本建成高污染燃料禁燃区。推进工业园区集中供热和煤改气。制订天然气开发利用方案，加快推进天然气管网设施、汽车加气站建设，建成天然气供气管线1200公里。加大省外电源合作开

发力度,加快建立稳定的外来电基地,实现“外电入浙”1800 万千瓦左右,外购电比例提高到 25%左右。二是防治机动车污染。宣贯实施《浙江省机动车排气污染防治条例》,建立机动车排污监管平台,严格新车和转入机动车环保准入,强化机动车登记、检测、维修、报废全过程管理。采取财政补贴等措施,大力推广清洁能源汽车,公交、环卫等行业和政府机关要率先使用新能源汽车,全省每年新增或更新的公共汽车中清洁能源汽车的比例达到 30%以上。实施公交优先战略,加快推进轨道交通建设,加强步行道、自行车交通系统建设,倡导拼车、通勤班车出行。三是治理工业污染。全省基本完成热电企业脱硫工程建设,所有钢铁企业的烧结机和球团生产设备、石油炼制企业的催化裂化装置、有色金属冶炼企业完成脱硫设施安装,完成省减排计划内所有燃煤锅炉和工业窑炉脱硫设施建设或改造。所有火电机组完成烟气脱硝治理设施建设并投运,氮氧化物排放浓度应在 2014 年 7 月 1 日前达到《火电厂大气污染物排放标准》(GB13223－2011)规定的浓度限值。研究建立工业烟粉尘污染排放清单。按国家新标准规定期限完成火电、钢铁、石化、水泥、有色、化工等六大行业以及燃煤锅炉项目烟粉尘提标改造。加快实施《浙江省挥发性有机物污染整治方案》,建立挥发性有机物(VACS)排放清单,探索建立 VOCs 污染防控体系、监控体系和长效管理机制。四是调整产业布局与结构。将二氧化硫、氮氧化物、烟粉尘和挥发性有机物排放是否符合总量控制要求,作为建设项目环境影响评价审批的前置条件。制定实施城市建成区内钢铁、石化、化工、有色金属冶炼、水泥、平板玻璃等大气重污染企业搬迁改造提升方案,加快推进工业项目园区化。2014 年底前,完成“十二五”,落后产能淘汰任务。加快推进钢铁、水泥、化工、石化、有色金属冶炼、涂装、合成革、纺织印染、橡胶塑料制品、印刷包装、化纤、木业、制鞋等重点行业的清洁生产,完成重点行业清洁生产审核 354 家。2014 年底,完成 7 家国家级园区和 13 家省级园区的循环化改造。五是控制农村废气污染。制定秸秆及农作物废弃物综合利用实施方案,加快推进秸秆及农作物废弃物综合利用,鼓励桔秆资源化、商品化,桔秆综合利用率达到 82%以上。建立健全禁止露天焚烧桔秆的长效监管机制,充分利用卫星遥感加强秸秆焚烧监控,严防随意露天焚烧秸秆。积极推行测土配方施肥和减量增效技术,大力推广有机肥,着力提高肥料利用率,减少农田化肥使用量和氨挥发量,完成测土配方施肥 3150 万亩。制定实施矿山粉尘管理规范。所有采碎石场要落实扬尘、粉尘控制措施。对已关闭的废弃矿山开展歼石山和危岩治理,并进行土地复垦和植被恢复,按《全省矿山粉尘整治专项行动工作方案》确定的需治理废弃矿山治理率达到 30%。大力开展植树造林,深入实施“1818”平原绿化行动,加强生态公益林、防护林建设,增强森林生态功能,全省完成新造林 50 万亩。

4. 提升固废处置能力建设

污染场地风险管控不断强化,完成一批潜在污染场地的排查,完善了全省污染场地数据库。杭州市、宁波市、温州市、绍兴市和衢州市等 5 个市建成危险废物信息化监控平台,一批重点企业实现联网监控。启动了全省危险化学品环境管理登记工作,在杭州进行了重点环境管理危险化学登记试点。加强持久性有机污染物污染防治,完成 526 家企业持久性有机污染统计工作。提升电子废物和进口废物利用水平。建成规范的废弃电器电子产品回收处理单位 6 家。完成对全省 336 家进口固废加工利用企业环境风险识别项目的摸底排查工作,确定 53 家重点防控企业,实行分类监管。

安徽

1. 安徽环境质量总体保持平稳

2014 年安徽省 16 个地级城市空气质量平均优良天数比例为 88.1%,较上年提高 1.5 个百分点,可吸入颗粒物(PM10)年平均浓度较上年下降 4.0%,完成年度大气环境质量改善目标。地表水总体

水质属轻度污染，地级市和县级市城市集中式生活饮用水水源地水质达标率为96.5%。城市区域声环境质量和道路交通噪声状况总体稳定，功能区声环境质量有所好转。辐射环境质量和生态环境质量整体良好。

2. 主要污染物总量减排

2014年，安徽省化学需氧量排放总量为88.56万吨，比2013年下降1.90%。氨氮排放总量为10.05万吨，比2013年下降2.74%。二氧化硫排放总量为49.30万吨，比2013年下降1.67%。氮氧化物排放总量为80.73万吨，比2013年下降6.53%。安徽省化学需氧量、氨氮、二氧化硫、氮氧化物四项主要污染物总量减排指标全部超额完成年度目标任务。

研究制定降低煤炭消费比重政策措施，严控煤炭消费过快增长。对新上高耗能、产能严重过剩行业的耗煤项目，要严格实行煤炭消耗等量或减量替代政策。严把固定资产投资项目节能审查关，完善节能评估与审查程序，新建高耗能项目能效水平必须达到国内先进水平，将有限新增能源消费空间优先配置到低投入、低消耗、少排放、大产出、大收益、可持续的产业中。

严格控制新建造纸、印染、农药、氮肥、煤电、钢铁、水泥等项目，新建项目按照最严格的环保要求建设治污设施。加强对各市主要污染物减排目标完成进度分析与评估，对工作进度缓慢的市实行黄色预警，对进展缓慢的重点减排项目进行挂牌督办，对影响全省年度减排任务完成的地区实行区域环评限批，对未完成年度目标任务的市实行“一票否决”。

3. 加强大气污染防治

与2013年相比，安徽省16个地级城市空气质量平均优良天数比例提高1.5个百分点；二氧化硫和可吸入颗粒物年均浓度分别下降10.3%和4.0%，二氧化氮年均浓度略有上升，但仍在一级标准年均浓度限值以内（一级标准年均浓度限值为40微克/立方米）。

各市在年初出台大气污染防治实施细则和重污染天气应急预案，3月底前编制完成大气污染防治项目清单台账，做到全面、详细、真实，明确时间节点，明确责任要求。狠抓重点行业企业污染治理，重点抓好燃煤电厂、钢铁、水泥企业完成脱硫脱硝和除尘升级改造任务。全面开展燃煤小锅炉、工业企业、非煤矿山、混凝土搅拌站、港口码头等烟粉尘整治工作，完成城区生活燃煤小锅炉整治工作。坚持禁、疏并举，全面加强农作物秸秆禁烧工作。设立城市高污染燃料禁燃区，加强餐饮油烟治理，强化城市扬尘整治。

4. 加强饮用水源地环境保护和水污染防治

2014年，全省地表水总体水质状况为轻度污染。与2013年相比，全省地表水总体水质状况无明显变化。

深入开展集中式饮用水水源保护区环境综合整治，坚决取缔保护区内的排污口及违法建设项目。对未完成饮用水水源保护区环境综合整治的铜陵、芜湖、淮南三市，加大督查力度，督促其尽快整改到位。按照国家要求制定并实施安徽省清洁水行动计划。推进省辖市备用水源建设选址和建设进度，全面启动县城所在镇备用水源建设，确保省辖市在2016年底前、县城所在镇在2018年底前全面建成备用水源。

做好淮河枯水期联防，实时掌握水质变化和重点企业排污状况，落实污染源限排方案，确保淮河流域枯水期水环境安全。认真落实巢湖蓝藻监测工作方案，及时提供预警信息，切实做好巢湖蓝藻应急防控。强化良好湖泊生态环境保护，按照湖泊生态环境保护总体方案和年度方案要求，建立项目定期调度，信息定期报送、绩效定期评估制度。完善新安江流域生态补偿机制，建立健全生态环境损害责任追究和赔偿制度，推进大别山淠史杭灌区生态补偿试点和浍河断面水质目标考核试点。强化重点流域专项规划实施，加强水质预警与断面达标监管，定期调度、定期通报、现场督查，加快推进规划项目建设，严格环境监管，确保治污设施稳定运行。推进重污染河流综合整治，以南淝河、十五里河、派河水质改善为重点，加快推进巢湖流域入湖河流综合整治和规划项目建设进度，确保2014年年度考核合格。

5. 加强重点领域污染防治工作

全省一般工业固体废物产生量为11939.85万吨，其中综合利用量为10347.20万吨，处置量为1138.90万吨。全省危险废物处置量为78.78万吨，其中自行处置量为60.08万吨，委托处置量为18.70万吨。17个危废、医废处置设施规划建设项目均已基本建成或投运；68家企业具有危险废物经营资质，主要从事含铅、含铜和表面处理废物等类别的危险废物利用处置。截至2014年底，全省累计建设城市生活垃圾处理场项目74个，日处理垃圾能力28397吨。其中，2014年建设15座，新增日处理能力6688吨。2014年，合肥市开展了城市电磁辐射（射频）环境质量监测，监测点位电磁辐射环境水平为0.36～0.92微瓦/平方厘米，电磁环境质量状况良好。

强力推进重金属污染防治。实行重金属污染排放总量控制制度。加快实施21个重金属污染防治专项资金补助项目和“十二五”重金属污染防治规划项目，确保按期建成投运。统筹推进污染治理设施升级改造。加强危险废物污染防治，推进“十二五”危险废物污染防治规划实施，继续开展危险废物专项整治，统筹推进利用处置设施建设。推进重点行业危险废物专项调查和在线申报登记，建立危险废物重点单位清单。加强废弃电器电子产品拆解处理基金补贴审核和监管。稳步推进危险化学品环境管理和持久性有机污染物污染防治工作。实施危险化学品环境管理登记制度，确定重点防控区和重点防控企业，开展环境管理登记证核发和化学品环境风险评估工作。督促二恶英排放重点行业企业加装高效除尘设施。开展含多氯联苯电力装置及其废物清理处置工作。

推进辐射行政审批信息化，完善核技术利用监督管理程序，探索输变电和基站规划环评管理新模式。加强放射源使用单位的安全监管，严格辐射安全许可证核发。加强辐射环境监测，编制国控和省控点建设方案。加大放射源、射线装置检查频次，做好辐射事故应急准备。推进废旧放射源回收再利用。加强电磁项目全过程环境监管。下放IV、V类放射源、III类射线装置、无线通讯和110KV输变电工程等项目审批权限。

6. 深入开展城乡环境保护和生态创建工作

出台《安徽省省级生态市考核验收及管理办法》和《安徽省有机食品基地申报和考核管理办法》。加强土壤污染防治，开展土壤污染状况调查，组织编制《安徽省土壤环境保护和污染治理行动计划》，并组织实施。加强畜禽规模养殖污染防治，提高畜禽规模化养殖水平，促进畜禽粪便的综合利用。积极推进生态保护红线划定工作，实行严格的重点生态功能区保护措施。加强自然保护区和重要生态功能保护区建设管理，完善生态系统保护体系，严格限制开发建设活动。支持地方政府开展生态创建工作。在宣城、池州和黄山市开展国家生态市创建，在霍山、绩溪和宁国市开展生态文明建设试点工作。深入开展国家级和省级生态县、生态乡镇和生态村创建。

十　社会稳定

上海

1. 推进法治政府建设，运用法治思维深化改革

减少不合理的行政审批。理顺政府与市场的关系，改革投资体制，优化审批流程，创新管理方式，加强过程监管，最大限度减少投资项目审批、资质资格许可、评估评审事项、评比表彰活动，及时公开行政审批改革结果。改革工商管理制度，放宽登记条件，优化办理程序，强化监管责任，建设市场主体信用信息公用平台。改革社会组织管理制度。理顺政府与社会的关系，改革社会组织登记制度，实现行业协会商会类、科技类、公益慈善类、城乡社区服务类等四类社会组织依法直接登记。深化并扩大政社分开工作，实现社会组织与政府部门“人员、机构、财务、资产、职能”五分开。通过按照法定程序制定有关法规、政府规章，推动社会组织管理体制完善和发展环境优化。

规范重大行政决策程序。制定政府规章，明确重大行政决策事项范围，确定公众参与、专家论证、风险评估、合法性审查和集体讨论等法定程序。推行合法性审查法律意见书制度，完善集体讨论决定议事规则。细化公众参与民主决策机制。制定公众参与重大行政决策的程序和规则，使行政决策听取人大和政协意见、征求公众意见、听取管理相对人和利益相关人意见等渠道和方式制度化、规范化。

2. 提高政府立法质量，提高行政执法规范度

围绕加快推进“四个率先”、加快建设“四个中心”，规划政府立法重点。提请人大制定《关于促进改革创新的决定》《中国（上海）自由贸易试验区条例》等地方性法规，为转型阶段上海经济社会取得新发展、新突破提供法制保障。进一步修改完善城市管理和公共服务方面的立法，进一步强化社会建设和生态环境建设的立法。加强政府立法审议。建立政府立法草案会审制度，由发展改革、编制、法制等部门统筹考虑、综合协调重要的地方性法规议案草案、规章草案内容。实行市政府常务会议讨论法规五年立法规划、年度立法工作计划及法规草案工作机制，提高制度建设质量。

探索综合监管执法体制。探索区域性综合执法体制，试行自由贸易试验区综合行政执法制度。探索市场监管领域跨部门综合执法体制，支持浦东建立由工商、质量技术监督、食品药品监管等理新模式。市政府发布实施《上海市城市网格化管理办法》，进一步固化城市网格化管部门统合的综合监管执法体系。其他领域继续整合系统内执法队伍，建立综合执法体制。实行“网格化”和“联勤联动”机制有机结合的城市管理的工作架构，整合优化公共管理资源，将网格化管理的快速发现机制与区县联勤、联动综合处置机制有效对接，从整体上提高城市管理的效率和水准。

3. 强化行政监督，提高运用法治方式的能力

强化对规范性文件的监督。加强对规范性文件的备案审查监督，落实规范性文件有效期制度和定期清理制度。开通全市规范性文件数据库，供社会公开查询和监督。推行依法履职监察制度。以问题为导向、以提升公众满意度为目的，将履职监察与民主评议政风行风相结合，查找政府部门履职中存在的问题，分析原因并提出对策建议，促进行政机关严格依法行政，不断提升行政效能。建立行政管理问责制度。市政府发布《行政机关工作人员行政问责办法》，建立适用于本市行政机关内部上级追究下级行政管理责任的制度，明确问责对象，规范问责方式和程序，以加强行政层级监督。

建立依法行政工作考核和任职考察制度。完善对行政机关工作人员的考核体系，在考核指标中，增加依法履行职责的情况，并将考核结果与行政机关工作人员的奖惩与任免挂钩，促使其增强依法行

政意识，严格依法办事。推行依法行政情况任职考察制度，对拟任各级政府及其部门领导职务的干部，应当在考察中了解其以往依法行政工作情况。

4. 预防和化解社会矛盾纠纷

建立矛盾纠纷排查调处机制。在房屋土地征收、社会保障、环境保护、公共安全等易引发矛盾纠纷的领域，建立矛盾纠纷排查调处机制，强化源头治理防范。积极研究争议事项，明确调处主体，引导相对人通过调解、仲裁、行政复议、诉讼等法律手段，解决矛盾纠纷。

改善行政复议工作。深入推进行政复议委员会试点工作，支持浦东新区开展相对集中行政复议权试点。推动行政复议决定书在网站上公开，接受社会公众的查询和监督。

上海政法工作不断改革创新，以维护社会公平正义为价值追求，紧紧围绕平安建设、法治建设、队伍建设，积极为上海经济社会发展营造安全稳定的社会环境。

5. 从源头上挤压各类顽症的生存空间

自上海开展平安建设实事项目以来，上海市人大常委会和市政府先后出台了《上海市拆除违法建筑若干规定》《上海市废旧金属收购管理规定》《上海市查处非法客运规定》等一系列法规、规章，从源头上挤压各类顽症的生存空间。

2014 年以来，上海公安机关依托"三张网"建设，始终保持对各类违法犯罪活动的高压严打态势，全力确保了上海城市公共安全与社会和谐稳定。零点公司 2014 年度公众安全感及公安工作满意度调查结果显示，当前上海市民群众对全市总体安全状况感到满意，公众安全感调查评价指数为 83.89，比去年 83.31 上升了 0.58；同时市民群众对上海公安工作也给予了肯定，公安工作满意度评价指数为 82.96，比去年 82.44 上升了 0.52。

江苏

1. 公安机关推进"十项工程"，抓好"五件大事"

江苏公安机关持续推进"十项工程"，重点抓实抓好健全打击犯罪机制、完善巡逻机制体制、加强派出所建设等"五件大事"。坚持既破大案、又管小案，始终保持对严重暴力犯罪、黑恶势力犯罪的严打高压态势，同时把打击犯罪重心更多转向多发性侵财犯罪，把追赃挽损作为考核重要指标，提高侵财案件破案追赃水平。加大对食品药品安全、污染环境、制售假农资等涉及民生犯罪的打击力度，为群众生产生活创造安全环境。深入推进禁毒人民战争，全面落实各项工作措施。全省各级公安机关将组建巡特警专门机构和专业队伍，着力提升社会面见警率和治安控制力，加快重点治安卡口、公安检查站、城市街面智能化移动卡口智能化监控网建设。同时，以提升派出所战斗力为目标，从经费投入、警力配置、素质提升、机制调整等方面，大力加强派出所建设。

2. 创新安全监管，从源头上消除安全隐患

全省公安机关将重点推进人口管理、安全监管、公共服务、群防群治"四大改革创新"。充分运用信息化手段，创新实有人口管理服务，加快推进户籍制度改革，进一步放宽落户条件，加快实施省辖市范围内本地居民户口通迁制度；全面推行流动人口居住证制度，力争上半年基本完成换发证任务，更好地服务城镇化和城乡一体化发展，为逐步实现常住人口基本公共服务教徒均等化创造条件。创新安全监管，从源头上消除安全隐患、预防事故发生、减少人员伤亡，推动交通安全基础设施建设，依法从严查纠各类交通违法行为，探索推行文明交通信用管理制度；加快推进消防公共设施建设和消防安全网格化管理、加强火灾隐患常态化排查整治，努力构建消防安全治理新体系；推进危险物品单位安防达标建设，加强生产、储存、运输、销售、使用等流向监管；加大非法枪爆物品、管制刀具的查禁收缴

力度。创新公共服务管理,努力为群众办好事、让群众好办事,进一步深化公安行政审批制度改革。继续落实服务群众十二项措施,广泛推行"一窗式""一站式""一网办"和错时延时、预约上门、流动办理等服务模式,进一步优化办事流程,提高工作效率,提升服务质量。

3. 推进地方科学民主立法

省委下发《关于完善人民代表大会制度、推动人大工作与时俱进的意见》,加强和改进党对地方立法的领导,充分发挥人大在地方立法中的主导作用。

完善地方科学民主立法机制。推行人大自主起草重要地方法规,全年立法项目中有4件由省人大有关委员会牵头起草。积极构建法律法规规章草案公开征求意见和公众意见采纳情况反馈机制,全年累计发出法规草案书面征求意见函1100件,收到反馈意见和建议3435条,开展省内立法调研53次,组织召开立法座谈会70次。扩展公民有序参与地方立法途径,省人大确立首批15个民主立法联系点单位,直接倾听基层群众对地方立法的意见建议。积极探索"长三角"三省一市区域立法协作的长效机制,推动区域立法协作常态化、制度化。

4. 落实严格执法公正司法

注重强化人权司法保障,严格贯彻宽严相济刑事政策,落实疑罪从无、证据裁判原则,依法排除非法证据,防范和纠正刑事冤假错案,全年省法院死刑案件被最高人民法院核准率达到100%。

大力加强矛盾纠纷排查调处工作,重点探索推进派驻制公调诉调对接新模式,完善"队建制""派驻制"专业调解机制,扎实开展矛盾纠纷排查化解专项行动,全年共调处各类矛盾纠纷近50万件。

健全反腐倡廉制度体系,在全国率先制定出台惩防体系建设工作规划实施办法,先后出台惩防体系建设、规范性文件备案、两个责任落实等规范性文件13项,努力形成配套完备的制度体系。制定出台《江苏省纪检监察机关规范性文件备案规定》,发出书面纠错建议3件,完成上级机关和省有关部门征求意见的58件制度规范修改把关,研究提出修改建议200多条。

5. 努力营造法治社会氛围

大力弘扬社会主义法治文化。进一步巩固完善法治文化阵地和平台体系建设,新命名了第二批"省级法治文化建设示范点",全省省级法治文化建设示范点已达129个,目前市级法治文化阵地885个,县(市、区)级法治文化阵地建成率已达100%,镇级法治文化阵地建成率达到96.97%。面向全省广泛征集法治戏曲剧本、法治故事、法治书画摄影、法治动漫、微电影等作品6万多部,初步建成省级法治文化作品资源库。加强法治江苏"智库"建设,成立了省法学会地方法治研究会,组建了区域法治发展协同创新中心,启动了江苏省县域法治国情调查,举办了以"贯彻落实四中全会精神、推进法治江苏建设"为主题的"江苏发展高层论坛"、以"法治建设与国家治理体系和治理能力现代化"为主题的2014年法治江苏建设高层论坛、以"司法微公开与司法公信力建设"为主题的首届江苏青年法学沙龙活动,推动法治江苏理论研究和实践探索不断深化。

6. 扎实推进社会治理法制化

建立健全平安建设政策法规制度。制定出台《江苏省社区矫正工作条例》《江苏省企事业单位内部治安保卫条例》。制定了《关于加强肇事肇祸等严重精神障碍患者救治救助工作实施意见》《关于创新发展社会矛盾纠纷大调解机制的指导意见》《关于加强社会治安防控体系建设的实施意见》《关于加强县(市、区)社会管理服务中心规范化建设的指导意见》《关于全面推进城乡社区网格化服务管理的指导意见》《关于完善社会治安形势分析研判机制的意见》《全省影响社会稳定重大问题专报及督办制度》等一批政策意见,具有江苏特点的平安建设政策法规体系已基本形成。

依法预防化解社会矛盾。健全社会稳定风险评估机制,2014年全省共实施稳评项目8500余件,暂缓或不予实施70项，有效减少了因决策不当引发的不稳定事端。创新发展大调解机制，研究制定《创新发展社会矛盾纠纷大调解机制的指导意见》，全省矛盾纠纷调处成功率达98%以上。

浙江

1. 加强社会治安防控网建设

根据人口密度、治安状况和地理位置等因素，科学划分巡逻区域，优化防控力量布局，加强公安与武警联勤武装巡逻，建立健全指挥和保障机制，完善早晚高峰等节点人员密集场所重点勤务工作机制，减少死角和盲区，提升社会面动态控制能力。加强公共交通安保工作，强化人防、物防、技防建设和日常管理，完善和落实安检制度，加强对公交车站、地铁站、机场、火车站、码头、口岸、高铁沿线等重点部位的安全保卫，严防针对公共交通工具的暴力恐怖袭击和个人极端案（事）件。完善幼儿园、学校、金融机构、商业场所、医院等重点场所安全防范机制，强化重点场所及周边治安综合治理，确保秩序良好。加强对偏远农村、城乡接合部、城中村等社会治安重点地区、重点部位以及各类社会治安突出问题的排查整治。总结推广零命案县（市、区、旗）和刑事案件零发案社区的经验，加强规律性研究，及时发现和处置引发命案和极端事件的苗头性问题，预防和减少重特大案（事）件特别是命案的发生。

2. 提高社会治安防控体系建设科技水平

按照科技引领、信息支撑的思路，加快构建纵向贯通、横向集成、共享共用、安全可靠的平安建设信息化综合平台。在确保信息安全、保护公民合法权益前提下，提高系统互联、信息互通和资源共享程度。强化信息资源深度整合应用，充分运用现代信息技术，增强主动预防和打击犯罪的能力。将社会治安防控信息化纳入智慧城市建设总体规划，充分运用新一代互联网、物联网、大数据、云计算和智能传感、遥感、卫星定位、地理信息系统等技术，创新社会治安防控手段，提升公共安全管理数字化、网络化、智能化水平，打造一批有机融合的示范工程。

高起点规划、有重点有步骤地推进公共安全视频监控建设、联网和应用工作，提高公共区域视频监控系统覆盖密度和建设质量。加大城乡接合部、农村地区公共区域视频监控系统建设力度，逐步实现城乡视频监控一体化。完善技术标准，强化系统联网，分级有效整合各类视频图像资源，逐步拓宽应用领域。

3. 完善社会治安防控运行机制

完善全社会治安形势分析研判机制。政法综治机构要加强组织协调，会同政法机关和其他有关部门开展对社会治安形势的整体研判、动态监测，并提出督办建议。公安机关要坚持情报主导警务的理念，建立健全社会治安情报信息分析研判机制，定期对社会治安形势进行分析研判。加强对社会舆情、治安动态和热点、敏感问题的分析预测，加强对社会治安重点领域的研判分析，及时发现苗头性、倾向性问题，提升有效应对能力。建立完善社会治安形势分析研判联席会议制度、社会治安重点地区排查整治工作协调会议和月报制度等，进一步整合各部门资源力量，强化工作联动，增强打击违法犯罪、加强社会治安防控工作合力。

按照常态、共享、联动、共赢原则，积极搭建治安防控跨区域协作平台，共同应对跨区域治安突出问题，在预警预防、维稳处突、矛盾化解、打击犯罪等方面互援互助、协调联动，以区域平安保全国平安。

4. 运用法律手段解决突出问题

充分发挥法治的引导、规范、保障、惩戒作用，做到依法化解社会矛盾、依法预防打击犯罪、依法规范社会秩序、依法维护社会稳定。紧紧围绕加强社会治安防控体系建设的总体需要，推动相关法律法

规的立、改、废、释和相关政策的制定完善工作。各地要以重大问题为导向，针对社会治安治理领域的重点难点问题，适时出台相关地方性法规、地方政府规章，促进从法治层面予以解决。完善维护公民、法人等合法权益的途径，从源头上预防侵权案件发生。坚持依法行政，加强食品药品、安全生产、环境保护、文化市场和网络安全等重点领域基层执法，强化行政执法与刑事司法的衔接，着力解决好人民群众反映强烈的突出问题。深化司法体制改革，加快建设公正高效权威的社会主义司法制度，提高办案质量。

5. 加强基础性制度建设

建立以公民身份号码为唯一代码、统一共享的国家人口基础信息库，建立健全相关方面的实名登记制度。建立公民统一社会信用代码制度、法人和其他组织统一社会信用代码制度，加强社会信用管理，促进信息共享，强化对守信者的鼓励和对失信者的惩戒，探索建立公民所有信息的一卡通制度。落实重大决策社会稳定风险评估制度，切实做到应评尽评，着力完善决策前风险评估、实施中风险管控和实施后效果评价、反馈纠偏、决策过错责任追究等操作性程序规范。落实矛盾纠纷排查调处工作协调会议纪要月报制度，完善人民调解、行政调解、司法调解联动工作体系，建立调处化解矛盾纠纷综合机制，着力防止因决策不当、矛盾纠纷排查化解不及时等引发重大群体性事件。推进体现社会主义核心价值观要求的行业规范、社会组织章程、村规民约、社区公约建设，充分发挥社会规范在调整成员关系、约束成员行为、保障成员利益等方面的作用，通过自律、他律、互律使公民、法人和其他组织的行为符合社会共同行为准则。

6. 充分发挥社会协同作用

加大对行业协会商会类、科技类、公益慈善类、城乡社区服务类社会组织的培育扶持力度，将适合由社会组织承担的矛盾纠纷调解、特殊人群服务管理、预防青少年违法犯罪等社会治安防控体系建设任务纳入政府购买服务目录，通过竞争性选择等方式，交给相关社会组织承担，发挥好他们在社会治安防控体系建设中的重要作用。规范警务辅助人员管理，明确其聘用条件和程序、职责任务、保障待遇等，发挥好协助维护社会治安的作用。规范发展保安服务市场，积极引导保安行业参与社会治安防控工作。加强城乡基层群众自治组织建设，搭建群众参加社会治安防控体系建设的新平台，通过各种方式就社会治安防控体系建设问题进行广泛协商，广纳群言，增进共识。

安徽

1. 加强统筹协调，完善社会治安管理工作格局

加强部门协同，健全责任体系。在突出公安机关主力军作用的同时，健全完善政府相关部门责任体系。加强上下统筹，夯实基层基础。坚持重心下移，加强社区、农村警务室建设，改善基层警务装备，提高基层社会治安管理能力。加强专群结合，贯彻群众路线。坚持专门队伍和依靠群众相结合，构建社会支持、全民参与的工作格局。

2. 加强重点领域立法，拓展人民有序参与立法途径

加强重点领域立法。围绕我省发展的阶段性特征，不断拓展立法领域。切实抓好经济领域立法，抓紧制定有利于规范市场秩序、优化发展环境、促进全面协调可持续发展的地方性法规。更加注重加强以民生为重点的社会领域立法，将成熟的社会管理经验上升为地方法规。

注重提高立法质量。加强立法前论证、立法成本效益分析、社会风险评估和立法后评估。根据社会主义法律体系发展需要，科学选择、论证和确定立法项目，科学调整和规范立法内容。审慎设定行政许可、行政处罚、行政强制和行政收费措施，规范自由裁量权的行使，优化经济发展的制度环境。加强对政府规章和规范性文件的清理修订，维护法制统一。

拓展人民有序参与立法途径。完善立法工作机制和程序，对事关人民群众切身利益的法律法规草案，要向社会公布，广泛听取意见和建议，把立法过程变为公众参与立法和引导公众知法、学法、守法的过程。公开征集立法建议项目，举行立法听证。探索建立多元化的法规规章起草机制和专家咨询论证机制。

3. 坚持公正司法，不断提高司法公信力

紧紧抓住影响司法公正和制约司法能力的关键环节，优化司法职权配置，不断完善保障机制和工作机制，确保审判机关、检察机关依法独立公正行使审判权、检察权。全面推行量刑规范化改革，强化审判流程管理。建立健全裁判文书网上发布制度和执行案件信息网上查询制度。落实执行案件统一管理制度，建立健全执行联动、执行威慑、分段集约执行工作机制。严格依法办理减刑假释案件，完善减刑假释案件开庭审理工作规范。

全面推进司法公开。推进“阳光司法”，进一步完善审判公开、检务公开、警务公开、狱(所)务公开。继续扩大公开范围，除依法不能公开和案件侦查需要不能公开外，案件的法律依据、执法程序、办案环节、办理结果以及群众关心的警情等都要及时向社会公开。扩大人民陪审员选任范围和参与审判范围。各级人民法院要把组织公民旁听案件作为司法公开的一项重要内容，提高审判工作透明度。建立司法公开责任追究制度和监督制约措施，保障人民群众享受广泛的知情权。

4. 加强和创新社会治理，提升社会治安管理工作水平

坚持形势研判，把握工作主动权。完善防范控制和应急处突体制机制，提升反恐处突能力。人群密集场所，要建立社会治安应急制度，完善应急预案。加强新型犯罪研究，提高依法打击能力。坚持依法治理，扎实推进社会治安管理执法规范化建设。把握法律政策界限，提高特殊人群服务和管理水平。注重用法治思维和法治方式处理危害社会稳定的案件或事件。完善相关法规、规章，把解决各种社会治安问题纳入法治化轨道。

5. 深入开展法制宣传教育，弘扬社会主义法治精神

突出服务经济社会发展。全面推进“六五”普法规划贯彻实施，深入学习宣传以宪法为统帅的中国特色社会主义法律体系和国家基本法律，深入学习宣传加快转变经济发展方式、建设社会主义法治国家、发展社会主义政治文明、加强和创新社会管理、推进生态文明建设和反腐倡廉等相关法律法规。重点加强对领导干部、公务员、青少年、企事业经营管理人员和农民的法制宣传教育。不断创新法制宣传教育形式，进一步加大法制宣传教育资源的整合力度，增强法制宣传教育活动的经常性、互动性、参与性，扩大法制宣传教育对象的覆盖面。

在立法、执法、司法等各个领域和环节，都要树立党的群众观点、践行党的群众路线，以法治方式维护最广大人民根本利益。推进法制培训机制常态化，加强法律知识和法治理念的学习宣传，培养领导干部法治思维。国家工作人员要带头学法、尊法、守法、用法，各级领导干部要不断增强法治理念，提高法律素养，努力推动形成办事依法、遇事找法、解决问题用法、化解矛盾靠法的良好法治环境，在法治的轨道上推动各项工作。

大力推进法治文化建设。建立健全法治文化建设工作机制，推进形成富有安徽特色的社会主义法治文化建设体系。明确法治文化作品创作扶持政策，积极探索“企业运营、市场运作、政府购买、百姓受惠”的法治文化产品发展模式，形成法治文化作品基本供给机制。定期组织开展“安徽省法治文化好作品”评比活动。推进“一市一品”法治文化特色品牌项目建设，在2015年前全省建成2～3个社会主义法治文化建设示范城市(县)、3～5个社会主义法治文化建设示范基地。加速法治文化传播和

展示，推进社会主义法治理念内化为全民的思维习惯、外化为全民的行为习惯。

6. 加强队伍建设，提高社会治安管理工作能力和水平

立足安徽省实际，充实一线警力。要通过减少非警务活动、调整非警务岗位、增加政府购买服务，缓解基层警力不足问题。立足纪律要求，保障执法为民。增强为民执法意识，强化便民利民举措，提高办事效率。严肃执法纪律，规范执法行为，纯洁公安队伍。立足责任主体，管好辅助力量。要加强对社会治安辅助力量使用、管理的研究，防止形成新的历史问题。

第五篇

经济社会发展重要指标

第一章　长三角地区重要经济发展指标

表 1　长三角地区国民经济和社会发展总量与速度指标(2014 年)

指　标	长三角	上海市	江苏省	浙江省	安徽省
人口与就业					
人口(万人)					
年末常住人口	22180.92	2425.68	7960.06	4859.18	6936.00
就业(万人)					
从业人数	14151.61	1365.63	4760.83	3714.15	4311.00
宏观经济					
国民核算(亿元)					
地区生产总值	149677.75	23567.70	65088.32	40173.03	20848.70
第一产业	7928.17	124.26	3634.33	1777.18	2392.40
第二产业	69274.97	8167.71	30854.50	19175.06	11077.70
第三产业	72474.61	15275.73	30599.49	19220.79	7378.60
固定资产投资(亿元)					
全社会固定资产投资总额	92380.24	6016.43	41552.75	23554.76	21256.3
财政(亿元)					
地方财政收入	18159.11	4585.55	7233.14	4122.02	2218.40
地方财政支出	23219.56	4923.44	8472.45	5159.57	4664.10
物价(上年=100)					
居民消费价格指数		102.7	102.2	102.1	101.6
国内商业					
社会消费品零售总额(亿元)	58553.90	9303.49	23458.07	17835.34	7957.00
对外经济贸易和旅游					
进出口总额(亿美元)	14347.06	4666.22	5637.62	3550.49	492.73
出口	8569.68	2102.77	3418.69	2733.29	314.93
教育、科技、文化					
教育					
高等学校本专科在校学生(万人)	432.47	50.66	169.86	103.9	108.05
普通中学在校学生(万人)	888.58	58.42	288.62	229.0	312.54

续表

指　标	长三角	上海市	江苏省	浙江省	安徽省
小学在校学生(万人)	1321.42	80.30	471.48	354.5	415.14
文化					
图书出版量(亿册)	15.11	3.26	5.59	3.70	2.56
杂志出版量(万册)	39699	14500	11807	7765	5627
报纸出版量(亿份)	86.09	11.45	28.78	33.74	12.12
家庭、生活、环境					
家庭					
生活					
城镇居民人均可支配收入(元)		47710	34346	40393	24839
农村居民人均纯收入(元)		21192	14958	19373	9916.4

表 2　长三角地区国民经济和社会发展结构指标(2014 年)

指　标	上海市	江苏省	浙江省	安徽省
人口与就业				
人口				
城乡结构				
城镇	90.3	65.2	64.9	49.2
乡村	9.7	34.8	35.1	50.8
性别结构				
男	49.7	50.34	51.3	52.1
女	50.3	49.66	48.7	47.9
就业				
产业结构				
第一产业		19.3	13.5	32.8
第二产业		43.0	49.7	28.1
第三产业		37.7	36.8	39.1
宏观经济				
国民核算				
地区生产总值产业结构				
第一产业	0.5	5.6	4.4	11.5
第二产业	34.7	47.4	47.7	53.1
第三产业	64.8	47.0	47.9	35.4
产业经济				

续表

指　标	上海市	江苏省	浙江省	安徽省
工业				
工业产值按轻重分				
轻工业		26.6	38.8	
重工业		73.4	61.2	
运输业				
货运量结构				
铁路	0.6	2.9	1.8	2.4
公路	47.4	54.9	60.5	72.6
水运	51.6	36.1	37.7	25.0
民用航空	0.4			0.001
对外经济贸易和国际旅游				
海外旅游人数结构				
外国人		66.3	66.0	57.5
港澳台同胞		33.7	34.0	42.5
教育、科技、文化				
教育				
在校学生结构				
大学生	26.8	17.1	15.1	10.1
中学生	30.8	35.6	33.3	32.6
小学生	42.4	47.3	51.6	38.6
专任教师结构				
大学生		15.2	13.4	9.2
中学生		45.4	42.6	40.4
小学生		39.4	44.0	38.8
生活、环境				
生活				
城镇居民消费结构				
食品	35.0	28.5	28.3	33.3
衣着	6.7	7.5	7.3	8.3
居住	9.9	21.7	25.3	22.0
其他	48.4	42.3	39.1	36.4
农村居民消费结构				
食品	40.5	31.4	31.9	35.6

续表

指　标	上海市	江苏省	浙江省	安徽省
衣着	5.2	6.4	6.1	5.9
居住	17.9	20.9	22.8	21.1
其他	36.4	41.3	39.2	37.4

表 3　长三角地区主要年份地区生产总值(按当年价格计算)　　单位:亿元

年　份	长三角	上海市	江苏省	浙江省	安徽省
1989	3484.08	696.54	1321.85	849.44	616.25
1990	3760.85	781.66	1416.5	904.69	658.00
1991	4247.98	893.77	1601.38	1089.33	663.50
1992	5427.24	1114.32	2136.02	1375.7	801.20
1993	7480.44	1519.23	2998.16	1925.91	1037.14
1994	10057.96	1990.86	4057.39	2689.28	1320.43
1995	13022.89	2499.43	5155.25	3557.55	1810.66
1996	15243.59	2957.55	6004.21	4188.53	2093.30
1997	17152.56	3438.79	6680.34	4686.11	2347.32
1998	18596.62	3801.09	7199.95	5052.62	2542.96
1999	20042.81	4188.73	7697.82	5443.92	2712.34
2000	22367.98	4771.17	8553.69	6141.03	2902.09
2001	24812.01	5210.12	9456.84	6898.34	3246.71
2002	27871.27	5741.03	10606.85	8003.67	3519.72
2003	32765.23	6694.23	12442.87	9705.02	3923.11
2004	39484.43	8072.83	15003.60	11648.70	4759.30
2005	46520.72	9154.18	18598.69	13417.68	5350.17
2006	53939.39	10366.37	21742.05	15718.47	6112.50
2007	64321.98	12188.85	26018.48	18753.73	7360.92
2008	74994.48	13698.15	30981.98	21462.69	8851.66
2009	82564.81	15046.45	34457.30	22998.24	10062.82
2010	98698.44	17165.98	41425.48	27747.65	12359.33
2011	115969.99	19195.69	49110.27	32363.38	15300.65
2012	126191.12	20181.72	54058.22	34739.13	17212.05
2013	138557.44	21818.15	59753.37	37756.58	19229.34
2014	149677.80	23567.70	65088.32	40173.03	20848.75

本表对 2005 年后部分数据按各省统计年鉴进行修正

表 4　长三角地区主要年份第一产业生产总值

单位:亿元　(按当年价格计算)

年　份	长三角	上海市	江苏省	浙江省	安徽省
1990	644.45	34.24	355.17	255.04	
1991	624.42	34.06	345.14	245.22	
1992	690.65	34.16	393.82	262.67	
1993	844.38	37.82	490.59	315.97	
1994	1170.24	47.61	683.98	438.65	
1995	1476.02	59.82	866.24	549.96	
1996	1652.84	68.72	989.18	594.94	
1997	1726.73	72.03	1035.8	618.9	
1998	1730.3	73.84	1047.16	609.3	
1999	1718.17	74.49	1037.37	606.31	
2000	2497.77	76.68	1048.34	630.98	741.77
2001	2593.03	78.00	1094.48	659.78	760.77
2002	2658.98	79.68	1110.44	685.20	783.66
2003	2710.72	81.02	1162.45	717.85	749.40
2004	3215.63	83.45	1367.58	814.10	950.50
2005	3401.18	80.34	1461.51	892.83	966.50
2006	3574.98	93.80	1545.05	925.10	1011.03
2007	4104.35	101.84	1816.31	986.02	1200.18
2008	4725.96	111.80	2100.11	1095.96	1418.09
2009	5034.21	113.82	2261.86	1163.08	1495.45
2010	5743.83	114.15	2540.10	1360.56	1729.02
2011	6788.07	124.94	3064.78	1583.04	2015.31
2012	7392.70	127.80	3418.29	1667.88	2178.73
2013	7622.24	124.89	3469.86	1760.34	2267.15
2014	7928.16	124.26	3634.33	1777.18	2392.39

本表对 2005 年后部分数据按各省统计年鉴进行修正

表 5　长三角地区主要年份第二产业生产总值

单位:亿元(按当年价格计算)

年　份	长三角	上海	江苏	浙江	安徽
1989	1504.49	466.18	657.06	386.25	
1990	1606.37	505.6	692.59	408.18	

续表

年　份	长三角	上海	江苏	浙江	安徽
1991	1838.67	550.64	793.92	494.11	
1992	2450.08	677.39	1119.26	653.43	
1993	3484.39	902.38	1598.05	983.96	
1994	4733.34	1148.45	2186.77	1398.12	
1995	5989.19	1419.41	2715.26	1854.52	
1996	6903.01	1596.72	3074.12	2232.17	
1997	7740.45	1774.02	3411.86	2554.57	
1998	8278.94	1871.89	3640.1	2766.95	
1999	8879.53	1984.64	3920.15	2974.74	
2000	10974.23	2207.63	4435.89	3273.93	1056.78
2001	12138.40	2403.18	4907.46	3572.88	1254.88
2002	13654.46	2622.45	5604.49	4090.48	1337.04
2003	16627.80	3209.02	6787.11	5096.38	1535.29
2004	20425.39	3892.12	8437.99	6250.38	1844.90
2005	24388.53	4452.92	10524.96	7164.75	2245.90
2006	28533.95	5028.37	12282.89	8511.51	2711.18
2007	33674.98	5678.51	14471.26	10154.25	3370..96
2008	38995.61	6235.92	16993.34	11567.42	4198.93
2009	41333.53	6001.78	18566.37	11860.16	4905.22
2010	49596.23	7218.32	21753.93	14187.36	6436.62
2011	57771.82	7927.89	25203.28	16331.27	8309.38
2012	61381.65	7854.77	27121.95	17000.09	9404.84
2013	65431.45	7907.81	29086.08	18047.52	10390.04
2014	69274.94	8167.71	30854.50	19175.06	11077.67

本表对2005年后部分数据按各省统计年鉴进行修正

表6　长三角地区主要年份第三产业生产总值

单位:亿元(按当年价格计算)

年　份	长三角	上海	江苏	浙江	安徽
1989	793.58	200.73	340.61	252.24	
1990	882.03	241.82	368.74	271.47	
1991	1121.39	309.07	462.32	350	
1992	1485.31	402.77	622.94	459.6	
1993	2114.54	579.03	909.52	625.99	

续表

年　份	长三角	上海	江苏	浙江	安徽
1994	2833.96	794.80	1186.64	852.52	
1995	3747.02	1 020.20	1573.75	1153.07	
1996	4594.45	1 292.11	1940.91	1361.43	
1997	5338.06	1 592.74	2232.68	1512.64	
1998	6044.43	1 855.36	2512.69	1676.38	
1999	6732.77	2 129.60	2740.30	1862.87	
2000	8895.98	2 486.86	3069.46	2236.12	1103.54
2001	10080.58	2 728.94	3454.90	2665.68	1231.06
2002	11557.83	3 038.90	3891.92	3227.99	1399.02
2003	13462.71	3 404.19	4493.31	3890.79	1638.42
2004	15843.41	4 097.26	5198.03	4584.22	1963.90
2005	18731.01	4620.92	6612.22	5360.10	2137.77
2006	21830.46	5244.20	7914.11	6281.86	2390.29
2007	26542.65	6408.50	9730.91	7613.46	2789.78
2008	31272.91	7350.43	11888.53	8799.31	3234.64
2009	36197.08	8930.85	13629.07	9975.01	3662.15
2010	43358.39	9833.51	17131.45	12199.74	4193.69
2011	51410.10	11142.86	20842.21	14449.07	4975.96
2012	57416.77	12199.15	23517.98	16071.16	5628.48
2013	65503.75	13785.45	27197.43	17948.72	6572.15
2014	72474.70	15275.73	30599.49	19220.79	7378.69

本表对 2005 年后部分数据按各省统计年鉴进行修正

表 7　长三角地区主要年份工业生产总值

单位:亿元（按当年价格计算）

年　份	长三角	上海	江苏	浙江	安徽
1990	1467.7	469.83	634.13	363.74	
1991	1678.98	514.79	725.83	438.36	
1992	2236.35	636.68	1017.94	581.73	
1993	3174.94	846.71	1451.97	876.26	
1994	4319.96	1074.37	2002.22	1243.37	
1995	5421.34	1308.2	2467.63	1645.51	
1996	6191.49	1452.79	2754.8	1983.9	
1997	6900.59	1598.91	3016.44	2285.24	

续表

年　份	长三角	上海	江苏	浙江	安徽
1998	7312.85	1670.19	3157.69	2484.97	
1999	7855.65	1787.98	3387.99	2679.68	
2000	9678.28	1998.96	3848.52	2945.70	885.10
2001	10681.57	2166.74	4270.9	3181.94	1062.00
2002	12004.04	2368.02	4880.09	3640.84	1115.09
2003	14664.66	2941.24	6004.65	4462.97	1255.80
2004	18087.87	3593.25	7514.39	5491.33	1488.90
2005	21751.77	4129.52	9440.18	6344.71	1837.36
2006	25593.59	4670.11	11097.64	7585.47	2240.37
2007	30304.06	5298.08	13105.24	9090.74	2810.00
2008	34890.58	5784.99	15271.20	10328.72	3505.67
2009	36379.18	5408.75	16464.94	10440.77	4064.72
2010	43698.37	6536.21	19277.65	12477.11	5407.40
2011	50921.70	7208.59	22280.61	14370.50	7062.00
2012	53934.29	7097.76	23908.47	14902.22	8025.84
2013	57360.69	7139.18	25503.86	15837.20	8880.45
2014	60553.19	7362.84	26962.97	16771.90	9455.48

表 8　长三角地区主要年份建筑业生产总值

单位:亿元　（按当年价格计算）

年　份	长三角	上海	江苏	浙江	安徽
1990	138.67	35.77	58.46	44.44	
1991	159.69	35.85	68.09	55.75	
1992	213.73	40.71	101.32	71.7	
1993	309.45	55.67	146.08	107.7	
1994	413.38	74.08	184.55	154.75	
1995	567.85	111.21	247.63	209.01	
1996	711.52	143.93	319.32	248.27	
1997	839.86	175.11	395.42	269.33	
1998	966.08	201.7	482.41	281.97	
1999	1023.88	196.66	532.16	295.06	
2000	1295.95	208.67	587.37	328.23	171.68
2001	1456.82	236.44	636.56	390.94	192.88

续表

年　份	长三角	上海	江苏	浙江	安徽
2002	1650.42	254.43	724.40	449.64	221.95
2003	1963.15	267.78	782.46	633.42	279.49
2004	2337.52	298.87	923.60	759.05	356.00
2005	2633.53	323.4	1084.78	816.81	408.54
2006	2933.31	358.25	1185.25	919.00	470.81
2007	3360.21	380.43	1366.02	1052.80	560.96
2008	4105.03	450.93	1722.14	1238.70	693.26
2009	4954.34	593.03	2101.43	1419.38	840.50
2010	5897.86	682.11	2476.28	1710.25	1029.22
2011	6850.13	719.30	2922.67	1960.78	1247.38
2012	7447.35	757.01	3213.48	2097.86	1379.00
2013	8148.36	791.08	3590.16	2243.01	1524.11
2014	8836.75	831.86	3899.47	2467.10	1638.32

表9　长三角地区主要年份地区生产总值中第一产业比重

单位:%(按当年价格计算)

	长三角	上海市	江苏省	浙江省	安徽省
1990	20.8	4.4	25.1	24.9	
1991	17.4	3.8	21.5	22.5	
1992	14.9	3.1	18.4	19.1	
1993	13.1	2.5	16.4	16.4	
1994	13.4	2.4	16.9	16.3	
1995	13.2	2.4	16.8	15.5	
1996	12.6	2.3	16.5	14.2	
1997	11.7	2.1	15.5	13.2	
1998	10.8	1.9	14.5	12.1	
1999	9.9	1.8	13.5	11.1	
2000	11.2	1.6	12.2	10.3	25.6
2001	10.5	1.5	11.6	9.6	23.4
2002	9.5	1.4	10.5	8.6	22.3
2003	8.3	1.2	9.3	7.4	19.1
2004	8.1	1	9.1	7	20.0
2005	7.3	0.9	7.9	6.7	18.1

续表

	长三角	上海市	江苏省	浙江省	安徽省
2006	6.6	0.9	7.1	5.9	16.6
2007	6.4	0.8	7.0	5.3	16.3
2008	6.3	0.8	6.8	5.1	16.0
2009	6.1	0.8	6.5	5.1	14.9
2010	5.8	0.7	6.1	4.9	14.0
2011	5.9	0.7	6.2	4.9	13.2
2012	5.9	0.6	6.3	4.8	12.7
2013	5.5	0.6	5.8	4.7	11.8
2014	5.3	0.5	5.6	4.4	11.5

表 10　长三角地区主要年份地区生产总值中第二产业比重

单位：%（按当年价格计算）

	长三角	上海市	江苏省	浙江省	安徽省
1990	51.8	64.7	48.9	45.1	
1991	51.3	61.6	49.6	45.4	
1992	53.0	60.8	52.4	47.5	
1993	54.1	59.4	53.3	51.1	
1994	54.2	57.7	53.9	52	
1995	53.4	56.8	52.7	52.1	
1996	52.5	54	51.2	53.3	
1997	52.3	51.6	51.1	54.5	
1998	51.6	49.3	50.6	54.8	
1999	51.2	47.4	50.9	54.6	
2000	49.1	46.3	51.9	53.3	36.4
2001	48.9	46.1	51.9	51.8	38.7
2002	49.0	45.7	52.8	51.1	38.0
2003	50.7	47.9	54.6	52.5	39.1
2004	51.7	48.2	56.3	53.6	38.8
2005	52.4	48.6	56.6	53.4	42.0
2006	52.9	48.5	56.5	54.1	44.4
2007	52.4	46.6	55.6	54.1	45.8
2008	52.0	45.5	54.8	53.9	47.4
2009	50.1	39.9	53.9	51.6	48.8

续表

	长三角	上海市	江苏省	浙江省	安徽省
2010	50.3	42.1	52.5	51.1	52.1
2011	49.8	41.3	51.3	50.5	54.3
2012	48.6	38.9	50.2	48.9	54.6
2013	47.2	36.2	48.7	47.8	54.0
2014	46.3	34.7	47.4	47.7	53.1

表 11　长三角地区主要年份地区生产总值中第三产业比重

单位:%(按当年价格计算)

	长三角	上海市	江苏省	浙江省	安徽省
1990	28.4	30.9	26	30	
1991	31.3	34.6	28.9	32.1	
1992	32.1	36.1	29.2	33.4	
1993	32.8	38.1	30.3	32.5	
1994	32.4	39.9	29.2	31.7	
1995	33.4	40.8	30.5	32.4	
1996	34.9	43.7	32.3	32.5	
1997	36.1	46.3	33.4	32.3	
1998	37.7	48.8	34.9	33.2	
1999	38.8	50.8	35.6	34.2	
2000	39.8	52.1	35.9	36.4	38.0
2001	40.6	52.4	36.5	38.6	37.9
2002	41.5	52.9	36.7	40.3	39.8
2003	41.1	50.9	36.1	40.1	41.8
2004	40.1	50.8	34.6	39.4	41.3
2005	40.3	50.5	35.6	40.0	40.0
2006	40.5	50.6	36.4	40.0	39.1
2007	41.3	52.6	37.4	40.6	37.9
2008	41.7	53.7	38.4	41.0	36.5
2009	43.8	59.4	39.6	43.4	36.4
2010	43.9	57.3	41.4	44.0	33.9
2011	44.3	58.0	42.4	44.6	32.5
2012	45.5	60.4	43.5	46.3	32.7
2013	47.3	63.2	45.5	47.5	34.2
2014	48.4	64.8	47.0	47.8	35.4

表12 长三角地区主要年份地区生产总值构成中工业比重

单位:%(按当年价格计算)

	长三角	上海市	江苏省	浙江省	安徽省
1989	48.1	62.1	45.4	40.8	
1990	47.3	60.1	44.8	40.2	
1991	46.8	57.6	45.3	40.2	
1992	48.3	57.1	47.7	42.3	
1993	49.3	55.7	48.4	45.5	
1994	49.4	54	49.3	46.2	
1995	48.4	52.3	47.9	46.3	
1996	47.1	49.1	45.9	47.4	
1997	46.6	46.5	45.2	48.8	
1998	45.6	44	43.9	49.2	
1999	45.3	42.7	44	49.2	
2000	45.2	41.9	45	48	30.5
2001	44.6	41.6	45.2	46.1	32.7
2002	44.7	41.2	46	45.5	31.7
2003	46.5	43.9	48.3	46.0	32.0
2004	47.8	44.5	50.1	47.1	31.3
2005	48.4	45.1	50.8	47.2	34.3
2006	48.9	45.0	51.0	48.3	36.7
2007	48.3	43.5	50.4	48.5	38.2
2008	47.7	42.2	49.3	48.2	39.6
2009	44.7	36.0	47.8	45.4	40.4
2010	44.6	38.1	46.5	45.0	43.8
2011	43.9	37.6	45.4	44.4	46.2
2012	42.7	35.2	44.2	42.9	46.6
2013	41.4	32.7	42.7	41.9	46.2
2014	40.5	31.2	41.4	41.7	45.4

表13 长三角地区主要年份地区生产总值中建筑业比重

单位:%(按当年价格计算)

	长三角	上海市	江苏省	浙江省	安徽省
1989	4.5	4.8	4.3	4.7	
1990	4.5	4.6	4.1	4.9	

续表

	长三角	上海市	江苏省	浙江省	安徽省
1991	4.5	4	4.3	5.1	
1992	4.6	3.7	4.7	5.2	
1993	4.8	3.7	4.9	5.6	
1994	4.7	3.7	4.5	5.8	
1995	5.1	4.5	4.8	5.9	
1996	5.4	4.9	5.3	5.9	
1997	5.7	5.1	5.9	5.7	
1998	6.0	5.3	6.7	5.6	
1999	5.9	4.7	6.9	5.4	
2000	5.8	4.4	6.9	5.3	5.9
2001	5.9	4.5	6.7	5.7	5.9
2002	5.9	4.4	6.8	5.6	6.3
2003	6.0	4	6.3	6.5	7.1
2004	5.9	3.7	6.2	6.5	7.5
2005	5.7	3.5	5.8	6.1	7.6
2006	5.4	3.5	5.5	5.8	7.7
2007	5.2	3.1	5.3	5.6	7.6
2008	5.5	3.3	5.6	5.8	7.8
2009	6.0	3.9	6.1	6.2	8.4
2010	6.0	4.0	6.0	6.2	8.3
2011	5.9	3.7	5.9	6.1	8.2
2012	5.9	3.8	6.0	6.0	8.0
2013	5.9	3.6	6.0	5.9	7.9
2014	5.9	3.5	6.0	6.1	7.9

表 14　长三角地区生产总值项目结构(增加值)(2014 年)　　单位:亿元

项　目	长三角	上海市	江苏省	浙江省	安徽省
地区生产总值	149677.8	23567.70	65088.32	40173.03	20848.75
第一产业	7928.16	124.26	3634.33	1777.18	2392.39
第二产业	69274.94	8167.71	30854.5	19175.06	11077.67
工业	60553.19	7362.84	26962.97	16771.9	9455.48
建筑业	8836.75	831.86	3899.47	2467.1	1638.32
第三产业	72474.70	15275.73	30599.49	19220.79	7378.69

续表

项　目	长三角	上海市	江苏省	浙江省	安徽省
交通运输、仓储和邮政业	5945.98	1044.46	2591.15	1525.93	784.44
信息传输、计算机服务和软件业	4362.03	1211.83	1579.55	1355.19	215.46
批发和零售业	16618.35	3647.33	6559.03	4911.71	1500.28
住宿和餐饮业	2686.30	359.28	1094.45	884.91	347.66
金融业	11938.21	3400.41	4723.69	2767.44	1046.67
房地产业	8069.59	1530.96	3564.44	2166.86	807.33
租赁和商务服务业			2469.55	967.33	532.84
科学研究、技术服务和地质勘查业			884.50	497.74	152.65
水利、环境和公共设施管理业			428.27	200.18	121.01
居民服务和其他服务业			1073.53	538.89	262.32
教育			1866.58	1076.58	434.26
卫生、社会保障和社会福利业			1015.45	673.66	310.42
文化、体育和娱乐业			536.56	291.71	154.96
公共管理和社会组织			2003.97	1269.30	602.74

第二章　长三角地区重要社会发展指标

表 15　长三角地区总人口基本情况　　单位：万人

年份	长三角	上海市	江苏省	浙江省	安徽省
2000	19421.78	1321.63	7327.24	4679.91	6093.0
2001	19538.86	1327.14	7354.92	4728.80	6128.0
2002	19635.60	1334.23	7380.97	4776.40	6144.0
2003	19767.39	1341.77	7405.82	4856.80	6163.0
2004	19938.09	1352.39	7432.50	4925.20	6228.0
2005	19945.66	1360.26	7474.50	4990.90	6120.0
2006	20099.38	1368.08	7549.50	5071.80	6110.0
2007	20276.26	1378.86	7624.50	5154.90	6118.0
2008	20912.36	1888.46	7676.50	5212.40	6135.0
2009	21052.32	1921.32	7724.50	5275.50	6131.0
2010	21575.51	2302.66	7869.34	5446.51	5957.0
2011	21677.26	2347.46	7898.8	5463.00	5968.0
2012	21765.41	2380.43	7919.98	5477.00	5988.0
2013	21882.64	2415.15	7939.49	5498.00	6030.0
2014	21976.74	2425.68	7960.06	5508.00	6083.0

表 16　长三角地区劳动就业基本情况（2014 年）　　单位：万人

指　标	长三角	上海市	江苏省	浙江省	安徽省
从业人员合计(万人)	14151.61	1365.63	4760.83	3714.15	4311.00
第一产业	2880.68	44.81	918.84	501.73	1415.30
第二产业	5581.45	476.87	2047.16	1846.32	1211.10
第三产业	5689.47	843.95	1794.83	1366.09	1684.60
年末城镇登记失业人数(万人)	134.64	25.63	36.57	33.14	39.3
年末城镇登记失业率(%)		4.2	3.01	2.96	3.2

表 17　长三角地区从业人员基本情况　　单位：万人

	长三角	上海市	江苏省	浙江省	安徽省
2000	7889.47	745.24	4418.14	2726.09	
2004	8311.34	836.87	4482.52	2991.95	
2005	8474.20	863.32	4510.12	3100.76	
2006	8622.65	885.51	4564.76	3172.38	
2007	8932.23	909.08	4618.14	3405.01	
2008	9188.66	1053.24	4648.89	3486.53	
2009	9331.04	1064.42	4674.64	3591.98	
2010	13089.19	648.49	4754.68	3636.02	4050.0
2011	13657.57	1104.33	4758.23	3674.11	4120.9
2012	13773.07	1115.50	4759.53	3691.24	4206.8
2013	14113.43	1368.91	4759.89	3708.73	4275.9
2014	14151.61	1365.63	4760.83	3714.15	4311.0

表 18　长三角地区年末尚有失业人员　　单位：万人

	长三角	上海市	江苏省	浙江省	安徽省
2000	50.44	20.08	30.36	21.82	
2004	100.47	27.43	42.9	30.14	
2005	98.1	27.5	41.63	28.97	
2006	97.32	27.82	40.40	29.1	
2007	94.64	26.78	39.26	28.6	
2008	98.77	26.60	41.09	31.08	
2009	99.29	27.87	40.74	30.68	
2010	128.01	27.73	40.65	31.13	28.5
2011	137.35	27.33	41.45	31.67	36.9
2012	137.33	27.05	40.47	33.41	36.4
2013	138.41	26.37	37.61	34.93	39.5
2014	134.64	25.63	36.57	33.14	39.3

表 19　长三角地区人民生活水平情况（2014 年）

指　　标	上海市	江苏省	浙江省	安徽省
就业				
城镇居民家庭每户就业人口（人）		1.71	1.79	1.59
每一城镇就业者负担人数（人）	1.83	1.75	1.74	1.85

续表

指　　标	上海市	江苏省	浙江省	安徽省
城镇登记失业率（%）	4.2	3.01	2.96	3.2
收入与支出				
城镇居民人均可支配收入(元)	47710	34346	40393	24839
城镇居民生活消费支出(元)	30520	23476	27242	16107
农村居民人均纯收入(元)	21192	14958	19373	9916
农村居民生活消费支出(元)	15291	11820	14498	7980
职工年平均工资(元)	65417	61783	61572	50894
人均储蓄存款余额(元)	90678	45955	55676	21059
生活质量				
居民家庭恩格尔系数(%)				
城镇居民	35.0	28.5		33.3
人均住房面积(平方米)				
农村人均住房面积	58.92	54.2	61.5	44.67
城市公用事业				
用水普及率(%)	99.99	99.8	99.93	98.63
人均公共绿地面积(平方米)	13.79	14.4	12.9	13.2
文化、教育和卫生				
文化				
城镇每百户拥有彩色电视机(台)		166.9	173	130.04
农村每百户拥有电视机(台)		141.7	157	119.63
每百户家用电脑拥有量(台)				
城市		91.7	96.01	69.14
居民家庭文教娱乐支出比重(%)				
城市	16.0	12.09		10.25
教育				
每万人口在校学生数(人)				
大学生数	209	232.3	188.59	178.0
中学生数	241	362.6	529.61	
小学生数	331	592.3	643.61	
平均每一教师负担学生(人)				
大学	12	17.7	17.89	
中学	11	11.4	13.04	
小学	16	17.4	18.62	

续表

指　　　标	上海市	江苏省	浙江省	安徽省
卫生				
每万人拥有医生数(人)	25	22.4	26.5	14.96
居民家庭医疗保健支出比重(%)				
城市	5.8	6.89	5.35	6.06

表20　长三角地区农村居民家庭人均纯收入基本情况　　单位:元

年份	上海市	江苏省	浙江省	安徽省
2000	5565	3595	4254	1935
2001	5850	3785	4582	2020
2002	6212	3996	4940	2118
2003	6658	4239	5431	2127
2004	7337	4754	6096	2499
2005	8342	5276	6660	2641
2006	9213	5813	7335	2969
2007	10222	6561	8265	3556
2008	11385	7357	9258	4202
2009	12324	8004	10007	4504
2010	13746	9118	11303	5285
2011	15644	10805	13071	6232
2012	17401	12202	14552	7160
2013	19208	13598	17494	8098
2014	21192	14958	19373	9916

表21　长三角地区城镇居民家庭人均可支配收入基本情况　　单位:元

年份	上海市	江苏省	浙江省	安徽省
2000	11718	6800	9279	5294
2001	12883	7375	10465	5669
2002	13250	8178	11716	6032
2003	14867	9263	13180	6778
2004	16683	10482	14546	7511
2005	18645	12319	16294	8471
2006	20668	14084	18265	9771
2007	23623	16378	20574	11474

续表

年份	上海市	江苏省	浙江省	安徽省
2008	26675	18680	22727	12990
2009	28838	20552	24611	14086
2010	31838	22944	27359	15788
2011	36230	26341	30971	18606
2012	40188	29677	34550	21024
2013	43851	32538	37080	23114
2014	47710	34346	40393	24839

表 22　长三角地区城镇居民家庭恩格尔系数　　单位：%

年份	上海市	江苏省	浙江省	安徽省
2000	44.5	41.1	39.2	45.7
2001	43.4	39.7	36.3	44.2
2002	39.4	40.4	37.9	43.2
2003	37.2	38.3	36.6	44.2
2004	36.4	40	36.2	43.9
2005	35.9	37.2	33.8	43.7
2006	35.6	36.0	32.9	42.4
2007	35.5	36.7	34.7	39.7
2008	36.6	37.9	36.4	41.0
2009	35.0	36.3	33.6	39.6
2010	33.5	36.5	34.3	38.0
2011	35.5	36.1	34.6	39.8
2012	36.8	35.4	35.1	38.7
2013	34.9	34.7	34.4	39.1
2014	35.0	28.5		33.3

表 23　长三角地区城镇居民家庭基本情况(2014 年)

指　标	上海市	江苏省	浙江省	安徽省
基本情况				
调查户数(户)	1000	4200		
平均每户家庭人口(人)	2.7	2.99	2.8	2.94
平均每户就业人口(人)		1.71	1.61	1.59
平均每一就业人口负担人数(人)	1.83	1.75	1.74	1.85

续表

指　标	上海市	江苏省	浙江省	安徽省
平均每户就业面(%)	54.7	57.19	57.55	54.08
人均家庭总收入				
人均可支配收入(元)	47710	34346	40393	24839
人均家庭总支出				
人均消费性支出	30520	23476	27242	16107
#食品	10677	6696	7705	5360
衣着	2038	1753	1998	1334
家庭设备用品及服务	3031	1335	1334	923
医疗保健	1779	1617	1527	977
交通通讯	1449	3504	4494	1925
娱乐教育文化服务	4885	2839	2643	1651
居住	4931	5101	6902	3542

表 24　长三角地区农村居民家庭基本情况(2014 年)

指　标	上海市	江苏省	浙江省	安徽省
基本情况				
调查户数(户)	1200	5000		
平均每户家庭人口(人)		2.98	2.98	3.04
平均每户就业人口(人)		2.07		1.95
平均每一就业人口负担人数(人)		1.44	1.31	1.56
人均家庭总收入				
人均可支配收入(元)	21192	14958	19373	9916
人均家庭总支出				
人均消费性支出	15291	11820	14498	7981
#食品	6188	3712	4618	2842
衣着	801	759	882	474
家庭设备用品及服务	712	719	747	499
医疗保健	1308	845	1068	779
交通通讯	1891	1788	2257	812
娱乐教育文化服务	1069	1215	1355	735
居住	2747	2467	3302	1086

表 25 长三角地区房地产投资主要指标(2014 年)

指 标	长三角	上海市	江苏省	浙江省	安徽省
房屋建筑面积(万平方米)					
施工面积	151271.23	18010.06	57637.72	42144.35	33479.10
#住宅	99221.0	8573.04	41579.79	25874.49	23193.68
竣工面积	23889.43	2682.42	9620.47	6390.17	5196.37
#住宅	16796.65	1549.64	7259.11	4158.30	3829.60
商品房销售情况					
房屋销售面积(万平方米)	22810.53	2084.66	9846.84	4676.83	6202.2
商品房销售额(亿元)		3499.53			3345.19

表 26 长三角地区商品零售价格指数 (上年=100)

年份	上海市	江苏省	浙江省	安徽省
2000	96.4	98.6	99.0	98.0
2001	98.6	98.9	98.1	99.6
2002	98.7	98.4	98.7	99.2
2003	99.0	99.8	99.6	101.3
2004	100.9	102.2	102.7	102.7
2005	99.4	100.3	100.9	100.6
2006	100.2	100.8	100.8	100.8
2007	102.4	102.9	103.8	104.5
2008	105.3	104.9	106.3	106.3
2009	99.4	98.9	98.8	99.0
2010	101.7	103.2	103.9	103.2
2011	104.1	104.6	105.5	105.3
2012	101.2	102.1	101.9	102.1
2013	100.2	101.4	101.0	101.2
2014	100.9	101.6	100.9	100.4

表 27 长三角地区居民消费价格指数 (上年=100)

年份	上海市	江苏省	浙江省	安徽省
2000	102.5	100.1	101.0	100.7
2001	100.0	100.8	99.8	100.5
2002	100.5	99.2	99.1	99.0
2003	100.1	101.0	101.9	101.7

续表

年份	上海市	江苏省	浙江省	安徽省
2004	102.2	104.1	103.9	104.5
2005	101.0	102.1	101.3	101.4
2006	101.2	101.6	101.1	101.2
2007	103.2	104.1	104.2	105.3
2008	105.8	105.2	105.0	106.2
2009	99.6	99.6	98.5	99.1
2010	103.1	103.6	103.8	103.1
2011	105.2	105.1	105.4	105.6
2012	102.8	102.6	102.2	102.3
2013	102.3	102.3	102.3	102.4
2014	102.7	102.2	102.1	101.6

表 28　长三角地区主要年份农业总产值　　单位:当年价格亿元

年份	长三角	上海市	江苏省	浙江省	安徽省
2000	1707.14	89.81	1096.02	521.31	
2005	2875.60	111.25	1291.06	654.81	818.48
2006	3128.43	119.99	1416.91	684.00	907.53
2007	3459.20	126.74	1542.53	735.92	1054.01
2008	3893.34	135.52	1746.83	813.10	1197.89
2009	4278.42	147.53	1948.20	879.05	1303.64
2010	5010.56	155.27	2269.56	1041.30	1544.43
2011	5672.90	165.07	2640.95	1152.04	1714.84
2012	6235.20	171.48	2966.72	1229.36	1867.64
2013	6680.11	172.28	3167.78	1336.79	2003.26
2014	7037.49	169.51	3362.81	1385.96	2119.21

表 29　长三角地区主要年份林业总产值　　单位:当年价格亿元

年份	长三角	上海市	江苏省	浙江省	安徽省
2000	86.06	1.41	30.17	54.48	
2005	218.29	11.11	45.27	83.51	78.4
2006	239.10	10.43	54.25	86.04	88.38
2007	264.90	10.05	58.88	95.47	100.50
2008	295.44	9.12	64.92	106.95	114.45

续表

年份	长三角	上海市	江苏省	浙江省	安徽省
2009	308.67	8.99	70.79	117.64	111.25
2010	340.28	7.53	78.12	119.35	135.28
2011	416.57	7.62	92.81	134.07	182.07
2012	460.92	9.55	99.74	142.14	209.49
2013	491.56	9.65	107.30	141.54	233.07
2014	557.03	8.78	118.18	147.00	283.07

表30　长三角地区主要年份渔业总产值　　单位:当年价格亿元

年份	长三角	上海市	江苏省	浙江省	安徽省
2000	648.29	37.92	313.01	297.36	
2005	1109.93	51.64	511.86	380.81	165.62
2006	1129.49	55.25	552.21	347.53	174.50
2007	1198.11	54.19	579.00	369.90	195.02
2008	1363.01	57.11	665.75	407.82	232.33
2009	1465.85	53.53	719.25	435.48	257.59
2010	1674.87	52.62	805.25	522.18	294.82
2011	2117.14	54.72	1060.44	655.75	346.23
2012	2364.33	57.45	1235.40	687.05	384.43
2013	2608.04	59.89	1351.11	757.97	439.07
2014	2728.30	62.50	1426.74	779.36	459.7

表31　长三角地区主要年份畜牧业总产值　　单位:当年价格亿元

年份	长三角	上海市	江苏省	浙江省	安徽省
2000	701.82	87.35	430.53	183.94	
2005	1492.99	54.34	599.14	285.95	553.56
2006	1360.94	46.29	544.48	279.01	491.16
2007	1767.34	58.00	704.38	367.60	637.36
2008	2210.61	68.40	916.46	418.86	806.89
2009	2139.28	64.61	873.97	404.88	795.82
2010	2299.55	62.90	923.25	448.42	864.98
2011	2897.81	77.44	1190.50	546.33	1083.54
2012	2967.54	72.59	1226.18	549.04	1119.73
2013	3009.73	69.97	1222.22	546.18	1171.36
2014	2906.92	69.93	1182.69	472.23	1182.07

表 32　长三角地区粮食产量　　单位:万吨

年份	长三角	上海市	江苏省	浙江省	安徽省
2000	4497.63	174	3106.63	1217.00	
2004	3785.52	106.29	2829.06	850.17	
2005	3770.37	105.36	2834.59	830.42	
2006	3992.26	111.30	3041.44	839.52	
2007	4043.11	109.20	3132.24	801.67	
2008	4066.71	115.67	3175.49	775.55	
2009	4140.93	121.68	3230.10	789.15	
2010	4124.17	118.40	3235.10	770.67	
2011	4211.31	121.95	3307.76	781.60	
2012	7553.77	122.39	3372.48	769.80	3289.10
2013	7550.68	114.15	3422.98	733.95	3279.60
2014	7776.74	112.89	3490.62	757.40	3415.83

表 33　长三角地区棉花产量　　单位:万吨

年份	长三角	上海市	江苏省	浙江省	安徽省
1980	57.72	7.62	41.81	8.29	
1990	54.06	1.22	46.42	6.42	
2000	34.49	0.12	31.45	2.92	
2004	52.74	0.18	50.28	2.28	
2005	34.61	0.18	32.27	2.16	
2006	40.69	0.20	38.14	2.35	
2007	37.54	0.25	34.75	2.54	
2008	35.74	0.32	32.60	2.82	
2009	28.62	0.26	25.55	2.81	
2010	29.37	0.35	26.08	2.94	
2011	28.4	0.48	24.68	3.24	
2012	54.81	0.38	22.04	2.99	29.40
2013	49.23	0.39	20.93	2.80	25.11
2014	44.88	0.12	15.95	2.48	26.33

表 34　长三角地区油料产量　　单位:万吨

年份	长三角	上海市	江苏省	浙江省	安徽省
1980	77.1	9.6	38.64	28.86	

续表

年份	长三角	上海市	江苏省	浙江省	安徽省
1990	178.94	18.2	112.39	48.35	
2000	299.9	16.37	225.65	57.88	
2004	294.54	7.39	238.38	48.77	
2005	273.07	6.94	215.99	50.14	
2006	269.72	5.31	218.18	46.23	
2007	192.44	3.62	145.08	43.74	
2008	195.16	3.6	150.29	41.27	
2009	208.86	3.39	162.23	43.24	
2010	193.73	2.29	151.97	39.47	
2011	185.76	1.86	144.05	39.85	
2012	414.67	1.73	146.95	38.30	227.69
2013	415.08	1.50	150.37	37.78	225.43
2014	407.34	1.28	146.60	30.66	228.80

表 35　长三角地区农业现代化情况

指　标	长三角	上海市	江苏省	浙江省	安徽省
农业机械化情况					
机耕面积(千公顷)	11753.15	357.4	6100.16	979.45	4316.14
机械收获面积(千公顷)	12862.25	153.6	5549.26	919.96	6239.43
农村电气化情况					
农村用电量(亿千瓦小时)	2895.06	7.26	1834.93	905.34	147.53
农用物资使用情况					
化肥施用量(折纯量)(万吨)	764.77	10.15	323.61	89.62	341.39
农用塑料薄膜使用量(万吨)	30.10	1.93	11.98	6.57	9.62
农药使用量(万吨)	25.69	0.47	7.95	5.87	11.40

表 36　长三角地区规模以上工业企业单位数(2014 年)　　单位:个

项　目	长三角	上海市	江苏省	浙江省	安徽省
总　计	116779	9468	48708	40841	17762
按轻重工业分					
轻工业			18062	20019	7365
重工业			30646	20822	10397
按行业分					

续表

项　目	长三角	上海市	江苏省	浙江省	安徽省
制造业	114697	9394	48082	40171	17050
农副食品加工业	4132	144	1571	776	1641
食品制造业	1351	219	389	348	395
酒、饮料和精制茶制造业	796	41	191	218	346
烟草制品业	18	2	5	3	8
纺织业	10628	210	4730	5027	661
纺织服装、服饰业	6746	428	2572	2706	1040
皮革、毛皮、羽毛及其制品和制鞋业	2911	125	638	1859	289
木材加工和木、竹、藤、棕、草制品业	2467	77	1291	476	623
家具制造业	1459	179	272	739	269
造纸和纸制品业	1884	202	609	846	227
印刷和记录媒介复制业	1676	174	653	541	308
文教、工美、体育和娱乐用品制造业	3109	142	1264	1276	427
石油加工、炼焦和核燃料加工业	259	39	143	50	27
化学原料和化学制品制造业	7241	781	3834	1654	972
医药制造业	1688	198	699	431	360
化学纤维制造业	1485	28	829	590	38
橡胶和塑料制品业	6235	743	2037	2445	1010
非金属矿物制品业	6789	408	2761	1589	2031
黑色金属冶炼和压延加工业	3051	127	1496	985	443
有色金属冶炼和压延加工业	2253	139	1085	811	218
金属制品业	7367	784	3241	2473	869
通用设备制造业	10496	1234	4253	3968	1041
专用设备制造业	6172	639	3039	1640	854
汽车制造业	4642	527	1560	1753	802
铁路、船舶、航空航天和其他运输设备制造业	1821	125	925	594	177
电气机械和器材制造业	10074	893	4038	3977	1166
计算机、通信和其他电子设备制造业	4858	484	2672	1251	451
仪器仪表制造业	1891	196	945	620	130
其他制造业	617	42	159	329	87
废弃资源综合利用业	461	28	151	152	130

续表

项 目	长三角	上海市	江苏省	浙江省	安徽省
金属制品、机械和设备修理业	120	36	30	44	10
电力、燃气及水的生产和供应业	1328	74	472	515	267
电力、热力的生产和供应业	776	35	263	309	169
燃气生产和供应	234	15	96	71	52
水的生产和供应业	318	24	113	135	46

表 37 长三角地区规模以上工业企业主营业务收入(2014 年) 单位:亿元

项 目	长三角	上海市	江苏省	浙江省	安徽省
总 计	278639.71	35473.82	141955.99	64371.53	36838.37
按轻重工业分					
轻工业			37719.14	25099.59	11892.89
重工业			104236.85	39271.94	24945.48
按行业分					
制造业	262638.95	33946.85	136346.02	59321.62	33024.46
农副食品加工业	8414.22	421.85	4190.02	1049.01	2753.34
食品制造业	2705.77	719.38	861.53	559.95	564.91
酒、饮料和精制茶制造业	2142.37	131.63	970.43	463.05	577.26
烟草制品业	2267.04	932.03	572.95	420.59	341.47
纺织业	13681.70	240.83	6704.74	5832.14	903.99
纺织服装、服饰业	7799.75	405.37	4127.25	2392.72	874.41
皮革、毛皮、羽毛及其制品和制鞋业	2987.82	189.75	893.85	1516.99	387.23
木材加工和木、竹、藤、棕、草制品业	3262.16	77.71	2094.96	473.90	615.59
家具制造业	1650.90	280.26	302.57	785.84	282.23
造纸和纸制品业	3145.40	302.83	1436.63	1099.69	306.25
印刷和记录媒介复制业	1657.01	191.35	724.32	381.79	359.55
文教、工美、体育和娱乐用品制造业	3941.99	479.02	1768.94	1307.71	386.32
石油加工、炼焦和核燃料加工业	5907.79	1432.18	2371.47	1535.75	568.39
化学原料和化学制品制造业	26915.87	2821.14	16158.44	5928.60	2007.69
医药制造业	5384.01	616.07	3043.49	1092.46	631.99
化学纤维制造业	5141.42	41.63	2517.74	2487.21	94.84
橡胶和塑料制品业	7610.58	936.56	2679.19	2764.39	1230.44
非金属矿物制品业	9368.37	604.34	4561.11	2041.58	2161.34
黑色金属冶炼和压延加工业	17252.48	1811.22	10547.97	2556.25	2337.04

续表

项　目	长三角	上海市	江苏省	浙江省	安徽省
有色金属冶炼和压延加工业	9303.09	454.83	3750.58	2481.83	2615.85
金属制品业	10467.02	994.86	5827.46	2455.42	1189.28
通用设备制造业	17165.75	2763.15	8226.90	4348.29	1827.41
专用设备制造业	9475.52	1114.10	5495.20	1577.62	1288.60
汽车制造业	17583.43	6645.70	6104.48	2833.98	1999.27
铁路、船舶、航空航天和其他运输设备制造业	5648.13	772.00	3649.28	978.88	247.97
电气机械和器材制造业	27745.70	2311.95	15450.87	5822.93	4159.95
计算机、通信和其他电子设备制造业	27434.61	5733.03	17391.49	2716.91	1593.18
仪器仪表制造业	4548.48	349.25	3337.33	690.33	171.57
其他制造业	752.58	54.51	293.33	311.11	93.63
废弃资源综合利用业	1069.91	32.52	260.11	357.87	419.41
金属制品、机械和设备修理业	208.08	85.80	31.39	56.83	34.06
电力、燃气及水的生产和供应业	13269.37	1517.77	4917.75	4861.84	1972.01
电力、热力的生产和供应业	11524.03	1094.77	4361.44	4262.82	1805.00
燃气生产和供应	1335.43	344.88	420.80	443.01	126.74
水的生产和供应业	409.91	78.12	135.51	156.01	40.27

表 38　长三角地区规模以上工业企业利润总额(2014 年)　　单位:亿元

项　目	长三角	上海市	江苏省	浙江省	安徽省
总　计	17379.92	2650.00	9057.17	3729.13	1943.62
按轻重工业分					
轻工业			2530.42	1476.66	737.79
重工业			6526.75	2252.47	1205.83
按行业分					
制造业	16289.99	2553.49	8528.59	3371.27	1836.64
农副食品加工业	433.17	13.16	253.56	34.97	131.48
食品制造业	186.81	39.23	65.54	51.60	30.44
酒、饮料和精制茶制造业	264.18	9.02	146.75	46.14	62.27
烟草制品业	392.46	231.91	92.21	37.58	30.76
纺织业	700.89	15.95	342.27	289.76	52.91
纺织服装、服饰业	489.89	3.94	300.65	139.97	45.33

续表

项　目	长三角	上海市	江苏省	浙江省	安徽省
皮革、毛皮、羽毛及其制品和制鞋业	162.23	11.63	50.39	74.53	25.68
木材加工和木、竹、藤、棕、草制品业	218.90	1.92	158.22	24.90	33.86
家具制造业	104.03	29.56	14.48	40.60	19.39
造纸和纸制品业	156.76	7.81	77.32	55.59	16.04
印刷和记录媒介复制业	125.64	18.20	58.21	20.74	28.49
文教、工美、体育和娱乐用品制造业	236.00	25.96	116.42	72.70	20.92
石油加工、炼焦和核燃料加工业	82.61	－22.43	62.50	41.44	1.10
化学原料和化学制品制造业	1548.67	135.47	962.69	324.34	126.17
医药制造业	587.60	82.64	318.93	131.68	54.35
化学纤维制造业	205.41	1.56	84.24	114.48	5.13
橡胶和塑料制品业	453.99	55.97	162.38	151.98	83.66
非金属矿物制品业	647.77	35.53	291.57	138.57	182.10
黑色金属冶炼和压延加工业	652.67	65.49	410.20	91.00	85.98
有色金属冶炼和压延加工业	245.61	13.71	141.29	67.47	23.14
金属制品业	614.17	54.34	363.62	122.22	73.99
通用设备制造业	1189.53	182.31	598.47	296.18	112.57
专用设备制造业	674.57	83.39	401.85	113.65	75.68
汽车制造业	1920.09	1062.29	554.15	210.22	93.43
铁路、船舶、航空航天和其他运输设备制造业	325.69	13.92	296.29	10.81	4.67
电气机械和器材制造业	1772.77	182.74	1003.11	323.49	263.43
计算机、通信和其他电子设备制造业	1408.44	155.40	886.82	259.10	107.12
仪器仪表制造业	410.33	36.80	287.99	67.63	17.91
其他制造业	45.21	4.42	16.38	15.75	8.66
废弃资源综合利用业	30.55	3.55	8.24	2.16	16.60
金属制品、机械和设备修理业	3.35	－1.90	1.85	0.02	3.38
电力、燃气及水的生产和供应业	1089.19	94.89	502.47	342.72	149.11
电力、热力的生产和供应业	968.84	88.95	428.51	319.80	131.58
燃气生产和供应	97.60	6.60	60.15	16.91	13.94
水的生产和供应业	22.75	－0.66	13.81	6.01	3.59

表 39 长三角地区规模以上工业企业利税总额(2014 年) 单位:亿元

项 目	长三角	上海市	江苏省	浙江省	安徽省
总 计	26535.59	1877.90	14943.69	6303.09	3410.91
按轻重工业分					
轻工业			4384.34	2658.77	1308.60
重工业			10559.35	3644.32	2102.32
按行业分					
制造业	24759.37	1818.54	14094.63	5735.63	3110.57
农副食品加工业	634.73	5.18	400.56	53.17	175.82
食品制造业	262.71	38.22	102.78	76.02	45.69
酒、饮料和精制茶制造业	422.30	8.90	217.72	75.58	120.10
烟草制品业	1793.69	729.54	459.03	356.20	248.92
纺织业	1143.41	6.36	587.78	475.28	73.99
纺织服装、服饰业	786.46	8.79	470.83	236.96	69.88
皮革、毛皮、羽毛及其制品和制鞋业	271.53	8.53	90.74	135.92	36.34
木材加工和木、竹、藤、棕、草制品业	350.72	2.16	257.29	40.94	50.33
家具制造业	130.12	6.57	26.06	70.56	26.93
造纸和纸制品业	257.13	12.07	126.38	93.43	25.25
印刷和记录媒介复制业	170.39	8.26	88.92	35.09	38.12
文教、工美、体育和娱乐用品制造业	341.69	6.07	191.67	112.44	31.51
石油加工、炼焦和核燃料加工业	908.99	193.12	375.27	253.23	87.37
化学原料和化学制品制造业	2304.89	75.22	1574.14	473.96	181.57
医药制造业	833.14	36.65	519.14	202.10	75.25
化学纤维制造业	333.20	0.52	162.48	162.30	7.90
橡胶和塑料制品业	629.79	24.99	261.45	228.82	114.53
非金属矿物制品业	1008.18	19.05	499.92	224.31	264.90
黑色金属冶炼和压延加工业	1065.43	26.57	720.01	144.37	174.48
有色金属冶炼和压延加工业	401.23	4.20	229.28	106.80	60.95
金属制品业	930.27	29.63	595.53	196.13	108.98
通用设备制造业	1637.14	73.85	930.01	457.38	175.90
专用设备制造业	947.38	32.20	631.70	172.34	111.14
汽车制造业	1775.63	373.94	916.07	325.49	160.13

续表

项 目	长三角	上海市	江苏省	浙江省	安徽省
铁路、船舶、航空航天和其他运输设备制造业	494.21	6.63	442.29	33.62	11.67
电气机械和器材制造业	2539.28	48.79	1587.38	499.91	403.20
计算机、通信和其他电子设备制造业	1653.10	17.50	1150.76	345.31	139.53
仪器仪表制造业	559.91	8.77	428.73	98.17	24.24
其他制造业	75.06	3.08	30.65	30.37	10.96
废弃资源综合利用业	84.46	0.87	16.42	16.23	50.94
金属制品、机械和设备修理业	13.20	2.31	3.64	3.20	4.05
电力、燃气及水的生产和供应业	1572.71	58.04	746.69	539.82	228.16
电力、热力的生产和供应业	1420.73	51.66	655.28	506.71	207.08
燃气生产和供应	111.42	2.88	70.79	21.55	16.20
水的生产和供应业	40.56	3.50	20.62	11.56	4.88

表 40 长三角地区建筑业总产值

单位:亿元

年份	长三角	上海市	江苏省	浙江省	安徽省
2000	3561.58	631.64	1546.17	1383.77	
2005	11001.5	1889.25	4368.95	4743.3	923.08
2006	13411.23	2285.38	5424.85	5701.0	1168.24
2007	16571.55	2524.18	7010.57	7036.8	1516.98
2008	19648.82	3071.76	8308.46	8268.6	1857.89
2009	23841.66	3830.53	10264.92	9746.21	2239.93
2010	28916.99	4300.19	12405.90	12210.90	2864.96
2011	34880.82	4586.28	15122.74	15171.80	3599.62
2012	40922.99	4843.44	18423.55	17656.00	4230.44
2013	52716.03	5102.84	21990.84	20658.80	4963.55
2014	58244.00	5499.94	24592.93	22668.20	5482.93

表 41 长三角地区交通运输基本情况(2014 年)

指 标	长三角	上海市	江苏省	浙江省	安徽省
运输线路长度(公里)					
铁路营业里程	8947	456	2632	2310	3549
公路通车里程	461206	12945	157521	116367	174373
#高速公路	12949	825	4488	3884	3752

续表

指 标	长三角	上海市	江苏省	浙江省	安徽省
内河航道里程	41913	2073	24342	9769	5729
客运量总计(万人)	445278	17560	156016	131879	139823
铁路	45754	9194	15374	13214	7972
公路	385342	3754	137270	112915	131403
水运	6412	90	2563	3581	178
民用航空	7770	4522	809	2169	270
旅客周转量(亿人公里)	5505.62	1427.10	1550.60	1076.76	1451.16
货物运输量总计(万吨)	926752	90341	208623	193488	434300
铁路	20675	549	6090	3548	10488
公路	589590	42848	114449	117070	315223
水运	303335	46583	75328	72837	108587
货物周转量(亿吨公里)	52760	18691	11028.50	9539.61	13500.89
民用车辆拥有量(万辆)	3631.90	23.76	1782.09	1388.72	437.33
#民用汽车拥有量			1103.97	871.08	
#载客汽车	2124.52	2.27	991.13	797.75	333.37
载货汽车	276.18	21.50	97.17	71.36	86.15
#私人汽车			935.71		348.20
港口货物吞吐量(万吨)	453593	75529	226049	108177	43838

表 42 长三角地区客运量基本情况(2014 年) 单位:万人

年 份	长三角	上海市	江苏省	浙江省	安徽省
1980	64825	2369	34002	28454	
1990	112521	3835	48339	60347	
2000	300303	6893	107244	124133	62033
2005	388231	9487	145204	160669	72871
2006	346256	10205	161425	174626	
2007	387270	10371	187241	189658	
2008	414026	10927	208237	194862	
2009	434528	11136	201262	222130	
2010	627673	13432	226627	228017	159597
2011	678613	13519	247405	231900	185789
2012	730955	14547	268371	234366	213671
2013	431870	15933	152172	136790	126975
2014	445278	17560	156016	131879	139823

表 43　长三角客运量基本情况(铁路)　　单位:万人

年　份	长三角	上海市	江苏省	浙江省	安徽省
1980	7477	1692	3364	2421	
1990	10282	2476	4788	3018	
2000	14774	2980	4891	3909	2994
2005	19731	4313	6658	5274	3486
2006	17338	4458	7292	5588	
2007	18384	4795	7658	5931	
2008	20633	5339	8846	6448	
2009	20836	5161	9167	6508	
2010	28992	6095	9711	7634	5552
2011	31215	6198	10598	8439	5980
2012	33625	6758	11757	8725	6385
2013	39196	7972	13435	10579	7210
2014	45754	9194	15374	13214	7972

表 44　长三角地区公路客运量基本情况　　单位:万人

年　份	长三角	上海市	江苏省	浙江省	安徽省
1980	45989	200	26463	19326	
1990	93538	605	41850	51083	
2000	279217	2482	101713	116996	58026
2005	361904	2468	138287	152222	68927
2006	322050	2784	153825	165441	
2007	361579	2872	179206	179501	
2008	385706	2934	199008	183764	
2009	404580	2995	191001	210584	
2010	588889	3634	215850	215708	153697
2011	637005	3477	235673	218415	179440
2012	686511	3748	255358	220517	206888
2013	379893	3720	135555	121185	119433
2014	385342	3754	137270	112915	131403

表 45　长三角地区水运客运量基本情况　　单位:万人

年　份	长三角	上海市	江苏省	浙江省	安徽省
1980	11323	446	4175	6702	

续表

年　份	长三角	上海市	江苏省	浙江省	安徽省
1990	8470	555	1701	6214	
2000	4851	539	514	2938	860
2005	3417	626	37	2510	244
2006	3473	654	27	2792	
2007	3286	95	27	3164	
2008	3615	89	32	3494	
2009	4456	90	686	3680	
2010	3974	90	590	3155	139
2011	4278	78	579	3466	155
2012	4273	66	594	3454	159
2013	5701	68	2454	3111	68
2014	6412	90	2563	3581	178

表 46　长三角地区民用航空客运量基本情况　　单位:万人

年　份	长三角	上海市	江苏省	浙江省	安徽省
1995	850	567	48	235	
2000	1461	892	126	290	153
2005	3179	2080	222	663	214
2006	3394	2309	280	805	
2007	4021	2609	350	1062	
2008	4072	2565	351	1156	
2009	4656	2890	408	1358	
2010	5817	3613	476	1520	208
2011	6115	3766	555	1580	214
2012	6545	3974	662	1670	239
2013	7080	4173	728	1915	264
2014	7770	4522	809	2169	270

表 47　长三角地区货运量基本情况　　单位:万吨

年　份	长三角	上海市	江苏省	浙江省	安徽省
1980	46141	20037	16527	9577	
1990	109650	26777	49399	33474	
2000	262062	52206	90436	74884	44536

续表

年　份	长三角	上海市	江苏省	浙江省	安徽省
2005	377517	71304	112909	126176	67128
2006	340393	75184	125114	140095	
2007	375230	78108	143804	153318	
2008	409439	84347	166322	158770	
2009	389172	76967	160966	151239	
2010	668258	81024	188565	170563	228106
2011	760045	93318	212594	185717	268416
2012	829197	94376	231295	191084	312442
2013	869890	91535	194048	187915	396392
2014	926752	90341	208623	193488	434300

表 48　长三角地区铁路货运量基本情况　　单位:万吨

年　份	长三角	上海市	江苏省	浙江省	安徽省
1980	9427	4484	3420	1523	
1990	7183	1257	4235	1691	
2000	13560	1055	4077	1955	6473
2005	19714	1278	5090	2960	10386
2006	9623	1223	5169	3231	
2007	9767	1143	5177	3447	
2008	9501	985	5118	3398	
2009	10513	941	6137	3435	
2010	23312	959	6374	3888	12091
2011	24843	888	7282	4166	12507
2012	24158	825	7223	3847	12263
2013	23103	694	6806	4037	11566
2014	20675	549	6090	3548	10488

表 49　长三角地区公路货运量基本情况　　单位:万吨

年　份	长三角	上海市	江苏省	浙江省	安徽省
1980	14723	7284	4427	3012	
1990	59497	8714	27904	22879	
2000	175173	28369	59056	55008	32740
2005	240047	32684	76301	81448	49614

续表

年 份	长三角	上海市	江苏省	浙江省	安徽省
2006	207460	33799	84319	89342	
2007	231850	35634	97474	98742	
2008	254388	40328	110302	103758	
2009	237549	37745	104002	95802	
2010	451442	40890	123500	103394	183658
2011	511609	42685	140803	108654	219467
2012	569461	42911	153696	113393	259461
2013	554797	43809	103709	107186	300093
2014	589590	42848	114449	117070	315223

表 50 长三角地区水运货运量基本情况 单位:万吨

年 份	长三角	上海市	江苏省	浙江省	安徽省
1980	19791	8267	6482	5042	
1985	39289	9965	18117	11207	
1990	37676	12864	15908	8904	
1995	57327	14845	27161	15321	
2000	67585	18442	25902	17921	5320
2005	112727	34557	29277	41768	7125
2006	117726	37342	32862	47522	
2007	130028	41041	37858	51129	
2008	137142	42729	42799	51614	
2009	132001	37983	42016	52002	
2010	183118	38803	48702	63258	32355
2011	212712	49389	54012	72872	36439
2012	223474	50302	58639	73817	40716
2013	239318	46697	70909	76662	45050
2014	303335	46583	75328	72837	108587

表 51 长三角地区民用车辆拥有辆(2014 年) 单位:万辆

指 标	长三角	上海市	江苏省	浙江省	安徽省
合 计	4500.52	304.45	1678.82	1538.78	978.47
汽车	2809.70	255.19	1103.97	1013.21	437.33
载客汽车	2449.07	228.58	991.13	895.99	333.37

续表

指　标	长三角	上海市	江苏省	浙江省	安徽省
＃轿车	1775.28	170.26	730.98	647.90	226.14
载货汽车	314.44	19.56	97.17	111.56	86.15
摩托车	1393.81	42.52	564.91	492.75	293.63
拖拉机	370.81	1.05	103.27	27.66	238.83

表 52　长三角地区私人车辆拥有辆　　单位:万辆

指　标	长三角	上海市	江苏省	浙江省	安徽省
民用汽车	2630.68	183.43	935.71	871.08	640.46
载客汽车	2149.44	182.81	875.49	797.75	293.39
轿车	1402.15	144.98	665.64	591.53	
载货汽车	162.30	0.28	49.65	71.36	41.01
摩托车	1383.80	41.27	561.15	489.55	291.83

表 53　长三角地区邮电业务基本情况(2014 年)

指　标	长三角	上海市	江苏省	浙江省	安徽省
邮电业务总量(亿元)	4261.79	310.53	1680.80	1684.45	586.01
函件(亿件)	24.39	11.03	6.26	5.92	1.18
特快专递(亿件)	52.46	12.83	14.84	24.57	0.22
报刊期发数(万份)			1192.00		689
年末固定电话(万户)	5455.62	840.18	2133.61	1641.90	839.93
年末移动电话用户(万户)	22950.06	3292.74	8070.35	7371	4215.97
国际互联网用户(万户)	9219.76	600	1523.35	6371	725.41
邮路及农村投递路线总长度(万公里)	339.45	9.45	34.90	275.32	19.78
邮电通信工具拥有量					
长途光缆线路长度(公里)			36249	25744	

表 54　长三角地区社会消费品零售总额　　单位:亿元

年　份	长三角	上海	江苏	浙江	安徽
1980	277.86	80.43	122.56	74.87	
1990	1203.04	333.86	515.43	353.75	
1995	4265.54	1050.96	1741.92	1472.66	
2000	7327.33	1865.28	2908.46	2553.59	
2005	15137.55	2979.50	5735.50	4645.85	1776.70

续表

年　份	长三角	上海	江苏	浙江	安徽
2006	15439.36	3375.20	6706.19	5357.97	
2007	18130.52	3873.30	7985.90	6271.32	
2008	22015.63	4577.23	9905.10	7533.30	
2009	25367.02	5213.11	11487.72	8666.19	
2010	34331.44	6186.58	13606.34	10387.02	4151.50
2011	40677.54	7185.83	16058.31	12532.80	4900.60
2012	46136.70	7840.40	18411.11	14199.59	5685.60
2013	52450.70	8556.96	20878.20	15970.84	7044.70
2014	58553.90	9303.49	23458.07	17835.34	7957.00

表 55　长三角地区批发和零售总额　　单位:亿元

年　份	长三角	上海市	江苏省	浙江省	安徽省
1980	254.25	70.28	114.35	69.62	
1990	1059.84	265.67	472.72	321.45	
1995	3797.03	864.01	1573.01	1360.01	
2000	6311.33	1493.13	2583.19	2235.01	
2005	11674.19	2637.29	5016.09	4020.81	
2006	13462.08	2987.54	5815.78	4658.76	
2007	15741.91	3428.43	6875.66	5437.82	
2008	18933.19	4051.51	8360.18	6521.50	
2009	22592.55	4610.76	10312.81	7668.98	
2010	30579.83	5494.69	12207.18	9105.36	3772.60
2011	35769.29	6446.61	14320.87	10680.41	4321.40
2012	40594.64	7039.16	16448.83	12101.15	5005.50
2013	46206.24	7714.96	18694.85	13570.93	6225.50
2014	36677.26	8414.81	21229.55		7032.90

表 56　长三角地区餐饮业总额　　单位:亿元

年　份	长三角	上海市	江苏省	浙江省	安徽省
1980	10.99	3.41	4.72	2.86	
1990	57.15	17.08	24.17	15.9	
2000	641.38	134.12	269.59	237.67	
2005	1458.49	342.21	583.09	533.19	

续表

年 份	长三角	上海市	江苏省	浙江省	安徽省
2006	1676.34	387.66	678.83	609.85	
2007	1972.79	444.87	810.56	717.36	
2008	2478.13	525.72	1083.01	869.40	
2009	2460.74	602.35	957.23	901.16	
2010	3425.62	691.89	1147.99	1057.84	527.90
2011	3927.88	739.22	1359.27	1250.19	579.20
2012	4514.61	801.24	1588.08	1445.19	680.10
2013	5016.74	842.00	1788.44	1567.10	819.20
2014	3853.63	888.68	2040.85		924.10

表 57 长三角地区限额以上批发和零售业法人企业数(2014 年) 单位:个

项 目	长三角	上海市	江苏省	浙江省	安徽省
总 计	49232	6123	19535	15852	7722
#国有及国有控股	2235	124	876	830	405
批发业	28736	4094	11388	11157	2097
#国有及国有控股	1290	63	562	440	225
按登记注册类型分					
内资企业	26732	2692	11020	10944	2076
国有企业	435	63	254	55	63
集体企业	106	15	51	24	16
股份制企业	505	73	189	176	67
私营企业	19627	1765	8201	8451	1210
港、澳、台商投资企业	727	451	173	99	4
外商投资企业	1277	951	195	114	17
按行业分					
农、林、牧产品批发	1101	49	621	209	222
食品、饮料及烟草制品批发	2068	288	834	625	321
纺织、服装及家庭用品批发	5586	601	1727	3105	153
文化、体育用品及器材批发	808	125	249	383	51
医药及医疗器材批发	994	177	263	299	255
矿产品、建材及化工产品批发	12441	1634	5557	4599	651
机械设备、五金交电及电子产品批发	4154	892	1488	1468	306
贸易经纪与代理	399	147	137	98	17

续表

项　目	长三角	上海市	江苏省	浙江省	安徽省
其他批发	1185	181	512	371	121
零售业	18821	2029	8147	4695	3950
#国有及国有控股	945	61	314	390	180
按登记注册类型分					
内资企业	18089	1739	7942	4530	3878
国有企业	203	61	75	30	37
集体企业	216	34	115	44	23
股份制企业	512	54	226	120	112
私营企业	11825	884	5465	2931	2545
港、澳、台商投资企业	395	159	107	89	40
外商投资企业	337	131	98	76	32
按行业分					
综合零售	2394	279	898	492	725
食品、饮料及烟草制品专门零售	1816	135	955	222	504
纺织、服装及日用品专门零售	1291	292	547	241	211
文化、体育用品及器材专门零售	1063	145	533	233	152
医药及医疗器材专门零售	1017	108	456	262	191
汽车、摩托车、燃料及零配件专门零售	6872	735	2744	2230	1163
家用电器及电子产品专门零售	2285	123	1012	572	578
五金、家具及室内装修材料专门零售	1172	102	657	146	267
货摊、无店铺及其他零售业	902	101	345	297	159

表 58　长三角地区限额以上批发和零售业产业活动单位(2014 年)　　单位:个

项　目	长三角	上海市	江苏省	浙江省	安徽省
总　计		20171	31869		
#国有及国有控股		269	4140		
批发业		7802	13474		
#国有及国有控股		124	1328		
按登记注册类型分					
内资企业		4548	12938		
国有企业		124	358		
集体企业		27	92		
股份制企业		650	539		

续表

项　目	长三角	上海市	江苏省	浙江省	安徽省
私营企业		2127	8942		
港、澳、台商投资企业		1073	245		
外商投资企业		2181	291		
按行业分					
农畜产品批发		56	689		
食品、饮料及烟草制品批发		1234	1050		
纺织、服装及日用品批发		1555	1871		
文化、体育用品及器材批发		200	271		
医药及医疗器材批发		336	347		
矿产品、建材及化工产品批发		2544	6915		
机械设备、五金交电及电子产品批发		1416	1621		
贸易经纪与代理		189	138		
其他批发		272	572		
零售业		12369	18395		
#国有及国有控股		145	2812		
按登记注册类型分					
内资企业		9173	16901		
国有企业		145	202		
集体企业		119	232		
股份制企业		753	1877		
私营企业		2703	8138		
港、澳、台商投资企业		1193	367		
外商投资企业		2003	1127		
按行业分					
综合零售		5282	3695		
食品、饮料及烟草制品专门零售		1907	2835		
纺织、服装及日用品专门零售		1953	818		
文化、体育用品及器材专门零售		399	981		
医药及医疗器材专门零售		1224	2545		
汽车、摩托车、燃料及零配件专门零售		863	4779		
家用电器及电子产品专门零售		387	1610		

续表

项　目	长三角	上海市	江苏省	浙江省	安徽省
五金、家具及室内装修材料专门零售		158	703		
无店铺及其他零售		196	429		

表 59　长三角地区限额以上批发和零售业从业人员(2014 年)　　单位:人

项　目	长三角	上海市	江苏省	浙江省	安徽省
总　计	3084495	829596	1016179	739077	499643
#国有及国有控股	294688	8999	110491	104150	71048
批发业	1382440	457864	426460	377490	120626
#国有及国有控股	172591	4584	65408	63486	39113
按登记注册类型分					
内资企业	1006823	170575	355071	364864	116313
国有企业	51230	4584	22343	10137	14166
集体企业	4032	513	1637	1057	825
股份制企业	129039	20311	32730	55967	20031
私营企业	491881	71762	182225	192006	45888
港、澳、台商投资企业	149059	112815	28535	6999	710
外商投资企业	226558	174474	42854	5627	3603
按行业分					
农畜产品批发		2464	24452	4731	
食品、饮料及烟草制品批发		52269	67257	59161	
纺织、服装及日用品批发		150277	104062	111239	
文化、体育用品及器材批发		10717	17087	11959	
医药及医疗器材批发		46192	36807	25651	
矿产品、建材及化工产品批发		68235	110870	108521	
机械设备、五金交电及电子产品批发		102910	52663	48432	
贸易经纪与代理		9211	2388	1311	
其他批发		15589	10874	6485	
零售业	1576116	371732	589719	361587	253078
#国有及国有控股	122097	4415	45083	40664	31935
按登记注册类型分					
内资企业	1224090	214796	459596	318504	231194
国有企业	18742	4415	7671	1890	4766

续表

项　目	长三角	上海市	江苏省	浙江省	安徽省
集体企业	8390	1439	4044	2170	737
股份制企业	104609	17560	38063	24070	24916
私营企业	570165	72877	237269	151113	108906
港、澳、台商投资企业	169693	68268	69456	19854	12115
外商投资企业	182333	88668	60667	23229	9769
按行业分					
综合零售		133575	223220	121865	
食品、饮料及烟草制品专门零售		23891	41057	12130	
纺织、服装及日用品专门零售		102718	38591	27103	
文化、体育用品及器材专门零售		14857	27479	12670	
医药及医疗器材专门零售		12669	38152	23571	
汽车、摩托车、燃料及零配件专门零售		43011	133682	122625	
家用电器及电子产品专门零售		14270	51413	23948	
五金、家具及室内装修材料专门零售		7043	17958	5700	
无店铺及其他零售		19698	18167	11975	

表 60　长三角地区对外经济主要指标(2014 年)　　单位:亿美元

指　标	长三角	上海市	江苏省	浙江省	安徽省
进出口总额	14347.05	4666.22	5637.62	3550.48	492.73
进口总额	5777.38	2563.45	2218.93	817.20	177.80
初级产品			330.39	278.44	90.76
工业制成品			1840.54	538.76	87.04
出口总额	8569.68	2102.77	3418.69	2733.29	314.93
初级产品			56.01	93.11	19.33
工业制成品			3321.42	2640.18	295.60
合同外商直接投资项目(个)	9534	4697	3031	1550	256
合同外商直接投资	1023.17	316.09	431.87	244.12	31.09
实际外商直接投资	744.77	181.66	281.74	157.97	123.40
接待海外旅游者(万人次)	2424.45	791.30	297.07	931.03	405.05
外国人	1655.51	611.14	197.04	614.44	232.89
港澳同胞	570.69	66.94	15.01	316.58	172.16
台湾同胞	198.24	113.22	85.02		
旅游外汇收入(亿美元)	164.51	57.05	30.33	57.53	19.60

表 61　长三角地区合同外商直接投资项目(2014 年)　单位:个

指　标	长三角	上海市	江苏省	浙江省	安徽省
合　计	9534	4697	3031	1550	256
合资经营企业	2125	887	709	426	103
合作经营企业	12	7	2	0	3
独资经营企业	7374	3796	2316	1115	147

表 62　长三角地区合同外商直接投资金额(2014 年)　单位:亿美元

指　标	长三角	上海市	江苏省	浙江省	安徽省
合　计	1023.17	316.09	431.87	244.12	31.09
合资经营企业	186.24	70.13	66.19	39.22	10.7
合作经营企业	3.69	1.91	0.98	0	0.8
独资经营企业	797.36	230.19	351.25	197.06	18.86

表 63　长三角地区实际外商直接投资金额(2014 年)　单位:亿美元

指　标	长三角	上海市	江苏省	浙江省	安徽省
合　计	744.77	181.66	281.74	157.97	123.40
合资经营企业	139.07	21.92	42.93	31.39	42.83
合作经营企业	9.64	8.29	0.95	0	0.4
独资经营企业	581.15	151.15	232.27	120.56	77.17

表 64　长三角地区接待海外旅游者人数和收入(2014 年)

项　目	长三角	上海市	江苏省	浙江省	安徽省
接待人数(人次)	24244819	7913000	2970956	9310301	4050562
外国人	16555237	6111400	1970417	6144460	2328960
日本		1012800	419280	515107	
新加坡		217200	68558	195472	
美国		774200	196864	450717	
加拿大		171900	66324	121996	
英国		227700	53943	186097	
法国		218100	43588	184472	
德国		319300	98626	221007	
意大利		122000	31183	250023	
澳大利亚		205900	53490	121192	
港澳同胞		669400	150320	1485451	1721602(含台)

续表

项　目	长三角	上海市	江苏省	浙江省	安徽省
台湾同胞		1132200	850219	1680390	
旅游外汇收入(亿美元)	164.51	57.05	30.33	57.53	19.60

表 65　长三角地区国内旅游者人数　　单位:万人次

年　份	长三角	上海市	江苏省	浙江省	安徽省
2003	27455.82	7603.00	11423.82	8429.00	
2005	43688.26	9012.00	17234.26	12758	4684.00
2007	60357.60	10210	23198.60	19100	7849.00
2009	78765.60	12361	29726.60	24410	12268.00
2010	101830.60	21463	35518.60	29500	15349.00
2011	121058.81	23079	41150.01	34295	22534.80
2012	139884.51	25094	46437.41	39124	29229.10
2013	154570.30	25991	51539.20	43439	33601.10
2014	169705.12	26818	57113.32	47875	37898.80

表 66　长三角地区保险业务主要指标(2014 年)　　单位:亿元

指　标	长三角	上海市	江苏省	浙江省	安徽省
保费收入	4500.84	986.75	1683.76	1258.04	572.29
财产险	1752.57	320.36	606.29	584.47	241.45
#机动车辆保险			465.69	469.75	193.14
人身意外伤害险			48.47	35.43	11.21
健康险			112.27	74.16	45.21
寿险			916.72	563.97	274.42
各项赔款和给付	1704.48	378.66	616.78	474.63	234.41
财产险	990.70	177.24	336.30	349.77	127.39
#机动车辆保险			277.02	281.17	107.69
人身意外伤害险			13.45	6.86	2.19
健康险			35.16	25.74	18.45
寿险			231.87	92.25	86.38

表 67　长三角地区科研机构数(2014 年)　　单位:个

指　标	长三角	上海市	江苏省	浙江省	安徽省
科技机构数(个)	18686	2469	8536	3588	4093

续表

指　标	长三角	上海市	江苏省	浙江省	安徽省
#科研单位		112	144	97	
大中型工业企业	15910	2156	7538	2890	3326
高等院校		68	854	601	

表 68　长三角地区三种专利申请受理量(2014 年)　　单位:件

项　目	长三角	上海市	江苏省	浙江省	安徽省
申请受理量合计	864165	81664	421907	261434	99160
#发　明	288158	39133	146660	52405	49960
实用新型			124980	116011	41889
外观设计			150267	93018	7311

表 69　长三角地区三种 专利授权量(2014 年)　　单位:件

项　目	长三角	上海市	江苏省	浙江省	安徽省
授权量合计	487444	50488	200032	188544	48380
#发　明	49841	11614	19671	13372	5184
实用新型			100810	99508	36748
外观设计			79551	75664	6448

表 70　长三角地区文化艺术和文物事业机构情况(2014 年)　　单位:个

项　目	长三角	上海市	江苏省	浙江省	安徽省
艺术业	1810	254	399	119	1038
#艺术表演团体	1490	158	287	57	988
图书馆业	350	25	114	98	113
群众文化服务业	4610	238	1395	1420	1557
群众艺术馆、文化馆	362	25	115	102	120
文化站	4248	213	1280	1318	1437
艺术教育业	27	1	14	6	6
文艺科研	29	2	9	7	11
文物业	1063	114	417	262	270
博物馆	673	103	301	105	164

表 71　长三角地区教育事业基本情况(2014 年)

指　标	长三角	上海市	江苏省	浙江省	安徽省
学校数(所)					
普通高等学校	417	68	134	108	107
普通中学	9291	768	2644	2280	3599
小学	18627	757	4023	3300	10547
特殊教育	285	29	106	84	66
专任教师(万人)					
普通高等学校	25.97	4.06	10.45	5.81	5.65
普通中学	74.05	5.41	27.13	18.47	23.04
小学	75.00	5.15	27.02	19.04	23.79
特殊教育	0.78	0.12	0.32	0.21	0.13
招生数(万人)					
普通高等教育	127.46	14.19	49.40	30.44	33.43
研究生	12.88	4.34	4.91	2.01	1.62
本专科生	124.62	19.89	44.49	28.43	31.81
普通中学	286.13	16.51	93.75	75.60	100.27
小学	238.13	16.34	88.89	59.81	73.09
特殊教育	0.91	0.06	0.34	0.24	0.27
在校学生(万人)					
普通高等教育	447.51	50.66	184.93	103.87	108.05
研究生	38.96	13.18	15.07	6.05	4.66
本专科生	440.88	69.81	169.86	97.82	103.39
普通中学	888.57	58.42	288.62	228.99	312.54
小学	1321.42	80.30	471.48	354.50	415.14
特殊教育	5.72	0.46	2.24	1.59	1.43
毕业生数(万人)					
普通高等教育	122.29	13.24	52.04	27.02	29.99
研究生	10.8	3.60	4.17	1.65	1.38
本专科生	121.12	19.27	47.87	25.37	28.61
普通中学	300.73	14.32	101.12	75.72	109.57
小学	192.47	13.12	62.19	53.75	63.41
特殊教育	0.71	0.08	0.30	0.21	0.12

表 72　长三角地区卫生事业机构数(2014 年)

单位:个

项　目	长三角	上海市	江苏省	浙江省	安徽省
总　计	92171	4987	32000	30360	24824
医院	3759	332	1524	935	968
综合医院	2265	182	999	444	640
中医院	348	18	102	132	96
中西结合医院	72	8	23	26	15
专科医院	979	102	343	319	215
疗养院	100	22	57	14	7
社区卫生服务中心	11938	1028	2803	6166	1941
卫生院	4902	1310	1046	1148	1398
门诊部	2843	610	992	1060	181
专科疾病防治院(所、站)	130	19	43	20	48
疾病预防控制中心(防疫站)	364	20	123	100	121
卫生监督所	348	18	114	103	113
医学科学研究机构	35	9	8	7	11

第六篇

重　要　文　献

第一章　上海市政府相关文件

上海市关于促进互联网金融产业健康发展的若干意见

互联网金融是基于互联网及移动通信、大数据、云计算、社交平台、搜索引擎等信息技术，实现资金融通、支付、结算等金融相关服务的金融业态，是现有金融体系的进一步完善和普惠金融的重要内容。其表现形式既包括以互联网为主要业务载体的第三方支付，金融产品销售与财富管理，金融资讯与金融门户，金融大数据采掘加工，网络融资与网络融资中介等新兴、新型金融业态；也包括持牌互联网金融机构，以及各类持牌金融机构设立的主要从事互联网金融相关业务的法人机构或功能性总部。为把本市建成互联网金融发展的高地，进一步提升上海国际金融中心的影响力、辐射力、创新力和资源配置能力，推动中国(上海)自由贸易试验区金融改革创新，助力上海打造具有全球影响力的科技创新中心，现就促进本市互联网金融产业健康发展提出如下若干意见：

一、明确指导思想，突出"四个坚持"

(一) 坚持服务实体经济，促进产业转型升级。鼓励互联网金融为符合国家及本市产业导向领域的中小微企业和家庭居民提供多样、灵活的金融服务；支持互联网金融与电子商务、现代物流、信息服务、跨境贸易等领域融合发展，促进相关行业转型升级。

(二) 坚持鼓励金融创新，形成竞争发展格局。切实转变观念、创新政府管理模式，以更加包容的态度支持互联网金融企业与持牌金融机构在互联网金融领域进行产品创新、技术创新、服务创新、管理创新和模式创新，在细分领域和行业解决方案方面做专、做深、做精、做细，错位竞争、特色发展，持续提升核心技术水平和综合竞争力。

(三) 坚持营造发展环境，完善行业基础设施。立足当前、着眼长远，整合现有政策资源，加强人才培育、研究创新、信用体系、法治环境等方面的基础设施建设，着力营造有利于行业健康发展的良好环境。

(四) 坚持规范健康发展，切实防范金融风险。坚持底线思维，妥善处理互联网金融创新发展和风险防范的关系，切实加强投资者教育与金融消费者权益保护，引导互联网金融企业合理有序竞争、规范健康发展。

二、加强政策支持，促进集聚发展

(五) 鼓励有条件的企业发展互联网金融业务、申请有关业务许可或经营资质。鼓励有条件的企业在本市发起设立以互联网为主要业务载体或以互联网业务为主要服务领域的各类持牌金融机构。支持电子商务平台等大型互联网企业在本市设立小额贷款、融资担保、融资租赁、商业保理等新型金融企业。支持有条件的互联网金融企业依法申请有关金融业务许可或进行有关金融业务备案，申领增值电信业务经营许可等经营资质。允许主要从事互联网金融业务的企业在名称中使用"互联网金融"或"网络金融"字样，并在工商登记等环节提供便利。

(六) 加大对互联网金融企业的支持培育力度。对互联网金融领域的新兴业态和创新模式，本市战略性新兴产业发展专项资金、服务业发展引导资金、高新技术成果转化专项资金等财政资金予以重点支持。支持有条件的互联网金融企业进行软件企业、高新技术企业、技术先进型服务企业等方面认定，按照规定享受相关财税优惠政策。

（七）拓宽互联网金融企业融资渠道。充分发挥上海市大学生科技创业基金、上海市创业投资引导基金等政策性基金的助推作用，探索设立主要投向互联网金融领域早期创业企业的创业投资基金和天使投资基金。支持社会资本发起设立互联网金融产业投资基金、并购基金，鼓励各类机构投资有发展潜力的互联网金融企业。支持互联网金融企业在境内外多层次资本市场上市（挂牌）。

（八）支持持牌金融机构向互联网金融领域拓展转型。支持银行业、证券业、保险业持牌金融机构积极开展互联网金融领域的产品和服务创新，提升金融服务广度、深度和能级。对持牌金融机构在沪设立的主要从事互联网金融相关业务的法人机构或功能性总部，市、区县两级政府可根据相关政策给予支持。

（九）鼓励互联网金融企业合理集聚。积极支持有条件的区县、园区结合自身产业定位，建设有特色的互联网金融产业基地（园区），制定有针对性的政策措施，引导互联网金融企业合理集聚。对优秀互联网金融产业基地（园区），市、区县两级政府可给予一定支持。

三、加强基础建设，营造发展环境

（十）吸引集聚互联网金融人才。支持互联网金融企业的高级管理人员和高级技术人才享受本市人才引进政策，在居住证等入沪手续办理方面提供便利。支持作出突出贡献的互联网金融企业高级管理人才和技术人才申报本市有关高级人才项目。支持高等院校、专业机构加强互联网金融领域人才培训，探索开展从业人员资质认证，对有关培训认证费用可给予适当补贴。

（十一）鼓励互联网金融领域研究创新。鼓励互联网金融企业、持牌金融机构、高等院校等开展互联网金融产业理论、标准、技术和产品等方面的研究。支持设立专业化的互联网金融研究机构，打造具有国际、国内影响力的互联网金融论坛。对互联网金融领域的重要创新成果，支持申报本市金融创新奖。

（十二）加强互联网金融领域信用体系建设。支持互联网金融企业充分利用各类信用信息查询系统，规范信用信息的记录、查询和使用。支持信用服务机构面向互联网金融领域加强信用产品研发和服务创新，建设互联网金融信用信息服务平台。对为互联网金融企业提供专业信用服务的机构，可按照规定给予一定支持。支持市公共信用信息服务平台与互联网金融企业加强合作，促进公共信用信息、金融信用信息、社会信用信息互动共用。

（十三）完善配套支持体系。鼓励持牌金融机构与互联网金融企业在客户资金存管（监管）、渠道营销、风控外包等方面开展深度合作，构建互联网金融产业联盟，促进信息技术手段与金融业务的融合运用。支持设立、发展提供数据存储及备份、云计算共享、大数据挖掘、信息系统及数据中心外包、信息安全维护等基础服务的机构，支持建立互联网金融数据共享交换平台。

（十四）营造良好法治环境。探索开展互联网金融相关领域地方立法研究，加大对互联网金融企业专利、软件、品牌等知识产权的保护力度。充分发挥上海金融法治环境建设联席会议等工作机制的作用，针对互联网金融行业特点，着力营造良好法治环境。

四、强化风险防控，引导规范发展

（十五）严厉打击互联网金融领域各类违法犯罪行为。充分发挥本市金融稳定例会、打击非法金融活动领导小组等工作机制的作用，积极配合中央金融监管部门开展工作，严厉打击互联网金融领域

的非法集资、洗钱犯罪、恶意欺诈、虚假广告、违规交易、买卖客户信息等违法犯罪行为。

（十六）引导互联网金融企业增强合规经营意识、提升风险防控能力。引导互联网金融企业明确经营“底线”、政策“红线”，健全风险管理、信息披露、纠纷处理等方面的内控机制。推动互联网金融企业开展客户资金存管（监管）、做实各类准备金账户，切实提升自身风险防控能力。推动互联网金融企业提升信息技术水平与信息安全防护能力，强化对企业金融数据和客户信息的安全保护。

（十七）支持开展行业自律与第三方监测评估。支持建立互联网金融行业协会、联盟，制定自律公约、行业标准，加强对会员企业及其从业人员的职业道德和职业纪律约束。充分发挥第三方机构作用，探索对有关领域互联网金融活动开展监测评估，建立社会力量参与市场监督的工作机制。

（十八）健全互联网金融风险防控与安全保障机制。针对互联网金融特点，探索建立行业风险监测、预警和应急处置机制。配合国家相关部门健全互联网金融领域支付安全、信息安全等方面的监管制度、技术规范及标准体系。加强相关政府部门间的信息共享，完善本市互联网金融企业及其从业人员诚信体系。

（十九）加强投资者教育和金融消费者权益保护。通过电视、广播、报刊、网络等多种形式，加强互联网金融适当性教育，提高投资者风险意识及产品认知、风险识别能力。畅通互联网金融消费投诉渠道，加强金融消费者权益保护。

五、健全工作机制，完善部门协同

（二十）健全促进本市互联网金融产业健康发展的工作机制。由本市相关部门、中央在沪监管单位参与，建立本市互联网金融产业发展联席会议（以下简称“联席会议”）。联席会议主要职责是跟踪分析互联网金融产业发展的新情况、新问题，积极向国家有关部门争取先行先试政策，研究确定本市互联网金融产业发展的重点领域和政策措施，协调解决互联网金融产业发展中遇到的困难和问题，推动完善互联网金融领域风险防控和应急处置机制。联席会议召集人由市政府分管领导担任，日常事务由市金融办会同市经济信息化委承担。

2014 年 8 月 4 日

上海市关于加快创业投资发展的若干意见

创业投资是指向具有高成长潜力的未上市创业企业，特别是中小微创新型企业进行权益性投资，并为之提供创业管理服务，以期所投资企业发育成熟或相对成熟后，主要通过权益转让获得资本增值收益的一种股权投资行为。为深入贯彻落实党的十八大和十八届二中、三中全会精神，充分发挥市场对资源配置的决定性作用，加快推进上海“创新驱动发展、经济转型升级”战略，努力提升上海创业投资的国际竞争力和影响力，根据《中共中央国务院关于深化科技体制改革加快国家创新体系建设的意见》《国家中长期科学和技术发展规划纲要（2006—2020年）》《中共上海市委上海市人民政府关于贯彻〈中共中央国务院关于深化科技体制改革加快国家创新体系建设的意见〉的实施意见》和国家有关促进创业投资发展的文件精神，现就加快上海创业投资发展提出如下若干意见：

一、充分认识加快上海创业投资发展的重要意义

促进创业投资加快发展，是全面深化改革，充分发挥市场配置资源的决定性作用，努力提高自主创新能力的一项关键措施，是扩大直接融资规模促进实体经济发展的有效途径，也是促进产业升级和新兴产业领域中小微企业健康成长的重要举措。作为新兴产业，创业投资行业属于一种高端服务业，是加快转变经济发展方式的重要引擎，是缓解企业创业难、融资难、发展难的重要手段，是对现有金融体系的有效补充和完善。促进创业投资加快发展，是上海在新的历史时期，加快“四个中心”建设，深入实施“创新驱动发展、经济转型升级”战略的客观需要。

二、明确加快上海创业投资发展的指导思想、基本原则、目标任务

（一）指导思想。深入贯彻落实党的十八大和十八届二中、三中全会精神，全面深化科技体制改革，充分发挥市场对资源配置的决定性作用，以推进上海创新型城市建设，促进创新、创业、创造为目标，为上海深入实施“创新驱动发展、经济转型升级”战略提供有力支撑。

（二）基本原则。按照“政府引导、社会为主、专业化管理、市场化运作”的基本原则，统筹和集聚全市各部门、各区县力量促进创业投资发展。

（三）目标任务。将上海打造为具有国际竞争力和影响力的创业投资中心，争取到2017年，基本实现“五个一”，即吸引培育一支国内外知名的创业投资管理队伍（1000人）；集聚打造一批业界有影响力的品牌创业投资企业（100家）；引导带动一批创业投资资本（新增1000亿元）；投资培育一批新兴产业细分行业的领头羊企业（1000家）；打造一个享誉海内外的创业投资集聚高地。

三、发挥政府引导作用，带动各类资本进入创业投资领域

（一）建立健全创业投资引导基金持续投入机制。改革政府投入方式，更好发挥财政资金“四两拨千斤”的作用，带动各方资金特别是商业资金用于创业投资。市财政连续三年每年新增安排市战略性新兴产业发展专项资金10亿元，专项用于补充上海市创业投资引导基金（以下简称“市引导基金”），积极探索建立财政、国资收益和社会资金多渠道并举的滚动投入机制。鼓励有条件的区县政府设立创业投资引导基金，通过市场化手段，吸引形成创业投资资本，并委托专业化管理团队进行管理。（市发展改革委、市财政局、市国资委会同有关部门、区县政府落实）

（二）吸引境外专业机构组建人民币创业投资基金。探索在有效监管的前提下，开展境外机构投资人参股人民币基金一次性结售汇试点，打通境外创业投资参股人民币创业投资企业的结汇通道；进

一步简化外资参股人民币创业投资企业相关行政审批流程。（市商务委、市金融办、市发展改革委、外汇局上海市分局等有关部门落实）

（三）鼓励国有产业集团参与设立创业投资企业。鼓励国有资金积极参与创业投资活动，建立健全适应创业投资行业特点的国资管理和考核办法。鼓励国有创业投资企业内部实施有效的管理人员约束激励机制，将投资效益与管理人员的约束激励相结合。探索实施国有控股创业投资企业投资项目评估管理改革试点，试点企业投资项目可采取估值报告方式，资产评估报告或估值报告可实行事后备案；对已投资项目不再参与增减资的，可采用内部估值方式；在投资时已约定退出价格的，可按约定价格退出，不再进行评估。鼓励国有创业投资企业探索创新混合所有制模式。（市国资委会同市发展改革委等有关部门落实）

（四）加快推动天使投资发展。鼓励社会各类资金参与天使投资，通过设立上海市天使投资引导基金，引导社会资本共同设立机构化天使投资企业。经政府相关部门认定的天使投资企业，可参照创业投资企业享受政府相应鼓励政策。（市发展改革委会同市科委、市财政局、市地税局等有关部门落实）

（五）鼓励重点产业领域并购。结合本市重点发展的产业领域转型升级的实际需求，鼓励本市各产业集团积极开展境内外产业并购投资，适时组建主要开展集成电路、生物医药等重点领域产业并购整合的创业投资企业。不断完善并购涉及的外汇、融资和产业等相关配套政策。（市发展改革委、市经济信息化委、市科委、市国资委、市商务委会同有关部门落实）

（六）丰富创业投资企业募集资金渠道。鼓励和支持运作规范的创业投资企业，在法律法规允许的框架范围内，创新各类募集手段，通过上市募集、发行企业债券、发行资金信托和募集保险资金等方式，拓展融资渠道，形成市场化、多元化的资金来源。（市金融办、市发展改革委会同人民银行上海总部、上海证监局、上海保监局等有关部门落实）

四、聚焦培育新兴产业，加大创业投资政策支持力度

（一）加强产学研用相结合培育优质项目源。充分利用上海高校、科研院所和产业集团的优势资源，大力加强高校、科研机构和产业集团与创业投资企业的联动合作，努力培育优秀创业企业。对创业投资企业投资培育的本市新兴产业领域创业企业所提供的新业态、新技术、新模式，鼓励各部门和国有企事业单位积极推广应用，并探索建立对新产品、新服务使用的行政免责机制。（市科委、市教委、市经济信息化委、市发展改革委、市财政局等有关部门落实）

（二）建立创业投资与政府专项对接机制。探索建立由具备资质和良好信用记录的创业投资企业，向各部门保荐专项资金支持项目的机制；鼓励创业投资企业积极投资本市新产业、新业态、新技术、新模式，进一步统筹形成本市产业发展部门联动机制，引导创业投资企业投资已获得政府专项资金支持的企业，有关部门要积极做好项目对接和服务。（市经济信息化委、市科委、市发展改革委、市财政局、市商务委等有关部门落实）

（三）探索建立早期创投奖励和风险补偿机制。试点开展创业投资奖励机制，对市引导基金参股的创业投资企业和天使投资企业，投资本市重点支持领域早期创业企业的，投资获利退出时，通过市引导基金投资收益，安排一定比例的投资奖励。对创业投资企业投资本市范围内的早期科技型创业企业，通过财政性资金，给予创业投资管理机构一定成本补助，在投资损失确认后，可按损失额的一定比例，对创业投资企业进行风险救助。（市发展改革委会同市科委、市财政局等有关部门落实）

（四）打造上海创业投资基金和孵化器集聚区。结合本市区域产业结构调整布局，探索在条件成熟的地区积极建设上海创业投资基金集聚区，让投资人、创业团队、基金管理人形成规模集聚效应，并

通过市引导基金运作，积极鼓励基金加基地、孵化加投资等各类创新型基金运作模式，努力提高新兴企业孵化培育效率。鼓励有条件的区县政府为孵化器和创业投资基金集聚区制定相应的支持政策。（市发展改革委、市经济信息化委、市科委会同有关部门、区县政府落实）

五、不断完善创业投资管理和服务体系

（一）加强对创业投资工作的组织领导。充分发挥市引导基金工作领导小组及其办公室的领导和协调推进作用，由市发展改革委牵头，会同市经济信息化委、市商务委、市科委、市财政局、市国资委、市地税局、市工商局、市金融办和人民银行上海总部、上海证监局、外汇局上海市分局等部门，协调推进创业投资发展中的重大政策问题。市各有关部门和单位要结合自身职能，密切配合，加快制定完善各项创业投资发展配套政策。（市发展改革委会同有关门推进落实）

（二）做好创业投资企业备案管理工作。对符合国家十部委制定的《创业投资企业管理暂行办法》有关规定的，可按相关规定，向市发展改革委申请备案。经过备案并符合条件的创业投资企业，可享受国家和本市各级政府相关支持政策，并接受备案管理部门的监督。（市发展改革委会同有关部门推进落实）

（三）加强创业投资行业自律和协会建设。充分发挥上海市创业投资行业协会作用，加强行业自律，协助政府主管部门做好行业管理相关工作，积极为创业投资企业和会员单位提供高质量服务，深入研究创业投资行业发展中需要解决的有关问题，努力促进上海创业投资行业健康发展。鼓励具备条件的区县设立创业投资行业协会。（市发展改革委、市民政局会同有关部门、区县政府推进落实）

（四）健全创业投资中介服务体系建设。充分发挥中介服务机构在法律、财务、咨询、评估、担保等方面的重要作用。支持中介服务机构为创业投资企业提供技术经纪、信息服务、市场预测、项目评估、财务及法律咨询等服务，逐步建立和完善创业投资发展所需的社会化服务体系。（市金融办、市科委、市发展改革委、市财政局会同有关部门推进落实）

（五）加强创业投资与金融机构、市场的联动。充分利用上海金融机构和市场集聚的优势，大力推动创业投资企业与银行、证券、保险和互联网金融等机构间的业务交流和合作，积极推动投贷联动、投保联动等多种创新模式，鼓励和支持相关科技金融产品创新，加大对创业投资企业投资的小微企业金融支持力度。在大力推动新三板、创业板等多层次资本市场建设的基础上，积极鼓励产业资本投资并购，推动本市有条件的大型产业集团与创业投资基金对接，打通创新成果产业化、规模化的链条。（市金融办、市发展改革委会同有关部门推进落实）

（六）加快创业投资人才队伍引进和培养。制定实施创业投资人才专项工作计划，加大创业投资人才的培养、引进和使用力度。进一步加强本市创业投资管理和从业人员与国内外的交流与合作。对熟悉资本运作、拥有行业背景、精通现代管理、投身于上海创业投资行业的人才给予适当奖励。各级政府要加强对创业投资人才的服务，并提供居住、子女教育、医疗和出入境管理等便利服务。通过在上海有条件的高等院校开设创业投资专业课程，以及与国外知名院校合作办学等多种形式，加强人才队伍的培养。（市人力资源社会保障局、市金融办、市发展改革委会同有关部门推进落实）

本意见自 2014 年 8 月 1 日起施行，有效期至 2019 年 7 月 31 日。

上海市关于进一步促进资本市场健康发展的实施意见

《国务院关于进一步促进资本市场健康发展的若干意见》(以下简称《意见》)从经济社会发展全局高度,对新时期资本市场改革、开放、发展和监管进行了统筹规划和总体部署。资本市场是上海国际金融中心建设的重要组成部分,为贯彻落实《意见》精神,现就本市进一步促进资本市场健康发展提出如下实施意见:

一、明确总体要求

(一) 坚持市场化、法治化、国际化导向,促进资本市场健康发展

以贯彻落实《意见》为指引,通过中国(上海)自由贸易试验区(以下简称"自贸试验区")先行先试,促进资本市场进一步深化改革,加快创新,扩大开放;围绕服务实体经济发展,拓展资本市场广度和深度,不断完善服务全国的功能;加快上海国际金融中心建设,推进人民币国际化进程,不断提升上海作为全球性人民币产品创新、交易、定价和清算中心地位。以贯彻落实《意见》为动力,形成功能齐全、开放高效的资本市场体系;培育治理结构完善、经营运作规范、具备核心竞争力和成长潜力的上市挂牌公司;建设富有创新活力和市场影响力的证券期货经营机构队伍。以贯彻落实《意见》为契机,加快形成促进资本市场健康发展的良好氛围;全面加强资本市场信用、法治、人才环境建设;有效防范资本市场风险,切实保护投资者合法权益。

二、把握自贸试验区建设重大战略机遇,不断提升上海资本市场开放水平

(二) 促进资本市场在自贸试验区进一步开放

不断扩大自贸试验区资本市场开放的范围。配合国家金融管理部门,推动资本市场支持促进自贸试验区政策的落地实施,研究出台相关细则。推动区内金融机构和企业按规定进入上海地区的证券和期货交易场所进行投资和交易,推进区内符合条件的个人按规定开展跨境双向投资。推动境外机构和自贸试验区注册企业的境外母公司在境内发行人民币债券。促进跨境资本通过自由贸易账户实现双向流动。努力把自贸试验区建成全国资本市场对外开放度最高的试验田。

(三) 加快在自贸试验区设立面向国际的金融交易平台

支持金融市场机构在自贸试验区内研究设立国际金融交易平台,推出面向全球投资者的产品与业务。支持上海黄金交易所建立上海国际黄金交易中心,提升在全球黄金市场中的定价能力,逐步推动国际黄金转口中心建设。稳步推进上海国际能源交易中心建设,加快推动原油期货上市交易。积极推进上海证券交易所设立国际金融资产交易平台,加快产品研究与创新。支持上海期货交易所、大连商品交易所、郑州商品交易所在自贸试验区内设立商品交割仓库。支持上海银行间市场清算所、中国证券登记结算公司对自贸试验区内发行的债券开展登记托管和清算结算。支持自贸试验区内金融市场平台与境外资本市场的连接合作。

(四) 提升自贸试验区证券期货服务业开放水平

按照国家的统一部署,配合中国证监会逐步放宽合资证券公司业务范围,逐步提高符合条件的外资机构在自贸试验区内设立合资证券公司、基金管理公司和期货公司的持股比例;逐步允许符合条件的外资机构在自贸试验区内设立合资证券投资咨询公司。加快推进证券期货经营机构在自贸试验区内注册成立分公司或专业子公司。支持本市证券期货经营机构利用自贸试验区平台,实施"走出去"战略,发行合格境内机构投资者(QDII)和人民币合格境内机构投资者(RQDII)产品;支持其境外分支

机构按规定发行合格境外机构投资者(QFII)、人民币合格境外机构投资者(RQFII)产品,逐步扩大QFII、RQFII参与金融期货产品的范围。

(五)支持在自贸试验区探索金融监管模式创新

积极支持国家金融管理部门完善自贸试验区金融监管体制,推动自贸试验区证券业监管转型与创新,探索并推进证券行业准入的"负面清单"管理;加强金融监管协调和跨境监管合作,切实防范自贸试验区金融风险,构筑自贸试验区金融安全网。

三、坚持金融服务实体经济发展的本质要求,进一步增强上海多层次资本市场的服务功能

(六)支持股票市场发展

充分发挥和强化上海证券交易所在股票市场中的重要作用。支持上海证券交易所壮大主板市场,做大、做强、做活蓝筹股市场,增加市场内部层次。配合国家金融管理部门做好股票发行注册制改革等相关工作,加快推动沪市上市公司监管转型。积极推进上海证券交易所开展沪港股票市场交易互联互通机制(以下简称"沪港通")等试点,提升上海资本市场的国际影响力。推进上海证券交易所ETF期权等业务创新。支持和鼓励各类符合条件的企业到上海证券交易所上市。

(七)支持债券市场发展

充分发挥银行间债券市场、交易所债券市场的作用。支持银行间债券市场和交易所债券市场协同发展,推进市场间的交叉挂牌及自主转托管机制,促进债券跨市场流转。支持注册在本市符合条件的商业银行参与上海证券交易所债券回购。支持本市企业以多种形式发行债券进行融资,支持注册地在本市的公司依照中国证监会有关公司债券管理办法公开或私募发行公司债券。支持各类债券发行人在上海招标发行债券。做好上海政府地方债自发自还试点。扩大本市专业机构债券投资范围和规模。支持各类金融机构丰富债券市场产品、开展资产证券化创新。

(八)支持商品期货市场发展

支持上海期货交易所产品创新,不断增加新品种,进一步完善期货品种结构体系。加快推出商品指数期货,探索运用商品期货期权、碳排放权等交易工具,实现期货市场价格发现和风险管理功能。促进商品期货市场与商品现货市场的联动发展。鼓励本市企业合理运用期货等风险管理工具对冲风险。

(九)支持金融期货市场发展

支持在沪金融市场稳步发展金融衍生产品,逐步丰富各种股指期货、股指期权和股票期权产品。支持中国金融期货交易所发展国债期货,进一步健全反映市场供求关系的国债收益率曲线。配合人民币汇率形成机制改革,积极支持在沪金融市场在充分研究的基础上稳步推出外汇期货等产品创新。探索场外金融衍生品创新业务,建立集中清算机制。

(十)提升股权托管交易市场服务功能

加快上海股权托管交易市场综合金融服务平台建设。以服务本市科技型中小企业发展为重点,探索金融产品创新,增强市场资源集聚、整合和配置功能。做好与多层次资本市场的对接,推动上海股权托管交易市场健康发展。

(十一)促进非公开市场规范发展

不断拓展市场空间,完善本市非公开市场交易机制及发行制度。逐步健全私募投资基金二级市场,培育合格机构投资者参与非公开市场交易。拓宽私募投资基金销售渠道,鼓励私募投资基金管理人通过非公开市场发行产品。率先研究私募投资基金行业标准和行为规范。营造私募市场发展环境,培育与私募投资产品发行相关的定价、估值、交易、风控、后台管理等新型服务业态及服务机构,大

力吸引、集聚行业高端人才。

（十二）促进资本市场基础设施建设

支持在沪的资本市场登记结算机构加强登记、结算、清算、托管等设施建设，不断降低市场成本，防范市场风险，保障资本市场安全高效运行和整体稳定。积极推进“沪港通”等跨境登记结算业务技术系统建设，为跨境金融产品开发提供良好服务。以智慧城市建设为基础，进一步完善本市信息通讯等基础设施建设，以信息网络技术发展为支撑，为资本市场发展提供有力的技术保障。

四、支持证券期货服务机构增强核心竞争力，进一步提升服务能力

（十三）支持各类证券期货经营机构和业务集聚发展

努力改善营商环境，提供优质服务，吸引境内外各类证券期货经营机构、资金与资产管理机构到上海发展。促进各类资本依法在沪设立机构总部和功能性机构，提供工商注册、税务登记、政策扶持等便利。支持符合条件的其他金融机构在风险可控前提下申请证券期货业务牌照，在本市依法发起开办或参与设立专业牌照证券公司和基金管理公司。积极支持民营资本进入证券期货服务业。支持本市证券期货经营机构与其他金融机构在防范风险的基础上以相互持股的方式探索综合经营。

（十四）增强在沪证券期货经营机构竞争力

支持证券期货经营机构做大做强做专业，探索国际化和集团化发展。推进金融资源优化整合，加快金融资源向优势企业集聚。发挥本市基金管理行业优势，鼓励引导基金管理公司向现代资产管理机构转型。推动证券期货经营机构上市进程，完善市场化资本补充机制。形成若干全国领先、具有国际竞争力、品牌影响力和系统重要性的现代投资银行；打造一批法人治理健全、服务水平优良、风险管理完善的证券期货经营机构。推动上海成为重要的全球资产管理中心。

（十五）完善本市证券期货经营机构激励约束机制

完善证券期货经营机构法人治理结构，落实董事会选人用人权，更好发挥企业家作用。建立健全市场化激励约束机制，在具备条件的证券期货经营机构探索开展股权激励试点，完善与长效激励相配套的业绩挂钩、延期支付、追索扣回等配套约束机制。

（十六）促进证券期货互联网业务健康发展

支持本市证券期货业、各类资产管理机构利用网络信息技术创新产品、业务和交易方式，增强服务的便利性，扩大服务范围，提升服务水平。支持互联网企业多形式参与上海资本市场，规范开展股权众筹等业务，促进互联网金融健康发展。

（十七）支持私募投资基金探索创新

鼓励发展多样化私募投资基金和各类私募投资产品，拓展投资范围。进一步推进合格境内有限合伙人（QDLP）和外商投资股权投资企业（QFLP）试点，促进境内外私募投资基金在沪集聚发展。完善私募投资基金支持本市企业创新创业发展的产品、服务和途径。

（十八）促进证券期货相关专业服务业发展

加强对开展证券期货业务的会计师事务所、资产评估机构、评级增信机构、法律服务机构的服务和管理，打造功能齐备、分工专业、服务优质的金融专业服务业。积极稳妥发展从事各类专业金融服务的新型机构。

（十九）壮大专业机构投资者队伍

充分利用本市各类资产管理公司集聚优势，积极争取国家政策支持，支持和推动本市社保基金、企业年金、职业年金、商业保险资金、信托基金等机构投资者参与资本市场投资，不断扩大资本市场投资范围和规模，壮大多元化的专业投资者队伍。

五、充分发挥资本市场资源配置功能，推动本市企业创新发展

（二十）推进企业在多层次资本市场上市挂牌

支持企业到主板、中小企业板、创业板、全国中小企业股份转让系统和上海股权托管交易中心等市场上市挂牌。建立本市多层次资本市场上市挂牌企业统一资源库，加大拟上市挂牌公司的培育力度。加强部门协同，进一步完善和整合相关扶持政策，切实做好中小企业改制与上市挂牌的服务工作。

（二十一）提高上市挂牌公司质量

不断优化上市公司发展环境，将上海打造成全国上市公司运作最规范的地区。促进本市企业通过资本市场进一步完善法人治理结构，督促上市挂牌公司规范经营，履行好信息披露义务，提高企业效益，为股东创造价值。积极探索上市公司市值管理及相关考核评价体系，鼓励上市公司多形式开展股权激励和职工持股计划。根据退市制度安排，积极配合金融监管部门和市场主体稳妥做好上市挂牌公司的退市或摘牌工作。

（二十二）依托资本市场推进企业改革与发展

充分发挥资本市场资源配置功能，推动国有控股上市公司、非上市公司开放性市场化重组，支持国有资本与民营等其他各类资本相互融合，发展混合所有制经济。以公众公司为主要实现形式，利用多层次资本市场，加快本市国有企业股份制改革，实现企业集团整体上市、核心业务资产上市或引进战略投资者。依托资本市场，建立公开、透明、规范的国资流动平台，畅通国有资本合理流动渠道。鼓励民营企业激发内生动力，稳固可持续发展基础，利用资本市场健康发展。发挥资本市场服务实体经济、促进产业结构调整的作用，支持新技术、新产业、新模式、新业态企业加快发展。

（二十三）支持企业借助资本市场开展并购重组

尊重企业的市场主体地位，进一步突破部门、地区、行业和所有制的限制，鼓励各类资本公平参与并购重组，促进企业股权有序顺畅流转。改善政府管理和服务，简化审批程序，完善鼓励扶持政策，降低并购重组成本。引导商业银行在风险可控的前提下积极稳妥开展并购贷款业务。支持符合条件的企业发行优先股、定向发行可转换债券作为并购重组的支付方式，研究推进定向权证等作为支付工具。加快建立现代企业产权制度，发挥本市产权市场在企业并购重组中的作用。

六、加强和改进政府服务，努力营造良好的资本市场发展环境

（二十四）推进本市资本市场信用环境建设

建立健全本市信用信息体系，加强本市公共信用信息与金融信用信息的共享互通与联动合作。优化使用环境，便利市场参与者依法依规查询相关信用信息。鼓励社会资本进入信用评级行业，规范并加快评级业务发展，努力提高服务水平。完善资本市场守信激励和失信惩戒机制，使上海成为信用体系最全、征信环境最好、信用服务最优的城市。

（二十五）加强资本市场法治环境建设

配合国家和地方立法部门，促进资本市场法律制度体系不断完善。健全资本市场执法机制，加强本市执法部门与资本市场监管部门的联动。支持以司法改革试点为契机，进一步优化司法环境，健全上海金融检察、审判专业化机构组织体系。探索建立调解与仲裁、诉讼的对接机制，设立第三方金融纠纷调解中心，建立公平、公正和高效的纠纷解决机制，多元化解决资本市场纠纷。

（二十六）加强本市资本市场人才队伍建设

创新人才服务与管理模式，集聚高层次、紧缺型人才，提高资本市场人才国际竞争力。健全与资

本市场发展相适应的多渠道、多形式的专业培训体系，提高金融人才队伍能力素质。优化资本市场人才政策环境，提供人才引进便利和其他相关服务。

（二十七）推动资本市场创新发展研究

充分利用智库和学术研究机构，加强资本市场改革创新发展研究工作，对涉及到上海资本市场发展的综合性、全局性、战略性问题深入开展研究。加强研究成果的运用，鼓励学术研究机构与各类金融市场、金融机构之间协作开展研发，形成研究成果应用推广的合作机制。鼓励在沪资本市场各类主体探索业务创新，支持其申报本市金融创新奖项。

（二十八）发挥行业协会积极作用

强化资本市场行业自律，充分发挥本市证券、期货、基金、股权投资、上市公司等行业协会和金融业联合会在自律规范、服务会员、搭建平台、引领发展方面的积极作用，推进各类资本市场相关机构和企业健康发展。

（二十九）保护投资者合法权益

进一步加强资本市场投资者特别是中小投资者合法权益保护。引导和支持本市上市公司增强持续回报能力。保障中小投资者知情权，支持中小投资者依法行使权利。多种形式开展投资者教育，提高投资者风险防范意识，引导投资者理性投资。

（三十）规范本市资本市场信息传播秩序

严格管理涉及资本市场的内幕信息，确保信息发布公开公正、准确透明。对造谣、传谣以及炒作不实信息误导投资者和影响社会稳定的机构与个人要依法严肃查处。进一步营造有利于资本市场健康发展的新闻宣传和舆论环境。

（三十一）配合国家金融管理部门做好资本市场监管

全力配合和支持国家金融管理部门依法履行监管职责，切实承担地方政府监管责任，维护资本市场安全运行和社会稳定。积极贯彻落实国家资本市场法规政策，在职责范围内制定具体实施细则和操作办法。建立健全地方政府部门与金融管理部门之间的沟通协作机制，为加强资本市场监管创造良好环境。

（三十二）防范化解资本市场风险

健全资本市场风险监测预警和评估处置机制。建立资本市场风险舆情监测网络，依托城市管理平台和公共信用信息服务平台，全面监测辖内风险信息。配合国家金融管理部门完善风险管理措施，及时化解重大风险隐患。完善本市打击非法金融活动工作机制，加强与相关地区和部门的协调，做好区域内金融风险防范和处置工作，规范各类区域性交易场所，打击各种非法证券期货活动。

（三十三）进一步健全本市促进资本市场健康发展的工作机制

建立由市领导牵头、各相关部门参与的联席会议制度。统一制定本市促进资本市场健康发展政策，协调解决本市促进资本市场健康发展的相关事项。联席会议办公室设在市金融办，承担联席会议日常工作。各区县、各有关部门要结合自身职责和工作实际，在促进资本市场健康发展、风险防范等方面发挥积极作用。

本实施意见自2014年10月1日起施行，有效期至2019年9月30日。

上海市关于推进农村集体经济组织产权制度改革的若干意见

为全面贯彻落实党的十八大和十八届三中全会精神，赋予农民更多的财产权利，实现城乡要素平等交换，激发农村经济社会活力，健全农村治理机制，促进农村社会和谐，按照《中共上海市委上海市人民政府印发〈关于加快本市农村集体经济组织改革发展的若干意见（试行）〉的通知》（沪委发〔2012〕7号）的要求，现就推进本市农村集体经济组织产权制度改革提出如下若干意见：

一、总体要求和目标任务

（一）总体要求。本市农村集体经济组织产权制度改革的范畴是非资源性集体资金资产。推进农村集体经济组织产权制度改革，要以维护集体经济组织和成员合法权益为核心，以创新集体经济有效实现形式为手段，以确立农村集体资金资产运营管理新机制为要求，建立归属清晰、权责明确、保护严格、流转规范、监管有力的农村集体经济组织产权制度，实现农村集体经济可持续发展，农民财产性收入不断增加。

（二）目标任务。到2020年，本市村级集体经济组织产权制度改革应改尽改，确保全面完成；乡镇级集体经济组织产权制度改革明显推进。改制后的集体经济组织要完善适应市场经济要求的组织治理结构，健全集体资产监管体制和运营机制，形成集体资产保值增值的发展模式，建立成员财产性收入长效增收机制。

到2017年，基本完成村级集体经济组织产权制度改革；有序推进乡镇级集体资产产权界定，积极开展乡镇级集体经济组织产权制度改革试点，加强对乡镇级集体资产监督管理，基本建立组织治理结构，为推进产权制度改革创造有利条件。

改革后组建的社区股份合作社、有限责任公司要建立成员代表会议、董事会和监事会等法人治理结构；组建的农村社区经济合作社要建立健全成员代表会议、理事会和监事会等组织治理结构，充分保障集体经济组织成员的知情权、参与权、决策权和监督权。

创新农村集体资产监管体制和运营机制。村级集体经济组织要全面实行财务收支预决算、财务公开、离任和重大项目审计等制度，乡镇集体经济组织要着力强化资产监管、清产核资、台账管理、财务公开和审计监督，确保农村集体经济健康持续发展。

促进农村集体资产特别是经营性资产的保值增值，探索在市场经济条件下农村集体经济发展的新途径。村级集体经济组织要形成以物业租赁为主的盈利模式，乡镇集体经济组织在自身发展的同时，还可受托管理村级集体组织资金资产，鼓励村级集体经济组织以入股等形式参与经济开发，实现集体经济抱团发展。

改革后的集体经济组织要建立成员收益分配机制，在效益决定分配的前提下，形成成员财产性收入的长效增收机制，促进农民可支配收入持续增长。

二、基本原则

（一）坚持集体所有。农村集体经济属于全体成员所有，具有合作性、区域性和排他性等基本属性。改革农村集体经济组织产权制度要维护农村集体经济组织成员的合法权益，防止集体经济被侵占支配，防止农村集体经济被外部资本吞并控制。

（二）坚持因地制宜。推进农村集体经济组织产权制度改革的乡镇、村要根据本地经济社会发展实际情况，选择有限责任公司、社区股份合作社和农村社区经济合作社等组织形式，建立组织治理结构。撤制村原则上不设立集体股，未撤制的村及乡镇可设立一定比例的集体股，主要用于本区域公益事业等开支。不得设立干部股。

（三）坚持农龄为主要依据。农村集体资金资产是其成员长期劳动积累形成的成果。新型集体经济组织要以农龄为主要依据，确定成员所占集体资产的份额，并以此作为收益分配的主要依据。

（四）坚持公开、公平、公正。改制工作要实行全过程公开，接受群众监督。要充分尊重群众的意愿，坚持民主决策，确保集体经济组织成员对农村集体经济组织产权制度改革的知情权、参与权、表达权和监督权，将公开、公正、公平精神贯穿于改革的始终。

（五）坚持效益决定分配。年度收益分配要依据当年的经营收益情况，确定合理的分配比例，并建立以丰补歉机制。无效益不分配，严禁举债分配。分配方案经上级农经管理部门审核，并经成员代表会议通过后实施。

三、具体措施

（一）提高思想认识。推进产权制度改革，是维护农民集体经济组织和成员权益、让农民共享改革开放成果的有力举措，是深化农村改革、增强农村发展活力的重要前提，是发展壮大集体经济、构建农民增收长效机制的有效途径。要深化对推进农村集体经济产权制度改革重要性、紧迫性和必要性的认识。有关区县和部门要切实增强组织、参与产权制度改革的自觉性和能动性，以更大的力度、更有效的举措，推进本市农村集体经济组织产权制度改革。

（二）强化政策扶持。要进一步落实本市关于促进农村集体经济组织产权制度改革发展的各项政策措施。认真执行并用足用好国家规定的相关税费政策。改制后新型集体经济组织办理工商登记的，依照国家规定免除相关费用；在办理房地产登记时，可凭契税优惠证明，相应减免交易手续费。农村集体资产产权在同一农村集体经济组织内部变动的，可持区县农村集体资产管理部门批准文件办理相关登记手续。有关区县对完成改革的乡镇、村集体经济组织要按照有关规定给予奖补；各级财政部门要增加对改革后农村社区公共管理和服务的投入，完善村级组织运转经费保障机制。要盘活土地资源。对符合规划、已完成农村集体土地所有权确权登记并按照有关规定办理了房地产登记的集体建设用地，可按照法定程序对地上建筑物进行改造和开发经营，保护权利人合法权益。支持利用集体建设用地建设租赁住房试点，并按照有关规定加强管理。

（三）完善治理结构。进一步推动新型集体经济组织健全治理结构。要根据合作社（公司）章程，不断完善社区股份合作社、有限责任公司的成员代表会议、董事会和监事会等法人治理结构。选举建立社区经济合作社成员代表会议制度和理事会、监事会并规范运作，特别是村经济合作社和乡镇经济联合社的理事长要在具有集体经济组织成员资格的人选中选举产生。对目前暂由党政领导干部兼任乡镇集体经济组织理事长的，乡镇要在过渡期内加强人才培养和选拔工作，过渡期满后按照章程改选理事长。

（四）理顺村经关系。在实行撤制村队的改制地区，原村委会承担的基本公共事务职能转交相应的居委会，并逐步实现相关费用纳入居委会财政支出予以保障。在不撤制村队的改制地区，要创造条件，实行分账管理。区县、乡镇经济条件较好的，可依据村委会主要承担基本公共事务职能的要求，相关费用逐步由财政予以保障；新型集体经济组织承担经济职能，主要负责集体资产经营管理，并按章程提取相应经费，用于本村公益事业支出。要重点加强经济账目管理，做到村委会与村经济组织进出账目清晰。要规范财务收支行为，建立相关审批制度，充分遵循民主程序，严格执行财经纪律。

（五）加强资产监管。要强化乡镇集体资产监督管理委员会的监督职能，凡涉及本乡镇级集体资产的重大事项，均须经乡镇集体资产监督管理委员会集体决策后实施。乡镇集体资产监督管理委员会要督促农村集体经济组织建立健全相关制度，并对制度执行情况实施评估。凡涉及农村改制中的相关问题要统筹协调解决，维护农村集体经济组织合法权益。要深化本市农村集体“三资”公开和监管。进一步发挥已建成的“三资”监管平台作用，抓紧将产权明晰的乡镇集体资产纳入“三资”监管平台，实现对乡镇集体资产的公开和公示。要把农村集体经济组织产权制度改革相关信息纳入监管平台，接受成员的监督。要加强农经管理队伍建设，落实工作经费，加强实名制管理，防止挤占挪用编制。要优化队伍结构，加强业务培训，提高人员素质，努力建设政治坚定、业务精通、作风优良的农经管理队伍。

（六）促进经济发展。要及时总结、推广各种不同类型促进农村集体经济发展的成功案例、经验。要在风险可控的前提下，利用市场信息、资金、人才、科技等要素，结合自身优势，发展农村集体经济。要抓紧培养素质好、懂市场、会管理、高素质的集体经济组织本土管理人才。有条件的地方，在强化监管的前提下，可聘用职业经理人，提高经营管理水平。

四、组织保障

（一）加强组织领导。农村集体经济组织产权制度改革是一项系统工程，事关农村发展全局。市和有关区县建立农村集体经济组织产权制度改革领导小组，组织审定改革方案，协调推进改革工作。各有关区县要切实把农村集体经济组织产权制度改革作为全面深化农村改革的重中之重，列入重要议事日程，制订改革方案，报市农村集体经济组织产权制度改革领导小组评估审核。要采取有力措施，实行区县、乡镇主要领导负责制，层层落实领导责任。各有关区县要深入调查研究，制定切实可行的时间表与路线图，确保改革扎实推进。

（二）加强协调配合。农村集体经济组织产权制度改革涉及面广、政策性强，各级相关部门要各司其职，密切配合，通力协作，积极参与改革，主动支持改革，形成改革合力。各群众团体和社会组织要发挥各自作用，为推进改革贡献力量。要加强舆论宣传，努力营造有利于农村集体经济组织产权制度改革的良好氛围。

（三）加强指导服务。各有关区县要充分发挥乡镇集体资产监督管理委员会的作用，加强对农村集体资产的有效监管，扶持农村集体经济发展壮大，并对改革后农村集体经济组织进行备案、审验、变更管理。要认真总结推进农村集体经济组织产权制度改革的经验和做法，及时发现并协调解决基层改革中出现的新情况、新问题，切实加强对农村集体经济组织产权制度改革的指导和服务。市和有关区县要建立推进农村产权制度改革宣讲团，加强培训工作，提高指导改革发展的能力和水平。

（四）加强监督检查。要切实加强对农村集体经济组织产权制度改革工作的监督、检查，充分发挥农村集体经济组织成员民主监督的作用，建立健全农村审计监督工作机制，确保改革在公开透明的环境下运行。要组织力量对农村集体经济组织产权制度改革的全过程进行监督检查。发现改革中弄虚作假、敷衍了事、侵害集体经济组织及其成员权益等违纪违规行为，要严肃查处。

2014 年 10 月 24 日

上海市关于加快发展对外文化贸易的实施意见

各区、县人民政府，市政府各委、办、局：

为深入贯彻《国务院关于加快发展对外文化贸易的意见》（国发〔2014〕13号），推进本市国际贸易中心和国际文化大都市建设，提升本市对外文化贸易国际竞争力和品牌影响力，现就加快发展本市对外文化贸易提出如下实施意见：

一、指导思想和发展目标

（一）指导思想。弘扬"海纳百川、追求卓越、开明睿智、大气谦和"的上海城市精神，按照"创新驱动发展、经济转型升级"的要求，抓住中国（上海）自由贸易试验区（以下简称"自贸试验区"）建设的重大机遇，坚持统筹发展、政策引导、企业主体、市场运作，以开放促发展、促创新，加快推进上海国际贸易中心和国际文化大都市建设，努力提升上海城市文化软实力，努力打造上海文化出口竞争新优势，推动上海对外文化贸易加快发展。

（二）发展目标。对接高标准国际贸易投资规则，以繁荣发展文化市场为基础，优化上海对外文化贸易结构，提高对外文化贸易额在上海对外贸易总额中的比重，加大文化领域对外开放力度，营造上海对外文化贸易良好发展环境。到2020年，培育5家具有国际竞争力强的对外文化贸易骨干企业，一批创新能力强、拥有自主品牌和核心文化产品的对外文化贸易重点企业，搭建若干具有较强辐射力的国际文化交易平台，将上海建设成为文化交流频繁、文化贸易繁荣的国际文化大都市。

二、工作重点

（一）按照国家和上海文化体制改革总体要求，用足用好上海作为全国文化体制改革试点城市的优势，提高文化产业规模化、集约化、专业化水平，促进文化贸易发展。落实《中共上海市委、上海市人民政府关于进一步深化上海国资改革促进企业发展的意见》（沪委发〔2013〕20号），加快推动国有文化企业深化改革，激发文化企业创新活力；积极扶持民营文化企业发展，培育多元化文化市场主体；鼓励支持国有、民营、外资等各种所有制文化企业在法律法规允许的范围内开展对外文化贸易业务，并享有同等待遇。（市委宣传部、市商务委、市国资委负责）

（二）根据《中国（上海）自由贸易试验区文化市场开放项目实施细则》（沪府办发〔2014〕18号）要求，做好文化领域扩大开放政策在自贸试验区的具体实施工作；研究制订新的文化服务业开放举措，调整并逐步缩减涉及文化服务业的外商投资准入特别管理措施（负面清单）；引进具有国际营销渠道、品牌影响力和产业竞争力的外资文化企业、商会协会和总部基地等，搭建国内外文化产业、企业、产品和服务交流合作平台，拓宽文化"走出去"渠道。（市委宣传部、市文广影视局、市新闻出版局、市发展改革委、市商务委、浦东新区政府、自贸试验区管委会负责）

（三）培育并支持上海文化企业申报"国家文化出口重点企业"和"国家文化出口重点项目"。以《文化产品和服务出口指导目录》为依据，启动"上海市文化出口重点企业"和"上海市文化出口重点项目"认定工作，重点发展文化信息、创意设计、动漫版权等文化贸易，加快发展演出演艺、影视制作、数字出版、艺术品交易、休闲娱乐等文化贸易。（市商务委、市委宣传部、市发展改革委、市经济信息化委、市财政局、市文广影视局、市新闻出版局负责）

（四）培育和认定一批在文化贸易领域具有代表性和引领性、具有一定出口规模、出口潜力较大的对外文化贸易示范基地和交易平台。支持本市文化创意产业园区做强对外文化贸易，重点支持国家对外文化贸易基地(上海)创新服务模式、提升服务能级、加强国际合作,建立国家版权贸易基地(上海),加快打造国际艺术品交易中心,扩大文化项目和文化资本的输出。(市商务委、市委宣传部、市发展改革委、市经济信息化委、市财政局、市文广影视局、市新闻出版局、市文创办负责)

(五) 鼓励和引导文化企业加大内容创新力度,以原创为重点,对突出体现中华优秀文化和本土文化特色的面向国际市场的文化产品和服务,在编创、设计、翻译、配音、市场推广等方面予以重点支持。探索和支持对外文化贸易新兴领域发展,重点支持文化贸易语言服务基地构建全方位服务体系,推动语言服务的专业化、市场化和标准化,提供符合国际标准的文化贸易语言服务。(市商务委、市委宣传部、市文创办、市发展改革委、市文广影视局、市新闻出版局负责)

(六) 鼓励文化企业通过新设、收购、合作等方式,在境外收购文化企业、演出剧场和文化项目实体,在境外设立演艺经纪公司、艺术品经营机构、文化经营机构等;鼓励文化企业借助电子商务等新兴交易模式拓展国际业务,以欧、美和中国周边国家和地区为重点,将本土文化产品和服务逐步拓展至新兴市场和“一带一路”(即“丝绸之路经济带”和“21 世纪海上丝绸之路”)市场;支持文化企业积极参加境内外重要国际性文化展会、艺术节等节庆会展活动。(市商务委、市委宣传部、市文广影视局、市新闻出版局负责)

(七) 以张江国家级文化和科技融合示范基地为载体,加快集聚各类创新要素。发展高新技术文化装备业,支持文化企业积极利用国际先进技术,提升消化、吸收和再创新能力。加快实施互联网原创影视制作与创播、立体电视内容制播设备系统等七大领域的文化科技融合创新示范工程。聚焦文化创作、传播、展现等重点环节,引进“四个下一代”(即“下一代大型 5D 剧场、下一代舞台、下一代半导体彩色激光源和下一代广播电视网”)的规划实施和重大项目落户上海,推动文化领域的技术突破。(市科委、市委宣传部、市发展改革委、市财政局、市商务委、市文广影视局、市新闻出版局负责)

三、保障措施

(一) 鼓励上海企业积极争取中央各类对外文化贸易扶持资金,对获得中央资金奖励的,按照国家规定,提供配套支持。加大“上海市促进文化创意产业发展财政扶持资金”对文化贸易公共服务平台和创新项目的支持力度;充分发挥本市外经贸发展、服务贸易、服务外包、文化“走出去”等专项资金在支持文化服务出口、境外投资、营销渠道建设、市场开拓、文化贸易人才培养等方面的示范作用,加大对文化出口的支持力度。(市发展改革委、市委宣传部、市经济信息化委、市文创办、市商务委、市财政局负责)

(二) 根据中央有关部门文件精神,对国家重点鼓励的文化产品出口实行增值税零税率,对国家重点鼓励的文化服务出口实行营业税免税。结合国家“营改增”改革试点,切实保障纳入试点范围的文化服务出口享受增值税零税率或免税政策。(市财政局、市地税局负责)

(三) 符合现行税收优惠政策规定的技术先进型服务企业相关条件并在上海从事服务外包业务的文化企业,经认定后继续享受减按 15%的税率征收企业所得税和职工教育经费不超过工资薪金总额 8%的部分税前扣除政策。(市科委、市发展改革委、市商务委、市财政局、市地税局负责)

(四) 引导金融机构对列入国家和上海市重点的文化出口企业和项目优先给予信贷支持,建立上海文化企业融资项目库,鼓励金融机构按照“风险可控、商业可持续”原则探索适合对外文化贸易特点的信贷产品和贷款模式,开展供应链融资、海外并购融资、应收账款质押贷款等业务。积极探索扩大文化企业收益权质押贷款的适用范围。引导商业银行通过联合贷款、银团贷款等方式对融资规模较大的项目提供金融支持。(上海银监局、人民银行上海总部、市金融办、市委宣传部、市文广影视局、市新闻出版局负责)

（五）支持符合条件的文化出口企业通过企业债券、公司债券、非金融企业债务融资工具等方式融资。积极发挥专业征信机构作用，为中小文化企业发行中期票据、短期融资券、中小企业集合票据、中小企业私募债券等债务融资工具提供便利。支持符合条件的文化出口项目发行非金融企业资产支持票据和证券公司资产证券化产品。鼓励有跨境投资需求的文化企业在境内发行外币债券。支持文化出口企业在国务院批准的额度内，赴香港等境外人民币市场发行债券。（人民银行上海总部、上海证监局、市发展改革委、市金融办、市委宣传部、市文广影视局、市新闻出版局负责）

（六）鼓励保险机构创新保险品种和保险业务，开展知识产权侵权险，演艺、会展、动漫游戏、出版物印刷复制发行和广播影视产品完工险和损失险，团体意外伤害保险、特定演职人员人身意外伤害保险等新型险种和业务。对符合《文化产品和服务出口指导目录》条件特别是列入国家和上海市重点的文化出口企业和项目，引导保险机构积极提供出口信用保险服务，在风险可控的前提下，采取灵活承保政策，优化投保手续。加强与国际救援组织的合作，积极开展文化产业项目人员的境内外急难救助。（上海保监局、市金融办、市委宣传部、市文广影视局、市新闻出版局负责）

（七）鼓励融资性担保机构和其他各类信用中介机构开发符合文化企业特点的信用评级和信用评价方法，通过直接担保、再担保、联合担保、担保与保险相结合等方式，为文化企业提供融资担保服务。在开展实物资产抵押担保的基础上，积极探索股权、债权、知识产权质押等多种担保方式，多渠道分散风险。根据《上海市中小企业发展专项资金管理办法》（沪经信企〔2014〕581 号）等相关政策，对符合条件的融资性担保机构和担保业务予以支持。（市金融办、市委宣传部、市经济信息化委、市财政局、市文广影视局、市新闻出版局负责）

（八）尽快培育国家和上海市文化出口重点企业成为海关高信用企业，享受海关便捷通关措施。按照《关于中国（上海）自由贸易试验区有关进口税收政策的通知》（财关税〔2013〕75 号）规定，对区内注册的文化企业进口自用设备属于目录范围内的，免征关税和进口环节增值税。对图书、报纸、期刊等品种多、时效性强、出口次数频繁的文化产品，经海关批准，实行集中申报管理。为文化产品出口提供 24 小时预约通关服务等便利措施。对文化企业出境演出、展览、进行影视节目摄制和后期加工等所需暂时进出境货物，按照规定加速验放。对暂时出境货物使用暂准免税进口单证册（ATA 单证册）向海关申报的，免于向海关提供其他担保。（上海海关负责）

（九）减少对文化出口的行政审批事项，简化手续，缩短时限。对国有文化企业从事文化出口业务的编创、演职、营销人员等，不设出国（境）指标，简化因公出国（境）审批手续，出国一次审批、全年有效。对面向境外市场生产销售外语出版物的民营文化企业，积极向中央有关部门争取配置专项出版权。（市政府外办、市委宣传部、市文广影视局、市新闻出版局负责）

（十）推进文化贸易投资的外汇管理便利化，确保文化出口相关跨境收付与汇兑顺畅，满足文化企业跨境投资的用汇需求。支持文化企业采用出口收入存放境外等方式提高外汇资金使用效率。简化跨境人民币结算手续和审核流程，提高结算便利化水平，降低汇率风险。鼓励境内金融机构开展境外项目人民币贷款业务，支持文化企业从事境外投资。（人民银行上海总部、国家外管局上海市分局负责）

（十一）加强对外文化贸易统计分析工作，结合国家统计局《文化及相关产业分类》，定期修订“上海市文化创意产品和服务进出口综合统计报表制度”，定期发布文化创意产品和服务进出口统计数据，积极推动该项统计制度升级为国家制度；做好对外文化贸易的形势分析和动态调研工作；完善文化领域对外投资统计，研究发布上海市文化创意对外投资统计数据。（市委宣传部、市统计局、市文创办、市商务委、市发展改革委、市经济信息化委、市文广影视局、市新闻出版局、上海海关、国家外管局上海市分局负责）

（十二）创新完善对外文化贸易知识产权保护和服务体系，建立健全知识产权信用保证机制，及时为对外文化贸易提供海外知识产权维权援助和法律咨询。积极发挥上海文化产权交易所等机构的作用，加强对文化产品和服务的版权保护及边境保护，支持现代著作权保护技术的开发和应用，促进版权授权体系发展。加大知识产权宣传力度，开展新《商标法》等法律法规的培训教育，提升文化贸易企业知识产权创造、运用、管理和保护能力，营造有利于文化贸易知识产权保护的舆论环境。（市新闻出版局、市知识产权局、市商务委、市委宣传部、市文广影视局、市工商局、上海海关负责）

（十三）鼓励高等院校及科研机构加强对外文化贸易学科建设和智库建设，提升理论研究为实践服务的能力，促进专业人才培养与经营管理紧密结合，探索学历教育与职业培训并举，培养文化贸易复合型人才。依托“四个一批”人才培养工程和上海领军人才培养计划，不断提升对外文化贸易人才创新创意创业能力和团队组织能力；通过实施国家“千人计划”“浦江人才计划”等各类引才引智计划，发挥《上海市文化创意产业紧缺人才开发目录》的指导性作用，实行政策聚焦、服务聚焦，进一步集聚海内外优秀文化创意人才，为本市对外文化贸易发展提供人才支撑。（市教委、市人力资源社会保障局、市商务委、市委宣传部、市文广影视局、市新闻出版局负责）

（十四）进一步发挥上海市文化创意产业推进领导小组、上海市服务贸易发展联席会议、国家对外文化贸易基地（上海）联席会议等工作机制的统筹协调作用，完善由商务、宣传、文化、外事、发展改革、财税、金融、海关、统计等部门组成的对外文化贸易工作联系机制，加强统筹协调，整合资源，推动相关政策措施的落实，依法规范对外文化贸易工作。

本实施意见自 2014 年 12 月 1 日起施行，有效期至 2019 年 11 月 30 日。

上海市人民政府
2014 年 11 月 7 日

第二章　江苏省政府相关文件

江苏省关于大力实施“宽带中国”战略加快提升全省宽带发展水平的意见

各市、县(市、区)人民政府,省各委办厅局,省各直属单位:

为认真贯彻《国务院关于印发“宽带中国”战略及实施方案的通知》(国发〔2013〕31号)、《省政府关于加快推进信息通信基础设施建设的意见》(苏政发〔2011〕149号)、《省政府关于大力推进信息化发展和切实保障信息安全的实施意见》(苏政发〔2013〕72号)精神,不断提升我省宽带发展整体水平,加快信息通信基础设施建设,有力推动全省信息化建设和经济社会发展,特提出以下意见:

一、明确加快提升我省宽带发展水平的工作目标

(一)全省总体目标。到2015年,在全省率先建成适应经济社会发展需要的下一代信息基础设施。实现城市光纤到楼入户、农村宽带进乡入村,固定宽带家庭普及率达到91%,第三代及第四代移动通信技术(3G/4G)用户普及率达到68%,行政村通宽带(有线或无线接入方式,下同)比例达到100%,各类公益机构基本实现宽带接入。城市和农村家庭宽带接入能力基本达到100兆比特每秒和20兆比特每秒。宽带应用水平大幅提升,宽带产业链上下游配套基本形成,移动互联网广泛渗透,网络与信息安全保障能力明显增强。到2020年,我省宽带网络基础设施达到发达国家当时发展水平,城乡居民充分享受宽带带来的经济增长、服务便利和发展机遇。宽带应用深度融入生产生活,移动互联网全面普及。技术创新和产业竞争力达到国际先进水平,形成健全的网络与信息安全保障体系。

(二)省辖市目标。各市根据全省总体目标,结合城乡区域协调发展要求,本着“苏南地区赶超国家一类地区、接近发达国家水平,苏中地区达到或略低于国家一类地区水平,苏北地区达到或高于全国平均水平”的原则,细化确定本市2014年、2015年发展目标。

二、推动城乡和区域宽带网络协调发展

(一)城市地区。大力推进“宽带江苏”工程建设,新建居住建筑直接实现光纤到户,老旧小区分批进行光纤化改造,实现光纤覆盖用户逐年稳定增长。加快推进“无线江苏”工程建设,进一步深化城市无线网络(3G/4G/WiFi)覆盖,全面提升宽带网络速度与性能,在国内率先建成一批宽带城市。按年度分批次组织开展重点区域信息通信基础设施优化升级,重点推进面向新城区、开发区、产业园(区)等集聚区域的信息通信基础设施升级。加快城区公共热点的公益性无线网络(WiFi)覆盖,加快各类公益机构的宽带普及与提速。

(二)农村地区。灵活使用有线、无线等宽带接入技术,加快提升农村地区宽带速率。采用补贴或购买服务等方式,向农村用户提供阶段性(3至6个月)免费无线宽带接入服务,培育农村用户使用宽带网络的需求和意识。鼓励支持通信运营商等相关企业为农村用户提供便捷、实用、价优的终端与服务。

（三）区域协调发展。支持苏南地区先行先试，对照发达国家宽带发展水平，开展网络升级和应用创新，打造全国宽带建设样板。鼓励苏中和苏北地区积极争取大型呼叫中心、云计算中心等功能性设施落户，带动当地宽带网络应用和产业发展。

三、加快宽带网络优化升级

（一）大力推进固定宽带网络升级。按照国家和省进一步加快宽带建设的总体要求，推动全省城乡光纤网络建设，提升骨干网传输和交换能力，进一步拓宽宽带互联网出省中继带宽，推进“光进铜退”工程，改善网络服务质量。加快建设国家级互联网骨干直联点。引导、支持通信、广电、电力等行业企业加强合作，确保实现本地区互联互通。大力推进光纤到楼入户工程，积极推进老小区、城中村、新农村等驻地网信息通信基础设施集约化建设。支持行业专用通信网用户充分利用电信、广电等公共基础网络开展专有业务应用。

（二）加快建设新一代移动通信网络。将4G网络建设发展纳入各级经济社会发展总体规划和城乡建设规划，实现宽带网络建设与各级各类相关规划的有机衔接。加快推动TD－LTE等4G网络布局和商用发展，在全国率先实现热点区域的新一代移动通信网全覆盖，加快推动应用普及与产业发展。推进广播电视无线数字化，以全省地面数字电视单频网为骨干，以市级单频网及移动多媒体广播电视覆盖网为重要内容，初步构建江苏广电无线数字覆盖平台。

（三）适度超前建设下一代广播电视网络。建设国家广电骨干网江苏核心枢纽节点，适度超前建设骨干承载网，建成城乡一体的数字化、双向化、宽带化广电网络。发挥广播电视网优势，促进宽带普及。

（四）全面布局下一代互联网络。支持下一代互联网示范城市建设，在示范城市和国家级高新技术园区等重点区域，开展或试点现有基础网络向以互联网第6版协议（IPv6）为核心的下一代互联网升级。在此基础上，加快部署下一代互联网，实现规模商用。联合重点终端厂商，加快更新和替换步伐，基本实现终端IPv6化。支持互联网数据中心（IDC）、呼叫中心、云计算中心等重点功能性服务平台建设，全力提升信息数据存储和服务能力，满足长江三角洲地区海量数据资源集中存储的业务需求。

（五）研发培育未来网络。密切关注国内外未来网络技术演进路线，持续跟踪未来网络研究、试验和产业化进程。支持南京市以中国（南京）未来网络产业创新中心为核心，加强信息网络技术与产业发展路线顶层设计，开展基于国家未来网络重大基础设施（CENI）项目的关键技术攻关，加强关键领域产品研发和产业孵化，努力建成全国首个未来网络产业化基地。

四、提高宽带网络应用水平

（一）推动普遍信息服务。全面摸清各类公益机构特别是高等院校的宽带网络建设与服务提供情况，组织通信运营商共建共进，提供质优价廉的宽带网络与服务。通信运营商在公益机构建设宽带和移动基站的，公益机构应依法提供建设便利，不得违法收取任何形式的“入场费”等费用。扩大宽带网络使用人群覆盖范围，推动普遍服务的实现。对苏北和农村地区、社会弱势群体提供优惠信息资费套餐，保障社会公众平等享有信息使用权。开发面向苏北和农村需求的信息服务和农业技术、劳动就业、农民创业等特色信息资源。

（二）建设宽带应用支撑平台。加快全省重点领域各类公共信息服务平台建设，推进高清视频、互动视频、可视电话、家庭安防、“智慧小区”等宽带业务应用，推进基于移动终端的服务平台建设及移动互联网业务应用。加快“智慧江苏”门户平台、农村综合信息服务平台、城乡社区综合信息服务平台的

建设、资源引入与推广应用。

（三）加强信息基础网络与终端体验。在全省各地开展多形式、多层面的宽带服务和智能信息终端体验活动，进一步加快宽带应用和信息消费融入社会生产和群众生活。组织开展各类面向企业事业单位和社会公众的宽带网络服务推广活动，提升全社会利用信息服务提高生产效率和竞争力的意识与能力。发挥各地现代农业示范园区和农村综合信息服务平台的信息化服务载体作用，为广大农民和农村企业提供便捷、实用、价廉的宽带网络服务。

（四）推进宽带业务应用推广与创新。扶持数字家庭、智慧城市、无线城市等各类市场应用，加快三网融合在全省范围的普及推广。深入拓展交互式网络电视（IPTV）、手机电视和基于有线电视网络的互联网接入等三网融合业务，加快发展 IPTV 用户和通过有线电视网络接入互联网的用户，进一步丰富 IPTV 内容资源。

五、发展宽带相关产业

（一）完善宽带产业链。加强核心、空缺产业环节的引进和配套，完善宽带产业链。编制《江苏省宽带网络关键核心产品研发指南（目录）》，加快全省宽带网络核心设备与产品的研制和产业化，抢占技术高地，推动建立宽带产业园、无线产业园。

（二）加强生产研发。依托我省电子信息产业与软件信息服务业的良好基础，大力推动接入设备、传输交换设备、高性能计算机、高端服务器、网络存储、安全防御和数字电视、智能终端、数字内容等产品的生产研发，推动产业链上下游企业加强协作，促进相关产业集聚发展、融合发展。

（三）建设支撑平台。整合我省产业资源，加强宽带网络技术领域推动工程研究中心、技术创新中心以及无线电发射设备型号核准检测中心等产业创新能力平台建设。

六、完善宽带网络建设环境

（一）强化组织协调。各级政府要切实加强组织领导，认真研究落实各项有效措施，协调推动社会各方力量，创造良好建设环境，加快推进宽带网络这一战略性公共基础设施建设。各级信息化主管部门要加强对本地信息通信基础设施建设的统筹协调与组织推动，通过督办、统计、考核等办法，动态监测宽带网络设施建设发展情况。省通信管理局可通过在各市设立派出机构等形式，加强对地方通信行业的监管。

（二）规范建设秩序。各市要加快完成以管道、基站等为主的信息通信基础设施空间布局规划，并与当地城乡建设规划、土地利用规划及控制性详细规划等所有相关规划衔接，从源头上解决基站选址难、管线铺设难问题。加快推动新型城镇化进程中的信息通信基础设施集约化建设，城市中新建房地产项目，实行信息通信基础设施与水、电、气等公共基础设施同步规划、同步设计、同步建设、同步管理，执行住宅小区和住宅建筑宽带网络设施的工程设计、施工及验收规范，避免和减少重复建设。对因征地拆迁、城乡建设等需要光缆、管道、基站、机房等信息通信基础设施迁移的，应指定合适地点准予信息通信基础设施所有方迁移，并对迁移所造成的损失依法给予补偿。开展公用设施梳理分类表和公众移动基站选址分类区域编制工作，协调政府机关、企业事业单位和公共机构等所属公共设施，市政设施、公路、铁路、机场、地铁等公共设施向信息通信基础设施建设开放，并提供通行便利。优化环评审批流程，简化通信基站建设手续。

（三）开展试点示范。坚持以点带面、有序推进方针，扎实开展宽带网络设施集约化建设、宽带城市、下一代互联网示范城市、苏北和农村地区信息通信基础设施示范县乡建设等试点示范工作。继续组织各市实施信息通信基础设施建设及三网融合试点、示范工程。

（四）加大财税扶持。根据国发〔2013〕31号文件精神，落实营业税改征增值税相关政策，支持宽带网络建设。省各类专项引导资金优先支持宽带网络研发和产业化项目，积极支持引导各类社会资本参与信息通信基础设施投资建设，尤其鼓励投向苏北和农村地区。各市要根据实际情况予以资金扶持，积极引导和支持各类社会资本、各类主体参与宽带基础设施投资建设。

（五）加强频谱管理。加强通信、数字电视基站的规范化管理，推进基站按规划集约化建设，简化设置审批流程。为各基础电信和专网运营企业核配无线电频率资源，探索引入市场机制分配宽带无线接入频率资源，优先为农村和边远地区配置无线接入频率资源。协调移动通信网间干扰，加大对移动通信干扰器、“伪基站”和卫星干扰器等干扰源查处力度，协调兼容无线网络（WiFi）设置，维护无线电波良好秩序。

（六）加强宣传培训。开展宽带网络建设省、市巡回宣传活动，加强舆论引导，扩大科普宣传，消除公众对各类通信台站等公共基础设施电磁辐射的片面认识，赢得全社会理解、认同、支持宽带基础设施建设。及时了解基层培训需求，合理配置培训资源，在省、市、县三级逐步建立“按需配置资源、分类分片培训”的信息化培训体系，进一步加强面向中小学校、弱势群体、中小企业和城乡居民的信息技能培训的针对性、实效性。

江苏省人民政府
2014年4月23日

省政府关于加快全省经济技术开发区转型升级创新发展的若干意见

各市、县(市、区)人民政府,省各委办厅局,省各直属单位:

开发区是江苏经济发展的强大引擎、对外开放的重要载体和体制机制创新的先行区,是深入实施经济国际化战略的主阵地,在全省经济社会发展全局中具有重要地位。为贯彻落实《国务院办公厅关于促进国家级经济技术开发区转型升级创新发展的若干意见》(国办发〔2014〕54号),进一步推动全省经济技术开发区(以下简称开发区)深化改革、扩大开放,促进转型升级、创新发展,全面提升发展质量和水平,现提出如下意见。

一、明确开发区发展定位

(一)明确发展定位。以邓小平理论、"三个代表"重要思想、科学发展观为指导,全面贯彻党的十八大和十八届三中、四中全会精神,认真落实习近平总书记系列重要讲话精神和对江苏工作的最新要求,主动把握和积极适应经济发展新常态,主动学习借鉴自贸区改革的理念,狠抓改革攻坚,突出创新驱动,努力把全省开发区建设成为带动区域经济发展和实施区域共同发展战略的重要载体,成为构建开放型经济新体制和培育吸引外资新优势的排头兵,成为科技创新驱动和绿色集约发展的示范区,成为企业国际化、城市国际化和人才国际化的先行区,在全省新型工业化、信息化、城镇化和城乡发展一体化建设中发挥示范带头作用,推动我省开发区建设迈上新台阶。

(二)转变发展方式。坚持以提高经济发展质量和效益为中心,把转方式调结构放到更加重要位置,在发展理念、办区模式、管理方式等方面加快转型,实现由追求速度向追求质量转变,由政府主导向市场主导转变,由同质竞争向差异化发展转变,由硬环境见长向软环境致胜转变。坚持市场经济和开放型经济取向,进一步推进市场化改革,减少行政干预,打破制约开发区发展的深层次障碍,增强开发区发展的内生动力。开发区管委会要把主要精力放在建章立制、加强市场监督、维护公平竞争环境上,逐步把园区的服务交给市场主体,降低行政成本,提高市场活力。

(三)分类推进开发区建设。苏南开发区要加强创新驱动,大力发展先进制造业和现代服务业,加快"腾笼换鸟"进程。苏中开发区要依托自身比较优势,突出特色产业发展,形成错位竞争优势。苏北开发区要加快工业化进程,提高承接产业转移能力,在做大总量的同时争取实现跨越式发展。国家级开发区要突出创新功能和社会功能提升,坚持高端发展的战略取向,培育跨国公司研发中心、国有企业、大型民营企业、科技型中小企业等多元创新主体,着力构建区域创新体系,不断提高在全球价值链及国际分工中的地位,率先实现转型发展。省级开发区要加快新型工业化步伐,大力发展现代服务业,着力打造特色和优势主导产业,防止低水平重复建设,促进现代化产业集群迅速发展。

(四)探索建立开发区动态管理机制。各地、各有关部门要加强指导和规范管理,进一步强化约束和倒逼机制,细化监督评估工作,逐步实现"有升有退"的动态管理。在控制新增数量、提升发展质量的原则下,支持经济综合实力领先、产业特色明显、内生动力突出的省级开发区升格为国家级开发区。对土地资源利用效率低、环保不达标、发展长期滞后的开发区,予以警告、通报、限期整改、退出等处罚。对当年经考核列全省后3位的开发区进行通报和督促整改;对连续2年列全省后3位的开发区予以黄牌警告;对连续3年列全省后3位的开发区实行退出机制,并对机构建制作相应调整。

(五)强化规划引领。认真修编完善开发区规划体系,按照实际需要制定开发区中长期发展规划、重点产业投资促进规划和"十三五"发展规划。严格依据土地利用总体规划和城市总体规划开发建设，坚持科学、高效、有序开发，严禁擅自调整规划，保持规划的科学性、完整性、连续性。开发区规划与主城区规划保持协调和一致。区内控制性详细规划应依法批准并实现全覆盖，重点地区可开展城市设计并纳入控制性详细规划。完善开发区布局规划，借鉴广州开发区、北京中关村经验，实行一区多园，对全省开发区进行整合、优化、提高。开发区应依法开展规划的环境影响评价。

（六）完善科学发展评价体系。进一步完善《江苏开发区科学发展综合评价办法》，把创新能力、品牌建设、规划实施、生态环境、节约集约用地、知识产权保护、投资环境、行政效能、新增债务、安全生产等作为评价的重要内容，引导全省开发区走质量效益型发展道路。增强考核评价的约束力，将评价结果与开发区升级、扩区和区位调整相结合。鼓励开发区建设创新型园区、智慧园区、金融合作创新园区、生态工业园区、特色产业园区、知识产权园区、海关特殊监管区和共建园区等"一区八园"，实现特色发展、创新发展、和谐发展。

二、推进开发区体制机制创新

（七）修订完善开发区条例。根据新形势要求，加快推进修订《江苏省经济技术开发区管理条例》，进一步明确开发区的法律地位、管理体制、运行机制和管理权限。在保障国家级开发区和有条件的省级开发区根据授权行使省辖市、县（市）级人民政府行政审批、经济协调与管理等职能的同时，赋予必要的公共服务及行政执法等社会事务管理权限。

（八）创新行政管理体制。鼓励开发区创新行政管理体制，简政放权，科学配置职能机构，公开高效运行。探索有条件的开发区与行政区融合发展的体制机制。开发区管理机构要提高行政效率和透明度，完善决策、执行和监督机制，加强事中事后监管，强化安全生产监管，健全财政管理制度，严控债务风险。开发区机构编制纳入当地机构编制管理部门统一管理，开发区所需行政编制在所在地现有行政编制总数内调剂解决。

（九）推进行政审批制度改革。开展行政审批制度改革试点，在开发区试行"园内事园内办结"，促进开发区行政管理和服务创新。进一步下放审批权限，支持开发区进行外商投资管理体制改革试点，对国家级高新技术产业开发区实行外资单列管理，赋予省级外资审批权限。大力推进工商登记制度改革，试行推进并联审批，实行工商营业执照、组织机构代码证、国地税税务登记证"三证合一"等模式。推行网上审批，实行审批要素、审批流程全过程标准化，主动向社会公开。鼓励在符合条件的国家级开发区开展人民币资本项目可兑换、人民币跨境使用、外汇管理改革等方面试点。

（十）推进社会事业改革。开展开发区社会管理改革试点，探索社会治理的有效途径，促进开发区社会管理体制创新。在开发区教育、卫生、文化、体育、养老等社会公共服务领域试行政企分开、政事分开和管办分离，建立健全政府购买公共服务制度，构建政府、社会组织、中介机构和企业共同参与、相互促进的公共服务体系。完善综合治理工作体制机制，构建社会治安防控体系，深入开展矛盾纠纷排查调处活动，推进开发区和谐稳定发展。探索推进大型公共设施"市场化运作""集中化经营"等多种模式的管理运行机制，切实提高开发区社会公共服务供给效益。

三、促进开放型经济发展

（十一）提高利用外资的质量和水平。充分利用外资的技术溢出和综合带动效应，积极吸引先进制造业投资，努力培育战略性新兴产业，大力发展生产性服务业，增强出口竞争力，提升全省开发区产业增值能力和国际化水平，增创开放型经济新优势。进一步完善鼓励跨国公司在江苏设立地区总部及功能性机构的政策。苏南开发区尤其是国家级开发区要大力吸引跨国公司设立地区总部和功能性

机构，苏中、苏北开发区突出引进外资促进传统产业改造升级，拓展服务业利用外资新领域，积极探索利用外资新方式，引导外资产业与特色产业科学配套，加快形成新的增长点。

（十二）加快开发区“走出去”步伐。主动参与“一带一路”建设，拓展对内对外开放新空间。推动有条件的开发区“走出去”参与境外经贸合作区和产业集聚区的建设。鼓励开发区和区内大企业联合“走出去”。创新对外投资合作方式，支持区内企业在研发、生产、销售等方面开展国际化经营，加快培育江苏的跨国公司和国际知名品牌。支持区内有实力的企业开展境外投资，更好地利用两种资源、两个市场实现新发展。

（十三）优化整合海关特殊监管区。建立我省海关特殊监管区域运行的管理考核、政策研究、工作交流机制。支持符合条件的国家级开发区申报设立海关特殊监管区域。推进海关特殊监管区域整合优化和联动发展，争取率先复制推广上海自贸区贸易便利化和监管制度创新。支持符合条件的出口加工区升格为综合保税区。推进苏州工业园区贸易多元化试点，落实相关税收政策，完善贸易功能，积累经验，争取向省内其他综合保税区推广。促进海关特殊监管区域向加工制造中心、贸易销售中心、交易结算中心、物流配送中心、维修服务中心和研发设计中心等方向转型发展。

（十四）推进中外合作园区建设。进一步发挥中新苏州工业园区的示范、辐射和带动作用，加快中瑞镇江生态产业园、中奥苏通科技产业园、新加坡-南京生态科技岛、中意海安生态园等国际合作园区建设。支持和推进国际合作生态园、国际合作创新园建设，不断深化开发区科技创新国际合作。对两国政府之间确定的国际合作园区给予支持。充分发挥江苏与国外友好省州较多的优势，支持开发区开展多种形式的国际合作。

四、推动开发区产业转型升级

（十五）优化产业结构和布局。将产业结构的调整优化作为开发区转型升级的主攻方向，以提质增效为核心，以促进两化深度融合为抓手，加快传统制造业改造提升，大力发展战略性新兴产业和先进制造业，形成战略性新兴产业集群。大力发展现代服务业，加快发展生产性服务业、生活服务业和高端服务业，加快发展国际服务外包业务。大力推进科技研发、物流、服务外包、金融保险等服务业快速发展，增强开发区产业集聚效应。支持开发区创建省级现代服务业示范区。积极发展文化产业，加快文化产业集聚区建设。

（十六）增强科技创新驱动能力。开发区要在强化科技同经济对接、创新成果同产业对接、创新项目同现实生产力对接、研发人员创新劳动同其利益收入对接方面率先探索，加快形成有利于出创新成果、有利于创新成果产业化的新机制。坚持经济和技术并重，把提高创新能力和保护知识产权摆到更加突出的位置，进一步增强区内企业的创新意识，支持开发区内大中型企业和规模以上高新技术企业建设企业研发机构，增强企业自主创新能力。鼓励条件成熟的开发区建设各种形式的协同创新平台，形成产业创新集群。加强开发区知识产权运用和保护，有条件的国家级开发区要建立知识产权法庭。支持开发区创建知识产权试点示范园区，对获批国家级、省级知识产权试点示范园区予以扶持和奖励。建立健全知识产权管理体系，推动建立严格有效的知识产权运用和保护机制。引导开发区内企业与跨国公司建立技术战略联盟。

（十七）加强人才体系建设。加快发展现代职业教育，加强终身职业培训体系建设，深化产教融合、校企合作，鼓励中外合作培养技术技能型人才。大力引进高层次科技人才、高素质管理人才、高技能实用人才和高水平创业团队，支持通过设立创业投资引导基金、创业投资贴息资金、知识产权作价入股等方式，搭建科技人才与产业对接平台。鼓励开发区在高端人才境外股权投资、返程投资及人员落户、子女就学等配套服务方面加大支持。支持有条件的国家级开发区通过多种形式设立综合性大学的分支机构、中外合作办学和兴办产业研究院，完善人才创新集聚环境。支持开发区创新人才保障机制，形成有利于人才创新创业的流动、分配、激励和保障体系。

（十八）创新投融资体制。继续鼓励政策性银行和开发性金融机构对符合条件的开发区基础设施项目、公用事业项目及产业转型升级发展给予信贷支持。允许符合条件的开发区开发、运营企业依照国家有关规定申请上市和发行中期票据、短期融资券等债券产品募集资金。支持有条件的开发区发展技术市场，健全技术转移机制，改善中小企业融资条件，完善风险投资机制，促进科技成果资本化、产业化。支持开发区同投资机构、保险公司、担保机构和商业银行合作，探索建立投保贷序时融资安排模式。建立规范合理的开发区债务管理及风险预警机制，坚持量力而行，严格控制开发区负债规模。积极探索建立市场化、社会化投融资体制，进一步优化投资审批流程，充分调动社会资本投资积极性，鼓励有条件的开发区探索同社会资本共办“区中园”。

（十九）提高信息化水平。支持开发区加快发展软件和信息服务、物联网、云计算、移动互联网、大数据等产业，培育和吸引信息技术重点领域领军企业，利用信息科技手段拓展传统产业链、提升增值水平。以园区各类信息资源为核心推进资源共享，推进开发区产业发展智慧化、运行管理智慧化和公共服务智慧化。积极推进开发区统计信息系统应用拓展和功能提升。坚持信息基础设施和其他基础设施同步规划、同步建设，在全省开发区推进智慧园区建设，加快推动建设信息化基础设施，构建宽带、融合、安全、泛在的信息基础设施。

五、坚持开发区绿色集约发展

（二十）鼓励绿色低碳循环发展。严格资源节约和环境准入门槛，大力发展节能环保产业，推动开发区产业生态化改造，加快推进开发区循环化改造，提高能源资源利用效率，强化环境安全监测监控体系建设，减少污染物排放，防控环境风险。支持开发区创建国家级、省级生态工业示范园区、循环化改造示范试点园区和低碳经济试点示范园区等绿色园区。省级环保资金要向生态工业园区倾斜使用。制定绿色金融政策，鼓励金融机构加大对开发区内绿色环保项目的信贷支持。

（二十一）强化土地节约集约利用。坚持合理、节约、集约、高效开发利用土地。强化产业发展规划与土地利用总体规划和城市总体规划的协同衔接，统筹各业各类用地，重点保障与区域资源环境和发展条件相适应的主导产业用地，合理布局战略性新兴产业、先进制造业和现代服务业用地，引导产业集聚、用地集约。严格执行土地使用标准，建立健全产业用地节地准入体系，加强土地开发利用动态监管。强化开发区用地内涵挖潜，加大对闲置土地处置力度，推动开发区存量建设用地盘活利用，鼓励对现有工业用地追加投资、转型改造，提高土地利用强度。推进四层及以上配工业电梯的高标准厂房建设和使用，有序引导中小微企业向高标准厂房集中，提高厂房的使用效率。建立健全开发区土地节约集约利用评价、考核与奖惩制度，优先保障国家级开发区建设项目用地，对有条件的开发区探索建立建设用地指标单列。允许符合条件且确有必要的开发区严格按程序申报扩区或调整区位。

六、促进开发区特色发展

（二十二）大力发展特色产业。以提升开发区产业集聚为重点，进一步完善全省特色产业园区布局，努力做到错位发展、差别竞争。重点培养新兴产业类、先进制造业类、高新技术产业类、现代服务业类和现代农业类的特色产业园区。省级支持产业发展的相关专项资金向特色产业园区倾斜，省级商务发展专项资金优先扶持园区品牌建设、技术改造、科技创新和公共服务平台建设。重点扶持建设50家省级以上特色产业园区，对经考核特色产业园区建设列全省前10名的开发区给予奖励。

（二十三）推进共建园区建设。南北共建开发区要与所在地开发区在规划建设上相衔接、产业功

能上相配套、招商引资上相协调，不断提升共建园区的承载能力，形成加快推进区域协调发展的整体合力。建立健全以政府推动、市场驱动为主的南北共建机制，推动苏南等开发区产业、科技、人才、资本等要素向苏中、苏北转移，实现南北开发区跨区域资源整合。完善考核奖励激励机制，引导共建园区提升发展水平。

七、优化营商环境

（二十四）完善开发区营商服务体系。坚持“小政府大社会，小机构大服务”的方向，进一步完善与国际接轨的经济运行机制和统一高效的管理体系。努力营造“公平、公开、透明、便捷”的综合商务环境，完善“一站式”政务服务。构建更加合理完善的开发区公共服务体系。推行流动人口“集中住宿、集中服务、集中管理”模式，配套建设外来人口集中居住公寓和相关生活设施。高度重视发展小微科技企业，在市场开拓、人才培养、知识产权保护、法律服务等方面加大扶持力度。

（二十五）积极发展中介组织。进一步发挥中介组织的桥梁纽带作用，建立健全中介组织的规章制度，理清政府与中介组织之间的关系。鼓励开发区发展律师事务所、会计事务所、审计事务所、工程咨询公司等评价审核性中介，咨询公司、期货经纪公司、劳务公司等咨询服务性中介，以及各种商会、行业协会等自律自治性社会组织。

（二十六）规范招商引资活动。节俭务实开展招商引资活动，以产业规划为指导，提高专业化招商、产业链招商水平。坚持市场主导与政府引导相结合，从政府部门主导招商引资向专业化、市场化的招商引资运作机制转变。加大对违规招商的巡查和处罚力度，坚决杜绝铺张浪费、缺乏实效、弄虚作假。严格执行国家财政政策和土地政策，禁止侵占被拆迁居民和被征地农民的合法利益，不得违法下放农用地转用、土地征收和供地审批权，不得以任何形式违规减免和返还土地出让金。

（二十七）完善综合投资环境。加强开发区党建工作和反腐倡廉工作。建立健全政企沟通机制，以提升投资者满意度为中心，着力打造法治化、国际化营商环境。鼓励开发区依法依规开办各种要素市场，促进商品和要素自由流动、平等交换。省商务主管部门要加强对全省开发区的管理、协调和服务，建立全省开发区投资环境评价体系。

各地、各有关部门要进一步深化对促进全省开发区转型升级、创新发展工作重要意义的认识，切实加强组织领导和协调配合，制定具体实施方案和配套政策措施，明确任务分工，落实工作责任，形成工作合力，确保取得实效。

江苏省人民政府
2014 年 12 月 29 日

江苏省关于进一步推进户籍制度改革的意见

各市、县(市、区)人民政府,省各委办厅局,省各直属单位:

为深入贯彻落实党的十八大、十八届三中全会和中央城镇化工作会议关于进一步推进户籍制度改革的要求,有序实现有能力在城镇稳定就业和生活的常住人口市民化,稳步推进城镇基本公共服务常住人口全覆盖,根据《国务院关于进一步推进户籍制度改革的意见》(国发〔2014〕25号)和《江苏省新型城镇化与城乡发展一体化规划(2014—2020年)》,现提出如下意见。

一、总体要求

(一)指导思想。以邓小平理论、"三个代表"重要思想、科学发展观为指导,深入贯彻习近平总书记系列重要讲话精神,适应推进新型城镇化和城乡发展一体化需要,进一步推进户籍制度改革,落实放宽户口迁移政策;统筹户籍制度改革和相关经济社会领域改革,合理引导农业人口有序向城镇转移,有序推进农业转移人口市民化;统筹推进工业化、信息化、城镇化和农业现代化同步发展,推动大中小城市和小城镇协调发展、产业和城镇融合发展,更好地谱写"中国梦"的江苏篇章。

(二)基本原则

——坚持积极稳妥、规范有序。立足基本国情、省情,积极稳妥推进,优先解决存量,有序引导增量,合理引导农业转移人口落户城镇的预期和选择。

——坚持以人为本、尊重群众意愿。尊重城乡居民自主定居意愿,依法保障农业转移人口及其他常住人口合法权益,不得强迫办理落户。

——坚持因地制宜、区别对待。充分考虑当地经济社会发展水平、城市综合承载能力和提供基本公共服务的能力,实施差别化落户政策。

——坚持统筹配套、提供基本保障。统筹推进户籍制度改革和基本公共服务均等化,不断扩大教育、就业、医疗、养老、住房保障等城镇基本公共服务覆盖面。

(三)发展目标。进一步调整户口迁移政策,放宽城市落户条件,全面实施居住证制度、省辖市范围内本地居民户口通迁制度,加快建设和共享人口基础信息库,稳步推进义务教育、就业服务、基本养老、基本医疗卫生、住房保障等城镇基本公共服务覆盖全部常住人口。到2020年,基本建立与"两个率先"进程相适应,有效支撑社会管理和公共服务,依法保障公民权利,以人为本、科学高效、规范有序的新型户籍制度,实现城乡基本公共服务均等化全覆盖的常住人口城镇化率达到72%,户籍人口城镇化率与常住人口城镇化率差距缩小到5个百分点。

二、进一步调整户口迁移政策

(四)全面放开建制镇和小城市落户限制。在城区人口50万以下的县级市市区、县人民政府驻地镇和其他建制镇,有合法稳定住所(含租赁)的人员,本人及其共同居住生活的配偶、未成年子女、父母等,可以在当地申请登记常住户口。其中,在城市综合承载能力压力小的地方,可以凭合法稳定就业并参加城镇社会保险落户。

(五)有序放开中等城市落户限制。在城区人口50万至100万的中等城市合法稳定就业并有合法稳定住所(含租赁),同时按照国家规定参加城镇社会保险达到一定年限的人员,本人及其共同居住生活的配偶、未成年子女、父母等,可以在当地申请登记常住户口。其中,城市综合承载能力压力小的地方,可以凭合法稳定就业并参加城镇社会保险或合法稳定住所(含租赁)落户;城市综合承载能力压

力大的地方，可以对合法稳定就业的范围、年限和合法稳定住所（含租赁）的范围、条件等作出具体规定，但对合法稳定住所不得设置住房面积、金额等要求，对参加城镇社会保险年限的要求不得超过3年。

（六）合理确定大城市、严格控制特大城市落户条件。在城区人口100万至500万的大城市和500万以上的特大城市合法稳定就业达到一定年限并有合法稳定住所（含租赁），同时按照国家规定参加城镇社会保险达到一定年限的人员，本人及其共同居住生活的配偶、未成年子女、父母等，可以在当地申请登记常住户口。其中，城市综合承载能力压力小的地方，可以凭合法稳定就业并参加城镇社会保险或合法稳定住所（含租赁）落户；城区人口300万以上、城市综合承载能力压力大的地方，可以对合法稳定就业的范围、年限和合法稳定住所（含租赁）的范围、条件等作出较严格的规定，对参加城镇社会保险年限的要求不得超过5年。

（七）全面实行省辖市范围内本地居民户口通迁制度。本地居民在省辖市范围内凭合法稳定住所（含租赁）自由迁移，不受就业、社保等限制。城市综合承载能力压力小的地方，也可以凭合法稳定就业并参加城镇社会保险自由迁移。

（八）积极推行积分落户制度。城区人口300万以上的地方，可以结合本地实际，以居住证为载体，建立以合法稳定就业、合法稳定住所（含租赁）、参加城镇社会保险年限、连续居住年限等为主要指标的积分落户制度，积极解决长期在当地务工、经商人员的落户问题。

（九）明确合法稳定住所、合法稳定就业范围。合法稳定住所，指购买、自建、继承、受赠的产权房和政府提供的保障性住房，在建制镇和小城市还包括在当地房管部门办理租赁登记备案的租赁房屋；合法稳定就业，指有合法职业、依法签订劳动合同、参加社会保险，或取得营业执照、具有稳定收入并依法纳税。

（十）有效解决户口迁移中的重点问题。认真落实优先解决存量的要求，重点解决进城时间长、就业能力强、可以适应城镇产业转型升级和市场竞争环境的人员落户问题。不断提高高校毕业生、技术工人、留学回国人员等常住人口的城镇落户率。

三、创新人口管理

（十一）建立居住证制度。公民离开常住户口所在地到其他省辖市居住半年以上的，在居住地申领居住证。在同一省辖市内到其他县（市）居住半年以上的，可自愿申领居住证。符合条件的居住证持有人，可以在居住地申请登记常住户口。以居住证为载体，建立健全与居住年限等条件相挂钩的基本公共服务提供机制。居住证持有人享有与当地户籍人口同等的劳动就业、基本公共教育、基本医疗卫生服务、计划生育服务、公共文化服务、证照办理服务等权利；以连续居住年限、就业年限和参加社会保险年限等为条件，逐步享有与当地户籍人口同等的中等职业教育资助、就业扶持、住房保障、养老服务、社会福利、社会救助等权利，同时结合随迁子女在当地连续就学年限等情况，逐步享有随迁子女在当地参加中考和高考的资格。各地要积极创造条件，不断扩大向居住证持有人提供公共服务的范围。

（十二）完善人口信息管理制度。建立健全实际居住人口登记制度，加强和完善人口统计调查制度，全面、准确掌握人口规模、人员结构、地区分布等情况。大力推进以公民身份号码为唯一标识、以人口基础信息为基准的省级人口基础信息库建设，并列入智慧江苏重点工程。分类完善劳动就业、教育、收入、社保、房产、信用、卫生计生、税务、婚姻、民族等信息系统，以省信息资源共享交换平台为基础，逐步实现跨部门、跨地区信息整合、共享和综合利用，为制定人口发展战略和政策提供信息支持，为人口服务和管理提供支撑。

四、切实保障农业转移人口及其他常住人口合法权益

（十三）加快推进农村土地确权登记颁证。按照中央关于引导农村土地承包经营权有序流转发展农业适度规模经营的意见要求，积极推行农村土地三权分置，有效激活农村土地承包经营权权能，全面开展农村土地承包经营权确权登记颁证试点，维护农民土地承包权益，推进现代农业发展。进一步完善农村集体土地所有权登记颁证成果，加快宅基地使用权确权登记颁证试点工作，做到符合发证条件的证书应发尽发。

（十四）推进农村集体产权制度改革。按照"归属清晰、权责明确、保护严格、流转顺畅"的现代产权制度要求，推进农村集体产权制度改革，发展农村社区股份合作社，在确保村集体经济组织稳定积累、集体经济和社会事务发展的基础上，采取按人分配、按股分红等多种方式，增加村集体经济组织对其成员的直接利益分配。积极推进"政社互动"，有条件的村探索村经济职能与自治职能分离、经济组织与自治组织分设。修订完善《江苏省农村集体资产管理办法》。落实好农民对集体经济活动的民主管理权利；探索赋予农民对集体资产股份的占有、收益、继承等权利，建立符合市场经济要求的农村集体经济运营新机制。

（十五）建立农村产权流转交易市场。加快推进农村产权流转交易市场建设，2017 年年底前，在全省建立省、市、县、乡四级联动的农村产权市场交易体系，县（市、区）和乡镇全面建设农村产权流转交易市场。现阶段，不得将农民进城落户与退出土地承包经营权、宅基地使用权、集体收益分配权相挂钩。根据中央统一部署，探索建立农民土地承包经营权、宅基地使用权、集体收益分配权自愿有偿退出办法。

（十六）推进农业转移人口随迁子女平等接受教育。保障农业转移人口及其他常住人口随迁子女平等享有受教育权利。将随迁子女接受义务教育纳入教育现代化建设和财政保障范围，逐步纳入输入地普惠性学前教育和免费中等职业教育招生范围。采取政府购买服务等方式，保障未能在公办学校就学的随迁子女在民办学校接受义务教育的权利。完善随迁子女异地中高考制度和招生制度，推动各地不断完善随迁子女接受义务教育后在流入地参加升学考试的实施办法。到 2020 年，随迁子女与户籍学生在流入地接受义务教育、参加升学考试等方面享受同等待遇的比例达到 100%。

（十七）增强农业转移人口就业能力。加快县城和重点中心镇产业发展，积极开发适合农业转移人口的就业岗位，拓展农民就近就地就业空间。完善城乡就业失业登记制度，整合职业教育和培训资源，面向农业转移人口全面提供政府补贴职业技能培训服务，加大创业扶持力度，促进农业转移人口就业创业。完善促进农业转移人口就业的基本公共服务，保障与城镇户籍就业人员平等享有就业创业服务、培训指导、劳动人事争议调解和仲裁等服务。

（十八）提高农业转移人口医疗卫生计生服务水平。调整农业转移人口医疗卫生计生服务管理体制，并根据常住人口规模和社区分布状况，均衡合理配置城镇公共医疗卫生计生服务资源，将进城务工人员及其随迁家属纳入社区基本医疗卫生计生服务体系，享有与城镇居民相同的基本医疗卫生计生服务。有条件的地方将符合条件的进城务工人员及其随迁家属纳入当地医疗救助范围。

（十九）健全并不断完善农业转移人口社会保障体系。建立健全各类居民的社会保险电子档案管理信息系统，在省内实现联网运行和各类社会保险关系跨地区、无障碍转移接续。落实省征地补偿和被征地农民社会保障办法，将被征地农民纳入城乡社会保障体系。推进进城务工人员与城镇职工同工同酬，平等参加养老、医疗、失业、工伤、生育保险并享受相应待遇，在农村参加的养老保险和医疗保险规范接入城镇社保体系。加大帮扶救助和"爱心助保"力度，帮助参保困难的进城务工人员早参保、长缴费。

（二十）推进基本养老服务均等发展。加强护理型养老机构建设。扩大居家养老服务范围，增加服务内容，不断满足多样化、个性化养老需求。提升农村养老服务能力和水平，开展农村互助式"关爱之家"建设，推进农村五保供养服务机构"三有三能六达标"改造建设，拓展功能、提档升级，在保障好农村五保供养对象的基础上，面向社会老年人开展养老服务。

（二十一）完善以低保制度为核心的社会救助体系。积极推进城乡社会救助统筹发展。按照《江苏省居民最低生活保障工作规程》，实现低保制度在政策设计、操作流程、管理服务上的城乡一体统筹发展，稳步缩小城乡低保标准差距，实现城乡居民在社会救助方面权利公平、机会公平、规则公平。

（二十二）拓宽农业转移人口住房保障渠道。推进进城落户农民完全纳入城镇住房保障体系；通过合理布局建设公共租赁住房，鼓励产业园区和具备条件的大中型企业配套建设公寓楼、集体宿舍，多途径解决外来务工人员住房需求；健全制度，完善政策，把符合条件的外来务工人员家庭纳入住房保障范围。扩大通过收租市场闲置房源筹集公共租赁住房试点，探索公租房投资、项目建设和租赁经营管理新模式。加快推进住房保障体系和住房供应体系建设，支持具有消费能力的农业转移人口通过商品住房市场自主购买或租赁住房。

（二十三）建立财政转移支付同农业转移人口市民化挂钩机制。完善促进基本公共服务均等化的公共财政体系，逐步理顺事权关系，建立事权和支出责任相适应的制度，按照地方事权划分承担和分担相应的支出责任。深化财税体制改革，完善转移支付制度，加大财力均衡力度，保障地方政府提供基本公共服务的财力。

五、切实加强组织领导

（二十四）抓紧落实政策措施。进一步推进户籍制度改革，是涉及亿万农业转移人口的一项重大举措。各地、各有关部门要充分认识户籍制度改革的重大意义，深刻把握城镇化进程的客观规律，进一步统一思想，加强领导，周密部署，敢于担当，按照走中国特色新型城镇化道路、全面提高城镇化质量的新要求，切实落实户籍制度改革的各项政策措施，防止急于求成、运动式推进。各市人民政府要根据本意见，统筹考虑，因地制宜，抓紧出台本地区具体可操作的户籍制度改革措施，并向社会公布，加强社会监督。公安、发展改革、教育、民政、财政、人力资源社会保障、国土资源、住房城乡建设、农林、卫生计生、法制办等部门要按照职能分工，抓紧制定教育、就业、医疗、养老、住房保障等方面的配套政策，完善法规，落实经费保障。省公安厅和省发展改革委、省人力资源社会保障厅要会同有关部门对各地实施户籍制度改革工作加强跟踪评估、督查指导。省公安厅和各地公安机关要加强户籍管理和居民身份证管理，严肃法纪，做好户籍制度改革的基础工作。

（二十五）积极做好宣传引导。全面阐释适应中国特色新型城镇化发展、进一步推进户籍制度改革的重大意义，准确解读户籍制度改革及相关配套政策。大力宣传各地在解决农业转移人口及其他常住人口落户城镇、保障合法权益、提供基本公共服务等方面的好经验、好做法，合理引导社会预期，回应群众关切，凝聚各方共识，管控网络有害信息，形成改革合力，为进一步推进户籍制度改革营造良好的社会环境。

江苏省人民政府
2014 年 12 月 29 日

江苏省关于推进现代渔业建设的意见

各市、县(市、区)人民政府,省各委办厅局,省各直属单位:

渔业是农业和国民经济的重要产业。江苏水域资源丰富,渔业生产历史悠久,被誉为“鱼米之乡”。改革开放以来,我省渔业生产持续发展,渔民收入不断增加,为保障市场供应、促进经济社会发展作出了重要贡献。当前,江苏渔业正处在转变发展方式、推进转型升级的关键时期,既面临难得机遇,也面临严峻挑战,主要是资源约束和水域环境压力加大,渔业技术条件和设施装备水平不高,渔业组织化程度和劳动力素质较低,远洋渔业和水产品加工能力薄弱,渔区社会事业建设滞后。在新的发展阶段,加快推进现代渔业建设,对于提高水产品供给能力、修复改善水域生态环境、带动渔民就业增收具有重要意义。全省各级、各有关部门要深入贯彻党的十八大和十八届三中全会精神,全面落实《国务院关于促进海洋渔业持续健康发展的若干意见》(国发〔2013〕11 号)以及国务院召开的全国现代渔业建设工作会议要求,强化政策扶持,加大工作力度,扎实推进现代渔业建设,为保障市场供应、促进渔民增收作出积极贡献。现提出如下意见。

一、总体要求、基本原则和目标任务

(一) 总体要求。围绕建设现代渔业强省目标,以保障水产品安全有效供给和促进渔民持续增收为中心任务,按照“良种化、设施化、信息化、生态化”要求,调整优化渔业产业体系,加强渔业基础设施建设,创新渔业生产经营机制,推进安全养殖、健康养殖、生态养殖,提高水域产出率、资源利用率和劳动生产率,增强渔业生产、抗御风险、市场竞争和可持续发展能力,形成生态良好、生产发达、装备先进、产品优质、渔民富裕、渔区和谐的现代渔业发展新格局,争创全国现代渔业发展示范区。

(二) 基本原则。一是坚持健康安全养殖。选育优良渔业品种,优化渔业产业结构,推广健康养殖模式,提高人工水产养殖水平。加快渔业产业转型升级,推进渔业产业化经营,构建现代渔业产业体系。加强水产品质量安全监管,培育优质水产品品牌,推进发展方式由数量增长型向质量效益型转变。二是坚持科技创新驱动。实施科教与人才兴渔战略,突出渔业品种改良、人工繁育,推进渔业科技自主创新和农村渔业实用人才培养,加快渔业科技成果转化与推广应用,提高渔业物质技术装备水平,使渔业发展真正转到依靠劳动者素质提高和科技进步的轨道上来。三是坚持水域生态优先。更加注重水域生态环境保护,正确处理渔业资源开发利用与养护的关系,推广生态健康养殖模式,严格控制并逐步减轻捕捞强度,积极发展增殖渔业,促进水域生态系统修复和生态环境改善。四是坚持渔民民生改善。拓展渔业产业功能和发展空间,增强渔业综合生产能力,提高渔民收入。提高渔业安全生产设施装备和组织化程度,保障渔民生命财产安全。落实强渔惠渔政策,推进渔区社会事业全面发展,改善渔民生产生活水平。

(三) 目标任务。到 2015 年,全省现代渔业产业体系框架基本形成,支撑保障体系明显增强,水产品质量安全水平显著提高,渔业生态环境有所改善,渔民收入稳步增长;全省水产品产量 530 万吨,渔业经济产值 2400 亿元,渔民人均纯收入超过 2 万元。到 2020 年,全省渔业经济结构和产业布局优化,基础设施完善,物质装备先进,科技支撑有力,经营管理高效,渔业生态环境明显改善,产业可持续发展能力和竞争力达到先进水平,现代渔业发展新格局基本形成,基本实现渔业现代化。

二、加快构建现代渔业产业体系

(四) 发展现代水产养殖业。以提高水产养殖业“良种化、设施化、信息化、生态化”水平为主攻方

向，深入开展现代渔业产业园区和水产健康养殖示范区创建活动，发展工厂化养殖、循环水养殖等设施渔业，加快渔业产业结构调整，做强优势主导产业。实施水产养殖池塘标准化改造工程，用5年时间对全省连片规模在100亩以上的养殖池塘进行标准化改造，全面推广物联网、水体净化等技术，做到水系配套、装备先进、功能完善、场容优美，建成一批标准化、集约化、信息化、专业化的规模养殖基地。规划建设一批永久性的水产品供应基地，保障和丰富"菜篮子"产品供应。制定实施海水养殖规划，推进浅海栽培、深水网箱养殖，扶持渔业企业拓展海洋离岸养殖和集约化养殖。以产业为基础、渔文化为纽带、渔区风情风貌为特色，编制休闲渔业发展规划，打造一批高标准的休闲观光渔业基地，培育特色渔村和渔区。

（五）提升水产品加工流通业。推进水产品加工企业技术改造升级，发展水产品精深加工，提高水产品加工利用率和产品附加值。培育一批产值超十亿元的大型渔业加工和流通企业，建设一批有特色、高水平的水产品加工集中区。支持渔业集中产销区建设现代化水产品批发市场，打造具有较大影响力的产品定价中心和贸易中心。发展覆盖水产品产销各环节的冷链物流体系和鲜活水产品配送体系，支持海上冷藏加工和保鲜保活设备发展。充分利用"两种资源、两个市场"，大力发展外向型渔业。强化水产品市场信息服务，发展渔业电子商务。

（六）加快新品种、新技术创新推广。推进渔业科技创新平台建设，围绕蟹、虾等主导品种建设现代渔业技术体系，围绕渔业病害防治、长江珍稀鱼类保护开发等领域建设一批科技协同创新中心。大力实施渔业"三新"工程，围绕渔业种苗、疫病防控、质量安全、资源养护、渔业工程与装备、水产品加工、智能渔业等领域开展创新性研究，形成一批具有自主知识产权的重大科技成果。鼓励和支持科研院所、骨干企业、合作组织、服务机构等创建各类研发中心和成果转化基地，加快构建产学研结合、"育繁推"一体化的现代水产种业体系，建设一批标准化、规模化、集约化的良种生产基地，创建一批现代水产种业示范企业。加强公益性水产技术推广服务体系建设，强化基层水产技术推广能力，逐步建立"县乡一体、管理在县、服务在乡"的基层区域性水产技术推广机构与管理机制。开展形式多样、务实高效的渔业科技服务活动，深入实施渔业科技入户工程和挂县强渔富民工程。

（七）强化现代渔业人才培养。发展渔业职业教育，加强涉渔专业和学科建设，创新渔业科技人才培养模式，培养形成一支结构优化、业务精湛的渔业人才队伍，构筑现代渔业精英人才高地。加大职业渔民培训力度，到2020年，全省持证渔民比例达到35%以上。加强渔业信息技术研发和产品创新，推进物联网等现代信息技术在渔业生产中的推广应用，建设"数字渔业"。完善渔业政务网和商务网，为科学决策和行业服务提供支撑。

三、大力发展现代捕捞渔业

（八）加快捕捞渔业优化升级。坚持"控制近海、拓展外海、发展远洋"的方针，优化海洋捕捞渔业，巩固拓展过洋性作业，鼓励发展大洋性渔业，改良捕捞网具，开展高端和中上层渔业资源开发利用。按照"减船、减人、减量、调优结构"的思路，加快内陆捕捞业改造升级，健全完善渔船控制制度，逐步减少渔船数量和功率总量，坚决取缔禁用渔具，减轻捕捞强度。完善捕捞业准入制度，促进捕捞渔民减船转业。启动实施捕捞限额制度，推动渔业捕捞科学化和精细化管理，加快构建与资源状况相适应的可持续捕捞渔业。

（九）实施渔船更新改造。逐步建立老旧渔船定点拆解和退出机制，强化渔船属地管理责任。按照"财政扶持、地方配套、企业或渔民自筹"的原则，实施海洋捕捞渔船"万船更新"工程，逐步淘汰老、旧、木质渔船，用7年左右时间，将1万多艘海洋捕捞渔船更新为7000艘左右"安全、节能、环保、经济、舒适"的新型渔船。加强渔船建造管理，严格执行渔业船舶使用年限规定。规范渔船流转管理，开展海洋渔船集中交易试点，建立船网工具指标整合的市场化机制。

（十）积极推进渔港建设。科学规划、合理利用岸线资源，完善渔港布局，加大渔港、避风锚地、航标、通讯等基础设施投入力度，加快中心渔港、一级渔港和内陆重点渔港为主体的渔港体系建设，到2020年，全省沿海新建或改扩建国家中心渔港、一级渔港15个，建设内陆重点渔港45个，实现所有渔船都能进港安全避风。

四、加大渔业资源和生态环境保护力度

（十一）开展渔业资源监测调查。健全渔业资源监测制度，在近岸海域和内陆主要湖泊、江河沿岸建立渔业资源监测站点。加强渔业资源调查评估能力建设，建造渔业资源调查船，完善监测评估体系。开展常年渔业资源动态监测，每5年左右组织实施1次综合性渔业资源调查与评估。

（十二）加强渔业资源养护。严格执行海洋伏季休渔、长江禁渔、主要湖泊休渔禁渔制度。科学确定渔业水域资源可利用水平，研究制订渔业资源利用规划，实行捕捞总量控制度。加强水生动植物种质资源保护区、自然保护区、人工鱼礁群、海洋牧场，湿地修复示范区和驯养救护基地建设，建设一批水生生物自然保护区和水产种质资源保护区。完善水生野生动植物经营利用管理制度，严厉打击非法捕捞、经营、运输水生野生动植物及其产品的行为。扩大水生生物资源增殖放流规模，科学安排增殖放流的数量、品种和水域，提高资源增殖保护效果。

（十三）重视渔业水域生态环境保护。加强渔业水域生态环境监测体系建设，强化重点渔业水域及重要渔业资源产卵、索饵、越冬场所的水域环境监测。健全水域污染应急和调查处理机制，及时查明污染原因，科学评估渔业资源和渔业生产损失，依法处理渔业水域污染事故。加强渔业资源增值保护费征收和使用管理，建立涉渔工程建设资源与生态补偿机制，所有涉渔工程必须进行渔业水域生态资源损害和修复评估，落实补偿资金的收取、利用和监管，保障水生生物资源养护。根据环境容量，合理调整自然水域养殖布局，控制养殖密度，对达不到水环境功能区域和近岸海域环境功能区划目标的水域、海域，坚决压缩养殖规模，严格控制和降低养殖污染。加强渔船油污、生活垃圾等废弃物排放管理，减少对渔业水域的环境污染。

五、积极推进渔业依法规范管理

（十四）加强水产品质量安全建设。建立健全渔业标准体系，强化渔业标准化推广实施，加大水产品品牌培育力度，发展高效、生态、品牌渔业。加强水产品质量安全追溯等监管服务信息平台建设，健全渔业生态环境监测、水产品质量检测和监督管理体系，完善水产品质量安全应急预案、信息发布、投诉举报、产地准出、市场准入和可追溯制度，保证水产品质量安全责任明确、信息公开。加强水生动物疫病防控体系建设，建立和完善渔业执业兽医、乡村兽医管理制度。开展水产品产地环境和产品普查，落实水产品生产区域分类管理制度。

（十五）严格渔业安全生产监管。落实渔业安全生产管理责任制和追究制，深入开展“平安渔业示范县”和“文明渔港”创建。加强渔业安全能力建设，完善海洋渔业安全生产信息和渔船电子标识系统，推动渔船救生筏、船舶自动识别系统、卫星监控系统、渔船通信设备等安全设施的配备和更新。加强渔业船员培训，提高渔业从业人员安全素质。强化海洋渔业气象和海况预报服务。实施海洋渔船编组生产及动态报告制度，增强自我管理和自救互救能力。建立渔船水上搜救联动机制，强化协同指挥。提高渔业海难搜救补助，全面落实渔业互助保险制度，提升安全生产保障能力。

（十六）强化渔业执法和涉外渔业管理。提高渔业执法队伍素质和能力，加强执法交通工具和基地建设，改善执法条件。保障渔业执法经费，建设一支指挥畅通、反应快速、执法有力的渔政执法队

伍。按照国家部署，积极参与海洋护渔维权行动。加强涉外渔业生产管理，引导渔民和企业严格遵守有关法律法规、国际条约和双边协定，妥善处理涉外渔业纠纷。

（十七）创新渔业经营管理机制。加快构建集约化、专业化、组织化、社会化相结合的新型渔业经营体系，解放和发展渔业生产力。完善水域滩涂养殖权、捕捞权登记制度。完善水域滩涂利用规划，建立基本养殖水域保护制度，稳定水产养殖面积。坚持依法、自愿、有偿的原则，建立和完善水域滩涂流转机制，促进水域滩涂能够合理有序流转，发展渔业适度规模经营。加快发展渔民专业合作经济组织，鼓励渔民以入股、租赁、合伙等多种形式开展联合经营或组建渔业企业，提高渔业组织化程度。培育壮大渔业龙头企业，引导龙头企业与合作组织有效对接。积极发展家庭渔场等新型生产经营组织，支持渔业行业协会发展，增强渔业发展内生动力。鼓励各类社会组织开展渔业生产、加工、流通等环节的服务，提高渔业生产社会化服务水平。

六、切实加强现代渔业发展的组织领导

（十八）凝聚工作推动合力。各级政府要把加快现代渔业建设纳入经济社会发展总体规划，列入重要议事日程，切实加强组织领导，建立工作协调机制，制定本地区现代渔业发展规划和实施方案。各级渔业行政主管部门要履行好行业发展管理和协调服务职能，转变工作作风，提高服务水平，推动现代渔业发展。各级发展改革、财政、科技、国土资源、农业、水利、环保、物价、安监、工商、质监、税务、金融等部门要各司其职、紧密配合，积极支持现代渔业发展。

（十九）加大财政扶持力度。提高现代渔业公益性领域财政保障能力，重点支持渔池改造、渔船改造、渔港建设，鼓励推广良种繁育技术、物联网技术、净水养殖技术。对水产技术推广体系、水生动物疫病防控体系、水产品质量检测体系建设、渔业龙头企业培育、专业合作经济组织发展和职业渔民培训等，予以支持引导。对省级“菜篮子”渔业基地建设，实行以奖代补。加大远洋渔业发展扶持力度，支持远洋渔业渔船建造、产品运销、船员培训等。

（二十）完善金融保险惠渔政策。认真落实渔业油价补贴、渔机购置补贴等政策措施，将渔业纳入农业用水、用电、用地等方面的优惠政策范围。引导金融机构根据渔业生产特点，创新金融产品和服务方式，加强信贷支持。鼓励养殖权和捕捞权证抵押融资，拓宽渔业投融资渠道。将渔业保险纳入政策性农业保险范围，完善渔业互助保险保费财政补贴制度，鼓励发展渔业商业保险，积极开展水产养殖保险，逐步建立覆盖渔业全行业的风险保障体系。

（二十一）推进渔民民生改善。加强渔区基础设施建设，以渔港建设为龙头，带动发展一批渔区小城镇和渔村，提高渔区城镇化水平。实施以船为家渔民上岸定居工程，力争3年内解决渔民定居问题。组织编制渔民转产转业规划，加大捕捞渔民向养殖业、水产加工流通业、休闲观光渔业及其他产业转移力度，健全转业渔民服务体系，加强职业技能培训，确保减船转产渔民长远生计。建立健全休渔禁渔期渔民生活补助制度、渔民社会保障制度和失水渔民补偿机制，提高渔业生产和渔民抵御风险能力，维护渔区社会和谐稳定。

江苏省人民政府
2014年1月17日

江苏省关于推进智慧江苏建设的实施意见

各市、县(市、区)人民政府,省各委办厅局,省各直属单位:

信息化是覆盖现代化全局的战略举措,智慧化是信息化发展的高级阶段。为深入贯彻落实党的十八大、十八届三中全会精神和习近平总书记对江苏工作的重要指示,抓住和用好新一轮科技革命和产业变革机遇,在互联网经济发展大潮中赢得主动、取得更大突破,大幅提升全省信息化发展水平,促进新型工业化、信息化、城镇化和农业现代化同步发展,从根本上推动江苏经济社会转型升级,现就推进智慧江苏建设提出如下实施意见。

一、总体要求

(一) 基本原则

——改革创新,转型升级。以改革创新为动力,充分利用信息化条件下高效配置物质、信息和智力资源的有效途径,激发市场主体活力,大力促进技术创新、管理创新、制度创新和商业模式创新,大力发展新产业、新业态、新技术、新模式,通过信息化引领发展方式转变和经济转型升级,提高经济发展质量和效益。

——产用互动,集聚发展。推动云计算、物联网、移动互联网、大数据等新一代信息技术产业集约集聚发展,加快新一代信息技术在政务、经济、社会管理和公共服务领域的深化应用、共享应用和融合应用,推动制造业企业、软件与信息服务企业、信息内容服务企业和行业用户深化合作、协同创新,加快培育领军企业,形成一批具有自主产权、自主品牌的智能产品和智慧服务。

——以人为本,惠民优先。把保障和改善民生作为智慧江苏建设的出发点和落脚点,以需求为牵引,推进以人为核心的信息化、智慧化,切实解决居民群众、企事业单位和社会各方最关心最现实的重点难点问题。充分应用智慧手段提供多样化服务,有效提升居民幸福感受,使全省城乡居民共享智慧化建设成果。

——安全可控,统筹推进。坚持智慧江苏建设和网络安全保障"一体之两翼、驱动之双轮",完善网络与信息安全保障体系,增强信息采集、处理、传播、利用和安全能力,形成部门协同、上下联动的良好格局。加强顶层设计,加快资源整合,统筹协调各部门、各领域网络安全和信息化发展,大力推进跨部门、跨层级、跨行业的集约化建设,避免重复建设和资源浪费。

(二) 主要目标。到 2016 年,全省信息基础设施建设水平国内领先,重点领域综合信息平台全面建成,网络与信息安全防护能力明显增强,传统产业结构调整步伐加快,新兴产业发展空间进一步拓展,城镇化发展质量和综合竞争优势明显提高,建成智慧产业更加集聚、基础设施更加智能、政府运行更加高效、社会管理更加精细、公共服务更加便捷、生态环境更加宜居、网络安全更加长效的智慧化发展体系,力争成为全国有影响力的智慧基础设施先行区、产业转型升级拓展区、智慧政务运行高效区、智慧服务业态创新区、新兴智慧产业集聚区。

——智慧基础设施先行区。建成适应经济社会发展需要的下一代信息基础设施,实现城市光纤到楼入户、农村宽带进乡入村,城市和农村宽带接入能力分别达到 100M、20M,3G/LTE 基站规模达到 14 万个,整体建设水平达到国家一类地区标准。交通、物流、能源、水务、安防、市政、环保、气象等公共基础设施智能化水平大幅提升,运行管理实现精准化、协同化、一体化。

——产业转型升级拓展区。区域两化融合发展水平继续保持全国领先,产业质量效益全面提升。企业利用信息技术平台开展生产、管理、营销等创新活动的比例达到 60%以上,智能协同制造、O2O

(线上线下融合)服务模式在重点行业重点企业全面推广。创建两化深度融合示范园区20个、两化深度融合示范企业500家、智能制造车间200个。积极推进智慧园区建设,加快开发区转型升级、创新发展。

——智慧政务运行高效区。建成省级政务服务中心和省市县信息资源共享交换平台,省、市、县三级政府部门主要业务信息化平均覆盖率分别达到95%、85%、75%,跨部门主要业务协同办理率超过50%,政务信息资源共享和开发利用机制进一步完善,全省纵横贯通的政务网络及政务服务体系基本形成。

——智慧服务业态创新区。建成一批智慧民生服务平台、政务服务和社会管理平台,形成一批重点领域大数据开放平台。重点推进30个重大示范应用工程,实现智慧交通、智慧物流、智慧旅游、智慧健康、智慧家居、智慧社区、智慧校园等一批智慧化应用的商业模式创新。

——新兴智慧产业集聚区。以新一代信息技术、信息与内容服务、新型商业模式和服务业态为主体的新兴智慧产业快速发展,新增产值规模2万亿元。互联网经济、平台经济快速崛起,互联网领军企业培育、实体经济与互联网嫁接、电子商务创新发展、软件产业转型发展、物联网加速发展、互联网金融健康发展等取得重大突破,建成全国领先的平台经济、智能终端、物联网、移动互联网、大数据、云计算、智能装备等七大新兴智慧产业高地。

到2020年,建成具有江苏特色、跻身国际一流的智慧城市群,实现新型城镇化和城乡一体化智慧发展,成为新型工业化、信息化、城镇化和农业现代化融合发展的先行省份,率先迈入信息社会。

二、重点任务

(一) 提升信息基础设施水平。加快推进宽带网络升级提速、下一代信息网络全面布局,实现“百兆到户、千兆到楼、T级出口”全地域、无缝隙宽带接入。

1. 推进宽带网络升级提速。大力实施宽带中国战略,加快城域网智能化改造,打造全光纤、宽带化接入网络,大幅提升传输交换能力和智能调度能力。积极发挥南京国家级互联网骨干直联点的作用,优化宽带网络结构和性能,适度超前建设广播电视骨干承载网。加快无线城市群建设,广泛开展公共区域、热点区域无线覆盖与商业模式创新。

2. 加快建设下一代信息网络。积极推进国家下一代互联网示范城市建设,加快部署下一代互联网,加快推进4G通信网建设,实现规模商用。加强未来网络、5G通信网、下一代广播电视网等关键技术攻关和培育孵化,建设全国下一代信息网络产业化基地。

3. 统筹推进三网融合发展。积极开展融合业务创新、合作模式创新,普及推广宽带业务、融合业务和移动互联网应用,提升信息基础设施普及应用和普遍服务水平。

4. 推动功能性信息基础设施建设。统筹互联网交换中心、互联网数据中心、云计算中心等功能性基础设施布局,加快宽带应用支撑平台、宽带产品研发公共平台和宽带服务设施建设。

(二) 推进产业转型升级。加速工业化和信息化深度融合,大力促进工业互联网、工业大数据、CPS(信息物理融合系统)、M2M(机器对机器)等推广应用,加快推动产业组织方式变革和传统生产模式、管理模式、服务模式创新,提升企业发展质量和效益,增强企业和产业竞争力。

1. 大力发展智能制造。推进大中型企业深化信息技术综合集成应用,鼓励工业企业综合应用虚拟设计制造、智能测控、精益管理以及集成协同等技术提升智能制造能力。着力培育先进机器人、3D打印机等新型智能装备,提高重大成套设备及生产线系统集成水平。推进智能制造车间改造和智能工厂建设,创建一批智能制造示范试验区和两化融合智慧园区。

2. 加快推进服务制造。支持制造服务化支撑平台、产品全生命周期管理平台建设,引导制造业企业从产品供应商向整体解决方案提供商转变，拓展在线监测、数据融合分析处理、远程诊断和产品后市场服务。积极发展按需制造、众包设计等网络制造，鼓励有条件的企业构建网络化制造系统，实现工业生产规模化和定制化相融合，促进制造业企业走向产业价值链高端。

3. 推动产品智能化。推进嵌入式技术、多媒体技术及物联网技术融入新产品开发，增强工业产品的信息获取、处理能力，拓展功能、提升性能，提高产品数字化、网络化、智能化水平。加快产品升级换代，推动产品从价值链低端向高端攀升。

4. 加快推进绿色发展。加快对传统产业主要耗能、耗材设备和工艺流程的智能化改造，建立重点行业、重点企业能源和主要污染物排放远程监测信息系统，促进节能增效和安全、清洁生产。以钢铁、建材、化工等耗能企业为重点，建设和改造一批能源管理中心，实施集中扁平化管理。加快推进智慧建设，推动建筑产业现代化和城乡建设转型升级。

5. 促进农业现代化建设。加强物联网、云计算、大数据、移动通信等技术手段支撑，深入实施农业信息服务全覆盖工程，加快推进农业信息服务和农产品网络销售，大力推进农业物联网建设，积极发展精准农业，构建智慧型现代农业生产经营体系，促进农业发展方式转变。

（三）加强政务服务和社会管理创新。加强信息资源共享整合和协同应用，建立全面覆盖、动态跟踪、联动共享、功能齐全的社会管理与服务综合平台，进一步提高管理服务水平。

1. 创建高效便捷的政务服务平台。完善政务服务中心网上审批平台系统，建立健全行政审批、公共服务、公共资源交易网上运行机制，推进行政审批和公共服务事项向电子政务平台集中，实现外网受理、内网办理、外网反馈、全程监督。

2. 建立智能透明的社会管理平台。综合运用物联网智能感知、大数据深度挖掘、云计算分布服务等技术手段，深化人口、法人、空间地理、宏观经济、信用等基础信息资源开发利用，整合集成相关部门业务应用和数据服务系统。大力推动政务信息资源向社会逐步开放，支持社会力量应用信息资源发展便民、惠民、实用的新型信息服务。加快推进政府系统大数据开放门户建设，集中构建社会管理和公共服务智慧应用体系。

3. 加快重点领域应用系统的建设推广。重点开展食品药品安全监管、生态环境和资源监控、社会治安防控、城乡公共安全保障、应急管理、安全生产、征信管理、气象监测预警服务等信息系统建设应用，推进智能环保、智能安防等重大示范应用，加快完善社会管理重点领域信息网络体系。

（四）构建智慧民生综合服务体系。着眼于解决教育、医疗、就业、社保、养老、住房保障、社区等民生热点问题，加快实施信息惠民工程，构建优质高效、方便快捷的公共服务信息平台，进一步保障和改善民生。

1. 建设更加普惠的综合信息平台。优化增强教育、医疗卫生和计划生育、就业、社保、文化等基本公共服务有效供给，重点开展深入基层、贴近群众的“一站式”“一体化”服务，推动基本公共服务向社区、农村延伸。

2. 推进跨部门跨层级信息资源整合。集中现有服务资源，加快建设省市两级公共服务云平台，在街道社区普遍推行云端服务。积极拓宽便民服务和公众参与渠道，促进多部门合力解决民生服务难题。

3. 引导社会力量开展服务。鼓励支持各类市场主体共同参与增值性、公益性开发和创新应用，加快发展智慧家庭、智慧旅游、智慧健康、智慧体育、智慧校园、智慧社区等生活类信息服务，推进信息服务市场化、产业化，以信息服务促进信息消费。

4. 加强先进网络文化和信息内容服务建设。积极推进数字图书馆、电子档案馆、数字博物馆、数字文化馆、数字农用书屋、新媒体传播平台等公益性文化基础设施建设，大力发展互动新媒体、移动多

媒体等文化服务业态，完善公共文化服务体系。

5. 推进基础设施智慧发展。大力发展智慧交通、智慧物流，加快构建交通运输物流公共信息服务平台，重点建设高速公路智能化运营服务支撑平台，积极发展新能源汽车服务网络，全面提升交通运输供给能力、运行效率、安全性能和服务质量。着力推进智慧水利、智慧水务建设，构建完善水利信息服务平台、水资源管理系统和防汛防旱指挥系统体系。推进电力能源智慧化，加快建设坚强智能电网，全面提高电网安全性、经济性、适应性和互动性，促进清洁能源发展。

（五）推动智慧城市集约化建设。全面落实国家智慧城市建设工作要求，加强全省智慧城市顶层设计和统筹布局，深入推进城乡规划、城乡建设、城市管理、城市运行等领域信息化建设，促进跨部门信息共享和协同应用，不断提高城市土地、空间、能源等资源利用效率和综合承载能力。

1. 完善地理空间基础框架。统筹推动城市各类基础设施、信息资源的整合共享和信息空间化改造，建设基于基础地理信息，兼容时空数据、物联网节点数据、管理系统和支撑环境数据的时空信息数据库，打造多维度、可视化的地理空间框架，实现空天地一体化地理信息数据体系的业务协同和共享应用。大力推进智慧国土“一张图”建设，加快构建覆盖全省的“国土云”。

2. 建立数字化城市管理模式。创新城乡规划、建设、管理体制和运行模式，集聚各方资源，大力推进数字化城市管理，加快推广基于大数据的网格化管理，建立可视化、协同化、智能化城市管控中心和绩效评价体系，逐步形成全面感知、广泛互联的城市管理服务体系。推动城市公共设施等智能化改造，完善建筑数据库、房屋管理信息系统和服务平台。

3. 全面推进智慧城市群建设。以沿江城市带为主体，集中开展智慧城市群建设试点，统筹提高全省智慧城市集约化建设水平。

4. 加快建设智慧城镇。大力推进智慧城市“时空信息云”等重大示范工程建设，构建高效联动、精准智能、绿色低碳的城镇公共信息平台，构建科学合理的城镇化宏观布局，实现“天上看、网上管、地上查”，不断优化城镇发展格局，提高城镇化发展质量。

（六）培育壮大新兴智慧产业。大力推进平台经济、移动互联网、集成电路、智能终端、大数据、云计算等高端化、高质化、集群化、集约化发展，强化集成电路设计与智能产品研发，推动智能装备应用与智慧服务创新，构建芯片－软件－整机－系统－信息服务产业链，努力培育一批江苏品牌、平台企业和互联网巨头，加快形成中坚支柱力量。

1. 大力发展电子商务和互联网平台经济。加快推进企业电子商务发展，着力推动重点行业电子交易平台、云服务平台、综合信息平台等特色平台做强做大，大力培育发展自营和第三方电商平台。支持互联网金融与电子商务、现代物流、信息服务等领域融合发展，鼓励移动互联网应用创新，支持有条件企业加快平台化、网络化转型，迅速壮大一批有竞争力的互联网企业，力争实现互联网经济跨越发展。

2. 实施智能终端产业化工程。重点实施行业智能终端、4G智能终端、智能家居产品、智能穿戴式设备产业化工程，支持具有自主品牌、自主知识产权的智能终端研发制造和服务企业发展壮大。加快发展宽带通信设备、智能网络设备，推进OLED（有机发光显示）、激光显示等新型显示技术研发和产业化，加快形成江苏智能终端产业发展新优势。

3. 构建完善大数据产业链。集中省内外优势资源，组建大数据产业联盟，培育一批具有国际竞争力的本土型大数据骨干企业。促进大数据在装备、汽车、电力、能源等行业应用，引导支持企业产品设计、生产制造、经营管理和市场服务数据分析利用，优化企业生产、管理和服务方式。鼓励发展以信息知识加工和创新为主的数据挖掘、商业分析等新型服务，加速信息知识向产品、资产及效益转化。

4. 发展壮大云计算产业。积极推动云计算服务模式创新，鼓励电子政务系统向云计算模式迁移。

加快建设“腾云”产业应用平台，在重点领域、重点行业集中开展推广应用，推进广覆盖、高质量、低成本的云服务，形成自主可控的云计算解决方案和标准规范。

5. 发展智慧服务业。组织实施重点领域物联网重大应用示范工程，加快物联网在城市管理、交通运输、节能减排、食品药品安全、社会保障、医疗卫生、民生服务、公共安全、产品质量等领域的推广应用。发挥智慧江苏平台在服务民生方面的作用。加强移动互联网、遥感遥测、北斗导航、地理信息等信息技术集成应用和服务模式创新。大力推动互联网接入服务、信息内容服务、网络应用服务等增值业务发展和跨界融合创新，促进社会保障卡、市民服务卡、居民健康卡、智慧旅游卡、金融IC卡（集成电路卡）在公共服务领域的应用集成和跨市一卡通用，加快培育移动电子商务、移动支付、移动网游和位置服务等新业态新模式。加快铁水联运信息服务平台推广应用，优化物流企业供应链管理服务，逐步推进多式联运信息服务一体化，大规模、高起点提升物流服务信息化、智能化、精准化水平。

6. 加快发展软件与集成电路产业。突破传统软件产业模式，积极推动软件企业向网络化、智能化、融合化、服务化和平台化转型发展，不断提高软件产业中信息服务业收入比重。强化集成电路设计、软件开发、系统集成、内容服务的协同创新，推动集成电路产业重点突破和整体提升。

（七）强化网络安全保障。加强智慧江苏网络安全管理和防护能力建设，进一步提升网络安全保障水平。

1. 健全完善网络安全保障体系。同步规划、同步设计、同步建设、同步运行基础信息网络和重要信息系统安全保密防护设施，加强对技术、设备和服务提供商的安全审查，切实提高防攻击、防篡改、防病毒、防瘫痪、防窃密能力，加快实现网络安全保障基础设施智能化和全覆盖。

2. 加强要害信息设施和信息资源安全防护。加强智慧江苏重大示范应用、重要领域工业控制系统的安全防护和管理、安全评估和评测，确保安全可控。建立网络安全监控预警、应急响应联动机制，推动信息安全风险评估、等级保护和安全保密检查等基础性工作制度化、规范化、常态化。统筹建设容灾备份体系，推进联合灾备和异地灾备。

3. 加快信息安全技术攻关和产业发展。加强对云计算、物联网、移动互联网、大数据、下一代互联网等信息安全技术的研发和产业化，积极培育信息安全品牌和骨干企业，加快建设网络安全产业基地，加强自主可控安全产品在各领域的推广应用。

三、保障措施

（一）加强组织领导和统筹协调。在省委网络安全和信息化领导小组领导下，省信息化领导小组统筹推进智慧江苏建设。省信息化领导小组办公室负责日常协调推进工作。省各有关部门和单位要围绕一个整体、一个中心，按照职责分工，充分发挥政府引导带动作用，负责相关领域任务的细化和落实。各市要按照省统一部署要求，结合自身实际，加强城乡规划、产业规划、生态规划与智慧发展规划的互动衔接，科学有序推进。成立智慧江苏专家咨询委员会，建立专家决策咨询机制，对智慧江苏建设总体规划、行动方案、推进实施、绩效评估开展咨询指导。依托相关机构成立智慧江苏推进联盟和促进中心，广泛汇聚政府、企业、高校、科研院所等各方力量，合力推进智慧江苏建设。

（二）完善法规标准和建设规范。建立健全智慧江苏建设政策法规体系、标准规范体系、统计监测体系、管理评估体系和运营保障体系，加强条块部门之间的资源共享和管理协同。推进信息安全、信息资源共享开放、信息化工程建设等地方立法工作，研究制定关键信息基础设施建设、基础数据资源共享、个人信息保护、传感技术、电子商务、信用管理、电子文件互信互认等方面管理规范，加快制定宽带接入、智能卡一卡多用、传感器标识、物联网专网应用、信息资源综合开发利用等重点领域标准规范，建立一批智慧江苏建设标准化示范区。鼓励国家信息技术服务标准（ITSS）的推广应用。积极参

与国家标准、行业标准的研究制订。

（三）建立多元化投融资机制。各级政府按照《江苏省信息化条例》要求，整合统筹安排相关信息化专项资金，对符合条件的智慧江苏重大项目和智慧产业给予支持，紧扣应用开发、研发转化、人才供给、产业集聚等环节实施精准投入，确保中央财政支持项目所需地方投入及时到位。加大技术研发和产业化投入，助推智慧成果转化应用和智慧产业集聚发展。建立政府引导、社会投入的信息化投融资机制，设立智慧江苏建设产业投资基金，联合国内外知名企业和各类投资机构，开展股权投资、金融贷款、融资担保、投资保险联动的投保贷一体化组合金融服务。加大与商业银行的融资合作，统筹安排部分资金用于智慧江苏建设。建立有利于协同共享的财政资金分配机制，引导社会加大资金投入。探索采用服务外包、公私合作关系（PPP）等模式，鼓励企业投资建设智慧基础设施和智慧应用系统。

（四）加大试点示范和产业扶持力度。加强先行先试，在各市和信息化基础较好的县（市、区）加快推进智慧江苏建设与信息安全保障试点示范，重点支持智慧应用、智慧服务等重大示范性工程，促进智慧化建设与产业技术创新协同联动发展。加强城市规划、土地使用、行业准入、规费减免等政策支持，在高新技术企业认定、“双软”认定、服务业品牌认定以及享受相关优惠等方面为企业提供服务。鼓励优强企业兼并重组，推动优势企业强强联合，积极组织国内外交流合作，加快引进一批技术水平高、带动性强、市场前景好的重大项目，重点引进信息产业和互联网领域世界知名企业，鼓励具备实力的企业开展跨国并购，在全球范围内优化资源配置。

（五）加快培养智慧化专业人才。引导鼓励政府部门、重点企业设立专职首席信息官，完善信息化与信息安全人才培训、考核、选拔机制。加快实施省人才“育鹰计划”“333 高层次人才培养计划”，加强“双创人才”“创新团队”等高层次人才引进，完善人才使用和激励机制，支持省内外智慧产业优秀人才和团队在江苏创新创业。鼓励企业与高校、科研院所、职业教育等机构联合培养信息化与信息安全紧缺人才，充分利用学历教育、继续教育等多种途径和方式，加快培育复合型、实用型信息技术人才。支持重点行业龙头企业和智慧产业优势企业设立企业研究院，鼓励和支持有条件的企业建立行业共性技术研发中心、测试中心、服务中心。

江苏省人民政府
2014 年 9 月 29 日

第三章　浙江省政府相关文件

浙江省关于促进城乡居民收入持续普遍较快增长的若干意见

各市、县(市、区)人民政府,省政府直属各单位:

为确保完成党的十八大和省委十三届二次全会作出的城乡居民收入翻番目标任务,促进我省城乡居民收入持续普遍较快增长,现提出如下意见:

一、总体要求

(一)指导思想。深入贯彻落实党的十八大、十八届三中全会精神,围绕干好"一三五"、实现"四翻番"目标,把富民放在更加突出的位置,坚持教育优先、就业为基、创业带动、政策兜底,全面提高城乡居民的工资性收入、经营性收入、财产性收入和转移性收入,努力实现居民收入增长和经济发展同步、劳动报酬增长和劳动生产率提高同步,促进城乡居民收入持续普遍较快增长。

(二)目标任务。到2017年,全省居民人均可支配收入按可比价计达到40000元左右。其中,城镇居民人均可支配收入达到50000元左右,农村居民人均纯收入达到22000元左右。

(三)基本思路。

——坚持教育优先。把发展教育放在促进城乡居民收入持续普遍较快增长的优先位置,加大教育投入,统筹发展各类教育,着力提高全社会劳动者素质和就业创业致富能力。到2017年,高中段教育毛入学率达到95%以上,高等教育毛入学率达到56%以上,全省主要劳动年龄人口平均受教育年限达到10.5年以上。

——坚持就业为基。提升工业化,加快城市化,积极推进农业人口转移就业,努力创造数量更多、收入更高的就业岗位,实现更高质量的就业,促进企业职工工资持续较快增长。到2017年,全省全社会单位在岗职工年平均工资达到60000元左右。

——坚持创业带动。在全省各地普遍建立创业服务体系,鼓励更多的城乡居民特别是科技人员和大学生自主创业,吸引更多的海内外人才到浙江创业,努力把浙江建设成为创业环境最优、政策最好的创业高地。到2017年,全省各级各类孵化器在孵企业达到10000家以上。

——坚持政策兜底。全面推进基本公共服务均等化,加大财政对教育、医疗、社会保障等民生领域的投入,提高最低生活保障标准。加大对欠发达地区农民增收政策扶持力度,加大对困难群众的帮扶救助。到2017年,欠发达地区农村最低生活保障标准达到每人每年5000元以上。

二、着力提高工资性收入

(四)努力创造收入更高的就业岗位。大力发展高新技术产业、装备制造业和现代服务业,做大做强信息、环保、健康、旅游、时尚、金融、高端装备等产业,不断提高就业比重。加快传统产业改造,全面推进"机器换人",提高劳动生产率、减少低端用工。加强高等院校、中等职业学校专业设置与高新技

术等新兴产业的对接,加强高校毕业生和中职毕业生与龙头企业、品牌企业、科技型企业等优势企业的对接,加强农村富余劳动力转移就业培训和失业人员再就业培训,努力实现更高质量的就业再就业。

(五)逐年提高最低工资标准。建立健全最低工资标准与经济增长联动机制,按照最低工资增长高于经济增长原则,每年调整最低工资标准。到2017年,四档最低工资标准平均达到每月2000元左右。

(六)健全企业职工工资正常增长机制。每年定期发布上年度全省全社会单位在岗职工年平均工资及增长率等有关信息。按照平均工资增长不低于经济增长的要求,每年定期发布企业工资指导线。完善企业工资集体协商制度,力争覆盖面达到80%以上。

(七)逐步提高机关事业单位人员收入。严格贯彻执行国家关于机关事业单位工资福利的政策规定。健全机关单位工作人员津贴补贴奖金制度。深化事业单位绩效工资制度改革,强化按劳分配、优绩优酬的政策导向。完善机关事业单位住房公积金、住房补贴制度,建立正常增长机制。

三、稳步提高经营性收入

(八)加快提高农村家庭经营水平。大力推广高效、生态循环的新型种养模式,加强农产品质量建设,加快发展绿色农业。积极培育家庭农场等现代农业主体,大力发展农村电子商务,推动农业生产经营规模化、网络化、品牌化。加快发展休闲观光农业,鼓励和支持农民利用特色资源发展农家乐、乡村民宿、休闲农庄等乡村旅游,鼓励有条件的地方加快推进乡村旅游景区化。积极发展新型农村家庭工业,重点支持以来料加工为主体、以手工制作为特色的零排放、低能耗家庭工业发展。

(九)大力发展个体经济新业态。抓住互联网快速发展的机遇,大力发展电商网店、软件编程等适宜个体经营的互联网经济新业态。适应市场需求个性化、多样化、高端化发展新趋势,进一步放宽政策,鼓励和支持专业技术人员创办创意设计、管理咨询、家庭理财等个人工作室或者从事健康顾问、依法提供法律顾问等服务。积极利用互联网技术改造提升传统个体服务业,推动个体经济业态创新。

四、努力提高财产性收入

(十)拓宽农民增加财产性收入渠道。加快"三权到人(户)、权跟人(户)走"改革,切实保障农民对承包地行使占有、使用、收益、流转及承包经营权抵押、担保、入股等权利,对集体资产股份行使占有、收益、有偿退出及抵押、担保、继承权,对宅基地行使用益物权,慎重稳妥推进农民住房财产权抵押、担保、转让,着力增加农村居民财产性收入。

(十一)拓展城乡居民投资渠道。鼓励支持金融机构和第三方支付企业不断开发收益稳定、风险适度的理财产品,鼓励支持企业发行短期融资券、中期票据、企业债券、中小企业集合票据等直接融资工具。规范民间金融运行,探索发展民间融资服务中心、民间资金管理企业。积极发展地方资本市场,支持和鼓励更多的企业到浙江股权交易中心挂牌和进行股权、债券融资,实现民间小资本与大企业、大项目的对接。

(十二)鼓励投资创业。降低创业门槛,对新办企业实行注册资本认缴登记、取消最低限额、筹建登记等新政。放宽住所(经营场所)登记条件,允许"一址多照""一照多址",鼓励商务秘书企业提供住所托管服务。完善创业服务体系,支持创办创业服务企业,建立健全政府购买创业培训、创业指导、创业咨询等创业服务的机制。加强税收扶持,全面落实国家有关小微企业税收减免政策。

五、持续提高转移性收入

(十三)完善农业补贴制度。加大农业补贴资金整合力度,调整优化涉农专项资金支出结构,建立农业补贴标准动态调整机制，研究完善耕地保护、土地承包经营权和林权流转、粮油生产等直补办法。完善生态公益林补偿制度。逐步扩大农业保险保费补贴范围，适当提高保费补贴比例。

（十四）积极推进社会保险扩面提标。加强社会保险制度整合衔接，逐步提升统筹层次。进一步完善城乡基本养老保险制度，整合城乡居民基本医疗保险制度，构建城乡统一的失业保险制度，加快建立大病保险制度，努力实现应保尽保，不断扩大各类社会保险覆盖面。按照国家统一部署，结合我省经济社会发展实际，稳步提高企业退休人员基本养老金水平和城乡居民基础养老金标准，适时调整城乡居民基本养老保险缴费档次，适时提高城乡居民医保补助标准。鼓励和支持企业建立企业年金和住房公积金制度。

（十五）加大扶贫帮困力度。创新扶贫办法，整合扶贫资金，建立健全扶贫工作与最低生活保障工作联动机制。健全特困人员供养制度，完善医疗、教育、就业、住房救助制度及临时救助制度，完善残疾人、困境儿童、孤儿基本生活保障制度，健全优抚对象抚恤补助标准调整机制。

六、保障措施

（十六）加强组织领导。各级、各部门要高度重视城乡居民增收工作，围绕重点任务，明确工作责任，落实政策措施，加大推进力度。各市、县（市、区）要结合本地实际抓紧制订具体实施办法。

（十七）健全工作机制。建立由省政府常务副省长牵头的联席会议制度，定期分析问题，统筹协调重大事项。加强对各地居民增收工作的督查考核，切实把最低工资制度、工资指导线、企业工资集体协商制度、社保扩面提标、财政民生投入等工作落到实处。加大对欠发达地区农民增收的财力支持，重点支持欠发达地区完善农村最低生活保障制度。完善统计制度，改进统计方法，确保数据统计的准确性。

（十八）加强舆论宣传。大力宣传各级政府促进居民增收的政策举措，宣传企业构建和谐劳动关系、落实增收政策的好做法好经验，宣传勤劳致富、创业致富的先进典型。定期发布全省及各地城乡居民收入增长情况，营造全社会共同关注居民增收工作的良好氛围。

浙江省人民政府

2014年11月8日

浙江省关于发展民办养老产业的若干意见

各市、县(市、区)人民政府,省政府直属各单位:

根据《国务院关于加快发展养老服务业的若干意见》(国发〔2013〕35号),结合我省实际,现就发展民办养老产业提出如下意见:

一、发挥社会力量的主体作用

(一)发挥市场在养老服务领域资源配置中的决定性作用,积极鼓励引导社会力量发展养老产业,为老年人提供方便可及、价格合理的各类养老服务和产品。

(二)建立公开、透明、平等、规范的养老服务业准入制度,营造平等参与、公平竞争的市场环境。凡是法律法规没有明令禁入的养老服务领域,都要向民间资本开放。

(三)进一步规范养老机构设立许可程序,简化审批手续,及时发布机构设置和规划布局调整等信息,为社会力量兴办养老机构做好指导和服务工作。有条件的地方应将养老机构设立许可纳入当地行政审批服务中心实行窗口统一受理。

简化对养老机构内设医疗机构以及康复医院、老年病医院、护理院等老龄型医疗机构的立项、开办、执业资格、医保定点等审批手续。

(四)以县(市、区)为单位,编制社会力量兴办养老机构指南,推出一批带动性强、示范性好的优质项目。有条件的地方应采取招标等方式确定举办或运行主体。

二、切实保障民办养老机构用地

(五)优先优惠供应民办养老机构建设用地。按国家有关规定,落实社会力量举办养老机构建设用地优惠政策。对省政府确定的以划拨方式供地的非营利性养老服务设施示范项目,确需新增用地的,省在年度用地计划中重点予以保障。对民间资本参与投资并列入省重大产业项目库的示范项目,按规定给予计划指标奖励。

民间资本举办的非营利性养老机构与政府举办的养老机构享有相同的土地使用政策,可以依法使用国有划拨土地或者农民集体所有的土地。对营利性养老机构建设用地,参照成本逼近法或收益还原法进行地价评估后,采取租赁、招标拍卖挂牌出让方式供地。通过招拍挂出让有偿方式取得的民办养老机构用地,可确定为商服用地——其他商服用地(养老机构用地)。原以行政划拨方式供地的,可依法办理土地出让手续,经评估确定后,以补缴土地出让金或以租赁、作价出资(入股)等方式处置。核发划拨决定书、签订租赁合同或出让合同时,应当规定或者约定建设用地使用权不得分割转让(转租),不得改变土地用途。对擅自改变养老设施用地用途、容积率等土地使用条件搞房地产开发的,由市县国土资源部门依法依约收回建设用地使用权。

鼓励社会力量对闲置的医院、学校、企业厂房、商业设施、农村集体房屋及其他可利用的社会资源,进行整合改造后用于养老服务。在符合土地利用总体规划和相关城乡规划前提下,允许利用村集体建设用地建设农村养老机构。对利用集体所有的山坡荒地或其他不影响城乡规划的建设用地建设并用于民办非营利性养老机构的,应当优先办理土地审批手续。

民办非营利性养老机构停办后,其通过行政划拨方式取得的土地使用权由政府收回或经批准后转由其他民办非营利性养老机构使用。

三、加大资金扶持力度

（六）加大财政投入和扶持力度。省财政对用房自建、床位数达到20张及以上、符合相关文件规定资质条件的民办非营利性养老机构，按核定床位一次性给予每张床位6000元补助；对租用用房且租用期3年以上、床位数达到20张及以上的民办非营利性养老机构，按核定床位给予每张床位每年1000元补助，连续补助3年。属于护理型民办养老服务机构，待其护理老人入住率达到60%及以上，在一次性床位建设补贴的基础上，按核定床位每张额外增加2000元补助；租用用房床位每张额外增加1000元补助。各地要建立财政资金扶持制度，加大社会筹资力度，配套安排相应的建设和购买服务资金，支持民办养老服务发展。

要充分利用服务业发展专项资金和引导资金，支持发展居家养老服务业。中小企业发展专项资金要对符合条件的养老服务企业给予积极扶持。

（七）建立向非营利性养老服务机构购买服务制度，省财政对服务失能、失智老年人的非营利性养老机构、居家养老服务组织，从2015年开始按一定标准购买服务。

（八）对民办养老机构接收政府购买养老服务对象、农村五保或城镇“三无”对象入住的，老年人原享受的养老服务补贴及各类补助经费应予转入。

（九）加快培育连锁化、规模化、集团化的养老服务机构。对其中的示范性机构，地方政府根据财力，可给予一次性奖励。

四、积极支持融资信贷需求

（十）进一步加大财政贴息、风险补偿等政策扶持力度，支持和鼓励银行业金融机构加大对养老服务业的信贷投入。充分利用中小企业、科技创新、创业投资等方面的扶持资金，发挥福彩公益金、医疗卫生资金投入合力，引导民间资本加速进入养老服务领域。

鼓励银行业金融机构加大对养老服务机构及其建设项目信贷支持力度，合理利率定价，满足养老服务业信贷需求。对招用毕业2年以内高校毕业生、登记失业人员、就业困难人员、城镇复退军人等符合小额担保贷款条件的人员达到机构现有在职职工总数20%（超过100人的机构达到10%）以上，并签订1年以上期限劳动合同的民办养老服务机构，根据招用人数，可给予最高不超过200万元的贴息贷款，贷款期限不超过2年，并可享受50%贷款利息的贴息，贴息所需经费从促进就业资金中列支。

拓展市场化融资渠道，支持养老服务企业上市融资。支持采取股份制、股份合作制等形式发展养老机构，探索政府和社会资本合作(PPP)建设养老机构模式。

（十一）银行业金融机构应不断创新金融服务品质与方式，积极改进信贷担保方式，支持养老服务业的可持续发展。允许养老机构利用有偿取得的土地使用权、产权明晰的房产等固定资产办理抵押贷款，国土资源、房产管理部门应予办理抵押登记手续。支持养老机构以包括股权融资在内的各种方式筹集建设发展资金，各级财政出资的融资性担保机构应优先为符合条件的营利性养老机构提供担保。对产权明晰、管理规范、诚信度高、偿债能力强的民办养老机构及其建设项目，银行业金融机构应通过多种方式给予信贷支持。

五、落实税费优惠政策

（十二）鼓励有条件的养老服务机构兼并重组、做大做强，对其在合并、分立、兼并等过程中发生实物资产以及与其相关联的债权、债务和劳动力一并转让涉及的不动产、土地使用权转移行为，不征收营业税。进一步落实国家扶持小微企业相关税收优惠政策，对符合条件的小型微利养老服务企业，按

照《财政部、国家税务总局关于小型微利企业所得税优惠政策有关问题的通知》(财税〔2011〕117号)、《财政部、国家税务总局关于暂免征收部分小微企业增值税和营业税的通知》(财税〔2013〕52号)和《国家税务总局关于暂免征收部分小微企业增值税和营业税有关问题的公告》(国家税务总局2013年第49号)规定,给予相应扶持。

中小型居家养老服务企业缴纳城镇土地使用税确有困难的,可按有关规定报经当地地税行政主管部门批准,给予定期减免城镇土地使用税的照顾;因有特殊困难,不能按期缴纳税款的,可依法申请在3个月内延期缴纳;对符合条件的员工制居家养老服务企业在政策有效期内按规定给予免征营业税的支持政策。

(十三)民办非营利性养老机构依法享有与公办养老机构同等的税费优惠政策。营利性养老机构提供养护服务取得的收入免征营业税。营利性养老机构取得的养老服务收入直接用于改善养老条件的,其后5年缴纳的税收地方留成部分由同级财政给予减半补助。

(十四)企事业单位、社会团体以及个人通过具有公益性捐赠税前扣除资格的公益性社会团体或县级以上人民政府及其部门向民办非营利性养老机构的捐赠,在计算所得税应纳税所得额时按规定扣除。民办营利性养老机构通过具备公益性捐赠税前扣除资格的公益性社会团体或县级以上人民政府及其部门用于公益事业的捐赠支出,计算应纳税所得额时按规定扣除。

(十五)民办养老机构免缴城市基础设施配套费。对非营利性养老机构建设免征有关行政事业性收费,对营利性养老机构建设减半征收有关行政事业性收费。对民办养老机构免征水利建设基金,接纳残疾老年人达到一定比例的免征残疾人就业保障金。民办养老机构和居家养老服务组织用电、用水、用气(燃气)等与居民用户实行同价,并免收相应的配套费;向城市污水集中处理设施排放达标污水、按规定缴纳污水处理费的,不再征收污水排污费。

除法律法规明确的收费项目外,不得对民办养老机构另行收费。凡收费标准设置上、下限的,按有利于民办养老机构发展收取。

(十六)实行积极的价格政策。在统一收费项目基础上,民办非营利性养老服务机构的收费标准实行政府指导价管理,民办营利性养老服务机构的收费标准由其自主确定。

(十七)对集中研发、生产养老服务用品的养老服务产业园区,经有关部门审核批准,享受相关优惠政策。

(十八)居家养老服务企业、进行社区服务业登记或到社区备案的居家养老服务组织和机构,享受家庭服务业相关扶持优惠政策。

(十九)境内外资本举办养老机构享有同等的税费等优惠政策。

六、确保投资者权益

(二十)凡捐资举办的非营利性养老机构,所有净资产归社会所有,机构停办后,由行政许可部门负责统筹,继续用于养老服务事业;其余民办非营利性养老机构、居家养老服务组织,出资者拥有实际出资额(含存续期间追加投资额)的财产所有权。

(二十一)对民办非营利性养老机构、居家养老服务组织,在扣除举办成本、预留单位发展基金以及提取其他有关费用后,如当年仍有收支结余,经养老服务机构决策机构同意并经审计符合规定的,可以从收支结余中提取一定比例用于奖励举办人,年奖励总额不超过以举办人累积出资额为基数的同期银行一年期贷款基准利率2倍利息额;投入满5年后,在保证不撤资、不影响法人财产稳定的前提下,经单位决策机构同意,出资人产(股)权份额可以转让、继承、赠与。

(二十二)民办非营利性养老机构、居家养老服务组织经依法清算后,其资产增值部分主要以捐赠形式纳入当地政府养老发展专项基金，经养老服务机构决策机构同意并经审计符合规定的，可对举办人给予一次性奖励，奖励总额不超过资产增值部分的10%。

七、扶持老年社区和老年地产建设

（二十三）鼓励社会力量参与老年住宅、老年公寓等老年生活设施建设。对按老年人居住建筑设计标准建设、有相应的护理服务团队、配有一定规模的养老护理机构的新开发老年住宅和老年公寓项目，各地要积极保障合理用地需求，并在收取城市基础设施配套费等方面给予适当优惠，其配套的养老护理机构独立登记后享受相应的扶持政策。对老年地产涉及的物业开发、持续运营、护理服务、市场培育、资本运作等方面，给予鼓励引导。

八、加强人才队伍建设和保障

（二十四）鼓励引导高校和中职学校老年服务与管理、老年护理等专业或专业方向的毕业生到民办养老服务机构就业。从2013年起，上述专业方向的毕业生进入非营利养老服务机构就业满5年，省财政按相关规定给予一次性入职奖补。各地财政要建立相应的入职奖补制度。

（二十五）将民办养老服务机构负责人、养老护理员及其他各类提供养老服务的组织从业人员纳入政府培训教育规划，在培训名额、培训经费等方面给予保障。符合条件的民办机构可认定为培训基地。

（二十六）探索在民办非营利性养老服务机构中设立公益性岗位，吸引有就业意愿的城乡就业困难人员从事养老服务工作。

（二十七）鼓励公办养老机构从业人员到民办养老机构中任职。公办养老机构正式在编在岗的从业人员经组织批准，选派到民办养老机构工作的，应签订劳动合同，人事关系及个人档案转入当地的人才服务中心。合同期满，在编制许可、岗位空缺情况下，经民政、人力社保部门批准后可重新聘用为公办养老机构正式在编人员，任职工龄予以连续计算。

（二十八）建立多领域的养老服务人才联动机制。鼓励专业医师到民办养老机构规范开展多点执业。将民办养老机构纳入护理类专业实习基地范围，鼓励高校和中职学校学生到民办养老机构实习实训，并按照所在地有关政策给予实习实训补贴。鼓励民办养老机构引入社会工作人才。对在民办养老机构就业的专业技术人员执行与公办机构相同的执业资格、注册考核政策。

（二十九）对各类民办居家养老服务机构，按现有政策给予社保补贴。各类创业孵化基地要优先吸纳居家养老服务机构，提供创业营业用房和相关政策扶持，并根据其吸纳就业情况，给予一定数额的种子资金和一定期限的房租补贴。

（三十）提高养老服务从业人员的薪酬待遇。人力社保、民政部门在每年6月底前向社会公布当地护理人员职位工资指导价位，督促指导民办养老服务机构落实护理人员待遇。建立护理员特殊岗位津贴制度，对取得《养老护理员职业资格证书》并从事养老护理岗位工作的人员，按照初级、中级、高级、技师不同等级，由当地财政给予一次性奖励或相应补贴。

浙江省人民政府
2014年4月25日

浙江省关于加快发展信息经济的指导意见

各市、县（市、区）人民政府，省政府直属各单位：

当前，以大数据、云计算、物联网、移动互联网为代表的新一代信息技术广泛应用，带来了生产方式、生活方式、消费方式的深刻变革。以发展信息产业、推进信息化应用、扩大信息消费、深化信息化和工业化深度融合为主要内容的信息经济，正成为全球抢占未来发展制高点的战略选择。加快发展信息经济，是我省在已经具备良好的发展条件和先发优势的基础上，进一步抓住新一轮科技革命和产业变革机遇，深入实施创新驱动发展战略的必然要求，也是加快转变经济发展方式，建立现代产业体系，促进经济社会转型升级的重要途径。为加快发展信息经济，现提出如下指导意见：

一、指导思想和主要目标

（一）指导思想。充分发挥市场在资源配置中的决定性作用和更好地发挥政府作用，以全面深化改革为动力，深入实施创新驱动发展战略，加强信息基础设施建设，优先发展信息产业，提升发展电子商务，扩大信息消费，推进信息化和工业化深度融合，促进信息经济加快发展，不断提高信息经济的综合实力和国际竞争力，建设信息经济大省，为打造浙江经济“升级版”，实现经济社会转型发展注入新的动力。

（二）主要目标。通过五年的努力，信息产业成为全省重要的支柱产业，信息经济在全省经济中的主导地位初步确立，实现从制造大省向信息经济大省的跨越；基本建成特色明显、全国领先的电子商务、物联网、云计算、大数据、互联网金融创新、智慧物流、数字内容产业中心，信息化和工业化深度融合国家示范区建设扎实推进，成为长三角地区乃至全国信息经济发展的先行区。

——国际电子商务中心。电子商务产业规模和竞争力保持全国领先，国际市场辐射力和商业模式创新不断增强，配套体系健全，成为在全球具有重要影响力的电子商务中心。

——全国物联网产业中心。物联网技术创新和集成应用深入推进，基本建成集研发制造、系统集成、示范应用、标准推广于一体的物联网产业体系，物联网产业规模和应用水平全国领先，并在数字安防等领域形成全球产业中心。

——全国云计算产业中心。国家云计算服务创新发展试点城市建设扎实推进，建成国内领先的云计算服务平台，智慧城市、信息化和工业化深度融合、数字媒体、电子商务等多个领域云工程与服务创新模式及应用成效全国领先，培育一批国际一流的云工程与服务企业。

——全国大数据产业中心。公共事务、社会管理、电子商务、金融服务等领域大数据挖掘分析技术、服务模式和应用成效全国领先，建成国内商用大数据营运中心，成为信息资源开发利用大省。

——全国互联网金融创新中心。信息技术在金融领域广泛应用，基于互联网的金融产品、技术、服务和平台持续创新、规范发展，第三方支付等互联网金融服务全球领先，探索建立网络银行。

——全国智慧物流中心。智慧物流体系基本形成，智慧物流全国领先，供应链信息系统全面融入国家交通运输物流公共信息平台，建成国内重要的智慧物流枢纽并投入使用。

——全国数字内容产业中心。打造全国一流的数字媒体基地、数字阅读基地、数字家庭应用示范基地、新媒体版权内容库和新媒体内容加工制作云平台，实现数字内容、技术、产品、服务和运营全产业链一体化发展。

——信息化和工业化深度融合国家示范区。深入实施产品与装备智能化开发、“机器换人”、重点行业与区域绿色安全制造、“电商换市”及相关产业发展、中小微企业信息化服务、骨干企业信息化提升、智慧城市建设示范试点、云服务产业培育、专用电子及软件产业基地建设、网络信息产业技术创新等十大专项行动，企业信息化水平大幅提升，信息技术在产业结构优化升级中的作用显著增强，工业发展质量和效益持续改善，全省信息化发展指数、信息化和工业化融合指数位列全国省区前三位。

二、加强信息基础设施建设

（三）加快宽带网络建设。大力推进骨干网、城域网和接入网升级改造，提升网络容量和智能调度能力。加快下一代互联网的部署和商用。实施城市百兆光纤工程和宽带乡村工程，加快发展第四代移动通信。实现全省宽带无线网络全覆盖，公共服务场所等重点区域无线局域网广泛覆盖。构建全程全网、互联互通、可管可控、基于云平台技术架构的下一代广播电视网络。优化无线电频谱资源利用。

（四）全面推进“三网融合”。统筹新一代移动通信网、下一代互联网和下一代广播电视网络建设，强化信息基础设施标准规范，促进共建共享和互联互通，实现网络的高效利用。加快全省广电网络“一省一网”整合提升和数字化、双向化高速宽带改造。推进电信、广电业务双向进入，鼓励发展交互式网络电视（IPTV）、手机电视、有线电视宽带服务等融合性业务，确保省 IPTV 集成播控平台和传输系统安全稳定运行。

（五）优化提升云计算中心建设。以杭州、宁波、温州、金华为区域核心节点，增加互联网数据中心（IDC）与国家骨干网的互联带宽，扩大内容分发容量和覆盖范围，提高数据计算、存储、智能处理和安全管控能力。制订数据中心能耗标准，推动传统数据中心优化升级成弹性可扩展、高效节能、分布式的云数据中心。

三、优先发展信息产业

（六）加快发展电子信息制造业。加快发展集成电路产业，大力发展高端通信及网络设备制造业，提升新一代移动通信设备和系统的研发与产业化水平。重点发展智能手机、智能电视、平板电脑、智能家居等新型信息终端产品，促进终端、内容、服务一体化发展。着力培育高端服务器、新型显示、新型电子元器件及材料等新兴产业，加强产品研发和系统集成，推进市场规模应用。

（七）大力发展软件和信息技术服务业。大力开发行业应用软件，优先发展支撑信息化和工业化深度融合的工业软件、智慧城市专项业务操作系统软件。大力发展信息系统集成、信息技术咨询、集成电路设计、网络中介服务等信息技术服务业，积极发展网络支付、位置服务、社交网络服务等基于网络的信息服务，加快培育下一代互联网、移动互联网、物联网等环境下的新兴服务业态。发展基于北斗导航系统的产品与服务。积极推进在岸和离岸信息服务外包，培育和拓展外包服务市场。

（八）着力发展应用电子产业。依托错位布局的装备高新区，建设一批装备电子及软件产业基地。重点促进产品与装备智能化所需的传感器、芯片、在线可视化定位检测器等的研发制造，着力发展“机器换人”所需的机器人与网络控制软件。加快汽车电子、船舶电子、家电电子、电力电子、医疗电子、物流装备电子、环保装备电子等专用电子技术的开发和产业化。

（九）加快发展大数据和云服务产业。出台鼓励政府、企业、居民购买云服务的政策措施，培育发展云工程与服务企业；突破一批大数据等关键核心技术，创新运营和服务模式，实施一批公共事务、社会管理、行业应用等领域的示范项目；重点支持公共云、工业云、政务云、健康云、安居云、教育云、商务云、媒体云等应用服务，形成若干个在全国有示范意义的大数据、云服务的商业模式。支持杭州高新技术产业开发区创建以网络信息技术与产业为主攻方向的国家自主创新示范区，引进和培育一批骨干企业，推进产业集聚，形成在全国有重要影响的大数据、云服务产业集群。

（十）大力发展数字内容产业。支持数字出版关键技术研发，加快传统文化内容的数字化。以大众文化信息消费需求为导向，重点发展数字出版、互动新媒体、文化创意、数字音乐、数字阅读、动漫游戏等数字内容产品及服务，支持电影电视、互动娱乐产业的原创生产，鼓励企业生产和提供健康向上的信息内容。创新视听服务商业模式，建设全国最大新媒体版权内容库和功能强大的新媒体运营服务云平台，面向全国拓展渠道，形成数千万级终端服务。加大应用推广力度，提升移动、电信数字阅读基地和杭州国家数字出版产业基地应用服务水平。

（十一）积极发展网络安全产业。围绕自主的技术、自主的产品、自主的企业，规划建设信息安全产业基地。大力推进网络安全、入侵检测、身份验证、可信计算、数据安全等网络和信息安全产品的自主研发与产业化，重点突破下一代互联网、物联网、云计算、移动互联网等领域的安全核心技术，提升信息安全服务保障能力，促进安全、自主、可控信息技术产业体系的建设。

四、提升发展电子商务

（十二）推进电子商务应用和模式创新。争取开展国家电子商务综合发展试点。全面实施“电商换市”，深化电商兴农、电商拓市、跨境电商、电商便民等工程，促进电子商务在浙货销售、居民消费、文化繁荣、对外贸易、农村发展、政府采购等领域的广泛应用。探索建设符合电子商务特点的产业发展、行业管理、网络信用和政策法规体系，完善电子商务行业管理、统一监测和市场监管方式，创新跨境电子商务管理机制，推进电子口岸等数据平台整合。

（十三）加快发展电子商务产业体系。推进电子商务领域重大项目建设，加大电子商务企业引进和培育力度，支持电子商务龙头企业做大做强。提升第三方电子商务平台发展水平，支持有条件的企业电子商务平台向行业平台转化，推动电商平台国际化，打造一批国际知名电子商务平台。有序推进专业市场发展电子商务，创新发展移动电子商务、线下线上互动、个性化定制等新型电子商务模式。

（十四）加快智慧物流体系建设。大力发展快递、仓储和物流规划咨询、物流信息系统、供应链管理等智慧物流，重视培育领军企业。加快智慧物流和服务平台建设，支持发展国家交通运输物流公共信息平台、跨境电子商务平台等重大现代物流项目，完善中心商务区、居民社区、大专院校、产业园区网购商品投送公共设施和农村网络代购网点，推进宁波“智慧物流”建设，推进舟山大宗商品交易中心的发展。加强物流标准化建设，加快全省物流信息整合，推进物流大数据应用，完善以基础设施和信息平台为重点的物流支撑体系。

（十五）促进互联网金融规范发展。加快信息技术在金融领域的应用，支持互联网企业与金融机构合作，支持基于互联网的金融产品、技术、平台和服务创新。推进商业模式创新，探索建立网络银行，拓展第三方支付、网络支付、网络借贷、小额信贷、网络众筹、网络理财、网络保险等相关业务，探索跨境电商支付和结算业务。建立并完善社会信用体系，利用大数据等技术加强互联网金融的监管与服务，防范互联网金融风险。

五、扩大信息消费

（十六）激发居民信息消费。加强资费监管，实现电信资费合理下降和透明收费，加强网络购物、电子银行、互动媒体、网络阅读、电子政务等信息消费应用示范，改善居民信息消费体验，增强居民信息消费意愿，释放居民信息消费需求。加快关键核心信息技术和产品研发，鼓励业务模式创新，培育发展新型业态，提升信息产品、服务、内容的有效供给水平。营造有利于扩大信息消费的政策环境，加强对信息服务、网络交易行为等的监管，依法打击网络欺诈等违法犯罪行为，规范信息市场秩序，建设安全诚信有序的信息消费环境。

（十七）务实推进智慧城市建设。加强信息技术在社会保障、市场监管、环境监测、信用服务、应急保障、治安防控、公共安全等社会治理领域集成应用，促进社会治理精细化，提高城市科学管理水平。大力推进智慧交通、智慧电网、智慧水务、智慧健康、智慧安居等建设，按照"一揽子"解决问题的要求，开发云、管、端一体化的专项业务操作系统，不断提升应用质量和水平，扩大城市应用的覆盖面，实现城市基础设施智能化和公共服务智慧化。制订和实施智慧城市建设政策制度和标准化建设行动计划，加快形成智慧城市建设政策法规体系和一批技术、业务与监管流程融合的国家标准、行业标准和地方标准。

（十八）加快电子政务建设。加快信息技术在政务领域的应用，顺应行政审批制度改革、加快转变政府职能的总体要求，建设基于云计算的全省统一电子政务公共服务平台，加快建设集行政审批、便民服务、政务公开等功能于一体、省市县三级联动的政务服务网，实现全省政府行政审批等服务事项"一站式"网上办理与"全流程"效能监督。研究制订公共信息资源开放共享管理办法，建立跨部门、跨地区信息共享、业务协同的公共服务体系，创新推进政府信息资源的深度开发和社会化利用。

六、推进信息化和工业化深度融合

（十九）提升企业信息化水平。以"三名"企业特别是协同制造的龙头企业、总部型企业为重点，开展贯彻信息化和工业化深度融合管理体系国家标准试点，形成示范带动效应。实施千家规模以上工业企业"登高计划"，推进企业信息化从基础应用、单项应用向集成应用、创新应用、产业链协同应用转变，确保骨干企业基本实现装备智能化、设计数字化、生产自动化、管理现代化、营销服务网络化。针对中小微企业多样化、个性化需求，重点抓好中小微企业公共网络服务平台、工业设计供需对接信息化商务平台、互联网融资中介服务平台、科技型中小微企业创业上市信息化服务平台建设，帮助中小微企业深化研发设计、生产制造、经营管理、市场营销等核心环节的信息化应用。

（二十）突出重点抓好行业信息化。深入推进传统行业"机器换人"，支持有条件的企业建设"机联网""厂联网"，提高企业自动化、智能化、网络化制造水平。推动装备制造业智能化升级，促进装备电子与装备设计和制造的结合，大力开发智能成套装备。在易污染、高耗能和安全风险高的行业大力推广应用物联网技术，实现信息化的计量供料、自动化的生产控制、智能化的过程计量定位检测、网络化的环保与安全控制、数字化的产品质量检测保障、物流化的包装配送，确保全过程、各环节的精准生产与管控，实现绿色安全制造。

（二十一）分类抓好各类园区信息化工作。支持产业集聚区和经济开发区、工业园区打造信息化公共服务平台，加快产业链关键共性信息技术的推广应用，提升信息的支撑服务能力，建设信息化和工业化深度融合先行区。强化高新区特别是装备高新区信息产业的集聚功能，以产业链为纽带，狠抓招大引强、招才引智，建成与信息技术紧密融合的装备集成制造基地、关键零部件制造基地、核心技术创新基地和高端创新人才集聚基地。

七、优化发展环境

（二十二）强化组织保障。省信息化和工业化深度融合国家示范区建设工作领导小组与省信息化工作领导小组要加强对信息经济发展的组织领导，统筹协调解决有关重大问题。进一步明确各地、各部门工作职责，形成牵头部门抓总落实、相关部门分工协作，共同推进我省信息经济快速发展的工作格局。加强舆论宣传引导，提高公众对信息经济的认知与实践水平，营造全社会共同参与的良好氛围。

（二十三）优化要素保障。鼓励各地优先保障信息经济重点项目的资源要素需求。省级产业集聚

区、高新区要把发展信息经济作为重点任务，明确主攻方向和目标，规划发展空间，保障区内企业对资源要素的合理需求。

（二十四）加大财税金融支持。全面落实国家鼓励信息经济发展的有关政策，积极争取国家在产业基地（园区）建设、项目布局、资金安排等方面的政策支持，落实中央财政资助项目明确需地方配套的政策。省工业和信息化、战略性新兴产业、商务促进等专项资金和财政科技经费应重点向支持信息经济倾斜。建立和完善信息经济发展的金融服务体系，引导信贷资金、各类投资基金重点投向国家和省级信息经济重点项目、优势企业、产业基地以及公共服务平台建设。拓宽直接融资渠道，支持符合条件的企业发行债券和上市。设立省信息经济创业投资基金。

（二十五）强化人才创新支撑。加强信息经济高层次人才和团队引进，重点引进国际行业优秀领军人才。大力培养信息技术研发人才、应用人才和营运人才，重点培养高水平复合型人才。强化企业创新主体地位，按照“补短板”要求，支持信息经济龙头骨干和重点优势企业设立省级重点企业研究院；鼓励和支持有条件的企业建立行业共性技术和关键技术研发中心、测试中心、服务中心，积极参与国家标准、行业标准的研究与制（修）订工作。

（二十六）着力引进项目。积极组织国内外信息经济合作交流活动，着力开展以商招商、主题招商、展会招商、委托招商、网络招商以及产业链招商等多种形式的招商，加快引进一批技术水平高、带动性强、市场前景好的重大项目，重点引进信息经济世界500强、国内行业百强及央企等行业龙头企业。发挥浙江产业优势和市场优势，组织举办国内外有重要影响的电子商务、云计算、智慧城市等领域专业展会，打响我省信息经济品牌。

（二十七）加强信息安全保障。建设电子政务安全云平台，加强党政机关重要信息系统、基础信息网络以及涉及国计民生的重要应用系统的信息安全防护，加强对工业控制系统、信息化和工业化融合、电子商务等经济领域的信息安全监管，强化信息化项目信息安全风险评估和定期检查。积极推进网络信息安全、个人信息保护等方面的地方立法，研究制定标准规范，加强基础信息资源和个人信息保护，强化互联网信息安全管控。

（二十八）健全评价机制。建立全省信息经济统计调查制度，强化统计、监测、分析和预警工作。定期由第三方机构对各市、县（市、区）信息经济发展情况进行综合评价。

各地、各有关部门要根据本意见精神，抓紧制订加快信息经济发展的具体政策措施，并抓好贯彻落实。

浙江省人民政府

2014年5月13日

浙江省关于加快建设标准强省的意见

各市、县(市、区)人民政府,省政府直属各单位:

为联动推进标准强省、质量强省、品牌强省战略,充分发挥标准在引领发展、推动创新中的基础性作用,现就加快标准强省建设提出如下意见:

一、重要意义

标准是国民经济和社会发展的重要技术基础,在推动经济转型升级、政府管理和社会治理能力提升、生态文明建设等方面,具有十分重要的保障、支撑和引领功能。随着经济社会的快速发展,标准在国际国内竞争中的作用日益凸显,越来越成为一个国家和地区核心竞争力的重要体现。近年来,我省标准建设工作取得了明显成效,但也存在一些薄弱环节和问题,主要表现在:我省企业参与标准化活动程度与产业发展水平不相适应;不少优势产业的标准话语权不够;科技创新成果转化为标准的比例较低,具有自主知识产权的技术融入标准偏少;人才队伍、技术支持与服务体系建设相对薄弱等。各地、各有关部门要充分认识做好标准工作的艰巨性和紧迫性,切实采取有力措施,加快推进标准强省建设,为促进转型升级、打造浙江经济“升级版”作出积极贡献。

二、总体要求

坚持立足实际和接轨国际相结合、市场导向和政府推动相结合、企业为主和社会参与相结合、统一管理和分工负责相结合,进一步完善标准工作体制机制,着力构建符合发展需求、科学有效先进的标准体系,推动我省标准综合水平迈入国际国内先进行列。力争到2020年,我省龙头骨干企业实质性参与国内外标准化活动能力显著增强,高技术产业、战略性新兴产业创新成果标准转化率大幅提升,重点产业采用国际先进标准比率明显提高,“浙江制造”先进标准体系基本形成,产业竞争的标准话语权不断增强;社会管理和公共服务标准化水平明显提升;标准促进生态文明建设的成效显现,治水治气、节能降耗、防灾减灾及环境综合整治标准水平全国领先。

三、主要任务

(一)实施“浙江制造”标准提升工程。以重大关键及成套设备、数控机床、电气机械、轻工纺织机械、现代仪器仪表、电子专用设备、汽车及关键零部件、船舶制造、环保技术及设备、高端机电产品、机电基础件等先进制造业和机械、电气、纺织、服装、皮革、家具、精细化工等传统优势产业为重点,研究制订一批达到国际先进水平的“浙江制造”标准,构建“浙江制造”先进标准体系,提升“浙江制造”品牌形象。按照“先进标准—技术改造—做强产业”模式,引导产业集聚区和产业集群制订实施先进联盟标准,推动技术改造、“机器换人”与采用国际先进标准互融互促,带动全产业链加快淘汰落后产能、有效提升产品质量水平。

(二)实施重点产业标准创新工程。加强技术标准战略研究,强化科技计划执行与技术标准研制互动,大力开展技术标准综合研究基地、区域技术标准联合创新基地和企业技术标准创新基地建设。按照“技术创新—标准转化—做优产业”模式,鼓励和支持高技术产业、战略性新兴产业、现代农业和现代服务业企业、科研机构和高等院校,积极参与国际和国内标准制(修)订,加快推进科技创新成果转化为现实生产力,形成一批掌握国内外标准话语权的优势产业和企业。

(三)抓好“五水共治”标准建设工作。按照山水林田湖是一个生命共同体的理念,健全污水排放

控制标准，提升城市防洪防涝标准，完善供水安全标准，强化饮用水源地污染监控标准，推广实施节水标准，着力构建科学合理、系统配套的“五水共治”标准体系。

（四）推进“三农”领域标准化建设。积极开展农村综合改革标准化试点，推动实施“美丽乡村”地方标准。围绕现代农业园区、粮食生产功能区建设和我省十大农业主导产业需求，加强农业地方标准研制，构建比较完善的种养殖、生产加工和流通农业标准体系。深入推进农业标准化示范区建设，大力推广“现代农业园区＋合作社（龙头企业、家庭农场）＋基地＋农户＋标准”和“农产品公共区域品牌＋标准＋农户＋基地”的现代农业生产方式。

（五）推进公共服务领域标准化建设。围绕加快实现基本公共服务均等化目标，重点加强公共安全、公共教育、公共卫生、社会组织管理、劳动就业服务、社会保险、公共交通、公共文化、社会信用等领域的标准工作。加强基本公共服务标准的制订实施，建立健全具有浙江特色的公共服务标准化体系，促进公共服务领域先进技术和管理成果的转化和推广应用，不断提升我省公共服务能力。

（六）探索政府管理标准化建设。按照转变政府职能、建设阳光高效政府的要求，推进政府权力清单、审批事项、服务流程、资金管理和绩效考核的标准化。按照核准目录外企业投资项目政府不再审批的要求，推进企业项目投资负面清单标准化，构建公开透明的市场竞争秩序。加快省市县三级联动的行政审批和便民服务标准化建设，使“一站式”网上办理有标可依，实现全程效能监督。

（七）推进组织机构代码登记制度建设。完善组织机构代码登记制度，加强物品编码新技术研发，大力推进组织机构代码和物品编码在实体贸易、电子商务、现代物流等领域的应用，实现企业信息、产品信息与交易信息的互联与可追溯，强化标准在市场准入、市场规范、市场监管和信用体系建设中的基础性作用。

（八）加强技术性贸易壁垒应对。积极应对标准国际化挑战，增强我省产业和产品参与国际竞争的能力。加强对国外技术性贸易措施通报信息的采集、跟踪和研究，有效开展与我省出口产业相关通报的评议和特别贸易关注信息提案工作。健全技术性贸易措施预警体系，及时发布预警信息，不断完善应对技术性贸易措施技术援助机制，指导帮助出口企业积极规避技术性贸易壁垒。

（九）加强地方标准体系建设。突出强制性地方标准的技术法规属性，严格立项、起草、审评、批准、发布等程序，强化统一管理，增强标准的约束力。突出推荐性地方标准的公益属性，着重加强对基础通用类标准的制订。进一步完善资源节约、环境保护、社会治理、公共服务、民生保障等领域标准门类，加快形成结构合理、重点突出的地方标准体系。对涉及重大公共利益的地方标准立项，应公开听证。

（十）加强标准的实施及监督。加强标准运用，为社会管理、政策制订、市场准入、行政执法、政府采购、公共服务等提供科学依据。重点围绕产品质量安全、人身财产安全、资源环境保护、消费者权益保护等领域，完善对标准实施的意见反馈和评价机制。加强对标准实施的事中事后监管，严肃查处违反强制性标准的行为。

（十一）推进标准化试点示范工程。突出政府管理、社会治理、公共服务、高新技术和先进制造业、商贸流通业、现代农业和现代服务业等领域，深化综合标准化试点项目建设。系统推进技术标准研制和应用推广试点示范工作，探索建立以科技创新提升技术标准水平、以技术标准促进科技成果转化应用工作模式，促进科技创新、标准研制和产业发展深度融合。

（十二）提升标准社会化服务能力。推进标准藏馆和标准信息公共服务平台建设，研究构建标准云平台，提高标准信息公共服务能力和水平。培育发展标准中介服务机构，加强相关检验检测、认证、咨询机构建设，建立竞争充分、便捷高效的标准技术服务市场。

四、保障措施

（一）加强组织领导。各级政府要把标准工作纳入经济社会发展规划、科技专项规划和产业政策体系；要结合当地实际，研究制订推进标准工作的实施办法和配套措施，及时研究解决相关重点难点问题。各级有关部门要各司其职、密切配合，由标准化行政主管部门履行牵头职责，负责对标准工作的统筹协调和统一管理；有关行业主管部门负责本部门、本行业的标准工作。

（二）加强政策扶持。加大公共财政投入，各级财政要将标准工作所需资金纳入预算，重点支持国际标准、国家标准、地方标准的制（修）订和创新性、公益性标准实施试点示范项目的建设。加强重大招商引资、政府采购、技术引进和技术改造项目标准先进性审查，对采用国际先进标准的予以优先支持。

（三）加强队伍建设。加强高校标准化学科、专业建设，在职业教育和继续教育中增加相关教学内容。加强落户我省的国际、国家专业标准化技术委员会秘书处和省级专业标准化技术委员会建设，鼓励龙头企业依托专业标准化技术委员会组建覆盖产业链上下游的标准创新团队。广泛利用社会资源，多层次、多形式培养标准化人才，推进高素质复合型标准化人才队伍建设。鼓励产业联盟、企事业单位、社会组织、专家学者、消费者，广泛参与国际国内先进标准研究、制订和推广应用。加强国际标准化项目交流与合作，鼓励科技人员担任国际国内标准化组织重要职务。技术标准研制成果作为技术人员职称评定的依据。

（四）加大宣传力度。建立重要标准新闻发布制度，加强对社会关注、公众关心的标准宣传和解读。积极借助“世界标准日”“质量月”“3·15”“科技周”等载体和各类新闻媒体，广泛宣传普及标准化法等法律法规和相关知识，努力营造“学标准、建标准、用标准”的良好氛围，提高全社会标准意识。

浙江省人民政府

2014 年 8 月 9 日

浙江省关于加快培育旅游业成为万亿产业的实施意见

各市、县(市、区)人民政府,省政府直属各单位:

为贯彻落实《国务院关于促进旅游业改革发展的若干意见》(国发〔2014〕31号)和《中共浙江省委关于建设美丽浙江创造美好生活的决定》(浙委发〔2014〕14号)精神,加快把旅游业培育成为我省战略性支柱产业和万亿大产业,现提出如下实施意见:

一、总体要求

以党的十八大、十八届三中和四中全会以及省委十三届五次全会精神为指导,认真贯彻《中华人民共和国旅游法》,切实把旅游业发展纳入全省经济社会发展战略全局,牢固树立科学旅游观,坚持依法兴旅、依法治旅,坚持全域化、生态化、人本化和国际化的发展原则,全面深化改革,推动转型升级,促进提质增效,努力实现旅游业发展的经济效益、社会效益和生态效益相统一,力争把旅游业培育成为总收入超万亿元的大产业,使旅游业成为美丽浙江的生态产业、美好生活的民生产业和转型升级的支柱产业,把浙江建设成为更加发达的旅游经济区和国际知名的旅游目的地,率先全面建成旅游经济强省。

二、发展目标

(一)旅游产业实力更强。旅游产业体系更加完善,效益更加明显。到2017年,全省年接待游客总量达到6.5亿人次,年均增长10%,其中接待过夜游客3.1亿人次,力争旅游产业总收入达到1万亿元。

(二)旅游产业结构更优。入境、国内和出境三大旅游市场协调发展,旅游产业布局进一步优化,旅游产品体系进一步健全,休闲度假功能明显增强,商务会展水平明显提升。到2017年,旅游购物在全省旅游业总收入中的比重超过30%,过夜游客人均逗留时间达1.8天,全省城乡居民人均出游4.5次,国内旅游人均消费提高到1400元以上。旅游服务进出口额占国际服务贸易额的比重达到40%。

(三)旅游产业品牌更响。旅游市场秩序进一步规范,旅游产品品质进一步提升,"诗画浙江"品牌更具国际竞争力,旅游产业可持续发展能力进一步增强。旅游产业发展成果为旅游者、旅游从业人员和旅游目的地居民共享。到2017年,游客满意度达到90%以上。

(四)旅游产业贡献更大。到2017年,全省旅游业增加值占地区生产总值的比重提高到6.7%,占服务业增加值的比重提高到14%;旅游业税收收入相当于地方财政收入的7%;旅游直接就业人数占全社会就业人数的比重超过8%。

三、主要任务

(一)深化旅游改革开放。加快政府职能转变,进一步简政放权,发挥市场在资源配置中的决定性作用。支持国家级旅游改革试点,推动舟山市争取落地签证、境外游客购物离境离岛退税、便利邮轮出入境等政策,争取列入赴台个人游试点城市。推动桐乡市在旅游业与新型农业化、新型工业化、新型城镇化和服务业现代化等方面深度融合。推进淳安、洞头、安吉、武义、遂昌、仙居省级旅游综合改革和湖州、桐庐、江山、龙游专项改革试点,在制度创新、政策扶持、资源整合、要素保障、特色培育等方面先行先试。鼓励各市县结合实际、因地制宜、大胆创新,积极探索旅游发展新路径、新模式。支持开化、仙居两县开展国家公园试点。推进淳安、文成、泰顺、开化、景宁、庆元等重点生态功能区示范区试点建设，重点发展生态、休闲、养生、度假等旅游新业态，使旅游业成为统筹当地经济社会发展的引领产业。

创新旅游管理体制。按照“大旅游、大市场、大产业”的要求，整合优势，强化旅游综合协调、产业促进、行业服务等职能。积极探索风景名胜区、旅游度假区等旅游区的管理体制机制创新，探索设立跨区域旅游功能区，鼓励品牌信誉度高的旅行社和旅游车船公司跨地区连锁经营。充分发挥旅游行业协会的作用，鼓励发展中介组织，在强化行业监督自律、推进标准化建设以及质量评定等方面发挥更加重要的作用。

扩大旅游开放。进一步简政放权，政企分开，使市场在资源配置中起决定性作用。推动资源、资本、人才、技术等要素在旅游产业发展中的自由流动，推动旅游市场向社会民营资本全面开放，吸引浙商回归投资旅游重大项目，促进混合所有制旅游经济发展。建立完善公开、平等、规范的旅游市场准入制度，积极引进国(境)外知名旅行商、跨国(境)旅游集团投资浙江旅游业，加强与周边国家和地区、世界旅游组织等交流合作。

(二)优化旅游产业布局。按照“一核两翼五圈多点连线”的布局要求，着力提升杭州旅游的核心带动作用，大力推进“东扩西进”两翼发展，加快建设浙北、浙东、浙东南、浙中和浙西南五大旅游经济圈，加快培育多层次、特色化的优秀旅游目的地，加快打造一批以杭州为龙头、依托浙江独有的自然资源和文化资源的旅游品牌和精品线路，不断提高全省旅游业空间运行的整体效率。

“一核”：强化杭州旅游核心带动作用。大力推进杭州旅游全域化发展和国际化发展，充分发挥杭州作为长三角旅游中心城市对全省旅游业发展的核心带动作用。以西湖、西溪、运河、湘湖、千岛湖等核心景区为龙头，深入推进旅游与休闲、会展、文化、特色潜力行业等融合发展，全面提升休闲度假综合品质，有效带动周边地区发展。

“两翼”：推进“东扩西进”两翼发展。“东扩”海洋旅游，以舟山群岛新区建设国家海洋经济发展示范区为引擎，实施海洋旅游五年行动计划，积极推进邮轮、游艇、休闲度假岛、海洋禅修和海洋探险等高端旅游产品开发，建设一批特色海洋旅游区，培育一批特色休闲旅游岛和特色渔村，形成多元化的浙江海洋旅游精品线路。“西进”生态旅游，以衢州、丽水、湖州、温州西部和台州西南山区为重点，以绿色崛起和生态富民为战略导向，推进景观森林建设，建设一流生态休闲养生福地，探索形成生态旅游业推动环境保护、促进新型城镇化、加快山区经济全面转型升级的科学发展模式，把山区生态优势转化成为旅游产业优势，使生态旅游业成为富民强县的主导产业。

“五圈”：构建五大旅游经济圈。浙北旅游经济圈以杭州、绍兴、嘉兴和湖州为主体，发展都市风情、江南水乡风情、运河古镇文化、吴越文化和太湖文化等特色旅游业态。浙东旅游经济圈以宁波、舟山为主体，积极打造浙江旅游的海上门户。浙东南旅游经济圈以温州、台州为主体，将雁荡山—楠溪江、百岛洞头和仙居国家公园作为核心板块，创新休闲度假业态，提升休闲度假品质。浙中旅游经济圈以金华、义乌等为主体，建设以黄大仙文化、商贸购物、温泉养生和影视文化为特色的国际化旅游区。浙西南旅游经济圈以衢州、丽水为主体，加快发展生态旅游业，探索生态旅游业带动山区发展新路子。

“多点”：培育多层级旅游目的地。以完善目的地旅游服务设施、提升目的地服务质量、提高目的地友好程度为主要内容，以游客满意度和富民贡献度作为评价标准，积极引导各类旅游目的地彰显特色、错位发展，加快培育一批优秀国际旅游目的地、优秀县域旅游目的地和优秀乡村旅游目的地。

“连线”：围绕西湖、江郎山、中国大运河三大世界遗产和高等级旅游景区，打造多主题、分时段、强辐射的浙江旅游连线。

以历史文化为基础，重点打造丝绸之路、江南水乡、古都古镇、宗教朝觐、运河古韵、养生茶艺等一

批国际精品旅游线；以便捷高铁为依托，重点打造华东经典、名城名湖、太湖风情、绿水青山等一批区域品牌旅游线；以概念创新为突破，重点打造滨海之旅、邮轮之旅、生态之旅、温泉之旅、康体之旅、养生之旅等一批特色旅游线；以适应消费为前提，重点打造一批休闲自驾、最美村落、商贸购物、骑行漫游等主题旅游线。大力开发钱塘江水系、古运河水系及海岛风情旅游线，串联打造浙东、浙中、浙西为轴的传统旅游线，推进相关景区连点成线、聚点成块，逐步形成全域化、多元化、大众化的旅游路线图。

（三）加快旅游大平台建设。根据全省旅游产业布局，积极探索旅游功能区建设。按照资源优化、统一规划、统一布局、统筹开发的原则，突破行政区划，建立环莫干山、环洞宫山、环括苍山、钱江源等四大旅游功能区。积极争取国家相关部门支持，打造跨省域的旅游功能区。大力推进旅游度假区建设，支持东钱湖、太湖、湘湖、鉴湖—柯岩、平湖九龙山、千岛湖、舟山群岛普陀等创建国家级旅游度假区，支持资源禀赋优良、发展基础扎实、要素保障有力的地方申报省级旅游度假区。全面落实省级及以上旅游度假区享受省级经济开发区的优惠政策。加快推动旅游为主导功能的省级现代服务业集聚示范区建设。加快旅游景区转型升级。按照世界水准、国际一流、国内领先的要求，大力实施景区提升三年行动计划，推进景区环境综合整治，加快建立门票预约制度，加强景区游客最大承载量控制。大力推进环莫干山、环湘湖、环千岛湖、环东钱湖、雁荡山—楠溪江、南浔古镇、环乌镇、环会稽山、普陀国际旅游岛群、神仙居—天台山等十大重点板块建设，力争到2017年十大重点板块的旅游总投资和总收入均超2000亿元。着力培育宁波杭州湾、溪口—雪窦山、三门湾、乐清湾、环飞云湖、环太湖、盐官百里长廊、环台州湾、江郎山—廿八都、千峡湖—凤阳山—云和湖等十大特色板块，力争到2017年十大特色板块的旅游总投资和总收入均超1000亿元。积极推进旅游大项目建设，力争到2017年全省旅游总投资超过1万亿元。实施“新十百千工程”，到2017年全省创建20个左右旅游产业发展示范县（市、区），培育100个左右省级旅游度假区和旅游风情小镇，培育1000家左右乡村旅游景区和特色民宿。

（四）推进乡村旅游转型升级。大力推进旅游业与农业融合发展，加快乡村旅游与新型城镇化有机结合，发挥乡村旅游在增收入、扩就业、惠民生等方面的作用。依托农业自然环境、田园景观、农业设施、农业产业、农耕文化等资源要素，大力培育休闲观光农业，开发乡村休闲度假产品。注重乡村旅游规划编制，加强名村名寨、古村古镇保护与利用，建设一批具有历史记忆、地域特色、民俗文化的旅游风情小镇。推进乡村旅游富民工程，带动贫困地区脱贫致富。创新乡村旅游经营管理模式，强化乡村旅游从业人员培训，稳步推进“送培训下乡”活动，每年免费为乡村旅游从业人员培训人数不低于4000人次。到2017年，全省力争打造10个乡村旅游产业集聚区；30个省级休闲农业与乡村旅游示范县；100个休闲农业与乡村旅游示范点，实现以农促旅、以旅强农，促进我省乡村旅游快速发展。

（五）培育旅游新业态。积极发展文化旅游、海洋旅游、工业旅游、运动休闲旅游、森林旅游、养生养老、研学旅行、购物旅游、康体旅游、红色旅游、商务会展、旅游电商等新型旅游业态，不断丰富多元的旅游产品供给。大力培育美食、茶楼、疗休养、美容化妆、保健、时装、婴童、婚庆、摄影、工艺美术等与旅游密切相关的特色潜力行业。注重旅游纪念品创意设计，加强知识产权保护，培育地方特色的旅游商品品牌。到2017年，重点打造50个文化旅游示范区；50个特色文化主题酒店；100个工业旅游示范基地；100个运动休闲旅游示范基地（含优秀项目、精品线路）；100个中医药养生养老示范基地；100个非物质文化遗产旅游经典景区。

（六）打响“诗画浙江”品牌。积极打造“诗画浙江”省级综合宣传品牌，在省级主流媒体及重大经贸、文化、体育等活动中统一使用该品牌。创新营销方式，改进营销理念，拓展营销渠道，实施政府主导、企业联手、媒体跟进“三位一体”的合力营销策略，构建全媒体时代的立体营销系统和多元化的旅游消费市场。创新办展模式，拓展展会内涵，吸引国际会议会展活动更多地落户浙江。积极打造旅游展会和节庆品牌，加强旅游区域合作，整合资源，精心设计和宣传以浙江传统文化为内涵、以浙江特色旅游资源为内容的旅游线路，积极参与海上丝绸之路等旅游线路建设。积极探索在境外投放“诗画浙江”宣传广告，建立完善多语种网站，开发建设与电子商务一体化的网络营销平台，加快我省旅游国际化进程。

（七）做大做强旅游企业。积极培育一批旅游规划设计企业、旅游创意企业、旅游装备制造企业、旅游电商以及旅游服务外包企业等新型旅游企业。支持旅游企业通过中小企业板、创业板上市或在浙江省股权交易中心挂牌交易。大力引进国内外大型旅游集团，支持企业走出去，参与国际交流与合作，通过资源整合、资产重组、参股、兼并等方式，推动优势旅游企业实施跨地区、跨行业、跨所有制兼并重组，构筑起跨国、跨地区经营体系，打造跨界融合的旅游产业集团和产业联盟。培育一批有特色、有品牌的旅游商品生产和销售企业。到 2017 年，力争培育 10 家以上年产值超 10 亿元的大型旅游企业集团。

（八）发展入境旅游。推进杭州、宁波、温州和义乌国际航空港建设，加快推进外国人 72 小时过境免签的配套政策。加强与境内外航空公司、旅游批发商、国际友好省州和城市、国家旅游局海外办事处等合作，建立促销联盟，开展整体营销。加快培育一批具有入境客源输送能力的旅游企业，增强海外客源市场的宣传推广力度，组织开展境外宣传推广活动，全面提升浙江旅游在海外市场的影响力。

（九）推进智慧旅游。加快旅游电子政务和电子商务发展，建立覆盖全省的旅游信息服务体系。逐步实现商务、交通运输、公安、农业、工商等部门涉旅数据信息共享。积极推动物联网、云计算、新一代移动互联网等新兴信息技术在旅游产品开发和管理服务中的创新应用。支持旅游景区、酒店、旅行社等旅游企业的电子商务平台建设，发展网上预订、在线支付等电子商务。支持第三方旅游电商平台做强做大，重点培养若干家有潜在优势的旅游电子商务企业。支持杭州、宁波、温州等创建全国智慧旅游示范城市。积极推进智慧景区、智慧旅行社、智慧酒店等试点工作，加快旅游城市、高等级旅游景区、乡村旅游点免费无线网络覆盖。

（十）完善公共服务设施。全力打造便捷的旅游交通网络。探索开展低空旅游。在火车站、机场、客运中心与主要旅游目的地开通或优化完善公交班线。加快旅游交通基础设施建设，交通运输部门在编制交通建设规划时，要充分考虑通景区公路的建设需求，并征求旅游行政主管部门的意见。加快舟山国际邮轮母港等设施建设，形成浙江沿海“一日游”或“多日游”的海上旅游交通网络。到 2017 年，完成 4A 级以上旅游景区综合环境整治，新建 100 个自驾车营地，新建或改造 1000 座三星级以上的旅游厕所，新建改建 10 万个旅游景区停车位。加快完善旅游交通引导标识系统，全省 4A 级以上旅游景区和其他各类国家级旅游区都要在高速公路和国省道设置规范的交通标识。加快完善全省高速公路服务区、加油站点的旅游咨询和配套服务功能。加快整合现有资源，推动全省等级道路客运站发展成为当地的旅游集散中心，大力拓展客运站的旅游服务功能。加强防洪防台应急避灾设施的建设，提升旅游景区应对自然灾害的能力。

（十一）提高综合管理水平。全面实施国家旅游局《旅游服务质量提升纲要（2009—2015 年）》，健全游客满意度调查制度，扩大调查范围，注重调查结果的运用，建立以游客评价为导向的旅游服务质量评价体系。依法落实旅游安全管理责任制，加强旅游安全保障体系建设，建立旅游安全职责和旅游突发事件应对机制，构建省、市、县、企联动的旅游应急救援体系。旅行社、景区要对参与高风险旅游项目的旅游者进行风险提示，并开展安全培训，依法投保责任险。景区要加强安全防护和消防设施建设。按照属地管理原则，建立健全旅游景区突发事件、高峰期大客流应对处置机制和旅游安全预警信息发布制度。加强景区门票价格监管，利用公共资源建设的景区门票，以及景区内另行收费的游览场所、交通工具等项目，实行政府定价或者政府指导价，严格控制价格上涨。严格按照规定，对未成年

人、在校学生、老人、军人、残疾人等实行门票费用减免。完善旅游统计指标和调查方法，建立科学的旅游发展考核评价体系。

四、保障措施

（一）加强对旅游工作的领导。调整省旅游发展领导小组，由省政府主要领导担任组长，定期研究全省旅游发展重大事项。各市、县（市、区）政府要加强对旅游工作的领导，建立相应的工作机制或机构，将旅游业发展纳入各级政府和部门的年度目标考核体系。探索重点旅游县域差异化考核机制，着重考核生态、旅游等发展指标，健全完善培育旅游万亿产业的激励机制。制订实施全省旅游产业发展示范县评价与考核办法。

（二）全面推进依法治旅。深入宣传贯彻实施《中华人民共和国旅游法》，不断提高依法治旅和依法兴旅水平。健全旅游地方法规体系，加快修订《浙江省旅游管理条例》等地方性法规。加强旅游执法队伍建设，完善省、市、县三级投诉受理联动机制，实行重大案件报备制度。旅游、交通运输、工商、公安等部门要密切合作，加强旅游联合执法，依法严厉打击“黑导游”和诱导、欺骗、强迫游客消费等行为。加强对旅游市场明码标价行为的监管，依法严肃查处串通涨价、哄抬价格和价格欺诈等行为，规范旅游市场秩序。强化旅游诚信体系建设，行业协会要引导企业诚信经营；建立严重违法企业“黑名单”制度，加大曝光力度，完善执法信息共享机制。完善旅游标准化体系，组织制订和推广实施旅游标准，积极培育一批旅游标准化试点单位，鼓励旅游企业制订个性化的标准。倡导文明出行，加强游客文明旅游行为的引导，充分发挥旅游者、社会公众及新闻媒体的监督和引导作用，促进旅游品质提升。

（三）强化旅游规划引导。各级政府在编制旅游发展规划时应当与当地国民经济和社会发展规划、土地利用总体规划、城乡规划相衔接，优先保障相关旅游项目、设施的空间布局和建设用地需求。规划和建设交通、通信、供水、供电、环保等基础设施和公共服务设施，应兼顾旅游业发展的需要。新建、改建、扩建旅游建设项目，应符合本地区旅游发展规划及相衔接的其他规划。强化旅游规划落地，定期对规划执行情况进行评估，并向社会公布，接受社会监督，保证规划执行。

（四）加大财政金融支持。2014—2017年，省旅游发展资金每年增长10%，用于加强旅游规划、形象推广、公共服务建设等。省级财政加大对重点生态功能区的一般性转移支付力度，完善生态补偿机制。市、县（市、区）人民政府应设立旅游发展资金，加大对旅游产业发展的扶持力度。支持符合条件的旅游企业合理对接多层次资本市场，利用各种融资工具做大做强，引导设立旅游产业基金，发展旅游项目资产证券化产品。加大对小微旅游企业和乡村旅游的信贷支持。鼓励担保、再担保机构为旅游企业提供优惠服务。

（五）积极支持旅游消费。积极落实国家规定的带薪年休假制度，将带薪年休假制度落实情况纳入各级政府议事日程，作为劳动监察和职工权益保障的重要内容，推动机关、企事业单位加快落实职工带薪年休假制度。鼓励职工结合个人需要和工作实际分段灵活安排带薪年休假。鼓励开展研学旅行，按照教育为本、安全第一的原则，建立小学阶段以乡土乡情研学为主、初中阶段以县情市情研学为主、高中阶段以省情国情研学为主的研学旅行体系，对研学旅行应给予价格优惠。鼓励旅行社参与政府采购和服务外包，行政机关、企事业单位、社会团体或组织可按规定委托旅行社代理交通、住宿、餐饮、会展、会务以及出国（境）服务。支持符合大工业用电容量规定的餐饮住宿企业申请大工业用电，执行大工业用电分时电价。鼓励宾馆饭店“煤改气”。

（六）保障旅游用地供给。完善旅游产业用地管理措施，推进土地利用差别化管理与引导旅游产业结构调整相结合。研究制订差别化旅游用地政策，编制《全省旅游产业用地专项规划》，优先保障旅游重点项目用地供给。对符合《划拨用地目录》的旅游集散中心、旅游咨询中心、公共停车场、旅游厕所等与旅游配套的公益性城镇基础设施，可以采用划拨方式供地。加大土地供给，支持重点乡村旅游项目建设用地。引导农村土地承包经营权有序流转，鼓励和支持承包土地向家庭农场、农民合作社流转，发展乡村旅游。支持农村集体经济组织利用非耕农用地，在不改变土地农用性质的前提下采取作价入股、土地合作等方式参与旅游开发。以"五水共治""三改一拆"为契机，利用清理出来的闲置建筑物、废弃矿山、腾退宅基地等存量建设用地开发建设旅游项目。支持企事业单位利用富余房产、土地资源开发旅游。对旅游景区中农用地或未利用地，未改变用途和功能、未固化地面、未破坏耕作层的生态景观用地等，不认定为建设用地。对旅游景区范围内亭台楼阁等小型旅游设施用地，简化审批流程。

（七）加强人才队伍建设。把旅游业人才队伍建设纳入全省干部培训计划和人才队伍建设规划，多形式举办旅游人才专题培训班，有计划地选派相关人员到境外学习旅游业发展先进经验。建立完善旅游人才评价制度，培育职业经理人市场。大力发展旅游职业教育，支持浙江旅游职业学院提高办学质量，深化专业教学改革，加强与国际知名旅游院校、著名旅游集团合作，加强旅游教育培训，大力开展旅游科学基础理论研究，联合综合性大学探索开展合作办学模式。加大导游讲解、景区规划、市场营销、酒店管理和旅游新业态发展等紧缺专业型人才的培养和引进。加强导游队伍管理，建立健全导游评价制度，逐步建立导游职级、服务质量与报酬相一致的激励机制。实施旅游行业全员培训。加强与高等院校、企业合作，建立一批省级旅游人才教育培训基地。

浙江省人民政府
2014 年 11 月 10 日

第四章　安徽省政府相关文件

安徽省关于深入推进高成长性产业加快发展的意见

各市、县人民政府，省政府各部门、各直属机构：

近年来，我省智能装备、新型显示、智能终端、智能语音、云计算和软件、新能源汽车、节能环保设备、新材料、生物医药、绿色有机食品加工等产业呈现高成长、高技术、高融合等特征，成为推动主导产业做大做强、战略性新兴产业加快发展、工业经济转型升级的重要力量。为深入推进高成长性产业加快发展，现提出如下意见：

一、指导思想

以科学发展观为指导，深入贯彻落实党的十八大和十八届三中全会精神，坚持以企业为主体，以市场为导向，以产品高端化、制造智能化、发展集约化、产业绿色化为主攻方向，着力突破核心关键技术，完善产业链关键节点，推进重大项目建设，加快研发一批具有自主知识产权和自主品牌的产品，培育一批具有全国影响力的创新型龙头企业，打造一批特色鲜明、竞争力强的产业基地，进一步推动智能装备等高成长性产业又好又快发展，充分发挥其对全省工业经济结构调整、转型升级的引领作用。

二、总体目标

力争到2017年，智能装备等10个高成长性产业实现销售收入9000亿元左右，占全省规模以上工业销售收入的15%左右；建设500个以上省级企业研发中心，开发1000个以上重点新产品；大中型企业“两化”融合处于集成提升阶段以上的达到80%，中小企业在研发、生产、管理等方面应用信息技术的比例达到55%。

三、主要任务

（一）智能装备产业

——发展目标：到2017年，力争实现销售收入1200亿元。

——发展重点：高档数控机床、工业机器人、自动化成套生产线、精密仪器仪表、智能传感器、精密传动装置、大型控制系统、智能测控装置、数字化车间设备、汽车自动化焊接线、柔性自动化装配生产线、轨道交通、智能农机、安全试验系统、3D打印机等。

——发展路径：组织实施智能装备示范工程，加快智能装备工业机器人应用开发、注塑机器人开发及应用、五轴联动加工中心等重点项目建设。加强产学研联合，推动科研成果产业化。培育数字化车间、智能工厂，推广智能制造生产模式，培育壮大合肥工程机械及工业机器人基地、芜湖智能装备产业园、马鞍山智能装备产业园等。

（二）新型显示产业

——发展目标：到2017年，力争实现销售收入800亿元。

——发展重点：液晶显示器、薄膜场效应晶体管液晶显示器（TFT－LCD）、微型显示器、等离子显示器(PDP)、有机发光二极管显示器(OLED)、3D显示、激光显示、投影显示产品等。

——发展路径:加快实施8.5代TFT－LCD、高世代TFT－LCD玻璃基板、光学硬化膜等重点项目。集中优势资源推进产业发展,推进合肥国家级新型平板显示和芜湖平板显示产业基地建设。

(三)智能终端产业

——发展目标:到2017年,力争实现销售收入500亿元。

——发展重点:笔记本电脑、平板电脑、智能手机、智能电视等智能家电、数字家庭终端、可穿戴设备、北斗导航应用产品等。

——发展路径:加强关键技术攻关和产品自主研发,强化笔记本电脑产业化、平板电脑产业化、集成电路等重点项目服务机制,推进智能终端产业发展。发挥出口加工区、产业转移示范区等区域政策优势,培育壮大合肥智能终端产业基地、淮南卫星综合应用产业平台、马鞍山数字硅谷产业园、滁州家电信息产业基地等。

(四)智能语音产业

——发展目标:到2017年,力争实现销售收入500亿元。

——发展重点:语音教学产品、语音电视等语音家电、语音玩具、语音手机、语音车载产品、语音搜索、语音翻译、语音游戏、语音信息安全产品等。

——发展路径:发挥省与工业和信息化部合作推进机制的作用,加快推进语音产业发展,推广语音技术及产品在教育、广播电视、家电、汽车电子等领域的应用。加快推进中国(合肥)国际智能语音产业园建设,大力开展语音产业招商,引进与语音产业链关联度高的企业总部和芯片制造、技术研发机构,建立产业发展联盟,打造完整产业链,形成全球语音产业高地。

(五)云计算和软件产业

——发展目标:到2017年,力争实现销售收入600亿元。

——发展重点:云计算基础设施、云计算软件产品、云计算运用服务、互联网金融服务等;行业应用软件,嵌入式软件,电子政务、电子商务、农村和城市信息化、企业信息化等应用软件。

——发展路径:加强信息化基础设施建设,支持企业在云计算、行业应用软件和嵌入式软件等关键技术方面的研发投入以及数据中心、云计算中心等项目建设。培育壮大合肥云计算产业基地、淮南江淮云产业基地、宿州云计算产业园、马鞍山软件园等。

(六)新能源汽车产业

——发展目标:到2017年,力争实现销售收入250亿元。

——发展重点:纯电动轿车、纯电动客车、插电式混合动力汽车等新能源汽车整车;动力电池、电机系统、电控系统等新能源汽车关键零部件。

——发展路径:根据国家发展新能源汽车相关政策,研究制定我省发展新能源汽车的配套政策措施,加快新能源汽车试点示范和推广应用,积极探索城际间客运专线新能源汽车运营模式。加快实施纯电动轿车平台技术开发、插电式混合动力汽车技术开发等重点项目。加快建设新能源汽车研发体系,建立技术创新联盟。统筹推进充电基础设施建设,逐步形成完整的新能源汽车配套体系,培育壮大合肥、芜湖新能源汽车产业基地等。

(七)节能环保设备产业

——发展目标:到2017年,力争实现销售收入1000亿元。

——发展重点:余热余压利用设备,高效锅炉,高效电机,水处理设备,固废处理设备,汽车尾气后处理产品,半导体照明产品,大气、水及土壤污染监测设备等。

——发展路径:充分利用节能产品惠民政策,强化示范引导作用,严格执行节能环保标准,提高节

能环保技术创新能力，突破一批关键共性技术，推广先进成熟技术产业化，加快节能环保产业发展。实施余热余压利用装备、燃煤气化系统智能装备、新型高效节能动力机等重点项目。培育壮大合肥环保装备基地、芜湖节能环保和绿色照明产业基地、蚌埠环保设备制造基地等。

（八）新材料产业

——发展目标：到2017年，力争实现销售收入3000亿元。

——发展重点：高精度电子铜带、电子铜箔、低松比铜粉、集成电路引线框架；高速低噪音车轮钢、高端装备用钢、铁基复合材料；高精铝板带、复合铝基材料；功能膜、热塑弹性体、化学建材、高分子材料、化学合成材料；显示玻璃、光伏玻璃、建筑节能玻璃等硅基新材料。

——发展路径：着力打造新材料技术创新战略联盟，充分利用国家铜铅锌检测中心、铜冶炼及加工工程研究中心等服务平台，推进沿江铜基新材料产业基地、无为特种电缆基地发展，加快建成国内领先的马鞍山铁基新材料产业基地。完善铝产业链和配套服务，打造淮北铝基新材料产业基地。围绕新领域、新需求，积极探索产学研用多种对接形式，加快芜湖化工新材料基地、蚌埠和滁州硅基新材料产业基地建设。

（九）生物医药产业

——发展目标：到2017年，力争实现销售收入600亿元。

——发展重点：基因药物、蛋白药物、治疗性疫苗、小分子化学药、现代中药，高端医疗器械和医疗设备、老年健康服务产品等。

——发展路径：实施人源化抗体、α干扰素、超微粉体小剂量自动化等重点项目。搭建药品质量安全信息可追溯公共服务平台。充分运用现代生物技术，利用国家GMP改造、中药材生产基地、医疗设备专项等方面政策，支持合肥、芜湖、淮南和太和生物医药基地做强做大，推进亳州千亿元现代中药产业基地建设，扶持宣城、天长等健康产业园发展。

（十）绿色有机食品加工业

——发展目标：到2017年，力争实现销售收入900亿元。

——发展重点：围绕粮油食品、肉制品、水产品、乳制品、果蔬制品、茶叶等，重点开发安全优质的功能食品、休闲食品、养生食品、老年及妇幼保健食品等绿色有机食品。

——发展路径：全面实施绿色有机食品生产标准，推进全程质量控制措施，提高食品综合加工能力，逐步实现由初级加工向高附加值精加工和深加工转变，建立食品质量安全信息可追溯公共服务平台，强化企业质量安全主体责任。实施杂粮奶超高温生产线、肉食品精深加工、山核桃精加工等重点项目。充分利用生物工程食品、生物产品分离与精制、工业酶分子改造、食品现代物流等先进技术，加快建设淮北凤凰山食品经济开发区、肥东食品工业园、宁国南山食品产业园等一批国家级食品产业基地。

四、保障措施

（一）强化项目支撑。围绕促进“两化”融合、增强研发能力、推进节能减排、促进专精特新、推广重大装备应用等方面，实施一批技术水平高、市场前景好的项目。整合各类财政专项资金，优化资金使用方式，由分散投入为主转向集中投入为主，由无偿投入为主转向有偿投入为主，由直接投入为主转向间接投入为主，通过财政引导，撬动更多社会资本和金融资本，筹集设立相关产业发展母基金，采取市场化运作模式，支持高成长性产业发展。

（二）保障要素供给。探索推行工业用地先租后让和租让结合用地制度，优先保障高成长性产业项目用地。合理配置能源、水资源和环境容量，保障重要生产要素供给。鼓励企业采取上市募集和发行企业债、公司债、中期票据、短期融资券、中小企业私募债券等方式筹集资金，积极运用全国中小企业股份转让系统和区域性股权交易市场进行融资，发挥多层次资本市场对高成长性产业的支持作用。

（三）加快创新驱动。大力推进创新型省份建设，建立健全技术创新市场导向机制，强化企业技术创新主体地位，鼓励创办新型研究院，促进企业技术中心和研发平台建设。积极支持中国科学技术大学先进技术研究院、合肥工业大学智能制造技术研究院等研发机构发展。推进产学研用合作，加快科技成果转化，大力实施品牌战略。强化企业知识产权和标准化工作，推进技术专利化、专利标准化、标准产业化、产业市场化。

（四）创新招商引资。研究借鉴上海自贸区经验，推行"负面清单"等有效管理模式，积极承接和吸引境内外投资。通过精准招商、产业链招商、园区共建招商、以商招商等多种方式，引进实施一批投资规模大、产业链条长、集聚效应强、外向度高的招商引资项目。强化重大项目履约工作，提高招商引资项目服务质量和水平。

（五）推进改革重组。通过兼并重组、交叉持股等多种方式积极引入各类社会资本，加快大企业大集团产权多元化改革，支持民营企业参与国有企业战略性重组，支持国有资本进入优势及高科技民营企业，促进混合所有制经济发展，创新体制机制，激发市场主体的活力。

（六）推动"两化"融合。按照"点上抓企业、线上抓产业、面上抓基地"的思路，推进信息化和工业化深度融合。制定和推广企业"两化"融合管理体系，实施"两化"融合示范行动，降低中小微企业信息化应用门槛。加快重点领域生产装备、生产过程、物流管理智能化，推动实施网络制造新模式。增强信息技术支撑能力，提升信息化水平，强化网络信息安全保障能力。

（七）强化人才保障。充分利用国家"千人计划"和"万人计划"等引才引智计划，实施省"百人计划"和"外专百人计划"，积极引进高层次创新创业人才及团队，带动创新项目。组织实施重点引智项目，实现引进创新。引导相关企业加强与高等院校、科研院所的合作，加大人才培养力度。大力发展职业教育，实施技能人才振兴计划，加快生产、服务一线技能型人才培养，为高成长性产业发展提供人才支持。

安徽省人民政府
2014 年 7 月 17 日

安徽省关于金融服务“三农”和实体经济发展的意见

各市、县人民政府，省有关单位：

为贯彻落实党的十八大、十八届三中全会和《国务院关于进一步促进资本市场健康发展的若干意见》(国发〔2014〕17 号)、《国务院办公厅关于金融服务“三农”发展的若干意见》(国办发〔2014〕17 号)精神，提升金融服务“三农”和实体经济发展水平，促进经济持续健康较快发展，现提出以下意见：

一、深化金融体制机制改革

(一) 分类推进金融机构改革。深化农村合作金融机构改革，2014 年底前全省农村合作金融机构全部改制为农村商业银行，鼓励民间资本参与农村合作金融机构股份制改革或参与农村商业银行增资扩股。加快省农村信用社联合社行业管理去行政化，增强服务功能，实现以城补农。支持徽商银行加快提升服务“三农”和小微企业能力，积极培育发展村镇银行，力争 2014 年实现徽商银行和村镇银行县域全覆盖并增加乡镇网点。争取在农业人口较多的市辖区设立村镇银行，推动符合条件的小额贷款公司改制为村镇银行。推动民间资本发起设立自担风险的民营银行。支持政策性银行、国有商业银行、股份制银行、邮储银行改革创新。各涉农金融机构要进一步下沉服务重心，切实做到不脱农、多惠农。(安徽银监局、人行合肥中心支行、省政府金融办等按职责分工分别负责)

(二) 扩大农村金融综合改革试点。总结推广金寨、凤台县农村金融综合改革试点经验，2014 年各市至少选择 1 个县(市)启动试点，2015 年扩大到全省 1/3 的县(市)。(省政府金融办、人行合肥中心支行、安徽银监局等按职责分工分别负责)

(三) 丰富金融服务主体。鼓励建立农业产业投资基金、农业私募股权投资基金、农业科技创业投资基金和主要服务“三农”的金融租赁公司。支持创设产业基金、创业投资基金及基金管理机构等。鼓励设立金融(融资)租赁公司、商业保理公司、典当行等。引导互联网金融健康发展。(省财政厅、省发展改革委、安徽银监局等按职责分工分别负责)

(四) 规范发展农村合作金融。坚持社员制、封闭性、民主管理原则，在不对外吸储放贷、不支付固定回报的前提下，发展农村合作金融。支持农民合作社开展信用合作，积极稳妥组织试点，在符合条件的农民合作社和供销合作社基础上培育发展农村合作金融组织，探索建立合作性的村级融资担保基金。积极争取国家农村合作金融试点。(省政府金融办、省农委、安徽银监局、省林业厅、省供销合作社等按职责分工分别负责)

(五) 加强融资担保体系建设。省、市、县(含市、区，下同)财政持续充实县担保机构国有资本金，政府出资的县担保机构年新发生的“三农”、小微企业融资担保额占全部新发生的融资担保业务比重不低于 70%，2017 年底前放大倍数达到 5 倍以上。积极推动银担合作，探索建立风险分担机制，推进农村合作金融机构、徽商银行等地方金融机构与融资担保机构开展风险分担试点。(省政府金融办、省财政厅、省经济和信息化委等按职责分工分别负责)

二、大力发展普惠金融

(六) 优化县域金融机构网点布局。推动大中型银行在皖北、大别山区各市、县增设分支机构，在有条件的乡镇增设具有信贷功能的营业机构。充分利用国家调整农业发展银行分支机构布局的机遇，争取在我省布局更多分支机构。鼓励农村中小金融机构在商业可持续前提下，继续增设标准化服务网点。(安徽银监局、人行合肥中心支行等按职责分工分别负责)

（七）推动农村基础金融服务全覆盖。着力推进基础金融服务向村级延伸，实施金融服务“村村通”工程，设立金融服务室或其他简易、流动服务网点；在不具备设立网点条件的行政村，布设金融电子机具和自助服务终端。推广自助金融服务，开办远程服务功能。（省政府金融办、人行合肥中心支行等按职责分工分别负责）

（八）加大金融扶贫力度。发挥政策性金融、商业性金融和合作性金融的互补优势，切实改进对农民工、农村妇女、少数民族、贫困家庭等金融服务。完善扶贫贴息贷款政策。对我省大别山片区及国家级扶贫开发重点县符合条件的金融机构，其新增支农再贷款利率在现行优惠基础上再降 1 个百分点。（人行合肥中心支行、省财政厅等按职责分工分别负责）

三、引导加大“三农”和小微企业资金投放

（九）拓展资金来源。落实支农、支小再贷款投放机制，主要用于支持“三农”和小微企业发展。认真落实国家“定向降准”政策措施，县域农村商业银行存款准备金率降低 2 个百分点，县域农村合作银行降低 0.5 个百分点，对发放“三农”、小微企业等符合结构调整需要、能够满足市场需求的实体经济贷款达到一定比例的银行业金融机构存款准备金率降低 0.5 个百分点。开展农业银行县级“三农金融事业部”考核，对达标机构降低 2 个百分点存款准备金率；开展县域新增存款主要用于当地考核，对达标机构降低 1 个百分点的存款准备金率。推动地方法人金融机构发行“三农”和小微企业专项金融债券。积极运用呆账核销、资产证券化、贷款重组、信贷资产转让等方式盘活信贷存量，保持货币信贷和社会融资规模合理增长，力争新增贷款规模不低于上一年，各项贷款增速不低于全国平均水平。各金融机构要积极争取国家涉农资产证券化试点。（人行合肥中心支行、安徽银监局、安徽证监局等按职责分工分别负责）

（十）强化政策引导。跟进建立商业银行新设县域分支机构信贷投放承诺制度。对涉农贷款占比高的县域银行业法人机构实行弹性存贷比，鼓励商业银行单列涉农信贷计划。下放县域分支机构的贷款管理权限，推行尽职免责制度，调动其对“三农”、小微企业信贷投放的积极性，确保涉农信贷投放总量持续增长，小微企业贷款增速不低于各项贷款平均增速、增量不低于上年同期水平。（人行合肥中心支行、安徽银监局等按职责分工分别负责）

四、创新金融产品和服务方式

（十一）创新金融产品。推行“一次核定、随用随贷、余额控制、周转使用、动态调整”的农户信贷模式，合理确定贷款额度、放款进度和回收期限。加快在农村地区推广应用微贷技术。推广产业链金融模式。大力发展农村电话银行、网上银行业务。创新和推广专营机构、信贷工厂等服务模式。开发适合生产性服务业特点的金融产品和服务，积极发展商圈融资、供应链融资等融资方式。鼓励开展农业机械等方面的融资租赁业务。（安徽银监局、人行合肥中心支行、省粮食局、省农委等按职责分工分别负责）

（十二）创新融资担保方式。积极推进农村集体经营性建设用地使用权抵押融资。推广以农业机械设备、运输工具、水域滩涂养殖权、林权、承包土地收益权等为标的的新型抵押担保方式。加强涉农信贷与涉农保险合作，积极利用涉农保险为农业融资主体增信，探索拓宽涉农保险保单质押范围。对资信情况良好、资金周转量大的涉农主体，积极发放信用贷款。大力发展信用保证保险，积极推广保单质押贷款、“信贷＋抵押(质押)＋担保＋保险”等信贷保险合作模式。探索仓单质押等多种质押融资方式。探索开展农村土地承包经营权抵押贷款试点，争取国家农民住房财产权抵押贷款试点。（人行合肥中心支行、安徽保监局、省国土资源厅、省农委等按职责分工分别负责）

（十三）改进服务方式。进一步简化金融服务手续，推行通俗易懂的合同文本，提高贷款审批效率，规范服务收费，严禁在提供金融服务时附加不合理条件和额外费用，切实维护农民和小微企业利益。（省政府金融办负责）

五、加大对重点领域的金融支持

（十四）支持农业发展方式转变。推进家庭农场直管直贷试点工作，对试点家庭农场提供“一对一服务”。积极推动金融产品、利率、期限、额度、流程、风险控制等创新，满足家庭农场、专业大户、农民合作社和农业产业化龙头企业等新型农业经营主体的金融需求。对农民扩大再生产、消费升级和自主创业，对耕地整理、土壤改良、农田水利、粮棉油糖高产创建、畜禽水产品标准化养殖、种养业良种生产、林产品基地建设等经营项目，对农业科技进步、现代种业、农机装备制造、设施农业、农产品精深加工、秸秆环保综合利用等现代农业项目和高科技农业项目，对农产品产地批发市场、零售市场、仓储物流设施、连锁零售等服务设施建设，加大信贷支持力度。争取国家金融支持农业规模化生产和集约化经营试点。（安徽银监局、人行合肥中心支行、省农委、省林业厅、省财政厅等按职责分工分别负责）

（十五）支持产业转型升级。坚持有扶有控，优先向电子信息、汽车和装备制造、现代服务业等主导产业提供信贷支持，省战略性新兴产业、企业发展专项资金等对符合条件的主导产业项目予以支持。发展科技金融专营机构，为科技企业提供专业性金融服务。加大对企业改造支持力度。加大金融支持消费升级力度，切实满足居民家庭首套自住购房、大宗耐用消费品、新型消费品以及教育、旅游等服务消费领域的合理信贷需求。（省发展改革委、省科技厅、安徽银监局等按职责分工分别负责）

（十六）持续改进小微企业金融服务。积极支持符合条件的银行业金融机构发行小微企业专项金融债，资金全部用于小微企业贷款。推动银行业金融机构在基层网点广泛配备小微企业专业团队和资源，支持增设小微专业支行（网点）。创新小微企业各类风险投资基金，积极为创业初期高成长高科技型中小企业提供融资服务。鼓励商业银行再造小微业务流程，实施批量化、标准化、集约化服务。进一步提高各银行业金融机构的小微企业贷款覆盖率、综合金融服务覆盖率和申贷获得率，在市场准入、不良贷款监管容忍度、风险资产权重及监管评级等方面坚持正向激励导向，确保小微企业贷款增速不低于各项贷款平均增速、增量不低于上年同期水平。（安徽银监局、人行合肥中心支行、省经济和信息化委等按职责分工分别负责）

（十七）探索支持新型城镇化发展的有效方式。创新适应新型城镇化发展的金融服务机制，重点发挥政策性金融作用，稳步拓宽城镇建设融资渠道，着力做好农业转移人口的综合性金融服务。总结推广产城一体化试点开发区融资模式，完善棚户区改造与开行合作融资机制，充分发挥省级融资平台作用，争取更多低成本、长周期的资金用于城镇化建设。加大金融对农村土地综合整治、农村建设用地减少和城镇建设用地增加挂钩有关项目的支持力度。（省发展改革委、省财政厅、开发银行安徽省分行、省住房城乡建设厅等按职责分工分别负责）

六、拓展保险的广度和深度

（十八）扩大农业保险覆盖面。继续开展大宗农作物和重要畜禽产品保险，鼓励保险公司通过开展政策性农业保险附加商业保险的模式，提高水稻、小麦和玉米等大宗农作物保险保障水平。进一步优化扶贫及涉农资金结构，鼓励有条件的市、县因地制宜开展地方特色优势农产品保险试点，扩大茶叶、果树、蚕桑、毛竹、油茶等特色农业保险品种和范围。逐步拓宽农房保险统保范围。（安徽保监局、省财政厅、省农委、省林业厅等按职责分工分别负责）

（十九）创新保险产品。引导商业性保险机构为新型农业经营主体开展保险服务。推广研发天气指数、农村小额信贷保证保险等新型险种。探索开展农产品价格指数、补充收益等保险业务。推动农机具保险，发展设施农业、渔业、制种保险等业务。加强对重点行业和重点领域出口的支持力度，加强海外投资保险的支持力度。（安徽保监局、省财政厅、省商务厅等按职责分工分别负责）

（二十）扩大保险资金投入。鼓励保险业以股权、债权、物权等形式参与基础设施、能源资源、医疗健康、养老服务业等项目建设。引导保险公司在皖设立后援中心、灾备和数据处理中心、培训基地。（安徽保监局、省发展改革委等按职责分工分别负责）

（二十一）完善保费补贴政策。提高财政对主要粮食作物保险的保费补贴比例，逐步减少或取消产粮大县的县级保费补贴。规范农业保险大灾风险准备金管理，加快建立财政支持的农业保险大灾风险分散机制。（省财政厅、安徽保监局等按职责分工分别负责）

（二十二）加强农业保险基层服务体系建设。加强农业保险经办机构与乡镇政府代办机构合作，强化农业保险经办机构基层服务人员、协保员等专业技能培训，完善基层服务网络体系。（安徽保监局、省农委等按职责分工分别负责）

七、积极培育发展资本市场

（二十三）加快多层次资本市场建设。积极跟进股票发行注册制改革，加大企业上市力度，力争到2017年全省上市企业数位次中部领先、全国靠前。支持上市公司再融资及并购重组。大力推动竞争性领域的国有企业整体上市。支持科技创新型企业完善上市公司股权激励制度，实施管理层股权激励和员工持股。认真落实与全国股转系统签署的战略合作备忘录，推动中小企业特别是创新型、创业型、涉农企业到“新三板”挂牌，力争到2017年挂牌企业达到100家。推进省股权托管交易中心建设发展，力争到2017年挂牌企业300家以上、托管企业1000家以上。充分利用集中统一的登记结算制度，有效把握进退有序、市场转板顺畅的良性循环机制，加速形成企业梯次上市的融资格局。（省政府金融办、安徽证监局等按职责分工分别负责）

（二十四）加强上市资源培育。加快推进拟上市企业股份制改造，稳妥解决历史沿革、产权确认、权证办理等问题。建立条块结合的直接融资后备资源库，力争动态储备规模超过5000个。充分发挥国元、华安等证券公司人才优势，建立证券投行业务保荐代表人“一对一”对口联系服务市、县机制，确保所有市、县都有一位证券保荐人对口联系服务。（省政府金融办负责）

（二十五）扩大债券和私募市场融资。积极争取扩大地方政府债发行规模。支持符合条件的企业发行企业债、公司债和中小企业私募债。逐步扩大企业发行中小企业集合票据、短期融资券等非金融企业债务融资工具的规模。扩大私募市场融资规模。支持符合条件的农村金融机构发行优先股和二级资本工具。（安徽证监局、人行合肥中心支行、省发展改革委、省财政厅、省政府金融办、安徽银监局等按职责分工分别负责）

（二十六）发挥农产品期货市场的价格发现和风险规避功能。加强信息服务，推动农民合作社、家庭农场等农村经济组织参与期货交易，鼓励农产品生产经营企业进入期货市场开展套期保值业务。（安徽证监局、省农委、省政府金融办等按职责分工分别负责）

（二十七）发展股权投资机构。构建以财政资金为引导、社会资本为主体的多元股权投资体系。整合省级财政性投资基金，建立50亿元以上的混合所有制高新技术产业投资母基金。大力推进公私合营（PPP）模式融资，吸引社会资本投入准公益性项目建设。（省发展改革委、省财政厅、省科技厅、省投资集团等按职责分工分别负责）

八、完善农村金融基础设施

（二十八）推进农村信用体系建设。加快推进省公共信用信息共享服务平台建设，推动与人民银

行征信系统的信用信息互补共享，扩大信息归集整合和使用范围，2017年基本建成覆盖全省的征信体系。深入开展信用农户、信用乡镇、信用村创建活动，完善涉农信用信息采集、更新和成果运用工作机制，推动农户信用评价结果与农户贷款授信审批相结合。（省发展改革委、人行合肥中心支行、省政府金融办、省公安厅等按职责分工分别负责）

（二十九）发展农村交易市场和中介组织。探索推进农村产权交易市场建设，积极培育土地评估、资产评估、森林资源价值评估等中介组织，加快建设农产品交易中心。（省政府金融办、安徽证监局、省农委等按职责分工分别负责）

（三十）改善农村支付服务环境。积极推广电子支付方式，引导银行业金融机构研发推广使用新型电子支付工具，拓宽农村地区支付结算渠道。稳步推广农村移动便捷支付。（人行合肥中心支行负责）

（三十一）切实保护农村金融消费者权益。建立全省12363金融消费者投诉咨询热线电话，完善投诉受理处理机制。继续开展送金融知识下乡、入社区、进校园活动，增强广大农民风险识别、自我保护的意识和能力。（省政府金融办、人行合肥中心支行、省公安厅等按职责分工分别负责）

九、加强风险防控

（三十二）严格债务风险管控。建立政府性债务风险预警监测机制，依靠财政性资金偿债的项目，融资利率一般不得超过同期银行贷款基准利率的1.3倍。逾期债务率超过30%，或债务率超过100%且下一年度偿债率超过20%的地区，原则上不得新增债务余额。除法律法规另有规定外，严禁违规使用BT、BOT方式举借政府性债务。（省财政厅、省审计厅等按职责分工分别负责）

（三十三）拓宽偿债资金来源。加快建立政府资产负债表。建立健全政府偿债准备金制度，通过财政预算、土地出让金等多渠道筹措资金，建立偿债资金池。规范融资平台管理，做实做优融资平台。（省财政厅、省审计厅等按职责分工分别负责）

（三十四）降低社会融资成本。规范同业、信托、理财、委托贷款等业务，清理不必要的资金“通道”、“过桥”环节，缩短融资链条。坚决取消只收费不服务的项目。（安徽银监局负责）

（三十五）防范金融风险。金融管理部门要按照职责分工，加强金融监管、信息共享和监管配合，做好风险识别、监测、评估、预警和控制工作。各金融机构要健全制度，完善风险管理。市、县人民政府要切实担负起对小额贷款公司、担保公司、典当行、农村资金互助合作组织等的监管责任，制定完善风险应对预案，守住底线。建立贷款人和小额贷款公司、融资担保公司等金融机构信用评级、分类监管制度，并将相关信用信息接入省公共信用信息共享服务平台。严防影子银行、民间融资和非法集资等外部风险向银行体系传染渗透，防止外部骗贷和违法违规发放贷款案件发生。（人行合肥中心支行、安徽银监局、安徽证监局、安徽保监局、省政府金融办、省商务厅等按职责分工分别负责）

十、加强对金融工作领导和政策支持

（三十六）加强金融工作领导。各地、各有关部门要高度重视金融在服务“三农”和实体经济发展的重要作用，建立强有力的工作推进机制，及时解决新情况、新问题。要落实工作责任，做到领导力度、目标任务、责任部门、评价机制“四落实”。（省金融工作领导小组负责）

（三十七）加强金融人才队伍建设。从省金融机构推荐优秀金融人才到县挂职或帮助工作，鼓励各级政府与金融机构开展双向任（挂）职交流，提升县域金融工作领导水平。定期开展各种形式的金融知识培训活动，增强市、县领导干部金融工作能力。建立完善有效的激励机制，培养和引进各类金融人才。（省委组织部、省人力资源社会保障厅、安徽银监局等按职责分工分别负责）

（三十八）加大政策支持力度。按照"政府引导、市场运作"原则，综合运用奖励、补贴等政策工具，重点支持金融机构开展农户小额贷款、新型农业经营主体贷款、农业种植业养殖业贷款、新型农业经营主体保险、大宗农产品保险，以及银行卡助农取款、汇款、转账等支农惠农政策性支付业务。按照"鼓励增量，兼顾存量"原则，完善涉农贷款财政奖励制度。落实农村金融税收、农户小额贷款税收优惠政策。落实对新型农村金融机构定向费用补贴政策，加大现有政策资源整合力度，鼓励市、县建立"三农"和小微企业担保风险补偿金，对担保代偿损失给予一定比例风险补偿；鼓励市、县对在全国中小企业股份转让系统和省区域性股权交易市场挂牌的企业给予适当奖励。（省财政厅、人行合肥中心支行、安徽银监局、安徽保监局等按职责分工分别负责）

（三十九）开展政策导向效果评估。完善涉农贷款统计制度。将小微企业和"三农"金融服务情况列为对银行业金融机构评估的重要方面，合理运用评估结果，鼓励各地将财政奖补等政策与涉农评估结果挂钩，更好地引导带动金融机构支持小微企业、"三农"发展。（省政府金融办、人行合肥中心支行、省财政厅等按职责分工分别负责）

（四十）强化督促检查。各地、各有关部门要抓紧研究制定配套扶持政策。市、县人民政府要按年度对本地区金融支持"三农"和实体经济发展工作进行全面总结，于次年初报省政府。由省政府督查室牵头，省政府金融办具体组织督促检查工作，确保各项政策措施落实到位。（省政府督查室、省政府金融办等按职责分工分别负责）

安徽省人民政府

2014 年 6 月 18 日

安徽省关于加快发展农作物秸秆发电的意见

各市、县人民政府，省政府各部门、各直属单位：

为实现秸秆规模化、能源化利用，推进秸秆禁烧和综合利用工作，促进大气污染防治，建设美好安徽，现就加快发展我省秸秆发电工作提出如下意见：

一、因地制宜规划布局秸秆电厂

结合全省秸秆资源条件、分布特点、收集半径及保障能力，科学规划秸秆发电项目。在沿淮和皖北粮食主产区，原则上每县（市、区）布局 1 座秸秆电厂，秸秆资源量较大的县（市、区）可布局 2 座；沿江及皖南 2～3 个县（市、区）布局 1 座秸秆电厂。力争 2017 年底，全省秸秆电厂装机规模达到 150 万千瓦左右，年利用秸秆量 1500 万吨左右。

二、大力推进秸秆电厂建设

坚持政府引导、市场化运作，加大招商引资力度，着力引进实力雄厚、管理规范、业绩突出的秸秆发电企业投资建厂。对在建的秸秆电厂，要加强协调调度，千方百计加快建设进度，确保核准开工项目在 2 年内投运。

三、积极发展秸秆流通市场

采取市场化机制，充分调动各方面积极性，鼓励农民、农村经纪人、农机合作组织从事秸秆收储运，鼓励有条件的秸秆发电企业和其他社会组织组建专业化秸秆收储运公司，逐步实现秸秆原料收储运专业化、市场化。

四、加大政策支持力度

对符合规划布点的秸秆电厂，除享受现有招商引资优惠政策外，免除土地使用税，免收秸秆运输车辆普通公路过路过桥费，优先保障建设用地指标、秸秆存放用地指标以及污染物排放指标。

五、优化奖补资金配置

政府奖补资金主要用于秸秆综合利用，实行秸秆收购价格补贴。根据秸秆综合利用单位与秸秆收储运市场主体签订的协议，可预拨部分奖补资金，具体奖补办法由省财政厅牵头制定。

六、提高现有秸秆电厂运营水平

秸秆电厂要加强科学管理，控制运营成本，保持发电设备年利用小时数处于较高水平，努力提高经济效益。要进一步调整燃料结构，不断提高秸秆在电厂燃料中的比重。停运的秸秆电厂要采取有效措施，抓紧恢复生产。

七、明确任务和责任分工

省发展改革委、省能源局会同各市、县研究确定秸秆电厂规划布局，负责向国家争取建设计划，协调推进项目前期工作及建设进度；省国土资源厅负责落实项目建设用地；省环保厅负责保障项目污染物排放指标；省财政厅、省地税局负责落实财政补贴和税费优惠政策，制定相关办法；省电力公司负责按电厂并网时间要求配套建设送出工程；市、县人民政府要进一步强化秸秆禁烧属地管理责任，负责秸秆电厂规划选址、秸秆供应方存放用地，并提供建设环境保障。

本意见适用于其他方式的秸秆综合利用。

安徽省人民政府
2014年6月21日

第七篇

大　事　记

大事记（2014年）

一月

1日 上海国际金融中心建设的重大基础工程中国金融信息中心在上海陆家嘴启用。

浙江省杭州市萧山区总投资额超过280亿元的20个重大项目开工、签约。

江苏省十大景区获“长三角城市群心醉夜色体验之旅示范点”称号。

安徽省2014年将开工建设1600个以上超亿元项目，建成500个以上超亿元项目。

2日 上海打造“设计之都”城市名片，各行各业设计增加值超百亿元。

浙江省杭州市萧山区总投资额超过280亿元的20个重大项目集中开工、签约。

由江苏欧贝黎新能源科技股份有限公司总投资120亿元的太阳能光伏电站项目在江苏省海安县并网发电。

江苏省泰州市高新技术产业2013年产值首破3000亿元。

3日 全球最大的企业服务机构——德勤在上海贸易试验区成立德勤财务咨询(上海)有限公司。

长三角区域大通关建设协作第六次联席会议在合肥举行，促成一市三省达成共识，共同签署了《深化大通关建设协作推进长三角区域通关一体化备忘录》等一系列合作协议。

4日 江苏省十大景区荣获“长三角城市群心醉夜色体验之旅示范点”称号。

安徽省首个茶叶领域院士工作站——黄山国检检测技术服务有限公司安徽省院士工作站正式揭牌成立。

5日 上海国际航运中心建设在新年伊始再上新台阶，进一步优化调整航运集疏运结构，发展长三角内河水运，鼓励江海联运。

江苏省备案创投企业2013年数量居全国第一，资本规模768.7亿元。

6日 安徽省池州长江公路大桥试桩工程启动，估算投资66.13亿元，建设周期为4年。

7日 由长三角三省一市和国家八部委组成的长三角区域大气污染防治协作机制正式启动，并在上海召开第一次工作会议。

江苏省南通市公共资源公开交易项目3790个，成交金额约324.41亿元，节约资金约21.47亿元。

8日 上海本土电商巨头——一号店与浦东新区航头镇政府签约，投资6亿美元，建设一号店新总部及华东运营中心。

安徽省当涂县集中开工23个项目，总投资达58.5亿元；其中15个工业项目投资37.6亿元。

9日 上海生物医药产业“创新药物百家汇”，培育18个年销售额分别10亿元产品，实现行业经济总量超千亿元。

浙江省杭州市公布了有91个基础设施项目面向社会资本招商，首批实施项目总投资额高达1285亿元。

主题为“会展精英汇聚，纵观全球论剑”的第十届会展经济国际合作论坛在江苏省无锡市开幕。

10日 2013年度国家科学技术奖励大会浙江省获26项国家科技奖，新增产值近600亿元。

安徽省萧县2013年畜牧产值40.5亿元，占农业生产总值的51.8%，农民人均收入的57%来自畜牧产业，强县富民战略取得成效。

11日 江苏省苏州市2013年度71个市级重点文化产业项目，完成投资200亿元。

境外世界500强企业在安徽省踊跃设立新项目，投资呈现较快增长态势。合计投资总额5.6亿美元，合同外资2亿美元。

12日 第三届中国出版政府奖上海古籍出版社获5个奖项。

13日 绿地集团年经营业绩收入超过3300亿元。

2013年浙江省完成交通基础设施投资830亿元，创历史最高。

14日 2013年上海市重大工程目标全面完成，投资约1200亿元。

2013年浙江省宁波市实现外贸进出口总额逾1003.3亿美元，是长三角地区继上海、苏州后第三个超千亿美元的城市。

15日 浙江省政协十一届二次会议在浙江省杭州市隆重开幕。

江苏省苏州市2014年事实项目30个，投入资金约为250亿元。

安徽省2014年工业项目总投资将为11231亿元，涉及技术改造、技术创新、节能和资源综合利用等11大类共9149个项目。

16日 浙江省第十二届人大二次会议在浙江省杭州市隆重开幕。

总投资108亿元的30个重点项目在江苏省苏州高新区集中开工。

安徽省2013年社会消费品零售总额跨上6000亿元台阶，达到6482亿元，同比全国前列。

17日 浙江省旅游系统紧紧围绕全省经济社会发展大局，2013年创收入5202.2亿元。

江苏省新增商新技术企业1622家，产值将突破5万亿元。

18日 江苏省2013年旅游业收入逾7000亿元。

由安徽省交通投资集团公司投资54.1亿元建设的济祁高速淮南至合肥段项目正式开工建设。

19日 浙江省针对欧盟生物杀灭刘法规，出口相关产品高达170多亿美元。

首届智慧安徽软件产业联盟大会在安徽合肥举行，宣布智慧安徽软件产业联盟正式成立，实现年产值1000亿元。

20日 上海国企不断增强国有经济活力、控制力和影响力，培育国际竞争力，在2014年预计海外业务收入将一举突破130亿元人民币。

江苏省苏州市2014年事实项目30个，投入资金250亿元保障民生需求。

安徽省太和县举行24个重点项目集中开工典礼仪式，总投资达27.19亿元。

21日 浙江省2013年国有企业实现资产总额达到6524亿元。

安徽省继续实施33项民生工程计划，安排投资685.9亿元。

22日 浙江省2013年经济生产总值达37568.5亿元，固定资产投资20194亿元。

安徽省2013年生产总值为19038.9亿元，财政收入为3365.1亿元。

23 日 上海建工整体上市后，营业规模跃上千亿平台，实现年均“百亿增长”。
浙江省 2013 年林业行业总产值达 3800 亿元。
江苏省千亿级企业 2013 年已达 7 家，其中巨头恒力集团实现总销售额 1350 亿元。
安徽省光电缆产业技术创新战略联盟在安徽省天长成立，仅 2013 年总产值就超过 300 亿元。

24 日 “跃马迎春——第八届海上年俗系列风情展”在上海群众艺术馆开幕。
浙江省能源集团公布 2013 年实现销售收入 783.6 亿元，利润总额 118.3 亿元。

25 日 上海市区联手，项目推进，形成合力“两新”党建改革创新出成效。
安徽省 2013 年共新批在境外设立的企业和机构有 60 家，完成协议对外投资额 26.4 亿美元，实际对外投资额 6.9 亿美元。

26 日 外滩金融集聚带首个新建超甲级办公楼实现项目落成交付，将成为一幢“亿元楼”。
江苏省农村水利建设计划投资 107 亿元实施农村饮水安全项目。
中国动漫集团安徽省合肥市国际动漫城项目即将开工，该项目总投资将达 80 亿元。

27 日 浙江省宁波海关 2013 年监管口岸进出口货值 2119 亿美元。

28 日 安徽省砀山全县规模以上果蔬加工企业加工产值达 30.25 亿元，水果产业年出口创汇 1.3 亿美元，创下了历年来最好的出口创汇佳绩。

29 日 上海静安区政府与复旦大学签约合作共建复旦附属静安区中心医院（筹）正式揭牌。
中国动漫集团安徽省合肥国际动漫城项目将开工，该项目总投资将达 80 亿元。

30 日 江苏省 2014 年水利重点工程将投资 125 亿元，打造民生水利建设。
安徽省新批外资项目 246 个，吸收外商直接投资 106.9 亿美元，首次突破百亿美元大关。

31 日 江苏省张家港冶金工业园 2013 年 30 个项目完成总投资 150 亿元。

二月

1 日 由上海市社会科学界联合会、上海市文学艺术界联合会主办的《上海文化论坛》上提出 2014 年五项改革之一即深化文化体制改革。

2 日 江苏省泰州市 2013 年生产总值达 3006.91 亿元。

3 日 上海海关开通绿色通道，采取了搭建展会“ 一站式”海关服务平台，监管进境展览品总货值达 11.3 亿美元。

4 日 以工业化与信息化深度融合为核心的新产业革命即“第三次工业革命”全力推进上海经济的转型升级。

5 日 上海闵行区编织上海西南新“交通网”，成为上海轨交站点最多的一个区。

6 日 美国肯塔基大学与上海大学合办的孔子学院 2014 年迎来创立 10 周年纪念。
江苏省宿迁市有 56 个项目总投资达 109.8 亿元开工。

7 日 浙江省临安市出台“五水共治”重点项目，计划投资资金 100 多亿元。
江苏省新扬子造船公司与新加坡一家钻井公司签订约 20 亿美金大单。

8 日 浙江省湖州市吴兴区有 10 个重点工程项目开工，计划总投资 55.5 亿元。
江苏省春节实现旅游总收入 160 亿元。

9 日 上海金山区成立“金山第二工业区”，在全区范围内的化工产业重组，助力整个上海杭州湾北岸石油和化工产业带的联动发展。

江苏省2013年固定资产投资总量全国第一,达到35983亿元。

10日 浙江省打造有效投资升级版,2014年投资总量力争达到2.2万亿元。

江苏省昆山市举行春季重大项目联合开工大会,有83个项目总投资达558亿元。

11日 浙江省委党委会议专题研究重点课题和重要工作以及重大项目,引领经济发展"全年红"。

江苏省淮安市2013年GDP突破2000亿元。

12日 上海电子信息制造业领跑全国,2013年物联网产值破千亿。

上海引进外资规模再创新高,项目规模均突破百亿美元。

安徽省合肥高新区倾力打造"幸福版"生态工业示范园区,新区建设复建点10个,总投资约43.74亿元。

13日 上海市人民政府举行市委合作领导小组会议,讨论研究上海将建国家儿童医学中心等11个年度重点项目。

江苏省如皋市双马化工有限公司设立首家境外产业合作集聚区,2013年资金到账1.1亿美元。

14日 上海海关关区2014年1月实现贸易进出口4946.9亿元人民币。

2013年长三角地区经济数据在三地出炉,经济总量近10万亿元。

15日 江苏省2014年省级重大项目新开工68个,计划投资1180亿。

安徽省界首市举行总投资48.64亿元的13个项目集中开工仪式。此次集中开工的项目规模大、科技含量高、涉及面广、带动能力强。

16日 据浙江省杭州海关获悉,1月份进出口总值达2032.8亿元,创下历史最高。

江苏省泰州市医药产业规模突破600亿元。

安徽省国家级技术中心达44家,年实现新产品销售收入1749.1亿元,铜陵有色、江淮、奇瑞、马钢等企业新产品销售收入超百亿元。

17日 浙江省萧山高新区工业产值2013年突破400亿元大关,成为杭州经济转型升级的重要引擎。

安徽省民营经济年完成增加值10843亿元,民间投资12146亿元。

18日 位于安徽省合肥市的中铁四局总部完成新签合同额636亿元,完成营业额512.3亿元,企业营销、生产额双双突破500亿元大关。

19日 上海海关关区对第一大贸易伙伴欧盟的进出口总值1037.7亿元。

江苏省南通市2013年利用外资实际到账注册达25.7亿美元。

安徽省铜陵新批境外投资企业投资额达9853万美元。

20日 总投资超200亿元的10个项目在浙江省杭州市余杭区签约开工,余杭区在发展现代服务业方面不断有突破。

21日 浙江省2013年创新驱动,人才为本,高新技术产业产值超过2万亿元。

安徽省合肥筹建抗体药生产基地,项目由北大未名集团投资建设,整体投资预计超过200亿元。

22日 浙江省杭州市共定下579个重点项目,固定资产投资为5000亿元,加大环境及基础设施的投入。

23 日 浙江省正确处理外资工作，自“十二五”期间，境外投资中方投资额为 100 亿美元，数量已领全国。

24 日 江苏省无锡市企业境外投资领先全省，投资额超过 1000 万美元的重大项目 4 个。

25 日 浙江省义乌市 2014 年 1 月份外贸进出口总额达 129.9 亿元，实现“开门红”。

江苏省无锡市 2013 年实现地区生产总值 8070.18 亿元。

淮南·台湾城奠基仪式在安徽省淮南市山南新区举行，台湾风情文化商贸城预计总投资达到 45 亿元人民币。

26 日 上海市人民政府与中国大唐集团公司在上海签署战略合作框架协议，计划从现在起至“十三五”末投资 120 亿元以上，主要涉及电力、新能源等。

江苏省 1 月份农产品进出口总额为 13.8 亿美元。

安徽省着力打造旅游“升级版”，力争实现旅游总收入 3430 亿元。

27 日 浙江省恒逸石化与文莱达迈控股公司在杭州签署合资协议，项目年营业额可达 100 亿美元。

安徽省蒙城县招商引资、项目建设跨上新的台阶。2013 年引进亳州市外资金达 175 亿元。

28 日 以“中国梦”为主题的创作项目列为上海市 2014 年重大文艺创作项目的资助主项。

浙江省文成县召开招商引资推介会，签订意向性投资 130 亿元。

江苏省单体投资额为 400 亿元的无锡万达文化旅游城在太湖新城奠基。

三月

1 日 标志着长三角专区快速轨道交通网的重要组成——沪通铁路即上海至南通铁路控制工程沪通长江大桥开工。

2 日 浙江省是全国闻名的建筑大省，2013 年建筑业产值首次突破 2 万亿元，利税总额突破 1000 亿元。

3 日 江苏省大丰县为沿海重大基础设施、产业项目与金融界签订授信协议，被授信金额 153 亿元。

安徽省新增 11 个国家地理标志保护产品，总数达 43 个，总产值 109.7 亿元。

4 日 《2013 年上海市国民经济和社会发展统计公报》正式披露，生产总值（GDP）达到 21602.12 亿元。

据浙江省环保局获悉，2014 年将投资 300 多亿元，开工 735 个项目将治理钱塘江。

5 日 第 24 届中国华东进出口商品交易会闭幕，累计成交金额 27.59 亿美元。

江苏省南通市实施 140 个项目，计划投资为 720 亿元。

6 日 江苏省宿迁经济开发区共有 196 亿元的项目开工。

由江苏博通投资实业有限公司投资 47 亿元建设的安徽省芜湖博通科技园和创业园项目正式签约。

7 日 浙江省深化“阳光工程”建设工作会议在杭州市举行。

8 日 上海绿地集团拟收购加拿大多伦多地产项目，海外销售目标增至 200 亿元人民币。

主题为“现代茶业生产方式与供应链管理”的“第五届中国茶企领袖论坛”在安徽省六安市举行。

9 日 浙江省杭州市人民政府与中国工程院正式签订建设智能城市战略合作协议。

10 日 由浙江省温州正泰集团为主发起成立了首批“纯民营”银行，其中，正泰集团总资本超 200 亿元。

江苏省连云港市新一轮沿海开发基础设施投资超过 212 亿元。

11 日 国内首个“独立学院科研竞争力评价研究报告”在浙江省杭州市发布。

江苏省海安与上海交通大学签约，共建智能装备研究院。

安徽省 2013 年全省共开展内部审计项目 3.1 万个，审计总金额 9707 亿元，增收节支 72.4 亿元。

12 日 投资额为 3.4 亿美元的 2 个韩国光伏电站和上海航天机电光伏电站落户江苏省无锡市。

13 日 在浙江省杭州市举行的“杭州 · 酒泉建设丝绸之路经济带合作洽谈会上，酒泉市与上海、浙江、江苏签订了总金额 101.35 亿元的 28 个项目。

江苏省吴江县盛泽镇的东方丝绸市场 2013 年交易额突破千亿大关。

14 日 安徽省属企业放大国资功能，激发企业活力，1922 亿元国有资本所有者权益，撬动了 10344 亿元的资产总额，相当于国有资本功能放大了 5 倍多。

15 日 “走进中国载人航天神器”展览在上海交大钱学森图书馆开幕。

江苏省徐州市铜山区 2013 年新增加国家级高新技术企业产值实现 1100 亿元。

16 日 浙江省杭州市金融业扶持科创企业，授信近亿元。

安徽省国元证券在资本市场仍有斩获，共为安徽企业融资 20 余亿元，同时以信托计划等形式提供地方基础设施建设资金近 14 亿元。

17 日 上海绿地集团上市重组，有望成为上海国资领域规模及影响力最大一次重组，经营目标直指 4000 亿元。

江苏省连云港青连铁路筹备建设，投资估算总额 237.7 亿元。

18 日 中国进出口银行与浙江吉利控股集团在北京签署了金额为 200 亿元的战略合作协议。

江苏省无锡市驻上海自贸区代表处成立。

19 日 浙江省杭新景高速公路衢州段建设工程是浙江省在建单个投资规模最大的项目，达 105.4 亿元。

投资 24 亿元建设 10 万亩苜蓿草场的安徽省五河县高标准养牛场投产。

20 日 主题为“电子信息引领产业革命“的上海信博会已发展为世界第三、亚洲最大的电子信息化博览会在上海开幕。

21 日 浙江省启动实施防洪保供 633 工程，到 2020 年实施 6 类 30 大项 3000 亿元项目总投资的水利基础建设。

安徽省宣城市将开工建设一座千吨级码头，水阳江航道港口设施又增添新成员，为安徽省融入长三角，承接产业转移，开拓了新的发展空间。

22 日 江苏省如皋市在深圳举行投资环境说明会，会上与客商签订了投资总额达 155 亿多元的 42 个高端科技项目。

23 日 全国文化金融合作会议在江苏省无锡市举行，2013 年江苏文化产业实现增加值 2330 亿元。

安徽省利用境外资金稳中有升，外商投资逾 19 亿美元。

24 日 中科大微纳研究与制造中心在安徽省合肥揭牌，这是中科大按照“集中投入、统一管理、开放公用、资源共享”宗旨建设的第六个公共实验中心。

25 日 浙江省湖州市吴兴区首季引资的 19 个产业项目计划总投资近百亿元。

代表世界输电技术最高水平的安徽皖电东送特高压交流输电工程投入运行，累计向长三角地区输电 97 亿千瓦时。

26 日 香港特别行政区政府投资推广署在安徽省合肥市举办“善用香港优势・开展海外市场”研讨会，共设立境外企业(机构)67 家，协议对外投资 3 亿美元，实际对外投资 1.6 亿美元。

27 日 上海市委领导赴郊区调研改革发展工作，认为郊区是上海未来发展的“潜力股”，销售额 2014 年将达 100 亿元。

安徽省建设投资有限公司已完成工商注册登记。借助该平台，计划向国家开发银行统一融资不低于 400 亿元，集中资金推进纳入规划的棚户区改造。

28 日 江苏省苏州市民营经济市场总注册资本 10103.13 亿元，成为江苏省首个民企超万亿的地级市。

由意大利驻华大使馆和驻上海总领馆举办的“江苏・意大利周”在江苏省南京市开幕。

29 日 上海市政府主办的“两岸贸易自由化进程中的机遇和挑战”研讨会在上海举办，2013 年对台贸易超 57 亿美元。

安徽省 1 亿元以上招商引资重大项目建设投资项目 4382 个，实际到位资金 848.6 亿元。

30 日 围绕“新起点、新征程、新机遇——共推长三角城市转型升级”为主题的长江三角洲城市经济协调会第 14 次市长联席会议在江苏省盐城市举行。

31 日 首届世界音乐演讲在江苏省苏州大学举行。

四月

1 日 上海市从 2014 年 4 月 1 日起城镇居民低保提至 710 元，农村低保提至 620 元。

上海市 2013 年度科学技术奖励大会举行。

在杭省市级公立医院综合改革正式启动。

国家发改委将江苏省苏州市列为“国家发展改革委城乡发展一体化综合改革试点”。

2 日 上海启动新一轮城市总体规划编制工作，期限为 2040 年。

浙江省人大常委会党组书记、常务副主任茅临生率代表团来江苏省访问考察。

大气污染防治有望成为长三角区域首个立法协作项目。

江苏太仓港与上海港合资成立码头公司，共同经营管理太仓港两个 5 万吨级泊位。

安徽省投入各级财政资金 6837 万元，开展“送戏进万村”活动。

3 日 浙江公安英烈纪念墙开建。

2014 中国兴化千垛菜花旅游节开幕。

安徽省政府与国家林业局合作共建安徽农业大学签约仪式在北京举行。

4 日 伊顿集团车辆业务亚太技术中心落户上海。

国家统计局江苏调查总队首次发布江苏城乡统一的居民收入数据：2013 年江苏全体居民人均可支配收入为 24776 元，比上年增长 10.3%。江苏居民收入排全国第五位。

《合肥市预拌商品混凝土搅拌站环境整治工作方案》对外公开发布,到2015年,防尘未达标的搅拌站将全部关停。

5日 南京大屠杀遇难同胞纪念馆举行民间悼念活动。

6日 上海中学、华东师大二附中、复旦附中、交大附中4所高中同时举行自主招生活动。

第十届"镇江市十大杰出青年"评选活动启动。

安徽省国家级博士后工作站已达81个。

7日 杭州闲林水库大坝主体完工。

"'感知江苏'淮扬菜美食节"活动在伦敦凤凰国际(艾坪)酒店亮相并举行了《淮扬菜》口袋本中英文版首发式。

8日 上海召开市政府常务会议,研究部署筹办第二届中国(上海)国际技术进出口交易会、发布上海市第二次全国土地调查成果等工作。

上海国际经济贸易仲裁委员会(上海国际仲裁中心)颁布《中国(上海)自由贸易试验区仲裁规则》。该规则于5月1日起施行。

扬州市在市区推行实名制就医。

第九届中国湿地生态旅游节、第六届泰州水城水乡国际旅游节、2014中国姜堰溱潼会船节在江苏溱湖开幕。

9日 上海市宣布2014年9月起首推中职教育一应用本科教育贯通培养模式,在3所中职校和2所本科院校试点。

浙江图书馆、宁波市图书馆荣获"数字图书馆推广工程"优秀宣传单位称号。

江苏省扬州市曹庄隋唐墓(隋炀帝墓)入选国家文物局主办的"2013年度中国十大考古新发现"。

安徽省与长三角地区其他省市就大气污染防治开展区域立法协作。

10日 中国证监会与香港证监会发布联合公告,批准开展沪港股票市场交易互联互通机制试点。

第24届上海白玉兰戏剧表演艺术奖揭晓。

南京新百以近2亿英镑的价格收购了英国历史最悠久百货公司House of Fraser(简称HOF)89%的股权。

11日 上海浦东新区成立上海首个按照业界自治模式运作的金融行业协会——浦东海际对冲专业委员会。

珍贵史料《口述上海·浦东开发开放》首发式在上海市政协举行。

浙江省台州市总投资约11亿元的栅岭汪排涝调蓄工程湖、洞、河、闸四大内容20多个工作面共同建设。

国内首支市场化人才基金——江苏人才创新创业基金成立,首期规模1.5亿元。

江苏省南通市发展服务外包产业合作恳谈会在上海举行,共有八大重点项目签约。南通市在"十二五"规划中被列长三角地区服务外包发展潜力城市之一。

安徽建工集团一季度新签两个非洲项目合同总额约合人民币30.4亿元,完成今年海外市场新签合同额指标45亿元的67.6%。

第17届中国苏州国际旅游节在苏州开幕。

12日 上海交通大学迎来建校118周年。

第三届上海民俗文化节在上海市浦东新区三林镇开幕。

由浙江省科技馆、果壳网主办的2014菠萝科学奖在浙江省科技馆揭晓。

13日 上影史诗新片《西藏天空》在沪举行首映式。

首届浙江民间美术周活动在杭州吴山古玩城户外广场开幕。

14日 2014年上海职工社会保险缴费标准:上限为15108元,下限为3022元。

第三届“浙江孝贤”颁奖仪式在杭州举行。

江苏省社会信用体系建设领导小组会议在南京召开。

15日 2013年度上海文艺创作精品、优品和文艺家荣誉奖颁发,6位艺术家获得“上海文艺家终身荣誉奖”。

上海5家地方企业进入《财富》全球500强,61家企业在境外上市。

南京青奥组委面向全球启动青奥会门票销售,英文和法文售票网站同步上线。

李明同志任安徽省滁州市市委书记。

16日 由全球知名咨询公司德勤编制的《浦东外商投资环境白皮书》出炉,上海浦东外商投资成功率位居国内首位。

第二届浦东年度经济人物颁奖典礼在中国上海浦东干部学院报告厅举行。

杭州钱江通道运营。

《重修金华丛书》举行首发式。

中国(连云港)丝绸之路国际物流博览会(简称连博会)项目说明会在北京举行。

江苏省海门市经贸投资暨临港产业洽谈会开幕,共有97个项目集中签约,总投资逾500亿元。

17日 2014年中国上海国际艺术节“扶持青年艺术家计划”启动。

2014江苏省邗江产业发展推介大会共签约内外资项目28个。其中外资15个,总投资8.15亿美元;民资13个,总投资54亿元。

安徽省与跨国公司经贸合作恳谈会在北京举行。

18日 被列为上海市重大文艺创作项目的长篇小说《雷鸣时分》举办新书首发暨研讨会。

“江苏产品万里行”活动走进杭州,亮相杭州和平国际会展中心。

第三届“中国苏州文化创意设计产业交易博览会”在江苏苏州开幕。

由跨国公司NEPES集团投资3亿美元的项目签约落户江苏淮安。

中国科技大学教授徐春叶荣获2014年度“国际材料科学奖”。

19日 2014年上海春季人才交流洽谈会暨长三角地区应届高校毕业生就业招聘会在上海国际展览中心举行。

“宁波华强·中华复兴文化园”项目在宁波杭州湾新区开工,总投资128亿元。

“记忆2013·中国新闻摄影盛典”在江苏苏州吴中举行。

20日 浙江大学北京公共管理研究会在北京成立。

首届江苏省中青年美术作品展在江苏省美术馆开幕。

21日 2014中国(上海)湾区财智论坛在上海杨浦举行。

杭州市上海商会挂牌成立。

第五届越商大会期间,绍兴共有17个项目签约,协议总投资247.2亿元。

浙江省临安市政府与杭州实业投资集团、合众人寿保险等7家企业签订了总投资高达239亿元的生态健康养生旅游项目。

长三角区域大气污染防治协作小组办公室会议在南京召开,研究讨论长三角区域落实大气污染防治行动计划实施细则、2014年重点工作任务以及协作保障南京青奥会空气质量工作方案。

22日 上海市评选出2014年全国五一劳动奖状10家,全国五一劳动奖章50名,全国个人先锋号39个。

浙江省获得全国五一劳动奖状13个、奖章52个,全国个人先锋号43个。

江苏省评选出全国五一劳动奖状先进单位14个、全国五一劳动奖章69人、全国工人先锋号先进集体50个。

安徽省2014年首次面向全球招引高层次科技人才团队。

23日 第十六届上海读书节开幕。

"书香中国·第十届江苏读书节暨第十九届南京市读书节"在南京图书馆启动。

苏浙沪两省一市在杭州向公众发布长三角地区知识产权发展与保护状况白皮书。

南京市2014年企业退休人员基本养老金调整,人均月增加262元。

"书香安徽阅读季"暨第五届"省直机关读书月"游园活动启动仪式在合肥和平广场举行。

24日 第二届中国(上海)国际技术进出口交易会在上海世博展览馆开幕。

中国新媒体峰会在杭州市江干区举行。

南京市百子亭地区将打造成"民国范儿"的历史文化街区,复建6栋民国建筑。

25日 上海市统计局发布上海一季度经济运行数据。上海地区生产总值GDP为5313.17亿元,同比增长7%。

杭州老字号研究院在杭州太和堂中药博物馆成立。

中国工程院院士、南京军区南京总医院副院长黎介寿荣获永久性小行星命名。经国际权威机构发布,国际编号192178号小行星正式命名为"黎介寿星"。

《中国政府参事工作制度》在合肥首发。

26日 第二届上交会知识产权专业主题论坛在上海世博展览馆举行。

浙江省海外高层次人才联谊会2014年度大会在杭州未来科技城举行。

第二届江苏技能状元大赛决赛在江苏常州开幕。

27日 在2014年夏威夷国际电影节上,"上海电影展"在檀香山拉开帷幕。

世界玩具巨头丹麦乐高集团在浙江嘉兴创办亚洲首家制造企业。

丹麦—江苏可持续城镇发展大会在南京开幕。

28日 第31届上海之春国际音乐节在上海大剧院拉开大幕。

第十届中国国际动漫节在杭州滨江白马湖动漫广场开幕。

上海、江苏、浙江环保部门签署了《沪苏浙边界区域市级环境污染纠纷处置和应急联动工作方案》。

全国艺术创作工作会议在南京召开,苏州滑稽剧团入选全国地方戏创作演出重点院团。

29日 上交所发布《沪港股票市场交易互联互通机制试点实施细则》征求意见稿。

浙江省委、省政府举行浙江省科学技术奖励大会。

浙江舟山群岛新区总投资387.8亿元的63个项目集中开工。

第二届江苏技能状元大赛闭幕。

30 日 一季度上海外贸进出口总额 1095.42 亿美元。
第二届夏季青年奥林匹克运动会火种在雅典采集，南京青奥会全球网络火炬传递启动，这是奥林匹克运动史上首次火炬网络传递。
蚌埠（皖北）铁路无水港正式启用，成为华东地区首个正式投入使用的铁路无水港。

五月

1 日 2014 上海之春国际音乐节开幕。
上海市城镇居民社会养老保险和新型农村社会养老保险并轨实施。上海市城乡居民基本养老保险办法施行。

2 日 “2014 徐港合作联谊会”在香港举行，会上徐州签约 15 个项目，投资额达 138.4 亿元人民币。

3 日 南通建成全国唯一的国家级海洋预报减灾示范区。

4 日 2014 年上海市重大工程建设项目共安排 85 项、年计划投资 1184 亿元。
浙江省嘉兴市“五四”文化博物馆在嘉兴南湖畔开馆。

5 日 上海国际电影节组委会公布选片人名单，巩俐任“金爵奖”评委会主席。
2014（中国·杭州）电子商务发展论坛开幕。
江苏省设立不动产登记局。
山东金岭集团淮安盐化工基地项目签约仪式在江苏淮安举行，项目总投资 100 亿元。
第 17 届“安徽青年五四奖章”评选揭晓。

6 日 “风·雅·颂”廖昌永独唱音乐会在上海文化广场举行。
2014 首届千岛湖漫游节暨长三角运动休闲体验季活动在浙江淳安千岛湖举行。
江苏省新四军研究会在南京举行开国上将叶飞同志百年诞辰座谈会。
“中国徽文化”图片展亮相巴黎新华影廊。

7 日 国家安监总局通报江苏如皋“4·16”粉尘爆炸事故原因。

8 日 苏浙皖沪长三角三省一市区域大气污染防治协作立法论证会在上海举行。
由上海知名浙商企业复星集团与富春控股集团投资 25 亿元打造的浙江省富阳复城国际“东方茂购物中心”开业。
德国在江苏省昆山市的投资企业已达 122 家，投资总额 8.3 亿美元。昆山德国工业园被国家科技部认定为中德国际科技合作基地。

9 日 第十一届上海世界旅游博览会开幕。
《中国城市竞争力报告 2014》发布，杭州、舟山、宁波入榜，沪苏浙皖将成世界超级经济区。
上海淮剧团与江苏 12 家淮剧团联手打造的百年淮剧名家名段演唱会在江苏盐城市举行首演。
兴化垛田传统农业系统被列入全球重要农业文化遗产，成为江苏省首个入选项目。
安徽省齐云山区域发现一个恐龙足迹群。

10 日 上海歌剧院原创歌剧《燕子之歌》亮相国家大剧院。
中科大在合肥举行第 33 届郭沫若奖学金颁奖典礼。

11 日 南京都市圈第二届党政联席会议在芜湖召开。

12 日 2014 年一季度，江苏省高新技术产业实现产值 12951 亿元，同比增长 11.8%。
第九届国际树莓大会在安徽省凤阳县小岗村举行。

13 日 世界银行在杭州完成“浙江农村生活污水处理系统建设项目”评估，申请世行贷款 2 亿美元，使用期限 25 年左右。
第八届中华宝钢环境奖获奖名单公布，南京高淳区获环境管理优秀奖，江苏省审计厅获环境管理类优秀奖。

14 日 美国弗吉尼亚大学达顿商学院在上海举办了首届上海投资峰会。
上海银监局获中国银监局授权发布《关于试行中国(上海)自由贸易试验区银行业监管相关制度安排的通知》。
第二届全国“敬老文明号”创建活动在杭州启动。
长三角和京津冀区域年内实现 ETC 联网互通，长三角区域已联网的“沪苏浙皖赣闽”将与“京津冀鲁晋”实现 11 个省市的 ETC 并网运营。
第三届世界工商领袖大会暨第二届国际商会亚太 CEO 峰会在江苏昆山召开。
淮水北调工程可研报告获安徽省发改委批复，工程总投资 13.45 亿元，输水线路全长 265.9 公里。

15 日 上海市生态文化协会成立。
第十届中国(深圳)国际文化产业博览交易会在深圳会展中心开幕。江苏凤凰出版传媒集团有限公司、江苏省广电有线信息网络股份有限公司获得第六届“文化企业 30 强”。

16 日 上海青年戏剧创作沙龙成立。
2014 年浙商力量 · 西湖论剑暨浙商投资(中国)城市展示会在杭州举行。
南京城墙太平门段改建获批。

17 日 中国普惠金融(浙江)高峰论坛在杭州举行。
著名企业家、香港肇丰针织有限公司董事长方铿成为南京大学第一位被授予名誉博士的海外企业家。
江苏徐工集团获第三届中国工业大奖。
未来网络试验设施合肥先导试验网开通仪式在中科大先进技术研究院举行。

18 日 2014 年度国际博物馆日主会场活动在南京博物院举行。

19 日 国产云计算产业园在江苏常州科教城开园，发展自主可控的通用化云计算基础软件产品。
安徽省从 5 月起千万美元以下境外投资项目备案权下放到市。

20 日 亚洲相互协作与信任措施会议第四次峰会在中国上海举行。
“再出发:上海的回顾与前瞻”研讨会暨《上海通志干部读本》、《民国上海市通志稿(第一册)》首发式，在上海大厦举行。
闽台经贸洽谈会暨妈祖文化园开园仪式在江苏泗阳县举行。泗阳与 20 名闽台企业家签订 20 个项目，投资额 88 亿元。
安徽省计量科技文化馆在合肥建成开馆。

21 日 经国务院批准，上海、浙江、广东、深圳、江苏、山东、北京、江西、宁夏、青岛试点地方政府债券自发自还。

第二届中国·江苏文化艺术节组委会第一次会议在南京召开。
安徽省 2014 年前 4 个月累计吸收外商直接投资 39.6 亿美元。

22 日 江苏学科首席科技传播专家首批 138 人名单公布。

23 日 绿城中国和融创中国在杭州举行新闻发布会，宣布股权变更事宜。
由江苏民营企业梦兰集团牵头，梦兰星河能源股份有限公司投资建设的跨国能源项目获得国家发改委核准，总投资 77.6 亿元。

24 日 习近平在沪考察强调，上海要继续当好全国改革开放排头兵，不断提高城市核心竞争力，发挥上海在长三角地区合作和交流中的龙头带动作用，努力促进长三角地区率先发展、一体化发展。
“上海论坛年会”在上海国际会议中心开幕。
首届长三角财税论坛在上海财经大学举行。

25 日 杭州公布小客车增量指标竞价、摇号规则。
江苏省政府发布《江苏省新型城镇化与城乡发展一体化规划(2014—2020)》。
“书香安徽阅读季”阅读惠民活动在安徽图书城启动。

26 日 长三角重点区域大气污染防治法执法检查汇报会在上海召开。
浙江省在杭州举行纪念叶飞同志百岁诞辰座谈会。
江苏省在第十八届中国东西部合作与投资贸易洽谈会暨丝绸之路国际博览会上达成 201 个合作项目，总金额近 364 亿元。

27 日 中国—西亚北非论坛在浙江义乌举行。
中科大解决复杂肿瘤基因检测难题。

28 日 南京、扬州、马鞍山等苏、皖 10 个城市在南京成立泛长三角金融创新合作联盟。

29 日 全国首个中学国家安全教育基地在如东高级中学和栟茶高级中学两所中学授牌。
联合国教科文组织名录遗产可持续发展《黄山宣言》公布。

30 日 2014 年第 21 届上海国际茶文化旅游节开幕式在上海市闸北区海上文化中心举行。
2014 上半年浙江—北京高层次人才洽谈会在北京举行。
江苏镇江市被国家环保总局命名为“国家生态市”。丹阳、句容、扬中、丹徒同时被命名为国家生态县。

31 日 上海对接长三角、服务长三角，上海新跃物流企业管理有限公司与义乌市物流办共同签署合作项目，义乌小商品市场正式嫁接“新跃”的中小企业物流管理模式。
长江首座观光步行桥，青奥文化体育公园步行桥取名“南京眼”。

六月

1 日 2014 年一季度，江苏宿迁经济技术开发区引进亿元以上项目 11 个，其中 10 亿以上项目 4 个。
安徽省发明专利累计授权量突破 1.5 万件。

2 日 江苏海门海产品国际贸易中心揭牌。
南京市鼓楼医院正式更名为南京鼓楼医院。

3 日 来自上海、浙江、福建等地方科研院所的 10 名青年科学家，获得中国科学院上海分院“杰出青年科技创新人才”表彰。

浙江省在衢州市举行浙江中关村科技产业园总投资达73.47亿元的20个产业类项目开工仪式。

江苏省宿迁学院获教育部正式批准。

京东集团与南京市政府签约,计划总投资20亿就开展南京电商运营中心、智能物流基地、京东南京研究院、京东"江苏馆"项目达成合作协议。

2014年1月至4月,安徽省完成工业投资2525.6亿元,增长19.32%。

4日 女作家程乃珊经典作品"上海故事"典藏文集首发式在上海图书馆目录大厅举行。

全国首家老年照护与管理学院在浙江省宁波卫生职业技术学院成立。

中外合作大学联盟在江苏苏州西交利物浦大学成立,2014年度中外合作大学校长论坛同日举行。

第四批安徽省级非遗名录公布。

5日 2014亚洲艺术博览会在上海龙美术馆西岸馆开幕。

浙江省环保联合会在杭州市成立。

总投资45亿元的江苏省常州市黑牡丹科技园服务平台揭牌。

世界语言大会在江苏省苏州市召开。

安徽省暨合肥市纪念"六·五"世界环境日暨江淮环保世纪行出征仪式在肥举行。

6日 上海博物馆2014年首个特展"申城寻踪—上海考古大展"开幕。

2014浙江—上海高层次人才洽谈会在上海举行。

华东地区"北斗卫星导航产品检测中心"在南京揭牌。

江苏省苏州市姑苏区成为全国首个被授予"国家古城旅游示范区"称号的示范区。

中国民主同盟安徽省委员会成立60周年纪念大会在合肥举行。

7日 海上烟波——陈澄波艺术大展在上海举行。

2014年一季度,宁波全市浙商回归项目实到资金近120亿元。其中,战略性新兴产业和装备制造业项目53个,实际到位资金53.49亿元。

江苏省第九届新人书法篆刻作品展在无锡博物院开幕。

8日 上海新一轮城市总体规划战略专题研讨会,首场聚焦大都市空间发展战略,在长三角整体空间中规划上海。

第四届中、日、韩艺术邀请展在上海长宁图书馆开幕。

第十六届中国浙江投资贸易洽谈会、第三届中国海洋经济投资洽谈会、2014中东欧国家特色产品展和第十三届中国国际日用消费品博览会,在宁波开幕。

在浙洽会投资项目签约仪式上,浙江省舟山签约总金额达到96亿元。

9日 第二十届上海电视节举行。

2014台北—上海城市论坛在台北举行。

江苏省张家港市再制造业技能人才培育中心揭牌。

10日 第五届"科技新浙商"评选结果在杭州揭晓。

江苏省风电巨头远景能源在硅谷成立全球数字能源创新中心,同时成立2亿美元的互联网能源技术风险投资基金。

江苏省科普旅游地图面向公众首发。

11日 上海市横穿6个区的北横通道正式开建。

计划投资86亿元建设的千峡湖生态旅游度假区,一期工程——北山旅游小镇前期工

作正在有序进行。

江苏省第十八届运动会镶嵌式纪念封在江苏徐州举行首发仪式。

“中国梦强军梦”军民文化融合研讨会暨全军第二届长征文艺奖颁奖仪式在安徽省淮北市举行。

12 日 上海市首批 3 家小额贷款公司获得开通央行征信系统查询权限，成为全国首批获此权限的省市。

2013 年，浙江省农产品网络零售额接近 100 亿元，同比增长 70%以上，销售规模位居全国第一。

浙江省舆情研究中心在杭州市成立。

江苏常州大学史良法学院成立，是全国首个以抗日七君子史良命名的法学院。

13 日 第二十届上海电视节颁奖典礼暨闭幕式在上海东方艺术中心落幕。

江苏邳州城区发现一处百余座大型东汉墓群。

2014 年中国文化遗产日安徽省主场活动在安徽大学磬苑校区举行。

14 日 第 17 届上海国际电影节拉开帷幕。

2014 年中国文化遗产日浙江主场城市活动在丽水启动。

15 日 2014 年全国职业院校技能大赛农业类赛项在江苏句容的江苏农林职业技术学院举行。

16 日 上海市在闵行区浦江镇新建“中国电影世界”基地。

浙江省人民政府新闻办公室官方微博、微信“浙江发布”正式上线。

江苏省江阴高新技术产业开发区黄桥工业园获批为共建园区。

17 日 2014 年湖南(上海)投资贸易洽谈周湖南省情推介暨重大招商项目发布会在上海举行。

南京市属 40 家国有全资、控(参)股企业不再允许参加招投标，严禁承接任何政府项目。

中科大沈保根院士获 2014 年度陈嘉庚技术科学奖。

18 日 太湖世界文化论坛第三届年会在上海开幕。

第 14 届中国・盱眙国际龙虾节走进南京—盱眙县金融改革创新汇报会在宁举行。

19 日 太湖世界文化论坛在沪闭幕形成《上海共识》。

在 2014 年浙洽会上，杭州市共签约项目 11 个，总投资 14.84 亿美元，合同外资 7.39 亿美元。

青奥会吉祥物砳砳携带火炬的图像穿越 38 万公里，实现太空网络传递。

江苏省纪念黄埔军校建校 90 周年座谈会在南京召开。

黄山入选首批生态文明先行示范区。

安徽省六安瓜片获北京茶展金奖。

20 日 上海城市快速路网，罗山路快速通道通车。

2014 年 1 至 5 月，来自江苏的浙商回归到位资金达 101 亿元。

江苏中关村科技产业园领导小组第二次会议在北京召开。

21 日 第 28 届亚洲货运及供应链大奖在沪揭晓。上海浦东国际机场获得全球最佳货运机场。

中国北车供应商大会暨北车台州产业园推介会在浙江省台州召开。

江苏泰州口岸船舶有限公司与希腊维拉特思船舶管理公司签订8条64000吨散货船项目,协议价值约2.15亿美元。

22日 中国"大运河"和中国等三国联合申报的丝绸之路项目申遗成功。中国大运河的遗产申报涉及8个省、直辖市,沿线27个城市。其中,大运河(杭州段)河道总长度100公里,首批申遗点段共有11个(包含6个遗产点、5段河道),申遗点段数量位于全国前列。

"书香安徽阅读季"悦读共享活动启动。

23日 江苏发展高层论坛第32次会议在南京大学举行。

江苏省演艺集团与东上海国际文化影视集团建立战略合作伙伴关系签约仪式在南京举行。

24日 总投资达30亿元的瑞华(长兴)纯电动汽车动力总成系统项目在浙江省长兴市奠基。

包括瑞华项目在内,共有17个浙商回归项目在湖州集中开工,总投资额180.24亿元。

25日 浙江政务服务网(www.zjzwfw.gov.cn)开通运行。

华东政法大学与浙江省检察院在上海共同签署专项合作协议,联手打造未成年人刑事检察领域的教学实践和理论研究基地

第五届中国"烟雨江南"婚庆博览会在江苏省常州市奥体中心开幕。

26日 第三届上海市民营经济论坛在上海市社会主义学院举行。

江苏徐州市公布江苏省第十八届运动会开幕式主题为"汉风飞扬"。

首趟合肥至中亚货运班列开行,打通了合肥至欧洲的货运快速通道,参与构筑了"新丝路经济带"。

27日 首届上海互联网金融论坛在上海展览中心友谊会堂举办。

南京青奥会会歌及MV揭晓。

2014海外华侨华人高层次人才江苏行在南京拉开帷幕。

28日 浙江省嘉兴市与客商签订26个浙商回归项目,总投资144.2亿元。

中国有色金属工业再生金属学院在江苏常州成立。

中国邮政速递物流长三角邮件集散中心在江苏无锡空港开建。

29日 浙江小百花越剧团成立30周年全国巡演,越剧新版《梁祝》在国家大剧院上演。

南京中小学生缔结青奥文明公约。

30日 "2014天下浙商家乡行"活动在杭州市启动。共有48个项目集中签约,合计总金额542.77亿元。

连接长三角的铁路快速通道——杭黄铁路在皖浙两省同时开工建设。

七月

1日 应勇同志任上海市委副书记。

浙江省委号召全省党员干部向杭兰英同志学习。

安徽新媒体集团在合肥挂牌成立。

南京、上海虹桥等长三角地区八大客运车站,免费提供WIFI试运行上网服务。

2日 台湾中华航空公司台北桃园至合肥航线首航。

安徽省委书记张宝顺会见全国人大常委会副委员长、农工党中央主席陈竺一行。

江苏省侨联工作座谈会在南京召开。

3 日 上海市委书记韩正、市长杨雄会见江苏省党政代表团。

国务院督查组到浙江省进行督察。

安徽省委书记张宝顺会见台湾中华航空公司董事长孙洪祥一行。

浙江与江苏举行深化合作共推长三角一体化发展交流会。

江苏省委书记罗志军率领江苏省党政代表团赴上海市学习考察。

4 日 全国人大常委会副委员长、农工党中央主席陈竺率农工民主党中央调研组来皖调研。

南京市新增成渝方向动车,厦门方向高铁。

江苏省委书记罗志军等率领江苏省党政代表团赴浙江省学习考察。

5 日 安徽省成为全国第一个大宗农作物承保面积过 1 亿亩和第一个农业保险全覆盖的省份。

江苏省政府在苏州市召开全省版权工作座谈会。

6 日 上海直飞平壤包机团首发。

杭州市召开公交车放火案通报会。

安徽省公布黄山市黟县西递镇等 26 个村为第一批“安徽省宜居小镇”“安徽省宜居村庄”。

由侵华日军南京大屠杀遇难同胞纪念馆和新华网共同筹办的中、英、日三种文字版本的国家公祭网(www.cngongji.cn)正式上线。

香港特别行政区全国政协委员考察团到江苏省考察。

7 日 上海市市长杨雄会见安博全球董事长兼首席执行官何慕德一行。

浙江省高院开通全国首个省、市、县三级法院一体化公开、一站式服务、智能化应用的浙法公开网。

8 日 上海市市长杨雄会见瑞士联邦议会联邦院议长汉纳斯·格尔曼一行。

上海市市长杨雄会见新加坡贸易及工业部部长林勋强一行。

杭州市召开“7.5 公交车放火案”见义勇为先进群体和个人表彰会。

沪苏(大丰)产业联动集聚区在江苏省大丰启动建设。

9 日 浙江省省长李强主持召开浙江省域国土空间总体规划编制工作会议。

长江南京以下 12.5 米深水航道一期工程通过交工验收。

10 日 浙江省省长李强在杭州会见两岸企业家峰会文创产业合作推进小组台湾方召集人陈立恒一行。

安徽省省长王学军在合肥会见中国人寿保险(集团)公司总裁缪建民一行。

2014 年苏州国际精英创业周开幕。

民建中央爱国主义教育基地揭牌仪式相继在江苏省镇江冷遹纪念馆和南京民间抗日战争博物馆举行。

11 日 中共上海市委讲师团成立会在上海市委宣传部举行。

全国国防动员工作会议在杭州举行。

浙江省委副书记、政法委书记王辉忠看望荣膺第十七届“中国武警十大忠诚卫士”称号的省武警总队杭州市支队三中队中队长刘超。

安徽省政协召开“加强大气污染防治”对口协商会。

12 日 上海市召开全市司法改革先行试点会。

安徽省区域创新能力居全国第 9 位、中部第 1 位。

南京禄口机场二期工程正式投入使用。

13 日 安徽省夏粮总产达 280 亿斤,增产 12.3 亿斤,实现历史性的“十一连增”。

江苏省委、政法委等召开纪念《法治江苏建设纲要》颁布十周年座谈会。

14 日 杭州市公布第一批总投资约 885 亿元的 377 个信息经济项目,项目周期为 2 至 3 年。

中国共产党江苏省第十二届委员会第七次全体会议在南京召开。

15 日 安徽省“基于数字电视的智能语音交互平台研发及应用示范”等 12 项重大项目通过验收,项目新增产值 9.51 亿元,新增利税 1.64 亿元。

16 日 安徽省上半年省规模以上工业实现增加值 4616.9 亿元,增长 12.4%,居全国第 2、中部第 1 位。

江苏省委常委会听取南京青奥会筹办工作和在全省开展“五大专项行动”情况的汇报。

17 日 2014 上海夏季音乐节黄埔会场完美收官。

浙江省委举行“浙江论坛”报告会。

安徽省上半年社会消费品零售总额 3508.1 亿元,连续 10 个季度居中部首位。

上海部分全国人大代表来江苏就“长三角一体化”发展中的体制机制建设、等课题开展专题调研。

18 日 上海评弹团和上海人民出版社联合打造的《菊坛名家丛书·评弹系列》(第一辑)面世。

上半年上海全市生产总值为 10952.64 亿元,比去年同期增长 7.1%。

杜世源当选浙江省衢州市代市长。

中科大郭光灿院士领导的中科院量子信息实验室任希锋研究组在量子集成芯片研究上获得新进展。

长三角区域大气污染防治协作第二次会议在南京召开。

新华报业网大学生村官网开通上线(http//www. dxscg.com.cn)。

19 日 上海新金融研究院召开 2014 上海新金融年会,并与美国 LendIt 峰会联合主办“2014 互联网金融外滩峰会”。

江苏博士后网首次发布《2014 年江苏地区博士后科研工作站、省博士后创新实践基地招收人员专题目录》。

“江苏省现代民政研究院”揭牌,上半年“现代民政”综合评估报告的出炉是全国率先创新之举。

20 日 上海市委书记韩正,市长杨雄率领上海市党政代表团赴新疆喀什地区学习考察。

浙江省能源集团公司在国内首创超低排放清洁能源改造。

中科大张文逸教授课题组在网络谣言源识别研究领域取得新进展。

21 日 上海市市长杨雄会见德国默克集团执行董事会主席柯禄唯博士一行。

浙江省政府与中国太平洋保险集团公司签署战略合作协议。

安徽省政府举行新聘省政府参事、省文史研究馆馆员聘书颁发仪式暨参事、馆员座谈会。

安徽省省委书记张宝顺会见台湾铭传大学校长李铨一行。

江苏省委、省政府、省军区在南京市召开省第十届双拥模范城命名表彰大会。

22 日 2014 上海第十届扇艺术博览会开幕。

上海报业集团重大战略项目“澎湃新闻”正式宣告全面上线。

23 日 上海市公安局对上海福喜食品有限公司负责人质量经理等 5 名涉案人员予以刑事拘留。

安徽省省委书记张宝顺率安徽省经贸友好代表团于 7 月 23 日—30 日访问保加利亚、俄罗斯。

江苏省社科联主办的“全面深化改革、增创发展优势”理论研讨会在南京召开。

24 日 上海市市委书记韩正、市长杨雄会见深圳市党政代表团一行。

浙江省政协召开“五水共治”民主监督座谈会。

江苏省连云港恒瑞医药成为江苏省唯一入选 2014 全球新兴市场 50 强企业榜单的企业。

南京政务微博群和“@江苏检察在线”夺得“全国政务微博十佳应用奖”。

25 日 上海市人大常委会第十四次会议高票通过《中国(上海)自由贸易试验区条例》。

上海市市长杨雄会见美国新任驻华大使博卡斯一行。

安徽省政协“社区居家养老”重点提案办理专题协商会在省民政厅召开。

26 日 上海福喜集团宣布召回市场上所有产品。

安徽省宿州市勇救落水儿童的“最美孕妇”彭伟平、合肥市勇斗小偷的好青年周传金被授予“全国见义勇为模范”荣誉称号。

“笔墨伴随——李啸书法作品展”在江苏省现代美术馆开幕。

27 日 上海市党政代表团出席第十届“喀什 · 中亚南亚商品交易会”开幕式。

2014 年上海国际少年儿童文化艺术节在上海开幕。

温州民商银行获批筹建。

魏国强同志任宿迁市委委员、常委、书记,蓝绍敏同志不再担任宿迁市委市级、常委、委员职务。

28 日 全国学生运动会在沪开幕。

美国欧喜集团主席兼首席执行官谢尔顿 · 拉文向上海市食药监局报告了对上海福喜事件采取的整改措施,并深表歉意。

浙江省衢州市龙游县规划投资 50 多亿的年年红中国家居文化园项目正式启动。

国务院食安办副主任、国家食品药品监督管理总局副局长滕佳材一行来南京检查指导青奥会食品安全保障工作。

中共建党史暨纪念袁振英诞辰 120 周年学术研讨会在南京召开。

29 日 中国(上海)自由贸易试验区推进工作领导小组举行工作会议。

中国科学技术大学语音及语言信息处理国家工程实验室报送的参赛系统,在国际语音合成大赛上,25 项测试指标中 11 项居世界第一。

国务委员、公安部部长郭声琨在南京检查指导青奥会安保工作并召开青奥安保临战动员部署会。

30 日 上海市人民政府与中国移动通信集团公司在沪签署框架协议。

浙江省委、省政府在杭州召开全省军队转业干部座谈会。

江苏省委政法委、省公安厅与武警总队、公安现役部队召开座谈会。

31日 上海市举行庆祝中国人民解放军建军87周年座谈会。

浙江省纪念建军87周年暨双拥模范城(县、区)命名表彰大会在杭州举行。

安徽省庆祝建军86周年军政座谈会在合肥举行。

江苏省省委书记罗志军到"王杰连",向驻苏部队官兵致以节日祝贺。

八月

1日 上海新闻出版业亮相第24届全国图书交易博览会。

安徽省政协主席王明方在合肥会见意大利托斯卡纳大区副议长罗伯特·本纳德帝率领的议会代表团一行。

上半年江苏省居民人均收入居全国第五。

上半年江苏苏北地区GDP增长10.8%,分别比苏南、全省、全国高1.5、1.9和3.4个百分比,公共财政预算收入883.86亿元,增长12.7%。

2日 第十二届全国学生运动会在上海落幕。

纪念邓小平同志诞辰110周年,"邓小平与改革开放"理论研讨会在上海市举行。

江苏省昆山市开发区中荣金属制品有限公司汽车轮毂抛光车间发生爆炸。

3日 上海市上半年战略性新兴产业同比增长7.7%,增速快于全市工业增速3.3个百分点。

浙江省省委副书记王辉忠率浙江省代表团,应邀对厄瓜多尔、古巴进行友好访问。

安徽省高新技术产业实现产值5962.4亿元,实现增加值1485.8亿元。

国务委员王勇在江苏省昆山、无锡、常州、南通等地看望慰问昆山"8.2"特大事故伤员和家属。

4日 教育部与安徽省人民政府共建安徽大学协议正式颁发。

5日 第四届"光荣与力量——感动上海年度十大人物"评选活动启动。

徐泽州同志任上海市市委委员、常委、市委组织部部长,免去应勇同志的市委组织部部长职务。

浙江省省委召开第二批教育实践活动省委赴市县督导组组长会议。

王炯同志任中共江苏省省委委员、常委、省委组织部部长。

6日 上海市市委书记韩正会见罗尔斯·罗伊斯公司首席执行官任杰安一行。

上海市市长杨雄会见印度尼西亚日惹特别行政区省长哈孟古布沃诺十世和斯里兰卡科伦坡市市长艾哈迈德·穆扎米尔。

安徽省省委书记张宝顺、省长王学军在合肥会见华润集团董事长傅育宁、总经理乔世波一行。

国际电气和电子工程师协会(IEEE)倡导的全球智慧城市试点计划揭晓,江苏省无锡市与意大利特伦托市胜出。

7日 上海公布《关于促进本市互联网金融产业健康发展的若干意见》。

江苏省政府与中国航天科工集团在南京举行工作会商。

8日 上海市社会科学界举行纪念邓小平同志诞辰110周年暨"全面深化改革与创新发展"理论研讨会。

第十六届中国上海国际艺术节推介活动在澳门举行。

南京青奥会首场实体火炬传递在南京举行。

9 日 上海中华艺术宫主办的《补白·添彩——哈定艺术成就回顾展》举行学术研讨会。

安徽省省委办公厅、省政府办公厅印发《关于促进残疾人家庭增收加快实现小康步伐的意见》。

茉莉香扇捐赠南京青奥会仪式在南京绿博园青奥组委会举行。

10 日 上海市审议并通过《上海市地方公办高等学校总会计师管理办法》。

安徽省上半年省属企业生产经营累计实现营业收入 3175.9 亿元,实现利润总额 130.6 亿元,利润总额位居全国第 4 位。

11 日 上海市部署推进本市环境污染第三方治理和主要污染物排污收费标准调整工作。

浙江省人大常委会决定任命袁家军为浙江省人民政府副省长。

在全国 20 个重点城市中,江苏省苏州市以 6849 亿元的 GDP 列第五位。

12 日 上海市市委听取中国工程院院长周济关于《创新驱动、转型升级》的专题辅导报告。

国家商务部、财政部正式批复浙江省金华市启动开展现代服务业综合试点。

13 日 2014 年上海书展"书香中国"上海周开幕。

《朱镕基上海讲话实录》(线装本)在上海书展首发。

浙江省委举行"浙江论坛"报告会。

浙江省省政府在杭州举行省政府参事和省文史研究馆馆员的聘任仪式。

安徽省省政府公布 2013 年度目标管理绩效考核结果。

14 日 上海市市长杨雄会见德国大陆集团执行董事会主席德根哈特博士一行。

《上海,我的 1949》新书发布与签售会在上海举行。

浙江省省委书记夏宝龙在杭州会见来访的斐济共和国总统埃佩利·奈拉蒂考一行。

中共中央政治局委员、中央政法委书记孟建柱赴南京,召开南京青奥会安保工作决战动员电视电话会议。

15 日 上海举行首届全国"书香之家"上海入选家庭授牌仪式。

中中央总书记、国家主席、中央军委主席习近平看望南京青奥会中国体育代表团,勉励运动健儿。

国际奥委会主席托马斯·巴赫接受"七大媒体联盟看青奥"活动专访。

16 日 安徽省教育厅下发《关于推进高等学校教育科研资源有序开放的意见》。

第二届夏季南京青年奥林匹克运动会在江苏省南京市隆重开幕。

17 日 中共中央政治局常委、国务院副总理刘延东与国际奥委会名誉主席雅克·罗格一同出席南京奥林匹克博物馆开馆仪式,并参观青奥会美术大展。

18 日 上海市市长杨雄会见斐济总统埃佩利·奈拉蒂考率领的代表团一行。

全国工商联在北京揭晓"2014 中国民营企业 500 强"榜单,浙江省 138 家企业入围,连续 16 年蝉联全国第一。

19 日 2014 年上海书展暨"书香中国"上海周落下帷幕。

浙江省泰顺县入选"中国最美乡愁旅游城市"30 强,成为浙江省唯一获此奖项的县(市、区)。

安徽省扩大农村土地承包经营权确权登记颁证试点工作会议在合肥召开。

受聘为南京体院名誉教授的国际奥委会主席巴赫为南京体院 13 位奥运冠军颁发"南

京体育学院奥林匹克运动荣誉奖章”。

20日 浙江省综合治理委员会召开第二次全体会议。

江苏省委书记罗志军主持召开互联网经济发展座谈会。

21日 中国民生投资股份有限公司(简称中民投)在上海正式揭牌。

上海市政协召开“促进长三角地区一体化发展”专题学习会。

浙江省正式启动省重点建设项目“集中开工月”活动。45个项目陆续开工,总投资达764亿元。

江苏省省委书记罗志军主持召开现代医疗卫生体系建设座谈会。

22日 上海市市委召开纪念邓小平同志诞辰110周年座谈会。

浙江省省委副书记王辉忠率领省党政代表团赴青海参加海西蒙古族藏族自治州建州60周年庆祝大会。

江苏省省委书记罗志军在南京会见国际奥委会主席巴赫。

23日 浙江省委副书记王辉忠在新疆阿克苏地区考察浙江省部分援建项目。

国土资源部批准安徽省马钢集团矿业有限公司当涂县和睦山铁矿等9家矿山,为第四批国家级绿色矿山试点。

24日 中国商飞公司C919大型客机首架机前机身段运抵上海浦东总装基地。

杭州高新区(滨江)位列全国106家国家级高新区综合排名第五。

安徽省开展全省见义勇为第十一届“安徽移动弘扬正气奖”评选表彰活动。

25日 对口支援西藏工作20周年电视电话会议在北京人民大会堂召开,上海市许建华、赵卫安、杨连明、钟杨获殊荣。

2013年度上海市市长质量奖揭晓。

“海上最美家庭揭晓暨第四届沪台妇女文化周”开幕。

26日 上海市市长杨雄会见比利时驻华大使马怀宇一行。

首届阿尔达米拉上海吉他艺术暨第七届全国吉他邀请赛闭幕。

浙江、新疆二省区领导在乌鲁木齐举行座谈会。

著名黄梅戏表演艺术家韩再芬领衔主演的大型原创黄梅戏舞台剧《徽州往事》在国家大剧院上演。

“江苏希望工程圆梦行动10周年暨2014资助仪式”在南京举行。

27日 白莲崖水库工程通过竣工验收,标志着安徽省治淮14项骨干工程全面完成。

江苏省“政府和社会资本合作”(简称PPP)试点项目推介会在南京召开。

28日 上海市市长杨雄会见国际航空运输协会总法律顾问杰佛瑞·肖恩等上海国际航空仲裁专家委员会成员以及中国航空运输协会理事长李军一行。

安徽省绿化委员会公布138株具有历史价值和重要纪念意义的树木为安徽省名木。

第二节夏季青年奥林匹克运动会在南京圆满闭幕。

国务院总理李克强在南京举行宴会,欢迎出席第二节夏季青年奥林匹克运动会的国际贵宾。

江苏省省委书记罗志军、省长李学勇等获奥林匹克勋章。

29日 上海纪念援藏工作20周年图片展与座谈会在上海举行。

沪苏浙皖人大常委会主任座谈会在南京市举行。

浙江省省长李强在杭州会见马达加斯加总理库卢。

30日 2014中国安徽(合肥)农业产业化交易会在合肥拉开帷幕。

江苏省省委宣传部长王燕文在淮安市会见台湾海基会董事长林中森一行。

31日 安徽省新闻出版产业总体经济规模综合评价在全国排名第八位。

江苏省区域发展研究会在南京召开“十三五”江苏区域发展新布局研讨会。

九月

1日 上海市政协主席吴志明等率上海代表团结束在湖北、重庆三峡库区的考察返沪。

浙江省省委宣传部、省委党史研究室和省社科联在杭州联合召开浙江省纪念抗战胜利69周年理论研讨会。

安徽省省委书记张宝顺、省长王学军在合肥会见科技部党组书记、副部长王志刚一行。

2日 上海市市长杨雄会见智利新任驻华大使贺乔治一行。

中国(上海)自由贸易试验区正式启动官方客户端、英文网站、自贸试验区境外投资服务平台三大系统。

安徽省政府与科技部在合肥举行2014年省部会商会议。

3日 浙江省“9.3”中国人民抗日战争胜利纪念日活动在浙江革命烈士纪念馆举行。

浙江省省委书记夏宝龙在杭州会见国际商会世界商会联合会秘书长安东尼·帕克斯一行。

安徽广播电视台与央视纪录频道联合制作的纪录片《大黄山》在2014年中国(青海)世界山地纪录片节荣获评委特别奖(自然类),并同时获得最佳导演奖等3项提名。

4日 上海市市委书记韩正会见澳大利亚新南威尔士州州长贝尔德一行。

浙江省省委书记夏宝龙在杭州会见台湾海基会董事长林中森率领的海基会董监事访问团。

“江苏省中青年中国画作品展”在中国美术馆开幕。

5日 上海289名法官助理、检察官助理接受任命。

浙江省省委书记夏宝龙参加全省宗教界人士中秋座谈会。

安徽省“晶弘”牌冷藏冷冻箱等10种产品获2013年度“苏浙皖赣沪名牌产品50佳”。

APEC第21次中小企业部长会议在南京召开。

6日 伴随着交响前奏曲《京剧瞬间》世界首演,上海交响乐团音乐厅正式亮相。

浙江省省委书记夏宝龙在杭州会见来华进行国事访问的马来西亚最高元首哈利姆及其夫人哈米娜一行。

安徽省“十三五”规划编制工作启动。

7日 随着“定向招生专项计划”实施,复旦等高校招收新生中家庭经济困难的学子比例增高。

8日 上海市委举行常委会,听取市总工会党组、团市委党组、市妇联党组近期工作汇报。

江苏省政协主席张连珍等赴省未成年犯管教所开展主题帮教活动。

9日 上海市市委书记韩正出席上海市庆祝第30个教师节座谈会。

上海市市委书记韩正会见美国前总统吉米·卡特一行。

浙江省省长李强到杭州部分中小学校和高等院校,向全省广大教师和教育工作者致以节日的问候。

安徽省决定从 2014 年至 2020 年对做出突出贡献的专家、学者、技术人员和高技能人才实行省政府特殊津贴制度。

江苏省隆重举行庆祝第 30 个教师节暨教育体统先进集体、先进个人表彰大会。

10 日 “中国企业走进美国”研讨会在上海举行。

浙江省庆祝第 30 个教师节暨省优秀教师表彰大会在杭州举行。

庆祝江苏省人民代表大会成立六十周年座谈会在南京召开。

11 日 浙江省人大工作研究会在杭州成立,并举行第一次理论研讨会。

浙江省省委副书记王辉忠率浙江省代表团赴澳门参加澳门苏浙沪同乡会庆祝中华人民共和国成立 65 周年庆典活动。

安徽省省长王学军在合肥会见由国家卫生计生委副主任陈啸宏任组长的国务院质量工作第七考核组。

安徽省省委书记张宝顺、省长王学军在合肥会见全国政协副主席陈元。

12 日 上海市纪念人民代表大会成立 60 周年大会举行。

安徽展团在第 21 届北京国际图书博览会签订版权输出合同 399 项,实现全国“七连冠”。

13 日 来自世界各地的花车和表演方队在上海旅游节开幕大巡游上精彩表演。

“纪念人民代表大会制度创建 60 周年座谈会”在上海社会科学院举行。

安徽省 8 部作品获第十三届精神文明建设“五个一工程”奖,安徽省委宣传部获得“组织工作奖”。

江苏省 9 部作品获第十三届精神文明建设“五个一工程”奖,总数名列全国第二。

14 日 新加坡最高法院首席大法官梅达顺访问上海。

中央第三巡回督导组听取江苏省党的群众路线教育活动情况汇报。

15 日 上海市副市长屠光绍会见澳大利亚布里斯班市市长格雷厄姆·阔克一行。

全国政协常委、社会和法制委员会副主任季允石率全国政协专题调研组来安徽省调研。

江苏省政府在南京召开全省铁路建设推进会议。

16 日 上海中青昆仑互联网金融信息服务股份有限公司签约入驻嘉定工业区。

“诚信立市——义乌中国小商品城诚信建设制度化的实践探索”理论研讨会在浙江省义乌市召开。

淮南矿业集团承建的“皖电东送”重要战略性电源点——田集、凤台电厂两期 8 台总装机容量 516 万千瓦超临界燃煤机组全部建成。

17 日 上海市举办“纪念人民代表大会成立六十周年”理论研讨会。

2014 年上海邮轮旅游节拉开序幕。

浙江省委书记夏宝龙在杭州会见台湾佛光山开山宗长星云大师一行。

安徽省委在合肥召开省辖市市委书记、市长警示谈话会。

江苏省委召开全省领导干部警示教育大会。

18 日 上海黄金交易所国际板正式开市。

国务院总理李克强前往中国上海自由贸易试验区考察。

浙江省金华市召开国家现代服务业综合试点工作推进会。

安徽省政协主席王明方率住皖全国政协委员考察团赴江苏省考察。

杨省世同志任江苏省连云港市市委书记。

19日 C919首架飞机在浦东总装制造中心开始机体对接。

浙江省嘉兴市举行浙江清华长三角研究院成立十周年座谈会。

全国推进地方政府工作部门权力清单进一步深化行政体制改革座谈会在杭州市召开。

首届安徽文化惠民消费季暨第八届中国(合肥)国际文化博览会拉开帷幕。

南京军区政委郑卫平会见厄瓜多尔国防部长玛丽亚·埃斯皮诺萨一行。

第十八届江苏省运动会在徐州市隆重开幕。

20日 第二十次全国地方立法研讨会在上海召开。

第四届"光荣与力量——感动上海年度十大人物颁奖典礼"举行。

第十二届全国美术作品展览油画展在浙江美术馆开展。

皖将周庆媛和队友郭文珺、张梦圆获得女子10米气手枪团体冠军,为中国体育代表团在2014年仁川亚运会赢得首枚金牌。

第二届中国·江苏文化艺术节在南京开幕。

21日 选址上海的"长江经济带海关区域通关一体化联合应急协调中心"建设完毕。

《浙江省政府志》出版发行。

第九届中国音乐金钟奖合唱比赛颁奖音乐会在苏州市举行。

22日 上海市市长杨雄会见美国达拉斯市市长迈克·劳林斯和沃斯堡市市长贝西·佩莱斯一行。

浙江省委副书记王辉忠在杭州会见墨西哥杜兰戈州州长豪尔赫·埃雷拉·卡尔德拉一行。

全国公安厅局长座谈会在浙江省杭州市召开。

安徽省委书记张宝顺、省长王学军在合肥会见交通运输部部长杨传堂一行。

23日 上海市委宣传部、市金融办举行文化金融合作工作会议。

浙江省政府与中国邮政集团公司在杭州签署战略合作协议。

交通运输部在合肥召开全国推进普通公路发展现场交流会。

江苏省庆祝人民政协成立65周年座谈会在南京举行。

24日 武警上海总队司令员魏佑江少将提任武警部队副参谋长,武警重庆总队司令员朱宏少将调任武警上海总队司令员。

2014(第二届)江苏互联网大会在南京召开。

25日 浙江省省长李强率领浙江省政府代表团赴沪考察。

上海市市长杨雄会见西班牙首相马里亚诺·拉霍伊率领的访华代表团一行。

浙江省委书记夏宝龙在杭州与来浙考察的西藏那曲地区党政代表团一行座谈。

中央组织部决定,授予绍兴市上虞区崧厦镇祝温村党总支书记杭兰英"全国优秀共产党员"称号。

江苏省连云港市开山岛夫妻哨民兵王继财、王仕花夫妇荣获中宣部授予的全国"时代楷模"称号。

26日 上海市委书记韩正会见由全国政协港澳台侨委员会副主任林建岳率领的香港民生联盟上海访问团一行。

浙江省省长李强率省政府考察团成员在上海与在沪浙商代表座谈。

第十六届(2014)江苏农业国际合作洽谈会在盐城市开幕。

27 日 上海市公安局自由贸易试验区分局正式揭牌成立。

安徽省第六次归侨侨眷代表大会在合肥开幕。

第四届苏港澳青年精英论坛在南京开幕。

28 日 浙江省衢州孔氏南宗家庙的正门再度开启并举行公祭典礼，纪念孔子诞辰 2565 周年。

浙江省统一战线庆祝新中国成立暨多党合作制度确立 65 周年座谈会在杭州举行。

江苏省政府向爱德华·拜恩等 5 名获得“江苏荣誉公民”称号和布雷特·泰勒等 12 名获得首届“江苏国际合作贡献奖”的外籍人士颁发证书。

29 日 上海改革开放回顾与展望”展览在上海市开幕。

安徽健儿黄山姑娘吕秀芝以 1 小时 31 分 06 秒摘得第十七届仁川亚运会女子 20 公里竞走金牌。

30 日 2014 年“上海市荣誉市民”和“白玉兰荣誉奖”颁授仪式在市政府举行。

浙江省省长李强在杭州会见美国新任驻沪总领事史墨客。

十月

1 日 2014 年上海民族民俗民间文化博览会开幕。

2 日 合福(合肥至福州)高铁铜陵长江公铁大桥主体完工。

首届“恐龙嘉年华”在上海植物园举行。

3 日 国家统计局安徽调查总队的数据显示，2014 年安徽省早稻亩产达 379.5 公斤，比上年增加 9.3 公斤，增幅 2.5%。

4 日 第四届中国房车露营大会在江苏苏州落幕。

5 日 上海理工大学研制出两台“太赫兹人体安检仪”。

6 日 由上海儿童医学中心等联合发起组织的中国儿童肿瘤(白血病)临床多中心研究协作组成立。

7 日 江苏省第二届“十大法治人物”“十大法治事件”评选活动近日揭晓。

上海市首个持有型养老社区亮相。

8 日 民盟江苏省十一届十次常委会召开。

江苏南京国际美术展开幕。

9 日 “走进江苏”系列经贸人文交流活动在英国伦敦开幕。

江苏省教育实践活动理论研讨会在南京召开。

“国家煤电节能减排示范基地”落户上海。

浙江省杭州市物价局、市财政局公布了 2014 年杭州市区经济适用住房市场评估价格。

淮水北调工程全面开工布置会在安徽省宿州市举行。

10 日 江苏省经信委公布 2013 年度 13 个省辖市节能目标考核情况，南京、无锡、苏州、南通、淮安、镇江、扬州、泰州 8 市为超额完成等级。

首次“中国(上海)自由贸易试验区企业创新案例发布会”举行。

上海首次发布旅游业服务质量指数。

浙江省杭州市拉开 2014 公述民评面对面问政活动序幕。

以“国家治理现代化与行政诉讼”为主题的第九届中国法学青年论坛在杭州举行。

11 日 全国休闲农业经验交流会在江苏南京举行。

“2014 江海论坛·叶圣陶思想的时代价值”在江苏南京举行。

上海市第十五届运动会开幕。

首届“世界城市日”宣传海报首发仪式在上海举行。

金华成为浙江首个国家级“宽带中国”示范城市。

中国创新设计产业战略联盟在杭州举行成立仪式。

安徽省外宣工作会议在合肥召开。

12 日 江苏文化创意设计大赛 LOGO 揭晓。

“中国上海国际艺术节——第十一届上海青浦淀山湖文化艺术节”启动。

《中国的奇迹:发展战略与经济改革》新一版出版座谈会在上海召开。

安徽省第十三届运动会开幕。

13 日 中央文明办在江苏省张家港市召开全国县级文明城市创建现场会。

农工党中央“中国梦,农工情”巡回演讲报告会(江苏)在南京召开。

东方科技论坛在沪举行。

2014 上海国际摄影节暨上海第十二届国际摄影艺术展览开幕。

全国县级文明城市创建工作现场会在江苏省张家港市召开,安徽省巢湖市、宁国市、当涂县、肥西县、天长市被确定为全国县级文明城市提名城市。

安徽省与墨西哥尤卡坦州友城结好协议书签字仪式举行。

14 日 江苏省农业产权交易信息服务平台开通。

由中国建筑节能协会、上海市绿色建筑协会等四家单位主办的“2014 上海国际绿色建筑与节能展览会”开幕。

2014 陆家嘴航运论坛在沪开幕。

浙江省委举行“浙江论坛”报告会。

由中华文化促进会、台湾太平洋文化基金会主办的“2014 两岸人文对话”走进杭州师范大学。

安徽省标准化信息服务平台在合肥开通运行。

15 日 江苏省培育和践行社会主义核心价值观工作经验交流会在南京召开。

江苏省哲学社会科学界第八次代表大会在南京开幕。

《江苏省境外投资项目核准和备案管理实施办法》实施。

复旦大学在世界上首次推出 LED 不舒适眩光评价模型,研制光污染检测器成功应用于大飞机研发。

全国妇联港澳执委赴浙江考察。

以“文化促进建筑进步”为主题的第十届亚洲建筑国际交流会在杭州开幕。

安徽省民营企业科技创新联盟成立大会在合肥召开。

16 日 全国党史工作调研座谈会在江苏南京召开。

江苏省第九届精神文明建设“五个一工程”表彰会在南京召开。

2014 上海中医药与天然药物国际大会举行。

第八届(2014)中国杭州文化创意产业博览会拉开帷幕。

2014(第二届)浙商创新创业大赛杭州(综合)专场举行。

安徽省与中央企业深化合作工作座谈会在合肥举行。
首届中国报业新媒体发展大会在浙江温州举办。

17日 江苏省高级人民法院增设环境资源审判庭。
第七届中国南京文化创意产业交易会暨首届江苏文化创意设计大赛优秀作品展开幕。
上海台湾大学生创业实训基地挂牌成立。
“爱我中华、东方之光”3D影像艺术展演在上海东方明珠广场举行。
浙江省文艺工作座谈会在杭州召开。
第十六届中国杭州西湖国际博览会开幕。
安徽省第二批统一战线教育基地揭授牌仪式举行。
中科大一中国电子信息安全服务联合实验室在合肥揭牌。

18日 江苏省经济和信息化研究院揭牌成立。
中国法理学研究会2014年会暨“推进法治中国建设理论与实践”学术研讨会在南京开幕。
第十六届中国上海国际艺术节“扶持青年艺术家计划暨青年艺术创想周”拉开帷幕。
以“创新·创业·资本的力量”为主题的2014上海海外归国人员创业千人大会举行。
浙江省第十五届运动会开幕。
全国城市基础设施建设经验交流会在合肥召开。
首个国家级林业工程中心——国家林业局山核桃工程技术研究中心在合肥揭牌。

19日 第24届中国新闻奖评选揭晓，江苏新华日报5件作品获奖。
中国国际汽车商品交易会在上海国家会展中心开幕。
由中国出版集团、人民文学出版社、安徽省文联、安徽大学联合主办的“大自然文学国际研讨会”在合肥举行。

20日 2014江苏好青年百人榜揭榜典礼暨“我为核心价值观代言”分享会在南京举行。
上海自贸区建设与金融改革创新高级研修班在沪举办。
英国《金融时报》发布2014年全球商学院EMBA百强榜，上海交通大学安泰经济与管理学院EMBA项目位列全球第17位。
“直邮进口”快速通道在浙江杭州开启。

21日 江苏省第四届“我们身边的好青年”揭榜。
2014陆家嘴金融城名校“直通车”在上海财经大学启动。
第20届中国义乌国际小商品博览会在浙江省义乌开幕。
浙江省与北京大学签署战略合作协议，共建北京大学舟山群岛新区海洋研究院。
安徽省现代农业示范区建设工作现场会召开。

22日 第十三届“五个一工程”奖揭晓，上海市8部作品获表彰。
2014世界杭商大会在浙江杭州举行，大会共签署19个重点内资项目合作协议，引进外地资金172.29亿元。

23日 第四届“江苏一澳门·葡语国家工商峰会”拉开帷幕。
第十四届中国教育信息化创新与发展论坛在江苏苏州举行。
国家统计局、科学技术部、财政部统计公报显示，2013年上海研究与试验发展经费投入为776.8亿元，投入强度达到3.6%。
由上海市政府新闻办主办的“魅力上海”城市形象推广活动在美国休斯敦莱斯大学

开幕。

2014 年侨界海外精英创业创新峰会在浙江杭州举行。

2014 杭州(国际)物联网暨传感技术与应用高峰论坛举行。

第四届中国湖泊论坛在合肥开幕。

24 日 “弘扬科学道德践行‘三个倡导’奋力实现中国梦”江苏报告会在南京召开。

第七届中国刺绣文化艺术世在江苏苏州开幕。

上海 12329 住房公积金短信服务平台开通。

25 日 “深化改革与中国知识产权制度”论坛暨中国知识产权法学研究会 2014 年年会在同济大学开幕。

上海广播电视台艺术人文发展基金会成立及艺术委员会委员聘任仪式举行。

“2014 年秋季浙江—北京高层次人才洽谈会”召开。

第四届中国检察基础理论论坛在合肥召开。

26 日 由江苏省和加拿大安大略省共同举办的经济技术洽谈会在南京举行。

复旦大学传媒与舆情调查中心发布“上海市民对十八届四中全会的认知与态度舆情调查”。

安徽省第六届残疾人运动会开幕。

27 日 由江苏省和加拿大安大略省共同举办的经济技术合作洽谈会在南京举行。

ARJ21 飞机 106 架机从上海成功首飞。

浙江省省海外交流协会第六届理事会一次会议在杭州召开。

江淮汽车蒙城基地建成投产。

28 日 2014 年第五届中国国际物联网、车联网与智能交通展览会开幕。

浙江省博物馆漆器艺术馆开馆。

第二届中国-中亚合作论坛在浙江省义乌市开幕。

全国烟草行业企业管理现场会在合肥召开。

29 日 江苏“千人计划”(海智)专家联合会在南京成立。

杭州至冲绳直达航线开通。

全国质量文化暨出版工作会议在合肥举行。

30 日 江苏省农村妇女创业就业增收行动推进会在宜兴举行。

世界标准化组织建立起第一个城市国际标准——ISO37120,上海是全球 20 个试点城市之一,也是中国唯一城市。

上海市公务员局、上海行政学院、市知识产权局联合举办知识产权保护和运用专题研讨班。

第三届上海精神文明论坛召开。

浙江省第九届残疾人运动会在杭州开幕。

长三角民营经济和商会工作合作交流会在浙江舟山举行。

2014 中国(杭州)全球电商领袖峰会开幕。

国家安全监管总局与安徽省人民政府共建安徽理工大学协议签署仪式在淮南举行。

31 日 第十四届中国网络媒体论坛在江苏苏州举行。

“上海 2040 高峰论坛”举行。

上海首届“世界城市日”活动启动。

浙江省首届农家乐创意大赛结果揭晓。
安徽省全面公布省级政府权力清单和责任清单。

十一月

1 日 第四届世界华人收藏家大会在沪举办。

2 日 江苏省哲学社会科学界第八届学术大会“政治与法学”专场召开。
2014 杭州国际马拉鸣枪开跑。
第三届环安徽巢湖全国自行车赛鸣枪开赛。

3 日 由公安部和中央电视台联合主办的第五届“我最喜爱的人民警察”揭晓,江苏三位民警上榜。
古城旅游国际化研讨推进会在江苏苏州举行。
第四届中国校园戏剧节在上海开幕。
由世行提供贷款的浙江农村生活污水处理系统及饮水工程建设项目在安吉开幕。
安徽省第七届少数民族传统体育运动会开幕。
全国公安机关爱民模范先进事迹报告会在合肥举行。

4 日 2014 第 16 届中国国际工业博览会在上海开幕。
上海、首尔友好交流签约。
国开行总行核定安徽省首批棚改融资贷款总额达 940 亿元 ,居全国前列。

5 日 江苏省划定水土流失重点预防区。
江苏省第七届绿色建筑国际论坛在南京开幕。
2014 浙江·杭州国际人才交流与项目合作大会在杭州举行。
第二届浙江省青年电影节拉开帷幕。
第九届中国民营经济科学发展论坛在杭州举行。
合肥市中级人民法院法律援助工作站运行。

6 日 中国共产党江苏省第十二届委员会第八次全体会议在南京举行。
第六届中国(无锡)国际新能源大会暨展览会在江苏无锡举行。
“2014 新华道琼斯国际金融中心发展指数”报告发布,上海在全球金融中心的排名首次跻身第一梯队。
上海市社会科学界第十二届学术年会大会举行。

7 日 第三届全球(南京)研发峰会举行。
浙江省与中国船舶工业集团在杭州签署战略合作框架协议。
加拿大—中国(浙江)经贸合作论坛”在杭州举行。
第六届中国(芜湖)科普产品博览交易会在安徽芜湖开幕。

8 日 2014 第三届中国盐城·国际环保产业博览会开幕。
由中华商标协会主办的 2014 中国国际商标·品牌节在江苏苏州举办。
2014 长三角·嘉兴投资贸易洽谈会召开。
2014 浙江青年电影节创投会在杭州举行。
第十六届中国塑料博览会在浙江省余姚市举行。

9 日 第二届中国(浙江)全面小康论坛在杭州举行。

皖南国际文化旅游示范区发展研讨会在安徽泾县召开。

10 日 合肥市争创全国文明城市工作调度推进会举行。

11 日 安徽省侦查逻辑办案研究会在合肥成立。

12 日 2014 太仓(上海)投资说明会在上海举行。
墨西哥总统恩里克·培尼亚·涅托访问上海。
合肥南站正式开通运营。
“长三角地区应用型本科高校联盟”在合肥学院举行成立仪式。

13 日 2014 第十八届上海艺术博览会。
第三届浙江国际养老服务业博览会暨浙江国际老龄产业博览会在杭州开幕。
浙江省社会科学界第二届学术年会开幕式在杭州举行。

14 日 江苏高院、浙江高院、上海高院、安徽高院在上海共同签署《长江三角洲地区人民法院执行联动信息共享合作协议》。
2014 中国国际旅游交易会在上海开幕。
第三届中国转型发展论坛在浙江杭州开幕。
“第四届安徽省传统工艺美术产品展览”在合肥市开幕。

15 日 “牵手 2014 中国最美村镇”颁奖盛典在南京举行。
第六届“中日美关系的现状与未来国际研讨会”在上海交通大学举行。
由安徽送变电工程公司施工的淮南孔店 500 千伏变电站成功投运。

16 日 首届合肥国际马拉松赛举行。
“2014 首届皖台 MBA 教育论坛”在安徽工商管理学院举行。

17 日 “沪港通”正式启动。

18 日 以“中国梦,会计梦”为主题的第七届会计文化节庆祝活动在南京、上海等 18 个城市同时举行。
由南京博物院和美国艺术联盟(AFA)共同主办的“文宴:美国博物馆的展览”暨中美博物馆高层论坛在南京开幕。
上海金融人才招聘服务平台启动。
中国文交所国际艺术品现货交易中心及中国艺术金融网揭牌仪式在上海举行。
中科大先研院国际研发服务外包创新平台在合肥揭牌。

19 日 首届世界互联网大会将在浙江乌镇开幕。
2014 中国黄山国际旅游节暨安徽第三届国际旅行商大会开幕。

20 日 上海市社区发展研究会举行“依法治理与社区自治”专题研讨会。
浙江海洋学院首届手机文化节开幕。
全国农业循环经济现场会在安徽阜阳召开。

21 日 江苏智慧园区建设与产业发展研讨会在南京举行。
第六届陆家嘴法治论坛在上海举行。
2014 年浙江省农业博览会举行。
第八届中国(合肥)国际家用电器暨消费电子博览会开幕。
中国语音产业联盟年会暨语音产业发展高峰论坛在合肥召开。

22 日 2014 上海公共关系国际高峰论坛在沪举行。

“2014浙江省农村文化礼堂成果展示”暨“浙江省小城镇大文化示范样本”颁奖活动举行。

第四届中国(金华·东阳)国际商贸发展在浙江东阳开幕。

长江沿岸中心城市经济协调会第十六届市长联席会议在合肥召开。

中国体育文化旅游博览会在安徽芜湖开幕。

23日 由安徽省社会科学界联合会主办的首届安徽智库论坛在合肥召开。

24日 上海市文化金融合作座谈会召开。

浙江—新加坡经贸理事会第十次会议举行。

25日 南京市第二届园林新技术新成果新材料推介会举行。

第二届浙江青山湖科技创新论坛在临安拉开帷幕。

安徽省人大财经预算工作座谈会在合肥召开。

26日 中国浙江—印度企业交流合作大会在新德里举行。

27日 澳大利亚国家馆网上商城上线启动仪式在上海自贸试验区举行。

江苏省出台“江苏全民阅读日”。

第13届内地、香港、澳门卫生行政高层联席会议在合肥举行。

28日 上海城投(集团)有限公司揭牌成立。

浙江省司法行政系统第四届十大最具影响力人物和百名优秀人物座谈暨先进事迹报告活动在杭州召开。

全国工业和信息化系统科技工作座谈会在合肥召开。

第二届全省高校思想政治教育工作论坛在合肥举行。

29日 “2014年冬季长三角联合师资招聘专场”在上海举办。

2014年秋季浙江—上海高层次人才洽谈会开场。

30日 复旦大学中华古籍保护研究院暨国家古籍保护人才培训基地揭牌。

浙江省关心桥教育公益基金在杭州成立。

十二月

1日 全国铁路公安优秀所队基层干部先进事迹报告会在沪举行。

“国家公祭日华媒行动”在江苏南京启幕。

2日 长江三角洲地区三省一市主要领导座谈会在上海召开。

浙江省创建国家清洁能源示范省工作座谈会在杭州召开。

3日 上海、曼谷友好合作签约。

第四批国家级非物质文化遗产名录公布,江苏省18个项目入选。

4日 拒绝遗忘——首次国家公祭文学行动在南京启动。

国务院公布第四批国家级非物质文化遗产代表性项目名录,浙江以30项的入选数位列各省区市第一。

5日 江苏省推出国家公祭文学行动。

6日 首届“中国大学智库论坛”年会在上海举行。

安徽省六安市新加坡创意生态工业园项目开工建设。

7日 由上海市领导科学学会联合上海对外经贸大学“青年领导力研究与开发中心”成立。

8 日 2014 中国未来网络发展与创新论坛暨全球 SDN 开放网络高峰会议南京召开。
上海知识产权国际论坛在沪开幕。

9 日 首届中国产业互联网高峰论坛在沪举行。

10 日 南京大屠杀死难者国家公祭仪式在南京举行。
上海第 24 批地区总部颁证仪式举行。
杭州途经长沙奔向广州的杭长高铁全线开通。

11 日 江苏、浙江、安徽和上海商务主管部门在上海签署合作协议，共建长三角区域一体化大市场。

12 日 上海市曲艺家协会举行第七次会员代表大会。
第八届全国名优果品交易会于 12 月 12 日到 15 日在杭州和平国际会展中心举办。
由中国能建安徽电建一公司总承包的合肥轨道交通 1 号线供电工程开工。

13 日 上海市法官、检察官遴选(惩戒)委员会成立。
第 17 届“上海十大杰出青年”评选揭晓。
浙江知名企业高层次人才封闭式洽谈会在杭州拉开帷幕。
安徽农业大学与美国科罗拉多州立大学联合组建“农业推广与经济发展联合研究院”。

14 日 由中国企业联合会、中国企业家协会主办“2014 全国企业文化示范基地现场会”在浙江湖州召开。

15 日 江苏省出台金融支持养老服务业政策。

16 日 江苏省总工会第六届女职工委员会成立。
全国省(区、市)国防教育办公室主任会议在杭州召开。
全国无党派人士优良传统座谈会和全国党外知识分子工作会议暨网络人士统战工作交流研讨会在杭州召开。
安徽省巢湖湖面水质自动检测项目已经完成设备安装。

17 日 《福布斯》中文版发布 2014 年中国大陆最佳县级城市榜，全国共有 30 个城市上榜，江苏昆山名列第一。
上海互联网金融产业基地合作共建推进会召开。
第五届上海文化发展研讨会举行。
“中国城市力量峰会暨 2014 腾讯筑德人物年度颁奖盛典”在杭州举行。

18 日 “江苏住建系统一体化信用管理服务平台”启用。
浙赣经济合作高峰论坛举行。
致公党安徽省委在合肥召开坚持和发展社会主义学习实践活动总结推进会。
第十五届安徽名优农产品绿色食品(上海)交易会新闻发布会在上海举行。

19 日 上海国资高峰论坛开幕。
第二届金麦奖颁奖盛典暨中国(杭州)国际电商营销峰会在杭州举行。
安徽中安商业保理有限责任公司开业暨合作签约仪式在芜湖举行。

20 日 江苏省江阴市荣获第九届中国全面小康论坛“2014 中国全面小康十大示范县市”第一名。
上海新闻出版职教集团成立。
民进浙江省九届四次全会在杭州召开。

安徽省社会科学界第九届学术年会在合肥举行。

21日 南京首届职工半程马拉松邀请赛鸣枪。
第13届上海"IT青年十大新锐"评选揭晓。
安徽省银政担合作试点座谈会在合肥召开。
安徽·石台首届北京旅游推介会暨第四届北京石台籍人士联谊会在北京举行。

22日 江苏昆山建成电网卫星定位系统。
安徽(蜀山)跨境电子商务产业园监管仓物流分拣系统启动。

23日 衢宁铁路浙江段动建。

24日 上海市政府新闻办举行新闻发布会透露,上海港2014年预计完成集装箱吞吐量3520万标准箱,继续排名全球第一。
杭州千岛湖配供水一体化工程首批位于余杭、富阳、桐庐等地的4个标段开工。

25日 《中国区域创新能力报告2014》发布,江苏区域创新能力再次问鼎,实现"六连冠"。
"上海产学研合作优秀项目奖"表彰大会在沪举行。
杭州港年吞吐量首次突破1亿吨,达到1.0071亿吨,同比增长6.8%。
杭州—静冈直航航线开通。
由安徽省高速集团和省交通投资集团重组设立的安徽省交通控股集团有限公司揭牌成立。

26日 "第二届上海社会建设十大创新项目"评选活动终审暨表彰会举行。
浙江省社科联成立30周年纪念座谈会在杭州召开。
浙北—福州1000千伏特高压交流输变电工程投运。
安徽省文学艺术界联合会第六次代表大会在合肥开幕。
安徽省高速公路ETC系统与北京、天津等13省市ETC系统正式联网运行。

27日 2014年度上海青年公益创投项目十强出炉。

28日 上海市第三中级人民法院、上海知识产权法院和上海市人民检察院第三分院成立。
"上海自贸区股权投资基金"发起设立。
安徽省第一届"江淮杯"工业设计大赛终评暨产品作品展览展示系列活动在蚌埠市举行。
第二届安徽文化论坛在安庆召开。

29日 上海市国防教育联席会议第四次全体成员会议召开。
中国民主同盟浙江省第十一届委员会第四次全体会议在杭州举行。
安徽省职业教育工作会议在合肥召开。

30日 全国信息技术促进贸易创新发展工作交流会在南京举行。
《上海交通大学综合改革方案》得到国家教育体制改革领导小组办公室批准。
浙江道教学院(筹)揭牌仪式暨奠基典礼举行。

31日 2014江苏台资企业500强出炉,20家企业营收超百亿元。
浙江省秋石快速路三期(石德立交南—清江立交)、东湖快速路(东德立交—九沙互通)开通运行。
第十五届安徽名优农产品绿色食品交易会在上海市举办。

图书在版编目(CIP)数据

长三角年鉴.2015/孙克强执行主编.—南京:
河海大学出版社,2016.2
ISBN 978-7-5630-4279-1

Ⅰ.①长… Ⅱ.①孙… Ⅲ.①长江三角洲-2015-年鉴 Ⅳ.①Z525

中国版本图书馆 CIP 数据核字(2015)第 322246 号

书　　名/长三角年鉴(2015)
书　　号/ISBN 978-7-5630-4279-1
主　　办/长三角联合研究中心
联　　办/长三角城市经济协调会办公室
执行主编/孙克强
责任监制/蔡荣治
通讯地址/南京市虎踞北路 12 号　　邮政编码:210013
编辑部电话/(025)83750085
网　　址/www.yangtze.org.cn

出　　版/河海大学出版社
地　　址/南京市西康路 1 号(邮编:210098)
电　　话/(025)83737852(总编室)　(025)83722833(发行部)
网　　址/http://www.hhup.com
电子信箱/hhup@hhu.edu.cn
责任编辑/朱婵玲　毛积孝
责任校对/李元松　范　蓉
责任印刷/张陆海

总 经 销/河海大学出版社发行部
经　　销/江苏省新华发行集团有限公司
读者服务/邮购部(025)83722833
印　　刷/南京光芒彩色印务有限公司

开　　本/880 毫米×1230 毫米　1/16
印　　张/58.5
插　　页/32
字　　数/1625 千字
版　　次/2016 年 2 月第 1 版
印　　次/2016 年 2 月第 1 次印刷
定　　价/498.00 元(精装)